RECUEIL

DES

LOIS, DÉCRETS, ARRÊTÉS, DÉCISIONS ET CIRCULAIRES

EN VIGUEUR EN ANNAM ET AU TONKIN

depuis le 7 juin 1883, jusqu'au 1er juillet 1890

COLLATIONNÉS SUR LES DOCUMENTS OFFICIELS ET CLASSÉS DANS L'ORDRE ALPHABÉTIQUE ET CHRONOLOGIQUE

PAR

D. GANTER

HANOI

F.-H. SCHNEIDER, IMPRIMEUR-ÉDITEUR

1891

RECUEIL

DES

LOIS, DÉCRETS, ARRÊTÉS, DÉCISIONS ET CIRCULAIRES

en vigueur en Annam et au Tonkin

RECUEIL

DES

LOIS, DÉCRETS, ARRÊTÉS, DÉCISIONS ET CIRCULAIRES

EN VIGUEUR EN ANNAM ET AU TONKIN

depuis le 7 juin 1883, jusqu'au 1er juillet 1890

COLLATIONNÉS SUR LES DOCUMENTS OFFICIELS ET CLASSÉS DANS L'ORDRE ALPHABÉTIQUE ET CHRONOLOGIQUE

PAR

D. GANTER

HANOI

IMPRIMERIE TYPO-LITHOGRAPHIQUE F.-H. SCHNEIDER

1891

PRÉFACE

Il m'a paru utile de grouper dans l'ordre alphabétique et chronologique, les lois, décrets, arrêtés, circulaires et décisions en vigueur en Annam et au Tonkin, depuis l'origine du Protectorat français jusqu'à ce jour.

En entreprenant ce travail de classement, j'ai eu pour but de faciliter aux fonctionnaires et agents des différents services de l'Administration, la recherche de la législation dont ils ont à faire une application constante, actuellement éparse dans différents recueils.

Pendant la période d'organisation administrative, il y a eu des tâtonnements inévitables, nécessitant parfois dans les décisions de la veille, des modifications dictées par l'expérience; j'ai essayé, autant que possible, de signaler au lecteur les modifications successives qui se sont produites, de façon à placer sous ses yeux l'ensemble des documents qu'il doit consulter.

Il a pu se glisser des erreurs dans ce travail; peut être y relèvera-t-on des oublis; je serais très-reconnaissant à tout lecteur de me faire connaître ceux qu'il constaterait; les lacunes signalées pourront être comblées dans une publication périodique faisant suite au recueil, et destinée à le mettre au courant de la législation par les annotations qu'il indiquera.

Hanoi, mars 1891.

D. GANTER

AVIS DE L'ÉDITEUR

En imprimant cet ouvrage, nous avons eu la pensée de mettre à la portée de tous la recherche prompte et facile de la législation de l'Annam et du Tonkin, depuis l'origine de l'administration du Protectorat.

Les travaux de MM. Bataille, pour la Cochinchine, Menerville et Sauteyra pour l'Algérie, et l'accueil qui leur a été fait, ont inspiré la publication que nous présentons aujourd'hui.

Elle sera mise à jour à des intervalles très rapprochés, selon l'importance des décisions nouvelles, au moyen d'un supplément dont le premier fascicule, comprenant le second semestre 1890, est actuellement sous presse.

Son utilité s'imposait. Les encouragements qui nous ont été prodigués pendant son impression nous sont un sûr garant que notre but a été atteint et que le public ratifiera nos espérances.

TABLE DES TITRES

par

ORDRE ALPHABÉTIQUE

ERRATA

Armes et munitions. — *Annoter* in fine : Voy. : Poudre.

Impôts — 1° Arrêté du 12 juillet 1888 n° 45, *Annoter :* Rapporté par arrêté du 6 juillet 1889, publié au n° 28, Voy. : Navigation.

2° Arrêté du 12 juillet 1889, n° 45, *Annoter :* Voy. : Navigation, arrêté du 6 août 1889, n° 29.

Porteurs de contraintes. — *Annoter* in fine : Voy. : Trésor.

Santé. — *Annoter* in fine : Voy. : Vaccine.

RECUEIL

DES LOIS, DÉCRETS, ARRÊTÉS, DÉCISIONS, CIRCULAIRES

EN VIGUEUR DANS LES PAYS DE PROTECTORAT

DE L'ANNAM & DU TONKIN

au 1er Juillet 1890

A

Abattoir, Abatage

N° 1. — DÉCISION *interdisant l'abatage des génisses et des vaches dans toute l'étendue du Tonkin.*

25 février 1885.

Article premier. — Il est interdit, dans toute l'étendue du Tonkin, d'abattre, pour être livrées à la consommation, les génisses et les vaches propres à la reproduction.

Art. 2. — Les contrevenants français ou étrangers seront punis des peines édictées par les articles 464 et suivants du Code pénal.

Les délinquants annamites seront punis de peines analogues, suivant accord entre les résidents et les tong-doc des provinces et par application des dispositions prévues au Code annamite, art. 207.

Dans tous les cas, les animaux abattus contrairement aux prescriptions de l'article premier seront confisqués et vendus au profit du trésor public.

Art. 3. — Le Directeur des affaires civiles et politiques est chargé de l'exécution de la présente décision.

BRIÈRE DE L'ISLE.

N° 2. — NOTE CIRCULAIRE *rappelant la décision du 23 février 1885 sur l'abatage des vaches et bufflesses.*

18 mars 1885.

Par une décision en date du 25 février, affichée sur tout le territoire du Tonkin, le Général commandant le corps expéditionnaire a interdit d'abattre, pour être livrées à la consommation, les génisses et bufflonnes, ainsi que les vaches et bufflesses propres à la reproduction.

L'interdiction dont il s'agit, qui a pour but d'empêcher la diminution des animaux de l'espèce propres à la consommation et aux services des transports du corps expéditionnaire, doit être rigoureusement observée par les troupes.

M. le Chef du service administratif, MM. les commandants supérieurs, chefs de corps, de service et commandants de poste, sont chargés, chacun en ce qui le concerne, d'en assurer la stricte exécution.

BRIÈRE DE L'ISLE.

VOY : Boucherie.

Abondement

N° 1. — DÉCISION *prescrivant l'abondement de 10 °/o pour les cessions faites par l'atelier de réparations du port de Haiphong à des services étrangers ou au service marine.*

10 novembre 1883.

La valeur, tant en matériaux qu'en main-d'œuvre, des cessions faites par l'atelier de réparations du port de Haiphong à des services étrangers ou au service marine, sera abondée de 10 °/o.

HARMAND.

VOY. : Cession de matériel.

Abordages. — VOY. Navigation

Absinthe

DÉCISION *interdisant la vente de l'absinthe dans les cafés, cabarets et débits de boissons au Tonkin.*

26 juin 1885.

ARRÊTÉ *rapportant le précédent.*

6 juin 1886.

Académie Tonkinoise

N° 1. — ARRÊTÉ *portant création d'une Académie tonkinoise.*

3 juillet 1886

Article premier. — Il est créé au Tonkin un corps savant qui prend la dénomination de Bac-ki Han-lam-vien (Académie tonkinoise).

Art. 2. — Son siège est à Hanoi.

Le Bac-ki Han-lam-vien aura pour mission de :

Rechercher et réunir tout ce qui intéresse, à un point de vue quelconque, le pays tonkinois ;

Veiller à la conservation des monuments ;

Initier le peuple à la connaissance des sciences modernes et des progrès de la civilisation, en faisant traduire et publier, en langue annamite, des résumés pratiques des livres européens ;

Faire traduire et publier, en langue française, les extraits les plus importants des annales dynastiques tonkinoises, ainsi que les autres ouvrages qui auront été désignés par une commission d'études ;

Concourir à la formation de bibliothèques publiques dans les principales villes et d'une bibliothèque nationale à Hanoi ;

Prendre des mesures pour la conservation des stèles, inscriptions et monuments quelconques épars sur le territoire, de les rechercher, de les signaler, de les faire transporter en lieu sûr lorsqu'ils se trouveront dans des pagodes ruinées ou hors de l'action d'une protection efficace ;

Rédiger et publier un bulletin mensuel dans lequel seront traitées des questions scientifiques, littéraires, économiques, techniques ;

Se mettre en relation avec toutes les sociétés occidentales d'Europe et d'Asie, afin d'être constamment au courant des travaux des savants spéciaux qui s'occupent du pays.

Art. 3. — Le Bac-ki Han-lam-vien étant un institut national, devra comprendre parmi ses membres l'élite de la nation tonkinoise (des savants tonkinois).

Il sera composé de membres titulaires au nombre de quarante et de correspondants en nombre illimité.

La haute dignité de membre du Han-lam sera conférée par M. le Résident général.

Pour l'obtenir, les savants tonkinois devront être pourvus des grades universitaires de docteur (cat-si et tien-si) ou de licencié (cu-nhon).

Les correspondants seront admis par un vote des membres

titulaires, sur la présentation de deux d'entre eux, et à la majorité absolue des votants.

Les bacheliers (tuu-tay) et tous les mandarins jusqu'au 7e degré inclusivement, pourront être correspondants.

Leur admission sera soumise à la ratification de M. le Résident général.

Les membres titulaires recevront un diplôme rédigé en langue française et caractères chinois, et, comme insigne de leur dignité, il leur sera remis une médaille ou un emblème qu'ils porteront au cou ou à la boutonnière.

Les correspondants recevront le diplôme seulement; ils pourront déposer des manuscrits, proposer des motions, ils assisteront aux assemblées générales, mais n'auront pas voix délibérative.

Art. 4. — La présidence du Bac-ki Han-lam appartient de droit à M. le Résident général.

Il sera assisté d'un vice-président tonkinois et de deux secrétaires, l'un français, l'autre indigène.

Art. 5. — Il est interdit, dans les réunions et dans les publications, de s'occuper de politique et de discuter les actes du Gouvernement, ni aucune autre question d'intérêt privé.

PAUL BERT.

Acquéreur, Acquisition.

N° 1. — ARRÊTÉ *décidant que tous les fonctionnaires ou agents du Protectorat peuvent se porter acquéreurs de terrains.*

26 février 1888.

Le Gouverneur général de l'Indo-Chine décide que tous les fonctionnaires ou agents du Protectorat peuvent se porter acquéreurs de terrains au Tonkin, mais il est fait exception à cette règle en ce qui concerne MM. les résidents, vice-résidents, chanceliers et agents des travaux publics qui ne pourront faire aucune acquisition de terrain dans la province où ils exercent leurs fonctions.

CONSTANS.

VOY.: Propriété. — Titres de propriété.

Actes de décès

N° 1. — CIRCULAIRE MINISTÉRIELLE *au sujet de l'envoi en France des actes de décès des marins, militaires et autres, morts aux colonies. Informations à faire parvenir au Ministre.*

23 novembre 1878.

MESSIEURS, j'ai eu lieu de constater, par des réclamations qui m'ont été fréquemment adressées, sans qu'il m'ait été possible d'y satisfaire, que les copies d'actes de décès des marins, militaires et autres en service aux colonies, ne sont pas toujours expédiées en France avec la régularité et la célérité recommandées par la circulaire ministérielle du 1er juin 1858 (*B. O.* p. 577). Il me paraît utile d'attirer votre attention d'une manière toute spéciale sur les inconvénients que peut entraîner une semblable omission.

C'est un devoir pour l'autorité de ne pas laisser longtemps les familles dans une incertitude pénible sur le sort de ceux auxquels elles s'intéressent, alors surtout qu'elles peuvent avoir été avisées de la mort d'un des leurs par des correspondances privées ou par des bruits de la presse. Cette obligation s'impose encore plus impérieusement, lorsqu'il survient, dans l'une de nos possessions d'outre-mer, une épidémie ou telle circonstance qui, en accroissant le chiffre normal des décès, est de nature à provoquer les légitimes inquiétudes des familles.

J'ai l'honneur de vous prier d'adresser les recommandations les plus expresses pour que les copies des actes de l'état civil me soient transmises, à moins d'empêchement bien constaté, par le plus prochain courrier. En outre, je désire que chaque fois qu'il se présentera une occasion de mer pour la Métropole (paquebot ou transport de l'État), il me soit adressé, sous le timbre du bureau intéressé, un état conforme au modèle ci-annexé, faisant connaître, par corps et par grade, les noms des marins, militaires et autres qui seront morts dans les hôpitaux ou en dehors de ces établissements, dans l'intervalle d'un courrier à l'autre.

Je vous prie de donner les ordres nécessaires pour assurer la stricte exécution des dispositions contenues dans la présente circulaire, dont l'insertion au *Bulletin Officiel de la Marine* tiendra lieu de notification.

A. POTHUAU

N° 2. — CIRCULAIRE *relative à l'état des militaires décédés, à adresser, par chaque courrier, au ministre de la marine et des colonies.*

16 octobre 1884.

Il a été rendu compte à M. le Ministre de la marine et des colonies que la famille d'un officier, récemment décédé aux colonies, avait reçu, par une personne étrangère à l'armée, l'avis du décès de cet officier.

Le Général commandant le corps expéditionnaire rappelle aux chefs de corps placés sous ses ordres que les familles des militaires décédés doivent être avisées par l'intermédiaire des maires et en recommandant à ces derniers de prendre tous les ménagements que comportent de semblables nouvelles.

En conséquence, MM. les chefs de corps et de services devront adresser, à l'avenir, par chaque courrier, directement à M. le Ministre de la marine (bureau intéressé) l'état (néant s'il y a lieu) des militaires décédés, conforme au modèle annexé à la circulaire du 23 novembre 1878, dont copie est ci-jointe, afin que les familles des militaires faisant partie du corps expéditionnaire puissent être renseignées exactement par ses soins.

Il est bien entendu que l'état ci-dessus est fourni sans exclusion des pièces de l'état-civil, dont l'envoi est prescrit par les règlements en vigueur.

N° 3. — CIRCULAIRE *relative à la régularisation de l'état civil des militaires et marins morts, dont le sort n'a pu être légalement constaté.*

19 janvier 1885.

Le Général commandant le corps expéditionnaire a l'honneur de porter la dépêche suivante, de M. le Ministre de la marine et des colonies (1re direction, 4e bureau, Justice militaire), à la connaissance de MM. les chefs de corps et de service:

Mon cher Général,

Je viens de recevoir copie d'un acte de disparition dressé à X..., le..., par M. N..., remplissant les fonctions d'officier de l'état civil. Cet acte concerne le nommé L..., mais ne contient aucun renseignement sur les conditions dans lesquelles est survenue la disparition de ce sous-officier.

Je m'occupe avec la plus grande sollicitude de régulariser l'état civil des marins et militaires faisant partie du corps expéditionnaire et dont le sort n'a pu être légalement constaté. Toutefois je ne saurais obtenir le concours de M. le Garde des sceaux, en vue de la reddition des jugements déclaratifs de décès, qu'à la condition de produire, pour chaque homme disparu, non-seulement le récit détaillé des circonstances qui ont accompagné l'événement et qui rendent vraisemblable une issue fatale, mais encore la déposition des témoins.

Je vous prie, en conséquence, de vouloir bien faire réunir, à l'égard du nommé L..., le dossier prévu à l'instruction du 11 décembre 1878, (*B. O.*, page 849) concernant les marins disparus à la mer, et dont vous aurez à vous inspirer désormais dans les cas de l'espèce. J'ajoute que je compte sur le zèle intelligent des officiers rangés sous votre autorité, pour rassembler immédiatement les preuves ou les probabilités du décès de tout homme dont le cadavre n'aurait pu être retrouvé à la suite d'un combat ou d'un événement quelconque. Dès la réception de ces documents je ferai les démarches nécessaires pour que l'état civil du disparu soit régularisé judiciairement à la requête du Ministère public et sans frais.

Je n'ai pas besoin d'insister sur l'intérêt qui s'attache à ce que ces enquêtes soient régulièrement conduites, et à l'importance qu'elles présentent pour les familles dont un des membres a succombé au service du pays.

En conséquence, MM. les chefs de corps et de service devront veiller à l'exécution des prescriptions ci-dessus, qui sont de la plus haute importance, et donner des instructions, dans ce sens, aux officiers placés sous leurs ordres.

BRIÈRE DE L'ISLE.

N° 4. — CIRCULAIRE *au sujet des omissions commises dans l'établissement des actes de décès.*

11 septembre 1885.

Il arrive fréquemment que des extraits d'actes de décès sont adressés sans qu'ils soient établis conformément aux prescriptions du code civil et de l'instruction ministérielle du 8 mars 1823.

Le Général de division commandant en chef le corps du Tonkin rappelle à toutes les personnes remplissant les fonctions d'officier de l'état civil aux armées, que les actes de décès doivent être rédigés sur l'attestation de trois témoins et mentionner le lieu et la cause de la mort

Décédé ce jour à . . . . (heure et lieu) . . . . par suite de : *Mort sur le champ de bataille :* ou *Des suites des blessures reçues en combattant l'ennemi :* ou *De maladies provenant des fatigues de la guerre ;* ou enfin *De maladies ordinaires dont la nature est spécifiée par le médecin.*

L'accomplissement de ces prescriptions est indispensable pour permettre de donner, avec certitude, les renseignements qui seraient demandés et pour éviter les observations qui pourraient être présentées plus tard.

En outre, il est du plus haut intérêt que les familles des militaires tués sur le champ de bataille ou morts des suites de blessures, aient entre les mains un titre constatant le fait.

WARNET.

N° 5. — CIRCULAIRE *au sujet de l'envoi des actes de décès.*

7 décembre 1889

J'ai eu l'occasion de remarquer que les extraits d'actes de décès dont l'envoi dans la Métropole est prescrit par l'ordonnance du 13 octobre 1833 ne me sont transmis que très irrégulièrement. La circulaire du 6 juillet 1886 reste ainsi en majeure partie inexécutée, au détriment des familles qui, venant à perdre un de leurs membres au Tonkin, ont souvent à subir de longs retards avant d'être mises en possession des pièces et renseignements que l'administration a le devoir de leur fournir.

Pour remédier à cet état de choses, je vous prie de m'adresser désormais, et ce *dans la huitaine même* de l'inscription sur vos registres, trois expéditions des actes mortuaires de tous fonctionnaires ou agents civils de l'administration ainsi que de tous européens, français ou étrangers, décédés dans la province.

L'une de ces expéditions est destinée aux archives, la seconde à la transcription sur les registres d'état civil de la commune d'origine et la troisième à la famille du défunt.

Pour assurer la transmission de cette dernière, vous voudrez bien m'indiquer le nom et l'adresse des destinataires, renseignements qui pourront vous être le plus souvent donnés soit par les déclarants, soit par l'examen des papiers du *de cujus.* Il y aura lieu enfin de fournir sur les circonstances qui ont accompagné la mort du défunt tous détails que vous estimerez de nature à intéresser la famille.

Je ne puis trop vous recommander de veiller avec soin à la bonne exécution de la présente circulaire.

BRIÈRE.

VOY.: Légalisation. — Tarif de frais. — Tribunaux consulaires.

Actes judiciaires. — VOY.: Tarif de frais.

Adjudications. — VOY.: Cahiers des Charges.

Administration Annamite

N° 1. — ORDONNANCE ROYALE *portant délégation des pouvoirs royaux à S. E. le Kinh-luoc du Tonkin*

3 juin 1886.

Sur la proposion du Co mat,

Considérant que le territoire du Tonkin est vaste, populeux et éloigné de la capitale ;

Considérant que, dans l'intérêt de la bonne administration et de la prompte expédition des affaires qui sont multiples dans ce pays, il est nécessaire d'y nommer un haut mandarin qui, résidant à Hanoi, nous représentera et exercera les pouvoirs les plus étendus,

DÉCRÉTONS :

En ce qui concerne les affaires du Tonkin, le Kinh-luoc est autorisé à prendre désormais toutes les mesures qu'il jugera nécessaires et convenables.

Ce fonctionnaire ne pourra, toutefois, prendre aucune décision modifiant ses propres attributions, ni les pouvoirs respectifs conférés aux représentants de la France et aux agents de notre Gouvernement par les traités en vigueur.

De plus, le Kinh-luoc, qui est investi du droit de prendre toutes les mesures qu'il juge nécessaires et convenables, devra immédiatement porter à notre connaissance les décisions qu'il aura prises.

Hué, le 3 juin 1886.

N° 2. — CIRCULAIRE *au sujet de la remise des brevets des mandarins.*

25 août 1888

J'ai l'honneur de porter à votre connaissance les dispositions que j'ai prises, d'accord avec S. E. le Kinh-luoc, en ce qui concerne la remise aux intéressés des brevets de nomination du personnel de l'administration indigène.

Ces brevets seront, comme par le passé, visés et approuvés par mes soins, mais l'original seul sera retourné à S. E. le Kinh-luoc.

En ce qui concerne les mandarins subalternes, phu, huyen, thuong-ta, etc., S. E. le Kinh-luoc enverra le brevet en annamite aux autorités indigènes provinciales, en même temps que je vous adresserai le brevet en français.

La remise de ces deux brevets sera faite, en même temps, à l'intéressé, par vous et le gouverneur de la province ou vos délégués. Elle aura lieu dans la localité même où le titulaire du brevet sera appelé à servir, et en présence des autorités régionales et locales et des principaux notables.

Ce sera la formalité de l'installation.

Il y aura lieu de profiter de cette occasion pour vous rendre compte de la manière dont sont logés les divers fonctionnaires de la localité, de l'état des routes et de la voirie, toutes choses qui sont le plus souvent dans le plus mauvais état, et de me signaler les améliorations à exécuter, en ordonnant immédiatement l'exécution de celles qui peuvent se faire sans ouverture de crédit.

Vous ne manquerez pas aussi de vous enquérir, en présence du nouveau fonctionnaire, des besoins de la population, de recueillir ses réclamations, etc., etc., et, en général, de procéder à tous les actes qui intéressent une administration qui veut être juste et éclairée.

En ce qui concerne les hauts mandarins provinciaux, les brevets approuvés seront conservés provisoirement par S. E. le Kinh-luoc et par moi, et remis, de part et d'autre au titulaire, lorsqu'il se présentera pour recevoir ses instructions. Je vous aviserai de l'accomplissement de cette formalité, afin qu'à l'arrivée du nouveau fonctionnaire dans son poste, vous puissiez le recevoir comme il convient.

Pour ceux des provinces éloignées, afin d'éviter des pertes de temps, et en raison des difficultés de voyage, je vous adresserai directement la traduction en français du brevet et vous la remettrez vous-même, par délégation, à l'intéressé.

E. PARREAU

Nº 3. — CIRCULAIRE *au sujet de la solde et des frais de représentation des mandarins.*

15 septembre 1888.

J'ai l'honneur de vous informer que les mandarins de toute catégorie, ainsi que les fonctionnaires et agents des différents services de l'administration annamite au Tonkin n'entreront en solde, ou ne cesseront d'avoir droit à leur solde, qu'à la date de l'approbation de l'acte officiel établi par S. E. le Kinh-luoc, qui constatera leur situation vis-à-vis de l'administration, et qu'aucune mutation ne pourra être faite avant d'être autorisée par un acte régulier.

E. PARREAU.

Nº 4. — CIRCULAIRE *au sujet du payement en ligatures des frais de représentation alloués aux autorités annamites.*

13 octobre 1888.

J'ai l'honneur de vous prier de vouloir bien donner des ordres pour que les frais de représentation alloués aux autorités indigènes, leur soient désormais payés en ligatures, au taux du jour.

Les mandats qui vous sont adressés de la Résidence supérieure, établis en piastres, seront pris en recettes par le Trésor ou le gérant de la caisse de fonds d'avances, en échange d'un bon sur la caisse provinciale.

E. PARREAU.

Nº 5. — CIRCULAIRE *au sujet de la fixation des cadres du personnel de l'administration annomite.*

24 octobre 1888.

J'ai l'honneur de vous adresser, ci-inclus et en communication, un tableau portant projet de fixation des cadres du personnel de l'administration annamite.

Je vous serai obligé de vouloir bien, de concert avec l'autorité provinciale, remplir la colonne 3 de cet état.

Je vous adresse également, sous ce pli, des notices individuelles à l'intention des fonctionnaires et agents qui figurent nominativement sur le tableau précité. Ces notices seront établies en double expédition, mais vous en conserverez une pour être jointe au dossier de l'intéressé.

Les dossiers devront être envoyés à la Résidence générale chaque fois qu'un mandarin quittera la province, afin que je puisse les faire compléter, s'il y a lieu, et les transmettre au résident sous le contrôle duquel il sera appelé à servir.

Dans vos appréciations sur la valeur et la manière de servir de chaque mandarin, il y aura lieu d'indiquer la décision que vous proposez de prendre à son égard par suite de la réduction des cadres, mais il reste bien entendu que cette circonstance ne saurait annuler les droits que l'intéressé peut avoir à un avancement en grade dans le mandarinat. Je vous prie de ne pas négliger de constater ces droits pour tous ceux dont les services auront été satisfaisants.

Les notices établies pour les fonctionnaires et agents en disponibilité dans votre province devront m'être retournées en double expédition. Vous m'adresserez, en même temps, leur dossier, car ces mandarins concourront à l'avenir ensemble pour tout le Tonkin et suivant un contrôle tenu à la Résidence supérieure, en raison des abus déplorables qui se commettent chaque jour avec le système actuel.

Pour éviter les nombreux inconvénients qui exsteraient à mettre en inactivité, par une mesure générale, un certain nombre de fonctionnaires, les décisions donnant une nouvelle destination aux agents actuellement en service seront individuelles pour tout le personnel qui figure nominativement au tableau ci-joint.

Quant au personnel dont l'effectif est fixé numériquement, c'est-à-dire les lettrés non classés et les troupes, jusqu'au grade de doi inclus, son licenciement pourra être fait dès que les gouverneurs des provinces auront reçu notification par le Kinh-luoc, de la fixation définitive des cadres de ce personnel. Dans tous les cas, il devra être réduit au chiffre fixé, pour le 1er janvier prochain.

Par dérogation aux prescriptions de ma circulaire nº 28, je laisserai provisoirement à S. E. le Kinh-luoc le soin des nominations, mutations et révocations des agents de cette dernière catégorie. Toutefois votre contrôle ne devant pas se borner à veiller à ce que les effectifs ne soient jamais dépassés, mais ayant aussi à s'exercer sur la destination donnée par les mandarins aux sommes qui leur seront déléguées pour la solde de leur personnel, les mandarins provinciaux devront vous notifier toutes les décisions prises en ce qui concerne ces agents, afin que vous puissiez tenir un contrôle nominatif des ayants-droit.

Je suis informé que certains mandarins n'auraient réduit leur personnel que sur les contrôles et répartiraient les soldes dues aux agents conservés en fonctions entre deux ou plusieurs personnes. Le même fait se serait produit à l'égard des linh-co.

Il importe de mettre au plus tôt un terme à ces abus, qui dénaturent nos intentions, et vont directement à l'encontre du but que nous nous sommes proposés, qui est de permettre aux fonctionnaires et aux agents de l'administration indigène de pouvoir vivre sans avoir recours à des procédés illégaux.

Je vous prie, messieurs, de ne pas manquer de recevoir toutes les réclamations qui se produiront de ce chef, et, quand vous en aurez reconnu le bien fondé, de m'adresser un rapport sur les résultats de votre enquête, afin que je puisse poursuivre auprès du Kinh-luoc et faire punir les auteurs du détournement, conformément à la loi.

Cette manière de procéder est, d'ailleurs, la seule à suivre, chaque fois que vous aurez à vous plaindre de la manière de servir d'un mandarin.

Il y aura peut-être lieu, dans certaines circonstances, d'autoriser l'emploi de lettrés surnuméraires non rétribués, mais leur nombre devra être très limité et ne jamais dépasser un tiers de l'effectif normal du service intéressé.

En ce qui concerne les linh-co, les mandarins provinciaux auront à vous adresser leur répartition dans les différents services (détachés auprès des mandarins, bureaux, trésor, police, prison, gardiens d'éléphants, etc.). Il ne sera pas inutile de leur rappeler qu'ils ne devront pas en recruter un nombre supérieur à celui qui sera fixé, ni céder à la tentation d'en renvoyer dans leur foyers pour s'en faire des revenus.

Lorsqu'un fonctionnaire ou un agent sera mis en situation d'absence, l'acte officiel qui constatera cette situation devra faire mention de la localité où il se retire et, à son arrivée, il se présentera, avec son titre, à l'autorité la plus rapprochée (phu ou huyen) qui vous en rendra compte par l'intermédiaire des mandarins provinciaux.

Il devra remplir les mêmes formalités à son départ lorsqu'il sera rappelé en service.

J'ai l'honneur de vous prier de vouloir bien veiller à l'exacte exécution de ces prescriptions, conformes d'ailleurs à celles qui ont été transmises aux autorités indigènes par le Kinh-luoc, et qui me paraissent devoir donner satisfaction aux nécessités actuelles, rétablir l'ordre, l'unité et la cohésion dans l'administration annamite.

E. PARREAU.

Nº 6. — DÉCISION *du Kinh-luoc rattachant aux bureaux du Kinh-luoc le bureau des annales et du calendrier.*

11 novembre 1888.

Le bureau des annales et du calendrier est distrait des services de la province de Hanoi et rattaché aux bureaux du Kinh-luoc.

Le personnel de ce bureau sera, comme par le passé, composé d'un cuu-pham (9e degré) et d'un tho-lai.

La présente décision devra être soumise à l'approbation de M. le Résident général.

Nº 7. — ARRÊTÉ *fixant les soldes et suppléments des fonctionnaires et agents de l'administration annamite.*

15 janvier 1889.

Modifié par arrêté du 21 juillet 1889

N° 8. — Circulaire *sur le mode de payement de la solde aux fonctionnaires indigènes.*

26 janvier 1889.

J'ai l'honneur de vous transmettre, sous ce pli, ampliation d'un arrêté de M. le Résident général à la date du 15 de ce mois, fixant en ligatures la solde et les suppléments mensuels alloués aux fonctionnaires et agents de l'administration annamite. En portant ce document à la connaissance des autorités placées sous votre contrôle, vous ne négligerez pas d'appeler leur attention sur la nouvelle marque de bienveillance que vient de leur donner le Protectorat dans cette circonstance.

La solde du grade est indépendante de l'emploi, le supplément seul étant alloué à la fonction.

Toutefois, le contrôle exercé par le Protectorat est devenu aujourd'hui suffisamment effectif, en ce qui concerne les avancements de ce personnel, pour que les nominations n'aient plus lieu, abstraction faite du grade.

Je vous prie donc, à l'occasion des propositions que vous pourriez avoir à me faire dans la suite, de vous reporter au tableau ci-annexé, en vous rappelant que, pour les propositions à titre intérimaire, le candidat ne peut réglementairement être d'un grade inférieur de plus d'un degré au grade du titulaire. Ce retour aux lois élémentaires de la hiérarchie, en nous permettant de tenir compte et de récompenser des droits acquis, va mettre un terme au désordre qui existe du fait que trop souvent ce sont les subordonnés qui commandent à leurs supérieurs, au grand détriment de la discipline et de la bonne marche du service.

MODE DE PAYEMENT

Pour des raisons qu'il est inutile de développer ici, il ne sera pas fait un état collectif de solde pour le personnel indigène de votre province, mais chaque service ou chef-lieu, et chaque circonscription administrative dans l'intérieur, vous fourniront un état mensuel séparé, savoir :

1° *Mandarins provinciaux.* — Cet état comprendra tous les mandarins supérieurs ou chefs de service, civils et militaires, le thuong-ta provincial et interprète, s'il y a lieu, suivant l'énumération faite au tableau annexé à ma circulaire n° 48. Cet état sera arrêté par le Gouverneur de la province et signé par un agent de payement qui sera le quan-bô ou le quan-an.

2° *Bureau du tuân-phu ou du quan-bô.* — Cet état sera arrêté par le tuân-phu ou le quan-bô et signé par le thông-phau comme agent de paiement.

3° *Personnel du magasin.* — Arrêté par le tuân-phu ou le quan-bô et signé par le giam-lâm ou le thu-thu comme agent de paiement.

4° *Bureau du quan-an.* — Arrêté par le quan-an et signé par le kinh-lich comme agent de payement.

5° *Linh et coolies tram.* — Pour ceux qui ne relèvent pas directement du service des postes et télégraphes, et auxquels il n'a pas été donné de solde spéciale : chaque poste de tram fera l'objet d'un état séparé arrêté par le quan-an et signé par le chef de poste comme agent de paiement.

6° *Enseignement, rites et service sanitaire.* — Arrêté par le dôc-hoc et visé par le tu-thua ou une des parties prenantes comme agent de paiement.

7° *Milice et police.* — Arrêté par le mandarin militaire du grade le plus élevé et signé par le mandarin sous ses ordres du grade immédiatement inférieur comme agent de paiement.

8° *Administration intérieure.* — Les phu, huyên et châu établiront un état collectif pour tout le personnel sous leurs ordres y compris les linh-lê. Il sera signé par le giao-tho ou le huân-dao ou, à leur défaut, par le lai-muc, comme agent de payement.

Les états seront établis nominativement pour tous les fonctionnaires et agents, et émargés par eux, sauf en ce qui concerne les linh et les gradés militaires jusqu'au doi de 1re classe inclus.

L'agent de payement sera chargé de percevoir la solde et responsable directement vis-à-vis de son chef de service de sa remise aux ayants-droit. Ce dernier sera lui-même responsable vis-à-vis de vous.

Après l'avoir fait viser par le gouverneur de la province, l'agent de payement vous présentera son état de solde et, vérification faite, vous lui remettrez en échange un bon de la somme de ligatures à prendre sur le trésor provincial. Ce bon constatera pour le quan-bô la valeur représentative du prélèvement fait sur sa caisse.

En exécution de l'arrêté de M. le Gouverneur général, en date du 21 juillet 1888, vous récapitulerez tous les états de solde qui vous auront été remis et vous en adresserez, dans les premiers jours du mois, un duplicata à la Résidence supérieure, pour être soumis à l'ordonnancement régulier.

Toutefois l'ordonnancement ne pouvant être fait en ligatures, le total des sommes prélevées en cette monnaie, devra être converti en piastres au taux du jour dans la province.

Dès la réception du mandat de régularisation vous l'acquitterez à la caisse du payeur ou de son préposé, dont vous recevrez en échange une quittance à souche délivrée au titre des impôts annamites. Cette quittance régularisera pour vous la sortie des ligatures constatée par les bons que vous aurez émis sur le trésor provincial.

Les états de solde établis pour le personnel des bureaux du Kinh-luoc seront arrêtés par un thuong-ta, signé par le chef du personnel comme agent de payement, et visés par S. E. le Kinh-luoc ; vérification en sera faite à la Résidence supérieure par le 1er bureau. Le bon des ligatures à percevoir sera émis sur le trésor provincial de Hanoi.

Il n'y a rien de changé au mode de nomination actuel des chefs de canton, mais à l'avenir, leur élection devra être ratifiée par le Résident supérieur et, ainsi que les mandarins, ils entreront en solde à la date de cette ratification. Ceux qui sont actuellement en fonctions seront placés dans la 3e catégorie et ils pourront être élevés à la classe supérieure suivant les services qu'ils nous rendront.

Le minimum de grade sera fixé à deux ans.

E. Parreau.

N° 9. — Circulaire *sur l'établissement des états de solde des fonctionaires indigènes*

11 avril 1889

J'ai constaté que par suite de l'insuffisance de leur personnel quelques-uns de vos collègues n'étaient pas en mesure de satisfaire avec toute la rapidité désirable aux prescriptions de ma circulaire du 26 janvier dernier, relative à l'établissement des états de solde des fonctionnaires indigènes.

J'ai été amené par suite à rechercher si des simplifications ne pourraient pas être apportées à cette réglementation en vue d'alléger le travail qui en résulte pour vos bureaux, sans diminuer les garanties qu'elle avait pour but d'introduire dans cette partie du service.

Aux termes de cette circulaire, tous les mandarins civils sans exception, et les mandarins militaires jusqu'au 5e degré, 1re classe inclus, doivent être compris nominativement sur l'état récapitulatif que vous adressez à la Résidence supérieure en fin de mois.

Cette disposition m'a paru pouvoir être modifiée sans que le contrôle soit cependant diminué. J'ai décidé, en conséquence, que désormais ceux des mandarins civils et militaires qui touchent un supplément seraient seuls portés nominativement sur l'état récapitulatif.

Cet état unique comprendra tous les états de solde établis pour les divers services de l'administration indigène de votre province, dans l'ordre indiqué par la circulaire du 26 janvier, c'est-à-dire : 1° mandarins provinciaux ; 2° bureau du quan an, etc.

Dans chaque service ou bureau, les mandarins ayant un supplément seront seuls portés nominativement, les autres seront groupés par degré et par classe et figureront numériquement, conformément au modèle ci-après :

ÉMARGEMENT	NOMS, DEGRÉ et classe	EMPLOI	MUTATIONS	SOLDE et INDEMNITÉS mensuelles	NOMBRE DE JOURS	SOLDE	SUPPLÉMENT	TOTAL	AVANCES REÇUES	TOTAL BRUT	RETENUE de 3 °/° au profit du trésor	RETENUE pour prises disciplinaires	TOTAL DES RETENUES	RESTES à PAYER
	1° MANDARINS PROVINCIAUX													
	X...... 3e degré 1re classe	Tong-doc ...		Solde 250 Suppl. 250 500	30	250	250	500	»	500	15	»	15	485 »
	X...... 3e degré 2e classe etc...	Tuan-phu ...												
	2° BUREAU DE QUAN-BO													
	X...... 6e degré 2e classe	Thông-phan...		Solde 80 Suppl. 80 160	30	80	80	160	»	160	3	»	3	157 »
	X...... 7e degré 2e classe	Kinh-lich ...		Solde..... Supplément.										
3	Bat phẩm, 8e degré 2e classe......			Solde 40	30	80	»	80	»	80	»	»	»	80
4	Cuu phẩm, 9e degré 2e classe......			Solde 25	30	100	»	100	»	100	»	»	»	100

Au-dessous du nom de chaque fonctionnaire figurant nominativement doivent être portés le degré et la classe dont il est titulaire, la colonne *emploi* étant réservée pour l'indication de la fonction.

La solde est celle afférente au degré et à la classe ; le supplément seul est passible de la retenue du 3 °/° au profit du trésor.

Les allocations inscrites dans la colonne *supplément*, au tableau annexé à la circulaire du 26 janvier, ne sont attribuées qu'aux fonctions en regard desquelles elles figurent. Les emplois qui correspondent à des guillemets dans cette colonne *supplément* ne donnent droit à aucune indemnité.

Ce tableau doit se lire ainsi :

	solde	supplément
Tong-doc..................	250	250
Tham-ta-dai-than..........	250	»
Tuan-phu..................	225	225
Bo-chanh-su...............	200	200
Tuyen-phu-su..............	200	»

Les mandarins à la suite, en disponibilité ou suspendus de leurs fonctions, ne doivent pas figurer sur les états de solde de l'administration indigène.

Le total de l'état récapitulatif sera arrêté en ligatures et converti en piastres au taux du jour dans votre province.

E. PARREAU.

N° 10. — CIRCULAIRE *sur le mode de nomination dans le personnel des mandarins*

13 avril 1880

Suivant les instructions de M. le Résident général, lorsqu'il y aura lieu de pourvoir à une vacance dans le personnel des mandarins, à partir du grade de tri-huyen, il conviendra, à l'avenir, d'envoyer à Hué une liste de quelques candidats avec notes à l'appui.

J'ai l'honneur de vous prier de vouloir bien, le cas échéant, m'adresser des propositions suivant cette procédure, après entente avec les mandarins provinciaux.

E. PARREAU

N° 11. — CIRCULAIRE *transmissive des instructions données aux autorités indigènes par le Co-mat pour préciser les attributions du Kinh-luoc.*

17 avril 1880

J'ai l'honneur de vous envoyer ci-joint ampliation de la circulaire qui vient d'être adressée par le Gouvernement annamite à LL. EE. les Tong-doc, en vue de régler et de préciser les attributions du Kinh-luoc.

J'appelle toute votre attention sur la nature exacte du rôle attribué à ce haut mandarin et sur l'idée politique qui préside à l'organisation de ses pouvoirs.

Toutefois, si la Cour, en revendiquant avec raison un droit d'intervention et de contrôle plus direct dans les nominations du personnel administratif indigène du Tonkin, a entendu par ce moyen s'assurer et nous assurer, pour un grand nombre de nominations de fonctionnaires, des garanties politiques et morales qui avaient trop souvent fait défaut jusqu'ici, les petits fonctionnaires jusqu'au grade de tri-huyen, continuent à être nommés, au moins provisoirement, par le Kinh-luoc, sur la proposition des mandarins provinciaux.

Ces agents, précisément par le rôle modeste qu'ils occupent, sont plus que tous autres en contact direct avec la population. Leur action est loin d'être négligeable, elle peut ou nous desservir ou nous être grandement utile, selon que le choix des titulaires aura été plus ou moins heureux.

Je désire donc que vous vous teniez exactement au courant de la valeur, du caractère et des tendances des candidats qui peuvent être soumis par les mandarins provinciaux à l'agrément du Kinh-luoc. Vous aurez à éclairer sur ce point M. le Résident supérieur, dont l'avis doit d'ailleurs être pris pour les nominations de cet ordre, et à lui signaler aussi ceux de ces fonctionnaires qui par leur gestion ne justifieraient pas la confiance dont ils auraient été investis.

Je me réserve dans ce cas de demander à la Cour les mesures de répression et aussi les éliminations qui me paraîtront justifiées pour la sauvegarde de nos intérêts et de ceux du Gouvernement indigène.

RHEINART.

N° 12. — CIRCULAIRE *du Conseil de régence aux tong-doc du Tonkin.*

Excellence,

Les pouvoirs extraordinaires délégués à Nguyen-huu-Do, ayant naturellement pris fin au moment de sa mort, nous avons dû nous préoccuper, de concert avec le Résident général, du soin de régler les attributions du Kinh-luoc provisoire, conformément aux besoins de la situation, et en tenant compte de l'expérience du passé

En toutes matières, politique, administrative, financière, judiciaire et rituelle, le Kinh-luoc devra être un agent de centralisation chargé de la transmission des affaires entre la Cour et les autorités provinciales du Tonkin, entre le Résident supérieur au Tonkin et ces mêmes autorités provinciales.

Il donnera communication au Résident supérieur de tous les ordres qui lui seront adressés par la Cour pour les autorités provinciales du Tonkin. Il centralisera, pour les transmettre à la Cour, après communication au Résident supérieur, toutes les affaires des provinces du Tonkin.

En matière administrative et politique, il pourvoira, à titre provisoire, sur la proposition des mandarins provinciaux et l'avis du Résident supérieur, aux vacances qui se produiront parmi les fonctionnaires indigènes jusqu'au grade de tri-huyen ou aux grades équivalents inclusivement. Ces nominations provisoires seront confirmées, s'il y a lieu, par la Cour, à laquelle il en rendra immédiatement compte.

Les vacances qui se produiront parmi les tri-phu, ou les fonctionnaires de grade équivalent, seront signalées au ministre de l'intérieur par le Kinh-luoc qui enverra en même temps une liste de propositions. Le ministre de l'intérieur en rendra compte au noi-cac, en lui proposant les candidats qui lui paraîtront aptes à remplir la vacance. Le noi-cac fera choix d'un candidat dont il soumettra le nom à l'approbation du Conseil de régence et du Roi qui, sur l'avis du Résident général, prendra l'ordonnance de nomination. Le Kinh-luoc fera faire, sur l'avis du Résident supérieur, les mutations jugées nécessaires et en rendra compte.

Pour les vacances à remplir dans le haut personnel du mandarinat : tong-doc, tuan-phu, bo-chanh, an-sat, tham-ta, thuong-ta, le Kinh-luoc enverra ses propositions, par voie télégraphique, au ministre de l'intérieur après avoir pris l'avis du Résident supérieur. Le ministre de l'intérieur en référera au Conseil de régence qui, d'accord avec le Résident général, fera faire par ordonnance royale la nomination ; il en avisera télégraphiquement le Kinh-luoc. Ce mandarin proposera également, et avec l'avis du Résident supérieur, les mutations nécessaires dans ce haut personnel.

Pour toute nomination ou mutation, le choix du Conseil de régence pourra porter également sur tout le personnel des mandarins, aussi bien sur ceux du Tonkin que sur ceux de l'Annam, sans qu'il y ait un personnel spécial à chaque région.

Le Kinh-luoc tiendra le contrôle nominatif de tous les fonctionnaires annamites du Tonkin, depuis le grade de tri-phu ou les grades équivalents. Il le soumettra, avec ses appréciations et ses notes sur chacun des fonctionnaires, au Résident supérieur, il le transmettra tous les mois au ministère de l'intérieur.

Sur les propositions motivées qui lui seront faites par le Kinh-luoc, d'accord avec le Résident supérieur, la Cour accordera aux mandarins dont la nomination lui est exclusivement réservée, les récompenses qu'ils auront méritées par leur manière de servir et punira ceux qui auront manqué à leur devoir. Le Kinh-luoc pourra récompenser et punir lui même, avec l'approbation du Résident supérieur, les mandarins dont la nomination lui est réservée, mais il devra rendre compte de ses décisions en cette matière à la Cour.

Il instruira les demandes en autorisation de défrichement faites par des Annamites et pourra y donner suite, après avis du Résident supérieur, lorsque ces demandes ne porteront pas une superficie supérieure à dix maū. Il rendra compte à la Cour des autorisations qu'il aura délivrées et lui transmettra, avec le dossier de l'instruction à laquelle il devra procéder, toutes les demandes supérieures à dix maū de superficie.

Il centralisera, d'accord avec le Résident supérieur, le service de recrutement des tirailleurs, des gardes civils et des linh, dont il enverra chaque *trimestre* l'état nominatif à la Cour. Il se fera rendre compte par les autorités provinciales des situations d'armement et d'approvisionnement en tous genres des provinces, et transmettra *semestriellement* ces renseignements au Résident supérieur et à la Cour. Il fera, en cas de besoin, pourvoir aussitôt aux approvisionnements insuffisants, avec le concours du Résident supérieur, et en rendra compte à la Cour.

En ce qui concerne les travaux publics qui ne seront pas du ressort du service des travaux publics de Hanoi, le Kinh-luoc se fera rendre compte par les autorités provinciales de l'état des routes, des canaux et des digues et se fera adresser les projets de travaux à exécuter. Il transmettra ces renseignements au Résident supérieur avec le concours duquel il avisera à l'exécution. En fin de chaque saison, il rendra compte à la Cour de l'état des travaux neufs et des travaux d'entretien, et des projets de travaux à exécuter, pour chaque province.

En matière de finances, le Kinh-luoc adressera, chaque année, au ministère des finances une copie des rôles d'impôt des villages (1). Il examinera les demandes de dégrèvement.

(1) Provisoirement et à moins d'avis contraire, le Kinh-luoc enverra simplement un état sommaire des rôles d'impôts des villages.

Lorsque la quotité des dégrèvements demandés n'excédera pas mille piastres il pourra donner suite à la demande d'accord avec le Résident supérieur, mais rendra compte de sa décision à la Cour. Pour toutes les sommes supérieures à mille piastres, il transmettra les demandes à la Cour avec ses propositions, faites conformément à l'avis du Résident supérieur, et le dossier de l'enquête à laquelle il aura procédé.

Chaque mois, le Kinh-luoc avisera le Résident supérieur et le ministre des finances de la situation de la perception des impôts, dont il se fera rendre compte par les autorités de chaque province.

Chaque mois, il enverra au Résident supérieur et au ministre des finances un état de dépenses du personnel et des dépenses d'administration indigène, dressé d'après les états partiels qui lui seront fournis à cet effet par les autorités provinciales.

Pour les adjudications, les marchés et les bacs, le Kinh-luoc s'entendra avec le Résident supérieur ; il rendra compte à la Cour des contrats qu'il aura approuvés.

En matière de justice, le Kinh-luoc se conformera aux règles ordinaires du pays, sauf en ce qui concerne les affaires ressortissant aux tribunaux mixtes.

En matière de rites, le Kinh-luoc se conformera aux coutumes et règles du pays.

En toutes matières, le Kinh-luoc devra donc se concerter avec le Résident supérieur et dans les cas non prévus par la présente circulaire, il règlera ses attributions sur celles de ce haut fonctionnaire, mais il ne devra jamais perdre de vue qu'il doit être avant tout un agent de centralisation et de transmission, qu'il doit servir d'intermédiaire entre la Cour et les autorités provinciales du Tonkin, entre celles-ci et le Résident supérieur, qu'il doit enfin rendre compte de toutes ses décisions et de tous ses actes à la Cour.

Pour copie conforme de la traduction,
Le Résident, chef du Cabinet :
BOULLOCHE.

N° 13. — CIRCULAIRE *autorisant le payement sur la caisse provinciale des dépenses de bureau de l'administration indigène,*

6 mai 1889.

J'ai l'honneur de vous informer que je vous autorise à payer sur la caisse de votre province les dépenses de bureau (éclairage et fournitures) de son administration indigène jusqu'à concurrence de la somme annuelle portée au tableau suivant :

Bureau du Kinh luoc	2.000	ligatures
Province de Hanoi	1.200	—
— Nam-dinh	1.200	—
— Son-tay	1.200	—
— Bac-ninh	1.200	—
— Hai-duong	1.200	—
— Hung-yen	800	—
— Ninh-binh	800	—
— Lang-son	800	—
— Thai-nguyen	800	—
— Hung-hoa	800	—
— Tuyen-quang	500	—
— Cao-bang	500	—
— Quang-yen	500	—
— Cho-bo	500	—
— Hai-ninh	500	—
— Lao-kai	500	—
— Son-la	500	—

Ces dépenses devront être réglées annuellement et vous devrez veiller à ce que les autorités indigènes placées près de vous n'exercent plus dorénavant aucun prélèvement pour cet objet, ni en nature, ni en argent.

E. PARREAU.

N° 14. — DÉCISION *supprimant la solde des chefs et sous-chefs de canton*

20 juillet 1889.

La solde des chefs et sous-chefs de canton est supprimée à partir du 1er août.

BRIÈRE.

N° 15. — ARRÊTÉ *réorganisant le personnel de l'administration annamite.*

24 juillet 1889

Article premier. — Les cadres de l'Administration indigène et les effectifs des linh-co et des linh-le sont déterminés conformément au tableau ci-annexé.

Art. 2. — L'arrêté du 15 janvier(1889) est modifié conformément aux indications de ce tableau.

Art. 3. — Les états de solde seront établis conformément aux présentes dispositions à partir du 1er août 1889.

Art. 4. — Les résidents et vice-résidents, chefs de province sont chargés de l'exécution du présent arrêté.

BRIÈRE.

EFFECTIF	GRADES	SOLDE MENSUELLE	OBSERVATIONS
	ADMINISTRATION CENTRALE		
	Kinh-luoc	300 piastres.	
2	Thuong-ta	150 —	
2	Tham-ta	100 —	
2	Vien-ngoai, 5e degré, 1re classe	230 ligatures	Cet effectif est toujours variable, mais il ne peut dépasser les prévisions ci contre.
2	Interprètes, 5e degré, 2e classe	220 —	
2	Mandarins du 6e degré, 1re classe	200 —	
1	Mandarins du 6e degré, 2e classe	160 —	
2	Mandarins du 7e degré, 1re classe	140 —	
1	Mandarins du 7e degré, 2e classe	120 —	
2	Mandarins du 8e degré, 1re classe	80 —	
2	Mandarins du 8e degré, 2e classe	60 —	
2	Mandarins du 9e degré, 1re classe	50 —	
2	Mandarins du 9e degré, 2e classe	40 —	
12	Lettrés	30 —	
3	Le-muc	18 —	
27	Linh-le	10 —	
	GRANDES PROVINCES		
	BAC-NINH, NAM-DINH, HAI-DUONG, SON-TAY, HANOI		
1	Tong-doc	800 ligatures	
1	Interprète	30 —	
2	Le-muc	18 —	
13	Linh-le	10 —	
	Bureaux du Quan-bo		
1	Quan-bo	500 ligatures	
1	Tong-phan	160 —	Il y a 6 mandarins du 9e degré, mais les chiffres fixés sont simplement des indications d'effectif à ne pas dépasser ; le nombre dans chaque classe n'est pas impératif.
1	Kinh-lich	140 —	
1	Chanh-bat-phan	40 —	
1	Tung-bat-pham	30 —	
4	Chanh-cuu	25 —	
2	Tong-cuu	20 —	
12	Lettrés	15	
1	Le-muc	18 —	
7	Linh-le	10 —	
	Trésor		
1	Chu-thu	160 ligatures	
1	Giam-thu	70 —	
2	Phong-bo	45 —	
	Bureaux du Quan-an		
1	Quan-an	400 ligatures	
1	Kinh-lich	140 —	
1	Chanh-bat	40 —	
1	Tung-bat	30 —	
1	Chanh-cuu	25 —	
1	Tung-cuu	20 —	
8	Lettrés	15 —	
1	Le-muc	18 —	
5	Linh-le	10 —	
	Enseignement		
1	Doc-hoc	300 ligatures	
1	Tri-thua	25 —	
2	Le-sinh	15 —	
3	Linh-le	10 —	
	Service sanitaire		
1	Y-sinh	20 ligatures	
1	Y-thuoc	15 —	
	Tram		
	Doi	20 ligatures	S'applique à toute les provinces.
	Linh	12 —	L'effectif est déterminé par le Résident suivant les besoins du service.
	Effectif militaire		
1	Lanh-binh ou De-doc	150 ligatures	
1	Pho-lanh-binh	70 —	
2	Chanh-quan-co	60 —	
3	Pho-quan-co	50 —	
5	Hiep-quan	40 —	
15	Doi	30 —	
16	Dien-ty-cai	20 —	
100	Linh-co	10 —	
	PROVINCES SECONDAIRES		
	HUNG-YEN, NINH-BINH, LANG-SON, HUNG-HOA, THAI-NGUYEN		
	Bureaux du Tuan-phu		
1	Tuan-phu	600 ligatures	
1	Thong-phan	160 —	
1	Chanh-bat	40 —	
1	Tung-bat	30 —	
	Bureaux du Tuan-phu		
1	Interprète	30 ligatures	
1	Chanh-cuu	25 —	
1	Tung-cuu	20 —	
8	Lettrés	15 —	
1	Le-muc	18 —	
11	Linh-le	10 —	
	Trésor		
1	Chu-thu	160 ligatures	
1	Dien-thu	40 —	
2	Phong-bo	45 —	
	Bureaux du Quan-an		
1	Quan-an	400 ligatures	
1	Kinh-lich	140 —	
1	Chanh-bat	40 —	
1	Chanh-cuu	25 —	
5	Lettrés	15 —	
1	Le-muc	18 —	
5	Linh	10 —	
	Enseignement		
1	Tu-thua	25 ligatures	
1	Le-sinh	15 —	
	Service médical		
1	Y-sinh	20 ligatures	
	Effectif militaire		
1	Lanh-binh	140 ligatures	ou un Pho-lanh-binh.
2	Quan-co	60 —	
1	Pho-quan-co	50 —	
1	Hiep-quan	40 —	
10	Suat-doi	30 —	
10	Dien-ty-cai	20 —	
80	Linh	10 —	
	PETITES PROVINCES		
	QUANG-YEN, TUYEN-QUANG		
1	Quan-bo	500 ligatures	
1	Kinh-lich	140 —	
1	Bat-pham		de la 1re ou de la 2e classe
1	Cuu-pham		—
5	Lettrés	15 —	
1	Le-muc	18 —	
7	Linh	10 —	

EFFECTIF	GRADES	SOLDE MENSUELLE	OBSERVATIONS
	Trésor		
1	Dieu-thu	40 ligatures	
1	Phong-bo	10 —	
	Bureaux du Quan-an		
1	Quan-an	400 ligatures	de 1re ou 2e classe
1	Cun-pham		
3	Lettrés	15 —	
1	Le-muc	18 —	
5	Linh-le	10 —	
	Effectif militaire		
1	Quan-co	60 ligatures	
1	Hiep-quan	40 —	
6	Suat-doi	30 —	
7	Dien-ty-cai	20 —	
40	Linh-co	10 —	
	HAIPHONG		
1	Pho-su	260 ligatures	Solde suivant la classe —
1	Kinh-lich	140 —	
1	Bat-pham		
1	Cun-pham		
4	Lettrés	15 —	
1	Le-muc	18 —	
5	Linh-le	10 —	
	HAI-NINH		
1	Quan-dao	280 ligatures	Suivant la classe
1	Kinh-lich	140 —	
1	Cun-pham		
3	Lettrés	15 —	
1	Le-muc	18 —	
5	Linh-le	10 —	
	CHO-BO		
1	Quan-an	400 ligatures	Solde suivant la classe —
1	Kinh-lich	140 —	
1	Bat-pham		
1	Cun-pham		
5	Lettrés	15 —	
1	Le-muc	18 —	
5	Linh-le	10 —	
	ADMINISTRATION INTÉRIEURE		
1	Tri-phu	220 ligatures	
1	Dong-tri-phu	200 —	
1	Lai-muc	20 —	
3	Thong-lai	15 —	
1	Le-muc	18 —	
9	Linh-le	10 —	
1	Giao-tho	140 —	
1	Tri-huyen ou tri-chau	160 —	
1	Lai-muc	20 —	
2	Thong-lai	15 —	
1	Le-muc	14 —	
7	Linh-le	10 —	
1	Huan-dao	40 —	

N° 16. — CIRCULAIRE *au sujet de la réorganisation du personnel indigène.*

24 juillet 1880.

L'application de l'arrêté du 15 janvier dernier, m'a amené à constater l'urgence de la réorganisation du personnel de l'Administration indigène et de la fixation des effectifs des linh-co et des linh-lé.

L'absence de réglementation entraînait des dépenses considérables dépassant de beaucoup les prévisions budgétaires et constituait une trop lourde charge pour nos finances.

C'est dans le but de diminuer ces dépenses et, en même temps, de simplifier et faciliter notre contrôle, que, d'accord avec S. E. le Kinh-luoc, j'ai été amené à prendre l'arrêté dont vous trouverez la teneur ci-jointe.

Vous avez été, à plusieurs reprises, consultés sur cette question et ce sont les documents fournis par vos soins qui ont servi de base à la nouvelle réglementation.

Il y aura donc lieu de vous entendre avec les autorités provinciales au sujet du personnel à licencier, tant civil que militaire, et de ne faire figurer, sur l'état de solde d'août, que l'effectif réglementaire.

Vous voudrez bien faire remarquer d'ailleurs aux mandarins provinciaux que ces réductions, opérées sur le personnel inutile, seront suivies d'augmentation de leur solde dans des proportions compatibles avec l'état de nos ressources.

Les mandarins civils licenciés seront portés sur une liste établie par les soins de l'autorité provinciale, et adressée à S. E. le Kinh-luoc, qui tiendra un contrôle général des mandarins indisponibles.

Il n'y aura plus de mandarins à la suite de la province.

J'ai pensé simplifier la comptabilité en supprimant les suppléments et en attribuant une solde unique qui sera payée à la fonction et au grade de mandarinat. Ainsi, un mandarin de 7e degré faisant fonction de huyen aura droit à la solde de huyen. Dans les chau, la plupart des fonctionnaires, n'ayant aucun grade dans le mandarinat, ne touchaient que le supplément afférent à la fonction. Désormais, ils bénéficieront de la solde du grade dont ils remplissent l'emploi.

Les thuong-ta et les bang-ta doivent absolument disparaître partout où il n'y a pas de raisons spéciales pour les maintenir. Dans ce dernier cas, vous voudrez bien me le faire connaître d'urgence.

J'ai fait surtout porter les modifications les plus profondes sur le personnel si nombreux et si inutile des linh-co et des linh-le.

La réduction considérable des linh-co est le premier pas vers la fusion complète des éléments utilisables de l'ancienne armée annamite avec notre garde civile.

C'est vous expliquer suffisamment leur rôle. Le contingent provincial sera réparti entre les phu et les huyen les plus importants. La portion destinée au chef-lieu de la province sera armée et exercée par un garde principal de la garde civile. Elle fera le même service et sera appelée à suppléer à son insuffisance numérique.

Les linh-co du chef-lieu, exercés, iront remplacer, dans l'intérieur, les linh des phu et des huyen, qui viendront à leur tour au chef-lieu pour y être soumis à une période d'instruction.

Cette mesure n'a pour but que d'arriver à la suppression des linh-co par l'augmentation progressive de l'effectif de la garde civile.

Les mandarins militaires en excédent seront mis en disponibilité dans les mêmes conditions que les mandarins civils.

Les linh licenciés rentreront dans leurs villages où il seront astreints au payement de l'impôt des terrains communaux dont ils ont la jouissance. Toutefois, cette mesure n'aura son effet qu'à partir de l'année prochaine. Ils seront alors considérés comme locataires des terrains communaux et, à ce titre, payeront une redevance au village.

Cette opération devra être vérifiée avec soin. A cet effet, il y aura lieu de vous faire fournir l'état des terrains communaux détenus par les linh-co et de vous assurer que ces terrains font bien retour à la commune.

Les linh-le ne sont plus considérés comme des serviteurs attachés à la personne du fonctionnaire indigène. Ils serviront comme plantons, comme satellites habituels des mandarins (porte-étendard, porte-pique, porte-lance, etc.)

Vous procéderez, pour le licenciement des linh-le, de la même manière que pour les linh-co.

Je compte, Messieurs, sur votre expérience des hommes et des choses de ce pays, pour mener à bien une transformation qui doit réduire de 65,000 piastres les dépenses de l'administration indigène.

Les susceptibilités des mandarins civils ne seront pas à redouter lorsque vous leur aurez fait comprendre l'avantage immédiat qu'ils retireront de ce système. Quant aux mandarins militaires, jusqu'au grade de quan-co, il vous appartiendra de leur persuader que leur situation demeurera intacte et qu'ils seront appelés à devenir de véritables chefs de poste. Rien ne sera changé à la situation des mandarins militaires de grade supérieur, lanh-binh, de-doc, puisqu'ils ne doivent jamais quitter le chef-lieu.

BRIÈRE.

N° 17. — CIRCULAIRE *au sujet des dépenses de bureau de l'administration indigène.*

8 août 1889

J'ai constaté que les prescriptions de ma circulaire n° 17 du 6 mai dernier, vous autorisant à payer sur la caisse provinciale les dépenses de bureau de l'administration indigène, avaient été mal interprétées par quelques-uns d'entre vous en ce qui concerne la régularisation de ces dépenses.

Ainsi que cette circulaire le prescrit, vous devez envoyer, chaque mois, à la Résidence supérieure, un état des sommes prélevées sur le trésor provincial, afin de me permettre d'en faire mandater le montant.

Ces états devront être fournis à compter du 1er mai, ils seront établis en ligatures, converties en piastres au taux du jour.

BRIÈRE.

N° 18. — CIRCULAIRE *au sujet des mesures pénales à prendre contre les autorités annamites.*

22 août 1889

L'état de la sécurité publique, encore précaire dans quelques provinces, m'amène à vous rappeler les circulaires de mon prédécesseur, en date des 18 octobre et 4 novembre 1887.

Je vous prie de ne pas hésiter, le cas échéant, à provoquer, contre les autorités locales ou contre les villages, l'application rigoureuse des peines édictées par la circulaire que S. E. Nguyen-huu-Do adressait en octobre dernier, aux gouverneurs des provinces, au sujet de la répression de la piraterie.

J'invite, d'ailleurs, S. E. le Kinh-luoc à rappeler ses précédentes instructions aux autorités provinciales.

BRIÈRE.

VOY. : **Centres indigènes, — Commission consultative indigène. — Indemnités. — Organisation administrative.**

Administration civile. — VOY : **Organisation administrative.**

Administration du Protectorat. — VOY : **Organisation administrative.**

Affaires civiles. — VOY : **Organisation administrative.**

Agent judiciaire du Trésor.

N° 1. — ARRÊTÉ *chargeant le Payeur, chef du service de la trésorerie de l'Annam et du Tonkin, des fonctions attribuées en France à l'agent judiciaire du Trésor.*

15 octobre 1888.

Article premier. — Les fonctions attribuées en France à l'agent judiciaire du Trésor sont dévolues au payeur chef du service de la trésorerie de l'Annam et du Tonkin, pour être exercées par lui-même ou sous sa direction, par ses préposés et par les gérants des caisses d'avances dans la résidence desquels existe un agent assermenté.

Art. 2. — Le payeur chef de service a qualité pour représenter le Protectorat dans toutes les actions judiciaires où il figure comme demandeur ou défendeur pour le recouvrement des délits de toute nature.

Art. 3. — Le Protectorat ne peut être assigné qu'en sa personne pour ce qui a trait au recouvrement des deniers publics et aux produits du domaine.

Les causes où l'agent judiciaire du Protectorat est partie, soit en demandant, soit en défendant, sont dispensées des préliminaires de conciliation et rendues exécutoires par provision à sa réquisition.

Art. 4. — Le payeur, chef du service de la trésorerie, ne peut, en sa qualité d'agent judiciaire, transiger dans une cause en instance, ni suspendre la procédure ou accorder des délais, sans une autorisation spéciale du Résident général. Il ne peut entraîner une instance judiciaire sans en être requis par l'administration du Protectorat.

Art. 5. — Les décisions administratives ordonnant des saisies ou confiscations pour non-exécution de contrats ou autre retard dans le payement des fermages, locations ou adjudications, prix de ventes ou de concessions, sont exécutoires de plein droit et sans intervention de l'autorité judiciaire, à condition d'être revêtues du visa du Résident général.

Elles emportent contrainte par corps et hypothèques.

Ces décisions sont notifiées aux intéressés par les soins des résidents et exécutoires à l'expiration des délais d'appel (délais à fixer en conseil du Gouvernement). (*Voir arrêté du 12 novembre 1888*).

Art. 6. — Le payeur chef de service est assisté dans ses fonctions d'agent judiciaire par un avocat-conseil désigné par le Résident général. Mais il a qualité pour ester lui-même aux jugements.

Art. 7. — Les ordres de recette émis par les ordonnateurs sont poursuivis à leur diligence ainsi que le prescrit l'article 211 du décret du 20 novembre 1882; mais dans le cas où les moyens de conciliation auraient échoué pour le recouvrement, les poursuites pourront être confiées au payeur chef. Elles sont alors exercées dans les conditions prévues par l'arrêté du 22 octobre 1886, par voie d'avertissement sans frais, puis de contrainte et, quinze jours après la contrainte, de saisie et de vente.

Art. 8. — Les poursuites relatives aux recouvrements de créances dont les titulaires ont quitté la colonie sont demandées par le payeur chef à l'agent judiciaire du trésor à Paris.

Art. 9. — Le payeur chef de service et ses préposés ne sont tenus à aucune responsabilité pécuniaire par suite des fonctions qui leur sont attribuées par le présent arrêté.

RICHAUD.

N° 2. — ARRÊTÉ *complétant celui du 15 octobre relatif aux fonctions d'agent judiciaire du Trésor.*

12 novembre 1888

Article premier. — L'article 5 de l'arrêté du 15 octobre 1888, est complété ainsi qu'il suit :

Les délais d'appel des décisions administratives sont fixés à quinze jours francs entre la date de la notification de ces décisions et leur exécution et, en cas d'appel, à huit jours francs entre le jugement du Conseil administratif et son exécution.

RICHAUD.

VOY: **Caisse des dépôts et consignations. — Justice. — Trésor.**

Agriculture. — VOY. : **Comité agricole et industriel. — École d'agriculture. — Ferme-école. — Plantes vivantes.**

Aigrettes. — VOY. : **Chasse. — Port d'armes. — Permis de chasse.**

Alcools

N° 1. — LETTRE *au sujet du régime qu'il conviendrait d'adopter pour les alcools indigènes.*

6 juillet 1886

En vue d'assurer des ressources au Protectorat, j'ai songé à organiser, après les fermes de l'opium et des jeux, celle du monopole du débit d'alcool de riz; c'est là un impôt auquel tout le monde s'attend, et qui, sous une forme différente, est déjà connu des populations annamites.

Mais, au moment de passer à l'exécution, je suis frappé des faits suivants :

Les renseignements qui me sont fournis établissent que, dans les provinces les plus importantes, il existe 94 distilleries de 1re classe et 339 de seconde classe, payant aux autorités annamites un impôt total d'environ 14,000 ligatures. En y joignant les résultats de Nam-dinh, qui ne me sont pas encore parvenus au complet, on arriverait à peu près à 20,000 ligatures.

Ces chiffres, presque insignifiants, démontrent deux choses : la première, c'est que l'impôt est mal perçu et que les distilleries sont taxées, dans leur ensemble, d'une façon tout à fait insuffisante; la seconde, c'est que ces mêmes distilleries ne fournissent qu'une fraction minime de l'alcool de riz consommé dans le pays.

Mais à côté de ces distilleries, existent les bouilleurs de crû en nombre illimité et inconnu ; ceux-ci ne pourraient, je crois, être atteints par l'affermage.

Ils fabriqueront, sans même prendre patente pour cela, plus d'alcool avec leur propre riz, et ils recevront, pour le distiller, le riz du voisin. La fraude en ces matières est si facile, et si délicat le contrôle, qu'en France toutes les lois faites contre les bouilleurs de crû ont été vaines, et je ne crois pas qu'il faudrait ici, même avec l'assistance des villages intéressés, espérer de déjouer la fraude et d'exercer les bouilleurs de crû.

Il ne resterait donc à attendre de ce monopole que le produit des distilleries patentées.

Je crois que l'affermage de leur alcool de riz fournirait des sommes bien plus importantes que celles énoncées plus haut; c'est peut-être rester au dessous de la vérité que d'affirmer qu'immédiatement on arriverait à décupler et vingtupler les produits, surtout si l'on y intéressait les villages.

Mais convient-il, pour cette somme relativement peu importante, de s'exposer à mécontenter des populations depuis longtemps malheureuses et faciles à exciter contre nous; pendant les premières années de notre établissement, ne vaut-il pas mieux agir avec une extrême modération, et attendre que le calme et la prospérité, définitivement revenus, offrent une base plus large à l'établissement de l'impôt.

On comprend très-bien que la ferme de l'opium et celle des jeux ne soient pas des mesures impopulaires. L'opium est un produit exotique qui n'est jamais arrivé ici que frappé d'un droit énorme, et le prix n'en montera guère après la mise en ferme. Le consommateur ne souffre pas de l'institution de la ferme, et le contrebandier seul y perd. De même pour le jeu: on peut, les Annamites eux-mêmes peuvent considérer l'impôt comme l'obstacle légitime à une jouissance dont eux-mêmes reconnaissent le danger; en tous cas, cet impôt est accepté par tous les asiatiques.

Mais quant au monopole du débit de l'alcool, il faudrait qu'il fût acceptable pour les populations ; la consommation de l'alcool est chose courante, elle a même, pendant les nombreuses fêtes annamites, un caractère rituel, et ce qui la restreint apparaît comme une vexation, sans compter que le riz avec lequel le paysan annamite fabrique son alcool est bien à lui, et que, venant après l'impôt foncier, c'est-à-dire au fond l'impôt sur le riz, l'impôt sur l'alcool, produit du riz, ressemble à une vexation double.

Les diverses considérations qui précèdent me font donc hésiter. Je me demande si le temps est venu d'établir un impôt presque sûrement impopulaire, d'un rendement, au moins dans les débuts, assez faible, et que la nécessité de déjouer les fraudes fera accompagner de formes inquisitoriales et vexatoires.

Aujourd'hui que tous nos résidents et vice-résidents chefs de poste sont installés, nous avons, pour sortir de cette hésitation, une source de renseignements.

Je vous prie donc de les consulter d'urgence et de solliciter sur ces divers points, leur avis, en leur demandant en même temps l'exposé des moyens propres, selon eux, à parer aux difficultés que je prévois : vous résumeriez leurs observations en me donnant, dans un rapport d'ensemble, votre opinion personnelle.

Je désire avoir tous ces renseignements le plus tôt possible et vous prie d'appeler sur ce point l'attention de MM. les résidents.

PAUL BERT.

N° 2. — ARRÊTÉ *fixant des droits sur les spiritueux introduits dans l'Annam et le Tonkin.*

20 février 1888.

Article premier. — Les eaux-de-vie, les fruits confits à l'alcool, les spiritueux de toute nature et de toute provenance, à l'exception des vins de Chine, sont, à leur introduction dans l'Annam et le Tonkin, assujettis à un droit de consommation fixé à vingt-cinq cents (0 $ 25) par litre d'alcool pur, sans que la perception puisse descendre au-dessous de douze cents et demi (0 $ 125) par litre.

Art. 2. — Le droit à percevoir sur les vins de Chine, de Tien-tsin et de Canton, est fixé à trente deux cents (0 $ 32) par litre.

Art. 3. — Cette perception est effectuée au moment de l'arrivée en douane, et les droits sont acquittés avant l'enlèvement des marchandises.

La taxe de consommation ne se confond pas avec les droits établis par le décret du 8 septembre 1887.

Art. 4. — Les eaux-de-vie et autres spiritueux en transit ou réexportés ne sont soumis à aucun droit. Les alcools destinés au transit ou à la réexportation pourront être admis au bénéfice de l'entrepôt réel ou fictif, dans les conditions établies par les décrets et arrêtés en vigueur.

Art. 5. — Les spiritueux destinés à être livrés aux services publics, en exécution de contrats réguliers, sont exempts des droits de consommation.

Ils pourront être admis en entrepôt réel ou fictif et les sorties en franchise seront autorisées sur la production des commandes faites par le service cessionnaire et après vérification des livraisons réellement faites.

Le compte courant de ces entrepôts fictifs sera apuré à la fin de chaque mois, et les manquants non justifiés donneront lieu à la perception des triples droits sur les quantités constatées en moins.

Art. 6. — Les dispositions, prescriptions, formalités et pénalités prévues pour le service des douanes par les décrets et arrêtés en vigueur sont applicables à la perception des droits établis par le présent arrêté.

CONSTANS.

VOY : **Absinthe. — Douane. — Organisation administrative.**

Amendes

N° 1. — ARRÊTÉ *frappant d'amende les villages qui ne prêteraient pas leur concours à l'autorité française pour l'arrestation des pillards et des fauteurs de désordre.*

20 juillet 1888

Article premier. — § Ier. — Seront frappés d'une amende : les villages qui seraient convaincus d'avoir pactisé avec les pillards ou les fauteurs de désordre agissant en bandes ou isolément, de leur avoir donné asile, de s'être soumis à leurs exigences, autrement que contraints par la force ; de ne pas les avoir saisis et remis à l'autorité française lorsque cela était possible, de ne pas les avoir signalés immédiatement à ladite autorité.

§ II. — (*Modifié par arrêté du 13 novembre 1889*).

Art. 2. — § Ier. — Une moitié des recettes provenant des amendes sera employée à la construction, à l'entretien et à l'amélioration des postes de la garde civile indigène.

§ II. — L'autre moitié servira à récompenser les villages qui se seront signalés par leur zèle à seconder l'autorité française dans l'arrestation des malfaiteurs.

§ III. — Le montant de la récompense ou prime sera fixé dans chaque cas par le Résident général sur la proposition du résident de la province

RICHAUD.

N° 2. — CIRCULAIRE *au sujet des amendes à infliger aux villages*

1er août 1888.

J'ai l'honneur de vous transmettre, sous ce pli, ampliation de mon rapport du 20 juillet et de l'arrêté conforme du même jour, au sujet des amendes à infliger aux villages qui ne prêteraient pas leur concours à l'autorité française pour l'arrestation des pillards et des fauteurs de désordre.

Je vous recommande d'user de ce mode de répression avec beaucoup de discernement, car il est certain que les dispositions de cet arrêté seront exploitées contre nous.

Comme dans les faits de ce genre, les notables, qui ont toute autorité sur la population, sont seuls coupables, ce sont eux qu'il s'agit de punir ; il y aura donc lieu de faire porter les amendes exclusivement sur eux et sur les quelques individus qui seraient notoirement reconnus comme meneurs et fauteurs de désordre. Pour ne pas payer eux-mêmes l'amende, les notables useront certainement de leur autorité pour faire verser par la population 3, 4 et même 10 fois la somme : il y aura donc à veiller avec le plus grand soin à ce que ces abus ne se commettent pas, et pour cela, à porter à la connaissance de la population les mesures prises dans chaque cas, et à leur donner la plus grande publicité possible.

En outre de l'amende, je vous engage à avoir recours, pour réduire la piraterie, à quelques autres moyens que l'expérience a démontré comme particulièrement efficaces. Je veux parler de la mise en otages des femmes et des enfants des principaux chefs de rébellion ; vous savez que ces derniers quand ils savent leur famille entre nos mains, considèrent leur soumission presque comme un devoir. Ces familles, je n'ai pas besoin de vous le dire, ne doivent jamais être l'objet d'aucun mauvais traitement.

Un autre moyen à employer vis-à-vis des villages insoumis, ou même des villages d'origine des principaux chefs, consiste à raser la haie de défense en bambous qui entoure le village, ou au moins à y ouvrir de larges brèches en trois ou quatre points différents. De cette manière, ces villages se sentent à notre disposition et ne peuvent plus devenir des centres de résistance et d'opération contre nous.

En outre, ce procédé a l'avantage de nous procurer des bambous solides qui peuvent être de la plus grande utilité pour la défense ou la création de nos postes.

E. PARREAU.

N° 3. — ARRÊTÉ *modifiant le § II de l'article 1er de l'arrêté du 20 juillet 1888.*

13 novembre 1889.

Article premier. — Le § 2 de l'article 1er de l'arrêté du 20 juillet 1888 est modifié ainsi qu'il suit.

« Le montant de l'amende, qui variera suivant la gravité de la faute et l'importance du village, sera déterminé par le Résident supérieur sur la proposition du résident ou vice-résident, chef de la province à laquelle appartient le village coupable. »

Art. 2. — Le Résident supérieur au Tonkin est chargé de exécution du présent arrêté.

PIQUET.

VOY : **Piraterie. — Rébelion. — Responsabilité collective. — Responsabilité des villages.**

Annonces judiciaires et légales

N° 1. — DÉCISION *désignant le journal* l'Avenir du Tonkin *pour recevoir les annonces légales.*

13 août 1885

N° 2. — ARRÊTÉ *désignant le journal* le Courrier d'Haiphong *pour recevoir les annonces légales au même titre que l'*Avenir du Tonkin.

25 novembre 1886

Appel d'offres. — VOY. : **Cahier des charges.**

Armes et munitions.

N° 1. — DÉCISION *interdisant l'introduction des armes et munitions dans l'Annam et le Tonkin.*

20 août 1884

Rapporté par arrêté du 19 septembre 1888.

N° 2. — ORDONNANCE *royale interdisant l'entrée des armes de guerre, munitions, etc.*

10 juin 1886

Sur la proposition du Co-mat, Sa Majesté ordonne :

Article premier. — L'introduction des armes, des poudres, des munitions et objets divers de guerre est prohibée sur tout le territoire de notre empire.

Art. 2. — Les commerçants français établis dans notre royaume peuvent les y introduire s'ils sont porteurs de permis délivrés par les résidents ou vice-résidents. Ces permis devront mentionner, outre les noms et domicile du titulaire, la nature et la quantité des armes et munitions à importer, ainsi que le port dans lequel elles seront débarquées.

Art. 3. — En dehors du cas d'exception prévu à l'art. 2, toutes les armes et munitions importées clandestinement dans notre territoire seront saisies et confisquées au profit de l'État. Leurs importateurs seront passibles des peines édictées par les lois et règlements en vigueur.

N° 3. — ARRÊTÉ *interdisant la vente des armes et des munitions de guerre au Tonkin et en Annam.*

19 septembre 1888.

Article premier. — L'introduction et la vente des armes et munitions de guerre de toute nature et de tout modèle est interdite au Tonkin et en Annam.

Art. 2. — La vente des armes, des munitions et des poudres de chasse est seule autorisée, sous les réserves et dans les conditions prévues par les arrêtés et décisions des 27 avril et 1er octobre 1887.

Art. 3. — Les commerçants, possesseurs des armes et munitions de guerre qui ont fait l'objet de la déclaration qui leur a été dernièrement demandée, seront autorisés à les vendre, comme par le passé, aux européens jusqu'à complet épuisement de leur stock, sous la condition d'informer le résident pour chaque arme vendue.

Ceux d'entre eux qui auraient fait des commandes à l'extérieur seront tenus d'en faire la déclaration à la résidence, et il appartiendra à l'administration de statuer sur l'opportunité de l'introduction de ces nouvelles armes dans le pays.

Art. 4. — Les propriétaires d'embarcations ou chaloupes naviguant sur les fleuves ou en mer, qui désireront avoir à bord des armes et munitions de guerre, devront en faire la demande au résident général. Les autorisations de cette nature déjà accordées sont maintenues. Les dispositions relatives aux visites des armes, ainsi distribuées, resteront en vigueur.

Art. 5. — Toute contravention au présent arrêté sera punie, sans préjudice de la confiscation des armes et munitions, d'une amende de 500 francs au minimum et 3,000 francs au maximum ; une peine d'emprisonnement pourra, en outre, selon le cas, être prononcée contre les délinquants, par application des articles 96, 268 et 463 du Code pénal.

Art. 6. — Sont abrogés tous les ordres et arrêtés antérieurs concernant le commerce des armes et des munitions de guerre.

E. PARREAU.

VOY. : **Pirates. — Piraterie.**

Assistance judiciaire.

N° 1. — ARRÊTÉ *sur l'assistance judiciaire au Tonkin.*

12 novembre 1889

Article premier. — L'assistance judiciaire peut-être accordée aux indigents d'origine européenne ou étrangère, en résidence au Tonkin.

Art. 2. — Le bénéfice de cette assistance peut être étendu aux indigents indigènes qui ont à soutenir, soit en demandant soit en défendant, un procès contre un européen ou un étranger.

Art. 3. — L'admission à l'assistance judiciaire devant les tribunaux civils du Tonkin ainsi que devant le conseil du Protectorat siégeant au contentieux, est prononcée par un bureau ayant son siège à Hanoi.

Ce bureau se compose :

1° D'un délégué du Résident supérieur au Tonkin ;

2° Du chef du service de l'enregistrement ou d'un agent de cette administration désigné par lui ;

3° D'un officier du commissariat de la marine désigné par le chef du service administratif ;

4° D'un habitant notable nommé par le chef du service judiciaire de l'Indo-Chine ;

5° D'un défenseur agréé près le tribunal de première instance de Hanoi désigné par le juge président du siège.

Lorsque l'assistance judiciaire est réclamée par un indigène ou un asiatique, un notable indigène ou asiatique de la nation du requérant est adjoint au bureau, avec voix délibérative.

Ce notable est désigné par le chef du service judiciaire.

Art. 4. — Les membres du bureau, autres que les délégués de l'administration, sont soumis au renouvellement au commencement de chaque année, les membres sortants peuvent être renommés.

Art. 5. — Le bureau est présidé de droit par le délégué du Résident supérieur. Les fonctions de secrétaire sont remplies par le greffier du tribunal de Hanoi ou par un de ses commis assermenté.

Le bureau ne peut délibérer qu'autant que trois au moins de ses membres sont présents, non compris le secrétaire, qui n'a pas voix délibérative. Les décisions sont prises à la majorité ; en cas de partage, la voix du président est prépondérante.

Art. 7. — Toute personne qui réclame l'assistance judiciaire adresse une demande sur papier libre au procureur de la République du tribunal de son domicile. Le procureur de la République de Haiphong transmet au parquet de Hanoi les demandes qui lui sont adressées par les justiciables de sa circonscription.

Le procureur de Hanoi en fait la remise au bureau. Toutefois, si le tribunal n'est pas compétent pour statuer sur le litige, ou si l'indigence n'est pas régulièrement constatée, le procureur de la République de Hanoi n'est pas tenu de faire parvenir les demandes au bureau.

Dans ce cas, les demandes sont classées et les parties intéressées avisées de ce classement ainsi que des motifs qui l'ont déterminé.

Art. 8. — Celui qui a été admis à l'assistance judiciaire devant une première juridiction continue à en jouir soit sur un jugement d'incompétence saisissant de la connaissance de l'affaire une autre juridiction de même nature et de même ordre, soit sur l'appel interjeté contre lui dans le cas même où il se rendrait incidemment appelant.

Lorsque c'est l'assisté qui émet un appel principal, il ne peut jouir du bénéfice de l'assistance qu'autant qu'il y est admis par une décision nouvelle. Dans ce cas, la demande est adressée au procureur général près la cour de Saigon et elle est instruite conformément à la législation en vigueur en Cochinchine.

Art. 9. — Quiconque demande à être admis à l'assistance judiciaire doit joindre à sa requête les pièces qui servent de fondement à sa demande.

Cette requête doit, en outre, être accompagnée d'une déclaration du requérant attestant qu'il est, à raison de son indigence, dans l'impossiblité d'exercer ses droits en justice, et contenant l'énumération détaillée de ses moyens d'existence, quels qu'ils soient. La sincérité de la déclaration est affirmée, à Hanoi et à Haiphong, devant le Résident-maire et, dans les autres localités des circonscriptions des tribunaux, devant les résidents et vice-résidents de province ; acte en est donné au bas de la déclaration.

Art. 10. — Le bureau prend toutes les informations nécessaires pour s'éclairer sur l'indigence du demandeur.

Art. 11. — Les décisions du bureau ne contiennent que l'exposé sommaire des faits et des moyens et la déclaration que l'assistance est accordée ou qu'elle est refusée sans expression de motifs dans l'un ni dans l'autre cas. Les décisions du bureau ne sont susceptibles d'aucun recours. Elles doivent être adressées par le procureur de la République de Hanoi, avec copie des pièces qui les accompagnent, au chef du service judiciaire de l'Indo-Chine et ce dans le plus bref délai possible.

DES EFFETS DE L'ASSISTANCE JUDICIAIRE

Art. 12. — Dans les trois jours de l'admission à l'assistance judiciaire, le président du bureau envoie au procureur de la République de Hanoi, par l'intermédiaire du secrétaire du bureau, un extrait de la décision portant seulement que l'assistance est accordée ; il y joint les pièces de l'affaire. Un extrait semblable est envoyé dans le même délai au chef du service de l'enregistrement. Dès leur réception, le procureur de la République de Hanoi transmet toutes les pièces au juge-président du tribunal de l'assisté.

Ce dernier désigne, sans délai et d'office, par ordonnance, un défenseur agréé et un huissier à la partie intéressée, qui reçoit notification de la décision du juge par la voie du Parquet.

Art. 13. — L'assisté est provisoirement dispensé du paiement de toutes les sommes dues au Trésor à un titre quelconque.

Il en est de même pour toutes les sommes dues aux greffiers, aux officiers ministériels et aux défenseurs agréés.

Les actes de la procédure faite à la requête de l'assisté sont visés pour timbre et enregistrés en débet. Tous les actes et titres produits par l'assisté pour justifier de ses droits et qualités sont pareillement visés pour timbre et enregistrés en débet. Les frais de transport des juges, des officiers ministériels et des experts, les honoraires de ces derniers et les taxes de témoins dont l'audition a été autorisée par justice, sont avancés par le Trésor conformément à l'article 118 du décret du 18 juin 1811

Art. 14. — Le Ministère public est entendu dans les affaires dans lesquelles l'une des parties a été admise au bénéfice de l'assistance.

Art 15. — Les notaires-greffiers et tous autres dépositaires publics ne sont tenus à la délivrance gratuite des actes et expéditions réclamés par l'assisté que sur une ordonnance du juge-président.

Art. 16. — En cas de condamnation aux dépens prononcée contre l'adversaire de l'assisté, la taxe comprend tous les droits, frais de toute nature, honoraires et émoluments auxquels l'assisté aurait été tenu s'il n'y avait pas eu assistance judiciaire.

Art. 17. — Dans le cas prévu par l'article précédent, la condamnation est prononcée et l'exécutoire est délivré au nom de l'administration de l'enregistrement, qui en poursuit le recouvrement comme en matière d'enregistrement.

Il est délivré un exécutoire séparé au nom de l'administration de l'enregistrement pour les droits qui n'étant pas compris dans l'exécutoire délivré contre la partie adverse, restent dus par l'assisté au trésor, conformément au troisième paragraphe de l'article 13. L'administration de l'enregistrement fait immédiatement aux divers ayants-droit les distributions des sommes recouvrées. La créance du Trésor, pour les avances qu'il a faites, ainsi que pour tous droits de greffe, d'enregistrement et de timbre a la préférence sur celles des autres ayants-droit.

Art. 18. — En cas de condamnation aux dépens prononcée contre l'assisté, il est procédé, conformément aux règles tracées par l'article précédent, au recouvrement des sommes dues au Trésor, en vertu du paragraphe III de l'article 13.

Art. 19. — Les greffiers sont tenus de transmettre dans le mois au receveur de l'enregistrement l'extrait du jugement de condamnation ou l'exécutoire, sous peine de 10 francs d'amende pour chaque extrait de jugement ou chaque exécutoire non transmis dans ledit délai.

DU RETRAIT DE L'ASSISTANCE JUDICIAIRE.

Art. 20. — Devant toutes les juridictions le bénéfice de l'assistance peut être retiré en tout état de cause, soit avant, soit même après le jugement: 1° s'il survient à l'assisté des ressources reconnues suffisantes; 2° s'il a surpris la décision du bureau par une déclaration frauduleuse.

Art. 21. — Le retrait de l'assistance peut être demandé soit par le ministère public, soit par la partie adverse. Il peut aussi être prononcé d'office par le bureau.

Dans tous les cas, il est motivé.

Art. 22. — L'asssistance judiciaire ne peut être retirée qu'après que l'assisté a été entendu ou mis en demeure de s'expliquer.

Art. 23. — Le retrait de l'assistance judiciaire a pour effet de rendre immédiatement exigibles les droits, honoraires, émoluments et avances de toute nature dont l'assisté avait été dispensé. Dans tous les cas où l'assistance judiciaire est retirée, le secrétaire du bureau est tenu d'en informer immédiatement le receveur de l'enregistrement qui procédera au recouvrement et à la répartition, suivant les règles tracées en l'article 17 ci-dessus.

Art, 24. — L'action tendant au recouvrement de l'exécutoire délivré à la régie de l'enregistrement, soit contre l'assisté, soit contre la partie adverse, se prescrit par dix ans. La prescription de l'action de l'adversaire de l'assisté contre celui-ci pour les dépens auxquels il a été condamné envers lui reste soumise au droit commun.

Le Résident supérieur au Tonkin et le Procureur général, sont chargés, chacun en ce qui le concerne, de l'exécution du présent arrêté qui sera communiqué et enregistré partout où besoin sera.

PIQUET.

Ateliers maritimes.

N° 1. — ARRÊTÉ *plaçant les ateliers maritimes de Haiphong sous l'autorité du chef de la division navale*

19 janvier 1888

Est rapportée la décision du 21 mai 1886, du général commandant la division d'occupation, plaçant le service administratif fonctionnant à terre, sous l'autorité du commandant de la marine.

Les ateliers maritimes de Haiphong et de Hanoi resteront toutefois, jusqu'à nouvel ordre, complètement sous l'autorité du chef de la division navale.

RAOUL BERGER.

N° 2. — ARRÊTÉ *réglant le mode de fonctionnement des ateliers maritimes installés à Haiphong.*

14 février 1888

TITRE PREMIER

ADMINISTRATION DES ATELIERS DE HAIPHONG

Article premier. — Les ateliers maritimes de Haiphong, placés sous l'autorité du contre-amiral, commandant en chef la division navale de l'Indo-Chine, sont administrés par un conseil d'administration présidé par le capitaine de vaisseau, chef de la division du Tonkin, commandant des ateliers, et dont font partie les chefs de service ci-après désignés :

Un officier du génie maritime, chargé des travaux de toute nature, et remplissant les fonctions définies sous le titre III ci-après, avec le titre de directeur des travaux.

Le sous-commissaire de la division du Tonkin, remplissant en même temps les fonctions de chef des services administratifs des ateliers, définies sous le titre V ci-après, avec le titre de commissaire des ateliers.

Art. 2. — Sont, en outre, affectés aux différents services des ateliers, un officier du corps de santé, un sous-agent administratif, un sous-agent comptable, des commis et des écrivains de comptabilité et de direction, des écrivains soit civils soit militaires, des maîtres ou agents entretenus, des conducteurs des travaux hydrauliques et des garde-consignes.

Art. 3. — Les ateliers maritimes de Haiphong sont considérés comme étant des ateliers de mer; ils exécutent les travaux ou réparations du matériel naval appartenant à la flottille ou aux divers services du Protectorat de l'Annam et du Tonkin.

Les dépenses concernant la flottille sont couvertes au moyen des ressources mises, chaque année, à la disposition du contre-amiral commandant en chef la division navale de l'Indo-Chine, sur le budget de l'Annam et du Tonkin.

Tous les travaux à faire pour le compte des autres services donnent lieu à l'établissement d'un devis qui est soumis au Résident général, lequel donne l'ordre d'exécution après approbation de la dépense.

L'ordonnancement des dépenses de toute nature engagées par les ateliers de Haiphong sera effectué par les soins du chef des services administratifs, militaires et maritimes de l'Annam et du Tonkin, qui exercera, en outre, un contrôle direct sur celles ressortissant aux services autres que celui de la flottille.

TITRE II.

DU CAPITAINE DE VAISSEAU, CHEF DE DIVISION, COMMANDANT DES ATELIERS

Art. 4. — Le capitaine de vaisseau, chef de division, exerce une autorité supérieure sur tous les officiers, employés, agents et ouvriers attachés aux ateliers.

Art. 5. — Il reçoit directement les ordres du commandant en chef de la division navale, et il a seul, pour la direction du service, la correspondance avec lui.

Art. 6. — Il règle en conseil d'administration les achats et les travaux, de manière à ne pas excéder la quotité des fonds assignés par le Ministre, d'après le budget, aux différentes parties du service des ateliers.

Art. 7. — Il tient la main à ce qu'il ne soit point établi d'autres ateliers que ceux qui sont déterminés dans la nomenclature arrêtée par le Ministre.

Art. 8. — Il est responsable de toutes les dépenses en deniers, matières et main-d'œuvre par lui ordonnées ou directement tolérées, et qui seraient contraires soit aux lois et décrets, soit aux ordres du Ministre.

Art. 9. — Le chef de division commandant les ateliers donne au directeur des travaux les ordres généraux pour les travaux à entreprendre; aucun travail neuf, aucune modification à l'état des lieux actuels, ou aux plans approuvés par le Ministre, aucune refonte de coques ou de machines, ne peuvent être entrepris sans un ordre du commandant en chef de la division navale.

Il est rendu compte de l'exécution de ces différents ordres dans un état adressé tous les trois mois au commandant en chef de la division navale.

Art. 10. — Il est chargé de la garde, de la police et de la sûreté des ateliers. Il remplit, dans l'enceinte de ces établissements, les fonctions de major général.

Art. 11. — Il adresse au commandant en chef de la division navale, aux époques déterminées, des notes sur la conduite et la capacité des officiers, employés et agents attachés aux ateliers.

Art. 12. — En cas d'absence ou de tout autre empêchement, le capitaine de vaisseau, chef de division, commandant des ateliers, est remplacé par le capitaine de frégate second de l'*Adour*.

TITRE III

DE L'INGÉNIEUR DE LA MARINE, DIRECTEUR DES TRAVAUX

Art. 13. — Le Directeur des travaux est chargé des travaux de toute nature ainsi que des divers ateliers dont la direction est dévolue, dans les ports métropolitains, aux directions des constructions navales et des travaux hydrauliques.

Il est seul ordonnateur des délivrances en matières.

Art. 14. — Il a sous ses ordres les conducteurs, maîtres et ouvriers, y compris les ouvriers de la flotte employés momentanément aux travaux qu'il dirige, ainsi que le sous-agent administratif et ses employés et agents. Il adresse au chef de division, commandant des ateliers, des notes sur leur conduite, leur zèle et leur capacité.

Il note, de concert avec le commissaire des ateliers, l'agent-comptable et ses employés.

Art. 15. — Il prépare la rédaction des plans d'exécution, celle des devis estimatifs, des constructions et des réparations projetées, ainsi que des tarifs de main-d'œuvre.

Art. 16. — Chaque année, dans les quinze premiers jours du mois d'avril, le directeur des travaux dresse un état présentant l'aperçu des besoins des ateliers en matières, en vue des exigences supposées de l'exercice suivant.

S'il ne doit être apporté aucun changement à l'état fourni l'année précédente, le directeur des travaux établit un avis se référant à cet état; mais en cas de changement, il fait ressortir, en les justifiant, les différences en plus ou en moins.

Il dresse au commencement de chaque mois un état des travaux exécutés pendant le mois écoulé.

Il établit dans les premiers jours de chaque trimestre un état de demande du matériel nécessaire pour compléter le stock normal à entretenir à l'arsenal, conformément à l'état général mentionné au premier paragraphe du présent article.

Ces états, visés et, au besoin, annotés par le commissaire des ateliers, sont soumis à l'examen du conseil d'administration, puis remis au commandant en chef pour être transmis au Ministre.

Art. 17. — Lorsque des besoins non prévus se manifestent pendant le cours des travaux, le directeur des travaux en rend compte au chef de division commandant des ateliers.

Art. 18. — Le Directeur des travaux est spécialement chargé de la garde, de la conservation et de l'arrangement des livres, recueils, mémoires, devis, dessins et modèles existant dans les archives de l'établissement; il en tient l'inventaire exact et détaillé, dont le double est déposé au détail des travaux pour être récolé aux époques périodiques déterminées par les règlements

Art. 19. — Il est chargé de la construction et de l'entretien des édifices dépendant de l'arsenal, des quais, bassins, cales, etc., etc., ainsi que de la direction des chantiers et ateliers affectés à ce service.

Art. 20. — Il tient, en ce qui concerne les établissements, une matricule indiquant l'origine de la construction, la destination spéciale, le plan et son numéro dans la collection, l'auteur du plan, la date de l'avis du conseil d'administration et celle de l'approbation du Ministre.

Art. 21. — Il y inscrit, en outre, les dépenses occasionnées par ces établissements et celles auxquelles ont donné lieu annuellement les réparations de gros entretien.

Art. 22. — Aucun changement dans l'affectation ou la distribution intérieure des édifices ne peut être fait sans que le commandant en chef y ait donné son assentiment, sur l'avis exprimé par le conseil d'administration.

Art. 23. — En cas d'absence, de maladie ou de tout autre empêchement, le directeur des travaux est remplacé dans ses fonctions par un officier désigné par le chef de division.

TITRE IV

DU SERVICE DE L'ARTILLERIE

Art. 24. — Bien que la direction d'artillerie de Haiphong ne fasse pas partie des ateliers, le chef de division commandant des ateliers exerce vis-à-vis du directeur d'artillerie les fonctions de préfet maritime en ce qui concerne les délivrances à faire aux bâtiments de la division navale et à ceux de passage, les réparations et les remises de ces bâtiments, les armements et les désarmements.

Art. 25. — Le directeur d'artillerie donne au commandant des ateliers les renseignements qui lui sont demandés sur la nature et la quantité d'approvisionnements destinés au service de la flotte existants dans ses magasins. Il se conforme, pour cette partie de son service, aux ordres du chef de division.

TITRE V

DU COMMISSAIRE DES ATELIERS

Art. 26. — Le commissaire des ateliers, qui est en même temps sous-commissaire de la division navale du Tonkin, dirige l'ensemble des services administratifs des ateliers, et remplit en même temps des fonctions analogues à celles qui sont attribuées dans les ports au commissaire aux approvisionnements et au commissaire aux travaux.

Art. 27. — Tous les bureaux, ateliers, magasins et établissements de la marine lui sont ouverts en vue de l'exercice de son droit de surveillance administrative.

Art. 28. — Il lui est donné connaissance sur place des registres matricules, états et pièces quelconques dont il demande à prendre connaissance.

Art. 29. — Il fait procéder à des appels et contre-appels d'ouvriers, toutes les fois qu'il le juge convenable.

Art. 30. — Il veille à ce que les recensements aient lieu dans les magasins, ateliers et dépôts aux époques prescrites. Dans les cas urgents, il provoque les ordres du commandant des ateliers pour qu'il soit procédé à des recensements imprévus.

Art. 31. — Lorsqu'il reconnaît des irrégularités dans un détail administratif des chantiers, ateliers et magasins, il avertit immédiatement le directeur des travaux et il les signale, s'il est besoin, au chef de division.

Art. 32. — Il établit, sur les données qui lui sont fournies par le directeur des travaux, les clauses des adjudications, des marchés et des achats sur facture, et présente les cahiers des charges appuyés des rapports justificatifs, à l'examen et à l'acceptation du conseil d'administration.

Art. 33. — Il procède aux adjudications, rédige les procès-verbaux des séances, et dresse les comptes-rendus qui sont joints aux expéditions de marché destinées à être soumises à l'acceptation du conseil d'administration, et à l'approbation du commandant en chef de la division navale de l'Indo-Chine.

C'est seulement après avoir reçu cette approbation que les marchés sont exécutoires.

Art. 34. — Il assure l'exécution des marchés conformément aux dispositions en vigueur ; en cas de retard de la part des fournisseurs il les met en demeure de présenter leurs explications, celles-ci sont examinées en conseil d'administration et il est statué, sur les pénalités encourues, par le commandant en chef de la division navale de l'Indo-Chine, et, en son absence, par le commandant des ateliers.

Art. 35. — Il veille à ce que les objets livrés ne soient mis à la disposition de l'agent comptable qu'après recette régulière ; il tient la main à ce que les objets admis en recette soient immédiatement frappés de la marque de la marine, quand ils en sont susceptibles, et placés dans les magasins ou dépôts, et à ce que les objets rebutés mis à part, soient enlevés dans les délais déterminés par les cahiers des charges.

Il veille également à la prise en charge régulière du matériel provenant d'envois.

En un mot, aucun objet de matériel ne doit être introduit dans les magasins sans un ordre de réception ou de prise en charge, donné par le commissaire de l'arsenal, dans les formes prescrites par les règlements sur la comptabilité des matières en vigueur dans la métropole.

Art. 36. — Il surveille les écritures de l'agent comptable. Il tient la main à ce que toutes les pièces et états à fournir par cet agent, à l'appui de ses comptes, soient expédiés dans les formes et aux époques déterminées par les règlements et instructions. Il vise ces derniers documents.

Art. 37. — Il tient un double de la matricule des agents du personnel ouvrier de la marine, détachés à Haiphong. Il tient aussi les carnets de solde conjointement avec le directeur des travaux.

Art. 38. — Il vérifie la comptabilité de chaque service, tant en matières qu'en main-d'œuvre, et veille à ce que les comptes généraux de matériel soient dressés dans les formes et aux époques fixées par les règlements.

Art. 39. — Il a sous ses ordres les commis, écrivains et agents attachés aux détails des approvisionnements et des travaux, ainsi que l'agent comptable et ses employés, et il adresse au commandant des ateliers des notes sur leur conduite, leur zèle et leur capacité.

Art. 40. — A la fin de chaque année, le commissaire des ateliers adresse au commandant des ateliers un rapport sur le service qui lui est confié ; ce rapport est transmis au commandant en chef de la division navale.

En cas d'absence, de maladie ou de tout autre empêchement, il est pourvu à son remplacement par le commandant en chef de la division navale.

TITRE VI

DU SOUS-AGENT ADMINISTRATIF

Art. 41. — Le sous-agent administratif attaché aux ateliers de Haiphong est chargé de la comptabilité des travaux. Il fait partie, avec le sous-ingénieur et un commis de direction, du conseil d'administration de la solde; il remplit les fonctions de trésorier. Il est investi de toutes les attributions des agents administratifs dans les arsenaux de la Métropole.

TITRE VII

DU GARDE-MAGASIN

Art. 42. — Un sous-agent comptable des matières remplit les fonctions de garde-magasin telles qu'elles sont définies par les règlements et instructions sur la comptabilité du matériel dans le département de la marine.

Art. 43. — Il est chargé, sous la surveillance du commissaire des ateliers, de la comptabilité des matières et objets en approvisionnement. Il est directement et personnellement responsable envers l'État du matériel confié à sa garde.

Art. 44. — Il relève du directeur des travaux pour la police intérieure des magasins, la conservation et l'arrangement du matériel ainsi que le choix des objets à délivrer.

TITRE VIII

DU MÉDECIN

Art. 45. — Un médecin de la marine attaché aux ateliers de Haiphong est embarqué sur le bâtiment stationnaire et placé sous les ordres du chef de division commandant des ateliers, à qui il propose les mesures qui peuvent intéresser la salubrité de l'établissement.

Art. 46. — Il remet chaque jour au commandant des ateliers une situation numérique des officiers, employés et ouvriers malades ou blessés. Cette situation contient les noms des personnes qui sont tombées malades, et de celles qui ont repris leur service dans la journée précédente.

TITRE IX

DISPOSITIONS COMMUNES AUX DIVERS CHEFS DE SERVICE

Art. 47. — Les chefs de service exercent leurs fonctions sous l'autorité immédiate du chef de division directeur des ateliers dont ils doivent exécuter ponctuellement les ordres.

Art. 48. — Chacun d'eux est responsable des actes relatifs à ses fonctions. S'il est résulté de ces actes des dépenses en deniers ou en matières qui n'ont pas été ordonnées par le ministre, ou qui sont contraires aux décrets et réglements en vigueur, le chef de service intéressé est tenu de justifier qu'il a agi en conséquence des ordres écrits du commandant des ateliers et après lui avoir fait, par écrit, des représentations qui n'ont pas été accueillies.

Art. 49. — Les chefs de service tiennent enregistrement des instructions et des ordres qu'ils reçoivent du directeur des ateliers ainsi que des rapports qu'ils lui adressent.

Art. 50. — Aucun ouvrage, de quelque nature qu'il soit, n'est exécuté dans les chantiers et ateliers sans un ordre de travail régulier émané de l'autorité compétente.

TITRE X

DU CONSEIL D'ADMINISTRATION DES ATELIERS

Art. 51. — Le conseil d'administration est composé, ainsi qu'il est dit à l'article premier, de la manière suivante :

Le capitaine de vaisseau, chef de division, commandant des ateliers, président;

L'officier du génie maritime, directeur des travaux,

Le sous-commissaire de la division du Tonkin, commissaire des ateliers de Haiphong.

Art. 52— Les fonctions de secrétaire sont confiées à un commis ou à un écrivain désigné par le commandant en chef de la division navale, sur la proposition du commandant des ateliers.

Art. 53. — Le conseil d'administration peut appeler à ses séances des officiers ou employés des ateliers auxquels il juge convenable de demander des renseignements.

Art. 54. — Il se réunit deux fois par mois et plus souvent, si le commandant des ateliers l'ordonne.

Art. 55. — Le commandant des ateliers expose au conseil les questions sur lesquelles il doit délibérer et l'ordre qui sera suivi dans leur examen; autant que possible, il indique à l'avance les objets qui doivent être discutés dans la séance suivante.

Art. 56. — Le Conseil vise, avant qu'ils ne soient envoyés à l'ordonnateur, tous les états de payements qui ne portent pas l'attache du conseil d'administration de la solde des ouvriers.

Art. 57. — Le conseil examine les cahiers des charges relatifs aux adjudications et marchés.

Art. 58. — Les procès-verbaux d'adjudication et les marchés conclus sont soumis à son acceptation. Toutefois, ces traités ne sont exécutoires qu'après avoir été revêtus de l'approbation du commandant en chef de la division navale ou, en son absence et dans le cas d'urgence, par le commandant des ateliers.

Art. 59. — Les plans, projets et devis de constructions navales, hydrauliques, de distributions nouvelles dans les édifices, dans les ateliers, et de tous les travaux importants, ainsi que les tarifs de main-d'œuvre, sont examinés par le conseil d'administration et adressés au commandant en chef de la division navale pour être transmis au Ministre avec une expédition des procès-verbaux des délibérations auxquelles ils ont donné lieu.

Art. 60. — Les comptes annuels de consommation et d'application de matières, les comptes de dépenses en main-d'œuvre, sont soumis, par le commandant des ateliers, à l'examen du conseil d'administration avant d'être remis au commandant en chef pour être envoyés au Ministre.

Art. 61. — Le conseil établit, en ce qui concerne le nombre et l'avancement des agents entretenus, des propositions qui sont soumises au commandant en chef pour être transmises au Ministre.

Il statue sur l'avancement des ouvriers.

Art. 62. — Il donne son avis sur les projets d'approvisionnements rédigés en exécution des ordres du Ministre, et, lorsqu'il y a lieu, il autorise le commissaire des ateliers à passer des marchés d'urgence.

Art. 63. — Les délibérations du conseil sont prises à la majorité des voix.

Art. 64. — Chaque membre du conseil a le droit de faire mentionner son opinion au procès-verbal lorsqu'elle est contraire à celle de la majorité.

TITRE XI

DISPOSITIONS GÉNÉRALES

Art. 65. — Les officiers appartenant aux corps naviguants attachés aux ateliers de Haiphong, à l'exception de l'officier du génie maritime, reçoivent la solde à la mer et sont portés sur le rôle d'équipage du bâtiment stationnaire. Les allocations qui leur sont attribuées pour porter leur traitement au taux fixé par le tarif annexé au présent arrêté sont imputées sur les fonds du budget de l'Indo-Chine.

Art. 66. — L'officier du génie maritime, les fonctionnaires, employés et agents des autres corps, sont payés également sur les fonds du budget de l'Indo-Chine et sont considérés comme servant au titre colonial. Leurs traitements sont déterminés par le tarif ci-annexé.

Art. 67. — Aucune augmentation de personnel, aucun avancement en solde, ne peuvent avoir lieu qu'après l'autorisation préalable du Ministre en ce qui concerne les officiers, employés et agents entretenus attachés aux ateliers de Haiphong.

Art. 68. — Le mode de constatation de la présence des ouvriers sur les travaux est celui en usage dans les ports militaires et établissements hors des ports (arrêté du 6 mars 1857), la fixation des heures d'ouverture et de clôture du travail est déterminée par un règlement spécial élaboré par le conseil d'administration et soumis à l'approbation du commandant en chef de la division navale.

Art. 69. — Les commissions de recette et de visite sont composées conformément aux règles tracées par les réglements et instructions en vigueur.

Art. 70. — Le personnel ouvrier est régi par le décret du 9 août 1883 sur le personnel ouvrier des arsenaux maritimes. Lorsque des dispositions spéciales sont reconnues nécessaires, elles font l'objet d'un règlement préparé par le conseil d'administration et soumis au commandant en chef de la division navale, qui l'envoie au Ministre. Le commandant en chef peut en autoriser l'application provisoire.

Art. 71. — L'organisation des garde-consignes, des plantons et des gardiens de bureaux et autres agents de formation locale, fait l'objet de règlements particuliers qui sont préparés par le conseil d'administration et transmis au commandant en chef de la division navale de l'Indo-Chine pour être soumis au Ministre.

Art. 72. — Tous les actes qui régissent le service dans les ports militaires de la Métropole sont applicables aux ateliers maritimes de Haiphong en ce qu'ils n'ont pas de contraire au présent arrêté.

Art. 73. — Le présent arrêté sera exécutoire à compter du 1er mars 1889.

RICHAUD.

TARIF des traitements alloués au personnel affecté aux ateliers maritimes de Haiphong.

GRADES OU EMPLOIS	SOLDE	FRAIS de bureau SOMMES NETTES	INDEMNITÉS de RESPONSABILITÉ	SUPPLÉMENT de FONCTIONS	OBSERVATIONS
		fr. c.	fr. c.	fr. c.	
Capitaine de vaisseau, chef de la division navale du Tonkin, commandant des ateliers	(A).........	970 00	»	»	(A) Traitement de capitaine de vaisseau commandant une division navale, ou, s'il n'est pas chef de division, un bâtiment armé avec un capitaine de frégate pour second.

TARIF des traitements alloués au personnel affecté aux ateliers maritimes de Haiphong (suite).

GRADES OU EMPLOIS	SOLDE	FRAIS de bureau SOMMES NETTES	INDEMNITÉS de RESPONSABILITÉ	SUPPLÉMENT de FONCTIONS	OBSERVATIONS
		fr. c.	fr. c.	fr. c.	
Sous-ingénieur de 1re classe ou 2e classe	(B) 12.500..	970 00	»	»	(B) Solde totale du sous-ingénieur, directeur des travaux, quelle que soit la classe de son grade. (Frais de bureau en plus).
Sous-commissaire de 1re classe ou de 2e classe, sous-commissaire de la division navale du Tonkin	(C) 7.880..	1.940 00	»	»	(C) Cumulativement avec le traitement de table et la ration.
Médecin de 1re classe, médecin des ateliers	(D) » ..	»	»	2.000 00	(D) Reçoit la solde à la mer au titre du stationnaire sur lequel il est embarqué. L'indemnité de 2.000 fr. est partagée dans la proportion de 2 à 3 entre lui et le médecin en sous-ordres qui pourrait lui être adjoint.
Sous-agent administratif	(E) 6.000..	1.400 00	»	»	(E) Reçoit, en outre, l'indemnité de logement revenant règlementairement à son grade. Le trésorier du conseil d'administration reçoit le supplément de fonctions annuel de 250 fr. prévu par l'art. 20 du règlement du 7 février 1865.
Commis de direction des travaux	(F) 4.000..	»	»	»	(F) Les maîtres entretenus, commis, magasiniers, conducteurs, distributeurs et écrivains reçoivent une indemnité de logement de 660 fr. quand ils ne sont pas logés en nature.
Sous-agent comptable	(G) 6.000..	679 00	1.455 00	»	(G) Reçoit la même indemnité de logement que le sous-agent administratif.
Commis de comptabilité	(F) 4.000..	»	»		
Magasinier	(F) 4.000..	»	»	»	
Écrivain titulaire	(F) 3.000..	»	»	»	
Distributeur	(F) 3.000..	»	»	»	
Maître entretenu	5.500..	582 00	»	»	
Conducteur des travaux hydrauliques	6.000..	218 25	»	»	

Attributions consulaires

N° 1. — *Décret investissant les résidents, vice-résidents chefs de poste et chanceliers en Annam et au Tonkin, des attributions consulaires.*

8 février 1886

Article premier. — Les résidents, vice-résidents chefs de poste et chanceliers, en Annam et au Tonkin, sont investis des attributions respectives des consuls et chanceliers de consulat.

Art. 2. — Ils exercent ces attributions dans les conditions et d'après les règlements applicables dans les chancelleries consulaires.

Art. 3. — Ils perçoivent, à l'occasion des actes qu'ils délivrent, le taux du tarif en vigueur dans les chancelleries. Le produit des taxes est perçu au profit du budget du Protectorat.

Art. 4. — Le Président du Conseil, ministre des affaires étrangères, est chargé de l'exécution du présent décret.

JULES GRÉVY

VOY : Organisation administrative. — Tribunaux consulaires.

Attributions de pouvoirs. — VOY : Organisation administrative.

Aumôniers

N° 1. — DÉCISION *créant des emplois d'aumôniers à Nam-dinh et Son-tay.*

30 janvier 1884.

Article premier. — Il est créé à Nam-dinh et à Son-tay un emploi d'aumônier chargé d'assurer le service religieux près des garnisons françaises.

Art. 2. — Chacun de ces aumôniers, nommé sur la proposition de l'autorité ecclésiastique et l'avis du Directeur des affaires civiles et politiques, aura droit à une indemnité de mille francs par an, payable par douzièmes et imputables au budget local.

COURBET.

Autorités annamites, indigènes. — VOY. : Administration annamite.

Avances de solde. — VOY. : Solde.

Avocat-défenseur, Avocat-conseil.

N° 1. — ARRÊTÉ *créant un poste d'avocat-conseil du Protectorat au Tonkin.*

2 février 1889

Rapporté par arrêté du 10 avril 1889.

N° 2. — ARRÊTÉ *sur l'exercice de la profession de défenseur devant les tribunaux du Tonkin*

8 février 1889.

Article premier. — Provisoirement, et jusqu'à ce qu'il en ait été autrement ordonné par règlement en forme sur la profession de défenseur, les hommes d'affaires exerçant actuellement devant le tribunal consulaire continueront seuls à défendre devant les tribunaux de première instance et devant la cour criminelle du Tonkin, sans préjudice des droits des avocats-défenseurs de Cochinchine ou de tous licenciés en droit qui pourront toujours plaider et conclure avec l'agrément du tribunal.

Néanmoins toute partie conservera le droit d'agir et de se défendre elle-même et de présenter la défense de ses co-associés et consorts, sans l'assistance d'aucun défenseur; la même faculté appartiendra aux maris, tuteurs, curateurs, aux ascendants et descendants, aux alliés, auxquels le mariage est interdit par le code civil, ainsi qu'aux gérants de maisons de commerce, mandataires de personnes absentes, à condition, pour ces derniers, de justifier d'une procuration spéciale.

Art. 2. — Le Procureur général, chef du service judiciaire de l'Indo-Chine, est chargé de l'exécution du présent arrêté qui sera enregistré partout où besoin sera.

RICHAUD,

N° 3. — ARRÊTÉ *rapportant celui du 2 février 1889 créant un poste d'avocat-conseil*

10 avril 1889

B

Bacs et marchés.

N° 1. — CIRCULAIRE *au sujet de la ferme des bacs.*

20 août 1888.

Mon attention a été attirée sur la façon regrettable dont sont appliquées les prescriptions de l'arrêté sur la ferme des bacs.

Certains sous-fermiers, non-seulement perçoivent des redevances plus élevées que celles auxquelles leur donne droit l'arrêté, mais encore font payer les propriétaires de barques et les individus qui passent l'eau par quelque moyen que ce soit, à des distances souvent très-éloignées du point sur lequel s'exerce leur privilége. Cet état de choses est absolument contraire aux prescriptions générales des cahiers des charges, ceux-là seuls qui recourent aux offices des passeurs, devant acquitter les droits.

Il y a lieu de veiller simplement à ce qu'aucun bac particulier ne s'établisse à moins de 2 kilomètres en amont ou en aval, du point ou fonctionne le bac public, mais il est bien entendu que tout propriétaire de barque peut s'en servir pour son usage personnel et celui de sa famille et de ses domestiques.

Quant aux prix de passage, ils doivent être les mêmes pour tous, et ne pas être, ainsi que cela se pratique actuellement, laissés à l'appréciation ou au bon vouloir des sous-fermiers.

J'appelle tout particulièrement votre attention sur cette situation d'autant plus déplorable qu'elle frappe la classe pauvre, et qui m'a été signalée comme une des principales causes de mécontentement qui se manifeste actuellement dans la population.

Je vous prie, en conséquence, de vouloir bien rappeler tous les sous-fermiers à la stricte exécution des clauses et conditions des cahiers des charges et appliquer, avec la plus grande sévérité, les pénalités qui y sont énumérées; vous ne devez pas hésiter, au besoin, à me proposer la résiliation quand il y aura lieu.

Si quelques modifications aux cahiers des charges vous paraissent nécessaires, je vous serai obligé de vouloir bien me les faire connaître, ainsi que toutes les mesures que vous jugerez utiles pour faire cesser les exactions et les abus dont la population se plaint avec juste raison.

E. PARREAU.

N° 2. — CIRCULAIRE *au sujet des bacs et des marchés.*

21 novembre 1889

Le régime actuel des bacs a soulevé de nombreuses réclamations émanant de toutes les provinces.

Partout, on reproche aux fermiers ou à leurs agents des perceptions illicites, des exigences vexatoires qui ont rendu ce monopole impopulaire au premier chef.

Tous les contrats devant expirer au commencement de l'année prochaine, le moment me semble favorable de rechercher s'il est possible, sans porter une atteinte sensible aux intérêts budgétaires du Protectorat, de donner, dans une certaine mesure, satisfaction aux légitimes besoins des populations.

Actuellement, l'affermage des bacs, tout entier aux mains des Chinois, ne fait entrer dans nos caisses qu'une somme d'environ 15.000 $ qui ne me paraît pas, quelles que soient les nécessités de l'heure présente, compenser les embarras que nous suscite ce monopole concédé à des étrangers.

Délivrer les indigènes de cette servitude que font peser sur eux les Chinois, les faire participer le plus possible, individuellement ou par groupes, à l'exploitation des bacs et des marchés, ces deux éléments essentiels aux besoins de la vie courante chez le peuple tonkinois, me semble une œuvre de nature à faire taire les mécontents et à nous concilier les esprits.

Il me paraît donc indispensable de renoncer au régime des adjudications par provinces, car peu d'Annamites sont assez fortunés ou assez audacieux pour tenter une pareille entreprise, et d'adopter, au contraire, un système de fractionnement mettant chaque adjudication à la portée des revenus d'un village ou d'un syndicat de village.

En conséquence, j'ai décidé qu'à l'avenir tous les bacs de votre province devraient être affermés séparément et exclusivement à des Annamites.

Ils seront divisés en deux catégories: les bacs d'intérêt général et les bacs ne desservant qu'un ou plusieurs villages.

Pour les bacs de la 1re catégorie, vous pourrez traiter de gré à gré et pour une période déterminée, soit avec les représentants d'une circonscription (canton ou huyen) soit avec un entrepreneur du pays, offrant toutes les garanties de solvabilité désirables quant aux frais de premier établissement et à l'entretien d'un matériel suffisant.

Les bacs de la 2e catégorie seraient affermés seulement au village ou au groupe de villages directement intéressé à leur exploitation.

Dès la réception de la présente circulaire, vous devrez vous entendre avec les autorités indigènes pour amener les villages ou les particuliers à vous faire des offres dont l'ensemble ne devra pas s'écarter sensiblement des redevances actuelles.

Il me paraît difficile de vous tracer des règles précises pour la forme et les conditions des marchés à passer, ces conditions devant être essentiellement variables suivant la situation et l'importance du bac affermé. Je laisse à votre appréciation, en raison de votre connaissance de la province, et des renseignements que vous êtes à même d'obtenir des autorités locales, le soin de déterminer ces conditions tant au point de vue de l'installation et du contrôle que de la redevance à payer.

Vous fixerez des tarifs aussi minimes que possible et vous aurez à veiller à leur stricte observation.

Dès que le résultat de l'ensemble des offres vous sera connu, vous les sanctionnerez par des conventions individuelles; vous les réunirez ensuite en un seul marché qui sera accepté au nom des parties contractantes par le tong-doc de la province, ce dernier restant chargé, sous votre contrôle et votre surveillance, d'en assurer la bonne exécution; vous voudrez bien enfin soumettre ce marché à mon approbation. Ce système a déjà été expérimenté dans une province où il semble donner de bons résultats.

Les mêmes prescriptions devront être appliquées à tous les marchés de votre province autres que celui du chef-lieu, avec cette différence qu'ils ne pourront être affermés exclusivement qu'au village sur lequel ils se tiennent.

BRIÈRE.

Bagages

N° 1. — LETTRE MINISTÉRIELLE *relative au poids des bagages qui sera désormais alloué aux fonctionnaires et agents à bord des bâtiments affrétés*

7 avril 1887.

Le poids des bagages que les passagers peuvent embarquer sur les transports de l'État est, ainsi que vous le savez, de 400 kilog. pour les officiers et assimilés, et de 200 pour les personnes d'un rang inférieur.

En ce qui concerne les vapeurs affrétés, cette quantité ayant été reconnue trop considérable pour les passagers de cette dernière catégorie, j'ai modifié, ainsi qu'il suit, le poids des bagages qui sera alloué, désormais, à bord desdits bâtiments:

Officiers de tous grades et assimilés . . .	500 kilog.
Adjudants, sergents-majors et assimilés . .	100 —
Sergents, caporaux, soldats et assimilés . .	60 —

Toutefois, cette fixation peut être insuffisante, dans certains cas, à l'égard des passagers *civils*, n'ayant pas rang d'officiers; je me réserve d'accorder, s'il y a lieu, à ceux d'entre eux qui solliciteront cette faveur, la faculté d'embarquer jusqu'à 200 kilog de bagages, le surplus de la quantité réglementaire devant être reçu par le navire, sur connaissement, au titre du chargement.

J'ai l'honneur de vous prier, en conséquence, de vouloir bien prescrire qu'il ne soit fait mention sur les ordres d'embarquement, à bord des vapeurs affrétés, émanant de votre département, que des poids susmentionnés, suivant la catégorie à laquelle appartiennent les passagers et d'inviter ceux qui n'ont pas rang d'officier, à m'adresser sous le timbre *cabinet mouvements*, les demandes *motivées* qu'ils auraient à formuler en vue d'obtenir l'autorisation de charger une plus grande quantité de bagages.

Des ordres d'embarquement mentionnant les quantités précédemment fixées ayant pu, cependant, être déjà délivrés pour les prochains départs de vapeurs affrétés, j'ai invité M. le vice-amiral commandant en chef, préfet maritime à Toulon, à autoriser l'admission à bord du poids de bagages indiqué sur lesdites pièces.

Je saisis l'occasion qui m'est offerte pour vous prier de porter à la connaissance des passagers relevant de votre département que les bagages, tant à bord des transports de l'État que sur les vapeurs affrétés, doivent être divisés en deux lots distincts: le premier, destiné à être arrimé dans les cales et auquel, en principe, il ne peut être donné accès pendant le voyage; le deuxième, composé d'une *seule malle*, dite de prévoyance, marquée, dans ce but d'un P, et contenant des effets nécessaires pour les besoins de la traversée, en dehors des mêmes objets contenus dans les valises que les passagers ont le droit d'avoir dans leur chambre.

AUBE.

N° 2. — CIRCULAIRE MINISTÉRIELLE *au sujet de la régularité à apporter dans l'envoi des colis adressés de l'Indo-Chine à des particuliers.*

11 janvier 1889.

Le préfet maritime du 5e arrondissement vient d'appeler mon attention sur le nombre considérable de colis particuliers qui se trouvaient à bord du « *Colombo*, » lors de son retour à Toulon et qui ne figurent pas sur les écritures.

Il résulte des renseignements fournis par le sous-commissaire délégué à bord de ce vapeur, que la plupart des colis de l'espèce sont embarqués au Tonkin comme en Cochinchine, sans enregistrement préalable et souvent même sans que l'autorisation ait été accordée par l'autorité maritime.

« Beaucoup arrivent, paraît-il, directement à bord où ils sont « reçus sur le vu d'un permis d'embarquer signé du Gouver- « neur ou d'un haut fonctionnaire. »

Déjà, par dépêche du 19 avril dernier, je vous ai prié de faire apporter la plus grande régularité dans le service des colis de l'espèce; j'insiste donc de nouveau pour que vous preniez toutes les dispositions nécessaires pour mettre fin aux abus qui me sont signalés.

Je n'ai pas besoin de vous rappeler qu'aucun embarquement de personnel ou de matériel ne doit être fait sans l'autorisation de l'autorité maritime qui doit assurer tout ce service. Les délégués vont du reste, être invités à signaler aux capitaines de vaisseau en Cochinchine et au Tonkin, toutes les irrégularités qui viendraient à se produire, et à prendre leurs ordres chaque fois que cela leur paraîtra nécessaire.

Enfin, en terminant, je vous recommande de faire veiller à ce que, conformément aux prescriptions contenues dans ma dépêche précitée du 19 avril dernier, chaque colis porte, en plus de l'adresse du destinataire, le nom et la qualité du militaire ou du fonctionnaire qui aura été autorisé à faire l'envoi.

KRANTZ.

VOY. : Voyages.

Bandes de Pirates. — VOY: Pirates. — Piraterie.

Barques et sampans. — VOY: Impôts. — Navigation.

Bâtiments civils. — VOY: Travaux publics.

Bêtes fauves.

N° 1. — ARRÊTÉ *allouant des primes pour la destruction des tigres et des panthères.*

10 novembre 1888

Article premier. — Une prime de vingt piastres est allouée pour la destruction d'un tigre et une de dix piastres pour celle d'une panthère.

Art. 2. — Cette prime sera délivrée d'urgence sur ordre de payement par les résidents ou vice-résidents chefs de poste en Annam et au Tonkin, après constatation, en présence de deux témoins, de la destuction ou de la capture de l'animal.

Art. 3. — Cette dépense sera imputable au chapitre XII, article 4 (Dépenses imprévues).

E. PARREAU.

Bienfaisance. — VOY: (Sociétés de).

Boucherie.

N° 1. — DÉCISION *interdisant en Annam et au Tonkin l'exportation des animaux de boucherie*

11 décembre 1885.

Article premier. — L'exportation des bœufs, vaches, veaux, génisses, buffles, bufflesses et bufflons est interdite en Annam et au Tonkin, sous peine de confiscation des animaux pour être vendus aux enchères publiques, au profit du Trésor du Protectorat.

Art. 2. — Toute contravention à cette prescription entraînera également pour le contrevenant condamnation à une amende de 25 à 1,000 francs.

Art. 3. — En cas de récidive le maximum de l'amende sera toujours prononcé.

Art. 4. — Le fait de la récidive résultera de la constatation de la contravention par une autorité civile ou militaire, dans le cours d'un même semestre.

Art. 5. — Le Directeur des affaires civiles et politiques est chargé de l'exécution de la présente décision, provisoirement exécutoire et qui sera soumise à l'approbation de M. le Ministre.

COURCY.

VOY: Abattoirs. — Abatages.

Bourse d'enseignement. — VOY.: Interprètes

Budget.

N° 1. — CIRCULAIRE *prescrivant l'établissement du budget en piastres.*

27 février 1888

Le budget du Protectorat de l'Annam et du Tonkin est établi en piastres à compter du 1er janvier 1888, suivant les règles du décret du 5 juillet 1885, concernant la Cochinchine, modifié par le décret du 10 décembre 1887.

A partir du 1er janvier 1888, la piastre est l'unité de valeur servant de base à l'établissement, à la constatation et à la perception des produits de toute nature du budget; les dépenses sont également liquidées, ordonnancées et acquittées en piastres.

En conséquence, les rôles d'impôts, les ordres de recettes, les états de dépenses, les registres de comptabilité concernant l'exercice 1888, devront être établis et tenus exclusivement en piastres. Le franc ne devra y figurer d'aucune façon. Les marchés, devis, mémoires et actes de toutes sortes devront de même être dressés en piastres.

Les recettes et les dépenses du budget local, établies jusqu'à ce jour en francs devront être converties en piastres au taux uniforme de 4 francs; pour les recettes, l'établissement des rôles d'impôt, droits et taxes de toute nature devra être fait en convertissant en piastres à 4 francs les taxes en francs afférentes à chaque produit, telles qu'elles avaient été fixées primitivement; pour les dépenses, il y aura lieu d'établir en piastres, au même taux uniforme, les états de solde, d'indemnité, etc., tant du personnel européen que du personnel indigène, en prenant pour base les tarifs en francs fixés par les décrets et arrêtés.

Les services ordonnateurs et liquidateurs des dépenses établiront tous les mandats en piastres.

Les dettes ou les créances résultant de marchés passés en francs jusqu'à ce jour seront liquidées en francs et converties en piastres, au cours du jour de l'ordonnancement ou du versement, mais tous les cahiers des charges, préparés pour des adjudications, auxquelles il n'aura pas été procédé au 1er mars, devront être refaits en piastres au taux de conversion de 4 fr.

Les opérations de toutes sortes concernant l'exercice 1888, tant en recettes qu'en dépenses, qui ont déjà été faites en francs au 1er mars, devront être converties en piastres, au taux de

4 francs et être inscrites à nouveau sur des carnets que vous ouvrirez à cet effet.

La différence résultant du taux actuel de la piastre, 3 fr. 95, et du taux uniformément adopté, 4 francs, fera l'objet d'instructions spéciales.

La liquidation des recettes et des dépenses de l'exercice 1887 sera faite, bien entendu, en francs comme par le passé. A ce propos, je vous rappelle qu'aux termes des règlements de comptabilité, vous ne devez plus imputer aux crédits du budget de l'exercice 1887 que les dépenses qui ont été engagées pendant cet exercice et qui ont été effectivement exécutées, comme telles, jusqu'au 31 janvier 1888. A compter de cette date, tous les crédits qui n'auraient pas été entièrement absorbés, sont annulés d'office, et si des travaux engagés n'ont pu être achevés ou des dépenses autorisées n'ont pu être faites, vous devrez demander le report, sur l'exercice 1888, des sommes restant disponibles, dont la dépense ne doit plus être supportée par le budget de 1887.

RAOUL BERGER

N° 2. — DÉCRET *supprimant le budget général de l'Indo-Chine*

11 mai 1888

Article premier. — Le budget général de l'Indo-Chine est supprimé.

Les recettes qui le composent sont restituées aux budgets particuliers qui les ont fournis.

Art. 2. — Le budget de l'Annam et du Tonkin comprend, en recettes, outre ses ressources propres : 1° la subvention de la métropole ; 2° le contingent dû par la Cochinchine à la métropole.

Le contingent, fixé par la loi annuelle de finance, est appliqué exclusivement aux dépenses militaires de l'Annam et du Tonkin.

Art. 3. — A partir de la promulgation du présent décret, il ne sera plus mandaté de dépenses au titre du budget général de l'Indo-Chine.

Les sommes antérieurement payées à ce titre seront réimputées sur les budgets particuliers auxquels doit incomber la dépense.

Art. 4. — Il sera prélevé sur les crédits précédemment transportés du budget de la Cochinchine au budget général de l'Indo-Chine, une somme de 11.340.000 francs pour être affectée, pendant l'exercice 1888, au paiement des dépenses militaires de l'Annam et du Tonkin.

Art. 5. — Toutes dispositions contraires à celles du présent décret sont abrogées.

Art. 6. — Le ministre de la marine et des colonies et le ministre des finances sont chargés, chacun en ce qui le concerne, de l'exécution du présent décret.

CARNOT.

VOY : **Organisation administrative.**

Bulletin officiel. — VOY : **Journal officiel.**

Bureaux. — VOY : **Organisation administrative.**

C

Câble. — VOY : **Télégraphes**

Cadastre.

N° 1. — ARRÊTÉ *ordonnant l'établissement du plan cadastral de toutes les propriétés à Nam-dinh, et chargeant M. Maron, géomètre, de ce travail.*

20 août 1888.

Article premier. — Tous les propriétaires de la ville de Nam-dinh, à quelque nationalité qu'ils appartiennent, sont tenus de faire, dans un délai de un an à partir de la promulgation du présent arrêté, le plan cadastral de leurs propriétés.

Art. 2. — Ce plan sera établi par le géomètre assermenté de la ville de Nam-dinh, qui délivrera à chaque propriétaire et pour chaque parcelle de terre, un croquis et un titre destiné à tenir lieu de titre de propriété.

Art. 3. — Le prix du levé et du titre de propriété, les honoraires du géomètre assermenté, le mode d'exécution, seront fixés par le Résident et portés en temps utile à la connaissance du public après approbation du Résident général.

Art. 4. — M. Maron (François), ancien géomètre, est désigné pour exercer les fonctions de géomètre assermenté de la ville de Nam-dinh. Il devra, à cet effet, prêter serment devant le Tribunal consulaire de cette ville et se soumettre aux conditions du contrat annexé au présent arrêté.

Art. 5. — M. le Résident de Nam-dinh est chargé de l'exécution du présent arrêté.

E. PARREAU.

Cafés, Cabarets, etc. — VOY. : Absinthe. — **Débits de boisson.**

Cahier des charges.

N° 1. — CIRCULAIRE *sur l'établissement des cahiers des charges pour fournitures à l'administration.*

20 décembre 1889

J'ai l'honneur d'attirer toute votre attention sur l'établissement et la rédaction des divers cahiers des charges que vous avez fréquemment à me soumettre et dont le nombre et l'importance tendent à augmenter.

Vous voudrez bien y indiquer, en particulier, si les offres doivent être faites pour toute la durée de l'adjudication ou, suivant le cas, pour une année seulement et même pour un mois. Cette mention doit également être portée sur les procès-verbaux d'adjudication.

Toutes les fois que le cautionnement à déposer par l'adjudicataire est fixé à un tant pour cent sur le prix des fermages, il est indispensable de mentionner au cahier des charges si le montant doit en être calculé sur la redevance consentie pendant une année, ou pendant toute la durée de l'adjudication.

Toutes les pièces qui y sont relatives (cahier des charges, contrats, marchés de gré à gré, devis, offres consenties et acceptées, procès-verbaux d'adjudication) doivent toujours être établies en triple expédition, la première devant être conservée à la Résidence supérieure, la deuxième transmise au trésor, et la troisième vous être retournée.

Chaque fois qu'une pièce de ce genre me sera adressée seule ou simplement en double, je me verrai forcé d'en retarder l'approbation jusqu'à la réception du nombre réglementaire, ces documents m'ayant fait défaut à diverses reprises et malgré des réclamations réitérées.

Il doit être énoncé en fin de tous cahiers des charges, que les frais d'enregistrement, de publicité par voies d'affiches ou d'insertions dans les journaux, sont à la charge de l'adjudicataire.

Dans les adjudications présentant une certaine importance, vous devrez rendre applicables les clauses et conditions générales des marchés stipulées au décret du 10 juin 1870.

BRIÈRE

VOY : **Domaine public.**

Caisse des dépôts et consignations.

N° 1. — ARRÊTÉ *instituant une caisse des dépôts et consignations dans les pays du Protectorat.*

20 juillet 1889.

Article premier. — Il est créé une caisse des dépôts et consignations locale destinée à recevoir seule, dans toute l'étendue du Protectorat, les consignations judiciaires et administratives, les dépôts de fonds de masse de militaires décédés ou congédiés et les dépôts divers, dans des conditions analogues à celles où ces opérations s'effectuent dans la métropole.

Art. 2. — Les versements et les remboursements de cette caisse, ainsi que tous ses comptes, seront suivis exclusivement en piastres.

Art. 3. — Les fonctions de directeur de la caisse des dépôts et consignations sont dévolues au payeur chef du service de la trésorerie qui effectuera, à Hanoi seulement, les dépôts et les remboursements.

Art. 4. — Il ne sera alloué aucun intérêt aux déposants.

Art. 5. — Les taxations et frais de service sont fixés à 1/2 % sur les recettes et 1/2 % sur les dépenses, quelqu'en soit le montant, conformément aux dispositions de l'instruction générale du 15 octobre 1877.

Art 6. — Les comptes mensuels appuyés des pièces justificatives de recettes et de dépenses, ainsi que le compte annuel de gestion seront produits au Conseil du Protectorat qui sera appelé à statuer sur leur validité et à donner décharge au comptable.

Art. 7. — L'instruction générale du premier décembre 1877, celle du 30 novembre 1879 sur les fonds de militaires et celle du 31 janvier 1878 sur les dépôts divers, seront appliquées dans toutes leurs dispositions jusqu'à ce qu'une commission spéciale ait statué sur les modifications à y apporter.

Art. 8. — Les dépôts reçus depuis le premier janvier 1889, au titre de « recettes de la caisse des dépôts locale à régulariser » seront dès la publication du présent arrêté constatés définitivement au titre de la dite caisse qui supportera les intérêts payés depuis cette date sur ces dépôts.

Art. 9. — Les Résidents supérieurs au Tonkin et en Annam sont chargés de l'exécution du présent arrêté.

Pour le Gouverneur général et par délégation.

BRIÈRE.

VOY. : Agent judiciaire du trésor. — Trésor.

Caisses provinciales.

N° 1. — CIRCULAIRE *au sujet des prélèvements sur les caisses provinciales.*

19 septembre 1888.

Une circulaire en date du 10 mars 1887, prescrit aux résidents de veiller à ce qu'aucune dépense ne soit engagée par les mandarins sans leur approbation. Ils doivent, de plus, lorsqu'il s'agit de sommes importantes, en référer préalablement au résident général.

Cette circulaire ne fixait pas de minimum pour les sommes dont vous pouviez accorder le prélèvement sans mon autorisation.

L'impôt annamite étant une des principales sources de Recettes de notre budget, il importe de n'opérer sur les caisses provinciales que des prélèvements destinés à payer des dépenses d'administration générale d'une nécessité absolue.

Je crains que la trop grande élasticité dans les autorisations ne nous procure, en fin d'exercice, des mécomptes sérieux, et ne produise un dépassement des dépenses prévues au budget pour l'administration annamite.

J'ai donc décidé qu'à l'avenir vous ne pourrez autoriser les mandarins à payer directement, et en cas d'urgence, sur la caisse provinciale que des sommes ne dépassant pas 50 ligatures. Au-dessus de ce chiffre, vous devrez me soumettre toute demande de prélèvement que je vous invite à n'accueillir qu'avec la plus grande réserve.

E. PARREAU.

VOY. : Dépenses urgentes.

Capitation (Impôt de). — VOY. : Impôts.

Carrières. — VOY. : Chaux.

Centres administratifs. — VOY. : Administration annamite. — Indigènes. — Organisation administrative.

Cercles chinois

N° 1. — ARRÊTÉ *autorisant l'ouverture des cercles chinois et en réglementant la police.*

14 février 1886.

Article premier. — L'autorisation d'ouverture des cercles chinois au Tonkin sera donnée sur la demande des intéressés, par le Directeur des affaires civiles et politiques.

Art. 2. — La demande sera adressée au Directeur des affaires civiles et politiques; les pétitionnaires devront fournir à l'appui:

I. — Une liste comprenant:

Les noms des membres fondateurs du cercle;

Leurs professions;

La classe de leur patente s'il y a lieu;

L'indication des présidents, du ou des vice-présidents choisis par les membres fondateurs parmi eux.

II. — L'engagement conjoint et solidaire souscrit par tous les membres:

1° De verser au trésor, à titre de cautionnement, une somme de cinq cents piastres;

2° De verser, pour toute infraction aux dispositions fiscales du présent arrêté, un dédit de vingt piastres qui sera prélevé sur le montant du cautionnement, lequel devra être, dans ce cas, complété dans les huit jours, faute de quoi les contractants s'engagent à fermer immédiatement le cercle et à abandonner à l'Administration, en toute propriété, le reliquat du cautionnement.

3° De verser pour toute infraction aux dispositions non fiscales du présent arrêté, un dédit dont la quotité sera déterminée par le Directeur des affaires civiles et politiques, sauf approbation du Résident général, jusqu'à concurrence du montant total du cautionnement et qui sera recouvré comme ci-dessus.

4° De payer tous les frais d'enregistrement auxquels pourraient donner lieu lesdites conventions.

III. — Un plan en triple expédition du local dans lequel sera établi le cercle.

IV. — Un procès-verbal de visite de ce local dressé par l'autorité administrative compétente, en double expédition.

Art. 3. — Aucun cercle ne devra comprendre moins de dix ni plus de quarante membres.

Tout sujet d'une nation étrangère d'origine chinoise ne pourra en faire partie sans autorisation spéciale.

Tout cercle pourra posséder un personnel domestique de dix Asiatiques.

Art. 4. — Le local du cercle ne pourra avoir plus de deux issues toutes les deux donnant sur la voie publique du côté de la façade principale, l'une réservée aux membres du cercle, l'autre aux gens de service.

Les dépendances seules seront situées au rez-de-chaussée.

Les dénominations « *Cercle de...... autorisé par décision administrative en date du .....* » seront inscrites sur la façade en lettres ayant au moins dix centimètres de hauteur.

Une des expéditions du plan et du procès-verbal de visite mentionnés à l'article 2 seront affichés dans la salle principale.

Art. 5. — Il sera délivré tous les ans, à chacun des membres des cercles, une carte signalétique et nominative conforme aux indications de la carte de séjour dont le numéro y sera mentionné.

Art. 6. — Les membres des cercles pourront y introduire des étrangers chinois et donner des repas ou fêtes après avoir préalablement donné avis à l'autorité

Art. 7. — Sont autorisés entre les membres du cercle et leurs invités les jeux suivants: Les dominos, les six dés, les douze cartes en deux couleurs, les douze cartes en quatre couleurs.

Les enjeux seront déposés sur la table, en numéraire, à l'exclusion des bons ou des jetons.

Art. 8. — En cas de décès ou démission des présidents ou vice-présidents il sera immédiatement pourvu à leur remplacement par la voie de l'élection.

Le choix du cercle sera aussitôt porté à la connaisance de l'Administration.

Art. 9. — L'admission de nouveaux membres devra toujours être notifiée à l'Administration.

Les membres nouvellement admis devront souscrire un engagement analogue à celui prescrit pour les fondateurs à l'article 2.

Art. 10. — L'autorité administrative aura pour elle et ses délégués entrée au cercle à toute heure du jour et de la nuit.

Elle dressera procès-verbal dans la forme ordinaire des contraventions constatées au cours de la visite.

Expédition en sera adressée sans délai au Directeur des affaires civiles et politiques chargé de la suite à donner.

Art. 11. — Le Directeur des affaires civiles et politiques est chargé de l'exécution du présent arrêté, qui sera publié et enregistré partout où besoin sera.

WARNET

N° 2. — ARRÊTÉ *sur la police des cercles chinois ou annamites.*

21 avril 1890.

Article premier. — En cas de contravention aux prescriptions de l'arrêté du 14 février 1886, dûment constatée par procès-verbal, notamment pour réception d'asiatiques étrangers au cercle, désordres graves ou jeux défendus, les résidents et vice-résidents chefs de province, pourront provisoirement prescrire la fermeture des cercles chinois ou annamites autorisés dans leurs circonscriptions.

Il en sera référé immédiatement au Résident supérieur au Tonkin qui, sur le vu des procès-verbaux et rapports, statuera définitivement sur la suppression du cercle contrevenant.

Art. 2. — La suppression d'un cercle emportera de plein droit la confiscation du cautionnement de 500 $ versé en exécution de l'art. 2 de l'arrêté du 14 février 1886, sans préjudice de l'action qui pourra être dirigée contre les contrevenants par le ministère public.

Art. 3. — Toutes les autres dispositions des arrêtés antérieurs sur les cercles chinois et annamites sont maintenues en tant qu'elles n'ont rien de contraire aux prescriptions ci-dessus.

Art. 4. — Les résidents et vice-résidents chefs de province sont chargés, chacun en ce qui le concerne, de l'exécution du présent arrêté.

BRIÈRE.

Cession de matériel. — VOY.: Abondement.

Cession de vivres.

N° 1. — DÉCISION *supprimant la cession de vivres à titre remboursable pour les fonctionnaires civils du Protectorat dans les centres où il est possible de se procurer les denrées de première nécessité.*

23 avril 1888.

Article premier. — Les cessions de vivres à titre remboursable ne sont pas autorisées pour les fonctionnaires civils du Protectorat dans les centres où il est possible de se procurer, en s'adressant au commerce, les denrées de première nécessité, telles que la viande et le pain.

Art. 2. — M. le Commissaire de la marine, chef des services administratifs, est chargé de l'exécution de la présente décision.

RAOUL BERGER.

N° 2. — CIRCULAIRE *au sujet de la délivrance de vivres à titre remboursable.*

27 avril 1888.

J'ai décidé que les fonctionnaires ou agents du Protectorat seront autorisés à percevoir une ration de vivres de la 2e catégorie, à titre remboursable, dans toutes les places ou postes où ne se trouvent ni boulanger ni boucher.

Ces rations seront perçues sur la demande de l'intéressé visée par le résident de la province et remise directement au représentant des services administratifs dans sa place.

Le remboursement de ces cessions s'effectuera de la manière suivante :

Des bons partiels spéciaux, signés de la partie prenante, seront fournis aux comptables au moment de la distribution.

Ceux-ci établiront, en fin de mois, des factures de livraison décomptées qu'ils présenteront, pour la prise en charge, à la *signature des résidents locaux.*

Les cessions seront remboursées trimestriellement par les chefs de service, chargés d'assurer, par tels moyens qu'ils jugeront convenables, le remboursement des sommes payées pour le compte de leur personnel.

RAOUL BERGER.

N° 3. — ARRÊTÉ *supprimant les cessions de vivres à titre remboursable à Hanoi, Haiphong, Tourane, Dap-cau, Bac-ninh et Phu-lang-thuong.*

20 mars 1890.

Article premier. — A l'avenir il ne sera fait aucune cession de vivres à titre remboursable dans les places de Hanoi, Haiphong, Tourane, Dap-cau et Phu-lang-thuong.

Ces cessions seront limitées au pain et à la viande seulement dans les places de Son-tay, Hong-hoa, Cam-khé, Cho-bo, Thai-nguyen, Sept Pagodes, Lam.

Des rations complètes de la 1re catégorie continueront à être délivrées dans tous les autres postes aux fonctionnaires et aux colons munis d'autorisations régulièrement données.

Art. 2. — Le commissaire général, chef des services administratifs en Annam et au Tonkin est chargé de l'exécution du présent arrêté qui sera enregistré et communiqué partout où besoin sera.

PIQUET.

VOY. : Trésor.

Chambres de commerce.

N° 1. — ARRÊTÉ *portant établissement d'une chambre de commerce à Haiphong.*

23 novembre 1884

Rapporté par arrêté du 3 juin 1886 *(voir ci-après).*

N° 2 — ARRÊTÉ *créant une chambre de commerce dans chacune des villes de Hanoi et de Haiphong.*

3 juin 1886

(1)

Article premier. — Il sera établi dans chacune des villes de Haiphong et de Hanoi une chambre de commerce dont la circonscription embrassera, savoir :

HAIPHONG : les provinces de Hai-duong, Quan-yen, Nam-dinh, Ninh-binh, les provinces de l'Annam et généralement toute la région maritime du Protectorat.

HANOI : toutes les provinces intérieures du Tonkin non énumérées au paragraphe précédent.

Art. 2. — Ces chambres de commerce auront pour principales attributions :

De donner à l'administration civile les avis et renseignements qu'elle demandera sur les faits et les intérêts industriels et commerciaux, notamment :

Sur les changements projetés dans la législation commerciale ;

Sur les établissements et règlements des chambres de commerce créées ou à créer ;

Sur la création des tribunaux de commerce ;

Sur la réglementation des services à l'usage du commerce ;

Sur les établissements de banques locales ;

Sur les projets des travaux publics relatifs au commerce ;

D'administrer les établissements créés pour l'usage du commerce, magasins de sauvetage, entrepôts, bourses, etc., lorsqu'ils auront été fournis au moyen d'une contribution spéciale sur les négociants ou lorsque, fondés par l'autorité, leur administration aura été déléguée à l'une des deux chambres ;

De présenter leurs vues et observations sur l'état du commerce et de l'industrie et les moyens d'en accroître la prospérité, et sur tous les objets à l'occasion desquels elles peuvent être consultées ainsi qu'il est dit ci-dessus ;

De publier des bulletins réguliers et bi-mensuels contenant le cours des marchandises, le taux du change et généralement tous les renseignements de nature à intéresser les commerçants, soit en Annam et au Tonkin, soit à l'extérieur.

Art. 3. — Procès-verbal de toutes les séances des chambres devra être dressé et copie certifiée par le président et le secré-

(1) Cet arrêté a été modifié, en ce qui concerne la formation des chambres de commerce, par celui du 10 février 1889.

Il est utile à consulter pour le ressort et les attributions des deux assemblées consulaires.

taire en sera transmise, en double expédition, au Résident général par l'intermédiaire du Résident supérieur.

Les délibérations concernant les actes d'administration définis par le paragraphe second de l'article 2 devront être présentées au Résident général avant qu'il y ait eu commencement d'exécution.

Art. 4. — Chacune des chambres sera composée du résident de France, président, et de douze négociants français nommés par le Résident général.

Art. 5. — Un vice-président, élu à la majorité adsolue des suffrages, remplace le président en cas d'absence ou d'empêchement.

Art. 6.— Provisoirement les chambres de commerce siégeront respectivement dans les bâtiments des résidences de Haiphong et de Hanoi ou dans des locaux loués par l'Administration, et les dépenses auxquelles elles donneront lieu seront supportées par le budget du Protectorat.

Art. 7. — Est abrogé la décision du 23 novembre 1884.

Art. 8. — Le Résident supérieur au Tonkin est chargé de l'exécution de la présente décision.

PAUL BERT.

N° 3. — ARRÊTÉ *établissant une contribution spéciale sur les patentes pour subvenir aux dépenses des Chambres de commerce de Hanoi et de Haiphong.*

21 juillet 1888

Article premier. — Il sera pourvu, en principe, aux dépenses des Chambres de commerce de Hanoi et de Haiphong au moyen d'une contribution spéciale sur toutes les patentes des commerçants du Tonkin et portant sur le droit fixe de la patente seulement.

Art. 2. — Les sommes provenant de cette contribution seront réparties par moitié entre les Chambres de Hanoi et de Haiphong.

Art. 3. — Un arrêté fixera, chaque année, le montant de ce droit qui s'ajoutera au principal de la patente et sera recouvré en même temps et sur le même rôle.

Il sera de 2 centimes par franc pour l'année 1889.

Art. 4. — Le produit de ladite contribution sera mis trimestriellement, sur mandat du Résident général en Annam et au Tonkin, à la disposition des Chambres de commerce.

Art. 5. — Le Résident général en Annam et au Tonkin est chargé de l'exécution du présent arrêté.

RICHAUD.

N° 4. — ARRÊTÉ *sur les attributions et la formation des chambres de commerce au Tonkin.*

16 février 1889

CHAPITRE PREMIER

ATTRIBUTIONS

Article premier. — Les Chambres de commerce de Hanoi et de Haiphong, instituées par les arrêtés des 28 novembre 1884 et 3 juin 1886, ont pour principales attributions :

§ 1. — Comme organes officiels du commerce, de présenter à l'administration leurs vues sur les moyens d'accroître la prospérité de l'industrie et du commerce, sur les améliorations à introduire dans la législation commerciale, les tarifs des douanes, sur l'érection des travaux des ports, la navigation des fleuves et rivières ; de fournir à l'administration les avis, renseignements qui leur sont demandés sur les faits et les intérêts industriels et commerciaux, sur la création des établissements financiers, des tribunaux de commerce et sur les projets, règlements locaux en matière de commerce ou d'industrie.

§ 2. — Comme mandataires du commerce pour la gestion d'intérêts collectifs, les Chambres de commerce sont chargées de l'administration des établissements créés pour l'usage du commerce et de la publication des bulletins et renseignements de nature à intéresser le commerce intérieur et extérieur.

Art. 2. — Toutes les délibérations des Chambres de commerce seront communiquées au Résident-maire, qui les transmettra à la Résidence supérieure.

Art. 3. — Les Chambres établiront elles-mêmes leur budget, qui ne sera exécutoire qu'après l'approbation du Résident supérieur.

En cas d'insuffisance des recettes, il pourra leur être alloué une subvention sur les fonds du budget du Protectorat dans la limite du possible.

CHAPITRE II

DE LA FORMATION DE LA CHAMBRE DE COMMERCE

Art. 4. — Chacune des chambres de commerce de Hanoi et de Haiphong est composée de douze membres dont un annamite et un chinois, élus conformément aux dispositions du présent arrêté.

Elle élira son président, son vice-président et son secrétaire.

Le résident-maire en est le président d'honneur, il peut toujours assister aux séances et dans ce cas, il exerce la présidence effective.

Art. 5. — La durée du mandat des chambres de commerce est fixée à trois ans.

Art. 6. — Sont électeurs : 1° Les commerçants européens âgés de 21 ans accomplis, payant, pour eux-mêmes ou pour la société qu'ils représentent, une patente.

2° Les asiatiques âgés de 25 ans, payant une patente de 4° classe et au-dessus. Toutefois cette catégorie d'électeurs ne prendra part qu'à l'élection des deux membres asiatiques prévus à l'article 4 ci-dessus.

Art. 7. — Ne peuvent pas être inscrits sur les listes électorales :

1° Les individus privés de leurs droits civils et politiques.

2° Ceux à qui le droit de vote et d'élection a été interdit par jugement rendu en matière correctionnelle ;

3° Les condamnés à l'emprisonnement pour crime ;

4° Les condamnés pour vol, escroquerie, abus de confiance ;

5° Les notaires, greffiers et fonctionnaires quelconques destitués en vertu de jugements ou décisions judiciaires ;

6° Les condamnés pour vagabondage ou mendicité ;

7° Les militaires condamnés aux travaux publics ;

8° Les interdits ;

9° Les faillis non réhabilités.

Art. 8. — Sont éligibles :

Les commerçants français inscrits sur la liste des électeurs,

Les commerçants asiatiques patentés des deux premières catégories.

Art. 9. — Seront déclarés membres de la Chambre de commerce ceux qui, au premier tour de scrutin, auront réuni un nombre de voix égal à la moitié des votants plus une et supérieur au quart des électeurs inscrits.

Art. 10. — Les président, vice-président et secrétaire seront élus à la majorité des voix des membres présents à la première séance, qui sera présidée par le résident-maire.

Ils ne pourront être choisis que parmi les membres de nationalité française.

Art. 11. — Le président, et à son défaut, le vice-président, a seul la police de l'assemblée.

Art. 12. — L'assemblée des électeurs est convoquée par arrêté du Résident supérieur et présidée par le résident-maire.

Art. 13. — La liste électorale est dressée annuellement, du 1er au 10 décembre, par une commission composée du maire ou de l'un des adjoints, d'un délégué de la Chambre de commerce et d'un conseiller municipal.

La liste sera affichée pendant 15 jours à la mairie où les réclamations pourront être adressées. Elles seront jugées par la commission indiquée ci-dessus.

Les décisions de la commission seront notifiées dans les trois jours aux intéressés.

Art. 14. — Les deux plus jeunes et les deux plus âgés parmi les électeurs présents à l'ouverture de la séance, sachant lire et écrire, remplissent les fonctions d'assesseurs.

Trois membres du bureau doivent être présents pendant tout le cours des opérations.

Le secrétaire est désigné par le président et les assesseurs.

Art. 15. — Pendant toute la durée des opérations, une copie de la liste des électeurs, certifiée par le résident-maire, reste déposée sur la table autour de laquelle siège le bureau.

Art. 16. — Nul ne peut être admis à voter s'il n'est inscrit sur cette liste et s'il ne présente sa carte d'électeur.

Art. 17. — Nul électeur ne peut entrer dans l'assemblée s'il est porteur d'armes quelconques.

Les électeurs apportent leur bulletin préparé ; le papier du bulletin doit être blanc et sans signe extérieur.

L'électeur remet au président son bulletin fermé qui est immédiatement déposé dans la boîte du scrutin, laquelle doit être fermée à clef.

Le vote de chaque électeur est constaté sur la liste, en marge de son nom, par la signature d'un des membres du bureau.

Art. 18. — Le scrutin sera ouvert, autant que possible, un dimanche. Il restera ouvert de 8 h. du matin à 4 h. du soir.

Le président prononce la clôture du scrutin, après laquelle aucun vote ne sera reçu.

Art. 19. — Après la clôture, il est procédé au dépouillement de la manière suivante : le bureau désigne parmi les personnes présentes six scrutateurs adjoints aux assesseurs et la boîte est ouverte; le nombre des bulletins est vérifié au moyen de la liste émargée par les scrutateurs. Si ce nombre n'est pas égal à celui des votants, il en est fait mention au procès-verbal ; les bulletins blancs ou illisibles n'entrent pas en compte dans le résultat du dépouillement.

Art. 20. — Après le dépouillement, le président proclame le résultat du scrutin.

Le procès-verbal des opérations est dressé par le secrétaire et signé par les membres du bureau.

Une copie est adresée aussitôt au Résident supérieur.

Art. 21. — S'il y a lieu de procéder à un nouveau tour de scrutin, l'assemblée est de droit convoquée pour le dimanche suivant.

Si plusieurs candidats obtiennent le même nombre de suffrages, l'élection est acquise au plus âgé.

Art. 22. — Tout électeur a le droit d'arguer de nullité les opérations de l'assemblée.

Les réclamations faites à ce sujet doivent être consignées au procès-verbal.

Le maire est tenu de les transmettre immédiatement au Résident supérieur qui prononce en dernier ressort.

Art. 23. — Dans le cas où l'annulation de tout ou partie des élections est devenue définitive, l'assemblée des électeurs est convoquée dans le délai le plus rapproché.

CHAPITRE III.

DISPOSITIONS TRANSITOIRES

Art. 24. — La date de la prochaine élection est fixée au dimanche 17 mars.

La durée du mandat des Chambres qui seront issues de cette élection prendra fin le 1er janvier 1892.

Art. 25. — Les listes électorales seront dressées du 20 février au 1er mars. Le délai d'affichage prévu par l'article 13 est limité à huit jours, du 1er au 8 mars inclus.

Art. 26. — Le membre asiatique chinois sera seul élu le 17 mars.

Le membre asiatique annamite sera élu dès que le rôle des patentes des annamites aura été établi.

Art. 27. — Sont et demeurent abrogées toutes les dispositions antérieures contraires aux présentes.

Art. 28. — Le Résident général en Annam et au Tonkin est chargé de l'exécution du présent arrêté.

RICHAUD.

VOY. : Impôts.

Chanceliers

N° 1. — CIRCULAIRE *au sujet de la prestation de serment des chanceliers.*

12 mai 1886.

Les consuls et vice-consuls étant, aux termes mêmes des ordonnances et circulaires d'octobre 1833, dispensés de la prestation de serment, le seul acte à remplir au moment de la prise de possession du service consiste dans la remise des archives constatée par un procès-verbal dressé en triple expédition, à la suite d'un récolement exact et complet de tous les papiers et documents.

Il n'en est pas de même pour les chanceliers. Avant d'entrer en fonctions, tout chancelier ou agent appelé à occuper cet emploi doit prêter entre les mains de son consul, le serment de remplir fidèlement les obligations de son emploi.

Ce serment doit être ainsi conçu :

« Je jure et promets de remplir avec fidélité les fonctions de « chancelier de la résidence de..... »

J'ai, en conséquence, l'honneur de vous prier de vouloir bien procéder à la prompte application de cette formalité.

Le procès-verbal de prestation de serment sera dressé en double expédition, dont l'une me sera transmise, tandis que l'autre sera conservée dans les archives de votre résidence.

P. VIAL.

N° 2. — ARRÊTÉ *fixant les épreuves à subir par les candidats à l'emploi de chancelier de résidence.*

22 février 1889.

Article premier. — Les examens à subir par les candidats à l'emploi de chancelier de résidence auront lieu à Hanoi, au commencement du mois de décembre de chaque année.

Par exception, une session extraordinaire aura lieu au commencement du mois d'avril 1889.

Art. 2. — Sont autorisés à prendre part à cet examen tous les commis de résidence de 1re classe, comptant une année de service dans leur grade.

Les demandes devront être adressées à la Résidence générale avant le 1er octobre, pour les candidats en service en Annam, et à la Résidence supérieure, avant le 1er novembre, pour les candidats en service au Tonkin.

Art. 3. — La commission d'examen sera composée ainsi qu'il suit :

Un résident, président ; le chef de la comptabilité du trésor, un vice-résident, un chef de bureau de la Résidence supérieure, membres.

Les membres de cette commission seront désignés à chaque session par le Résident général.

Art. 4. — Aucun programme n'est déterminé pour cet examen, qui comprendra toutes les questions d'administration générale, d'administration indigène et de comptabilité.

Art. 5. — L'examen est divisé en deux parties :

1° La première comprendra les épreuves écrites consistant en :

A. — Une composition sur un sujet d'administration générale ;

B. — Une compositon sur un sujet d'administration indigène.

2° La deuxième comprendra les épreuves orales :

Art. 6. — Les deux questions à poser à l'examen écrit seront, à chaque session, choisies par le Résident général.

Art. 7. — Les candidats auront trois heures, sans interruption aucune, pour traiter chaque sujet.

Un membre de la commission d'examen sera chargé de la surveillance des candidats pendant la durée des compositions. Les copies lui seront remises à l'expiration du délai accordé.

Art. 8. — La commission procédera ensuite à l'examen des compositions. Elle exprimera par des chiffres, de 0 à 20, le mérite de chacune d'elles.

Le coëfficient des compositions écrites est de 2.

La moyenne des notes de tous les examinateurs constituera la note moyenne de chaque composition.

La commission dressera la liste des candidats qui, réunissant au moins 40 points, seront admis à subir les épreuves orales.

Ceux dont la composition n'atteindra pas ce minimum seront éliminés du concours.

Art. 9. — L'épreuve orale aura lieu au jour fixé par le président de la commission ; tous les candidats seront libres d'y assister pendant que l'un d'eux sera interrogé.

Les candidats seront interrogés à tour de rôle, par les quatre examinateurs.

La moyenne des notes de chaque examinateur constituera la note générale de l'examen individuel.

Le coëfficient de l'examen oral est de 1.

La durée de l'épreuve orale pour chaque candidat est fixée à une demi-heure.

Art. 10. — Le maximum des points pour les deux parties de l'examen est de 100.

Tout candidat, qui n'aura pas obtenu un minimum de 60 points, sera éliminé.

Art. 11. — Les candidats devront s'abstenir de faire figurer leurs nom et prénoms sur leur composition.

Celles-ci ne devront se distinguer que par une devise choisie par le candidat.

Chaque candidat répétera cette devise, suivie de ses nom et prénoms, sur une feuille de papier qui, placée dans une enveloppe fermée, sera remise au début de la session au Président de la commission d'examen.

Les enveloppes, contenant à la fois les noms et les devises des candidats, seront ouvertes en présence de tous les membres de la commission, et seulement après que toutes les compositions auront été notées et classées.

Art. 12. — Les candidats n'auront à leur disposition que le *Bulletin des lois*, le *Moniteur ou le Bulletin officiel du Protectorat*, et un exemplaire des divers codes en vigueur en France.

Chaque candidat devra se munir de ceux de ces ouvrages qu'il désirera consulter, l'Administration n'étant pas tenue de les fournir.

Art. 13. — Toute communication avec des personnes étrangères sera rigoureusement interdite.

Les membres de la Commission devront tenir la main à ce qu'aucun livre ou recueil, manuscrit ou imprimé, autre que les ouvrages déterminés à l'article 12, ne soit introduit dans la salle de l'examen.

Toute infraction à ces règles devra être immédiatement signalée au Résident supérieur et relatée au procès-verbal de la commission.

Art. 14. — Le Résident général de la République française en An-nam et au Tonkin est chargé de l'exécution du présent arrêté.

RICHAUD.

VOY : **Indemnités**. — **Organisation administrative**.

Chargements. — VOY.: Postes.

Chasse

N° 1. — CIRCULAIRE *accordant aux officiers et assimilés l'autorisation de chasser*.

3 septembre 1885

Le Général de division commandant en chef le corps du Tonkin fait connaître qu'il autorise la chasse à partir d'aujourd'hui.

Cette permission n'est accordée qu'aux officiers et assimilés seulement, et, jusqu'à nouvel ordre, ils ne devront pas chasser de 10 heures du matin à 3 heures de l'après-midi.

N° 2. — CIRCULAIRE *au sujet de la chasse à l'aigrette par des indigènes pour compte d'européens*.

15 juin 1889.

Durant ces derniers mois, plusieurs de nos nationaux faisant le commerce des plumes ont été, ainsi que vous le savez, autorisés par mon prédécesseur à armer, sous leur responsabilité personnelle, un certain nombre d'indigènes qu'ils envoient, porteurs de permis individuels, à la chasse à l'aigrette dans diverses provinces.

Cette industrie, que je suis d'ailleurs tout disposé à faciliter, tendant actuellement à prendre de l'extension, ne saurait sans inconvénients s'exercer indifféremment dans toutes les régions du Tonkin et j'estime qu'il y a un intérêt de police générale à en limiter l'exercice aux parties du territoire dont la pacification est aujourd'hui assurée.

Je vous prie donc de me faire connaître les régions de votre province où cette chasse peut être autorisée sans danger, ainsi que celles dont il serait utile (au point de vue de la sécurité publique) d'interdire l'accès aux chasseurs.

Vous voudrez bien me faire parvenir sans retard les renseignements dont il s'agit.

BRIÈRE.

N° 3. — ARRÊTÉ *fixant la période d'interdiction de la chasse à l'aigrette*.

7 juillet 1889.

Article premier. — La chasse à l'aigrette est interdite sur tout le territoire du Tonkin du 1er juillet au 31 décembre de chaque année. (1).

Art. 2. — Exceptionnellement, cette chasse restera ouverte jusqu'au 31 juillet de l'année courante.

Art. 3. — Toute infraction aux prescriptions du présent arrêté sera punie conformément aux lois et règlements sur la matière, en vigueur dans la métropole.

Art. 4. — Les résidents et vice-résidents, chefs de poste au Tonkin, sont chargés, chacun en ce qui le concerne, de l'exécution du présent arrêté.

Hanoi, le 7 juillet 1889.

BRIÈRE.

N° 4. — ARRÊTÉ *réglementant la chasse à l'aigrette par les indigènes*

12 décembre 1889

Voir ci-après arrêté du 14 mai 1890 interdisant la chasse à l'aigrette aux indigènes

N° 5. — ARRÊTÉ *restreignant la durée de la chasse à l'aigrette*.

17 décembre 1889

Article premier. — L'article premier de l'arrêté du 7 juillet 1889 est modifié comme suit :

« La chasse à l'aigrette est interdite sur tout le territoire du Tonkin du 1er juillet au 31 janvier de chaque année ».

Art. 2. — Les résidents et vice-résidents, chefs de poste au Tonkin, sont chargés chacun en ce qui le concerne de l'exécution du présent arrêté.

BRIÈRE.

N° 6. — ARRÊTÉ *interdisant la chasse aux indigènes sur tout le territoire du Tonkin*.

14 mai 1890.

Article premier. — A dater du 1er juin prochain la chasse au moyen d'armes à feu est interdite aux indigènes sur tout le territoire du Tonkin.

Art. 2. — Le Résident supérieur au Tonkin est chargé de l'exécution du présent arrêté.

PIQUET.

VOY. : **Port d'armes**.

Chaux

N° 1. — ARRÊTÉ *fixant les droits sur l'exploitation des carrières à chaux*.

28 juin 1887.

Article premier. — L'exploitation des carrières à chaux au Tonkin est soumise aux droits ci-après :

Il sera perçu un droit fixe de :

Vingt francs (20 fr.) pour chaque four à chaux de 1 à 10me de capacité brute ;

Quarante francs (40 fr.) pour chaque four de 10 à 20me ;

Au dessus de 20me de capacité, les fours seront soumis à un droit de *vingt francs* (20 fr.) par fraction indivisible de 10me.

Art. 2. — L'imposition de ce droit est indépendante de l'impôt de patente auquel sont déjà assujetties toutes personnes exploitant des carrières à chaux.

G. BIHOURD.

VOY : **Exportation**.

(1) Voir ci-après arrêté du 10 décembre 1889, modifiant l'art. 1er; la période d'interdiction a été fixée du 1er juillet au 31 janvier de chaque année.

Chinois. — VOY. : Cercles. — Congrégation chinoise. — Exhumation. — Impôts. — Séjour.

Cimetières

N° 1. — ARRÊTÉ *sur l'entretien et la police des cimetières.*

14 juin 1890.

Article premier. — Dans tous les centres administratifs du Tonkin, il y aura, à la distance de 50 mètres au moins de leur enceinte, des terrains spécialement consacrés à l'inhumation des morts.

Art. 2. — La police et le soin de l'entretien de ces cimetières appartient à Hanoi et à Haiphong aux résidents-maires, et dans les provinces aux résidents et vice-résidents.

Ceux-ci pourvoient d'urgence à ce que toute personne européenne soit inhumée et ensevelie décemment, sans distinction de culte ou de croyance.

Art. 3. — L'art. 25 de l'arrêté du 24 février 1889 est modifié ainsi qu'il suit :

« Pour le choix de l'emplacement réservé dans les cimetières à la sépulture des militaires décédés, les maires, résidents et vice-résidents se concerteront avec les commandants d'armes chargés du soin de l'inhumation des militaires, du creusement de leurs fosses et de l'entretien de leurs tombes. »

Art. 4. — Chaque inhumation aura lieu dans une fosse séparée ; chaque fosse qui sera ouverte aura au moins deux mètres de profondeur sur 80 centimètres de largeur, et sera ensuite remplie de terre bien foulée.

Art. 5. — Les fosses seront distantes les unes des autres de quarante à cinquante centimètres sur les côtés, à la tête et aux pieds.

Art. 6. — L'ouverture des fosses pour de nouvelles sépultures ne pourra avoir lieu qu'après avis préalable du service de la santé au Tonkin.

Art. 7. — En vue de faciliter les exhumations et translations de sépultures, un emplacement spécial sera réservé dans tout cimetière à l'ensevelissement des personnes décédées par suite de maladies contagieuses.

Art. 8. — Le général commandant en chef les troupes de l'Indo-Chine et le Résident supérieur au Tonkin, sont chargés, chacun en ce qui le concerne, de l'exécution du présent arrêté.

PIQUET.

Codes français.

N° 1. — ARRÊTÉ *promulguant la loi du 12 août 1885 ayant pour objet de modifier plusieurs articles du livre II du code de commerce.*

2 octobre 1885.

Article premier. — Est promulguée, dans toute l'étendue de l'Annam et du Tonkin, la loi du 12 août 1885 ayant pour objet de modifier plusieurs articles du livre II du code de commerce.

Art. 2. — Le Directeur des affaires civiles et politiques est chargé de l'exécution du présent arrêté, qui sera enregistré, publié et communiqué partout où besoin sera.

WARNET.

LOI ayant pour objet de modifier plusieurs articles du livre II du code de commerce.

12 août 1885.

Article premier. — Les articles 216, 258, 262, 263, 265, 315, 334 et 347 du code de commerce sont modifiés ainsi qu'il suit

« Art. 216. — Tout propriétaire de navire est civilement responsable des faits du capitaine et tenu des engagements contractés par ce dernier pour ce qui est relatif au navire et à l'expédition.

« Il peut, dans tous les cas, s'affranchir des obligations ci-dessus par l'abandon du navire et du fret.

« Toutefois, la faculté de faire abandon n'est point accordée à celui qui est en même temps capitaine et propriétaire du navire. Lorsque le capitaine ne sera que co-propriétaire, il ne sera responsable des engagements contractés par lui, pour ce qui est relatif au navire et à l'expédition, que dans la proportion de son intérêt.

« En cas de naufrage du navire dans un port de mer ou havre, dans un port maritime ou dans les eaux qui leur servent d'accès, comme aussi en cas d'avaries causées par le navire aux ouvrages d'un port, le propriétaire du navire peut se libérer, même envers l'État, de toute dépense d'extraction ou de réparation, ainsi que de tous dommages-intérêts par l'abandon du navire et du fret des marchandises à bord.

« La même faculté appartient au capitaine qui est propriétaire ou co-propriétaire du navire, à moins qu'il ne soit prouvé que l'accident a été occasionné par sa faute.

« Art. 258. — En cas de prise, naufrage ou déclaration d'innavigabilité, les matelots engagés au voyage ou au mois sont payés de leurs loyers jusqu'au jour de la cessation de leurs services, à moins qu'il ne soit prouvé, soit que la perte du navire est le résultat de leur faute ou de leur négligence, soit qu'ils n'ont pas fait tout ce qui était en leur pouvoir pour sauver le navire, les passagers et les marchandises ou pour recueillir les débris.

« Dans ce cas, il appartient aux tribunaux de statuer sur la suppression ou la réduction du loyer qu'ils ont encourue.

« Ils ne sont jamais tenus de rembourser ce qui leur a été avancé sur leurs loyers.

« En cas de perte sans nouvelles, les héritiers ou représentants des matelots engagés au mois auront droit aux loyers échus jusqu'aux dernières nouvelles et à un mois en sus. Dans le cas d'engagement au voyage, il sera dû à la succession des matelots moitié des loyers du voyage.

« Si l'engagement avait pour objet un voyage d'aller et retour, il sera payé un quart de l'engagement total si le navire a péri en allant ; trois quarts s'il a péri dans le retour, le tout sans préjudice des conventions contraires.

« Dans tous les cas, le rapatriement des gens de l'équipage est à la charge de l'armement, mais seulement jusqu'à concurrence de la valeur du navire ou de ses débris et du montant du fret des marchandises sauvées, sans préjudice du droit de préférence qui appartient à l'équipage pour le payement de ses loyers.

« Art. 262. — Le matelot est payé de ses loyers, traité et pansé aux frais du navire, s'il tombe malade pendant le voyage ou s'il est blessé au service du navire.

« Si le matelot a dû être laissé à terre, il est rapatrié aux dépens du navire ; toutefois le capitaine peut se libérer de tous frais de traitement ou de rapatriement en versant entre les mains de l'autorité française une somme à déterminer d'après un tarif qui sera arrêté par un règlement d'administration publique, lequel devra être revisé tous les trois ans.

« Les loyers du matelot laissé à terre lui sont payés jusqu'à ce qu'il ait contracté un engagement nouveau ou qu'il ait été rapatrié. S'il a été rapatrié avant son rétablissement, il est payé de ses loyers jusqu'à ce qu'il soit rétabli. Toutefois la période durant laquelle les loyers du matelot lui sont alloués ne pourra dépasser, en aucun cas, quatre mois à dater du jour où il a été laissé à terre.

« Art. 263. — Le matelot est traité, pansé et rapatrié de la manière indiquée en l'article précédent, aux dépens du navire et du chargement, s'il est blessé en combattant contre les ennemis et les pirates.

« Art. 265. — En cas de mort d'un matelot pendant le voyage, si le matelot est engagé au mois, ses loyers sont dus à sa succession jusqu'au jour de son décès.

« Si le matelot est engagé au voyage, au profit ou au fret et pour un voyage d'aller seulement, le total de ses loyers ou de sa part est dû, s'il meurt après le voyage commencé. Si l'engagement avait pour objet un voyage d'aller et retour, la moitié des loyers et de la part du matelot est due s'il meurt en allant ou au port d'arrivée ; la totalité est due s'il meurt en revenant.

« Pour les opérations de la grande pêche, la moitié de ses loyers ou de sa part est due s'il meurt pendant la première moitié de la campagne ; la totalité est due s'il meurt pendant la seconde moitié.

« Les loyers du matelot tué en défendant le navire sont dus en entier pour tout le voyage, si le navire arrive à bon port, et, en cas de prise, naufrage ou déclaration d'innavigabilité, jusqu'au jour de la cessation des services de l'équipage.

« Art. 315. — Les emprunts à la grosse peuvent être affectés : sur le navire et ses accessoires ; sur l'armement et ses victuailles ; sur le fret ; sur le chargement ; sur le profit espéré du chargement ; sur la totalité de ses objets conjointement ou sur une partie déterminée de chacun d'eux.

« Art. 334. — Toute personne intéressée peut faire assurer le navire et ses accessoires sur l'armement et ses victuailles, sur le fret, sur le chargement, sur le profit espéré du chargement, sur la totalité de ces objets conjointement ou sur une partie déterminée de chacun d'eux.

« Art. 334. — Toute personne intéressée peut faire assurer le navire et ses accessoires, les frais d'armement, les victuailles, les loyers des gens de mer, le fret net, les sommes prêtées à la grosse et le profit maritime, les marchandises chargées à bord et le profit espéré de ces marchandises, le coût de l'assurance, et généralement toutes chosses estimables à prix d'argent sujettes aux risques de la navigation.

« Toute assurance cumulative est interdite.

« Dans tous les cas d'assurances cumulatives, s'il y a eu dol ou fraude de la part de l'assuré, l'assurance est nulle à l'égard de l'assuré seulement ; s'il n'y a eu ni dol ni fraude, l'assurance sera réduite de toute la valeur de l'objet deux fois assuré ; s'il y a eu deux ou plusieurs assurances successives, la réduction portera sur la plus récente. »

« Art. 347. — Le contrat d'assurance est nul s'il a pour objet les sommes empruntées à la grosse. »

Art. 2. — Les articles 259, 318 et 386 du code de commerce sont abrogés.

La présente loi, délibérée et adoptée par le Sénat et par la Chambre des députés, sera exécutée comme loi de l'État.

N° 2. — Arrêté *promulguant les Codes français dans toute l'étendue des pays du Protectorat du Tonkin.*

30 octobre 1888

Article premier. — Sont promulgués dans toute l'étendue des pays du Protectorat du Tonkin :

1° Le code civil ;
2° Le code de procédure civile ;
3° Le code de commerce ;
4° Le code d'instruction criminelle ;
5° Le code pénal métropolitain ;

Tels et en l'état qu'ils se trouvent insérés dans l'édition de 1888 du *Recueil des Codes français* de Rivière, Faustin Hélie et Paul Pont, avec toutes les modifications portées au texte principal dans cette édition, et résultant des lois annexes y rattachées, qui font corps avec le texte principal, et se trouvent ainsi promulguées comme lui, mais sous réserve toutefois des modifications introduites, tant dans ce texte principal de nos codes qu'aux lois annexes dont il vient d'être parlé, par les décrets organiques spéciaux et la législation particulière à la colonie de Cochinchine.

6° Le décret du 15 novembre 1887, portant réorganisation de la justice en Cochinchine ;

7° Le décret du 5 juillet 1888, réorganisant la justice en Cochinchine. (Ces deux décrets promulgués pour celles de leurs parties communes aux tribunaux du Tonkin) ;

8° L'article 5, § 1er du décret du 7 mars 1868 ; (1)

9° L'article 5, § 1er du décret du 3 avril 1880 ; (2)

10° Le décret du 25 juin 1879, portant règlement sur le pourvoi en annulation et en cassation ;

11° L'arrêté du chef du pouvoir exécutif du 28 août 1871 énumérant les catégories des indigènes et asiatiques soumis à la loi annamite aux termes du décret organique du 25 juillet 1864.

Art. 2. — Ces promulgations sont faites sous réserve de toutes promulgations de texte faisant partie de la législation en vigueur en Cochinchine qui pourront ultérieurement être jugées nécessaires.

Art. 3. — Provisoirement et par dérogation, il sera procédé comme suit pour la publication des textes ainsi promulgués.

Un exemplaire de chacun de ces textes sera déposé au greffe des tribunaux du Tonkin, à la résidence générale de l'Annam et du Tonkin, et à la résidence supérieure de Hanoi ;

(1) Sur le recours en cassation contre les décisions rendues par les tribunaux français en Cochinchine.

(2) Modifiant le ressort de la cour d'appel de Saïgon.

Procès-verbal de ces dépôts sera dressé en double expédition, dont l'une sera classée aux archives du greffe ou de la résidence, et l'autre adressée à M. le Procureur général de l'Indo-Chine pour être classée au greffe de la cour d'appel de l'Indo-Chine à Saïgon.

Art. 4. — Le Résident général en Annam et au Tonkin et le Procureur général, chef du service judiciaire de l'Indo-Chine, sont chargés, chacun en ce qui le concerne, de l'exécution du présent arrêté, qui sera enregistré partout où besoin sera et inséré aux *Journal* et *Bulletin officiels* du Tonkin.

RICHAUD.

Colis postaux

N° 1. — Décret *sur l'échange des colis postaux entre la France et le Tonkin.*

23 septembre 1881

Article premier. — A partir du 1er octobre prochain, des colis postaux pourront être échangés par la voie des paquebots-poste français entre la France (y compris la Corse et l'Algérie), la Tunisie et les bureaux de poste français établis dans les ports ottomans, d'une part, et le Tonkin, d'autre part.

Art. 2. — L'affranchissement des colis postaux sera obligatoire.

La taxe à payer par l'expéditeur sera perçue conformément aux indications du tableau ci-après.

LIEU DE DÉPOT	TAXE des colis postaux à livrer aux destinataires au port de débarquement
Agence de la compagnie maritime au port d'embarquement de la France continentale	3 fr. 60
Gare de la France continentale	4 10
Agence de la compagnie maritime au port d'embarquement en Corse ou en Algérie	3 85
Agence à l'intérieur de la Corse ou gare d'Algérie	4 35
Agence de la compagnie maritime au port d'embarquement en Tunisie	4 10
Gare de Tunisie	4 60
Bureau de poste français au port d'embarquement en Turquie	4 00

Art. 3. — Sont applicables aux colis postaux dont il s'agit, toutes les dispositions des décrets sus-indiqués.

Art. 4. — Le Ministre des postes et des télégraphes est chargé de l'exécution du présent décret, qui sera inséré au *Bulletin des Lois.*

JULES GRÉVY.

N° 2. — Décret *portant fixation des taxes et conditions applicables dans le service colonial aux colis postaux provenant ou à destination du Tonkin.*

29 septembre 1884.

Article premier. — Les habitants du Tonkin pourront échanger, par la voie des paquebots-poste français, des colis postaux avec la France (y compris la Corse et l'Algérie), la Tunisie, les bureaux de poste français établis dans les ports ottomans, les colonies françaises du Sénégal, de la Guadeloupe, de la Martinique, de la Guyane française, de Mayotte, de Nossi-Bé et Sainte-Marie-de-Madagascar, de la Réunion, de Pondichéry, de Karikal, de la Cochinchine et de la Nouvelle-Calédonie, ainsi qu'avec l'Allemagne, l'Autriche-Hongrie, la Belgique, la Bulgarie, le Danemark et les Antilles danoises, l'Egypte, l'Italie, le Luxembourg, le Montenegro, la Norvège, les Pays-Bas, le Portugal (y compris les Açores et Madère), la Roumanie, la Serbie, la Suède, la Suisse et la Turquie.

Le nouveau service entrera en activité au Tonkin dès que le présent décret y aura été promulgué.

Art. 2 — L'affranchissement des colis postaux sera obligatoire.

La taxe à payer par l'expéditeur sera perçue conformément aux indications des tableaux ci-après:

I. — *Taxes à percevoir par le bureau du port d'embarquement, au Tonkin, sur les colis postaux expédiés en France, en Corse, en Algérie, en Tunisie et aux colonies françaises.*

LIEU DE DESTINATION	VOIE DE Transmission.	TAXES
		fr. c.
Douane ou agence de la compagnie maritime, au port de débarquement, en France.......	Voie de Marseille.	3 50
Domicile du destinataire, au port de débarquement, en France, desservi par factage.....	*Idem.*	3 75
Gare de France..........................	*Idem.*	4 00
Domicile du destinataire dans une localité de l'intérieur de la France, desservie par factage ou correspondance..........................	*Idem.*	4 25
Douane ou agence de la compagnie maritime, au port de débarquement, en Corse ou en Algérie..........................	*Idem.*	3 75
Domicile du destinataire au port de débarquement, en Corse ou en Algérie, desservi par factage..........................	*Idem.*	4 00
Agence à l'intérieur de la Corse ou gare d'Algérie..........................	*Idem.*	4 25
Domicile du destinataire, dans une localité de l'intérieur de la Corse ou de l'Algérie desservie par factage ou correspondance......	*Idem.*	4 50
Douane ou agence de la compagnie maritime ou port de débarquement en Tunisie......	*Idem.*	4 00
Domicile du destinataire, dans un port de débarquement, en Tunisie, desservi par factage..........................	*Idem.*	4 25
Gare de Tunisie..........................	*Idem.*	4 50
Domicile du destinataire, dans une localité de l'intérieur de la Tunisie desservie par factage ou correspondance..........................	*Idem.*	4 75
Ports de débarquement :		
En Cochinchine..........................	Voie directe.	0 50
Au Sénégal..........................	Voie de Marseille.	5 00
A la Guadeloupe..........................	*Idem.*	6 00
A la Martinique..........................	*Idem.*	6 00
A la Guyane française..........................	*Idem.*	6 00
A la Réunion..........................	Voie des paquebots français.	3 50
A Mayotte..........................	*Idem.*	4 00
A Nossi-Bé..........................	*Idem.*	4 00
A Sainte-Marie-de-Madagascar..........................	*Idem.*	4 00
A Pondichéry..........................	*Idem.*	1 50
A Karikal..........................	*Idem.*	1 50
En Nouvelle-Calédonie..........................	*Idem.*	3 50

II. — *Taxes à percevoir par le bureau du port d'embarquement, au Tonkin, sur les colis postaux à destination de divers pays étrangers.*

PAYS de DESTINATION	TAXES						
	VOIE de MARSEILLE.	VOIE de Marseille et de BELGIQUE.	VOIE de Marseille et de SUÈDE.	VOIE de Marseille et de DANEMARK.	VOIE de Marseille et de Hambourg-Hammersfert.	VOIE directe des paquebots FRANÇAIS.	VOIE DE SUEZ.
	fr. c.	fr. c.	fr. c.	fr. c.	fr. c.	fr. c.	f. c.
Allemagne..........	4 50	5 00	»	»	»	»	»
Antilles danoises.....	6 50	»	»	»	»	»	»
Autriche-Hongrie.....	5 00	»	»	»	»	»	»
Égypte.	»	»	»	»	»	»	3 25
Belgique..........	4 50	»	»	»	»	»	»
Luxembourg	4 25	»	»	»	»	»	»
Bulgarie	6 25	»	»	»	»	»	»
Montenegro	5 75	»	»	»	»	»	»
Danemark..........	5 00	»	»	»	»	»	»
Italie (y compris la République de Saint-Marin et Assab)....	4 75	»	»	»	»	»	»
Norvège..........	»	»	6 00	5 75	5 25	»	»
Pays-Bas..........	5 00	»	»	»	»	»	»
Portugal	5 25	»	»	»	»	»	»
Possessions portugaises — Madère (île de)..	5 75	»	»	»	»	»	»
Possessions portugaises — Açores (îles des).	5 75	»	»	»	»	»	»
Roumanie..........	5 75	»	»	»	»	»	»
Serbie	5 75	»	»	»	»	»	»
Suède..........	6 25	»	»	»	»	»	»
Suisse	4 50	»	»	»	»	»	»

PAYS de DESTINATION	TAXES						
	VOIE de MARSEILLE.	VOIE de Marseille et de BELGIQUE.	VOIE de Marseille et de SUÈDE.	VOIE de Marseille et de DANEMARK.	VOIE de Marseille et de Hambourg-Hammersfert.	VOIE directe des paquebots FRANÇAIS.	VOIE DE SUEZ.
	fr. c.	fr. c.	fr. c.	fr. c.	fr. c.	fr. c.	f. c.
Turquie — Bureaux de poste français	»	»	»	»	»	4 00	»
Turquie — Caïfa (voie d'Égypte)...	»	»	»	»	»	»	3 75
Turquie — Autres pays (voie d'Égypte)..........	»	»	»	»	»	»	4 50
Turquie — Voie de l'intérieur (voie d'Égypte)...	»	»	»	»	»	»	4 75

III. — *Taxes à percevoir sur les colis postaux expédiés de diverses colonies françaises.*

LIEU DE DÉPOT	VOIE	TAXES
Bureaux du port d'embarquement :		fr. c.
En Cochinchine..........................	Voie directe	0 50
Au Sénégal..........................	Voie de Bordeaux.	5 00
A la Guadeloupe..........................	Voie Saint-Nazaire ou Bordeaux.	6 00
A la Martinique..........................		
A la Guyane française..........................		
A la Réunion..........................	Voie des paquebots français.	3 50
A Sainte-Marie-de-Madagascar..........................	*Idem.*	4 00
A Mayotte..........................		
A Nossi-Bé..........................		
A Pondichéry..........................	*Idem.*	1 50
A Karikal..........................		
En Nouvelle-Calédonie..........................	*Idem.*	3 50

En outre, l'expéditeur d'un colis postal aura à acquitter un droit de timbre de dix centimes dans les colonies où le timbre est en vigueur.

Art. 3. — Sont applicables aux colis postaux à destination ou provenant du Tonkin, toutes celles des dispositions des décrets sus-visés qui n'ont rien de contraire au présent décret.

Art. 4. — Le Ministre des postes et des télégraphes et le Ministre de la marine et des colonies sont chargés, chacun en ce qui le concerne, de l'exécution du présent décret, qui sera inséré au *Bulletin des Lois*

JULES GRÉVY.

N° 3. — DÉCISION *étendant le service des colis postaux à tous les bureaux de poste ouverts en Annam et au Tonkin, et fixant les taxes à percevoir.*

4 janvier 1885.

Article premier. — Le service des colis postaux est étendu à tous les bureaux de poste ouverts en Annam et au Tonkin.

Art. 2. — L'Administration des postes et des télégraphes assurera le fonctionnement de ce service d'après les règles générales adoptées dans la Métropole.

Art. 3 — La taxe des colis postaux échangés entre les bureaux de l'Annam et du Tonkin est fixée à un franc, perçu au départ.

Art. 4. — *Modifié par arrêté du 1er octobre 1887.*

Art. 5. — Les colis de l'extérieur, arrivant en Annam et au Tonkin, seront livrés à domicile et acquitteront un supplément de taxe de cinquante centimes, à Haiphong, et de un franc, partout ailleurs. Ce supplément sera perçu sur le destinataire au moment de la livraison.

Art 6. — Le Directeur des affaires civiles et politiques est chargé de l'exécution du présent arrêté, qui sera enregistré et communiqué partout où besoin sera (1).

LEMAIRE.

(1) Les tableaux annexés à cet arrêté ont été modifiés par celui du 1er septembre 1887, publié ci-après.

N° 4. — ARRÊTÉ *réglementant l'expédition des colis postaux ainsi que les taxes à percevoir.*

1er septembre 1887

Article premier. — Les bureaux de Qui-nhon et Tourane pour l'Annam, le bureau de Haiphong pour le Tonkin, sont chargés de l'échange des colis postaux avec les agences de la compagnie des Messageries maritimes, d'après les règles générales adoptées dans la métropole.

Art. 2. — Les colis postaux qui n'auront pas été livrés aux destinataires pour une cause quelconque et que les expéditeurs, dûment consultés, n'auront pas fait retirer ou réexpédier, seront tenus à la disposition de ceux-ci pendant six mois, à partir du jour de l'expédition de l'avis; passé ce délai les colis seront renvoyés au bureau d'origine.

Art. 3. — L'expéditeur de tout colis postal peut obtenir un avis de réception de cet envoi en payant d'avance un droit fixe de 25 centimes.

Art. 4. — Les taxes locales à percevoir sur les colis provenant ou à destination de l'extérieur sont de cinquante centimes dans les bureaux d'échange et de un franc dans les autres bureaux. Ces taxes sont perçues conformément aux dispositions des articles 4 et 5 de la décision n° 8 du 3 janvier 1885. (1)

Art. 5. — Les taxes applicables aux colis postaux à destination de l'extérieur sont en conséquence fixées conformément aux tableaux ci-après.

Art. 6. — Le directeur des postes et des télégraphes est chargé de l'exécution du présent arrêté.

G. BIHOURD.

TAXES à percevoir par les bureaux de l'Annam et du Tonkin sur les colis postaux expédiés en France, en Corse, en Algérie, à Tripoli de Barbarie et aux colonies françaises.

LIEU DE DESTINATION	VOIE de TRANSMISSION	NOMBRE DE DÉCLARATIONS en douane	PART REVENANT aux offices étrangers	TAXE à percevoir dans les bureaux d'échange	TAXE à percevoir dans les autres bureaux
Douane ou agence de la compagnie maritime au port de débarquement en France	V. Marseille	1	3 50	4 00	4 50
Domicile du destinataire au port de débarquement en France desservi par factage	—	1	3 75	4 25	4 75
Gare de France	—	1	4 00	4 50	5 00
Domicile du destinataire dans une localité de l'intérieur de la France desservie par factage ou correspondance	—	1	4 25	4 75	5 25
Douane ou agence de la compagnie maritime au port de débarquement en Corse ou en Algérie	—	2	3 75	4 25	4 75
Domicile du destinataire au port de débarquement en Corse ou en Algérie desservi par factage	—	2	4 00	4 50	5 00
Agence à l'intérieur de la Corse ou gare d'Algérie	—	2	4 25	4 75	5 25
Domicile du destinataire dans une localité de l'intérieur de la Corse ou de l'Algérie, desservi par factage ou correspondance	—	2	4 50	5 00	5 50
Douane ou agence de la compagnie maritime au port de débarquement en Tunisie	—	2	4 00	4 50	5 00
Domicile du destinataire dans un port de débarquement en Tunisie desservi par factage	—	2	4 25	4 75	5 25
Gare de Tunisie	—	2	4 50	5 00	5 50
Domicile du destinataire dans une localité de l'intérieur de la Tunisie, desservie par factage ou correspondance	—	2	4 75	5 25	5 75
Tripoli de Barbarie	V. paquebots français	2	5 00	5 50	6 00
	V. d'Italie	3	5 50	6 00	6 50

(1) Voir ci-après arrêté du 6 juillet 1889 modifiant les taxes pour certains bureaux de l'Annam et du Tonkin.

LIEU DE DESTINATION	VOIE de TRANSMISSION	NOMBRE DE DÉCLARATIONS en douane	PART REVENANT aux offices étrangers	TAXE à percevoir dans les bureaux d'échange	TAXE à percevoir dans les autres bureaux
Cochinchine	V. paquebots français	»	0 50	1 00	1 50
Réunion	—	1	3 50	4 00	4 50
Mayotte, Nossibé, Ste-Marie de Madagascar	—	1	4 00	4 50	5 00
Sénégal	V. Marseille	2	5 00	5 50	6 00
Guadeloupe, Martinique, Guyane française	—	2	6 00	6 50	7 00
Pondichéry, Karikal	V. paquebots français	1	1 50	2 00	2 50
Nouvelle-Calédonie	—	1	3 50	4 00	4 50

TAXES à percevoir par les bureaux de l'Annam et du Tonkin sur les colis postaux à destination de divers pays étrangers.

LIEU DE DESTINATION	VOIE de TRANSMISSION	NOMBRE DE DÉCLARATIONS en douane	PART REVENANT aux offices étrangers	TAXE à percevoir dans les bureaux d'échange	TAXE à percevoir dans les autres bureaux
Allemagne	V. Marseille	2	5 00	5 50	6 00
	V. Marseille Belgique	3	5 50	6 00	6 50
Autriche-Hongrie	V. Marseille	3	5 50	6 00	6 50
	V. Naples	2	5 00	5 50	6 00
Belgique	V. Marseille	2	5 00	5 50	6 00
Bulgarie	V. Marseille	4	6 75	7 25	7 75
	V. Naples	3	6 25	6 75	7 25
Danemark	V. Marseille	3	5 50	6 00	6 50
Antilles danoises	—	3	7 00	7 50	8 00
Egypte	V. Suez	1	3 75	4 25	4 75
Italie, y compris la République de Saint-Marin et Assab	V. Marseille	2	5 25	5 75	6 25
	V. Naples	1	4 75	5 25	5 75
Bureau italien de Massouah	V. Marseille	2	5 75	6 25	6 75
	V. Naples	1	5 25	5 75	6 25
Luxembourg	V. Marseille	2	4 75	5 25	5 75
Monténégro	V. Marseille	4	6 25	6 75	7 25
	V. Naples	3	5 75	6 25	6 75
Norvège	V. Marseille Suède	3	6 50	7 00	7 50
	V. Danemark	3	6 25	6 75	7 25
	V. Hambourg-Hammerfest	3	5 75	6 25	6 75
Pays-bas	V. Marseille	3	5 50	6 00	6 50
Portugal	V. Marseille	2	5 75	6 25	6 75
Possessions portugaises — Açores	V. Marseille	3	6 75	7 25	7 75
	V. Hambourg-Hammerfets	3	4 50	5 00	5 50
Possessions portugaises — Madère	V. Marseille	3	6 25	6 75	7 25
Roumanie	—	4	6 25	6 75	7 25
	V. Naples	3	5 75	6 25	6 75
Serbie	V. Marseille	4	6 25	6 75	7 25
	V. Naples	3	5 75	6 25	6 75
Suède	V. Marseille	3	6 50	7 00	7 50
Suisse	—	2	5 00	5 50	6 00
Turquie, bureaux de poste français (1)	V. dir. paquebots français	1	4 50	5 00	5 50
Caifa (voie d'Egypte)	V. Suez	2	4 25	4 75	5 25
Autres ports (voie d'Egypte)	—	2	5 00	5 50	6 00
Villes de l'intérieur (voie d'Égypte)	—	2	5 25	5 75	6 25

(1) Alexandrette, Beyrouth (Syrie), Cavalle, Constantinople, les Dardanelles, Dédeagh, Jaffa, (Syrie) Kérassunde, Lattaquié (Syrie) Mersina, Rhodes, Salonique, Samsoun, Smyrne, Trebizonde, Tripoli (Barbarie).

N° 5. — ARRANGEMENT *concernant l'échange des colis postaux entre l'office de Hong-kong et celui de l'Indo-Chine.*

22 septembre 1888

Article premier. — Des colis postaux pourront être échangés entre Hong-kong et les ports de l'Indo-Chine (Saigon, Haiphong, Tourane, Qui-nhon, Vung-lam ou Xuan-day, Nha-trang) par l'intermédiaire des administrations postales des deux pays.

Art. 2. — Les colis ne devront pas avoir un poids supérieur à *cinq kilos* ou *onze livres* et, comme dimensions, ne pas dépasser soixante centimètres ou deux pieds sur une face, et trente centimètres ou un pied sur les deux autres faces.

Ils devront être emballés soigneusement de façon à préserver le contenu, et être scellés d'un cachet à la cire ou d'un plomb.

L'adresse exacte du destinataire devra être inscrite sur le colis.

Art. 3. — Il ne pourra être transporté par colis postal aucune matière explosible, inflammable ou dangereuse, lettre ou note ayant le caractère de correspondances, animaux vivants, liquides pouvant détériorer les correspondances ou les autres colis, opium et objets prohibés par les lois et règlements.

Art. 4. — Il ne sera pas admis de colis avec déclaration de valeur.

Art. 5. — Chaque colis sera accompagné d'une déclaration, signée de l'expéditeur, mentionnant le poids net des objets contenus dans le colis, très exactement la nature de ces objets et le poids brut du colis.

Les administrations déclinent toute responsabilité quant à l'exactitude de ces déclarations qui peuvent être vérifiées par l'administration des douanes.

Art. 6. — Les droits de douane dont peuvent être passibles les colis seront perçus sur le destinataire.

Art. 7. — Chaque colis sera enregistré au départ et le numéro d'enregistrement porté sur l'adresse et la déclaration en douane.

Art. 8. — La taxe des colis est acquise à l'administration d'origine qui sera chargée, suivant ses règlements particuliers, du payement des droits de mer aux capitaines des vapeurs qui emporteront les colis.

Art. 9. — Il ne sera tenu aucun compte entre les deux administrations pour le service des colis postaux.

Les colis seront transmis dans les dépêches postales et inscrits sur la feuille d'avis avec les objets recommandés.

Art. 10. — Les demandes d'accusé de réception et les déclarations en douane seront annexées à la feuille d'avis.

Art. 11. — La taxe pour le transport d'un colis entre Hong-kong et un point quelconque de l'Indo-Chine est fixée à 5 cents de piastre par *cinq cents grammes* ou par livre. Toutefois les administrations contractantes peuvent fixer un minimum de perception qui ne devra pas dépasser *vingt cents* par colis.

La demande d'accusé de réception donnera lieu à une perception supplémentaire de cinq cents. Les accusés de réception seront retournés par les bureaux de poste sous chargement d'office.

Art. 12. — Les colis pour la Cochinchine et le Cambodge seront transmis par les navires allant à Haiphong et ceux pour l'Annam par les navires allant à Tourane ou Qui-nhon.

Art. 13. — Lorqu'un colis n'aura pu être délivré pour une cause quelconque, l'expéditeur sera avisé par l'intermédiaire de l'administration d'origine. L'expéditeur pourra désigner une autre personne pour retirer le colis ou le faire réexpédier en payant la nouvelle taxe qu'il aurait à acquitter.

Art. 14. — Si, dans un délai de trois mois après l'expédition de l'avis, le bureau de destination n'a reçu aucune instruction, le colis sera vendu et le montant de la vente acquis à l'administration, s'il n'est réclamé par l'expéditeur ou le destinataire dans le délai de six mois après l'expédition de l'avis.

Art. 15. — Les colis contenant des objets sujets à détérioration ou à corruption, qui n'auraient pu être délivrés, peuvent être vendus immédiatement. L'expéditeur en est avisé par l'intermédiaire de l'administration d'origine, et le montant tenu à sa disposition ou à celle du destinataire pendant six mois.

Art. 16. — Tout colis contenant des objets corrompus, s'il ne peut être livré immédiatement au destinataire, ou des objets dangereux, sera détruit immédiatement, et un procès-verbal de destruction adressé à l'expéditeur par l'intermédiaire de l'administration d'origine.

Art. 17. — En cas de perte d'un colis, une indemnité de 15 francs sera remise à l'expéditeur ou au destinataire, par l'administration par la faute de laquelle le colis aura été perdu. Les pertes par cas de force majeure, comme sinistre maritime, ne donneront droit à aucune indemnité.

Art. 18. — Les avaries provenant d'un emballage insuffisant ne donnent droit à aucune indemnité.

Art. 19. — Le présent arrangement entrera en vigueur aussitôt après notification réciproque de l'approbation des Gouvernements intéressés.

N° 6. — INSTRUCTION *pour la mise en vigueur de l'arrangement du 22 septembre 1888, relatif à l'échange de colis postaux entre les offices de Hong-kong et de l'Indo-Chine.*

25 mars 1889.

Des colis d'un poids de cinq kilos et au dessous, à destination de Hong-kong sont reçus dans les bureaux ouverts au service postal et télégraphique en Annam et au Tonkin.

Ces colis doivent être emballés *soigneusement*, de façon à préserver le contenu, et être scellés d'un plomb ou d'un cachet à la cire.

Leurs dimensions ne peuvent dépasser soixante centimètres sur une face et trente centimètres sur les deux autres faces.

La taxe pour le transport d'un colis du Protectorat sur Hong-kong est fixée à 0 $ 05 par cinq cents grammes avec un minimum de perception de vingt cents.

La taxe des avis de réception de ces colis est fixée à 0 $ 05.

Est prohibée l'insertion dans les colis postaux :

1° Des matières inflammables ou dangereuses;
2° Des liquides ;
3° Des animaux vivants ;
4° De l'opium et des autres objets prohibés par les règlements;
5° Des lettres ou notes ayant le caractère de correspondances.

Chaque colis est accompagné d'une déclaration, rédigée et signée par l'expéditeur, sous sa responsabilité et mentionnant :

1° La nature et le poids net de chacun des objets renfermés dans le colis ;
2° Le poids brut du colis.

Les colis pour l'Annam et le Tonkin sont soumis à Hong-kong aux formalités et restrictions sus-indiquées.

En outre, ils sont tous soumis à la vérification en douane, à leur arrivée dans le Protectorat.

A cet effet, le service postal les transportera par les chaloupes fluviales, *exclusivement*, jusqu'au bureau de douane le plus rapproché du lieu de destination, il en opérera la livraison au receveur ou au chef de poste des douanes, et il avisera les destinataires qu'ils aient à faire opérer le retrait desdits colis.

Dispositions générales applicables à Hong-kong et en Indo-Chine.

Si un colis n'a pu être délivré pour une cause quelconque, l'expéditeur est avisé par l'administration du pays d'origine. Il peut désigner une autre personne de la même localité pour opérer le retrait ou le faire réexpédier sur une nouvelle destination en acquittant la taxe portée au tarif.

Si l'expéditeur avisé n'a donné aucune instruction dans un délai de trois mois, le colis est vendu et si le montant de la vente n'est pas réclamé dans un délai de six mois, il est acquis à l'administration.

Tout colis contenant des objets sujets à détérioration ou à corruption, qui ne peut être immédiatement délivré au destinataire, est vendu et le prix est tenu pendant six mois à la disposition de l'expéditeur ou du destinataire dûment avisés.

Tout colis contenant des objets corrompus est détruit si la remise immédiate n'en peut être faite au destinataire. Il en est de même des colis renfermant des objets dangereux.

Copie du procès-vebal de destruction est transmise à l'expéditeur.

Sauf le cas de force majeure la perte d'un colis donne droit à une indemnité maximum de 15 francs.

N° 7. — ARRÊTÉ *limitant les bureaux de postes du Tonkin ouverts au service des colis postaux.*

6 juillet 1889.

Article premier. — Le service des colis postaux dans l'intérieur du Tonkin est limité aux postes pourvus de bureaux de postes.

Art. 2. — Les colis postaux à destination des postes desservis par les Messageries fluviales continueront à acquitter une taxe de vingt cents.

Ces bureaux sont :

Cam-khé.	Mon-cay.
Cho-bo.	Phu-doan.
Dap-cau (Bac-ninh).	Phu-lang-thuong.
Hai-duong.	Phu-ly.
Haiphong.	Quang-yen.
Hanoi.	Sept Pagodes.
Hon-gay.	Son-tay.
Hung-hoa.	Tuyen-quan.
Hung-yen.	Vietri.
Nam-dinh.	Yen-bai.
Ninh-binh.	Vinh.

Art. 3. — Pour les bureaux situés dans les autres régions, le droit à percevoir sera élevé à quarante cents.

Ces bureaux sont :

Bao-ha.	Lao-kay.
Cao-bang.	Na-cham.
Dong-dang.	Thai-nguyen.
Kep.	Thanh-moï.
Lang-son.	That-khé.
Lam.	

La taxe des colis postaux pour l'extérieur sera augmentée de vingt cents dans ces mêmes bureaux.

Art. 4. — Les colis postaux venant de l'extérieur seront dirigés par convois escortés jusqu'au bureau le plus voisin du poste où se trouve le destinataire.

Le receveur préviendra le destinataire qui aura à faire prendre le colis au bureau et devra acquitter une taxe supplémentaire de vingt cents.

Art. 5. — L'envoi des colis postaux par train ordinaire est interdit.

Art. 6. — Le Résident supérieur au Tonkin et le Résident supérieur en Annam sont chargés de l'exécution du présent arrêté.

PIQUET.

Commerce. — VOY : Chambres de commerce. — Navigation. — Ports de commerce.

Commissaires-priseurs.

N° 1. — DÉCISION *instituant un commissaire-priseur à Haiphong*

30 août 1884.

Rapporté par arrêté du 12 mai 1886.

N° 2. — ARRÊTÉ *concernant la réglementation des attributions, droits et obligations des commissaires-priseurs.*

12 mai 1886.

Article premier. — *Modifié par arrêté du 20 novembre 1886.*

Art. 2. — *Modifié par arrêté du 24 février 1889.*

Art. 3. — *Modifié par arrêté du 24 février 1889.*

Art. 4. — Il est interdit à tous particuliers et à tous autres officiers publics de s'immiscer dans les prisées et ventes attribuées aux commissaires-priseurs, à peine d'une amende qui ne pourra excéder la moitié du prix des objets prisés ou vendus, ni être au-dessous de 100 francs, sans préjudice de tels dommages-intérêts qu'il appartiendra.

Art. 5. — Les ventes seront faites au comptant ; le commissaire-priseur sera responsable de la réalisation immédiate du prix, à moins qu'il n'y ait terme accordé ou consenti par les propriétaires des objets vendus.

Art. 6. — Les commissaires-priseurs pourront recevoir toutes déclarations concernant les ventes, recevoir et viser toutes les oppositions qui y seront formées, introduire devant les autorités compétentes, tous référés auxquels leurs opérations donneraient lieu, et, à cet effet, ajourner par le procès-verbal, les parties intéressées devant lesdites autorités.

Art. 7. — Toute opposition, toute saisie-arrêt formée entre les mains des commissaires-priseurs, toutes significations de jugements qui en prescriront la validité seront sans effet, à moins que l'original desdites opposition, saisie-arrêt, ou signification de jugements, n'ait été visé par le commissaire-priseur, ou, en cas d'absence ou de refus, par le chef du service municipal.

Art. 8. — Les commissaires-priseurs auront la police dans les ventes ; ils pourront faire toute réquisition aux dépositaires de la force publique, pour y maintenir l'ordre, et dresser tous procès-verbaux de rebellion.

Art. 9. — Tout traité direct pour la cession, transmission ou exploitation en commun de titre ou clientèle de commissaire-priseur est interdit, à peine de destitution.

La destitution sera même prononcée contre le successeur régulièrement nommé, à quelque époque que soit constatée l'existence d'accords ou de conventions quelconques avec le précédent titulaire.

Art. 10. — Des permissions d'absence pourront être accordées aux commissaires-priseurs. Il sera pourvu à leur remplacement par l'Administration. Toute absence prolongée au delà de douze mois les ferait considérer comme démissionnaires.

Art. 11 et 12. — *Modifiés par arrêté du 24 février 1889.*

Art. 13. — Aucun commissaire-priseur ne pourra procéder à une vente sans en avoir fait préalablement la déclaration au service de l'enregistrement. Cette déclaration sera inscrite, à sa date, sur un registre spécial. Elle contiendra les nom, qualité et domicile de l'officier public, du requérant et de la personne dont les meubles seront mis en vente, avec l'indication du jour de l'ouverture de la vente et de l'endroit où elle se fera.

Les copies des déclarations seront transcrites en tête des procès-verbaux de vente. Chaque objet adjugé sera porté de suite au procès-verbal ; le prix y sera inscrit en toutes lettres et en chiffres. Chaque séance sera close et signée par le résident et deux témoins domiciliés.

Art. 14. — Les commissaires-priseurs tiendront un répertoire sur lequel ils inscriront leurs opérations, jour par jour, et qui sera préalablement coté et paraphé à chaque page par le résident.

Ce répertoire, qui énoncera le nom des propriétaires, la nature des objets vendus, la date et le produit de la vente, la quotité des droits d'enregistrement perçus, le montant des autres débours et le chiffre des allocations, sera arrêté, tous les trois mois, par le Résident supérieur. Une expédition en sera déposée, chaque année, avant le 1er mars, à la chancellerie de la résidence.

Art. 15. — Toute contravention aux articles 13 et 14 sera punie d'une amende de 25 francs, sans préjudice des dommages-intérêts aux parties, s'il y a lieu. Les amendes seront recouvrées comme en matière d'enregistrement.

Art. 16. — Le résident ou son délégué se transportera dans les lieux où se feront les ventes, à l'effet d'y vérifier les procès-verbaux et les copies des déclarations préalables. Il constatera les contraventions qu'il aurait reconnues.

Art. 17. — Les procès-verbaux des commissaires-priseurs seront enregistrés, pour chaque vacation, dans les huit jours de leur date.

Art. 18. — Les commissaires- priseurs se conformeront aux lois, décrets, arrêtés et règlements sur la vente de certaines marchandises, telles que : armes, opium, poudre, munitions, équipements militaires et autres, à l'égard desquelles les précautions ou formalités particulières sont ou seront prescrites.

Art. 19. — Ces officiers publics sont placés sous la surveillance du résident, qui leur adresse, au besoin, les avertissements et les injonctions qu'il juge nécessaires. Lorsqu'il y a lieu à suspension ou à révocation, il est statué par le Résident général, sur le rapport du Résident supérieur, qui provoque et transmet les explications de l'inculpé.

Art. 20. — Les commissaires-priseurs se conformeront aux lois générales ou spéciales sur les patentes, les tarifs, l'enregistrement, la tenue des répertoires et leur vérification, en tout ce qui n'a pas été prévu par le présent.

Art. 21. — Tout commissaire-priseur qui cessera ses fonctions sera tenu de remettre ses minutes à son successeur ou à tel officier public qui sera désigné par le résident.

Art. 22. — *Modifié par arrêté du 24 février 1889.*

Art. 23 — Il ne sera actuellement institué qu'un commissaire-priseur à Hanoi et un à Haiphong.

Le nombre de ces officiers publics pourra, toutefois, être augmenté par la suite. Dans le cas où plusieurs commissaires-priseurs seraient institués, il serait établi une bourse commune dans des conditions qui seraient ultérieurement déterminées.

Art. 24. — Il sera pourvu aux dispositions de détail, en ce qui concerne la fixation des jours de vente, des jours et heures de dépôt des marchandises à vendre et l'enlèvement des marchandises par les acheteurs, etc., au moyen d'un règlement particulier qui sera affiché dans la salle de vente.

Ce règlement particulier, établi par le commissaire-priseur, sera préalablement soumis à l'approbation du résident,

Art. 25, 26 et 27. — *Modifiés par arrêté du 24 février 1889.*

P. VIAL.

N° 3. — ARRÊTÉ *modifiant celui du 12 mai 1886, concernant les commissaires-priseurs.*

20 novembre 1886

L'arrêté du 12 mai 1886 portant réglementation des attributions, droits et obligations des commissaires-priseurs, est modifié et complété ainsi qu'il suit :

Article premier. — Nul ne pourra être admis aux fonctions de commissaire-priseur :

1° S'il n'est français et domicilié dans la colonie depuis plus d'une année;

2° S'il n'est âgé de 25 ans;

3° S'il ne justifie de sa moralité.

Avant d'entrer en fonctions et après s'être pourvus d'une patente, les commissaires-priseurs prêtent devant le tribunal de leur résidence, le serment prescrit par la loi du 14 juin 1813 : « Je jure de me conformer aux lois et règlements concernant mon ministère et de remplir mes fonctions avec exactitude et fidélité. »

Art. 2. — Les commissaires-priseurs qui seront institués au Tonkin y procéderont aux prisées et à la vente aux enchères publiques de tous les biens meubles et marchandises neuves ou d'occasion à l'exception des droits mobiliers incorporels.

Dans les résidences et vice-résidences où il n'existe pas de commissaire-priseur, les ventes judiciaires d'objets ou marchandises de toute nature et les ventes demandées par les particuliers, d'objets ou marchandises ayant servi, seront faites par les agents remplissant les fonctions d'huissier auprès des tribunaux consulaires. Les prix des ventes faites par les huissiers seront majorés de 5 p. 100 au profit du trésor.

P. VIAL.

N° 4. — ARRÊTÉ *modifiant certaines dispositions de celui du 12 mai 1886, sur les fonctions des commissaires-priseurs, et fixant leur tarif.*

24 février 1889.

Article premier. — Les articles 2, 3, 11, 12, 22, 25, 26 et 27 de l'arrêté du 12 mai 1886 sont modifiés comme suit :

Art. 2. — Les commissaires-priseurs qui sont ou qui seront institués au Tonkin y procéderont exclusivement aux prisées et à la vente aux enchères publiques, soit volontaires ou judiciaires, par suite de décès, de saisies ou de faillites, de tous les biens meubles, objets mobiliers, marchandises neuves, d'occasion, navires, chaloupes à vapeur et autres bâtiments de mer ou de rivière, à l'exception des droits mobiliers incorporels et sous réserve des dispositions qui viennent d'être prises en ce qui concerne les notaires, les huissiers et les greffiers, et de toutes les dispositions qui pourront être prises ultérieurement en vue de la création d'offices de courtiers de commerce et de charges de greffiers des justices de paix

Art. 3. — Quand le Gouvernement fera procéder par le ministère des commissaires-priseurs à la vente aux enchères publiques des meubles et objets mobiliers lui appartenant, ainsi que des marchandises, meubles ou objets quelconques provenant de saisies pratiquées par ses agents, les tarifs ci-après des droits alloués subiront une réduction de moitié.

Art. 11. — L'Administration pourra toujours retirer les commissions par elle données, lorsque les titulaires se seront rendus coupables de fautes graves.

Art. 12. — Il est interdit aux commissaires-priseurs, à peine de destitution, de se rendre directement ou indirectement adjudicataires d'objets qu'ils sont chargés de priser ou vendre, d'exercer par eux-mêmes, par personnes interposées où par prête-noms, la profession de marchands de meubles et autres analogues, et même d'être associés à aucun commerce de cette nature ; de vendre de gré à gré et autrement qu'aux enchères publiques, de comprendre dans les ventes, les meubles, objets mobiliers non appartenant aux personnes dénommées dans les déclarations ci-après prescrites. A part ces prohibitions, les commissaires-priseurs pourront exercer d'autres emplois cumulativement avec leurs emplois.

Art. 22. — Les commissaires-priseurs seront assujettis à la patente de 3e classe.

Art. 25. — Ils pourront être autorisés par le résident à s'adjoindre un clerc assermenté, auquel ils pourront déléguer tout ou partie de leur mandat, afin de les remplacer, même aux ventes, en cas d'empêchement momentané.

Art. 26. — Il sera alloué aux commissaires priseurs :

1° Pour droit de prisée, par vacation de 3 heures..	5 $	00
2° Pour assistance aux référés, par chaque vacation de 3 heures........	5	00
3° Placards :		
Rédaction de l'original........	1	00
Par chaque copie (mémoire)........		»
Timbre (mémoire)........		»
Salaire de l'afficheur (mémoire)........		»
Les droits de copie ne seront pas perçus lorsque les placards auront été imprimés.		
4° Procès-verbal d'apposition d'affiches :		
Rédaction........	1	00
Timbre et enregistrement (mémoire)........		»
5° Déclaration de vente :		
Timbre (mémoire)........		»
Déboursés en cas de transport du commissaire-priseur hors du lieu de sa résidence (mémoire).....		»
6° Annonces dans les journaux, d'après la quittance de l'imprimeur, (mémoire)........		»
7° Frais d'impression, d'affichage ou de distribution d'affiches à la main, s'il y a lieu, d'après la quittance de l'imprimeur, de l'afficheur ou du distributeur (mémoire)........		»
Rédaction d'un catalogue, s'il s'agit d'une vente d'objets de grande valeur ou de nature spéciale, 5 p. °/o (cinq pour cent) sur le produit de la vente jusqu'à 10,000 francs et 3 p. °/o (trois pour cent) à partir de 10,000 francs (mémoire)........		»
8° Vacation à préparer les objets mis en vente :		
Par chaque vacation de 3 heures........	5	00
9° Salaire de chaque homme de peine employé :		
Pour préparer les objets, par jour........	0	20
Par vacation de 3 heures........	0	10
10° Location de la salle, si la vente se fait à l'hôtel des ventes 1 p. °/o (un pour cent) sur le produit de la vente.		
11° Frais de transport du mobilier ou marchandises, si la vente n'est pas faite aux lieux mêmes, d'après quittance (mémoire)........		»
12° Assistance à l'essai et au poinçonnage des objets d'or et d'argent........	5	00
13° Honoraires du commissaire-priseur sur le produit de la vente, 5°/o (cinq pour cent).		
Le droit de 5°/o doit être calculé sur le produit principal, augmenté du 5 au 10°/o perçu pour les frais, d'après les cahiers des charges.		
Lorsqu'une vente aura été préparée, si cette vente n'a pas lieu pour un motif quelconque, il sera alloué au commissaire-priseur, outre les frais qu'il aura déjà pu faire pour parvenir à ladite vente, 3°/o (trois pour cent) sur la valeur approximative des objets non vendus (mémoire)........		»
14° Salaire des hommes de peine employés pendant la vente, ainsi que celui des crieurs et du clerc employés par le commissaire-priseur, 1°/o sur le produit de la vente (mémoire)........		»

15° Procès-verbal de vente.
Timbre et enregistrement (mémoire)........... »
16° Vacation à payer les contributions......... 3 $ 00
Timbre de la quittance (mémoire)............. »
17° Expédition ou extrait du procès-verbal, lesquels ne sont délivrés que s'ils sont requis :
Par rôle de 25 lignes et de 12 syllabes à la ligne.. 0 50
Timbre et enregistrement, (mémoire).......... »
18° Décharge du gardien (un rôle)............. 0 50
19° Reddition de compte lorsqu'on en fait la réquisition (un rôle).......................... 0 50
Enregistrement de la quittance (mémoire)...... »
Toute vacation commencée est acquise en entier.
20° Timbre de l'état de frais (mémoire)...... »

Art. 27. — Le tarif ci-dessus ne sera obligatoire que pour les ventes judiciaires. Dans ce cas, la taxe du juge devra toujours être fournie gratuitement par le commissaire-priseur à l'appui de son mémoire de frais. Pour les ventes volontaires, il sera traité de gré à gré, sans toutefois que les droits et frais réclamés par le commissaire-priseur puissent excéder ceux fixés par le tarif.

La taxe pourra toujours être réclamée par la personne qui aura eu recours au ministère du commissaire-priseur, à charge par elle d'acquitter un droit spécial de 2 $ entre les mains de celui-ci.

Art. 2. — Les dispositions du présent arrêté seront exécutoires à partir du 1er mars 1889

Art. 3. — Toutes dispositions antérieures contraires au présent arrêté sont et demeurent abrogées à partir de ce jour.

Art. 4. — Le Résident supérieur au Tonkin est chargé de l'exécution du présent arrêté.

RICHAUD.

Voy: Enregistrement.

Commissariat colonial

N° 1. — DÉCRET *sur la constitution du corps du commissariat colonial*

5 octobre 1889.

TITRE I

CONSTITUTION ET SERVICE DU COMMISSARIAT

Article premier. — La portion du corps du commissariat de la marine affectée au service des colonies, prend la dénomination de *commissariat colonial*, et relève exclusivement du ministre chargé des colonies.

Art. 2. — Les officiers du commissariat colonial conservent les attributions qu'ils exerçaient antérieurement dans les possessions et établissements d'outre-mer.

Art. 3. — Les officiers du commissariat colonial demeurent placés sous le régime de la loi du 19 mai 1834.

TITRE II

Art. 4. — Les grades du commissariat colonial sont :
Commissaire général de 1re et 2e classe ;
Commissaire ;
Commissaire-adjoint ;
Sous-commissaire de 1re et 2e classe ;
Aide-commissaire.

Art. 5. — Les différents grades sont conférés par décret, sur la proposition du ministre chargé des colonies.

Art. 6. — L'assimilation de ces grades est établie comme suit :

Les commissaires généraux prennent rang avec les généraux de brigade ;
Les commissaires avec les colonels ;
Les commissaires-adjoints avec les chefs de bataillon ;
Les sous-commissaires avec les capitaines ;
Les aides-commissaires avec les lieutenants.

Art. 7. — Pour la première formation, le nouveau corps se composera exclusivement des officiers provenant de la portion du commissariat de la marine, affectés au service des colonies.

Art. 8. — Le cadre du corps sera déterminé, selon les besoins du service, par décision du ministre chargé des colonies.

Art. 9. — Les nominations au grade d'aide-commissaire ont lieu exclusivement au concours.

Trois places, non reversibles d'une année à l'autre, seront réservées, par concours, aux sous-agents du commissariat colonial, ainsi qu'aux commis de 1re classe de la même administration.

Ces derniers devront être âgés de 25 ans au moins et de 35 ans au plus, être pourvus du diplôme de bachelier ès-lettres ou ès-sciences, et compter trois ans de service dans leur emploi.

TITRE III

DU RECRUTEMENT

Art. 10. — Le commissariat colonial se recrute, sauf l'exception mentionnée à l'article précédent, parmi les élèves-commissaires, à la nomination du ministre chargé des colonies.

Pour être nommé élève-commissaire, il faut :

1° Etre âgé de moins de 28 ans (*voir ci-après le décret du 21 février 1890.*)

2° Etre reconnu propre au service militaire et au service des colonies.

3° Avoir satisfait aux épreuves d'un concours, à la sortie d'une école spéciale qui sera ultérieurement instituée, et dans laquelle les candidats auront suivi, pendant trois années, des cours répartis comme suit :

1re année : cours généraux indiqués par le règlement constitutif de l'école.

2e et 3e années : cumulativement, cours spécial d'administration militaire et maritime, fait par un officier supérieur du commissariat colonial, en activité ou en retraite.

4° Etre pourvu du diplôme de licencié en droit. Les élèves pourront obtenir ce diplôme pendant la durée de leurs trois années d'école.

Art. 11. — Après leur nomination, les élèves-commissaires seront dirigés sur les colonies, où ils feront, dans les divers détails du service administratif, un stage de 18 mois, à l'expiration duquel ils devront se présenter à un examen portant sur les connaissances administratives pratiques qu'ils auront acquises.

Les élèves-commissaires qui, pour raison de santé, n'auront pu prendre part à cet examen, conserveront le droit de se présenter à l'examen suivant.

Il en sera de même de ceux qui auront été déclarés inadmissibles à la suite de leur premier examen.

En cas de nouvel insuccès, ils seront licenciés, et, s'ils se trouvent aux colonies, rapatriés aux frais de l'État.

Art. 12. — Les élèves-commissaires déclarés admissibles à la suite des examens précités, seront nommés au grade d'aides-commissaires.

Art. 13. — Au point de vue de la loi sur le recrutement de l'armée, les élèves-commissaires sont considérés comme présents sous les drapeaux pendant la durée de leur stage et immatriculés, à cet effet, dans l'un des corps de troupe en service dans la colonie où ils résident.

Art. 14. — Un arrêté ministériel déterminera le programme et le mode de concours et d'examen pour l'emploi d'élève-commissaire et du grade d'aide-commissaire.

TITRE IV.

DE L'AVANCEMENT

Art. 15. — Le grade de sous-commissaire de 2e classe sera conféré aux aides-commissaires, 2/3 à l'ancienneté, et 1/3 au choix.

Nul ne sera promu au grade de sous-commissaire de 2e classe s'il ne réunit 3 ans de grade d'aide-commissaire, dont deux au moins aux colonies ou à la mer.

Le grade de commissaire-adjoint sera conféré aux sous-commissaires des deux classes, 1/2 à l'ancienneté et 1/2 au choix.

Le grade de commissaire sera conféré au choix aux commissaires-adjoints.

Le grade de commissaire général sera conféré au choix aux commissaires.

Art. 16. — Le passage à la 1re classe dans le grade de commissaire général aura lieu au choix, et par décret, après deux ans de service dans la 2e classe ; il s'effectuera à l'ancienneté, par décision du ministre chargé des colonies et du jour où la vacance se sera produite, de la 2e classe à la 1re classe du grade de sous-commissaire. L'effectif de ces deux classes sera partagé en deux portions contenant le même nombre d'officiers.

Art. 17. — Nul officier du commissariat colonial ne pourra être promu à un grade supérieur s'il n'a servi pendant trois ans au moins dans le grade inférieur, sauf les cas déterminés à l'article 15 du présent décret.

Le temps de service aux colonies ou à la mer comptera, au point de vue de l'avancement, pour la moitié en sus de sa durée effective.

Art. 18. — Le choix pour les grades de commissaire colonial, de commissaire-adjoint et de sous-commissaire de 2e classe, porte sur les officiers inscrits sur un tableau d'avancement par une commission supérieure réunie, chaque année, par le ministre chargé des colonies, et dont la composition sera ultérieurement déterminée.

Ce tableau devra être arrêté à la date du 1er janvier.

TITRE V.

DES TRAITEMENTS ET SUPPLÉMENTS

Art. 19. — Le traitement des officiers du commissariat colonial et les diverses allocations qui peuvent leur être attribuées, sont fixées par les tableaux annexés au présent décret.

TITRE VI.

DE LA DISCIPLINE

Art. 20. — L'autorité disciplinaire est conférée, dans les colonies et pays de Protectorat, au chef du service administratif, chef du corps. Elle s'exerce, dans toutes les parties du service, par les officiers placés sous ses ordres, selon leur rang hiérarchique.

Les officiers du commissariat colonial ne sont punis directement que par leurs supérieurs dans le corps.

Les plaintes dont ils peuvent être l'objet, de la part des officiers des autres corps, sont adressées au chef du service administratif, qui statue.

Art. 21. — Les peines disciplinaires qui leur sont applicables, à l'exception du chef du service administratif, et sans préjudice des pouvoirs réservés au Gouverneur par l'art. 25 du présent décret, sont :

Les arrêts simples pendant un mois au plus.

Les arrêts de rigueur pendant le même temps.

Art. 22. — Les officiers du commissariat colonial ne peuvent infliger à leurs subordonnés dans le corps, que les arrêts simples pendant huit jours au plus.

Les autres peines sont réservées à l'action du chef du service administratif, à qui il est immédiatement rendu compte de toutes les punitions infligées.

Art. 23. — Les punitions s'exécutent dans les conditions définies à l'art. 5 du décret du 21 juin 1858 sur la police et la discipline dans les ports, arsenaux et autres établissements de la marine, dans les colonies, et à bord des bâtiments de l'État.

Art. 24. — Le Gouverneur exerce à l'égard des officiers du commissariat colonial, les pouvoirs disciplinaires qui lui sont conférés par l'art. 8 du décret de 1858 sus-visé.

Art. 25. — En cas de manquement grave commis par le chef du service administratif, le Gouverneur le suspend de ses fonctions et lui offre, dans les conditions déterminées par les ordonnances organiques, les moyens de rentrer en France pour rendre compte de sa conduite au ministre.

Art. 26. — Les dispositions des décrets des 21 juin 1858 et 3 janvier 1884, sur la composition des conseils de guerre et d'enquête appelés à statuer, selon leur gravité, sur les infractions commises par les officiers du commissariat de la marine, sont applicables au corps du commissariat colonial (1).

TITRE VII

DU RANG, DES HONNEURS, ET DES PRÉSÉANCES

Art. 27. — Dans les cérémonies publiques aux colonies, le corps du commissariat colonial occupe le rang attribué au commissariat de la marine par le décret du 23 octobre 1883 sur le service dans les places de guerre et villes de garnison.

Dans toutes les circonstances de service, ses membres prennent place parmi les officiers des armées de terre ou de mer, suivant leur grade ou leur ancienneté dans le grade, ou la classe dont ils sont titulaires.

TITRE VIII.

DISPOSITIONS TRANSITOIRES.

Art. 28. — Il sera pourvu aux promotions pour le grade d'aide-commissaire pendant les années 1889 et 1890, au moyen des élèves-commissaires de la marine actuellement entretenus, en vue des besoins coloniaux, à l'école de Brest.

En cas d'insuffisance numérique, le complément des places sera attribué, à partir de la fin de 1890, après concours, aux candidats licenciés en droit, qui auront suivi pendant un an au moins le cours d'administration mentionné à l'article 10, et auront fait un stage de six mois au moins dans les colonies.

Art. 29. — Sont abrogées toutes dispositions contraires au présent décret.

Art. 30. — Le président du conseil, ministre du commerce, de l'industrie et des colonies, est chargé de l'exécution du présent décret.

CARNOT.

Tarif n° 1. — Solde de présence.

GRADES	EN EUROPE OU EN COURS DE TRAVERSÉE			A PARIS			AUX COLONIES		
	par an	par mois	par jour	par an	par mois	par jour	par an	par mois	par jour
	fr.	fr.	fr.	fr.	fr.	fr.	fr.	fr.	fr.
Commissaire général, 1re cl.	13.226 40	1.102 20	36 74	13.813 20	1.151 10	38 37	19.422 00	1.618 50	53 95
Commissaire général, 2e cl.	11.217 60	934 80	31 16	11.804 40	983 70	32 79	16.426 80	1.368 90	45 63
Commissaire	9.151 20	762 60	25 42	9.626 40	802 20	26 74	12.621 60	1.051 80	35 06
Commissaire-adjoint	6.328 80	527 40	17 58	6.688 80	557 40	18 58	8.830 80	735 90	24 53
Sous-commissaire, 1re cl.	3.848 40	320 70	10 69	4.035 60	336 30	11 21	6.066 00	505 50	16 85
Sous-commissaire, 2e cl.	3.430 80	285 90	9 53	3.621 60	301 80	10 06	5.270 40	439 20	14 64
Aide-commissaire	2.786 40	232 20	7 74	2.919 60	243 30	8 11	4.550 40	379 20	12 64
Supplément aux sous-commissaires ayant douze ans de grade	532 80	44 40	1 48	«	«	«	«	«	«
Élève-commissaire	2.066 40	172 20	5 74	2.199 60	183 30	6 11	3.045 60	253 80	8 46

(1) Voir ci-après art. 1er du décret du 21 février 1890.

Tarif n° 2. — Solde d'absence

GRADES	CONGÉ à 1/2 solde — par jour	EN ACTIVITÉ — par jour	EN NON-ACTIVITÉ — PIED D'EUROPE — infirmités temporaires — par an	par mois	par jour	par suite de retraite ou de suspension d'emploi — par an	par mois	par jour	PIED COLONIAL — infirmités temporaires — par jour	retrait d'emploi — par jour
	f.	f.	f.	f.	f.	f.	f.	f.	f.	f.
Commissaire général, 1re classe	(A) 33 37	20 00	7.200 »	600 »	20 »	5.760 »	480 »	16 »	23 63	18 91
Commissaire général, 2e classe	(A) 27 79	16 69	6.008 40	500 70	16 69	4.806 00	400 50	13 35	19 48	15 58
Commissaire	12 71	13 63	4.906 80	408 90	13 63	3.927 60	327 30	10 91	14 85	11 88
Commissaire-adjoint	8 79	9 37	3.373 20	281 10	9 37	2.700 »	225 »	7 50	10 27	8 21
Sous-commissaire, 1re classe	5 35	5 79	1.839 60	153 30	5 11	1.472 40	122 70	4 09	6 32	5 06
Sous-commissaire, 2e classe	4 77	5 11	1.839 60	153 30	5 11	1.472 40	122 70	4 09	6 32	5 06
Aide-commissaire	3 87	4 21	1.818 00	151 50	5 05	1.213 20	101 10	3 37	5 63	4 51
Supplément aux Sous-commissaires n'ayant pas 12 ans de grade	0 74	0 74	»	»	»	»	»	»	»	»
Elève-commissaire	2 87	3 20	1.090 80	90 90	3 03	727 20	60 60	2 02	»	»

(A) Solde d'Europe dégagée de tous accessoires (art. 26 et 96 du décret du 1er juin 1876).

Tarif n° 3. — Agents du Commissariat

GRADES	SOLDE D'EUROPE OU DE TRAVERSÉE — par an	par mois	par jour	SOLDE COLONIALE — PAR an	PAR mois	PAR jour
	fr. c.	fr. c.	fr. c.	fr. c.	fr. c.	fr. c.
Agent principal	5.608 80	467 40	15 58	7.390 80	615 90	(A) 20 53
— 1re classe	3.488 40	290 70	9 69	5.346 00	445 50	(B) 14 85
— 2e —	3.070 80	255 90	8 53	4.550 00	439 20	(C) 12 64
Sous-agent	2.541 60	211 80	7 06	4.058 20	338 10	(D) 11 27
Commis de 1re classe	2.001 60	166 80	5 56	3.499 20	291 60	9 72
— 2e —	1.702 80	141 90	4 73	2.998 80	249 90	8 33
— 3e —	1.400 40	116 70	3 89	2.502 00	208 50	6 95

(A) Traitement d'un commissaire-adjoint dégagé de l'indemnité de logement.

(B) Traitement d'un sous-commissaire de 1re classe dégagé de l'indemnité de logement.

(C) Traitement d'un sous-commissaire de 2e classe dégagé de l'indemnité de logement.

(D) Traitement d'un aide-commissaire dégagé de l'indemnité de logement.

Tarif n° 4. — Supplément de résidence dans Paris

GRADES	PAR an	PAR mois	PAR jour
	fr. c.	fr. c.	fr. c.
Commissaire général	1.515 60	126 30	4 21
Commissaire	1.213 20	101 10	3 37
Commissaire-adjoint	1.080 00	90 00	3 00
Sous-commissaire	756 00	63 00	2 10
Aide-commissaire	741 60	61 80	2 06
Elève-commissaire	626 40	51 20	1 74
Agent principal	1.080 00	90 00	3 00
Agent	756 00	63 00	2 10
Sous-agent	741 60	61 80	2 06
Commis	601 20	50 10	1 67

Tarif n° 5. — Indemnité extraordinaire de rassemblement.

GRADES	PAR mois	PAR jour
	fr.	fr.
Commissaire	60 »	2 »
Commissaire-adjoint	60 »	2 »
Sous-commissaire	41 40	1 37
Aide-commissaire	31 80	1 06
Elève-commissaire	31 80	1 06

Tarif n° 6. — Fixation de la retenue.

GRADES	EN CAS DE LOGEMENT — EN EUROPE — par an	par mois	par jour	A PARIS — par an	par mois	par jour	AUX COLONIES — par an	par mois	par jour
	fr.	fr.	fr.	fr.	fr.	fr.	fr.	fr.	fr.
Commissaire général	1.213 20	101 10	3 37	1800 00	150 «	5 »	2.404 80	200 40	6 68
Commissaire	964 80	80 40	2 68	1440 00	120 «	4 «	1.933 20	161 10	5 37
Commissaire-adjoint	720 »	60 00	2 «	1080 00	90 «	3 «	1.440 «	120 «	4 00
Sous-commissaire	360 »	30 00	1 «	517 00	45 «	1 52	720 «	60 »	2 «
Aide-commissaire / Elève-commissaire	244 80	20 40	» 68	378 00	31 50	1 05	492 20	41 10	1 37

GRADES	EN CAS D'AMEUBLEMENT — EN EUROPE — par an	par mois	par jour	A PARIS — par an	par mois	par jour	AUX COLONIES — par an	par mois	par jour
	fr.	fr.	fr.	fr.	fr.	fr.	fr.	fr.	fr.
Commissaire général	417 60	34 80	1 16	608 40	50 70	1 99	817 20	68 10	2 27
Commissaire	324 00	27 »	« 90	493 20	41 10	1 37	644 40	53 70	1 79
Commissaire-adjoint	248 40	20 70	» 69	300 »	30 «	1 »	493 20	41 10	1 37
Sous-commissaire	190 80	15 90	« 53	284 40	23 70	« 79	360 «	30 «	1 »
Aide-commissaire / Elève-commissaire	133 20	11 10	« 37	190 80	15 90	« 53	248 40	20 70	0 69

N° 2. — DÉCRET *modifiant l'article 10 de celui du 5 octobre 1890, sur la constitution du corps du commissariat colonial.*

21 février 1890.

Article premier. — Le corps du commissariat colonial est régi par les dispositions du décret du 4 octobre 1889, portant réglement d'administration publique pour l'application aux colonies du code de justice militaire pour l'armée de mer.

Art. 2. — L'article 10 du décret du 5 octobre 1889 est modifié comme suit :

Pour être nommé élève-commissaire, il faut :

1° Etre âgé de moins de vingt-huit ans.

Le reste de l'article sans changement.

Art. 3. — Le président du conseil est chargé de l'exécution du présent décret.

CARNOT

Commissions consultatives indigènes.

N° 1. — ARRÊTÉ *instituant au Tonkin une commission consultative indigène dans chaque province.*

30 avril 1886.

Article premier. — Il est institué au Tonkin une commission consultative composée de notables élus dans toutes les provinces par les chefs et les sous-chefs de canton.

Art. 2. — Dans chaque province il sera élu autant de notables qu'il existe de phu ou préfectures,

Savoir :

Province de Hanoi	4	Province de Hung-hoa	4
— Ninh-binh	2	— Tuyen-quan	2
— Nam-dinh	4	— Bac-ninh	4
— Hung-yen	2	— Thai-nguyen	3
— Hai-duong	4	— Lang-son	2
— Quang-yen	2	— Cao-bang	2
— Son-tay	5		

Art. 3. — Ces notables seront élus Cao-bang pour une année.

Art. 4. — Les réunions électorales auront lieu sous la présidence des résidents ou vice-résidents de chaque circonscription, aux lieux et dates déterminés par ces fonctionnaires.

Ne seront éligibles que les Annamites ayant 30 ans révolus au moins, inscrits et faisant déjà partie du conseil des notables de leur commune.

Art. 5. — La commission ainsi formée se réunira à Hanoi, dans la quinzaine qui suivra la date des élections et, d'une manière générale, sur la convocation du Résident supérieur au Tonkin, chaque fois qu'il paraîtra utile de prendre son avis.

Art. 6. — Pendant la durée des déplacements occasionnés par la réunion de la commission, chaque membre aura droit à une indemnité de 3 francs par jour.

Art. 7. — M. le Résident supérieur au Tonkin est chargé d'assurer l'exécution du présent arrêté qui sera inséré au *Moniteur du Protectorat* et affiché en français et en annamite partout où besoin sera.

PAUL BERT.

N° 2. — CIRCULAIRE *notifiant l'arrêté qui institue au Tonkin une commission consultative de notables indigènes.*

10 mai 1886

Je vous adresse un exemplaire de l'arrêté qui constitue une assemblée consultative de notables élus par les chefs et sous-chefs de canton, (1) pour nous donner le concours de leurs avis et de leurs renseignements sur les questions qui intéressent la population indigène.

Il est nécessaire que cette assemblée ne comprenne que des hommes capables, dévoués à leur pays, aspirant au repos et intéressés au développement de la prospérité générale.

Ils doivent absolument être pris parmi la classe des propriétaires fonciers qui comprend les gens les plus opposés au désordre et aux agitations stériles qui ont dévasté le pays.

Il faut en éloigner les lettrés, qui pourraient être soupçonnés d'abuser de leur instruction et de leur influence pour s'opposer clandestinement à l'œuvre de la pacification.

(1) Voir l'arrêté du 30 avril, ci-dessus :

C'est pour que vous puissiez exercer une influence salutaire et loyale sur ces élections, qu'elles doivent avoir lieu sous votre présidence.

Aussitôt la décision traduite et bien comprise par vos lettrés et interprètes, veuillez convoquer à votre résidence dans les délais que vous jugerez convenables, les tongs et pho-tongs de chaque phu ou préfecture. Vous réunirez successivement ceux de chaque phu et vous les ferez procéder au choix du notable qui doit représenter leur phu dans l'assemblée; vous pourrez, dans le cas où ils vous demanderaient une seconde réunion pour avoir le temps de se concerter, faire droit à leur requête.

Lorsque les élections seront terminées pour votre résidence, vous m'en ferez connaître les résultats en me donnant une appréciation sur les délégués.

Vous remettrez à chacun d'eux une déclaration constatant son élection.

Il n'est pas besoin de vous dire que pour les localités éloignées où la piraterie interrompt les communications vous n'aurez pas de convocation à adresser aux tongs et pho-tongs qui sont retenus par le soin de lutter contre les ennemis de leurs administrés.

Vous me rendriez compte de toute difficulté qui pourrait se présenter au cours des élections, afin que j'avise, d'accord avec vous, aux mesures à prendre.

Dans vos rapports avec les indigènes, notamment pour les convocations de notables, employez, selon les termes du traité, le concours des gouverneurs de provinces, en vous assurant de la fidèle transmission des ordres du Résident général.

P. VIAL.

N° 3. ARRÊTÉ *établissant une commission consultative provinciale dans chacune des résidences de Hanoi, Bac-ninh, Haiphong, Nam-dinh et Sontay.*

12 octobre 1886.

Article premier. — Il est établi dans chacune des résidences de Hanoi, Bac-ninh, Haiphong, Nam-dinh, Sontay, une commission consultative provinciale.

Art. 2. — Cette commission sera consultée par le résident sur des questions qui intéressent la province et aussi sur des questions d'intérêt général. Elle aura, en outre, le droit d'émettre spontanément des vœux sur ces deux ordres de questions.

Art. 3. — Les commissions provinciales sont composées de membres élus au scrutin secret, à raison de un par huyen. Ces membres sont élus pour un an.

Art. 4. — Sont électeurs tous les chefs et les sous-chefs de canton du huyen. Sont éligibles tous les notables des villages du huyen.

Art. 5. — La commission provinciale sera réunie au chef-lieu de la résidence par les soins du résident, chaque fois que celui-ci le jugera utile.

Art. 6. — Elle nommera au scrutin secret son président, son vice-président et son secrétaire. Elle tiendra un procès-verbal exact et détaillé de ses séances qui sera gardé aux archives de la résidence.

Art. 7. — Des décisions du Résident général détermineront l'époque et le mode des élections.

Art. 8. — Le Résident supérieur au Tonkin est chargé de l'exécution du présent arrêté.

PAUL BERT.

VOY : **Administration annamite. — Indigènes.**

Commissions municipales. (1) — VOY.: **Conseil municipal.**

(1) Des commissions municipales pour les villes de Hanoi et de Haiphong avaient été instituées par Paul Bert dès son arrivée au Tonkin, par arrêtés des 8 janvier, 1er mai et 22 juin 1886.

Ces dispositions se trouvent rapportées par l'arrêté du 19 juillet 1888, créant les conseils municipaux. Nous renvoyons les lecteurs à ce mot.

Commissions sanitaires.

N°. 1. — ARRÊTÉ *instituant des commissions sanitaires à Hanoi et à Haiphong.*

24 décembre 1889

Article premier. — Il est institué dans chacune des villes de Hanoi et de Haiphong, une commission chargée de faire des visites inopinées chez les commerçants et débitants de substances alimentaires ou de boissons.

Chaque commission est composée d'un médecin et d'un pharmacien de la marine, à la désignation du directeur du service de santé, et d'un membre de la chambre de commerce, non exerçant, nommé par cette assemblée.

Elle nomme elle-même son président, qui la convoque quand il le juge opportun.

Art. 2. — Plusieurs tournées seront faites mensuellement chez les marchands et débitants, sans que le total des vacations puisse dépasser annuellement le nombre de trente pour chaque commission. Elles sont assistées dans leurs tournées par le commissaire de police.

Art. 3. — Des échantillons des produits, denrées ou liquides pourront être saisis chez les marchands et débitants. Ils seront portés aux laboratoires des hôpitaux de Hanoi et de Haiphong, pour y être analysés.

Les procès-verbaux d'analyse seront, le cas échéant, transmis à l'autorité judiciaire.

Art. 4. — Tout particulier pourra également, mais à ses frais, et suivant un tarif à établir ultérieurement, présenter à ces laboratoires, pour y être analysés, des échantillons des denrées ou liquides qu'il aurait lieu de suspecter.

Art. 5. — Une somme de cent piastres (100 $) sera versée annuellement au service des hôpitaux, à titre de remboursement de la valeur des produits chimiques employés aux analyses.

Art. 6. — Une indemnité de trois cents piastres (300 $) par an est allouée à chacun des pharmaciens ayant la charge desdites analyses, et leur sera payée par douzièmes mensuels.

Art. 7. — Chaque membre des commissions instituées par l'article premier ci-dessus recevra une allocation de trois piastres (3 $) par vacation dans les conditions déterminées à l'article 2.

Art. 8. — Le présent arrêté sera applicable à partir du premier janvier 1890.

Art. 9. — La dépense résultant de ces différentes allocations sera imputable au budget du Protectorat.

Art. 10. — Le Résident supérieur au Tonkin et le directeur du service de santé sont chargés, chacun en ce qui le concerne, de l'exécution du présent arrêté.

PIQUET

Comité agricole et industriel.

N° 1. — DÉCISION *portant création d'un Comité agricole et industriel du Tonkin.*

20 mars 1885

Rapportée par arrêté du 8 juin 1886.

N° 2. — DÉCISION *portant création d'un comité d'études agricoles, industrielles et commerciales.*

8 juin 1886

Article premier. — Un comité permanent sera chargé de l'étude des questions intéressant l'agriculture, le commerce et l'industrie en Annam et au Tonkin. Ce comité aura, en outre, la préparation, l'organisation et la direction des expositions locales et des envois que le Protectorat pourra faire aux expositions extra-territoriales. Il portera le titre de Comité d'études agricoles, industrielles et commerciales de l'Annam et du Tonkin.

Art. 2. — Les cinquante premiers membres du Comité seront nommés par le Résident général. Cette assemblée étant ainsi constituée pourra porter le nombre de ses membres titulaires à cent et les renouveler, jusqu'à concurrence de ce chiffre, par voie d'élection.

Elle admettra, également par voie d'élection, des membres correspondants en nombre illimité.

Les membres titulaires résident en Annam et au Tonkin.

Art. 3. — Le Comité d'études s'administre et règle lui-même l'ordre de ses séances et les détails de ses travaux. Il est présidé par le Résident supérieur au Tonkin, et choisit les autres membres de son bureau.

Tous les six mois, il adresse au Résident général un rapport succinct sur ses travaux, sans préjudice des demandes et projets qu'il jugera à propos, en tout temps, de lui soumettre.

Art. 4. — Une exposition publique aura lieu tous les cinq ans à Hanoi, à la date fixée par le Résident général. Un concours sera ouvert entre les produits naturels et ouvrés de l'Annam et du Tonkin. Les conditions et le programme de chaque exposition, ainsi que les autres mesures de détail pouvant assurer l'exécution de la présente décision, feront l'objet de règlements particuliers signés du Résident supérieur au Tonkin.

Art. 5. — Des prix seront décernés aux exposants par un jury nommé par le Résident supérieur sur la présentation du Comité d'études, et composé de Français, d'indigènes et d'Asiatiques étrangers. Des prix seront distribués en séance solennelle à la fin de l'exposition.

Art. 6. — Sur la proposition du Comité, des primes pourront, en dehors des expositions, être délivrées aux personnes qui se seront signalées par des travaux, des inventions ou des perfectionnements utiles.

Art. 7. — Indépendamment des ressources particulières qu'il pourra posséder, le Comité agricole et industriel reçoit du budget du Protectorat une subvention annuelle dont le quantum sera fixé ultérieurement.

Les dépenses extraordinaires occasionnées par les expositions feront l'objet de crédits spéciaux ouverts par le Résident général, d'après les propositions du Comité.

L'emploi des fonds alloués pour chaque exposition sera justifié dans les formes réglementaires prescrites par le Résident supérieur.

Art. 8. — Il sera publié un bulletin du Comité d'études.

Ce bulletin reproduira les comptes rendus des séances du Comité, les rapports du Comité ou des membres correspondants, enfin les travaux communiqués à l'Administration et dont la publication aura été autorisée.

La publication se fera sous la direction du président du Comité, aux frais du budget du Protectorat.

Art. 9. — Sont abrogées toutes dispositions contraires aux présentes.

Art. 10. — Le Résident supérieur au Tonkin est chargé d'assurer l'exécution de la présente décision.

PAUL BERT.

VOY. : Agriculture. — Industrie

Compétence. — VOY : Justice.

Comptables de matières aux colonies. — VOY : Conseil de guerre.

Concessions.

N° 1. — RAPPORT *du Résident général sur les concessions de terre à accorder aux indigènes.*

7 juillet 1888

Un des grands progrès à réaliser dans ce pays serait de fournir au trop plein de population du Delta un moyen de se fixer au sol, en l'intéressant au maintien de l'ordre et à la conservation de la propriété. Depuis assez longtemps, les habitants des régions excentriques du Tonkin, par suite de l'insécurité qui y régnait, se sont entassés peu à peu dans le Delta, et il en résulte une agglomération de gens sans moyens d'existence, qui ne peuvent vivre que de pillage, et fournissent le principal aliment à la piraterie. S'il était possible d'offrir à ces indigènes des débouchés qui les satisfassent, de les rendre, par exemple, propriétaires de terrains, nous en transformerions certainement un grand nombre en défenseurs de la propriété et de l'ordre social. Nous en recueillerions, en outre, les plus grands avantages au point de vue de la production agricole, de l'amélioration de l'état économique du pays, et de l'accroissement de la richesse publique

Or, nous avons dans le Tonkin, des limites du Delta jusqu'aux frontières, d'immenses étendues à peu près désertes, dont une grande partie a été autrefois cultivée ou est susceptible de culture, et vers lesquelles nous pouvons tenter, avec espoir de succès, de diriger ce trop plein de population. Ces régions jouissent aujourd'hui d'une sécurité relative plus grande, chose singulière, que les régions du Delta, et le moment me paraît venu de mettre à exécution l'idée féconde de la délivrance des concessions de terrains, tant aux indigènes qu'aux Européens, en réduisant les formalités aux précautions indispensables pour atteindre le but que nous nous proposons.

Cela a été fait déjà en faveur des Européens, suivant une législation bonne en soi, mais qui me paraît susceptible d'être améliorée. En ce qui concerne les indigènes, je vous proposerai d'adopter, à peu de chose près, le régime suivi en Cochinchine et qui a eu, comme vous savez, de si beaux résultats. Il a triplé la production agricole et a fait de presque tous les pirates de métier des hommes d'ordre et de conservation sociale.

Au Tonkin, comme partout, l'homme a la passion de la propriété foncière, et le même résultat, sans nul doute, ne tardera pas à se produire.

J'ai, en conséquence, l'honneur de vous proposer de vouloir bien approuver le projet d'arrêté ci-joint, dont S. E. le Kinh-luoc a approuvé les dispositions, et qu'il a bien voulu revêtir de son visa.

E. PARREAU

N° 2. — ARRÊTÉ *réglementant les concessions de terrains à accorder aux indigènes.*

7 juillet 1888.

Article premier. — Des concessions de terrains domaniaux, d'une étendue de cinq hectares au maximum, pourront être accordées, à titre perpétuel, aux indigènes et asiatiques étrangers qui en feront la demande.

Art. 2. — Le concessionnaire aura l'obligation de mettre son terrain en culture dans un délai d'un an après la date de la concession; il jouira de la franchise de l'impôt jusqu'au 1er janvier qui suivra la troisième année.

Art. 3, — Au bout de la deuxième année, tout ce qui n'aura pas été cultivé pourra faire retour à l'Etat sur simple décision administrative. Le terrain concédé ne pourra être aliéné qu'à partir du moment où il sera soumis à l'impôt

Art. 4. — Les pétitionnaires adresseront leur demande au résident de la province où sera situé le terrain; elle contiendra l'indication de la contenance et de l'abornement et un croquis approximatif de la parcelle demandée; elle devra être appuyée d'un certificat du maire visé par le chef du canton, attestant que le terrain appartient à l'Etat.

Art. 5. — Il sera tenu, dans chaque résidence, un registre destiné à l'inscription des concessions accordées, et un titre de propriété sera établi par le résident et envoyé au visa du gouverneur de la province, qui l'inscrira lui-même sur un registre et le retournera à la résidence, pour être remis au pétitionnaire.

Art. 6. — La concession sera immédiatement inscrite au rôle du village avec l'indication de la date à partir de laquelle elle sera soumise à l'impôt.

Art. 7. — Le Résident général en Annam et au Tonkin est chargé de l'exécution du présent arrêté.

RICHAUD.

N° 3. — *Circulaire sur l'application de l'arrêté ci-dessus.*

7 juillet 1888

J'ai l'honneur de vous transmettre ci-inclus:

1° Ampliation d'un arrêté de M. le Gouverneur général *p. i.* en date du 7 du mois courant, portant réglementation sur les concessions de terrains ruraux à accorder aux indigènes et aux asiatiques étrangers qui en feront la demande.

2° Ampliation d'un rapport que j'ai adressé à M. le Gouverneur général *p. i.* sur le même objet.

Il me paraît inutile d'insister sur l'économie de cette réglementation, d'une simplicité extrême, qui a déjà fait ses preuves en Cochinchine, et dont j'attends les plus grands résultats.

Je vous prie de ne rien négliger pour sa mise en application et pour éviter qu'aucune autorité indigène n'apporte d'opposition ou d'entrave à son bon fonctionnement.

En transmettant le texte de cet arrêté à S. E. le Kinh-luoc, je prie ce haut fonctionnaire de donner les ordres qu'il convient aux gouverneurs des provinces du Tonkin, afin qu'ils se concertent avec vous au sujet des mesures de détail à prendre pour atteindre le but que nous nous proposons.

A cet effet, je vous serais obligé de me faire connaître, par village autant que possible, les quantités approximatives de terrains qui pourraient être concédées, en les classant en deux grandes catégories: ceux que l'on peut cultiver en rizières, et ceux qui conviennent aux cultures diverses.

J'appellerai votre attention tout spécialement sur les mesures qu'il conviendra de prendre pour empêcher les fonctionnaires annamites de tout rang de se créer des ressources illicites à l'aide des dispositions du nouvel arrêté. Il y aura lieu surtout de veiller à ce que les maires et les chefs de canton n'exigent pas de trop fortes sommes des pétitionnaires pour le certificat et le visa qu'ils doivent délivrer. Ces agissements iraient directement contre notre but, qui est de mettre la propriété à la portée des plus pauvres. Vous pourrez peut-être, pour éviter cet écueil, fixer vous-même, après entente avec les autorités annamites, les prix du certificat et du visa à une somme minime, une demi-ligature par exemple, en tenant la main à ce que ce prix ne soit jamais dépassé.

Je fais en ce moment préparer les registres qui vous sont nécessaires; ils vous seront adressés aussitôt que possible. (1)

E. PARREAU

N° 4. — ARRÊTÉ *sur les concessions de terrains ruraux aux Français*

5 septembre 1888

Article premier. — Des concessions de terrains ruraux libres et appartenant à l'État, pourront être accordées aux Français qui en feront la demande, dans le but de créer des exploitations agricoles ou de s'adonner à l'élevage du bétail.

Art. 2. — Ces concessions, provisoires pendant cinq années, deviendront définitives dans les conditions qui seront expliquées plus loin

Elles donneront lieu à une perception, de la part de l'administration, fixée à 1 franc par hectare.

Art. 3. — Elles ne comprendront que la surface du sol; les mines, carrières et généralement les produits du sous-sol, seront réservés et soumis à des règles spéciales.

Les rivages de la mer sont également réservés jusqu'à 80 mètres, à partir des plus hautes mers. Il en est de même des rives des fleuves jusqu'à 25 mètres des rivages. La contenance de chaque concession ne pourra excéder 100 hectares.

Art. 4. — Les pétitionnaires devront joindre à leur demande un plan certifié exact par l'agent des travaux publics de la province où sera située la concession demandée, ainsi qu'un certificat du gouverneur de la province établissant que les terrains demandés appartiennent à l'Etat, le tout vérifié et certifié par le résident ou vice-résident de la province.

Art. 5. — Les demandes de concession seront portées à la connaissance du public par la voie des journaux et l'affichage en français et en caractères à la résidence supérieure, à la résidence de la province et à la maison commune du village dont elles dépendent.

Art. 6. — Ces demandes, ainsi que les projets de contrats, plans, seront déposés à la résidence supérieure et à la vice-résidence de la province, où les oppositions seront reçues pendant trois mois.

Passé ce délai, les oppositions ne seront plus admises par l'autorité administrative, et il appartiendra à l'autorité judiciaire de statuer.

Le contrat pourra être signé aussitôt après le règlement des oppositions qui auront été présentées.

En principe; toute personne ayant cultivé depuis moins de deux ans un terrain englobé dans une concession, a droit même sans posséder de titre, à une indemnité qui sera fixée, par le Résident supérieur, sur la proposition du résident et du tong-doc de la province.

Art. 7. — Dans les huit jours qui suivront la signature du contrat, le demandeur devra justifier du versement à la caisse du payeur de la province, de la somme de 1 franc par hectare précédemment prévue.

(1) Voir ci-après circulaire du 7 juin 1889.

Art. 8. — Il s'engagera à mettre en culture ou en exploitation le terrain concédé, dans le délai de cinq années à partir de la date de la signature du contrat, à raison de un cinquième par année, à peine d'encourir la déchéance prévue ci-après.

Art. 9. — A l'expiration du délai de cinq années, les parties non cultivées, à part le terrain des bâtiments d'exploitation, feront retour au domaine public par simple décision administrative, la somme versée restant acquise en entier au trésor; le reste pourra faire l'objet d'une concession définitive.

Aussitôt que la concession sera mise en entier en culture, le concessionnaire sera admis, s'il le désire, à présenter une nouvelle demande de concession.

Art. 10. — Le concessionnaire deviendra définitivement propriétaire si l'exploitation est complète dans le délai de cinq années.

Il ne pourra aliéner ni céder ses droits avant cette époque.

En cas de décès, ses héritiers seront substitués à ses droits. Ils devront se faire représenter par un mandataire spécial, dans un délai qui ne pourra excéder neuf mois, faute de quoi leurs droits deviendront caducs.

En cas d'association, l'administration ne reconnaîtra le droit des associés qu'après la mise en culture totale.

Art. 11. — Le concessionnaire devra payer l'impôt pour la totalité à partir de la troisième année qui suivra la date de la concession.

Art. 12. — L'administration ne garantit pas le concessionnaire contre les troubles, évictions, revendications des tiers et contestations de toute nature qui pourraient survenir à partir de la signature du contrat.

Elle se réserve, en outre, le droit de reprendre les portions du terrain concédé qui lui seraient nécessaires pour l'établissement de routes et travaux d'utilité publique de toute nature, moyennant le remboursement du prix de vente, 1 franc par hectare, et le payement de la valeur des constructions et installations diverses qui se trouveraient sur le terrain exproprié

Art. 13. — Les tombeaux, pagodes et constructions de toutes sortes, affectées au culte, ne devront subir aucune dégradation du fait du concessionnaire, qui devra toujours en laisser l'accès libre.

Art. 14. — Le terrain concédé est grevé d'un droit de servitude de passage au profit des propriétés privées et communales qui existent ou pourront exister dans le voisinage.

Art. 15. — Tout acte de concession sera enregistré aux frais du concessionnaire.

RICHAUD.

N° 5. — CIRCULAIRE *au sujet de l'application de l'arrêté du 7 juillet 1888, sur les concessions de terres aux indigènes.*

7 juin 1889.

En vous transmettant à la date du 7 juillet dernier, un arrêté de M. le Gouverneur général relatif aux concessions de terrains domaniaux à accorder aux indigènes et asiatiques étrangers, je vous priais de ne rien négliger pour la mise en application d'une mesure dont la portée pacificatrice ne vous a certainement pas échappé.

Or, près d'une année s'est écoulée depuis la promulgation de cet arrêté et durant ce laps de temps, j'ai le regret de constater le peu d'empressement qu'ont semblé mettre les intéressés, à bénéficier des avantages que leur offrait l'administration.

Il convient donc de rechercher les causes d'une abstention particulièrement frappante chez un peuple dont la terre est la passion dominante.

Pour ma part, je serais disposé à croire que cette abstention provient principalement des entraves apportées aux demandes de concessions de leurs administrés, par les chefs de canton et les notables majeurs des villages, portés sans doute à confondre facilement tout terrain domanial avec les biens de la commune. Peut être aussi le prix minime du visa et du certificat exigés pour la délivrance de ces concessions, n'a-t-il point paru suffisamment rémunérateur à ces fonctionnaires indigènes, pour stimuler leur zèle et les porter à provoquer ou à admettre les demandes.

S'il en était ainsi, je vous inviterais à vous mettre en rapport avec les autorités communales et chefs de canton, pour augmenter dans une proportion raisonnable le prix des certificats et visas dont il s'agit.

Il serait, au contraire, possible que l'abstention que je constate fût le résultat d'exigences excessives manifestées par les autorités. Quelles qu'en soient les causes, je vous serai obligé de me les faire connaître par un rapport où vous m'indiquerez d'une part, le nombre des concessions accordées jusqu'à ce jour aux indigènes et asiatiques dans votre province, et où, d'autre part, vous me soumettrez les mesures et modifications qui vous sembleraient de nature à amener les populations du Tonkin à bénéficier plus largement des dispositions bienveillantes de l'administration.

BRIÈRE.

Concession française. — VOY. : Territoire français

Congés.

N° 1. — ARRÊTÉ *complémentaire de celui du 3 mai 1886 relatif aux congés.* (1)

16 août 1886.

A l'article 2 de l'arrêté susvisé est ajouté l'alinéa suivant :

« Pour avoir droit au congé motivé par trois ans de service, « le fonctionnaire devra avoir passé au moins deux ans dans les « services civils du Protectorat. »

PAUL BERT.

N° 2. — CIRCULAIRE *au sujet des demandes de congés administratifs.*

5 novembre 1888.

J'ai l'honneur de vous prier de vouloir bien faire connaître au personnel placé sous vos ordres, que les demandes de congé administratif devront, à l'avenir, être adressées à la Résidence générale, *au moins trois mois* (1) avant l'époque à laquelle les pétitionnaires désirent prendre leur congé.

E. PARREAU.

N° 3. — CIRCULAIRE *informant que le département s'est réservé d'accorder des congés administratifs, et portant à 6 mois l'époque à laquelle la demande doit être formée.*

20 mai 1889

Par télégramme du 3 mai courant, M. le Gouverneur général m'a fait connaître que le département se réserve à l'avenir le droit d'accorder des congés administratifs.

En vue de me permettre de transmettre en temps opportun les demandes des intéressés, vous voudrez bien inviter les fonctionnaires et agents placés sous vos ordres, à faire les démarches nécessaires six mois au moins avant l'époque à laquelle ils désireraient être admis au bénéfice des congés de l'espèce.

Le droit au congé administratif de six mois n'est acquis qu'après trois années de séjour consécutif en Indo-Chine au service de l'administration civile.

PARREAU.

N° 4. — ARRÊTÉ *sur les congés de convalescence.*

3 juillet 1889.

Article premier. — Il existe deux sortes de congés de convalescence, le congé n° 1 et le congé n° 2.

Art. 2. — Le congé est dit n° 1 quand la maladie constatée par la commission de rapatriement est la cause déterminante de la rentrée en France. Il est délivré par la commission de rapatriement après la présentation du malade par le médecin chef de l'hôpital, quand le malade est hospitalisé ; par le médecin des troupes ou du service civil, quand le malade est traité à la chambre. Dans ce dernier cas, le malade ne peut être présenté à la commission que muni de l'autorisation de son chef de corps ou de service.

---

(1) Voir cet arrêté au mot « Solde ».

(1) Ce délai a été porté à six mois par la circulaire du 20 mai 1889.

Art. 3. — Le congé n° 1, signé par tous les membres de la commission, est visé et approuvé par le Gouverneur général. En son absence, il délègue sa signature au Résident supérieur pour tout le personnel qui ne relève pas du commandement, et au Général en chef pour les officiers, militaires et soldats.

Art. 4. — Quand la commission de santé estime que le malade, hospitalisé ou non, doit être rapatrié par la voie des paquebots, qu'il s'agisse d'un malade appartenant aux services civils ou aux services militaires, le congé porte la mention (*par les voies rapides*): il est fixé et approuvé dans tous les cas par l'autorité civile.

Art. 5. — Le service de santé adresse à l'autorité civile la demande de passage à bord des paquebots pour les porteurs de congé n° 1.

Art. 6. — L'embarquement, soit sur les paquebots, soit sur les transports et affrétés, est assuré par les soins du service administratif pour tout convalescent hospitalisé au moment du départ, par les soins du corps auquel appartient le convalescent dans le cas de non-hospitalisation.

Art. 7. — Le convalescent, en possession d'un congé n° 1, prend la place que lui attribue son grade ou son assimilation sur les transports et affrétés, avant tout autre rapatriable.

Art. 8. — Congé n° 2. — Sous ce titre, on entend un certificat de visite destiné à faciliter à son détenteur l'obtention d'un congé de convalescence à sa rentrée en France. Il est accordé aux officiers et soldats, fonctionnaires et employés civils rapatriés pour toute autre cause que celle de maladie, c'est-à-dire fin de séjour, congé administratif, nomination, etc, et sur la présentation du médecin des troupes ou du médecin du service civil. Il est signé seulement par les membres de la commission. C'est une pièce exclusivement médicale; elle ne donne droit, en cas d'insuffisance de place, à aucune priorité au point de vue de l'embarquement à bord des transports ou affrétés.

Art. 9. — Toutefois, dans les conditions de rentrée énumérées ci-dessus, si l'urgence du départ était reconnue par la commission de santé, il serait délivré au rapatriable un congé n° 1 qui ferait priorité et assurerait son départ par les voies ordinaires ou rapides, suivant l'opportunité.

Art. 10. — Le règlement du 23 février 1889 sur le rapatriement reste applicable en ce qui n'est point modifié par le présent arrêté.

PIQUET.

N° 5. CIRCULAIRE *ministérielle au sujet des renseignements à fournir sur les officiers, fonctionnaires et agents envoyés en congé de convalescence en France.*

31 juillet 1889

Aux termes de la circulaire du 2 octobre 1882 (B. OP. 744) les autorités des ports ne doivent jamais autoriser l'embarquement des officiers, fonctionnaires ou agents appelés à servir aux colonies les sans avoir soumis, au préalable, à une visite médicale individuelle des plus attentives. Cette visite doit être passée surtout au point de vue de l'existence d'affections organiques, chroniques ou autres, devant mettre, dans un avenir prochain, ceux qui en sont atteints, dans l'impossibilité absolue de fournir un bon service.

Ces prescriptions ayant été perdues de vue et des conséquences regrettables étant résultées de cet oubli, j'adresse de nouvelles instructions aux chefs du service colonial dans les quatre ports de commerce du Havre, de Nantes, de Bordeaux, et de Marseille. Mais je saisis cette occasion pour appeler votre attention sur l'intérêt qu'il y aurait, à l'avenir, à signaler avec soin au département, les officiers, fonctionnaires ou agents qui, au moment de leur rentrée en France, en congé, sont considérés par le conseil de santé de la colonie comme incapables de servir à tout jamais ou pour longtemps dans nos établissements d'outre-mer.

Il arrive fréquemment, en effet, que si un officier, fonctionnaire ou agent envoyé en congé, après avoir contracté une maladie incurable ou de longue durée, n'est pas spécialement indiqué comme impropre à servir, il reçoit à l'expiration de son congé, l'ordre de partir, le provoque même souvent, sans solliciter une prolongation ou un examen médical, d'où pourrait résulter une constatation contraire à ses intérêts ou à ses désirs, et rallier son poste dans des conditions déplorables de santé qui le mettront dans l'impossibilité de remplir régulièrement ses fonctions.

Dans le but de mettre un terme à cette situation, qui, en se prolongeant, pourrait compromettre la santé de bon nombre de ces fonctionnaires et agents et accroître considérablement les charges du Trésor, par suite de la fréquence des voyages, j'ai l'honneur de vous prier de vouloir bien donner des ordres très précis au conseil de santé, afin que les certificats de visite concluant à l'envoi en congé de convalescence soient toujours accompagnés d'un état faisant connaître si l'intéressé est susceptible de retourner à son poste après un certain laps de temps passé en France, ou s'il est nécessaire de l'affecter à une autre colonie, ou enfin s'il est hors d'état de continuer ses services dans une de nos possessions d'outre-mer.

ETIENNE.

VOY.: Rapatriements. — Solde

Congrégations chinoises

N° 1. — ARRÊTÉ *modifiant la composition des congrégations chinoises.*

4 mai 1889

Article premier. — La colonie chinoise de Phuoc-kien, établie à Hanoi, est distraite de la congrégation de Canton, à laquelle elle a été rattachée jusqu'à ce jour, et formera une congrégation spéciale.

Art. 2. — Les membres de la nouvelle congrégation sont convoqués pour le dimanche 12 mai à l'effet de procéder à l'élection d'un chef de congrégation.

Art. 3. — Le résident- maire de la ville de Hanoi est chargé de l'exécution du présent arrêté. (1)

E. PARREAU.

VOY. : Impôts,

Conseil de défense

N° 1. — DÉCRET *fixant la composition du Conseil de défense en Indo-Chine.*

15 octobre 1888.

Article premier. — Le conseil de défense en Indo-Chine est composé de la manière suivante :

Du Gouverneur général, président, du général commandant en chef les troupes, vice-président; du commandant en chef des forces navales, de l'officier général ou supérieur commandant les troupes dans le territoire où se réunit le conseil, du chef du service administratif, du chef des services de l'artillerie, membres; d'un chef de bataillon ou d'escadron, secrétaire.

Le chef du service de santé est appelé de droit au sein du conseil de défense pour les questions qui intéressent son service. Il a voix délibérative sur ces questions.

La présidence, en l'absence au conseil du Gouverneur général, est dévolue au général commandant en chef ou en son absence, à l'officier général ou supérieur le plus élevé en grade ou le plus ancien dans le grade.

Le secrétaire du conseil de défense est nommé par le Gouverneur général sur la proposition du général commandant en chef.

Si les membres titulaires du conseil de défense se trouvaient dans l'impossibilité d'assister à une séance dudit conseil, ils seraient remplacés par le fonctionnaire ou l'officier du même service, marchant immédiatement après eux dans l'ordre hiérarchique.

Art. 2. — Le conseil de défense se réunit sur la convocation du Gouverneur général en fonction, et toutes les fois que les circonstances lui paraissent l'exiger.

Les délibérations portent sur toutes les questions sur lesquelles le Gouverneur général désire consulter le conseil de défense et sur les examens et études pour lesquels le général en chef réclame son avis ou sa participation.

Le procès-verbal est dressé, séance tenante, par le secrétaire et transcrit sur le registre des délibérations, où chacun des

(1) L'arrêté du 27 décembre 1880, visé dans les considérants modifie et réglemente l'impôt de capitation ; on en trouvera le texte à sa date, au mot : *Impôt.*

membres du conseil peut faire consigner son opinion avec tous les développements qu'il jugera utiles.

Tous les membres signent au procès-verbal.

Les délibérations ne sont valables que si tous les membres qui composent le conseil, ou leurs suppléants, sont présents.

Art. 3. — Le général commandant en chef a seul qualité pour présenter au conseil de défense les projets sur l'emplacement et l'importance des magasins des hôpitaux permanents ou provisoires.

Copies de ces projets sont transmises par le Gouverneur général au ministre de la marine et des colonies, avec les procès-verbaux des délibérations.

Art. 4. — Il appartient exclusivement au Gouverneur général, sans toutefois intervenir dans la direction technique des opérations militaires, de donner l'ordre au commandant en chef de continuer, suspendre ou faire cesser les opérations, suivant les nécessités de la politique générale du pays.

Art. 5. — Le ministre de la marine et des colonies est chargé de l'exécution du présent décret, qui sera inséré au Journal officiel de la République française, au Bulletin officiel de la marine, au Bulletin officiel de l'administration des colonies et aux recueils officiels du gouvernement de l'Indo-Chine.

CARNOT.

N° 2. — DÉCRET *sur la composition du conseil de défense des colonies.*

30 octobre 1889.

Article premier. — Le Lieutenant-gouverneur de la Cochinchine, les Résidents supérieurs de l'Annam, du Tonkin et du Cambodge, font respectivement partie du conseil de défense de l'Indo-Chine, en qualité de membres titulaires, toutes les fois que ledit conseil se réunit sur le territoire des pays qu'ils administrent.

Art. 2. — Le Lieutenant-gouverneur et les Résidents supérieurs prennent rang individuellement, dans le conseil de défense, après le commandant en chef des forces navales.

Art. 3. — Le ministre de la marine est chargé de l'exécution du présent décret qui sera inséré au Journal officiel de la République française, au Bulletin officiel de la marine, au Bulletin officiel de l'administration des colonies et aux recueils officiels du gouvernement de l'Indo-Chine.

CARNOT.

VOY: Défense des colonies.

Conseil de Gouvernement. — VOY.: Conseil du Protectorat. — Conseil Supérieur.

Conseils de Guerre.

N° 1. — DÉCISION *relative à la constitution et à la composition de deux conseils de guerre et d'un conseil de revision.*

28 février 1884

Il est constitué, à Hanoi, deux conseils de guerre et un conseil de révision. (1)

La composition des trois conseils est la suivante : (2)

N° 2. — DÉCRET *soumettant à la compétence des conseils de guerre les comptables des matières aux colonies, et indiquant la composition de ces conseils selon l'emploi de l'accusé.*

23 février 1889.

Article premier. — Les garde-magasins principaux, garde-magasins et magasiniers du corps des comptables aux colonies, sont justiciables des conseils de guerre pour tous crimes et délits.

Art. 2. — Lorsqu'il y aura lieu de traduire devant les conseils de guerre un de ces agents, le conseil de guerre sera composé conformément au tableau ci-annexé.

Art. 3. — Le Ministre de la marine et des colonies est chargé de l'exécution du présent décret.

CARNOT

TABLEAU annexé au décret du 23 février 1889 indiquant, selon l'emploi de l'accusé, la composition des conseils de guerre pour le jugement des agents du personnel des comptables des matières aux colonies.

	COMPOSITION DES CONSEILS DE GUERRE	
Désignation des Corps	PRÉSIDENT Capitaine de vaisseau ou de frégate. Colonel ou lieutenant-colonel. JUGES 1 Capitaine de frégate ou chef de bataillon, chef d'escadron ou major. 2 lieutenants de vaisseau ou capitaines. 2 enseignes de vaisseau ou 1 lieutenant et un sous-lieutenant. 1 officier-marinier ou sous-officier.	PRÉSIDENT Capitaine de vaisseau ou de frégate. Colonel ou lieutenant-colonel JUGES 1 capitaine de frégate ou chef de bataillon, chef d'escadron ou major. 2 lieutenants de vaisseau ou capitaines. 2 enseignes de vaisseau ou lieutenants.
Comptables des matières aux Colonies	Garde magasins. { de 1re classe. de 2e classe. de 3e classe. Magasiniers { de 1re classe. de 2e classe. de 3e classe. de 4e classe.	Garde magasins principaux.

CARNOT

Conseils municipaux

N° 1. — RAPPORT *du Résident général au sujet de la création de Conseils municipaux à Hanoi et à Haiphong.*

19 juillet 1888.

En arrivant au Tonkin, vous avez été frappé, comme moi, de l'essor merveilleux pris par les villes de Haiphong et de Hanoi, de l'esprit de suite qu'il témoigne de la part de nos nationaux, et de la confiance en l'avenir qu'il dénote. Cette admirable confiance, au milieu de nos instabilités administratives, l'effort énorme qui a été produit et qui, certainement, a consolidé notre Protectorat, vous ont immédiatement convaincu que cette vaillante population était mûre depuis longtemps pour la vie municipale et méritait mieux qu'une Commission consultative comme celle qui fonctionne actuellement et qui remonte à l'arrivée de Paul Bert, en 1886. Vous n'avez pas hésité, dès lors, à prendre en considération le vœu qu'elle vous exprimait, et à transformer cette Commission consultative rudimentaire en une véritable assemblée municipale ayant sa vie propre, son budget et la gestion de ses propres affaires.

Pour répondre le plus tôt possible à ses impatiences légitimes, vous avez, dès le lendemain de votre arrivée, chargé une commission d'élaborer un projet, et vous m'avez prié de déposer des propositions définitives en m'entourant des lumières de cette Commission.

C'est ce qui fait l'objet du projet que j'ai l'honneur de soumettre en ce moment à votre approbation.

Ce projet ne diffère, en réalité, de nos institutions municipales françaises qu'en ce qui concerne l'électorat. Comme vous avez pris soin de l'expliquer aux membres des Commissions consultatives, le moment ne paraît pas encore venu d'avoir recours à ce mode de nomination des conseillers municipaux.

(1) Le recours en revision a été supprimé par décret du 9 septembre 1885, pour les militaires condamnés par les conseils de guerre du Tonkin.

(2) La composition de ces conseils varie trop souvent pour qu'il y ait intérêt à publier les noms de leurs membres. Il avait été créé, en outre, le 4 mars 1884, un conseil de guerre à Hai-duong, supprimé par ordre général, n° 57 du 2 avril 1884, et le 1er juillet 1885, un conseil de guerre dans chaque division, supprimé au fur et à mesure de l'évacuation du corps expéditionnaire.

Leur désignation par l'autorité centrale donnera, sans nul doute, la représentation des plus gros intérêts des deux villes, tandis qu'il pourrait en être autrement avec l'électorat, ce qui serait de nature à compromettre gravement l'institution naissante.

Le maire, dans ces conditions, et pour plusieurs autres considérations, ne pouvait être autre que le Résident. Lui seul a, pour le moment, l'autorité nécessaire pour représenter à la fois le pouvoir central et le pouvoir municipal, pour agir utilement sur la population indigène étrangère, et enfin pour servir d'intermédiaire, aux termes du traité de 1884, entre la population européenne et les mandarins annamites.

Le Résident-maire n'aurait, dans son rayon d'action, que le territoire municipal, le reste serait du ressort du Résident de la province. Il est bien évident, en effet, qu'avec l'importance actuelle de Hanoi et de Haiphong, importance qui n'ira qu'en grandissant, un seul fonctionnaire ne peut plus s'occuper utilement à la fois de la ville et de la province. Il ne peut donner tous ses soins à l'un sans négliger l'autre. Ce n'est pas d'aujourd'hui d'ailleurs que le besoin de cette disjonction se faisait sentir.

Le territoire municipal de Haiphong devant comprendre plusieurs villages annamites et celui de Hanoi un très grand nombre, il m'a paru utile et équitable de ne pas écarter complètement du Conseil l'élément indigène. Il y a là des intérêts sérieux et respectables dont il faut tenir compte, et il paraîtrait bizarre, quand la moindre bourgade du Tonkin a son conseil de notables, que des villes comme Haiphong et Hanoi, où les intérêts annamites sont des plus considérables, n'aient dans le Conseil personne pour les représenter.

Il y a d'ailleurs un autre intérêt de premier ordre à adjoindre quelques indigènes à nos conseillers français. La plupart des mesures qui seront prises par les assemblées municipales toucheront de près ou de loin la population annamite, et il ne sera pas oiseux que les membres indigènes soient là pour en expliquer à leurs compatriotes l'économie et l'utilité, pour en prendre eux-mêmes leur part de responsabilité.

Enfin, il ne faut pas oublier que nous sommes en pays de Protectorat et que nous nous trouvons en présence de légitimes susceptibilités qu'il convient de ménager.

En raison de ces considérations, je propose d'adjoindre deux indigènes, pris parmi les plus imposés, au conseil de Haiphong, et quatre à celui de Hanoi.

En ce qui concerne les moyens budgétaires mis à la disposition des nouvelles municipalités, ils consistent, quant à présent, en raison de la pénurie extrême du budget du Protectorat, en un équilibre de charges et de recettes à peu près égales, de manière que la nouvelle institution ait les éléments indispensables à son fonctionnement. Les villes auront d'ailleurs la faculté de s'imposer, en se conformant aux règles prescrites, pour se créer des ressources nouvelles qui leur appartiendront en propre.

Comme mesure transitoire, et pour ne pas ajouter de nouvelles complications à notre budget, j'ai cru utile de remettre au 1er janvier prochain la mise en œuvre des budgets réguliers des nouvelles municipalités, qui auront, du reste, à s'occuper immédiatement de leur préparation pour 1889. D'ici à cette époque, on continuera à avoir recours, comme par le passé, aux voies et moyens du budget du Protectorat, et les conseils n'auront à leur disposition que les produits des taxes, centimes additionnels, etc., dont ils croiraient devoir s'imposer immédiatement.

Enfin, quoique le projet n'en fasse pas mention, je crois devoir dire un mot de la question du local, qui a son importance.

En attendant la construction d'hôtels-de-ville, ce qui sera sans doute l'une des premières préoccupations de nos édiles, je suis d'avis que les services municipaux, en même temps que le service judiciaire, soient installés dans les résidences actuelles qui leur seraient prêtées temporairement.

La résidence de la province de Hanoi serait transportée dans l'intérieur, comme cela a lieu en Cochinchine, au grand bénéfice du service provincial, de l'extension de notre influence, du développement de la surveillance et de la pénétration effective du pays.

E. PARREAU.

N° 2. — ARRÊTÉ ***instituant des municipalités à Hanoi et à Haiphong.***

19 juillet 1888.

TITRE PREMIER

DE LA CONSTITUTION DU CORPS MUNICIPAL ET DU MODE DE NOMINATION DE SES MEMBRES

Article premier. — Il est institué, dans chacune des deux villes de Hanoi et de Haiphong, une municipalité composée d'un maire et de 16 conseillers pour la première, et, pour la seconde, d'un maire et de 14 conseillers.

Art. 2. — Les fonctions de maire seront remplies par le Résident de France.

Art. 3. — Les conseillers seront choisis parmi les Français et Annamites âgés de plus de 25 ans, jouissant de tous leurs droits civils et politiques, et ayant au moins six mois de résidence dans la localité. Les conseillers annamites, pris parmi les plus imposés, seront au nombre de quatre pour Hanoi et de deux pour Haiphong.

Art. 4. — Ne pourront faire partie du Conseil municipal :

1° Les fonctionnaires publics ;
2° Les agents salariés de la commune ;
3° Les militaires et les marins en activité de service.
4° Les entrepreneurs de services communaux permanents.

Art. 5. — Le mandarin chef de l'administration indigène locale et le chef de la congrégation chinoise pourront être appelés et entendus par le Conseil municipal chaque fois qu'il le jugera convenable.

Art. 6. — Les conseillers sont nommés par le Résident général.

Quatre d'entre eux, au moins, seront choisis dans la Chambre de commerce.

La durée de leurs fonctions est fixée à trois ans.

Art. 7. — Deux adjoints seront nommés par le Résident général sur la proposition du Conseil municipal.

Art. 8. — Les fonctions d'adjoint et de conseiller municipal sont gratuites.

Il sera alloué au Maire, pour frais de représentation et pour secours d'extrême misère, une indemnité dont le chiffre sera fixé par le Résident général, et qui sera supportée par le budget municipal.

TITRE II

DE L'ADMINISTRATION MUNICIPALE

CHAPITRE PREMIER

DES ATTRIBUTIONS DU MAIRE

Art. 9. — Le maire remplit les fonctions d'officier de l'état civil dans la circonscription municipale.

Il remplit également celles d'officier de police judiciaire.

Art. 10. — Le maire est chargé, sous l'autorité de l'administration supérieure :

1° De la police municipale, et de pourvoir à l'exécution des actes de l'autorité supérieure qui y sont relatifs ; il est chargé de la voirie municipale.

2° De la conservation et de l'administration des propriétés de la ville, et de faire en conséquence tous actes conservatoires de ses droits.

3° De la gestion des revenus, de la surveillance des établissements communaux et de celle de la comptabilité communale.

4° De la préparation du budget et de l'ordonnancement des dépenses.

5° De la direction des travaux communaux.

6° De souscrire les marchés, de passer les baux des biens et les adjudications des travaux communaux, dans les formes établies par les ordonnances et règlements.

7° De souscrire dans les mêmes formes les actes de vente, échange, partage, acceptation de dons ou legs, acquisitions, transactions, en subordonnant ces actes à l'approbation de l'autorité supérieure, conformément aux dispositions du présent arrêté ;

8° De représenter la commune en justice, soit en demandant, soit en défendant.

Art, 11. — Lorsque le maire procède à une adjudication publique pour le compte de la commune, il est assisté de deux membres du Conseil municipal désignés par le Conseil.

Art. 12. — Les adjudications ne seront valables et définitives, à l'égard de la ville, qu'autant qu'elles auront été approuvées par le Résident général.

Art. 13. — Le maire propose à tous les emplois communaux pour lesquels les arrêtés et règlements locaux ne prescrivent pas un mode spécial de nomination.

Il propose la suspension des titulaires de ces emplois.

Art. 14. — En cas d'empêchement, le maire est remplacé par le premier adjoint, à défaut de celui-ci, par le second adjoint, et à défaut de ce dernier, par le conseiller municipal le plus âgé.

CHAPITRE II

DES ATTRIBUTIONS DU CONSEIL MUNICIPAL

Art. 15. — Le conseil municipal délibère sur les objets suivants :

1° Les emprunts à contracter au nom de la ville et leur mode de remboursement;

2° Le mode d'administration des biens communaux ;

3° Le budget de la ville, et, en général, toutes les dépenses et recettes, soit ordinaires, soit extraordinaires;

4° Les tarifs et règlements de perception de tous les revenus propres à la ville;

5° Les acquisitions, aliénations et échanges de propriétés communales, leur affectation aux différents services publics et, en général, tout ce qui intéresse leur conservation et leur amélioration ;

6° Les conditions des baux des biens donnés à ferme ou à loyer par la ville, ainsi que celles des baux de biens pris à loyer par la ville;

7° Les projets de construction, de grosses réparations, d'entretien et de démolition, et, en général, tous les travaux à entreprendre ;

8° L'ouverture des rues et places publiques et les projets d'alignement de la voie municipale;

9° L'acceptation des dons et legs faits à la ville et aux établissements communaux ;

10° Les actions judiciaires, les transactions et tous autres objets sur lesquels les arrêtés et règlements locaux l'appelleront à délibérer,

Art. 16. — Les délibérations du Conseil municipal sont soumises à l'approbation du Résident général.

Art. 17. — Le Conseil municipal est toujours appelé à donner son avis sur les objets suvants:

1° Les projets d'alignement de grande voirie dans l'intérieur de la ville;

2° Les modifications qui pourront être apportées à la délimitation du territoire de la ville ;

3° Enfin tous les objets sur lesquels le Conseil municipal est appelé à donner son avis par les règlements et les arrêtés locaux.

Art. 18. — Le Conseil municipal délibère sur les comptes annuellement présentés par le Maire.

Il entend, débat et arrête, sauf règlement définitif par l'autorité supérieure compétente, les comptes des deniers du receveur.

Art. 19. — Le Conseil municipal peut exprimer son vœu sur tous les objets d'intérêt communal.

Art. 20. — Dans les séances où les comptes d'administration du Maire sont débattus, le Conseil désigne au scrutin celui de ses membres qui exerce la présidence.

Le Maire peut assister à la délibération ; il doit se retirer au moment où le Conseil municipal va émettre son vote.

Le président adresse directement la délibération au Résident général.

TITRE III

DES DÉPENSES ET RECETTES DU BUDGET DE LA VILLE

Section première. — Des dépenses

Art. 21. — Les dépenses de la ville sont obligatoires ou facultatives.

Sont obligatoires les dépenses suivantes :

1° Le remboursement des emprunts contractés par la ville;

2° Les frais d'administration et de perception ou des droits et revenus municipaux.

3° Les prélèvements autorisés, remboursements et restitutions sur ces produits ;

4° L'indemnité allouée au maire pour frais de représentation et secours d'extrême misère ;

5° Les dépenses des écoles communales ;

6° Les dépenses du service du dispensaire, d'hygiène et de salubrité ;

7° Les traitements et frais de bureau de la police municipale, à l'exception du traitement du commissaire ; des services de la petite voirie; des inhumations; de celui des fourrières publiques, et de l'entretien des cimetières ;

8° Les frais de nettoiement et d'éclairage de la voie publique;

9° Les frais de loyer des immeubles destinés aux services civils spécifiés ;

10° Les dépenses des travaux et bâtiments civils comprenant les dépenses du personnel et du matériel des travaux publics de la ville ; l'alignement, le nivellement, l'entretien et la réparation des rues de petite voirie, à l'exception de ceux de ces travaux qui seront à la charge des propriétaires ; les aqueducs, canaux, égouts et fontaines dans les rues de la petite voirie, les dépenses de grosses et simples réparations et l'entretien des bâtiments affectés aux services municipaux ;

11° L'entretien des bâtiments communaux.

Toutes les dépenses autres que les précédentes sont facultatives.

Section II. — Des recettes.

Art. 22. — Les recettes de la ville sont ordinaires ou extraordinaires.

Les recettes ordinaires se composent :

1° Des produits tels que loyers et fermages, valeurs des fruits et récoltes des immeubles appartenant à la ville ;

2° De la moitié du produit de l'impôt foncier ; de la moitié du droit de patente payé par les commerçants de la ville ;

3° Des droits de place dans les halles, foires et marchés publics ou de l'affermage de ces droits :

4° Des droits d'abattage dans les abattoirs publics, d'après les tarifs dûment enregistrés ;

5° Du produit des permis de stationnement, de vente et des locations sur la voie publique, sur les ports, rivières et autres lieux ; du produit de la ferme des voitures publiques et de la taxe des sampans de passage;

6° Du produit des péages municipaux, droits de pesage, de mesurage et de jaugeage ;

7° Des droits de voirie et autres droits légalement établis, du produit des fourrières publiques;

8° Du produit des concessions dans les cimetières;

9° Du produit des concessions d'eau, de l'enlèvement des boues et immondices de la voie publique, de l'équarrissage et autres concessions autorisées pour les services communaux;

10° Du produit des expéditions des actes de l'administration municipale et de l'état civil, des légalisations et des passeports ;

11° Du produit des amendes et confiscations pour contraventions de simple police commises dans la ville ;

12° Du droit sur les permis de circulation dans l'intérieur de la ville, des voitures et charettes de louage; de la moitié du produit de l'impôt de capitation payé par les Asiatiques étrangers ;

Et généralement du produit de toutes taxes de ville et de police dont la perception est légalement autorisée.

Les recettes extraordinaires se composent :

1° Du produit des emprunts que la ville aura été régulièrement autorisée à contracter ;

2° Du produit des contributions directes ou indirectes que la ville pourra être autorisée ultérieurement à établir à son profit ;

3° Du prix des biens communaux aliénés;

4° Du prix de vente d'objets mobiliers provenant des services municipaux ;

5° Des dons et legs;

6° Du remboursement des capitaux exigibles et rentes constituées ;

7° Des subventions que le budget du Protectorat pourra accorder lorsque ses ressources le permettront.

Art. 23. — L'excédant des recettes sur les dépenses de l'excercice expiré et réglé sera porté en première ligne dans les ressources du budget pour l'exercice suivant.

Art. 24. — Le budget présenté par le Maire et voté par le Conseil est réglé définitivement par le Résident général.

Art. 25. — Les crédits qui pourraient être reconnus nécessaires après le règlement du budget sont délibérés dans la même forme que le budget lui-même, et également approuvés par le Résident général.

Art. 26. — Les tarifs des droits de voirie sont délibérés par le Conseil municipal et approuvés par le Résident général.

Art. 27. — Les taxes municipales établies par les arrêtés locaux sont réparties entre les habitants par délibération du Conseil municipal approuvée par le Résident général ; ces taxes seront perçues suivant les formes établies pour le recouvrement des taxes de même nature du Protectorat, et donneront lieu à l'exercice des mêmes privilèges.

Art. 28. — Aucune construction nouvelle ou reconstruction entière ou partielle projetée par la municipalité ne pourra être autorisée que sur la production des projets et devis. Ces projets et devis seront soumis à l'approbation du Résident général.

TITRE IV

DES ACTIONS JUDICIAIRES ET DES TRANSACTIONS

Art. 29. — Aucune action en justice ne peut être introduite au nom de la ville qu'en vertu d'une décision du Conseil municipal, approuvée par le Résident général. Après tout jugement intervenu, la ville ne peut se pourvoir devant un autre degré de juridiction qu'en vertu d'une nouvelle autorisation donnée dans la même forme.

Art. 30. — Quiconque voudra intenter une action contre la ville sera tenu d'adresser préalablement au Résident général un mémoire exposant les motifs de la réclamation. Il lui en sera donné récépissé.

La présentation du mémoire interrompra toutes prescriptions ou déchéances.

Le Résident général transmettra le mémoire au Maire avec l'autorisation de convoquer immédiatement le Conseil municipal pour en délibérer.

Art. 31. — La délibération du Conseil municipal sera soumise au Résident général, pour être par lui décidé si la commune doit être autorisée à ester en justice.

La décision sera rendue dans un délai d'un mois à partir de la date du récépissé énoncé en l'article précédent.

Art. 32. — Lorsque la décision du Résident général portera refus d'autorisation, les motifs du refus seront exprimés.

Art. 33. — L'action ne pourra être intentée qu'après notification de la décision du Résident général, et, à défaut de décision dans le délai fixé par l'article 31, qu'après l'expiration de ce délai.

Art. 34. — Le Maire peut toutefois, sans autorisation préalable, intenter toutes actions possessoires, et y défendre, et faire tous actes conservatoires et interruptifs des déchéances et prescriptions.

Art. 35. — Toute transaction consentie par le Conseil municipal ne peut être exécutée qu'après avoir été homologuée par le Résident général.

TITRE V.

COMPTABILITÉ DE LA VILLE

Art. 36. — Le compte administratif des recettes et des dépenses pour l'exercice clos est présenté au Conseil municipal avant la délibération du budget.

Il est soumis, comme le budget lui-même, à l'approbation du Résident général.

Art. 37. — Le Maire peut seul délivrer des mandats. S'il refusait d'ordonnancer une dépense régulièrement autorisée et liquidée, il serait statué par le Résident général.

Art. 38. — Les recettes et les dépenses de la ville s'effectuent par les soins du préposé payeur du trésor qui sera rémunéré pour ce service au moyen d'une remise de 1 0/0 jusqu'à 10, 000 piastres, 1/2 0/0 de 10,000 à 20,000 piastres et 1/4 0/0 au-dessus de 20,000 piastres.

Art. 39. — Toutes recettes municipales pour lesquelles il n'est pas prescrit un mode spécial de recouvrement, s'effectuent sur des états dressés par le Maire. Ces états sont exécutoires après qu'ils ont été approuvés par le Résident général.

Art. 40. — La commune peut défendre aux oppostions sans l'autorisation du Résident général.

Art. 41 — Les budgets et les comptes de la ville restent déposés à la résidence, où tout contribuable a droit d'en prendre connaissance.

TITRE VI

DES ASSEMBLÉES DU CONSEIL MUNICIPAL

Art. 42. — Le Conseil municipal se réunit quatre fois l'année, au commencement des mois de février, mai, août, novembre.

Chaque session peut durer dix jours.

Art. 43. — Le Résident général peut prescrire la convocation extraordinaire du Conseil municipal ou l'autoriser sur la demande du Maire, toutes les fois que les intérêts de la ville l'exigent.

Le Maire réunit le Conseil municipal en session extraordinaire chaque fois que trois membres au moins du Conseil en font la demande.

Il devra, dans les 24 heures, informer de cette demande le Résident général, qui pourra toujours interdire la réunion.

Art. 44. — Dans les sessions ordinaires, le Conseil municipal peut s'occuper de toutes les matières qui rentrent dans ses attributions.

Dans les réunions extraordinaires, il ne peut s'occuper que des objets pour lesquels il a été spécialement convoqué.

Art. 45. — Le Maire préside le Conseil.

Les fonctions de secrétaire sont remplies par un des membres nommé au scrutin et à la majorité au commencement de chaque session.

Art. 46. — Le Conseil municipal ne peut délibérer que lorsque la majorité des membres assiste à la séance.

Les délibérations se prennent à la majorité des voix. En cas de partage, la voix du président est prépondérante.

Il est voté au scrutin secret toutes les fois que trois des membres présents le réclament.

Art. 47. — Il est interdit au Conseil municipal de prendre aucune délibération sur des objets étrangers à ses attributions ou en dehors de ses réunions légales, et de publier des proclamations ou adresses aux habitants.

Le actes faits contrairement à cette prohibition sont annulés par le Résident général, sans préjudice des poursuites encourues par les membres qui auraient pris part sciemment à des faits qualifiés crimes ou délits par les lois pénales.

Art. 48. — Les délibérations du Conseil municipal sont inscrites, par ordre de date, sur un registre coté et paraphé par le Résident général. Elles sont signées par tous les membres présents à la séance, ou mention est faite de la cause qui les empêche de signer.

Art. 49. — Lorsque, après deux convocations successives, faites à huit jours d'intervalle et dûment constatées, les membres du Conseil municipal ne se sont pas réunis en nombre suffisant, la délibération prise ensuite de la troisième convocation est valable, quel que soit le nombre des membres présents.

Art. 50. — Lorsqu'un membre aura manqué à trois convocations successives sans excuse légitime reconnue par le Conseil municipal, et agréée par le Résident général, il sera déclaré démissionnaire d'office.

En cas d'absence momentanée de la colonie, le conseiller partant devra faire connaitre la durée de son absence, faute de quoi il sera déclaré démissionnaire d'office.

Il en sera de même si son absence doit dépasser six mois.

Dans le cas où le nombre des Conseillers absents dépasserait le quart de l'effectif du Conseil, il serait pourvu à leur remplacement.

Art. 51. — Les séances du Conseil municipal ne sont pas publiques.

DISPOSITIONS TRANSITOIRES

Art. 52. — Le présent arrêté sera rendu exécutoire à partir du jour de sa promulgation.

Toutefois les dispositions relatives au budget ne recevront leur application qu'à partir du 1er janvier 1889.

Art. 53. — Le point de départ des fonctions du Conseil municipal est fixé au premier jour de la session ordinaire qui suivra la publication du présent arrêté.

Art. 54. — Le Résident général au Tonkin et en Annam est chargé d'assurer l'exécution du présent arrêté qui sera affiché et publié dans le *Journal officiel de Cochinchine, l'Avenir du Tonkin et le Courrier d'Haiphong.*

RICHAUD.

Conseil de Protectorat

N° 1. — DÉCISION *créant un Conseil de Gouvernement au Tonkin.*

20 avril 1884.

Cette décision se trouve rapportée par l'arrêté du 24 avril 1886, créant un conseil provisoire du Protectorat.

N° 2. — ARRÊTÉ *instituant à Hanoi un conseil provisoire du Protectorat.*

21 avril 1886.

L'arrêté du 4 juillet 1889, rapporte implicitement celui du 21 avril 1886. (Voir ci-après).

N° 3. — ARRÊTÉ *modifiant la composition du conseil du Protectorat.*

4 septembre 1888.

Cet arrêté se trouve implicitement rapporté par celui du 4 juillet 1889, publié ci-après.

N° 4 — ARRÊTÉ *instituant un Conseil du Protectorat du Tonkin.*

4 juillet 1889.

Article premier. — Jusqu'à ce que la composition et les attributions du Conseil du Protectorat du Tonkin aient été déterminées par décret, ce Conseil, placé près du Résident supérieur au Tonkin, sera désormais constitué comme suit :

Le Résident supérieur, *Président ;*

Le Colonel, commandant l'artillerie, *membre ;*

Le Chef d'État-major du général en chef, *id ;*

Le Commandant de la marine, *id ;*

Le Commissaire de la marine, chef des services administratifs, *id ;*

Le Directeur du service de santé, *id ;*

Un Résident de 1re classe, désigné par le Gouverneur général, *id ;*

Le Directeur des travaux publics, *id ;*

Deux conseillers français choisis parmi les commerçants ou notables habitants du Protectorat, et nommés par arrêté du Gouverneur général sur la proposition du Résident supérieur, *id ;* (1)

Deux suppléants, choisis et nommés comme il est dit paragraphe précédent, remplacent au besoin les conseillers titulaires. Lorsque le Gouverneur général est présent dans la ville où siège le Conseil, il peut, s'il le juge convenable, en prendre la présidence. La durée des fonctions des conseillers du Protectorat et de leurs suppléants est de trois ans ; ils peuvent être nommés de nouveau aux mêmes fonctions.

Deux fonctionnaires annamites désignés par le Gouverneur général, sur la proposition du Résident supérieur, peuvent être appelés au conseil avec voix consultative, pour donner leur avis sur les affaires qui lui sont soumises.

Le Chef du cabinet du Résident supérieur remplit les fonctions de secrétaire du Conseil ; il n'a voix délibérative que s'il a le grade de résident.

Le Conseil peut, en outre, entendre, à titre de renseignement et avec l'autorisation du Résident supérieur, tous fonctionnaires et autres personnes.

Art. 2. — Le Résident supérieur au Tonkin est chargé de l'exécution du présent arrêté.

PIQUET.

(1) Voir ci-après arrêté du 14 août 1889: le Procureur de la République à Hanoi fait partie du Conseil du Protectorat.

N° 5. — ARRÊTÉ *décidant que le Procureur de la République à Hanoi fait partie du Conseil du Protectorat.*

14 août 1889

Article premier. — Le Procureur de la République à Hanoi fait partie du Conseil du Protectorat du Tonkin, institué par l'arrêté du 4 juillet 1889. Il prend place après le Résident de 1re classe.

Art. 2. — Le Résident supérieur au Tonkin est chargé de l'exécution du présent arrêté.

PIQUET

VOY: Organisation administrative.

Conseil de révision. — VOY. : Conseils de guerre

Conseil de santé. — VOY. : Santé

Conseil supérieur.

DÉCRET *modifiant la composition du Conseil supérieur de l'Indo-Chine.*

19 novembre 1887

Modifié par décret du 7 décembre 1888.

N° 1. — ARRÊTÉ *promulguant dans toute l'étendue de l'Indo-Chine le décret du 7 décembre 1888, portant réorganisation du Conseil supérieur de l'Indo-Chine.*

22 janvier 1888

Article premier. — Est promulgué dans toute l'étendue de l'Indo-Chine française le décret du 7 décembre 1888, portant réorganisation du Conseil supérieur de l'Indo-Chine.

RICHAUD.

N° 2. — DÉCRET *portant réorganisation du Conseil supérieur de l'Indo-Chine.*

7 décembre 1888

Article premier. — *Modifié par décret du 26 août 1889.*

Art. 2. — Le Gouverneur général arrête, en Conseil supérieur le budget local de la Cochinchine délibéré par le Conseil colonial.

Art. 3. — Le Conseil supérieur donne son avis :

1° Sur le budget de l'Annam et du Tonkin ;

2° Sur le budget du Cambodge ;

3° Sur toutes les questions qui sont soumises à son examen par le Gouverneur général.

Art. 4. — Le budget de l'Annam et du Tonkin et celui du Cambodge sont approuvés par décret rendu en Conseil des Ministres, sur la proposition du Ministre de la marine et des colonies.

Art. 5. — *Modifié par décret du 26 août 1889.*

Art. 6. — Le fonctionnaire de l'inspection des colonies en service en Indo-Chine assiste aux séances du Conseil supérieur,

Il a le droit de présenter ses observations dans toutes les discussions ; les affaires soumises à ce Conseil lui sont communiquées en temps utile, pour qu'il puisse en prendre connaissance avant la séance.

Art. 7. — En cas d'absence ou d'empêchement, le Commandant en chef de la division d'Extrême-Orient et des forces navales stationnées en Indo-Chine est remplacé avec voix délibérative: 1° Pour les questions qui intéressent la Cochinchine et le Cambodge, par le commandant de la division navale de la Cochinchine ; 2° pour les questions qui intéressent le Tonkin ou l'Annam, par le commandant de la division navale du Tonkin.

Art. 8. — Le Conseil supérieur de l'Indo-Chine tient au moins une séance par an. Il se réunit sur la convocation du Gouverneur général, soit à Saigon, soit dans toute autre ville que le Gouverneur général a désignée.

Art. 9. Sont abrogés :

1° Le premier paragraphe de l'article 36 du décret du 8 février 1880 ;

2° Les articles 2 et 10 du décret du 17 octobre 1887 relatif à l'organisation de l'Indo-Chine ;

3° Le décret du 19 novembre 1887 et toutes autres dispositions contraires au présent décret.

Art. 10. — Le Ministre de la marine et des colonies est chargé de l'exécution du présent décret, qui sera inséré au *Bulletin des Lois*, au *Journal officiel de la République française* et au *Bulletin officiel* de l'administration des colonies.

CARNOT.

N° 3. — DÉCRET *modifiant celui du 7 décembre 1888, réorganisant le Conseil supérieur du Protectorat.*

26 août 1889.

Article premier. — Les articles 1er et 5 du décret du 7 décembre 1888 sont modifiés ainsi qu'il suit :

Le Conseil supérieur de l'Indo-Chine se compose :

Du Gouverneur général de l'Indo-Chine, président ;

Du Commandant en chef des troupes de l'Indo-Chine ;

Du Commandant en chef de la division d'Extrême-Orient et des forces navales stationnées en Indo-Chine ;

Du Lieutenant-gouverneur de la Cochinchine ;

Du Résident supérieur du Tonkin ;

Du Résident supérieur de l'An-nam ;

Du Résident supérieur du Cambodge ;

Du Procureur général, chef du service judiciaire de l'Indo-Chine ;

Du Chef du cabinet du Gouverneur général, secrétaire, avec voix délibérative ;

Les chefs des services administratifs :

1° De l'An-nam et du Tonkin ;

2° De la Cochinchine et du Cambodge, siègent au Conseil supérieur, avec voix délibérative pour toutes les questions qui concernent leur service.

Art. 2. — L'article 1er du décret du 10 juillet 1888 est modifié ainsi qu'il suit :

« Le Conseil privé de la Cochinchine se compose :

« Du Lieutenant-gouverneur de la Cochinchine, président ;

« Du Commandant des troupes de la Cochinchine, du commandant de la marine, du secrétaire général de la Cochinchine, du chef du service administratif, du Procureur de la République de Saigon, de deux conseillers privés choisis parmi les notables habitants de la colonie, et nommés par décret.

« Lorsqu'il n'assiste pas à la séance, le Lieutenant-gouverneur doit en déléguer spécialement la présidence au secrétaire général.

« L'Inspecteur des services administratifs et financiers de la colonie assiste au conseil ; il a le droit de présenter ses observations dans toutes les discussions.

« Deux suppléants, nommés par décret, remplacent au besoin es conseillers titulaires.

« La durée des fonctions des conseillers privés et de leurs suppléants est de quatre années. Ils peuvent être nommés de nouveau aux mêmes fonctions. »

Art. 3. — Le Président du Conseil, ministre du commerce, de l'industrie et des colonies, est chargé de l'exécution du présent décret.

CARNOT

VOY : Protectorat. — Conseil de protectorat.

Contrôle. — VOY. : Machines à vapeur

Contrôle des finances. — VOY. : Services financiers. — Inspection des colonies.

Coolies

N° 1. — CIRCULAIRE *au sujet du recrutement des coolies.*

18 mars 1885.

En vue d'assurer d'une façon plus régulière le recrutement des coolies et de diminuer la charge qui en résulte pour les populations tonkinoises, le Général commandant le corps expéditionnaire a décidé que les mêmes coolies ne resteront, désormais, qu'un mois consécutif en service, et rentreront ensuite dans leurs villages après avoir été relevés.

Afin de permettre d'assurer ce remplacement périodique, les chefs de corps et de service, les chefs de détachement, les officiers chargés de la direction des travaux et des convois, etc., en un mot, tous les détenteurs de coolies, devront faire parvenir directement au Général commandant le corps expéditionnaire, dix jours avant la date de l'expiration de la période mensuelle de présence, un état indiquant :

1° Le nombre de coolies dont ils disposent, avec la date exacte de leur prochaine libération ;

2° La province où ils ont été recrutés.

Ces états indiqueront, en outre, en observation, le nom des doïs, des caïs, ainsi que le *nombre des coolies qui demanderaient à rester.*

D'autre part, afin d'entraver les désertions et d'en faire peser la responsabilité sur qui de droit, les autorités militaires énumérées ci-dessus devront, toutes les fois qu'une désertion se sera produite, adresser immédiatement et directement au Général commandant le corps expéditionnaire un état indiquant le nombre des déserteurs, la date de leur fuite, la province qui les a fournis ; enfin, le nom du doï et du caï commandant le groupe dans lequel la désertion se sera produite, ces deux gradés restant responsables vis-à-vis de l'autorité annamite.

Les états nominatifs des doïs et des caïs que MM. les Résidents et sous-résidents sont tenus d'envoyer en même temps que chaque convoi, pour être remis entre les mains des autorités militaires, permettront à ces dernières de donner avec exactitude les noms des doïs et des caïs responsables.

BRIÈRE DE L'ISLE.

N° 2. — CIRCULAIRE *pour le rassemblement et le licenciement des coolies.*

31 décembre 1885.

Il arrive souvent, lors des rassemblements de coolies, que, parmi les hommes présentés par les autorités annamites, il s'en trouve un certain nombre qui ne possèdent pas les qualités physiques nécessaires pour le service auquel ils sont destinés et qui, dès lors, conformément aux ordres donnés, sont refusés par l'autorité militaire.

Ce fait résulte du mode de recrutement employé par les mandarins, qui prescrivent les levées de coolies comme des corvées dues à l'État, auxquelles sont, par conséquent, astreints tous les hommes de 18 à 55 ans.

Ces coolies, refusés comme trop faibles par l'autorité militaire, errent, souvent sans ressources, pendant deux ou trois jours, avant de pouvoir regagner leur village.

D'un autre côté, les coolies sont licenciés par les corps ou services dès qu'on n'a plus besoin d'eux et rendus immédiatement à leurs occupations. Or, parmi ces coolies, il y en a qui, d'après les contrôles tenus par les autorités annamites, ont encore à fournir un temps de corvée plus ou moins long et qu'il est, par suite, inutile de renvoyer pour qu'ils soient rappelés presque aussitôt.

Afin de remédier à ces divers inconvénients, le Général en chef arrête les dispositions suivantes pour le rassemblement et le licenciement des coolies :

1° *Rassemblement.* — Les coolies présentés par les autorités annamites seront examinés avec le plus grand soin par l'autorité militaire, et tous ceux qui ne paraîtront pas suffisamment robustes seront refusés *séance tenante.*

Ils seront remis immédiatement à la disposition des autorités annamites locales qui assureront, s'il y a lieu, leur retour dans leurs villages respectifs.

Tout coolie refusé devra être remplacé sans retard par un autre ayant les aptitudes physiques nécessaires.

2° *Licenciement.* — Lorsqu'il y aura lieu de licencier des coolies, soit à la suite d'opérations, soit dans toute autre occasion, ils seront renvoyés par les soins de l'autorité militaire entre les mains de l'autorité annamite du lieu où ils ont été rassemblés, qui dirigera sur leur village tous ceux dont le temps de corvée est accompli.

WARNET.

N° 3. — CIRCULAIRE *au sujet du recrutement desocolies .*

21 février 1888.

M. le Gouverneur général vient de me prescrire d'une façon formelle de ne plus faire aucune levée extraordinaire de coolies et de ne donner à l'autorité militaire que les hommes qui, volontairement, consentent, moyennant le salaire habituel, à suivre les colonnes.

Vous aurez donc désormais à vous conformer strictement à ces instructions, tant pour les coolies demandés fortuitement par l'autorité militaire que pour les dépôts permanents que vous jugeriez nécessaires de conserver.

Vous voudrez bien, en m'accusant réception de la présente circulaire, me faire connaître les services permanents que vous assurez au moyen de coolies affectés à chaque service et, s'il y a lieu, la dépense qui en résulte.

RAOUL BERGER.

VOY. : Impôts — Violences.

Correspondance administrative. — VOY. : Protocole. — Organisation administrative.

Correspondances fluviales

N° 1. — CAHIER *des charges et convention pour un service de correspondances fluviales sur les rivières du Tonkin.*

15 juin 1886.

CHAPITRE PREMIER

ITINÉRAIRES

Article premier. — Le service à exécuter comprend les lignes suivantes :

Distances en milles marins :

1° De Haiphong à Hanoi	120
2° De Haiphong à Phu-lang-thuong par Hai-duong	62
3° Des Sept-Pagodes à Dap-cau	21
4° De Hung-yen à Nam-dinh	21
5° De Haiphong à Quang-yen	11
6° De Hanoi à Bac-hat	35

Sur chaque ligne, l'Administration fixera les itinéraires et les escales. Elle fixera de même, mais après avoir pris l'avis du concessionnaire, les jours et heures des départs, le temps maximum à passer aux escales et arrêts, ainsi que la durée moyenne des traversées. Aucun arrêt ou escale ne pourra être établi sans le consentement de l'Administration.

Art. 2. — Si le concessionnaire croit devoir établir d'autres lignes, l'Administration pourra exiger qu'elles soient soumises aux obligations énumérées ci-après. (1)

En ce cas, la subvention sera augmentée proportionnellement à l'accroissement annuel de la distance parcourue.

Art. 3. — Le concessionnaire transportera gratuitement la correspondance, ainsi que les espèces d'or et d'argent pour le service du Protectorat ou de l'État.

CHAPITRE II.

SURVEILLANCE DU SERVICE.

Art. 4. — Le Résident supérieur à Hanoi est chargé de l'exécution générale du service. Ce fonctionnaire notifiera au concessionnaire, pour chaque localité de départ, d'arrivée ou d'escale, la personne qui sera chargée de surveiller l'exécution du service et l'entretien des bâtiments, ainsi que des rapports habituels avec le concessionnaire ou ses représentants.

CHAPITRE III

DES BATEAUX

Art. 5. — Le concessionnaire s'engage à avoir réuni au Tonkin les chaloupes ou bâtiments nécessaires à l'exécution du service, savoir :

Pour un service tri-hebdomadaire, sur les lignes n°s 1 et 2, dans le délai de dix mois après la signature du contrat ;

Pour un service bi-hebdomadaire, sur les lignes 3, 4, 5 et 6, dans le délai de treize mois à partir de la même date.

Art. 6. — Les bâtiments affectés au transport des voyageurs auront au moins 35 mètres et au plus 40 mètres de longueur.

Le tirant d'eau ne dépassera pas 1 mètre 60 centimètres; ils devront fournir une vitesse de 9 nœuds et demi aux essais.

Ils seront installés de façon à pouvoir transporter facilement des troupes et des chevaux.

Art. 7. — Tous ces navires devront naviguer sous pavillon français ; les équipages seront composés de Français ou d'Asiatiques ; mais tous auront un patron français.

Art. 8. — Dans le cas où un navire viendrait à se perdre ou à être mis hors d'état de naviguer, il devra être remplacé dans le délai de six mois.

Provisoirement le concessionnaire sera tenu d'assurer le service d'une façon complète.

Art. 9. — La vitesse moyenne d'exploitation ne devra pas être inférieure à six nœuds.

Art. 10. — Les navires affectés aux services mentionnés à l'article premier ne seront employés qu'après avoir été examinés et reçus par une commission spéciale nommée par le Résident supérieur, laquelle aura qualité, seule, pour autoriser la mise en service. Cette commission s'assurera que les bâtiments satisfont aux conditions suivantes :

1 Que les navires et les appareils sont en bon état, d'une solidité suffisante et propres aux services postal et commercial auxquels ils sont destinés ;

2° Que les chaudières sont en bon état ;

3° Qu'au tirant d'eau moyen et sans remorquage, les vitesses atteignent aisément neuf nœuds.

Art. 11. — Tous les bateaux devront être munis d'un roof sur le pont, garni de canapés pouvant donner à coucher à douze passagers de 1re classe au moins.

Des lieux d'aisances seront organisés séparément pour les passagers de 1re classe : les autres passagers auront droit à ceux de l'équipage, qui devront être bien tenus. Tous les bateaux seront couverts d'une toiture et de rideaux, afin que tous les voyageurs soient à l'abri du soleil et de la pluie.

Art. 12. — Les navires, leurs machines et leurs objets d'armement devront être tenus en état constant de bon entretien.

CHAPITRE IV

SERVICE DES POSTES

Art. 13. — Si l'arrivée ou le départ des courriers de France ne coïncide pas avec le départ ou l'arrivée du courrier de Hanoi, le service postal sera assuré au moyen de chaloupes de petit tonnage qui n'y seront affectées qu'après avoir été examinées et reçues par la commission dont il est parlé à l'article 10. Néanmoins les obligations résultant des articles 14, 15 et 16, s'appliquent également aux autres bâtiments.

Art. 14 — Un coffre, fermant à clef, devra être réservé sur chaque navire pour les dépêches ; il y aura, en outre, une boîte à bord.

Le subrécargue ou patron français sera responsable des dépêches comme un agent des postes ; il n'aura droit à aucune indemnité de ce fait.

Art. 15. — En cas d'accident ou d'avarie, le subrécargue ou patron devra assurer le transport des dépêches au bureau de poste voisin par la voie la plus rapide.

Art. 16. — Toute contravention aux lois sur le transport des lettres, commise par le concessionnaire ou ses agents, sera punie conformément aux lois.

En cas de récidive, et si les circonstances démontrent que le fait de contravention doit être attribué à un des agents du concessionnaire, cet agent sera destitué, si le Résident supérieur le demande, sans préjudice des peines qu'il aura encourues.

CHAPITRE V.

DES PASSAGERS ET DES MARCHANDISES

Art. 17. — Les passagers du Protectorat se distinguent en :

Passagers *sur ordre,* dont le voyage est aux frais du Protectorat ;

Passagers *sur autorisation,* dont le voyage est aux frais des intéressés, mais qui bénéficient du tarif résultant du présent traité.

(1) Le nombre des lignes a été augmenté par acte additionnel du 18 février 1888. (Voir ci-après):

Ces derniers comprennent les fonctionnaires et agents de tous ordres, les personnes chargées d'une mission, soit par le Gouvernement français, soit par l'Administration du Protectorat, les militaires des armées de terre et mer et, en général, toutes personnes rétribuées par l'État français ou par le Protectorat, ainsi que leur famille. L'autorisation est donnée par le Résident supérieur ou par les personnes à ce désignées.

L'Administration a, pour chaque voyage, le droit de disposer en faveur des passagers sur ordre:

1° De la moitié des places de 1re classe,

2° De la moitié des places de pont, dont le nombre sera évalué au procès-verbal de réception de la commission mentionnée à l'article 9.

Chaque cheval embarqué sera considéré comme occupant la place de cinq hommes, l'Administration ne pouvant exiger l'embarquement de plus de douze chevaux sur un même navire.

Art. 18. — Les passagers de 1re classe auront droit à 100 kilogrammes de bagages; les autres à 30 kilogrammes seulement.

Un restaurant sera établi à bord de chaque bateau pour les passagers de 1re classe, qui payeront les vivres et consommations aux prix d'un tarif arrêté par l'Administration du Protectorat.

Les passagers de pont auront droit au fourneau de l'équipage, si leur traversée doit dépasser douze heures.

Art. 19. — Les transports des passagers du Protectorat seront payés au concessionnaire d'après les bases suivantes:

	PAR MILLE MARIN	
	PASSAGERS de 1re classe	PASSAGERS de pont.
Pour les trajets inférieurs à 51 milles......	0 fr. 20	0 fr. 08
Pour les trajets supérieurs à 51 milles et inférieurs à 101 milles..................	0 15	0 06
Pour les trajets supérieurs à 101 milles.....	0 12	0 05

Les suppléments de bagage seront payés à raison de 5 centimes les 100 kilogrammes par mille marin.

L'Administration retiendra les places des passagers sur ordre 24 heures à l'avance au moins. La déclaration devra en être faite à Haiphong, Hanoi ou Phu-lang-thuong, suivant le cas, au représentant du concessionnaire.

Le concessionnaire peut disposer des places qui ne lui auront pas été demandées dans la limite de temps ci-dessus fixée. Les passagers sur autorisation prennent rang avec les passagers ordinaires, pour l'obtention des places disponibles, dans l'ordre de leur inscription.

Art. 20. — Sauf les obligations prévues à l'article 3, l'adjudicataire ne sera astreint à aucun transport gratuit pour le compte de l'État ou du Protectorat, mais il devra toujours, et de préférence, transporter les approvisionnements et le matériel de l'Administration moyennant un fret de 15 centimes par tonneau d'encombrement ou par 1,000 kilogrammes et par lieue marine parcourue, y compris les frais de chargement et de déchargement.

Art. 21. — Le concessionnaire aura la faculté de transporter les passagers ordinaires, les marchandises, ainsi que les matières d'or ou d'argent n'appartenant pas à l'État, sous les réserves stipulées à l'article 15.

Les tarifs, tant pour les passagers que pour les marchandises, ne pourront être supérieurs de plus de 75 p. 100 à ceux qui sont stipulés aux articles 19 et 20. Le produit de ces transports lui appartiendra. Le produit de la taxe postale appartient à l'Administration. (1).

Art. 22. — Le concessionnaire est maître de la fixation des tarifs commerciaux pour voyageurs et marchandises. Si les tarifs de voyageurs sont plus faibles que les tarifs fixés à l'article 19, ils seront appliqués de droit aux passagers du Protectorat sur ordre et sur autorisation.

(1) Voir ci-après l'article 8 de l'acte additionnel du 18 février 1888, modifiant les articles 21 et 22 du cahier des charges.

CHAPITRE VI

DES PÉNALITÉS.

Art. 23. — Les départs auront lieu comme il est dit à l'article premier; tout retard aux heures de départ et d'arrivée, sauf le cas de force majeure, rendra le concessionnaire passible d'une amende de 20 francs pour la première heure, 40 francs pour la deuxième heure et les heures suivantes.

Art. 24. — Si le retard dépassait vingt-quatre heures, le Directeur des postes, prévenu par le télégraphe, prendrait les mesures nécessaires pour assurer le transport des dépêches aux frais du concessionnaire, sans préjudice de l'amende encourue.

Art. 25. — En cas de perte d'un bâtiment, si le remplacement prescrit par l'article 8 ne se faisait pas dans les délais réglementaires, le concessionnaire serait passible d'une amende de cinquante francs par jour de retard.

Art. 26. — Le montant des amendes et retenues fixé conformément aux articles ci-dessus, sera prélevé par l'Administration sur les sommes dues au concessionnaire.

CHAPITRE VII.

DE L'ADJUDICATION ET DU CAUTIONNEMENT.

. . . .

. . . .

CHAPITRE VIII.

PAYEMENT DE LA SUBVENTION.

Art. 31. — Moyennant la subvention déterminée par l'adjudication, le concessionnaire exécutera les services mentionnés au présent cahier des charges, à ses frais, risques et périls, et toutes les dépenses de nature quelconque, y compris les risques de mer et de navigation, seront à sa charge.

Art. 32. — Le payement de la subvention sera ordonnancé à terme échu, par l'ordonnateur compétent, de mois en mois et par douzième, sous la déduction des retenues qui auraient pu être prononcées dans les cas prévus au présent cahier des charges.

Les sommes dues au concessionnaire pour le transport des passagers sur ordre lui seront également payées mensuellement, sur des décomptes établis en valeurs françaises, c'est-à-dire en francs.

Les payements auront lieu en piastres mexicaines au cours du jour.

Art. 33. — Jusqu'à l'installation complète du service, la subvention sera liquidée proportionnellement aux parcours effectués.

CHAPITRE IX.

CONDITIONS PARTICULIÈRES.

Art. 34. — Si le concessionnaire augmentait la fréquence des départs, toutes les obligations stipulées au présent cahier des charges s'appliqueraient aux voyages supplémentaires, sans augmentation de la subvention.

Art. 35. — Dans le cas ou le concessionnaire suspendrait l'exploitation, le Gouvernement local aurait le droit de réquisitionner, à dire d'experts, les bâtiments avec leur matériel, sans préjudice des dommages et intérêts à réclamer. Le service pourra être remis en adjudication et le concessionnaire sera tenu de couvrir l'Administration du supplément de subvention que pourrait entraîner la réadjudication pour la période restant à courir

Art. 36. — Le concessionnaire ne pourra sous-traiter, en tout ou en partie, sans le consentement par écrit du Résident supérieur. S'il était reconnu qu'il ait sous-traité sans ce consentement, l'Administration serait en droit de résilier le marché sans indemnité; mais en cas de décès de l'adjudicataire, les héritiers pourront, sans qu'il soit besoin d'autorisation, céder leur exploitation à un nouveau concessionnaire qui devra seulement être agréé par l'Administration.

Art. 37. — Le concessionnaire aura un réprésentant à Hanoi, Haiphong et Phu-lang-thuong.

Approuvé :
PAUL BERT.

N° 2. — CONVENTION

15 septembre 1887.

Entre M. Paul Bert, Résident général de la République française en Annam et au Tonkin, membre de l'Institut, représentant l'administration du Protectorat,

Et M. Jules d'Abbadie, négociant à Haiphong, adjudicataire du service des correspondances fluviales au Tonkin ;

Il a été convenu ce qui suit :

Article premier. — Conformément à l'obligation imposée au concessionnaire par la dépêche adressée le 29 juillet au résident de Haiphong, d'organiser immédiatement un service transitoire, M. d'Abbadie s'engage à effectuer sur toutes les lignes du réseau, dans le délai d'un mois après la signature de la présente convention, le nombre de voyages stipulé à l'article 5 du cahier des charges.

Art. 2. — Les bâtiments affectés au service provisoire ne seront pas soumis aux conditions exigées par les articles 6 à 12. Toutefois ils ne pourront y être employés qu'après réception par une commisson spéciale nommée par le Résident supérieur au Tonkin.

Art. 3. — La subvention sera acquise au concessionnaire d'après le nombre de milles parcourus, en prenant pour base la subvention annuelle, soit à raison de 4 fr. 648 par mille, et le prix du transport des passagers et du matériel du Protectorat conformément aux articles 19 à 22.

Art. 4. — Il sera réservé, sur chacun des bateaux, quatre places de 1re classe aux passagers sur ordre.

La nourriture des passagers du Protectorat sera comptée à raison de 4 fr. (quatre francs) par repas, vin compris.

Art. 5. — Le payement de la subvention et des prix de transport sera effectué comme il est dit à l'article 32 du cahier des charges.

Art. 6. — La présente convention n'aura d'effet que jusqu'au jour où tous les bateaux admis au service provisoire seront remplacés par des bateaux définitifs, et au plus tard, jusqu'au 20 Juillet 1887 pour les lignes 1 et 2, jusqu'au 20 septembre 1887 pour les lignes 3, 4, 5 et 6.

D'ABBADIE

Pour le Résident général
Le Directeur adjoint du cabinet,
J. CHAILLEY.

N° 3. — ACTE ADDITIONNEL *au contrat en date du 15 septembre 1886, passé avec MM. Marty et d'Abbadie pour l'exploitation du service des Messageries fluviales.*

18 février 1888.

Entre M. Berger, secrétaire général de la Résidence générale en Annam et au Tonkin,

Stipulant pour le compte du Protectorat de l'Annam et du Tonkin ;

Et MM. Marty et d'Abbadie, demeurant à Haiphong ;

Est intervenu le contrat suivant :

Article premier. — MM. Marty et d'Abbadie s'engagent à augmenter dans les conditions stipulées ci-après, le service des transports fluviaux dont ils sont concessionnaires en vertu de l'adjudication du 17 août 1886.

Art. 2. — Les clauses et conditions du cahier des charges en date du 15 juin 1886 sont applicables au présent acte additionnel.

SERVICE A EFFECTUER

NUMÉROS DES LIGNES	NOMS DES LIGNES	DISTANCES	NOMBRE DE voyages		PARCOURS ANNUEL	
			ancien traité	nouveau traité	ancien traité	nouveau traité
		milles			milles	milles
1	Haiphong à Hanoi	120	3	6	37,440	74,880
2	Id. à Pho-lang-thuong.	63	3	3	19,656	19,656
3	Sept-Pagodes à Dap-cau.....	21	2	3	4,368	6,552
4	Hung-yen à Nam-dinh.......	50	2	3	10,400	15,600
5	Haiphong à Minh-ngoc.......	140	2	3	29,120	43,680
6	Hanoi à Bac-hat	35	2	3	7,280	10,920
6a	Bac-hat à Cho-bo............	58	»	1	»	6,032
	Id. à Tan-quan.........	75	»	1	»	7,800
	Id. à Tuyen quan.........	75	»	1	»	7,800
7	Nam-dinh à Vinh............	168	»	1	»	17,472
			Total.....		108,264	210,392

Art. 3. — Les trois voyages que MM. Marty et d'Abbadie s'engagent à ajouter sur la première ligne de Haiphong à Hanoi, comme conditions du présent contrat, ne donneront pas lieu au payement de la subvention ; l'augmentation de parcours pour laquelle MM. Marty et d'Abbadie seront rétribués est par suite de 64,688 milles.

CLAUSES SPÉCIALES.

Art. 4. — La subvention à payer pour le nouveau service complet sera de 250,000 francs par an, chiffre ferme correspondant à 3 fr. 26 environ par mille parcouru ; elle sera due à partir de la mise en exploitation de chacune des lignes et au prorata des lignes ouvertes.

Art. 5. — Le service sur les lignes n° 1, 2, 3, 4, 5, 6 et 7 sera effectué dès le 1er mai 1888.

La ligne 6a sera mise en exploitation à partir du 1er mai 1889.

Art. 6. — Dans le cas où MM. Marty et d'Abbadie pourraient assurer les services avant ces époques, la subvention leur serait payée dès l'ouverture des nouvelles lignes, et au prorata des services faits.

Art. 7. — Pour la ligne 6a (Cho-bo, Tan-quan et Tuyen-quan) si le manque d'eau empêchait l'exécution du service, la subvention serait retenue au prorata des voyages non effectués.

Art. 8. — Les entrepreneurs se réservent le droit d'abaisser à leur gré le prix de passage des voyageurs indigènes n'appartenant pas au Protectorat, sans que l'administration puisse invoquer cette réduction pour exiger une diminution correspondante sur les tarifs déterminés par les contrats précédents pour les passagers transportés aux frais du budget.

Art. 9. — Les bateaux des correspondances fluviales seront exemptés de tous droits de phare et d'ancrage ainsi que de tous autres droits de navigation créés depuis l'ouverture du service des Messageries fluviales, ou qui seraient établis dans l'avenir.

Art. 10. — Le transport du courrier de France entre Haiphong et Hanoi, et vice-versa sera fait par le bateau régulier, et le service spécial existant actuellement supprimé.

Art. 11. — Au cas où, pour une cause quelconque, les bateaux ne pourraient pas parvenir jusqu'aux lieux d'atterrissement ou de mouillage habituels, le transport, jusqu'à ces points, des correspondances et des passagers, devra être assuré par les soins et aux frais de la Compagnie.

Art. 12. — L'administration s'engage à faire effectuer, par la Compagnie, tous ses transports tant de troupes et autres passagers que du matériel, des munitions et autres colis, sur les points à desservir par les correspondances fluviales. Dans les cas urgents, si MM. Marty et d'Abbadie ne pouvaient assurer ces transports avec la rapidité nécessaire, l'administration serait en droit d'y pourvoir par ses propres moyens.

Art. 13. — Le Gouvernement s'engage à ne pas subventionner d'autres compagnies de navigation sur les lignes desservies par les correspondances fluviales pendant la durée de leur contrat.

Art. 14. — Les bateaux de MM. Marty et d'Abbadie ne seront pas tenus de faire leurs opérations de chargement et déchargement ailleurs qu'aux quais de leur exploitation.

Art. 15. — Le présent acte additionnel expirera à la date du 1er janver 1897.

RAOUL BERGER.

MARTY ET D'ABBADIE.

Corvées

N° 1. — ORDONNANCE *du Kinh-luoc réglementant les corvées à fournir par les villages.*

18 octobre 1886.

A l'avenir, le chiffre des corvées exigées des villages pour les travaux exécutés dans l'intérêt des services publics sera fixé à quarante-huit (48) journées par an et par inscrit.

Ces corvées ne seront levées dans les villages que par les maires et les chefs des cantons, sur les réquisitions des résidents ou vice-résidents français et des autorités annamites de la province, huyens, phus, tuan-phus, quan-bo, tong-doc.

La corvée ne doit pas durer plus de dix jours de suite, y compris le temps d'aller et de retour.

Autant que possible, les corvées sont réquisitionnées aux époques où les grands travaux du labourage, du repiquage, de la moisson et du battage du riz sont terminés. Les phus et les huyens veilleront, d'accord avec les chefs des cantons, à ce que les corvées réquisitionnées soient inscrites régulièrement pour chaque village et à ce que leur chiffre réglementaire ne soit jamais dépassé.

Lorsqu'une corvée est terminée, un reçu doit être délivré au maire du village, indiquant le nombre des travailleurs requis et le temps qu'a duré le travail.

Les quan-bo des provinces feront des tournées générales pendant lesquelles ils s'assureront que les villages ont des cahiers de dépenses régulièrement tenus, des reçus pour toutes les corvées ou réquisitions fournies, et n'ont payé aucune contribution illégale, soit en argent, soit en nature. Ces inspections feront l'objet d'un rapport détaillé qui sera communiqué aux résidents.

Les villages qui voudront racheter une partie de leurs corvées sont autorisés à se libérer de la moitié au plus de cette contribution au prix de cinq tiens par journée.

Le 15 du 9e mois de la 1re année de Dông-khanh, 12 octobre 1886.

NGUYEN-THONG-HIEP.

La présente ordonnance est rendue exécutoire dans tout le territoire du Tonkin.

PAUL BERT

N° 2. — CIRCULAIRE *au sujet des routes et des corvées.*

7 août 1888

J'ai l'honneur de vous adresser, sous ce pli, ampliation de la lettre de M. le Gouverneur général *p. i.* au sujet de l'entretien, de l'amélioration et de la continuation du réseau routier du Tonkin.

Notre intention est d'exiger intégralement les prestations en nature dues à l'État par les Annamites et de les consacrer exclusivement à des travaux d'utilité publique.

Pour l'année 1888, il y aura lieu de laisser à la disposition de chaque village 4 ou 5 journées par inscrit et même plus, si c'est nécessaire, pour la création ou la mise en état de viabilité de chemins destinés à relier ces villages à la grande artère la plus proche.

Vous n'avez pas manqué de remarquer, messieurs, qu'un grand nombre de villages ne se trouvent, le plus souvent, qu'à une très faible distance de grandes voies de communication et n'y sont pas reliés, ce qui les rend inaccessibles à nos troupes. Les Annamites prétendent rendre ainsi plus difficile l'accès de leurs villages aux pirates et aux malfaiteurs. Mais les uns et les autres y rentrent à peu près quand ils veulent, et l'obstacle n'existe en réalité que contre nous et notre action ; j'appelle tout particulièrement votre attention sur ce point et je vous prie de tenir fermement la main à ce que ce travail soit fait.

Je vous serai obligé de m'envoyer l'état des corvées employées depuis le commencement de l'anné courante.

Il sera bon de faire, dès à présent, dans les régions où il existe un grand nombre de journées non employées, des travaux qui seront destinés à relier nos postes. Souvent dans les régions montagneuses, de simples routes muletières suffisent; je compte sur ces nouvelles voies pour remplacer les coolies par des animaux porteurs, et en délivrant ainsi la population d'une des charges qui lui pèse le plus, réaliser une sérieuse économie sur nos frais de transport et d'approvisionnement.

Je vous recommande d'employer, le plus souvent possible, le travail à la tâche.

Pour l'année 1889, il y aura lieu d'établir le rôle des corvées dues par chaque village en donnant un délai pour faire connaître la quantité d'inscrits qui désireraient se libérer en espèces.

Vous voudrez bien faire connaître dans les villages, par tous les moyens dont vous disposez, que le rachat est valable pour l'année entière et que, par conséquent, il ne sera plus rien exigé à ce titre, des inscrits qui se seront libérés en argent. Le montant du rachat est fixé à 4 tiens par journée soit en chiffres ronds 9 piastres pour l'année entière.

Ceux qui ne rachèteront pas leurs corvées seront employés à l'entretien et à la continuation du réseau routier tel qu'il est établi par l'arrêté de M. général Warnet, en date du 3 février 1886, et qui sera complété suivant les indications que vous voudrez bien m'envoyer le plus tôt possible, en commençant, comme je l'ai dit plus haut, par relier tous nos postes.

Ces derniers chemins de communication seront l'objet de votre premier soin.

Vous vous occuperez ensuite de la mise en bon état de viabilité des routes existantes et, cela fait, vous procéderez à la construction de voies nouvelles.

Veuillez employer, comme je l'ai dit plus haut, le travail à la tâche le plus souvent possible. Lorsque le travail à faire sera important et devra demander, par exemple, à l'estimation, plus de vingt jours, n'hésitez pas à promettre aux corvéables intéressés la libération complète pour toute l'année après l'achèvement de leur tâche. Quand le travail sera de moindre importance, cela ne vous empêchera pas de déterminer les tâches en évaluant très-largement le travail fait dans le décompte des journées dues.

Ce qui importe, c'est que le contribuable sache que lorsqu'il aura terminé son travail, il pourra retourner dans son village. Je pense que, dans ces conditions, vous pourrez compter en moyenne une journée de travail à la tâche pour trois corvées.

Vous ferez savoir aux villages que, sur les quarante-huit journées dues par ceux qui n'auront pas racheté, huit leur seront abandonnées pour des travaux d'intérêt communal : maisons communes, pagodes, voirie, etc, et surtout, et avant tout, comme je l'ai expliqué plus haut, pour relier les villages à une grande voie de communication.

Enfin, Messieurs, vous choisirez de préférence, pour les appels sur les chantiers, les époques pendant lesquelles les travaux des champs auront à peu près cessé.

Je fais appel tout particulièrement à votre zèle et à votre dévouement pour mener à bien cette partie de votre lourde tâche de laquelle M. le Gouverneur général et moi-même attendons les plus importants résultats.

PARREAU.

N° 3. — ARRÊTÉ *sur les prestations en nature*

23 février 1889.

Article premier. — Les prestations en nature dues à l'État sont fixées à quarante-huit journées de corvées par inscrit et par an. (1)

Sur ces 48 journées, quatre seront réservées pour les besoins du village, les quarante-quatre autres étant attribuées aux besoins du Protectorat.

Art. 2. — Les corvées dues au Protectorat peuvent être rachetées en argent ou être fournies en nature.

Les quatre journées dues aux villages seront fournies en nature.

Art. 3. — Les inscrits qui voudront racheter leurs corvées devront en faire la demande avant le 1er janvier de chaque année.

Art. 4. — Les prestations en nature ne peuvent être rachetées que pour l'année entière, et le prix du rachat est fixé à deux piastres soixante-quinze cents par an.

Art. 5. — La valeur des journées rachetées sera versée au trésor du Protectorat.

Dans chaque province, le tiers du montant des sommes ainsi encaissées sera attribué aux besoins généraux du Protectorat.

Le surplus pourra être employé au payement de journaliers, lorsque le nombre des corvées fournies en nature sera insuffisant pour faire exécuter les travaux nécessaires.

Art. 6. — Les résidents dresseront chaque année, un tableau indiquant les travaux à exécuter dans chaque huyen, en les classant par ordre d'importance, et en évaluant, autant qu'il sera possible, leur valeur estimée en journées de travail.

Ils indiqueront les travaux d'art dont l'exécution devra entraîner l'achat de matériaux et l'emploi d'ouvriers spéciaux.

Art. 7. — Chaque année, il sera établi par les soins de MM. les résidents et vice-résidents, dans le 1er mois, un rôle, par village, des inscrits qui auront déclaré vouloir racheter leurs corvées.

Chaque versement en numéraire, fait par un village, sera constaté dans les écritures du résident et émargé sur le rôle.

Art. 8. — Les inscrits qui auront racheté leurs prestations ne seront soumis à aucune corvée ni réquisition durant l'année entière.

(1) Voir ci-après arrêté du 30 juin 1889, réduisant le nombre des journées de corvées à 30 et déterminant leur répartition.

ART. 9. — Il sera également établi un rôle pour les journées de corvées à faire en nature. Les journées faites seront constatées et émargées au rôle.

ART. 10. — Les prestataires ne pourront être employés que dans leur huyen; les résidents ne pourront les en faire sortir que dans les cas exceptionnels et avec l'autorisation préalable du Résident supérieur.

ART. 11. — Il ne seront jamais repris, à moins de circonstances majeures, pendant les époques des travaux des champs, et les fêtes du têt. En aucun cas, il ne pourra être exigé des corvéables un nombre de journées supérieur à celui qui a été déterminé.

ART. 12. — Le Résident général en Annam et au Tonkin est chargé de l'exécution du présent arrêté.

RICHAUD.

N° 4. — ARRÊTÉ *modifiant celui du 23 février 1889, sur l'impôt des corvées*

30 juin 1889.

Article premier. — Le nombre des journées de corvée à fournir par inscrit et par an est réduit à trente.

ART. 2. — Dix des trente journées exigibles seront réservées aux villages pour être employées en nature, sous le contrôle des résidents et des mandarins provinciaux, à l'amélioration des petites voies de communication, savoir: sentiers d'exploitation, sentiers reliant chaque village aux villages voisins; chemins reliant chaque village au chef-lieu du canton, et petites digues, conformément aux prescriptions de la loi annamite. (Loi sur les Travaux; Titre II, Des digues, art. 395 et 396).

ART. 3. — Les vingt autres journées seront obligatoirement rachetées au taux de 0 $ 10 cents par journée.

ART. 4. — Un rôle numérique, par village, des corvées à racheter pour l'année suivante, sera établi par les soins des résidents et vice-résidents, de concert avec les autorités provinciales, avant le 1er décembre de chaque année.

Il sera soumis à l'approbation du Résident supérieur et au visa de S. E. le Kinh-luoc.

ART 5. — Le recouvrement en sera effectué dans la même forme et dans les mêmes délais que celui des rôles d'impôts personnel et foncier.

ART. 6. — Les deux tiers au moins du produit du rôle des corvées devront être acquittés en piastres dans les provinces de Hanoi, Nam-dinh, Haï-duong, Bac-ninh, Son-tay, Hung-yen et Ninh-binh.

Cette proportion est réduite à un tiers pour les autres provinces.

ART. 7. — Le produit des rôles de corvées sera affecté à la création de voies de communication d'intérêt général, et à l'entretien et à l'amélioration de celles existantes.

ART. 8. — Il pourra, à cet effet, être inscrit au budget des travaux publics des crédits qui n'excéderont pas, par province, le quart du montant des rôles.

ART. 9. — Les résidents et vice-résidents établiront chaque année et soumettront à l'approbation du Résident supérieur, avant le 1er juillet, le programme des travaux à entreprendre dans leur province au cours de l'année suivante.

ART. 10. — Sont et demeurent abrogées toutes les dispositions réglementaires antérieures, contraires au présent arrêté.

Toutefois l'arrêté du 23 février 1889 continuera à recevoir son application pour l'année courante.

ART. 11. — Le Résident supérieur au Tonkin est chargé de l'exécution du présent arrêté.

PIQUET.

N° 5. — CIRCULAIRE *au sujet de certaines dispenses de la charge des corvées*

6 septembre 1889.

Les règlements en matière d'administration indigène dispensent de corvées tous les étudiants reçus aux examens annuels.

L'application rigoureuse de cette mesure pourrait fausser l'action du Protectorat, en laissant aux mandarins la faculté de soustraire périodiquement au paiement des corvées un certain nombre d'inscrits reçus aux examens provinciaux.

Pour obvier à ces inconvénients j'ai décidé, d'accord avec S. E. le Kinh-luoc, de régler la question de la façon suivante:

Dans chacune des cinq grandes provinces, sur le nombre des candidats reçus aux examens, il ne pourra y en avoir plus de 500 appelés à bénéficier de la dispense de corvées.

Dans chacune des provinces de Ninh-binh et de Hung-yen, le nombre est fixé à 300.

Dans la province de Haiphong, il est fixé à 100.

Dans chacune des autres provinces il est fixé à 25.

L'exemption de corvées s'appliquera à l'année qui suivra celle du concours, de manière qu'il soit tenu compte de ces diminutions lors de la confection des rôles d'impôts.

BRIÈRE.

VOY.: **Prestations. — Routes. — Travaux publics.**

Costume

N° 1. — ARRÊTÉ *relatif au costume des Résidents et agents des Résidences, dans les pays placés sous le Protectorat de la France*

30 juin 1886

Article premier. — Le costume des résidents et agents des résidences, dans les pays placés sous le Protectorat de la France, sera fixé de la manière suivante:

Habit en drap bleu national, boutonnant droit sur la poitrine, avec neuf boutons;

Collet droit et parements également en drap bleu national;

Broderies en or (dessins composés de feuilles d'olivier et de motifs d'ornements), boutons dorés et timbrés des faisceaux républicains, entourés de branches d'olivier;

Gilet bleu ou blanc, à une rangée de boutons;

Pantalon bleu ou blanc, aux bandes dorées de 45 millimètres de largeur;

Chapeau garni de plumes avec ganse brodée, cocarde nationale;

Epée avec poignée nacre et or, et faisceaux républicains sur l'écusson de la garde.

ART. 2. — La distinction des grades sera réglée de la manière suivante:

1° Pour les Résidents généraux: broderie au collet et sur les parements; écusson, grande broderie sur la poitrine, bouquet de poches, baguettes et bord courant autour de l'habit (de 55 millimètres de largeur), faux plis;

Chapeau à plumes blanches;

2° Pour les Résidents supérieurs: broderie au collet et sur les parements; écusson; broderie simple sur la poitrine, baguette et bord courant autour de l'habit et faux plis;

Chapeau à plumes noires;

3° Pour les résidents de 1re et de 2e classe: broderie au collet et sur les parements, écusson; baguette courant autour de l'habit, et faux plis,

Chapeau à plumes noires;

3° Pour les vice-résidents: broderie au collet et sur les parements sans écusson.

5° Pour les chanceliers de résidence: broderie au collet seulement.

Article 3. — (*Dispositions spéciales*). Les membres du Parlement, chargés des fonctions de Résident général, ne seront pas tenus de revêtir l'uniforme; mais ils porteront leurs insignes dans les cérémonies publiques;

Les agents de la carrière diplomatique ou consulaire, remplissant des fonctions dans le service des résidences, continueront à porter l'uniforme fixé pour leur grade diplomatique ou consulaire, par l'arrêté du 15 avril 1882.

Article 4. — Le directeur du cabinet est chargé de l'exécution du présent arrêté.

DE FREYCINET.

VOY: **Organisation administrative.**

Cour criminelle. — VOY.: Justice. — Franchise postale.

Cours d'eau. — VOY.: Pêcheries.

Culte.

N° 1. — CIRCULAIRE *sur l'importance des prélèvements à opérer sur la caisse provinciale pour les cérémonies rituelles.*

2 septembre 1880

Dans le but d'éviter les fréquentes demandes qui vous sont adressées par l'autorité provinciale, à l'effet de prélever sur la caisse provinciale les sommes nécessaires pour les cérémonies rituelles, j'ai obtenu de S. E. le Kinh-luoc une décision réglementant ces dépenses.

Cette décision, approuvée par moi, autorise chaque grande province (Bac-ninh, Hanoi, Son-tay, Hai-duong, Nam-dinh), à dépenser, par an, une somme de 1,000 ligatures; chaque province secondaire (Lang-son, Thai-nguyen, Hung-hoa, Hung-yen, Ninh-binh), une somme de 600 ligatures, et chaque petite province, y compris Hai-phong, Quang-yen, Tuyen-quan, une somme de 300 ligatures.

Aucune dépense de cette nature n'est autorisée dans les provinces de Hai-ninh et Cho-bo.

Les cérémonies rituelles n'étant pas célébrées uniformément, ni aux mêmes époques, vous voudrez bien vous entendre avec les autorités provinciales pour opérer le prélèvement, soit en une fois, soit en deux ou trois fois, suivant le cas, de manière à simplifier autant que possible cette opération.

BRIÈRE.

N° 2. — CIRCULAIRE *au sujet des dépenses à effectuer pour les cérémonies périodiques du culte*

8 juin 1889

J'ai l'honneur de vous prier de me faire parvenir le plus tôt possible, pour votre province, en y comprenant le montant de la dépense de chacune d'elles, un tableau des cérémonies périodiques du culte dont les frais sont à la charge de l'administration. Lorsque cet état aura été vérifié et approuvé, vous pourrez, comme pour les autres dépenses normales et régulières, prélever sur votre caisse provinciale, les sommes nécessaires pour chaque cérémonie, sans autre formalité que l'obligation d'en rendre compte sur votre situation mensuelle des prélèvements.

BRIÈRE.

D

Débits de boissons

N° 1. — DÉCISION *relative à l'ouverture des cafés, cabarets ou débits de boissons.*

19 avril 1884.

Article premier. — Aucun café, cabaret ou débit de boissons à consommer sur place ne peut être ouvert sans l'autorisation préalable du Général en chef.

Art. 2. — Les établissements de ce genre sont soumis à des règlements spéciaux de police, notamment en ce qui regarde le maintien de l'ordre et la vérification des marchandises mises en vente.

Art. 3. — La fermeture d'un café, cabaret ou débit de boissons, existant actuellement, ou qui serait autorisé à l'avenir, pourra être ordonnée par le Général en chef, soit après une condamnation pour un motif quelconque, soit par mesure d'ordre public.

Art. 4. — Tout individu qui ouvrira un café, cabaret ou débit de boissons à consommer sur place, sans autorisation préalable, ou contrairement à un arrêté de fermeture pris en vertu de l'article précédent, sera poursuivi devant le tribunal correctionnel de la résidence, et puni d'une amende de cinquante à mille francs, ou d'un emprisonnement de trois jours à quinze jours, ou des deux peines cumulativement.

En cas de récidive, le cumul des deux peines et le maximum seront toujours prononcés.

Art. 5. — Le Directeur des affaires civiles et politiques est chargé de l'exécution de la présente décision qui sera publiée et affichée partout où besoin sera.

MILLOT.

N° 2. — ARRÊTÉ *municipal sur l'ouverture des cafés et débits à Hanoi.*

15 octobre 1880

Article premier. — Aucun café, cabaret ou autre débit de boissons, ne pourra être ouvert, sans que le patron de ces établissements en ait fait la déclaration préalable à la mairie.

Art. 2. — Tous les établissements prévus à l'article ci-dessus devront être fermés à une heure du matin.

Des autorisations pourront être données pour reculer les heures de fermeture. Elles le seront sur la demande du maître du café, et pour des cas particuliers. Ces autorisations seront valables pour un jour seulement.

Art. 3. — Les contraventions au présent arrêté seront déférées aux tribunaux compétents et punies des peines de simple police édictées par la loi.

Art. 4. — M. le commissaire de police est chargé, en ce qui le concerne, de l'exécution du présent arrêté.

LANDES.

VOY : Absinthe.

Défense des Colonies

N° 1. — CIRCULAIRE *sur les mesures de défense à l'intérieur du Tonkin.*

14 novembre 1889

Ainsi que j'ai eu l'honneur de vous en informer, des instructions ont été envoyées à MM. les commandants des postes militaires qui, en principe, ne doivent plus faire de sorties qu'en cas d'attaque ou de pillage opéré dans leur voisinage. Ces officiers, conformément d'ailleurs à l'article 8 du traité du 6 juin 1884, ont été invités à s'abstenir de communiquer officiellement avec les autorités annamites. Cette interdiction s'applique surtout aux demandes de renseignements statistiques adressées par les chefs des postes militaires aux conseils de notables.

Mais, comme d'autre part il importe que l'autorité militaire soit avisée de tous les événements intéressant la sécurité publique, les renseignements nécessaires lui seront fournis par MM. les résidents. Je compte sur le tact et le dévouement dont ils ont déjà donné tant de preuves, et je suis persuadé qu'ils apporteront la plus grande complaisance à satisfaire sans retard les demandes qui leur seront adressées à ce sujet.

Ce n'est, en effet, qu'en nous prêtant un mutuel appui, en mettant en commun les moyens dont nous disposons, en procédant, en un mot, régulièrement et méthodiquement, que nous arriverons à rétablir l'ordre et la sécurité.

Je compte aussi sur le concours de MM. les résidents pour rechercher le moyen de substituer, pour le ravitaillement des postes en vivres et en matières, le système des réquisitions actuellement en vigueur, afin d'éviter, ce qui arrive fréquemment aujourd'hui, que des exactions soient commises en notre nom.

Désirant réduire le plus possible le nombre des petits postes militaires, je vous prie d'inviter MM. les résidents à signaler ceux qui pourraient être supprimés, ou bien remplacés par des postes de police. Cette mesure aurait le double avantage de faire disparaître une assez lourde charge imposée aux habitants, et de procurer à nos soldats français, en les concentrant dans des garnisons importantes, des conditions d'hygiène et de confortable qu'ils ne peuvent trouver dans les petits postes.

Ces instructions, que je vous prie de porter à la connaissance des intéressés, ont pour but de mettre fin à la dualité qui existe entre les autorités civiles et les autorités militaires dans l'administration de l'Indo-Chine. Les rapports entre ces autorités devenant plus fréquents et plus cordiaux, l'œuvre que nous poursuivons ici, qui est d'assurer l'exercice régulier de notre protectorat avec le moins de sacrifices possibles en hommes et en argent, se trouvera, je l'espère, facilitée.

PIQUET.

N° 2. — CIRCULAIRE *interprétative de celle du 14 novembre 1889.*

18 novembre 1889

J'ai l'honneur de porter à votre connaissance la lettre ci-jointe de M. le Gouverneur général. J'appellerai votre attention sur les trois points que vise particulièrement ce document :

1° Interprétation de l'article 8 du traité du 6 juin 1884.

2° Substitution au système de réquisitions pour le ravitaillement des postes d'un mode de transports plus régulier et plus conforme à nos pratiques administratives.

3° Etudier, de concert avec l'autorité militaire, soit par voie de suppression d'un certain nombre des postes militaires actuels, soit par voie de substitution au moyen de nos gardes civils, un groupement de nos forces moins onéreux pour nos finances, moins lourd pour la population, et, en même temps, plus favorable au bien-être de nos soldats.

L'interprétation de l'article 8 du traité a toujours soulevé de nombreuses discussions. Il m'est difficile de vous tracer des règles précises à cet égard. Il appartiendra surtout à ceux d'entre vous appelés à représenter le Gouvernement du Protectorat dans le haut pays, d'apprécier dans quelle mesure il conviendra de faire fléchir la lettre d'une rédaction peut-être trop laconique, devant des nécessités de situation et l'intérêt bien entendu du pays. Il y a là une question de tact et de saine appréciation des choses, où, à mon sens, la plus grande initiative doit vous être laissée.

Vous n'ignorez pas les récriminations sans fin auxquelles a donné lieu le système des réquisitions appliqué aux transports de l'armée. Emu de la situation, M. le Gouverneur général Constans avait tâché d'y mettre fin dès son arrivée au Tonkin, et les mesures les plus sévères avaient été prescrites à ce sujet ; malheureusement, les mêmes causes n'ont pas tardé à reproduire les mêmes effets, et nous nous sommes trouvés, par la force même des choses, dans l'obligation de tolérer des abus que nous déplorons.

Aujourd'hui que la situation politique meilleure va probablement nous permettre de concentrer nos effectifs, en réduisant le nombre de nos postes, ne serait-il pas possible d'arriver à organiser le service régulier des ravitaillements entre les postes secondaires, au moyen d'un système mixte où l'exemption de corvées et de certaines charges viendrait en atténuation de la dépense des marchés passés, soit avec les autorités locales, soit avec des entrepreneurs indigènes pris dans le pays même? C'est une question que je vous laisse le soin d'étudier.

Enfin, en ce qui concerne la suppression des postes militaires ou leur remplacement par des postes de gardes civils, je ne saurais trop vous recommander de ne me faire de propositions qu'en parfaite connaissance de cause. Dans le Delta proprement dit, la question est à peu près résolue; devant l'extension donnée à la garde civile et les progrès croissants de la pacification, l'accord s'est fait rapidement avec l'autorité militaire, qui ne conservera que les points dont le maintien est nécessaire à la défense générale du pays.

Il n'en est pas de même dans les provinces du Nord, où les incursions fréquentes des irréguliers chinois nous obligent à une surveillance constante; rappelez-vous que les forces militaires y resteront longtemps encore un facteur très-important de notre sécurité. Aussi, toute modification dans l'assiette des postes, tout projet de suppression ou de cession à l'autorité civile, devront être soumis à une enquête contradictoire sérieuse, qui nous garantisse contre toute résolution trop hâtive. Je considérerais en effet comme très fâcheux d'être obligé de revenir sur une décision prise en pareille matière.

BRIÈRE.

N° 3. — ARRÊTÉ *prescrivant qu'aucune mesure militaire ne pourra être prise sans l'assentiment du Gouverneur général.*

25 novembre 1889.

Article premier. — Aucune mesure concernant les services militaires et maritimes, en dehors de celles résultant de décrets ou décisions ministérielles, ne pourra être prise à l'avenir qu'en exécution d'arrêtés du Gouverneur général, rendus sur la proposition du chef du service compétent.

Art. 2. — Le Gouverneur général a seul qualité pour correspondre avec le Département, sauf en ce qui concerne les questions techniques qui seront ultérieurement déterminées.

La correspondance télégraphique officielle avec la métropole et les autorités extérieures est exclusivement réservée au Gouverneur général.

Art. 3. — Le présent arrêté sera enregistré, communiqué et publié partout où besoin sera.

PIQUET.

N° 4. — LETTRE *du Gouverneur général au sujet de l'exécution de l'arrêté ci-dessus du 25 novembre 1889.*

27 novembre 1889.

J'ai l'honneur de vous adresser ampliation d'un arrêté que j'ai pris à la date du 25 novembre, en exécution d'instructions que m'a envoyées le Département le 20 du même mois. D'après ces instructions, les dispositions du décret du 27 janvier 1886, subordonnant l'autorité militaire au Gouverneur général qui dispose de la force armée, et est seul responsable de la sécurité intérieure et extérieure des pays d'Indo-Chine, sont remises en vigueur.

En laissant cette responsabilité au Gouverneur général, le Département a rendu plus délicate encore la tâche des fonctionnaires qui représentent l'autorité civile dans les provinces et les arrondissements. Il importe que ces fonctionnaires en soient bien pénétrés, et apportent dans leurs relations avec les commandants militaires placés auprès d'eux, la plus grande courtoisie et le tact indispensable pour éviter tout conflit.

Dans le télégramme par lequel il m'informe des nouvelles dispositions arrêtées par le gouvernement de la métropole, le Sous-secrétaire d'Etat insiste d'une façon particulière sur la nécessité de cette entente cordiale entre les pouvoirs civils et militaires, à laquelle chacun doit contribuer pour sa part.

Vous voudrez bien, M. le Résident supérieur, porter ces instructions à la connaissance des fonctionnaires placés sous vos ordres.

PIQUET.

N° 5. — ARRÊTÉ *promulguant en Indo-Chine le décret du 3 février 1890 relatif à la défense des colonies*

12 avril 1890.

Est promulgué dans toute l'étendue de l'Indo-Chine le décret du 3 février 1890 relatif à la défense des colonies.

PIQUET

N° 6. — DÉCRET *sur les attributions du Gouverneur général de l'Indo-Chine et des gouverneurs des colonies en matière de garde et de défense intérieure et extérieure des territoires placés sous leurs ordres.*

3 février 1890.

Article premier. — Le Gouverneur général de l'Indo-Chine et les gouverneurs des colonies sont responsables, sous l'autorité directe du ministre chargé des colonies, de la garde et de la défense intérieure et extérieure des territoires placés sous leurs ordres.

Art. 2. — Les rapports entre les commandants des troupes et de la marine placés sous leurs ordres, continueront à être réglés par le décret du 27 janvier 1886.

Les dispositions contraires à ce décret sont et demeurent abrogées.

Art. 3. — Le Président du conseil, Ministre du commerce, de l'industrie et des colonies, et le Ministre de la marine sont chargés, chacun en ce qui le concerne, de l'exécution du présent décret.

CARNOT.

VOY : Conseil de défense.

Défense devant les tribunaux. — VOY. : Avocats-défenseurs. — Justice.

Dépenses urgentes.

N° 1. — Décision *déterminant à nouveau la nomenclature des dépenses urgentes.*

28 novembre 1881.

Article premier. Les dépenses urgentes à payer avant ordonnancement, dans les places de l'Annam et du Tonkin, sont les suivantes:

1° Salaires de coolies, journaliers et ouvriers employés par les divers services et payés à la journée;
2° Acompte de solde ou indemnité de séjour aux officiers et fonctionnaires en expectative de départ à Haiphong;
3° Indemnité de route et indemnité complémentaire de route, dans les cas prévus par le règlement;
4° Frais de passage acquis par les différentes tables des bâtiments de la division navale et de la flottille (spécial à Haiphong);
5° Indemnité aux miliciens en campagne ou accompagnant des prisonniers;
6° Indemnité aux parents des vaccinifères;
7° Indemnité aux militaires détachés comme auxiliaires dans les ateliers, magasins, etc., du service administratif;
8° Achats de paddy, d'huile, de bois, de bœufs, etc., (là où il n'existe pas de marché) et menues dépenses diverses;
9° Allocation journalière pour achats de légumes verts aux équipages des canonnières;
10° Location de barques pour le transport du personnel et du matériel (là où il n'existe pas de marché);
11° Frais de blanchissage (là où il n'existe pas de marché);
12° Achat de chevaux par réquisition;
13° Fret des bâtiments de mer nolisés pour le compte de l'État;
14° Destruction d'animaux nuisibles;
15° Frais de police administrative;
16° Taxes à témoins;
17° Frais de sépulture;
18° Enfouissement d'animaux morts.

Art. 2. — Sont abrogées toutes les décisions portant fixation des dépenses urgentes, et antérieures au présent arrêté.

Art. 3. Le Chef du service administratif, ordonnateur, et le payeur particulier sont chargés, chacun en ce qui le concerne, de l'exécution du présent arrêté.

BRIÈRE DE L'ISLE.

N° 2. — Circulaire *au sujet des payements à faire sur les caisses des percepteurs.*

20 septembre 1889.

Plusieurs d'entre vous m'ayant demandé s'ils pouvaient faire payer par leurs percepteurs les dépenses urgentes de leur province, j'ai l'honneur de vous informer que le mode de procéder à l'égard des caisses de ces agents est le même que celui qui était précédemment suivi pour les caisses de fonds d'avance.

La seule différence entre ces deux modes de comptabilité est que l'ancienne caisse de fonds d'avance était gérée sous la responsabilité du résident ou vice-résident, chef de la province, tandis qu'aujourd'hui le percepteur doit compte de sa gestion à M. le payeur, chef du service.

Vous pouvez donc faire payer par la caisse de votre province les dépenses urgentes de solde.

Les états devront dans ce cas porter la mention: *Payé sur la caisse du percepteur.* Ils seront établis en double expédition, dont l'une sera envoyée à la Résidence supérieure pour l'ordonnancement, tandis que l'autre restera dans la caisse du percepteur jusqu'au jour où elle y sera remplacée par un mandat régulier.

BRIÈRE.

N° 3. — Circulaire *au sujet du paiement des soldes par les percepteurs, et de la forme des états à fournir*

26 décembre 1889

La circulaire n° 39 du 20 septembre dernier, autorise les percepteurs à payer, au titre de dépenses urgentes, les états de solde dont ils conservent en caisse une expédition jusqu'à réception du mandat de régularisation.

Or il arrive fréquemment que les duplicatas conservés ne sont pas retournés au Trésor aussitôt que la dépense est régularisée, d'où, pour ce service, un retard regrettable dans l'exécution des prescriptions de la dépêche ministérielle du 28 février 1889.

J'ai décidé qu'à l'avenir les deux expéditions des états de solde me seraient adressées, les percepteurs gardant seulement par devers eux un certificat semblable à celui dont le modèle est ci annexé:

Le .... résident de ....
certifie que l'état de solde du personnel de ....
.... pour le mois de ....
s'élevant à la somme nette de ....
.... a été payé ce jour sur la caisse du Percepteur.

A .... , le .... 18....

Le résident,

Nota: *Le présent certificat devra être conservé par le percepteur jusqu'à réception du mandat budgétaire.*

BRIÈRE.

VOY: Caisse provinciale. — Fonds d'avance. — Percepteurs.

Déplacements. — VOY.: Indemnités. — Voyages.

Dépôts. — VOY.: Successions vacantes.

Dépôts et Consignations. — VOY.: (Caisse des.)

Dépôt de fonds — VOY.: Trésor.

Dispenses pour mariage.

N° 1. — Arrêté *promulguant le décret du 29 janvier 1890, relatif au mariage des Français habitant le Tonkin.*

12 juin 1890.

Article premier. — Est promulgué dans toute l'étendue des pays de Protectorat le décret du 29 janvier 1890, relatif au mariage des Français habitant l'Annam, le Tonkin et le Cambodge.

Art. 2. — Les Résidents supérieurs en Annam et au Tonkin sont chargés, chacun en ce qui le concerne, de l'exécution du présent arrêté.

PIQUET.

N° 2. — Décret *sur le mariage des Français habitant l'Annam, le Tonkin et le Cambodge.*

29 janvier 1890.

Article premier. — Le décret du 27 janvier 1883, sur le mariage des Français en Cochinchine, est applicable à tous les Français habitant l'Annam, le Tonkin et le Cambodge.

Art. 2. — Les dispenses autorisées par ledit décret seront accordées, pour les Français résidant au Cambodge, par le conseil privé de la Cochinchine.

En Annam et au Tonkin, les mêmes dispenses seront accordées par le conseil du Protectorat du Tonkin.

Art. 3. — Le Président du conseil, Ministre du commerce de l'industrie et des colonies, et le Garde des sceaux, Ministre de la justice et des cultes, sont chargés, chacun en ce qui le concerne, de l'exécution du présent décret, qui sera inséré au *Journal officiel* de la République française, au *Bulletin des lois* et au *Bulletin officiel* du Sous-secrétariat d'État des colonies.

CARNOT.

N° 3 —. DÉCRET *relatif au mariage des Français en Cochinchine.*

27 janvier 1883.

Article premier. — Toute personne résidant en Cochinchine qui voudra contracter mariage, sera dispensée, lorsque ses ascendants auront le domicile en dehors de la colonie, des obligations imposées par les articles 151, 152 et 153 du Code civil, relativement aux actes respectueux.

Art. 2. — Dans les cas prévus par les articles 148, 149, 150, 159 et 160 du Code civil, lorsque les ascendants ou les membres du conseil de famille résideront hors de la colonie, il pourra être suppléé au consentement des ascendants, du conseil de famille ou du tuteur ad hoc, par l'autorisation du conseil privé de la colonie.

Art. 3. — Le conseil privé pourra dispenser les futurs époux, non originaires de la colonie, de la production prescrite par l'article 70 du Code civil, de leur acte de naissance, pourvu que l'identité et l'âge paraissent suffisamment établis par des pièces de toute nature, matricules, actes de notoriété ou d'autres, dont le conseil privé appréciera la valeur et l'authenticité.

Art. 4. — Le conseil privé pourra également, lorsqu'il résultera des pièces produites qu'il n'existe entre les futurs époux aucun empêchement provenant de la parenté ou de l'alliance, et qu'ils ne sont engagés ni l'un ni l'autre dans les liens d'un mariage antérieur, leur accorder dispense des publications auxquelles il serait nécessaire de procéder en Europe, en conformité des articles 167 et 168 du Code civil.

Art. 5. — Dans le cas où l'un des futurs époux aurait antérieurement contracté mariage, s'il est établi par les documents produits que ce mariage a été dissous par la mort de l'autre conjoint, le conseil privé pourra dispenser le conjoint survivant de la production de l'acte de décès dressé hors de la colonie.

Art. 6. — Le conseil privé devra, dans sa délibération, mentionner les pièces et motiver sa décision.

Art. 7. — Le consentement au mariage et les dispenses de publication ou de production des actes authentiques, accordés par le conseil privé, resteront annexés aux actes de mariage, pour tenir lieu des justifications exigées par le Code civil.

Docks. — VOY: Magasins généraux.

Domaines (Administration des). — VOY.: Enregistrement.

Domaine militaire.

N° 1. — ARRÊTÉ *prononçant des affectations et des désaffectations d'immeubles militaires.*

16 février 1889

Article premier. — Sont affectés aux services militaires :

1° La Citadelle.

2° Le Blockhaus nord et celui de la rive gauche.

3° La partie de la Concession située entre le fleuve Rouge et la ligne teintée en vermillon sur le plan ci-annexé.

4° Le Cimetière avoisinant la Concession.

Art. 2. — Sont désaffectés les immeubles ci-après désignés, actuellement occupés par les services militaires :

1° Le Camp des lettrés.

2° La Sapèquerie.

3° La Pagode des Supplices.

4° Les Pagodes situées autour du petit Lac.

5° La partie de la Concession située en dehors des limites fixées ci-dessus.

Art. 3. — Les services militaires installés dans ces immeubles seront transférés dans la citadelle.

Art. 4. — Les immeubles ci-dessus désignés, occupés par les officiers auxquels les règlements ne confèrent pas de droit au logement, devront être remis à l'administration du Protectorat le 1er janvier 1890.

Art. 5. — Une indemnité spéciale de logement, dont le chiffre sera fixé ultérieurement et dont le payement sera supporté par le budget du Protectorat, leur sera allouée en sus de l'indemnité réglementaire.

Art. 6. — Il n'est assigné dès à présent aucune date en ce qui concerne le déplacement des services militaires; la désaffectation des immeubles occupés par eux aura lieu au fur et à mesure des exigences du développement de la ville, et seulement lorsque l'état des ressources du Protectorat aura permis d'aménager dans l'enceinte de la citadelle les constructions destinées à recevoir ces services.

A cet effet, il sera constitué au budget du Protectorat un fonds de dotation spécial composé du produit de la vente des immeubles désaffectés.

Art. 7. — M. le Général en chef et M. le Résident supérieur du Tonkin sont chargés, chacun en ce qui le concerne, de l'exécution du présent arrêté.

RICHAUD.

Domaine public

N° 1. — DÉCISION *prescrivant l'établissement de l'inventaire des biens meubles et immeubles existant au Tonkin, à la date du 1er janvier 1885, et appartenant, soit au service marine, soit au service colonial.*

24 décembre 1884.

Article premier. — Il sera procédé à l'établissement de l'inventaire des biens meubles et immeubles existant au Tonkin à la date du 1er janvier 1884, et appartenant, soit au service marine, soit au service colonial.

Art. 2. — MM. les chefs de service sont invités à faire préparer, dès à présent, par les comptables ou les dépositaires placés sous leur autorité, l'inventaire, pour chaque service, du matériel, denrées, drogues, matières, apparaux, machines, etc., objets mobiliers ou immobiliers à la charge de ces agents. Ce document sera établi en trois expéditions, savoir : une pour le comptable ou le dépositaire, une pour le Ministre.

En ce qui concerne le matériel colonial, les inventaires devront être rédigés suivant les indications de la nomenclature qui font suite à l'arrêté ministériel du 29 novembre 1882 (*B. O.*, page 1117).

Art. 3. — Par exception aux dispositions de l'article 2, les dépositaires du mobilier en service seront dispensés du soin de dresser eux-mêmes les inventaires. Ils devront toutefois préparer une liste des objets qu'ils ont en charge, en se conformant, pour ce travail, aux divisions de la nomenclature reproduite sur la notice ci-jointe. Cette liste sera remise à l'officier ou à l'agent recenseur et servira, après le récolement, à l'établissement d'inventaires réguliers

Art. 4. — L'ordonnateur déléguera des officiers du commissariat pour la constatation des existants et l'arrêté des inventaires.

Art. 5. — Les dispositions qui précèdent ne sont pas applicables aux services de l'artillerie et du génie, qui auront à dresser eux-mêmes leurs inventaires, conformément aux règlements en vigueur.

Art. 6. — Le Chef du service administratif, ordonnateur, les chefs de corps ou de services, les différents détenteurs de matériel, sont chargés, chacun en ce qui le concerne, de l'exécution de la présente décision.

BRIÈRE DE L'ISLE.

N° 2. — ARRÊTÉ *réservant au Protectorat tous droits de propriété sur les terrains domaniaux de la presqu'île de Do-son.*

5 juin 1886.

Article premier. — Le Protectorat réserve tous droits de propriété sur les terrains domaniaux de la presqu'île de Do-son.

Art. 2. — Les parcelles de terrain nécessaires aux établissements sanitaires à créer seront déterminées par le résident de Haiphong.

Art. 3. — Le résident de Haiphong fera établir le plan des parcelles qui pourraient être utilisées par les particuliers.

Art. 4. — Un lotissement sera fait et la location de chacun des lots, pour une période de vingt années, sera mise en adjudication publique en la chancellerie de la résidence de Haiphong, dans les formes prescrites par les lois et règlements.

Art. 5. — Les terrains mis en culture par les indigènes, dans le voisinage des plages utilisables pour l'installation des maisons particulières, seront également mis en location dans les formes prescrites ci-dessus.

Art. 6. — Le Résident supérieur est chargé de l'exécution du présent arrêté.

PAUL BERT.

N° 3. — CIRCULAIRE *déterminant les conditions de l'aliénation des terrains domaniaux.*

3 mars 1888.

J'ai l'honneur de vous envoyer sous ce pli le cahier des clauses et conditions pour la mise en vente de terrains à Hanoi, Haiphong, et dans les principaux centres du Tonkin.

Je vous prie de vouloir vous conformer à ces dispositions pour les aliénations de cette nature auxquelles vous auriez à procéder.

RAOUL BERGER.

CAHIER DES CHARGES *pour la mise en vente des terrains urbains.*

Article premier. — Le terrain domanial figuré au plan ci-annexé, d'une superficie de
, situé dans la commune de
canton de , province de
et borné comme suit :
Au nord,
Au sud,
A l'est,
A l'ouest,
sera mis en vente aux enchères publiques, à l'hôtel de la résidence (ou vice-résidence) de
, le (jour, mois, an et heure) sur la mise à prix de

Art. 2. — Les concurrents devront se présenter soit en personne, soit par un fondé de pouvoirs, et l'adjudicataire devra signer, séance tenante, le procès-verbal d'adjudication.

Art. 3. — Le prix de vente sera payable moitié au moment de l'adjudication et, au plus tard, dans le délai de huit jours, moitié dans un délai de six mois.

Art. 4. — Le terrain sera soumis à l'impôt foncier à partir du 1er janvier de l'année 18. (année qui suivra la vente).

Art. 5. — L'adjudicataire sera mis en possession du terrain par l'administration, mais supportera les frais de bornage et de piquetage.

Art. 6. — L'administration du Protectorat garantit l'adjudicataire contre tous troubles, évictions et revendications de toute nature qui pourraient survenir à l'occasion dudit terrain, qui ne sera grevé que des servitudes naturelles résultant de la situation des lieux.

Art. 7. — En cas de non payement dans les délais prévus à l'article 3, la vente sera résiliée de plein droit, et tous les frais qu'elle aura occasionnés resteront à la charge de l'adjudicataire, et le premier terme, s'il a déjà été versé, sera acquis à l'administration, sans préjudice de tous autres dommages-intérêts.

Art. 8. — L'adjudicataire devra, dans le délai d'un mois qui suivra la vente, faire enclore toutes les parties de son terrain, si des constructions en briques ne sont immédiatement commencées. (disposition à inscrire s'il y a lieu : « *défense de construire en paillotte* »).

Art. 9. — Le titre définitif de propriété ne sera remis à l'adjudicataire qu'après payement du prix intégral de vente.

Art. 10. — L'enregistrement en chancellerie du procès-verbal d'adjudication sera à la charge de l'adjudicataire qui supportera, en outre, tous les frais occasionnés par la vente.

N° 4. — ARRÊTÉ *réglementant le mode d'aliénation des immeubles domaniaux à Hanoi et Haiphong.*

23 février 1889

Article premier. — Les aliénations d'immeubles domaniaux, dont la mise en vente aura été ordonnée dans les villes de Hanoi et de Hai-phong, sont soumises aux clauses, charges et conditions suivantes :

Art. 2. — Lorsque la mise en vente de terrains aura été décidée par le Gouverneur général, le Résident supérieur déterminera dans un cahier des charges qui restera à la Résidence supérieure, à la disposition du public, les conditions imposées aux acquéreurs, ainsi que la mise à prix de chaque lot.

Art. 3. — Les lots compris dans la vente seront mis en adjudication au fur et à mesure des demandes d'acquisition et sur la mise à prix fixée par le cahier des charges.

La demande de mise en vente devra contenir l'engagement de rester acquéreur si la mise à prix n'est pas couverte.

Art. 4. — Dès que la demande sera parvenue à la Résidence supérieure, un avis sera inséré au *Journal officiel* et des placards pourront être apposés, annonçant la mise en vente du lot demandé.

La vente aura lieu quinze jours au plus tôt et un mois au plus tard après l'insertion du premier avis au *Journal officiel*.

Art. 5. — La vente aura lieu aux enchères, en séance publique, par les soins d'une commission composée du résident ou vice-résident-maire, d'un délégué du trésor et d'un délégué du service des travaux publics.

Art. 6. — L'adjudication aura lieu à l'extinction des feux. Elle ne pourra être prononcée qu'après que trois feux auront été allumés et se seront éteints sans qu'il ait été fait une nouvelle enchère.

S'il ne se produit aucune enchère sur le prix offert par la personne qui aura fait la demande d'acquisition prévue à l'article 4, l'adjudication sera prononcée de droit à son profit.

Art. 7. — Les personnes notoirement insolvables ne pourront prendre part à l'adjudication.

Art. 8. — Le montant des enchères sera déterminé par l'administration d'après la valeur du lot mis en vente.

Art. 9. — Toute personne se présentant pour autrui devra justifier :

1° D'une procuration régulière qui sera déposée sur le bureau, après avoir été certifiée par le mandataire ;

2° De la solvabilité du mandant.

Art. 10. — L'adjudicataire sera tenu de faire, dans l'acte d'adjudication, élection de domicile, soit à Hanoi, soit à Haiphong, suivant la situation des terrains dont l'aliénation sera sollicitée.

Faute par lui de faire cette élection de domicile, tous actes postérieurs lui seront valablement signifiés à la mairie.

Art. 11. — Tout acquéreur est censé bien connaître l'immeuble dont il sera devenu propriétaire ; il le prendra dans l'état où il se trouve au jour de la vente, sans pouvoir prétendre à aucune garantie ou à aucune diminution de prix pour dégradations, réparations ou erreurs dans la désignation.

Les ventes seront faites sans garantie de mesure et consistance, sur la désignation des tenants et aboutissants du terrain vendu, dont la consistance sera préalablement marquée par des poteaux indicateurs, et il ne pourra être exercé aucun recours en indemnité, réduction ou augmentation de prix, quelle que soit la différence en plus ou en moins dans les mesures et consistances.

Il y aura lieu à résiliation si l'on a compris dans la vente un bien ou portion de bien non susceptible d'être vendu.

Les résiliations de vente ne donneront lieu à aucune demande en indemnités, dommages et intérêts, soit envers le Protectorat, soit envers l'acquéreur, sauf dans le cas où il y aura eu dégradation ou amélioration.

Art. 12. — Les immeubles aliénés seront soumis, à partir du 1er janvier de l'année qui suivra la vente, alors même qu'aucune construction n'y aurait été élevée, aux impôts, contributions et autres redevances quelconques existant actuellement ou qui seront ultérieurement établis.

Art. 13. — L'acquéreur deviendra propriétaire par le seul fait de la vente, mais la propriété ne se fixera irrévocablement sur sa tête qu'après l'accomplissement des conditions qui lui sont imposées par le présent arrêté, et des obligations particulières qu'il se sera engagé à remplir.

Art. 14. — L'acquéreur ne pourra aliéner tout ou partie de ses droits avant d'avoir effectué le versement intégral du prix de vente du lot à lui adjugé.

Art. 15. — En cas de retard dans le payement du prix de vente, d'Administration a le droit de poursuivre l'acquéreur par toutes voies de contrainte administrative et par toutes autres voies légales.

La déchéance peut être prononcée contre l'acquéreur en retard de se libérer qui n'aura pas satisfait à la contrainte dans les 15 jours de sa date.

La déchéance est prononcée sur la proposition du Résident général par le Gouverneur général.

Art. 16 — L'acquéreur déchu sera tenu de payer par forme de dommages-intérêts une amende égale à 1/10 du prix de vente s'il n'a encore fait aucun payement, à 1/20 s'il a payé une partie du prix de vente.

Domestiques. — Voy. : Ouvriers et domestiques. — Livrets de domestiques.

Douanes.

N° 1. — Décision *autorisant les destinataires de marchandises expédiées à Hanoi à les faire plomber et sceller à Haiphong, et à n'acquitter les droits de douane qu'à leur réception à Hanoi.*

10 décembre 1883

Article premier. — Provisoirement, les marchandises à destination de Hanoi, pourront, sur la demande expresse des destinataires, être plombées ou scellées à Haiphong, et acquitter les droits de douane à leur arrivée à destination.

Art. 2. — Le prix de chacun des sceaux ou plombs nécessaires pour assurer la fermeture des caisses est fixé à cinquante centimes (1).

Art. 3. — Le secrétaire général des affaires civiles est chargé de l'exécution de la présente décision, qui sera publiée partout où besoin sera.

Harmand.

N° 2. — Décision *plaçant le service des douanes sous la surveillance immédiate des Résidents dans les provinces, et ordonnant sa centralisation entre les mains du Secrétaire général à Hanoi.*

6 septembre 1883

Jusqu'à nouvel ordre et jusqu'à la réorganisation de la douane qui résultera des conférences diplomatiques dont l'ouverture va avoir lieu prochainement à Hué, le service des douanes est placé, dans chaque province, sous la surveillance immédiate des Résidents, et centralisé entre les mains du Secrétaire général à Hanoi.

Harmand.

N° 3. — Décision *autorisant le payement en barres d'argent et en ligatures, des taxes à percevoir à la douane de Son-tay, et fixant le taux de cette monnaie.*

2 février 1884.

Article premier. — Les lingots dits « barres d'argent » du poids de 380 grammes et les ligatures seront acceptés exceptionnellement au bureau de la douane de Son-tay, en payement des taxes, aux taux ci-après :

La barre pour quatorze piastres vingt cents, huit ligatures pour une piastre.

Art. 2. — Le directeur des affaires civiles et politiques, le chef du service administratif, le trésorier payeur, sont chargés, chacun en ce qui le concerne, de l'exécution de la présente décision, qui sera enregistrée et publiée partout où besoin sera.

Courbet.

N° 4. — Décision *relative au serment à prêter par les agents du service des douanes.*

31 mai 1884

Article premier. — Les agents de l'administration des douanes de tous grades devront prêter serment devant le tribunal du Résident établi au chef-lieu de la province dans laquelle ils sont appelés à servir.

Art. 2. — La formule du serment est la suivante :

« Je jure et promets de bien et loyalement remplir mes « fonctions et d'observer, en tout, les devoirs qu'elles m'im- « posent. »

Art. 3. — Pour être admis au serment, il suffira que les employés représentent au tribunal leur commission. La prestation du serment devra être inscrite à la suite de la commission et enregistrée au greffe du tribunal de la Résidence, le tout sans frais.

Art. 4. — Le serment des employés des douanes sera valable pour tout le temps et pour toutes les résidences où ils resteront en exercice, sans qu'il leur soit nécessaire de le renouveler pour cause de promotion ou de déplacement.

Art. 5. — Le Directeur des affaires civiles et politiques est chargé de l'exécution de la présente décision.

Millot

N° 5. — Décision *ouvrant le port de Tourane au commerce et y créant un poste de douane*

25 décembre 1884

Article premier. — Le port de Tourane sera ouvert effectivement au commerce étranger à partir du 1er janvier 1885, dans les conditions prévues par la décision en date du 27 octobre dernier.

Art. 2. — Il est créé, au port de Tourane, un bureau de douanes relevant de l'autorité française et placé sous la direction du chef du service des douanes de l'Annam et du Tonkin.

Art. 3. — Le personnel du bureau des douanes, à Tourane, comprendra :

Un chef de bureau;
Trois préposés français;
Quatre surveillants indigènes, dont l'un faisant fonctions d'interprète pour la langue annamite;
Un interprète chinois;
Un patron et trois matelots indigènes.

L'un des deux interprètes fera l'office de sonneur de piastres au guichet.

Art. 4. — Le Directeur des affaires civiles et politiques au Tonkin, et le Chef *p. i.* du service des Douanes sont chargés, chacun en ce qui le concerne, de l'exécution de la présente décision.

G. Lemaire.

N° 6. — Lettre ministérielle *portant approbation d'un projet de règlement sur la police commerciale et le service des douanes.*

2 avril 1885

Par une lettre du 6 novembre dernier, vous m'avez informé que vous aviez revêtu de votre approbation un projet de décision portant règlement sur la police commerciale et le service des douanes.

Vous avez fait ressortir à ce sujet, la nécessité qui s'imposait de mettre fin le plus tôt possible à une situation des plus difficiles entre les douanes et le commerce de Haiphong, par suite de l'absence de toute règle définie.

J'ai l'honneur de vous faire connaître que j'approuve la mesure que vous avez prise (1).

F. Faure.

N° 7. — Décision *modifiant la solde et accessoires de solde des agents indigènes du service des douanes.*

17 août 1885.

Rapportée par arrêté du 11 août 1886.

N° 8. — Décision *fixant la composition et la rétribution des équipages des jonques de mer du service de la douane.*

30 septembre 1885

Article premier. — L'équipage de chacune des jonques de mer du service des douanes sera composé et rétribué comme ci-après :

1 patron asiatique	. . . .	à 800 francs par an
1 second »	. . . .	635 francs par an
10 matelots »	. . . .	528 francs par an l'un, 5,280 fr.

Art. 2. — Le Directeur des affaires civiles et politiques est chargé de l'exécution de la présente décision.

Courcy.

---

(1) Voir ci-après arrêté du 13 décembre 1887, réduisant le prix des plombs à 10 centimes.

(1) La décision visée par cette lettre est celle du 27 octobre 1884, que les lecteurs trouveront au mot *Ports de commerce*, dont elle réglemente la police.

N° 9. — Décision *fixant un costume spécial pour les fonctionnaires et employés des douanes de l'Annam et du Tonkin.*

5 octobre 1885.

Article premier. — A compter du 1er janvier 1886, les fonctionnaires et employés des douanes de l'Annam et du Tonkin porteront un costume spécial.

Art. 2. — Ce costume sera, pour les fonctionnaires et employés de l'administration métropolitaine détachés dans le service local, celui qui est déterminé par les règlements en vigueur en France.

Ils seront autorisés, toutefois, à lui substituer la tenue d'été et la petite tenue d'hiver décrites ci-après pour les fonctionnaires et employés du cadre local.

Art. 3. — Les fonctionnaires et employés du cadre local porteront : pantalon bleu en drap ou molleton commun, à bande rouge d'une largeur de six centimètres, veston croisé bleu, en drap ou molleton commun, à boutons argentés portant l'indication : « Douanes du Tonkin », képi en drap vert, à turban bleu portant, sur le devant, le mot « Douanes ».

La tenue d'été comportera le pantalon et le veston blanc, avec boutons d'uniforme, les insignes de grade appliqués sur fond de drap vert et mobiles ; le casque blanc sera substitué au képi, la ganse portant également l'indication « Douanes. »

Art. 4. — Les insignes des fonctionnaires et employés du cadre local des Douanes seront les suivants : inspecteur et sous-inspecteur, quatre galons d'argent, plats, faisant le tour du poignet et du képi.

Capitaine, trois galons de même.

Lieutenant, deux galons de même.

Brigadier, trois galons d'argent à lézardes et posés diagonalement sur la manche, un galon d'argent au turban du képi ; sous-brigadier, deux galons de même sur la manche ; surveillant ou préposé de toute classe, un galon de même.

Courcy.

N° 10. — Arrêté *modifiant les dispositions de l'art. 34 de l'arrêté local du 25 octobre 1884.*

10 décembre 1885.

Modifié par l'art 16 de l'arrêté du 11 août 1886.

N° 11. — Arrêté *réorganisant le service des douanes.*

11 août 1886.

Article premier. — Le personnel des douanes est divisé en deux cadres distincts :

Le cadre de direction ou du service intérieur, chargé de la liquidation des droits, de la comptabilité, du contentieux et en général de toutes les opérations de bureau.

Le cadre d'exécution ou des services extérieurs, chargé de la police des ports, de l'examen des marchandises en général et de toutes les opérations de surveillance.

Art. 2. — A la tête du personnel est placé un chef de service portant le titre de directeur.

Art. 3. — Le cadre du service intérieur comprend des inspecteurs, des sous-inspecteurs, des secrétaires.

Les inspecteurs et sous-inspecteurs sont divisés en deux classes, les secrétaires en quatre.

C'est parmi ces fonctionnaires que doivent être pris les chefs de poste.

Art. 4. — Le cadre du service extérieur comprend des examinateurs, des patrons de jonque, des préposés.

En outre, il y aura, dans le port de Haiphong, un capitaine de port, un lieutenant et un agent.

Les patrons de jonque sont divisés en deux classes, les examinateurs en quatre et les préposés en trois.

Art. 5. — Le personnel indigène est composé de quatre classes de commis-interprètes, de trois classes de matelots et plantons.

Ces agents peuvent être employés indifféremment dans le service intérieur et dans le service extérieur.

Art. 6. — Nul ne peut être nommé agent des douanes, s'il n'est Français, âgé de plus de vingt ans et n'a accompli ses obligations vis-à-vis du service militaire (1).

(1) Voir plus loin arrêté du 9 août 1887 : nul ne peut être nommé préposé des douanes qu'après un stage préalable de six mois.

Art. 7. — Le directeur est nommé par le Ministre des affaires étrangères.

Les agents français sont nommés par le Résident général sur la proposition du directeur.

Les agents indigènes sont nommés par ce dernier (1)

La promotion d'une classe à l'autre dans un même grade peut avoir lieu au choix après un an de service dans cette classe. Elle est de droit après deux ans de service pour les patrons et les préposés, et après trois ans pour les secrétaires et les examinateurs.

Art. 8. — La promotion d'un grade à l'autre ne peut avoir lieu qu'au choix. Elle ne pourra être faite qu'après deux années d'exercice dans le grade inférieur.

Art. 9. — A titre exceptionnel, des agents du service extérieur pourront passer dans le service intérieur, et réciproquement, sur rapport motivé du directeur.

Art. 10. — Tout manquement à la discipline sera puni, selon la gravité des faits : d'un avertissement verbal, d'un blâme inscrit au registre d'ordre, d'une suspension de traitement, de la révocation.

Les deux premières peines seront prononcées par le directeur ; les deux dernières par le Résident général sur la proposition du directeur, sauf pour les agents indigènes que peut révoquer ce haut fonctionnaire.

La révocation des inspecteurs et sous-inspecteurs ne peut être prononcée qu'après avis d'une commission supérieure d'administration dont la composition sera ultérieurement déterminée.

Art. 11. — Le traitement des fonctionnaires et agents des douanes est fixé conformément au tableau ci-annexé.

Art. 12. — Tout agent qui justifiera de la connaissance suffisante pour les besoins du service d'une des langues anglaise ou allemande, jouira d'une allocation annuelle supplémentaire de 400 francs. Les deux allocations pourront se cumuler.

Art. 13. — Tout secrétaire faisant fonctions de chef de poste recevra une indemnité annuelle de 1,000 francs pour frais de service.

Art. 14. — Les dispositions des arrêtés des 3 mai 1886, sur les congés, et 28 juillet 1886, sur les retraites et soldes indemnitaires, sont applicables aux agents du service des douanes.

Art. 15. — Pour le règlement des frais de voyage, d'hôpital, etc., le personnel des douanes est assimilé à celui des résidences.

Art. 16. — (2)

Art. 17. — Un laboratoire et une collection contenant les matières et produits d'importation et d'exportation, destinés à l'instruction du personnel, seront établis à Haiphong.

Art. 18. — Sont annulées toutes dispositions antérieures contraires au présent arrêté.

Paul Bert.

Traitement du personnel des Douanes (3)

SERVICE	GRADES		Traitement	Frais de Service	Total des émoluments	Observations
			fr.	fr.	fr.	
Service intérieur.	Directeur		24.000	6.000	30.000	
	Inspecteurs	de 1re classe	18.000	3.000	21.000	
		de 2e classe	16.000	3.000	19.000	
	Sous-inspectrs	de 1re classe	14.000	2.000	16.000	
		de 2e classe	12.000	2.000	14.000	
	Secrétaires	de 1re classe	8.000	1.000	9.000	
		de 2e classe	7.000	»	7.000	
		de 3e classe	6.000	»	6.000	
		de 4e classe	5.000	»	5.000	

(1) Voir ci-après l'arrêté du 6 juin 1888, autorisant le sous-directeur des douanes de l'Annam et du Tonkin à nommer les agents indigènes ayant une solde inférieure à 1000 francs.

(2) La répartition des prises et produits des saisies a été modifiée par l'art. 15 de l'arrêté du 17 octobre 1886, publié ci-après

(3) Le traitement du personnel du service des douanes a été unifié par arrêté du 10 janvier 1888, publié plus loin.

TRAITEMENT DU PERSONNEL DES DOUANES (*Suite*)

SERVICE	GRADES	Traitement	Frais de Service	Total des émoluments	Observations
Service extérieur.	Capitaine de port	8.000	1.000	9.000	
	Lieutenant de port	7.000	»	7.000	
	Maître de port	5.000	»	5.000	
	Examinateurs de 1re classe	9.000	»	9.000	
	Examinateurs de 2e classe	7.000	»	7.000	
	Examinateurs de 3e classe	6.000	»	6.000	
	Examinateurs de 4e classe	5.000	»	5.000	
	Patrons de jonques de 1re classe	5.000	»	5.000	
	Patrons de jonques de 2e classe	4.000	»	4.000	
	Préposés de 1re classe	4.000	»	4.000	
	Préposés de 2e classe	3.500	»	3.500	
	Préposés de 3e classe	3.000	»	3.000	
Personnel indigène.	Secrétaires interprètes de 1re classe	2.400			
	Secrétaires interprètes de 2e classe	1.800			
	Secrétaires interprètes de 3e classe	1.500			
	Secrétaires interprètes de 4e classe	1.200			
	Matelots et plantons de 1re classe				
	Matelots et plantons de 2e classe				
	Matelots et plantons de 3e classe				

PAUL BERT.

N° 12 — ARRÊTÉ *réglementant le service des douanes dans les ports de l'Annam et du Tonkin.*

17 octobre 1886

Article premier. — Dès l'arrivée d'un navire ou d'une jonque dans un port, la douane doit placer à son bord un agent chargé de surveiller le débarquement et empêcher qu'il soit rien mis à terre sans permis.

Aussitôt après la réception de la note transmise par la Résidence, le bateau étant considéré comme régulièrement entré, le chef de la douane délivre le permis d'ouvrir la cale. Si, avant d'avoir reçu ce permis de débarquer, le capitaine avait ouvert sa cale et commencé à décharger, il pourrait être condamné à une amende de 100 à 2,500 francs, et les marchandises débarquées pourraient être saisies et vendues au profit de la caisse des douanes.

Art. 2. — Avant de débarquer ou d'embarquer les marchandises sujettes ou non aux droits, les capitaines ainsi que les propriétaires et consignataires doivent les déclarer au bureau de douane de la localité, et obtenir de celui-ci un permis d'embarquement ou de débarquement, suivant le cas.

Toute marchandise introduite ou exportée en fraude des droits, sur le territoire de l'Annam et du Tonkin, quelles que soient sa valeur et sa nature, tout produit prohibé débarqué ou embarqué frauduleusement seront saisis et confisqués; de plus des amendes seront prononcées contre les délinquants et proportionnées à l'importance de la fraude. Elles ne pourront être inférieures au double des taxes que le fraudeur a voulu éviter, ni supérieures au décuple de ces taxes, en totalité.

Art. 3. — Les bâtiments de guerre de toute nationalité, entrant dans un des ports du Tonkin ou de l'Annam, sont exempts de tous droits, *s'ils ne débarquent ou n'embarquent aucun article destiné au commerce*; ces navires seront tenus d'ailleurs de se conformer aux réglements institués pour la police de la rade et du port. Ils pourront s'y procurer les divers objets de rechange et de ravitaillement dont ils auraient besoin, et s'ils ont fait des avaries, les réparer et acheter, dans ce but, les matériaux nécessaires, le tout en franchise de droits de douane.

Il en sera de même à l'égard des navires de commerce qui, par suite d'avaries majeures, seraient contraints de chercher refuge dans un port quelconque de l'Annam et du Tonkin, mais ces navires ne devront y séjourner que momentanément, et aussitôt que la cause de leur relâche aura cessé, ils devront appareiller sans pouvoir y prolonger leur séjour ni commercer, à moins qu'ils ne se trouvent dans l'un des ports ouverts, auquel cas, ils rentreront dans le droit commun à partir du moment où ils auraient dû quitter le port.

Art. 4. — Le gouvernement du Protectorat peut interdire l'accès des ports de l'Annam et du Tonkin aux navires connus pour se livrer habituellement à la contrebande, et aux individus qui les montent.

Aussitôt l'apuration de leurs comptes, ces navires seront contraints de quitter le port.

Il suffit de trois contraventions dûment constatées dans le cours d'une année pour constituer la notoriété du fait de contrebande habituelle, et justifier l'application des dispositions contenues au présent article.

Art. 5. — Le capitaine est responsable de l'exactitude du manifeste. Ce document doit indiquer les marques et numéros, le nombre de colis, et autant que possible leur contenu. La présentation d'un faux manifeste rend le capitaine passible d'une amende de 50 à 3.000 francs; toutefois, si la bonne foi est reconnue et si les erreurs contenues dans le manifeste sont rectifiées dans les 24 heures qui suivent la remise du document en question à la douane, le capitaine est exonéré de toute pénalité.

Art. 6. — Le dépôt du manifeste des marchandises, par le capitaine ou l'agent du navire, ne dispense pas le négociant importateur ou exportateur, qu'il soit propriétaire, consignataire ou intermédiaire à un titre quelconque, de déclarer lui-même les marchandises qu'il embarque sous sa responsabilité propre. Il doit en remettre la note détaillée au chef de la douane et réclamer de celui-ci un permis d'embarquer ou de débarquer. Le permis est délivré après vérification des marchandises. Le commerçant assiste ou est représenté à la vérification par une personne accréditée, dont les dires et déclarations l'engagent comme s'il agissait lui-même.

La vérification a lieu dans un endroit déterminé et approprié en raison de la nature de la marchandise, et les agents des douanes ont la faculté d'ouvrir les caisses, futailles, balles ou colis et d'en demander la pesée ou la mesure à l'effet de vérifier l'exactitude des déclarations portées au permis.

Les investigations les plus minutieuses sont permises aux agents des douanes quand ils croient à un cas de fraude, mais elles ne doivent pas ordinairement dégénérer en exigences vexatoires, nuisibles aux affaires ou destructives de la marchandise.

Au cas où la déclaration ne serait pas conforme aux marques et numéros des colis, au nombre, au poids, à la valeur et à la qualité des marchandises embarquées ou débarquées, le chef de poste décidera si les différences constatées par le service ont une importance suffisante pour qu'il verbalise. Si elles ne témoignent d'aucune intention frauduleuse et ne sont pas de nature à léser visiblement le trésor, la déclaration est simplement rectifiée ou amendée, mais, dans le cas où la fraude est évidente, la marchandise est tout d'abord et provisoirement saisie, le Directeur seul devant décider s'il y a lieu de la confisquer et de la vendre au profit de la caisse des douanes.

Art. 7. — Aucun transbordement direct de bord à bord ne peut être effectué sans un *permis de transborder*, à moins toutefois d'accidents et d'avaries ou de tout autre cas urgent que les capitaines sont tenus de déclarer le plus vite possible. Tout transbordement clandestin ou non autorisé, sauf l'exception qui précède, sera considéré comme un débarquement clandestin et entraînera la confiscation de la marchandise. De plus, chacun des capitaines en contravention sera passible d'une amende de 500 à 1,000 francs.

Art. 8. — Un manifeste des passagers est aussi déposé par le capitaine qui veille à ce que les individus de race asiatique soumis à l'impôt de capitation ne débarquent pas sans autorisation de la douane

Les passagers déclarent eux-mêmes les objets soumis aux droits qui peuvent être contenus dans leur bagages.

Art 9. — Le lieu de débarquement, soit pour les passagers, soit pour les marchandises, étant toujours indiqué au capitaine par l'administration du port, d'accord avec la douane, il est interdit de débarquer en dehors des limites du port, avant le lever et après le coucher du soleil. Seuls, les passagers européens ont le droit de débarquer la nuit.

Toute contravention à cette prescription sera punie d'une amende de 500 à 1,000 francs à la charge du capitaine. Quand il s'agira de marchandise, celle-ci sera saisie et si la contrebande introduite était de l'opium, l'amende ne pourrait être moindre que le décuple du droit.

Art. 10. — Le service des douanes est autorisé à préempter pour le compte de l'État les marchandises soumises aux droits *ad valorem* qui paraîtront faussement déclarées. La majoration du prix déclaré sera de 10 p. 100, de sorte que l'État deviendra propriétaire de la marchandise en payant au contribuable le prix qu'il déclare, plus 10 p. 100.

Art. 11. — Les réductions de droits pour cause d'avaries prévues par le dernier paragraphe de l'art. 17 du traité de commerce, ne sont applicables, dans aucun cas, aux marchandises d'exportation. Pour l'importation ces réductions ne peuvent être accordées qu'autant que l'avarie aura lieu au cours du transport et résultera d'un évènement de mer régulièrement établi par les papiers de bord et la déclaration du capitaine.

Art. 12. — Dans les ports où n'existe pas un entrepôt réel, géré par la douane elle-même, l'administration des douanes est autorisée à accorder, moyennant certaines garanties morales et pécuniaires, la faculté d'entrepôt à domicile. Le règlement général de l'administration des douanes métropolitaines déterminant les conditions dans lesquelles cette faculté peut être concédée, sera consulté à cette occasion et ses prescriptions observées.

Art. 13. — Les droits de tonnage sont ainsi fixés :

2 francs par trimestre pour les navires français ou indigènes ;
4 — — étrangers.

Les navires qui, dès leur entrée, avisent les douanes de leur intention de ne pas payer les droits de tonnage à l'abonnement payent :

Les navires étrangers, 1 franc par tonne et par voyage ;
— français, 50 centimes.

Les navires qui n'ouvrent pas leur cale et qui ne font aucune transaction commerciale, ne payent aucun droit de tonnage pourvu qu'ils quittent le port dans les 48 heures. Après ce temps ils sont passibles des droits.

Art. 14. — Pour tous les cas non prévus et précisés par la présente décision, le service des douanes du Protectorat de l'Annam et du Tonkin se conformera aux prescriptions du règlement général de l'administration des douanes françaises et aux instructions générales du ministère des finances qui se rapportent à la perception.

Les bureaux de la douane dans les ports de l'Annam et du Tonkin, pour l'expédition des affaires, seront ouverts tous les jours, dimanches et jours fériés exceptés, de 7 à 10 heures du matin et de 2 à 5 heures du soir en été, et de 9 heures à midi et 1 heure à 4 heures en hiver. Des autorisations spéciales moyennant paiement peuvent, en outre, être accordées pour procéder aux opérations les dimanches et jours fériés, ainsi qu'aux heures où elles sont ordinairement interdites.

Art. 15. — Les produits réalisés d'amendes et de confiscations par suite des saisies faites par les préposés ou agents du service des douanes sont ainsi répartis :

60 p. 100 entreront dans la caisse des douanes ;
5 p. 100 au saisissant ou à l'indicateur s'il y en a un.

Cette proportion pourra être élevée à 10 p. 100, eu égard aux circonstances et par décision spéciale du directeur.

La balance servira à fonder une caisse de prévoyance pour tout le personnel des deux services. Un arrêté spécial réglementera le fonctionnement de cette caisse.

Art. 16. — Les taxes à percevoir à l'entrée et à la sortie des marchandises sur le territoire de l'Annam et du Tonkin restent provisoirement déterminées par les tarifs en vigueur.

PAUL BERT.

N° 13. — ARRÊTÉ *soumettant aux droits d'exportation les produits indigènes transportés en cabotage d'un point à un autre de la côte de l'Annam et du Tonkin.*

13 décembre 1886

Rapporté par arrêté du 26 février 1888

N° 14. — ARRÊTÉ *fixant les droits de douane sur les marchandises importées et exportées.*

27 mai 1887

Article premier. — Les marchandises d'origine étrangère, importées en Annam et au Tonkin, sont soumises aux droits spécifiés dans le tableau *A*, annexé au présent arrêté.

Les marchandises d'origine française sont exemptes des droits d'importation.

Art. 2. — Les marchandises exportées de l'Annam et du Tonkin sont soumises aux droits énumérés dans le tableau *B*, annexé au présent arrêté (1).

Ces droits sont réduits de moitié pour les marchandises exportées en droiture à destination de la France ou de ses colonies.

Art. 3. — Un droit de statistique est dû sur les marchandises importées, quelles que soient leur provenance ou leur destination.

Il est perçu à raison de : 0f10 par colis sur les marchandises en futailles, caisses, sacs ou autres emballages.

0f10 par mille kilos ou par mètre cube sur les marchandises en vrac ;

0f10 par tête sur les animaux vivants ou abattus des espèces, chevaline, bovine, ovine, caprine et porcine.

Art. 4. — Le Directeur des douanes est chargé de l'exécution du présent arrêté qui sera applicable le premier juin dans les ports de Haiphong, Hanoi, Phat-diem et Nam-dinh, et dans les autres bureaux de douanes dès qu'il y aura été notifié par voie d'affiches.

G. BIHOURD.

N° 15. — ARRÊTÉ *établissant un droit de magasinage sur les marchandises présentées en douane et non enlevées dans les délais fixés.*

9 août 1887.

Article premier. — Toute marchandise présentée en douane doit être enlevée des magasins de visite vingt-quatre heures au plus tard après la vérification.

Art. 2. — Les marchandises qui n'auront pas été enlevées dans ce délai seront soumises aux droits de magasinage ci-après:

	I. Colis pesant moins d'une tonne ou cubant moins d'un mètre.	II. Colis pesant une tonne ou plus et cubant un mètre ou plus.
1re journée	0 fr. 20	1 fr. 00
2e journée	0 fr. 15	0 fr. 75
Au delà de 2 jours, par jour	0 fr. 10	0 fr. 50

Art. 3. — Le directeur des douanes est chargé de l'exécution du présent arrêté.

G. BIHOURD.

N° 16. — ARRÊTÉ *prescrivant un stage de six mois aux candidats à l'emploi de préposé des douanes.*

9 août 1887.

Article premier. — Nul ne peut être nommé préposé des douanes qu'après un stage préalable de six mois au moins comme préposé auxiliaire.

Art. 2. — Les préposés auxiliaires reçoivent une solde annuelle de deux mille quatre cents francs (2,400 fr.).

Ils ont droit aux vivres, à l'indemnité de logement et aux frais de déplacement dans les mêmes conditions que le personnel titulaire, mais ils ne peuvent être mis en congé.

Art. 3. — Le directeur des douanes est chargé de l'exécution du présent arrêté.

G. BIHOURD.

N° 17. — ARRÊTÉ *fixant le prix des plombs apposés par le service des douanes.*

13 septembre 1887

Article premier. — Le prix des plombs apposés par le service des douanes en vertu des règlements, est fixé uniformément à dix centimes.

(1) Les tableaux A et B visés par les articles 1 et 2 n'ont pas été publiés dans le Moniteur du Protectorat.

Cet arrêté se trouve d'ailleurs modifié par les tarifs annexés au décret du 15 juin 1889 et à l'arrêté du 6 juillet suivant, publiés ci-après.

Ce prix comprend la fourniture de la matière première et des cordes et ficelles ainsi que les frais d'apposition des plombs.

Art. 2. — Le directeur des douanes est chargé de l'exécution du présent arrêté.

RAOUL BERGER

N° 18. — ARRÊTÉ *unifiant les soldes du personnel des douanes.*

10 janvier 1888.

Article premier. — Le personnel du service des douanes de l'Annam et du Tonkin est rétribué, à partir du 1er janvier 1888, conformément au tableau ci-annexé.

Art. 2. — Toutes les dispositions contraires au présent arrêté sont et demeurent abrogées.

DISPOSITION TRANSITOIRE.

Art. 3. — Les agents en service dans toute l'Indo-Chine conserveront pendant trois mois, à compter du 1er janvier 1888, les soldes dont ils jouissent actuellement.

Art. 4. — Le Secrétaire général du Gouvernement de l'Indo-Chine est chargé de l'exécution du présent arrêté, qui sera notifié, enregistré et publié partout où besoin sera.

CONSTANS

GRADES ET EMPLOIS	SOLDE ANCIENNE dégagée de tous accessoires	ALLOCATIONS NOUVELLES		
		SOLDE d'Europe	SOLDE coloniale	FRAIS de service
Personnel européen.				
Inspecteur de 1re classe	18.000	7.500	15.000	1.500
Inspecteur de 2e classe	16.000	6.000	12.000	1.200
Sous-inspecteur de 1re classe	14.000	5.500	11.000	1.200
Sous-inspecteur de 2e classe	12.000	5.000	10.000	»
Agents de divers ordres	8 et 9.000	3.500	7.000	»
Agents de divers ordres	7.000	3.000	6.000	»
Agents de divers ordres	6.000	2.500	5.000	»
Agents de divers ordres	5.000	2.250	4.500	»
Agents de divers ordres	4.500	2.000	4.000	»
Agents de divers ordres	4.000	1.850	3.700	»
Agents de divers ordres	3.500	1.750	3.500	»
Agents de divers ordres	3.000	1.650	3.300	»
Personnel indigène.				
Secrétaires	2.400	1.050	2.068 50	»
Secrétaires	1.800	900	1.773 50	»
Secrétaires	1.500	750	1.477 50	»
Secrétaires	1.200	600	1.182 50	»
Patrons de 1re classe	»	480	945 60	»
Patrons de 2e classe	»	420	827 40	»
Patrons de 3e classe	»	360	709 20	»
Patrons de 4e classe	»	336	661 02	»
Patrons de 5e classe	»	288	567 36	»
Mécaniciens de 1re classe	»	520	1.024 40	»
Mécaniciens de 2e classe	»	480	945 60	»
Mécaniciens de 3e classe	»	420	827 40	»
Chauffeurs de 1re classe	»	360	709 20	»
Chauffeurs de 2e classe	»	288	567 36	»
Matelots de 1re classe	»	192	378 24	»
Matelots de 2e classe	»	168	330 96	»
Matelots de 3e classe	»	144	283 68	»

N° 19. — ARRÊTÉ *supprimant les droits sur les produits indigènes transportés en cabotage d'un point à un autre de la côte de l'Annam et du Tonkin.*

25 février 1888.

Article premier. — Les droits établis par l'arrêté du 13 décembre 1886, modifié par celui du 10 août 1887, sur les produits indigènes transportés en cabotage d'un point à un autre de la côte de l'Annam et du Tonkin, sont et demeurent supprimés.

Art. 2. — Les marchandises transportées en cabotage, ainsi qu'il est dit ci-dessus, devront, pour jouir de la franchise des droits d'exportation qui leur est accordée par le présent arrêté, être soumises au régime des acquits à caution, tel qu'il est établi par les règlements douaniers pour le transit à l'intérieur.

Art. 3. — Toutes dispositions contraires aux prescriptions du présent arrêté sont et demeurent abrogées.

Art. 4. — Le Secrétaire général du Gouvernement est chargé de l'exécution du présent arrêté.

CONSTANS.

N° 20. — ARRÊTÉ *autorisant M. le Sous-directeur des douanes en Annam et au Tonkin à nommer, par délégation du Résident général, les agents indigènes de son service dont la solde est inférieure à 1.000 francs.*

6 juin 1888

Article premier. — M. le Sous-directeur des douanes en Annam et au Tonkin est autorisé à nommer, par délégation du Résident général, tous les agents indigènes de son service dont la solde est inférieure à mille francs.

RAOUL BERGER.

N° 21. — ARRÊTÉ *maintenant la franchise des droits de douane pour les objets de culte ou destinés à l'usage particulier des missionnaires.*

16 septembre 1888.

Article premier. — Les Missions catholiques en Annam et au Tonkin jouiront, comme par le passé, de la franchise des droits de douane pour tous les colis contenant des objets de culte ou destinés à l'usage particulier des missionnaires.

Art. 2. — Le service des douanes reste investi du droit de visiter lesdits colis quand il le jugera convenable.

Art. 3. — M. le Résident général *p. i.* en Annam et au Tonkin est chargé de l'exécution du présent arrêté.

RICHAUD.

N° 22. — ARRÊTÉ *assignant aux agents du service des douanes et régies le port d'une marque distinctive.*

30 janvier 1889.

Article premier. — Les agents du service des douanes en Annam et au Tonkin ci-après qualifiés, porteront, en service, l'insigne suivant :

Préposés, brigadiers et sous-brigadiers, une médaille en argent du module de la pièce de 5 francs, portant gravée d'un côté le mot *Douanes*, et de l'autre le numéro de la matricule.

Cette médaille sera portée en sautoir sur le côté droit de la poitrine, et suspendue par une tresse de cordonnet de laine bleue passant de l'épaule gauche à l'aisselle droite.

Autres agents, même médaille, tresse rouge.

Art. 2. — M. le Résident général en Annam et au Tonkin est chargé de l'exécution du présent arrêté.

CONSTANS.

N° 23. — LETTRE MINISTÉRIELLE *au sujet du payement des droits de douane sur les objets qui ont déjà été soumis à cet impôt dans la colonie.*

5 février 1889.

Par lettre du 5 août dernier, vous m'avez prié d'intervenir auprès du Département des finances, en vue d'obtenir que les marchandises étrangères, qui ont acquitté en Indo-Chine les droits de douane en vigueur, et qui sont ensuite réimportées en France, jouissent du bénéfice de la franchise réservée aux produits originaires de la colonie.

Vous avez ajouté que ce traitement est indispensable pour permettre au port de Saïgon de soutenir la concurrence de Hong-kong et de Singapoore, et pour lui conserver le mouvement de transit qui s'y était produit jusqu'à la mise en vigueur du régime douanier actuel.

J'ai l'honneur de vous faire savoir que le Ministre des Finances, s'appuyant sur les dispositions formelles de la loi du 7 mai 1881, n'a pas cru devoir acquiescer à cette demande. Il estime, en effet, que cette mesure est contraire à la loi précitée et ne pourrait être mise en vigueur qu'à la suite d'une nouvelle disposition législative. M. Peytral ne s'explique pas, d'ailleurs, le préjudice que la législation actuelle peut causer au commerce de l'Indo-Chine, puisqu'en vertu de l'article 9 du décret du 8 septembre 1887, les produits étrangers débarquant à Saigon, à Tourane, à Haiphong et dans d'autres ports, peuvent être admis au bénéfice de l'entrepôt fictif, et que l'administration locale est autorisée à créer des entrepôts réels dans les localités où ils seront reconnus nécessaires.

Les produits étrangers introduits dans la colonie peuvent donc, à la faveur de cette disposition, ne supporter les droits qu'à leur entrée en France.

Dans ces conditions, je ne puis qu'adopter l'opinion de M. le Ministre des finances, et il ne m'est pas possible de vous autoriser à rembourser aux intéressés, ainsi que vous me l'avez demandé, le montant des droits perçus en France jusqu'à concurrence de la somme déjà payée à l'entrée dans l'union douanière.

J. HAUSSMANN.

N° 24. — CIRCULAIRE *sur l'application du tarif douanier dans l'Indo-Chine* (1)

22 février 1889

J'ai été saisi de différentes questions soulevées par l'application du tarif douanier dans l'Indo-Chine française, et qui ont amené quelques difficultés entre le commerce et l'administration des douanes locales.

La principale question soulevée par les négociants intéressés a trait aux marchandises arrivées de France sans être accompagnées de passavants et qui doivent, aux termes des règlements des douanes, être considérées, en l'absence de ces documents dont la production incombe au transporteur, intermédiaire légal des intéressés dans la circonstance, comme marchandises étrangères.

A la suite d'une conversation que je viens d'avoir avec le Sous-directeur des douanes, j'ai autorisé, dans l'intérêt du commerce, les trois solutions suivantes, au gré des redevables :

1° Payer les droits liquidés, sous la condition formelle et expresse, que les intéressés seront remboursés, à guichet ouvert, par les receveurs des douanes dès que le négociant, le commerçant ou la douane, seront en possession de passavants émanant des douanes françaises, ou de certificats sur papier timbré délivrés par ladite administration, destinés à en tenir lieu.

C'est le mode actuellement en usage au bureau de Haiphong, et qui ne paraît avoir soulevé jusqu'ici aucune réclamation.

2° Garantir le payement éventuel des dits droits, dans un délai de trois mois, par une soumission spéciale *ad hoc*, signée de l'intéressé et de deux cautions conjointes et solidaires, agréées par le receveur des douanes du bureau de liquidation, qui restera responsable devant le trésor local des droits liquidés, au défaut d'exécution des engagements souscrits, lesquels ne sont pris que sous sa responsabilité pleine et entière.

3° Donner payement, en une traite de douane à quinze mois, portant intérêt à trois pour cent l'an, des droits dont s'agit ; la traite en question signée du déclarant et de deux cautions solvables, aussi conjointes et solidaires, agréées comme dessus et aux mêmes conditions, dans les termes et effets prescrits par les règlements des douanes métropolitaines.

Les autres questions, notamment celles des tares, que l'on peut considérer comme d'une importance moindre et moins immédiatement urgente, seront résolues avec votre concours qu'a sollicité le Sous-directeur des douanes, et que vous voudrez bien, je n'en doute pas un seul instant, lui prêter, dans l'intérêt bien entendu de vos commettants, au fur et à mesure que les questions vous sembleront d'une nécessité plus pressante.

Les Chambres de commerce seront appelées à donner leur avis sur la détermination de la taxe à appliquer pour les marchandises taxées au poids net. Cette détermination une fois faite, d'une façon générale pour toutes natures de marchandises qui la comportent, aucune difficulté ne pourra plus s'élever de ce chef.

J'appellerai aussi votre attention sur la situation créée à la douane par le fait de l'ouverture des magasins généraux de Haiphong. Il est nécessaire que le commerce veuille bien se pénétrer de ce fait que l'administration des douanes se trouve placée devant une triple obligation :

Respecter les intérêts si importants et si dignes à tous égards de l'industrie et du commerce ;

Sauvegarder les droits primordiaux du trésor local ;

Exécuter loyalement les stipulations du contrat jadis consenti par le Protectorat aux concessionnaires du monopole des magasins généraux de Haiphong et mis en vigueur par ordre formel du Département.

Il ne saurait échapper à votre expérience des affaires que cette situation présente dans la pratique des difficultés considérables. Je compte pour les aplanir sur tout votre esprit de conciliation : j'ai de mon côté donné à cet égard les ordres les plus précis au Sous-directeur des douanes. Il devra grouper en un même endroit des magasins généraux tous les services destinés à avoir rapport avec le public, et il devra faciliter les intérêts du commerce en réduisant au strict minimum les démarches à faire par les intéressés.

Il pourra arriver cependant que parfois des agents nouveaux ou trop zélés, comme il peut s'en rencontrer dans un personnel improvisé, qui a eu à appliquer, en si peu de temps, des régimes si différents, se laissent entraîner à quelque exagération.

Pour résoudre ces difficultés inévitables de détail, recommandez à vos collègues de s'adresser au chef du service qui leur donnera satisfaction. Mieux vaut procéder ainsi que de recourir à une polémique dont le premier résultat est de faire naître et d'entretenir entre le personnel qui en est l'objet, et le public, un état d'aigreur peu fait pour faciliter les relations journalières de service.

Si les réclamations que vous adressez à M. le Sous-directeur des douanes n'aboutissaient pas, il vous resterait la ressource de les porter devant l'administration supérieure qui s'empressera d'y faire donner satisfaction quand elle les jugera fondées.

Enfin, je vous prie de ne pas perdre de vue que la douane a à sauvegarder, en même temps que les intérêts du commerce, ceux du Trésor du Protectorat, et que, s'il convient qu'elle s'abstienne rigoureusement de tout excès de fiscalité et de tout ce qui pourrait ressembler à des procédés vexatoires, elle a le devoir impérieux d'assurer le payement des droits dus, qui constituent une des principales ressources de notre budget.

Je compte sur l'autorité légitime dont jouissent les membres de la Chambre que vous présidez pour faire pénétrer dans le public ces idées de conciliation.

De mon côté, je continuerai à m'inspirer, comme je l'ai fait jusqu'ici, des conseils que leur expérience des affaires, leur connaissance des besoins du commerce pourra leur suggérer. Cette entente et cette association de nos efforts ne peuvent qu'être profitables aux intérêts du commerce et à ceux du Tonkin qui y sont si étroitement liés.

C'est une tâche à la réussite de laquelle, M. le Président, j'ai la confiance que vous prêterez, comme vous l'avez toujours fait jusqu'ici, l'appui de votre longue expérience, de vos conseils éclairés et de la confiance méritée dont vous jouissez parmi vos pairs.

RICHAUD

N° 25. — ARRÊTÉ *promulguant en Indo-Chine le décret du 9 mai 1889, modifiant le tarif général des douanes à l'importation.*

15 juin 1889

Article premier. — Est promulgué dans toute l'étendue de l'Indo-Chine le décret du 9 mai 1889 modifiant le régime douanier de l'Indo-Chine.

Art. 2. — Des exemplaires du tarif général des douanes de France, modifié en exécution dudit décret, sont tenus à la disposition du public :

A Saigon, à la direction des douanes et régies,

A Haiphong, à Tourane et à Pnom-penh, au bureau du chef du service des douanes, et dans tous les bureaux de douanes de l'Indo-Chine.

Art. 3. — Le Lieutenant-gouverneur de la Cochinchine, le Résident supérieur au Cambodge, le Résident supérieur en Annam, le Résident supérieur au Tonkin, le Procureur général et le Directeur des douanes et régies, sont chargés, chacun en ce qui le concerne, de l'exécution du présent arrêté.

PIQUET.

(1) Cette circulaire est adressée aux Présidents des chambres de commerce.

N° 26. — DÉCRET *modifiant le tarif général des douanes en Indo-Chine.*

9 mai 1889.

Article premier. — Le tableau annexé au décret du 8 septembre 1887 et fixant les droits spéciaux applicables aux marchandises importées dans la Cochinchine, le Cambodge, l'Annam et le Tonkin, et non soumises au tarif général, est remplacé par le tableau annexé au présent décret.

Art. 2. — Les produits étrangers qui auront été admis à un régime de faveur à leur entrée en Algérie, seront assujettis, à leur entrée en Indo-Chine, au payement des droits inscrits au tarif douanier de l'Indo-Chine, déduction faite des droits perçus en Algérie.

Art. 3. — Le Président du conseil, ministre du commerce, de l'industrie et des colonies, est chargé de l'exécution du présent décret, qui sera inséré au *Bulletin des lois*, au *Bulletin officiel* de l'administration des colonies et aux *Journaux officiels* de la métropole et des colonies et protectorats.

CARNOT.

DÉSIGNATION DES PRODUITS	UNITÉ	TARIFS
CHAPITRE 1er. — *Animaux vivants.*		
Chevaux entiers ou hongres, juments et poulains	Tête.	Exempts.
Mules et mulets		—
Bœufs, vaches, taureaux, bouvillons, taurillons, génisses, veaux	—	—
Béliers, brebis, moutons et agneaux	—	—
Boucs, chèvres et chevreaux	—	—
Porcs et cochons de lait	—	—
Gibier, volailles, tortues	100 kil.	—
CHAPITRE II. — *Produits et dépouilles d'animaux*		
Viandes fraîches de toute sorte	—	Exempts.
Jambons asiatiques	—	14 »
Œufs conservés	—	Exempts.
Lait concentré	—	—
CHAPITRE III. — *Produits de pêche.*		
Poisson salé	—	2 15
Poisson sec	—	6 »
Crevettes sèches, biches de mer, ailerons de requin	—	Exempts.
Algues marines	—	—
CHAPITRE IV. — *Substances animales brutes, propres à la médecine ou à la parfumerie.*		
Cantharides	100 kil.	30 »
Muse	—	1.200
CHAPITRE V. — *Matières dures à tailler.*		
Dents d'éléphants entières	100 kil.	46 fr. 00
Dents d'éléphants brisées	—	30 00
Dents d'hippopotames	—	24 00
Défenses d'éléphants entières ou brisées	Ad valorem	5 0/0
Corail	100 kil.	1 10
Ecailles d'huîtres, tortues entières	—	300 00
Ecailles d'huîtres, tortues brisées	—	84 00
Cornes de chevreuils jeunes	Paires.	6 50
Cornes de chevreuils vieux	100 kil.	17 00
Cornes de buffles noires	—	3 00
Cornes de buffles blanches	—	5 00
Cornes de cerfs	—	8 00
Cornes de rhinocéros	Ad valorem	10 0/0
CHAPITRE VI. — *Farineux alimentaires.*		
Vermicelle asiatique	—	Exempts.
Riz et paddys	—	—
CHAPITRE VII. — *Fruits et graines.*		
Fruits frais	Ad valorem	5 p. 100
Lungan	100 kil.	4 »
Noix d'arec sèches	—	12 »
Noix d'arec fraîches	—	6 »
Fruits à distiller. — Anis étoilé	—	10 »
Fruits à distiller. — Anis brisé	—	5 »
CHAPITRE VIII. — *Denrées coloniales de consommation.*		
Sucre	....	Prohibé.
Galette chinoise (sucre noir)	100 kil.	5 »
Café	—	50 »
Thé	—	30 »
Résidus de thé	100 kil.	Exempts.
Agar-agar	—	1 85
Bétel	—	15 »
Tabacs. — Cigares et cigarettes de la Havane	—	800 »
Tabacs à fumer, à priser, cigares et cigarettes autres, étrangers	—	300 »
Tabacs chinois, à fumer et à priser, de toutes espèces	—	5 »
Amomes et cardamomes, girofles, muscades et macis	—	Exempts.
CHAPITRE IX. — *Huiles et sucs végétaux.*		
Huile de gomme benjoin	—	720 »
Huile de menthe poivrée	—	350 »
Huile d'olive	—	15 »
Gomme gutte	—	12 »
Gomme sang de dragon	—	720 »
Gomme sang de myrrhe	—	540 »
Gomme sang d'oliban	—	540 »
Gomme benjoin	—	35 »
Camphre et déchets de camphre en paillettes dit barrow	—	Exempts.
Opium de Bénarès brut	—	1.300 »
Opium de Bénarès bouilli ou préparé	—	2.600 »
Opium du Yunnan brut	—	1916 66
Opium du Yunnan bouilli ou préparé sans mélange	—	1.833 33
Opium du Yunnan bouilli ou préparé	—	2.600 »
Baumes		Exempts.
CHAPITRE X. — *Espèces médicinales*		
Menthe poivrée	—	12 »
Passeroses (mauves de jardin)	—	12 »
Liquorice (réglisse)	—	1 65
Galanga	—	1 20
Amadou	—	4 20
Ginseng américain, cru	—	72 »
Ginseng américain, clarifié	—	95 »
Ginseng chinois	Ad valor.	5. p. 100.
Ginseng de Corée et du Japon, 1re qualité	100 kil.	600 »
Ginseng de Corée et du Japon, 2e qualité	—	120 »
Patchuck	—	7 20
CHAPITRE XI. — *Bois.*		
Racine de patchuck	—	7 20
CHAPITRE XII. — *Filaments, tiges et fruits à ouvrer.*		
Coton vieux	—	Exempt.
Chanvre	—	4 25
Bambous et rotins entiers ou fendus	—	Exempts.
CHAPITRE XIII. — *Teintures et tannins*		
Ecorce de manglier	—	0 35
Gambier brut	—	2 »
Gambier préparé	—	25 »
CHAPITRE XIV. — *Produits et déchets divers.*		
Ail	—	4 80
Choux, navets, pousses de bambous, topinambours, haricots verts salés ou confits, en jarre ou en barrique	—	Exempts.
CHAPITRE XV. — *Pierres, terres et combustibles minéraux.*		
Plâtre	—	0 08
Chaux	—	1 »
Ciment	—	1 »
Soufre, sublimé et autres	—	10 »
Cornaline brute	—	2 25
Silex, pierres à fusil	100 kil.	0 40
Huiles minérales	—	5 »
CHAPITRE XVI. — *Métaux.*		
Plomb en lingots	—	3 60
Minerais de cuivre	—	6 »
Zinc en saumons	—	3 60
CHAPITRE XVII. — *Produits chimiques*		
Oxyde jaune de plomb (massicot)	—	4 20
Cinabre naturel	—	9 »
Sel marin	—	1 66
Salpêtre	—	10 »
CHAPITRE XVIII. — *Teintures préparées.*		
Cochenille	—	60 »
Laque	—	3 00
Indigo liquide	—	2 5

DÉSIGNATION DES PRODUITS	UNITÉ	TARIFS
CHAPITRE XIX. — *Couleurs.*		
Peinture verte (produit chinois)	—	5 50
Encre de Chine	—	Exempts.
CHAPITRE XX. — *Compositions diverses.*		
Bézoard	—	1.700
Rhubarbe	—	15 »
Médicaments ne figurant pas dans une pharmacopée officielle et non dénommés au tarif	*Ad valor.*	10 p. 100
Sauces asiatiques et autres préparations culinaires non dénommées	100 kil.	Exemptes.
Colle forte	—	6 »
Colle de poisson	—	Exempts.
CHAPITRE XXI. — *Boissons*		
Alcools. — Eau-de-vie, en bouteilles	Hect. liq.	50 »
Alcools. — Eau-de-vie autrement qu'en bouteilles	Hect. alc pur	50 »
Alcools. — Autres	—	50 »
Alcools. — Liqueurs	Hect. liq.	50 »
Eaux minérales	*Ad valor.*	5 p. 100
Vins et vermouth	Hect. liq.	20 »
Vins parfumés asiatiques	—	20 »
Bière	—	12 »
(1) CHAPITRE XXIII — *Verres et cristaux*		
Verre cassé	100 kil.	0 25
CHAPITRE XXIV. — *Fils.*		
Fils de coton ou autres garnis d'or ou d'argent de premier titre	—	2.500 »
Fils de coton ou autres garnis d'or ou d'argent de second titre	—	2.000 »
Fils de coton ou autres garnis d'or ou d'argent de troisième titre	—	1.500 »
Fils de coton ou autres garnis d'or ou d'argent hors titre ou faux	—	300 »
CHAPITRE XXV. — *Tissus.*		
Gunnies	—	Exemptes.
Tissus, foulards, crêpes, tulle, bonneterie, passementerie et dentelles de soie pure, d'origine chinoise	*Ad valor.*	10 p. 100
Tissus, foulards, crêpes, tulle, bonneterie, passementerie et dentelles de soie pure, d'autre origine	—	20 p. 100
Broderies à la main ou à la mécanique, de soie sur tissus de soie	100 kil.	800 »
Couvertures chinoises	—	30 »
Tissus de coton pur, unis, croisés et coutils présentant en chaîne et en trame, dans l'espace de 5 millimètres carrés, ceux pesant :		
Écrus (art. 364), 11 kil. et plus les 100 mètres carrés, 30 fils ou moins	—	80 »
Écrus (art. 364), de 7 kil. inclus à 11 kil. exclus les 100 mètres carrés, 35 fils ou moins	—	110 »
Blanchis (art. 365), 11 kil. et plus, les 100 mètres carrés, 30 fils ou moins	—	92 »
Blanchis (art. 365), de 7 kil. inclus à 11 kil. exclus les 100 mètres carrés, 35 fils ou moins	—	126 50
CHAPITRE XXVI. — *Papier et ses applications*		
Papiers chinois de toute nature	—	8 60
Papiers chinois destinés au culte	—	Exempts.
Eventails, parapluies, parasols et ombrelles en papier	—	—
Cartes à jouer asiatiques et autres	—	100 »
CHAPITRE XXVII. — *Peaux et pelleteries ouvrées.*		
Malles et oreillers chinois dits de Canton, en peau ou en cuir factice	—	18 »
CHAPITRE XXVIII. — *Ouvrages en métaux.*		
Ciseaux chinois	*Ad valor.*	5 p. 100
Montres émaillées et à perles	La paire	32 50
Instruments d'optique	100 kil.	200 »
CHAPITRE XXIX. — *Armes, poudres et munitions.*		
Poudre à tirer et cartouches chargées	*Ad valor.*	10 p. 100
Artifices et pétards d'origine asiatique	—	—
CHAPITRE XXX. — *Ouvrages en bois.*		
Articles en bambous et racines	—	5 p. 100
Sabots chinois	100 kil.	Exempts.
CHAPITRE XXXII. — *Instruments de musique.*		
Instruments de musique de toute sorte, chinois	.....	Exempts.
CHAPITRE XXXIII. — *Ouvrages de sparterie, de vannerie et de corderie.*		
Bottes et souliers chinois en paille	100 kil.	Exempts.
Chapeaux asiatiques en écorce, en paille ou en jonc	—	—
Nattes en paille ou en jonc	Les 10 mèt.	2 40
Articles en rotin	*Ad valor.*	5 p. 100
Cordages en rotin	100 kil.	Exempts.
CHAPITRE XXXIV. — *Ouvrages en matières diverses.*		
Peintures à l'huile chinoises	Le cent.	1 20
Bottes et souliers chinois en peau et satin	100 paires.	21 »
Allumettes chimiques en bois	100 kil.	12 »
Allumettes chimiques, autres	—	20 »
Eventails en plumes	—	5 40
Eventails en feuilles de palmier	—	2 60
Boutons en cuivre pour vêtements chinois	La grosse.	0 50
Boutons chinois	100 kil.	36 »
Curiosités	*Ad valor.*	5 p. 100
Fleurs artificielles	100 kil.	100 »
Pinceaux chinois à écrire	—	Exempts.

(1) Le chapitre XXII du tarif général n'a pas été modifié par le décret du 9 mai 1889.

Vu pour être annexé au décret du 9 mai 1889

Le président du conseil,
ministre du commerce, de l'industrie et des colonies
P. TIRARD.

N° 27. — LETTRE MINISTÉRIELLE *réservant les nominations du personnel des douanes au département.*

27 mai 1889

En vue de me rendre compte du recrutement du personnel des Contributions indirectes et des Douanes de l'Indo-Chine, j'ai l'honneur de vous informer que j'ai décidé de pourvoir à l'avenir aux nominations dans ce service.

Je vous serai obligé, en conséquence, de me faire parvenir désormais, pour le 1er janvier et le 1er juillet de chaque année, les propositions d'avancement que vous croirez devoir formuler en faveur de ce personnel, et de me tenir très-régulièrement au courant des mutations qui se produisent soit en Cochinchine, soit au Cambodge et dans le personnel des Douanes de l'Annam et du Tonkin.

EUG. ETIENNE.

N° 28. — ARRÊTÉ *fixant les droits à percevoir sur les marchandises exportées de l'Annam et du Tonkin.*

6 juillet 1889.

Article premier. — Les marchandises exportées de l'Annam et du Tonkin sont soumises aux droits énumérés dans le tableau annexé au présent arrêté.

Ces droits sont réduits de moitié pour les marchandises exportées en droiture à destination de la France ou de ses colonies.

Les marchandises exportées d'un port du Protectorat à un autre port du Protectorat, ne sont assujetties à d'autres taxes que celle de statistique, excepté le cas où elles sont placées sous un régime spécial.

Art. 2. — Un droit de statistique est dû sur les marchandises importées ou exportées.

Il est perçu à raison de 0, fr. 10 par colis, sur les marchandises en futailles, caisses, sacs ou autres emballages.

Fr. 0,10 pour 1.000 kilog ou par mètre cube, sur les marchandises en vrac.

Fr. 0,10 par tête, sur les animaux vivants ou abattus des espèces chevaline, bovine, ovine, caprine et porcine.

Art. 3. — Seront observées dans la perception de ce droit, les règles inscrites aux « observations préliminaires » du tarif général, des nos 536 à 542 inclus.

Art. 4. — Les contraventions aux présentes dispositions sont prévues et punies par les peines portées à l'article 2 de l'arrêté du 17 octobre 1886.

Art. 5. — Les Résident supérieurs de l'Annam et du Tonkin et le Sous-Directeur des douanes et régies sont chargés de l'exécution du présent arrêté.

PIQUET.

	BASES des PERCEPTIONS	DROITS	Observations
CHAPITRE PREMIER			
Chevaux et poulains	Par tête	20 fr. 00	
Bœufs et vaches	—	6 00	
Veaux	—	2 00	
Porcs	—	2 50	
Gibier et volailles	100 kil	5 00	
Animaux vivants non dénommés	*Ad valorem.*	5 p. 100	
CHAPITRE II.			
Viandes fraiches ou salées	—	5 p. 100	
Peaux brutes, fraiches, ou sèches ou salées	100 kil.	6 fr. 00	
Laines et poils de toutes espèces	—	5 00	
Plumes de toutes espèces	*Ad valorem.*	5 p. 100	
Soie grège ou redévidée	100 kil.	100 fr. 00	
Bourre de soie, déchets de soie et de bourre de soie, frisons, cocons entiers ou percés, frisonnets, bourrette, déchets cuits	—	18 00	
Cheveux	—	15 00	
Graisses animale et de poisson	—	5 00	
Cire brute, jaune, brune ou blanche	—	15 00	
Résidus de cire	—	3 00	
Œufs frais ou conservés	—	10 00	
Miel	—	5 00	
Os, noir d'os et oreillons	—	1 00	
Nids d'hirondelles. { 1re qualité	—	800 00	
Nids d'hirondelles. { 2e qualité	—	500 00	
Autres produits et dépouilles d'animaux à l'état brut et non dénommés	*Ad valorem.*	5 p. 100	
CHAPITRE III.			
Poisson frais, huitres et coquillages frais	100 kil.	1 fr. 00	
Poisson salé, fumé ou sec, crevettes sèches	—	4 00	
Ailerons de requin bruts { noirs	—	6 00	
Ailerons de requin bruts { blancs	—	18 00	
Ailerons de requin préparés	—	60 00	
Biches de mer. { noires	—	18 00	
Biches de mer. { blanches	—	4 00	
Saumures et salaisons	—	0 50	
Vessies de poisson. { 1re qualité	—	7 00	
Vessies de poisson. { 2e qualité	—	5 00	
Autres produits de pêche non dénommés	*Ad valorem.*	5 p. 100	
CHAPITRE IV.			
Substances animales brutes, propres à la médecine ou à la parfumerie, et non dénommés	—	5 p. 100	
CHAPITRE V.			
Dents d'éléphants. { entières	100 kil.	50 fr. 00	
Dents d'éléphants. { brisées	—	30 00	
Défenses d'éléphants entières ou brisées	—	200 00	
Écailles de tortues, de pangolins et autres animaux à écaille	—	5 00	
Écailles d'huitres et coquillages propres à l'industrie	—	1 00	
Os et sabots de bétail	—	3 00	
Cornes de rhinocéros et cornes tendres de cerfs et de chevreuils	—	30 00	
Autres	—	3 50	
CHAPITRE VI.			
Riz et paddy	—	0 fr. 75	
Farines de riz et autres	—	1 50	
Vermicelles	—	4 00	
Légumes secs	—	1 50	
Autres produits alimentaires non dénommés	*Ad valorem.*	5 p. 100	
CHAPITRE VII.			
Fruits frais de toutes espèces	—	5 p. 100	
Fruits secs ou tapés	100 kil.	2 50	
Arachides et pistaches	—	1 00	
Noix d'arec. { Sèches	—	12 00	
Noix d'arec. { Fraiches	—	6 00	
Fruits et graines oléagineuses, à distiller ou à ensemencer, non dénommés	*Ad valorem.*	5 p. 100	
CHAPITRE VIII.			
Sucre blanc	100 kil.	3 fr. 00	
Sucre brun	—	1 50	
Mélasses	—	1 00	
Confitures et fruits confits au sucre, au miel ou à l'eau-de-vie, bonbons, biscuits sucrés	—	10 00	
Café et cacao	—	10 00	
Amomes et cardamomes	—	10 00	
Thé	—	10 00	
Autres denrées coloniales non dénommées	*Ad valorem.*	5 p. 100	
Tabac. { en feuille	100 kil.	4 00	
Tabac. { préparé	—	6 00	
CHAPITRE IX.			
Huiles fines comestibles et ricin	100 kil.	5 50	
Huiles à brûler	—	3 50	
Huiles aromatisées	*Ad valorem.*	5 p. 100	
Huiles volatiles ou essences	—	5 p. 100	
Huiles d'anis	100 kil.	65 00	
Huiles à laquer. { 1re qualité	—	35 00	
Huiles à laquer. { 2e qualité	—	10 00	
Gommes de toutes espèces	—	5 00	
Résines et autres produits résineux	—	3 00	
Autres sucs végétaux non dénommés	*Ad valorem.*	5 p. 100	
CHAPITRE X.			
Racines, herbes, feuilles, fleurs, écorces, lichens et toutes espèces médicinales non dénommées	—	5 p. 100	
Anis étoilé ou brisé	100 kil.	7 00	
CHAPITRE XI			
Bois à construire, bruts ou équarris, sciés de toutes dimensions, odorants, ouvrés, d'ébénisterie et de teinture	*Ad valorem.*	5 p. 100	
Charbons de bois	100 kil.	0 00	
CHAPITRE XII.			
Coton brut	—	4 00	
Coton égrené	—	5 00	
Coton cardé et en feuille	—	7 50	
Filaments végétaux non dénommés	*Ad valorem.*	5 p. 100	
Joncs et roseaux, écorces pour cordages, coques de coco, grains durs à tailler	100 kil.	1 50	
CHAPITRE XIII			
Produits végétaux propres à la teinture et au tannage	*Ad valorem.*	5 p. 100	
Cunao	100 kil.	1 00	
CHAPITRE XIV.			
Légumes verts, salés ou confits au vinaigre	*Ad valorem.*	1 50	
Varech	—	0 20	
Tourteaux de graines oléagineuses	—	0 50	
Champignons indigènes	—	7 00	
Produits et déchets végétaux non dénommés	—	5 p. 100	
CHAPITRE XV.			
Marbres, pierres, moëllons, meules, matériaux de construction, chaux, plâtre, ciments et autres produits minéraux non dénommés	—	5 p. 100	
Houilles, charbon de terre et autres combustibles minéraux	—	3 p. 100	
CHAPITRE XVI.			
Minerai de fer	—	3 p. 100	
Métaux bruts, en masse ou en saumons, minerais et autres produits minéraux ou fossiles	—	5 p. 100	
CHAPITRE XVII.			
Produits chimiques de toutes espèces	—	5 p. 100	
Sel marin	100 kil.	0 20	

	BASES des PERCEPTIONS	DROITS	Observations
CHAPITRE XVIII.			
Teintures préparées	*Ad valorem.*	5 p. 100	
Indigo liquide	100 kil.	2 50	
Indigo sec	—	12 00	
CHAPITRE XIX			
Couleurs de toutes espèces, en pâte, en poudre, ou préparées.	*Ad valorem.*	5 p. 100	
CHAPITRE XX			
Savons autres que ceux de parfumerie	100 kil.	3 00	
Amidon	—	0 60	
Parfumerie, épices préparées, médicaments composés, fécules indigènes	*Ad valorem.*	5 p. 100	
Colle de poisson . . { 1re qualité.	100 kil.	13 00	
{ 2e qualité.	—	8 00	
Compositions diverses non dénommées	*Ad valorem.*	5 p. 100	
CHAPITRE XXI.			
Boissons fermentées ou distillées Alcool de riz	—	5 p. 100	
CHAPITRE XXII.			
Poteries communes cuites en dégourdi, non vernies	100 kil.	1 00	
Poteries communes cuites en dégourdi, vernies, décorées ou non	—	1 50	
Carreaux et autres objets de céramique	*Ad valorem.*	5 p. 100	
CHAPITRE XXIII.			
Verres, cristaux, vitrifications et grésil	—	5 p. 100	
Objets en verre non dénommés	—	5 p. 100	
CHAPITRE XXIV.			
Fils de lin, de chanvre, de coton, de jute, de laine, de soie, purs ou mélangés	—	5 p. 100	
CHAPITRE XXV.			
Tissus de toutes espèces	—	5 p. 100	
Vêtements confectionnés	—	5 p. 100	
CHAPITRE XXVI.			
Papier annamite	100 kil.	6 00	
Livre	—	4 00	
Autres objets en papier, non dénommés	*Ad valorem.*	5 p. 100	
CHAPITRE XXVII.			
Ouvrages en peau ou en cuir factice, pelleteries ouvrées	—	5 p. 100	
CHAPITRE XXVIII.			
Ouvrages en métaux, orfèvrerie, horlogeries, monnaies, machines, quincaillerie	—	5 p. 100	
CHAPITRE XXIX.			
Armes annamites, pétards et artifices	—	5 p. 100	
CHAPITRE XXX.			
Meubles	—	5 p. 100	
CHAPITRE XXXI.			
Ouvrages en bois non dénommés.	—	5 p. 100	
CHAPITRE XXXII.			
Instruments de musique	—	5 p. 100	

	BASES des PERCEPTIONS	DROITS	Observations
CHAPITRE XXXIII.			
Nattes en paille ou en jonc	100 kil.	2 00	
Rotins entiers ou préparés	—	12 00	
Bambous	—	0 00	
Articles en rotins, vannerie, cordages et objets en paille, jonc, bambous et autres filaments non dénommés	*Ad valorem.*	5 p. 100	
Filets de pêche	100 kil.	5 00	
CHAPITRE XXXIV.			
Ouvrages en matières diverses, carosserie, embarcations, agrès, feutres, chapeaux, tabletterie, éventails, brosserie, boutons, bimbloterie, allumettes, cheveux ouvrés, fleurs artificielles, parapluies et parasols, objets de collection et tous autres objets non dénommés	*Ad valorem.*	5 p. 100	

Vu pour être annexé à l'arrêté du 6 juillet 1889.

Le Résident supérieur au Tonkin,
BRIÈRE.

Nº 29. — ARRÊTÉ *sur la répartition du produit des amendes et transactions en matière de douane.*

6 juillet 1889.

Article premier. — Sont rendues applicables au Tonkin et en Annam les dispositions contenues dans l'arrêté du 21 mai 1889, concernant la répartition du produit des amendes et transactions.

Art. 2. — Les Résidents supérieurs de l'Annam et du Tonkin et le chef du service des douanes, sont chargés de l'exécution du présent arrêté.

PIQUET.

Nº 30. — ARRÊTÉ *déterminant le mode de liquidation des dépenses du service des douanes.*

8 juillet 1889.

Article premier. — Les dépenses de matériel et de personnel du service des douanes seront liquidées par le service. Les pièces justificatives et états dûment certifiés et les mandats seront adressés à la Résidence supérieure pour l'ordonnancement.

Art. 2. — Aucune dépense supérieure à vingt-cinq piastres ne pourra être engagée sans l'autorisation du Résident supérieur.

Art. 3. — La somme mise à la disposition du service des douanes, à titre de fonds d'avances, est fixée à mille piastres.

Il ne pourra être fait usage de la caisse de fonds d'avances que pour le payement des menues dépenses ayant un caractère d'urgence.

Art. 4. — Le chef du service des douanes fournira à la Résidence supérieure, avant le 10 de chaque mois, un état des recettes et des dépenses effectuées pendant le mois précédent, avec la situation des crédits disponibles

Art. 5. — L'arrêté de M. le Gouverneur général en date du 13 avril 1889, réglementant la tenue du personnel des douanes de Cochinchine, est appliqué au service du Tonkin.

Art. 6. — Le Sous-Directeur des douanes est chargé de l'exécution du présent arrêté.

BRIÈRE.

Nº 31. — ARRÊTÉ *exemptant des droits de sortie les produits agricoles, le riz excepté, à destination de la métropole.*

20 novembre 1889

Article premier. — A dater de ce jour, sont exempts de tous droits de sortie, lorsqu'ils seront à destination de la Métropole, tous produits agricoles, le riz excepté, résultant soit de plantations exploitées par des Français ou naturalisés, soit de monopoles concédés par l'administration, sans que, dans ce dernier cas, il soit tenu compte de la nationalité du concessionnaire.

Art. 2. — Le Résident supérieur au Tonkin est chargé de l'exécution du présent arrêté.

PIQUET.

N° 32. — CIRCULAIRE MINISTÉRIELLE *sur les formalités à remplir pour introduire au Tonkin les tissus de soie et coton en franchise des droits de douane* (1)

M. le Gouverneur général de l'Indo-Chine a appelé mon attention sur la façon de procéder de certains importateurs de tisssus étrangers qui font passer en France leurs marchandises, les nationalisent par le paiement des droits du tarif conventionnel, et évitent ainsi la surtaxe importante qu'ils devraient acquitter en Indo-Chine, conformément au décret du 9 mai dernier.

Pour remédier à cet état de choses et assurer l'application de l'article 6 du décret du 8 septembre 1887, des dispositions viennent d'être prises par la Direction générale des douanes et régies de l'Indo-Chine pour qu'à l'avenir les tissus de soie et de coton importés en Cochinchine, au Cambodge, en Annam ou au Tonkin ne jouissent de la franchise accordée aux produits nationaux qu'autant qu'ils seront accompagnés d'un certificat de fabrication française délivré par les producteurs eux-mêmes, et légalisé par le maire de leur commune.

Cette disposition sera applicable aux tissus embarqués sur les bâtiments qui quitteront la France à destination de l'Indo-Chine postérieurement au 30 novembre courant.

Je vous serai obligé de vouloir bien prendre les dispositions nécessaires pour que cette mesure, dont la mise à exécution a été annoncée par un avis inséré au *Journal officiel* de ce jour, soit portée à la connaissance des négociants et industriels de votre région qu'elle pourrait intéresser.

Recevez, Messieurs, les assurances de ma considération distinguée.

EUG. ETIENNE.

N° 33. — ARRÊTÉ *fixant le traitement du chef du service des douanes en Annam.*

22 février 1890

Article premier. — Le traitement du chef du service des douanes en Annam est porté à douze mille francs (12,000) ; solde d'Europe 6,000 fr., solde coloniale 6,000 fr.; il touchera en outre un supplément de douze cent francs (1,200) pour frais de bureau.

Art. 2. — Le Résident supérieur en Annam est chargé de l'exécution du présent arrêté dont l'effet remontera au 1er février 1890.

PIQUET.

VOY : **Alcool. — Boucherie. — Entrepôt réel. — Exportation. — Franchise postale. — Importation. — Indemnités. — Port de commerce. — Opium. — Sel. — Sucre. — Transit.**

Drapeau du Protectorat, Drapeau français

N° 1. — CIRCULAIRE *faisant connaître aux troupes les couleurs du drapeau du Protectorat.*

21 octobre 1885

Les milices employées par les autorités annamites sont autorisées à marcher sous le Drapeau du Protectorat.

Afin d'éviter toute méprise, le Général de division commandant en chef le corps du Tonkin croit devoir faire connaître aux troupes que ce drapeau est jaune orange, portant les trois couleurs françaises dans le quart supérieur adjacent à la hampe. Des caractères chinois dans la partie orangée et des initiales françaises dans le blanc du yach indiquent la province à laquelle appartient la troupe indigène.

COURCY.

(1) Cette circulaire, insérée au *Journal officiel* du 20 janvier 1890, n° 6, ne porte pas de date.

N° 2. — ARRÊTÉ *réglant le nombre et la couleur des drapeaux dont les mandarins annamites doivent se faire précéder.*

12 janvier 1886.

Article premier. — Les mandarins annamites, soit dans leurs sorties habituelles, soit dans les cérémonies et visites officielles, devront, à l'avenir, se conformer aux dispositions ci-après, relativement au nombre et à la couleur des drapeaux, dont ils pourront se faire précéder.

Le Kinh-luoc, les Tong-doc et les Thuan-phu seront précédés, pour leurs sorties ordinaires :

1° De deux drapeaux du Protectorat ;

2° De six drapeaux annamites (fond rouge avec encadrement bleu).

Pour les visites de cérémonie :

1° De quatre drapeaux du Protectorat;

2° De six drapeaux annamites (même couleur et bordure que ci-dessus) ;

3° De cinq drapeaux de couleur (bleu, rouge, jaune, blanc et noir).

Les Dé-doc, Bo-chanh, An-sat et Lanh-binh, seront précédés de :

1° Deux drapeaux du Protectorat ;

2° Deux drapeaux annamites (rouge, bordé de bleu).

Les phu et les huyen, de :

1° Un drapeau du Protectorat ;

2° Un drapeau annamite (rouge bordé de bleu).

Lorsqu'elles seront en marche, les milices des provinces se feront précéder d'un drapeau du Protectorat et de deux drapeaux annamites (même couleur que ci-dessus).

Art. 2. — Ces dispositions seront exécutoires à partir du 1er avril.

Art. 3. — Le Directeur des affaires civiles et politiques est chargé de l'exécution de la présente décision.

COURCY.

VOY : **Navigation.**

Droits de greffe.

N° 1. — ARRÊTÉ *fixant les droits de greffe à percevoir, et déterminant la taxe en matière d'expertise et de témoignage.*

11 février 1889

TITRE PREMIER.

Droits de greffe.

Article premier. — Les droits ci-après établis et non formellement exceptés, seront perçus au profit du budget du Protectorat, sans distinction entre ceux qui, d'après la législation de la métropole, constituent les droits de greffe proprement dits, et ceux qui représentent les émoluments ou honoraires des greffiers.

Art. 2. — Le droit de mise au rôle sera :

	fr.	c.
Dans le tribunal de première instance, de.....	3	00
Dans le tribunal de commerce, de...........	1	50

Dans les causes purement personnelles et mobilières, lorsque la demande n'excèdera pas 300 francs, ce droit sera réduit à 1 franc.

Le droit de mise au rôle ne pourra être exigé qu'une fois. En cas de radiation, la cause sera replacée à la fin du rôle.

Art. 3. — Il sera perçu, pour chaque jugement interlocutoire porté sur la feuille d'audience, ceux de simple remise exceptés, 1 franc.

Pour chaque jugement expédié et dont les qualités se rédigeront dans le greffe, savoir :

	fr.	c.
S'il est par défaut.........................	2	00
S'il est contradictoire.....................	4	00

(Ces droits seront réduits au quart pour les jugements rendus dans les causes purement personnelles et mobilières, lorsque la demande n'excèdera pas 300 francs.)

Art. 4. — La recherche des actes, jugements et ordonnances faits ou rendus depuis plus d'une année et dont il ne sera pas demandé expédition, donnera lieu à un droit de :

	fr.	c.
Pour la première année indiquée, de.........	0	50
Pour les années suivantes de................	0	25

Art. 5. — Il sera perçu :

	fr.	c.
Pour l'inscription au tableau de chaque extrait d'acte ou de jugement soumis à cette formalité	0	50
Pour la légalisation........................	0	25
Pour visa d'exploits........................	0	25

Art. 6. — Les droits relatifs aux doubles minutes destinées au dépôt des archives coloniales seront perçus, en ce qui concerne les actes judiciaires, conformément à l'édit du mois de juin 1776, à raison de 1 franc par rôle de 24 lignes à la page et de 15 syllabes à la ligne.

Art. 7. — Les greffiers seront remboursés des frais d'impression et d'envoi des lettres de convocation, dans les cas prévus par les lois, à raison, par chaque lettre de 0 fr. 30 c.

Ils percevront à leur profit :

	fr.	c.
Pour la mention de chaque acte sur le répertoire des actes et jugements sujets à l'enregistrement sur minute........................	0	10
Pour chaque quittance de sommes à eux payées.	0	10

Les greffiers auront droit à des frais de voyage dans les cas qui seront ci-après déterminés.

Art. 8. — Les droits d'expédition sont fixés ainsi qu'il suit :

1° Les expéditions des jugements définitifs, soit par défaut, soit contradictoires, en dernier ressort ou sujets à l'appel, celles des décisions arbitrales, celles des ventes et baux judiciaires, seront payées 2 fr. le rôle.

2° Les expéditions des jugements interlocutoires, préparatoires et d'instruction, des enquêtes, interrogatoires, rapports d'experts, délibérations, avis de parents, dépôts de bilan, pièces et registres, des actes d'exclusion ou option de tribunaux d'appel, déclaration affirmative, renonciation à communauté ou à succession, et généralement de tous actes faits et déposés au greffe, non spécifiés au n° 1 du présent article, ensemble de tous les jugements des tribunaux de commerce, seront payées 1 fr. 50 le rôle.

3° Les expéditons des jugements dans les causes purement personnelles et mobilières, lorsque la demande n'excède pas 300 fr., et des actes attribués par la loi française aux juges de paix seront payées 1 fr. le rôle.

Art. 9. — Les droits établis par les articles 4, 5 et 7 ci-dessus seront perçus par les greffiers et à leur profit. Ceux prévus aux articles 3 et 6 seront versés mensuellement au receveur de l'enregistrement sur états détaillés et signés par les greffiers.

Les droits de mise au rôle seront également versés, dans les cinq premiers jours de chaque mois, au receveur de l'enregistrement qui en donnera quittance sur les registres des rôles.

La recette des droits d'expédition sera faite par le receveur au fur et à mesure de la présentation des expéditions à la formalité de l'enregistrement.

Art. 10. — Il sera provisoirement accordé aux greffiers, à titre de remises fiscales, et pour leur tenir lieu d'émoluments et d'honoraires, un cinquième de la totalité des droits de greffe perçus par chacun d'eux.

Dans les dix premiers jours de chaque mois le receveur de l'enregistrement comptera, avec le greffier, le produit de ces remises et il lui en payera le montant sur le mandat qui sera délivré au bas du compte par le président du tribunal.

Au moyen des allocations ci-dessus et de leur traitement, les greffiers demeurent chargés de toutes les dépenses du greffe.

Art. 11. — Les greffiers doivent inscrire au bas des expéditions qui leur sont demandées le détail des droits et des déboursés auxquels chaque acte donne lieu. A défaut d'expédition, et lorsque les droits perçus ne se rapportent pas à un acte, ils doivent faire cette mention sur des états signés d'eux et qu'ils remettent aux parties. Ils portent sur les registres, dont la tenue est prescrite par les lois, toutes les sommes qu'ils perçoivent. Les déboursés et les émoluments figurent dans des colonnes séparées.

Art. 12. — Les greffiers tiendront un registre, coté et paraphé par le président, sur lequel ils inscriront jour par jour les actes sujets aux droits de greffe, les expéditions qu'ils délivreront, la nature de chaque expédition, le nombre de rôles, le nom des parties, avec mention de celle à laquelle l'expédition sera délivrée. Ils seront tenus de communiquer ce registre aux préposés de l'enregistrement toutes les fois qu'ils en seront requis.

Art. 13. — Lors de la mise au rôle de chaque cause, les parties devront consigner entre les mains du greffier la somme présumée nécessaire pour acquitter les droits de rédaction des jugements et de doubles minutes, et pour couvrir les frais d'enregistrement.

Art. 14. — Le greffier ne pourra délivrer aucune expédition que les droits n'aient été acquittés, sous peine de restitution du droit et d'une amende de 100 francs, et, suivant les cas, de poursuites devant les tribunaux.

Les expéditions demandées par l'administration seront délivrées gratis, et le greffier mentionnera que l'expédition a été requise par l'administrateur, lequel signera la mention.

Art. 15. — Dans tous les cas non spécialement prévus, le montant des droits sera payé ou avancé, entre les mains du greffier, par le requérant.

Art. 16. — Il est interdit aux greffiers de recevoir, sous quelque prétexte que ce soit, d'autres ou plus forts droits que ceux qui sont alloués par le présent arrêté. Le contrevenant sera, suivant la gravité des circonstances, destitué de son emploi et puni d'une amende de 100 francs, ou bien poursuivi pour l'application des peines prononcées par l'article 174 du code pénal, sans préjudice de la restitution des sommes perçues et de tous dommages-intérêts, s'il y a lieu.

Art. 17. — Les prescriptions établies par l'article 61 de la loi du 22 frimaire an VII, sont applicables aux droits de greffe comme à ceux d'enregistrement.

TITRE II

CHAPITRE PREMIER

Témoins, experts, frais de garde (Matière civile et commerciale).

Art. 18. — Il sera taxé aux témoins domiciliés dans le ressort de tribunaux de Hanoi et de Haiphong, pour chaque journée de présence.

Européens..	5 fr. 00
Indigènes ou asiatiques..	2 00

Il sera, outre la taxe ci-dessus, alloué aux témoins domiciliés en dehors de ces ressorts, une indemnité par myriamètre parcouru tant pour l'aller que pour le retour :

Européens, 1er myriamètre.	10 fr. 00
Européens, pour chacun des autres.	5 00
Indigènes ou asiatiques, pour chaque myriamètre. . .	2 00

Art. 19. — Il sera alloué aux experts 10 francs par vacation de 3 heures, outre la vacation à la prestation de serment et la vacation au dépôt du rapport, qui seront payées chacune 4 francs.

Il ne sera passé aux artisans chargés d'une expertise que la moitié des allocations ci-dessus.

Les experts auront droit à des frais de voyage, suivant les distinctions établies, et au taux fixé en l'article précédent dans les mêmes cas que les témoins.

Art. 20. — Si les experts sont obligés de se faire assister d'un maçon, d'un charpentier, d'un forgeron etc., il sera alloué à chacun de ces ouvriers par vacation de 3 heures :

Européens..	5 fr. 00
Indigènes ou asiatiques.	2 00

Art. 21. — Dans tous les cas où les experts procèdent en présence du juge, il ne leur est rien alloué pour la prestation de serment et le dépôt du rapport.

Art. 22. — Le Président réduira le nombre des vacations qui lui paraîtra excessif.

Art. 23. — Les frais de garde sont taxés par chaque jour :

Pour les douze premiers jours:	
Gardiens européens.	4 fr. 00
Gardiens indigènes ou asiatiques.	2 00
Ensuite seulement :	
Européens.	2 00
Indigènes ou asiatiques.	1 00

CHAPITRE II

Interprètes (matière civile et commerciale.)

Art. 24. — Il est alloué aux interprètes commissionnés près les tribunaux :

Pour les traductions dans l'intérêt des parties, par rôle de 20 lignes à la page et de 12 syllabes à la ligne :

	fr.	c.
De requêtes, billets et autres actes	2	00
De comptes	3	00
De tous actes qui ne sont pas destinés à être produits dans une instance	1	50

Pour vérification de traductions, les deux tiers des sommes allouées pour les traductions.

Au-dessous de 20 lignes de 12 syllabes, il ne sera payé qu'un demi-rôle.

Par vacation de trois heures, pour assister le juge aux interrogatoires sur faits et articles, aux enquêtes, aux visites de lieux et dans les cas semblables, 4 francs.

Art. 25. — Chaque interprète de langues pour lesquelles il n'y a pas d'interprète commissionné, aura droit aux allocations ci-dessus fixées, avec augmentation de moitié.

Art. 26. — Les interprètes européens auront droit aux mêmes indemnités de voyage que celles accordées aux greffiers par l'art. 49 ci-après. Il sera accordé la moitié de ces indemnités aux interprètes indigènes ou asiatiques.

Art. 27. — Toutes les sommes perçues par les interprètes commissionnés en vertu des dispositions du présent chapitre seront mentionnées sur un registre tenu au parquet par celui d'entre eux qui sera désigné par le Procureur de la République.

CHAPITRE III

Actes de l'état civil.

Art. 28. — Il sera alloué, soit à l'officier de l'état civil, soit au greffier du tribunal de 1re instance :

	fr.	c.
Pour l'expédition d'un acte de naissance, de décès ou de publication de mariage	0	75
Pour l'expédition d'un acte de mariage ou d'adoption	1	50

Il n'est rien dû pour la confection des actes de l'état civil et leur inscription sur les registres.

TITRE III

Règlements et tarifs des frais en matière criminelle, correctionnelle et de simple police.

Art. 29. — Les décrets des 18 juin 1811 et 7 avril 1813 seront, dans toutes leurs dispositions compatibles avec l'organisation judiciaire du Protectorat et la forme de procéder devant les tribunaux criminels, suivis comme pour Paris, sous les exceptions et modifications suivantes :

	fr.	c.
1° Pour chaque visite et rapport, y compris le premier pansement, s'il y a lieu	10	»
2° Pour les ouvertures ordinaires de cadavres et autres opérations plus difficiles que la simple visite et en sus du droit ci-dessus	15	»
3° Pour les ouvertures de cadavres après exhumation, pareillement en sus du droit pour la visite et le rapport	30	»

Art. 30. — Chaque médecin ou chirurgien recevra.

Art. 31. — Les honoraires et vacations des sages-femmes et des experts, fixés par le tarif de 1811, seront augmentés de moitié.

Art. 32. — Chaque interprète de langues pour lesquelles il n'y a pas d'interprète commissionné recevra, par vacation de 3 heures, 6 francs.

Les traductions par écrit seront payées par chaque rôle de 30 lignes à la page et de 18 syllables à la ligne, 2 francs.

Il sera seulement alloué pour les traductions de plus de 30 lignes de 18 syllables à la ligne et de moins de 45 lignes, les trois quarts des droits ci-dessus.

De moins de 30 lignes, la moitié.

De moins de 15 lignes, le quart.

Art. 33. — Les traductions faites par les interprètes commissionnés seront taxées sur les mêmes bases et le montant de la taxe sera compris dans la liquidation des dépens de tous jugements de condamnation.

Ces traductions seront portées pour mémoire au répertoire prescrit par l'article 27 ci-dessus, sur lequel devront aussi figurer les indemnités de voyage en matière criminelle.

Art. 34. — Les traductions faites à la requête des parties par les interprètes commissionnés près les tribunaux, seront payées à ces agents au taux ci-dessus fixé. Le montant en sera porté sur le répertoire prescrit.

Art. 35. — Dans tous les cas où les médecins, chirurgiens, experts, sages-femmes, etc..., seront appelés, soit devant le juge d'instruction, soit aux débats, il ne leur sera point alloué d'indemnité pour cette comparution.

Ils auront seulement droit aux frais de voyage dans les cas qui seront ci-après déterminés.

Art. 36. — Les témoins domiciliés sur le territoire des concessions françaises de Hanoi et de Haiphong recevront, lorsqu'ils seront entendus soit dans l'instruction, soit lors du jugement des affaires criminelles, correctionnelles et de police, s'ils le demandent, par chaque journée de présence, sans distinction de sexe ni d'âge :

	fr.	c.
Européens	2	00
Indigènes ou asiatiques	1	00

Art. 37. — Les droits accordés aux greffiers par les article 41, 42, 43, 44, 48, 49, 50, (modifiés par l'article 7 du décret du 7 avril 1813), et 51 du décret du 18 juin 1811 et celui fixé par l'article 39 ci-après, seront perçus par eux et à leur profit.

Ils profiteront également des droits d'assistance et autres déterminés dans le n° 1 de l'article 53 du décret de 1811.

Art. 38. — Les dispositions de l'article 56 du même décret seront communes aux matières criminelles.

Les accusés, prévenus ou inculpés pourront obtenir, aux conditions posées par ledit article, les traductions en leur langue des pièces dont copie doit leur être délivrée, sur leur seule demande, et de toute autre dont la délivrance aurait été autorisée par le Procureur de la République.

Néanmoins, en matière criminelle, le Procureur de la République pourra ordonner la délivrance gratuite de la copie ou de la traduction des procès-verbaux constatant le délit et de la déclaration des témoins.

Art. 39. — Il ne sera rien perçu pour l'établissement des doubles minutes des jugements en matière correctionnelle et criminelle.

Il en sera de même pour la délivrance des bulletins de condamnation à joindre aux procédures, ou demandés par le ministère public. Le droit à payer pour ces bulletins (n° 2) sera, dans tous les autres cas, de 0 fr. 50.

Art. 40. — Tant que l'huissier sera rétribué par la colonie, il ne lui sera alloué aucun salaire; néanmoins, les actes faits par lui à la requête du ministère public dans les procédures criminelles, correctionnelles et de simple police, seront compris au taux fixé par les décrets précités de 1811 et de 1813, ou ci-après, dans la liquidation des dépens du jugement de condamnation.

Art. 41. — Le droit pour l'exécution de tout mandat de dépôt décerné contre un prévenu déjà en état d'arrestation, est réduit à 1 fr. 50.

Art. 42. — Le coût des actes faits à la requête des parties sera consigné à l'avance entre les mains de l'huissier; les actes seront portés sur son répertoire, et la recette de leur coût sera faite par le receveur de l'enregistrement, comme il est dit en l'article 9 de l'arrêté du 11 décembre 1888, sur le service des huissiers.

Art. 43. — Les citations aux prévenus et aux témoins en police correctionnelle et en simple police, et les citations aux témoins devant la cour criminelle, pourront être données par tout agent de la force publique.

Dans ce cas, les originaux et les copies de citation seront compris, à raison de 0 fr. 30 chaque original et chaque copie, dans la liquidation des dépens de tout jugement de condamnation.

Art. 44. — Lorsque les médecins, chirurgiens et experts se transporteront en dehors des concessions françaises de Hanoi et de Haiphong, il leur sera alloué une indemnité de voyage à raison, par chaque myriamètre parcouru, en allant et en revenant, de :

	fr. c.
Premier myriamètre	15 00
Tous les autres	5 00

Art. 45. — Il sera alloué aux témoins domiciliés en dehors du ressort des tribunaux de Hanoi et de Haiphong, à titre d'indemnité de voyage, par chaque myriamètre parcouru, tant pour l'aller que pour le retour, si les moyens de transport ne sont pas fournis par l'administration.

EUROPÉENS

	fr. c.
Premier myriamètre	9 00
Tous les autres	3 00

ASIATIQUES INDIGÈNES

Premier myriamètre	2 00
Tous les autres	1 00

Art. 46. — L'huissier aura droit à la même indemnité de voyage qu'en matière civile.

Toutefois si dans le même voyage il s'est successivement transporté dans différentes localités, il ne lui sera accordé que le droit le plus élevé, quel que soit le nombre des significations.

Art. 47. — Il sera alloué aux interprètes européens les mêmes indemnités de voyage qu'aux greffiers.

Les interprètes indigènes ou asiatiques auront droit à la moitié de ces indemnités.

Dispositions générales

Art. 48. — La liquidation des dépens en matière civile et commerciale sera faite par les jugements qui les auront adjugés. A cet effet, la partie qui aura obtenu la condamnation remettra, dans le même jour, au greffier, l'état des dépens adjugés, et la liquidation sera insérée dans le dispositif du jugement.

Art. 49. — Les juges et officiers du ministère public qui se déplaceront pour opérations relatives à leurs fonctions, soit en matière civile, soit en matière criminelle, auront droit, s'ils se transportent en dehors de la limite des concessions françaises de Hanoi et de Haiphong, aux indemnités ci-après réglées :

Indemnités de séjour

	fr. c.
Procureur de la République et président du tribunal	20 00
Juge suppléant	15 00

L'indemnité due au greffier accompagnant les magistrats est de quinze francs.

Lorsque l'aller et le retour se feront dans la même journée, les indemnités ci-dessus seront diminuées de moitié.

Indemnités de route

Dans le cas où les moyens de transport n'auraient pas été fournis par l'Administration, les dépenses de voiture et autres seront remboursées sur mémoire.

Art. 50. — Le tableau des distances en myriamètres et kilomètres, à partir de Hanoi et de Haiphong, sera affiché dans les greffes des Tribunaux.

Art. 51. — Les dispositions du présent arrêté seront exécutoires à partir du 11 février 1889.

Art. 52. — Le Résident général en Annam et au Tonkin et le Procureur général, chef du service judiciaire de l'Indo-Chine, sont chargés, chacun en ce qui le concerne, de l'exécution du présent arrêté qui sera publié et enregistré partout où besoin sera.

RICHAUD.

N° 2. — ARRÊTÉ *déterminant le mode de perception des droits de greffe.* (1)

11 février 1889.

Rapporté par arrêté du 8 décembre 1889.

Droits de tonnage.

VOY. : Impôts. — Douanes.

(1) La perception des droits de greffe est confiée au service de l'enregistrement.

E

Eclairage

N° 1. — ARRÊTÉ *établissant une taxe d'éclairage à Hai-duong.*

10 janvier 1888.

Article premier. — Les propriétaires d'immeubles situés dans les rues de la ville de Hai-duong, éclairées aux frais du budget du Protectorat, seront assujettis à une taxe spéciale de 0 fr. 70 par mètre courant occupé par leurs propriétés sur la voie publique.

Art. 2. — Cette taxe sera perçue en deux termes, dans les dix premiers jours de chaque semestre, sur rôle régulier établi par le vice-résident de la province.

Art. 3. — Le vice-résident de Hai-duong est chargé de l'exécution du présent arrêté, qui aura son effet à dater du 1er janvier 1888. (1)

RAOUL BERGER.

N° 2. — ARRÊTÉ *établissant une taxe d'éclairage à Bac-ninh et à Dap-cau.*

28 mars 1888.

Article premier. — Les propriétaires européens, asiatiques, étrangers ou indigènes de maisons ou de terrains dans les villes de Bac-ninh et de Dap-cau, dont les propriétés sont situées en bordure des rues éclairées par les soins de l'administration, sont assujettis à une taxe spéciale annuelle de vingt cents (0 $ 20) par mètre courant occupé par leurs propriétés sur la voie publique.

Art. 2. — Cette taxe sera perçue par semestre et d'avance, sur rôle régulier établi par le Résident de la province.

Art. 3. — Tout retard dans le payement de la taxe rendra le délinquant passible d'une amende de $ 20 cents par jour de retard.

(1) Voir ci-après arrêté du 25 janvier 1890.

Art. 4. — Le Résident de France à Bac-ninh est chargé de l'exécution du présent arrêté.

RAOUL BERGER.

N° 3. — ARRÊTÉ *augmentant la taxe d'éclairage à Hai-duong.*

25 janvier 1890.

Article premier. — Les propriétaires d'immeubles situés dans les rues de la ville de Hai-duong éclairées aux frais du Protectorat, seront assujettis à une taxe spéciale de trente deux cents cinq centièmes (0,325) par mètre courant occupé par leurs propriétés sur la voie publique.

Art. 2. — Cette taxe sera perçue en une seule fois dans les trois premiers mois de l'année, sur rôle régulier établi par le Résident de la province.

Art. 3. — Le Résident de Hai-duong est chargé de l'exécution du présent arrêté.

BRIÈRE.

Écoles. — VOY : École coloniale. — Enseignement primaire. — Ferme-école. — Interprètes. — Jardin botanique.

École coloniale

N° 1. — DÉCRET *fixant le mode d'administration de l'école coloniale instituée à Paris.*

23 novembre 1889.

Article premier. — L'école coloniale instituée à Paris, relève du ministre chargé des colonies et est administrée par un conseil d'administration dont les membres sont nommés par le ministre.

Le président du conseil d'administration peut être suppléé par le vice-président.

Le conseil d'administration délègue à un de ses membres les fonctions d'ordonnateur.

Un caissier justiciable de la cour des comptes, est chargé de la perception des revenus et du payement des dépenses ; il est soumis, pour sa comptabilité en deniers, aux règles applicables aux économes des lycées.

Art. 2. — Le budget de l'école est arrêté par le conseil d'administration et approuvé par le ministre.

Les recettes se composent :

1° des dons et legs ;

2° du produit des biens appartenant à l'école ;

3° du produit des pensions et droits d'inscription ;

4° des subventions qui pourront être versées par l'État ou les colonies.

Art. 3. — Les dons et legs dont l'école coloniale pourrait être appelée à recueillir le bénéfice sont acceptés par le président du conseil d'administration suivant les règles adoptées pour les dons et legs faits aux lycées.

Les marchés sont passés par le conseil d'administration et, lorsqu'ils s'appliquent à des engagements dépassant 10,000 francs, ils sont approuvés par le ministre.

Art. 4. — Le président du conseil d'administration est apoelé à représenter l'école dans les actes de la vie civile.

Art. 5. — Les droits d'inscription sont fixés à 120 fr. par an, payables chaque année à l'ouverture des cours ; cette somme ne comprend pas le prix des leçons d'escrime et d'équitation qui sont obligatoires.

Art. 6. — Le président du conseil, ministre du commerce, de l'industrie et des colonies, est chargé de l'exécution du présent décret, qui sera inséré au *Bulletin des lois*, au *Journal officiel* de la République française et au *Bulletin officiel* de l'administration des colonies.

CARNOT

N° 2. — DÉCRET *réglant le mode d'admission à l'école coloniale instituée à Paris.*

23 novembre 1889

Article premier. — L'école coloniale instituée à Paris est divisée en deux sections : une section indigène et une section française.

TITRE PREMIER

SECTION INDIGÈNE

Art. 2. — La section indigène de l'école coloniale est destinée à donner à de jeunes indigènes des colonies et des pays de Protectorat, une éducation française et une instruction primaire supérieure.

Art. 3. — L'entretien de ces élèves à l'école coloniale est payé, soit par leurs familles, soit par les colonies ou pays de Protectorat auxquels ils appartiennent.

Les taux de la pension est fixé par arrêté ministériel, sur la proposition du conseil d'administration.

Art. 4. — Avant leur départ pour la France, les élèves doivent avoir justifié, dans leur pays d'origine, d'une connaissance suffisante de la langue française.

Ils ne doivent pas avoir moins de quatorze ans, ni plus de vingt ans.

Art. 5. — La durée normale des études est de deux ans. Les élèves peuvent toutefois être maintenus à l'école pendant une troisième année par décision ministérielle prise sur la proposition du conseil d'administration.

Ils peuvent, pendant cette troisième année d'études, suivre des cours spéciaux en dehors de l'école.

Art. 6. — Des arrêtés ministériels, rendus après avis du conseil d'administration, déterminent les programmes des cours, l'emploi du temps et fixent le réglement intérieur de l'école.

Art. 7. — Les élèves subissent des examens trimestriels ; ils sont appelés, en outre, à la fin de leurs études, à passer un examen général.

Art. 8. — Les élèves qui ont satisfait à l'examen de sortie reçoivent un certificat d'études primaires coloniales, indiquant les notes qu'ils ont obtenues et le degré d'aptitude dont ils ont fait preuve pour un emploi, un art ou un métier déterminé. Une copie de ce certificat est transmise au Gouverneur de la colonie à laquelle ils appartiennent.

TITRE II

SECTION FRANÇAISE

Art. 9. — La section française est destinée à donner l'enseignement des sciences coloniales et à assurer le recrutement des différents services coloniaux ; elle ne reçoit que des externes.

Art. 10. — Les conditions d'admission sont les suivantes :

1° Être Français ;

2° Être âgé de dix-huit ans au moins et de vingt-cinq ans au plus ;

3° Être titulaire d'un des trois diplômes du baccalauréat ;

4° Fournir les pièces suivantes :

A. — Un extrait de l'acte de naissance ;

B. — Un extrait du casier judiciaire ;

C. — Un certificat de bonnes vie et mœurs ;

D. — Un certificat délivré par un conseil de santé désigné par le Ministre chargé des colonies, constatant que le candidat n'est pas impropre au service des colonies.

Après avoir fait procéder, par les soins du conseil d'administration, à une enquête sur les différents candidats, le Ministre arrête la liste de ceux qui sont admis à suivre les cours de l'école.

Ils doivent, avant le commencement des cours, verser entre les mains du caissier de l'école les droits d'inscription fixés par le décret du 23 novembre 1889.

Une décision ministérielle, après avis conforme du conseil d'administration, peut accorder une réduction ou une dispense des droits d'inscription.

Art. 11. — Le renvoi d'un élève en cas de faute grave, ou à la suite d'examens de fin d'année insuffisants, peut être prononcé par décision ministérielle, sur la proposition du conseil d'administration.

Art. 12. — La durée des cours est fixée à trois ans ; toutefois elle est limitée à deux ans pour les élèves qui entrent à l'école munis du diplôme de licencié en droit.

Les élèves peuvent être, par une décision du conseil d'administration, autorisés à recommencer une des années d'étude.

Art. 13. — Un arrêté ministériel, rendu après avis du conseil d'administration, fixe le programme de l'enseignement ainsi que les épreuves exigés des candidats au cours des études et à la sortie de l'école ; cet arrêté détermine également le mode de classement des élèves d'après les examens qu'ils ont subis et les notes qui leur ont été données.

La discipline de l'école est réglée par un arrêté ministériel.

Art. 14. — A leur entrée à l'école, les élèves qui voudraient concourir pour le commissariat colonial doivent en faire la déclaration ; ils sont, dès lors, obligés de suivre le cours spécial.

Les élèves qui auraient l'intention de faire leur carrière en Indo-Chine, en feront également la déclaration et devront suivre les cours de langues indo-chinoises.

Art. 15. — A la fin de la troisième année d'études et avant les examens, un arrêté ministériel fixe le nombre de places mises, dans chaque carrière, à la disposition des élèves de l'école coloniale.

Ceux-ci sont appelés, d'après l'ordre du classement de sortie, et sous la réserve de remplir les conditions d'admission spéciales à chaque carrière, à choisir celle dans laquelle ils désirent servir.

Tous les élèves qui ont satisfait aux examens de sortie, appelés ou non à servir dans les administrations de l'État, reçoivent un livret d'élève de l'école coloniale.

Nul n'est admis a passer les examens s'il n'a pris ses inscriptions à l'école et suivi régulièrement les cours.

Art. 16. — Les carrières auxquelles peuvent être appelés les élèves brevetés de l'école coloniale, sont les suivantes :

Administration centrale des colonies, au ministère des colonies.

Magistrature coloniale (sous la réserve que le candidat sera licencié en droit).

Commissariat colonial (sous la réserve que le candidat sera licencié en droit et aura suivi le cours spécial du commissariat).

Service des bureaux du Secrétariat général du Gouvernement de la Cochinchine (sous la réserve que le candidat aura suivi avec succès les cours de langues indo-chinoises).

Administration des affaires indigènes en Cochinchine (sous la réserve précédente).

Personnel des Résidences au Cambodge, en Annam et au Tonkin (sous la réserve précédente).

Corps des administrateurs coloniaux.
Administration des directions de l'intérieur.
Administration pénitentiaire à la Guyane et en Nouvelle-Calédonie.

Art. 17. — Les élèves brevetés de l'école coloniale, appelés à servir dans les services de l'État, sont nommés :

Dans l'administration centrale du ministère : commis rédacteurs stagiaires.

Dans la magistrature coloniale : attachés aux parquets des procureurs généraux ;

Dans le commissariat colonial : élèves-commissaires.

Dans le service des bureaux du Secrétariat général du gouvernement de la Cochinchine, dans l'administration des affaires indigènes de Cochinchine, dans le personnel des Résidences au Cambodge, en Annam et au Tonkin, dans le corps des administrateurs coloniaux, dans l'administration des directions de l'intérieur, dans l'administration pénitentiaire : élèves-administrateurs.

Art. 18. — Les fonctionnaires stagiaires énumérés à l'article 17 sont, au fur et à mesure des vacances, et suivant leur ordre de classement, nommés aux emplois suivants :

Dans l'administration centrale du ministère : commis rédacteurs de 4e classe.

Dans la magistrature coloniale, s'ils remplissent d'ailleurs les conditions exigées par la loi ou les décrets d'organisation : juges suppléants ou substituts.

Dans le commissariat colonial : aides-commissaires.

Dans le service des bureaux du secrétariat général du gouvernement de la Cochinchine : commis principaux de première classe.

Dans l'administration des affaires de Cochinchine : administrateurs de 4e classe.

Dans le personnel des Résidences au Cambodge, en Annam et au Tonkin : chanceliers de Résidence.

Dans le corps des administrateurs coloniaux : administrateurs de 4e classe.

Dans l'administration des directions de l'intérieur : sous-chefs de 2e classe.

Dans l'administration pénitentiaire : sous-chefs de 3e classe.

Art. 19. — A partir du 1er janvier 1892, les trois-quarts des vacances qui se produiront dans les emplois énumérés à l'article précédent seront réservés aux élèves brevetés de l'école coloniale.

Art. 20. — En outre des élèves qui se destinent aux différents services de l'État dans les colonies, l'école reçoit des auditeurs libres *qui* sont admis, après autorisation du conseil d'administration.

Ces auditeurs sont soumis au payement des droits d'inscription dans les conditions prévues par l'article 10.

Ils peuvent recevoir un certificat constatant qu'ils ont subi avec succès les examens spéciaux déterminés par arrêté ministériel.

Art. 21. — Le président du conseil, ministre du commerce, de l'industrie et des colonies, est chargé de l'exécution du présent décret, qui sera inséré au *Bulletin des lois*, au *Journal officiel* de la République française et au *Bulletin officiel* de l'administration des colonies.

VOY. : Commissariat colonial

Ecole d'agriculture. — VOY : Ferme-école. — Jardin botanique.

Elections. — VOY : Chambres de commerce.

Enregistrement. (Administration de l')

N° 1. — ARRÊTÉ *promulguant dans l'étendue du territoire des villes de Hanoi et de Haiphong les lois, décrets et ordonnances qui régissent dans la métropole les droits d'enregistrement et d'hypothèque.*

6 juillet 1889.

Article premier. — Sont promulgués dans l'étendue des territoires des villes de Hanoi et de Haiphong, les lois, décrets et ordonnances qui régissent dans la métropole les droits d'enregistrement et d'hypothèque, et qui se trouvent insérés dans l'édition de 1888 du recueil des Codes français de Rivière, Faustin Hélie et Paul Pont, dont le dépôt est fait aux greffes des tribunaux de Hanoi et de Haiphong, mais seulement pour la partie de leurs dispositions qui ne sont pas contraires à l'organisation judiciaire et administrative du Protectorat du Tonkin, et en outre, sous réserve des modifications prévues au présent arrêté.

Art. 2. — Les tarifs des droits d'enregistrement et d'hypothèque, soit fixes, soit proportionnels, résultant des textes promulgués par l'article précédent, sont réduits de moitié, sans adjonction des décimes.

Toutefois, le minimum de tout droit proportionnel sera, pour chaque disposition, de cinquante centimes.

Le droit de transcription sera perçu indépendamment du droit d'enregistrement et au moment de la formalité hypothécaire, d'après le système de la loi du 21 ventôse an VII, sans avoir égard aux dispositions contraires de celle du 28 avril 1816.

Art. 3. — Les mutations par décès des biens meubles ou immeubles ne seront assujetties à aucun droit, ni soumises à aucune déclaration.

Art. 4. — Tous les actes administratifs portant vente ou concession en faveur de citoyens ou protégés français, de terrains domaniaux situés en dehors des territoires des villes de Hanoi et de Haiphong, devront être enregistrés dans le délai de vingt jours, sous peine d'un droit en sus.

Art. 5. — Sera de même obligatoire, dans le délai légal, l'enregistrement de tous actes sous-seings privés, portant mutation de biens immeubles situés en dehors des terrtoires des villes de Hanoi et de Haiphong, lorsqu'ils seront passés sous l'empire de la loi française.

Art. 6. — La transcription des actes visés aux articles 4 et 5 ci-dessus. pourra avoir lieu à la requête des intéressés, dans tous les cas où la loi du 23 mars 1855 rend cette formalité obligatoire.

Art. 7. — Tout immeuble situé sur le territoire du Protectorat du Tonkin pourra être hypothéqué, pourvu qu'il soit la propriété d'un citoyen ou protégé français.

Art. 8. — Pour les formalités prévues aux articles 4, 5, 6 et 7 ci-dessus, la compétence du bureau sera déterminée d'après le ressort du tribunal français de la situation des immeubles.

Art. 9. — Le présent arrêté ne sera exécutoire qu'après l'installation au Tonkin, du service de l'enregistrement et des hypothèques. Il sera ultérieurement statué à cet égard.

Art. 10. — Le Résident supérieur au Tonkin est chargé de l'exécution du présent arrêté, qui sera inséré et publié partout où besoin sera.

PIQUET

N° 2. — ARRÊTÉ *instituant dans les villes de Hanoi et Haiphong un bureau de l'enregistrement, des domaines et des hypothèques.*

6 juillet 1889.

Article premier. — Il est institué un bureau de l'enregistrement, des domaines et des hypothèques dans chacune des villes de Hanoi et de Haiphong.

Le ressort de chaque bureau est respectivement limité à l'étendue de la concession française, sous les exceptions prévues aux articles 4, 5, 6, et 7 de l'arrêté en date de ce jour, portant promulgation des lois sur l'enregistrement et les hypothèques.

Art. 2. — Les bureaux de l'enregistrement, des domaines et des hypothèques seront ouverts au public tous les jours, excepté le dimanche et les jours fériés, de sept à dix heures du matin, et de deux à cinq heures de l'après-midi.

Art. 3. Le personnel du service de l'enregistrement se compose de trois receveurs, dont un chef de service sans gestion, et deux autres, titulaires de bureaux.

Ces receveurs sont empruntés à l'administration métropolitaine, titularisés dans leurs fonctions par arrêté du Gouverneur général de l'Indo-Chine, et placés sous l'autorité immédiate de M. le Résident supérieur au Tonkin.

Ils sont chargés de toutes les recettes, perceptions et attributions appartenant en France aux receveurs de l'enregistrement et des domaines, et en outre du recouvrement des amendes et condamnations prononcées par les tribunaux français, et des frais de justice y afférents.

Ils apposent notamment leur visa sur les répertoires des notaires, huissiers et greffiers, qui doivent être soumis à leur contrôle par application des articles 51 et 52 de la loi du 22 frimaire an VII.

Art. 4. — Ils rendent annuellement compte de leur gestion.

Leurs comptes sont contrôlés par M. le Résident supérieur et apurés par M. le Gouverneur général, qui statue également sur le sort des articles restant à recouvrer en fin d'exercice.

Ils établissent d'ailleurs leur comptabilité en se conformant aux règlements financiers en vigueur dans le Protectorat du Tonkin.

Art. 5. — Le cautionnement des receveurs-conservateurs est fixé à 2.000 francs pour la garantie du Trésor, et à 2.500 francs pour celle des tiers, à raison des erreurs et omissions qu'ils commettraient dans l'accomplissement des formalités hypothécaires.

Le receveur sans gestion devra justifier d'un cautionnement de 2,000 francs.

Art. 6. — Le traitement fixe des receveurs de l'enregistrement et des domaines est déterminé ainsi qu'il suit:

CLASSE	SOLDE D'EUROPE	SOLDE COLONIALE		SOLDE D'EUROPE	SOLDE COLONIALE
1re cl.	7.000 f	11.000 f	Après deux ans de grade.	8.000 f	11.500 f
2e	5.000	10.000	id	6.000	10.500
3e	3.800	9.000	id	4.400	9.500
4e	2.800	8.000	id	3.300	8.500
5e	2.000	7.000	id	2.400	7.500
6e	1.600	6.000	id	1.800	6.500

Art. 7. — Indépendamment du traitement fixe, les receveurs chargés d'une gestion ont droit à des remises et salaires, ainsi qu'au logement en nature.

Le mobilier des bureaux est fourni par le Protectorat.

Art. 8. — Les remises sont de cinq pour cent sur les sommes recouvrées tant pour le compte du budget du Protectorat que pour celui du budget de l'État. Dans le premier cas, elles sont mandatées mensuellement par M. le Résident supérieur.

Dans le second cas, elles sont prélevées au fur et à mesure des recouvrements, par le receveur qui ne fait recette que du produit net.

Moyennant l'attribution de ces remises, les receveurs-conservateurs sont personnellement tenus des frais de bureau et de la solde des commis et plantons nécessaires pour assurer la bonne marche du service. (1)

Art. 9. — Les salaires à percevoir pour les formalités hypothécaires sont réglés d'après le tarif suivant :

1° pour l'enregistrement et la reconnaissance d'actes au registre des dépôts, tenu conformément à la loi du 5 janvier 1875, 1 franc.

2° Pour l'inscription de chaque droit d'hypothèque ou privilège, quel que soit le nombre des créanciers, si la formalité est requise par le même bordereau, 5 francs.

3° Pour chaque inscription faite d'office par le conservateur, en vertu d'un acte translatif de propriété soumis à la formalité, 5 francs.

4° Pour chaque déclaration, soit de changement de domicile, soit de subrogation ou d'époque d'exigibilité, soit de tous les trois par le même acte, 2 francs.

5° Pour chaque radiation d'inscription, 3 francs.

6° Pour chaque extrait d'inscription, ou certificat qu'il n'en existe aucune, 3 francs.

7° Pour la transcription de chaque acte de mutation, par rôle d'écriture du conservateur, contenant 30 lignes à la page et 18 syllabes à la ligne, 3 francs.

8° Pour chaque certificat de non transcription, 2 francs.

9° Pour les copies collationnées des actes déposés ou transcrits, par rôle d'écriture du conservateur contenant 25 lignes à la page et 18 syllabes à la ligne, 3 francs.

10° Pour chaque duplicata de quittance, 0,50 cents.

11° Pour la transcription de chaque procès-verbal de saisie immobilière et de chaque exploit de dénonciation de ce procès-verbal au saisi, par rôle d'écriture du conservateur contenant 30 lignes à la page et 18 syllabes à la ligne, 3 francs.

12° Pour l'acte du conservateur contenant son refus de transcrire, en cas de précédente saisie, 2 francs.

13° Pour chaque extrait d'inscription, ou certificat qu'il n'en existe aucune (article 692 code procédure civile) (1), 3 francs.

14° Pour la mention :

1° Des deux notifications prescrites par les articles 691 et 692, du code de procédure civile, 2 francs.

2° Du jugement d'adjudication, 2 francs,

3° Du jugement de conversion de saisie, 2 francs.

15° Pour chaque radiation de saisie immobilière, 2 francs.

16° Pour l'enregistrement d'ordre au registre de dépôt, et la mention en marge de la transcription d'un acte de mutation, du jugement portant résolution de l'acte transcrit, au seul salaire de 2 francs.

Art. 10 — Un arrêté ultérieur du Gouverneur général déterminera la date à laquelle le présent arrêté aura son effet.

Art. 11. — Le Résident supérieur au Tonkin est chargé de l'exécution du présent arrêté, qui sera publié et inséré partout où besoin sera.

PIQUET.

N° 3. — ARRÊTÉ *sur la mise en vigueur du service de l'enregistrement, des domaines et des hypothèques, et rapportant celui du 11 février 1889.*

8 décembre 1889.

Article premier. — *(Modifié par arrêté du 5 décembre 1889).*

Art. 2. — L'arrêté du 11 février 1889, est rapporté.

La perception des droits de greffe, tels qu'ils ont été fixés par un arrêté en date du même jour, le recouvrement des amendes et frais de justice et toutes opérations s'y rattachant, seront faits à l'avenir par les soins du service de l'enregistrement.

Art. 3. — Le Résident supérieur au Tonkin est chargé de l'exécution du présent arrêté, qui sera inséré et publié partout où besoin sera.

PIQUET

N° 4. — ARRÊTÉ *modifiant le 3e § de l'art. 8 de celui du 6 juillet 1889, sur les frais de bureau et de personnel des receveurs de l'enregistrement.*

8 décembre 1889.

Rapporté par arrêté du 16 juillet 1890.

N° 5. — ARRÊTÉ *fixant au 1er janvier 1890 la mise en vigueur du service de l'enregistrement, des domaines et des hypothèques.*

15 décembre 1889.

Article premier. — Est modifié comme suit l'article 1er de l'arrêté précité du 8 décembre 1889 :

« Est rendu exécutoire à partir du 1er janvier 1890, l'arrêté du 6 juillet 1889, promulguant, sous les réserves y énoncées, dans l'étendue des territoires des villes de Hanoi et de Haiphong, les lois, décrets et ordonnances qui régissent dans la métropole les droits d'enregistrement et d'hypothèque. »

Art. 2. — Le Résident supérieur au Tonkin est chargé de l'exécution du présent arrêté.

PIQUET.

VOY : Successions vacantes.

Enseignement primaire

N° 1. — DÉCISION *relative à l'organisation de l'enseignement primaire au Tonkin* (2).

12 mars 1885.

Article premier. — Il sera créé au chef-lieu de chaque Résidence, au fur et à mesure que le personnel et les locaux nécessaires auront été préparés, des écoles primaires du Gouvernement, dans lesquelles sera donné l'enseignement du français, gratuit et facultatif.

Art. 2. — Ces écoles seront dirigées par des maîtres français, assistés de professeurs français ou indigènes, suivant les nécessités.

(1) Le 3e § de l'article 8, modifié par arrêté du 8 décembre 1889, a été rétabli par un autre arrêté du 16 juillet 1890.

(1) Après purge légale.
(2) Voir ci-après arrêté du 6 septembre 1886.

Art. 3. — L'enseignement primaire dans les écoles du Protectorat au Tonkin, aura essentiellement en vue la connaissance de la langue française ; il comprendra la lecture expliquée et commentée, l'écriture, le calcul, l'arpentage, et, progressivement, des notions d'histoire du Tonkin, de la Cochinchine française, de l'Annam et de la France, la géographie générale, mais spécialement celle de la France, des colonies françaises, de l'Annam, et, sous forme de lectures expliquées, quelques notions des principales applications des sciences physiques et naturelles à l'agriculture, au commerce et aux arts industriels.

Aux cours de français sera adjoint l'enseignement de la langue annamite écrite en caractères latins *(quoc-ngu)* et celui des *caractères chinois*.

Art. 4. — Les élèves admis dans les écoles primaires du Protectorat devront être âgés de 8 ans au moins et de 13 ans au plus ; toutefois, les jeunes gens âgés de plus de 13 ans qui posséderaient déjà quelques éléments de la langue française, pourront y être reçus à titre exceptionnel.

Art. 5. — Le directeur de l'école de Hanoi remplira, jusqu'à nouvel ordre, les fonctions de directeur de l'enseignement primaire, cumulativement avec les siennes propres.

A ce titre, il centralisera le service de toutes les écoles du Protectorat, sous les ordres du Directeur des affaires civiles et politiques, les inspectera et sera chargé de présenter à l'administration supérieure des rapports d'ensemble, à la fin de chaque trimestre, sur la situation et la marche du service de l'instruction publique.

Les directeurs d'école et les professeurs européens ou indigènes seront placés sous son autorité.

Art. 6. — Les directeurs d'école seront chargés, sous les ordres du directeur de l'enseignement primaire, de la direction des études d'après les programmes adoptés, de la discipline de l'école, de la régularité des cours et du bon entretien des salles, du mobilier, du matériel et des fournitures classiques. Ils feront les cours auxquels ils sont astreints eux-mêmes, donneront leurs ordres aux professeurs placés sous leur direction, leur transmettront les instructions du directeur de l'enseignement primaire, et exigeront qu'ils s'y conforment. Ils signaleront au Directeur la conduite et la manière de servir des professeurs ; à la fin de chaque mois, ils lui adresseront un rapport concernant tous les détails du service.

Art. 7. — Dans chaque Résidence, les écoles du Protectorat seront soumises à l'inspection et au contrôle de MM. les Résidents ; les directeurs d'école seront tenus de déférer aux observations qu'ils croiront devoir leur faire, sauf à rendre compte immédiatement à leur chef hiérarchique. Un duplicata du rappor mensuel du directeur de l'école devra être adressé par celui-ci au Résident.

Art. 8. — La solde, le mode d'avancement et la hiérarchie du personnel enseignant français attaché au service de l'instruction publique, seront réglés comme suit :

(*Modifié par l'art. 2 de l'arrêté du 6 septembre 1886.*)

Dans le cas où ils ne recevraient pas le logement en nature, les directeurs d'école et professeurs auront droit à une indemnité de 720 francs par an.

Art. 9. — Nul ne pourra être nommé professeur stagiaire s'il n'est muni du brevet simple pour l'enseignement primaire dans la Métropole, ou de tout autre brevet universitaire en tenant lieu.

Tout professeur stagiaire sera admis de droit à la 4e classe après une année de service actif, à moins que son avancement ne soit retardé par mesure disciplinaire.

Nul professeur ne pourra passer d'une classe inférieure à la classe immédiatement supérieure, s'il n'a au moins deux ans de service dans cette classe.

Les professeurs chargés de la direction d'une école jouiront d'un supplément de solde de 1,000 francs par an.

Art. 10. — Les peines disciplinaires à prononcer contre les professeurs français seront :

1° L'avertissement du directeur de l'enseignement ou du Résident ;

2° Le blâme infligé par le Directeur des affaires civiles et politiques ;

3° La suspension partielle ou totale du traitement colonial pendant un certain laps de temps ;

4° La révocation.

Les deux dernières peines seront prononcées par le Général commandant, après l'avis d'un conseil d'enquête.

Art. 11. — La solde, l'avancement et la hiérarchie du personnel indigène seront réglés comme suit :

(*Modifié par l'art 2. de l'arrêté du 6 septembre 1886.*)

Art. 12. — Les professeurs et les instituteurs indigènes seront soumis aux peines disciplinaires ci-après :

L'avertissement du directeur de l'enseignement ;
Le blâme du Directeur des affaires civiles et politiques ;
Une retenue sur le traitement, qui pourra s'étendre jusqu'à 15 jours de solde ;
La rétrogradation ;
La suspension ;
La révocation.

Art. 13. — Les cadres du personnel des écoles primaires seront provisoirement ainsi fixés :

ÉCOLE DE HANOI

Un professeur, directeur de l'école, faisant fonctions de directeur de l'enseignement primaire ;
Un professeur français, chargé des cours à faire en particulier aux enfants européens ;
Quatre instituteurs indigènes ;
Un homme de peine.

AUTRES ÉCOLES

Un professeur, directeur de l'école, est chargé des cours particuliers aux enfants européens ;
Quatre instituteurs indigènes ;
Un homme de peine.

Art. 14. — Les professeurs munis du diplôme donnant droit à la prime de langue annamite, d'après l'institution établie en Cochinchine par la décision en date du 23 juillet 1879, continueront à avoir droit à cette prime.

Art. 15. — Aucune institution particulière ne pourra être ouverte sans une autorisation préalable de l'administration du Protectorat au Tonkin.

Quiconque sollicitera cette autorisation devra justifier des conditions de moralité et de capacité exigées par les règlements locaux. — Toute institution particulière est soumise à la surveillance de l'Administration.

Art. 16. — Sont dispensés de l'autorisation exigée par l'article 15, les collèges ou séminaires des Missions et les écoles qui en dépendent, les écoles de caractères chinois.

Art. 17. — Des subventions pourront être accordées aux institutions particulières qui s'engageraient à enseigner le français.

Art. 18. — Une commission supérieure permanente sera chargée d'étudier toutes les questions se rattachant à l'Instruction publique et d'inspecter les établissements d'enseignement du Protectorat.

Cette commission sera composée ainsi qu'il suit :

Le Directeur des affaires civiles et politiques, *président ;*
Le Résident de Hanoi, *membre ;*
Le Directeur de l'enseignement primaire, *idem. ;*
Le Chef du secrétariat des affaires civiles, *idem. ;*
Le Curé de Hanoi, *idem. ;*
Un médecin désigné par le Directeur du service de santé, *idem ;*
Un ingénieur des Travaux publics, *idem. ;*
Un interprète principal, *idem.*

Art. 19. — Le Directeur des affaires civiles et politiques est chargé de l'exécution de la présente décision.

BRIÈRE DE L'ISLE

N° 2. — DÉCISION *portant création d'une 4e classe d'instituteurs indigènes.*

17 avril 1885.

(*Modifiée par arrêté du 6 septembre 1886*)

N° 3. — CIRCULAIRE *au sujet de l'organisation des écoles au Tonkin.*

16 avril 1886.

Conformément aux instructions de M. le Résident général en Annam et au Tonkin, contenues dans sa lettre en date du

16 avril 1886, l'organisation provisoire des écoles au Tonkin sera entreprise immédiatement dans les conditions ci-après

1° Dans tous les centres où il sera possible d'établir une école de français, les notables seront invités à y envoyer matin et soir, aux heures indiquées par le professeur, les enfants des familles voisines.

2° On y enseignera :
Le français parlé et écrit :
Les quatre premières règles ;
Quelques notions élémentaires des sciences exactes et des sciences physiques ;
L'art d'écrire l'annamite en caractères européens.

3° Les fournitures scolaires seront faites aux frais du Protectorat jusqu'à nouvel ordre.

4° La salle de classe sera fournie par la commune.

5° Les suppléments alloués aux professeurs seront de 30 à 40 francs par mois pour les indigènes, de 100 à 120 francs pour les Européens ; chacun d'eux recevra en outre un supplément de 50 centimes par mois et par élève dont la présence aura été régulièrement constatée.

6° Nul ne sera admis à professer, s'il n'a été reconnu apte à entrer en fonctions par une commission spéciale présidée par le Résident supérieur ou par le Résident de la province, et composée de trois membres compétents désignés par le Résident supérieur.

7° La police et la surveillance des écoles primaires est confiée aux Résidents, qui fixeront, pour chaque localité, les heures d'ouverture et de fermeture des classes, les limites d'âge à imposer aux élèves, et s'assureront que les locaux affectés par les municipalités à ce service public sont convenables.

P. VIAL.

N° 4. — ARRÊTÉ *relatif au personnel de l'enseignement primaire*

6 septembre 1886.

Article premier. — Le personnel de l'enseignement primaire au Tonkin comprend :
1° Des instituteurs français titulaires, répartis en 3 classes;
2° Des instituteurs français auxiliaires;
3° Des instituteurs indigènes titulaires, répartis en 2 classes;
4° Des instituteurs adjoints indigènes, répartis en 4 classes;
5° Des instituteurs auxiliaires indigènes, répartis en 4 classes;
6° Des répétiteurs et surveillants indigènes.

Art. 2. — La solde de ces agents est fixée ainsi qu'il suit:

Instituteurs français	1re classe	6,000 fr.
	2e classe	5,000
	3e classe	4,000
Instituteurs auxiliaires français		3,000
Instituteurs indigènes	1re classe	3,000
	2e classe	2,700
Instituteurs adjoints indigènes	1re classe	2,100
	2e classe	1,800
	3e classe	1,500
	4e classe	1,200
Instituteurs auxiliaires indigènes	1re classe	1,020
	2e classe	900
	3e classe	780
	4e classe	720
Répétiteurs et surveillants indigènes		600

Art. 3. — Les instituteurs nommés antérieurement au présent arrêté continueront à jouir de la solde qui leur est actuellement attribuée et seront classés en conséquence.

Ceux dont le traitement ne correspond exactement à aucun de ceux prévus au nouveau règlement, recevront le titre de la classe immédiatement inférieure au taux de leurs émoluments actuels.

Art. 4. — Le temps minimum de service exigé dans chaque classe du cadre indigène pour obtenir de l'avancement sera de:
Six mois pour les répétiteurs, surveillants et instituteurs auxiliaires des deux dernières classes;
Un an pour les auxiliaires des deux premières classes;
Deux ans pour les instituteurs adjoints.
Trois ans pour les instituteurs.

Art. 5. — L'avancement dans le personnel français aura lieu au choix, sans condition de temps.

Art. 6. — Les instituteurs de tous grades seront à la nomination du Résident général sur la proposition du Résident supérieur.

Art. 7. — Le Résident supérieur au Tonkin est chargé de l'exécution du présent arrêté.

PAUL BERT.

N° 5. — ARRÊTÉ *supprimant l'emploi d'adjoint à l'inspecteur de l'enseignement*

14 octobre 1887

Article premier. — L'emploi d'adjoint à l'inspecteur de l'enseignement est supprimé.

Art. 2. — M. Gaston Kahn, précédemment adjoint à l'inspecteur de l'enseignement, est nommé commis de résidence de 1re classe, pour servir à la Résidence générale.

RAOUL BERGER

N° 6. — ARRÊTÉ *décidant que les instituteurs relèvent directement dans les circonscriptions administratives, des Résidents et vice-résidents, et à Hanoi, du Secrétaire général.*

25 février 1888.

Article premier. — Les instituteurs relèvent directement, dans les circonscriptions administratives, des Résidents et vice-Résidents, et à Hanoi, du Secrétaire général de la Résidence générale (bureau de l'enseignement).

Art. 2. — Le Secrétaire général du Gouvernement est chargé de l'exécution du présent arrêté.

CONSTANS.

N° 7. — CIRCULAIRE *au sujet du service de l'enseignement.*

30 août 1888.

A plusieurs reprises, mon attention a été attirée par les rapports de M. l'Inspecteur de l'enseignement en Annam et au Tonkin sur la pénurie, dans les écoles provinciales, de bons instituteurs et sur le mauvais état des locaux servant d'école.

Cet état de choses nous est préjudiciable en ce sens, qu'il déconsidère notre enseignement aux yeux des indigènes, et entrave la diffusion de notre langue et de nos idées chez les Annamites ; il y a donc lieu de le faire cesser.

En conséquence, j'ai décidé que les instituteurs indigènes, maîtres de français, convaincus d'incapacité, seraient remplacés.

En ce qui concerne les bâtiments scolaires, bien que les exigences budgétaires ne permettent pas d'accorder un crédit suffisant pour des constructions nouvelles, nous devons cependant ne pas laisser tomber en ruines ceux qui existent ; je vous invite donc à m'adresser un rapport sur l'état actuel de votre maison d'école et sur les dépenses que nécessiterait sa restauration. Si ces dépenses dépassaient la somme de cent cinquante ou deux cent francs, et si vous n'avez aucune maison confisquée dans laquelle on puisse installer les écoles, il y aurait lieu d'étudier, de concert avec l'autorité annamite, si on ne pourrait pas se servir d'une pagode désaffectée.

E. PARREAU.

N° 8. — ARRÊTÉ *instituant un examen pour les élèves indigènes et fixant les primes à allouer à ceux qui le subiront avec succès.*

1er mars 1889.

Article premier. — Une prime de dix piastres sera décernée aux élèves indigènes qui auront subi avec succès l'examen dont le programme est déterminé ci-après.

Il leur sera en outre délivré un brevet, dit : *Brevet de capacité.*

Art. 2. — Ces examens auront lieu simultanément dans les centres suivants : Hanoi, Nam-dinh et Son-tay, pour le Tonkin ; Hué et Qui-nhon, pour l'Annam, à la fin de chaque année scolaire. Les centres pourront être modifiés ou réduits, suivant le nombre de candidats par province ; la date de l'examen sera fixée chaque année par le Résident général.

Art. 3. — La commission d'examen de chaque centre sera composée ainsi qu'il suit :

Un Résident ou vice-résident, président ; l'inspecteur de l'enseignement ou un professeur désigné par lui, un chancelier de résidence, membres ; un commis de résidence, secrétaire.

Art. 4. — Ne peuvent concourir que les élèves indigènes âgés de plus de 17 ans et de moins de 22 ans, et ayant suivi les cours d'une école communale ou d'une école libre pendant au moins trois années.

Art. 5. — Les directeurs d'école d'européens ou d'indigènes, qui auront présenté un élève reçu à l'examen, auront droit : les premiers à une prime de 10 $, les seconds à une prime de 15 $ par élève reçu.

Art. 6. — L'examen comprend deux parties.

1° Les épreuves écrites consistent en :

Dictée française, version et thème annamites (quoc-ngu), narration en français, trois problèmes d'arithmétique (4 règles, système métrique, fractions). Dessin d'après un croquis.

2° Les épreuves orales consistent en :

Analyse grammaticale d'une phrase dictée au tableau ;

Dialogue en français soutenu avec un européen ;

Géographie générale, avec les grandes divisions politiques ;

Histoire et géographie de l'Indo-Chine.

Art. 7. — Les coefficients attribués à chaque partie de l'examen sont les suivants :

Epreuves écrites :

Dictée	5
Version et thème annamites	4
Narration en français	5
Problèmes	3
Dessin	2

Epreuves orales :

Analyse	4
Dialogue	5
Géographie générale	2
Géographie et histoire de l'Indo-Chine	8

Le candidat reçoit, pour chaque matière, une note dans l'échelle de 0 à 20, note qui, multipliée par le coefficient, détermine le nombre de points obtenus sur la matière.

Art. 8. — Le nombre total minimum des points à obtenir pour être déclaré reçu est fixé à 396.

Art. 9. — Les candidats ont huit heures pour traiter la question écrite.

Il leur est interdit, sous peine d'être exclus du concours, d'avoir aucune communication avec le dehors et de consulter aucun livre ni cahier.

Art. 10. — Le Résident général en An-nam et au Tonkin est chargé de l'exécution du présent arrêté.

RICHAUD.

N° 9. — CIRCULAIRE *rappelant que les Résidents et vice-résidents n'ont qu'un droit de contrôle sur les écoles.*

31 mai 1890.

J'ai l'honneur de vous rappeler que l'arrêté du 25 février 1888 qui a placé la direction des écoles sous l'autorité des Résidents et vice-résidents, chefs de province, ne vous a donné qu'un droit de surveillance et de contrôle sur les instituteurs qui les dirigent.

Vous voudrez donc bien, conformément à cet arrêté, tout en continuant d'exercer une surveillance et un contrôle qui sont de votre ressort, éviter d'entraver la marche de ce service, soit en distrayant les instituteurs de leurs fonctions, soit en intervenant dans la direction technique des études, qui appartient seule à M. l'inspecteur chef du service de l'instruction publique en Annam et au Tonkin.

BONNAL.

VOY : Interprètes. — Primes.

Entrée en campagne. — VOY.: Indemnités. — Trésor.

Entrepôt réel.

N° 1. — RAPPORT ET DÉCISION *constituant la Société anonyme des docks de Haiphong en entrepôt réel de douane.*

28 février 1889.

Aux termes de leur contrat, article premier, les concessionnaires des magasins généraux sont autorisés à établir dans leurs établissements un entrepôt réel de douane.

Le directeur de la Société anonyme des docks à Haiphong me demande d'autoriser l'exercice de l'entrepôt.

Il s'agit d'une mesure qui ne peut que favoriser le commerce local, qui traverse en ce moment une crise si regrettable ; j'ai donc l'honneur de vous en proposer l'adoption.

L'entrepôt réel fonctionnerait sur les bases usitées dans la métropole et déterminées par les lois, décrets et règlements de douane.

Je vous serai profondément obligé, M. le Gouverneur général, si ma proposition vous agrée, de vouloir bien revêtir un des doubles du présent rapport de votre approbation.

Je suis avec respect, M. le Gouverneur général, votre très-humble et très obéissant serviteur.

GRÉTERIN.

Approuvé :
Le Gouverneur général,
RICHAUD.

N° 2. — ARRÊTÉ *autorisant les Docks de Haiphong à créer un entrepôt réel des douanes pour les marchandises tarifées ou prohibées*

6 juillet 1889.

Article premier. — La Société des Docks, concessionnaire des magasins généraux de Haiphong en vertu du contrat précité, est autorisée à établir dans lesdits magasins généraux, un entrepôt réel des douanes pour les marchandises tarifées ou prohibées.

Art. 2. — Cette autorisation est accordée aux conditions usitées dans la métropole et déterminées par les lois, décrets et règlements de douane en vigueur.

Art. 3. — Le présent arrêté provisoirement exécutoire, sera transmis au Département du commerce, de l'industrie et des colonies, pour être définitivement remplacé par un décret présidentiel, conformément aux prescriptions de l'article IX, paragraphe 4, du décret du 8 septembre précité.

Art. 4. — Les Résidents supérieurs en Annam et au Tonkin sont chargés, chacun en ce qui le concerne, de l'exécution du présent arrêté, qui sera enregistré, promulgué et publié partout où besoin sera.

VOY : Douanes.

Épidémies

N° 1. — ORDRE GÉNÉRAL *fixant les mesures à prendre contre l'épidémie cholérique.*

10 août 1885.

Une épidémie ayant éclaté à Haiphong, le Général commandant en chef le corps du Tonkin transporte jusqu'à nouvel ordre son quartier général dans cette ville.

Dans la première comme dans la deuxième division, des dispositions devront être immédiatement prises pour éparpiller les troupes qui paraîtraient trop agglomérées dans les lieux de garnison et casernement, en vue de les placer dans de meilleures conditions d'hygiène ; le Général commandant en chef laisse à MM. les généraux commandant les divisions le soin de prendre les mesures qui leur paraîtront opportunes à cet égard.

Les garnisons de Dong-son, Than-moi et Chu seront diminuées autant que possible.

L'installation dans les villages devra se faire avec le concours de l'autorité civile. Il sera attribué à chaque habitant deux ligatures par mois par chaque soldat qu'il logera. Le village touchera cette somme, si les hommes occupent des pagodes ou autres établissements municipaux.

Le Général rappelle les recommandations déjà faites pour que, dans les villages qui vont recevoir des troupes, les habitants ne soient pas molestés et ne soient l'objet d'aucune exaction ; il prescrit aux chefs, à tous les degrés de la hiérarchie, d'exercer une surveillance incessante pour empêcher toute infraction à ces recommandations. Tout soldat signalé pour y avoir manqué serait l'objet des mesures les plus rigoureuses.

COURCY.

N° 2. — CIRCULAIRE *sur le mode de traitement des cholériques.*

12 juillet 1889

M. le Général en chef me fait connaître qu'un garde civil atteint de choléra, a été évacué du poste où il était cantonné sur une infirmerie-ambulance voisine.

J'ai l'honneur de vous rappeler, à cette occasion, qu'il est de règle absolue au Tonkin, que les cholériques doivent toujours être *traités sur place*, l'évacuation d'un malade atteint de choléra, d'un poste sur un autre, exposant à communiquer la maladie sur tous les points du parcours.

Je vous prie donc, en conséquence, de donner les instructions les plus précises à tous les chefs de postes de la garde civile indigène pour qu'il ne soit plus fait, à l'avenir, d'infraction aux prescriptions qui viennent d'être rappelées.

BRIÈRE.

VOY : Maladies.

Epizooties

N°. 1. — DÉCISION *relative aux mesures à prendre pour éviter la propagation de la morve et les accidents typhoïdes chez les chevaux.*

11 août 1885.

Un grand nombre d'animaux périssent de la morve ou d'accidents typhoïdes.

Ces affections sont contagieuses ; elles se développent et se propagent, avec d'autant plus de violence, que les animaux sont anémiés et en mauvaise condition.

En conséquence, le Général de division commandant en chef, prescrit les mesures suivantes :

1° Les commandants d'armes feront visiter, *deux fois* par semaine, tous les animaux de la place ; ils feront examiner immédiatement tous ceux qui y arrivent.

Les animaux reconnus douteux seront immédiatement isolés, aux premiers symptômes de morve, abattus et enfouis profondément, en ayant soin de les recouvrir de chaux toutes les fois que ce sera possible.

Les bridons, brides, licols et couvertures qui auront servi à ces animaux, seront brûlés.

2° Tous les animaux seront abrités ; sauf dans les cas d'urgence, ils ne doivent pas travailler de 10 h. du matin à 3 h. du soir.

Il est interdit de leur faire manger du vert mouillé.

Les animaux ne doivent point boire aux rivières, aux petites mares, ni autant que possible, directement aux fleuves.

Les commandants d'armes feront délivrer, par les services administratifs, sur bon régulier des intéressés, le nombre nécessaire de tonneaux, qui seront transformés en baquets. Ces baquets seront placés près de l'eau, et remplis par les coolies. Ils seront vidés, nettoyés chaque jour et badigeonnés, intérieurement, d'un lait de chaux léger.

Le service du génie fournira cette chaux, à raison de 1 kilog. pour 20 chevaux par jour.

3° Tous les petits chevaux seront ferrés du devant (et du derrière, s'il est nécessaire),

Presque toutes les places ont des maréchaux ; s'ils ne sont pas pourvus d'outils, il en sera demandé au parc d'artillerie ; à défaut de forges de campagne, il sera installé des forges annamites.

Les corps supporteront les dépenses de la ferrure.

4° Les petits chevaux annamites affectés au bât, même pour un trajet court, ne seront pas chargés de plus de 60 kilos, en sus du bât.

WARNET.

N° 2. — ARRÊTÉ *sur les mesures préventives pour empêcher la propagation des épizooties au Tonkin.*

28 août 1888.

Article premier. — Tout propriétaire ou gardien européen ou indigène, d'animaux ou bestiaux soupçonnés ou infectés de maladie contagieuse doit, sur le champ, avertir le Résident de la province ou le maire de la commune où il se trouve. Les autorités annamites devront immédiatement, lorsqu'elles auront été prévenues, informer l'autorité française la plus proche des cas de maladie signalés.

Art. 2. — Lorsqu'une épidémie est signalée dans un troupeau ou dans une commune, les autorités françaises ou annamites prendront les mesures suivantes :

Mise en observation du troupeau ou de l'animal infecté dans l'étable du propriétaire. - Défense de circuler. — Mise en quarantaine d'une étable et même de tout village, et interdiction des foires et marchés. — Enfin, abattage des animaux reconnus malades et enfouissement de ces derniers, avec leur peau tailladée.

Art. 3. — Les infractions aux prescriptions du présent arrêté seront punies des peines prévues au Code pénal.

E. PARREAU.

VOY : Maladies.

État civil

N° 1. — CIRCULAIRE *au sujet de la tenue des registres de l'état civil.*

15 juin 1886.

A l'occasion d'irrégularités qui se sont produites dans la transmission des registres des actes de l'état civil, mon attention s'est portée sur les instructions données antérieurement sur cette partie du service par l'administration précédente. J'estime que ces instructions doivent continuer à être observées.

Je crois utile néanmoins de vous rappeler que les registres des actes de l'état civil (naissances, décès, mariages) doivent être tenus en triple expédition.

Ces registres, dont le format réglementaire et uniforme a été fixé à 32 centimètres de hauteur sur 21 de large, avec marge de 8 centimètres, composés par vos soins au moyen de quelques feuilles (50) réunies par une faveur cachetée à chacune de ses extrémités, doivent être cotés par premier et dernier feuillet et paraphés par vous. Clos et arrêtés le 31 décembre de chaque année, ils sont soumis à mon visa, et l'une des expéditions vous est retournée pour être déposée en chancellerie.

L'article 62 du Code civil prescrit en outre de tenir un registre spécial et particulier pour les publications de mariage. Enfin en ce qui concerne la compétence même des officiers de l'état civil, l'article 97 du Code civil et le règlement du 25 août 1884 sur le service de santé en campagne disposent que l'intendant ou l'officier comptable d'une formation sanitaire établit les actes des militaires et civils décédés à l'hôpital, et le Résident ceux des militaires et civils décédés en dehors des établissements hospitaliers.

La décision du 12 mars 1885, dont vous trouverez ci-joint copie, détermine nettement les conditions d'inscription des décès des tirailleurs tonkinois ou des annamites originaires de la Cochinchine française. (1)

Vous voudrez bien vous y conformer et me faire parvenir une expédition de l'extrait mortuaire afin que je l'adresse à qui de droit.

Je tiens à votre disposition des registres spéciaux pour les actes de décès de ces indigènes.

P. VIAL.

(1) On trouvera cet arrêté au mot *État civil indigène.*

N° 2. — Arrêté *au sujet des fonctions d'officier de l'état civil, dans les villes de Hanoi et de Haiphong.*

14 octobre 1888.

Article premier. — L'arrêté du 21 juin 1887 relatif au service des actes de l'état civil est rapporté.

Art. 2. — Les fonctions d'officier de l'état civil seront remplies par les Résidents-maires de Hanoi et de Haiphong.

Art. 3. — Le Résident général en Annam et au Tonkin est chargé de l'exécution du présent arrêté.

N° 3. — Circulaire *sur la tenue des registres de l'état civil.*

15 mars 1889.

L'examen des registres de l'état civil et des registres d'actes notariés de plusieurs Résidences m'a permis de constater que des erreurs nombreuses et graves se glissaient souvent dans la rédaction des actes publics. La violation des prescriptions de la loi en pareille matière ayant pour conséquence la nullité des actes, je crois devoir vous rappeler les formes générales dans lesquelles doivent être tenus ces registres.

Actes notariés

L'inscription des actes notariés se fait en minute sur un registre tenu en double expédition originale. Quelques actes cependant peuvent être dressés en brevet, mais leur transcription littérale, ou tout au moins un enregistrement sommaire, certifié conforme au brevet par le chancelier, doit être portée sur le registre des actes notariés. Ce sont les procurations, les actes de notoriété, les quittances de fermages, de loyers, de salaires, d'arrérages de pension et de rente, et les autres actes simples du ministère du notariat.

Le format réglementaire de chaque registre est de 32 centimètres de haut sur 21 de large ; une marge de 8 centimètres est réservée sur chaque feuillet. Les registres, cotés par premier et dernier et paraphés à chaque feuillet par le Résident, sont clos à la fin de chaque année par le chancelier et le Résident. Un des exemplaires est conservé dans les archives de la Résidence; l'autre doit être expédié dans le courant du mois de janvier à la Résidence générale.

Les actes doivent être inscrits par ordre de date, à la suite les uns des autres, et sans intervalles, en un seul et même contexte, sans abréviation ni blancs (sauf pour les procurations délivrées en brevet, où le nom du mandataire peut être laissé en blanc), sans *surcharges* ni interlignes. Ils doivent énoncer le jour, l'année, le lieu où ils sont passés, si c'est avant ou après midi, les noms, prénoms, qualités et domiciles du chancelier qui les reçoit, du Résident, s'il y assiste, des parties et des témoins. Les sommes, nombres et dates doivent y être énoncés en toutes lettres.

Les parties et les témoins signent l'acte sur le registre, après qu'il leur en a été donné lecture, ce dont il doit être fait mention expresse en fin de l'acte, ainsi que de la forme dans laquelle l'acte est dressé, en minute ou en brevet. La signature du chancelier doit être apposée la dernière, en dessous de celle des autres signataires.

Les expéditions ou les brevets délivrés aux parties doivent porter en toutes lettres mention du folio *(recto ou verso)* du registre sur lequel l'acte a été inscrit, et le numéro d'ordre qui lui a été donné.

Les renvois et apostilles doivent être écrits en marge même de l'acte et être signés, tant par le chancelier que par les autres signataires, lorsque les mots rayés et ceux qui leur ont été substitués expriment deux sens différents ; dans tous les autres cas, ils sont simplement paraphés.

Hors des cas prévus par la loi et en suite de jugement, les chanceliers ne peuvent se dessaisir de la minute des actes qu'ils ont dressés. Ils en délivrent des expéditions, des extraits ou des grosses sur lesquels leur signature donnée pour certification de copie ou d'extrait conforme, doit être légalisée par le Résident.

Dans les Résidences où il n'existe pas de chancelier et où un commis de résidence est délégué par le Résident dans les fonctions de chancelier substitué, pour lesquelles il est obligé de prêter le même serment qu'un chancelier titulaire, aucun acte ne peut être dressé par lui, s'il n'est assisté du Résident, et mention de cette assistance doit être faite dans le protocole de l'acte, sur lequel le Résident est tenu d'apposer sa signature.

J'ai remarqué que dans certaines Résidences les billets à ordre, dont les tiers porteurs demandaient l'enregistrement, étaient inscrits sur le registre des actes notariés. Je vous prie de bien vouloir veiller à ce que les enregistrements d'actes de cette nature soient faits sur un registre spécial, dit de billets à ordre, coté et paraphé en la forme ordinaire.

État civil

Tout acte de l'état civil doit énoncer en toutes lettres l'année, le jour et l'heure où il a été reçu, ainsi que les noms, prénoms, qualités, âge et domiciles de toutes les personnes qui y sont dénommées. Les témoins doivent tous être du sexe masculin, majeurs, parents ou autres, français ou étrangers et sont choisis par les intéressés.

Une fois rédigés, les actes doivent être lus aux parties et aux témoins; mention de cette lecture doit être faite en fin de l'acte, qui est signé par les comparants et les témoins et en dernier lieu par le Résident officier de l'état civil.

L'inscription des actes de l'état civil se fait, soit sur un seul registre commun aux naissances, aux décès et aux mariages soit sur trois registres séparés. Mais chacun de ces registres doit être tenu en triple expédition, il doit donc exister trois originaux de chaque acte.

Les publications de mariage doivent toujours être inscrites sur un registre distinct tenu en simple expédition originale.

Dans les Résidences où il n'y aurait pas de registre d'état civil, imprimé *ad hoc*, on peut en constituer en réunissant quelques feuillets blancs par un lien dont les extrémités seront scellées sur le premier feuillet qui portera à son recto le titre suivant :

Registre des actes de l'état civil (ou des publications de mariages) reçus à la Résidence (ou la vice-résidence) de France. à ....pendant l'année......

Le Résident,

Le format des registres de l'état civil est le même que celui des registres des actes notariés. Chaque registre est ouvert le premier janvier, coté par premier et dernier, paraphé à chaque feuillet par le Résident et clos le 31 décembre. Les actes sont inscrits à la suite les uns des autres, par ordre de date et sans aucun blanc, intervalle ni alinéa. Les dates et nombres sont portés en toutes lettres et les mots écrits en entier.

Les ratures et renvois doivent être signés de la même manière que le corps de l'acte ; il ne suffirait pas de les parapher. Dans le premier mois de chaque année, deux exemplaires des registres de l'état civil de l'année précédente, dûment clos et arrêtés par le Résident, ou si aucun acte n'a été inscrit au cours de l'année, et que les registres soient conservés pour l'inscription des actes de l'année suivante, deux certificats négatifs en tenant lieu, doivent être expédiés à la Résidence générale. Le troisième exemplaire, ainsi que le registre des publications de mariage est conservé aux archives de la Résidence.

J'ai remarqué que dans quelques Résidences les actes de décès faisaient mention du genre de mort de la personne décédée. Je dois vous rappeler, que ce fait entraîne la nullité de l'acte aux termes de l'art. 85 du code civil.

Je vous prie, M. le Résident, de bien vouloir communiquer, en ce qui le concerne, cette circulaire au chancelier en fonctions dans votre Résidence, et j'espère qu'à l'avenir je n'aurai plus l'occasion de relever les erreurs nombreuses et dont les conséquences graves ne peuvent vous échapper, que j'ai eu à constater cette année dans la forme d'un très grand nombre d'actes notariés ou d'actes de l'état civil.

Rheinart

N° 4. — Circulaire ministérielle *relative aux actes de l'état civil.*

2 décembre 1889

L'administration se trouve fréquemment dans l'obligation de recourir aux tribunaux pour faire régulariser par voie judiciaire, l'état civil des personnes décédées aux colonies. Soit qu'il n'ait pas été dressé d'acte, soit que celui qui a été établi renferme des énonciations inexactes, on est obligé de procéder à des enquêtes longues et minutieuses en vue de rechercher les témoins dispersés.

Je ne saurai trop insister sur la nécessité d'établir ces actes avec soin pour chaque personne dont la mort peut être constatée. Sauf le cas de disparition, les administrateurs ont le devoir soit de dresser les actes, s'ils sont légalement investis de ce droit, soit de fournir tous les documents nécessaires pour que lesdits actes soient régulièrement établis par l'autorité compétente.

Dans le but de prévenir de nouvelles irrégularités, je vous prie de tenir la main à ce que tout télégramme ou lettre, faisant connaître, conformément aux instructions en vigueur, le décès d'un officier, fonctionnaire, agent, marin, militaire ou particulier, contienne l'indication du lieu où l'acte doit être dressé.

Vous voudrez bien aussi appeler l'attention des parquets de la colonie sur la tenue des registres des naissances et des mariages, et prendre les mesures nécessaires pour que tout poste, même isolé, soit régulièrement rattaché désormais à un centre d'état civil.

Je vous invite à faire porter les présentes recommandations à la connaissance des fonctionnaires placés sous votre autorité.

M. le Ministre de la marine a adressé, le 31 octobre dernier, des instructions analogues à M. les Vice-amiraux commandant en chef, préfets maritimes, officiers généraux supérieurs et autres commandants à la mer et commandants supérieurs de troupes aux colonies.

A l'exemple de l'amiral Krantz, j'insiste vivement pour que l'on épargne soigneusement aux familles, qui ont la douleur de voir succomber un des leurs au service de l'État, les démarches pénibles et parfois infructueuses qu'occasionne l'inobservation des formalités d'état civil.

EUG. ETIENNE.

VOY. : Actes de décès. — Etat civil indigène

Etat civil indigène

N° 1. — DÉCISION *prescrivant l'ouverture, dans chaque Résidence, d'un registre destiné à constater les décès des annamites originaires de la Cochinchine, et des Tonkinois appartenant à l'Administration ou aux régiments de tirailleurs.*

12 mars 1885

Article premier. — A dater du 1er avril 1885, il sera ouvert, en double expédition, dans chaque Résidence au Tonkin, un registre pour constater les décès de tous les annamites originaires de la Cochinchine française, et des Tonkinois entrés régulièrement dans l'Administration française ou les régiments de tirailleurs.

Ce double registre, coté et paraphé par le Directeur des affaires civiles et politiques, sera tenu par le Résident, officier de l'état civil.

Art. 2. — Dans la première dizaine de chaque mois, le Résident fera parvenir à la Direction des affaires civiles et politiques une copie authentique des actes de décès enregistrés pendant le mois écoulé. Cette copie est destinée à être transmise à la commune du domicile du défunt.

Art. 3. — Le 31 décembre de chaque année, les deux expéditions du registre des actes de décès seront closes et arrêtées pour, l'une être transmise à la Direction des affaires civiles et politiques, et l'autre, demeurer en dépôt à la Résidence.

Art. 4. — Le Directeur des affaires civiles et politiques est chargé de l'exécution de la présente décision.

BRIÈRE DE L'ISLE.

État de siège. — État de guerre

N° 1. — DÉCISION *portant que l'état de siège est levé dans toute l'étendue des territoires occupés par les corps de troupes françaises, à la date du 29 juillet 1883.*

29 juillet 1883.

Article premier. — L'état de siège est levé dans toute l'étendue des territoires occupés par les corps de troupes françaises, à la date du 29 juillet 1883.

Art. 2. — Le présent arrêté sera enregistré et communiqué partout où besoin sera.

HARMAND.

N° 2. — ARRÊTÉ *proclamant l'état de guerre dans les places occupées par des garnisons françaises.*

23 novembre 1883

L'état de guerre est déclaré dans les places indiquées ci-dessous : Hanoi, Nam-dinh, Ninh-binh, Hai-duong, Quang-yen, Hai-phong, les Bambous, Battang, Palan.

Les autorités civiles se conformeront, à partir de ce jour, dans leurs rapports avec l'autorité militaire, aux dispositions concernant l'état de guerre, qui sont contenues dans le décret précité.(1)

N° 3. — CIRCULAIRE *prescrivant que le général commandant le corps expéditionnaire est investi de l'autorité absolue sur tout le Tonkin pendant l'état de siège.*

7 janvier 1885.

Le Général de division commandant le corps expéditionnaire communique aux autorités civiles et militaires du Tonkin le texte d'un télégramme qui lui est adressé par M. le Ministre de la marine et des colonies, à la date du 31 décembre 1884 :

« Le Gouvernement vous donne une autorité absolue sur tout « le Tonkin qui, pendant toute la durée de vos opérations, doit « être considéré comme en état de siège.

« L'autorité civile reprendra la plénitude de son action quand « les circonstances le permettront. Des instructions dans le « même sens sont envoyées au Ministre Résident à Hué.

« De nouveaux et importants renforts vous seront expédiés « dans quelques jours. »

N° 4. — DÉCISION *substituant l'état de siège à l'état de guerre dans toute l'étendue de l'Annam et du Tonkin.*

11 juin 1885.

Article premier. — Est rapporté l'arrêté sus-visé du Commissaire général de la République.(1)

Art. 2. — L'état de siège est substitué à l'état de guerre dans toute l'étendue de l'Annam et du Tonkin, jusqu'à l'achèvement de la pacification intérieure.

COURCY.

N° 5. — ORDRE GÉNÉRAL *soumettant pendant la durée de l'état de siège, les autorités civiles et politiques à la juridiction du général commandant le territoire.*

11 juin 1885.

Le territoire du Tonkin, divisé administrativement en treize provinces, formera deux grands commandements militaires.

Le premier, dit de l'Est, exercé par M. le général de Négrier, commandant la 2e division, comprendra les provinces de Quang-yen, Hai-duong, Bac-ninh, Lang-son, Cao-bang, Thai-nguyen.

Le second, dit de l'Ouest, exercé par M. le général Brière de l'Isle, commandant la 1re division, comprendra les provinces de Ninh-binh, Nam-dinh, Hanoi, avec la marche de My-duc, Son-tay, Hung-hoa, avec les Luc-tap-chau, Tuyen-quang et Hung-yen.

Tous les services militaires du territoire sont sous les ordres du général de division.

En vertu du régime établi de l'état de siège, les autorités civiles et politiques sont soumises à la haute juridiction du général commandant le territoire.

Celui-ci sera tout spécialement chargé d'assurer le maintien de l'ordre dans l'étendue de son commandement ; d'arrêter les emplacements des troupes d'après les instructions du Général en chef ; de proposer les travaux militaires de toute nature à exécuter dans l'étendue de son territoire ; de donner les instructions nécessaires aux généraux et commandants d'armes de sa division, en vue de prévenir ou de réprimer les troubles et désordres.

Les Résidents et sous-résidents, les gouverneurs de province, préfets et sous-préfets, lui signalent directement, en temps utile, tout ce qui intéresse le maintien de l'ordre et la sécurité publique.

Les généraux et commandants d'armes sont chargés d'assurer, d'après les instructions qu'ils reçoivent, le maintien de l'ordre

(1) Décret du 13 octobre 1883, visé dans les considérant de cet arrêté.

(1) Arrêté du 23 novembre 1883, publié ci-dessus.

dans l'étendue du territoire occupé par les troupes relevant de leur commandement.

Ils doivent éviter de s'immiscer dans l'administration intérieure des provinces, préfectures, sous-préfectures, etc., et surtout d'apporter des entraves à l'exécution des ordres du commandement, transmis aux autorités civiles par le directeur des affaires civiles et politiques ou par leurs chefs hiérarchiques.

Ils doivent entretenir de bonnes relations avec ces autorités, s'efforcer de leur inspirer confiance, les appuyer dans l'exercice de leurs fonctions, les seconder, enfin, dans le but commun à tous et qui consiste à rétablir l'ordre et la sécurité à l'intérieur.

Les autorités civiles devront, de leur côté, leur prêter un concours dévoué, leur fournir tous les renseignements pouvant être utiles, déférer à leurs avis ou aux ordres de l'autorité supérieure que les chefs militaires pourront avoir à leur transmettre.

COURCY.

N° 6. — DÉCISION *levant l'état de siège dans toute l'étendue de la province de Hanoi.*

5 mars 1886.

Article premier. — L'état de siège est levé dans toute l'étendue territoriale de la province de Hanoi.

Art. 2. — Le Directeur des affaires civiles et politiques est chargé de l'exécution de la présente décision.

Exhumations.

N° 1. — ARRÊTÉ *réglementant l'exhumation et le transport à l'extérieur, des corps des Chinois enterrés au Tonkin.*

11 mars 1887.

Article premier. — L'exhumation et le transport à l'extérieur, des corps des Chinois enterrés au Tonkin seront autorisés aux conditions énumérées dans les articles suivants :

Art. 2. — Les chefs de congrégations et les parents des Chinois à exhumer se conformeront strictement aux prescriptions sanitaires et aux règlements de police qui leur seront indiqués par les soins des Résidents et vice-résidents chefs de poste, soit pour l'exhumation des corps, soit pour leur transport sur le territoire du Protectorat.

Art. 3. — Ces autorisations ne seront accordées que pour les corps des Chinois dont la mort remonte à cinq années au moins.

Art. 4 et 5. — *Rapportés par arrêté du 1er avril 1888.*

Art. 6. — Le Résident supérieur au Tonkin est chargé de l'exécution du présent arrêté.

G. BIHOURD.

N° 2. — INSTRUCTION MINISTÉRIELLE *sur le transport en France des restes mortels des personnes décédées dans les colonies ou à bord des bâtiments de l'État.*

8 juin 1887.

Article premier. — Le corps d'une personne décédée aux colonies, et dont la mort a été causée par le choléra, la fièvre jaune, la peste ou une autre maladie grave réputée transmissible et importable, telle que le typhus, la variole, ne peut en aucun cas, être exhumé et transporté en France.

Art. 2. — Lorsque le décès n'a pas été occassionné par une des maladies désignées ci-dessus, l'exhumation et la translation peuvent être autorisées dès que le corps a séjourné en terre pendant un an au moins.

Toutefois, ce délai ne sera pas exigé lorsque le corps aura été enseveli avec les précautions indiquées par les articles 5 et 6 ci-après, qu'il ait été inhumé ou non.

Art. 3. — Le chef de la colonie, qui reçoit du Ministre l'autorisation de laisser transporter de son territoire le corps d'une personne qui y est décédée, fait remettre copie des présentes instructions à l'autorité municipale, pour qu'elles soient communiquées aux médecins, chirurgiens et pharmaciens chargés d'en exécuter les dispositions.

Il demeure toujours libre d'interdire une exhumation qui paraîtrait, pour une cause quelconque, offrir des dangers pour la santé publique.

Art. 4. — Les médecins chargés des précautions à prendre pour l'exhumation des corps destinés à être transportés en France, seront accompagnés au lieu de la sépulture par un magistrat qui, avant tout, constatera dans les formes voulues, l'identité de l'individu.

Art. 5. — Les corps doivent être placés dans un cercueil en plomb, renfermé lui-même dans une bière en bois ; ils sont mis en contact avec des matières désinfectantes ou conservatrices, ainsi qu'il est dit à l'art. 6, de manière à prévenir ou arrêter la putréfaction et éviter le dégagement des gaz infects à l'extérieur.

Le cercueil en plomb est confectionné avec des lames de ce métal, de trois millimètres au moins d'épaisseur, parfaitement soudées entre elles.

Le cercueil extérieur est en chêne ou tout autre bois présentant une égale solidité. Les parois ont quatre centimètres au moins d'épaisseur ; elles sont fixées avec des clous à vis et maintenues par trois freins en fer serrés à écrou.

Art. 6. — Lorsqu'on procède à l'exhumation, si le cercueil se trouve entier et en bon état de conservation, il suffit de l'ouvrir et d'y introduire un mélange fait, à parties égales, de sciure de bois desséchée et de sulfate de zinc (couperose blanche) dont on recouvre tout le corps de manière à combler la bière qui, refermée, est placée dans le cercueil en plomb, sur une couche de deux ou trois centimètres du même mélange désinfectant.

Si, au moment de l'exhumation, la châsse est ouverte et détériorée, il faut après en avoir retiré le corps ou les débris, les placer dans le cercueil en plomb, sur une couche épaisse du mélange ci-dessus spécifié, et les recouvrir comme il a été dit plus haut, de manière à éviter tout ballottement dans le transport. Il est ensuite procédé à la soudure du cercueil en plomb.

Dans le cas où l'on ne peut se procurer du sulfate de zinc, il suffit de le remplacer par le sulfate de fer (couperose verte) employé de la même manière et dans les mêmes proportions.

Le cercueil principal est scellé du sceau de l'autorité.

Art. 7. — Le transport des restes mortels par un bâtiment de l'État étant formellement interdit, les parents du défunt ou leur représentant doivent s'entendre avec le capitaine d'un bâtiment du commerce pour l'embarquement du cercueil et son transport en France.

Le capitaine du navire de commerce sur lequel le cercueil est déposé, est tenu de se rendre dans un port muni de lazaret.

Art. 8. — Il est dressé dans la colonie un procès-verbal de l'état dans lequel le corps est trouvé, et des précautions qui ont été mises en pratique pour son ensevelissement ou son exhumation et son transport.

Ce procès-verbal doit mentionner en outre, d'après l'attestation des médecins qui ont soigné le malade, ou en l'absence du médecin, d'après des témoignages dignes de foi, à quelle maladie le défunt a succombé.

Si le corps a été embaumé, il doit indiquer avec quelle substance l'embaumement a été effectué. Ce document est remis au chef de la colonie, qui en fait donner une copie certifiée par lui conforme à l'original, au capitaine du navire sur lequel le corps est déposé pour être transporté en France.

Art. 9. — A son arrivée en France, le capitaine remet le procès-verbal ci-dessus mentionné à l'autorité sanitaire qui autorise, s'il y a lieu, l'admission à la libre pratique, sous les conditions déterminées par le Ministre du commerce et de l'industrie.

Art. 10. — Le corps d'un officier général ou supérieur tué dans un combat ou mort de maladie sur son vaisseau, le corps d'un fonctionnaire public mort de maladie pendant la traversée sur un batiment de l'État, peut être conservé à bord, sur la décision de l'état-major réuni en conseil, en le plongeant dans une liqueur alcoolique (eau-de-vie, rhum ou tafia).

Le tonneau employé à cet effet est placé dans une soute dont la clef reste entre les mains de l'officier chargé du détail.

Art. 11. — L'état-major, dans sa délibération, doit avoir égard à l'état de la température et à la durée du temps que le navire pourra encore passer à la mer. Si le retour en France ne doit pas avoir lieu immédiatement, le corps est débarqué et enterré, en attendant une autre occasion pour sa translation en France.

Dans la supposition que le corps doit être premièrement enterré, on peut en retirer le cœur que l'on renferme, avec le mélange désinfectant indiqué à l'art 6 ci-dessus, dans une boîte en plomb, qui serait elle-même enchassée dans une autre enveloppe en bois.

Art. 12. — A l'arrivée en France, le corps sera déposé au lazaret, pour qu'il soit procédé conformément aux instructions données par le ministre du commerce et de l'industrie et par le ministre de l'intérieur, concernant l'admission, le transport et la réinhumation des restes des personnes mortes en pays étranger.

Art. 13. — Les demandes d'exhumation et de transport en France du corps d'une personne décédée aux colonies sont adressées au ministre de la marine et des colonies. Elles doivent préciser les nom et prénoms du décédé, sa position ou son grade, et être accompagnées des pièces désignées ci-après, savoir :

1. Un permis d'inhumation délivré par le maire de la commune où se trouve le cimetière dans lequel le corps sera déposé.
2. Un certificat médical constatant la nature de la maladie à laquelle le défunt a succombé.
3. Si le corps n'a pas séjourné un an en terre, un certificat dûment légalisé constatant que les précautions visées par les article 5 et 6 ci-dessus ont été prises.
4. L'engagement de supporter les frais, de quelque nature qu'ils soient, qu'entraînent l'ensevelissement, l'exhumation et la translation du corps.

Art. 14. — Les mesures précédemment prescrites qui seraient contraires à celles qui précèdent, sont abrogées.

N° 3. — ARRÊTÉ *modifiant celui du 11 mars 1887, concernant l'exhumation des corps des Chinois enterrés au Tonkin.*

1er avril 1888

Article premier. — Les prescriptions édictées aux articles 4 et 5 de l'arrêté du 11 mars 1887 sont abrogées.

Art. 2. — Les dispositions contenues dans les articles 1,2 et 3 sont et demeurent seules en vigueur.

Experts (Taxe des)

N° 1. — DÉCISION *fixant le tarif des frais d'expertise médico-légale.*

17 septembre 1883.

Modifié par les art. 30 et 31 de l'arrêté du 11 février 1889, sur les droits de greffe (V. ce mot).

VOY. : Droits de greffe. — Frais de justice.

Exportation

N° 1. — ARRÊTÉ *autorisant MM. Vézin et Cie à exporter, en exemption de tous droits, les chaux hydrauliques et ciments artificiels produits par leurs usines.*

8 septembre 1888

Article premier. — MM. Vézin et Cie sont autorisés à exporter, en exemption de tous droits, les chaux hydrauliques et ciments artificiels produits par leurs usines en Annam et au Tonkin.

Art. 2. — La présente disposition ne sera applicable que pendant la durée de deux années à compter de la date du présent arrêté.

Art. 3. — Le Résident général en Annam et au Tonkin et le directeur des douanes et régies sont chargés, chacun en ce qui le concerne, de l'exécution du présent arrêté.

RICHAUD.

N° 2. — ARRÊTÉ *autorisant MM. Faussemagne et Cie à exporter, en exemption de tous droits, les huiles et savons fabriqués dans leur usine.*

31 janvier 1889.

Article premier. — MM. Faussemagne et Cie sont autorisés à exporter en exemption des droits de cinq pour cent *ad valorem*, les huiles et savons fabriqués dans leur usine à Haiphong.

Art. 2. — La présente disposition ne sera applicable que pendant la durée de cinq années, à compter de la date du présent arrêté.

Art. 3. — Le Résident général en Annam et au Tonkin et le Directeur des douanes et régies sont chargés, chacun en ce qui le concerne, de l'exécution du présent arrêté.

RICHAUD.

VOY. : Boucherie. — Douanes. — Plantes vivantes. — Sel.

Expropriation pour cause d'utilité publique.

N° 1. — DÉCISION *créant une commission chargée de dresser une liste de vingt notables commerçants ou propriétaires destinés à former le jury spécial appelé à régler les indemnités dues par suite d'expropriation pour cause d'utilité publique.*

22 août 1885

Modifiée par arrêté du 22 juin 1886.

N° 2. — DÉCISION *fixant le personnel des commission locales d'expropriation.*

9 décembre 1885.

Modifiée par arrêté du 22 juin 1886.

N° 3. — ORDONNANCE ROYALE *sur l'expropriation pour cause d'utilité publique.*

10 juin 1886.

Sur la proposition du Co-mat, Sa Majesté ordonne :

Article premier. — Lorsque la nécessité d'acquérir, pour une raison d'intérêt public, une propriété privée aura été proclamée, soit par une ordonnance de Nous, soit par une décision de M. le Résident général de la République française, après avis du Conseil du Protectorat, cette propriété pourra être acquise moyennant une indemnité préalablement payée.

Art. 2. — M. le Résident général de la République française est investi, par délégation spéciale de Notre autorité royale, du droit de fixer par des règlements les formalités à observer pour ces acquisitions.

N° 4. — ARRÊTÉ *portant règlement en matière d'expropriation.*

22 juin 1886.

Artile premier. — Lorsque l'expropriation a été décidée, soit par ordonnance royale, soit par arrêté du Résident général rendu en Conseil du Protectorat, l'administration française pourra prendre possession des terrains et bâtiments compris dans le plan visé par le Résident général, dans les conditions ci-après déterminées.

Art. 2. — Pour les terrains et bâtiments appartenant à des Asiatiques indigènes ou étrangers, les règles de la loi annamite doivent être observées.

Art. 3. — Pour les terrains et bâtiments appartenant à des Européens, l'indemnité préalable sera fixée par une commission composée de :

Un Résident ou vice-résident ;
Un fonctionnaire des travaux publics ;
Un notable français.

Ces membres seront désignés par arrêté du Résident général. (1)

PAUL BERT

(1) L'art. 6 de l'arrêté du 4 octobre 1888, dont on trouvera le texte au mot *Propriété* est ainsi conçu :
« A l'avenir, les expropriations de terrains soumis à la loi française, le seront « suivant la législation métropolitaine, sauf les exceptions prévues à l'art. 4 « ci-dessus.

Expulsion

N° 1. — ARRÊTÉ *ordonnant l'expulsion du sieur Richard des territoires du Tonkin et de l'Annam.*

10 août 1886.

Le Résident général de la République française en Annam et au Tonkin, membre de l'Institut,

Considérant que le sieur Richard, domicilié à Hanoi, se disant avocat, a provoqué une agitation et s'est mis à la tête de manœuvres et d'intrigues tendant à empêcher les Chinois habitant le Tonkin de payer les impôts de patente et de capitation établis par les arrêtés du 12 décembre 1885 ;

Vu les rapports et protestations rédigés et signés par ledit Richard, soi-disant au nom des Chinois, et qui constituent une atteinte et un outrage aux droits de la France ;

Considérant que cette agitation factice pourrait avoir, dans les circonstances que nous traversons, si le sieur Richard était laissé en situation de l'entretenir, les conséquences les plus graves au point de vue de la paix publique ;

Vu les rapports du commissaire de police et du vice-résident de Hanoi, constatant que le sieur Richard a refusé d'obtempérer aux injonctions des autorités ;

Considérant, d'autre part, que ledit sieur Richard, ancien notaire à Nouméa, y a fait faillite, y a subi deux condamnations en police correctionnelle et a été expulsé de la Nouvelle-Calédonie ;

Vu les pouvoirs qui lui sont conférés par le décret du 27 janvier 1886, et l'arrêté du 15 avril 1886,

ARRÊTE :

Article premier. — Le sieur Richard, domicilié à Hanoi, se disant avocat, sera expulsé dans le plus bref délai des territoires du Tonkin et de l'Annam et embarqué à destination de France.

Art. 2. — Le Résident supérieur du Tonkin est chargé de l'exécution du présent arrêté (1).

(1) Nous avons cru devoir reproduire *in extenso* le texte de cet arrêté pour établir les droits du Résident général en matière de police générale.

F

Fermes. — VOY. : Jeux. — Opium. — Bacs.

Ferme-école.

N° 1. — ARRÊTÉ *créant une ferme-école d'agriculture à Phu-doan.*

26 décembre 1889.

Article premier. — Il est créé à Phu-doan, sur la concession de M. Duchemin, et sous sa direction, une ferme-école.

Art. 2. — Il sera affecté à cet établissement une superficie d'une étendue d'au moins vingt hectares.

Art. 3. — L'exploitation de la ferme-école aura lieu aux frais, risques et périls de M. Duchemin.

Art. 4. — Le personnel de l'école se compose :

1° Du directeur.

2° D'un instituteur.

Il est alloué au directeur une indemnité mensuelle de 250 piastres. Dans cette somme sera compris le traitement de l'instituteur.

La construction de l'école, du logement de l'instituteur, du logement des élèves, de la cuisine, et des dépendances, l'achat du mobilier scolaire, du mobilier de couchage des élèves, et de tout le matériel indispensable au fonctionnement régulier d'une ferme-école, restent à la charge du directeur.

Art. 5. — Le directeur est chargé de l'administration de l'école, de l'enseignement de l'agriculture en général, de la comptabilité agricole.

L'instituteur est chargé d'enseigner le français, l'arithmétique, le système métrique, et de remplir, le cas échéant, les fonctions d'interprète.

Art. 6. — La durée de l'enseignement est fixée à deux ans. Le nombre des élèves est provisoirement arrêté à quarante, soit vingt par cours.

Ils devront être âgés de 14 ans au moins, et pris parmi les fils de riches notables.

Art. 7. — Les élèves sont internes. Les dépenses d'habillement et de nourriture sont supportées par les familles. Le prix de la pension ne pourra pas dépasser trois piastres par mois.

Les fournitures scolaires (papier, encre, plumes) sont à la charge du directeur.

Art. 8. — L'enseignement aura un caractère essentiellement pratique. Il portera sur l'amélioration des procédés de culture en usage au Tonkin et sur l'introduction des cultures nouvelles. En outre, la ferme devra entretenir un certain nombre de bœufs ou vaches, des porcs, des moutons, un rucher et une magnanerie.

Dans la composition des terrains devront entrer des terres de rizières, des plaines non inondées, et des coteaux, les trois types de terres qui se rencontrent dans la haute région.

Art. 9. — Un comité composé de trois membres, nommés par le Résident supérieur au Tonkin, sera chargé de faire subir des examens aux élèves :

1° Pour le passage de 1re en 2e année ;

2° Pour la sortie.

Les élèves qui auront subi avec succès ce deuxième examen recevront un diplôme. Des primes pourront en outre être accordées par le Protectorat aux trois élèves sortant classés les premiers.

Art. 10. — Le Résident supérieur au Tonkin est chargé de l'exécution du présent arrêté.

PIQUET.

VOY. : École d'agriculture. — Jardin botanique.

Finances. — VOY. : Services financiers. — Trésorerie.

Flottage. — VOY. : Bois et forêts.

Fonds d'avance.

N° 1. — DÉCISION *réglant le mode d'achat des ligatures pour effectuer certains payements par les caisses de fonds d'avance.*

23 août 1884.

Article premier. — Les gérants des caisses de fonds d'avance sont autorisés à acheter dans le commerce, les ligatures nécessaires à assurer les payements à faire aux indigènes.

Art. 2. — Les ligatures seront délivrées aux intéressés au taux d'achat.

Art. 3. — Les feuilles de payements en ligatures porteront une attestation du taux auquel les ligatures auront été achetées, établie par un fonctionnaire autre que l'agent de payement.

L'attestation sera faite, pour les dépenses effectuées sur les caisses de fonds d'avances mises à la disposition des agents du génie :

1° Par les chefs du génie, pour les dépenses que feront les gérants.

2° Par le chargé du service administratif ou, à défaut, par le commandant d'armes, dans les postes où il n'existe qu'un chef du génie.

Pour les dépenses effectuées sur les autres caisses de fonds d'avance :

1° Par le commandant militaire, lorsqu'il n'est pas détenteur de la caisse.

2° Par un officier désigné par lui, lorsque ce dernier a les fonds d'avance à sa disposition.

Art. 4. — La présente décision sera communiquée partout où besoin sera.

MILLOT.

N° 2. — CIRCULAIRE *prescrivant les règles à observer pour le payement par les caisses de fonds d'avance des mandats-poste à l'adresse de militaires.*

9 mai 1885.

Le Général commandant le corps expéditionnaire décide que les mandats-poste à l'adresse des officiers et hommes de troupe pourront être payés par les caisses de fonds d'avance.

Les règles à observer par les gérants de ces caisses pour l'application de cette mesure seront les suivantes :

Les mandats-poste, *français seulement*, dont les titulaires seraient officiers ou fonctionnaires, pourront être payés sur l'acquit des intéressés, donné dans l'espace réservé à cet effet au *verso* des mandats.

Les mêmes mandats, dont les titulaires seraient sous-officiers, soldats ou assimilés ne pourront être payés que sur l'acquit et entre les mains d'un vaguemestre dûment commissionné. Cet acquit, donné également au *verso* des mandats, devra être précédé de la qualité : *Le vaguemestre.*

Tous les mandats présentés au payement par les vaguemestres devront être inscrits et détaillés sur un carnet coté et parafé par l'autorité compétente.

Ce carnet devra être visé par le commandant du détachement chaque fois qu'il y aura des mandats à présenter au payement; de son côté, le gérant de la caisse de fonds d'avance devra y inscrire, en toutes lettres, le montant de la somme payée, après avoir opéré le pointage des mandats et en avoir reconnu l'exactitude.

Ces mandats détaillés sur des bordereaux conformes au modèle ci-joint, devront être compris dans les versements comme toutes les autres pièces de dépenses acquittées pour le compte du payeur. Mais, par exception, et contrairement à ce qui se pratique pour les autres pièces de dépenses, les mandats-poste ne devront porter ni la date ni le lieu de payement, ni timbre, ni cachet payé. Ces formalités seront remplies par le payeur, qui considérera les mandats comme payés à sa propre caisse.

Les gérants de caisses de fonds d'avance devront apporter toute leur attention sur la vérification des titres qui doit précéder le payement. Cette vérification devra porter sur les points suivants :

1° Les chiffres latéraux adhérents devront présenter exactement la somme en toutes lettres, portée dans le corps du mandat;

2° Ces chiffres latéraux devront être estampillés du timbre à date du bureau d'origine;

3° Le nom du bureau qui a délivré le mandat et celui du département dans lequel se trouve situé ce bureau, devront être indiqués au moyen de timbres humides dits *horizontaux*;

4° Le timbre à date placé au bas du mandat devra reproduire la date manuscrite; en cas de discordance, c'est la date du timbre qui doit être considérée comme bonne;

5° Les mandats tirés sur le Tonkin ne sont payables que pendant neuf mois, à partir du jour de leur émission. Les détenteurs de caisses de fonds d'avance qui participeront au payement, devront donc prendre leurs mesures pour que les mandats parviennent au payeur avant l'expiration de ces neuf mois.

Tous les mandats entachés d'irrégularités telles que grattages, ratures, surchages, recolages de chiffres latéraux, différence de sommes entre les chiffres latéraux et l'inscription sur le filet, absence de timbres à date et horizontaux, omission d'estampillage des chiffres latéraux, et indication inexacte du nom du destinataire, devront être envoyés au payeur chef de service, qui en poursuivra la régularisation conformément à l'intention motivée de l'intéressé.

P. O. *Le Chef d'état-major,*

CRETIN.

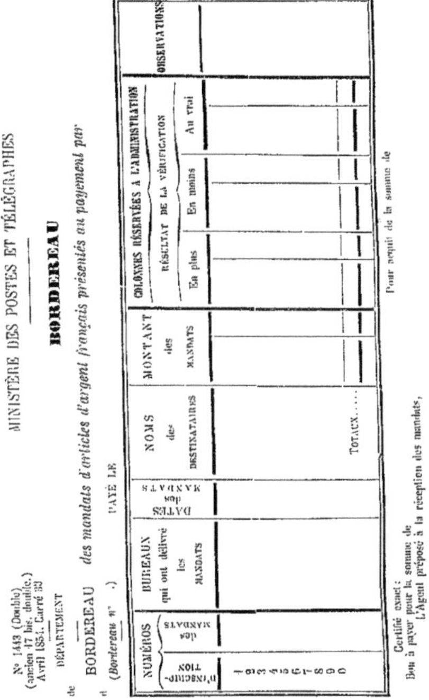

N° 1443 (Double) (ancien 17 bis, double.) Avril 1884. Carré 33

DÉPARTEMENT de

BORDEREAU et

(Bordereau n° .)

MINISTÈRE DES POSTES ET TÉLÉGRAPHES

BORDEREAU

des mandats d'articles d'argent français présentés au payement par

PAYÉ LE

NUMÉROS d'inscription	NUMÉROS des mandats	BUREAUX qui ont délivré les mandats	DATES des mandats	NOMS des destinataires	MONTANT des mandats	COLONNES RÉSERVÉES À L'ADMINISTRATION — RÉSULTAT DE LA VÉRIFICATION — En plus	En moins	Au vrai	OBSERVATIONS
1									
2									
3									
4									
5									
6									
7									
8									
9									
0									
				TOTAUX.....					

Certifié exact :

Bon à payer pour la somme de

L'Agent préposé à la réception des mandats,

Pour acquit de la somme de

N° 3. — DÉCISION *relative au mode de ravitaillement en espèces monétaires des caisses de fonds d'avance au Tonkin*

10 décembre 1885.

Le Général de division commandant en chef le corps du Tonkin, en vue de régulariser le ravitaillement en espèces monétaires des caisses de fonds d'avance au Tonkin et en Annam, décide que ce ravitaillement sera assuré conformément au tableau ci-après :

DÉSIGNATION des CAISSES	MODE A SUIVRE POUR LE RAVITAILLEMENT	OBSERVATIONS
	PREMIÈRE DIVISION	En cas de suspension du courrier hebdomadaire, la caisse de Bac-hat serait alimentée par un envoi du préposé-payeur de Sontay et celles de Phu-doan et de Tuyen-quang seraient alimentées par envoi de ce même préposé, mais en transit par la caisse de Bac-hat : on utilisera ainsi les convois de vivres expédiés de Bac-hat sur les deux places.
BAC-HAT (Viétri)........	Envois du payeur chef de service par le courrier hebdomadaire.	
PHU-DOAN....	Envois du payeur chef de service par le courrier hebdomadaire.	
TUYEN-QUAN .	Envois par le payeur chef de service et par le courrier hebdomadaire, mais en transit par le gérant de Phu-doan, ce dernier étant chargé de faire parvenir ou, selon le cas, de remettre les fonds au gérant de Tuyen-quan	

DÉSIGNATION des CAISSES	MODE A SUIVRE POUR LE RAVITAILLEMENT	OBSERVATIONS
HUNG-HOA....	Envois du préposé-payeur de Sontay par convoi de terre.	
HUNG-YEN....	Envois du payeur chef du service par le courrier bi-hebdomadaire de Haiphong	
PHU-LY......	Envois du payeur chef de service de Hanoï par le courrier bi-hebdomadaire du bas fleuve Rouge et du Day.	
NINH-BINH....	Envois du payeur chef de service de Hanoï par le courrier bi-hebdomadaire du bas fleuve Rouge et du Day.	
PHU-NHO.....	Envois du payeur chef de service par le courrier bi-hebdomadaire.	
MY-LUONG....	Envois du préposé-payeur de Sontay par les convois de ravitaillement qui suivent l'arroyo de Sontay.	
	DEUXIÈME DIVISION	
HAI-DUONG ...	Envois du préposé-payeur de Haiphong par le courrier bi-hebdomadaire de Phu-lang-thuong.	
THAI-NGUYEN.	Envois du préposé-payeur de Dap-cau.	Le préposé de Dap-cau envoie ou remet au gérant de Thai-nguyen suivant les occasions.
KEP........	Le gérant de Kep vient toucher à la caisse du préposé-payeur de Phu-lang-thuong.	
LAM-CHU.....	Envois du préposé-payeur de Haiphong par les chalands de ravitaillement.	
DONG-SONG ...	Envois du préposé-payeur de Haiphong par les chalands de ravitaillement, mais en transit par le gérant de la caisse de Lam.	
	ANNAM	
THANH-HOA...	Envois du préposé-payeur de Nam-dinh par les occasions de convoi de matériel par eau.	
VINH	Envois du préposé-payeur de Nam-dinh par les occasions de convoi de matériel par eau.	Soit directement soit en transit par le gérant de Thanh-hoa. Dans le cas où les communications par mer avec Hué seraient établies pendant une partie de l'année, des ordres spéciaux pourront être donnés.
DONG-HIEU ... du 1er octobre au 31 mars.	Envois du préposé-payeur de Hué par convoi de terre.	
du 1er avril au 30 septembre	Envois du préposé-payeur de Hué par le courrier de la côte.	
THUAN-AN....	Envois du préposé-payeur de Hué.	Caisse à créer.
TOURANE.....	Envois du préposé-payeur de Hué.	Caisse à créer.
QUI-NHON....	Ce poste, à raison du versement du produit des douanes, fait des recettes supérieures aux dépenses. La caisse d'avance n'a pas besoin de ravitaillement en fonds.	
BINH-THUAN.. (Howo-kohé)	Envois du gérant de la caisse d'avance de Qui-nhon d'après les ordres et pour le compte du préposé-payeur de Hué, au moyen du courrier de la côte.	

La présente décision sera notifiée par les officiers généraux commandant le territoire, aux commandants d'armes qu'elle intéresse, par les fonctionnaires de l'intendance aux gérants de caisses d'avance, et par le payeur chef de service à ses préposés extérieurs. (1)

COURCY.

N° 4. — ARRÊTÉ *créant une caisse de fonds d'avance dans chaque résidence ou vice-résidence.* (2)

21 juin 1886

Article premier. — Il est créé dans chacune des Résidences et des vice-résidences une caisse de fonds d'avance dont le montant ne pourra pas dépasser dix mille francs, destinée à payer sur états dûment acquittés les soldes et accessoires de solde dus au personnel et, en outre, les dépenses urgentes autorisées par le Résident supérieur.

Art. 2. — Ce règlement aura lieu, sous la haute surveillance du Résident ou vice-résident chef de poste, par le chancelier ou commis de résidence faisant fonctions de chancelier.

Art. 3. — Dans la semaine qui suivra le payement de la solde, les états de payement acquittés seront adressés au Résident supérieur pour être ordonnancés, et pour que les fonds d'avance puissent être complétés immédiatement.

Art. 4. — L'inspection des caisses de fonds d'avance sera exercée par les soins de MM. les Résidents et de tous autres fonctionnaires désignés par le Résident supérieur.

Chaque vérification sera mentionnée sur le registre et fera l'objet d'un procès-verbal qui sera immédiatement adressé au Résident supérieur.

PAUL BERT.

N° 5. — ARRÊTÉ *déterminant les allocations d'indemnités de frais de bureau et de responsabilité aux gérants des caisses de fonds d'avance.*

23 mai 1888

Article premier. — Les gérants des caisses de fonds d'avance créées ou à créer au Tonkin et en Annam, recevront, selon l'importance de l'encaisse initiale des caisses dont ils sont dépositaires, les allocations fixées ci-après, à titre d'indemnité de frais de bureau et de responsabilité :

ENCAISSE INITIALE	INDEMNITÉS ANNUELLES		
	de frais DE BUREAU	de RESPONSABILITÉ	TOTAL
Jusqu'à 5.000 $	100 fr.	300 fr.	400 fr.
de 5.001 à 10.000	100	350	450
de 10.001 à 15.000	100	400	500
de 15.001 à 20.000	100	450	550
de 20.001 à 25.000	100	500	600
de 25.001 à 30.000	100	550	650
de 30.001 à 35.000	100	600	700
de 35.001 à 40.000	100	650	750
de 40.001 à 45.000	100	700	800
de 45.001 à 50.000	100	750	850
au-dessus de 50.000	100	800	900

Art. 2. — Les indemnités sont acquises intégralement aux officiers de l'armée active et aux fonctionnaires civils chargés de la gestion d'une caisse.

Mas si une caisse de fonds d'avance est gérée par un officier d'administration des services de l'Intendance, par un adjoint du génie ou agent comptable du service de l'artillerie, recevant d'autre part une indemnité pour frais de bureau et de responsabilité au titre d'un service spécial, la règle suivante sera appliquée :

L'officier d'administration, l'adjoint du génie ou l'agent comptable, touchera intégralement l'indemnité la plus élevée et la moitié de la plus faible.

Art. 3. — La présente décision abroge celle sur le même objet du 11 mars 1886 ; elle sera notifiée partout où besoin sera, et les fixations qu'elle détermine seront appliquées à partir du 1er juin 1888.

RAOUL BERGER.

VOY. : Dépenses urgentes. — Trésor.

Forêt. — VOY. : Bois et forêts.

Frais de justice. — VOY. : Droits de greffe.

Français, Protégés français. — VOY. : Concessions. — Propriétés. — Traités et conventions. — Justice.

---

(1) Voir au mot *Percepteurs.*

(2) Voir au mot *Percepteurs* ; un certain nombre de caisses de fonds d'avance a été supprimé et remplacé par les percepteurs.

Franchise postale et télégraphique

N° 1. — DÉCISION *portant que toutes les lettres adressées au corps expéditionnaire du Tonkin ou en provenant, seront délivrées ou reçues en franchise.*

25 juillet 1883

Rapportée par arrêté du premier juillet 1890.

N° 2. — DÉCISION *accordant les franchises télégraphique et postale au service des douanes.*

12 avril 1884.

Article premier. — Les franchises télégraphique et postale sont accordées. pour les communications officielles, savoir :

1° Au chef du service des douanes avec le Directeur des affaires civiles et politiques et avec les chefs de bureau des douanes.

2° Aux chefs de bureau des douanes avec le Directeur des affaires civiles et politiques (pour les postes où ne réside pas de sous-inspecteur) et le chef du service des douanes.

Art. 2. — Le Directeur des affaires civiles et politiques est chargé de l'exécution de la présente décision,

MILLOT.

N° 3. — CIRCULAIRE *désignant les officiers et fonctionnaires qui ont droit à la franchise télégraphique.*

26 juin 1885

Le droit de correspondance en franchise par le télégraphe est exclusivement réservé à MM. les généraux de division, généraux de brigade, chefs de service, commandants d'armes et chefs de poste.

Au siége du quartier général du corps d'armée et des quartiers généraux de division, tous les télégrammes, sans exception, doivent être soumis au visa des chefs d'état-major.

Dans les autres places et lieux de garnison, les commandants d'armes restent juges des demandes, comptes-rendus, etc., émanant des chargés de service qu'ils doivent transmettre par voie télégraphique.

Ces mesures ont pour but de mettre un terme à l'abus qui se fait des télégrammes, abus préjudiciable à la netteté de la correspondance et à l'exécution mêmece du servi télégraphique, dont le personnel est surmené.

La rédaction des télégrammes devra être aussi concise que possible ; il n'en sera fait usage que pour les questions graves et de réelle urgence.

Au premier de chaque mois, un relevé des télégrammes expédiés par les différentes autorités ayant droit à la franchise télégraphique sera adressé, par la voie hiérarchique, au Général en chef sous la forme ci-après :

RELEVÉ *des télégrammes expédiés pendant le mois d*

DATES	DESTINATAIRES	TEXTE DU TÉLÉGRAMME

Un relevé identique sera adressé à la même date par les chefs de bureaux de télégraphie électrique et par les chefs de station de télégraphie optique à leur chef de service respectif et transmis au Général en chef, ce dernier relevé ne comportant que les télégrammes expédiés et non les télégrammes reçus.

Après examen minutieux de ces pièces mensuelles, le Général en chef mettrait à la charge des expéditeurs les télégrammes dont l'objet s'écarterait des présentes prescriptions.

Toute correspondance télégraphique ayant trait à des questions politiques ou militaires est absolument interdite, en dehors des comptes-rendus adressés aux chefs hiérarchiques.

COURCY.

N° 4. — DÉCISION *étendant la franchise aux télégrammes de service échangés entre le chef du service des travaux publics et les chefs de section.*

22 avril 1886.

Article premier. — La franchise est accordée aux communications télégraphiques concernant les affaires administratives échangées directement entre l'ingénieur, chef du service des travaux publics et les chefs de section.

Art. 2. — Le Résident supérieur au Tonkin est chargé de l'exécution de la présente décision.

PAUL BERT.

N° 5. — ARRÊTÉ *relatif à la franchise télégraphique* (1).

28 juin 1886.

Article premier. — La franchise télégraphique n'est jamais concédée que dans l'intérêt du service public, à l'exclusion de tout intérêt privé.

SERVICE DANS LE PROTECTORAT

Art. 2. — La franchise télégraphique appartient, dans l'étendue du Protectorat :

1° Avec toutes personnes	Au Résident général.
2° Avec tous agents civils, militaires et indigènes	Au commandant des troupes de terre et de mer et de la flottille.
—	Aux Résidents supérieurs.
—	Aux généraux pourvus de commandement.
—	Au chef des services administratifs.
—	Au commandant de la division navale.
—	Au Directeur du cabinet du Résident général.
—	Au chef d'état-major du commandant en chef.
—	Au chef du service des postes et télégraphes.

Art. 3. — Les fonctionnaires ci-après désignés ont, dans les conditions respectivement établies, la franchise télégraphique, avec réciprocité :

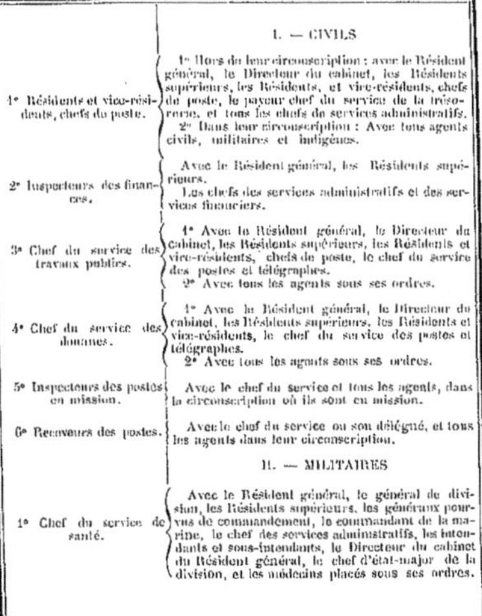

	I. — CIVILS
1° Résidents et vice-résidents, chefs de poste.	1° Hors de leur circonscription : avec le Résident général, le Directeur du cabinet, les Résidents supérieurs, les Résidents, et vice-résidents, chefs de poste, le payeur chef du service de la trésorerie, et tous les chefs de services administratifs. 2° Dans leur circonscription : Avec tous agents civils, militaires et indigènes.
2° Inspecteurs des finances.	Avec le Résident général, les Résidents supérieurs. Les chefs des services administratifs et des services financiers.
3° Chef du service des travaux publics.	1° Avec le Résident général, le Directeur du cabinet, les Résidents supérieurs, les Résidents et vice-résidents, chefs de poste, le chef du service des postes et télégraphes. 2° Avec tous les agents sous ses ordres.
4° Chef du service des douanes.	1° Avec le Résident général, le Directeur du cabinet, les Résidents supérieurs, les Résidents et vice-résidents, le chef du service des postes et télégraphes. 2° Avec tous les agents sous ses ordres.
5° Inspecteurs des postes en mission.	Avec le chef du service et tous les agents, dans la circonscription où ils sont en mission.
6° Receveurs des postes.	Avec le chef du service ou son délégué, et tous les agents dans leur circonscription.
	II. — MILITAIRES
1° Chef du service de santé.	Avec le Résident général, le général de division, les Résidents supérieurs, les généraux pourvus de commandement, le commandant de la marine, le chef des services administratifs, les intendants et sous-intendants, le Directeur du cabinet du Résident général, le chef d'état-major de la division, et les médecins placés sous ses ordres.

(1) Voir ci-après arrêté complémentaire du 5 octobre 1886.

2° Directeur du génie.	Avec le Résident général, le général de division, le Directeur du cabinet, le chef d'état-major de la division, les chefs des services administratifs et de santé, les officiers de son corps.
3° Directeur de l'artillerie	Avec le Résident général, le général de division, le Directeur du cabinet, le chef d'état-major de la division, les chefs des services administratifs et de santé, les officiers de son corps.
4° Intendant et sous-intendant.	Avec le Résident général, le général de division, le chef des services administratifs, les généraux pourvus de commandement, les commandants militaires, les agents sous leurs ordres, le Directeur du cabinet, le chef d'état-major de la division.
5° Chef du service de la trésorerie.	Avec le Résident général, le général de division, les Résidents supérieurs, les Résidents et vice-résidents, chefs de poste, le Directeur du cabinet, le chef d'état-major de la division, les préposés payeurs, les directeurs des caisses de fonds d'avance, le directeur du contrôle financier.
6° Commandants militaires chefs de poste.	Avec le Résident général, le général de division, les généraux pourvus de commandement dont ils relèvent, l'intendant de leur circonscription, le Directeur du cabinet, le chef d'état-major de la division.
7° Commandants des bâtiments de l'État.	Avec le Résident général, le général de division, le commandant supérieur de la marine, le commandant particulier de la marine, le Directeur du cabinet.
8° Commandants et adjoints du génie militaire.	Avec le Résident général, le général de division, le Directeur du génie, les agents sous leurs ordres, le Directeur du cabinet, le chef d'état-major de la division.
9° Commissaire de la marine chef du service.	Avec le Résident général, le général de division, le commandant de la marine, le Directeur du cabinet, le chef d'état-major de la division, les commissaires chargés du service.
10° Directeur du mouvement du port, commandant.	Avec les commandants supérieurs et particuliers de la marine, les commandants des bâtiments de l'État, les chefs de poste.

Art. 4. — En cas de nécessité absolue et d'urgence extrême, tout agent civil et militaire peut, par réquisition motivée, exiger la transmission en franchise d'une dépêche télégraphique d'intérêt public.

Art. 5. — Sauf l'exception visée par l'art. 4, tout fonctionnaire non dénommé plus haut, ne peut requérir la transmission gratuite d'une dépêche concernant son administration, si elle n'est revêtue du visa de l'autorité dont il relève.

Art. 6. — L'ordre de répondre par télégramme équivaut au visa.

Art. 7. — Les dépêches des officiers de gendarmerie peuvent être visées indifféremment par l'autorité civile et militaire.

Art. 8. — Nul ne peut viser une dépêche, s'il n'est autorisé à correspondre lui-même en franchise.

Art. 9. — Le fonctionnaire ne conserve le droit à la franchise qu'autant qu'il ne sort pas des limites de sa circonscription.

Art. 10. — Lorsque le Résident général donnera ou étendra le droit de franchise, en dehors des conditions spécifiées au présent arrêté, la pièce écrite constatant ce droit devra toujours être représentée sur la demande de l'agent des télégraphes.

Art. 11. — La franchise peut être déléguée. Si le délégant et le délégataire résident au même lieu, la franchise ne peut être invoquée par les deux simultanément.

Art. 12. — L'abus du droit de franchise télégraphique, dans un intérêt privé, donnera lieu à répétition de taxe conformément aux tarifs. Toutefois, l'agent des télégraphes ne pourra refuser la transmission, mais il signalera l'abus au chef de service, qui adressera copie du télégramme signalé au Résident supérieur.

Art. 13. — Le Résident général décide s'il y a eu abus de franchise, et ordonne, dans ce cas, le versement par l'expéditeur, à la caisse du bureau télégraphique, du montant de la taxe.

SERVICE INTERNATIONAL

Art. 14. — Le Résident général a la franchise télégraphique illimitée avec le ministre des affaires étrangères et les autres ministères, sous l'autorisation du ministre des affaires étrangères, avec les représentants de la République dans l'Inde, l'Indo-Chine, la Chine, le Japon, les Indes néerlandaises et les îles Philippines.

Art. 15. — Le commandant des troupes de terre et de mer et de la flottille a la franchise avec les ministres de la guerre et de la marine, dans les limites spécifiées par l'art. 7 du décret du 27 janvier 1886.

Art. 16. — Les dépêches émanant des chefs de service, seront transmises en franchise, si elles sont visées : pour les civils, par le Résident général, pour les militaires, par le commandant des troupes de terre et de mer et de la flottille.

Art. 17 — Le présent arrêté sera communiqué à tous les services et inséré au Moniteur du Protectorat.

Les Résidents supérieurs de l'Annam et du Tonkin sont chargés, chacun en ce qui le concerne, de l'exécution du présent arrêté.

PAUL BERT.

N° 6. — ARRÊTÉ *complétant les dispositions de celui du 28 juin 1886 sur la franchise télégraphique.*

5 octobre 1886

Article premier — La franchise télégraphique prévue à l'article 3 (IIe partie, § 6) de l'arrêté susvisé est étendue, avec réciprocité, aux commandants de région avec les commandants de cercle et chefs de poste de leur région ;

Aux commandants de cercle avec les chefs de poste de leur cercle ;

Aux chefs de corps avec leur chef de détachement.

Art. 2. — Le Résident supérieur au Tonkin est chargé de l'exécution du présent arrêté.

PAUL BERT

N° 7. — ARRÊTÉ *étendant la franchise télégraphique aux commandants de bâtiments de l'État stationnant en Annam, avec le Résident supérieur en Annam.*

21 octobre 1886.

Article premier. — La franchise télégraphique prévue à l'article 3 (IIe partie, § 7) de l'arrêté sus-visé du 28 juin 1886, est étendue, avec réciprocité, aux commandants de bâtiments de l'État stationnant en Annam, avec le Résident supérieur en Annam.

Art. 2. — Le Résident supérieur en Annam est chargé de l'exécution du présent arrêté.

PAUL BERT.

N° 8. — ARRÊTÉ *concernant l'extension de la franchise télégraphique au commandant de région et de cercle*

28 décembre 1886.

Article premier. — La franchise télégraphique prévue à l'article 3 (IIe partie § 6) de l'arrêté susvisé, est étendue, avec réciprocité entre les commandants de région, et dans la même région, entre les commandants de cercle.

Art. 2. — Le Résident supérieur *p. i.* au Tonkin est chargé de l'exécution du présent arrêté.

P. VIAL.

N° 9. — ARRÊTÉ *attribuant la franchise postale et télégraphique à M. le Général commandant en chef les troupes de l'Indo-Chine française.*

16 janvier 1888.

Article premier. — La franchise postale et la franchise télégraphique sont attribuées à M. le Général commandant en chef les troupes de l'Indo-Chine française.

Art. 2. — Il jouit du même privilège pour sa correspondance officielle avec le Ministre de la marine et des colonies et avec le Ministre de la guerre.

Art. 3. — Le Secrétaire général du Gouvernement de l'Indo-Chine est chargé de l'exécution du présent arrêté.

CONSTANS.

N° 10. — ARRÊTÉ *accordant la franchise télégraphique au Président de la Cour criminelle et aux chefs des parquets.*

2 janvier 1889.

Le Président de la Cour criminelle de Hanoi et les Procureurs de la République des tribunaux de Hanoi et de Haiphong jouiront de la franchise postale et télégraphique pour les correspondances de service qu'ils auront à adresser au Gouverneur général, au Résident général en Annam et au Tonkin, au Procureur général, chef du service judiciaire de l'Indo-Chine et au Résident supérieur au Tonkin.

Les membres des tribunaux de Hanoi et de Haiphong jouiront de la même franchise, dans les mêmes conditions, pour les correspondances qu'ils devront échanger entre eux.

Le Résident général en Annam et au Tonkin et le Procureur général, chef du service judiciaire de l'Indo-Chine, sont chargés, chacun en ce qui le concerne, de l'exécution du présent arrêté qui sera communiqué et enregistré partout où besoin sera.

RICHAUD.

N° 11. — ARRÊTÉ *accordant la franchise télégraphique aux chefs de parquet avec les chefs de poste administratif du Tonkin.*

25 janvier 1889.

Article premier. — Les Procureurs de la République de Hanoi et de Haiphong jouiront de la franchise postale et télégraphique pour les correspondances de service qu'ils devront échanger avec les Résidents, vice-résidents et chefs de poste administratif du Tonkin.

Art. 2. — Le Résident général en Annam et au Tonkin et le Procureur général, chef du service judiciaire de l'Indo-Chine, sont chargés, chacun en ce qui le concerne, de l'exécution du présent arrêté, qui sera communiqué et enregistré partout où besoin sera.

RICHAUD.

N° 12 — ARRÊTÉ *accordant la franchise télégraphique au Consul de France à Longtchéou.*

13 avril 1889.

Article premier. — La franchise postale et télégraphique est concédée au consul de France à Longtchéou.

Il jouira de cette franchise avec le Gouverneur général de l'Indo-Chine, le Résident général en Annam et au Tonkin, le Général commandant en chef les troupes de l'Indo-Chine, le Résident supérieur au Tonkin, les Résidents ou vice-résidents des provinces frontières, ainsi que les commandants d'armes de ces mêmes provinces et ce, avec réciprocité.

Art. 2. — Le Résident supérieur au Tonkin est chargé de l'exécution du présent arrêté.

E. PARREAU.

N° 13. — CIRCULAIRE *au sujet de la correspondance télégraphique.*

27 août 1889

J'ai l'honneur de vous rappeler que la correspondance télégraphique ne doit être employée que dans la forme la plus succincte.

Quelques-uns d'entre vous croient devoir employer des formules telles que « j'ai l'honneur de, je vous prie de vouloir bien, j'aurai l'avantage de, en réponse à votre télégramme ou à votre lettre en date du, etc. etc. »

Ce sont là des longueurs inutiles dont vous devez vous abstenir en vous bornant au seul emploi des mots indispensables.

Je vous prie de prendre note de ces observations et de vous y conformer scrupuleusement car je n'hésiterais pas à taxer, en tout ou en partie, les télégrammes qui me paraîtraient abusifs.

BRIÈRE

N° 14. — ARRÊTÉ *accordant la franchise télégraphique sur le réseau du Tonkin, aux consuls de France à Longtchéou et à Mongtsé.*

21 décembre 1889

Article premier. — Les dépêches officielles adressées par les consuls de France à Longtchéou et à Mongtsé, circuleront en franchise sur le réseau des lignes télégraphiques du Tonkin, ainsi que sur le câble de Haiphong au cap Saint-Jacques.

Art. 2. — Le Résident supérieur au Tonkin est chargé de l'exécution du présent arrêté.

PIQUET.

N° 15. — ARRÊTÉ *accordant la franchise télégraphique au lieutenant de gendarmerie.*

28 mai 1890

Le lieutenant commandant la gendarmerie de l'Indo-Chine a la franchise télégraphique avec tous les chefs d'administration résidant en Indo-Chine, tous les Procureurs de la République et juges d'instruction du ressort de la cour d'appel de l'Indo-Chine, MM. les Résidents et vice-résidents, chefs de province ou de poste, avec ses chefs de brigade de gendarmerie et réciproquement.

PIQUET.

G

Gage, Nantissement

N° 1. — CIRCULAIRE *au sujet d'un projet de prêts sur nantissement de récoltes par la Banque de l'Indo-Chine.*

14 septembre 1888

J'ai l'honneur de vous adresser sous ce pli un projet d'arrêté pour la réglementation des conditions dans lesquelles les prêts sur récoltes pourraient être faits par la Banque de l'Indo-Chine aux communes du Tonkin.

Je vous prie de vouloir bien examiner attentivement ce projet et me faire connaître, *avant la fin du mois courant*, les observations que vous en suggèrerait son application dans votre province.

E. PARREAU

PRÊTS SUR RÉCOLTES

(Projet d'arrêté).

Article premier. — Les communes sont autorisées à contracter, au nom et pour le compte de ceux de leurs inscrits qui en feront la demande, des emprunts à la Banque de l'Indo-Chine, dans les formes et conditions suivantes.

Art. 2. — Toute commune dont un ou plusieurs inscrits voudront jouir du bénéfice des prêts sur récoltes, devront adresser, par l'intermédiaire des Résidents de la province, une demande au directeur de la Banque de l'Indo-Chine.

Cette demande énoncera :

1° Les noms, prénoms et domicile de tous les propriétaires qui voudront contracter un emprunt à la Banque.

2° La situation exacte des terres de chacun d'eux, leur contenance, la nature de culture et les origines de la propriété.

3° L'évaluation de la récolte pour chaque terre ou, si la demande a lieu avant que la récolte ne soit pendante, la moyenne des dernières années.

4° La somme demandée par chacun des propriétaires et le total de toutes les sommes partielles exprimées en piastres.

5° L'engagement de rembourser le prêt total qui est fait par la Banque, le premier avril de chaque année, et ce, quelle que soit la date à laquelle les sommes auront été mises à la disposition des villages.

Il est bien entendu que l'emprunteur a toujours huit mois pour rembourser le prêt. Si l'échéance du 1er avril se produit plusieurs mois après, l'emprunteur bénéficie de ce laps de temps.

Art. 3. — Cette demande, établie en triple expédition, sera scellée du cachet du village et signée par le maire et deux notables. Elle sera portée par ceux-ci, accompagnés de tous les emprunteurs partiels, à la Résidence où, après avoir été vérifiée, quant à ses énonciations et déclarations, elle sera enregistrée moyennant un droit fixe d'un franc, qui sera dû par chacun des emprunteurs. Ces formalités remplies, une expédition sera adressée à la Banque par l'entremise du Résident supérieur, la seconde rendue au village; la troisième expédition restera à la Résidence.

Les contrats deviennent définitifs après l'approbation du Résident supérieur.

Art. 4. — L'administration du Protectorat se rend, par le fait seul de l'enregistrement de la demande ci-dessus, enregistrement qui sera mentionné sur les trois expéditions et portera la signature et le cachet de l'administration, pécuniairement responsable vis-à-vis de la Banque de l'emprunt total contracté par la commune.

Art. 5. — A la réception de la demande, le directeur de la Banque de l'Indo-Chine enverra à la Résidence supérieure un bon à payer, délivré en duplicata, de la somme représentant le montant du prêt, sur la caisse de la localité où la demande aura été adressée.

Le bon à payer sera compris par le préposé du trésor ou le gérant de la caisse d'avance dans son prochain versement au trésor, qui sera immédiatement remboursé ou crédité du montant par la Banque.

Art. 6. — Le montant des emprunts à faire par les communes pour le compte de leurs inscrits, ne pourra dépasser le tiers de la valeur des récoltes pour chacune des terres engagées.

Art. 7. — Le taux de l'intérêt à payer à la Banque sera de 11 %, les intérêts courant à partir du jour de la remise des fonds aux communes jusqu'à la date du remboursement.

Art. 8. — Un mois avant les échéances des prêts, la Banque enverra aux Résidents un état des sommes à recouvrer dans leur résidence, et des avertissements destinés à rappeler ces échéances seront immédiatement adressés aux communes par les Résidents.

Les notables feront les recouvrements sur les emprunteurs partiels et en porteront le montant total à la caisse de la Résidence qui leur donnera un reçu détaché de son registre à souches et portera cette somme en recette au titre : *Recette pour le compte de la Banque.*

Art. 9. — Un délai de rigueur de trente jours sera accordé, à partir de l'échéance, aux communes, pour l'apurement complet des rentrées.

Le lendemain de l'expiration de ce délai, les Résidents devront envoyer au Résident supérieur et à la Banque le chiffre des sommes non recouvrées, et la Banque en sera couverte par le trésor, sur un ordre du Résident supérieur.

Des contestations et des poursuites.

Art. 10. — Toutes les contestations entre la Banque et les communes seront jugées administrativement par le Résident général en conseil, sur le rapport des Résidents.

Art. 11. — Toutes les contesation sentre les communes et les emprunteurs partiels seront jugées administrativement par le Résident, dans les limites fixées par l'arrêté du 31 décembre 1875.

Dans le cas où les emprunteurs ne seraient pas en mesure de payer à l'échéance, aux communes, le montant des avances à eux faites en capital et intérêt, et après un délai de rigueur de quinze jours, les notables seront autorisés, sur un simple ordre du Résident, à faire vendre les récoltes des débiteurs et, si les récoltes ne suffisent pas, le fonds lui-même, pour le prix en être affecté, en atténuation ou jusqu'à due concurrence, au payement des sommes dues.

Art. 12. — La garantie donnée par l'administration du Protectorat aura son effet pendant toute la durée de leur application. Par réciprocité et en échange des garanties et des facilités données à la Banque, celle-ci versera au trésor tous les ans, la portion d'intérêt excédant 10 0/0 ; cet établissement ne pourra, d'ailleurs, stipuler aucune commission ou frais quelconques, qui diminuerait la part d'intérêt allouée au trésor ou aggraverait les charges des emprunteurs (1).

Garde civile indigène.

N° 1. — DÉCISION *faisant connaître la création des gardes civiles provinciales.*

11 février 1886.

Modifiée par l'arrêté du 19 juillet 1888, créant la garde civile indigène.

(1) Ce projet n'a pas eu de suite; nous avons cru toutefois devoir lui consacrer une place ici, comme pouvant être consulté très-utilement à l'occasion.

N° 2. — INSTRUCTION *pour l'application de la décision du 11 février 1886, relative à l'organisation des gardes civiles provinciales et des gardes civiles des Résidences.*

28 mars 1886.

Modifiée par l'arrêté du 19 juillet 1888, organisant la garde civile indigène.

N° 3. — ARRÊTÉ *faisant suite aux décisions des 10 et 11 février 1886 organisant les milices et gardes civiles.*

31 mai 1886.

Modifié par l'arrêté du 19 juillet 1888, organisant la garde civile indigène.

N° 4. — LETTRE *au sujet de la milice et de la garde civile indigène.*

19 juillet 1888.

Les milices provinciales annamites ont été instituées par un arrêté local en date du 6 août 1886.

Cette organisation, réalisée au moment où le régime civil venait à peine de succéder au régime militaire, ne pouvait être qu'une organisation de transition. L'heure paraît aujourd'hui venue de donner à cette institution une assise définitive et de constituer fortement la milice en vue du rôle important qu'elle est appelée à jouer.

Ce rôle doit être tout à fait distinct de celui de l'armée. A l'armée incombe, le cas échéant, la haute mission de repousser des agressions de l'extérieur et de réprimer les rébellions de l'intérieur. A côté et en dehors de l'armée, la milice, qui prendra désormais le nom de *Garde civile indigène du Tonkin*, doit être plus spécialement chargée d'assurer le tranquilité ordinaire et quotidienne du pays par un système de police à la fois préventif et répressif. Cette police sera préventive en ce sens qu'elle s'efforcera de fournir à l'autorité politique tous les renseignements qui sont de nature à l'éclairer sur l'état des esprits dans le pays, répressive parce qu'elle devra rechercher et poursuivre les malfaiteurs. Si la répression de la rébellion est du ressort de l'armée, la répression du brigandage doit appartenir à la *Garde civile indigène.*

Ainsi comprises, les attributions de la garde civile sont assez importantes pour l'absorber toute entière : il paraît nécessaire, en conséquence, de la détourner le moins possible de sa mission. C'est ainsi, par exemple, que le service des postes de l'administration des douanes, qui avait été confié jusqu'ici à des miliciens, devra être désormais assuré par des agents spéciaux de cette administration. Rien n'empêchera d'ailleurs de recruter ces agents selon la loi annamite.

La garde civile indigène sera donc exclusivement une force de police, essentiellement civile, à la disposition absolue des Résidents.

Et comme elle vaudra ce que vaudront les éléments qui la composeront, il a paru habile et équitable, pour attirer des éléments de choix, de faire des avantages sérieux au personnel européen et au personnel indigène de la garde civile : au personnel européen, en lui accordant des garanties pour la sécurité du grade ; au personnel indigène, en attribuant des hautes payes journalières aux hommes rengagés et des pensions de retraite après vingt-cinq années de service.

Quant au mode d'emploi du nouveau corps, il sera différent de celui de l'ancienne milice. Le groupement en compagnies et sections est supprimé. La garde indigène sera répartie en postes, d'importance variable suivant les cas, placés dans les Résidences, les phus et les huyens importants, et toujours sous l'autorité d'un Européen.

Les chefs de poste devront être en relations pour ainsi dire permanentes, avec les Résidents des provinces et les délégués des Résidents dans les phus, car ce projet est intimement lié à la réforme dont je vous ai déjà saisi, et qui consiste à mettre, auprès de chaque phu, un représentant du Résident de la province. Les postes pourraient être installés dans des blokhauss, dont la construction serait assurée par les soins des villages intéressés, et dans des conditions qui feront incessamment l'objet de propositions spéciales de ma part.

C'est dans cet ordre d'idées qu'a été établi l'arrêté suivant, que j'ai l'honneur de vous soumettre, et qui annule et remplace l'arrêté de principe du 6 août 1886 et les arrêtés de détail qui ont été pris ultérieurement.

E. PARREAU.

N° 5. — Arrêté *supprimant la milice et organisant la garde civile indigène.*

19 juillet 1888

Chapitre premier.

Dispositions générales

Article premier. — Les milices provinciales, instituées par l'arrêté du 6 août 1886, sont supprimées et remplacées par un corps de police civile qui prend le nom de *Garde civile indigène du Tonkin*. Le personnel de la police européenne actuelle sera versé dans la garde civile du Tonkin.

Art. 2. — La garde civile du Tonkin sera recrutée selon la loi annamite, par les soins des chefs de cantons, proportionnellement au nombre des inscrits de chaque village, et parmi les hommes inscrits ou fils d'inscrits. Les chefs de cantons ne devront présenter que d'anciens miliciens ou d'anciens tirailleurs tonkinois.

La durée du service est de *trois* années.

Art. 3. — Les villages sont responsables des hommes qu'ils auront fournis.

Art. 4. — Les hommes de la garde indigène sont distribués par postes répartis de la manière suivante :

Postes de 25 hommes dans les huyens importants ou troublés ;
Postes de 50 environ dans les phus ;
Postes de 125 environ dans les Résidences.

Chaque poste de Résident fournit un détachement auprès des tong-doc, des tuan-phu, et, dans la province de Hanoi, auprès du Kinh-luoc.

Art. 5. — La hiérarchie dans la garde indigène est la suivante :

1° Inspecteur européen .... 1re classe ; 2e classe.
2° Garde principal européen .... 1re classe ; 2e classe ; 3e classe.
3° Pho-quan.
4° Doï .... 1re classe ; 2e classe.
Caï .... 1re classe ; 2e classe.
5° Bep (garde de 1re classe) ;
Linh (garde de 2e classe).

Art. 6. — Chaque poste de 25 hommes comprend :

1 Garde principal de 2e classe ;
1 Doï ;
2 Caïs.

Chaque poste de 50 hommes comprend :

2 Gardes principaux ;
2 Doïs ;
4 Caïs.

Chaque poste de 125 hommes comprend :

5 Gardes principaux ;
1 Pho-quan ;
6 Doïs ;
12 Caïs.

Les gardes principaux ont toujours autorité sur les gradés annamites.

Le garde principal le plus élevé en grade ou, à égalité de grade, le plus ancien, est chef du poste. Sauf dans le cas de nécessité absolue, les emplois de chefs de poste ne seront confiés qu'à des gardes principaux de 1re et de 2e classe.

Chaque chef de poste adresse toutes les semaines, et plus souvent, s'il y a lieu, un rapport en double expédition au Résident de la province et au délégué du Résident dans le phu dont dépend le poste.

Art. 7. — Au chef-lieu de chaque Résidence est placé un inspecteur qui visite, au moins une fois par mois, les postes de la province ; il est spécialement chargé de veiller à la discipline, à l'instruction, à la conservation des armes et munitions, à la bonne tenue des hommes et des postes, et à l'exécution du service.

Art. 8. — L'inspecteur est placé sous les ordres directs du Résident.

Art. 9. — La garde civile indigène est spécialement affectée aux services suivants :

1° garde de Résidences.
2° garde des gouverneurs de provinces.
3° garde de phus.
4° garde de huyens.
5° garde de prisons.
6° garde des édifices publics et des barques de l'administration,
7° service des courriers officiels.
8° service des renseignements.
9° poursuite et arrestation des malfaiteurs.
10° escortes des transports par terre, par fleuve et par mer, pour le compte du Protectorat.
11° escortes et autres missions admises par les usages de l'administration annamite.

Art. 10. — Lorsque les effectifs levés excèderont les besoins du service, les gardes non utilisés seront envoyés en permission, sans solde, dans leurs villages.

Art. 11. — Ces congés réguliers, inscrits sur les contrôles et les registres du poste, seront délivrés par le Résident ou le vice-résident.

Art. 12. — Les armes des absents resteront au magasin du poste, sous la responsabilité du garde principal, chef de poste.

Art. 13. — En cas de guerre ou de rébellion, la garde indigène peut être mobilisée en tout ou en partie. Elle passe alors sous les ordres de l'autorité militaire.

Un arrêté spécial du Gouverneur général fixera les cas et les conditions de cette mobilisation.

Chapitre II

Recrutement, avancement, récompenses.

Art. 4. — Les inspecteurs de 1re classe sont choisis, soit parmi les anciens officiers de l'armée, soit parmi les inspecteurs de 2e classe. Sont réservées à ces derniers les *trois quarts* des vacances.

Les inspecteurs de 2e classe sont pris parmi les anciens officiers de l'armée et au choix parmi les gardes principaux de 1re classe. Ces derniers ont droit au tiers des vacances au moins.

Art. 15. — Les gardes principaux sont plus particulièrement recrutés parmi les militaires libérés du service actif ou en position de congés renouvelables, les gendarmes, les agents de police, les gardiens de la paix, etc.

Toute demande doit être adressée au Résident général et accompagnée de pièces établissant les services antérieurs.

Les candidats devront être en mesure de pouvoir rédiger un rapport de police.

L'avancement à la 1re et à la 2e classe de garde principal a lieu moitié au choix et moitié à l'ancienneté.

Un tour du choix sur trois peut être attribué aux candidats qui ne font pas partie de la garde, pour les 1re et 2e classe.

Art. 16. — *Modifié par arrêté du 17 mars 1890* (1)

Art. 17. — Les Européens et les indigènes de la garde civile du Tonkin peuvent recevoir la décoration de la Légion d'honneur. Cette distinction donne lieu au traitement alloué aux titulaires, mais payé sur le budget du Protectorat.

Chapitre III.

Solde et accessoires de solde. — Retraite.

Art. 18. — Les inspecteurs, gardes principaux, gradés et gardes indigènes, reçoivent la solde mentionnée au tarif annexé au présent règlement.

Art. 19. — La solde et les accessoires de solde sont payés par le chancelier de la Résidence, sur la présentation des mandats arrêtés conformément aux règles qui seront déterminées par le Résident général.

Art. 20. — L'habillement des gradés et gardes indigènes est fourni par l'administration du Protectorat.

Art. 21. — Le personnel de la garde civile indigène n'a droit à aucune délivrance de vivres.

Art. 22. — Cependant, lorsque, en exécution de l'art. 13, des détachements de la garde indigène seront mobilisés, les Européens qui feront partie de ces détachements toucheront des rations journalières de vivres.

Art. 23. — Lorsque l'expédition durera plus de deux jours, les indigènes recevront aussi la ration journalière de vivres.

Art. 24. — La composition de la ration journalière sera déterminée par le Résident général, et le montant en sera imputé au budget du Protectorat.

Art. 25. — A dater de la mise à exécution du présent arrêté, les indigènes de tous grades de la garde qui compteront 25

(1) Voir ci-après

années de services, tant dans le corps que dans les anciennes milices et les tirailleurs tonkinois, seront admis à la retraite, et auront droit à une pension payée par le Protectorat et dont le taux sera réglé, suivant le grade, par un arrêté ultérieur. Auront également droit à une pension de retraite les indigènes de la garde qui, en service commandé, auront contracté des blessures ou des infirmités incurables.

CHAPITRE IV

Congés

Art. 26. — Au point de vue des congés, le personnel européen de la garde civile indigène est traité d'après les mêmes règles générales que le personnel civil du Protectorat.

CHAPITRE V

Uniforme

Art. 27, 28 et 29. — *Modifiés par arrêté du 13 juin 1890* (1).

Art. 30. — L'habillement des indigènes de la garde civile, gradés et simples gardes, est celui qui est actuellement réglementaire pour les milices. De même pour l'armement.

Art. 31. — Le personnel de la garde civile est logé aux frais de la province, dans les emplacements déterminés par le Résident, d'accord avec les autorités provinciales.

CHAPITRE VI

Dispositions particulières et transitoires

Art. 32. — Toutes les dépenses relatives à l'organisation et à l'entretien de la garde indigène sont supportées par le budget du Protectorat.

Art. 33. — Les annamites de tous grades de la garde indigène sont considérés comme protégés français et soumis comme tels, à la juridiction des tribunaux consulaires qui, suivant les circonstances, peuvent retenir leurs causes ou les renvoyer devant les tribunaux annamites.

Art. 34. — Les officiers et sous-officiers, actuellement en service dans les milices provinciales annamites, et les agents européens de la police seront utilisés, pour la première formation de la garde indigène du Tonkin, où ils passeront dans les conditions ci-après :

Les commandants de compagnie comme inspecteurs ;
Les adjudants comme gardes principaux de 1re classe ;
Les sergents comme gardes principaux de 2e classe ;
Les gardes de police seront classés suivant leur solde actuelle.

Art. 35. — Les divers règlements de détail et instructions concernant la garde indigène (administration et comptabilité, justice, police et discipline, pensions de retraite des indigènes, etc.), seront préparés par le Résident général.

Art. 36. — La fixation des pensions de retraite du personnel européen des gardes civiles indigènes sera comprise dans le travail d'ensemble qui règlera les pensions de retraite du personnel civil du Protectorat.

Art. 37. — *Modifié par arrêté du 13 février 1890* (1).

Art. 38. — Le Résident général en Annam et au Tonkin, est chargé de l'exécution du présent arrêté.

RICHAUD.

N° 6. — ANNEXE *au règlement relatif à l'organisation de la garde civile indigène.*

SOLDE ET ACCESSOIRES DE SOLDE

Personnel européen

Voir ci-après arrêté du 23 mai 1890 modifiant la composition et la solde des gradés européens de la garde civile indigène.

Personnel indigène

....

(1) Voy. *Journal officiel* du 19 juin 1890, n° 49.
(1) Voir ci-après.
(1) Voir ci-après arrêtés des 26 octobre 1889 et 11 janvier 1890, déterminant l'effectif des compagnies de l'Annam et leur mode de commandement.

N° 7. — CIRCULAIRE *au sujet des retenues de solde infligées aux gardes civils.*

18 août 1888

Il m'a été rendu compte que des gradés indigènes des gardes civiles infligeaient, comme punition, des retenues de solde à leurs inférieurs, et même que, suivant les mœurs annamites, et sans autre motif que l'autorité que leur donne leur grade, ils se faisaient remettre de l'argent par les hommes.

Il ne vous échappera pas que cette façon de procéder, outre qu'elle est la négation de toute discipline, est contraire aux règlements qui vous donnent à vous seul, le droit de faire, à titre de punition ou d'amende, des retenues sur la solde des gardes civils.

Je suis donc tout disposé à frapper des peines les plus sévères les gradés qui commettraient des abus de cette nature.

J'ai l'honneur de vous prier de vouloir bien porter ces prescriptions à la connaissance de la garde civile de votre province, et de vous inviter à me signaler, à l'avenir, les auteurs de retenues ou amendes irrégulières.

E. PARREAU.

N° 8. — CIRCULAIRE *au sujet de la solde d'absence des miliciens*

20 août 1888.

Mon attention a été appelée sur les inconvénients présentés par l'application, sans exception aucune, des dispositions des articles 2 et 3 de l'arrêté du 12 août 1887, réglementant la solde des miliciens devenus gardes civils indigènes. Ces articles spécifient que tout européen ou indigène appartenant aux milices et en traitement aux hôpitaux ou infirmeries-ambulances, doit être considéré comme en position d'absence et que cette position entraîne, pour le personnel européen, la perte de la moitié de la solde, et pour le personnel indigène, la perte de tout droit à la solde.

Cette disposition, lorsqu'elle s'applique à des gardes civils blessés dans un service commandé, ainsi que le cas s'est fréquemment produit dans ces derniers temps, paraît évidemment contraire à l'équité, puisqu'elle frappe des hommes s'étant exposés au danger pour le service du Protectorat et méritant, au contraire, des encouragements. De plus, les gardes civils dont il s'agit se trouvent, à leur sortie de l'hôpital, surtout lorsque le traitement a été long, dénués de toute espèce de ressources.

J'ai décidé, en conséquence, que tout garde civil européen ou indigène entrant aux hôpitaux ou aux infirmeries-ambulances pour blessure reçue dans un service commandé, conservera intégralement ses droits à la solde. Cette mesure aura un effet rétroactif à partir du 1er janvier 1888, et des rappels de solde devront être faits, en conséquence, aux intéressés.

E. PARREAU.

N° 9. — CIRCULAIRE *au sujet du payement en sapèques des gardes civils.*

22 août 1888

Mon attention a été appelée sur l'intérêt qu'il y aurait à payer les gardes civils en sapèques prélevées sur le trésor annamite.

Il serait important que cette mesure, déjà en vigueur dans les grands centres seulement, là où se trouvent des dépôts du trésor annamite, pût être appliquée aussi aux autres postes.

Cependant, j'estime que ce mode de payement entraînerait des difficultés pour les postes éloignés, et dont la situation ne permettrait de transporter la solde de cette nature qu'en employant un personnel trop considérable ; mais pour ceux situés à proximité des grands centres, ce mode de payement pourrait, me semble-t-il, s'effectuer facilement en faisant venir les garnisons des postes au chef-lieu, par moitié, pour percevoir leur solde ; ce même mode pourrait encore être suivi pour les postes situés sur un arroyo où la navigation en jonque ou en sampan rend les transports faciles.

J'ai donc l'honneur de vous prier de vouloir bien appliquer, sans retard et le plus largement possible, cette mesure dont l'importance ne saurait vous échapper.

E. PARREAU.

N° 10. — Circulaire *au sujet de la construction de blockhaus pour les postes de gardes civiles.*

25 août 1888

J'ai l'honneur de vous adresser ci-joint une étude sur l'organisation défensive d'un poste de 25 ou 50 gardes civils.

Ce travail, établi sur ma demande par le service du génie, doit fournir les indications nécessaires et servir de type dans la construction et l'installation des nouveaux postes dans les plus ou huyens.

Il est, en effet, de la plus haute importance que ces postes à faible effectif aient un réduit solide, à l'abri de toute surprise, où la garnison puisse résister même contre un ennemi très-supérieur en nombre, mais mal organisé. C'est d'après cette idée que chaque poste devra renfermer un blockhaus en maçonnerie ou en bois dont la force défensive est telle qu'une garnison qui y serait bloquée pourrait y attendre les secours du dehors.

Le projet ci-joint comporte l'installation complète et de toutes pièces d'un poste avec logement pour sa garnison: travaux de défense extérieure, porte d'entrée, flanquements. Il est bien entendu que ce ne sera que dans des cas particuliers, lorsque tous les autres moyens feront défaut, que l'on aura à édifier un poste semblable. Dans la plupart des cas, on pourra utiliser des bâtiments déjà construits, en se bornant à les approprier à leur nouvelle destination, mais partout on devra s'inspirer des idées qui ont présidé à l'établissement du présent projet, pour garantir les abords du poste et surtout pour y créer des réduits.

C'est donc à titre de document à consulter et pour l'appliquer selon les circonstances, que je vous adresse ce travail. Vous remarquerez que le prix de revient des blockhaus est assez elevé; il vous appartiendra de profiter des ressources locales que vous fourniront volontiers les autorités provinciales, pour en diminuer le prix le plus possible.

E. Parreau.

N° 11. — Note *sur la construction d'une redoute défensive pour 25 hommes, avec blockhaus en maçonnerie ou en bois.*

Pour un effectif supposé de 25 hommes, le tracé de la redoute est un rectangle dont les côtés ont respectivement 15 et 20 mètres de longueur.

Le blockhaus B et le mirador M (voir le croquis ci-joint) situés aux extrémités d'une même diagonale ont leurs murs en saillie sur les faces de la redoute et en assurent le flanquement.

L'obstacle est constitué par une palissade défensive de 2m 50 de hauteur, formée par des bambous entre-croisés, en avant desquels sont enfoncés des rondins jointifs de 0 m 10 à 0 m 50 d'épaisseur, qui émergent de 1 m 10 au-dessus du sol et protégent, contre les feux de mousqueterie, les défenseurs placés derrière la palissade.

Un fossé triangulaire de 3 mètres de longueur à la base règne tout le long de l'enceinte; des petits piquets sont plantés dans le fond pour augmenter la valeur de l'obstacle. Les terres de l'excavation sont employées pour installer une banquette d'infanterie derrière la palissade et l'excédant est réglé en forme de glacis sur le bord du fossé.

L'entrée de la redoute est formée par une porte solidement organisée; sur le fossé, en avant de cette ouverture, est jeté un petit pont en bois de 2 mètres de largeur.

Logement des troupes. — Le blockhaus B contient: à l'étage, le logement d'un surveillant européen; au rez-de-chaussée, un magasin et le logement d'un garde-magasin. Une petite guérite en surplomb, construite à l'étage sur les fers du plancher prolongés, assure le flanquement du blockhaus au moyen de créneaux verticaux et de créneaux de pied.

A l'intérieur de la redoute, une paillotte de 5 mètres de largeur sur 13 mètres de longueur peut servir de logement à 21 hommes.

L'installation est complétée par la construction d'une cuisine et de latrines à tinettes mobiles.

Evaluation des dépenses. — Dans l'évaluation des dépenses, on a supposé que la palissade, les paillottes et le mirador étaient construits avec les ressources du pays (*matériaux et main-d'œuvre*).

Le prix de revient du blockhaus à étage en maçonnerie peut être évalué à 2, 600 francs environ.

Si on le faisait à simple rez-de-chaussée, la dépense serait réduite à 1,300 francs environ.

Le blockhaus en bois dont le croquis est ci-joint, peut être construit isolément, ou mieux, former le réduit d'une petite redoute dans les postes où il ne sera pas possible de faire ce réduit en maçonnerie et fer.

La porte du blockhaus, en bois, est à l'étage; on y accède au moyen d'une échelle, et on descend au rez-de-chaussée à travers une trappe ménagée dans le plancher.

Son prix de revient variera avec la facilité de se procurer sur place les bois nécessaires, mais il ne devra pas dépasser 12 à 1,300 francs environ.

Lorsque l'effectif du poste sera de 50 hommes, les dimensions de la redoute devront être augmentées pour permettre l'installation d'une deuxième paillotte destinée à servir de logement aux hommes, et les deux surveillants européens occuperont les deux pièces du blockhaus.

D'ailleurs, toutes les dimensions données ci-dessus ne sont que de simples indications; elles peuvent être modifiées suivant l'importance du poste, l'effectif de sa garnison, la facilité de trouver sur place les matériaux de construction, et les ressources financières dont on pourra disposer.

N° 12. — Circulaire *au sujet des mesures de surveillance dans les postes de la garde civile indigène* (1).

Depuis quelque temps, l'audace des bandes rebelles a pris des proportions qui exigent de notre part un redoublement de zèle et de surveillance. Les pirates ne craignent pas d'attaquer la nuit, quelquefois même en plein jour, des postes de la garde civile ou de l'armée régulière. Il est donc nécessaire de prendre, dans les postes de garde civile, toutes les précautions possibles pour éviter les surprises, notamment celles que pourrait permettre le manque de vigilance des sentinelles. Malheureusement, les gardes indigènes, ainsi qu'il n'est que trop facile de le constater, s'endorment souvent étant en faction, malgré les rondes et les patrouilles, malgré tous les moyens de répression. Il importe de faire disparaître un mal dont les conséquences peuvent être si graves et forcer, pour ainsi dire, matériellement les factionnaires à rester en éveil.

Je décide, en conséquence, que dans tous les postes de la garde civile les factionnaires seront munis de baguettes ou lames de bambou qu'ils frapperont de temps en temps l'une contre l'autre, suivant les usages du pays.

Vous voudrez bien me rendre compte, aussitôt que possible, de l'application de cette mesure dans les postes de garde civile de votre province.

E. Parreau.

N° 13. — Circulaire *au sujet des mesures de sûreté pour éviter les méprises, entre la garde civile et les troupes.*

26 octobre 1888.

M. le Général en chef a appelé mon attention, par lettre n° 21,134 du 22 octobre courant, sur la nécessité de prendre des mesures de précaution pour éviter les méprises, surtout pendant la nuit, entre les forces de la garde civile et les troupes de l'armée régulière opérant séparément.

Je décide en conséquence que toutes les fois qu'une force de garde civile devra agir dans une direction déterminée, avis devra en être donné aux chefs des postes militaires voisins. Par réciprocité, M. le Général en chef a donné des ordres pour que les chefs de postes de gardes civiles soient informés des mouvements que pourraient avoir à exécuter les troupes de l'armée régulière dans les environs de leurs postes.

J'ai l'honneur de vous prier de vouloir bien donner des instructions de détail sévères aux inspecteurs et gardes principaux sous vos ordres, pour la mise à exécution de cette mesure, dont la non-application pourrait amener les malheurs les plus regrettables.

E. Parreau.

(1) La date de cette circulaire a été omise; elle figure au Moniteur du Protectorat, année 1888, sous le n° 616; elle paraît être du mois d'octobre 1888.

N° 14. — CIRCULAIRE *au sujet des effets d'habillement de la garde civile indigène.* (1)

J'ai l'honneur de vous prier de vouloir bien m'adresser, le plus tôt possible, un bon, en double expédition, des effets d'habillement nécessaires à la garde civile indigène de votre province pour l'année 1889.

Ce bon devra comprendre l'effectif complet de votre compagnie, et être majoré de 10 pour cent pour les besoins imprévus de l'année. Vous y comprendrez aussi les pho-quans, qui seront habillés désormais par les soins de leur compagnie.

Les collections neuves que vous aurez en magasin, à la date du 1er janvier, seront défalquées de votre bon.

Je vous prie de ne pas oublier d'indiquer les tailles pour chaque catégorie.

Vous voudrez bien indiquer dans la colonne «*observations*» de l'état fourni, la date à laquelle l'habillement de vos gardes civil a été renouvelé cette année, c'est-à-dire en 1888. Ce renseignement est utile pour échelonner les livraisons à faire par le fournisseur.

E. PARREAU

N° 15. — CIRCULAIRE *au sujet des défenses des postes de garde civile.*

19 novembre 1888.

Par mon télégramme-circulaire n° 18, en date du 23 octobre 1888, j'avais l'honneur de vous inviter à entourer vos postes de garde civile de quelques ouvrages défensifs, et notamment d'une ceinture de petits piquets en bambous.

De divers côtés, je suis saisi de demandes de crédit ayant pour but l'établissement de ces défenses. Mon intention est, au lieu d'ouvrir de nouveaux crédits, d'y employer le produit des amendes qui ont dû être infligées aux villages, par application des prescriptions de l'arrêté en date du 20 août dernier.

Vous voudrez bien me faire connaître, en conséquence, quel est le montant des amendes infligées et celui des sommes versées, avec la date de leur versement au trésor, de manière à ce que je puisse, au besoin, en faire une répartition générale pour faciliter l'achèvement des travaux indiqués.

E. PARREAU.

N° 16. — CIRCULAIRE *sur les signaux à donner par les colonnes des gardes civiles en tournée d'opération.*

8 décembre 1888

J'ai l'honneur de vous faire connaître qu'afin d'éviter toute surprise de la part de rebelles déguisés en tirailleurs ou gardes civils indigènes, j'ai décidé, après entente avec l'autorité militaire, que les précautions suivantes seraient prises dans les postes de votre province.

Par analogie avec les dispositions des articles 101 du règlement sur le service des places et 173 du règlement sur le service des armées en campagne, toute troupe se présentant, le jour ou la nuit, pour entrer dans un poste, doit s'arrêter à cent mètres du poste.

Le commandant de la troupe s'avance seul pour se faire reconnaître.

Le poste de police, prévenu par les sentinelles, prend les armes ; son chef avertit immédiatement le commandant du poste.

Si la troupe a été annoncée, le commandant du poste se porte à l'entrée de son poste pour reconnaître le commandant de la troupe de passage.

Si la troupe n'a pas été annoncée, le commandant du poste fait d'abord prendre les armes à tout son détachement et se porte ensuite à l'entrée du poste.

PARREAU.

N° 17. — CIRCULAIRE *accompagnant les envois d'imprimés des pièces mensuelles concernant la garde civile indigène à fournir par les Résidences.*

23 décembre 1888.

J'ai l'honneur de vous envoyer les imprimés des pièces mensuelles, concernant la garde civile, que vous aurez à fournir pendant l'année 1889.

J'ai cru devoir restreindre le plus possible le nombre de ces pièces et y apporter, en même temps, la plus grande simplification, afin de faciliter votre comptabilité et d'éviter tout retard dans leur envoi périodique.

Elles se bornent simplement aux suivantes :

Situation d'effectif : habillement, équipement, campement, armement.

Situation d'effectif : munitions.

Etat des postes occupés par la garde civile.

Relevé des situations journalières.

Le nombre de chaque espèce de ces imprimés est de 25.

J'appelle votre attention sur la nécessité d'établir ces documents avec la plus grande exactitude et bien régulièrement le 1er de chaque mois; ils devront me parvenir le 15 du mois suivant au plus tard ; passé ce délai, elles seront réclamées par dépêche.

Ces différentes pièces, établies dans les conditions indiquées ci-dessus, permettront seules de me rendre un compte exact de la situation des gardes civiles de chaque province et des besoins à satisfaire.

Je vous fais expédier aussi des exemplaires du *Manuel militaire franco-tonkinois,* que vous répartirez entre le personnel européen de votre garde civile et les sous-officiers indigènes les plus instruits.

Au cas où ce nombre d'exemplaires ne serait pas suffisant, vous voudrez bien m'en faire une demande supplémentaire, à laquelle je donnerai satisfaction dans la mesure du possible.

E. PARREAU

N° 18. — CIRCULAIRE *au sujet de l'établissement des états pour le payement de la solde de la garde civile.*

1er février 1889

Les états pour le payement de la solde du personnel de la garde indigène étant établis pour chaque mois à la date et à l'effectif du 15, j'ai pensé qu'il était préférable, pour éviter toute complication nouvelle dans votre comptabilité, de ne pas faire figurer sur ces états, les retenues prescrites par la circulaire n° 12, du 12 janvier.

Les états me seront, comme par le passé, envoyés aussitôt établis, afin que les mandats de solde puissent vous parvenir dans les premiers jours de chaque mois.

Vous voudrez bien, en outre, faire établir en fin de mois, pour être joint au relevé des situations journalières, et en vous servant des imprimés en usage pour les états de solde, un état nominatif du personnel européen de la garde civile, mentionnant toutes les mutations du personnel, les soldes et indemnités réellement acquises, et les retenues réellement dues.

Les totaux de ces soldes, indemnités et retenues, devront concorder, sur le relevé des situations journalières, avec ceux du tableau récapitulatif du cadre européen.

Le versement des retenues pour le service des retraites sera fait par trimestre. Le total des retenues réellement dues devra être compris sur l'état de solde du mois qui suivra le trimestre écoulé, et porté dans la colonne 19. Toutes les mutations survenues dans le trimestre, et qui auront pu modifier le chiffre des allocations de chacun des gardes principaux, devront être relatées et détaillées dans la colonne *mutations*, et le total des retenues dues d'après ces mutations devra concorder avec le chiffre porté dans la colonne 19.

Vous voudrez bien également faire figurer sur l'état nominatif dont il est question plus haut, les retenues d'hôpital, dont la quotité est indiquée au tableau n° 52 annexé au décret du 1er juin 1875, sur la solde.

Jusqu'à nouvel ordre, aucune retenue au profit du trésor ou des pensions civiles ne sera opérée sur la solde du personnel indigène.

E. PARREAU

N° 19. — ARRÊTÉ *augmentant l'effectif de la brigade de garde civile indigène de Hung-yen.*

24 avril 1889

Modifié par arrêté du 13 décembre 1889.

(1) Cette circulaire figure sans date dans le Moniteur du Protectorat, année 1888, sous le n° 574 ; elle paraît être du mois d'octobre 1888.

N° 20. — ARRÊTÉ *augmentant l'effectif de la brigade de garde civile indigène de Hung-hoa.*

1er mai 1889

Modifié par arrêté du 13 décembre 1889.

N° 21. — CIRCULAIRE *sur le mode d'opérer la retenue de 3 °/ₒ sur la solde du personnel européen de la garde civile indigène.*

19 mai 1889

J'ai constaté que les mutations nombreuses et les mouvements si fréquents du personnel européen de la garde civile indigène du Tonkin, rendaient très difficile l'application des prescriptions de la circulaire n° 14 du 1er février 1889, surtout en ce qui concerne les retenues par trimestre du 3 p. °/ₒ sur la solde et les indemnités, opérées au profit du trésor.

J'ai par suite décidé qu'en ce qui concerne le personnel européen, les retenues opérées au profit du trésor seraient exercées à l'avenir mensuellement, et qu'un état de solde comprenant ce personnel me serait adressé en fin de mois, en même temps que les états des autres services, et établi de la même façon.

Lorsque les gradés européens de la garde civile quitteront leur province avant l'établissement de l'état de solde du mois, ils devront être compris sur l'état de solde de leur nouvelle province pour la solde de ce mois; s'ils partent après qu'un état de solde sur lequel ils figurent aura été envoyé à l'ordonnancement, ils seront payés sur la caisse de fonds d'avance s'il y en a une; dans le cas contraire, le Résident de la province qu'ils quittent leur fera parvenir la solde en un mandat sur le trésor. Dans tous les cas, aucun garde principal ne devra quitter sa province sans être porteur d'un certificat de cessation de paiement.

Le personnel indigène n'ayant pas à subir de retenue du 3 p. °/ₒ sur la solde et les indemnités, les états seront, comme par le passé, établis et envoyés le 15 à la date et à l'effectif de ce jour.

Le relevé des situations journalières ne devra plus comprendre que le seul personnel indigène; et l'état nominatif du personnel européen, faisant ressortir les sommes réellement acquises et les retenues réellement dûes, ne me sera plus envoyé.

Les mutations qui auraient été faites après l'établissement de l'état de solde du mois courant, donneront lieu, pour le mois suivant, à un rappel ou à une retenue, suivant le cas.

E. PARREAU.

N° 22. — CIRCULAIRE *au sujet de la tenue des inspecteurs et gardes principaux de la garde civile indigène*

22 mai 1889

Modifié par arrêté du 13 juin 1890 (1).

N° 23. — CIRCULAIRE *sur les rapports des gardes principaux avec la Résidence supérieure*

2 juin 1889.

Il est arrivé fréquemment que des gardes principaux de la garde civile indigène du Tonkin se sont adressés directement à moi ou à mon prédécesseur, soit par lettre, soit en se présentant à la Résidence supérieure, sans en avoir préalablement référé à leurs chefs hiérarchiques.

Je vous prie, Monsieur le Résident, de vouloir bien rappeler à ce personnel placé sous vos ordres, que je n'hésiterai pas à infliger un blâme sévère et même une punition disciplinaire, à tout garde principal qui négligerait de se conformer à l'avenir aux prescriptions de la présente circulaire.

BRIÈRE.

(1) Voy.: *Journal officiel*, n° 49, du 19 juin 1890.

N° 24. — ARRÊTÉ *modifiant le premier alinéa de l'art. 16 de l'arrêté du 19 juillet 1888 sur le mode de nomination des inspecteurs et gardes principaux de la garde civile indigène.*

3 septembre 1889.

Le premier alinéa de l'article 16, du chapitre II, de l'arrêté du 19 juillet 1888, est supprimé et remplacé par les deux alinéas ci-dessous :

« Les inspecteurs seront nommés par le Gouverneur général, « les gardes principaux par le Résident supérieur; les uns et « les autres devront contracter un engagement de servir pendant trois années dans la garde civile indigène.

« A l'expiration de l'engagement, en cas de continuation des « services, un nouvel engagement de même durée devra « toujours être contracté.

PIQUET.

N° 25. — ARRÊTÉ *modifiant le tableau de la solde du personnel indigène de la garde civile*

26 octobre 1889.

Article premier. — Le tableau de la solde du personnel indigène de la garde civile, annexé à l'arrêté susvisé du 19 juillet 1888, est modifié ainsi qu'il suit :

DÉSIGNATION DES GRADES	SOLDE ANNUELLE	SOLDE MENSUELLE	SOLDE JOURNALIÈRE
	piastres	piastres	piastres
Pho-quan	202. 50	16. 875	0. 5625
Doi de 1re classe	135. 00	11. 250	0. 3750
Doi de 2e classe	108. 00	9. 000	0. 3000
Cai de 1re classe	90. 00	7. 500	0. 2500
Cai de 2e classe	81. 00	6. 750	0. 2250
Gardes Bêp	67. 50	5. 625	0. 1875
Gardes Linh	58. 50	4. 875	0. 1625

Hautes-payes journalières de 0 $ 02 pour les dois et de 0 $ 01 pour les cais et les gardes.

Art. 2. — Le Résident supérieur au Tonkin est chargé de l'exécution du présent arrêté, dont l'effet commencera le 1er novembre 1889.

PIQUET.

N° 26. — ARRÊTÉ *portant l'effectif de la garde civile indigène du Tonkin à 7,000 hommes.*

28 octobre 1889.

Article premier. — (1)

Art. 2. — Les cadres européens seront augmentés dans la proportion de : un garde principal par brigade de 50 hommes; un comptable et un inspecteur par chaque résidence à créer ultérieurement.

Art. 3. — Le Résident supérieur au Tonkin est chargé de l'exécution du présent arrêté.

PIQUET.

N° 27. — CIRCULAIRE *fixant la composition des caisses de médicaments pour les postes de garde civile.*

27 novembre 1889

J'ai l'honneur de vous adresser ci-contre la composition des caisses de médicaments, que j'ai adoptée pour les postes de garde civile au Tonkin.

Je vous prie de bien vouloir à l'avenir vous y conformer pour les demandes que vous me soumettrez.

Des exemplaires d'une instruction médicale vous seront envoyés incessamment; vous voudrez bien en même temps que vous les répartirez entre les divers postes de votre province, donner des ordres aux cadres européens pour l'emploi très

(1) Voir arrêté du 13 décembre 1889, fixant l'effectif par chaque province.

circonspect de ces médicaments, qui sont une source de dépenses relativement considérables.

Il ne vous sera accordé chaque année qu'une caisse par poste de garde civile établi dans votre province, y compris la portion centrale, à moins de circonstances exceptionnelles dont vous aurez à me rendre compte.

Toute demande qui sera adressée à partir de ce jour comptera pour l'approvisionnement de l'année 1890.

BRIÈRE

COMPOSITION des caisses de médicaments pour les postes de garde civile de cinquante et cent hommes, d'après la classification proposée.

NOMENCLATURE	POSTES de 50 hommes (SAINS)		POSTES de 50 hommes (MALSAINS)		POSTES de 100 hommes (SAINS)		POSTES de 100 hommes (MALSAINS)	
	QUANTITÉS	VALEUR	QUANTITÉS	VALEUR	QUANTITÉS	VALEUR	QUANTITÉS	VALEUR
		fr. c.		fr. c.		fr. c.		fr. c.
Laudanum....	60 gr.	3 90	120 gr.	7 45	90 gr.	5 60	150 gr.	9 40
Teinture d'iode	30 »	1 80	60 »	2 60	45 »	2 40	90 »	3 50
Ammoniaque..	60 »	1 40	90 »	1 40	90 »	1 90	90 »	1 90
Bismuth......	150 »	9 30	300 »	18 40	235 »	14 40	500 »	22 50
Ether sulfurique........	60 »	1 20	120 »	2 30	90 »	1 80	150 »	2 90
Sinapisme Rigollot......	3 boît.	6 00	4 boît.	8 00	4 boît.	8 00	4 boît.	8 00
Extrait de saturne......	200 g.	1 25	200 gr.	1 25	300 gr.	1 80	300 gr.	1 80
Sulfate de soude.........	500 »	1 25	2 kilos	5 00	1 kilos	2 50	3 kilos	7 50
Sulfate de quinine.......	100 »	27 75	250 g.	69 40	175 gr.	48 50	350 gr.	96 95
Bandes roulées	1500 »	18 00	1500 »	18 00	3 kilos	36 00	3 kilos	36 00
Compresses...	2500 »	17 50	2500 »	17 50	5 »	35 00	5 »	35 00
Étoupe phéniquée.......	500 »	6 00	500 »	6 00	1 »	12 00	1 »	12 00
Epingles.....	50 »	0 75	50 »	0 75	75 gr.	1 10	75 gr.	1 10
Eau phéniquée	1 litre	3 35	2 litres	6 70	2 litres	6 70	3 litres	10 05
Poudre d'ipéca	50 gr.	4 50	100 gr.	9 00	75 gr.	6 60	150 gr.	13 20
Comptes gouttes.........	2 pièc.	0 80	2 pièc.	0 80	2 pièc.	0 80	2 pièc.	0 80
Iodoforme....	30 gr.	4 70	30 gr.	4 70	60 gr.	9 15	60 gr.	9 15
Perchlorure de fer........	60 »	1 35	60 »	1 35	60 »	1 35	60 »	1 35
Cataplasmes Lelièvre...	3 boît.	6 00	4 boît.	8 00	4 boît.	8 00	5 boît.	10 00
Sparadrap diachylon.....	1 roul.	1 20	1 roul.	1 20	2 roul.	2 40	2 roul.	2 40
1 Caisse d'emballage...		2 00		2 20		2 00		2 50
	Total.	120 00	Total.	102 00	Total..	208 00	Total..	288 00
	30 $ 00		48 $ 00		52 $ 00		72 $ 00	

N° 28. — ARRÊTÉ *confiant la police de la province de Lang-son à la garde civile indigène, et déterminant son effectif.*

30 novembre 1889.

Article premier. — La police sera exercée dans la province de Lang-son par la garde civile concurremment avec les Tho, dont l'armement sera complété.

Art. 2. — L'effectif de la brigade de garde civile de Lang-son est porté à trois cent cinquante hommes. Un inspecteur et quatorze gardes principaux seront affectés au commandement de cette force de police.

Art. 3. — L'autorité militaire abandonnera à l'autorité civile, à partir du 1er janvier 1890, et aux époques successives ou cette dernière sera en mesure de les occuper, les postes de Dong-but Dong-dang et Thanh-moi.

Art. 4. — De nouveaux postes seront créés par les soins de l'autorité civile à Ban-chu, Pho-vi, et sur un point à déterminer dans la région de Keo-ki.

Art. 5. — Dans chaque poste, il sera adjoint aux gardes civils quarante Tho armés de fusils, et dont le renouvellement se fera par périodes seccessives de dix à quinze jours.

Art. 6. — Leur service sera gratuit, mais ils seront exempts de corvées et recevront, pendant leur présence dans les postes, la ration de riz et de sel.

Art. 7. — Le Général en chef et le Résident supérieur sont chargés, chacun en ce qui le concerne, de l'exécution du présent arrêté.

PIQUET.

N° 29. — ARRÊTÉ *créant un poste de garde civile indigène à Mai-dong.*

10 décembre 1889.

Article premier. — Un poste, dont l'effectif est provisoirement fixé à 80 gardes civils indigènes, commandé par deux gardes principaux, est créé à Mai-dong, canton de Truc-dong, huyen de Thuy-duong, province de Hai-duong.

Art. 2. — Le Résident de France à Hai-duong est chargé de l'exécution du présent arrêté.

BRIÈRE.

N° 30. — ARRÊTÉ *rétablissant le poste de la garde civile indigène à Hoang-kinh.*

10 décembre 1889.

Article premier. — Le poste précédemment créé à Hoang-kinh, huyen de Thanh-lam, province de Hai-duong, et évacué depuis, est rétabli avec un effectif de cinquante gardes civils indigènes commandés par un garde principal.

Art. 2. — Le Résident de France à Hai-duong est chargé de l'exécution du présent arrêté.

BRIÈRE.

N° 31 — ARRÊTÉ *fixant les effectifs de la garde civile indigène pour 1890.*

13 décembre 1889.

Article premier. — Les effectifs des brigades de garde civile indigène sont provisoirement fixés pour l'année 1890 d'après le tableau suivant :

Résidences	Effectifs des brigades
Hanoi.	800
Haiphong.	250
Bac-ninh.	800
Nam-dinh. (1)	800
Son-tay.	800
Hai-duong.	800
Hung-yen.	350
Quang-yen. (1)	200
Hai-ninh.	250
Ninh-binh.	200
Cho-bo.	200
Hung-hoa.	200
Tuyen-quang.	150
Thai-nguyen.	400
Lang-son.	350
Luc-nam.	400
Cao-bang.	300
Lao-kay.	pour mémoire.
Son-la.	—

Art. 2. — Toute modification ultérieure apportée au présent tableau fera l'objet d'un arrêté spécial.

BRIÈRE.

N° 32. — ARRÊTÉ *fixant l'effectif de la garde civile indigène en Annam.*

16 décembre 1889.

Article premier. — L'effectif de la garde civile indigène en Annam est porté à trois mille hommes qui seront répartis comme suit, dans les différentes provinces :

(1) Voir ci-après arrêtés des 27 février et 1er mai 1890, portant les effectifs du Quang-yen à 211 hommes et de Nam-dinh à 500.

Thanh-hoa (1)	450	hommes
Nghe-an et Ha-tinh	600	—
Quang-binh	250	—
Quang-tri et Thua-thien	400	—
Quang-nam et Quang-ngai	400	—
Binh-dinh	400	—
Phu-yen	150	—
Khanh-hoa et Binh-thuan	350	—

Art. 2. — Les cadres européens de la garde civile de l'Annam sont fixés à six inspecteurs et soixante gardes principaux.

Art. 3. — Le Résident supérieur en Annam est chargé de l'exécution du présent arrêté, qui aura son effet à compter du 1er janvier 1890.

PIQUET

N° 33. — ARRÊTÉ *déterminant les cadres de la garde civile de l'Annam, et accordant une indemnité de 500 fr. aux gardes principaux comptables.*

11 janvier 1890.

Article premier. — Chaque compagnie de garde civile en Annam sera commandée par un inspecteur.

Art. 2. — Le nombre des gardes principaux sera de un par cinquante hommes et un garde principal comptable par compagnie.

Art. 3. — Une indemnité annuelle de cinq cents francs sera allouée aux gardes principaux comptables.

Art. 4. — Le Résident supérieur en Annam est chargé de l'exécution du présent arrêté.

PIQUET.

N° 34. — ARRÊTÉ *modifiant l'art. 28 de celui du 19 juillet 1888, sur la tenue des gardes principaux de la garde civile indigène.*

18 janvier 1890.

(Modifié par arrêté du 13 juin 1890.)

N° 35. — ARRÊTÉ *modifiant l'art. 37 de celui du 19 juillet 1888, sur l'organisation de la garde civile indigène.*

13 février 1890.

Article premier. — L'article 37 du chapitre VI de l'arrêté du 19 juillet 1888, ainsi conçu:

« Article 37. — Sont rapportés les divers arrêtés concernant « les milices provinciales annamites. »

Est complété par les dispositions ci-après:

« Toutefois, et en attendant la publication des divers règlements de détails et instructions prévus par l'article 25 ci-dessus, les dispositions du règlement du 1er décembre 1887 sont provisoirement applicables à la garde civile indigène, sauf en ce qui concerne les retenues de solde par mesure disciplinaire aux européens, qui sont supprimées. »

PIQUET.

N° 36. — ARRÊTÉ *sur le classement des gardes principaux de la garde civile à bord des bateaux des Messageries fluviales.*

24 février 1890.

Article unique. — L'arrêté du 22 août 1889 (2) est modifié ainsi qu'il suit, en ce qui touche le classement à bord des chaloupes des messageries fluviales du personnel européen de la garde civile.

« Les inspecteurs des deux classes et les gardes principaux de 1re classe seront désormais seuls admis à la première table. Les gardes principaux de 2e et 3e classe, voyageront comme passagers de pont. »

BRIÈRE.

(1) Voir ci-après arrêté du 5 mars 1890, portant l'effectif de Thanh-hoa à 500 hommes.

(2) On trouvera le texte de cet arrêté qui s'applique à tout le personnel du Protectorat, au mot *Voyages et déplacements*.

N° 37. — ARRÊTÉ *fixant l'effectif de la brigade de garde civile de Quang-yen*

27 février 1890

Article premier. — L'article premier de l'arrêté du 13 décembre 1889 fixant pour l'année 1890 les effectifs des brigades de garde civile du Tonkin, est modifié en ce qui concerne la brigade de Quang-yen dont l'effectif est porté à 211 hommes.

Art. 2. — Cette force supplétive comprendra un doi de 2e classe et 10 linh dont la brigade de garde civile de Quang-yen assurera la solde mensuelle dans les conditions ordinaires.

Art. 3. — Les avances ainsi faites par ladite brigade lui seront remboursées trimestriellement par la société anonyme des mines de Kébao, qui devra en outre pourvoir à l'aménagement et à l'éclairage du nouveau poste de Kébao.

Art. 4. — Le vice-résident de Quang-yen est chargé de l'exécution du présent arrêté, qui aura son effet à partir du premier mars prochain.

BRIÈRE.

N° 38. — ARRÊTÉ *fixant l'effectif de la garde civile indigène des Résidences de Thanh-hoa, Huê et Quang-tri*

3 mars 1890.

Article premier. — L'effectif de la garde civile de la Résidence de Thanh-hoa est porté provisoirement à 500 hommes.

Art. 2. — L'effectif de la garde civile de la Résidence de Huê et Quang-tri est réduit à 350 hommes.

Art. 3. — Les Résidents de France à Thanh-hoa et à Huê sont chargés de l'exécution du présent arrêté.

HECTOR

N° 39. — CIRCULAIRE *sur les mesures de précautions à prendre pour éviter les alertes dans les postes de troupes, en cas d'opérations de la garde civile indigène.*

17 mars 1890.

M. le Général en chef m'informe que des partis de garde civile opérant dans le voisinage des postes militaires ont, à diverses reprises, provoqué des alertes qui auraient été évitées si les chefs de ces détachements avaient fait reconnaître leur troupe à l'avance, ainsi qu'il est prescrit par les instructions sur la matière.

On ne saurait prendre trop de précautions dans un pays où les pirates se dissimulent quelquefois sous des uniformes de tirailleurs ou de gardes civils. Aussi je vous invite de la façon la plus expresse, à rappeler à tous les inspecteurs et gardes principaux placés sous vos ordres, les mesures de précaution prescrites par la circulaire n° 1284 de 8 décembre 1888 dont je vous envoie ci-joint copie.

BRIÈRE.

N° 40. — ARRÊTÉ *sur le mode de nomination des inspecteurs de la garde civile et sur la composition de leurs conseils d'enquête.*

17 mars 1890

Article premier. — L'article 10 de l'arrêté du 19 juillet 1888, organisant la garde civile indigène est modifié comme suit :

Les inspecteurs seront nommés par le Gouverneur général et les gardes principaux par les Résidents supérieurs.

Ils pourront être pour fautes graves ou manquements à l'honneur, traduits devant un conseil d'enquête composé de :

Pour les inspecteurs.

Un Résident, président ; un chancelier et un inspecteur, membres.

Pour les gardes principaux.

Un vice-résident ou un chancelier, président ; un inspecteur et un garde principal, membres, désignés dans chaque cas par le Résident supérieur.

Art. 2. — Les Résidents supérieurs en Annam et au Tonkin sont chargés, chacun en ce qui le concerne, de l'exécution du présent arrêté.

PIQUET.

N° 41 — CIRCULAIRE *interdisant l'emploi de cachets dans les postes de la garde civile*

20 mars 1890.

Certains inspecteurs et gardes principaux croient devoir se servir de cachets qu'ils apposent sur des lettres, des enveloppes, des bons, des pièces quelconques confiées à des indigènes.

Cette manière de faire présente de graves inconvénients avec la propension des Annamites à s'arroger, lorsqu'ils ont entre les mains la moindre feuille timbrée, une autorité dont ils abusent à l'encontre de leurs compatriotes crédules.

Je vous prie, en conséquence, d'interdire, de la façon la plus formelle, l'usage de tout timbre ou cachet, aussi bien dans votre chef-lieu que dans les postes, aux inspecteurs et gardes principaux de votre province. En matière d'administration indigène, un seul cachet, celui de votre Résidence, doit faire foi et avoir un caractère officiel.

BRIÈRE.

N° 42. — ARRÊTÉ *déterminant l'effectif de la garde civile indigène de la province de Nam-dinh.*

1er mai 1890

Article premier. — L'effectif de la garde civile de la province de Nam-dinh est porté de quatre cents à cinq cents hommes, dont soixante quinze seront fournis par la province de Thai-binh, et vingt-cinq par la province de Ninh-binh (1).

Art. 2. — Le Résident de la province de Nam-dinh et les vice-résidents des provinces de Ninh-binh et Thai-binh sont chargés de l'exécution du présent arrêté.

BONNAL.

N° 43. — ARRÊTÉ *créant le magasin central pour l'armement, l'équipement et l'habillement de la garde civile indigène.*

8 mai 1890.

Article premier. — Un magasin central pour l'armement, l'équipement, l'habillement et le campement de la garde civile indigène du Tonkin, est créé à Hanoi, où il sera installé dans un immeuble appartenant au Protectorat.

Art. 2. — Un chef magasinier et deux commis, choisis parmi les gradés français de la garde civile, seront préposés à la surveillance et à la comptabilité du magasin central.

Art. 3. — Un chef armurier français sera chargé des réparations et de l'entretien des armes.

Art. 4. — Le Résident supérieur au Tonkin est chargé de l'exécution du présent arrêté.

PIQUET.

N° 44. — ARRÊTÉ *fixant l'effectif et la solde des gradés européens de la garde civile indigène*

23 mai 1890.

Article premier. — L'effectif et la solde des gradés européens de la garde civile indigène du Tonkin et de l'Annam, seront fixés ainsi qu'il suit à partir du 1er juin 1890.

POUR LE TONKIN

2	Inspecteurs principaux à . . .	7.500 fr.
10	— de 1re classe à . . .	6.000
20	— de 2e — . . .	5.000
10	— de 3e — . . .	4.500
40	Gardes principaux de 1re classe à.	4.000
65	— 2e — .	3.600
75	— 3e — .	3.000
25	— stagiaires à.	2.400
Total 247		

(1) Le *Journal officiel* du 8 mai 1890, n° 37, promulguant cet arrêté, porte par erreur Nam-dinh.

POUR L'ANNAM

1	Inspecteur principal à. . . .	7.500 fr,
3	— de 1re classe à. . .	6.000
4	— de 2e — . . .	5.000
3	— de 3e — . . .	4.500
15	Gardes principaux de 1re classe à.	4.000
16	— 2e . .	3.600
18	— 3e . .	3.000
15	— stagiaires à	2.400
Total 74		

FRAIS DE SERVICE

Pour les inspecteurs principaux et de 1re, 2e et 3e classe. 20 % sur la solde;

Pour les gardes principaux comptables :

500 fr. par an.

Art. 2. — Aucune nomination d'inspecteur principal ne pourra être faite avant le 1er janvier 1891.

Art. 3. — Les Résidents supérieurs au Tonkin et en Annam sont chargés de l'exécution du présent arrêté.

PIQUET.

N° 45. — ARRÊTÉ *supprimant les retenues de solde du personnel de la garde civile comme mesure disciplinaire.*

29 mai 1890

Article premier. — A dater du 1er juin prochain, aucune retenue ne sera faite, par mesure disciplinaire, sur la solde du personnel européen et indigène de la garde civile du Tonkin et de l'Annam.

Art. 2. — Dans le cas de blessures reçues à l'ennemi ou d'accidents consécutifs aux blessures, les frais d'hospitalisation seront supportés par le budget.

Art. 3. — Les permissions ne dépassant pas trente jours seront accordées à solde entière.

Art. 4. — Les Résidents supérieurs au Tonkin et en Annam sont chargés de l'exécution du présent arrêté.

PIQUET.

N° 46. — ARRÊTÉ *allouant une première mise aux inspecteurs et gardes principaux de la garde civile indigène.*

2 juin 1890

Article premier. — Une première mise de 300 fr. est allouée aux inspecteurs de tous grades.

Art. 2. — Une première mise de 200 fr. est allouée aux gardes principaux de tous grades y compris les stagiaires.

Art. 3. — La différence entre ces deux premières mises ne sera pas due aux gardes principaux nommés inspecteurs.

Art. 4. — Les Résidents supérieurs au Tonkin et en Annam sont chargés de l'exécution du présent arrêté qui aura son effet à compter du 1er juin.

PIQUET.

N° 47. — ARRÊTÉ *déterminant la tenue et les insignes des inspecteurs et gardes principaux de la garde civile indigène.*

13 juin 1890.

Article premier. — La tenue et les insignes de grade des inspecteurs et des gardes principaux de la garde civile indigène sont les suivants :

Pour les inspecteurs :

TENUE D'HIVER

Dolman en drap national du modèle de l'infanterie, sans brandebourgs, avec col et parements de la couleur du fond ; les deux poches de poitrine avec cache-poches fermant par un bouton, et formant pointe au milieu ; une rangée de sept boutons dorés à grenade fermant le dolman, six boutons sur deux rangées posés sur soubises garnissant le bas du dolman par derrière ; grenades en or au collet, pattes d'épaule avec ornement en or.

Pantalon de gendarmerie.

Képi de gendarmerie, sauf que le turban est de la couleur du fond et qu'il ne porte pas de galons de grade.

Un montant simple en or pour les inspecteurs de 3e et 2e classe ;

Deux montants simples en or pour les inspecteurs de 1re classe ;

Trois montants simples en or pour les inspecteurs principaux ;

Grenade d'or en écusson ;

Trèfle d'or sur le calot à un tour pour les inspecteurs de 3e et 2e classe, à deux tours pour l'inspecteur de 1re classe, à trois tours pour l'inspecteur principal.

TENUE D'ÉTÉ

Veston blanc de forme anglaise, fermant par cinq boutons sur le devant ; le col carré et fermant par deux agrafes ; pantalon blanc ; galons de manches mobiles ; pattes d'épaules en toile blanche prises dans la couture des manches et boutonnées à un centimètre du collet au moyen d'un petit bouton doré avec grenade.

TENUE DE CAMPAGNE

Blouse anglaise à soufflets, en toile fermant par sept boutons dorés ; galons mobiles sur les manches.

Culotte de forme anglaise en toile kaki ;

Souliers de chasse en cuir fauve ;

Jambières en cuir fauve ;

Casque anglais blanc avec grenade en or sur le devant ; cocarde nationale posée sous la flamme, la pointe extrême de cette dernière à hauteur du centre de la cocarde, gourmette dorée sur fond de velours bleu posée comme celle des shakos de cavalerie légère, et s'attachant dar deux crochets du même modèle à tête de lion dorée.

Les inspecteurs portent les éperons en acier poli, modèle d'ordonnance. A cheval ils ont la culotte, les bottes et les éperons du modèle des officiers montés.

Les gardes principaux ont la même tenue que les inspecteurs, les pattes d'épaules mobiles, sauf celles des gardes principaux de 1re classe qui ont des ornements en argent, sont en drap avec ornements en or mêlé de soie bleue.

Le képi est le même, sauf que les montants et le trèfle du calot sont simples et en or à filets de soie bleue (*en argent sans mélange pour les gardes principaux de 1re classe*).

Le casque est le même sauf que la gourmette est en cuivre brillant sur fond de drap bleu.

L'insigne de service pour les inspecteurs est l'écharpe en soie bleue avec glands.

INSIGNES DE GRADE

Les broderies des inspecteurs, galons et pattes d'épaule des gardes principaux, sont conformes au descriptif annexé au présent arrêté.

TENUE DES PHO-QUANS

Les pho-quans portent la même tenue que les gardes ; ils ont les galons de garde principal stagiaire ; leur coiffure est le turban noir ; en marche et en reconnaissance, ils sont autorisés à se servir du chapeau de cavalier annamite. Ils font usage des sandales réglementaires.

ARMEMENT

Les inspecteurs sont armés du sabre et du revolver d'officier d'infanterie.

Les gardes principaux sont armés du sabre d'adjudant d'infanterie et du révolver.

Les pho-quans sont armés du revolver seulement.

ÉQUIPEMENT

Les inspecteurs ont le ceinturon et la dragonne en cuir verni ; en grande tenue ils portent la dragonne en or ;

L'étui de révolver est du modèle d'ordonnance en cuir verni noir.

Les gardes principaux ont le même équipement, sauf qu'ils ne portent pas la dragonne en or.

HARNACHEMENT

Les inspecteurs sont montés à leurs frais. Ils doivent se servir du harnachement modèle d'officiers d'infanterie montés avec le tapis de selle en drap bleu de ciel.

Art. 2. — Les Résidents supérieurs au Tonkin et en Annam sont chargés de l'exécution du présent arrêté.

PIQUET.

N° 48. — *Descriptif des insignes de grade des inspecteurs et des gardes principaux.*

Les inspecteurs portent sur la manche un galon d'or de 10 millimètres de largeur posé en pointe au-dessus du parement.

Suivant leur classe, cet ornement est surmonté de tresse en or formant boucle et en nombre correspondant à la classe c'est-à dire :

Une	tresse,	inspecteur	de	3e classe.
Deux	—	—	—	2e —
Trois	—	—	—	1re —
Quatre	—	—	—	principal

Les attentes du modèle actuel sont remplacées par des pattes d'épaules en drap noir sur lesquelles sont reproduits les ornements des manches. Ces pattes sont cousues à l'emmanchure et viennent se boutonner près du col par un bouton doré.

Les gardes principaux de 1re classe portent exactement les mêmes insignes que l'inspecteur de 3e classe, mais ils sont en argent.

Les gardes principaux stagiaires portent sur la manche un galon d'or de 10 millimètres de largeur et formant une boucle simple au dessus du parement.

Les gardes principaux de 3e classe ont la même boucle plus un galon d'or de 10 millimètres qui borde en pointe le parement.

Les gardes principaux de 2e classe ont la boucle et deux galons de parement.

Les attentes actuelles sont remplacées par des pattes d'épaules en drap noir sur lesquelles sont reproduits en galon tresse en or filété de soie bleue les insignes des manches.

Cette patte est bordée par le même galon tresse or et bleue ; elle est fixée à l'emmanchure et vient se rattacher près du col par un bouton doré.

BONNAL.

VOY. : Impôts. — Recrutement indigène. — Pirates, Piraterie.

Gendarmerie

N° 1. — DÉCISION *réglementant l'administration de la gendarmerie.*

6 juillet 1885

Malgré la répartition de gendarmes composant la force publique du Tonkin sur le territoire des divisions, et dans le but de simplifier l'administration et de faciliter la perception de leur solde, le Général commandant en chef le corps du Tonkin, sur la proposition de M. le Directeur du service de l'intendance, prend la décision suivante :

Les militaires de la gendarmerie composant la force publique du Tonkin seront administrés, à partir du 3e trimestre 1885, dans la forme d'une compagnie formant corps.

Une avance de deux mille francs (2,000 francs) sera faite, une première fois, à titre de fonds de roulement et sur les fonds de la solde, au dit détachement. Le capitaine commandant en demeurera responsable.

Cette avance, qui ressortira en trop perçu à chaque revue trimestrielle de liquidation, sera justifiée par une copie de la présente décision. Elle sera reversée intégralement au trésor, au cas où le détachement de la force publique serait dissous ou cesserait d'être administré dans la forme ci-dessus prescrite.

COURCY

N° 2. — ARRÊTÉ *réglementant les rapports de la gendarmerie du Tonkin et de l'Annam avec les autorités administratives et judiciaires du Protectorat*

17 octobre 1888

Article premier. — Le Résident général n'a pas de rapports directs avec la gendarmerie.

Il est tenu au courant de toutes les questions concernant cette arme et pouvant l'intéresser par les comptes-rendus du Résident supérieur au Tonkin et du Résident à Hué.

Art. 2. — Le Résident supérieur au Tonkin et le Résident à Hué ont, avec la gendarmerie, chacun dans le territoire qu'il administre, les rapports déterminés par les art. 91 à 103 inclus, 110, 111, 112, 113, 114, 115, 141 et 149 du décret du 1er mars 1854. Toutefois, en raison de la composition du détachement, les rapports et le tableau sommaire visés par les art. 110 et 111 précités, sont adressés au premier de ces fonctionnaires par l'officier commandant le détachement et au second par le commandant de la brigade de Hué.

En ce qui concerne le casernement et l'indemnité de literie, le Résident supérieur au Tonkin et le Résident à Hué cumulent, sous le contrôle du Résident général, les attributions prévues pour les préfets et le Ministre de l'intérieur, par l'art. 82 dudit décret du 1er mars 1854 et les art. 210, 211, 212, 213, 358, 359, 360, 361, 362, et 363 du décret du 18 février 1863.

Art. 3. — Les rapports de la gendarmerie avec les vice-résidents ou les Résidents placés à la tête d'une province, sont ceux qui existent en France avec les sous-préfets ou les préfets dans l'arrondissement ou le département qu'ils administrent, et qui sont déterminés par les art. 91 à 103 inclus, 110, 111, 112, 115, 117 et 141 du décret du 1er mars 1854. Toutefois, en raison de la composition du détachement, les rapports et le tableau prévus par les art. 110 et 111 sont adressés par les commandants de brigade et l'art. 117 ne sera appliqué, le cas échéant, que dans la résidence de Hanoi, qui, seule, possède plusieurs brigades sur son territoire.

Dans les Résidences ou vice-résidences qui n'ont pas de tribunal, le Résident ou le vice-résident a, en outre, avec la gendarmerie, conformément aux décrets des 17 août 1881 et 10 février 1886, les rapports qui existent dans la métropole avec les autorités judiciaires civiles et qui sont déterminés par les art. 104 à 109 inclus et 268.

Art. 4. — Les Résidents-maires exercent, en qualité d'officiers de police judiciaire, leur action sur la gendarmerie par réquisitions, conformément aux prescriptions de l'art. 91 du décret du 1er mars 1854.

Les art. 141, 261 et 268 de ce même décret seront également appliqués au Tonkin en ce qui concerne les relations de ces fonctionnaires avec la gendarmerie.

Art. 5. — Les présidents des tribunaux ont avec la gendarmerie les rapports déterminés par les art. 91 à 109 inclus, 141 et 268 du décret du 1er mars 1854.

Art. 6. — Les chanceliers n'étant au point de vue judiciaire, que les greffiers du tribunal auprès duquel ils sont placés, n'ont pas de relations de service avec la gendarmerie.

Art. 7. — Les rapports de cette arme avec les commissaires de police sont déterminés par les art. 118, 261 et 268 du décret du 1er mars 1854.

Conformément aux prescriptions de la circulaire du ministre de l'intérieur en date du 21 juillet 1858, les commissaires de police n'useront du droit de réquisition qu'avec réserve, et seulement quand il sera nécessaire d'appuyer l'autorité d'une force matérielle, et ils ne s'immisceront en aucune manière dans les opérations militaires résultant de la réquisition.

Art. 8. — L'art. 2 du présent arrêté fixe les relations de service de l'officier commandant le détachement de gendarmerie avec le Résident supérieur au Tonkin.

Le commandant du détachement étant le seul officier de gendarmerie de la colonie, il n'aura, outre ses relations avec les autorités civiles, que les rapports déterminés par les art. 251, 252, 256, 257, 259, 261, 265, 266, et 268 du décret du 1er mars 1854, relatifs aux devoirs des officiers de police judiciaire.

Art. 9. — Le 2e § de l'art. 92 du décret du 1er mars 1854 ainsi conçu : « Les réquisitions ne peuvent être données ni exécutées que dans l'arrondissement de celui qui les donne et de celui qui les exécute » est modifié de la façon suivante : « Les réquisitions ne peuvent être données ni exécutées que dans la résidence ou à proximité de la résidence de celui qui les exécute » L'article 105 du même décret, ainsi conçu : « Les mandements de justice peuvent être notifiés aux prévenus et mis à exécution par les gendarmes » est complété comme il suit : « Ces mandements ne sont notifiés ni exécutés que dans la résidence ou à proximité de la résidence de celui qui les donne ou de celui qui les notifie ou qui les exécute. »

En conséquence, sauf pour le transfèrement de prisonniers civils et les escortes de convois de fonds, les sous-officiers, brigadiers et gendarmes ne doivent pas être chargés d'exécuter une réquisition ou de faire des notifications qui les retiendraient éloignés de leur résidence plus de douze heures.

Art. 10. — Toutes les dispositions qui ne sont pas contraires au présent arrêté, sont et demeurent en vigueur.

Gouverneur général. — VOY. : Défense des colonies. — Organisation administrative.

Greffiers-notaires

N° 1. — ARRÊTÉ *sur les fonctions et devoirs des greffiers-notaires.*

11 février 1889

CHAPITRE PREMIER

Des Greffiers-notaires

Article premier. — Les greffiers des tribunaux de Hanoi et de Haiphong sont chargés de recevoir tous les actes et contrats auxquels les parties doivent ou veulent faire donner le caractère d'authenticité attaché aux actes de l'autorité publique, pour en assurer la date, en conserver le dépôt, en délivrer des grosses et expéditions, et remplir toutes autres fonctions qui sont attribuées aux notaires de France.

Ils prennent le titre de *Greffier-notaire.*

Art. 2. — Le greffier-notaire sera suppléé, en cas d'empêchement, par le commis-greffier.

CHAPITRE II

Des actes, de leur forme, des minutes, grosses, expéditions et extraits, des copies figurées destinées au dépôt des chartes coloniales; de l'enregistrement des actes.

Art. 3. — Les greffiers-notaires ne peuvent recevoir des actes dans lesquels leurs parents ou alliés en ligne directe, à tous les degrés, et en ligne collatérale, jusqu'au degré d'oncle et de neveu inclusivement, seraient parties ou qui contiendraient quelques dispositions en leur faveur.

Art. 4. — Les actes sont reçus par le greffier-notaire, en présence de deux témoins et, s'il s'agit d'un testament par acte public, de quatre témoins.

Art. 5. — Toutes les fois qu'une personne ne parlant pas la langue française sera partie dans un acte, le greffier-notaire devra être encore assisté d'un interprète assermenté, qui expliquera l'objet de la convention avant toute écriture, expliquera de nouveau l'acte rédigé, et signera comme témoin additionnel.

Les signatures qui seraient écrites en caractères étrangers seront, autant qu'il se pourra, reproduites en caractères français et leur reproduction sera certifiée et signée au pied de l'acte par l'interprète.

A défaut d'interprète assermenté, le greffier-notaire appelé à recevoir l'acte désignera un interprète auquel il fera prêter serment.

Art. 6. — Les témoins instrumentaires devront être mâles, majeurs, européens, parlant français, jouissant de leurs droits civils, sachant signer, et ayant leur résidence dans le Protectorat depuis une année au moins.

Néanmoins la condition de la résidence n'est pas exigée pour les témoins des testaments reçus en dehors des concessions françaises de Hanoi et de Haiphong. Il suffira d'ailleurs, conformément à l'article 974 du Code civil, que deux des quatre témoins signent le testament.

Art. 7. — Les actes reçus par les greffiers-notaires ne pourront être annulés par le motif que les deux témoins instrumentaires n'auraient pas été présents à leur réception.

Toutefois, la présence des témoins est requise, à peine de nullité, au moment de la lecture par le greffier-notaire et de la signature par les parties, des actes contenant donation entre époux pendant le mariage, révocation de donation ou de testament, reconnaissance d'enfant naturel, ainsi que des procurations pour consentir ces divers actes. Mention de cette présence doit être faite, à peine de nullité.

Les formalités auxquelles les testaments sont soumis par le code civil seront observées pour les testaments publics et les nullités prononcées par le même Code seront également applicables.

Art. 8. — Les parents ou alliés du greffier-notaire et des parties contractantes au degré prohibé par l'article 3, ne peuvent être témoins. Il en est de même des commis, expéditionnaires et clercs employés par le greffier-notaire.

Les mêmes personnes ne peuvent remplir les fonctions d'interprète. Ne peuvent également être pris comme interprètes à la réception d'un testament, les légataires à quelque titre que ce soit, ni leurs parents ou alliés jusqu'au quatrième degré inclusivement.

Art. 9. — Les actes seront écrits en un seul contexte, lisiblement, sans abréviation, blanc, lacune ou intervalle. Les dates et les sommes y seront inscrites en toutes lettres.

Ils énonceront: 1° le nom, le titre et la résidence du greffier-notaire, 2° les noms, prénoms, qualités et demeures des parties; 3° les noms, prénoms, âges, professions et demeures des témoins instrumentaires et de ceux qui auraient été appelés dans le cas de l'article 13 ci-après; 4° les noms et la demeure des interprètes qui auraient concouru aux actes; 5° le lieu, l'année et le jour où ces actes sont passés; 6° les procurations des contractants, lesquelles, certifiées par les parties qui en feront usage, resteront annexées à la minute; 7° la lecture faite aux parties par le greffier-notaire, et 8° le cas échéant, l'accomplissement des prescriptions de l'article 5, relatives au concours d'interprètes, sans préjudice des autres formalités spéciales prescrites par le présent arrêté et des formalités auxquelles les actes sont assujettis par la loi.

Ils exprimeront les sommes en francs, décimes et centimes, et les quantités en mesures et poids métriques. Toutefois, les sommes ou quantités pourront être énoncées au moyen des appellations en usage dans le Protectorat ou dans le lieu du domicile des contractants, à la condition d'être, à la suite, exprimées en dénominations conformes au système décimal ou métrique.

Art. 10. — Les actes seront signés par les parties, les témoins et le greffier-notaire, qui devra en faire mention à la fin de l'acte.

Quant aux parties qui ne savent ou ne peuvent signer, il doit être fait mention, à la fin de l'acte, de leurs déclarations à cet égard.

Art. 11. — Il ne doit y avoir ni surcharge, ni interlignes ni addition dans le corps de l'acte, les mots interlignés, surchargés ou ajoutés sont nuls.

Les renvois et apostilles ne peuvent, sauf l'exception ci-après, être écrits qu'en marge; ils sont approuvés par la signature, l'initiale du nom propre ou le paraphe du greffier-notaire et de chacun des autres signataires de l'acte, à peine de nullité des renvois ou apostilles. Si la longueur du renvoi exige qu'il soit transporté à la fin de l'acte, il doit non-seulement être signé ou paraphé comme les renvois en marge, mais encore expressément approuvé par les parties, à peine de nullité du renvoi.

Le nombre des mots rayés nuls dans tout le corps de l'acte, est approuvé de la même manière.

Art. 12. — Les greffiers-notaires sont tenus d'annexer aux actes par eux reçus, l'original ou, en tous cas, la traduction certifiée par un interprète assermenté et signée des parties, des actes qui ne seraient pas écrits en langue française et auxquels les nouvelles conventions se réfèreraient. Le contenu des dites pièces devra être mentionné sommairement dans l'acte.

Art. 13. — Si le nom, l'état et la demeure des parties ne sont pas connus du greffier-notaire qui recevra leurs conventions, ils devront lui être attestés par deux témoins connus de lui et ayant les mêmes qualités que celles requises pour les témoins instrumentaires.

Art. 14. — Chaque greffier-notaire tiendra exposé dans son bureau : 1° Un tableau sur lequel il inscrira les noms, prénoms, qualités, professions et demeures des personnes qui, dans l'étendue de son ressort, sont interdites ou assistées d'un conseil judiciaire, ainsi que la mention des jugements y relatifs; 2° Un autre tableau où il inscrira également l'extrait des contrats de mariage intervenus entre époux domiciliés dans son ressort et dont l'un serait commerçant, ledit extrait contenant les indications prescrites par l'article 67, § 2, du Code de commerce. Ces inscriptions auront lieu immédiatement après la notification qui devra être faite aux greffiers-notaires, savoir: par le greffier de la juridiction qui aura rendu le jugement définitif d'interdiction ou de nomination d'un conseil judiciaire, de l'extrait dudit jugement, et par le greffier-notaire qui, dans le cas prévu par le n° 2 du précédent paragraphe, aura reçu le contrat de mariage d'un commerçant, de l'extrait dudit contrat.

Art. 15. — Les greffiers-notaires sont tenus de passer en minute tous les actes qu'ils reçoivent.

Néanmoins, ne sont pas compris dans la présente disposition : les certificats de vie, procurations, actes de notoriété, quittances de fermages, de loyers, de salaires, d'arrérages de pensions ou de rentes et les autres actes simples qui, d'après la loi, peuvent être passés en brevet,

Les actes relatifs à des conventions qui ne s'appliquent qu'à des objets purement mobiliers, et dont la valeur n'excède pas 1.000 fr. peuvent également, si d'ailleurs ils ne contiennent pas des dispositions au profit de tiers, ou que ceux-ci pourraient invoquer, être passés en simple brevet ou en minute, au choix des parties.

Art. 16. — Le greffier-notaire sera tenu d'apposer sur les actes et expéditions des actes un sceau particulier, d'après le modèle adopté pour les notaires de France.

Lorsque les actes devront être produits hors du Protectorat, la signature du greffier-notaire sera légalisée par le président du tribunal, et celle de ce magistrat par le Résident supérieur.

Art. 17. — Les greffiers-notaires tiennent répertoire de tous les actes qu'ils reçoivent. Les répertoires sont visés, cotés et paraphés par le président du tribunal. Chaque article du répertoire sera dressé par jour et contiendra : 1° son numéro d'ordre; 2° la date de l'acte; 3° sa nature; 4° son espèce, c'est-à-dire qu'il est en minute ou en brevet; 5° les noms, prénoms, demeures des parties, 6° l'indication des biens, leur situation et le prix, lorsqu'il s'agira d'actes ayant pour objet la propriété, l'usufruit, la jouissance de biens immeubles; 7° la somme prêtée, cédée ou transportée, s'il s'agit d'obligation, cession ou transport; 8° la relation de l'enregistrement.

Ces répertoires sont soumis, dans les dix premiers jours de janvier, d'avril, de juillet et d'octobre, au visa du receveur de l'enregistrement, conformément à l'article 51 de la loi du 22 frimaire, an VII.

Art. 18. — Le greffier-notaire retient aux frais des parties, pour le dépôt des chartes coloniales, créé en France par l'édit de juin 1776, une copie figurée des actes dont il doit garder minute, à l'exception des inventaires et des ventes sur inventaire.

La copie figurée, signée par le greffier-notaire et les témoins instrumentaires, est remise avec la minute au receveur de l'enregistrement, qui la collationne et la vise sans frais, en y relatant la mention d'enregistrement.

En cas de perte du titre original, la copie figurée fait la même foi que lui.

Le greffier-notaire tient répertoire des copies figurées.

Art. 19. — Les copies figurées sont remises, avec le répertoire, au Procureur général chef du service judiciaire, dans les deux premiers mois de chaque année par le greffier-notaire.

Art. 20. — Sont, au surplus, rendues communes aux greffiers-notaires, et sauf les modifications résultant du présent arrêté ou de la législation spéciale du Protectorat, les dispositions des articles 17, 22, 23, 24, 25 et 26, de la loi du 25 Ventôse an XI, 971 à 979 et 1.317 à 1.320 du Code civil.

CHAPITRE III.

Frais d'actes, honoraires et vacations.

Art. 21. — Le tarif de Paris, établi par le décret du 16 février 1807 et par l'article 14 de l'ordonnance du dix octobre 1841, est rendu applicable aux greffiers-notaires de Hanoi et de Haiphong.

Les doubles minutes ou copies figurées destinées au dépôt des chartes coloniales leur seront payées par les parties à raison de deux francs par rôle de 24 lignes à la page et de 15 syllabes à la ligne.

Art. 22. — Tous autres honoraires pour les actes non tarifés par les décrets et ordonnances mentionnés en l'article précédent, sont réglés à l'amiable entre les parties et les notaires. Il en sera de même pour les frais de transport. En cas de difficultés avant comme après le payement, la taxe en sera faite par le tribunal de 1re instance, en chambre du conseil, sur simples mémoires et sans frais, le ministère public entendu.

CHAPITRE IV

De la discipline. — Des amendes.

Art. 23. — La discipline à l'égard du greffier-notaire est exercée par le Procureur général, chef du service judiciaire de l'Indo-Chine.

Il prononce contre lui, après l'avoir entendu, le rappel à l'ordre, la censure simple, la censure avec réprimande. Il lui donne tout avertissement qu'il juge convenable.

Toute peine de discipline prononcée par le Procureur général contre le greffier-notaire lui sera notifiée par écrit; mention en sera faite sur un registre spécial tenu à cet effet.

Le Procureur général informera le Gouverneur de tous rappels à l'ordre, censures simple ou avec réprimande, qu'il aura prononcés contre le greffier-notaire.

Dans les cas où, d'après la législation de la métropole, il y aurait lieu à suspension ou à révocation, il sera procédé par le Procureur général à l'enquête disciplinaire contre le greffier-notaire, qui devra toujours être entendu ou dûment appelé et pourra fournir, dans le délai qui lui sera fixé, ses explications par écrit sur les griefs dont il lui sera donné communication.

Le Procureur général adressera son rapport motivé au Gouverneur général, qui prendra telles mesures provisoires qu'il jugera opportunes.

Il sera rendu compte au Ministre de la marine et des colonies.

Le tout indépendamment des amendes qui seraient encourues par le greffier-notaire, aux termes des lois de la métropole, pour contraventions, omissions, irrégularités et autres violations ou inobservations des règlements qui lui sont rendus communs par le présent arrêté, sans toutefois que lesdites amendes puissent dépasser 20 francs.

Art. 24. — Dans tous les cas où le greffier-notaire vient à cesser ses fonctions sans qu'il ait été pourvu à son remplacement, ses minutes et répertoires sont mis sous les scellés par le président du tribunal.

Toutes les fois que les fonctions de greffier-notaire passent à un nouveau titulaire, il est dressé, en double, un état sommaire des minutes remises, et celui qui les reçoit s'en charge au pied de l'acte. Un des doubles est déposé au greffe du tribunal de première instance.

Art. 25. — Le notaire qui, aux termes des articles 928, 931 et 942 du Code de procédure civile, doit être appelé pour représenter les absents à la levée des scellés ou à l'inventaire, sera remplacé par un fonctionnaire désigné par le président du tribunal.

Dispositions générales.

Art. 26. — Tout acte fait en contravention des articles 3, 4, 5, 6, 7, 8, 10 et 15 est nul s'il n'est pas revêtu de la signature de toutes les parties; et lorsque l'acte est revêtu de la signature de toutes les parties contractantes il ne vaut que comme écrit sous signatures privées, sauf, dans les deux cas, s'il y a lieu, tous dommages-intérêts contre le greffier-notaire.

Art. 27. — Les dispositions du présent arrêté seront exécutoires à partir du 11 février.

Art. 28. — Le Résident général en Annam et au Tonkin et le Procureur général, chef du service judiciaire de l'Indo-Chine sont chargés, chacun en ce qui le concerne, de l'exécution du présent arrêté, qui sera publié et enregistré partout où besoin sera.

RICHAUD

VOY.: Droits de greffe.

H

Halage.

N° 1. — DÉCISION *portant création de postes de haleurs sur le haut fleuve Rouge.*

18 janvier 1887

Rapportée par arrêté du 5 novembre 1887.

N° 2. — ARRÊTÉ *supprimant les postes de halage sur le haut fleuve Rouge.*

5 novembre 1887

Article premier. — La décision du 18 janvier 1887 qui a institué les postes de halage est rapportée.

Art. 2. — M. le Résident de Son-tay est chargé de l'exécution du présent arrêté.

G. BIHOUD.

Honneurs et préséances

N° 1. — ORDRE *sur les honneurs à rendre à l'arrivée du Résident général dans les places ou postes de l'Annam et du Tonkin.*

27 mars 1886

Par décret en date du 31 janvier 1886, M. Paul Bert, député, membre de l'Institut, est envoyé en mission temporaire en Annam et au Tonkin pour exercer les fonctions de Résident général, telles qu'elles sont définies par le décret du 27 janvier 1886, inséré au *Journal officiel* du 28 janvier dernier, n° 27.

A son arrivée dans les places ou postes de l'Annam et du Tonkin, le Résident général recevra les honneurs prescrits par l'art. 269 du décret du 23 octobre 1883, pour les généraux de division commandant un corps d'armée qui prennent possession de leur commandement ou entrent pour la première fois dans une place qui en dépend, et par l'art. 306 du même décret pour les généraux de division commandant un corps d'armée ou pour les vice-amiraux commandant en chef à la mer, ou préfets maritimes en France.

WARNET.

N° 2. — DÉCRET *sur les honneurs à rendre aux Résidents généraux*

21 juin 1886

Article premier. — Les Résidents généraux, dans toute l'étendue du territoire appartenant à l'État où ils exercent le protectorat de la France, auront droit aux rang, préséance et honneurs attribués par le décret du 23 octobre 1883 aux généraux de division, commandant un corps d'armée, et aux vice-amiraux, commandant en chef à la mer, en exceptant toutefois les honneurs qui font partie du commandement, et suivant les dispositions spécifiées par les articles suivants.

I. — HONNEURS A RENDRE PAR L'ARMÉE DE TERRE.

Visites de corps.

Art. 2. — Les corps d'officiers de troupes de l'armée de terre, les officiers sans troupe, fonctionnaires et employés de la guerre, ayant rang d'officiers, présents dans la localité, doivent des visites de corps:

Aux Résidents généraux,

Aux Résidents supérieurs,

Et aux Résidents, chefs de mission, ne relevant d'aucun Résident général ou supérieur.

Toutefois, les visites de corps à ces derniers agents ne comprendront qu'un officier supérieur et un officier chaque grade par corps, et un fonctionnaire ou employé de chaque service.

Honneurs à rendre à l'arrivée dans la place.

Art. 3. § 1er. — Lorsque les Résidents généraux font leur première entrée au siège officiel de la Résidence générale, ou visitent, pour la première fois, une ville du territoire protégé, le major de la garnison les reçoit à leur arrivée. Les troupes, formées sur leur passage présentent les armes, les tambours et clairons battent et sonnent aux champs, les trompettes sonnent la marche, les musiques jouent l'air national; les officiers généraux (qui ne sont pas commandants de corps d'armée), les commandants des corps de troupe, quel que soit leur grade, et les officiers supérieurs saluent de l'épée ou du sabre; les drapeaux et étendards saluent.

Leur garde d'honneur est de cinquante hommes, commandée par un capitaine; elle fournit deux sentinelles. Ils ont droit, en tout temps, à deux sentinelles.

§ 2. — Lorsque les Résidents supérieurs et les Résidents, chefs de mission, font leur première entrée au siège officiel de la résidence, les troupes formées sur leur passage portent les armes. Les officiers supérieurs ou autres et les drapeaux ou étendards ne saluent pas. Les tambours, clairons et trompettes sont prêts à battre ou à sonner. En tout temps, un poste de dix hommes, commandé par un sergent, est établi à l'hôtel de la Résidence. Il fournit une sentinelle.

Honneurs à rendre par les postes.

Art. 4. — Quand les Résidents généraux, Résidents supérieurs et Résidents, chefs de mission, passent, en costume officiel, devant un poste:

§ 1er. — La garde prend les armes ou monte à cheval, se forme devant le poste, porte les armes; les tambours ou clairons battent ou sonnent aux champs; les trompettes sonnent la marche, pour les Résidents généraux.

§ 2. — La garde prend les armes ou monte à cheval, se forme devant le poste, porte les armes; les tambours, clairons ou trompettes sont prêts à battre ou à sonner, pour les Résidents supérieurs.

§ 3. — La garde prend les armes ou monte à cheval, se forme devant le poste, l'arme au pied ou le sabre au fourreau, pour les Résidents, chefs de mission.

Honneurs à rendre par les sentinelles.

Art. 5. § 1er. — Les sentinelles présentent les armes:

Aux Résidents généraux en costume officiel ou revêtus des insignes de la fonction;

Aux Résidents supérieurs, en costume officiel, ou revêtus des insignes de la fonction;

Aux Résidents, chefs de mission, en costume officiel ou revêtus des insignes de la fonction.

§ 2. — Les sentinelles portent les armes:

Aux Résidents et aux vice-résidents en costume officiel ou revêtus des insignes de la fonction.

Escortes d'honneur.

Art. 6. — Dans les cérémonies publiques, les Résidents généraux, les Résidents supérieurs et les Résidents, chefs de mission, peuvent avoir, au siège de leur résidence, et s'ils en font la demande, une escorte d'honneur qui se compose:

Pour les Résidents généraux de trois brigades de gendarmerie commandées par un lieutenant, et de deux pelotons de troupes à cheval commandées par un lieutenant.

Pour les Résidents supérieurs: de deux brigades de gendarmerie commandées par un lieutenant. En outre, pendant leur tournée dans leur circonscription, mais seulement lorsqu'ils font cette tournée en costume officiel, les Résidents supérieurs peuvent être escortés de deux gendarmes.

Pour les Résidents, chefs de mission, et les Résidents: d'une brigade de gendarmerie, commandée par un sergent. En outre, pendant leur tournée, en costume officiel, ils peuvent être escortés d'un gendarme.

Salves d'artillerie.

Art. 7. — Pour les Résidents généraux, les Résidents supérieurs et les Résidents chefs de mission, lors de leur prise de possession ou de leur première entrée au siège officiel de leur résidence, il est tiré:

Pour les Résidents généraux: 13 coups de canon;

Pour les Résidents supérieurs: 7 coups de canon;

Pour les Résidents, chefs de mission: 5 coups de canon.

Visites individuelles.

Art. 8. § 1er. — Les hauts fonctionnaires des Résidences et les officiers généraux ou supérieurs employés de la guerre assimilés, se doivent réciproquement des visites individuelles.

Elles ont lieu lorsqu'ils prennent possession de leur poste ou de leur commandement ou lorsqu'ils arrivent sur les lieux en mission. L'arrivant doit prendre le soin de prévenir à l'avance de son intention le fonctionnaire ou l'officier qu'il doit visiter.

Les visites sont rendues, quand il y a lieu de les rendre, dans les vingt-quatre heures.

§ 2. — Les officiers généraux qui ne sont pas commandant de corps d'armée, les officiers supérieurs et les fonctionnaires assimilés de l'armée de terre, doivent la première visite au Résident général. Celui-ci la rend seulement aux officiers généraux.

§ 3. — Les Résidents supérieurs, les Résidents chefs de mission et les Résidents doivent la première visite aux officiers généraux venant prendre possession de leur commandement: ils reçoivent celle des officiers supérieurs et fonctionnaires assimilés.

§ 4. — Dans le cas où un général commandant de corps d'armée, ou un vice-amiral commandant en chef à la mer, serait envoyé en mission ou chargé du commandement au siège de la Résidence générale, l'ordre des visites à échanger entre le Résident général et cet officier général sera réglé par le ministre de la guerre ou le ministre de la marine, d'accord avec le ministre des affaires étrangères.

Honneurs funèbres.

Art. 9. — Les honneurs funèbres à rendre aux Résidents généraux seront conformes à ceux qui sont fixés par l'article 314 du décret du 23 octobre 1883, pour les généraux de division;

Pour les Résidents supérieurs et Résidents chefs de mission, ils seront conformes à ceux qui sont fixés par l'article 316 pour les généraux de brigade;

Et pour les Résidents, à ceux qui sont fixés par l'article 318 dudit décret, pour les colonels (1).

Art. 10. — Les visites des corps et autres sont toujours faites, les honneurs sont toujours rendus, en observant les principes généraux, relatifs aux honneurs, inscrits au chapitre 42 du décret du 23 octobre 1883.

Toutefois le Résident supérieur ou l'agent diplomatique appelé à remplacer un Résident général, absent par congé, prendra dans les cérémonies publiques, le rang attribué au titulaire qu'il supplée. Mais il ne pourra prétendre qu'aux honneurs qui sont fixés pour son grade par le présent décret.

Dans ce cas, le commandant en chef des troupes d'occupation aura toujours la faculté de se faire représenter, dans les cérémonies publiques, par l'officier général ou supérieur qui le suivra immédiatement dans la hiérarchie militaire.

II. — HONNEURS A RENDRE PAR L'ARMÉE DE MER.

Honneurs et saluts.

Art. 11. — Les Résidents généraux reçoivent dans les ports de l'Etat où ils exercent le Protectorat de la France, lors de leur première visite à bord d'un bâtiment, les honneurs attribués aux vice-amiraux, commandant en chef, qui visitent officiellement, pour la première fois, un bâtiment placé en dehors de la force navale qu'ils commandent.

Ils sont salués de quinze coups de canon.

Art. 12. — Les Résidents supérieurs, les Résidents et les vice-résidents reçoivent à bord des bâtiments de l'Etat les honneurs suivants:

§ 1er. — Le Résident supérieur est reçu au haut de l'escalier par le commandant, les officiers et aspirants de quart; la garde a l'arme au pied et le tambour ou le clairon est prêt à battre ou à sonner;

Il est salué de neuf coups de canon.

§ 2. — Le Résident, chef de mission ou non, est reçu sur le gaillard d'arrière par le commandant du bâtiment; la garde a l'arme au pied;

Il est salué de sept coups de canon.

§ 3. — Le vice-résident est reçu sur le gaillard d'arrière par l'officier en second du bâtiment; la garde ne s'assemble pas.

Il est salué de cinq coups de canon.

Art. 13. § 1er. — Ces honneurs sont rendus aux Résidents généraux et Résidents supérieurs lorsqu'ils font leur première

(1) Voir ci-après décret du 31 janvier 1887, complétant l'art 9.

visite officielle, lorsqu'ils s'embarquent sur un bâtiment de l'Etat pour revenir en France, ou lorsqu'ils quittent celui qui les a conduits à destination.

Il ne leur est rendu aucun des honneurs ci-dessus mentionnés au port de leur embarquement en France, et en aucun cas lorsqu'ils ne sont pas en uniforme ou revêtus des insignes de leur fonction.

§ 2. — Les honneurs réservés aux Résidents et vice-résidents ne leur sont rendus qu'à leur première visite officielle et lorsqu'ils sont en uniforme.

Visites.

Art. 14. § 1er. — Les vice-amiraux commandant en chef et les contre-amiraux commandant en chef doivent la première visite aux Résidents généraux. Ils attendent la visite des Résidents de tout rang.

§ 2. — Les capitaines de vaisseau, chefs de division, doivent la première visite aux Résidents généraux et aux Résidents supérieurs, ainsi qu'aux Résidents remplaçant officiellement un Résident supérieur. Ils attendent la visite des Résidents et des vice-résidents.

§ 3. — Les capitaines de vaisseau commandant doivent la première visite aux Résidents généraux, aux Résidents supérieurs, aux Résidents et aux agents remplaçant un Résident, en cas d'absence, si ces agents sont vice-résidents ou chanceliers de résidence. Ils attendent la visite des vice-résidents.

§ 4. — Les capitaines de frégate et lieutenants de vaisseau commandants, ont les mêmes obligations que les capitaines de vaisseau et doivent, en outre, la première visite aux vice-résidents.

§ 5. — Les officiers de l'armée de mer, de tout grade, lorsqu'ils sont dans le cas de rendre les visites officielles spécifiées dans le présent article, sont reçus, au débarcadère, par un fonctionnaire de la résidence.

§ 6. — Ces visites sont rendues dans les vingt-quatre heures, si le temps permet les communications.

Lorsqu'un Résident a besoin d'une embarcation convenable pour faire ou rendre une visite officielle à bord d'un bâtiment, le commandant de ce bâtiment en met une à sa disposition, tant pour l'amener à bord que pour le reconduire à terre.

Honneurs funèbres

Art. 15. — Lorsqu'un fonctionnaire du personnel des Résidences vient à décéder à bord, les honneurs funèbres qui doivent lui être rendus sont réglés comme il suit :

Pour un Résident général : les honneurs dus au vice-amiral commandant en sous-ordre ;

Pour un Résident supérieur : les honneurs dus au contre-amiral commandant en sous-ordre ;

Pour un Résident de 1re classe ; les honneurs dus au capitaine de vaisseau, non commandant ;

Pour un Résident de 2e classe : les honneurs dus au capitaine de frégate, non commandant ;

Il n'y aura ni coups de canon, ni décharges de mousqueterie.

Pour les chanceliers et les commis : les honneurs de la flamme et du pavillon en berne et la réunion de l'équipage sur le pont. Il est entendu que les honneurs funèbres ne sont rendus que lorsqu'il n'en résulte pas d'inconvénient pour le service du bord. (1)

Dispositions spéciales à la Tunisie.

Art. 16. — *Abrogé et remplacé par les dispositions de l'art. 4 du décret du 31 janvier 1887, publié ci-après.*

Art. 17. — Le président du conseil, ministre des affaires étrangères, le ministre de la guerre et le ministre de la marine et des colonies, sont chargés, chacun en ce qui le concerne, de l'exécution du présent décret.

JULES GRÉVY.

N° 5. — ARRÊTÉ *relatif aux honneurs militaires attribués aux fonctionnaires des Résidences.*

31 janvier 1887

Article premier. — Les vice-résidents, chefs de mission, non compris dans le décret du 24 juin 1886, auront droit, de la part des troupes de terre et de mer, au traitement fixé pour les Résidents, non chefs de mission, sauf à la visite individuelle prescrite par l'art. 8 § 3 dudit décret, et aux honneurs funèbres qui sont fixés d'autre part.

Art. 2. — L'article 9 dudit décret du 24 juin 1886 est complété par les dispositions suivantes :

« Les vice-résidents chefs de mission, recevront les honneurs « funèbres fixés par l'art. 320 du décret du 23 octobre 1883 « pour les chefs de bataillon.

« Les vice-résidents recevront les honneurs funèbres fixés « par l'art. 321 dudit décret, pour les capitaines.

Art. 3. — L'article 15, concernant les honneurs funèbres à rendre par l'armée de mer, aux fonctionnaires des Résidences, est également complété par les dispositions suivantes :

« Les vice-résidents, chefs de mission, recevront les honneurs « funèbres attribués aux Résidents de 2e classe.

« Les vice-résidents de 1re et 2e classe recevront les honneurs « funèbres dus aux lieutenants de vaisseau non commandant.

Art. 4. — Les dispositions spéciales à la Tunisie, prescrites par l'art. 16 du décret du 24 juin 1886, sont annulées et remplacées par les suivantes.

« En raison de l'organisation particulière du personnel de « la Résidence générale de France en Tunisie, les contrôleurs « civils, ayant les attributions de vice-consuls, auront droit « aux honneurs réservés aux vice-résidents.

Art. 5. — Le Ministre des affaires étrangères, le Ministre de la guerre, et le Ministre de la marine et des colonies, sont chargés, chacun en ce qui le concerne, de l'exécution du présent décret.

JULES GRÉVY.

N° 6. — DÉCRET *modifiant divers articles du décret du 20 mai 1885, sur le service à bord des bâtiments de la flotte (Honneurs et préséances).*

14 janvier 1889.

Article premier. — *Honneurs et visites aux gouverneurs, lieutenants-gouverneurs des colonies et au personnel des Protectorats* — L'article 825 du décret du 20 mai 1885, est modifié comme suit :

1° les gouverneurs généraux des colonies et les gouverneurs des colonies de 1re, 2e et 3e classe, sont salués de 15 coups de canon, et reçoivent à bord, dans l'étendue de leur gouvernement, les autres honneurs attribués aux vice-amiraux commandants en chef visitant officiellement, pour la première fois, un bâtiment placé en dehors de la force navale qu'ils commandent.

2° Les honneurs leur sont rendus, lorsqu'ils s'embarquent sur un bâtiment de l'État pour revenir en France, ou lorsqu'ils quittent celui qui les a conduits à leur destination.

3° Il ne leur est rendu aucun des honneurs ci-dessus mentionnés au port de leur embarquement ou débarquement en France, et, en aucun cas, lorsqu'ils ne sont pas en uniforme.

4° Les mêmes honneurs sont attribués au Gouverneur général de l'Algérie et au Gouverneur général de l'Indo-Chine.

5° Les Résidents généraux exerçant directement le Protectorat de la France sont salués de quinze coups de canon et reçoivent, dans les ports de l'État du Protectorat, lors de leur première visite à bord d'un bâtiment, les honneurs attribués aux vice-amiraux commandant en chef, qui visitent officiellement, pour la première fois, un bâtiment placé en dehors de la force navale qu'ils commandent.

5bis Les Résidents généraux qui n'exercent pas directement le Protectorat de la France reçoivent, dans les ports de l'État du Protectorat, les honneurs attribués aux contre-amiraux commandants en chef, qui visitent officiellement, pour la première fois, un bâtiment placé en dehors de la force navale qu'ils commandent.

Ils sont salués de treize coups de canon.

6° Les Résidents supérieurs, les Résidents et les vice-résidents reçoivent à bord des bâtiments les honneurs suivants :

§ 1er — Le Résident supérieur est reçu au haut de l'escalier par le commandant, les officiers et aspirants de quart ; la garde a l'arme au pied et le tambour ou le clairon est prêt à battre ou à sonner. Il est salué de neuf coups de canon.

§ 2. — Le Résident, chef de mission ou non, et le vice-résident, chef de mission, sont reçus sur le gaillard d'arrière par le commandant du bâtiment; la garde a l'arme au pied.

(1) Voir ci-après décret du 31 janvier 1887, complétant l'article 15.

Ils sont salués de sept coups de canon.

§ 3. — Le vice-résident est reçu sur le gaillard d'arrière par l'officier en second du bâtiment ; la garde ne s'assemble pas. Il est salué de cinq coups de canon.

7° Les honneurs sont rendus aux Résidents généraux et Résidents supérieurs, lorsqu'ils font leur première visite officielle, lorsqu'ils s'embarquent sur un bâtiment de l'État pour revenir en France, ou lorsqu'ils quittent celui qui les a conduits sur les lieux où ils sont appelés à exercer les fonctions du Protectorat.

Il ne leur est rendu aucun des honneurs ci-dessus mentionnés au port de leur embarquement ou de leur débarquement en France, et, en aucun cas, lorsqu'ils ne sont pas en uniforme ou revêtus des insignes de leurs fonctions.

Les honneurs réservés aux Résidents, et aux vice-résidents, ne leur sont rendus qu'à leur première visite officielle et lorsqu'ils sont en uniforme.

8° En raison de l'organisation particulière du personnel de la Résidence générale en Tunisie, les contrôleurs civils, ayant les attributions de vice-consuls, auront droit aux honneurs réservés aux vice-résidents.

Article premier *bis.* — L'article 826 du décret du 20 mai 1885 est modifié comme suit :

1° Les gouverneurs des colonies de 4e classe et les lieutenants-gouverneurs sont reçus à bord, dans l'étendue de leur gouvernement, par le commandant, les officiers et les aspirants de quart ; la garde a l'arme au pied. Ils sont salués de sept coups de canon.

2° Les honneurs ne sont rendus aux gouverneurs de 4e classe et aux lieutenants-gouverneurs que lorsqu'ils sont en uniforme.

Art. 2. — L'art. 849 du décret du 20 mai 1885 est modifié comme suit :

1° Les vice-amiraux commandant en chef ou en sous-ordre doivent la première visite aux gouverneurs généraux. Ils la reçoivent des gouverneurs des colonies.

2° Les contre-amiraux commandant en chef ou en sous-ordre, ainsi que les capitaines de vaisseau chefs de division, doivent la première visite aux gouverneurs généraux et aux gouverneurs de 1re, 2e et 3e classe. Ils la reçoivent des gouverneurs de 4e classe ainsi que des lieutenants-gouverneurs.

3° Tout commandant d'un bâtiment de l'État isolé, qui arrive dans une colonie, doit la première visite au gouverneur.

4° Il n'y a pas d'autres visites obligatoires pour les officiers commandants, lors de leur arrivée dans les localités où se trouve le Gouverneur.

5° Tout commandant d'un bâtiment de l'État qui arrive dans dans une localité où réside un administrateur colonial, est tenu d'envoyer un officier pour prévenir ce fonctionnaire de son arrivée ; il le fait également prévenir de son départ.

6° Les Gouverneurs généraux et les Résidents généraux rendent en personne les visites qui leur ont été faites par les officiers généraux commandants en chef ou en sous ordre.

Les Gouverneurs de 1re, 2e et 3e classe et les Résidents supérieurs rendent en personne les visites qui leur ont été faites par les contre-amiraux commandant en chef ou en sous-ordre et les capitaines de vaisseau chefs de division.

Les Gouverneurs de 4e classe, les lieutenants-gouverneurs, les Résidents, vice-résidents rendent en personne les visites qui leur ont été faites par les commandants des bâtiments de l'État.

7° Les visites sont rendues dans les 24 heures, lorsque le temps permet les communications.

8° A. — Les vice-amiraux commandant en chef ou en sous ordre, doivent la première visite aux Résidents généraux exerçant directement le Protectorat. Ils attendent la visite des Résidents généraux n'exerçant pas directement le Protectorat, des Résidents supérieurs et des Résidents de tous rangs.

B. — Les contre-amiraux commandant en chef doivent la première visite aux Résidents généraux. Ils attendent la visite des Résidents supérieurs et des Résidents de tous rangs.

C. — Les capitaines de vaisseau, chefs de division, doivent la première visite aux Résidents généraux et aux Résidents supérieurs, ainsi qu'aux Résidents remplaçant officiellement un Résident supérieur. Ils attendent la visite des Résidents et vice-résidents.

D. — Les capitaines de vaisseau commandant doivent la première visite aux Résidents généraux, aux Résidents supérieurs, aux Résidents et aux agents remplaçant un Résident, en cas d'absence, si ces agents sont vice-résidents ou chanceliers de résidence. Ils attendent la visite des vice-résidents.

E. — Les capitaines de frégate et lieutenants de vaisseau commandant ont les mêmes obligations que les capitaines de vaisseau, et doivent en outre la première visite aux vice-résidents.

F. — Les officiers de mer de tous grades, lorsqu'ils sont dans le cas de rendre les visites officielles spécifiées dans le présent article, sont reçus au débarcadère par un fonctionnaire de la résidence. Ces visites sont rendues dans les 24 heures, si le temps permet les communications.

G. — Lorsque les Résidents ont besoin d'une embarcation convenable pour faire ou rendre une visite officielle à bord d'un bâtiment, le commandant de ce bâtiment en met une à leur disposition, tant pour les amener à bord que pour les reconduire à terre.

Art. 3. —*Honneurs funèbres aux officiers des corps autres que celui des officiers de marine, au personnel des gouverneurs et à celui des résidences.* — L'art. 869 du décret du 20 mai 1885 est modifié comme suit :

1° Les honneurs funèbres déterminés dans le présent chapitre pour les officiers de marine non commandant sont rendus aux personnes appartenant aux corps de troupe et aux différents corps de la marine, suivant le rang que leur donne l'assimilation de leur grade.

2° Les honneurs funèbres attribués aux capitaines de frégate sont rendus aux aumôniers, aux chefs de bataillon et aux personnes d'un rang assimilé à l'ancien grade de capitaine de corvette.

3° Lorsqu'une personne appartenant à un service public, non désigné au présent titre, vient à décéder à bord, les honneurs funèbres qui doivent lui être rendus sont réglés suivant son assimilation aux grades et rangs des officiers de marine ou des autres personnes désignées au présent titre. Toutefois, il n'est fait de salut de coups de canon et de décharges de mousqueterie que lors du décès d'un officier appartenant à l'armée de terre.

4° Les honneurs funèbres à rendre aux membres des différents grades de la Légion d'honneur sont réglés suivant les assimilations attribuées à ces grades par le chapitre XXXXI du décret du 28 octobre 1883 sur le service dans les places de guerre.

5° Lorsqu'un Gouverneur général, ou Gouverneur des colonies, vient à décéder à bord, les honneurs funèbres qui doivent être rendus sont réglés comme suit :

Pour un gouverneur général, les honneurs dus au vice-amiral commandant en sous-ordre.

Pour un gouverneur des colonies de 1re, 2e ou 3e classe, les honneurs dus au contre-amiral commandant en sous-ordre.

Pour un gouverneur des colonies de 4e classe ou pour un lieutenant-gouverneur, les honneurs dus au capitaine de vaisseau non commandant.

5 *bis.* Lorsqu'un fonctionnaire des Résidences vient à décéder à bord, les honneurs funèbres qui doivent lui être rendus sont réglés comme suit :

Pour un Résident général, les honneurs dus au vice-amiral commandant en sous-ordre.

Pour un Résident supérieur, les honneurs dus au contre-amiral commandant en sous-ordre.

Pour un Résident de 1re classe, les honneurs dus au capitaine de vaisseau non commandant.

Pour les vice-résidents chefs de mission, les honneurs funèbres attribués aux Résidents de 2e classe.

Pour les vice-résidents de 1re et 2e classe, les honneurs funèbres dus aux lieutenants de vaisseau non commandant.

Pour les chanceliers et les commis, honneurs de la flamme et du pavillon en berne et la réunion de l'équipage sur le pont.

5 *ter.* Il est entendu que les honneurs funèbres à rendre aux gouverneurs des colonies et au personnel desRésidences ne comportent ni coups de canon, ni décharges de mousqueterie. Les honneurs funèbres ne sont, en outre, rendus que lorsqu'il n'en résulte pas d'inconvénient pour le service du bord.

Art. 4. — *Distance à laquelle les visites sont obligatoire.* — Les visites entre les officiers de la marine commandant un bâtiment et les autorités coloniales et le personnel des Protectorats ne sont obligatoires que lorsque le bâtiment est mouillé à moins d'un mille et demi du quai d'embarquement.

Art. 5. — *Visites à échanger avec les gouverneurs intérimaires.* — Les fonctionnaires qu occupent par intérim les fonctions de gouverneur, ont droit aux mêmes visites que les titulaires de ces fonctions.

Ils sont tenus de rendre les visites qui leur sont faites par les officiers de la marine dans les mêmes conditions que les gouverneurs titulaires dont ils remplissent les fonctions.

Les honneurs de la garde, du sifflet et des fanaux sont seuls rendus aux gouverneurs intérimaires, à moins que ces intérimaires n'aient droit à d'autres honneurs militaires, en vertu de l'emploi dont ils étaient titulaires avant leur entrée en fonctions comme intérimaire.

Art. 6. — *Dispositions abrogées.* — Sont et demeurent abrogées toutes les dispositions contraires au présent décret.

Art. 7. — *Mise à exécution.* — Le ministre de la marine et des colonies est chargé de l'exécution du présent décret.

CARNOT.

N° 5. — DÉCRET *sur les honneurs à rendre au lieutenant-gouverneur de la Cochinchine et aux Résidents supérieurs de l'Annam, du Tonkin et du Cambodge, à terre et à bord des bâtiments de la flotte.*

27 août 1889.

Article premier. — Le lieutenant-gouverneur de la Cochinchine, les Résidents supérieurs de l'Annam, du Tonkin et du Cambodge, auront droit, soit à terre, soit à bord des bâtiments de la flotte, aux honneurs attribués, tant par le décret du 24 juin 1886, que par celui du 14 janvier 1889, aux Résidents supérieurs.

Ils seront astreints aux visites et obligations qui sont imposées aux mêmes fonctionnaires par les décrets précités.

Art. 2. — Le Président du Conseil, ministre du commerce, de l'industrie et des colonies, et le Ministre de la marine sont chargés, chacun en ce qui le concerne, de l'exécution du présent décret.

CARNOT.

VOY : Commissariat colonial. — Justice. — Organisation administrative.

Hôpitaux et Hospices

N° 1. — ARRÊTÉ *créant des infirmeries-ambulances au Tonkin.*

24 février 1889.

TITRE PREMIER

DISPOSITIONS GÉNÉRALES

Article premier. — Les infirmeries-ambulances sont des hôpitaux simplifiés par la substitution partielle de la comptabilité des infirmeries régimentaires à la comptabilité ordinaire des hôpitaux militaires. Le régime alimentaire est celui des infirmeries de garnison.

Art. 2. — Les infirmeries-ambulances sont ouvertes ou fermées par décision du Gouverneur général, sur la proposition du chef de service de santé, après entente avec le général commandant en chef et le chef du service administratif. Cette décision désigne l'hôpital de rattachement et fixe le nombre de lits.

Avis de ces décisions est donné au commandant de la brigade intéressée ainsi qu'au directeur du génie.

TITRE II

PERSONNEL

Art. 3. — Le personnel se compose d'un médecin, d'un ou de plusieurs infirmiers européens, ainsi que d'infirmiers et d'auxiliaires indigènes. Le cadre de ce dernier personnel est fixé après entente entre le chef de service de santé et le chef des services administratifs.

Art. 4. — Les infirmiers européens sont fournis par Hanoi, et à défaut par les corps de la place. Dans ce dernier cas, le médecin chef soumet la proposition au commandant d'armes. Les infirmiers indigènes sont recrutés sur place.

Art. 5. — Les infirmiers européens seront nourris par l'infirmerie-ambulance et toucheront la ration déterminée par le tableau n° 3 du règlement sur le régime alimentaire des hôpitaux. Il en est de même des infirmiers temporaires. Des coolies permanents sont, en outre, attachés à l'établissement ; ils sont soldés sur le boni.

Art. 6. — Le médecin-chef a les attributions du comptable en ce qui concerne les fonds, les locaux, le mobilier et les approvisionnements de toute nature.

Art. 7. — Il tient les registres suivants :

1° Carnet médical (*modèle n° 1*) ;

2° Registre d'alimentation (*modèle n° 2*) ;

3° Registre journal des recettes et des dépenses, avec pièces justificatives à l'appui (*modèle n° 3*) ;

4° Carnet du matériel (*modèle 18 du service de santé en campagne*) ;

5° Registre de correspondance.

Art. 8. — Des religieuses hospitalières pourront être attachées aux infirmeries-ambulances les plus importantes pour le service de la cuisine, de la dépense, de la lingerie et du mobilier, ainsi que pour le service des salles.

A défaut d'agent du commissariat, elles sont chargées de la comptabilité afférente à ces différents détails, sous la direction et la responsabilité du médecin.

TITRE III

EXÉCUTION DU SERVICE

Art. 9. — Les officiers ne sont admis dans les infirmeries-ambulances que dans le cas où une installation spéciale a été prévue pour eux dans l'aménagement des locaux.

Art. 10. — Les coolies des services militaires sont admis gratuitement s'ils sont atteints de blessures de guerre ou d'affections contractées en service.

Art. 11. — Les agents des services civils, les miliciens, les colons, et les indigènes non militaires blessés dans un service commandé ou dans une opération contre les rebelles sont admis à charge de remboursement.

Le remboursement est fait, soit par les personnes traitées (*fonctionnaires, agents et colons*) soit par le budget des services civils (*miliciens, indigènes blessés, colons insolvables.*)

Art. 12. — Tout homme entrant à l'infirmerie-ambulance est muni d'un billet conforme au modèle n° 4 annexé au présent règlement.

Ce billet indique pour les sous-officiers rengagés ou commissionnés si l'affection résulte ou non de la campagne ; cette indication permet de déterminer, ultérieurement, les droits à la solde de présence de ces militaires.

Art. 13. — Le billet est signé à l'entrée du malade :

Pour les militaires, par le commandant de l'unité (*compagnie, batterie, etc.*) ;

Pour les coolies, par le commandant d'armes, le directeur ou le chef du service intéressé ;

Pour les civils, par le Résident ;

Pour les miliciens, par le chef de la milice.

Art. 14. — Ce billet est remis à l'homme à sa sortie, pour être produit comme pièce de mutation à l'appui de la feuille de journées de l'unité à laquelle il appartient. En cas de décès, le billet spécial est adressé au corps. Si l'homme est évacué sur un hôpital, le billet spécial le suit et reste annexé au billet de salle. S'il est évacué sur une autre infirmerie-ambulance, un nouveau billet spécial est établi par le médecin-chef de cette formation sanitaire, qui signe l'entrée par évacuation, et le premier billet est annexé au second.

Art. 15. — L'homme entrant à l'infirmerie-ambulance laisse à son corps ses armes et effets de grand équipement.

S'il n'appartient pas à un corps stationné dans la place, les armes et les effets de grand équipement sont versés au corps chargé de l'administration des isolés, qui veille à leur entretien.

A sa sortie par guérison ou par évacuation, l'homme reprend ses armes et ses effets. En cas de décès, les effets et les armes du décédé sont expédiés à son corps par les soins du détachement chargé de leur conservation.

Art. 16. — Les entrants ne déposent ni leur argent, ni leurs bijoux, ni leurs valeurs.

Art. 17. — Il ne leur est pas délivré d'effets d'hôpital.

Art. 18. — Tout militaire entrant à l'infirmerie-ambulance fait mutation.

L'officier continue à toucher sa solde intégrale, mais il cesse de percevoir les vivres au titre de son corps.

L'homme de troupe européen cesse de percevoir la solde et les vivres au titre de son corps.

Toutefois les sous-officiers rengagés conservent leur solde, si l'admission a pour cause une blessure ou une maladie résultant de la campagne.

Les militaires indigènes conservent leurs droits à la solde, mais ils n'ont pas droit aux vivres.

Les officiers et sous-officiers européens des milices, ainsi que les fonctionnaires annamites assimilés aux officiers ont droit aux vivres.

Art. 19. — Le médecin-chef de l'infirmerie-ambulance est autorisé à percevoir des vivres remboursables pour le personnel présent à l'infirmerie, et jusqu'à concurrence du nombre de rations réglementaires allouées aux militaires, aux miliciens, ainsi qu'aux fonctionnaires civils européens et annamites. Les bons sont établis par le médecin-chef avec la mention « *Service des hôpitaux, infirmerie-ambulance de* »

Ces perceptions constituent des cessions du service des vivres à celui des hôpitaux, et sont remboursables par le service de santé, à la diligence du chef des services administratifs.

Art. 20. — Les aliments spéciaux sont achetés sur les fonds du boni.

Art. 21. — Le personnel de l'infirmerie-ambulance ne comporte pas d'emploi de vaguemestre.

Ce service est assuré par les vaguemestres des corps.

Art. 22. — Les évacuations sont soumises à des règles spéciales énoncées dans le règlement général sur les transports.

Art. 23. — En cas de décès, le médecin-chef établit un certificat de décès, répondant à toutes les indications demandées par le modèle d'acte de décès réglementaire du service de santé en campagne. Ce certificat, signé par le médecin-chef et les trois témoins voulus par la loi, est adressé au commissaire de l'hôpital de rattachement chargé de faire la déclaration du décès.

Art. 24. — L'argent, les bijoux, valeurs et effets trouvés sur le militaire décédé ou dans les vêtements qu'il a apportés à l'infirmerie-ambulance, sont adressés, en même temps que leur inventaire, au comptable de l'hôpital de rattachement. Le comptable en prend charge et donne suite à la liquidation de tous les effets de la succession dans la forme ordinaire.

Art. 25. — Le soin des inhumations incombe au commandant d'armes qui est chargé du creusement des fosses et de l'entretien du cimetière. Il est fourni par l'infirmerie-ambulance, pour tout officier décédé, un cercueil confectionné sur place, autant que possible ; pour les hommes de troupe un cercueil ou une double natte.

Il n'est pas fourni de suaire. (1)

TITRE IV

DÉPENSES

Art. 26. — Le médecin chef perçoit par jour, pour chaque malade, les allocations suivantes, savoir :

Par officier supérieur, 5 francs ;

Par officier subalterne, 4 francs ;

Par homme de troupe ou coolie des services militaires, 0 fr. 75;

Pour les personnes admises à charge de remboursement, les allocations prévues par les arrêtés du Résident général en date du 20 juillet 1886 et du 20 août 1887 (*voir le tableau ci-annexé*). (2)

Art. 27. — Ces diverses allocations sont destinées à assurer l'alimentation des malades, à payer le salaire des coolies, à améliorer l'installation matérielle, en tant que locaux, ustensiles, achat de paille, confection et entretien du mobilier.

Art. 28. — Le payement, entre les mains du médecin, du montant des allocations journalières dues pour les personnes traitées, à quelque catégorie qu'elles appartiennent, est opéré mensuellement et à terme échu, par le gérant de la caisse de fonds d'avance la plus rapprochée, sur la production d'un état nominatif (M[le] 5) des malades traités pendant le mois. Ces états, portant décompte des sommes acquises, est certifié et acquité par le médecin-chef. Il est produit en triple expédition, l'une étant destinée au gérant de la caisse de fonds d'avance et les deux autres au comptable de l'hôpital de rattachement chargé d'en rembourser le montant à la caisse de fonds d'avance.

Les envois d'argent du comptable se font au moyen de mandats sur le Trésor.

Art. 29. — Les dépenses initiales d'une infirmerie-ambulance sont assurées au moyen d'avances faites au médecin-chef par le comptable. Le chiffre de l'avance est déterminé par le chef du servic de santé; il ne peut dépasser mille francs.

Le médecin chef donne quittance au comptable; et lorsque la situation du boni de l'infirmerie-ambulance le permet, il rembourse l'avance initiale.

Contrairement aux prescriptions de l'article 160 du réglement du 3 avril 1869, les avances initiales faites par le comptable font l'objet de demandes spéciales et d'ordonnancements distincts au profit dudit comptable. Elles ne sont pas justifiées dans *les quarante-cinq jours*, mais seulement lorsque le remboursement a été effectué par le médecin-chef dans les conditions indiquées plus haut.

Toutefois, l'avance initiale, dans le cas où le remboursement n'en a pas été effectué, est *reversée* en fin d'année et réordonnancée le 1er janvier au titre du nouvel exercice.

Le montant des états nominatifs payés par le comptable au médecin chef est remboursé immédiatement audit comptable par le sous-ordonnateur, au moyen d'un ordonnancement au titre du budget des hôpitaux, sur la production de l'état en double expédition fourni par le médecin.

De cette manière le comptable ne doit être à découvert que du montant de l'avance initiale qui lui est ultérieurement remboursée, ainsi qu'il est dit ci-dessus.

Art. 30 — En ce qui concerne le recouvrement, par le budget des services militaires, des frais de traitement des fonctionnaires et agents civils, des miliciens, des colons, et des civils indigènes blessés, le comptable de l'hôpital adresse mensuellement au chef des services administratifs une feuille nominale décomptée par individu ou catégorie de personnel.

A l'aide de ces feuilles nominales, ce fonctionnaire poursuit auprès de M. le Résident général, le remboursement des sommes dues par les services civils.

En ce qui concerne les troupes de l'armée du roi d'Annam, traitées dans les infirmeries-ambulances, des feuilles nominales sont également établies et adressées au chef des services administratifs, qui en ordonnancera le montant au profit du budget militaire, par imputation sur celui de l'Annam.

Les feuilles nominales sont toujours établies en double expédition, dont une pour l'ordonnancement et l'autre pour la liquidation des dépenses.

Art. 31. — Le boni est la propriété de l'infirmerie-ambulance dans laquelle il s'est formé

Sur la proposition du chef du service de santé et l'ordre du Gouverneur, il peut être, en tout ou partie, affecté à une autre infirmerie-ambulance.

En cas de suppression d'une infirmerie-ambulance, son boni est réparti suivant les mêmes règles.

TITRE V

MATÉRIEL

Art. 32. — Le matériel en service dans une infirmerie-ambulance est pris en charge par le comptable de l'hôpital de rattachement.

Le 1er janvier et le 1er juillet de chaque année, le médecin chef adresse audit comptable un extrait du carnet du matériel, faisant connaître les entrées et les sorties effectuées pendant le semestre, avec les pièces justificatives à l'appui (*factures, procès-verbaux de perte*).

Art. 33. — Dans le dernier mois de chaque trimestre, le médecin-chef adresse au comptable de l'hôpital de rattachement une demande d'imprimés.

Les demandes de médicaments et de matériel sont adressées au chef du service de santé.

TITRE VI

DIPOSITIONS FINALES

Art. 34. — Tous les articles du règlement sur le service intérieur des hôpitaux, qui ne sont pas modifiés par la présente instruction, sont applicables aux infirmeries-ambulances.

(1) Voir arrêté du 14 juin 1890, dont on trouvera le texte au mot *Cimetières*.
(2) Voy. ces deux arrêtés au mot *Hospitalisation*.

Art. 35. — Le présent règlement annule tous les documents antérieurs relatifs aux infirmeries-ambulances.

RICHAUD.

N° 2. — ARRÊTÉ *portant règlement sur le service intérieur des hôpitaux de l'Annam et du Tonkin* (1)

23 février 1890

CHAPITRE PREMIER

DIPOSITIONS GÉNÉRALES

Formations sanitaires du service

Article premier. — Les formations sanitaires du service se divisent en :

Hôpitaux permanents ;
Infirmeries-ambulances,

Et, éventuellement, en sections d'ambulances légères pour les colonnes mobiles.

Les formations sanitaires sont créées et supprimées en vertu des ordres du Gouverneur général.

Division et répartition des formations sanitaires.

Art. 2. — Les hôpitaux permanents sont classés en hôpitaux principaux et hôpitaux secondaires, d'après leur contenance et suivant l'effectif moyen des malades.

Les infirmeries-ambulances sont rattachées au point de vue administratif à l'hôpital permanent le plus voisin.

Les sections d'ambulances formées éventuellement pour le service des colonnes sont rattachées à l'hôpital permanent du lieu où sont organisées les colonnes, ou à celui le plus voisin de la région dans laquelle doivent avoir lieu les opérations.

CHAPITRE II.

PERSONNEL

SECTION PREMIÈRE

Personnel des hôpitaux permanents.

Art. 3. — Le personnel des hôpitaux permanents comprend :

Un personnel administratif ;
Un personnel médical et pharmaceutique ;
Des sœurs hospistalières ;
Un aumônier ;
Des infirmiers européens et indigènes ;
Des agents divers européens, indigènes, et des coolies.

L'effectif et la répartition de ces différents personnels sont déterminés suivant les besoins, par le chef des services administratifs en ce qui concerne le personnel administratif, les sœurs, l'aumônier, les agents divers européens et les coolies employés en dehors des services médical et pharmaceutique, et par le chef du service de santé en ce qui concerne le personnel médical et pharmaceutique, ainsi que les infirmiers européens et indigènes et les journaliers employés dans les services de la médecine ou de la pharmacie.

Personnel administratif.

Art. 4. — Le personnel administratif d'un hôpital comprend en principe :

Un officier du commissariat, qui prend le titre de commissaire aux hôpitaux ;
Un commis aux entrées ;
Un agent comptable du matériel ;
Des officiers, commis et agents en sous-ordre suivant les besoins

Du commissaire aux hôpitaux.

Art. 5. — L'administration et la police des hôpitaux appartiennent, sous la direction du chef des services administratifs, au commissaire des hôpitaux.

Il a sous ses ordres le personnel administratif *(officiers du commissariat, agent-comptable, commis aux entrées, les sœurs, l'aumônier et les agents divers)*.

Il assure le bon ordre et la régularité du service intérieur.

Il propose toutes les mesures qu'il juge utiles, tant au point de vue des intérêts de l'État que du bien-être des malades, dont il reçoit les plaintes pour y faire droit, s'il y a lieu.

Il veille à ce que les prescriptions alimentaires soient exécutées; il surveille la préparation des aliments, la qualité des vivres, l'entretien et la propreté des ustensiles.

Il se concerte avec le médecin pour toutes les mesures intéressant à la fois le service administratif et le service médical.

Il s'occupe des achats sur place des denrées, médicaments et objets nécessaires au service hospitalier, de la passation et de l'exécution des marchés, de la réunion des commissions de recettes, etc.

Il dirige, surveille et centralise la comptabilité des objets mobiliers en service dans les salles, laboratoires, amphithéâtres, logement des sœurs, ambulances, infirmeries, etc. ; il dirige, surveille et vérifie également la comptabilité des denrées et médicaments, ainsi que celle du matériel en service appartenant au service des hôpitaux.

Il envoie à l'officier de l'état-civil les déclarations de décès et informe le chef de corps ou de service de l'événement.

Les effets des officiers décédés sont remis au bureau des revues, et ceux des sous-officiers et soldats sont renvoyés à leur corps.

Enfin, le commissaire aux hôpitaux a le droit de punir tous les malades, quel que soit leur grade, si le médecin chef de salle n'y voit pas d'inconvénient.

Du commis aux entrées

Art. 6. — Cet employé tient, à l'aide du billet d'entrée, délivré par le médecin compétent, le registre des entrées, sorte de journal des mouvements des malades. Ce billet, après guérison, est rendu à l'homme, complété de l'indication de la date de sortie et de la destination assignée.

Il dresse, sur un registre spécial, l'inventaire des effets déposés au vestiaire par les malades non officiers, dont la garde est confiée à un agent dit « gardien des sacs ».

Il assiste aux commissions et à la réception journalière des entrées.

Il a sous sa surveillance l'entrée de l'hôpital. Il s'assure de la propreté de cet établissement et de la bonne tenue des infirmiers.

De l'agent comptable

Art. 7. — L'agent comptable répond de tout l'approvisionnement, il en prend charge après la recette définitive, veille à sa conservation et en assure la délivrance régulière. Il tient, d'après les règle qui leur sont applicables, les comptabilités : vivres, matériel et culte. Il tient également, en ce qui le concerne, la comptabilité des objets mobiliers en service.

Il est aussi gérant des fonds d'avance.

Il dresse, d'après le contrôle, les états d'effectif des ouvriers journaliers.

Personnel médical

Art. 8. — Le service médical dans les hôpitaux est assuré par des médecins et pharmaciens de la marine, sous la direction du chef du service de santé de la colonie. Le médecin le plus élevé en grade ou le plus ancien dans le garde, a la direction du service dans chaque hôpital.

Il a autorité sur les infirmiers européens et indigènes et sur les journaliers affectés aux détails médicaux et pharmaceutiques; cette autorité est également dévolue aux médecins traitants dans les salles dont ils sont chargés.

Le personnel médical est responsable de l'hygiène et de la salubrité de l'établissement ; il s'entend, à cet effet, avec le commissaire.

Dans les salles, il a autorité sur les malades qui lui doivent obéissance et déférence; il en assure la propreté, ainsi que celle des autres locaux affectés spécialement aux services médical et pharmaceutique. Dans l'exécution de cette partie du service, les sœurs et les infirmiers relèvent directement de lui, il passe l'inspection des locaux et ustensiles de cuisine, et s'assure de la bonne qualité et de la bonne préparation des aliments.

(1) Le mode antérieur d'admission dans les hôpitaux et leur administration, étaient réglés par arrêtés des 22 juin, 31 juillet, 24 septembre et 12 novembre 1884, 20 juillet 1886 et 3 septembre 1888, qui se trouvent tous rapportés par le présent.

Quand aux frais à rembourser, nous renvoyons au mot *Hospitalisation*.

Service de garde

Art. 9. — Lorsque l'importance de l'hôpital l'exige et que l'effectif des médecins en sous-ordre le permet, il est établi, dans les hôpitaux, un service de garde de nuit ou de jour.

Ce service est assuré par un officier de santé désigné par le médecin chef de service; cet officier de santé est nourri par l'établissement.

Service pharmaceutique

Art. 10. — Le service pharmaceutique comprend:

Une pharmacie centrale et une pharmacie de détail.

La pharmacie centrale se divise elle-même en deux détails:

Le magasin et le laboratoire.

Le service de la pharmacie de détail est assuré dans chaque hôpital par un pharmacien de 1re classe, sous la direction du médecin chef du service.

La pharmacie de détail s'alimente à la pharmacie centrale et pourvoit aux besoins, tant des malades traités à l'hôpital que de ceux autorisés à recevoir les médicaments à titre gratuit ou à titre remboursable.

Les pharmaciens ont autorité sur le personnel employé dans les services dont ils sont chargés.

Sœurs hospitalières

Art. 11. — Des sœurs hospitalières sont placées dans les hôpitaux désignés par le Gouverneur général.

Fixation du nombre des sœurs.

Art. 12. — Leur répartition entre les différents hôpitaux est effectuée par le Gouverneur général, sur la proposition du chef des services administratifs, après entente avec le médecin, chef du service de santé.

Devoirs des sœurs envers l'administration.

Art. 13. — Les sœurs sont placées sous la direction de l'une d'elles, qui prend le titre de sœur supérieure. Elles relèvent, quant aux rapports du service, de l'autorité du commissaire aux hôpitaux.

En ce qui concerne les services dont elles sont chargées, elles ont droit à l'obéissance des infirmiers et des journaliers placés sous leur direction.

Attributions de la sœur supérieure.

Art. 14. — La sœur supérieure répartit entre les sœurs les détails du service et veille à leur bonne exécution. Elle signale au commissaire aux hôpitaux et au médecin les irrégularités qu'elle ne peut redresser, les infirmiers dont les sœurs ont à se plaindre sous le rapport de l'obéissance ou du manque de convenance, et enfin les malades qui méconnaissent leur caractère.

Elle est responsable et comptable de tout le mobilier du service «Hôpitaux» qui lui est remis sur inventaire et qu'elle conserve et entretient; elle répond aussi des effets et du linge des malades, des meubles, ustensiles et objets garnissant les salles et chambres des malades, les réfectoires, les cuisines et offices, ainsi que le logement mis à la disposition des sœurs, et elle en tient comptabilité.

Fonctions des sœurs

Art. 15. — Les sœurs s'occupent des soins à donner aux malades, de l'exécution des mesures de propreté et de salubrité, de la distribution des vivres et des médicaments; elles ont la surveillance de la paneterie, des caves et du service de la cuisine. Le service de la lingerie et de la buanderie est également dans leurs attributions.

La sœur de la dépense est chargée de l'arrangement des magasins et des caves, de la conservation des denrées, des achats qu'elle fait, avec les fonds qui sont mis à sa disposition à titre de service régi par économie, et des délivrances à la sœur de la cuisine, aux infirmiers et agents nourris par l'hôpital. Elle relève spécialement de l'agent comptable pour les valeurs mobilières qu'elle détient.

La sœur de la cuisine surveille les travaux des cuisiniers et n'y prend part que pour la préparation d'aliments légers, leur délivre les denrées et les assaisonnements, assiste à la pesée de la viande, fait faire les distributions d'après les cahiers de visite et les bons; elle veille à la propreté de la cuisine et des ustensiles et assure l'économie des consommations de combustible.

De l'aumônier.

Art. 16. — L'aumônier remplit les fonctions de son ministère. En dehors des heures fixées pour la visite des médecins et la distribution des médicaments et des vivres, il peut parcourir les salles et apporter aux malades qui le désirent les consolations de la religion. Il doit répondre de nuit et de jour à l'appel des malades. Il assure les services funèbres et accompagne les corps jusqu'au cimetière.

L'aumônier est responsable et tient la comptabilité des objets du culte. Il est nourri, chauffé et éclairé par l'hôpital.

Des infirmiers européens et indigènes

Art. 17. — Les infirmiers européens et indigènes sont placés sous les ordres du médecin; ils relèvent du commissaire aux hôpitaux pour la police générale et la discipline; ils obéissent aussi aux sœurs hospitalières.

Les infirmiers européens sont subordonnés entre eux à raison de leur grade et de leurs fonctions.

Ils donnent aux malades les soins prescrits par les médecins, ils préparent les médicaments, tisanes, bains etc., font les lits, entretiennent la propreté des salles, transportent les aliments et médicaments et assistent aux distributions.

Les infirmiers indigènes, sous la direction des sœurs et des infirmiers européens, secondent ces derniers dans les différents travaux auxquels donne lieu l'exécution du service. Ils ne reçoivent ni nourriture ni logement en nature.

Des agents divers européens et indigènes

Art. 18. — Sous cette dénomination on entend tous les agents qui concourent à l'exécution du service général, les cuisiniers, les garçons de la dépense, des magasins, les ouvriers et les coolies journaliers.

Tous ces agents sont placés sous les ordres du commissaire aux hôpitaux et ne peuvent recevoir, sans son autorisation, une autre affectation que celle qui leur est assignée.

Cas d'insuffisance du personnel européen.

Art. 19. — En cas d'insuffisance du personnel européen, (infirmiers et agents divers) il peut y être suppléé par des infirmiers temporaires pris dans les corps de troupes de la colonie et, exceptionnellement, dans la population civile européenne.

Les infirmiers temporaires tirés des corps de troupe continuent à compter à leur corps, sauf pour le couchage et la nourriture qui leur sont donnés à l'hôpital.

Les infirmiers tirés exceptionnellement de la population civile sont également nourris et logés à l'hôpital; ils reçoivent, en outre, un salaire journalier dont le taux est déterminé par le chef des services administratifs. Ils sont licenciés dès que l'exception qui les avait fait admettre n'existe plus.

CHAPITRE III

EXÉCUTION DU SERVICE

SECTION PREMIÈRE

Condition d'admission. Cas d'admission à la charge du Protectorat.

Art. 20. — Sont admis dans les formations sanitaires de la colonie, à la charge du Protectorat:

1° Les officiers de toutes armes et de tous services des armées de terre et de mer, en activité dans la colonie, présents ou absents;

2° Les sous-officiers et soldats du corps de la colonie, présents à leur corps ou titulaires d'une permission ou d'un congé.

3° Les indigènes auxiliaires des services de l'artillerie du génie et du train.

4° Les indigènes blessés dans un service commandé ou dans une opération contre les rebelles.

Par exception aux dispositions qui précèdent, les indigents seront admis gratuitement. Le billet d'admission portera le mot «gratuit» avec la signature du Résident ou vice-résident.

Sont à la charge des intéressés énoncés aux §§ ci-dessus, les frais de bandages, appareils et objets de toute nature qui leur sont cédés à titre définitif à leur sortie de l'hôpital.

Tout objet du matériel hospitalier détérioré ou détruit, hors le cas de force majeure, par un malade en traitement, même s'il est fonctionnaire, agent ou employé d'une administration de l'État ou du Protectorat, est à la charge dudit malade.

Les remboursements de toute nature, prévus ci-dessus, sont effectués par voie de versement dans les caisses publiques du Protectorat sur la présentation des ordres de recette donnés par le Chef des services administratifs. Ces ordres de recette sont transmis au Résident ou vice-résident, exclusivement chargé de poursuivre les remboursements.

SECTION II.

Entrées

Cas d'admission à charge de remboursement.

Art. 21. — Sont admis et traités dans les formations sanitaires de la colonie, à charge par eux de rembourser le prix de la journée conformément au tarif fixé par le Gouverneur général.

1° Les fonctionnaires ou employés européens ou asiatiques du Protectorat ;

2° Les fonctionnaires et agents des divers services civils ;

3° Les colons européens ;

4° Les Européens ou indigènes des milices du Protectorat ;

5° Les personnes non comprises dans l'énumération ci-dessus, qui seraient de passage, en mission ou en résidence dans le Protectorat et ne pourraient se procurer ailleurs les soins nécessaires.

Les personnes civiles admises dans les formations sanitaires sont tenues de se conformer au règlement sur le service.

Remboursement des frais de traitement.

Art. 22. — Les frais de traitement sont remboursés au Protectorat, d'après un tarif qui est déterminé chaque année par le Gouverneur général.

Ce remboursement est effectué :

1° Pour les fonctionnaires ou employés européens ou asiatiques du Protectorat, les fonctionnaires, les agents des divers services civils et les Européens et indigènes des milices, par les services ou administrations dont ils relèvent.

2° Pour les colons européens solvables, par des versements directs. L'intéressé devra, avant son entrée à l'hôpital, verser entre les mains de l'agent comptable et à titre de provision, une somme représentant au minimum le montant des frais de traitement pendant 15 jours ; cette provision devra être renouvelée à la fin de chaque quinzaine.

Nul n'est admis dans un hôpital ou ambulance sans un billet d'entrée régulièrement établi, sauf le cas d'urgence visé à l'article 25.

Le billet d'entrée des militaires de tous grades appartenant à un corps de troupe et présents au corps, est signé par le médecin du corps et le commandant de la compagnie, de l'escadron ou de la batterie et visé par le major.

Le billet d'entrée des officiers sans troupe est signé par un médecin militaire et par le chef de service.

Le billet d'entrée des militaires isolés est signé par un médecin militaire et par le commandant d'armes.

Le billet d'entrée des fonctionnaires et agents des services civils est signé par un médecin militaire ou civil et par le chef du service.

Le billet d'entrée des autres catégories est signé par un médecin militaire ou civil et par le Résident ou vice-résident.

Le jour de l'entrée appartient à l'hôpital.

Classification par ordre d'assimilation des fonctionnaires et agents civils, européens et indigènes.

Art. 23. — La classification par ordre d'assimilation des fonctionnaires et agents civils européens ou indigènes traités dans les formations sanitaires du Protectorat, est réglée par la notice n° 1 (1).

(1) Cette classification a été modifiée par arrêté du 1er juillet 1890

Détail des billets d'entrée.

Art. 24. — Le billet d'entrée doit contenir toutes les indications relatives à l'état civil, sans ratures ni surcharges ; les dates y sont portées en toutes lettres.

Pour les personnes étrangères à l'armée, on doit y indiquer avec soin l'administration ou le service dont le malade fait partie.

Admission d'urgence

Art. 25. — Dans les cas d'urgence, le malade est admis à l'hôpital sur l'invitation du médecin qui l'a visité. Le commis aux entrées établit un billet provisoire qui doit être remplacé le plus tôt possible par un billet régulier.

Visa du commissaire aux hôpitaux.

Art. 26. — Les billets d'entrée, établis comme il est dit aux articles 23 et 24 et les billets provisoires, dans le cas prévu à l'article 25 ci-dessus, sont présentés au visa du commissaire aux hôpitaux ou de son suppléant.

Le commissaire aux hôpitaux constate la régularité du billet et présente, s'il y a lieu, des observations à l'autorité qui a donné l'ordre de visite.

Avis qui doit être donné de certaines entrées

Art. 27. — Le commissaire aux hôpitaux doit, sans délai, donner directement connaissance aux conseils d'administration des entrées dans les hôpitaux des militaires des corps qui ne sont pas stationnés dans la place.

Remise du billet d'entrée au commis des entrées.

Art. 28. — A l'arrivée d'un malade à l'hôpital, le billet d'entrée est remis au commis des entrées qui le vérifie, et qui rectifie les irrégularités que ce billet peut présenter. Il en fait ensuite l'inscription sur le registre des entrées et fait conduire le malade dans la salle qui lui est assignée d'après son rang d'assimilation et la nature de sa maladie.

Billet de salle

Art. 29. — Il établit alors pour le malade entrant un billet de salle sur le dos duquel il inscrit tous les objets dont le malade est porteur.

Dépôt de l'argent, des bijoux et autres valeurs.

Art. 30. — Si le malade a de l'argent, des bijoux ou autres valeurs, ou s'il en reçoit pendant son séjour à l'hôpital, il doit en faire la déclaration.

Cette déclaration est inscrite au verso du billet de salle et signée par lui ainsi que par le commis aux entrées. Dans le cas où le malade ne posséderait aucun bijou, il en serait également fait mention au verso du billet de salle. L'argent, les bijoux et les valeurs sont remis au commis aux entrées qui les inscrit sur le registre des entrées et les dépose immédiatement dans la caisse de l'agent comptable.

Dépôt et délivrance d'effets.

Art. 31. — Le malade reçoit des effets d'hôpital en échange de ceux dont il est porteur, lesquels sont immédiatement portés au magasin de dépôt d'effet. L'agent chargé de ce magasin fait l'inscription desdits effets sur le registre à ce destiné ; il les réunit ensuite en un paquet et y attache une étiquette-inventaire. Le paquet est alors placé dans une case dont le numéro correspond à celui du registre.

Le linge sale est mis à part pour être blanchi avant d'être réuni aux effets.

Les effets des malades atteints de maladies contagieuses sont désinfectés avant d'être mis en magasin.

Aliments et médicaments prescrits aux entrants.

Art. 32. — En attendant la prochaine visite, le médecin de garde prescrit, au moyen de bons, les aliments et les médicaments nécessaires au malade entrant.

SECTION III.

Visites. — Prescriptions. — Distributions. — Heures de visite.

Art. 33. — Les visites sont faites aux heures fixées par les médecins chefs de service.

Prescriptions

Art. 34. — Les prescriptions d'aliments et de médicaments sont habituellement faites à la visite du matin pour toute la journée, sauf les modifications qui pourraient être jugées nécessaires à la visite du soir.

La prescription du régime alimentaire est toujours faite à haute voix, afin que chaque malade sache ce qui doit lui être donné.

Les prescriptions sont inscrites sur le cahier de visite.

Relevé des prescriptions médicamenteuses

Art. 35. — Après la visite, les cahiers de pharmacie sont remis au pharmacien chargé du détail, qui inscrit les dépenses journalières sur l'état *ad hoc*, et les résume dans des états récapitulatifs mensuels.

Relevé des prescriptions alimentaires

Art. 36. — Le médecin traitant fait établir l'extrait du cahier de visite pour les aliments prescrits, et le fait remettre à la dépense assez tôt pour que les quantités nécessaires soient préparées avant l'heure fixée pour la distribution. A l'aide de ce document, la sœur chargée de la dépense établit un relevé général, comprenant toutes les prescriptions alimentaires qui ont été faites dans la journée, soit à la visite, soit sur les bons particuliers. Ce relevé général, qui sert à justifier la distribution des aliments prescrits, doit être en concordance avec le mouvement journalier des malades ; il est visé par le commissaire aux hôpitaux.

Des médicaments et de leur distribution

Art. 37. — Les médicaments dont la délivrance est autorisée par le Ministre sont les seuls qui puissent être employés dans les hôpitaux.

Toutefois, sur la demande du médecin, transmise par le commissaire aux hôpitaux, le chef des services administratifs peut autoriser l'achat d'une substance qui n'existe pas en approvisionnement.

Les médicaments sont distribués aux heures fixées par les médecins traitants.

Pansements et objets de pansements

Art. 38. — Le linge à pansement, pouvant resservir, est remis à la sœur de la salle qui reste chargée d'en assurer le nettoyage et l'échange, ou le remet en service, suivant le cas.

Bons particuliers

Art. 39. — Les objets nécessaires aux pansements sont établis sur des bons particuliers, signés par les médecins traitants. Ces bons sont totalisés à la fin de chaque mois par le pharmacien de détail sur un relevé, visé par le commissaire aux hôpitaux, qui en justifie la dépense.

Bons de bandages herniaires,
de jambes de bois, de béquilles et de lunettes.

Art. 40. — Les bandages herniaires, les jambes de bois, les béquilles et les lunettes sont délivrés gratuitement à titre de première mise ou à titre de remplacement :

1° Aux militaires traités dans les hôpitaux, soit pendant leur séjour à l'hôpital, soit au moment de leur sortie, sur des bons nominatifs établis par les médecins traitants et visés par le commissaire aux hôpitaux.

2° Aux sous-officiers, caporaux et soldats présents dans les corps, sur des bons établis par les médecins des corps et visés par les chefs de corps et le commissaire aux hôpitaux.

Ces bons sont totalisés mensuellement sur un relevé.

Ces mêmes objets sont délivrés aux personnes traitées, à charge de remboursement, pendant leur séjour à l'hôpital ; le montant en est compris dans le décompte des journées de traitement.

Régime alimentaire

Art. 41. — Le régime alimentaire des malades se compose des aliments détaillés au tarif indiqué dans la notice n° 2.

Ces aliments sont de même espèce, pour les officiers que pour les sous-officiers et soldats ; toutefois les officiers reçoivent les suppléments accordés par ce tarif.

La ration journalière des infirmiers et agents nourris à l'hôpital est indiquée dans le tarif visé ci-dessus.

Lorsque des circonstances extraordinaires motivent des dérogations aux règles prescrites, le médecin en rend compte au chef du service de santé dans un rapport motivé, qui est transmis au gouverneur ; après avoir pris à ce sujet l'avis du chef des services administratifs, le Gouverneur statue.

En cas d'urgence, il est procédé comme il est dit à l'art. 48.

Distribution des aliments :

Art. 42. — La distribution des aliments est faite le matin à 10 heures et le soir à 5 heures.

Les portions de pain et de viande sont préparées, pour chaque division de malades, d'après les relevés particuliers.

La distribution commence par le pain et le vin ; viennent ensuite les potages, le bouillon et la viande, et enfin, les légumes et les aliments légers ou particuliers.

Les sœurs s'assurent que les quantités d'aliments remises par la cuisine sont conformes à celles portées sur les relevés particuliers et président à leur distribution.

Le transport des aliments, de la cuisine dans les salles a lieu sous la surveillance de chaque infirmier de salle.

Aliments non consommés.

Art. 43. — Lorsque l'état d'un malade donne lieu de diminuer ou de supprimer la distribution des aliments qui lui avaient été prescrits, les aliments non consommés rentrent à la dépense.

Nourriture du commis aux entrées et du médecin de garde.

Art. 44. — Le commis aux entrées et le médecin de garde sont nourris à l'hôpital ; ils reçoivent la ration déterminée par le tarif n° 2.

Repas des infirmiers et agents divers.

Art. 45. — La distribution des aliments n'est faite aux infirmiers et agents divers européens nourris à l'hôpital qu'après celles des malades. Le repas a lieu en commun, le matin à 10 heures 3/4, le soir à 5 heures 3/4 ; cependant, si le service l'exige, les infirmiers des salles de malades peuvent être autorisés à manger dans les salles où ils sont employés.

Les sous-officiers mangent à part.

SECTION IV.

Aération. - Désinfection. - Propreté. - Chauffage. - Éclairage

Art. 46. — L'air est renouvelé dans les salles de malades d'après les indications des médecins traitants.

Les salles peuvent être cirées quand l'état du plancher le permet ; elles sont, ainsi que les cours, les vestibules, les escaliers, les vérandahs, les latrines et tous les objets mobiliers et les vases à l'usage des malades, entretenues dans un état de propreté parfait.

Désinfection.

Art. 47. — Lorsque l'effectif des malades et la situation des bâtiments ou locaux le permettent, les salles sont alternativement occupées et évacuées, afin qu'on puisse désinfecter aussi complètement que possible.

Les objets de couchage et les effets d'hôpital ayant servi aux malades atteints de maladies contagieuses, aux sortants ou décédés, sont également désinfectés.

Lorsque les moyens de désinfection paraissent devoir être insuffisants, le commissaire aux hôpitaux peut prescrire, sur la demande du médecin chef de service, l'incinération de tout ou partie des objets de literie et des effets d'habillement. Il en est rendu compte au chef des services administratifs.

Badigeonnage des locaux.

Art. 48. — Les salles, leurs dépendances, les cuisines, vestibules, corridors et autres locaux sont blanchis au lait de chaux chaque fois que le besoin en est reconnu et *au moins* deux fois par an.

Étamage des ustensiles et réparation du matériel.

Art. 49. — L'étamage des ustensiles, les réparations aux objets mobiliers en service ont lieu chaque fois que la nécessité en est reconnue, soit par économie, dans l'intérieur des établissements, soit dans les ateliers de l'artillerie après entente entre le Directeur de ce service et le commissaire aux hôpitaux, soit par la main-d'œuvre civile, lorsque les deux premiers moyens sont insuffisants.

Rechange du linge.

Art. 50. — Les effets à l'usage des malades sont changés, savoir :

Les draps de lit tous les 10 jours.

Les caleçons, les chemises, les cravates, les bonnets de coton, les chaussettes, les mouchoirs, tous les 8 jours.

Les nappes et les serviettes pour les officiers, aussi souvent que cela est nécessaire.

Les rechanges ordonnés ci-dessus n'excluent pas ceux qui peuvent être demandés accidentellement par les médecins traitants, ou commandés par des circonstances particulières.

Renouvellement de la paille de couchage.

Art. 51. — Les lits sont, autant que possible, pourvus d'un sommier élastique. Lorsqu'à défaut de sommier il est fait usage de paillasses, la paille qui les garnit est renouvelée toutes les fois que la nécessité en est reconnue.

Blanchissage du linge et des effets.

Art. 52. — Le blanchissage est exécuté soit par économie dans l'intérieur des hôpitaux, soit par l'entreprise civile. Le linge sale est livré au blanchissage au moins tous les 8 jours. Les couvertures de laine sont foulonnées et les objets en laine sont nettoyés quand il est nécessaire.

Réparation du linge et des effets. — Rebattage.

Art. 53. — Les réparations nécessaires au linge et aux effets sont exécutées dans l'intérieur des établissements par des couturières indigènes placées sous la direction et la surveillance de la sœur chargée de la lingerie.

Les matelas et les traversins sont rebattus aussi souvent que cela est nécessaire, soit par économie, soit par la main-d'œuvre civile.

Après un service prolongé dans les salles, ou lorsque l'opération est spécialement prescrite, la laine et le crin des matelas et traversins sont désinfectés.

Propreté individuelle des malades.

Art. 54. — La propreté personnelle des malades est l'objet d'une attention particulière de la part des médecins traitants. Des moyens d'ablutions sont mis à leur disposition et placés autant que possible à proximité des salles.

Les malades doivent avoir les cheveux coupés une fois par mois. Ce service est fait, soit par le perruquier des corps pour les militaires de leur corps, soit par un perruquier indigène, qui se pourvoit des objets qui lui sont nécessaires, et dont le salaire est à la charge de l'hôpital.

Chauffage et Eclairage

Art. 55. — Les salles sont chauffées lorsque la nécessité en est reconnue. Elles sont éclairées, pendant la nuit, d'après le mode que permettent les ressources locales ; il en est de même des latrines, corridors, vérandahs et autres dépendances de l'hôpital dans lesquelles il est nécessaire d'entretenir de la lumière.

Le nombre des feux lumières à entretenir dans l'hôpital est réglé par le commissaire aux hôpitaux.

SECTION V

Police et surveillance du service

Art. 56. — Tout malade traité dans un hôpital est sous l'autorité immédiate du commissaire de l'hôpital. Il doit obéir aux injonctions des médecins et des différents personnels en ce qui concerne son traitement et le bon ordre de l'établissement.

Les malades doivent toujours être convenables envers les infirmiers ; s'ils ont à se plaindre de l'un d'eux, ils le font connaître au commis aux entrées, qui rend compte au commissaire.

Discipline des malades dans les salles

Art. 57. — Il est défendu aux malades de fumer dans les salles, d'avoir des armes, de se coucher sur les lits avec leur chaussure, enfin de ne rien faire qui soit contraire à la propreté et au bon ordre, ou qui puisse nuire au repos de leurs camarades.

Tous les jeux à prix d'argent leur sont interdits, ainsi que tout trafic ou échange d'aliments. Les jeux désintéressés auxquels ils peuvent se livrer ne doivent pas être assez bruyants pour que les autres malades aient à en souffrir.

Locaux interdits aux malades

Art. 58. — Il est défendu aux malades d'entrer dans la cuisine, la dépense, la pharmacie, les magasins de l'hôpital, la communauté des sœurs, et les autres locaux accessoires, et de communiquer entre eux dans les cas de maladies contagieuses.

Responsabilité des malades en cas de dégâts

Art. 59. — Tous les malades d'une salle sont solidairement responsables des dégâts commis dans cette salle, quand on ne peut en connaître les auteurs.

Des feuilles de retenues nominatives sont établies par corps pour le montant ou la part relative des dégradations commises. Ces feuilles sont adressées au commissaire aux revues qui demeure chargé d'en faire verser le montant au Trésor.

Punitions à infliger aux malades.

Art. 60. — Les malades en traitement à l'hôpital, autres que les officiers, peuvent être, si leur état de santé le permet, mis à la salle des consignés par le commissaire de l'hôpital ou le médecin.

En cas de rébellion ou de scandale et en l'absence du commissaire, ils peuvent, sur l'ordre du commis aux entrées, être conduits immédiatement à la salle des consignés.

La commission de l'hôpital soumet au chef des services administratifs les demandes de punitions que les officiers en traitement peuvent avoir encourues.

Devoir du concierge. — Permis d'entrée.

Art. 61. — Les hommes de troupe peuvent visiter, les jeudis et les dimanches, de 2 heures à 4 heures, les malades dont l'état ne s'oppose pas à cette visite ; ils peuvent le faire les autres jours et aux mêmes heures, mais avec une permission délivrée par le commissaire de l'hôpital.

Les officiers peuvent visiter les malades en traitement le jour qui leur convient sans être tenus d'en obtenir préalablement la permission.

Les personnes étrangères à l'armée de terre ou de mer et à l'administration ne sont admises dans l'hôpital que munies d'une permission écrite du commissaire de l'hôpital.

Sortie des malades.

Art. 62. — Le concierge ne laisse sortir aucun malade s'il n'est muni de son billet de sortie, ou d'une permission du commissaire de l'hôpital.

Entrée et sortie des ouvriers.

Art. 63. — Le concierge laisse entrer et sortir, sur l'autorisation du commissaire, les ouvriers des deux sexes employés au service de l'hôpital, ainsi que les infirmiers ou agents qui sortent pour le service.

Surveillance exercée par le concierge.

Art. 64. — Le concierge ne permet l'introduction dans l'hôpital d'aucune espèce de comestible, de boissons ou de médicaments, sans l'autorisation du commissaire de l'hôpital. A cet effet, il s'assure à l'entrée que non-seulement les infirmiers, agents et ouvriers de l'établissement, mais aussi les sous-officiers et soldats, ainsi que les visiteurs civils ne sont pas porteurs de substances prohibées. S'il en découvre, il les fait remettre au commis aux entrées, qui les rend à leurs propriétaires à leur sortie de l'hôpital.

Il exerce une surveillance active sur tous ceux qui sortent, afin de s'assurer que des denrées ou du matériel appartenant à l'hôpital ne sont pas emportés. Il se conforme d'ailleurs, pour les cas non prévus, aux consignes spéciales qui peuvent lui être données par le commissaire de l'hôpital.

Vaguemestre

Art. 65. — Le vaguemestre est choisi, autant que possible, parmi les gradés. Il est sous la surveillance immédiate du commissaire de l'hôpital qui lui délivre une commission, laquelle lui sert de titre pour retirer de la poste les lettres, mandats, bons de poste ou paquets adressés aux malades et au personnel de l'hôpital. Il tient le registre prescrit par le règlement sur le service intérieur des corps de troupe.

Officier de visite.

Art. 66. — Un officier, commandé chaque jour par le commandant d'armes, est désigné pour visiter les malades. Cette visite a lieu à l'un des deux repas.

L'officier de visite déguste les aliments, parcourt les salles, reçoit les réclamations, sur le bien fondé desquelles il est tenu de se renseigner, il consigne ses observations sur un registre spécial déposé au bureau des entrées. Le commissaire aux hôpitaux donne à ces observations la suite qu'elles comportent.

L'officier de visite ne peut donner aucun ordre dans l'hôpital, ni s'immiscer dans les détails du service.

Visite des officiers généraux.

Art. 67. — Les officiers généraux visitent éventuellement l'hôpital pour s'assurer de la bonne exécution des divers services; ils sont accompagnés par le médecin chef de service et le commissaire aux hôpitaux.

Les inspecteurs généraux des corps et services visitent l'hôpital dans leurs tournées et consignent leurs observations sur un registre spécial.

SECTION VI.

Sorties.

§ 1er. — SORTIES APRÈS GUÉRISON.

Formalités concernant les sorties.

Art. 68. — Les médecins traitants désignent, dans la visite du matin, ceux des militaires dont la guérison est achevée ou dont le séjour à l'hôpital n'est plus motivé, et qui doivent, en conséquence, sortir le lendemain. Le billet de salle est remis immédiatement au commis aux entrées qui y fait les inscriptions nécessaires.

Billet de sortie.

Art. 69. — Le billet de sortie reçoit toutes les indications qu'il comporte. Les dates de l'entrée et de la sortie y sont toujours portées en toutes lettres. Si le malade a été traité successivement dans divers hôpitaux, on le mentionne sur le billet, en y indiquant les dates de ses diverses entrées et sorties.

Le médecin traitant, en même temps qu'il signe le billet de sortie, inscrit sur le talon de ce billet le diagnostic de la maladie et le mode de terminaison, ainsi que les autres faits qu'il importe de connaître. Ce billet est soumis au visa du commissaire aux hôpitaux.

Le jour de sortie n'appartient pas à l'hôpital.

Remise des effets.

Art. 70. — Les effets militaires, ainsi que les valeurs et objets déposés par le sortant, lui sont remis après qu'il les a reconnus et en a donné décharge.

Destination des billets d'entrée et de sortie.

Art. 71. — Les billets d'entrée, complétés par les mêmes indications que les billets de salle et visés par le commissaire aux hôpitaux, restent à l'hôpital pour justifier du séjour et de la sortie des malades.

Les billets de sortie sont remis aux hommes au moment où ils quittent l'hôpital. Dans le cas d'évacuation collective, ils sont mis à l'appui de la feuille d'évacuation.

§ 2. — *Sorties par rapatriement.*

Art. 72. — Les malades dont l'état de santé exige le renvoi en France sont examinés aux époques voulues par les commissions de rapatriement, qui statuent sur les propositions faites par les médecins traitants ou les médecins des corps. La sortie effective de l'hôpital et l'évacuation à bord des navires, des militaires admis à être rapatriés, donnent lieu aux formalités prescrites par le règlement sur les évacuations.

Avant leur départ de la colonie, les militaires rapatriés pour raison de santé reçoivent une avance de 30 jours de solde qui leur est payée au titre du dépôt des isolés, sur les fonds d'avance de l'hôpital. Le dépôt des isolés rembourse la somme avancée dans le plus bref délai.

Des effets d'habillement et de petit équipement sont également délivrés aux militaires rapatriés pour raison de santé, conformément aux prescriptions de l'ordre général nº 59 du 11 décembre 1885. Les militaires incurables et ceux atteints d'aliénation mentale doivent être compris dans les sorties par rapatriement.

§ 3. — *Sorties par évasion.*

Art. 73. — Lorsqu'un militaire s'évade d'un hôpital ou d'un convoi d'évacuation, le commissaire de l'hôpital en donne immédiatement avis au chef des services administratifs, au commandant d'armes, au commandant de la gendarmerie et au conseil d'administration du corps auquel le militaire appartient.

Dans le cas où l'évadé a emporté des objets appartenant au Protectorat et faisant partie des effets de l'hôpital ou du corps, le commissaire dresse un procès-verbal administratif destiné à justifier dans les écritures la sortie de ces effets.

Facilités à donner aux malades pour tester légalement.

Art. 74. — Lorsqu'un malade traité dans un hôpital exprime la volonté de faire des dispositions testamentaires, le commissaire de l'hôpital est tenu de lui procurer les moyens d'établir d'une manière régulière les actes spécifiés au chapitre II, titre II, livre III du code civil. Dans les infirmeries ambulances et les ambulances légères, ce soin incombe au médecin chef, qui peut, conformément à l'article 982 du code civil, recevoir lui-même les testaments avec l'assistance du commandant militaire, s'il ne se trouve pas dans la place un officier public apte à le faire.

§ 4. — *Décès. — Constatation des décès.*

Art. 75. — Dès qu'un décès a lieu dans un hôpital, l'infirmier de salle avertit le médecin de garde ou le médecin traitant, qui, après l'avoir constaté, fait transporter le corps à la salle des morts. Le billet de salle du décédé, sur lequel le médecin certifie le décès, sa date et la maladie qui l'a occasionné, est ensuite remis au commis aux entrées.

Le jour du décès appartient à l'hôpital.

Déclarations à transmettre à l'officier de l'état civil.

Art. 76. — Le commissaire de l'hôpital adresse, dans les 24 heures, à l'officier de l'état civil du lieu, une déclaration de décès contenant toutes les indications relatives à l'état civil du décédé ; la date de l'entrée à l'hôpital et celle du décès y sont inscrites en toutes lettres. Cette déclaration, sur laquelle on doit mentionner le numéro matricule du décédé et la désignation de la maladie ou de la blessure qui a occasionné la mort, est certifiée par le commissaire et par le médecin traitant.

L'officier de l'état civil constate le décès conformément à la loi.

Registre des décès.

Art. 77. — Aussitôt après la déclaration faite à l'officier de l'état civil, le commis aux entrées inscrit le décès sur le registre dont la tenue est prescrite par l'article 80 du code civil. Ce registre doit contenir les mêmes détails que ceux portés dans la déclaration de décès, et recevoir de la part du médecin traitant une annotation signée désignant la maladie ou la blessure qui a occasionné la mort ; l'annotation est formulée dans les mêmes termes que sur la déclaration de décès. Le registre se ferme par une table alphabétique et doit être tenu avec la plus scrupuleuse exactitude.

Extraits du registre des décès.

Art. 78. — Pour chaque décès le commissaire de l'hôpital établit en double expédition un extrait du registre des décès. L'une de ces expéditions est adressée immédiatement au maire de la commune du décédé, l'autre est envoyée chaque mois au bureau des successions, pour être transmise au ministre.

Si le militaire décédé est né hors de France ou s'il a sa famille à l'étranger, l'extrait, au lieu d'être adressé au maire du dernier domicile, est envoyé au ministre de la marine qui le transmet au ministre des affaires étrangères.

Mention des blessures sur la déclaration

Art. 79. — Si le décédé est mort des suites des blessures reçues sur le champ de bataille ou dans un service commandé, il en est fait mention spéciale sur la déclaration de décès.

Mentions interdites sur les déclarations

Art. 80. — Conformément à l'art. 85 du code civil, si le décédé a péri de mort violente, s'il était en état de détention ou frappé de condamnation, il n'est fait aucune mention de ces circonstances sur la déclaration de décès.

Inhumation des corps

Art. 81. — Il est fourni, pour chaque décédé, une bière et un suaire. Les prières prescrites par le rituel sont récitées par l'aumônier.

Il sera dit une messe toutes les fois que ce sera possible, et l'office des morts quand il ne sera pas possible de faire autrement.

La cire pour la messe, comme pour la cérémonie à la chapelle funéraire, est fournie par l'hôpital.

A l'issue de la messe, le corps est transporté au cimetière où il est accompagné par l'aumônier.

La faculté de donner plus d'éclat à la cérémonie est laissée aux familles et aux corps de troupe, à charge par eux de supporter les dépenses supplémentaires.

Dépôt et inhumation des corps des militaires décédés hors des hôpitaux.

Art. 82. — Les militaires décédés hors et à proximité des hôpitaux, soit de mort violente, soit par suite de cause inexpliquée et imprévue peuvent, après qu'un officier de police judiciaire a rempli les formalités qui doivent, en pareil cas, précéder la levée des cadavres, être transportés dans ces établissements. L'inhumation a lieu aux frais de l'hôpital. Les militaires ainsi décédés sont inscrits pour mémoire sur le registre des décès, sans qu'il y ait d'autres formalités à remplir.

Avis à donner de certaines sorties

Art. 83. — Le commissaire aux hôpitaux se conforme aux dispositions de l'article 38 pour la notification de la sortie des malades désignés audit article.

Il avise en outre les corps ou services par un bulletin nominatif de la sortie des militaires renvoyés en France pour raison de santé.

SECTION VII

Évacuations

Art. 84. — Les évacuations individuelles et collectives s'effectuent conformément aux règles tracées par le règlement spécial.

Manière de décompter les journées des malades évacués

Art. 85. — La journée des malades évacués compte à la formation sanitaire où ils sont reçus, et non à celle qu'ils quittent.

Quand le trajet dure plusieurs jours, toutes les dépenses sont à la charge de l'établissement du point de départ jusqu'au jour exclu de l'arrivée à destination.

SECTION VIII

Dispositions spéciales aux militaires détenus

Formalités pour l'admission

Art. 86. — Lorsqu'un détenu est envoyé à l'hôpital, il y est conduit par un planton porteur d'un billet d'entrée délivré par le médecin et signé par l'agent de la prison qui l'envoie; il est placé dans la salle des consignés.

Si le malade est en jugement, il est conduit à l'hôpital sous escorte.

Garde et consigne spéciales

Art. 87. — Des salles spéciales sont affectées, dans chaque hôpital, au traitement des militaires détenus. Elles sont l'objet d'une surveillance spéciale de la part de l'autorité militaire à laquelle incombent les mesures relatives à la garde de ces militaires. La consigne arrêtée par elle est notifiée au commissaire de l'hôpital.

Toute communication des détenus avec les autres malades est rigoureusement prohibée.

CHAPITRE IV

BATIMENTS ET LOCAUX

SECTION PREMIÈRE

Police et surveillance des bâtiments et locaux

Art. 88. — Les mesures que réclament le bon ordre, la police et la sécurité dans les bâtiments du service sont prises par le Commissaire aux hôpitaux qui donne les consignes particulières qu'exige la bonne exécution du service intérieur, et se concerte avec l'autorité militaire pour les consignes générales.

Toutes les mesures possibles de précaution doivent être prises contre l'incendie. Ces mesures se résument dans une surveillance active et bien entendue, l'entretien de provisions ou de prises d'eau convenablement disposées, l'interdiction des allumettes chimiques ordinaires, enfin l'existence d'un matériel propre à combattre un commencement d'incendie.

Logement des malades

Art. 89. — Les salles de malades doivent être situées autant que possible dans les étages au-dessus du rez-de-chaussée et disposées de manière à isoler les différents genres de maladies.

Il doit y avoir dans chaque hôpital des salles et, autant que possible, des pavillons spécialement affectés aux malades atteints d'affections contagieuses.

Les officiers sont traités séparément des sous-officiers et soldats. Une ou plusieurs salles leur sont spécialement affectées. Les officiers supérieurs sont traités dans une chambre particulière. Ces dispositions sont applicables aux malades non militaires traités comme officiers.

A moins d'impossibilité absolue, les sous-officiers et les malades traités comme tels, sont placés dans des salles spéciales.

Locaux accessoires aux salles de malades

Art. 90. — Les locaux accessoires aux salles de malades sont déterminés suivant les ressources et les besoins. Autant que possible ces locaux doivent se composer, outre les latrines, de :

1° Une ou plusieurs chambres pour les gardes malades.
2° Un cabinet pour le médecin traitant ;
3° Un cabinet pour la sœur.
4° Un office pour le nettoyage de la vaisselle et des ustensiles.

Autres locaux d'un hôpital.

Art. 91. — La composition et l'affectation des autres locaux d'un hôpital sont également déterminées suivant les ressources et les besoins.

SECTION II

Travaux à exécuter aux bâtiments, réparations locatives et de propreté.

Art. 92. — Les réparations dites locatives ainsi que le badigeonnage des salles, corridors, etc., sont effectués au compte du service des hôpitaux; le montant en est acquitté par l'agent comptable.

Il en est de même de la fourniture et de la mise en place des étagères, des casiers et autres objets mobiliers fixes.

Les autres travaux de réparations et de modifications des bâtiments et locaux, sont exécutés par le service du génie, lequel pourvoit également à l'installation des appareils de chauffage en maçonnerie et fait procéder à la vidange des latrines.

CHAPITRE V

MATÉRIEL.

Approvisionnement par envois de la Métropole.

Art. 93. — En principe, il est pourvu à l'approvisionnement des médicaments, matières, denrées et objets nécessaires aux formations sanitaires de la colonie par des expéditions des magasins d'approvisionnement de la Métropole, faites à la suite des demandes établies par la pharmacie centrale et le magasin central de matériel, constitués à Hanoi.

Ces demandes, sauf le cas d'urgence, sont dressées semestriellement, le 1er janvier et le 1er juillet; elles sont établies pour les médicaments, les objets de pansement, le matériel de pharmacie et les instruments de chirurgie, par le pharmacien comptable de la pharmacie centrale, et pour les autres objets, par l'agent comptable du matériel.

Elles doivent prévoir la satisfaction des besoins de toutes les formations sanitaires du Tonkin et de l'Annam pour une période de 6 mois, sans tenir compte d'une réserve suffisante constituée en tout temps pour une période de même durée.

Les demandes, établies comme il vient d'être dit, sont visées et vérifiées par le commissaire aux hôpitaux, qui les soumet à l'approbation du chef des services administratifs; elles sont ensuite adressées au Gouverneur général, qui les fait parvenir au ministre de la marine après les avoir approuvées.

Les demandes de médicaments, d'objets de pansement, etc., établies par le pharmacien comptable, doivent être soumises, avant le visa du commissaire aux hôpitaux, au chef du service de santé qui les modifie, s'il le juge nécessaire;

La pharmacie centrale et le magasin central de Hanoi sont chargés d'approvisionner les autres formations sanitaires de la colonie. A cet effet, ces dernières établissent leurs demandes de médicaments et de matériel. Les demandes de médicaments sont adressées pour examen et visa au chef du service de santé, qui, après les avoir modifiées, s'il y a lieu, les adresse pour exécution au chef du service pharmaceutique.

Les demandes de matériel, portant visa du commissaire aux hôpitaux, sont adressées au chef des services administratifs.

Dans les formations sanitaires qui ne comportent pas de pharmacien, les demandes de médicaments, objets de pansement, etc., sont établies par le médecin chargé du service qui tient compte des médicaments, des instruments de chirurgie, en surveille la conservation et l'emploi, au même titre qu'un pharmacien.

Approvisionnement par achats, cessions et récoltes.

Art. 94. — Il peut être pourvu à la fourniture des approvisionnements nécessaires aux diverses formations sanitaires de la colonie :

1° Par des achats par marchés;
2° Par des achats sur place sans marchés;
3° Par des cessions d'autres services;
4° Par des récoltes.

Des achats par marchés.

Art. 95. — Les fonctionnaires du commissariat sont chargés de toutes les formalités relatives à la passation et à l'exécution des marchés, soit par l'adjudication publique, soit de gré à gré.

Les marchés ont pour but, en principe, de pourvoir à la fourniture des denrées et objets de consommation qui ne forment pas approvisionnement. Les livraisons ont lieu au fur et à mesure des besoins, sur les commandes adressées aux titulaires des marchés par le commissaire de l'hôpital. Ces commandes sont calculées de manière que le service soit toujours convenablement assuré.

Des achats sur place sans marchés

Art. 96. — Les médicaments et objets de matériel qui sont fournis normalement par les magasins d'approvisionnement de la métropole ou de la colonie peuvent, en cas d'urgence, être achetés sur place. L'autorisation d'achat doit, dans ce cas, être donnée par le chef des services administratifs.

Peuvent également être achetés sur place, sans autorisation préalable, les denrées et objets de consommation courante nécessaires pour les besoins journaliers du service, et qui n'ont pas été compris dans les marchés d'adjudication ou de gré à gré.

Des cessions.

Art. 97. — Sur l'ordre du chef des services administratifs, des cessions de denrées et de matériel peuvent être faites aux formations sanitaires de la colonie par un autre service administratif. Les cessions qu'il pourrait être nécessaire de demander aux autres services militaires ou aux services civils devront être autorisées par le Gouverneur général.

Les cessions, de quelque nature qu'elles soient, donnent toujours lieu à remboursement.

Récoltes de plantes médicinales

Art. 98. — Lorsqu'il y a utilité et possibilité de faire des récoltes de plantes médicinales, le chef du service pharmaceutique y fait procéder par le personnel sous ses ordres.

Récoltes de plantes potagères.

Art. 99. — Lorsqu'il y a, dans les hôpitaux, des jardins potagers cultivés aux frais du service, les récoltes de légumes, fruits, etc., s'effectuent sous la surveillance du commissaire aux hôpitaux ou de son représentant. Le produit des récoltes doit être employé exclusivement pour le service de l'hôpital.

Dons.

Art. 100. — Les denrées et objets de consommation ou de matériel, provenant de dons des sociétés de secours ou des particuliers, sont reçus à l'hôpital de Hanoi et répartis entre les différentes formations sanitaires de la colonie par le chef du service de santé.

Réception, conservation, entretien, emploi, transformation, condamnation et remise au domaine du matériel.

Art. 101. — La réception, la conservation, l'entretien, l'emploi, la transformation, la condamnation et la remise au domaine des médicaments, denrées et objets de matériel, ont lieu d'après les règles en vigueur dans les hôpitaux de la marine.

Interdiction d'emploi du matériel à un autre usage qu'à celui du service.

Art. 102. — Le matériel du service hospitalier ne doit être employé, même dans l'intérieur des établissements, qu'au seul usage des malades, des infirmiers, des sœurs, de l'aumônier, etc., ou pour le service général.

Les prêts d'objets mobiliers sont rigoureusement interdits, et aucune perte ou avarie ne sera admise à la charge du Protectorat pour le matériel qui aurait été indûment transporté en dehors de l'hôpital ou qui, même dans l'hôpital, aurait été délivré à des personnes n'y ayant pas droit.

Dispositions concernant les effets des militaires décédés

§ 1er. — Effets appartenant à l'Etat.

Art. 103. — Les effets d'habillement des sous-officiers, à l'exception des adjudants et assimilés, et des soldats décédés, rapatriés ou évadés, sont rendus aux corps dont les militaires faisaient partie, lorsque ces corps sont à portée de les faire retirer.

Dans le cas contraire lesdits effets sont versés au magasin

administratif de l'habillement le plus voisin, sur état nominatif dont un extrait par corps est ensuite adressé au conseil d'administration ou au commandant dudit corps.

§ 2. — *Effets appartenant aux successions*

Art. 104. — Il est tenu, au bureau des entrées, un carnet sur lequel sont inscrits tous les objets, papiers et valeurs de propriété personnelle, qui forment la succession des militaires décédés et dont on doit compte aux héritiers, soit que ces objets, papiers et valeurs aient été déposés par le malade, au moment de son entrée à l'hôpital, soit qu'il en ait été trouvé porteur au moment de son décès.

Le montant de chaque succession est déposé dans la caisse de l'agent comptable, pour recevoir ultérieurement les destinations ci-après:

Pour les militaires appartenant aux corps ou services de la guerre, le commissaire fait établir, en double expédition, un bordereau des sommes laissées par les décédés; il en fait verser le montant, au nom des successions, entre les mains du payeur au titre de la caisse des dépôts et consignations et retire, pour chaque succession, un récépissé distinct.

Les effets, les papiers, les valeurs, les récépissés de numéraire, les récépissés de mandats ou bons de poste, sont ensuite adressés au bureau des successions qui reste chargé de les faire parvenir aux héritiers; chaque envoi est accompagné d'un relevé des successions établi en double expédition, dont l'une est renvoyée à l'hôpital expéditeur avec la prise en charge.

Pour les militaires des corps ou services de la marine, il est procédé de la même façon, mais le versement entre les mains du payeur des sommes laissées par les décédés est fait au titre de la caisse des gens de mer.

CHAPITRE VI.

Dépenses.

Art. 105. — Toutes les dépenses du service hospitalier sont soumises, pour leur justification, leur ordonnancement, leur payement et leur liquidation :

1° Aux prescriptions du règlement sur la comptabilité des dépenses du Département de la Marine.

2° Aux prescriptions du règlement spécial aux infirmeries-ambulances.

CHAPITRE VII.

Comptabilité.

Art. 106. — Les comptabilités en journées, en consommations, en denrées et en matières, sont tenues dans les hôpitaux des colonies conformément aux règles en vigueur dans les hôpitaux de la Marine.

CHAPITRE VIII.

Dispositions transitoires.

Art. 107. — Transitoirement les officiers d'administration de de la guerre, qui sont actuellement comptables des hôpitaux de la colonie, continueront, jusqu'à ce qu'ils aient fait la remise de leur service à des agents de la Marine, et au plus tard jusqu'au 31 décembre 1889, à tenir leurs comptes et à fournir les justifications de leurs opérations dans la forme et d'après les règles spéciales du département de la guerre.

NOTICE N° 1.

Classification, par ordre d'assimilation, des fonctionnaires et agents civils européens et indigènes.

Modifiée par arrêté du 1er juillet 1890.

NOTICE N° 2. — TARIF ALIMENTAIRE.

TITRE PREMIER.

Des aliments et de leur distribution. — Composition de la portion entière.

Art. 108. — La portion entière pour chaque malade est de :

500 grammes de viande de bœuf ou 250 grammes par repas.

750 grammes de pain blanc ou 1 kilog. de riz.

46 centilitres de vin, ou 5 grammes de thé avec 30 grammes de sucre.

Fixation des délivrances à faire aux hommes à la portion entière et aux trois-quarts.

Art. 109. — Lorsqu'un malade est désigné pour la portion entière ou les trois-quarts, il ne lui est délivré que ce qui est indiqué ci-dessus.

Délivrance à faire aux malades à la demie et au-dessous, ainsi qu'aux officiers.

Art. 110. — Les malades à la demie, au quart ou demi-quart et soupe, peuvent recevoir un régime particulier ou des aliments légers prescrits par le médecin. Les aliments légers sont également délivrés aux officiers, quel que soit leur régime alimentaire.

Aliments légers.

Art. 111. — Sont considérés comme aliments légers, le lait, les légumes de toute espèce, les fruits, les confitures, les œufs, le poisson frais, la volaille, les pâtes féculentes, etc...

Mode de distribution

Art. 112. — La distribution des aliments est faite à 10 heures du matin pour le déjeuner, et à 4 heures du soir pour le dîner. Les portions sont portées et distribuées dans les salles par des infirmiers, sous la surveillance des sœurs ; la distribution n'est faite aux agents et infirmiers de l'hôpital compris dans la pesée, que lorsque la distribution est entièrement terminée pour les malades.

TITRE II

DU RÉGIME ALIMENTAIRE

Composition du régime alimentaire

Art. 113. — Le régime alimentaire se compose d'aliments ordinaires, de légumes et d'aliments légers. Les aliments ordinaires, comprennent le pain ou riz, la viande, le vin ou thé, ou bière, ou lait. Les légumes comprennent:

1° Les légumes frais ;
2° Les conserves de légume ;
3° Les légumes secs.

Les aliments légers consistent en riz, vermicelle, pâtes féculentes, panades, pruneaux, chocolat, confitures, œufs, lait, etc.

Amélioration de traitement aux officiers

Art. 114. — Le régime alimentaire est le même pour tous les malades ; seulement il est accordé aux officiers, au titre : *amélioration de traitement*, une certaine proportion d'aliments particuliers détaillés ci-après (tableau n° 1.)

Division du régime alimentaire

Le régime alimentaire se divise en trois parties : régime gras ; régime maigre, diète.

Composition du régime gras

Art. 115. — Le régime gras se compose d'aliments ordinaires dans les proportions prescrites par les officiers de santé, qui peuvent y ajouter, quand ils le jugent convenable, un aliment léger, mais seulement pour les malades à la demie et au-dessous. Dans ce cas ils peuvent retirer la viande. Ils peuvent aussi prescrire de la volaille rôtie ou apprêtée, en remplacement du bœuf, aux malades qui sont au régime gras, à la demie et au-dessous. Les officiers de santé peuvent aussi prescrire, au repas du soir, les légumes avec de la viande aux malades qui sont à la portion entière et aux trois quarts; dans ce cas on ne distribuerait la viande aux malades que dans la proportion de la demie, s'ils sont à la ration entière, et des trois huitièmes s'ils sont aux trois-quarts.

Composition du régime maigre.

Art. 116. — Le régime maigre se compose, à chaque repas, d'un bouillon maigre et d'un légume ou aliment léger,

La diète exclut tout aliment solide; elle n'admet que du bouillon gras ou maigre et le vin dans les quantités déterminées. Cependant, les officiers de santé peuvent prescrire un aliment léger aux malades à la diète. Le lait de vache, comme boisson, est prescrit aux vénériens à la diète, auxquels cette boisson peut être utile. Le bouillon gras ou maigre est toujours implicitement compris à raison de 50 centilitres dans la prescription des aliments ordinaires quelle qu'en soit la quantité.

La ration de lait ne se subdivise pas ; elle est de 25 centilitres par repas.

Le café noir peut être prescrit comme aliment léger aux hommes à la diète.

La ration de macaroni est de 100 grammes

La ration de fruits est de 250 grammes.

Exceptionnellement, il sera délivré aux hommes au quart et au dessous, une part de conserve alimentaire dans la proportion d'une boîte pour quatre.

Le chocolat est accordé dans les proportions maximum suivantes :

Pour 100 fiévreux	....	20	chocolats
— blessés	....	15	—
— vénériens	....	5	—

Dispositions particulières.

Art. 117. — La ration de viande déposée à la marmite est de 500 grammes par malade, quelle que soit la prescription alimentaire.

Le vin est prescrit dans les mêmes proportions que le pain et la viande, mais séparément et indépendamment de tous autres aliments.

Le vin vieux de Bordeaux peut être délivré comme ration aux hommes les plus malades dont le régime ne dépasse pas la demie.

Le thé sera toujours délivré en ration avec 30 grammes de sucre par litre.

La bière, pour boisson, se délivre par portion entière, savoir: une bouteille le matin, une bouteille le soir. En aucun cas, la délivrance de la bière comme boisson ne pourra se cumuler avec sa délivrance comme tisane.

PIQUET.

VOY. : Hospitalisation. — Infirmiers. — Santé.

Hôpitaux militaires.

Nº 1. — DÉCRET *organisant le personnel des hôpitaux militaires dans les colonies.*

14 février 1880

Article premier — Il est affecté au service des hôpitaux des colonies un personnel militaire d'infirmiers permanents formant deux catégories.

La première catégorie comprend:

Des infirmiers chefs de 1re classe, assimilés aux premiers maîtres de la marine.

Des infirmiers chefs de 2e classe, assimilés aux premiers maîtres de la marine.

Des infirmiers majors de 1re classe, assimilés aux maîtres infirmiers de la marine.

Des infirmiers majors de 2e classe, assimilés aux seconds maîtres infirmiers de la marine.

La deuxième catégorie comprend :

Des infirmiers ordinaires de 1re classe, assimilés aux matelots infirmiers de 1re classe.

Des infirmiers ordinaires de 2e classe, assimilés aux matelots infirmiers de 2e classe.

Des infirmiers stagiaires.

En aucun cas les infirmiers coloniaux ne pourront être distraits du service professionnel pour être employés aux travaux relevant de l'ordre administratif, lesquels seront confiés à des agents spéciaux recrutés par les soins de l'administration locale.

Art. 2. — Le cadre du personnel des infirmiers, dans chaque colonie, est fixé par le ministre de la marine et des colonies.

Art. 3. — La nomination et l'avancement à tous les emplois de la 1re catégorie sont réservés au ministre de la marine et des colonies. Les infirmiers de la 2e catégorie sont nommés et avancés en classe par le gouverneur, dans chaque colonie, sur la proposition du chef du service de santé et l'avis conforme du chef des services administratifs.

Nul ne peut être admis : 1º dans la première catégorie du personnel des infirmiers coloniaux, s'il n'est Français ou naturalisé Français ; 2º dans l'une ou l'autre catégorie, s'il est âgé de plus de 40 ans et, quel que soit son âge, s'il ne compte des services antérieurs qui lui permettent de réunir, à 50 ans, des droits à une pension de retraite.

Art. 4. — Les infirmiers permanents contractent, en entrant au service des hôpitaux des colonies, et dans les conditions d'âge fixées par la loi, un engagement de cinq ans; s'ils sont déjà liés par un engagement antérieur, ils complètent à cinq ans la période réglementaire. Ils peuvent, pendant la dernière année de leur service, contracter des rengagements pour une nouvelle période qui n'est jamais inférieure à trois ans. Les engagements et rengagements sont reçus dans la colonie par le commissaire aux hôpitaux ou par son délégué.

Art. 5. — Les infirmiers stagiaires seront choisis parmi les militaires ou marins congédiés, autorisés à résider dans les colonies, ou, à défaut, parmi les habitants du pays.

Chaque candidat devra produire, à l'appui de sa demande d'emploi, les pièces suivantes :

1º Certificat de bonnes vie et mœurs;

2º Acte de naissance ou toute autre pièce pouvant en tenir lieu;

3º Extrait du casier judiciaire;

4º Relevé des services à l'État, s'il y a lieu;

5º Un certificat délivré par un médecin de la marine ou, à défaut, un médecin militaire, constatant qu'il n'est atteint d'aucune infirmité le rendant impropre au service.

Chaque candidat devra, en outre, être vacciné ou avoir eu la petite vérole.

Art. 6. — Après un an de stage, et lorsqu'ils ont été jugés aptes au service des hôpitaux, les infirmiers stagiaires contractent, en qualité d'infirmiers ordinaires de 2e classe, un engagement de cinq ans.

L'aptitude professionnelle des infirmiers stagiaires est constatée, à la fin du stage, par un certificat que délivre le chef du service de santé, sur le rapport du médecin, chef de la salle.

L'infirmier stagiaire reconnu impropre au service des hôpitaux sera immédiatement licencié par le chef des services administratifs.

Art. 7. — Les infirmiers ordinaires de 1re classe sont choisis parmi les infirmiers ordinaires de 2e classe, réunissant au moins une année de service en cette qualité.

Les militaires ou marins mis en congé renouvelable ou libérés du service militaire au titre français peuvent, sur l'avis favorable du chef du service de santé, être nommés infirmiers de 1re classe, après six mois de stage.

Art. 8. — Les infirmiers majors de 2e classe sont choisis parmi les infirmiers ordinaires de 1re classe, réunissant au moins deux années de service en cette qualité. Ils doivent savoir lire et écrire couramment sous la dictée, et satisfaire à un examen professionnel dont le programme sera fixé par le ministre de la marine et des colonies.

Les infirmiers majors de 1re classe seront choisis parmi les infirmiers majors de 2e classe réunissant au moins deux années de service en cette qualité.

Les infirmiers chefs sont choisis parmi les infirmiers majors de 1re classe réunissant trois années en cette qualité.

Pour passer à la 1re classe de leur emploi, ils doivent justifier de deux années de service dans la classe inférieure.

Art. 9. — Les infirmiers majors et les infirmiers chefs peuvent toutefois être choisis, jusqu'à concurrence du cinquième des emplois vacants, parmi les candidats remplissant les conditions ci-après énumérées.

Les infirmiers majors de 2e classe, parmi les seconds maîtres et, à défaut, les quartiers maîtres infirmiers de 1re classe de la marine réunissant les conditions exigées pour l'avancement, ou parmi les infirmiers civils, libérés du service militaire, qui compteront deux ans de service dans les hôpitaux civils et auront satisfait à un examen professionnel dont le programme sera ultérieurement déterminé par le ministre de la marine et des colonies.

Les infirmiers majors de 1re classe, parmi les maîtres infirmiers de la marine remplissant les conditions voulues pour l'avancement, ou parmi les infirmiers des grades correspondants de l'armée de terre.

Les infirmiers chefs, parmi les premiers maîtres infirmiers ou, à défaut, les maîtres infirmiers de la marine, remplissant les conditions voulues pour l'avancement, ou parmi les infirmiers de l'armée de terre des grades correspondants.

Art. 10. — Dans chaque colonie, le conseil de santé assisté du commissaire aux hôpitaux, dresse annuellement un tableau, par ordre de préférence, des candidats susceptibles d'obtenir un avancement.

En cas de partage des voix, celle du président est prépondérante.

La commission établit deux états distincts présentant, l'un les propositions d'avancement pour la 2e catégorie, que le gouverneur peut approuver, et l'autre celles des avancements de la 1re catégorie, qui doivent être soumises au ministre de la marine et des colonies.

Art. 11. — Les infirmiers relèvent administrativement du chef du service administratif et, par délégation, du commissaire aux hôpitaux. Dans l'exercice de leurs fonctions, ils sont placés sous les ordres directs du chef du service de santé ; ils obéissent aux médecins, aux pharmaciens et aux sœurs hospitalières affectés aux salles et détails où il sont détachés.

Art. 12. — Les infirmiers coloniaux sont soumis aux dispositions des lois et ordonnances qui concernent la discipline et la police des corps militaires de la marine.

Quand il y a lieu de les traduire devant un conseil de guerre, la composition de ce conseil est la même que pour les infirmiers des hôpitaux de la marine, suivant les assimilations de l'article 1er du présent décret.

Art. 13. — Les infirmiers coloniaux peuvent être rétrogradés ou remis à la classe inférieure, ou être suspendus de leurs fonctions pendant trois mois au plus, pour manquements graves à leurs devoirs, inconduite habituelle, mauvaise volonté persistante ou négligence incorrigible.

Ils sont, en outre, passibles des peines disciplinaires indiquées à l'article 17.

Art. 14. — Les infirmiers de la première catégorie sont rétrogradés ou remis à la classe inférieure par le ministre de la marine et des colonies, sur la proposition du gouverneur ; cette proposition entraine, de plein droit, leur suspension jusqu'à décision du ministre, sauf rappel de leur solde, si la décision leur est favorable.

Les infirmiers de la première catégorie qui ont été rétrogradés ou remis à la classe inférieure sont immédiatement changés de résidence.

Les infirmiers de la deuxième catégorie sont rétrogradés ou remis à la classe inférieure par décision du gouverneur, rendue sur le rapport du chef du service de santé ou du chef du service administratif, suivant que la faute se rapporte ou non au service médical.

Art. 15. — La suspension de fonctions est prononcée, pour les infirmiers des deux catégories, par le gouverneur, sur la demande du chef du service de santé ou du chef des services administratifs, suivant le cas, et pour un temps déterminé qui ne doit pas excéder six mois.

Art. 16. — A l'hôpital, les peines de discipline à prononcer contre les infirmiers sont les suivantes, selon la nature des fautes et leur gravité :

1° Consigne dans l'intérieur de l'hôpital ;
2° Salle de police de un à trente jours ;
3° Prison de un à quinze jours ;
4° Cachot de un à quatre jours.

Ces deux dernières punitions entrainent la privation de la solde pendant leur durée.

L'infirmier puni de la salle de police, de la prison ou du cachot peut, en outre, être privé de la ration de vin et être astreint à faire le service courant.

Ces peines, en tout ce qui touche le service de santé, seront prononcées par le chef de ce service, sur le rapport du médecin chef de salle. Elles sont immédiatement notifiées au commissaire aux hôpitaux.

Les infractions relevant de l'ordre administratif sont punies par le commissaire aux hôpitaux.

Art. 17. — Tout infirmier stagiaire qui aura encouru une des punitions déterminées par les numéros 2, 3 et 4 de l'article 17 ci-dessus sera immédiatement licencié.

Art. 18. — Un tour de roulement est établi entre les infiriers coloniaux de la première catégorie ; toutefois, ils ne seront déplacés que sur leur demande et après une période d'au moins deux ans de séjour dans l'une des colonies réputées insalubres, c'est-à-dire le Sénéral, la Cochinchine, l'Annam et le Tonkin, le Gabon, Obock, Diégo-Suarez, Nossi-Bé, Sainte-Marie-de-Madagascar et Mayotte.

Art. 19. — Le cadre des infirmiers de la 2e catégorie est spécial à chaque colonie et doit être calculé sur la base de un infirmier pour huit malades.

Art. 20. — La solde, les accessoires de solde et les indemnités diverses à allouer aux infirmiers coloniaux sont réglés d'après les tarifs annexés au présent décret.

Art. 21. — Les infirmiers coloniaux sont logés à l'hôpital et nourris par la dépense.

Une décision de l'autorité administrative déterminera, par journée de présence, les quantités constitutives de café ou thé, rhum ou tafia, pain d'équipage, qui entreront dans la ration.

Dans les colonies où il existe une ration indigène, elle sera attribuée aux infirmiers indigènes.

Ils pourront, sur leur demande et par décision du chef des services administratifs, être autorisés à recevoir en espèces la valeur représentative de leur ration.

Art. 22. — Les infirmiers malades, traités dans les hôpitaux des colonies, ne subissent sur leur solde aucune retenue pour frais de traitement.

Les infirmiers congédiés autrement que par mesure disciplinaire, s'ils tombent malades dans les quarante jours qui suivent leur congédiement, sont admis, sans frais, dans les hôpitaux et pour une durée qui ne pourra dépasser trois mois.

Art. 23. — L'uniforme des infirmiers coloniaux comprend :

1° Une vareuse en drap bleu ou en flanelle de même couleur ;
2° Un gilet en drap bleu ou en flanelle de même couleur ;
3° Un pantalon en drap bleu ou en flanelle de même couleur ;
4° Un casque ou une casquette.

Les boutons sont argentés pour les infirmiers de 1re catégorie et en métal blanc pour les autres ; ils sont semblables à ceux en usage dans les troupes de la marine, mais avec les lettres I. C. (infirmiers coloniaux).

Les marques distinctives de grade sont :

Pour les infirmiers chefs de 1re classe et 2e classe.

Un galon en argent sur la casquette ;

Sur le revers du col de la vareuse, ainsi que sur le bandeau de la casquette, un écusson composé d'une ancre entourée d'un double câble formant torsade à jour ; sur le bas de l'ancre sont placées, à cheval, les lettres I. C.

L'écusson est brodé sur le drap bleu en cannetille d'argent fin ; l'ancre en argent mat, les lettres I. C. en argent brillant et le double câble moitié argent mat et moitié argent brillant.

Pour les infirmiers-majors de 1re classe.

Même écusson que celui des infirmiers chefs sur la casquette.

Deux galons parallèles en argent à lézarde sur chaque avant-bras.

Pour les infirmiers majors de 2e classe.

Même écusson sur la casquette que celui des infirmiers majors de 1re classe.

Un seul galon à lézarde sur chaque avant-bras.

Art. 24. — Les infirmiers coloniaux qui obtiendraient la médaille militaire ou la croix de la Légion d'honneur jouiront du traitement afférent à ces décorations.

Art. 25. — Au point de vue de la pension, les infirmiers coloniaux sont retraités par application des lois des 18 avril 1831 et 8 août 1883 concernant les pensions de l'armée de mer.

Les infirmiers chefs de 1re classe et de 2e classe reçoivent la pension attribuée aux premiers maîtres infirmiers des équipages de la flotte.

Les infirmiers majors de 1re classe, celle des maîtres des équipages de la flotte.

Les infirmiers majors de 2e classe, celle des seconds maîtres infirmiers des équipages de la flotte.

Les infirmiers ordinaires, celle des matelots infirmiers.

DISPOSITIONS TRANSITOIRES

Art. 26. — Pour la formation des corps, les infirmiers chefs et les infirmiers majors seront recrutés parmi les candidats remplissant les conditions indiquées à l'article 10.

Les infirmiers ordinaires pourront être recrutés dans le personnel français ou indigène actuellement en service. Leur répartition par classe sera fixée, dans chaque colonie, par le gouverneur, sur la proposition du chef du service de santé et l'avis conforme du chef du service administratif.

Art. 27. — Les infirmiers actuellement en service, qui ne seront pas reconnus aptes à continuer leurs fonctions, seront licenciés, à moins qu'ils ne réunissent déjà vingt ans de services effectifs.

Les propositions de la colonie seront immédiatement transmises au ministre par le gouverneur en ce qui concerne les infirmiers susceptibles d'être classés dans la première catégorie.

Les infirmiers en service qui, lors de la réorganisation des cadres, ne pourraient être maintenus dans le nouveau corps qu'avec une situation comportant une solde inférieure aux émoluments dont ils jouissaient, conserveront leurs anciennes allocations, mais serviront comme auxiliaires jusqu'à avancement ultérieur, leur donnant droit à des allocations équivalentes.

Ils ne peuvent, d'ailleurs, obtenir un avancement en grade et servir en qualité d'infirmier permanent, que s'ils remplissent les conditions prévues par le présent décret.

Les infirmiers d'ancienne formation qui réunissent les conditions de temps de service exigées pour l'obtention de la pension, pourront être admis à faire valoir leurs droits à la retraite.

Art. 28. — Toutes les dispositions contraires au présent décret sont et demeurent abrogées.

Art. 29. — Le ministre de la marine et des colonies est chargé de l'exécution du présent décret, qui sera inséré au *Journal officiel* de la République française, au *Bulletin des lois* et au *Bulletin officiel* de l'administration des colonies.

CARNOT.

VOY. : Santé.

TARIF N° 1. — Solde et indemnité d'habillement des infirmiers coloniaux.

GRADES	SOLDE DE PRÉSENCE				INDEMNITÉ D'HABILLEMENT	
	EUROPÉENS ou indigènes citoyens français		INDIGÈNES placés sous le régime du statut personnel			
	sur le pied d'Europe par an	sur le pied colonial par an	solde coloniale	supplément colonial	pour première mise une fois payée	pour renouvellement et entretien d'effets
Infirmier chef de 1re classe........	1.300	2.600	»	»	150	0 fr. 20 par jour pour tous les infirmiers.
Infirmier chef de 2e classe........	1.100	2.200	»	»	150	
Infirmier major de 1re classe........	800	1.600	»	»	100	
Infirmier major de 2e classe........	700	1.400	»	»	100	
Infirmier ordinaire de 1re classe.....	500	1.000	500	250	»	
Infirmier ordinaire de 2e classe, et stagiaire	400	800	400	200	»	

Vu pour être annexé au décret du 14 février 1889.

TARIF N° 2. — Indemnités de route et de séjour.
(Les sommes portées au présent tarif doivent être payées nettes aux ayants droit.)

GRADES ET EMPLOIS	EN FRANCE			AUX COLONIES	
	sur les voies ordinaires	sur les voies ferrées avec réduction	Indemnité par journée passée en route ou séjour	Indemnité de route par kilomètre	Indemnité journalière de route ou de séjour
Infirmiers chefs de 1re et 2e classe...............	0 130	0 032	2 00	0 30	6 00
Infirmiers majors de 1re et 2e classe...............	0 125	0 024	1 50	0 25	4 00
Infirmiers ordinaires de 1re et 2e classe et stagiaires.	0 125	0 024	1 50	0 20	3 00

OBSERVATIONS. — Dans les cas non prévus au présent tarif, les indemnités de route ou de séjour sont allouées aux infirmiers : en France, conformément au décret du 18 décembre 1888 ; dans les colonies, à l'arrêté ministériel du 10 janvier 1878.

Le ministre de la marine et des colonies,
KRANTZ.

Hospitalisation

N. 1. — DÉCISION *fixant le prix du remboursement de la journée de traitement dans les hôpitaux du Tonkin, à partir du 1er octobre 1884.*

24 septembre 1884. (1)

N. 2. — ARRÊTÉ *réglant les conditions d'admission de toute personne non militaire dans les hôpitaux et ambulances de l'armée.*

20 juillet 1886.

Article premier. — Seront admis dans les hôpitaux militaires ou les ambulances de la division d'occupation, à charge par eux de rembourser le prix de la journée de traitement conformément au tarif fixé par le présent arrêté :

1. Les fonctionnaires ou employés européens ou asiatiques du Protectorat.
2. Les fonctionnaires et agents des divers services civils.
3. Les colons européens.
4. Les auxiliaires civils des différents services, les entrepreneurs, préposés ou ouvriers des services ou travaux exécutés à l'entreprise.
5. Les personnes non comprises dans l'énumération ci-dessus, qui seraient de passage, en mission ou en résidence dans le Protectorat, et ne pourraient se procurer ailleurs les soins nécessaires.

Art. 2. — Les malades civils sont admis sur la présentation d'un billet d'entrée signé par un médecin civil ou militaire.

Le billet d'entrée sera visé par le Résident ou vice-résident ; dans les endroits autres que les chefs-lieux de résidence ou vice-résidence, le visa sera donné par le chef local du service du malade envoyé à l'hôpital.

Dans le cas d'urgence, l'admission sera prononcée d'office par le médecin chef de l'hôpital ou de l'ambulance, et régularisée conformément au règlement sur le service de santé à l'intérieur ; à cet effet, le comptable établit et signe avec le médecin chef le billet d'entrée provisoire ; avis en est immédiatement donné par le médecin chef à l'autorité compétente qui fait parvenir le plus tôt possible le billet régulier.

Art. 3. — (1)

(1) Les retenues à faire pour frais d'hospitalisation sont actuellement déterminées par le décret du 28 janvier 1890, dont on trouvera le texte au mot *Solde*.

(1) Voir arrêté du 1er juillet 1890, qui détermine un nouveau classement pour l'hospitalisation des fonctionnaires, agents et employés du Protectorat.

Art. 4. — Les malades civils des autres catégories sont traités dans les salles spéciales aménagées dans les différentes formations sanitaires existantes ou à construire, et assimilés aux soldats malades.

En cas de contestations, ou s'il y avait lieu de prendre une mesure exceptionnelle, le général commandant la division notifierait la décision du Résident général au directeur du service de santé.

Toutes les dépenses nécessitées par les installations particulières des salles à construire seront supportées par le budget du Protectorat ; elles seront entreprises de concert entre le service du génie et le service de santé, sur la proposition du général commandant la division d'occupation, faite au Résident général.

Art. 5. — Les admissions au titre civil donnent lieu à remboursement dans les caisses du protectorat, et au titre du service des hôpitaux, par toutes personnes autres que les fonctionnaires, agents ou employés (européens ou asiatiques) des administrations de l'État ou du Protectorat (1).

Ce remboursement est effectué :

1° Pour les ouvriers ou employés des administrations particulières ou des entreprises, par les administrateurs, entrepreneurs ou patrons ;

2° Pour les personnes solvables, par des versements directs. A cet effet, le Résident ou vice-résident, signataire du billet d'admission fera, souscrire par l'intéressé, sa famille ou deux notables se portant caution, l'engagement d'acquitter chaque mois le prix des journées de traitement, et, s'il y a lieu, des dépenses accessoires. (2)

Par exception aux dispositions qui précèdent, les indigents seront admis gratuitement ; le billet d'admission portera le mot « gratuit » avec la sigature du Résident ou vice-résident.

Art. 6. — Sont à la charge des intéressés énoncés aux § numérotés 1 et 2 de l'article ci-dessus, les frais de bandages, appareils et objets de toute nature cédés à titre définitif aux malades desdites catégories à leur sortie de l'hôpital, ainsi que les frais de sépulture.

Tout objet du matériel hospitalier, détérioré ou détruit, hors le cas de force majeure, par un malade en traitement, même s'il est fonctionnaiere, agent ou employé d'une administration de l'État ou du Protectoral, est à la charge dudit malade, conformément aux tarifs en vigueur.

Art. 7. — Les remboursements de toute nature, prévus aux articles 5 et 6 ci-dessus, sont effectués par voie de versement dans les caisses publiques du Protectorat, sur la présentation des ordres de versement donnés par les autorités compétentes, et conformément au règlement sur le service de santé.

Les ordres de versement sont transmis au Résident ou vice-résident, exclusivement chargés de poursuivre les remboursements.

Art. 8. — Le remboursement des frais de traitement a lieu sur les bases suivantes :

Personnes assimilées aux officiers généraux	10 fr.	par jour.	
—	supérieurs	8	—
—	subalternes	6	—
—	sous-officiers	4	—
—	soldats	3	50

Art. 9. — Les personnes civiles admises dans les hôpitaux militaires ou les ambulances sont tenues de se conformer au règlement intérieur de ces établissements.

En cas de faute grave contre le bon ordre, leur sortie pourra être prononcée d'office par le médecin dont le rapport motivé sera hiérarchiquement transmis au Résident général.

Art. 10. — En outre, et pendant la même période transitoire, seront à la charge du budget du Protectorat et au profit du budget de la guerre, les journées de traitement et fournitures accessoires des fonctionnaires, agents et employés du Protectorat, ainsi que des indigents.

Les ordres de versement au trésor, dressés par les fonctionnaires de l'intendance, seront adressés aux Résidents.

Art. 11. — Sont abrogées toutes dispositions contraires ou antérieures, et notamment la décision susvisée du 24 juin 1884.

PAUL BERT.

(1) Les règlements, arrêtés et décisions relatifs au traitement du personnel des diverses administrations déterminent la quotité de ce traitement qui est retenue pendant la durée du séjour de ces fonctionnaires, agents ou employés, dans une formation sanitaire.

(2) Modifié par arrêté du 11 novembre 1888.

N° 3. — ARRÊTÉ *modifiant celui du 20 juillet 1886 sur les conditions d'admission dans les hôpitaux et dans les ambulances militaires (1).*

20 mars 1887

N° 4. — ARRÊTÉ *modifiant les conditions d'entrée des civils à l'hôpital.*

11 novembre 1888

Article premier. — Le paragraphe 2 de l'article 5 de l'arrêté du 20 juillet 1886 est modifié ainsi qu'il suit :

. . . .

2° pour les personnes solvables par des versements directs ; l'intéressé devra, avant son entrée à l'hôpital, verser entre les mains de l'officier comptable, et à titre de provision, une somme représentant au minimum le montant des frais de traitement pendant 15 jours ; cette provision devra être renouvelée à la fin de chaque quinzaine.

. . . .

Art. 2. — Le Résident général en Annam et au Tonkin est chargé de l'exécution du présent arrêté.

RICHAUD.

N° 5. — CIRCULAIRE *au sujet du remboursement par les fonctionnaires et employés du Protectorat, des frais d'hospitalisation.*

26 décembre 1888

J'ai remarqué, à diverses reprises, que le remboursement des frais d'hospitalisation dûs par les fonctionnaires et employés de l'administration locale, n'est pas toujours régulièrement poursuivi. J'ai décidé, en conséquence, que ces remboursements seraient désormais assurés au moyen de retenues faites sur les mandats établis en fin de chaque mois.

Vous aurez donc à faire figurer, sur l'état de solde du mois dans lequel le fonctionnaire sera sorti de l'hôpital, le total des frais d'hospitalisation dont le remboursement est exigible.

Je vous serai obligé de vouloir bien donner des ordres pour que ces prescriptions soient strictement observées et pour que toutes les sommes qui n'auraient pas encore été recouvrées figurent sur le prochain état de solde.

E. PARREAU.

N° 6. — ARRÊTÉ *sur les mesures à prendre en cas de maladie grave dans les postes dépourvus de médecin.*

23 février 1889

Article premier. — Dans les places ou postes dépourvus de médecin du service hospitalier, le commandant d'armes ordonne les évacuations de malades gravement atteints, de sa propre initiative ou sur la proposition du médecin régimentaire, quand il en existe un. Il en donne avis, par dépêche télégraphique, au médecin de la formation sanitaire sur laquelle les malades sont dirigés.

Dans les postes sans médecin, tous les dysentériques, les diarrhéiques rebelles, les fiévreux, qui ne sont pas rétablis au troisième ou quatrième jour de repos, et, d'une façon générale, tous les malades sérieux, devront être évacués immédiatement, à moins d'impossibilité matérielle, sur la formation sanitaire la plus voisine.

Les malades seront munis d'un billet d'entrée à la formation sanitaire sur laquelle ils sont dirigés.

Art. 2. — Les évacuations d'une infirmerie-ambulance sur une autre infirmerie-ambulance ou sur un hôpital, d'un hôpital secondaire sur un hôpital régional ou sur un hôpital d'évacuation, se font à la demande du médecin chef du service, par les soins du chargé du service administratif ou de l'officier suppléant, qui s'entend, à cet effet, avec le commandement. Cette demande sera faite assez à temps pour que tout retard soit évité dans la fourniture du moyen de transport.

Les mouvements des malades seront soumis préalablement à l'approbation du médecin en chef.

Art. 3. — Le transport des malades de l'hôpital au point d'embarquement est assuré par les soins du service administratif, sur les propositions des commissions de rapatriement.

(1) Cet arrêté, fixant l'ordre d'assimilation de certains fonctionnaires, se trouve rapporté par celui du 1er juillet 1890, contenant un classement général pour tous les services

Ces propositions sont inscrites sur les certificats de rapatriement, qui sont visés conformément aux prescriptions de l'article 24, titre III de l'arrêté en date du 20 février 1889, sur l'organisation du service de santé en Annam et au Tonkin.

Art. 4. — Les malades évacués ou rapatriés continuent à compter à la formation sanitaire d'où ils partent jusqu'au jour de leur arrivée à destination. La mutation est portée à cette date.

Art. 5. — Les détails de fonctionnement seront réglés après entente entre les services intéressés.

Art. 6. — M. le Commissaire général, chef des services administratifs, et M. le chef du service de santé sont chargés, chacun en ce qui le concerne, de l'exécution du présent arrêté.

RICHAUD.

N° 7. — CIRCULAIRE *sur le mode de recouvrement des frais d'hospitalisation.*

4 août 1889

Quelques hésitations se sont produites dans la reprise des frais d'hospitalisation portés au tarif n° 52 annexé au décret du 1er juin 1875, sur la solde, dont l'application au Tonkin a été prescrite par arrêté de M. le Gouverneur général en date du 3 septembre 1888.

Ce tarif est divisé en deux parties : la première, applicable au personnel assimilé au grade d'officier ; la deuxième, au personnel subalterne. Il est arrivé fréquemment que les tarifs de la première catégorie ont été appliqués à tort au personnel de la deuxième.

Pour que ces erreurs ne se renouvellent plus, j'ai l'honneur de vous donner ci-après le tableau des frais d'hospitalisation dûs par les fonctionnaires et autres agents du Protectorat, lorsqu'ils sont traités dans les hôpitaux militaires.

Je saisis cette occasion pour vous rappeler les prescriptions de la circulaire du 26 décembre 1888 relative au même objet. (1)

VOY : Hôpitaux. — Hospices. — Retenues. — Solde

(1) Les retenues à faire pour frais d'hospitalisation sont actuellement déterminées par le décret du 28 janvier 1890 dont le texte se trouve au mot *Solde*.

Huissiers.

N° 1. — ARRÊTÉ *sur l'exercice de la profession d'huissier près les tribunaux de Hanoi et de Haiphong.*

11 décembre 1888

Article premier. — Il sera attaché, auprès de chacun des tribunaux de Hanoi et de Haiphong, des huissiers dont le nombre sera fixé par M. le Gouverneur général, sur le rapport du procureur général et l'avis du Résident général en Annam et au Tonkin. Ils seront nommés par le Gouverneur général sur la proposition du Procureur général et l'avis du Résident général.

Art. 2. — Ils seront pris parmi les agents de la force publique, devront être âgés de 25 ans au moins, avoir satisfait aux obligations imposées par la loi militaire et devront, en outre, être porteurs d'un certificat de capacité délivré par le Procureur de la République du tribunal de Hanoi ou par celui du tribunal de Haiphong.

Art. 3. — Les huissiers nommés en conformité des articles 1 et 2, seront astreints, avant leur entrée en fonction, à prêter serment devant celui des tribunaux auquel ils seront attachés ; ils ne pourront exercer leur mandat que dans le ressort de ce tribunal.

Art. 4. — Toutes citations, notifications et significations requises pour l'instruction des procès, tous actes extra-judiciaires, ainsi que les actes et exploits nécessaires pour l'exécution des ordonnances de justice, jugements et arrêts, seront indistinctement faits par tous les huissiers ; l'huissier commis fera exclusivement les actes pour lesquels il aura été désigné. Le ministère des huissiers est obligatoire, sans exception de personnes, sauf les prohibitions des articles 4 et 66 du code de procédure civile.

Art. 5. — Tous les huissiers seront tenus de faire tour à tour, suivant les ordres de service du ministère public de leur tribunal, le service des audiences et du parquet.

Art. 6. — Les agents de la force publique, chargés des fonctions d'huissiers, recevront, outre leur solde, une indemnité annuelle de six cents piastres (600 $); le coût des actes de leur ministère sera versé dans la caisse du Protectorat.

Art. 7. — La taxe de ceux des actes du ministère d'huissier que comportent l'organisation judiciaire au Tonkin et la procédure devant les tribunaux français sera : 1° celle déterminée dans le chapitre III du livre 1er du décret du 16 février 1807, pour les huissiers de Paris, en ce qui touche les exploits dans les causes purement personnelles et mobilières, lorsque la demande n'excèdera pas 300 francs, et les actes qui appartiendraient en France à la juridiction des justices de paix ; 2° pour les autres exploits et actes, la taxe déterminée au titre 1er du livre 2 du même décret modifié par l'ordonnance du 10 octobre 1841, sur les ventes judiciaires de biens immeubles, et le décret du 23 mars 1848 relatif aux protêts, pour les huissiers à Paris.

Art. 8. — 1° Pour chaque appel de cause sur le rôle, et lors des jugements par défaut, interlocutoires et définitifs, à l'exclusion des autres, un droit invariable de un franc.

2° Pour la publication des cahiers des charges, un franc cinquante centimes.

3° Lors de l'adjudication, y compris les frais de bougie, à raison de chaque lot adjugé, mais jusqu'à concourence de six lots seulement, cinq francs ; il ne sera dû qu'un seul droit si l'adjudication n'a pas lieu sur enchères (1).

Art. 9. — L'huissier devra faire consigner par les parties le montant des frais d'enregistrement et du coût des actes pour lesquels il sera requis. La recette du coût des actes de l'huissier sera faite le premier de chaque mois par le receveur de l'enregistrement, sur les répertoires tenus par l'huissier, cotés et paraphés par le président du tribunal. Tous les actes et exploits y seront inscrits jour par jour. Le coût des actes, les frais de voyage et les déboursés y seront mentionnés dans des colonnes séparées ; les salaires perçus par l'huissier, en vertu de l'article précédent y seront également énoncés, sous peine d'une amende de cinq francs par omission.

Art. 10. — Pour faciliter la taxe des frais, les huissiers, outre la mention qu'ils doivent faire au bas de l'original et de la copie de chaque acte, du montant de leurs droits, seront tenus d'indiquer en marge de l'original le nombre de rôles des copies de pièces, et d'y marquer de même le détail de tous les articles de frais formant le coût de l'acte.

Art. 11. — Le procureur de la République aura le droit de rappeler à l'ordre et même de réprimander tout huissier du Tribunal qui s'écarterait de ses devoirs ou qui tiendrait une conduite contraire à la dignité de son caractère ; le président du Tribunal n'aura ce droit que pour les faits d'audience. Si la faute commise par l'huissier est de nature à entraîner sa suspension ou sa révocation, il sera statué par le Gouverneur général après avis du Procureur général.

Art. 12. — Le Résident général en Annam et au Tonkin et le Procureur général, chef du service judiciaire de l'Indo-Chine, sont chargés, chacun en ce qui le concerne, de l'exécution du présent arrêté, lequel devra être soumis, dans les quatre mois, à l'approbation du Président de la République, et changé en décret, s'il y a lieu, sur la proposition du Ministre de la Marine et des colonies et du Garde des sceaux, Ministre de la justice.

Ledit arrêté sera provisoirement exécutoire.

RICHAUD.

VOY : Droits de greffe.

Hygiène et salubrité publiques

N° 1. — ARRÊTÉ *instituant à Hanoi et à Haiphong un comité consultatif d'hygiène et de salubrité publiques.*

22 juillet 1887.

Article premier. — Il est institué dans chacune des villes de Hanoi et de Haiphong un comité consultatif d'hygiène et de salubrité publiques.

Ce comité connaîtra spécialement des questions suivantes :

Quarantaines. — Mesures préventives à prendre contre la propagation des épidémies. — Service de la vaccine. — Amé-

(1) Texte du *Journal officiel* ; la dernière phrase paraît devoir se lire ainsi : *il ne sera dû qu'un seul droit si l'adjudication a lieu sur surenchère.*

lioration des conditions sanitaires des populations. — Police médicale et pharmaceutique. — Salubrité des établissements publics et privés, et en général, de toutes questions intéressant l'hygiène publique.

Art. 2. — *Modifié par arrêté du 20 février 1889.*

Art. 3. — Il tiendra ses séances ordinaires le premier lundi de chaque mois et devra en outre se réunir sur convocations de l'administration.

G. BIHOURD.

N° 2. — ARRÊTÉ *modifiant la composition des comités d'hygiène et de salubrité publiques à Hanoi et Haiphong.*

20 février 1889

L'article 2 de l'arrêté du 22 juillet 1887, instituant à Hanoi et à Haiphong, un comité d'hygiène et de salubrité publique, est modifié ainsi qu'il suit :

Art. 2. — Il (le comité consultatif) se compose, à Hanoi :

Du Résident supérieur, président ; du chef du service de santé, vice-président ; du directeur de l'artillerie et du génie ; du Résident-maire de Hanoi ; de l'ingénieur chef du service des travaux publics ; du médecin principal de l'hôpital de Hanoi ; du pharmacien chef du service pharmaceutique ; de deux médecins ou pharmaciens ; d'un membre du conseil municipal de Hanoi, membres.

A Haiphong : du Résident-maire, président ; du médecin chef du service à l'hôpital, vice-président ; du directeur des Douanes ; du sous-directeur d'artillerie ; du pharmacien de 1re classe de la marine ; de deux pharmaciens ; de l'architecte-voyer de Haiphong ; d'un membre du conseil municipal de Haiphong, membres.

RICHAUD.

Hypothèques. — VOY. : Enregistrement.

Hypothèque maritime.

N° 1. — INSTRUCTIONS *ministérielles relatives à l'application de la loi du 10 juillet 1885 sur l'hypothèque maritime.* (1)

22 mai 1886.

Ainsi que vous le savez, la loi du 10 juillet 1885, promulguée au *Journal officiel* du 11 du même mois, a remanié la loi du 10 décembre 1874, sur l'hypothèque maritime, et l'a abrogée.

Il m'a paru utile d'appeler, d'une manière particulière, l'attention des agents du service consulaire sur les dispositions de l'article 33 de la nouvelle loi.

Aux termes du premier paragraphe de cet article, la vente volontaire d'un navire grevé d'hypothèque, à un étranger, soit en France, soit à l'étranger, est interdite. Tout acte fait en fraude de cette disposition est nul et rend le vendeur passible des peines portées par l'article 408 du code pénal. En présence de cette interdiction, les autorités consulaires françaises à l'étranger ne sauraient consentir à dresser, dans leur chancellerie, un acte de vente volontaire d'un navire grevé d'hypothèque ; dans le cas où la défense faite par la loi aurait été transgressée, elles doivent, pour sauvegarder les droits des tiers et maintenir le navire sous la juridiction française, s'opposer au retrait de notre pavillon et ne pas accepter le dépôt entre leurs mains de l'acte de francisation, qui constitue l'acte de nationalité du navire.

Le paragraphe 3 de l'article 33 consacre, d'autre part, le principe de la validité de l'hypothèque consentie sur un navire acheté à l'étranger et francisé provisoirement, pourvu que ces hypothèques aient été régulièrement inscrites par l'agent diplomatique ou consulaire de France sur le congé provisoire de navigation, et reportées, à la requête du créancier, sur le registre du receveur des douanes du lieu où le navire sera immatriculé.

La loi du 10 juillet 1885 n'ayant pas déterminé la forme dans laquelle doivent être requises les inscriptions hypothécaires consenties sur un navire francisé provisoirement, j'ai cru devoir appeler l'attention de M. le ministre des finances sur cette lacune, afin de prévenir les difficultés qu'elle pourrait amener.

Il résulte de la réponse de M. Sadi Carnot, qu'en l'absence de toute disposition précise, les agents diplomatiques ou consulaires ne sauraient suivre, dans le paragraphe 3 de l'article 33 de la loi du 10 juillet 1885, que les règles analogues à celles qui sont obligatoires en France. Dans ces conditions pour opérer l'inscription d'une hypothèque sur un congé provisoire, l'autorité consulaire devra exiger la présentation de l'acte d'hypothèque lui-même ou d'une expédition de cet acte, ainsi que le dépôt d'un bordereau établi dans la forme prescrite par l'article 8 de la loi précitée, bordereau que les ayants droit sont tenus de présenter, en double exemplaire, au bureau du receveur des douanes, avec l'un des originaux ou une expédition du titre constitutif d'hypothèque.

D'après les dispositions des paragraphes 3 et 4 de l'article 33, l'hypothèque ne devenant valable à l'égard des tiers que lorsque le créancier en a requis l'inscription au port où le navire est immatriculé et lorsqu'elle a été reportées sur le registre du receveur principal des douanes du même port, c'est à ce comptable qu'il appartient exclusivement, dans l'opinion de M. le ministre des finances, de percevoir les droits exigibles. Au moment où s'effectue l'inscription de l'hypothèque sur le congé provisoire, l'autorité consulaire n'aura pas, dès lors, à réclamer aux intéressés une soumission garantissant le payement de ces droits ; l'inscription même de l'hypothèque sur le congé provisoire donnera, toutefois, ouverture à la taxe fixée par l'article 174 du tarif des chancelleries.

Il est bien entendu, d'ailleurs, que si vous êtes appelé à dresser l'acte même d'obligation ayant pour objet la constitution d'une hypothèque maritime, il y aurait lieu de soumettre cet acte aux taxes ordinaires du tarif des chancelleries.

Je vous serai obligé de m'accuser réception de la présente circulaire que vous voudrez bien faire enregistrer dans votre chancellerie.

G. DE FREYCINET.

(1) La loi du 10 juillet 1885 n'a pas été promulguée au Tonkin.

I

Importations

N° 1. — DÉCISION *n'accordant l'exonération des droits d'importation d'outillage d'usine à vapeur, qu'au matériel de provenance française.*

13 février 1886

Article premier. — L'exonération des droits d'importation accordée par la décision du 1er octobre 1885 à tout outillage d'usine à vapeur, toute chaloupe à vapeur et autre matériel susceptible d'apporter un perfectionnement ou un développement quelconque aux moyens industriels et commerciaux actuellement en usage, ne s'appliquera désormais uniquement qu'à l'outillage et au matériel français venant de France ou d'une colonie française.

Art. 2. — Le Directeur des affaires civiles et politiques est chargé de l'exécution de la présente décision.

WARNET.

N° 2. — DÉCISION *réglementant les droits au bénéfice de 2 1/2 p. 100 pour les marchandises françaises importées au Tonkin.*

Du 23 février 1886.

Article premier. — Les marchandises françaises ou nationalisées par le payement des droits, doivent, à leur importation au Tonkin, pour bénéficier de la réduction du droit de 2 1/2 pour cent, être munies de passavants délivrés par les douanes françaises.

Art. 2. — Les marchandises étrangères venant de France, extraites d'entrepôt, réexpédiées après tansit ou transbordement, doivent être accompagnées d'acquits-à-caution qui seront déchargés à l'arrivée au Tonkin.

Art. 3. — La présente décision aura son plein et entier effet à partir du 1er juin 1886.

Jusqu'à cette époque, il ne sera rien changé au mode suivi antérieurement, mais sous la condition que les réceptionnaires s'engagent à fournir, avant le 1er juillet 1886, les pièces exigées par la dépêche ministérielle précitée.

WARNET

N° 3. — ARRÊTÉ *établissant un droit sur les monnaies de cuivre ou de zinc importées.*

6 septembre 1886

Article premier. — Un droit de 20 pour cent sera perçu, à partir du 10 septembre 1886, sur les monnaies de cuivre ou de zinc importées en Annam et au Tonkin.

Art. 2. — Les Résidents supérieurs en Annam et au Tonkin et le Directeur du service des douanes sont chargés, chacun en ce qui le concerne, de l'exécution du présent arrêté.

PAUL BERT.

N° 4. — ARRÊTÉ *prohibant l'importation au Tonkin des sapèques de cuivre.*

16 octobre 1886.

Article premier. — L'importation au Tonkin des sapèques de cuivre est réputée contrebande.

Art. 2. — Sont rapportées les dispositions de l'arrêté du 6 septembre 1886, en ce qu'elles ont de contraire au présent.

Art. 3. — Le Résident supérieur au Tonkin et le directeur du service des douanes sont chargés, chacun en ce qui le concerne, de l'exécution du présent arrêté.

PAUL BERT.

N° 5. — ARRÊTÉ *fixant des droits d'entrée sur le thé du Yun-nam.*

18 août 1887

Rapporté par arrêté du 26 décembre 1889.

N° 6. — ARRÊTÉ *exonérant de tous droits à l'importation au Tonkin les produits du Yun-nam et du Quang-si.*

26 décembre 1889.

Article premier. — Les produits du Yun-nam et du Quang-si, à l'exception de l'opium, dont les conditions d'importation restent soumises aux dispositions qui en régissent le monopole au Tonkin, sont exemptés des droits d'importation à leur entrée au Tonkin par la frontière terrestre.

Art. 2. — Les mêmes produits, ainsi que l'opium brut, sont exemptés des droits de transit, en se conformant, pour l'opium, aux prescriptions du chapitre III de l'arrêté du 7 septembre 1887.

Art. 3. — Le Résident supérieur au Tonkin est chargé de l'exécution du présent arrêté.

PIQUET.

VOY.: **Douanes. — Plantes vivantes. — Sapèques. — Sucre.**

Impôts.

En raison de son importance, nous avons cru devoir diviser tout ce qui a rapport à l'impôt dans les pays de Protectorat en huit sections :

1° DISPOSITIONS GÉNÉRALES.
2° PATENTES.
3° IMPÔT FONCIER.
4° IMPÔT DE CAPITATION.
5° IMPÔT INDIGÈNE.
6° IMPÔT SUR LA NAVIGATION.
7° IMPÔT SUR LES BOIS.
8° IMPÔTS MUNICIPAUX OU DES COMMUNES.

Voir en outre :

Chaux. — Infirmiers. — Navigation. — Percepteurs. — Porteurs de contrainte. — Sel.

PREMIÈRE SECTION

DISPOSITIONS GÉNÉRALES

N° 1. — DÉCISION *établissant les dispositions à prendre pour l'acquittement des impôts créés par les décisions des 11 et 12 décembre 1885.*

17 février 1886

Article premier. — Les commandants d'armes désignés dans les conditions ci-dessus indiquées, auront provisoirement les mêmes pouvoirs que les Résidents, en ce qui concerne la préparation des rôles d'impôts d'Asiatiques étrangers et la rentrée des mêmes impôts.

A cet effet ils se feront délivrer, par les chefs de congrégation, la liste de tous les Asiatiques, en vérifieront la sincérité et l'adresseront au Résident de la grande province, avec tous les renseignements utiles à la confection des rôles. Les rôles établis et approuvés par le Résident général, une copie leur en sera envoyée, et ils prendront les mesures pour en assurer le recouvrement. Les sommes seront perçues par les chefs de congrégation et versées par ces Asiatiques à la caisse du trésor la plus proche.

En cas de non payement ou de retard dans les versements, il appartiendra au commandant d'armes de prendre contre les chefs de congrégation toute mesure coercitive que de droit.

Art. 2. — Le Directeur des affaires civiles et politiques est chargé de l'exécution de la présente décision.

WARNET.

N° 2. — ARRÊTÉ *relatif à la perception de l'impôt en argent.*

10 juin 1886.

Article premier. — L'impôt sera perçu en argent partout où la population ne demandera pas expressément à le payer en nature. (1)

Art. 2. — La mesure sera évaluée d'accord avec S. E. le Kinh-luoc par intérim.

Art. 3. — Les soldes des employés annamites et celles des linh, seront payées en argent, la mesure de riz étant remplacée au taux auquel l'impôt a été perçu dans la province.

Art. 4. — Toutes les soldes des fonctionnaires et soldats étant payées, la répartition et l'emploi du surplus de l'impôt au Tonkin seront déterminés, en application de l'article 11 du traité du 16 juin 1884, par une commission composée: du Résident supérieur, président; du Résident de Nam-dinh, du Kinh-luoc par intérim, et du Quan-bo de Hanoi.

PAUL BERT.

N° 3. — CIRCULAIRE *portant organisation de la perception des impôts, et instructions de comptabilité.*

24 juin 1886

Service de la perception. — Des arrêtés en date des 11 et 12 décembre 1885 fixent les contributions foncières, des patentes et des barques, à payer par les Français et étrangers, et le droit de séjour annuel à acquitter par les Asiatiques étrangers. Or, j'ai lieu de constater que, dans la plupart des provinces, les rôles nécessaires à la perception de ces droits, ou n'ont pas été établis, ou ne l'ont été qu'en partie. Je vous prie de réparer ce retard en me faisant, dans le plus bref délai, l'envoi de titres établis avec soin et en simple expédition, mais accompagnés de deux extraits constatant numériquement les droits mis en recou-

(1) Voyez arrêté du 21 juillet 1888.

vrement et leur montant. Vous me ferez connaître, en même temps, le nombre de cartes de séjour qui vous est nécessaire pour les Asiatiques étrangers domiciliés dans votre province. Les cartes seront remises aux intéressés au moment du payement des droits. Dans les localités où le service du Trésor est organisé, c'est au préposé payeur qu'il appartient de faire directement la perception des deniers publics dont l'assiette vous est confiée. Ailleurs, la perception sera faite par le caissier comptable de la caisse d'avances, auquel il sera remis un livre à souches pour les recettes de toute nature perçues directement dans la province par l'administration du Protectorat. Je serai bientôt en mesure de vous fournir les registres indispensables pour distinguer nettement dans votre comptabilité le produit de la perception de chaque revenu. En attendant, il convient d'émarger les rôles avec le plus grand soin au moment de la remise des quittances à souches, et de délivrer celles-ci très exactement.

Je vous prie également de ne pas perdre de vue la différence profonde qui existe entre les contributions proprement dites et les recettes accidentelles. Les premières sont exclusivement perçues sur rôles, tandis que les recettes accidentelles donnent lieu à la délivrance d'ordres de recette ou de versement.

Les produits affermés forment une 3e catégorie de revenus pour lesquels les baux ou contrats servent de titre de perception.

Tous les ordres de recette que vous émettez doivent être remis directement au comptable chargé d'en opérer le recouvrement, et inscrits par ordre de dates et de numéros sur un registre spécial que vous recevrez bientôt. Vous devrez remettre le 1er de chaque mois, à M. le payeur de votre localité, un relevé des ordres de recette que vous aurez délivrés, sur sa caisse; un bulletin indiquant seulement par produit les totaux de ce relevé me sera transmis en même temps.

Afin de ne pas multiplier le nombre des ordres de recette, les droits de chancellerie continueront d'être perçus par le chancelier de la Résidence au moyen du registre à souches déjà en usage. Le montant des droits de l'espèce sera versé chaque samedi, sur ordre de recette, à la caisse générale. Dans les provinces où ces droits sont peu importants, ils pourront du reste être versés directement à la caisse du comptable.

Instructions de comptabilité. — Il ne doit exister qu'une seule caisse et qu'un seul livre de caisse pour la perception des deniers publics et la gestion des fonds d'avance. Les recettes y seront inscrites par journées, et les dépenses au fur et à mesure qu'elles se produiront.

Les vice-résidents placés dans les centres non pourvus de préposés payeurs, m'adresseront, le 1er de chaque mois, un état en double expédition, faisant connaître sommairement pour chaque produit les recettes de toute nature qu'ils auront effectuées tant sur rôles que sur ordres de recette et autres titres.

Les dépenses seront de même relevées, dans un état qu'ils me feront parvenir très-exactement à la date ci-dessus, appuyé des pièces de dépense dûment acquittées, pour que je fasse procéder à leur régularisation ou à leur échange au Trésor contre numéraire.

La différence entre les recettes et les dépenses fera, suivant le cas, l'objet d'un envoi de fonds pour reconstituer la caisse d'avances au chiffre réglementaire, ou sera versé à la caisse du payeur qui sera désigné.

Le comptable doit toujours être à même d'établir par pièces probantes la situation de sa caisse. On a par suite été amené à prescrire quelquefois l'établissement des pièces de dépenses payées sur fonds d'avance en double expédition, dont l'une est conservée par le comptable pendant que l'autre est envoyée en régularisation. Cette manière de faire est vicieuse en permettant de faire double emploi d'une seule pièce de dépense, et je la proscris formellement. Le caissier ne devra conserver dans sa caisse qu'un double de l'état des pièces de dépense envoyées en régularisation, visé par vous.

Mais je ne saurais trop recommander d'apporter le plus grand soin dans l'établissement des pièces de dépense. — Sans compter les inconvénients que feraient naître des régularisations retardées par le renvoi des pièces erronées, j'ai à peine besoin d'indiquer à quels embarras on s'exposerait dans le cas où les sommes payées devraient être modifiées.

Je crois donc devoir vous rappeler que les pièces de dépense doivent justifier d'une manière complète que le service donnant lieu au payement a été effectué. La prise en charge des fournitures de matériel doit donc être soigneusement mentionnée sur les états de payement, qui doivent en outre être arrêtés en toutes lettres par le fonctionnaire qui a ordonné le service ou par son délégué.

Le payement des dépenses publiques ne peut être fait qu'entre les mains du véritable créancier justifiant de ses droits, ou à son fondé de pouvoirs pourvu d'une procuration en due forme.

Les payements faits aux illettrés doivent être certifiés par deux témoins pour les sommes inférieures à 150 francs; au delà, une quittance administrative ou notariée est nécessaire. Le comptable qui procède au payement signe à côté des témoins.

Les signatures en caractères étrangers doivent être légalisées.

Les pièces de dépense doivent toujours être établies au nom du véritable créancier, et tout intermédiaire entre lui et le Trésor est prohibé. Dans le cas de payement à des unités collectives, le billeteur doit certifier et signer les états de dépense.

Opérations de Trésorerie. — Les caissiers comptables des vice-résidents pourront être appelés à recevoir dans leur caisse, sur autorisation de la Résidence supérieure, les dépôts de soumissionnaires de marchés, les versements à la caisse des dépôts et consignations, et toutes autres sommes destinées au Trésor. Pour l'obtention des mandats sur le Trésor, vous recevrez les dépôts jusqu'à concurrence du tiers des appointements des militaires ou employés. Les recettes de l'espèce donneront lieu à la délivrance d'une quittance à souche, mais elles devront faire l'objet d'un article distinct dans la situation sommaire des recouvrements qui doit m'être adressée le 1er du mois. Vous porterez au dos de cette situation les renseignements nécessaires pour que le Trésor puisse donner à ces recettes leur destination définitive.

Les registres à souches et les livres de caisses devront être cotés et paraphés par vous avant d'être remis à l'agent chargé de la perception.

En terminant, je fais appel à tout votre zèle pour assurer la bonne exécution des instructions qui précèdent.

P. VIAL,

N° 4. — ARRÊTÉ *réglementant le recouvrement des impôts directs.*

22 octobre 1886.

I. — DU RECOUVREMENT DES IMPÔTS DIRECTS

Article premier. — Les contributions directes sont exigibles en vertu des rôles rendus exécutoires par le Résident supérieur. Elles sont payables par moitié et d'avance à partir du jour de la publication de ces rôles.

Art. 2. — Les droits et privilèges attribués au trésor pour le recouvrement des impôts directs par la loi du 12 novembre 1808, sont étendus aux territoires de l'Annam et du Tonkin. Ils s'appliquent également aux frais de poursuites dûment liquidés et taxés.

Art. 3. — Un avertissement, indiquant la nature et le montant des cotes, est remis à chaque contribuable dans les huit jours qui suivent la publication des rôles.

II. — DES POURSUITES

Art. 4. — Quinze jours après la date d'exigibilité, le contribuable qui ne s'est pas libéré des terme échus, est dans le cas d'être poursuivi.

Art. 5. — Les poursuites avec frais sont précédées d'une sommation gratis adressée à domicile.

Art. 6. — Le premier acte de poursuite est une contrainte décernée à la demande de l'agent chargé du recouvrement par le chef du service de trésorerie, et rendue exécutoire par le Résident supérieur.

Elle comprend toutes les sommes à la charge du contribuable, quel que soit l'exercice, et ne lui est notifiée que huit jours après l'envoi de la sommation gratis.

Cette contrainte peut être collective.

Art. 7. — Vingt-quatre heures après la notification de la contrainte à personne ou à domicile, le contribuable peut être poursuivi par voie de saisie et de vente de ses meubles, créances, etc... en observant les formalités prescrites par le code de procédure (art. 557 à 655).

Art. 8. — La saisie comprend de droit toutes les sommes devenues exigibles le jour de la vente, alors même que le commandement exprime une somme moindre.

Art. 9. — Un nouveau commandement individuel est nécessaire pour poursuivre la vente des immeubles; il est procédé à la saisie immobilière conformément aux règles du droit commun.

Art. 10. — Les sommations sans frais et les copies des actes de poursuites, en l'absence du redevable, sont remises à la personne qui le représente, et à défaut, au Résident ou vice-résident du lieu de son domicile.

Art. 11. — Le coût des actes de poursuite est fixé uniformément à 2 fr. 50; il est indiqué sur l'original et les copies.

Les frais de vente sont tarifés à 2 0/0 du prix.

Art. 12. — Le recouvrement des frais de poursuite a lieu sur état dûment taxé.

Art. 13. — En ce qui regarde l'impôt de capitation des chinois domiciliés au Tonkin, le produit en est versé au Trésor par les chefs de congrégation, qui deviennent responsables des sommes dûes par leurs congréganistes.

A cet effet il est remis à chaque chef de congrégation un extrait du rôle spécial avec les avertissements correspondants.

III. — DES ACTES DE POURSUITES.

Art. 14. — Les actes de poursuites sont signifiés à Hanoi et Haiphong par des porteurs de contraintes, dans les autres Résidences, par un des agents assermentés spécialement commissionnés à cet effet.

Art. 15. — Les porteurs de contraintes sont nommés par le Résident général, sur la proposition du chef de service de trésorerie et la proposition du Résident supérieur.

Avant leur entrée en fonctions, ils prêtent serment devant le tribunal de la Résidence à laquelle ils sont attachés.

Les agents de poursuites doivent toujours, dans l'exécution de leur service, être munis de leur commission et ils sont tenus de la représenter à toute réquisition.

Art. 16. — Les agents de poursuites ont qualité pour poursuivre l'exécution des contraintes jusques et y compris la vente des meubles, effets mobiliers, fruits et récoltes des redevables.

Ils n'ont pas qualité pour procéder à la saisie immobilière.

Art. 17. — Les porteurs de contraintes jouissent d'un traitement fixe de 2,500 fr.

Ils sont sous les ordres directs du chef du service de trésorerie.

Art. 18. — Il est alloué aux agents de poursuites 0 fr. 50 cent., sur chacun des actes taxés qu'ils notifient, et deux pour cent sur toute vente de meubles.

Ces allocations sont payées sur états trimestriels établis par l'agent de perception qui les a employés et visés par le chef du service de trésorerie.

Ils ont droit, en outre, hors du chef-lieu de la résidence, à l'indemnité de déplacement fixée par l'arrêté du 22 octobre 1886.

Art. 19. — Les agents de poursuites tiennent un répertoire de leurs actes, visé à chaque signification par le chancelier de la Résidence.

Art. 19 bis. — Sont abrogées toutes dispositions contraires au présent arrêté.

Art. 20. — Les Résidents supérieurs au Tonkin et en Annam sont chargés, chacun en ce qui le concerne, de l'exécution du présent arrêté.

PAUL BERT.

N° 5. — ARRÊTÉ *réglementant la perception de l'impôt*
19 mars 1890.

Article premier. — Les articles 5, 6 et 7 de l'arrêté du 21 juillet 1888 (1) sont modifiés comme suit:

Art. 5 § 1. — Le Résident de la province fait verser dans les caisses du trésor toutes les recettes en piastres.

§ 2. — Du 1 au 5 et du 15 au 20 de chaque mois, il fait parvenir à la Résidence supérieure, 2e bureau, un bordereau de quinzaine en double expédition, modèle ci-annexé, accompagné des pièces de recettes et de dépenses.

Art. 6 § 1. — L'une des expéditions du bordereau dont il est fait mention ci-dessus est retournée au Résident, la 2e expédition est transmise au payeur chef du service, accompagnée des mandats régulièrement ordonnancés à son nom.

(1) Voir cet arrêté à la 3e section : *Impôt indigène*.

§ 2. — En contre-valeur des dépenses le payeur chef du service établit un mandat de trésorerie à l'ordre du préposé payeur ou du percepteur, dont il sera fait recette au titre de l'impôt annamite, sur ordre de versement établi par le Résident de la province, auquel il remettra la quittance à souche destinée à couvrir le trésor provincial des avances faites. Cette quittance sera conservée dans les caisses pour justifier de la sortie des ligatures.

Art. 7. — Le trésor suivra les opérations des magasins provinciaux, au moyen des états ci-dessus, établis par quinzaine, et en ouvrant dans ses écritures deux comptes intitulés:

Magasins provinciaux, le compte de dépôts, et: magasins provinciaux, le compte de contrôle. Le premier débité des recettes par le crédit du second, le second débité des dépenses par le crédit du premier.

Art. 2. — Le Résident supérieur au Tonkin est chargé de l'exécution du présent arrêté.

PIQUET.

2e SECTION

IMPOT DES PATENTES

N° 6. — DÉCISION *relative à la contribution des patentes, annexes et tableaux.*
12 décembre 1885.

Rapportée par arrêté du 15 avril 1890.

N° 7. — ARRÊTÉ *relatif à l'établissement du rôle de l'impôt des patentes dans les villes de Hanoi et de Haiphong.*
30 décembre 1888.

Article premier. — Dans les villes de Hanoi et de Haiphong, le rôle de l'impôt des patentes sera préparé annuellement par les contrôleurs assermentés, nommés à cet effet par le Résident général sur la proposition des Résidents-maires. Ces derniers surveilleront et dirigeront le travail préparatoire, qui devra être terminé le 1er décembre de chaque année au plus tard.

Art. 2. — Le rôle une fois établi, sera soumis à l'examen du Résident-maire.

Art. 3. — Le rôle arrêté par le Résident-maire sera envoyé dans la première quinzaine de décembre au Résident supérieur, qui en fixera définitivement le montant et le transmettra pour publication et exécution au service de la trésorerie.

Art. 4. — La publication du rôle résultera de son affichage à la porte de la mairie et de son insertion au *Journal officiel* du Protectorat.

Art. 5. — Un délai de trois mois à partir de la publication des rôles est accordé aux patentables qui auraient à adresser des demandes de décharge ou de réduction de taxes, motivées sur des erreurs matérielles dans l'application des tarifs.

Les demandes en remise ou en modération, pour pertes résultant d'événements extraordinaires, incendies, grêle, sécheresse, etc., devront être adressées dans un délai de quinze jours à partir de la date des événements.

Les réclamations seront adressées au Résident-maire qui devra en délivrer récépissé.

Aucune réclamation ne sera reçue après l'expiration du délai ci-dessus.

Art. 6. — Le Résident-maire, assisté, s'il le juge nécessaire, du contrôleur, aura le droit, pour s'éclairer, de pénétrer dans les immeubles habités par le réclamant ainsi que dans ceux servant à son commerce ou à son industrie. Il pourra également exiger la production de ses livres, et demander aux diverses administrations tous les renseignements de nature à lui permettre d'apprécier le bien-fondé de la réclamation.

Il devra être statué dans le délai d'un mois à partir de la date du récépissé de la réclamation.

Art. 7. — Les réclamations devront, à peine de rejet sans examen, être appuyées de l'avertissement donné au contribuable ou d'un extrait du rôle et, sur la réquisition du contrôleur des contributions, de la quittance du terme échu lors de la demande.

Art. 8. — Les décisions prises seront exécutoires et sans appel, après approbation du Résident supérieur, sur simple avis du Résident-maire et du contrôleur, et notifiées immédiatement aux parties.

Art. 9. — Les délais de réclamation n'arrêteront pas la mise en recouvrement du rôle, qui courra à partir du premier février de chaque année.

Les récépissés des réclamations seront remis aux intéressés au vu de la quittance constatant le paiement du premier trimestre à la caisse du préposé payeur de la localité.

Art. 10. — L'établissement des rôles supplémentaires et l'examen des réclamations y relatives, sont soumis aux formes, vérifications et délais prévus pour le rôle primitif.

Toutefois, le délai de réclamation pour les taxes comprises aux rôles supplémentaires courra à partir de la notification individuelle qui sera faite à chaque patentable de l'extrait du rôle le concernant.

Art. 11. — Seront imposables, au moyen des rôles supplémentaires, les patentés qui, dans le cours de l'année, sans apporter à leur profession, commerce ou industrie les changements prévus par l'art. 10 de la décision du 12 décembre 1885, auront augmenté l'importance de leur travail ou de leurs opérations.

Art. 12. — En cas de fermeture des magasins, boutiques ou ateliers, pour les causes énoncées à l'article 15 de la décision susvisée, les droits ne seront dus que pour le passé et le mois courant, à charge par les parties intéressées, de réclamer. dans les trois mois de l'événement, décharge du surplus de la taxe.

En cas de cession d'établissement, le cédant et le cessionnaire seront tenus conjointement et solidairement d'acquitter le montant intégral de la patente.

Art. 13. — Toutes les dispositions des arrêtés antérieurs, contraires à celles du présent arrêté, sont et demeurent abrogées.

Art, 14. — M. le Résident supérieur au Tonkin est chargé de l'exécution du présent arrêté, qui sera publié et enregistré partout où besoin sera.

Pour le Gouverneur général et p. o.
Le Résident général,
RHEINART.

N° 8. — ARRÊTÉ *déterminant l'impôt des patentes pour les indigènes exerçant un commerce, une industrie ou une profession dans les villes de Hanoi et Haiphong, autres que celles déterminées par l'arrêté du 12 décembre 1885.* (1)

20 février 1889.

Article premier. — Tout indigène exerçant dans les villes de Hanoi et de Haiphong un commerce, une industrie ou une profession non compris dans les exceptions déterminées par l'arrêté du 12 décembre 1885, sera assujetti à la contribution des patentes à partir du 1er janvier 1889.

Art. 2. — Cette contribution ne se composera que d'un droit fixe déterminé conformément au tableau A, annexé à la décision du 12 décembre 1885.

Art. 3. — Les commerces, industries ou professions soumis à l'impôt des patentes sont classés d'après le tableau B, annexé à ladite décision ; mais en raison du peu d'importance de la plupart des industries annamites, le contrôleur sera autorisé à appliquer une classe quelconque du tarif

Art. 4. — Toutes les dispositions de l'arrêté du 12 décembre 1885, relatives au mode d'assiette et de recouvrement de l'impôt des patentes, sont applicables aux indigènes patentés.

Art. 5. — Le produit de ces nouvelles patentes sera réparti dans les villes de Hanoi et de Haiphong, entre le Protectorat et les municipalités, conformément aux règles établies par l'article 22 de l'arrêté du 19 juillet 1888 sur les conseils municipaux.

Art. 6. — Le Résident général en Annam et au Tonkin est chargé de l'exécution du présent arrêté.

RICHAUD.

N° 9. — ARRÊTÉ *fixant la quotité de la contribution à frapper sur les patentes au profit des chambres de commerce.*

7 mars 1890

Article premier. — La quotité de la contribution à frapper sur le droit fixe de la patente, pour subvenir aux dépenses des chambres de commerce de Hanoi et de Haiphong, est fixée pour 1890, à 2 % de cet impôt.

Art. 2. — Cette contribution spéciale sera perçue en même temps que le principal de l'impôt, et figurera en recette à l'article 1er, § 2, et en dépense au chapitre XIV, article 4 du budget de l'exercice 1890.

Art. 3. — Le produit en sera réparti par moitié entre les chambres de commerce de Hanoi et de Haiphong, et mis trimestriellement à leur disposition.

Art. 4. — Le Résident supérieur au Tonkin est chargé de l'exécution du présent arrêté, qui sera enregistré et communiqué partout où besoin sera.

PIQUET.

N° 10. — ARRÊTÉ *réglementant l'impôt des patentes.*

15 avril 1890.

Article premier. — Tout individu français ou étranger qui exerce au Tonkin un commerce, une industrie, une profession non compris dans les exceptions déterminées par le présent arrêté, est assujetti à la contribution des patentes. Il en est de même des indigènes dans les villes de Hanoi et de Haiphong.

Art. 2. — Les patentables sont divisés en deux catégories. La première catégorie comprend les patentables des villes de Hanoi, Haiphong, Nam-dinh, Haiduong, Bac-ninh, Quang-yen et Sontay, la seconde catégorie les patentables de l'intérieur.

La contribution des patentes se compose d'un droit fixe et d'un droit proportionnel pour les patentables de la première catégorie, d'un droit fixe seulement pour ceux de la seconde. Dans les deux catégories, les patentés des cinq dernières classes ne sont soumis qu'au droit fixe.

Art. 3. — Le droit fixe est réglé conformément au tableau A annexé au présent arrêté.

Art. 4. — Les commerces, industries et professions non dénommés dans le tableau B n'en sont pas moins assujettis à la patente. Les droits auxquels ils doivent être soumis sont réglés d'après l'analogie des opérations ou des objets de commerce, par un arrêté spécial du Résident supérieur rendu, en conseil de Protectorat, après avis du conseil municipal de la commune où il en existe.

Tous les cinq ans, des tableaux additionnels contenant la nomenclature des commerces, industries et professions classés par voie d'assimilation, seront soumis à la sanction du Gouverneur général.

Art. 5. — Le patentable, à quelque catégorie et à quelque classe qu'il appartienne, ayant plusieurs établissements, boutiques ou magasins de même espèce ou d'espèces différentes, soit dans la même commune, soit dans des communes ou provinces différentes, est imposable au droit fixe entier pour chaque établissement, boutique ou magasin.

S'il y a pluralité d'insdustrie ou genres de commerce spéciaux exercés dans un même local, une seule patente sera imposée pour le commerce donnant lieu au droit le plus élevé.

Pour les patentés des quatre dernières classes, l'atelier de fabrication ne donnera pas lieu à une patente particulière, même quand il sera distinct de la maison de vente, pourvu qu'il n'y soit pas fait de débit des produits fabriqués.

Art. 6. — Le droit proportionnel est établi au taux du trentième sur la valeur locative tant de la maison d'habitation que des magasins, boutiques, usines, ateliers, hangars, remises, chantiers et autres locaux servant à l'exercice des professions imposables.

Il est dû lors même que le logement et les locaux occupés sont concédés à titre gratuit.

Dans aucun cas le montant du droit proportionnel ne pourra excéder le montant du droit fixe applicable à l'établissement industriel ou commercial.

Art. 7. — Si, indépendamment de la maison où il fait sa résidence habituelle et principale, et qui, dans tous les cas, sauf l'exception ci-après, doit être soumise au droit proportionnel, le patentable possède, soit dans la même commune, soit dans des communes différentes, une ou plusieurs maisons d'habitation, il ne paie le droit proportionnel que pour celles de ces maisons qui servent à l'exercice des professions, si l'industrie pour laquelle il est assujetti à la patente ne constitue pas sa profession principale, ou s'il ne l'exerce pas lui-même, il ne paie le droit proportionnel que sur la maison d'habitation de l'agent préposé à l'exploitation.

Art. 8. — Les droits fixes et les droits proportionnels sont imposables dans les communes où sont situés les magasins,

(1) Voir arrêté du 15 avril 1890, publié ci-après

boutiques, usines, hangars, chantiers et autres locaux qui y donnent lieu.

Art. 9. — Les enfants au-dessous de quatorze ans et les vieillards au-dessus de cinquante-cinq ans, imposés aux patentes, dernières classes, ne paieront que demi-droit fixe.

Art. 10. — Ne sont point assujettis à la patente :

1° Les fonctionnaires et employés salariés soit par l'Etat, soit par les administrations coloniales ou communales, en ce qui concerne seulement l'exercice de leurs fonctions.

Ils seront déclarés imposables si, en dehors de leurs fonctions, ils se livrent à une série d'opérations qui, pour toute autre personne, motiveraient l'imposition d'une patente.

2° Les peintres, statuaires, graveurs, dessinateurs, considérés comme artistes et ne vendant que le produit de leur art, les professeurs de belles-lettres, sciences et arts d'agrément, les instituteurs primaires, les sages-femmes. les éditeurs de feuilles périodiques, les artistes dramatiques, les cabinets de lecture.

3° Les laboureurs et les cultivateurs, seulement pour la vente, la manipulation et le transport des récoltes ou fruits provenant des terrains qui leur appartiennent ou par eux exploités, et pour le bétail qu'ils y élèvent, qu'ils y entretiennent ou qu'ils y engraissent.

Les concessionnaires des mines, pour le seul fait de l'extraction et de la vente des matières par eux extraites.

Les propriétaires ou locataires louant accidentellement une partie de leur habitation personnelle.

Les pêcheurs, même lorsque la barque qu'ils montent leur appartient.

Les propriétaires de bateaux ne tenant pas boutique dans leurs embarcations, et ne faisant pas du transport des marchandises et denrées leur profession habituelle; encore dans ce dernier cas ceux qui se livreraient à l'industrie des transports seraient-ils exempts de patente s'ils n'avaient d'autres rameurs que leurs femmes ou enfants. Dans le cas contraire, ils sont imposables, soit comme marchands forains ou ambulants, soit comme entrepreneurs de transports.

Les commerçants ou industriels d'origine française ou asiatique, pour la vente, hors les centres fixés dans l'article 2, du pain fabriqué à la française et de la viande de bœuf, de veau ou de mouton.

4° Les associés en commandite, les caisses d'épargne, de secours et de prévoyance, administrées gratuitement, les assurances mutuelles régulièrement autorisées.

5° Les cantiniers attachés à l'armée, les écrivains publics. les commis, et toutes les personnes travaillant à gages, à façon et à la journée dans les maisons, ateliers et boutiques de leur profession, ainsi que les ouvriers travaillant chez eux ou chez les particuliers sans compagnon ni apprenti, qu'ils aient ou non boutique ou enseigne, soit qu'ils travaillent à façon pour leur compte et avec des matières à eux appartenant, sauf les incrusteurs, brodeurs, sculpteurs, ébénistes, vermicelliers, bijoutiers; en un mot est exempt, sauf les exceptions ci-dessus spécifiées, tout ouvrier travaillant pour vendre aux marchands ou sur commande pour les particuliers, ou dont les produits sont vendus sur les marchés et non à domicile habituellement.

6° Les ramasseurs de sapèques brisées et autres objets de métal de rebut.

7° Les marchands de lait, la veuve qui continue avec l'aide d'un seul ouvrier ou d'un seul apprenti, la profession précédemment exercée par son mari.

Ne sont point considérés comme apprentis ou compagnons, la femme travaillant avec son mari, les enfants non mariés travaillant avec leur père ou leur mère, ou les imple manœuvre dont le concours est indispensable à l'exercice de la profession.

8° Les personnes qui vendent en ambulance dans les rues, lieux de passage, marchés, et en barque, ou à domicile, à plus de 300 mètres des marchés, des fruits, des légumes, œufs, ou autres denrées comestibles sans préparation culinaire, les gâteaux, des préparations de riz et de haricots, des boissons chaudes non alcooliques, à la condition qu'il ne soit vendu dans une même maison et par un même individu qu'une seule catégorie d'articles et que la valeur totale de l'approvisionnement n'excède pas une piastre. Par marchand à domicile n'est entendu que celui qui vend dans la maison où il habite réellement.

9° Les porteurs ou marchands d'eau, les portefaix avec bambous ou voitures à bras, lorsque la voiture leur appartient.

Art. 11. — Les revendeurs, bouchers, marchants d'étoffes, etc., vendant habituellement et exclusivement dans les marchés de Hanoi, seront exemptés des patentes jusqu'au 1er janvier 1893, même s'ils y ont un étal permanent ou s'ils y occupent des places fixes. A partir de cette date, ils seront soumis au droit fixe que comportera l'importance de leur commerce.

Une seule patente suffit aussi aux mari et femme, même séparés de biens, pourvu qu'ils demeurent ensemble et exercent dans le même local.

Art. 12. — Tout individu, capitaine de navire ou autre, de passage dans les villes de Hanoi, Haiphong, Nam-dinh, Haiduong, Bac-ninh, Quang-yen, et Son-tay, ne pourra y vendre des marchandises avant de s'être muni d'une patente pour un trimestre au moins, et valable dans toutes ces localités. La classe sera la même que celle des marchands locaux vendant des marchandises analogues.

Lorsque le séjour dépassera un trimestre, la patente sera due pour toute l'année.

Art. 13. — Les commis-voyageurs des nations étrangères seront traités, relativement à la patente, sur le même pied que les commis-voyageurs français chez ces mêmes nations.

Art. 14 — Toute personne qui entreprendra une profession imposable devra, dans la huitaine, se présenter aux bureaux de la Résidence pour requérir son inscription au rôle et se munir d'une patente, à peine d'encourir les amendes édictées par l'article 28.

Art. 15. — Les patentes sont personnelles et ne peuvent servir qu'à ceux à qui elles sont délivrées. Toutefois, la patente délivrée à une société en nom collectif sert à tous les membres concourant au genre de commerce ou d'industrie pour lequel la société est formée. Le droit proportionnel est établi sur la maison de l'associé principal et sur tous les locaux qui servent à la société pour l'exercice de son industrie.

La maison d'habitation de chacun des autres associés est affranchie du droit proportionnel, à moins qu'elle ne serve à l'exercice de l'industrie sociale. Dans ce dernier cas, elle est, de même que les autres locaux servant à l'industrie sociale, imposable au nom de l'associé principal.

Art. 16. — Les sociétés ou compagnies anonymes ayant pour but une entreprise industrielle ou commerciale, sont imposées, pour chacun de leurs établissements, à un seul droit fixe sous la désignation de l'objet de l'entreprise, sans préjudice du droit proportionnel, lorsqu'il y a lieu.

Les patentes assignées à ces sociétés ou compagnies ne dispensent aucun de leurs sociétaires du paiement du droit de patente auquel ils pourraient être personnellement assujettis pour exercice d'une industrie particulière.

Cette dernière disposition est applicable aux gérants et associés solidaires des sociétés en commandite.

Art. 17. — Tout individu colportant des marchandises de commune en commune, lors même qu'il vend pour le compte de marchands et de fabricants, est tenu d'avoir une patente personnelle.

Il en est de même des commis-voyageurs vendant à la commission ou sur échantillons.

Art. 18. — La contribution des patentes est due pour l'année entière par tous les individus exerçant au mois de janvier une profession imposable.

Toutefois, en cas de fermeture des magasins, boutiques et ateliers par suite de décès ou de faillite déclarée, les droits ne seront dus que pour le passé et le mois courant (à compter de la réclamation à la Résidence) pourvu que les parties intéressées réclament, dans les trois mois de l'évènement, décharge du surplus de la taxe. Les termes perçus seront le cas échéant remboursés.

En cas de cession d'établissement, la patente sera, sur la demande du cédant ou du cessionnaire, transférée à son successeur après paiement du semestre dû.

En cas de cessation de commerce, il ne sera exigé que les semestres échus lors de la déclaration.

Art. 19 — La contribution des patentes est payable par timestre et d'avance. Le premier trimestre doit être payé dans le mois qui suit la publication du rôle. Le patentable qui aura reçu avertissement pour le payement du premier terme perdra le bénéfice de cette disposition et sa contribution deviendra exigible en entier.

La contribution sera également exigible en entier dans le cas de vente volontaire ou forcée.

Toutefois les marchands forains, les colporteurs, les directeurs de troupes ambulantes, les entrepreneurs d'amusements et jeux publics non sédentaires, les patentables des 7e 8e et 9e classes, et tous autres dont la profession n'est pas exercée à demeure fixe, sont tenus d'acquitter le montant total de leur cote dans le mois de la publication du rôle.

Les cercles non européens sont soumis à la même obligation.

Art. 20. — En cas de transfert du commerce ou de l'industrie dans une autre commune ou province, il en sera fait une déclaration préalable au point de départ et au point d'arrivée, A défaut de cette déclaration, la contribution devient exigible dans les deux localités. Le droit entier pour l'année courante sera payé à la perception du lieu d'origine avant que le changement de résidence ne soit effectué.

Les patentables qui résident dans une localité où ils ne sont imposables qu'au droit fixe, et qui dans le courant d'une année transportent leur établissement dans une commune ou province sujette à un droit proportionnel, deviennent passibles de ce droit au prorata du temps restant à courir.

Ce droit est payable au lieu d'arrivée.

Art. 21. — MM. les Résidents ou les agents chargés par le Résident supérieur des fonctions de contrôleur, procéderont annuellement, ces derniers sous la surveillance des Résidents, à la formation de la matrice des patentes.

La matrice sera déposée pendant 10 jours à la Résidence ou à la mairie, afin que les intéressés puissent en prendre connaissance et remettre leurs observations au Résident ou au maire.

A l'expiration de ce délai de 10 jours, le Résident transmettra la matrice avec les réclamations des particuliers, les observations du maire, les réponses du contrôleur, et un avis motivé, au Résident supérieur qui prononcera sur les contestations.

Après vérification et approbation par le Résident supérieur, les rôles seront rendus exécutoires et publiés immédiatement après par une insertion au *Journal officiel* du Protectorat, et par des affiches en français et, lorsqu'il y aura lieu, en caractères.

Des avertissements seront remis aux patentables par les soins du payeur ou du percepteur.

Les feuilles de patentes seront délivrées par le Résident au vu de la quittance constatant le paiement des termes exigibles.

Les résidents asiatiques assujettis à la carte devront être portés sur les rôles et feuilles de patentes avec les mêmes noms que ceux inscrits sur les cartes. Le numéro de la carte et la congrégation y seront de plus indiqués.

Art. 22. — Au commencement de chaque trimestre il sera dressé un rôle supplémentaire des patentes. Il sera présenté dans les mêmes formes et soumis aux mêmes modifications que le rôle primitif.

Sont imposables au moyen des rôles supplémentaires :

1° Les individus omis au rôle primitif, qui exerçaient avant le premier janvier de l'émission de ces rôles, une profession, un commerce ou une industrie sujets à patente ;

2° Ceux qui, antérieurement à la même époque, avaient apporté dans leur profession, commerce ou industrie, des changements donnant lieu à des augmentations de droits. Dans ces deux cas les droits sont dûs à partir du 1er janvier de l'année pour laquelle le rôle primitif a été émis ;

3° Ceux qui entreprennent après le 1er janvier une profession sujette à la patente ;

4° Ceux qui dans le cours de l'année entreprennent une profession d'une classe supérieure à celle qu'ils exerçaient d'abord ou qui transportent leur établissement dans une localité donnant lieu à un droit plus élevé.

5° Les patentables de la première catégorie qui prennent des maisons ou locaux d'une valeur locative supérieure à celle des maisons ou locaux pour lesquels ils ont été primitivement imposés. Dans ces trois derniers cas, la contribution ou le supplément de contribution n'est dû qu'à partir du premier du mois dans lequel la profession a été entreprise ou le changement introduit, à moins que par sa nature, la profession ne puisse pas être exercée pendant toute l'année. En ce cas la contribution sera dûe pour l'année entière, quelle que soit l'époque à laquelle la profession aura été entreprise.

Dans aucun cas le contrôleur ne peut établir un rôle supplémentaire pour élever la cote d'un patentable, pour le seul motif que les éléments d'imposition de ce patentable auraient été mal appréciés dans le rôle primitif. Il faut, pour qu'il y ait lieu à un supplément, des faits nouveaux, réalisés dans l'année courante, ou omis antérieurement.

Art. 23. — Il peut être délivré des patentes avant l'émission des rôles aux individus qui désireraient transférer leur commerce ou leur industrie hors de la localité où ils étaient précédemment établis et à ceux qui en feront la demande pour un motif quelconque, à charge par eux de justifier du versement à la caisse du percepteur du montant de leur contribution.

Art. 24. — Le recouvrement de l'impôt des patentes est poursuivi comme celui des autres contributions directes.

Les propriétaires ou détenteurs successifs de la même patente dans le cours de l'année seront solidairement soumis au paiement de la contribution, sauf recours entre eux.

Art. 25. — La moitié du produit des patentes sera laissé à la disposition des autorités municipales dans chacun des centres ci-dessus désignés, et devra être exclusivement employé aux travaux d'utilité locale.

Art. 26. — Les réclamations des contribuables en décharge ou en réduction, les demandes en remise ou en modération, seront adressées aux Résidents qui les transmettront avec les observations du contrôleur et leur avis motivé au Résident supérieur.

Les patentés qui réclameront contre la fixation de leur taxe seront admis à prouver la justesse de leur réclamation par la représentation d'actes de société légalement publiés, des livres et journaux de commerce régulièrement tenus, et tous autres documents.

Les réclamations des contribuables en décharge ou en réduction de leur taxe, ne seront admises qu'autant qu'elles seront présentées à l'administration dans le délai d'un mois à partir du jour de la publication des rôles, sous la réserve de l'exception fixée à l'article 19 du présent arrêté. Il devra être donné au contribuable un reçu de sa réclamation.

Les réclamations devront, à peine de rejet sans examen, être accompagnées de l'avertissement du rôle, et pour les cinq premières classes, de la quittance constatant le paiement du trimestre échu au moment de la demande.

Les pétitions en remise ou en modération pour pertes résultant d'évènements extraordinaires, devront être remises à l'administration dans les quinze jours qui suivront les événements. Elles seront appuyées des pièces sus-indiquées, à l'exception de la quittance des termes échus.

Le Résident supérieur statue en Conseil de Protectorat sur les réclamations en décharge ou en réduction; il juge seul les demandes en remise ou en modération.

Art. 27. — Tout patentable est tenu d'exhiber sa patente lorsqu'il en est requis par les agents du contrôle et tous les officiers et agents de la force publique.

En outre les commerçants et industriels asiatiques ayant magasin, devront tenir leur patente constamment affichée dans un endroit apparent.

Toute infraction aux dispositions du paragraphe premier et, toute récidive dûment constatée d'infraction aux dispositions du paragraphe 2, sera constatée par procès-verbal et punie d'une amende de cinquante cents (0 $ 50) à deux piastres.

Art. 28. — Tout individu exerçant un commerce ou une industrie sans être muni d'une patente sera puni d'une amende qui pourra être du double de la taxe qu'il aurait dû acquitter pour l'année entière, sans préjudice du droit de patente à lui imposer à compter du 1er janvier de l'année courante.

Art. 29. — Les marchandises mises en vente hors de leur domicile par les individus non munis de patentes pourront être séquestrées aux frais du vendeur, à moins qu'il ne donne caution suffisante pour garantir le paiement de l'amende qu'il a encourue et du droit entier.

Les marchandises ainsi séquestrées seront déposées au lieu fixé par l'autorité administrative. Elles y seront immédiatement inventoriées et un double de l'inventaire sera, séance tenante, envoyé au contrôleur.

En cas de non paiement, le Résident supérieur pourra en ordonner la saisie et la vente. Si l'individu non muni de patente exerce au lieu de son domicile, il sera dressé procès-verbal qui sera transmis immédiatement à l'agent faisant fonctions de contrôleur des contributions.

Art. 30. — Toute fausse déclaration faite soit par le commerçant principal, soit par ses associés, dans le but de se soustraire en tout ou en partie au paiement des droits de patente, sera passible d'une amende égale au triple de la contribution qui aurait dû être acquittée, sans préjudice de la patente réglementaire à imposer suivant le commerce ou l'industrie.

Art. 31. — Les procès-verbaux dressés par les agents du contrôle ou par les agents de la force publique seront transmis dans les villes de Haiphong et Hanoi au procureur de la République, et dans les provinces au Résident.

Art. 32. — Les commerçants asiatiques qui auront égaré leur patente devront en demander un duplicata qui leur sera délivré contre paiement d'un droit de 0 $ 50 cents.

Ces duplicatas seront délivrés gratuitement aux européens.

Art. 33. — Le 0/0 de l'impôt des patentes de Hanoi et de Hai-phong sera affecté à couvrir les frais des chambres de commerce.

Art. 34. — Le trésor jouira, pour le recouvrement de la contribution des patentes, des droits et priviléges qui lui sont attribués par la loi du 12 novembre 1808.

Art. 35. — Sont abrogés tous les arrêtés et décisions antérieurs en ce qu'ils ont de contraire au présent.

Art. 36. — Les dispositions du présent arrêté ne sont applicables qu'à compter du 1er janvier 1891, à l'exception cependant de la ville de Hanoi pour laquelle le nouveau tarif sera appliqué à compter du 1er janvier 1890.

Art. 37. — Le Résident supérieur au Tonkin est chargé de l'exécution du présent arrêté.

PIQUET.

TABLEAU A

Indiquant le droit fixe à imposer aux patentables de l'Annam et du Tonkin.

Classe	Droit
Hors classe	300 $
1re —	125
2e —	66
3e —	48
4e —	30
5e —	15
6e —	6
7e —	3
8e	1 50
9e	0 50

TABLEAU B

Profession	Classes
Agents de change	h. c.
Agents d'affaires	2e 3e
Allèges (maîtres) arrimeurs, débarqueurs, délesteurs, gabariers	3e 4e
Armateurs pour le long cours	h. c.
Armateurs pour le cabotage	1re
Architectes	2e
Assurances maritimes ou terrestres (agents spéciaux)	1re
Aubergistes	4e 5e
Banques, caisses d'escompte, d'avance et de prêt	h. c.
Barbiers, sédentaires ou ambulants	7e 8e 9e
Bateaux à vapeur, remorqueurs	1re
Bijoutiers européens avec magasin	2e
— sans magasin	4e 5e 6e 7e
— à façon	6e 7e
Blanchisseurs de linge	5e 6e 7e 8e
Bœufs et bestiaux (marchands de)	3e
Bouchers (marchands)	2e 3e
Boulangers	3e 4e
Bouchers à la cheville	3e 4e 5e
Bouchers en petit, détail	5e 6e 7e 8e
Bourreliers	3e 4e 5e
Briquetiers à façon	5e 6e 7e
Brodeurs sur étoffes	6e 7e 8e
Briques, carreaux, tuiles (Fabricants européens de)	2e
Cafetiers	2e
Capitaines de navires ou de barques (pour vendre sa cargaison)	1re 2e 3e 4e
Cabaretiers, teneurs de buvette	4e 5e
Calfats (radoubeurs de navires ou de barques)	5e 6e 7e
Carrières souterraines ou à ciel ouvert (exploitation de)	4e 5e 6e
Carrossiers (raccommodeurs)	3e 4e 5e 6e
Cercles non européens à Hanoi et Haiphong	h. c.
Cercles non européens en tout autre centre que Hanoi et Haiphong	1re
Cercueils, seaux, tonneaux etc. (fabricants de)	6e 7e 8e
Changeurs de monnaies	5e 6e 7e 8e
Chapeaux du pays (fabricants de)	7e 8e 9e
Charbonniers	7e 8e 9e
Charcutiers (européens)	3e 4e 5e
— (asiatiques)	6e 7e 8e
Charpentiers	3e 4e 5e
Charrettes (loueurs à la journée)	6e 7e 8e
Chaufourniers	5e 6e 7e 8e
Chaussures du pays (fabricants et marchands de)	6e 7e 8e 9e
Ciments, mastics, bétons (fabricants de)	4e 5e
Cochons (marchands de)	6e 7e 8e
Coffretiers (malletiers)	5e 6e 7e
Cordiers	6e 7e 8e 9e
Cordonniers	5e 6e 7e
Consignataires de navires de mer	h. c.
Commissionnaires en marchandises d'exportation et d'importation	1re
Courtiers d'assurances, de change ou de marchandises	1re 2e 3e
Constructeurs de navires et chaloupes	1re
Coiffeurs-parfumeurs européens, avec magasin, ayant un ou plusieurs employés européens	2e 3e
Coiffeurs-parfumeurs européens, avec magasin, n'ayant pas d'employé	3e 4e
Constructeurs de barques et bateaux	3e
Commissaires-priseurs	3e
Distillateurs européens, fabricants de sirops et liquoristes à feu nu	2e 3e 4e
Entreprises (grandes) commerciales et industrielles	h. c.
Entrepreneurs de grands travaux ou d'un travail dépassant 150.000 francs	h. c.
Entrepreneurs d'un travail dépassant 75.000 francs	1re
— de travaux spéciaux et bâtiments	2e
— menus travaux	3e 4e
Escompteurs	1re
Eventaillistes	5e 6e 7e 8e 9e
Fabricants d'eaux gazeuses, limonadiers	3e
Fermages de plus de 100.000 fr.	h. c.
— 50.000 fr.	1re
Fermiers des bouages et vidanges	1re
Fermages de plus de 25.000 francs	2e
Ferblantiers, lampistes, quincailliers	3e 4e 5e 6e 7e 8e
Fermages de plus de 10.000 francs	4e
— 2.000 —	5e
— de 2.000 — et au-dessous	7e
Filets pour la pêche, la chasse (fabricants de)	6e 7e 8e
Fondeurs	6e 7e 8e
Forgerons, charrons, maréchaux-ferrants, chaudronniers, ferronniers, serruriers, cloutiers, taillandiers, armuriers	4e 5e 6e 7e 8e 9e
Fournisseurs d'entreprises de plus de 75.000 francs	1re
Fournisseurs de l'administration ou de grandes entreprises dépassant le chiffre d'affaires de 150.000 fr.	h. c.
Gargotiers	6e 7e 8e 9e
Graveurs sur bois ou sur métaux	6e 7e 8e
Horlogers avec magasins	3e 4e
— sans magasins	4e 5e
Hôtels ayant plus de 10 chambres à louer	1re
— moins	2e
Huiles du pays (fabricants d')	4e 5e 6e 7e 8e
Imprimeurs importants	1re
— d'importance secondaire	2e 3e
Incrusteurs	5e 6e 7e 8e
Ivoire, ambre, jais, os et corne (fabricants de)	6e 7e 8e
Lanterniers	6e 7e 8e
Logeurs d'ouvriers	6e
Logeurs en garni	5e 6e
Marchands de riz (gros)	1re
— de riz moindre importance	2e 3e 4e 5e 6e 7e
— faisant le gros et le détail	1re
Maisons publiques chinoises et japonaises	1re
Marchands en 1/2 gros et détail	2e
— en détail	3e 4e 5e 6e 7e
Maçons, couvreurs, carreleurs	5e 6e 7e 8e
Marchands forains ou colporteurs	5e 6e 7e 8e 9e
— à postes fixes ou petits échopiers	6e 7e 8e 9e
Matelassiers	6e 7e 8e
Mâts et avirons (fabricants de)	5e 6e
Mécaniciens avec atelier sans vapeur	2e
Médecins européens, chirurgiens, dentistes	2e
Menuiseries (entrepreneurs de)	3e 4e
Mécaniciens sans magasin	3e
Médecins asiatiques	6e 7e 8e
Menuisiers	5e 6e 7e 8e
Modistes couturières	5e 6e
Nattiers	6e 7e 8e
Négociants	1re 2e
Nuoc mam (fabricants)	5e 6e 7e
— (marchands)	6e 7e 8e
Ornemanistes	5e 6e 7e 8e
Paillottes et cases légères (fabricants de)	7e 8e 9e
Parapluies (fabricants de)	6e 7e 8e
Pâtissiers-confiseurs	5e 6e 7e 8e
Peintres en bâtiments	2e 3e 4e
Peintres vernisseurs	5e 6e
Peintres d'image	7e 8e 9e
Perruquiers asiatiques	7e 8e 9e
Pharmaciens européens	1re
Pharmaciens asiatiques	5e 6e 7e 8e
Photographes	2e 3e 4e
Plumassiers	3e 4e
Poteries (fabricants de)	5e 6e 7e 8e
Restaurateurs, traiteurs, européens	3e 4e
Rotiniers, vanniers	4e 5e 6e 7e 8e
Sacs d'emballages (fabricants de)	6e 7e 8e
Sculpteurs sur bois ou sur métaux	5e 6e 7e 8e
Selliers-harnacheurs	3e 4e 5e 6e
Shep chandlers ou approvisionnement de navires	2e
Sucre indigène (fabricants ou marchands de)	6e 7e 8e
Tabac (fabricants ou marchands de)	6e 7e 8e
Tailleurs d'habits	4e 5e 6e 7e 8e
— de pierres	5e 6e 7e 8e

Tanneurs-corroyeurs, chamoiseurs, mégissiers	5e 6e 7e 8e
Teinturiers	5e 6e 7e 8e
Théâtres (directeurs de grands)	1re
Théâtres (directeurs de petits) cafés-concerts	2e
Théâtres ambulants, panoramas (directeurs)	5e 6e 7e
Tissus de soie (fabricants ou marchands)	4e 5e 6e 7e
Tissus de coton (fabricants ou marchands)	6e 7e 8e
Tourneurs sur bois ou métaux	6e 7e 8e
Transports maritimes ou fluviaux, par bâtiments à vapeur (entreprises de)	h. c.
Transports fluviaux par bateaux et barques (entreprises)	6e 7e 8e 9e
Usines, ateliers et moulins à moudre, battre, triturer, décortiquer, broyer, et fabriques de glace, avec emploi d'une force motrice de 10 chevaux vapeur au moins, en une ou plusieurs machines	h. c.
Usines, ateliers et moulins ayant moins de 10 chevaux vapeur	1re
Usines, ateliers et moulins sans emploi de la vapeur	2e
Vermicelliers	5e 6e 7e 8e
Vétérinaires	4e
Voiliers	6e
Voitures de place à chevaux	5 fr. par voiture
Voitures de place sans chevaux	3 fr. par voiture

3e SECTION.

IMPÔT FONCIER

N° 11. — DÉCISION *fixant les taxes annuelles qui seront perçues sur toutes les propriétés appartenant à des Français ou à des étrangers.*

12 décembre 1885.

Article premier. — A dater du 1er janvier 1886, des taxes annuelles, tenant lieu d'impôt foncier, seront perçues au profit du trésor du Protectorat sur toutes les propriétés foncières appartenant à des Français ou à des étrangers, et situées dans les territoires du Tonkin et de l'Annam.

Art. 2. — Les terrains compris dans les limites des villes de Hanoi, Nam-dinh, Haiphong, Haiduong, Bac-ninh, Son-tay et Quang-yen, seront divisés en cinq classes, d'après les zônes auxquelles ils appartiendront et qui seront déterminées par un arrêté ultérieur.

Art. 3. — *Modifié par arrêté du 9 septembre 1886.*

Art. 4. — Ne seront imposées à ces taxes que les superficies occupées par les constructions, cours et dépendances ; les constructions en paillotte seront toujours, à conditions égales d'ailleurs, rangées dans la classe inférieure, par rapport aux constructions en maçonnerie de la catégorie correspondante. Cette atténuation des taxes ne sera valable que pendant le laps de temps accordé aux propriétaires pour la substitution de matériaux solides aux paillottes.

Le même bénéfice est accordé aux jardins maraîchers, cultures diverses, chantiers, ateliers, dépôts de matériaux et terrains non bâtis ni cultivés, sis dans les centres urbains susdits.

Le minimum des taxes foncières imposables à un contribuable dans les centres est fixé à 0 fr. 50 par an, pour les terrains possédés dans un même centre.

Art. 5. — Dans les centres autres que ceux dénommés ci-dessus, et sur tout le reste du territoire, les propriétés foncières appartenant à des Français ou à des étrangers seront imposées à partir du 1er janvier 1886, comme ci-après.

Art. 6. — Les rizières seront divisées en trois classes suivant leur degré de fertilité reconnu :

La 1re classe payera par hectare.......... 6 fr. 16
La 2e classe payera par hectare.......... 4 fr. 61
La 3e classe payera par hectare.......... 3 fr. 08

Art. 7. — Les cultures diverses seront divisées en 6 catégories :

La 1re catégorie (*mûriers supérieurs, plantations de badiane, de thé, de tabac, de cocotiers et d'aréquiers*) payera pour un hectare.......... 3 fr. 07

La 2e catégorie (*cannes à sucre, jardins fruitiers et maraîchers, maïs, haricots, patates, ricin, sésame, arachide et cultures assimilables*) payera pour un hectare.......... 1 fr. 73

La 3e catégorie (*mûriers inférieurs, textiles divers, plantes à laque*) payera pour un hectare.......... 1 fr. 47

La 4e catégorie (*joncs à nattes*) payera pour un hectare.......... 1 fr. 20

La 5e catégorie (*terrains d'habitation, chantiers, ateliers, dépôts de matériaux et terrains non bâtis ni cultivés, alluvions récentes cultivées aux basses eaux seulement, étangs, viviers et mares à poissons*) payera pour un hectare ou fraction d'hectare.......... 0 fr. 47

La 6e catégorie (*marécages cultivés*) payera pour un hectare ou fraction d'hectare.......... 0 fr. 93

Art. 8. — Les cultures d'indigotiers, de cotonniers et les autres cultures coloniales riches à introduire dans le pays, telles que celles du cacaoyer, du caféier, etc., seront exemptées d'impôt foncier jusqu'à nouvelle décision.

Les cultures d'aréquiers, de cocotiers et en général les jardins fruitiers, seront rangés dans la 5e catégorie, jusqu'au moment où ils commenceront à produire régulièrement.

Les plantations ou défrichements nouveaux jouiront de toutes les immunités qui leur sont accordées dans la colonie de Cochinchine, par les règlements actuellement en vigueur, et qui ont été promulgués au Tonkin et en Annam.

Art. 9. — Le minimum des taxes foncières à acquitter par un contribuable pour une propriété rurale quelconque est fixé à 0 fr. 20 par an, pour les terrains possédés dans un même centre.

Art. 10. — Les rôles des contributions foncières, établis par les soins de MM. les Résidents, seront soumis à l'approbation du Résident général, notifiés partout où besoin sera, et les Résidents seront chargés de poursuivre le recouvrement des taxes par tous les moyens conformes à la législation de la Cochinchine française, promulguée au Tonkin et en Annam par arrêté du Gouverneur en date du 6 octobre 1881.

Art. 11. — Le directeur des affaires civiles et politiques est chargé de l'exécution de la présente décision qui, provisoirement exécutoire, sera soumise à l'approbation de M. le Ministre.

COURCY

N° 12. — ARRÊTÉ *fixant le montant des taxes foncières auxquelles sont assujetties les propriétés immobilières appartenant aux Européens ou assimilés.*

9 septembre 1886

Article premier. — Les propriétés immobilières appartenant à des Européens ou assimilés dans les villes du Tonkin, chefs-lieux de Résidence et de vice-résidence, sont divisées en quatre classes pour le payement des taxes foncières.

La première classe comprend les constructions en maçonnerie à étage ;
La seconde » les constructions en maçonnerie sans étage ;
La troisième » les constructions en bois ou en paillotte ;
La quatrième » les terrains non construits ni cultivés.

Art. 2. — *Voyez arrêté du 6 mars 1888, modifiant la taxe foncière.*

Art. 3. — Le classement des immeubles sera effectué par les soins des Résidents ou vice-résidents chefs de poste.

Les poursuites pour le recouvrement des taxes foncières sont soumises aux règles générales relatives à la perception des impôts directs.

Art. 4. — Les dispositions de l'arrêté du 12 décembre 1885 sont abrogées en tout ce qu'elles ont de contraire aux articles ci-dessus.

Art. 5. — Le Résident supérieur au Tonkin est chargé de l'exécution du présent arrêté.

PAUL BERT.

N° 13. — ARRÊTÉ *portant modification des taxes foncières sur les propriétés des Européens ou assimilés.* (1)

6 mars 1888.

Article premier. — Les taxes foncières auxquelles sont assujetties les propriétés foncières des Européens ou assimilés par l'arrêté susvisé sont ainsi modifiées :

Première classe...... 0 fr. 17
Deuxième —...... 0 fr. 12
Troisième —...... 0 fr. 07
Quatrième —...... 0 fr. 02

(1) Une classification spéciale a été faite pour les villes de Haiphong et Hanoï, par arrêtés des 26 janvier 1889 et 27 février 1890.

Art. 2. — Sont abrogées les dispositions de l'arrêté du 9 Septembre 1886, contraires au présent.

Pour le Résident général absent:
Le Secrétaire général,
RAOUL BERGER.

N° 14. — ARRÊTÉ *relatif à l'établissement du rôle des rentes tenant lieu d'impôt foncier, dans les villes de Hanoi et de Haiphong.*

30 décembre 1888.

Article premier. — Dans les villes de Hanoi et de Haiphong, le rôle des rentes tenant lieu d'impôt foncier, sera préparé annuellement par des contrôleurs assermentés nommés à cet effet par le Résident général, sur la proposition des Résidents-maires. Ces derniers surveilleront et dirigeront ce travail préparatoire qui devra être terminé le 1er décembre de chaque année au plus tard.

Art. 2. — Le rôle une fois établi sera soumis à l'examen du Résident-maire.

Art. 3 — Le rôle arrêté par le Résident-maire, sera envoyé dans la première quinzaine de décembre au Résident supérieur qui en fixera définitivement le montant et le transmettra pour publication et exécution au service de la trésorerie.

Art. 4. — La publication du rôle résultera de son affichage à la porte de la mairie et de son insertion au *Journal officiel* du Protectorat.

Art. 5. — Un délai de trois mois à partir de cette date est accordé aux contribuables qui auraient à réclamer contre des impositions indues ou exagérées.

Les réclamations seront adressées au Résident-maire qui devra en délivrer un récépissé.

Aucune réclamation ne sera reçue après l'expiration du délai ci-dessus.

Art. 6. — Les réclamations seront soumises au Résident-maire.

Celui-ci, assisté, s'il le juge nécessaire, du contrôleur, aura le droit, pour s'éclairer, de pénétrer dans les propriétés du réclamant. Il pourra exiger la production des plans et titres desdites propriétés, en un mot s'entourer de tous les renseignements de nature à lui permettre d'apprécier le bien-fondé de la réclamation.

Il devra être statué dans le délai d'un mois à partir de la date du récépissé de la réclamation.

Art. 7. — Les décisions prises seront exécutoires et sans appel, après approbation du Résident supérieur, sur simple avis du Résident-maire et du contrôleur, et notifiées immédiatement aux parties.

Art. 8 — Les délais de réclamation n'arrêteront pas la mise en recouvrement du rôle, qui courra à partir du premier février de chaque année.

Les récépissés des réclamations seront remis aux intéressés au vu de la quittance constatant le payement du 1er semestre de la contribution foncière, à la caisse du préposé payeur de la localité.

Art. 9. — L'établissement des rôles supplémentaires et l'examen des réclamations y relatives sont soumis aux formes, vérifications et délais prévus pour le rôle primitif.

Toutefois le délai de réclamation pour les taxes comprises aux rôles supplémentaires courra à partir de la notification individuelle qui sera faite à chaque contribuable de l'extrait du rôle le concernant.

Art. 10 — Seront imposables au moyen des rôles supplémentaires :

1° Les propriétaires fonciers omis au rôle primitif, pour tous les terrains et immeubles qu'ils possédaient antérieurement au premier janvier, date de l'émission du rôle. Dans ce cas les taxes ne seront dues qu'à partir du 1er janvier de l'année pour laquelle le rôle primitif a été émis ;

2° Ceux qui, dans le cours de l'année, se seront rendus acquéreurs de terrains ou d'immeubles ;

3° Les contribuables qui, après le mois de janvier, auront élevé des constructions sur les terrains pour lesquels ils ont été primitivement imposés.

Dans ces deux cas, la contribution ou le supplément de contribution n'est dû qu'à partir du mois dans lequel les acquisitions ont eu lieu, ou à compter de celui dans lequel les constructions ont été achevées.

Art. 11 — Tout acquéreur, concessionnaire, héritier, légataire, donataire ou nouveau propriétaire, à quelque titre que ce soit, doit faire au contrôle des contributions directes la déclaration des terrains ou immeubles qu'il a acquis.

En cas de cession de terrains ou d'immeubles, le vendeur et l'acquéreur seront solidairement responsables du payement de l'impôt foncier de l'année pendant laquelle la mutation aura eu lieu.

Art. 12. — Toutes les dispositions des arrêtés antérieurs, contraires à celles du présent arrêté, sont et demeurent abrogées.

Art. 13. — M. le Résident supérieur au Tonkin et M. le Payeur, chef du service de la Trésorerie, sont chargés, chacun en ce qui le concerne, de l'exécution du présent arrêté qui sera mis en vigueur pour l'établissement du rôle de l'exercice 1889, et publié et enregistré partout où besoin sera.

Pour le Gouverneur général et p. o.
Le Résident général,
RHEINART.

N° 15. — ARRÊTÉ *divisant en cinq zônes les propriétés immobilières situées dans le périmètre de la ville de Haiphong, pour l'établissement des rôles d'impôt.*

26 janvier 1889

Article premier. — Les propriétés immobilières situées dans le périmètre de la ville de Haiphong sont divisées, sauf l'exception prévue à l'article 6, en cinq zônes, pour l'établissement des taxes foncières.

La première zône comprend :

1° Tous les immeubles situés sur les voies en état de viabilité complète, savoir :

La rue Paul Bert, la rue de Son-tay, la rue Courbet, la rue Harmand, la rue du Commerce, la rue Chinoise, la rue de Fou-tchéou, la place Nationale, la rue de la Douane, et tous les immeubles en bordure sur les quais Paul Bert ;

2° Les immeubles en façade sur la rive droite du Song-tam-bac, depuis la rue de Fou-tchéou jusqu'à l'embouchure du Song-tam-bac ; sur la rive gauche du Song-tam-bac, depuis et y compris la maison Vin-sin-tai jusqu'à l'embouchure de cette rivière.

La seconde zône comprend :

1° Les immeubles situés sur les rues empierrées, mais en état de viabilité incomplète, savoir :

Le boulevard de la République, du square Paul Bert au canal ;

La rue de la Mission.

2° Les immeubles situés entre le Cua-cam, le canal de ceinture et le Song tam-bac, sur des voies remblayées mais non empierrées, pouvant permettre la circulation.

3° La rue de la Marine, depuis la maison Vin-sin-tai incluse jusqu'à la rue de l'Arsenal, et la rue de l'Arsenal jusqu'à l'extrémité des ateliers de la marine.

Dans la troisième zône sont compris :

1° Les immeubles situés entre le Cua-cam, le canal de ceinture et le Song-tam-bac, sur des voies non remblayées.

2° Ceux en bordure sur la rive droite du canal de ceinture, de son embouchure sur le Cua-cam jusqu'au casernement de la milice.

3° Ceux situés sur la route du cimetière dans sa partie à 20 mètres de largeur.

La quatrième zône comprend :

1° Les immeubles en bordure sur la rive droite du canal, depuis le casernemernt de la milice jusqu'à son amorce dans le Song-tam-bac.

2° Les immeubles des rues de la Marine et de l'Arsenal, dans les parties non classées dans les trois premières zônes.

3° Ceux de la place du marché d'Haly.

4° Ceux situés sur la route de Do-son, de son amorce sur le quai du canal au premier boulevard projeté au plan d'alignement.

5° Les parties des terrains qui, situés en bordure du Cua-cam ou du Song-tam-bac, auront été aménagés pour recevoir des constructions ou être utilisés en chantiers de construction, dépôt de matériaux, etc, etc. . . .

Dans la cinquième zône sont classés :

Tous les terrains non compris dans les quatre premières.

Art. 2. — La classification ci-dessus fera l'objet, chaque année avant la confection des rôles, d'une révision dans laquelle il sera tenu compte des changements apportés dans la situation des immeubles et de l'état de la voirie.

Le conseil municipal sera appelé à en délibérer dans la session ordinaire de novembre.

Art. 3. — Dans chacune des zônes ci-dessus, les immeubles sont divisés en quatre classes comprenant :

1° Les constructions en maçonnerie à étage ;
2° Les constructions en maçonnerie sans étage ;
3° Les constructions en bois ou en paillotte ;
4° Les terrains non construits ni cultivés.

Art. 4. — Les taxes à percevoir, par mètre superficiel, dans chaque classe et dans chacune des zônes ainsi déterminées, sont fixées conformément au tableau suivant :

CLASSE	1re ZONE	2e ZONE	3e ZONE	4e ZONE	5e ZONE
1re classe...	0.25	0.20	0.17	0.12	0.12
2e classe...	0.20	0.15	0.12	0.08	0.08
3e classe...	0.10	0.08	0.06	0.04	0.04
4e classe...	0 03	0.02	0.01	0.005	15 fr. de l'hect.

Art. 5. — Les immeubles appartenant, par leur position, à plusieurs zônes seront taxés dans la zône la plus imposée.

Art. 6. — Les immeubles des Asiatiques étrangers seront régis par le présent arrêté ; quant à ceux appartenant aux Annamites, ils continueront à être soumis à la loi annamite, à moins que les propriétaires ne réclament le bénéfice de la législation française.

Art. 7. — Les augmentations, résultant de l'application du tableau ci-dessus, sont attribuées exclusivement à la ville de Haiphong pour l'année 1889 seulement.

A cet effet, il sera établi deux rôles : l'un sur les bases nouvelles en vue de la perception, l'autre sur les bases anciennes en vue de la détermination de la part revenant au Protectorat, laquelle reste fixée à moitié, conformément aux dispositions de l'arrêté du 19 juillet 1888.

Art. 8. — Toutes les dispositions des arrêtés des 9 septembre 1886 et 6 mars 1888, contraires à celles du présent arrêté, sont et demeurent rapportées.

Art. 9. — Le Résident-maire de Haiphong et le contrôleur des impôts sont chargés, chacun en ce qui le concerne, de l'exécution du présent arrêté, qui entrera en application pour la confection des rôles de l'exercice 1889.

Le Résident supérieur,
E. PARREAU.

N° 16. — CIRCULAIRE *au sujet de l'inscription au rôle foncier de tout Européen ou Asiatique étranger occupant des terrains où des immeubles.*

21 juin 1889

L'examen des rôles de l'impôt foncier, en faisant ressortir le montant peu élevé de ces rôles, m'a amené à penser que les dispositions réglementaires ayant trait à cette contribution ne sont pas appliquées dans toute leur intégralité.

J'ai tout lieu de croire, en effet, que dans la plupart des circonscriptions, seuls sont imposés à la taxe foncière les propriétaires munis de titres réguliers, et qu'à côté d'eux, d'autres possesseurs, locataires ou simples occupants bénéficient des mêmes avantages de la propriété régulière, sans avoir à en supporter les charges.

Tel n'est pas l'esprit de la loi du 3 frimaire an VII qui régit la matière, et qui, par son article 2, vise la propriété et non le propriétaire. Aucune des dispositions de ce texte, en effet, ne parle de titres à produire. L'occupant est substitué au propriétaire à défaut ou en l'absence de ce dernier, pour tous renseignements à donner ou réclamations à faire (art. 41) et contraint au paiement de la taxe (art. 147). Bien que cette législation n'ait pas été promulguée au Tonkin, les principes qu'elle consacre sont d'une application générale et dominent tous les règlements locaux en matière d'impôt foncier.

J'estime en conséquence que tous les Européens ou Asiatiques étrangers doivent être inscrits au rôle de l'impôt foncier pour tous les terrains ou immeubles non exceptés par la loi, et non imposés déjà, qu'ils occupent soit comme propriétaires, soit à un titre quelconque.

Vous voudrez donc bien réparer les omissions qui auraient pu se produire dans votre circonscription, et porter sur le rôle supplémentaire du trimestre en cours, les Européens ou Asiatiques étrangers jouissant, sans titres réguliers, d'immeubles ou de terrains dans les conditions déterminées par la présente circulaire.

Il va sans dire que cette inscription au rôle d'impôt foncier n'implique en aucune façon la reconnaissance de la qualité de propriétaire.

BRIÈRE.

N° 17. — ARRÊTÉ *classifiant les propriétés de la ville de Hanoi, pour l'assiette de l'impôt foncier*

27 février 1890

Article premier. — Les propriétés immobilières situées dans les parties du périmètre de la ville de Hanoi comprises entre le fleuve, la concession, le boulevard Gambetta jusqu'à la route mandarine, la route mandarine jusqu'aux fossés de la citadelle, (*partie de la face sud, faces ouest et nord*) jusqu'à la rue de l'Hôpital chinois, la rue de l'Hôpital chinois jusqu'à la rue du Charbon, de ce point une ligne perpendiculaire au fleuve, sont divisées en quatre classes.

Les maisons ayant façade sur la rue du Charbon jusqu'à la pagode des Mulets seront toutefois comprises dans le périmètre urbain et taxées comme telles à la quatrième classe.

Art. 2. — Dans chacune des classes les immeubles sont divisés en quatre catégories comprenant :

1° Les constructions en maçonnerie à étage ;
2° Les constructions en maçonnerie sans étage ;
3° Les constructions en bois et en paillotte ;
4° Les terrains non construits et les mares.

Art. 3. — Les taxes à percevoir par mètre superficiel dans chaque classe et dans chaque catégorie sont fixées comme suit :

CATÉGORIES	CLASSES			
	1re	2e	3e	4e
1re	0 $ 05	0 $ 04	0 $ 03	0 $ 02
2e	0 04	0 03	0 02	0 01
3e	0 03	0 02	0 01	0 005
4e	0 005	0 0025	0 00125	0 000625

Art. 4. — Les rues comprises dans les limites indiquées à l'article 1er sont classées conformément au tableau suivant :

PREMIÈRE CLASSE.

Rues de la Soie, des Cantonnais, des Brodeurs, des Voiles, Henri Rivière, Paul-Bert, rue du Camp des lettrés, (*depuis le boulevard Gia-long jusqu'à la rue Jauréguiberry*)

DEUXIÈME CLASSE.

Rues du Sucre, du Riz, du Papier, des Ferblantiers, du Lac, des Radeaux, des Pavillons noirs, de la Chaux, du Pont en bois, du Chanvre, des Paniers, Vieille des Tasses, des Fockiens, Jean Dupuis, boulevard Gia-long, rue Laubarède, quai de Cu-phu, rue Dong-khanh.

TROISIÈME CLASSE.

Rues de la Citadelle, des Cuirs, des Pipes, des Volailles, des Nattes en bambous, des Caisses, des Tasses, des Médicaments, des Bambous, des Cercueils, du Coton, des Eventails, des Chapeaux, des Changeurs, des Vases, des Etoffes, du Cuivre, boulevards Gambetta, (*côté de la ville*) Rollandes, Bobillot, quai de la Douane.

QUATRIÈME CLASSE.

Rues du Charbon, de la Mission, des Stores, des Peignes, des Balances, du Ca-nao, Pothier, des Teinturiers, de la Saumure, des Pioches, des Briques, de la Poissonnerie, des Forgerons, des Tubercules, des Graines, de l'Hôpital chinois, (*côté de la ville*), mandarine, boulevard Jauréguibéry, rue du Camp des lettrés, (*du boulevard Jauréguibéry à la rue des Teinturiers.*)

Art. 5. — Les propriétés immobilières appartenant à des indigènes et situées dans le périmètre de la ville de Hanoi, mais non comprises dans les limites indiquées à l'article 1er, seront soumises à l'impôt foncier annamite, qui continuera à être perçu sur rôles établis par les soins des villages. Celles appartenant à des Européens ou à des Asiatiques étrangers seront soumises à l'impôt foncier rural tel qu'il est déterminé par l'arrêté du 18 août 1886.

Art. 6. — Les immeubles appartenant par leur position à plusieurs classes, seront taxés dans la classe la plus élevée.

Art. 7. — Les immeubles existant dans les rues non encore classées, seront compris dans la 4e classe.

Art. 8. — Dès qu'une nouvelle rue aura été classée, un arrêté désignera la classe qui devra lui être affectée.

Art. 9. — Toutes les dispositions contraires au présent arrêté sont et demeurent abrogées.

Art. 10. — Le Résident supérieur au Tonkin, est chargé de l'exécution du présent arrêté qui entrera en vigueur pour la confection des rôles de l'exercice 1890.

PIQUET

4e SECTION

IMPOT DE CAPITATION

N° 18. — DÉCISION *fixant l'impôt de capitation des Asiatiques étrangers.*

12 décembre 1885

Modifiée par arrêté du 27 décembre 1886.

N° 19. — ARRÊTÉ *modifiant et réglementant l'impôt de capitation à payer par les Asiatiques étrangers au Tonkin.* (1)

27 décembre 1886

Article premier. — Tous les Asiatiques étrangers immigrant au Tonkin ou y résidant, devront se munir d'une carte de séjour personnelle, renouvelable le 1er janvier de chaque année, et dont le prix, *pour les nouveaux immigrants*, sera décompté par quart suivant le trimestre de l'arrivée.

Art. 2 et 3. — *Modifiés par arrêté du 19 février 1889.*

Art. 4. — Il sera formé, dans chaque province, une seule congrégation pour tous les Asiatiques étrangers.

Art. 5. — Dès leur arrivée, les Asiatiques sont tenus de faire partie de la congrégation établie dans la province qu'ils habitent. (2)

La congrégation est responsable de l'impôt personnel dû par chacun de ses membres, et peut refuser l'admission des individus dont elle ne voudrait pas répondre. Les individus dont la congrégation ne voudrait pas répondre seront placés sous la surveillance directe de la police, qui leur fixera le lieu de leur résidence et provoquera leur expulsion, s'ils ne présentent pas des garanties de moralité et de travail satisfaisantes.

Art. 6. — L'impôt personnel, dont le payement est représenté par la carte de séjour, doit être acquitté dans les deux premiers mois de l'année.

Art. 7. — *Modifié par arrêté du 11 mai 1889.*

Art. 8. — Nul Asiatique soumis à la carte de séjour ne pourra quitter le territoire du Tonkin sans se munir au préalable d'un passeport dont le prix est fixé à 12 francs et qui lui sera délivré par le Résident ou vice-résident de sa province, sur la production d'un certificat du chef de congrégation attestant que l'intéressé n'est redevable d'aucune somme au trésor et qu'il n'existe aucun empêchement à son départ.

Art. 9. — Les Asiatiques étrangers arrivant au Tonkin devront se présenter de suite à la Résidence ou vice-résidence la plus rapprochée, et justifier de leur qualité de nouvel immigrant. Il leur sera délivré une carte de séjour, s'il y a lieu. Si l'immigrant déclare vouloir se rendre dans une autre province, le Résident ou vice-résident lui délivrera un laissez-passer valable pendant 15 jours pour les provinces limitrophes, et pendant un mois pour toutes les autres ; un permis sera délivré moyennant un droit d'enregistrement de deux francs.

Art. 10. — En cas de changement définitif de résidence, les Asiatiques soumis à la carte de séjour seront tenus d'en faire la déclaration au Résident ou vice-résident de la province qu'ils habitent.

La carte sera retirée et envoyée au Résident du nouveau domicile. Cette carte sera remplacée provisoirement entre les mains de son propriétaire par un laissez-passer indiquant le numéro de la carte, et valable pendant les durées de temps déterminées par l'article 9.

Art. 11. — Le chef de la congrégation sera tenu d'adresser à la date du premier jour de chaque mois, un état indiquant les noms des Asiatiques étrangers qui auront été admis à la congrégation ou qui auront été rayés par suite de départ, décès, fuite, etc.

Art. 12. — Les chefs et sous-chefs de congrégation sont choisis par les Asiatiques résidant dans la circonscription.

Art. 13. — Les élections des chefs et sous-chefs de congrégation auront lieu au mois d'octobre et seront soumises à l'approbation du Résident général.

Art. 14. — Les chefs et sous-chefs de congrégation seront exempts de l'impôt de capitation. Toutefois ceux qui, sans excuse reconnue valable par l'Administration, quitteraient leurs fonctions sans avoir dirigé la congrégation pendant 6 mois consécutifs, seront exclus de cette faveur.

Le sous-chef remplacera le chef en cas d'absence de peu de durée. Si l'absence se prolonge au delà de 3 mois, il y aura lieu de procéder à de nouvelles élections.

Art. 15. — Les chefs et sous-chefs de congrégation concourent avec les agents de l'administration à la police de leur congrégation. Ils exercent une surveillance directe sur la congrégation et recourent au besoin à la protection des autorités pour assurer leur intervention dans l'intérêt de l'ordre public.

Ils doivent toujours être à même d'indiquer, au moyen du contrôle nominatif qu'ils sont astreints à tenir, les mouvements survenus parmi les membres de leur congrégation et le nombre exact des congréganistes. Ils doivent signaler, au fur et à mesure qu'ils se produisent, les changements de domicile, décès, départs, fuites etc.

Toute infraction à cette disposition, de même que toute déclaration inexacte, sera punie d'une amende de 10 à 50 francs, et de 15 jours de prison en cas de récidive.

Art. 16. — La congrégation est civilement responsable dans la personne de son chef, et au besoin solidairement entre tous ses membres, de la totalité des contributions personnelles dues par les congréganistes.

Le chef de congrégation est l'intermédiaire désigné pour recevoir toute communication de l'administration, adressée à la collectivité des individus composant la congrégation.

Art. 17. — Seront punis d'une amende de 50 francs, les Asiatiques des 1re et 2e catégories qui n'auront pas une carte de séjour en rapport avec leur classe de patente ou le montant de leur cote foncière au moment de la délivrance de leur carte.

Art. 18. — Tout Asiatique étranger qui, après s'être muni d'une carte de séjour, quitterait le pays, ne sera pas tenu de payer un nouveau droit, si son retour a lieu la même année.

Art. 19. — Tout porteur d'une carte reconnue ne pas lui appartenir sera puni d'une amende de 25 francs outre le prix de la carte personnelle de séjour qu'il est tenu de posséder. Le prêteur sera puni de la même peine, et la carte prêtée ou achetée sera saisie et annulée.

Tout Asiatique soumis à la carte qui ne pourra la présenter à toute réquisition de l'autorité sera puni de 5 francs d'amende, s'il se trouve dans la province où il est inscrit, et d'une amende de 20 francs s'il se trouve dans une autre province que celle de sa congrégation.

(1) L'impôt de capitation en Annam est régi par les dispositions spéciales de l'arrêté du 24 juin 1889.

Voir, en outre arrêté du 15 mai 1890, réduisant l'impôt de capitation pour les Chinois voyageant temporairement en Annam et au Tonkin.

(2) Voir. «Congrégations chinoises», arrêté du 4 mai 1889, modifiant leur composition.

Par dérogation aux dispositions ci-dessus, les résidents asiatiques des deux premières catégories ne seront pas, dans leur province, tenus d'être porteurs de leur carte de séjour.

Art. 20. — Tout contrevenant aux dispositions des articles 6 et 9 sera puni d'une amende de 20 francs, outre le prix de la carte qui lui sera délivrée d'office.

Les duplicatas de cartes de séjour, lorsque la demande en sera faite spontanément, donneront lieu à la perception d'un nouveau droit entier, sans amende.

En cas d'insolvabilité, les délinquants seront contraints par corps et incarcérés pendant une durée qui ne pourra excéder un mois, puis expulsés aux frais de la congrégation. Les frais de nourriture pendant l'incarcération seront à la charge de la congrégation, qui est libre de provoquer l'expulsion de l'insolvable dès l'arrestation, après avoir payé les contributions dues au trésor.

Art. 21. — Les contrevenants aux articles 8, 9, 10 seront punis d'une amende de 10 francs par le fonctionnaire qui aura opéré l'arrestation.

En cas d'insolvabilité, ils seront emprisonnés, puis expulsés comme il est dit à l'article 20.

Art. 22. — Est abrogée la décision du 12 décembre 1885 en tout ce qu'elle a de contraire à la présente, qui sera mise en vigueur à partir du 1er janvier 1887.

Art. 23. — Le Résident supérieur au Tonkin est chargé de l'exécution du présent arrêté.

P. VIAL.

N° 20. — ARRÊTÉ *établissant une nouvelle classification pour l'impôt de capitation*

19 février 1889.

Article premier. — Les dispositions des articles 2 et 3 de l'arrêté du 27 décembre 1886 sont ainsi modifiées :

Art. 2. — Les Asiatiques non indigènes sont, au point de vue de l'impôt personnel de séjour, divisés en trois catégories :

La première catégorie comprend les patentés de 1re, 2e et 3e classe, et les propriétaires fonciers payant une taxe de 60 piastres et au-dessus.

La deuxième catégorie comprend les patentés de 4e, 5e et 6e classe et les propriétaires fonciers payant une taxe de 20 à 60 piastres.

La troisième catégorie comprend tous les Asiatiques étrangers qui ne rentrent pas dans les deux catégories précédentes.

Art. 3. — Le prix de la carte de séjour est fixé en piastres de la manière suivante :

Pour la première catégorie.................. 60 piastres.
Pour la deuxième catégorie.................. 20 piastres.
Pour la troisième catégorie.................. 5 piastres.

Toutefois seront assujettis à des cartes spéciales, les Asiatiques étrangers employés au service d'entrepreneurs français pour les exploitations agricoles et minières dans les conditions suivantes :

1°. — Tous les asiatiques employés au nombre de cent au moins pour une exploitation minière, seront assujettis, sur la déclaration de l'entrepreneur, à une carte spéciale de séjour dont le prix est fixé à deux piastres cinquante cents.

2°. — Les Asiatiques employés au nombre de vingt-cinq au moins pour une exploitation agricole, seront assujettis, sur la déclaration de l'agriculteur, à une carte spéciale de séjour dont le prix est fixé à une piastre.

Dans ces deux cas, l'entrepreneur sera soumis à toutes les obligations imposées au chef de congrégation par les articles 11, 15 et 16 de l'arrêté du 27 décembre 1886. Il est responsable de la totalité des contributions personnelles dues par ses ouvriers (1).

Art. 4. — L'application de ce nouveau tarif sera faite à compter du premier janvier 1889.

Art. 5. — Le Résident supérieur au Tonkin est chargé de l'exécution du présent arrêté qui sera enregistré, notifié et publié partout où besoin sera.

RICHAUD.

(1) Voyez ci-après arrêté du 11 mai 1889.

N° 21. — ARRÊTÉ *réduisant les impôts de capitation pour les chinois venant à Hanoi en représentation théâtrale.*

13 mars 1889.

Article premier. — Les Chinois venus à Hanoi pour y installer un théâtre sont exemptés de la moitié des droits de passeports

Art. 2. — L'exemption de l'impôt de capitation leur est également accordée pour la totalité de l'impôt si leur séjour à Hanoi ne dépasse pas trois mois, pour la moitié seulement, si le séjour se prolonge de trois à six mois ; s'ils restent plus de six mois ils seront soumis au payement intégral de l'impôt.

Art. 3. — M. le Résident supérieur au Tonkin et M. le Résident-maire de Hanoi sont chargés, chacun en ce qui le concerne, de l'exécution du présent arrêté.

RHEINART.

N° 22. — CIRCULAIRE *au sujet de l'application de l'arrêté du 19 février 1889, modifiant l'impôt de capitation.*

16 mars 1889.

J'ai l'honneur de vous adresser ampliation d'un arrêté de M. le Gouverneur général, n° 88, en date du 19 février, qui modifie les articles 2 et 3 de celui du 27 décembre 1886, relatif à l'impôt personnel de séjour des Asiatiques non indigènes. Ces dispositions, empruntées d'ailleurs à la Cochinchine, ont pour but, tout en créant de nouvelles ressources, minimes d'ailleurs, au trésor, de mettre sur un pied d'égalité aussi complet que possible, au point de vue des charges, les Asiatiques étrangers et les indigènes

Ceux-ci sont soumis aux impôts foncier et personnel, à la corvée, au service militaire, de garde, etc. Il est équitable que les autres Asiatiques contribuent dans une proportion équivalente aux charges communes, alors qu'ils bénéficient également de l'ordre de choses établi.

Autrement la situation qui leur serait faite serait tout au moins choquante au point de vue de la justice.

Dans un but de simplification, l'arrêté du 16 février a réduit de 4 à 3 le nombre des catégories d'imposables à la taxe de capitation. Vous voudrez bien remarquer que cette réduction emporte, pour un certain nombre de ceux-ci, un abaissement du taux de la taxe ancienne, la taxe de la 1re catégorie ancienne étant de 300 fr. tandis que la nouvelle n'est que de 60 piastres.

En outre, un traitement de faveur a été fait aux ouvriers asiatiques étrangers, employés dans des exploitations agricoles ou minières; l'intérêt supérieur qui s'attache au développement de ces exploitations explique cette exception. Les ouvriers asiatiques étrangers, au nombre de cent au moins, dans une même exploitation minière, ou au nombre de 25 au moins dans une même exploitation agricole, sont assujettis, sur la déclaration de l'exploitant, à une carte spéciale de séjour dont le prix n'est que de deux piatres cinquante cents dans le premier cas, et d'une piastre dans le second.

Il est spécifié d'ailleurs que, dans ces deux cas, l'exploitant est soumis à toutes les obligations imposées au chef de congrégation, et qu'il est responsable de la totalité des contributions personnelles dues par ses ouvriers.

Les taxes nouvelles, aux termes de l'arrêté, doivent entrer en vigueur à partir du 1er janvier. Toutefois un certain nombre d'asiatiques ayant acquitté leur taxe, entre cette date et celle à laquelle l'arrêté a été publié, j'estime qu'il convient de ne point revenir sur ces versements qui, en raison du caractère flottant d'un grand nombre de ces contribuables, resteront acquis tels quels.

En conséquence, ceux d'entre vous dont les rôles établis sur les anciennes bases, auraient déjà été mis en recouvrement, sont invités à arrêter cette opération au reçu de la présente instruction. Ils devront m'adresser un état de propositions de dégrèvement pour les imposés qui, compris au rôle, n'auront pas encore acquitté leur taxe, et qui seront reportés sur un rôle supplémentaire spécial, établi d'après les nouvelles bases.

Quant à ceux dont les rôles primitifs n'auraient pas encore été mis en recouvrement, ils auront à les dresser conformément aux prescriptions et à la tarification de l'arrêté.

Ces rôles, primitifs ou supplémentaires, devront m'être adressés, suivant la règle ordinaire, pour être rendus exécutoires. Je désire qu'ils me parviennent avant le 15 avril.

E. PARREAU

N° 23. — ARRÊTÉ *modifiant l'art. 7 de celui du 27 décembre 1886, sur l'impôt de capitation.*

11 mai 1889.

Article premier. — L'article 7 de l'arrêté du 27 décembre 1886 est ainsi modifié : Les enfants au dessous de quinze ans, les vieillards au dessus de 60 ans, les femmes et les infirmes sont dispensés de la carte de séjour ; il leur sera délivré des laissez-passer personnels, renouvelables le 1er janvier de chaque année, soumis à un droit d'enregistrement de cinquante cents.

Ce droit d'enregistrement sera réduit à vingt cinq cents pour les immigrants de la catégorie précitée, qui appartiendront à des familles d'ouvriers miniers ou agricoles, agglomérés dans les conditions prévues par l'article 1er de l'arrêté du 19 février 1889.

Art. 2. — M. le Résident général en Annam et au Tonkin est chargé de l'exécution du présent arrêté.

RICHAUD.

N° 24. — ARRÊTÉ *réglementant l'impôt de capitation en Annam*

24 juin 1889

Article premier. — A dater du 1er juillet 1889, les Asiatiques étrangers sont placés, au point de vue de l'impôt de capitation, sous l'autorité du Gouvernement français en Annam.

Art. 2. — En dehors des prescriptions contenues dans le présent arrêté, ils restent soumis, jusqu'à nouvel ordre, aux lois en vigueur en Annam et aux règlements particuliers les concernant, édictés par le Gouvernement annamite, et sont justiciables des tribunaux indigènes. Cependant, le Gouvernement du Protectorat, considérant les Chinois comme étrangers au point de vue politique aussi bien qu'au point de vue administratif, se réserve le droit, en cas de troubles ou de coalition de la part de certains d'entre eux, de provoquer leur expulsion ou leur internement par mesure administrative.

Art. 3. — Ils sont divisés, au point de vue de l'impôt, en trois catégories, soumises aux taxes fixées provisoirement de la façon suivante, la contribution des patentes n'existant pas actuellement en Annam :

La première, comprenant les notables commerçants, est imposée à quarante piastres (40 $). La deuxième, comprenant les négociants moins importants, est imposée à douze piastres (12 $). Dans la troisième catégorie, seront compris tous les coolies, ouvriers et petits marchands ambulants dont le commerce est sans importance. Ils payeront une capitation de 3 piastres (3 $).

Art. 4. — Chaque Résident, pour sa province, est chargé de la répartition des Chinois dans ces trois catégories.

Art. 5. — Tout Chinois arrivant ou résidant en Annam, devra faire partie d'une des congrégations établies dans la province qu'il habite.

Les congrégations reconnues sont, comme auparavant, au nombre de quatre : Hai-nam, Canton, Trieu-chau, Phuoc-kien.

Art. 6. — Le régime des congrégations est provincial. Dans les provinces où le nombre des Chinois est considérable, ils pourront être répartis en plusieurs congrégations.

Dans celles où le nombre des Chinois est restreint, ils seront tous réunis en une seule, comprenant les individus de toutes langues.

Art. 7. — Chaque congrégation nommera un chef et au besoin un sous-chef, qui seront exempts de l'impôt de capitation. Ces nominations seront soumises à l'approbation du Résident supérieur et du Gouvernement annamite.

Art. 8. — Dans le cas où les membres d'une congrégation refuseraient d'élire un chef ou un sous-chef de congrégation, le Résident, après approbation du Résident supérieur, les désignerait d'office.

Art. 9. — La congrégation est pécuniairement responsable dans la personne de son chef, et au besoin solidairement entre tous ses membres, de la totalité des contributions personnelles dues par les congréganistes.

Art. 10. — Le chef de congrégation est l'intermédiaire désigné pour recevoir toute communication de l'administration adressée à la collectivité des individus composant la congrégation. Les chefs ou les sous-chefs de congrégation doivent toujours être à même d'indiquer, au moyen du contrôle nominatif qu'ils sont astreints à tenir, les mouvements survenus parmi les membres de leur congrégation, et le nombre exact de ces membres. Ils doivent signaler, au fur et à mesure qu'ils se produisent, les changements de domicile, décès, départs, fuites, etc.

Toute infraction à cette disposition, de même que toute déclaration inexacte, sera punie d'une amende de deux à vingt piastres, et il pourra être infligé 15 jours de prison en cas de récidive.

Art. 11. — La congrégation peut refuser l'admission des individus dont elle ne veut pas répondre. Dans ce cas, il appartient à l'autorité française de prendre contre ces individus telle mesure administrative qu'elle jugera utile.

Art. 12. — La perception de l'impôt de capitation sera effectuée sur rôles annuels établis par les soins des Résidents, avec le concours des autorités annamites et des chefs de congrégation, et soumis à l'approbation du Résident supérieur.

Les droits constatés par ces rôles primitifs devront être rentrés avant le 1er mars de chaque année. Des rôles supplémentaires seront établis mensuellement, s'il y a lieu, pour les inscriptions postérieures au 1er janvier.

Art. 13. — Le paiement de l'impôt sera constaté par des cartes de séjour qui seront délivrées par les Résidents aux asiatiques soumis à la taxe.

Le Dien-chi du propriétaire réel de la carte sera apposé sur cette carte par les soins de la Résidence ou du chef de congrégation.

Art. 14. — Tout Asiatique étranger résidant en Annam, devra être muni d'une carte de séjour qu'il est tenu de présenter à toute réquisition d'un agent de l'autorité, sous peine d'une amende de trois piastres, sans préjudice des poursuites à exercer devant le Résident pour l'inscription au rôle, s'il n'y figurait pas.

Art. 15. — Les enfants au-dessous de quinze ans, les vieillards au-dessus de soixante, les femmes et les infirmes, sont exempts de l'impôt de capitation. Il leur sera délivré, sans frais, des laissez-passer personnels, renouvelables dans les deux premiers mois de chaque année.

Art. 16. — Tout Asiatique étranger immigrant en Annam est tenu de faire constater immédiatement son arrivée, et une carte de séjour lui sera délivrée le plus tôt possible, contre paiement de la capitation, et après son inscription dans une des congrégations de la province.

Si l'arrivée a lieu dans le cours du second semestre, il ne paiera que la demi-taxe.

Il appartient à chaque Résident de proposer au Résident supérieur les moyens propres à assurer l'exécution de cette mesure dans sa province.

Art. 17. — Les Chinois ne peuvent quitter le territoire de l'Annam qu'autant qu'ils auront acquitté leur capitation de l'année courante, et après déclaration du chef de congrégation. Ce dernier devra en même temps remettre la carte du partant à la Résidence. En cas de non déclaration, sauf dans les cas de fuite ou tout autre cas d'impossibilité dûment constaté, l'absent est porté sur le rôle de l'année suivante, et la congrégation est tenue d'acquitter le montant de la taxe à laquelle il était soumis.

Art. 18. — En cas de changement définitif de résidence, l'asiatique soumis à la carte de séjour sera tenu d'en faire la déclaration au Résident de la province qu'il habite.

La carte sera retirée et envoyée au Résident de la province où il doit fixer son nouveau domicile. Elle sera remplacée par un laissez-passer indiquant le numéro de la carte, et valable pendant trois mois. A l'arrivée dans la province qu'il doit habiter, le déclarant devra échanger son laissez-passer contre son ancienne carte, qui portera le nouveau numéro d'inscription à la Résidence où il s'établit.

Art. 19. — Tout Asiatique étranger qui, après s'être muni d'une carte de séjour, quittera le pays, ne sera pas tenu de payer un nouveau droit si son retour a lieu la même année.

Art. 20. — Les chefs de congrégation seront tenus d'adresser au Résident de la province, le premier jour de chaque mois, un état des mutations survenues dans le mois parmi les Chinois de leur congrégation.

Art. 21. — Tout porteur d'une carte reconnue ne pas lui appartenir, sera puni d'une amende de dix piastres, outre le prix de la carte personnelle de séjour qu'il est tenu de posséder. Le prêteur sera puni de la même peine et la carte prêtée ou achetée sera saisie et annulée.

Art. 22. — Les duplicatas de cartes de séjour, lorsque la demande en sera faite spontanément, donneront lieu à la perception d'un nouveau droit entier sans amende. Toute contravention aux articles 16 et 18 sera punie d'une amende de deux à cinq piastres.

En cas d'insolvabilité, les délinquants seront contraints par corps et incarcérés pendant une durée qui ne pourra excéder un mois, puis expulsés aux frais de la congrégation.

Les frais de nourriture pendant l'incarcération seront à la charge de la congrégation, qui est libre de provoquer l'expulsion de l'insolvable dès l'arrestation, après avoir payé les contributions dues au trésor.

Art. 23. — *Rapporté par arrêté du 3 septembre 1889.*

PIQUET.

N° 25. — ARRÊTÉ *rapportant l'art. 23 de celui du 24 juin 1889, sur l'impôt de capitation en Annam.*

3 septembre 1889

Article premier. — L'artcle 23 de l'arrêté du 24 juin 1889 est et demeure abrogé.

PIQUET.

N° 26. — ARRÊTÉ *créant un passeport spécial pour les commerçants chinois voyageant en Annam et au Tonkin.*

15 mai 1890

Article premier. — Les commerçants chinois, porteurs d'un passeport spécial, valable seulement en Annam et au Tonkin, qui leur aura été délivré par les consuls de France à Mongtzé, Long-tchéou, Canton, Hong-kong et Pakhoï, seront exempts de tout impôt à leur entrée sur le territoire du Protectorat.

Art. 2. — Ils devront, dès leur arrivée, faire viser leur passeport à la Résidence du port de débarquement ou de la ville frontière par laquelle ils pénétreront au Tonkin.

Art. 3. — La délivrance et le visa de ces passeports ne donnera lieu à la perception d'aucun droit.

Art. 4. — Les chinois, porteurs de ce passeport, pourront séjourner et circuler librement au Tonkin et en Annam pendant deux mois, à compter du jour de leur entrée, constatée par le visa du passeport.

Art. 5. — Passé ce délai, ils devront quitter le territoire du Protectorat, ou se conformer aux prescriptions des arrêtés fiscaux concernant les Chinois qui établissent leur domicile dans le territoire du Protectorat.

Art. 6. — Les Résidents supérieurs en Annam et au Tonkin sont chargés, chacun en ce qui le concerne, de l'exécution du présent arrêté.

PIQUET.

5e SECTION

IMPOT INDIGÈNE

N° 27. — INSTRUCTIONS *du Gouverneur général de l'Indo-Chine, relatives à la perception de l'impôt annamite.*

22 février 1888.

En comparant les impôts établis par l'ancienne administration annamite avec les perceptions qui ont pu être effectuées pendant l'année 1886, et celles réalisées en 1887, il m'a paru que MM. les chefs de circonscriptions ne se préoccupent pas d'augmenter les revenus du budget.

Cette situation ne saurait se prolonger, et les sacrifices que la France s'est imposée jusqu'à ce jour doivent être allégés le plus possible par la perception intégrale des impôts indigènes.

Je vous prie, en conséquence, de vouloir bien donner des ordres à MM. les Résidents et vice-résidents, pour que la rentrée des impôts soit l'objet de toute leur application et que, d'une manière générale, ils étudient les moyens de mettre en valeur tous les revenus publics.

Vous remarquerez que si on tient compte des anciennes douanes intérieures, et des charges diverses qui pesaient sur la population, nous sommes en droit de penser que les impôts indirects établis par le Protectorat n'ont pas occasionné un surcroît de charges pour le pays.

L'impôt personnel est particulièrement mal réparti. Les rôles datent généralement de l'époque de Minh-Mang et, souvent, remontent à l'origine même de la fondation de la commune. Il est à peine besoin d'ajouter que le nombre des inscrits n'a plus aucun rapport avec la population actuelle des villages

Cet état de choses est d'autant plus regrettable que le chiffre des inscrits offre un triple intérêt, puisqu'il sert de base pour l'assiette de l'impôt personnel, leurs corvées et la répartition du contingent des milices et des tirailleurs.

L'assiette de l'impôt foncier est tout aussi défectueuse. Les taxes sont trop multiples et rendent impossible tout contrôle. Les contributions sont inégalement réparties, parce qu'il n'a été tenu aucun compte, non seulement des défrichements ou des changements de culture, mais aussi des changements survenus dans la constitution physique du sol.

Dans ces conditions, toute augmentation générale des impôts devient impossible, parce qu'elle grèverait trop lourdement certains villages et certaines régions, et, d'autre part, l'administration n'est pas en mesure de faire exécuter le levé exact des terres imposables de chaque village.

J'ai pensé que l'impôt personnel pourrait donner des revenus importants au budget, tout en aidant puissamment à l'action de la police, au moyen de cartes à peu près semplables à celles délivrées annuellement en Cochinchine, contre le versemem d'un droit de trois francs, à tous les indigènes de 20 à 25 ans, et qui pourrait être abaissé au Tonkin à 50 centimes. Ces cartes ne compliqueraient pas les écritures, puisqu'elles seraient délivrées en blanc, en quantité égale au nombre des cotes déclarées.

Les tirailleurs et, en général, tous les hommes levés pour le service militaire, reçoivent soit en terres communales, soit en espèces, une indemnité qui peut être évaluée à 6 ligatures par mois. Or, les engagés militaires ne recevant aucune allocation, il en résulte que les revenus des villages sont augmentés des sommes qui seraient affectées au payement de ces indemnités. Pour faire disparaître cette anomalie, il serait, je crois, possible d'attribuer les engagés volontaires aux villages qui n'ont pas sous les drapeaux l'effectif réglementaire. Dans le cas où les villages ne voudraient pas assumer la responsabilité qui résulterait pour eux de l'acceptation de ces hommes, ceux-ci seraient libérés le plus tôt possible, et les villages qui n'auraient pas leur contingent, seraient tenus de fournir les tirailleurs et miliciens qui seraient demandés, jusqu' à concurrence de leurs charges légales.

Une ordonnance de S. E. le Kinh-luoc, en date du 12 octobre 1888, a autorisé le rachat de 24 des 48 journées de corvées dues par chaque inscrit. Cette mesure n'a pas encore été appliquée

D'un autre côté, les corvées dues n'ont pas été exigées dans la plupart des provinces. Cette charge pèse d'ailleurs très-inégalement sur la population, les provinces excentriques sont très pauvres et dépeuplées; ce sont elles aussi dont l'état exige le plus de travaux publics et qui, par suite, se trouvent le plus écrasées sous le poids de cette prestation. En général, moyennant les frais d'une nourriture insuffisante (1 ou 2 tiens par jour) c'est le *dân* qui exécute ce service au lieu et place de l'inscrit. L'assiette de l'impôt se trouve ainsi déplacée, et comme l'administration est souvent dans l'impossibilité de lever des corvéables en nombre suffisant, elle doit rétribuer les travailleurs et nous avons finalement mis une dépense à la place d'une recette.

On peut examiner si le moment est opportun d'exiger le rachat des corvées, mais il convient de remarquer qu'en différant de lever cette contribution, nous ne pourrons la percevoir plus tard.

J'estime donc que pour l'année 1888, le rachat d'une certaine partie des 24 corvées dont l'administration indigène a demandé elle-même à s'acquitter en argent, est exigible. A raison de 50 centimes par corvée on arrive ainsi, pour le chiffre de 450, 000 inscrits, à 1, 500, 000 francs.

La réforme de l'assiette de l'impôt foncier sera longue et n'exigera pas moins d'un an de préparation ; aussi doit-elle être commencée immédiatement. A défaut de service topographique et d'administrateurs en nombre suffisant, la réforme ne peut évidemment produire qu'une amélioration relative et les nouveaux rôles ne devront jamais, dans leur ensemble, être inférieurs aux rôles actuels.

C'est en discutant avec les autorités indigènes, en leur démontrant les vices de l'état de choses actuel, en faisant ressortir à leurs yeux les dissimulations qui se produisent que nous obtiendrons sans violence, et presque sans effort, le maximum de revenus que le pays peut donner. De cette façon, l'impôt sera pour ainsi dire consenti, et toutes les classes de terres ayant été contradictoirement remaniées, nous serons en droit d'exiger la perception complète et de refuser, à moins de raisons exceptionnelles, les dégrèvements énormes qui se présentent chaque année et que nous devons accorder, faute de pouvoir en juger le bien fondé.

Lorsque ces remaniements auront été effectués, les rôles d'impôts foncier et personnel, établis à nouveau, seront tenus au courant des mutations, et vous donnerez des ordres pour qu'un contrôle vigilant soit exercé à ce point de vue.

Enfin, vous appellerez l'attention de MM. les Résidents et vice-résidents sur la nécessité de développer les revenus indirects (fermes des marchés, des bacs, des abattoirs, des pêcheries, etc). L'épargne est rare et difficile chez l'Annamite, qui est d'ailleurs peu dispoé à payer en une seule fois des sommes importantes, alors qu'il acquitte sans difficulté, bien qu'il n'ignore pas leur caractère fiscal, des taxes minimes et indirectes.

C'est dans ce sens, Monsieur le Résident général, que l'expérience nous conseille de régler l'établissement des impôts.

CONSTANS.

Nº 28. — LETTRE *de M. le Résident général* p. i. *à M. le Gouverneur général* p. i., *au sujet de la réglementation de la perception de l'impôt indigène.*

21 juillet 1888

J'ai l'honneur de soumettre à votre haute approbation certaines mesures qu'il me semble indispensable de prendre pour apporter un peu d'ordre et de régularité dans l'assiette et le recrouvement de l'impôt annamite.

J'estime tout d'abord qu'il est essentiel de mettre de sérieux moyens de contrôle entre les mains des Résidents ou vice-résidents, chefs de poste, qui, aux termes de l'article 11 du traité du 6 juin 1884, doivent au Tonkin « centraliser, avec le concours des quan-bo, le service de l'ancien impôt dont ils surveilleront la perception et l'emploi. »

Jusqu'à ce jour, les différents impôts annamites perçus par les autorités indigènes sont réalisés, en majeure partie, en ligatures qui sont centralisées dans les caisses des trésors provinciaux dont les quan-bo sont les dépositaires : les piastres seules sont versées, dans un délai plus ou moins long, au trésor par les soins des Résidents. Les sommes résultant de ces derniers versements sont seules prises en charge dans les écritures du payeur, et les sapèques restent dans les magasins provinciaux, sans figurer dans les recettes du trésor.

Il en résulte une différence notable, qu'il y a lieu d'estimer à plusieurs millions, entre nos prévisions budgétaires et les recettes du Trésor français, différence qui vient s'ajouter aux déficits trop réels de nos budgets antérieurs, et en augmenter en apparence, mais indûment, le chiffre. Je pense qu'il y aurait lieu de demander à M. le Payeur, chef du service de la Trésorerie, de faire recette de l'impôt annamite, en quelque monnaie qu'il soit versé, au fur et à mesure des recouvrements.

Pour cela, les Résidents devraient établir très régulièrement, à des époques déterminées, mensuellement par exemple, la situation de l'encaisse en ligatures. Cette situation, produite au payeur, lui permettrait de prendre en charge dans ses écritures le montant de cette encaisse, le Résident restant entièrement responsable de l'exactitude du numéraire.

Ces dispositions, il ne faut pas se le dissimuler, donneront lieu encore à des inconvénients, qui ne pourraient être évités qu'en exigeant de la population indigène le versement total de l'impôt en piastres. Mais il serait impolitique de prendre, dès maintenant, cette mesure qui, en avilissant le cours de la ligature, seule monnaie d'échange dans bien les villages, créerait un accroissement de charges à l'Annamite obligé de se procurer des piastres à un taux très élevé. Il est à craindre que la population, d'ici à quelque temps encore, ne voie dans cette exigence une charge trop lourde, et qu'une pareille mesure n'excite de graves mécontentements.

Cependant, après avoir pris l'avis du Kinh-luoc et d'autres mandarins compétents, je juge qu'on pourrait, dès l'année 1889, exiger le versement en piastres de deux-tiers de l'impôt. La part de l'impôt perçue en ligatures continuerait à être centralisée dans les magasins spéciaux, et à servir au payement de la solde des fonctionnaires indigènes et de leurs milices, des secours et prélèvements accordés ou autorisés, etc. Mais de même que la prise en charge de la recette dans les comptes du budget du Protectorat devra être effective, de même il y aurait lieu de procéder à un mandatement régulier de ces dépenses. On opérerait de la manière suivante :

Les Résidents feraient parvenir au bureau de l'ordonnancement les états de solde ou autres états de dépenses autorisées, qui seraient régulièrement ordonnancées au nom d'un agent de payement à désigner. Le titulaire du mandat se présenterait au Trésor ou à la caisse d'avances ; il l'acquitterait et recevrait en échange, du payeur ou du gérant de caisse, une quittance qui lui permettrait de prendre à la caisse provinciale, la quantité de ligatures correspondante au montant de la créance.

Pour permettre à la Résidence générale de suivre l'établissement de l'impôt annamite, pour établir un moyen efficace de contrôle et, en rassurant le contribuable, apporter de l'ordre et de la régularité dans la perception, les rôles établis en annamite devraient être traduits en français, et adressés en triple expédition à l'approbation du Résident général. Une des expéditions serait retournée au Résident de la province, l'autre serait envoyée au payeur, la troisième resterait à la Résidence générale.

En ce qui concerne le détail de la perception, voici ce qui aurait lieu : l'impôt ne pourrait plus être versé par les maires de village qu'au chef-lieu de la Résidence ou dans les plus, les piastres entre les mains du Résident ou de ses délégués, les ligatures entre les mains du Quan-bo ou de ses délégués. Chaque fois, la partie prenante inscrirait la somme perçue sur une carte-quitance, dont devrait être muni le maire de chaque village par les soins du quan-bo. Le reçu ainsi donné par l'une des autorités, devrait être soumis immédiatement au visa de l'autre. Cette carte serait remise à tous les maires au commencement de l'exercice ; elle serait valable pendant un an et servirait à recevoir l'inscription des diverses sommes versées par le village au titre de l'impôt indigène. Au fur et à mesure, les Résidents tiendraient compte sur un livre *ad hoc* des diverses inscriptions des cartes-quittances. La totalisation sur ce livre des diverses inscriptions donnerait, à un moment quelconque, la situation de la rentrée de l'impôt.

Les ligatures resteraient confiées à la garde des quan-bo dans les magasins provinciaux ; caisses et magasins auraient une double clef dont l'une resterait aux mains des Résidents et l'autre des quan-bo. Cette façon de procéder, en permettant aux Résidents et vice-résidents de remplir plus étroitement les devoirs qui leur sont imposés par le traité, me paraît seule, quant à présent, de nature à sauvegarder d'une façon efficace, les intérêts du budget du Protectorat. Elle démontrera, en outre, aux indigènes, la sollicitude de l'administration française pour tout ce qui touche à leurs intérêts, en leur faisant voir que notre intervention dans la juste perception de l'impôt, a principalement pour but de les bien fixer sur les sommes qu'ils ont à payer et de les mettre à l'abri des exactions dont ils sont trop souvent victimes.

E. PARREAU.

Nº 29. — ARRÊTÉ *réglementant la perception de l'impôt indigène.*

21 juillet 1888.

Article premier. — § 1er. Tous les ans, chaque Résident ou vice-résident chargé de la direction d'une province, fait établir, avec l'aide du quan-bo, un projet en français et en annamite, du rôle de l'impôt indigène pour l'exercice suivant. L'impôt est décompté en ligatures.

§ 2. — Le projet dressé en français est transmis en triple expédition au Résident général avant le 1er septembre, pour approbation.

§ 3 — Après approbation, une des expéditions est retournée au Résident de la province, une autre envoyée au payeur chef du service du Tonkin, la troisième reste à la Résidence générale.

Art. 2. — § 1er. L'impôt annamite sera perçu jusqu'à nouvel ordre : deux-tiers au moins en piastres, le reste en ligatures.

§ 2. — Dans les provinces où le numéraire piastres serait momentanément rare, le Résident général, sur la proposition du Résident de la province, pourra autoriser qu'il soit dérogé au § 1er du présent article.

Art. 3. — Au commencement de l'exercice, chaque maire de village est mis en possession par le quan-bo de deux cartes-quittances du modèle ci-joint, et destinées à recevoir pendant l'année, par les soins des autorités compétentes, l'inscription faite à mesure, des diverses sommes payées par le village au titre de l'impôt annamite. L'une des cartes sera pour l'impôt des villages proprement dit, l'autre pour les taxes diverses.

Art. 4. — § 1er. L'impôt indigène est reçu :

1° Au chef-lieu de la Résidence, par le Résident ou par le quan-bo, suivant le cas ;

2° Dans chaque phu, par le délégué du Résident ou par celui du quan-bo, suivant le cas.

§ 2. — Le quan-bo et ses délégués reçoivent la partie de l'impôt qui est payée en ligatures.

Ils la versent immédiatement dans les caisses des trésors provinciaux, dont le Résident et le quan-bo ont chacun une clé.

§ 3. — Le Résident et ses délégués dans les plus reçoivent la partie de l'impôt qui est payée en piastres.

Elle est versée provisoirement dans la caisse du Résident dont celui-ci et le quan-bo ont chacun une clé.

§ 4. — Tout versement, qu'il soit effectué en ligatures ou en piastres, donne lieu de la part de celui qui le reçoit à une inscription conforme sur la carte-quittance. Cette inscription constitue reçu pour la partie payante.

L'inscription faite par l'une des autorités devra immédiatement être soumise au visa de l'autre.

Art. 5, 6 et 7. — *Modifiés par arrêté du 19 mars 1890* (1).

Art. 8. — Le Résident général en Annam et au Tonkin est chargé de l'exécution du présent arrêté.

RICHAUD.

N° 30. — CIRCULAIRE *au sujet de l'assiette et du recouvrement de l'impôt annamite.*

1er août 1888

J'ai l'honneur de vous adresser, sous ce pli, ampliation de mon rapport du 21 juillet à M. le Gouverneur général, relatif à l'assiette et au recouvrement de l'impôt annamite, et de l'arrêté conforme du même jour.

Je vous recommande de tenir la main à l'exécution des dispositions de cet arrêté; il s'agit d'obtenir surtout deux résultats importants :

1° Apporter de l'ordre et de la régularité dans la perception de l'impôt;

2° Arriver à ce que les populations ne paient exactement que ce qu'elles doivent.

J'appelle plus particulièrement votre attention sur l'inscription des versements, qui doit être faite sur la carte-quittance, et sur les dispositions qui prescrivent que la partie de l'impôt qui est payée en piastres doit être versée entre les mains du Résident ou de ses délégués, et celle payée en ligatures entre les mains du quan-bo.

Le Résident ou ses délégués devront inscrire sur les cartes-quittances le montant des sommes qu'ils percevront en piastres, et faire viser ces versement par le quan-bo. Les quan-bo en feront autant pour les perceptions en ligatures qui seront visées par le Résident.

La compatbilité comprendra :

1° Un *livre de caisse* ;

2° Un *livre-journal* ouvert par débit et crédit, constatant les recettes et les dépenses effectuées pendant la journée et faisant ressortir l'encaisse journalière ;

3° Un *livre récapitulatif* comprenant: 1° l'inscription du montant de chaque rôle ; 2° les recettes par nature d'impôt ;

4° Un *carnet* de dépenses, indiquant le détail de la dépense effectuée, qui devra reproduire le chiffre du débit du livre-journal et des dépenses inscrites au livre de caisse ;

5° Un livre spécial constatant les opérations des caisses de ligatures du quan-bo et indiquant l'encaisse par la balance des recettes et des dépenses.

Chaque versement devra être émargé sur le rôle.

Les versements en piastres seront inscrits avec la conversion en ligatures au taux officiel.

Vous voudrez bien établir mensuellement une situation *exacte* des recouvrements opérés dans votre province pour l'impôt annamite, tant en piastres qu'en ligatures. Cette situation devra être faite en triple expédition dont une sera adressée à la Résidence générale, la deuxième au payeur chef, chargé de centraliser les impôts annamites, la troisième conservée à la Résidence.

En ce qui concerne les dépenses faites directement sur les caisses du quan-bo pour *traitements* des fonctionnaires indigènes, secours, dégrèvement, etc., vous établirez des *états mensuels* et *réguliers* qui seront adressés au bureau de l'ordonnancement pour lui permettre d'établir, en votre nom, un mandat de régularisation que vous aurez à acquitter et que vous devrez laisser aux mains du payeur ou du chargé de la caisse d'avances en échange d'une quittance à souche qui sera remise au quan-bo pour représenter la valeur du prélèvement effectué sur sa caisse.

Vous recevrez sous peu les registres et imprimés qui vous seront nécessaires.

E. PARREAU.

N° 31. — CIRCULAIRE *au sujet de l'envoi à M. le Chef du service de la Trésorerie, des situations mensuelles du recouvrement de l'impôt indigène, et des sapèques en magasin.*

15 octobre 1888.

Ma circulaire n° 14 du 20 août dernier prescrivait d'établir mensuellement, en triple expédition, la situation du recouvrement de l'impôt indigène tant en ligatures qu'en piastres.

Une de ces expéditions doit être envoyée à M. le Payeur chef qui est chargé de centraliser dans ses écritures le montant des ligatures encaissées pour le compte du Protectorat, dans les magasins des quan-bo.

M. le Chef du service de la Trésorerie me fait connaître que ces situations ne lui sont pas régulièrement fournies et qu'il lui est par conséquent impossible d'assurer la bonne marche de ce service.

Je vous prie, en conséquence, de vouloir bien, à compter du mois d'octobre courant, vous conformer à la circulaire précitée et, dans la première semaine de chaque mois, fournir au trésor, avec la plus grande exactitude, et en y apportant le plus grand soin : 1° un état des ligatures existant en magasin au dernier du mois; 2° une situation du recouvrement de l'impôt indigène de votre province.

Le Résident général p. i.
E. PARREAU.

N° 32. — CIRCULAIRE *au sujet de la révision des rôles d'impôts annamites.*

26 octobre 1888

En vous prescrivant la révision des rôles, l'administration a eu en vue une plus juste répartition de l'impôt, tout en obtenant une augmentation de revenus en rapport avec le chiffre de la population, qui n'a pas manqué de s'accroître et de se développer pendant la longue période de temps où les rôles actuels ont été en vigueur.

Il est cependant nécessaire d'agir encore avec la plus extrême prudence, et d'éviter avec le plus grand soin de soulever les mécontentements qui pourraient se produire, si nos exigences étaient trop fortes et le changement trop brusque. L'augmentation des charges devra donc être d'année en année progressive, et se borner à suivre l'œuvre de pacification que nous avons entreprise.

J'ai décidé que pour l'année prochaine, vous devrez restreindre l'augmentation du nombre des inscrits à une moyenne de 20 °/° par village. Je vous laisse, toutefois et bien entendu, le soin de modifier cette proportion suivant le cas, soit en augmentant, soit en diminuant, mais je vous prie de la prendre autant que possible pour base de vos opérations dans la confection des nouveaux rôles.

E. PARREAU.

N° 33. — CIRCULAIRE *au sujet de l'établissement en piastres des rôles d'impôt indigène* (1)

Pour me conformer aux instructions de M. le Gouverneur général, et afin d'éviter les mécomptes qui se produisent dans nos évaluations budgétaires, par suite de la dépréciation constante de la ligature, j'ai décidé que les rôles d'impôt annamite de l'année 1889 seraient établis en piastres.

(1) Voir cet arrêté dans la 1re section, *Dispositions générales*.

(1) Cette circulaire, publiée sans date, paraît être de la fin de l'année 1888.

Mais comme il n'est pas possible encore de supprimer la base d'impôt qui est la ligature, après avoir déterminé la quantité de ligatures due par un village, vous convertirez ce chiffre en piastres, d'après la moyenne du taux du change pendant l'année précédente; pour les rôles de l'année prochaine, je vous indiquerai le taux de conversion déterminé d'après la moyenne que vous m'aurez fait connaître.

Cette mesure ne devra cependant pas empêcher les indigènes de profiter des dispositions de l'article 2 de l'arrêté du 21 janvier, qui leur laisse la faculté de payer un tiers de l'impôt en sapèques; mais cette partie de l'impôt sera reçue en ligatures, en convertissant *au taux du jour du marché*, les piastres inscrites au rôle.

E. PARREAU.

N° 34. — CIRCULAIRE *au sujet de l'envoi des rôles d'impôts à la Résidence supérieure.*

12 janvier 1889.

J'ai l'honneur de vous prier de vouloir bien adresser le plus tôt possible, à la Résidence supérieure, les rôles primitifs des impôts directs de votre province, patentes, capitations et taxes foncières.

Les rôles supplémentaires devront être fournis du 1er au 10 du premier mois de chaque trimestre, soit : avril, juillet, octobre et janvier de l'année suivante pour le 4e trimestre.

Tous les rôles, sans exception, doivent être soumis à l'approbation du Résident supérieur et accompagnés de deux extraits. Si, dans le trimestre, aucune mutation ne s'était produite parmi les contribuables, vous devriez m'adresser un extrait de rôle portant la mention « néant ».

Toutes les capitations doivent être payées sur rôle, et ne peuvent, sous aucun prétexte, être versées sur ordre de recette dans les caisses du Protectorat.

Du premier au cinq de chaque mois, vous devrez faire parvenir à la Résidence supérieure, pour toutes les recettes, une situation comprenant les recouvrements effectués pendant le mois, ainsi que les dégrèvements accordés, en ayant soin, jusqu'à la clôture de l'exercice 1888, de fournir une situation distincte pour chaque exercice.

A la fin de chaque mois, vous m'adresserez également, par nature des recettes, un relevé des ordres de versement émis pendant le mois écoulé avec indication du payement.

Vous voudrez bien apporter la plus grande régularité dans l'établissement et dans l'envoi de ces documents, et assurer le recouvrement de ces impôts, en appliquant la réglementation des arrêtés de décembre 1885, qui prescrivent, pour les patentes, le payement par moitié, et d'avance, du montant de la contribution et, pour les capitations le versement intégral et d'avance de la taxe à compter du premier mois du trimestre où la carte est délivrée jusqu'à la fin de l'année courante.

En ce qui concerne les dégrèvements, vous examinerez avec soin, les titres des pétitionnaires, et rejetterez leurs demandes, si elles ne sont pas faites dans les délais voulus, et si elles ne réunissent pas les conditions prévues par les divers arrêtés régissant les impôts directs.

E. PARREAU.

N° 35. — CIRCULAIRE *sur le mode de perception de l'impôt indigène.*

29 janvier 1890.

Des objections ont été soulevées par plusieurs d'entre vous au sujet de la quittance à souche à délivrer pour les versements effectués à la Résidence par les mandarins ou les villages, au compte de l'impôt indigène. J'ai l'honneur de vous adresser ci-dessous les explications qui me paraissent indispensables pour qu'il soit procédé de la même façon dans toutes les Résidences.

L'impôt indigène doit, conformément à l'arrêté du 21 juillet, être perçu par les soins du Résident lui-même, qui en tient compte sur un registre ouvert spécialement à cet effet, et sur lequel sont inscrits par jour et par villages, les recettes effectuées. Ces recettes doivent en fin de journée, être versées par la Résidence soit, au percepteur, soit au trésor.

C'est ce versement (pouvant comprendre un nombre indéterminé de villages), qui donne lieu à la délivrance d'une quittance à souche que le Résident doit conserver à l'appui de ses rôles émargés

Dans le cas où un agent quelconque de la Résidence est envoyé en tournée pour percevoir l'impôt, les recettes faites par lui sont inscrites à son retour au registre journal tenu par le Résident, et font partie du 1er versement à effectuer.

Il est indispensable que ce registre journal soit tenu avec le plus grand soin, car il est le seul moyen de vérification pour l'émargement de vos rôles et les inscriptions portées sur les cartes-quittances.

Un nouveau registre doit être ouvert chaque année au moment de la publication des rôles, être totalisé de la droite à la gauche pendant toute la durée de leur recouvrement, et n'être arrêté qu'au moment où toutes les sommes qui y étaient inscrites sont entièrement recouvrées.

Ce registre reste de la sorte, en même temps que les quittances à souche, à l'appui des rôles émargés à conserver dans les archives de la Résidence.

BRIÈRE.

N° 36. — CIRCULAIRE *au sujet de la suppression de la tolérance accordée à certains villages de payer l'impôt en nature.*

25 novembre 1889.

Jusqu'à présent, un certain nombre de villages des 5 grandes provinces payaient l'impôt en nature, appelé thue-tho-sang, et étaient exempts de toute autre charge, même de l'impôt personnel et de l'impôt des soldats.

La répartition de cet impôt présentait de nombreuses difficultés ; sa perception était très-peu avantageuse pour le trésor et compliquait l'établissement des rôles.

J'ai décidé, d'accord avec S. E. le Kinh-luoc, que désormais ces villages seraient soumis au régime commun. Il y aura donc lieu, l'an prochain, d'abandonner l'impôt dit thue-tho-sang, et d'exiger l'impôt personnel et les corvées de tous les villages sans distinction.

BRIÈRE.

N° 37. — *Circulaire relative à l'observation de l'arrêté du 21 juillet 1889 pour la formation des rôles d'impôt indigène.*

9 décembre 1889.

Un certain nombre de rôles d'impôt pour l'année 1890 me sont déjà parvenus et j'ai constaté qu'en général l'arrêté du 21 juillet dernier était resté à l'état de lettre morte. Les états de solde ont été établis en conformité des nouveaux effectifs de linh-co et linh-lê, mais on a complètement négligé de s'occuper du personnel supprimé.

D'autre part, les mandarins provinciaux ayant tout intérêt à voir se perpétuer l'ancien état de choses, ont donné des ordres presque partout pour conserver les linh en position de congé avec la jouissance des terres communales, de sorte que tous les rôles d'impôt personnel, au lieu de faire ressortir une augmentation du nombre d'inscrits, se trouvent tous subir une diminution. Ainsi l'autorité provinciale de Haiphong, dont le territoire comporte 3 huyên, a fait figurer dans son rôle :

43 linh-giang ;
et 386 linh-vé.

Le quan-dao de Hai-ninh libelle de la façon suivante, les diminutions dans le rôle d'impôt personnel :

1 inscrit fusillé par l'autorité française,
31 inscrits enlevés par les tigres,
36 inscrits tués au combat,
168 inscrits tués par les rebelles,
1 pirate décapité.

Afin de couper court à ces abus, j'ai adressé à S. E. le Kinh-luoc la lettre ci-annexée. Elle établit d'une façon précise les renseignements qui doivent figurer au bô-dinh, et les catégories d'inscrits soumis à l'impôt personnel et aux corvées ou dispensés d'impôt.

Cette classification et la fixation de l'impôt en piastres apporteront une grande simplification dans l'établissement des rôles ou la perception des impôts.

Je vous prie, en conséquence, de tenir la main à ce que les mandarins ne s'écartent pas des prescriptions contenues dans ma lettre au Kinh-luoc.

BRIÈRE.

Hanoi, le 7 décembre 1889.

M. Brière, Résident supérieur au Tonkin, chevalier de la Légion d'honneur, à son Excellence le Kinh-luoc p. i. *du Tonkin, à Hanoi.*

Excellence,

Plusieurs rôles d'impôt pour l'année 1890 me sont déjà parvenus, et j'ai remarqué que les mandarins provinciaux n'ont pas tenu le moindre compte des modifications opérées dans le courant de l'année ni des instructions qu'ils ont reçues.

Ainsi par exemple, la province de Haiphong (qui continue à s'appeler province de Hai-duong, bureau de Haiphong) porte dans son rôle :

Linh-giang 431 hommes.
Linh-vé 386 hommes.

Je vous serai obligé, Excellence, de vouloir bien donner aux autorités provinciales des instructions très-précises au sujet des rôles et les inviter à les établir à nouveau dans le plus bref délai.

Les rôles d'impôt personnel comportent les catégories d'inscrits suivantes :

I. — Inscrits âgés de 21 à 54 ans. Doivent l'impôt personnel fixé à 0 $ 40 et les corvées en totalité.

II. — Inscrits âgés de 18 à 20 ans et de 55 à 59 ans. Doivent la moitié de l'impôt personnel, soit 0 $ 20.

III. — Doivent l'impôt personnel de 0 $ 40, mais non les corvées :

Les pères de mandarins, les fils de mandarins, les gardiens de pagodes, les Ly-truong et les Pho-ly, les étudiants dans les limites prescrites par ma circulaire du 6 septembre dernier.

IV. — Exempts de tout impôt et de corvées,

Savoir :

1° Toute personne pourvue d'un brevet de mandarin à partir du 9e degré 2e classe.

2° Tous les employés de l'administration recevant une solde mensuelle, Thong-lai, Linh-co, Linh-le et Linh-tram.

3° Tous les employés du Protectorat, les tirailleurs, gardes civils, infirmiers, matelots et tous ceux qui sont employés à un titre quelconque et payés mensuellement par l'administration française.

N. B. — 1° Les tirailleurs qui ont servi pendant six ans, sont exempts de l'impôt personnel et de la corvée pendant cinq ans.

2° Tout engagé volontaire dans le courant de l'année, doit d'abord acquitter l'impôt personnel et les corvées.

4° Les chefs et sous-chefs de canton, les thien-ho, ba-ho, giam-sanh, am-sanh, les bonzes, les vieillards de 60 ans et au-dessus et les infirmes.

Je vous proposerai, Excellence, d'abandonner le calcul en ligatures et tien, qui ne répond plus aux exigences actuelles, et d'adopter les fixations en piastres et en cents, ce qui est plus commode et plus avantageux. Les paiements en ligatures se feront au taux du jour du versement de l'impôt.

Le chiffre de 0 $ 40 cents pour l'impôt personnel répond à peu près à la valeur moyenne de 2 ligatures 1 tien. La moitié de l'impôt serait alors de 0 $ 20 cents.

Je vous prie de vouloir bien me communiquer le détail des instructions que vous aurez adressées aux autorités provinciales en conformité de la présente lettre.

BRIÈRE.

N° 38. — CIRCULAIRE *fixant les taxes de l'impôt foncier annamite pour 1890*

26 décembre 1889

Comme suite à ma circulaire n° 5,960, j'ai l'honneur de vous faire connaître ci-après les nouvelles fixations de l'impôt foncier pour les rôles de 1890.

Rizières de 1re classe	1	$ 35
— 2e classe	1	04
— 3e classe	0	70
Cultures diverses de 1re classe	2	$ 62
— 2e classe	1	85
— 3e classe	0	43
— 4e classe	0	30
— 5e classe	0	28
— 6e classe	0	24
— 7e classe	0	22
— 8e classe	0	17
— 9e classe	0	13
— 10e classe	0	09
— 11e classe	0	07
— 12e classe	0	06

Le travail préparatoire à la réforme de l'assiette de l'impôt foncier que je vous avais demandé par ma circulaire n° 33, m'est parvenu trop tard pour qu'il soit possible de mettre à exécution dès l'année prochaine les transformations que j'avais projetées.

Il n'y aura donc de modifications dans l'établissement des rôles de 1890 que celles résultant de l'application des taxes en piastres au lieu de celles en ligatures.

Il demeure bien entendu que les contribuables continueront à jouir de la faculté qui leur est laissée par l'arrêté du 21 juillet, de verser un tiers de l'impôt en ligatures, mais ces versements devront être effectués *au cours du jour*.

Un stock considérable d'imprimés restant en magasin, et le temps faisant du reste absolument défaut pour faire exécuter les nouveaux modèles, les anciens devront être encore utilisés cette année, et je vous laisse le soin d'opérer vous-même les rectifications nécessaires à l'encre rouge. Vous voudrez bien dès la réception de cette circulaire, me demander le complément dont vous aurez besoin.

Vous trouverez joint à cette circulaire un modèle de tableau récapitulant par huyen, l'ensemble des impôts dus par les villages ; vous voudrez bien le remplir et le reproduire au dos de chacun des rôles que vous soumettrez à mon approbation.

Vous pourrez, en outre, comprendre sur le même rôle, l'impôt des corvées, que vous intercaleriez par village à la suite de la désignation du nombre des inscrits. Une seule difficulté s'opposerait peut-être à l'adoption de cette simplification, c'est l'ignorance dans laquelle vous serez encore, au moment de l'établissement de vos rôles, des cas d'exemption résultant de l'examen des lettrés, fixé désormais aux premiers jours de janvier.

Je vous autorise à obvier à cet inconvénient en déduisant en bloc, à la fin de votre rôle, le chiffre d'exemptions qui vous a été fixé par la circulaire n° 35 en date du 6 septembre dernier. Il ne vous resterait, lorsque les résultats de l'examen vous seront connus, qu'à faire la répartition entre les villages et à rectifier en conséquence vos articles de rôles.

Je fais établir enfin de nouvelles cartes-quittances, d'un maniement plus facile que les précédentes : sur le recto sera reproduit exactement l'ensemble des impôts dûs par le village, le verso reste destiné à la constatation des versements effectués. Ces cartes ne vous seront délivrées que sur votre demande, et lorsque celles qui existent actuellement auront été épuisées.

A ce propos, je crois devoir vous faire remarquer que contrairement à ce qui semble résulter des prescriptions de l'arrêté du 21 juillet, chaque versement effectué doit donner lieu à la délivrance d'une quittance à souche, ces cartes-quittances ne constituant qu'un moyen de contrôle pour les versements de chaque village. Lorsque le versement a lieu en ligatures, vous devez inscrire sur votre quittancier dans la colonne « montant de chaque quittance, » la valeur correspondante en piastres, de façon à ce qu'une vérification puisse faire ressortir immédiatement l'ensemble des recouvrements effectués au titre de l'impôt annamite.

Vous ouvrirez, en outre, à la droite du quittancier, deux colonnes exprimant, l'une les versements en piastres, l'autre les sommes dont est comptable le trésor provincial.

Je vous prie de veiller avec le plus grand soin à la stricte observation de ces prescriptions et de faire tous vos efforts pour obtenir le plus de clarté et de simplicité possible dans l'établissement des impôts annamites, qui constituent la ressource la plus importante du budget du Protectorat.

BRIÈRE.

Récapitulation

DÉTAIL DES IMPÔTS	QUANTITÉ			QUOTITÉ	MONTANT du RÔLE
				piastres	$
Inscrits de 1re classe.				0 40	
— 2e —				0 20	
Corvées —				2 00	
	mâu	sào	thuoc		
	—	—	—		
Rizières. de 1re classe.				1 35 le mâu	
Rizières. de 2e classe.				1 04	
Rizières. de 3e classe				0 70	
Cultures diverses 1re classe				2 63	
2e —				1 85	
3e —				0 43	
4e —				0 30	
5e —				0 28	
6e —				0 24	
7e —				0 22	
8e —				0 17	
9e —				0 13	
10e —				0 09	
11e —				0 07	
12e —				0 06	
				Total . .	$

N° 39. — ARRÊTÉ *frappant d'une taxe additionnelle au principal de la contribution foncière et personnelle pour l'année 1890, divers phus et huyens de la province de Hanoi, pour la réfection de digues.*

4 février 1890.

Article premier — Seront frappés d'un impôt additionnel de 0,0572 au principal de la contribution foncière et personnelle pour l'année 1890, les phus et huyens dont les noms suivent : Thuong-phuc, Thanh-oai, Son-lang, Duy-tien, Kim-bang, Phu-xuyen, Thanh-tri, Tu-liem, Ninh-thuan, Tho-xuong, Dang-phuong, ainsi que la partie du huyen de Yen-duc qui se trouve sur la rive gauche du Day.

Art. 2. — Le produit de cette taxe additionnelle sera affecté à la réfection des digues de la province, situées dans les régions ci-dessus désignées.

Art. 3. — M. le Résident de la province de Hanoi est chargé de l'exécution du présent arrêté.

BRIÈRE

N° 40. — CIRCULAIRE *relative au recouvrement de l'impôt annamite.*

15 avril 1890.

Les nombreuses demandes de dégrèvements qui se sont produites à la fin de l'exercice 1889, surtout en matière de rachat de corvées, m'ont amené à examiner à nouveau la manière dont avait été assis l'impôt personnel, base de celui des corvées. J'ai reconnu que la revision des registres d'impôts et l'augmentation générale du chiffre des inscrits, ordonnée par mon prédécesseur dans sa circulaire en date du 26 octobre 1888, avait causé de vives alarmes chez la population de diverses provinces, et augmenté d'une manière fort inégale, et souvent excessive, les charges qu'elle supporte.

Sur un point notamment, cette révision des rôles a été particulièrement mal interprétée. Les autorités provinciales sont partout revenues aux chiffres des anciens registres, tels qu'ils existaient à l'origine et les ont pris pour base d'augmentations nouvelles. Or, nombre de villages ruinés par des inondations ou par les révoltes qui ont désolé le Tonkin bien avant l'occupation française, avaient, dès le règne de Tu-duc, obtenu des réductions sur le chiffre de leurs inscrits, et étaient restés à moitié dépeuplés. Il y a eu évidemment une injustice flagrante à prendre pour base les rôles d'années de prospérité depuis longtemps écoulées, et à aggraver encore des charges antérieurement reconnues impossibles à supporter par une population moindre qu'elle n'était à l'origine. Nous n'avons du reste aucun intérêt à ne pas revenir sur une mesure qui mécontente à juste titre le peuple, et d'ailleurs ne rapporte rien au trésor, car nous serons toujours forcés, en fin d'exercice, d'accorder des dégrèvements si nous ne voulons pas amener la désertion entière de ces villages misérables, désignés dans les rôles indigènes sous la dénomination de *Dieu-hao-xa.*

Il semblerait donc tout indiqué de procéder dès maintenant à une révision générale des rôles et à un recensement des propriétés et des personnes, qui nous permit d'asseoir sur une base définitive l'impôt personnel et foncier, de manière qu'avec les révisions quinquennales régulières, le rendement suivit une progression en rapport direct avec le développement de la richesse publique. Malheureusement, en l'état actuel des choses, nous ne saurions nous flatter d'obtenir par voie de recensement des résultats sérieux, et vous n'ignorez pas que toute opération de ce genre, confiée sans contrôle suffisant aux autorités inférieures indigènes, est extrêmement onéreuse pour les villages, et viciée dans sa source par des compromissions de toute nature.

Désireux de donner une satisfaction immédiate et réelle aux justes réclamations de certains villages, tout en ne compromettant pas l'équilibre du budget et le rendement général de l'impôt, je vous prie de vouloir bien dès maintenant, arrêter par village un rôle des inscrits de votre province, en prenant pour base, non plus les anciens rôles de Gia-long et de Minh-mang, mais ceux de la 2e année de Dong-khanh. Ces rôles subiraient une augmentation uniforme de 10 %. Vous ferez ressortir dans un tableau spécial : 1° les dégrèvements urgents qui vous paraîtraient dans tous les cas devoir être accordés dès cette année ; 2° ceux qui pourraient ne commencer à figurer qu'au rôle de l'année prochaine.

Ce travail servirait donc à établir les dégrèvements de l'exercice 1890, et les rôles de l'exercice 1891. Il donnerait certainement satisfaction aux populations, car les réductions s'opérant dans vos bureaux, sans mettre en mouvement cette armée de subalternes qui rend si onéreuse toute enquête administrative dirigée par les autorités indigènes, il n'en résulterait aucune dépense occulte à la charge des villages.

BRIÈRE.

6e SECTION

IMPÔT SUR LA NAVIGATION

N° 41. — ARRÊTÉ *fixant les taxes des navires, jonques et barques appartenant à des Français et à des indigènes.*

11 décembre 1885

Article premier. — A partir du 1er janvier 1886, les navires, jonques et barques, appartenant à des Français ou à des étrangers, et qui servent à des transports fluviaux dans le Tonkin ou l'Annam, seront soumis aux taxes ci-après :

Modifié par arrêté du 7 janvier 1888 (1)

Art. 2. — A partir du 1er janvier 1886, les barques de mer appartenant à des Français ou à des étrangers, et servant au cabotage ou à la pêche sur les côtes ou aux embouchures des fleuves, seront soumises aux taxes ci-après, au profit du trésor du Protectorat.

Modifié par arrêté du 7 janvier 1888 (1)

Art. 3. — Les propriétaires de navires, jonques, barques de rivière ou barques de mer, seront tenus de faire inscrire ceux-ci à la Résidence du ressort de leur domicile, dans un délai de trois mois, sous peine d'une amende égale à la taxe imposable, sans préjudice, bien entendu, du payement de cette dernière.

Art. 4. — Les navires, jonques et barques de rivière, les barques de mer, construits ou acquis dans le cours du 1er semestre, devront la taxe annuelle entière ; ceux construits ou acquis pendant le cours du 2e semestre, ne seront imposés qu'à la demi-taxe.

Art. 5. — Dans chaque résidence il sera établi une série spéciale de numérotage pour les bateaux de rivière et pour les barques de mer. Le numéro d'ordre de chaque bateau ou barque sera gravé en plein bois, à l'avant et dans une partie très apparente, précédé du numéro de la résidence, sous peine d'une amende égale à la taxe annuelle.

(1) Voir les tableaux y annexés

Art. 6. — Les numéros adoptés pour indiquer la résidence à laquelle ressortit chaque bateau ou jonque, sont : (1)

. . . .

Art. 7. — Tout patron de bateau, jonque ou barque devra exhiber, à première réquisition d'un agent de l'autorité civile ou militaire, le bulletin attestant l'inscription du bateau, de la jonque ou barque et l'acquittement de l'impôt, sous peine, pour le propriétaire, d'une amende égale à la double taxe, sans préjudice du payement de l'impôt normal, s'il n'a point été acquitté.

La saisie du bateau, de la jonque ou barque pourra être effectuée à titre de garantie au moins provisoire.

Art. 8. — En cas de récidive, les infractions aux dispositions prévues aux articles 3, 5 et 7 de la présente décision entraîneront l'application d'une double amende.

Le fait de récidive résultera de deux contraventions dans un même semestre.

Art. 9. — Le Directeur des affaires civiles et politiques est chargé de l'exécution de la présente décision, provisoirement exécutoire, et qui sera soumise à l'approbation de M. le Ministre. (2)

COURCY.

N° 42. — ORDONNANCE *du Kinh-luoc relative à l'impôt sur les embarcations des Annamites.*

29 août 1886.

Par décision du 29 août 1886, le Résident général a rendu exécutoire l'ordonnance en date du 12 août 1886, par laquelle S. E. le Kinh-luoc *p. i.* du Tonkin a rendu applicables aux Annamites, les dispositions de la décision du 11 décembre 1885 relative à l'impôt sur les navires, jonques et barques.

N° 43. — ARRÊTÉ *fixant la taxe à payer par les navires et bateaux de transport ou de pêche dans le Tonkin ou l'Annam.*

7 janvier 1888.

Rapporté par arrêté du 22 février 1889

N° 44. — ARRÊTÉ *portant réglementation de la pêche et du commerce dans les mers d'Annam, en ce qui concerne les barques chinoises ayant leur port d'attache en Chine.*

12 juillet 1888.

1° Barques de pêche.

Article premier. — Les barques de pêche chinoises pourront pêcher librement dans les mers d'Annam, si elles sont munies d'un permis de pêche.

Art. 2. — Les permis de pêche sont délivrés par le vice-consulat de Pakhoy, contre payement d'une taxe indiquée au tarif ci-annexé et au profit du budget du Protectorat de l'Annam et du Tonkin.

Art. 3. — Les permis de pêche sont valables pendant un an, à compter du premier jour du mois pendant lequel ils ont été pris.

Art. 4. — Toute barque, munie d'un permis de pêche, pourra circuler et pêcher librement sans payer aucun droit, relâcher en un point quelconque de la côte sans être taxée, ni pour le sel qu'elle aura à bord pour la préparation du poisson, ni pour le poisson salé.

2° Barques de commerce

Art. 5. — Les barques de commerce chinoises pourront naviguer librement dans les mers d'Annam, si elles sont munies d'un permis de circulation.

Art. 6. — Les permis de circulation sont délivrés par le vice-consul de Pakhoy, contre payement d'une taxe indiquée au tarif ci-annexé.

Art. 7. — Les permis de circulation sont valables pendant un an, à compter du premier jour du mois pendant lequel ils ont été pris.

3° Dispositions communes

Art. 8. — Les permis de pêche et de circulation ne seront délivrés, par l'autorité consulaire, que si les barques sont présentées par les chefs de congrégation ou par le chef d'une maison de commerce européenne.

Art. 9. — L'armement des barques ne pourra excéder quatre fusils avec 100 cartouches par arme; il sera déterminé par le vice-consul, d'après l'importance de la jonque, et sera indiqué sur le permis de pêche ou de circulation. Il n'y aura jamais de canon à bord.

Art. 10. — Tout patron de barque chinoise, de pêche ou de commerce, devra exhiber, à première réquisition d'un agent de l'autorité française, son permis de pêche ou de circulation.

Art. 11. — Toute barque qui ne sera pas munie du permis réglementaire, sera frappée d'une amende égale au triple de la taxe.

Toute barque qui aura plus que son armement réglementaire, ou qui fera la contrebande, sera saisie avec son chargement et vendue au profit du Trésor.

Art. 12. — Ce règlement annule et remplace les arrêtés du 11 décembre 1885 et du 7 janvier 1888, en ce qui concerne les barques chinoises.

Il n'entrera en application que lorsque le nombre des demandes de permis des deux espèces sera supérieur à 900.

4° Dispositions transitoires

Art. 13. — Dès que ce règlement entrera en vigueur, les permis de pêche et de circulation précédemment délivrés aux barques chinoises, cesseront d'être valables.

Ils devront être renouvelés par les soins du vice-consulat de Pakhoy.

On tiendra compte de la taxe déjà payée pour les douzièmes restant encore à courir.

Art. 14. — Le Résident général en Annam et au Tonkin et le vice-consul de France à Pakhoy, sont chargés de l'exécution du présent arrêté.

RICHAUD.

TARIF ANNEXÉ

	BARQUES de PÊCHE	BARQUES de COMMERCE
	Francs	Francs
1re classe, bateaux mesurant plus de 20 mètres de longueur, par mètre de largeur au maître bau et par an	50	30
2e classe, bateaux mesurant de 15 à 20 mètres de longueur, par mètre de largeur au maître bau et par an	40	25
3e classe, bateaux mesurant de 10 à 15 mètres de longueur, par mètre de largeur au maître bau et par an	30	20
4e classe, tout bateau mesurant moins de 10 mètres de longueur, par an	30	20

N° 45. — ARRÊTÉ *déterminant le mode de perception de l'impôt sur les barques de mer ou de rivière.*

22 février 1889.

Article premier. — A compter du premier avril 1889, l'impôt sur les barques de mer ou de rivière appartenant à des Français, des étrangers ou des Annamites, sera perçu sur rôles.

Art. 2. — Les rôles seront établis, chaque année avant le 1er février, par les soins des maires de village, soumis à l'approbation des Résidents, et rendus exécutoires par le Résident supérieur.

Le recouvrement en sera effectué par les maires sous le contrôle des Résidents, et le montant en sera versé en piastres au trésor.

Art. 3. — Les taxes à percevoir pour les barques de rivière et de mer sont fixées conformément aux tableaux 1 et 2 annexés au présent arrêté.

Art. 4. — L'impôt sur les barques est payable en un seul terme, dont l'échéance aura lieu au 1er avril de chaque année.

Art. 5. — Les barques construites pendant les deux premiers trimestres de l'année paieront l'impôt pour l'année entière; celles construites pendant le dernier semestre ne seront astreintes qu'à un demi-droit.

(1) La série des numéros attribués à chaque province, a été modifiée par arrêté du 22 février 1889, publié ci-après.

(2) Voir *Navigation* arrêté du 8 juin 1886, organisant le service des barques et sampans de passage sur la rade de Haiphong, et le tarif y établi.

Art. 6. — Dans chaque Résidence il sera tenu une matricule des barques de la province par nature de barques (barques de mer, barques de rivière).

Art. 7. — Les propriétaires devront, du 1er au 31 décembre de chaque année, venir faire inscrire leurs barques. Ceux qui omettront volontairement de faire leur déclaration seront passibles d'une amende égale au montant de leur impôt, sans préjudice du paiement de cet impôt.

Art. 8. — Ils ne pourront, sous aucun prétexte, obtenir l'autorisation de quitter le territoire du Tonkin, ni transférer leur domicile dans une autre province sans avoir acquitté l'impôt.

Toute contravention à cette règle donnera lieu à une amende de 1 piastre en cas de simple déménagement, et de 5 piastres en cas de départ de la colonie.

Art. 9. — Les propriétaires de barques qui voudront changer de province se feront délivrer un certificat constatant qu'ils ont payé l'impôt; ils devront le présenter en se faisant inscrire à leur nouvelle résidence. Cette pièce sera retournée, par les soins de l'administration, au résident de la province où la barque était précédemment inscrite.

La radiation du registre matricule aura lieu au reçu de cette pièce.

Art. 10. — Les maires de village et les chefs de congrégation pour les Chinois, devront veiller à ce que toutes les barques soient inscrites; ils seront solidairement responsables de l'impôt non payé et des amendes infligées aux contrevenants.

Art. 11. — Il sera fait aux maires des villages qui auront effectué, avant le 1er juillet, le recouvrement intégral de l'impôt de barques dans le village, une remise de deux pour cent sur le montant de cet impôt.

Art. 12. — Toutes les barques inscrites porteront à l'avant le numéro de la province à laquelle elles appartiennent (tableau annexe n° 3) et le numéro de leur inscription au registre matricule; les numéros seront indiqués en chiffres arabes d'une hauteur de 0m 10 au moins, ils seront incrustés sur le bois et peints d'une couleur tranchant sur celle de la barque. Les numéros seront placés à l'avant, celui de la province le premier, celui de l'inscription au registre matricule le second.

Art. 13. — Toute altération, tout changement de numéros seront punis d'une amende d'une à dix piastres.

Art. 14. — Il sera délivré aux propriétaires une carte indiquant le nom de la province, le numéro de la barque, son tonnage, le nom du propriétaire, et portera, avec la date de la délivrance, la signature du résident et le cachet de la résidence.

Art. 15. — Les propriétaires, lorsqu'ils loueront leur barque, devront en confier la carte aux locataires.

Art. 16. — En cas de vente de la barque, on délivrera gratuitement une autre carte au nouveau propriétaire.

Art. 17. — Comme moyen de contrôle, les résidents devront apposer leur signature sur le dos de la carte à chaque paiement de l'impôt.

Art. 18. — Les pénalités prévues pour les contraventions aux prescriptions du présent arrêté seront prononcées administrativement par les résidents, et le montant des amendes infligées sera versé au trésor.

Art. 19. — Sont déclarés abrogés tous les arrêtés et décisions relatifs à l'impôt des barques antérieurs au présent arrêté.

Art. 20. — Le Résident général en Annam et au Tonkin est chargé de l'exécution du présent arrêté.

RICHAUD

TABLEAU N° 1. — BARQUES DE RIVIÈRE

1re Catégorie	300 piculs et au-dessus	15 $ 00
2e Catégorie	150 à 300 piculs	5 $ »
3e Catégorie	50 à 150 piculs	3 $ »

NOTA. — Les barques au-dessous de 50 piculs sont exemptées de toute taxe.

TABLEAU N° 2. — BARQUES DE MER

1re Catégorie	Barques au-dessus de 20 mètres de longueur, 0 $ 50 cents par mètre de large au maître bau
2e Catégorie	Barques de 15 à 20 mètres de longueur, 5 $ 00 par mètre de large au maître bau.
3e Catégorie	Barques de 10 à 15 mètres de longueur, 4 $ 00 par mètre de large au maître bau.
4e Catégorie	Barques au-dessous de 10 mètres, droit fixe de 11 piastres.

TABLEAU N° 3. — NUMÉROS DES RÉSIDENCES

Haiphong	1	Bac-ninh	11
Quang-yen	2	Thai-nguyen	12
Hai-duong	3	Lang-son	13
Nam-dinh	4	Cao-bang	14
Hung-yen	5	Hai-ninh	15
Hanoi	6	Lao-kai	16
Son-tay	7	Son-la	17
Hung-hoa	8	Cho-bo	18
Ninh binh	9	Phu-ly	19
Tuyen-quan	10		

N° 46. — CIRCULAIRE *sur l'établissement des rôles d'impôt sur les barques et jonques.*

30 mars 1889.

J'ai l'honneur de vous adresser sous bordereau, les imprimés nécessaires à l'établissement des rôles d'impôt des barques de mer et de rivière.

Le rôle, établi par vous, devra comprendre trois catégories : 1° les barques appartenant aux européens ; 2° aux asiatiques étrangers ; 3° aux annamites.

Pour les deux premières catégories vous devrez recueillir vous-même tous les renseignements nécessaires et procéder au jaugeage ; pour les barques annamites, chaque maire de village devra établir un rôle partiel, sur lequel figureront tous les renseignements nécessaires.

Comme une partie de l'impôt des barques a déjà été perçu, il y aurait lieu de procéder de la même façon que pour les capitations, c'est-à-dire de considérer comme définitivement acquises les sommes recouvrées, et de n'appliquer le nouveau tarif qu'aux barques n'ayant pas encore payé l'impôt.

En conséquence, les rôles soumis à mon approbation ne devront comprendre que les barques dont les taxes n'ont pas été perçues ; cependant comme renseignement budgétaire, et pour me rendre compte du rendement de cet impôt, vous voudrez bien joindre aux rôles que vous me soumettrez, un état faisant ressortir ce qu'aurait été le montant total du rôle comprenant toutes les barques imposables de votre province, qu'elles aient payé ou non leur cote annuelle.

Toute barque imposable, inscrite au registre matricule, donnera lieu à la délivrance d'une carte du modèle qui vous est adressé ; les autres barques ou sampans jaugeant moins de cinquante piculs seront munis d'un laissez-passer, délivré gratuitement et enregistré sur un registre particulier.

Vous voudrez bien prendre toutes les mesures nécessaires pour que les prescriptions de l'arrêté du 22 février soient appliquées avec le plus d'exactitude possible, et qu'il ne soit point commis de fraude dans le jaugeage des barques.

Vous pourriez, dans ce but, donner des instructions aux sous-officiers européens de la milice pour que, dans leurs tournées ou leurs reconnaissances, ils exercent un contrôle actif sur les barques qu'ils pourront rencontrer.

E. PARREAU.

7e SECTION

IMPÔT SUR LES BOIS

N° 47. — ARRÊTÉ *fixant les droits à percevoir pour l'exploitation des bois.*

20 février 1888. (1)

Article premier. — Toute personne qui désire se livrer à l'exploitation des bois doit en faire la demande à l'administration, et acquitter, en un seul terme, un droit fixe annuel de 500 fr. pour l'obtention d'un permis de coupe. Le droit concédé par le permis expire, dans tous les cas, au 1er janvier suivant.

Art. 2. — Le droit est personnel, incessible, et ne peut être exercé que dans la province pour laquelle le permis a été demandé. Le possesseur du permis ne peut, après sa délivrance, s'adjoindre pour l'exploitation ni tiers, ni associé, sans l'autorisation de l'administration, et ne doit avoir à son service que des indigènes salariés.

Art. 3. — Outre le prix fixe des permis, les droits suivants seront perçus par l'administration:

(1) Cet arrêté n'a pas été inséré dans le Moniteur du Protectorat ; il a été promulgué dans l'*Avenir du Tonkin*, n° 90 du 3 mars 1888.

Essence qualifiée bois de fer, (non flottable) par mètre cube, 12 piastres.
Bois de construction, par mètre cube, 6 piastres.
Bois de chauffage, par mètre cube, deux piastres.
Perches, par 10 mètres de longueur, indivisibles, 10 cents.
Bambous, par mètre cube, 20 cents.
Les droits ci-dessus s'appliquent, pour les trois premières catégories, au bois en grume; les bois débités paieront les mêmes droits augmentés d'un tiers.
Art. 4. — Les droits seront acquittés au poste administratif ou de douane le plus proche. Les quittances, détachées d'un livre à souche, seront délivrées au titulaire du permis ou à son représentant, qui devra le produire à toute réquisition.
Art. 5. — Le porteur du permis de coupe devra tenir enregistrement de tous les bois coupés provenant de son exploitation.
Art. 6. — Les infractions aux dispositions des art. 2 et 3 seront punies d'une amende de cinquante francs. La récidive entraînera l'application d'une amende de 200 francs, avec le retrait, en cas de nouvelle infraction, du permis de coupe, dont le montant restera acquis au trésor.
L'exploitation, sans permis, des forêts, sera punie d'une amende de 1,000 francs et les bois abattus seront confisqués.
Outre l'amende prévue au premier paragraphe du présent article, toute dissimulation, toute fausse déclaration, ayant pour effet de soustraire à l'acquittement des droits tout ou partie des bois, entraînera la confiscation de ces derniers.
Art. 7. — Auront qualité pour constater les contraventions les Résidents ou vice-résidents chefs de poste ou leurs délégués, et les agents des douanes.
Art. 8. — Un règlement ultérieur déterminera les essences à réserver, et, pour chaque essence dont l'exploitation est autorisée, les dimensions que doivent avoir au minimum les bois abattus.
Art. 9. — Le secrétaire général du gouvernement est chargé de l'exécution du présent arrêté.

CONSTANS.

N° 48. — ARRÊTÉ *déterminant les droits à percevoir sur le flottage des bois, au Tonkin.*

26 février 1888 (1)

Rapporté par arrêté du 25 mars 1888.

N° 49. — ARRÊTÉ *rapportant celui du 26 février 1888, créant un droit de flottage sur les bois.*

25 mars 1888.

Article premier. — L'arrêté du 26 février 1888, établissant un droit de flottage sur les bois, est et demeure rapporté.
Art. 2. — Le secrétaire général du gouvernement, le Résident général en Annam et au Tonkin, et le Directeur des douanes et régies, sont chargés, chacun en ce qui le concerne, de l'exécution du présent arrêté.

CONSTANS.

8e SECTION.

IMPÔTS MUNICIPAUX OU DES COMMUNES

N° 50. — ARRÊTÉ *rendant applicable au territoire de Tourane les décisions relatives à l'impôt des patentes et à celui de capitation*

20 février 1889

Article premier. — La décision du 12 décembre 1885 et l'arrêté du 20 février 1889, relatifs à l'impôt des patentes, les arrêtés du 27 décembre 1886 et du 19 février 1889 relatifs à l'impôt de capitation des Asiatiques étrangers, sont rendus applicables à dater du 1er mai 1889, sur tout le territoire de la concession française de Tourane.
Art. 2. — Le produit de ces impôts sera versé au compte du Protectorat, et la moitié en sera mise à la disposition du Résident de Tourane, pour l'acquittement des dépenses diverses d'intérêt public, faites sur la concession française.

(1) Cet arrêté n'a pas été inséré dans le Moniteur du Protectorat ; il a été promulgué dans l'*Avenir du Tonkin*, n° 90 du 3 mars 1888.

Art. 3. — Des dégrèvements dont la quotité sera proposée par le Résident de Tourane, pourront être autorisés par arrêté du Résident général.
Art. 4. — Le Résident général en Annam et au Tonkin est chargé de l'exécution du présent arrêté.

Pour le Gouverneur général et par délégation spéciale,
Le Résident général,
RHEINART.

N° 51. — ARRÊTÉ *municipal fixant les taxes à percevoir pour les expéditions des actes de l'état civil et les légalisations, dans la ville de Hanoi.*

20 décembre 1889.

Article premier. — Sont créés à compter du 1er janvier 1890 les taxes suivantes :

Expédition d'actes de l'état civil (mariages) par expédition. 0 $ 50
Expédition d'actes de décès ou de naissance, par expédition. 0 20
Légalisation de signature, par signature.............. 0 05

Art. 2. — Ces recettes seront faites par le commis comptable à la mairie, qui en versera tous les samedis le produit à la recette municipale.
Art. 3. — M. le secrétaire de la mairie est chargé de l'exécution du présent arrêté.

LANDES.

N° 52. — ARRÊTÉ *municipal fixant la taxe de location des rues et trottoirs dans la ville de Hanoi.*

20 décembre 1889

Article premier. — Est modifié l'article 3 de l'arrêté n° 6 du 19 octobre 1888 sus visé en ce qu'il a de contraire au présent arrêté.
Art. 2. — La location permanente des trottoirs (tables de café, étalagistes, terrains incultes, dans les limites d'occupation déterminées), pourra être autorisée aux conditions ci-après :
1° Tables de café, étalagistes, trottoirs, dans les limites de la ville, redevance annuelle, 40 cents par mètre carré.
2° Location permanente de terrains en dehors des quais (entre l'ancienne douane et la concession) 10 cents par mètre carré et par an.
Art. 3. — Les dépôts de matériaux et l'occupation permanente ou temporaire des berges du fleuve, de l'ancienne douane à la concession, dans les limites des quais, seront taxées dans les conditions énoncées par l'arrêté n° 5 du 19 octobre 1888 sus-visé.
Art. 4. — M. le chef du service de la voirie et le commissaire de police sont chargés, chacun en ce qui le concerne, de l'exécution du présent arrêté, rendu applicable au point de vue fiscal, à compter du 1er janvier 1890.

LANDES.

N° 53. — ARRÊTÉ *municipal établissant une taxe sur les autorisations de tirer des pétards et artifices dans l'intérieur de la ville de Hanoi*

20 décembre 1889.

Article premier. — Il est défendu de tirer des pièces d'artifice, des pétards dans les limites de la ville de Hanoi, sans une autorisation préalable délivrée par la Mairie.
Art. 2. — Toute autorisation de tir de pétards sera délivrée moyennant le versement, à la caisse municipale, d'une somme de 0 $ 30 cents si la fête dure plus de 2 jours, et de 0 $ 15 si elle est inférieure à cette durée.
Art. 3. — Le commis comptable à la mairie est autorisé à faire directement cette recette. Le produit sera versé à la recette municipale tous les samedis.
Art. 4. — M. le secrétaire de la mairie et le commissaire de police sont chargés, chacun en ce qui le concerne, de l'exécution du présent arrêté, applicable à partir du 1er janvier 1890.

LANDES.

Nº 54. — ARRÊTÉ *fixant un mode particulier pour l'établissement du budget des recettes et dépenses de la ville de Nam-dinh, et créant des taxes spéciales à percevoir dans cette ville*

8 janvier 1890.

Article premier. — Les taxes suivantes seront établies sur les habitants de la ville de Nam-dinh, et perçues sur rôles dressés par les soins du Résident de la province.

Chaque habitant, propriétaire, employé ou exerçant un métier, non domestique, âgé de 18 à 54 ans, et non exempté des contributions personnelles par les lois indigènes, sera soumis à une taxe annuelle de 0 $ 30 cents.

Les autres habitants indigènes, qualifiés *Mien-sai* par les lois fiscales annamites, seront soumis à la demi-taxe ci-dessus.

Les contribuables de la 1re catégorie paieront en outre une taxe annuelle de 2 $, représentative du rachat des corvées.

Art. 2. — Les asiatiques étrangers paieront, outre la capitation due au budget du Protectorat, une taxe locale de 2 $ pour leur participation dans les dépenses spéciales de la ville de Nam-dinh.

Art. 3. — Les maisons de la ville paieront à titre de taxe d'éclairage :

savoir :

1º maisons en briques à couvertures en tuiles.... 5 piastres
2º maisons à murs en briques couvertes en paillotte. 3 —

Tous les droits ci-dessus feront l'objet de rôles réguliers établis par le Résident de la province pour les européens et asiatiques étrangers, et par le Résident et le tong-doc pour les indigènes. Ces rôles, approuvés par le Résident supérieur, seront recouvrés, savoir :

Par les chefs de quartier sous la direction du tong-doc pour les indigènes ;

Par le préposé payeur pour les européens et les asiatiques étrangers.

En outre des revenus ci-dessus, les recettes suivantes seront attribuées à la ville :

1º produit de la ferme des bouages et vidanges,
2º produit de fourrière,
3º produit des amendes de simple police,
4º produit des abattoirs,
5º produit des marchés du chef-lieu,
6º taxe sur les pousse-pousse,
7º le 1/10 du produit des patentes.

Toutes les taxes seront acquittées en piastres et versées directement dans la caisse du préposé payeur du trésor, comptable désigné à cet effet, et dont les opérations seront contrôlées par le Résident.

Les droits à percevoir par le préposé payeur sont, outre ceux établis sur les maisons des européens et asiatiques étrangers, le produit de la ferme des bouages et vidanges, des abattoirs et des marchés.

Art. 4. — Les arrêtés et décisions qui règlent au Tonkin le mode de recouvrement et de poursuites en matière de contributions directes, seront applicables au recouvrement des taxes créées par les articles 1, 2, 3 ci-dessus.

DÉPENSES

Art. 5. — Les revenus ci-dessus seront employés à couvrir les dépenses suivantes : 1º Eclairage de la ville, installation d'un matériel d'éclairage, entretien de ce matériel et éclairage courant ;

2º Nivellement de la ville ;

3º Etablissement de caniveaux rationnels, remplaçant les fossés d'écoulement existant actuellement qui, par leur trop grande profondeur, sont d'un entretien et d'un curage difficiles et une cause d'insalubrité ;

4º Travaux ordinaires de voirie, (création et entretien des chaussées.)

5º Etablissement de trottoirs ;

6º Dépenses du personnel de la police ;

7º Dépenses du service des bouages et vidanges ;

8º Travaux de terrassement (remblais, déblais, comblement des mares) ;

9º Entretien d'un corps de cantonniers ;

10º Remise au préposé payeur chargé de la tenue de la comptabilité et de la caisse.

11º Dépenses du dispensaire ;

12º Entretien des bâtiments affectés aux services urbains.

Art. 6. — Le budget des recettes et des dépenses sera établi par le Résident de la province avec le concours du tong-doc, et soumis avant le 1er décembre de chaque année, à l'approbation, de M. le Résident supérieur.

Art. 7. — Le Résident peut seul délivrer des mandats ; s'il refusait d'ordonnancer une dépense régulièrement autorisée et liquidée, il serait statué par le Résident supérieur.

Art. 8. — Les recettes et les dépenses de la ville s'effectueront par les soins du préposé payeur du trésor qui sera rémunéré pour ce service au moyen d'une remise de 1 % jusqu'à 10,000 $ 1/2 % de 10. 000 à 20,000 piastres, et 1/4 % au-dessus de 20,000 piastres.

Art. 9. — La comptabilité se composera essentiellement :

POUR LES RECETTES

1º D'un livre de quittances à souches ;

2º D'un livre de détail pour les divers produits ;

3º Des registres réglementaires pour la tenue de la comptabilité des droits et produits mis en recouvrement chez le préposé-payeur.

POUR LES DÉPENSES

4º D'un livre d'enregistrement des crédits délégués,

5º D'un livre-journal des mandats délivrés (modèle 36 du règlement du 14 janvier 1889.)

6º D'un livre de détail pour l'enregistrement par crédit des dépenses faites.

Le Résident créera en outre les livres auxiliaires qu'il jugera nécessaires.

Les pièces suivantes seront adressées mensuellement à M. le Résident supérieur :

1º Un relevé des recettes et des dépenses effectuées pendant le mois précédent ;

2º Un état de la situation des crédits ;

3º Demande de mise en distribution des crédits nécessaires pour couvrir les dépenses du mois suivant.

Les crédits ne pourront jamais être dépassés ni détournés de leur affectation primitive, sans une autorisation de M. le Résident supérieur.

Art. 10. — Les recettes et dépenses de chaque exercice ne comprendront que les opérations faites du 1er au 31 décembre, excepté en ce qui concerne les travaux déjà commencés pour lesquels la période d'exécution durera jusqu'au 31 janvier de l'année suivante.

Art. 11. — Le paiement des dépenses et le recouvrement des recettes auront lieu jusqu'au 28 février de l'année suivante. A cette date tous les comptes devront être apurés, et le Résident établira un compte de gestion présentant d'une manière détaillée toutes les opérations effectuées pendant l'exercice écoulé, et comparant les recettes et dépenses avec les prévisions budgétaires. Ce compte, visé par le tong-doc et le caissier-comptable, et appuyé de toutes les pièces justificatives de recettes et de dépenses, sera soumis à l'approbation de M. le Résident supérieur avant le 31 mars.

Le receveur du budget rural établira en outre un compte de gestion, dont le jugement appartiendra au conseil du Protectorat.

Art. 12. — Les plans et devis pour les travaux dépassant 500 $, devront être soumis à l'approbation de M. le Résident supérieur.

Art. 13. — Les dispositions des règlements en ce qui concerne les marchés, adjudications, appels d'offres, suivant la nature et l'importance des travaux ou des fournitures, seront applicables aux dépenses que le Résident de Nam-dinh engagera sur le budget de la ville.

Art. 14. — Le Résident supérieur au Tonkin est chargé de l'exécution du présent arrêté qui sera enregistré et communiqué partout où besoin sera.

PIQUET.

Impôt foncier. — VOY. : Impôts.
Imprimés. — VOY. : Presse.

Incendies

N° 1. — ARRÊTÉ *relatif à l'organisation des secours en cas d'incendie.*

1er septembre 1886.

Article premier. — Dans les villes du Tonkin les Résidents ou vice-résidents chefs de poste sont chargés de la direction générale des secours à porter en cas d'incendie.

Ils se feront assister des autorités annamites de la localité.

Art. 2. — Les dispositions qui précèdent sont applicables aux villes situées sur les territoires temporairement soumis à la juridiction militaire dans les conditions déterminées par l'arrêté du 24 mai 1886.

Art. 3. — M. le Général commandant la division d'occupation et M. le Résident supérieur au Tonkin sont chargés, chacun en ce qui le concerne, de l'exécution du présent arrêté.

PAUL BERT.

N° 2. — ARRÊTÉ *municipal sur les mesures à prendre en cas d'incendie dans la ville de Hanoi.*

23 octobre 1889.

Article premier. — Aussitôt qu'un incendie sera signalé, le Commissaire de police fera prévenir immédiatement le Résident supérieur, le Résident-maire, le Procureur de la République, le Directeur des Travaux publics, l'Inspecteur de la Milice et le Chef du service de la voirie.

L'agent chargé de prévenir le maire, restera à sa disposition et l'accompagnera.

Art. 2. — Le Commissaire de police se transportera immédiatement, dès le premier signal, sur le lieu de l'incendie avec tous ses agents disponibles, et organisera les premiers secours.

Art. 3. — Le huyen chargé de l'administration indigène de la ville, le chef du quartier dans lequel a lieu l'incendie, le chef de la rue et des rues voisines, après avoir fait aviser d'urgence le Commissaire de police du sinistre qui s'est déclaré, devront se porter sur les lieux pour faire exécuter, par la population indigène, les ordres donnés par les autorités compétentes.

Art. 4. — Tous les habitants devront se mettre à la disposition de l'autorité, faire la chaîne, apporter de l'eau, porter les secours, prêter des échelles, des seaux, des haches, en un mot prêter aide et main-forte dans toute la mesure de leurs moyens.

Art. 5. — Toutes les pompes particulières agiront sous les ordres du Résident-maire ou de son délégué.

Art. 6. — Les habitants voisins des maisons incendiées, devront, à première réquisition, ouvrir la porte de leurs demeures, et se mettre à la disposition de l'autorité, dans les conditions énoncées à l'article 4.

Art. 7. — Toutes les contraventions au présent arrêté seront punies conformément à la loi.

Art. 8. — Les Commissaire de police de la ville de Hanoi est chargé de l'exécution du présent arrêté.

LANDES.

Indemnités.

N° 1. — DÉCISION *portant que l'indemnité d'entrée en campagne sera payée aux agents de la trésorerie au titre des dépenses accessoires.*

26 juillet 1883.

Rapportée par arrêté du 16 février 1888.

N° 2. — ARRÊTÉ *accordant une indemnité de logement aux fonctionnaires du Protectorat régis par le décret du 3 février 1886.*

12 mai 1886.

Article premier. — Une indemnité de logement égale à 15 p. 100 de la solde d'activité, dégagée de tous les accessoires, est accordée à tous les fonctionnaires du Protectorat placés sous le régime du décret du 3 février 1886, non logés dans les bâtiments de l'Administration.

Art. 2. — Cette indemnité sera payée chaque mois, sur certificats ou états collectifs établis par les chefs de service compétents. Elle sera décomptée par jour ; néanmoins toute quinzaine commencée sera payée intégralement.

La dépense sera imputée au budget spécial du Protectorat.

Art. 3. — Le Résident supérieur est chargé de l'exécution du présent arrêté, dont l'effet remontera au 8 avril 1886.

Pour le Résident général absent :
Le Résident supérieur,
P. VIAL.

N° 3. — ARRÊTÉ *allouant une indemnité aux fonctionnaires indigènes à titre de frais de représentation.*

26 juin 1886

Modifié par arrêté du 15 janvier 1889

N° 4. — ARRÊTÉ *établissant et fixant une indemnité journalière de déplacement en faveur des agents subalternes civils de l'administration du Protectorat.*

22 octobre 1886

Modifié par le décret du 12 décembre 1889, qui fixe définitivement les indemnités de déplacement dans les colonies.

N° 5. — DÉCISION *accordant l'indemnité de logement aux commis auxiliaires de résidence.*

30 décembre 1886

Article premier. — Les commis auxiliaires de résidence bénéficieront de l'indemnité de logement accordée aux commis de résidence par l'arrêté du 12 mai 1886

Art. 2. — La présente décision aura son effet à dater du 1er janvier 1887.

Art. 3. — Le Résident supérieur *p. i.* au Tonkin est chargé de l'exécution de la présente décision.

P. VIAL.

N° 6. — ARRÊTÉ *portant extension de l'indemnité de logement à tous les fonctionnaires des services civils du Protectorat*

19 mars 1887.

Article premier. — Les dispositions de l'arrêté du 12 mai 1886, relatives à l'indemnité de logement, sont étendues à tous les fonctionnaires des services civils du Protectorat.

Art. 2. — Toutefois les agents du service de trésorerie continueront, jusqu'à nouvel ordre, à toucher l'allocation fixée par le décret du 15 mai 1874 et l'arrêté ministériel du 31 mai 1883.

Art. 3. — Le présent arrêté sera exécutoire à partir du 1er avril 1887.

G. BIHOURD.

N° 7. — ARRÊTÉ *fixant l'indemnité de déplacement du personnel du Protectorat.*

19 juillet 1887.

Le décret du 12 décembre 1889 fixe définitivement les indemnités de déplacement dans les colonies: voir le texte ci-après.

N° 8. — ARRÊTÉ *supprimant les indemnités de logement à tous les agents du Protectorat, indemnité d'entrée en campagne allouée aux agents de la trésorerie, la distribution des vivres en nature dont jouissent les agents ayant une solde inférieure à 6.000 fr. et les indemnités de déplacement aux agents voyageant sur les transports.*

15 février 1888.

Art. 1 et 2. — *Modifiés par arrêté du 26 février 1888, publié ci-après.*

Art. 3. (1) — Les dispositions de l'arrêté du 19 juillet susvisé fixant les indemnités de déplacement à payer aux agents

(1) Voir ci-après le décret du 12 décembre 1889, fixant définitivement les indemnités de déplacement aux colonies.

du Protectorat voyageant à l'intérieur, sont abrogées et remplacées par celles du décret du 19 janvier 1878 qui est promulgué et exécutoire dans toute l'étendue du territoire de l'Indo-Chine.

Art. 4. — Le Secrétaire général du Gouvernement de l'Indo-Chine est chargé de l'exécution du présent arrêté.

CONSTANS.

N° 9. — ARRÊTÉ *accordant des indemnités de logement et de vivres aux agents du Protectorat dont le traitement est de 6,000 francs et au-dessous.*

26 février 1888.

Article premier. — Les agents du Protectorat dont le traitement est de 6,000 francs et au-dessous, auront droit à une indemnité fixe de logement de 500 francs, et à une indemnité représentative de vivres équivalente au prix de la ration, soit de 1 franc 20 centimes par jour.

Art. 2. — L'indemnité n'est acquise qu'aux agents non logés par l'administration.

Art. 3. — Le Secrétaire général du gouvernement est chargé de l'exécution du présent arrêté.

CONSTANS.

N° 10. — ARRÊTÉ *portant fixation des indemnités au personnel des Résidences militaires de Cao-bang, Lao-kay et Song-la.*

19 juillet 1888

Article premier. — Sont allouées au personnel de chacune des Résidences militaires de Cao-bang, Lao-kay et Son-la, les indemnités annuelles suivantes:

Officier gérant d'une vice-résidence	750 $
Médecin chargé du service extérieur	300
Militaire détaché comme commis aux écritures	300
3 Secrétaires interprètes et lettrés au traitement moyen de 300 piastres	900
Fonctionnaires annamites de la province	2.400

Militaires faisant fonctions d'agent de police, 25 cents par jour.

Art. 2. — Ces dépenses sont imputables aux différents chapitres du budget des services civils qu'elles concernent.

Art. 3. — M. le Résident général en Annam et au Tonkin est chargé de l'exécution du présent arrêté.

RICHAUD.

N° 11. — ARRÊTÉ *allouant une indemnité annuelle pour frais de service aux chefs de poste.*

10 janvier 1889.

Article premier. — Une indemnité annuelle de mille francs est accordée, pour frais de service et de bureau, aux chefs des postes administratifs.

Art. 2. — Le Résident général de la République française en Annam et au Tonkin est chargé de l'exécution du présent arrêté.

RICHAUD

N° 12. — ARRÊTÉ *allouant les indemnités de logement et de vivres aux chanceliers de Résidence.*

11 février 1889

Article premier. — Les chanceliers auront droit aux indemnités de logement et de vivres, dans les conditions énoncées aux articles 1 et 2 de l'arrêté du 26 février 1888.

Art. 2. — Sont et demeurent abrogées toutes les dispositions antérieures contraires à celles du présent arrêté.

RICHAUD.

N° 13. — CIRCULAIRE *ministérielle sur l'application au Tonkin de l'arrêté ministériel du 19 janvier 1878, sur les indemnités de route et de séjour* (1).

13 février 1889

(1) Les frais de route et de séjour ont été fixés définitivement par le décret du 12 décembre 1889, qu'on trouvera plus loin.

N° 14. — CIRCULAIRE *du département des colonies relative à l'application au Tonkin du règlement du 19 janvier 1878, sur les indemnités de route et séjour* (1)

11 avril 1889

N° 15. — ARRÊTÉ *allouant les indemnités de vivres et de logement aux contrôleurs de 2e classe des douanes en Annam et au Tonkin.*

3 mai 1889

Article premier. — Les contrôleurs de 2e classe du service des douanes et régies de l'Annam et du Tonkin auront droit aux indemnités de vivres et de logement, dans les conditions prévues aux articles 1 et 2 de l'arrêté du 26 février 1888.

Art. 2. — Le Résident général en An-Nam et au Tonkin est chargé de l'exécution du présent arrêté.

RICHAUD.

N° 16. — ARRÊTÉ *déterminant les indemnités allouées aux chanceliers et commis employés à la Résidence supérieure du Tonkin.*

1er juillet 1889.

Article premier. — Il est alloué aux chanceliers et commis de Résidence employés à la Résidence supérieure du Tonkin les indemnités annuelles suivantes:

1° Chanceliers chefs de bureau, et chancelier du cabinet		1,500	francs.
2° Chefs de section	Cabinet	1,000	»
	Affaires indigènes	1,000	»
	Affaires militaires	1,000	»
3° Chanceliers non chefs de bureau		700	»
4° Commis de Résidence de 1re classe		600	»
5° Commis de Résidence de 2e classe		500	»
6° Commis de Résidence de 3e classe		400	»
7° Commis de Résidence auxiliaires		300	»

Art. 2. — Ces agents continueront à recevoir comme par le passé, les indemnités de vivres et de logement.

Art. 3. — Le Résident supérieur au Tonkin est chargé de l'exécution du présent arrêté.

PIQUET.

N° 17. — ARRÊTÉ *promulguant en Indo-Chine le décret du 12 décembre 1889, sur les indemnites de route, de séjour et de passage des officiers, employés et agents civils et militaires des services coloniaux ou locaux.*

21 mars 1890

Est promulgué dans toute l'étendue de l'Indo-chine, le décret du 12 décembre 1889, portant règlement sur les indemnités de route et de séjour et les passages des officiers, fonctionnaires, employés et agents civils et militaires des services coloniaux ou locaux.

PIQUET.

N° 18. — DÉCRET *fixant les indemnités de route, de séjour et de passage des officiers, employés et agents civils et militaires des services coloniaux et locaux.*

12 décembre 1889.

LIVRE PREMIER

INDEMNITÉS ALLOUÉES AUX OFFICIERS, FONCTIONNAIRES, EMPLOYÉS ET AGENTS CIVILS ET MILITAIRES DES SERVICES COLONIAUX OU LOCAUX, VOYAGEANT ISOLÉMENT EN FRANCE.

TITRE PREMIER

De l'indemnité de route et de l'indemnité de séjour

CHAPITRE PREMIER

De l'indemnité de route

Article premier. — *Indemnités de route en France, à qui allouées* — Les officiers, fonctionnaires, employés et agents ci-

(1) Ces indemnités ont été définitivement fixées par le décret du 12 décembre 1889, publié ci-après.

vils et militaires des services coloniaux ou locaux reçoivent, en France, les indemnités de route fixées par le tarif annexé au présent décret, suivant qu'ils se trouvent dans l'une des positions déterminées par les articles 2 et 3 ci-après.

Art. 2. — *Positions donnant droit à l'indemnité de route.* — Les positions donnant droit à l'indemnité fixée par la colonne n° 1, sont les suivantes :

POSITIONS	OBSERVATIONS
1° Se rendant à une première destination active.	L'indemnité de route est payée pour le trajet compris entre le lieu où l'officier, fonctionnaire, employé ou agent civil ou militaire des services coloniaux ou locaux, reçoit l'ordre de déplacement et le lieu de destination.
2° Passant d'une destination active à une autre, sauf le cas de destination ou de permutation demandée.	L'indemnité est allouée si l'ordre ou la lettre de service ne mentionne pas expressément le fait de la demande. L'indemnité est allouée du lieu de débarquement jusqu'à celui où l'officier, fonctionnaire, employé ou agent civil ou militaire des services coloniaux ou locaux, reçoit l'ordre de se rendre, à moins qu'il ne passe sous la dépendance d'un autre département ministériel, qui demeure chargé du règlement de ses frais de route. Cette restriction ne s'applique pas aux fonctionnaires des services métropolitains, affectés temporairement au service des colonies.
3° Revenant des colonies, en vertu d'un ordre de service et hors le cas de congé ou de permission. — Rentrant en France après naufrage.	Toutefois, s'il obtient au débarquement un congé ou une permission, son droit à l'indemnité est suspendu jusqu'au moment où il reprend l'activité sur place ou que, quittant le lieu de sa résidence, en congé ou en permission, il se met définitivement en route pour suivre la destination ordonnée. L'indemnité est allouée du port de débarquement au port d'embarquement ou au lieu où l'officier, fonctionnaire, employé ou agent civil ou militaire des services coloniaux ou locaux, aura repris son service.
4° Recevant, pendant la durée ou à l'expiration d'un congé ou d'une permission, un ordre de service ou d'embarquement, entraînant changement de destination.	L'indemnité est allouée du port de débarquement au port d'embarquement.
5° Recevant, pendant qu'il est en résidence, un ordre de service pour se rendre à un poste autre que celui qu'il occupait.	L'indemnité est allouée du lieu où l'ordre est notifié jusqu'au lieu de destination ou jusqu'au port d'embarquement.

Art. 3. — Les positions donnant droit à l'indemnité fixée par la colonne n° 2 sont celles ci-après :

POSITIONS	OBSERVATIONS
1° Voyageant par ordre pour remplir une mission temporaire (R).	L'accomplissement d'une mission temporaire sur des routes non desservies par des voitures publiques donne droit à l'allocation kilométrique prévue dans la première colonne du tarif. (Circulaire du 7 septembre 1870.)
2° Appelés à faire partie, hors de leur résidence, d'un conseil, d'une commission d'enquête, d'un jury d'examen ou de toute autre commission (R).	
3° Envoyés devant un conseil ou une commission d'enquête hors de leur résidence (R).	
4° Mis en liberté après jugement.	L'indemnité est allouée du lieu où le jugement est prononcé jusqu'au lieu où l'officier, fonctionnaire, employé ou agent civil ou militaire des services coloniaux ou locaux, est envoyé.
5° Cités à comparaître comme témoins ou prévenus devant un tribunal civil ou militaire (R).	L'indemnité de route n'est due à l'officier, fonctionnaire, employé ou agent civil ou militaire des services coloniaux ou locaux, cité devant un tribunal civil, que sur la production d'un certificat du greffier attestant qu'il n'a pas reçu des indemnités correspondantes sur les frais de justice.
6° Allant prêter serment au siège le plus voisin d'un tribunal de première instance, lorsque cette obligation résulte de la fonction (R).	
7° Allant, par ordre ou par autorisation, subir les épreuves d'un examen ou d'un concours (R).	L'indemnité n'est due pour le retour que si l'officier, fonctionnaire, employé ou agent civil ou militaire des services coloniaux ou locaux justifie qu'il a subi au moins l'une des épreuves, ou qu'il en a été empêché par maladie dûment constatée.
8° Se rendant soit aux hôpitaux, soit aux eaux thermales ou minérales, en vertu d'une décision spéciale (R).	Pour avoir droit aux frais de route, l'officier, fonctionnaire, employé ou agent civil ou militaire des services coloniaux ou locaux, envoyé aux eaux, doit produire un certificat attestant qu'il a suivi un traitement complet. Les officiers en non-activité pour infirmités temporaires ont, dans les mêmes conditions, également droit à cette allocation.
9° Évacué d'un hôpital ou d'un établissement thermal sur un autre.	Il doit, dans ce cas, être produit un certificat du médecin traitant.
10° Renvoyé des eaux par suite de maladie ou parce que les eaux sont contraires.	Dans ce cas, l'officier, fonctionnaire, employé ou agent civil ou militaire des services coloniaux ou locaux, doit produire un certificat du médecin traitant
11° En congé ou en permission, recevant à l'expiration du congé ou de la permission, l'ordre de rejoindre son poste.	L'indemnité n'est pas due si l'officier, fonctionnaire, employé ou agent civil ou militaire des services coloniaux ou locaux, au moment où il se met en route pour rejoindre, n'a plus que le temps strictement nécessaire pour arriver à destination, à l'expiration de la période d'absence prévue par le titre dont il est porteur.
12° Rentrant en France après captivité.	L'indemnité est due du lieu de débarquement ou de la rentrée en France au lieu où l'officier, fonctionnaire, employé ou agent civil ou militaire des services coloniaux ou locaux reçoit l'ordre de se rendre.
13° Mis en réforme.	
14° Passant de l'activité à la non-activité et de la non-activité à l'activité.	
15° En non-activité se déplaçant pour subir l'inspection semestrielle.	
16° Admis à la retraite ou licencié du service, hors le cas de licenciement par mesure de discipline.	
17° Aux surveillants militaires rentrant en France après révocation ou démission.	Du port de débarquement au lieu où ils étaient domiciliés à l'époque de leur nomination.
Observation générale. — (R). Cette lettre indique que l'indemnité de route est aussi due pour le retour.	

Art. 4. — Dans aucun autre cas que ceux prévus aux articles 2 et 3, il n'est alloué d'indemnité de route.

Art. 5. — *Distance à parcourir.* — Aucun déplacement ne donne droit à l'indemnité de route, si la distance à parcourir n'excède pas 4 kilomètres.

Art. 6. — *Calcul des distances et décompte des trajets.* — 1. — Les distances à franchir sont calculées d'après les indications du livret spécial à l'administration des colonies.

2. — Les parcours qui ne figurent pas sur ce document sont déterminés au moyen des indications de la carte des postes ou de tout autre document officiel, pour les trajets à effectuer ou

effectués sur les voies ordinaires, et au moyen du livret des chemins de fer, dit « *Livret Chaix* », pour les trajets à accomplir ou accomplis sur les voies ferrées.

3. — Le décompte des trajets, soit sur les voies ordinaires, soit sur les voies ferrées, est établi par la voie la plus directe, d'après les bases indiquées dans les deux paragraphes précédents.

Art. 7. — *Payement de l'indemnité de route.* — 1. — L'indemnité de route se paye, par avance, au point de départ, pour toute la distance à parcourir, sans station.

2. — En cas de mission, l'indemnité est payée pour le trajet qui sépare le lieu où se trouve l'officier, fonctionnaire, employé et agent civil ou militaire des services coloniaux ou locaux, de la localité où il a l'ordre de s'arrêter.

3. — Si par suite de contre-ordre ou de non-exécution, la totalité ou une partie du voyage n'est pas accomplie, il est fait reprise sur la solde de l'officier, fonctionnaire, employé et agent civil ou militaire des services coloniaux ou locaux, du montant de l'indemnité afférente au trajet non parcouru. Il ne peut être accordé de dégrèvement que par décision spéciale du Ministre.

Art. 8. — *Délais de route.* — 1. — Les délais de route sont déterminés comme suit : un jour à raison de 120 kilomètres parcourus sur les voies ordinaires ; un jour à raison de 360 kilomètres parcourus sur les voies ferrées.

2. — Toute fraction de temps excédant une période de 24 heures sera comptée comme un jour plein, si la distance correspondant à cette fraction de temps excède 12 kilomètres sur les voies ordinaires, ou 40 kilomètres sur les voies ferrées.

3. — Mais lorsque le trajet sera accompli, partie sur les voies ordinaires, partie sur les voies ferrées, les deux fractions seront réunies, s'il y a lieu, pour former une nouvelle période de 24 heures (1).

Art. 9. — *Droit à l'indemnité de route des officiers, fonctionnaires, employés et agents civils et militaires des services coloniaux ou locaux qui, par leur faute, n'arrivent pas à destination dans les délais déterminés.* — Les officiers, fonctionnaires, employés, et les agents civils et militaires des services coloniaux ou locaux qui, par leur faute, n'arrivent pas à destination dans les délais désignés par leur feuille de route, peuvent être punis disciplinairement, mais ils conservent le droit à l'indemnité de route qu'ils n'auraient pas reçue au départ.

Art. 10. — *Indemnités fixes de déplacement.* — L'officier, fonctionnaire, employé et agent civil ou militaire des services coloniaux ou locaux, auquel sont alloués des indemnités fixes de tournées ou de déplacement pour effectuer des voyages en France, n'a pas droit, en ce qui concerne ces voyages, à l'indemnité de route.

Art. 11. — *Avances en argent allouées aux officiers, fonctionnaires, employés et agents civils et militaires des services coloniaux ou locaux qui n'ont pas droit à l'indemnité de route.* — 1° Tout officier, fonctionnaire, employé et agent civil ou militaire des services coloniaux ou locaux, en activité de service, voyageant isolément, dans une position ne donnant pas droit à l'indemnité de route, peut recevoir, dans les cas d'urgence, une avance en argent pour subvenir aux frais de son voyage jusqu'à destination.

2°. — L'avance en argent ne doit pas dépasser le montant de l'indemnité de route correspondant au trajet pour lequel elle est réclamée.

3°. — Le fonctionnaire qui aura payé, en avisera immédiatement le fonctionnaire chargé de la surveillance administrative du corps ou le service auquel appartient la personne qui aura reçu les avances.

CHAPITRE II

De l'indemnité de séjour

Art. 12. — *Quotité de l'indemnité de séjour. — A qui allouée; assimilation des officiers, fonctionnaires, employés et agents civils et militaires des services coloniaux ou locaux.* — 1. — La quotité de l'indemnité de séjour est fixée par journée de séjour à :

20 fr. pour les officiers généraux ou assimilés;
15 fr. pour les officiers supérieurs ou assimilés;
10 fr. pour les officiers subalternes ou assimilés ;
5 fr., 4 fr., 3 fr., 2 fr. pour les employés et agents civils et militaires des services coloniaux ou locaux suivant la catégorie à laquelle ils appartiennent.

2. — Lorsque le séjour dans une même localité se prolonge au delà de 30 jours, les indemnités ci-dessus sont réduites de moitié.

3. — Le tableau annexé au présent décret fixe l'assimilation des officiers, fonctionnaires, employés et agents civils et militaires des services coloniaux et locaux.

4. — L'indemnité de séjour est due aux officiers, fonctionnaires, employés et agents civils et militaires des services coloniaux ou locaux, qui se trouvent dans une des positions ci-après :

POSITIONS	TERME QUE L'ALLOCATION NE PEUT EXCÉDER
1° Remplissant une mission de service et séjournant, par ordre, en route ou à destination.	Le temps nécessaire pour l'accomplissement de la mission ou la durée de l'intérim, sans pouvoir excéder le terme de trois mois fixé par l'article 13 du présent décret L'officier, fonctionnaire, employé ou agent civil ou militaire des services coloniaux ou locaux qui, pendant le cours d'une mission, revient dans la localité où il se trouve en service pour y continuer une mission déjà commencée, et qui ne doit pas finir dans cette localité, a droit, sans interruption, aux frais de séjour.
2° Détachés temporairement de leur résidence pour aller remplir, dans une autre localité, des fonctions intérimaires.	En cas d'intérim, l'indemnité se cumule avec le supplément attaché à la fonction du titulaire.
3° Tenus par ordre en séjour dans un port, soit avant d'être embarqués pour une destination outre-mer, soit en revenant des prisons de l'ennemi.	Quinze jours, sauf décision spéciale du ministre.
4° Admis, sur l'avis du conseil supérieur de santé, à faire usage d'eaux thermales ou minérales dans des stations où il n'existe pas d'hôpital militaire.	L'indemnité n'est due qu'aux officiers, fonctionnaires, employés et agents civils ou militaires des services coloniaux ou locaux ayant droit à l'hospitalisation. Elle est allouée jusqu'au dernier jour du traitement (1).
5° Tenus en quarantaine au lazaret, après leur débarquement.	Le jour dûment constaté où expire la quarantaine.
6° Appelés à faire partie, hors de leur résidence, soit d'un conseil d'enquête, d'une commission d'enquête, ou d'un tribunal militaire.	Le jour dûment constaté où finit la mission.
7° Appelés, hors de leur résidence, en témoignage devant un tribunal, à la requête du ministère public.	Le jour dûment constaté où ils cessent d'être retenus. L'indemnité n'est due à l'officier, fonctionnaire, employé ou agent civil ou militaire des services coloniaux ou locaux, cité devant un tribunal civil, que sur la production d'un certificat du greffier attestant qu'il n'a pas reçu des indemnités correspondantes sur les frais de justice.
8° Envoyés devant un conseil d'enquête, une commission d'enquête ou un tribunal militaire hors de leur résidence.	Le jour dûment constaté où le conseil a exprimé son vote.

(1) L'indemnité de séjour est réduite de moitié pour les officiers, fonctionnaires, employés et agents civils ou militaires des services coloniaux ou locaux, envoyés aux eaux, lorsqu'il existe un hôpital militaire dans lequel ils n'ont pu trouver place.
Elle est accordée aux intéressés par décision spéciale du ministre.

(1) Si le trajet comprend à la fois des transports sur les voies ordinaires et sur les voies ferrées, on triple le nombre de kilomètres à franchir sur les voies ordinaires, on les additionne avec le nombre de kilomètres sur les voies ferrées et on divise le total par 360, le quotient de la division représente le nombre de journées de route, et, le reste, la fraction de journées.

Art. 13. — *Payement de l'indemnité de séjour. Elle ne peut être cumulée avec l'indemnité de résidence.* — 1. — L'indemnité de séjour ne peut, à moins d'une décision motivée du ministre, être payée pendant plus de trois mois consécutifs dans un même lieu de résidence.

2. — Chacune des concessions ultérieures ne peut excéder la même limite.

3. — Dans aucun cas, l'officier, fonctionnaire, employé ou agent civil ou militaire des services coloniaux ou locaux, résidant à Paris, ne peut y cumuler l'indemnité de séjour et le supplément de résidence.

Art. 14. — *Décompte de l'indemnité de séjour. Elle n'est pas due pendant le traitement à l'hôpital.* — 1. — L'indemnité de séjour est due à compter du jour de l'arrivée inclusivement jusqu'à celui du départ exclusivement.

2. — Lorsque l'aller et le retour ont lieu dans la même journée, l'indemnité de séjour est réduite de moitié.

3. — L'indemnité de séjour cesse d'être allouée pendant le cours du traitement à l'hôpital.

Art. 15. — *Payement de l'indemnité de séjour.* — L'indemnité de séjour se paye après constatation de la durée effective du séjour, ou à la fin de chaque mois, si le séjour se prolonge au delà de trente jours.

Art. 16. — *Indemnités fixes de tournée ou de déplacement.* — L'officier, fonctionnaire, employé ou agent civil ou militaire des services coloniaux ou locaux, auquel sont allouées des indemnités fixes de tournées ou de déplacement pour effectuer des voyages en France, n'a pas droit, à raison des mêmes voyages à l'indemnité de séjour.

TITRE II

Dispositions communes aux indemnités de route et de séjour

Art. 17. — *Feuilles de route. Par qui délivrées.* — Les feuilles de route sont délivrées sur la présentation des ordres du Ministre ou des autorités compétentes, savoir:

A Paris. — Par les chefs de service de l'administration centrale, suppléés s'il y a lieu, par les chefs et sous-chefs de bureau, qui ont dans leurs attributions le personnel auquel appartient l'officier, le fonctionnaire, l'employé ou l'agent civil ou militaire des services coloniaux ou locaux;

Dans les ports secondaires. — Par les chefs du service administratif colonial;

Dans les autres localités.—Par les sous-intendants militaires, les officiers du Commissariat chargés du service des revues ou de l'inscription maritime, les préfets, les sous-préfets ou leurs suppléants légaux.

Art. 18. — *Constatation du droit aux indemnités de route et de séjour.* — Les droits aux indemnités de route et de séjour sont constatés, à l'arrivée et au départ, par les autorités énumérées à l'article précédent.

Art. 19. — *Validité de la feuille de route.* — 1. — La feuille de route doit mentionner si le titulaire a ou n'a pas droit à la réduction sur les voies ferrées.

2. — Elle est valable pour toute la durée d'un voyage (aller et retour, s'il y a lieu) et ne peut servir pour un nouveau trajet qu'après avoir reçu, en cas de mission prolongée, le visa de l'un des fonctionnaires désignés à l'article 17. Elle doit indiquer la durée présumée de l'absence.

3. — Les maires ne délivrent pas de feuilles de route, mais seulement des sauf-conduits pour aller jusqu'à la résidence la plus rapprochée de l'un des fonctionnaires qui, en vertu de l'article 17, ont qualité pour délivrer des feuilles de route.

Art. 20. — *Délivrance des mandats de payement pour indemnités de séjour.* — 1. — Toute délivrance de mandats de payement pour indemnité de route ou de séjour doit, lors de la remise du titre au titulaire, être mentionnée sur la feuille de route par le fonctionnaire qui délivre la pièce comptable.

2. — Le décompte final est établi par le fonctionnaire chargé de pourvoir au dernier payement.

Art. — 21. — *Registre de route; par qui tenu.* — 1. — Les officiers et fonctionnaires spécifiés à l'article 17 tiennent un registre de route, destiné à recevoir l'inscription des feuilles de route et des mandats délivrés dans le cours de chaque journée.

2. — Ce registre contient les principales indications portées sur la feuille de route. A la fin de chaque journée, il est parafé par le fonctionnaire compétent, de manière à ne pas permettre l'intercalation de nouvelles inscriptions, et arrêté par ledit fonctionnaire le 1er de chaque mois.

3. — Chaque feuille de route ou mandat est enregistré sous un numéro d'ordre dont la série se continue sans interruption pendant toute la durée de l'année.

Art. 22. — *Production de la feuille de route pour le payement des indemnités de route et de séjour.* — 1. — Aucun payement d'indemnité de route ou de séjour ne peut être opéré que sur la production d'une feuille de route conforme au modèle adopté.

2. — Cette feuille de route indique, conformément au contenu des ordres, le lieu de destination et, le cas échéant, l'itinéraire, les délais de route et, en toutes lettres, le jour de l'arrivée à destination.

Art. 23. — *Perte de la feuille de route.* — Tout officier, fonctionnaire, employé et agent civil ou militaire des services coloniaux ou locaux, qui a perdu sa feuille de route, en fait la déclaration écrite à l'un des fonctionnaires précédemment désignés, qui lui délivre une nouvelle feuille de route sur laquelle les allocations perçues depuis le départ sont mentionnées, sous la responsabilité du déclarant.

Art. 24. — *Délais dans lesquels doivent être réclamées les indemnités de route et de séjour.* — 1. — Les indemnités de route et de séjour doivent être réclamées dans le délai d'un mois, à compter du jour où le voyage, la mission ou le séjour sont arrivés à leur terme.

2. — Toute allocation réclamée après ce délai ne sera payée qu'avec l'autorisation du Ministre.

Art. 25. — *Voyages sur mémoire. Cas dans lesquels il sont autorisés.* — Lorsque, par suite de la mission donnée à un officier, fonctionnaire, employé et agent civil ou militaire des services coloniaux ou locaux, le ministre juge que les allocations attribuées par le présent décret ne sont pas suffisantes, il peut autoriser cet officier, fonctionnaire, employé ou agent à voyager sur mémoire.

Art. 26. — *Indemnités de route et de séjour payées sans retenue.* — Les indemnités de route et de séjour sont payées sans retenue.

Art. 27 — *Reprise pour trop payé des allocations abusivement concédées.* — L'officier, fonctionnaire ou employé compétent qui s'aperçoit que, par une fausse interprétation des dispositions du présent décret, une allocation a été abusivement accordée, doit refuser la continuation de l'indemnité et mentionner son refus sur la feuille de route. En outre, il fait connaître directement à l'administration centrale des colonies la somme qui a été payée indûment, pour que la reprise en soit opérée.

Art. 28. — *Droit des officiers, fonctionnaires, employés et agents civils ou militaires des services coloniaux ou locaux, remplissant un intérim, aux indemnités de route et de séjour. Mode de calcul de ces indemnités.* — Les officiers, fonctionnaires, employés et agents civils ou militaires des services coloniaux ou locaux, qui remplissent des fonctions intérimaires supérieures à celles de leur grade ou de leur emploi, et qui n'ont pas été spécialement désignés par le ministre pour exercer l'intérim, n'ont droit qu'aux indemnités de route et de séjour fixées pour le grade ou l'emploi dont ils sont titulaires.

Art. 29. — *Indemnités de route et de séjour allouées à l'officier titulaire d'une fonction donnant droit à des allocations supérieures à celles de son grade.* — 1. — L'officier qui exerce titulairement une fonction conférée par le ministre, donnant droit à des allocations de route et de séjour supérieures à celles de son grade, reçoit les allocations dévolues à cette fonction. Mais dans ce cas, les allocations qui lui sont attribuées sont celles qui sont déterminées pour le personnel ayant droit à la réduction sur les chemins de fer.

2. — Quand les allocations attribuées au grade sont supérieures à celles dévolues à la fonction, l'officier reçoit les allocations de son grade.

3. — Il en est de même, losque les allocations du grade sont égales à celles qui sont attribuées à la fonction.

TITRE III

Dispositions générales

Art. 30. — Le ministre régle, par décisions spéciales, la quotité des indemnités de route et de séjour à allouer aux officiers, fonctionnaires, employés et agents civils et militaires des services coloniaux qui, ne se trouvant pas compris dans les désignations portées au tableau annexé au présent décret, auraient à voyager pour le service.

LIVRE II.

INDEMNITÉS ALLOUÉES AUX OFFICIERS, FONCTIONNAIRES, EMPLOYÉS ET AGENTS CIVILS ET MILITAIRES DES SERVICES COLONIAUX OU LOCAUX, VOYAGEANT ISOLÉMENT DANS LES COLONIES.

TITRE PREMIER

De l'indemnité fixe de route, de l'indemnité de transport et de l'indemnité de séjour.

CHAPITRE PREMIER

De l'indemnité fixe de route et de l'indemnité de transport.

Art. 31. — *Transport en nature dû en principe au personnel colonial.* — 1. — En principe, l'administration doit pourvoir en nature au transport des officiers, fonctionnaires, employés et agents civils et militaires des services coloniaux ou locaux voyageant isolément dans l'intérieur des colonies.

2. — Les moyens de transport sont fournis par le service dans l'intérêt duquel les déplacements sont effectués.

Art. 32. — *Indemnité fixe de route. Cas dans lequel elle est due. Quotité de cette indemnité.* — 1. — Lorsque les moyens de transport sont, conformément aux dispositions de l'article ci-dessus, fournis en nature par l'administration, les officiers, fonctionnaires, employés et agents civils et militaires des services coloniaux ou locaux reçoivent une indemnité fixe de route.

2. — La quotité de cette indemnité est fixée par journée de route à :

20 francs pour les officiers généraux ou assimilés ;
16 francs pour les officiers supérieurs ou assimilés ;
13 francs pour les officiers subalternes ou assimilés ;

Employés et agents civils et militaires des services coloniaux ou locaux...............	1re catégorie....	10 francs.
	2e —	6 —
	3e —	4 —
	4e —	3 —

Art. 33. — *Cumul de l'indemnité fixe de route et de l'indemnité de transport.* — Lorsque les moyens de transport ne sont pas fournis en nature, les officiers, fonctionnaires, employés et agents civils et militaires des services coloniaux ou locaux reçoivent, cumulativement avec l'indemnité fixe de route prévue à l'article précédent, une indemnité de transport.

Art. 34. — *Mode d'allocation de l'indemnité fixe de route.* — 1° — L'indemnité fixe de route représente les dépenses accessoires occasionnées par le voyage. Elle est allouée pour toute journée passée en route, le jour de l'arrivée à destination non compris.

2° — Lorsque l'aller et le retour ont lieu dans la même journée elle est réduite de moitié.

Art. 35. — *Voyage comportant l'emploi d'une monture.* — 1° — En cas de voyage comportant l'emploi d'une monture, l'indemnité fixe est augmentée d'après les tarifs locaux en usage, du montant des frais de nourriture de l'animal.

2° — Les frais de nourriture l'animal continuent d'être alloués quand l'officier, fonctionnaire, employé et agent civil ou militaire des services coloniaux ou locaux se trouve dans la nécessité reconnue de le conserver pendant la durée de sa mission.

Art. 36 — *Indemnité de transport.* — L'indemnité de transport comprend :

1° Pour les trajets accomplis sur les voies ferrées, l'indemnité kilométrique;

2° Pour les trajets accomplis sur les voies terrestres et fluviales (1) non desservies, l'indemnité pour location de montures, de voitures, d'embarcations, etc.;

3° Pour les trajets accomplis sur les voies terrestres et fluviales (1) régulièrement desservies, le prix du transport ou du passage.

(1) Il en est de même pour les trajets accomplis par voie de mer sur les côtes, ou entre les dépendances d'une colonie.

Les indemnités kilométriques ainsi que les indemnités pour location de montures, de voitures, d'embarcations, etc., etc., sont allouées, dans chaque colonie, d'après les tarifs locaux approuvés par le Ministre.

Lorsque le prix du transport ou du passage pour les trajets accomplis sur les voies régulièrement desservies ne peut être déterminé avant le départ de l'intéressé, ce dernier reçoit, à titre d'avances, à charge par lui d'en justifier par la production de quittances ou, à défaut, d'attestations en due forme, la somme présumée nécessaire pour lui permettre d'accomplir sa route.

Art. 37. — *Positions donnant droit à l'indemnité fixe de route et à l'indemnité de transport.*

Les positions donnant droit, dans les conditions des articles précédents, à l'indemnité fixe de route et à l'indemnité de transport, sont les suivantes :

POSITIONS	OBSERVATIONS
1° Se rendant à une première destination active.	L'indemnité fixe de route et l'indemnité de transport sont allouées pour le trajet compris entre le lieu où l'officier, fonctionnaire, employé et agent civil ou militaire des services coloniaux ou locaux reçoit son ordre et le lieu de destination.
2° Passant d'une destination active à une autre, sauf le cas de destination ou de permutation demandée.	L'indemnité fixe de route et l'indemnité de transport sont allouées si l'ordre ou la lettre de service ne mentionne pas expressément le fait de la demande ou de l'acceptation. Elles sont allouées du lieu où l'officier, fonctionnaire, employé et agent civil ou militaire des services coloniaux ou locaux était en service, ou du lieu de débarquement, jusqu'à celui où il a reçu l'ordre de se rendre. Toutefois, si l'officier, fonctionnaire, employé ou agent civil ou militaire des services coloniaux ou locaux, obtient au débarquement un congé ou une permission, son droit aux indemnités est suspendu jusqu'au moment où il quitte le lieu de sa résidence en congé ou en permission, et se met définitivement en route pour suivre la destination ordonnée.
3° Recevant pendant la durée ou à l'expiration d'un congé ou d'une permission, un ordre de service ou d'embarquement entraînant changement de destination.	L'indemnité fixe de route et l'indemnité de transport sont allouées du lieu où l'officier, fonctionnaire, employé et agent civil ou militaire des services coloniaux ou locaux, reçoit l'ordre, jusqu'à celui de destination.
4° Voyageant par ordre pour remplir une mission de service (R).	Ces indemnités ne sont pas dues dans l'intérieur de la colonie, aux vicaires généraux lorsqu'ils accompagnent l'évêque dans les tournées diocésaines.
5° Appelés à faire partie, hors de leur résidence, d'un conseil, d'une commission d'enquête, d'un jury d'examen ou de toute autre commission (R).	
6° Se transportant, comme membre d'un tribunal maritime ou militaire, sur les lieux où un crime ou délit a été commis (R).	
7° Envoyés devant un conseil d'enquête, une commission d'enquête ou un conseil de santé hors de leur résidence.	
8° Ralliant le port d'embarquement en vertu d'un congé à passer hors de la colonie, non compris les congés pour affaires personnelles, ou rentrant à leur poste après avoir joui de ce congé.	
9° Allant sur un point de la colonie jouir d'un congé de convalescence (R).	
10° Cité à comparaître comme témoin ou prévenu devant un tribunal civil ou militaire.	L'indemnité fixe de route et l'indemnité de transport ne sont allouées à l'officier, fonctionnaire, employé et agent civil ou militaire des services coloniaux ou locaux, cité devant un tribunal civil, que sur la production d'un certificat du greffier attestant qu'il n'a pas reçu ces indemnités sur les frais de justice.
11° Mis en liberté après jugement.	Ces indemnités sont allouées du lieu où le jugement est prononcé, jusqu'à celui où l'officier, fonctionnaire, employé et agent civil ou militaire des services coloniaux ou locaux est envoyé.

POSITIONS	OBSERVATIONS
12° Allant prêter serment au siège le plus voisin d'une cour ou d'un tribunal, lorsque cette obligation résulte de la position (R).	
13° Allant, comme trésorier ou comptable, percevoir ou payer, en dehors de leur résidence, la solde d'un corps ou du personnel d'un établissement.	
14° Allant par ordre ou par autorisation, subir les épreuves d'un examen ou d'un concours (R).	L'indemnité fixe de route et l'indemnité de transport ne sont dues pour le retour que si l'officier, fonctionnaire, employé et agent civil ou militaire des services coloniaux ou locaux, justifie qu'il a subi au moins une des épreuves, ou s'il en a été empêché par maladie dûment constatée.
15° Se rendant soit aux hôpitaux soit aux eaux thermales ou minérales, en vertu d'une décision spéciale (R).	Pour avoir droit aux indemnités de déplacement, l'officier, fonctionnaire, employé et agent civil ou militaire des services coloniaux ou locaux, envoyé aux eaux, doit produire un certificat attestant qu'il a suivi un traitement complet. Les officiers en non-activité pour infirmités temporaires ont, dans les mêmes conditions, également droit à ces allocations.
16° Renvoyés des eaux par suite de maladie ou parce que les eaux leur sont contraires.	Dans ce cas il doit être produit un certificat du médecin traitant.
17° Évacué d'un hôpital ou d'un établissement thermal sur un autre.	Il doit, dans ce cas, être produit un certificat du médecin traitant.
18° En congé ou en permission, recevant, avant l'expiration du congé ou de la permission, l'ordre de rejoindre leur poste.	Les indemnités de déplacement ne sont pas dues si l'officier, fonctionnaire, employé et agent civil ou militaire des services coloniaux ou locaux, au moment où il se met en route pour rejoindre, n'a plus que le temps strictement nécessaire pour arriver à destination à l'expiration de la période d'absence prévue par le titre dont il est porteur.
19° Rentrant dans la Colonie après captivité.	Les indemnités de déplacement sont dues du lieu de débarquement au lieu où l'officier, fonctionnaire, employé et agent civil ou militaire des services coloniaux ou locaux reçoit l'ordre de se rendre.
20° Mis en réforme.	
21° Passant de l'activité à la non-activité et de la non-activité à l'activité.	
22° Admis à la retraite ou licencié du service, hors le cas de licenciement par mesure de discipline.	Les indemnités de déplacement sont dues jusqu'au lieu où l'officier, fonctionnaire, employé et agent civil ou militaire des services coloniaux ou locaux, a déclaré fixer sa résidence, ou jusqu'au port d'embarquement pour rentrer en France ou pour se rendre dans une autre colonie. Elles sont allouées aux surveillants militaires rentrant en France après démission ou révocation.

NOTA. — Dans les colonies où il existe un fonds de mobilisation du clergé, prévu au budget, les ecclésiastiques n'ont droit aux indemnités de transport et aux indemnités fixes de route, que dans le cas de missions administratives ordonnées ou autorisées par le chef de la colonie, sur la proposition du chef d'administration compétent.

(R) Cette lettre indique que les indemnités sont aussi dues pour le retour.

Art. 38. — Dans aucun autre cas que ceux prévus à l'article 37, les indemnités dont il s'agit ne peuvent être allouées.

Art. 39. — *Distance à parcourir pour avoir droit à l'indemnité fixe de route et à l'indemnité de transport.* — 1. — Dans les colonies situées entre les tropiques, la distance à parcourir pour avoir droit à l'indemnité fixe de route et à l'indemnité de transport doit être d'au moins 2 kilomètres.

2. — Aux îles Saint-Pierre et Miquelon, cette distance est fixée à quatre kilomètres.

Art. 40. — *Calcul des distances. Décompte des indemnités.* — 1. — Les distances à franchir sont calculées d'après les indications contenues dans un tableau spécial des distances qui devra être établi dans chaque colonie, et transmis au département dans le délai de six mois, à partir de la mise en vigueur du présent décret.

2. — Les parcours qui ne figureraient pas sur ce document, seront déterminés pour chaque cas particulier, par les soins de l'administration de la colonie.

3. — Le décompte des indemnités est établi d'après le trajet par la voie la plus directe, sur les bases indiquées dans les deux paragraphes précédents.

Art. 41. — *Payement de l'indemnité fixe de route.* — 1. — L'indemnité fixe de route se paye par avance au point de départ pour toute la distance à parcourir, sans station.

2. — En cas de mission, l'indemnité est payée pour le trajet qui sépare le lieu où se trouve l'officier, fonctionnaire, employé ou agent civil ou militaire des services coloniaux ou locaux, de la localité où il a ordre de s'arrêter.

3. — Si par suite de contre-ordre ou de non-exécution, la totalité ou une partie du voyage n'est pas accomplie, il est fait reprise sur la solde de l'officier, fonctionnaire, employé et agent civil ou militaire des services coloniaux ou locaux du montant de l'indemnité afférente au trajet non parcouru. Toutefois, le chef de la colonie peut en accorder le dégrèvement, sous réserve de l'approbation ministérielle, lorsque la dépense incombe au budget de l'État.

Art. 42. — *Délais de route.* — Les délais de route sont mentionnés sur la feuille de route ou l'ordre de service, et déterminés d'après les indications du tableau prévu à l'article 37 ci-dessus.

Art. 43. — *Délais de tolérance.* — 1. — Indépendamment de ces délais, il peut être accordé, pour la mise en route, un délai de tolérance qui est fixé par l'ordre ou la lettre de service et qui, sans donner droit à aucune indemnité, ne doit, dans aucun cas, dépasser le terme de quatre jours.

2. — Ce délai n'est jamais accordé lorsque, dans un voyage, l'aller et le retour doivent avoir lieu dans la même journée.

Art. 44. — *Droit à l'indemnité fixe de route des officiers, fonctionnaires, employés et agents civils et militaires des services coloniaux ou locaux qui, par leur faute, n'arrivent pas à destination dans les délais déterminés.* — L'officier, fonctionnaire, employé et agent civil ou militaire des services coloniaux ou locaux qui, par sa faute, n'arrive pas à destination dans les délais assignés par le titre en vertu duquel il voyage, peut être puni disciplinairement, mais il conserve le droit à l'indemnité fixe de route, qu'il n'aurait pas reçue au départ.

Art. 45. — *Indemnités fixes de déplacement.* — 1. — L'officier, fonctionnaire, employé et agent civil ou militaire des services coloniaux ou locaux, auquel sont allouées des indemnités fixes de tournées ou déplacement pour les voyages que son service l'oblige à effectuer dans la colonie à laquelle il est attaché, n'a droit, à raison de ces voyages, ni à l'indemnité fixe de route, ni à l'indemnité de transport.

2. — La même disposition s'applique, en ce qui concerne les voyages accomplis par lui dans l'étendue de son ressort et pour l'exercice de ses fonctions, à l'officier, fonctionnaire, employé et agent civil ou militaire des services coloniaux ou locaux, qui reçoit à titre de supplément d'indemnité représentative, ou sous toute autre forme, des émoluments en argent ou des prestations en nature, à charge de se pourvoir des moyens de transports nécessaires pour l'exécution de son service.

Art. 46. — *Avances en argent allouées aux officiers, fonctionnaires, employés et agents civils et militaires des services coloniaux ou locaux, qui n'ont pas droit à l'indemnité fixe de route.* — 1. — Tout officier, fonctionnaire, employé et agent civil ou militaire des services coloniaux ou locaux, en activité de service, voyageant isolément dans une position qui ne donne pas droit aux indemnités de transport et de route, peut recevoir dans le cas d'urgence, une avance en argent pour subvenir aux frais de son voyage jusqu'à destination.

2. — L'avance en argent ne doit pas dépasser le montant des indemnités correspondant au trajet pour lequel elle est allouée.

3. — Le fonctionnaire qui aura pourvu au payement de cette avance, en avisera immédiatement l'autorité chargée de la surveillance administrative du corps ou service auquel appartient la personne qui l'aura reçue.

CHAPITRE II

De l'indemnité de séjour

Art. 47. — *Quotité de l'indemnité de séjour.* — 1. — La quotité de l'indemnité de séjour est fixée par journée de séjour à :
20 francs pour les officiers généraux ou assimilés ;
16 francs pour les officiers supérieurs ou assimilés ;
12 francs pour les officiers subalternes ou assimilés.

Employés et agents civils et militaires des services coloniaux ou locaux	1re catégorie...	10 francs.
	2e catégorie...	6 —
	3e catégorie...	4 —
	4e catégorie...	3 —

2. — Le tableau A annexé au présent décret fixe l'assimilation des officiers, fonctionnaires, employés et agents civils et militaires des services coloniaux ou locaux.

3. — L'indemnité de séjour est due aux officiers, fonctionnaires, employés et agents civils et militaires des services coloniaux ou locaux qui se trouvent dans l'une des positions ci-après :

POSITIONS	TERME QUE L'ALLOCATION NE PEUT EXCÉDER
1° Remplissant une mission de service et séjournant par ordre en route ou à destination.	Le temps nécessaire pour l'accomplissement de la mission ou la durée de l'intérim, sans pouvoir excéder le terme de trois mois fixé par l'art. 48 du présent décret. L'officier, fonctionnaire, employé et agent civil ou militaire des services coloniaux ou locaux qui, pendant le cours d'une mission, revient dans la localité où il se trouvait en service pour y continuer une mission déjà commencée et qui ne doit pas finir dans cette localité, a droit, sans interruption, aux frais de séjour. En cas d'intérim, l'indemnité de séjour se cumule avec le supplément attribué à la fonction du titulaire.
2° Détachés temporairement de leur résidence pour aller remplir dans une autre localité des fonctions intérimaires.	L'indemnité n'est pas allouée dans les cas exceptionnels où, en vertu des ordres du Département, un supplément est alloué à l'intérimaire par le fait même de l'intérim.
3° Envoyés en mission d'une colonie dans une autre.	Le temps nécessaire pour l'accomplissement de la mission ou le temps de séjour forcé, c'est-à-dire celui résultant de circonstances indépendantes de la volonté des intéressés.
4° Retenus en séjour dans une colonie en cours de voyage, soit en se rendant à leur poste, soit en effectuant leur retour en France.	
5° Tenus par ordre en séjour dans un port autre que celui de la résidence, soit avant d'être embarqués pour une destination outre-mer, soit en revenant des prisons de l'ennemi.	Quinze jours, sauf décision du chef de la colonie.
6° Admis, sur l'avis du conseil de santé, à faire usage des eaux thermales ou minérales dans les stations où il n'existe pas d'hôpital militaire.	L'indemnité n'est due qu'aux officiers, fonctionnaires, employés et agents civils ou militaires des services coloniaux ou locaux ayant droit à l'hospitalisation. Elle est allouée jusqu'au dernier jour exclu du traitement (1).
7° Tenus en quarantaine au lazaret dans une colonie, soit à l'arrivée à destination, soit en cours de voyage, en se rendant à leur poste ou en effectuant leur retour en France.	Le jour dûment constaté où expire la quarantaine.
8° Appelés à faire partie, hors de leur résidence, soit d'un conseil ou d'une commission d'enquête, ou d'un tribunal maritime ou militaire.	Le jour dûment constaté où finit la mission.
9° Appelés, hors de leur résidence, en témoignage devant un tribunal, à la requête du ministère public.	Le jour dûment constaté où ils cessent d'être retenus. L'indemnité n'est due à l'officier, fonctionnaire, employé et agent civil ou militaire des services coloniaux ou locaux, cité devant un tribunal civil, que sur la production d'un certificat du greffier attestant qu'il n'a pas reçu les indemnités allouées sur les frais de justice.
10° Envoyés devant un conseil ou une commission d'enquête hors de leur résidence.	Le jour dûment constaté où le conseil ou la commission a exprimé son vote.

(1). — L'indemnité de séjour est réduite de moitié pour les officiers, fonctionnaires employés et agents civils et militaires des services coloniaux ou locaux envoyés aux eaux lorsqu'il existe un hôpital militaire dans lequel ils n'ont pu trouver place.

OBSERVATION. — Dans les cas prévus aux positions 4, 5 et 7, l'indemnité de séjour ne peut se cumuler qu'avec la solde d'Europe. L'indemnité de séjour n'est pas due :

1° Aux vicaires généraux, lorsqu'ils voyagent avec l'évêque dans ses tournées diocésaines.

2° Aux ecclésiastiques dans les colonies où il existe un fonds de mobilisation du clergé inscrit au budget, à moins qu'ils ne soient envoyés en mission administrative ordonnée ou autorisée par le chef de la colonie, sur la proposition du chef d'administration compétent.

Art. 48. — *Payement de l'indemnité de séjour.* — 1. — L'indemnité de séjour ne peut être payée pendant plus de trois mois consécutifs dans un même lieu de résidence.

2. — Si une nouvelle concession devient nécessaire, le chef de la Colonie en rend compte au Ministre qui statue.

Art. 49. — *Décompte de l'indemnité de séjour. Elle n'est pas due pendant le traitement à l'hôpital, et ne peut se cumuler avec l'indemnité fixe de route.* — 1. — L'indemnité de séjour est due à compter du jour de l'arrivée inclusivement jusqu'à celui du départ exclusivement.

2. — Lorsque l'aller et le retour ont lieu dans la même journée, l'indemnité de séjour est réduite de moitié.

3. — L'indemnité de séjour cesse d'être allouée pendant le cours du traitement à l'hôpital.

4. — Elle ne peut jamais se cumuler avec l'indemnité fixe de route.

Art. 50. — *Mode de payement de l'indemnité de séjour.* — L'indemnité de séjour se paye après constatation de la durée effective du séjour ou à la fin de chaque mois, si le séjour se prolonge au delà de trente jours.

Art. 51. — *Indemnités fixes de tournée ou de déplacement.* — L'officier, fonctionnaire, employé et agent civil ou militaire des services coloniaux ou locaux, auquel sont allouées des indemnités fixes de tournée ou de déplacement, pour les voyages que son service l'oblige à effectuer dans la colonie à laquelle il est attaché, ou dans dans une circonscription déterminée de cette colonie, n'a pas droit, à raison des mêmes voyages, à l'indemnité de séjour.

Art. 52. — *Officiers, fonctionnaires, employés et agents civils et militaires des services coloniaux ou locaux envoyés en mission et logés dans les postes.* — 1. — Les officiers, fonctionnaires, employés et agents civils et militaires des services coloniaux ou locaux envoyés en mission dans les localités dépourvues de ressources, au point de vue du logement et de la nourriture, sont logés dans les postes. Ils sont, en outre, admis, sur l'ordre de l'autorité compétente, et suivant le grade ou l'emploi dont ils sont titulaires, aux tables des chefs de poste, commandants ou administrateurs, ou à celle des officiers et fonctionnaires en service à tout autre titre dans ces localités.

2. — L'indemnité à allouer, dans ce cas, est fixée par arrêté spécial du chef de la colonie, qui détermine en même temps les tables auxquelles les officiers et autres en cours de voyage doivent être admis.

3. — Ces arrêtés sont soumis à l'approbation du Ministre.

4. — L'indemnité est payée directement aux chefs de table, et l'officier, fonctionnaire, employé, et agent civil ou militaire des services coloniaux ou locaux, n'a pas droit à l'indemnité de séjour.

TITRE II.

Dispositions communes aux indemnités de transport de route et de séjour.

Art. 53. — *Feuilles de route. — Par qui délivrées.* — Les feuilles de route sont délivrées sur la présentation des ordres de service émanant des autorités compétentes, savoir :

Au chef-lieu de la colonie, par les officiers du commissariat, les chefs de bureau de la Direction de l'Intérieur ou de l'Administration pénitentiaire, chargés de l'administration de la solde.

Dans les quartiers, ports ou postes en dehors du chef-lieu, par les officiers du commissariat ou les délégués des chefs d'administration ou de service compétents, et, en cas d'absence ou d'empêchement, par leurs suppléants légaux.

Art. 54. — *Constatation du droit aux indemnités de transport, de route et de séjour.* — Les droits aux indemnités de transport, de route et de séjour, sont constatés à l'arrivée et au départ par les officiers du commissariat et les fonctionnaires des Directions de l'Intérieur ou de l'Administration pénitentiaire, suivant que les officiers, fonctionnaires et employés intéressés dépendent, au point de vue de la solde, de l'une ou l'autre de ces administrations.

Art. 55. — *Validité de la feuille de route.* — 1° — La feuille de route doit mentionner si le titulaire a ou n'a pas droit à la réduction sur les chemins de fer. Elle est valable pour toute la durée d'un voyage (aller et retour, s'il y a lieu), et ne peut servir pour un nouveau trajet qu'après avoir reçu, en cas de mission prolongée, le visa de l'un des fonctionnaires désignés à l'article 53. Elle doit indiquer la durée présumée de l'absence.

2° — Lorsqu'il n'est pas délivré de feuilles de route, les ordres de service, qui en tiennent lieu, sont soumis, avant le départ, au visa des mêmes fonctionnaires, et revêtus par eux des indications nécessaires pour en faire un titre de route et servir à la constatation des droits aux indemnités de transport, de route et de séjour.

Art. 56. — L'arrivée et le départ sont constatés sur les feuilles de route ou les ordres de service, par les fonctionnaires désignés à l'article 53, et à leur défaut, dans les localités où les administrations du chef-lieu ne sont pas directement représentées, par les maires ou les commandants de gendarmerie, ou, en leur absence, par toutes autres autorités constituées.

Art. 57. — *Délivrance des mandats de payement pour indemnités de transport, de route et de séjour.* — 1° — Toute délivrance de mandat de payement pour indemnité de transport, de route ou de séjour doit, lors de la remise du titre au titulaire, être mentionnée sur sa feuille de route ou sur l'ordre de service en vertu duquel il voyage, par le fonctionnaire qui délivre la pièce comptable.

2° — Le décompte final est établi par le fonctionnaire qui pourvoit au dernier payement.

Art. 58. — *Registre de route* — 1° — Les officiers et fonctionnaires désignés à l'article 53 tiennent un registre de route destiné à recevoir l'inscription des feuilles de route ou ordres de service, et des mandats délivrés dans le cours de chaque journée.

2° — Ce registre contient les principales indications portées sur la feuille de route ou sur les ordres de service. A la fin de chaque journée, il est parafé par le fonctionnaire compétent, de manière à ne pas permettre l'intercalation de nouvelles inscriptions, et arrêté par ledit fonctionnaire le premier de chaque mois.

3° — Chaque feuille de route, ordre de service ou mandat, est enregistré sous un numéro d'ordre, dont la série se continue sans interruption pendant toute la durée de l'année.

Art. 59. — *Production de feuille de route pour le payement des indemnités de transport, de route et de séjour.* — 1. — Aucun payement d'indemnité de transport, de route ou de séjour, ne peut être opéré que sur la production d'une feuille de route ou l'ordre de services en tenant lieu.

2. — La feuille de route ou l'ordre de service indique le lieu de destination, et le cas échéant, l'itinéraire, les délais de route, et, en toutes lettres, le jour de l'arrivée à destination.

Art. 60. — *Perte de la feuille de route.* — Tout officier, fonctionnaire, employé et agent civil et militaire des services coloniaux ou locaux qui a perdu sa feuille de route ou son ordre de service, en fait la déclaration à l'un des fonctionnaires désignés à l'article 53, suivant l'administration de laquelle il relève, qui lui délivre un nouveau titre de route sur lequel les allocations perçues depuis le départ, sont mentionnées sous la responsabilité du déclarant.

Art. 61. — *Délai dans lequel doivent être réclamées les indemnités de transport, de route et de séjour.* — 1. — Les indemnités de transport, de route ou de séjour, doivent être réclamées dans le délai d'un mois à compter du jour où le voyage, la mission ou le séjour sont arrivés à leur terme.

2. — Toute allocation réclamée après ce délai ne pourra être payée qu'avec l'autorisation du chef de la Colonie.

Art. 62. — *Les indemnités de route et de séjour ne peuvent se cumuler avec le traitement de table, ni avec l'allocation des vivres en nature.* — Lorsque le logement et la nourriture sont fournis, l'indemnité fixe de route est réduite des trois-quarts et l'indemnité de séjour n'est pas allouée. Lorsque le logement seul, ou la nourriture seule, sont fournis, l'indemnité fixe de route est réduite d'un quart et l'indemnité de séjour est réduite de moitié.

Art. 63. — *Voyages sur mémoire. Cas dans lesquels ils sont autorisés.* — Lorsque par suite de la nature exceptionnelle de la mission donnée à un officier, fonctionnaire, employé et agent civil ou militaire des services coloniaux ou locaux, le chef de la colonie juge que les allocations réglementaires ne sont pas suffisantes, il peut autoriser l'intéressé à voyager sur mémoire, sauf à en rendre compte immédiatement au ministre, lorsque la dépense incombe au budget de l'Etat.

Art. 64. — *Transport de la famille. Cas dans lequel celle-ci reçoit l'indemnité de transport.* — 1. — En cas de changement définitif de résidence de l'officier, fonctionnaire, employé et agent civil ou militaire des services coloniaux ou locaux, le transport de chacun des membres de sa famille est assuré dans les conditions prévues pour le chef de la famille.

2. — Lorsque les moyens de transport ne sont pas fournis en nature, il est alloué, dans le cas prévu au paragraphe précédent, pour chacun des membres de la famille âgés de plus de douze ans, une indemnité de transport égale à celle que reçoit le chef de la famille.

3. — Cette indemnité est réduite de moitié pour les enfants âgés de moins de douze ans et de plus de trois ans

Art. 65. — *Transport des domestiques.* — 1. — En cas de changement de résidence, les officiers généraux et les officiers supérieurs, ainsi que les fonctionnaires assimilés, ont droit au transport de leurs domestiques dans les conditions ci-après :

Officiers généraux et fonctionnaires assimilés : 3 domestiques.

Officiers supérieurs et fonctionnaires assimilés : 1 domestique.

2. — Le transport des domestiques est assuré dans les conditions prévues aux deux premiers paragraphes de l'article précédent.

TITRE III

Dispositions générales

Art. 66. — *Indemnités fixes de route, de transport et de séjour payées sans retenue.* — L'indemnité fixe de route, l'indemnité de transport et l'indemnité de séjour, sont payées sans retenue.

Art. 67. — *Reprise, pour trop payé, des allocations abusivement concédées.* — 1. — L'officier, fonctionnaire ou employé compétent qui s'aperçoit que, par une fausse interprétation des dispositions du présent décret, une allocation a été abusivement accordée, doit refuser la continuation de l'indemnité, et mentionner son refus sur la feuille de route ou l'ordre de service qui en tient lieu.

2. — En outre, il fait directement connaître à l'autorité compétente du lieu où se rend la partie prenante, ou, à défaut, à celle du chef-lieu, la somme qui a été indûment payée pour que la reprise en soit opérée.

Art. 68. — *Droit des officiers, fonctionnaires, employés et agents civils et militaires des services coloniaux ou locaux, remplissant un intérim, aux indemnités fixes de route, de transport et de séjour. Mode de calcul de ces indemnités.* — 1. — Les officiers, fonctionnaires, employés et agents civils et militaires des services coloniaux ou locaux, exerçant ou ayant exercé des fonctions supérieures à celles de leur grade ou de leur emploi, n'ont droit qu'aux indemnités de déplacement et qu'aux indemnités de séjour fixées pour le grade ou l'emploi dont ils sont titulaires.

2. — L'officier qui exerce titulairement une fonction conférée par le Ministre, et donnant droit à des allocations de transport de route et de séjour supérieures à celles de son grade, reçoit les allocations dévolues à cette fonction. Mais dans ce cas, l'allocation qui lui est attribuée est celle qui est déterminée pour le personnel ayant droit à la réduction sur les voies ferrées.

3. — Quand les allocations attribuées au grade sont supérieures à celles dévolues à la fonction, l'officier reçoit les allocations de son grade.

4. — Il en est de même lorsque les allocations de grade sont égales à celles qui sont attribuées à la fonction.

Art. 69. — *Assimilation des officiers, fonctionnaires, employés et agents civils et militaires des services coloniaux ou locaux non compris au tableau annexé au présent décret.* — 1. — Le Ministre règle, par des décisions spéciales, soit directement, soit sur la proposition des gouverneurs, l'assimilation des officiers, fonctionnaires, employés et agents civils et militaires des services coloniaux ou locaux, qui ne se trouvant pas compris dans les désignations portées au tableau annexé au présent décret, auraient à voyager pour le service dans l'intérieur des Colonies.

2. — Il détermine, pour ces cas spéciaux, les indemnités à leur allouer.

3. — En ce qui concerne les agents appartenant au personnel inférieur indigène, qui n'auraient pas trouvé place dans le tableau mentionné au paragraphe précédent, leur classement et la fixation des indemnités qu'il y a lieu de leur allouer, sont déterminés par arrêtés du gouverneur.

LIVRE III.

TRANSPORT DES BAGAGES DES OFFICIERS, FONCTIONNAIRES, EMPLOYÉS ET AGENTS CIVILS ET MILITAIRES DES SERVICES COLONIAUX OU LOCAUX.

Art. 70. — *Droit des officiers, fonctionnaires, employés et agents civils et militaires des services coloniaux ou locaux au transport de leurs bagages.* — 1. — Les officiers, fonctionnaires, employés et agents civils et militaires des services coloniaux ou locaux, changeant, par ordre, définitivement de résidence, ont droit, ainsi que leur famille, dans l'intérieur des Colonies, au transport gratuit de leurs bagages.

2. — Le poids des bagages à transporter pour leur compte, aux frais de l'État ou des budgets locaux, ne peut excéder les quantités indiquées au tableau ci-après :

CATÈGORIES	POIDS DES BAGAGES	
	pour l'officier, le fonctionnaire, l'employé, l'agent civil ou militaire des services coloniaux ou locaux	pour la famille, lorsqu'elle voyage avec son chef ou isolément
Gouverneurs se rendant pour la première fois à leur poste	Illimité	Illimité
1re catégorie A	1.000 kilogr.	500 kilogr.
1re catégorie B	800 —	400 —
2e catégorie	600 —	300 —
3e catégorie	500 —	200 —
4e catégorie	400 —	150 —
5e catégorie	300 —	100 —
6e catégorie	300 —	100 —

Art. 71. — *Indemnité représentative du transport des bagages.* — 1. — Lorsque le transport des bagages ne peut être assuré par les soins de l'administration, il est alloué à l'officier, fonctionnaire, employé et agent civil ou militaire des services coloniaux ou locaux, une indemnité représentative de ce transport.

2. — Cette indemnité est, comme dans les cas prévus à l'article 70 ci-dessus, déterminée dans chaque colonie par des tarifs locaux approuvés par le Ministre.

LIVRE IV

CONCESSIONS DE PASSAGE AUX OFFICIERS, FONCTIONNAIRES, EMPLOYÉS ET AGENTS CIVILS ET MILITAIRES DES SERVICES COLONIAUX OU LOCAUX.

Art. 72. — *Détermination du droit au passage aux frais de l'Etat des officiers, fonctionnaires, employés et agents civils et militaires des services coloniaux ou locaux et de leur famille.* — 1. — Il ne sera accordé de passage aux frais du budget colonial ou des services locaux des colonies que dans les circonstances indiquées ci-après :

1° Aux officiers, fonctionnaires, employés et agents civils et militaires des services coloniaux ou locaux qui se rendront, par ordre, de France aux Colonies et réciproquement, ou d'un établissement colonial à l'autre, à leur femme et à leurs enfants qui les accompagneront ou qui voyageront isolément pour les rejoindre ;

2° Aux officiers, fonctionnaires, employés et agents civils et militaires des services coloniaux ou locaux envoyés d'Europe, qui, licenciés, révoqués ou admis à la retraite dans les colonies, demanderont, dans le délai d'une année, à rentrer en France ;

3° Aux officiers, fonctionnaires, employés et agents civils et militaires créoles, qui licenciés, révoqués ou admis à la retraite hors de leur colonie d'origine, demanderont, dans le même délai, à rentrer dans cette colonie ;

4° Aux femmes et aux enfants des officiers, fonctionnaires, employés et agents compris dans les paragraphes 2 et 3 ci-dessus, voyageant avec eux ou qui s'embarqueront dans le même délai pour les rejoindre ;

5° Aux veuves et aux enfants des officiers, fonctionnaires, employés et agents civils et militaires des services coloniaux ou locaux, décédés en activité de service, soit en France, soit dans les colonies, si le départ a lieu dans le délai d'un an à partir du jour du décès du chef de la famille ;

6° Aux officiers, fonctionnaires, employés et agents civils et militaires des services coloniaux ou locaux auxquels il sera accordé des congés pour motifs de santé dûment constatés, ainsi qu'à ceux auxquels il sera accordé dans les conditions prévues au décret sur la solde, des congés administratifs, après accomplissement d'une période de séjour aux colonies ;

7° Aux médecins auxiliaires qui viennent en France, avec l'autorisation du Ministre, en vue de subir les épreuves d'un concours pour l'avancement. Si ces officiers de santé auxiliaires laissent passer le concours sans y prendre part, ils devront rembourser à l'État les frais de passage auxquels ils auront donné lieu ; ces dispositions sont applicables aux officiers, fonctionnaires, employés et agents civils et militaires des services coloniaux ou locaux, qui sont autorisés à venir en France pour y subir les examens ou les concours nécessités par leur carrière ;

8° Aux surveillants militaires démissionnaires rentrant en France.

2. — Les congés prévus aux paragraphes 6 et 7 ci-dessus donnent droit au passage pour venir en France et pour retourner aux Colonies.

3. — Les créoles en service hors de leur colonie d'origine, qui obtiendront des congés de convalescence à l'effet d'aller en jouir dans cette colonie, auront droit au passage d'aller et de retour, quand ils seront signalés par le service de santé comme ayant un besoin urgent et indispensable d'y séjourner.

Art. 73. — *Les congés pour affaires personnelles ne donnent pas droit au passage aux frais de l'État.* — Les congés motivés par des affaires personnelles ne comportent aucune concession de passage à titre gratuit.

Art. 74. — *Limitation à deux traversées, du droit au passage, aux frais de l'Etat, des familles des officiers, fonctionnaires, employés et agents civils et militaires des services coloniaux ou locaux.* — 1° — Les concessions relatives aux femmes et aux enfants sont limitées à deux traversées : celle d'aller, pour se rendre de France aux colonies ou d'une colonie dans une autre, et celle de retour ; toutefois, n'ont droit qu'au passage dit de retour, les familles des officiers, fonctionnaires, employés et agents du service colonial dont le mariage a eu lieu dans la colonie où ils sont en service.

2° — Le droit au passage pour la femme et pour les enfants est renouvelé, lorsque le chef de la famille est envoyé en France ou dans une autre colonie, par suite de changement de destination.

3° — Le droit des femmes et des enfants au passage de retour peut toujours être exercé par anticipation.

Art. 75. — Lorsque la femme et les enfants d'un officier, fonctionnaire, employé et agent civil ou militaire des services coloniaux ou locaux, comptent au minimum trois années de séjour consécutif au Gabon-Congo, à Obock, en Indo-Chine, au Sénégal, à la Guyane, à Mayotte, à Nossi-Bé, et à Madagascar, ou cinq années de séjour consécutif dans les autres colonies, il leur est accordé, en dehors des passages prévus à l'article 72, un deuxième passage gratuit d'aller et de retour.

Art. 76. — *Passages aux frais de l'État, accordés aux boursiers.* — 1. — Il sera accordé des passages pour la France aux enfants des officiers, fonctionnaires, employés et agents civils et militaires des services coloniaux ou locaux, et aux jeunes créoles ayant obtenu à la charge de l'État ou des colonies, soit des bourses dans les établissements d'enseignement de la métropole, soit des subventions pour faire leurs études en France.

2. — Le passage pour retourner aux colonies leur sera de même accordé s'ils s'embarquent, à cet effet, dans l'année qui suivra leur sortie définitive desdits établissements. S'ils quittent ces établissements avant d'avoir terminé les études qui avaient motivé leur admission, le passage de retour ne leur sera accordé que si une décision du conseil de santé constate qu'ils sont atteints d'une maladie qui ne leur permet pas de prolonger leur séjour en France.

Art. 77. — *Passages aux frais de l'État, accordés aux colons et aux individus dénués de ressources.* — 1. — Les individus nés dans les colonies françaises pourront, s'ils sont dépourvus de ressources, être rapatriés dans leur pays d'origine.

2. — La même mesure est applicable aux colons français dénués de ressources.

3. — Ces passages sont toujours accordés à la dernière classe.

4. — Lorsque les colons français dénués de ressources comptent plus d'une année de séjour dans la colonie où ils sont établis, les frais de rapatriement sont à la charge du budget local de cette colonie.

5. — Dans le cas contraire, ces frais sont remboursés par le budget du Département de l'intérieur, mais le passage ne doit être alors accordé qu'après autorisation du Ministre de l'intérieur. Si, dans un intérêt d'ordre public, cette règle ne pouvait être observée, la dépense resterait à la charge du budget de la colonie.

Art. 78. — Le Ministre pourra, par décision spéciale, accorder des passages aux colons libres, à destination de celles de nos colonies pour lesquelles il a été prévu des crédits spéciaux à cet effet, soit au budget de l'État, soit aux budgets locaux.

Art. 79. — Le Ministre peut autoriser les officiers, fonctionnaires, employés et agents civils et militaires des services coloniaux ou locaux qui n'ont pas droit au passage gratuit, à s'embarquer avec leur femme et leurs enfants, à destination des colonies, moyennant le versement préalable des frais de passage.

Art. 80. — *Passage aux frais de l'État, accordé aux domestiques.* — Suivant les conditions prévues par la réglementation en vigueur, il sera accordé, dans les circonstances ci-après, des passages gratuits aux domestiques des officiers généraux et supérieurs et des fonctionnaires assimilés des services coloniaux et des services locaux, savoir :

1° Lorsque le domestique accompagnera l'officier général ou supérieur, ou le fonctionnaire assimilé, ou qu'il ira le rejoindre isolément ;

2° Lorsqu'il accompagnera la famille de l'officier général ou supérieur, ou du fonctionnaire assimilé, voyageant isolément tant à l'aller qu'au retour ;

3° Lorsqu'il sera rapatrié après le décès du maître et dans le délai de six mois ;

4° Lorsqu'il sera renvoyé pour motif de santé ou de convenance personnelle de l'officier général ou supérieur, ou du fonctionnaire assimilé, sous la réserve que le droit de l'officier ou du fonctionnaire assimilé sera épuisé lorsqu'il aura usé du droit au passage du domestique une fois pour l'aller et une fois pour le retour.

Les domestiques qui se sont séparés de leur maître, n'ont pas droit au passage de rapatriement.

Art. 81. — *Transport de bagages aux frais de l'État.* — Le poids des bagages dont le transport doit rester à la charge de l'État, y compris celui accordé en franchise par les compagnies de navigation et autres, est fixé d'après les indications portées sur le tableau annexé à l'article 70 du présent décret.

Art. 82. — *Imputation des frais de passage.* — Les frais de passage sont imputés sur les fonds du budget qui supporte soit le traitement, soit la solde des officiers, fonctionnaires, employés et agents civils et militaires des services coloniaux ou locaux, ou sur les fonds du service qui motive le déplacement des passagers

Art. 83. — *Passage sur les bâtiments des lignes de Corse et Algérie.* — Les passages par paquebots subventionnés faisant le service entre la France, la Corse et l'Algérie et sur le littoral algérien, sont réglés par décision ministérielle.

LIVRE V.

INDEMNITÉS ALLOUÉES AUX OFFICIERS, FONCTIONNAIRES, EMPLOYÉS ET AGENTS CIVILS ET MILITAIRES DES SERVICES COLONIAUX OU LOCAUX VOYAGEANT A L'ÉTRANGER, A BORD DES BATIMENTS ÉTRANGERS

Art. 84. — *Détermination du droit au passage, aux frais de l'État, sur les navires étrangers, des officiers, fonctionnaires et agents civils et militaires des services coloniaux ou locaux.* — Les officiers, fonctionnaires, employés et agents civils et militaires des services coloniaux ou locaux, se rendant aux colonies, peuvent être appelés à prendre passage sur les navires étrangers ou à voyager par chemin de fer hors du territoire français.

Les droits au passage aux frais de l'État sur les navires étrangers, sont déterminés par les articles 72 à 83 du présent décret.

Art. 85. — *Frais accessoires de passage sur les navires étrangers, des fonctionnaires, officiers, employés et agents civils et militaires des services coloniaux ou locaux.* — Les frais accessoires qu'entraînent pour les officiers, fonctionnaires, employés et agents civils et militaires des services coloniaux ou locaux qui voyagent en service, et leur passage sur les navires étrangers, sont réglés comme suit :

1° *Vin.* — La dépense résultant pour le passager de la délivrance du vin, est à la charge de l'État, et donne lieu à la concession d'une indemnité qui ne peut dépasser le chiffre de 6 fr. 25 cent., quel que soit le grade de l'officier, fonctionnaire, employé ou assimilé, et de 3 fr. pour les agents civils et militaires ou assimilés d'un grade inférieur.

2° *Frais de maladie.* — Les dépenses effectuées à ce titre sont remboursées aux passagers des services coloniaux ou locaux, en vertu d'une décision spéciale du ministre, et après production d'un mémoire dûment certifié par le médecin du bord.

3° *Transport de bagages. Frais d'embarquement et de débarquement.* — Des indemnités fixées par le tableau ci-après sont allouées aux passagers des services coloniaux ou locaux, pour leur tenir compte des frais auxquels ils ont à faire face pour le transport, l'embarquement et le débarquement de leur personne et de leurs bagages à l'étranger, savoir :

DÉSIGNATION DES CATÉGORIES	OFFICIERS ET ASSIMILÉS			SOUS-LIEUTENANTS et assimilés	ADJUDANTS sergents-majors sergents et assimilés
	généraux	supérieurs	subalternes		
	fr.	fr.	fr.	fr.	fr.
1re catégorie 2e catégorie 3e catégorie	50	40	30	25	15
4e catégorie 5e catégorie	35	25	20	15	10

Nota. — Ces indemnités ne sont payées qu'une seule fois pour chaque voyage du point de départ au point d'arrivée, sans tenir compte des escales ou arrêts. Elles sont destinées à faire face aux dépenses de bagages, soit à l'embarquement, soit en cours de route. Les agents et employés ayant rang de caporaux et soldats ne peuvent prétendre à aucune indemnité pour transport de bagages.

Art 86. — *Détermination du droit au passage, aux frais de l'État, sur les navires étrangers, des familles des officiers, fonctionnaires, employés et agents civils et militaires des services coloniaux ou locaux.* — Les familles des officiers, fonctionnaires, employés et agents civils et militaires des services coloniaux ou locaux, passagers sur les bâtiments étrangers et voyageant aux frais de l'État, ont également droit aux indemnités de transport de bagages, d'embarquement et de débarquement, réduites :

A la moitié pour la femme ;

Et au quart pour les enfants au-dessus de trois ans, que la famille voyage ou non avec son chef.

Art. 87. — Le droit aux indemnités fixées par le tableau de l'article 85 ci-dessus, est déterminé d'après la situation des localités dans lesquelles les officiers, fonctionnaires, employés et agents civils et militaires des services coloniaux ou locaux embarquent ou débarquent, savoir :

1re *catégorie*. — La Havane, les ports de la Chine et du Japon, Calcutta, les îles Philippines et de la Sonde ;

2e *catégorie*. — New-York, les ports de l'Indo-Chine et de l'Indoustan (autres que Calcutta), Madagascar, les ports de l'Afrique australe et les ports étrangers de la côte occidentale d'Afrique ;

3e *catégorie*. — Aden, l'Australie, sauf la Nouvelle-Zélande, et la Havane, et tous les pays de l'Amérique, à l'exception de New-York ;

4e *catégorie*. — Les Seychelles et Maurice ;

5e *catégorie*. — Tous les pays, villes et ports de l'Europe.

Art. 88. — *Frais de voyage réglés sur mémoire hors du territoire français*. — Les indemnités dues aux officiers, fonctionnaires, employés et agents civils et militaires des services coloniaux ou locaux, et à leur famille, en séjour prolongé en Europe et hors du territoire français, sont réglées sur mémoire.

Art. 89. — Les frais de transport en chemin de fer pour les officiers, fonctionnaires, employés et agents civils et militaires des services coloniaux ou locaux, ainsi que pour leurs familles et leurs domestiques, voyageant en pays étrangers, sont payés sur la production de certificats émanant des consuls.

Art. 90. — *Détermination du droit aux indemnités de séjour à l'étranger, des officiers, fonctionnaires, employés et agents civils et militaires des services coloniaux ou locaux*. — 1. — Les officiers, fonctionnaires, employés et agents civils et militaires des services coloniaux ou locaux, qui sont obligés de séjourner à l'étranger, ont droit à une indemnité pour chaque journée de séjour obligatoire dûment constaté par les agents consulaires, ou, à défaut, par les autorités locales.

2. — Les indemnités dont il s'agit sont fixées par le tableau ci-après, en tenant compte des catégories déterminées pour les frais de transport de bagages.

DÉSIGNATION des CATÉGORIES	OFFICIERS ET ASSIMILÉS — généraux	supérieurs	subalternes	SOUS-LIEUTENANTS et assimilés	ADJUDANTS, sergents-majors, sergents et assimilés	CAPORAUX soldats et assimilés
	fr.	fr.	fr.	fr.	fr.	fr.
1re Catégorie....	60	50	40	30	15	10
2e Catégorie....	50	40	30	25	15	10
3e Catégorie....	45	35	25	20	12	8
4e Catégorie....	40	30	20	15	10	7
5e Catégorie....	30	20	15	10	8	6

Art. 91. — *Droit des familles aux indemnités de séjour à l'étranger*. — 1. — Les familles des officiers, fonctionnaires, employés et agents civils et militaires des services coloniaux ou locaux, ont droit également à une indemnité fixe par journée de voyage en chemin de fer, ainsi que pour les séjours obligés, sous réserve des justifications à produire comme il est dit plus haut, en ce qui concerne le chef de famille.

2. — Ces indemnités sont basées sur le chiffre de l'allocation accordée au chef de famille et dans les proportions ci-après indiquées :

1° Pour la femme, 3/4 ;
2° Pour les enfants au-dessus de 16 ans, 1/2 ;
3° Pour les enfants de 3 à 16 ans, 1/3 ;
4° Pour un enfant au-dessous de 3 ans, néant ;
5° Pour deux enfants au-dessous de 3 ans, 1/4.

Art. 92. — *Passage des domestiques sur les navires étrangers*. 1. — Le passage des domestiques sur les navires étrangers n'est accordé aux frais de l'État, que lorsqu'ils accompagnent l'officier général, ou supérieur, ou assimilé, au service duquel ils sont attachés.

2. — Dans les cas exceptionnels où ils ne pourront accompagner leurs maîtres, la dépense résultant de leur passage ne pourra être mise à la charge de l'État que par décision ministérielle.

3. — Tout domestique licencié ou renvoyé par suite de convenances personnelles du maître, n'aura droit aux frais de passage au compte de l'État que dans le cas de rapatriement pour cause de maladie dûment constatée par les autorités médicales.

4. — La dépense sera toujours limitée au nombre de domestiques attribué à la catégorie à laquelle le maître appartient, à raison de deux voyages accomplis, l'un pour l'aller, l'autre pour le retour.

Art. 93. — Les indemnités de toute nature et concessions de passage aux frais de l'État, prévues dans le présent décret pour la famille de l'officier, fonctionnaire, employé, agent civil ou militaire des services coloniaux ou locaux, sont allouées :

A la femme ;
Aux fils, jusqu'à leur majorité ;
Et aux filles jusqu'à leur mariage.

Art. 94. — Toutes dispositions contraires au présent décret sont abrogées.

Art. 95 — Le Président du Conseil, Ministre du Commerce, de l'Industrie et des Colonies, est chargé de l'exécution du présent décret, qui sera inséré au *Bulletin officiel de l'administration des Colonies*.

CARNOT

Indemnités de route en France.

GRADES ET EMPLOIS	COLONNE N° 1 — Positions prévues par l'article 2 — Indemnités de route par kilo. sur les voies ferrées : (a)	COLONNE N° 1 — Indemnité de mise en route	COLONNE N° 2 — Positions prévues par l'article 3 — Indemnités de route par kilomètre — sur les voies ordinaires (b)	COLONNE N° 2 — sur les voies ferrées pour le personnel — ayant droit à la réduction	COLONNE N° 2 — sur les voies ferrées pour le personnel — n'ayant pas droit à la réduction
	f. c.	f. c.	f. c.	f. c.	f. c.
1° *Personnel n'ayant pas droit à la réduction sur les voies ferrées ;*					
Officier général ou assimilé....	0 200	20 00	0 480	»	0 250
— supérieur ou —	0 190	15 00	0 225	»	0 142
— subalterne ou —	0 150	10 00	0 195	»	0 136
Employés ou agents divers. 1re catégorie........	0 120	5 00	0 195	»	0 105
Employés ou agents divers. 2e —	0 100	3 00	0 130	»	0 080
Employés ou agents divers. 3e —	0 090	1 75	0 125	»	0 075
Employés ou agents divers. 4e —	0 085	1 50	0 125	»	0 075
2° *Personnel ayant droit à la réduction sur les voies ferrées ;*					
Officier général ou assimilé.....	0 238	20 00	0 480	0 175(c)	»
— supérieur ou —	0 117	15 00	0 225	0 058(d)	»
— subalterne ou —	0 133	10 00	0 195	0 052	»
Employés ou agents divers. 1re catégorie........	0 100	5 00	0 195	0 042	»
Employés ou agents divers. 2e —	0 078	3 00	0 130	0 030	»
Employés ou agents divers. 3e —	0 064	1 75	0 125	0 020	»
Employés ou agents divers. 4e —	0 053	1 50	0 125	0 020	»

(*a*) Lorsque le déplacement exige qu'une partie du parcours soit effectuée sur les voies ordinaires, le décompte du trajet sur les voies ordinaires est établi d'après les fixations adoptées pour les voies ferrées, avec augmentation de moitié des allocations. (Voir circulaire du 7 septembre 1870, *B. O. M.*, page 251.)

(*b*) Les parcours effectués sur les voies ordinaires non desservies par des voitures publiques, donnent droit à l'allocation kilométrique de la colonne n° 1, avec augmentation de moitié.

(*c*) L'indemnité kilométrique pour les officiers généraux et assimilés est la même sur les voies ferrées, quels que soient les tarifs militaires des compagnies.

(*d*) Tout parcours accompli sur une voie ferrée où la réduction n'est que de moitié au lieu des trois quarts, donne droit à l'indemnité kilométrique de transport fixée par la 2e colonne, avec augmentation par kilomètre de :

0.028 pour les officiers supérieurs, inférieurs et assimilés ;
0.021 — employés de la 1re catégorie ;
0.015 — — 2e —
0.010 — — 3e et de la 4e catégorie.

Tableau indiquant l'assimilation en ce qui concerne:

1° Le classement des passagers (1);

2° L'assimilation des officiers, fonctionnaires, employés et agents civils et militaires des services coloniaux ou locaux, voyageant en France ou aux colonies, au point de vue des moyens de transport, ainsi que des indemnités de route et de séjour à leur accorder.

(1) Les officiers, fonctionnaires, employés et agents appartenant aux divers départements ministériels et qui sont détachés en service dans les établissements outre-mer continuent d'être régis, au point de vue des concessions de passage et du classement à bord, par les dispositions de la circulaire du 23 février 1887.

1re catégorie A. Officiers généraux et assimilés.
1re — B. Officiers supérieurs et assimilés.
2e catégorie... Officiers subalternes et assimilés.
3e — ... Sous-lieutenants et personnel assimilé (1re catégorie).
4e — ... Adjudants, sergents-majors et assimilés (2e catégorie).
5e — ... Sergents et assimilés (3e catégorie).
6e — ... Caporaux, sodats et assimilés (4e catégorie).

Ces catégories correspondent, pour les diverses lignes de paquebots, aux classements indiqués dans le tableau ci-contre :

DÉSIGNATION DES CATÉGORIES	MESSAGERIES MARITIMES — Ligne de l'Indo-Chine, du Japon, de la Réunion et de la Calédonie	MESSAGERIES MARITIMES — Ligne de l'Atlantique, Sénégal, Brésil, la Plata	COMPAGNIE GÉNÉRALE TRANSATLANTIQUE — Ligne du Havre à New-York	COMPAGNIE GÉNÉRALE TRANSATLANTIQUE — Ligne des Antilles et de la Guyane	CÔTE occidentale d'Afrique. — Chargeurs réunis et compagnie Fraissinet	LIGNES de la Méditerranée et de la mer Noire
1re catégorie A.	1re classe spéciale.	1re classe: 1re catégorie.	1re classe: Cabine extérieure	1re catégorie.	1re classe	1re classe
1re catégorie B.	1re classe.	1re classe: 2e catégorie.	1re classe: Cabine intérieure arrière.	2e —	1re classe	1re classe
2e catégorie / 3e —	2e —	1re classe: 3e catégorie.	1re classe: Cabine intérieure arrière.	3e —	2e —	2e —
4e —	3e —	Entrepont.	2e classe. (entrepont)	Entrepont avec couchette	3e —	3e classe
5e / 6e —	4e —	Entrepont.	2e classe. (entrepont)	Entrepont sans couchette.	4e —	Pont.

DÉSIGNATION des SERVICES	1re CATÉGORIE A	1re CATÉGORIE B	2e CATÉGORIE	3e CATÉGORIE	4e CATÉGORIE	5e CATÉGORIE	6e CATÉGORIE (Rationnaires)	OBSERVATIONS
Administration centrale.	Chef de division.	Chef de bureau. Sous-chef de bureau.	Commis principal rédacteur ou expéditionnaire. Commis rédacteur de 1re, 2e, 3e et 4e classes.	Commis expéditionnaire de toutes classes. Commis stagiaire.				
Inspection coloniale.	Inspecteur général. Chef du service central de l'inspection.	Inspecteur.						
Administration de l'Indo-Chine. — *Gouvernement et Résidence.*	Gouverneur général. Lieutenant gouverneur en Cochinchine. Résident supérieur en Annam, au Tonkin et au Cambodge.	Chef de cabinet du gouverneur général. Résident de 1re et 2e classes. Vice-résident de 1re et 2e cl.	Sous-chef du cabinet du gouverneur général. Secrétaire particulier du gouverneur général. Secrétaire archiviste du conseil privé. Chef du cabinet du lieutenant-gouverneur de la Cochinchine. Chef du cabinet des résidents supérieurs. Chancelier de résidence. Commis de résidence de 1re classe. Interprète principal européen.	Attaché au cabinet du gouverneur général. Commis du conseil privé. Secrétaire particulier du lieutenant-gouverneur de la Cochinchine. Secrétaire particulier des résidents supérieurs en Annam, au Tonkin et au Cambodge. Commis de résidence de 2e et 3e classes. Commis auxiliaire de résidence. Interprète principal indigène. Inprète européen.	Écrivain du conseil privé. Interprète indigène.	Huissier du conseil privé.		
Administration de l'Indo-Chine. — *Affaires indigènes en Cochinchine*		Administrateur principal. Administrateur de 1re, 2e et 3e classes.	Administrateur stagiaire. Doc, Phû, Sû.		Huyen.			

DÉSIGNATION des SERVICES	1re CATÉGORIE A	1re CATÉGORIE B	2e CATÉGORIE	3e CATÉGORIE	4e CATÉGORIE	5e CATÉGORIE	6e CATÉGORIE (Rationnaires)	OBSERVATIONS
Administration de l'Indo-Chine. . . — *Secrétariat général en Cochinchine*		Secrétaire général en Cochinchine. Chef de bureau de 1re et de 2e classes.	Sous-chef de bureau. Commis principal, comptable principal. Comptable. Interprète principal européen	Commis rédacteur. Commis de comptabilité. Interprète principal indigène. Interprète européen.	Commis auxiliaire de comptabilité. Secrétaire principal indigène Secrétaire indigène. Interprète indigène.		Élève secrétaire indigène.	
Trésorerie. . . .		Trésorier-payeur. Trésorier particulier.	Payeur adjoint. Commis de trésorerie.	Commis du cadre local. Commis auxiliaire de trésorerie. Surnumé envoyé d'Europe	Commis auxiliaire du cadre local.	Gardien de caisse.	Agent inférieur	
Douanes et régies		Directeur. Inspecteur.	Sous-inspecteur Contrôleur principal, Contrôleur de 1re, 2e et 3e cl. Régisseur de manufacture. Commis principal.	Commis, Comptable. Commis de comptabilité.	Commis auxiliaire de comptabilité. Brigadier.	Sous-brigadier. Préposé de 1re classe. Chef et sous-chef d'atelier Magasinier comptable.	Préposé de 2e et 3e classe. Préposé auxiliaire. Surveillant indigène.	
Travaux publics — *Ponts et chaussées.*		Directeur. Ingénieur chef de service.	Ingénieur adj. Ingénieur col. Sous-ingénieur colonial. Conducteur principal.	Agent principal Conducteur. Agent. Comptable. Secrétaire principal.	Agent secondaire. Aide-comptable Piqueur. Surveillant. Agent voyer. Secrétaire. Sculpteur.		Agent inférieur	
Travaux publics — *Bâtiments civils.*		Architecte chef de service.	Architecte adj. Contrôleur inspecteur. Inspecteur.	Sous-inspecteur				
Ports et rades. . .			Capitaine de port.	Lieutenant de port.	Maître de port. Pilote.	Chef gardien de phare. Sous-chef gardien de phare	Gardien de phare.	(1) Pour les agents du cadre métropolitain, voir le classement des postes et télégraphes.
Postes et télégr. (1).			Contrôleur du cadre colonial	Commis du cadre local.	Commis auxiliaire du cadre local.	Surveillant du cadre local.		
Enregistrement, domaine et timbre (2). . . .								(2) Voir le classement des Finances.
Cadastre, topographie.			Vérificateur. Géomètre principal.	Géomètre.	Élève géomètre. Dessinateur.			
Garde civile. . . .			Inspecteur européen.		Garde principal européen de 1re classe.	Garde principal européen 2e et 3e classes.		(3) De formation locale.
Agents divers. . .			Commissaire central de police. Commissaire de police. Directeur d'un hôpital civil. Chef d'imp.	Vétérinaire civil. Vérificateur des poids et mesures (3). Garde forestier principal. Sous-chef d'imprimerie.	Garde forestier de 1re, 2e cl. Agent d'imprimerie de 1re et 2e classes.	Brigadier de police. Garde forestier de 3e et 4e cl. Agent d'imprimerie des autres classes.	Sous-brigadier de police. Agent de police Infirmier d'un hôpital civil.	
Gouvernement colonial. . . .	Gouverneur de 1re, 2e et 3e cl.	Gouverneur de 4e classe. Lieutenant gouverneur.	Secrétaire archiviste du conseil privé.		Commis. Écrivain du conseil privé.	Huissier du conseil privé.		
Administrateurs coloniaux (4).		Administrateur principal.	Administrateur de 1re, 2e, 3e et 4e classe.					(4) Colonies autres que l'Indo-Chine.
Personnel du Congo français.	Commissaire général.	Lieutenant-gouverneur.	Résident. Chef du service administratif (A). Chef du personnel. Chef de station de 1re et 2e cl. Ingénieur. Médecin. Secrétaire du commissaire général. Inspecteur des postes. Chef d'exploitation.	Chef de poste.	Agent auxiliaire de 1re et 2e cl.	Agent auxiliaire des autres classes. Ouvrier d'art ou de profession	Manœuvres. Terrassiers. Autres ouvriers	(A) Lorsqu'il n'appartient pas à un corps militaire.

DÉSIGNATION des SERVICES	1re CATÉGORIE A	1re CATÉGORIE B	2e CATÉGORIE	3e CATÉGORIE	4e CATÉGORIE	5e CATÉGORIE	6e CATÉGORIE (Rationnaires)	OBSERVATIONS
Commissariat colonial (5).	Commissaire général.	Commissaire. Commissaire adjoint. Agent principal	Sous-commissaire. Aide-commissaire. Agent. Sous-agent.	Élève commissaire. Commis.	Écrivain.			(5) Toutes les colonies.
Direction de l'intérieur (6).		Directeur. Secrétaire général. Chef de bureau de 1re classe.	Chef de bureau de 2e classe. Sous-chef de bureau.	Commis principal. Commis.	Écrivain.			(6) Colonies autres que l'Indo-Chine.
Service de santé.								
Service hospitalier			Sœur.	Infirmier chef.	Infirmier major de 1re classe.	Infirmier major de 2e classe.	Infirmier ordinaire.	(7) Toutes les colonies.
Service du trésor.		Trésorier-payeur. Martinique. Guadeloupe. Réunion. Guyane. Sénégal. Inde. Cochinchine. Nouvelle-Calédonie. Taïti.	Trésorier-payeur dans les autres colonies que celles indiquées ci-contre. Trésorier particulier. Percepteur. (7).	Commis auxiliaire. Surnuméraire envoyé d'Europe.			Agent inférieur Gardien.	
Ports et bassins de radoub.			Capitaine de port. Directeur de bassin de radoub.	Lieutenant de port.	Maître de port. Chef pilote. Pilote major. Chef mécanicien Gardien concierge.	Surveillant d'ouvriers. Pilote breveté. Écrivain d'atelier. Écrivain de port Surveillant de rade. Chef guetteur.	Mécanicien. Agent inférieur Pilote non breveté. Patron de barque des ports. Patron postal. Maître de sifflet de brume. Aide-maître. Canotier. Guetteur. Agent inférieur.	
Bâtiments militaires.								
Ponts-et-chaussées et mines.		Ingénieur chef de service à la Martinique, à la Guadeloupe et à la Réunion.	Ingénieur ordinaire chef de service dans toutes les autres colonies. Sous-ingénieur. Conducteur principal.	Conducteur. Agent-voyer. Garde-mine.	Piqueur. Surveillant. Gardien chef de phare.			
Service postal et télégraphique (8).								(8) Voir le classement des postes et télégraphes.
Enregistrement. — Hypothèques. — Contributions et douanes (9).								
Instruction publique.		Inspecteur de l'enseignement au Tonkin. Vice-recteur. Inspecteur d'académie. Proviseur.	Censeur. Directeur de l'enseignement. Principal ou directeur de collège. Professeur. Surveillant général. Inspecteur primaire. Économe. Directeur d'école normale. Sous-directeur d'école normale Directrice d'école normale. Sous-directrice d'école normale Directeur d'école supérieure primaire. Directrice d'école supérieure primaire. Sœur de congrégation institutrice. Maître adjoint d'école normale Maîtresse adjointe d'école normale. Institutrice. Sous-directrice d'école supérieure primaire.	Commis d'inspection. Commis d'économat. Sous-directeur d'école supérieure primaire. Frère des congrégations religieuses. Maître répétiteur laïque.		Agent subalterne.		(9) Voir le classement des finances.

DÉSIGNATION des SERVICES	1re CATÉGORIE A	1re CATÉGORIE B	2e CATÉGORIE	3e CATÉGORIE	4e CATÉGORIE	5e CATÉGORIE	6e CATÉGORIE (Rationnaires)	OBSERVATIONS
Cadastre et topographie (10).		Géomètre en chef. Inspecteur des services topographiques.	Vérificateur du service topographique. Géomètre principal.	Géomètre. Dessinateur principal.	Commis ordinaire. Dessinateur. Commis adjoint. Élève géomètre.	Expéditionnaire. Triangulateur.	Chaouch	(10) Colonies autres que l'Indo-Chine.
Service des cultes.	Évêque (11).	Préfet apostolique. Vicaire général. Administrateur apostolique du diocèse.	Supérieur ecclésiastique. Prêtre. Pasteur. Rabbin. Séminariste dans les ordres ou tonsuré.	Élève du grand séminaire.	Frère lai. Catéchiste.			(11) Ces classements ne s'appliquent qu'aux évêques chefs de diocèses, constitués par le décret de 1852.
Service judiciaire.	Procureur général en Indo-Chine.	Cour d'appel : Procureur général près des cours autres que celles de l'Indo-Chine. Avocat général Président. Vice-président. Conseiller. Substitut du procureur général. Chef du service judiciaire à : Nouméa. Cayenne. Papeete. St-Pierre et Miquelon. Président du tribunal supérieur à : Nouméa. Papeete. Cayenne. Président du conseil d'appel à St-Pierre et Miquelon. Tribunal de 1re instance : Juge au tribunal supérieur à : Nouméa. Cayenne. Papeete. Procureur de la République et président à : Martinique. Guadeloupe. Réunion Indo-Chine. Saigon de 1re cl. (12). St-Louis (Sénégal). Pondichéry. Juge-président à Cayenne. Juge-président à Nouméa.	Conseiller auditeur. Greffier en chef Juge d'instruction. Lieutenant de juge. Juge suppléant. Procureur de la République et président à : Indo-Chine (tribunaux de 2e et 3e cl.) (12) Dakar. Chandernagor. Karikal. Substitut du procureur de la République Juge à : Martinique. Guadeloupe. Réunion. Juge-président à : St-Pierre et Miquelon. Mayotte. Nossi-Bé. Gabon. Papeete. Juge de paix à compétence étendue. Juge de paix.	Chef de bureau du parquet du procureur général. Secrétaire général du parquet du procureur général. Attaché au parquet du procureur général. Commis greffier assermenté de cour d'appel. Greffiers des tribunaux supérieurs de 1re instance. Suppléant de juge de paix.	Secrétaire rédacteur du parquet du procureur général. Commis greffier ordinaire de cour d'appel. Secrétaire du procureur de la République à Saigon. Commis greffier assermenté des tribunaux de 1re instance. Commis greffier de justice de paix.	Employé commissionné. Secrétaire expéditionnaire. Employé auxiliaire. Commis greffiers ordinaires des tribunaux de 1re instance.		(12) Pour les passages, la première classe comprend les tribunaux de : Mytho. Vinh-long. Hanoi. Haiphong. La deuxième cl., ceux de : Bentré. Bien-hoa. Sadec. Chaudoc. Pnom-penh. Et la troisième cl., les tribunaux de : Cantho. Tra-vinh. Long-xuyen. Tanan. Gocong. Soctrang. Tay-ninh. Bac-lieu.
Administration pénitentiaire		Directeur. Sous-directeur. Chef de bureau de 1re classe. Inspecteur principal de 1re classe. Commandant supérieur de pénitencier de 1re classe. Agent général de culture de 1re classe.	Chef de bureau de 2e classe. Inspecteur principal de 2e et 3e classes. Commandant supérieur de pénitencier de 2e et 3e classes Agent génér. de culture de 2e et 3e classes Surveillance principal. Caissiers de toutes classes. Chef de service des travaux. Sous-chef de bureau. Inspecteur. Commandant de pénitencier. Agent de colonisation.	Commis rédacteur et commis. Agent de culture de toutes classes. Surveillant chef. Sous-caissiers de toutes classes. Conducteur. Commissaire de police de la transportation.	Surveillant de 1re classe.	Surveillant de 2e et 3e classes.	Agent inférieur	

DÉSIGNATION des SERVICES	1re CATÉGORIE A	1re CATÉGORIE B	2e CATÉGORIE	3e CATÉGORIE	4e CATÉGORIE	5e CATÉGORIE	6e CATÉGORIE (Rationnaires)	OBSERVATIONS
Service des geôles et prisons coloniales			Directeur de prison (43). Inspecteur.		Régisseur de prison. Gardien chef.	Commis greffier de 1re classe. Gardien 1re cl.	Commis greffier de 2e et 3e cl. Gardien de 2e et 3e classes.	(43) Y compris le directeur du pénitencier de Poulo-Condor.
Comptables des Colonies. . . .			Garde-magasin principal.	Garde-magasin. Sous-chef d'imprimerie du gouvernement	Commis comptable. Magasinier.	Agent d'imprimerie de 1re et 2e classes.	Agents et employés divers. Distributeur indigène. Agent d'imprimerie des autres classes.	
Services spéciaux et agents divers			Commissaire d'immigration. Sous-commissaire d'immigration. Chef d'imprimerie du gouvernement. Directeur de jardin botanique. Chef de station agronomique. Commissaire central ou principal de police.	Vétérinaire civil. Commissaire de police.	Vérificateur des poids et mesures. Syndic d'immigration. Ecrivain commissionné d'immigration. Jardinier chef. Aide-botaniste.	Gardien de lazaret. Brigadier de police de sûreté.	Jardinier. Agent inférieur. Brigadier, agent de police municipale.	
Services spéciaux et agents divers. . . . Soudan Français — *Chemins de fer.*		Directeur. Sous-directeur.	Chef de section. Conducteur colonial principal.	Conducteur colonial de 1re classe.	Conducteur colonial de 2e et 3e classes.	Ouvriers de profession. Agent auxiliaire		
Remorques et dragues.			Capitaine de remorqueur (s'il est capitaine au long cours).		Capitaine et second capitaine de remorqueur (s'ils ne sont pas pourvus du brevet de capitaine au long cours). Chef mécanicien			
Service télégraphique.			Chef du service télégraphique	Commis.		Surveillant.	Chef d'équipe.	
Service administratif et Trésor.			Sous-trésorier.	Agent aux écritures.		Ecrivain auxiliaire.		
Surveillance administrative des chemins de fer.		Inspecteur de l'exploitation.		Commissaire de surveillance.				

VOY. : Logements. — Voyages. — Déplacements. — Fonds d'avance. — Bagages.

Indigènes. — VOY. : Commissions consultatives. — Pensions de retraite. — Concessions. — Centres indigènes. — Organisation administrative. — Administration annamite.

Indo-Chine. — VOY. : Organisation administrative.

Industrie. — VOY. : Comité agricole et industriel.

Infirmiers.

N° 1. — ARRÊTÉ *sur le recrutement et l'organisation des infirmiers nécessaires aux hôpitaux du Tonkin.*

23 février 1889.

Article premier. — Il est affecté en Annam et au Tonkin, aux services des hôpitaux, des infirmeries-ambulances, des postes médicaux et éventuellement des ambulances volantes :

1° Un personnel d'infirmiers européens ;

2° Un personnel d'infirmiers indigènes, liés au service par un engagement administratif.

En cas d'insuffisance du cadre des infirmiers permanents, et en vue de leur recrutement, il peut être employé dans le service des établissements hospitaliers, des infirmiers temporaires.

Des agents divers et un personnel de journaliers (coolies) sont préposés dans les hôpitaux et infirmeries-ambulances, au service intérieur, aux magasins, à l'entretien des jardins et des cours.

Art. 2. — *Infirmiers européens.* — Il est formé à Hanoi sous la dénomination de personnel des infirmiers du Tonkin et de l'Annam, des infirmiers européens chargés de donner des soins aux malades, d'instruire et de surveiller, dans le service, des auxiliaires indigènes qui les assistent.

Ces infirmiers sont soumis aux dispositions des lois et règlements sur la police et la discipline, dans les ports, arsenaux et autres établissements de la marine, ainsi que dans les colonies.

Art. 3. — *Recrutement.* — Ce personnel se recrute parmi :

1° Des infirmiers maritimes détachés par le Ministre au service des hôpitaux de la colonie.

2° Des militaires des corps de troupe de la marine et de la guerre mis en congé renouvelable et commissionnés, en qualité d'infirmiers permanents, après un stage de six mois ;

3° Des infirmiers militaires mis également en congé renouvelable ;

4° La population civile.

Au bout d'un stage d'au moins six mois, les agents de cette dernière provenance pourront être commissionnés en qualité d'infirmiers permanents, après avoir contracté un engagement administratif de servir pendant trois années.

Les candidats à l'emploi d'infirmiers doivent savoir lire et écrire, et avoir la force physique nécessaire pour transporter un malade ; s'ils sont civils, ils doivent, en outre, être munis d'un certificat de bonnes vie et mœurs.

Art. 4. — *Hiérarchie, cadre, solde et accessoires de solde.* — La hiérarchie, le cadre, l'assimilation et la solde de ce personnel sont déterminés comme suit :

HIÉRARCHIE	CADRE	ASSIMILATION	SOLDE	
			d'Europe	Coloniale
Infirmiers chefs, 1re classe........	1	Maître	1300	2600
Infirmiers chefs, 2e classe........	1	Maître	1100	2200
Infirmiers major de 1re classe......	5	Second maître ..	800	1600
Infirmiers major de 2e classe......	13	Quartier-maître .	700	1400
Infirmiers ordinaires, 1re classe....	45	Matelot	500	1000
Infirmiers ordinaires, 2e classe....	45	Matelot	400	800
	110			

Ils reçoivent, en outre, pour première mise et pour renouvellement et entretien de leurs effets, les indemnités suivantes :

CLASSEMENT	PREMIÈRE mise	INDEMNITÉ journalière	OBSERVATIONS
Infirmier chef.......	150	0.30	Cette première mise n'est due que pour l'avancement en grade.
Infirmier major......	100	0.25	
Infirmier ordinaire...	100	0.20	

L'indemnité journalière n'est payée que pour les jours de présence dans la colonie.

Art. 5 — *Avancement.* — L'avancement en grade et en classe est accordé par le chef du service de santé, de concert avec le chef du service administratif, au fur et à mesure des vacances.

Le tableau d'avancement, pour les infirmiers, est dressé par une commission siègeant à Hanoi et composée de quatre membres :

1° Le chef du service de santé, président ;

2° Le commissaire aux hôpitaux ;

3° Les deux officiers du corps de santé les plus élevés en grade du service hospitalier présents à Hanoi.

Le secrétaire archiviste remplit les fonctions de secrétaire.

Les propositions d'avancement sont établies dans chaque formation sanitaire par le médecin chef du service.

Art. 6 — Le personnel des infirmiers du Tonkin et de l'Annam est administré par le commissaire aux hôpitaux, ou par le chargé du service administratif dans chaque arrondissement, auxquels sont dévolues les attributions prévues pour le commandant de la division et le capitaine du petit état-major par le décret du 15 septembre 1882.

Dans le service hospitalier, ils sont placés sous les ordres directs du médecin chef de l'hôpital. Ils obéissent aux médecins, aux pharmaciens et aux sœurs hospitalières, dans les salles et les détails auxquels ils sont employés.

Art. 7 — *Habillement.* — L'uniforme des infirmiers européens, ne provenant pas des infirmiers maritimes, est le même que celui déterminé par l'art. 30 du règlement ministériel du 1er juillet 1876, pour le corps des infirmiers permanents; toutefois, ils ne peuvent porter cet uniforme que dans la colonie.

Le infirmiers affectés au service des établissements hospitaliers de l'Annam et du Tonkin ne reçoivent pas leurs effets des magasins de l'État ; ils les achètent directement.

Art. 8. — *Infirmiers temporaires.* — En cas d'insuffisance du cadre des infirmiers par suite d'augmentation dans l'effectif des malades, il peut être momentanément employé dans les services hospitaliers, des infirmiers temporaires, à raison de 1 pour 20 malades.

Ces infirmiers proviennent :

1° De la population civile ;

2° A son défaut, des corps de troupe de la marine et de la guerre.

L'admission de ce groupe d'infirmiers temporaires est prononcée par le Gouverneur sur la proposition du chef du service de santé concerté avec le général commandant en chef.

Les infirmiers sont renvoyés à leur corps lorsque leurs services ne sont plus nécessaires.

Nul ne peut être admis comme infirmier temporaire s'il ne sait lire et écrire, s'il n'est muni d'un certificat de bonnes vie et mœurs.

Les infirmiers temporaires sont assimilés aux infirmiers ordinaires, avec lesquels il concourent au service.

Ils reçoivent la solde d'infirmiers ordinaires de 2e classe.

Ils sont soumis aux mêmes peines de discipline.

Art. 9. — Les infirmiers malades traités dans les hôpitaux ne subissent aucune retenue sur leur solde pour frais de traitement.

Art. 10. — Ils sont nourris par l'établissement; la ration qui leur est allouée est celle fixée par le tableau n° 3 du règlement sur le régime alimentaire des hôpitaux du Protectorat.

Art. 11. — Le casernement et l'ameublement sont les mêmes que pour les infirmiers de Cochinchine. Articles 26, 27, 28, 29, 30 du règlement du 13 janvier 1879 (*B.O.* Cochinchine, p. 300)

Art 12. — Les infirmiers maritimes détachés au Tonkin continueront à concourir à l'avancement dans leur corps respectif.

Ils pourront être l'objet de propositions en classe et en grade, pour l'obtention de la médaille militaire et pour l'admission dans la Légion d'honneur.

Art. 13. — *Infirmiers indigènes.* — En outre des infirmiers européens, il est affecté au service des établissements hospitaliers du Protectorat un personnel d'indigènes qui prend le titre d'infirmiers indigènes de l'Annam et du Tonkin.

Ces infirmiers devront produire un certificat d'identité et de moralité, signé par le chef de canton et le maire, et visé par le Résident.

Art- 14. — Dans le cas d'insuffisance de cette fraction du personnel, il peut être employé des auxiliaires.

Art. 15. — Les infirmiers titulaires contractent un engagement administratif de servir trois ans dans la formation sanitaire qu'ils ont choisie.

Art. 16. — Dans le cours de la troisième année ou à son terme, ils peuvent être admis à contracter un nouvel engagement de trois ans.

Art. 17. — Les engagements et les rengagements sont reçus par le commissaire aux hôpitaux ou, en vertu de sa délégation spéciale, par les chargés du service administratif et, à défaut, leur suppléant.

Art. 18. — La hiérarchie, le cadre, et les accessoires de salaires sont réglés de la façon suivante :

HIÉRARCHIE	CADRE	ASSIMILATION	SALAIRE JOURNALIER
Infirmiers major de 1re classe..........	13	Doi	30 cents
Infirmiers major de 2e classe..........	26	Cai	25 —
Infirmiers de 1re classe..............	112	Soldat	20 —
Infirmiers de 2e classe..............	112	Soldat	18 — (1)
Auxiliaires (pour mémoire)............	263		

Art. 19. — Dans le cas où ils s'occupent de servir dans une autre formation sanitaire que celle pour laquelle ils se sont engagés, ils reçoivent la paye de la classe supérieure.

Ces infirmiers recevront un insigne spécial qui sera déterminé ultérieurement.

Art. 20. — Ils ont droit, en cas de réengagement, à l'indemnité journalière d'ancienneté déterminée comme suit :

Après 3 ans......... à 3 cents de salaire journalier ;

Après 6 ans......... à 6 cents de salaire journalier ;

Après 9 ans et au delà à 10 cents de salaire journalier ;

Art. 21. — Un supplément de solde de cinq cents par jour peut leur être accordé en temps d'épidémie, ou pour tout autre service exceptionnel.

Art. 22. — Les infirmiers malades, traités dans les établissements hospitaliers, ne subissent pour frais de traitement aucune retenue sur leur salaire.

Art. 23. — Ils ne sont admis à contracter un engagement qu'après un stage, comme auxiliaires, de trois mois au moins.

Art. 24. — Au 1er janvier et au 1er juillet de chaque année, il est procédé au travail d'avancement d'après le cadre fixé ci-dessus.

(1) Voir ci-après arrêté du 7 septembre 1889, complétant l'article 18, en ce qui concerne la dispense d'impôt et de corvée.

Le tableau d'avancement et les propositions pour l'avancement en classe et en grade sont établis d'après les règles fixées pour les infirmiers européens.

Art. 25. — Les infirmiers indigènes, quelle que soit leur assimilation, doivent obéissance, en service, aux infirmiers européens.

Art. 26. — Les dépenses relatives aux infirmiers sont à la charge du service des hôpitaux.

Art. 27. — La répartition du personnel infirmier entre les divers établissements est faite par le commissaire aux hôpitaux, sur la proposition du chef du service de santé, en conformité des chiffres du tableau ci-annexé.

DISPOSITIONS COMMUNES AUX DEUX CATÉGORIES D'INFIRMIERS.

Réglementation du service intérieur.

Art. 28. — Dans chaque établissement, le médecin chargé du service règle la répartition des infirmiers qui doivent être employés au service des salles, à la pharmacie, à la tisanerie, à l'amphithéâtre et aux bains. Il en donne avis au commissaire de l'hôpital.

Art. 29. — Les infirmiers major sont préposés à la surveillance des infirmiers ordinaires et des auxiliaires indigènes placés sous leurs ordres; il coopèrent personnellement avec eux, tant à la tenue des salles qu'à l'exécution de toutes les parties du service.

Art. 30. — Tous les matins, à l'heure fixée par le médecin, les infirmiers major et ceux qui en font les fonctions se réunissent chez l'infirmier chef pour lui faire verbalement leur rapport sur le service du jour précédent et de la nuit.

Art 31. — L'infirmier chef, ou le faisant fonctions d'infirmier chef, est chargé, sous la surveillance du médecin, de la surveillance et de la police de tous les infirmiers.

Chaque matin, il remet au médecin chef de l'hôpital un rapport sur le service de la veille, il reçoit les ordres du médecin, et est chargé d'en assurer l'exécution.

Art. 32. — Un infirmier major est commissionné par le chef du service administratif pour remplir les fonctions de vaguemestre. Il reçoit, à cet effet, un supplément de 50 centimes par jour.

Il lui est remis un livret dit de vaguemestre.

Art. 33. — *Police et discipline.*

Les infirmiers sont subordonnés entre eux à raison de leur grade, sous le rapport de la police, de la discipline et de leurs fonctions dans l'hôpital.

Art. 34. — A l'hôpital, les peines de discipline à prononcer contre les infirmiers sont les suivantes :

1° Pour les infirmiers européens :

La consigne dans l'intérieur de l'hôpital ;

La salle de police pendant un mois au plus ;

La prison pendant quinze jours; cette peine entraine la suppression de solde pendant sa durée.

2° Pour les infirmiers indigènes:

La réduction ou suppression de solde pendant un mois au plus.

Art. 35. — Ces peines sont prononcées par le chef de l'hôpital, sur les rapport des chefs des différents détails, des sœurs hospitalières et de l'infirmier chef. La prison pour plus de quinze jours et le licenciement en ce qui concerne les Européens, ne peuvent être prononcés que par le Gouverneur. Avis est donné au commissaire de la punition infligée. Ce dernier est chargé d'en assurer l'exécution.

Art. 36. — Les infirmiers chefs et les infirmiers major peuvent, pour des fautes graves, être suspendus de leur fonction pendant un temps déterminé qui ne peut excéder six mois. Il sont astreints, pendant la durée de leur suspension, au service du grade inférieur dont ils reçoivent la solde.

La suspension est prononcée par le Gouverneur, sur la proposition du chef du service de santé concerté avec le commissaire aux hôpitaux.

Dispositions transitoires

Art 37. — Tous les infirmiers militaires actuellement en service dans les hôpitaux de la colonie pourront y être maintenus jusqu'à l'achèvement de leur deuxième année de séjour. Ils conserveront leur position actuelle.

Les auxiliaires indigènes actuellement employés, qui ne contracteront pas d'engagement administratif, pourront être conservés; leur salaire ne sera pas modifié. Ils pourront être remplacés.

RÉPARTITION DES INFIRMIERS ENTRE LES DIVERS ÉTABLISSEMENTS HOSPITALIERS

Infirmiers européens

DÉSIGNATION des ÉTABLISSEMENTS	INFIRMIER CHEF ou INFIRMIER MAJOR CHEF	INFIRMIER de SALLE	VAGUEMESTRE	AMPHITHÉATRE, BAINS, ETC.	PHARMACIE	TOTAL
HANOI Effectif moyen : 250 malades......	1	8	1	1	1	12
QUANG-YEN Effectif moyen : 200 malades......	1	6	»	1	1	9
TI-CAU Effectif moyen : 150 malades......	1	5	»	1	1	8
LANG-SON Effectif moyen : 100 malades.....	1	3	»	1	1	6
HAIPHONG Effectif moyen : 50 malades......	1	2	1	»	1	5
THUAN-AN Effectif moyen : 100 malades......	1	3	»	»	1	5
TOURANE Effectif moyen : 50 malades	1	2	»	»	1	4
Infirmeries-ambulances de 50 à 100 malades : Nam-dinh, Thanh-hoa, Son-tay, Thai-nguyen, Phu-lang-thuong, Quang-binh, Dong-hoi..........................	»	3 par ambulance.	»	»	»	21
Infirmeries-ambulances de 35 à 50 malades : Viétri, Vinh, Hung-hoa, Hai-duong, Cao-bang, Tuyen-quan, Vinh-tuy, Qui-nhone, Digne...............	»	2 par ambulance.	»	»	»	18
Infirmeries-ambulances au-dessous de 35 malades : Lao-kay, Yen-bai, Ninh-binh, Lai-cho, Son-la, Mon-caï, Lam, That-ké, Ban-lac, Chora, Chiem-hoa.............	»	1 par ambulance.	»	»	»	11
A ajouter pour les circonstances imprévues : remplacements, maladies, congés, etc.						11
Total général..................						110

Infirmiers indigènes

DESIGNATION des ÉTABLISSEMENTS	INFIRMIERS de SALLE	PHARMACIE de détail et LABORATOIRE	ARSENAL de CHIRURGIE	BAINS et DOUCHES	TOTAL
Hanoi..................	(1) 38	3	1	1	43
Quang-yen	28	2	»	1	31
Ti-cau..................	21	2	»	1	21
Lang-son................	14	2	»	1	17
Haiphong................	7	2	»	1	10
Thuân-an................	14	2	»	1	17
Tourane.................	7	2	»	1	10
					152
Infirmeries-ambulances de 50 à 100 malades (7)...	6 par ambulance	»	»	»	42
Infirmeries-ambulances de 35 à 50 malades (9)...	4 par ambulance	»	»	»	36
Infirmeries-ambulances au-dessous de 35 malades (11)................	3 par ambulance	»	»	»	33
Total général..................					263

OBSERVATIONS. (1) Un infirmier pour 7 malades.

N. B. — Il pourra être employé des infirmiers indigènes auxiliaires toutes les fois que le nombre de ces agents, affecté à chaque établissement, sera inférieur à la proportion d'un infirmier par officier supérieur, d'un infirmier par trois officiers inférieurs, et d'un infirmier par huit sous-officiers ou soldats.

RICHAUD.

N° 2. — ARRÊTÉ *complétant l'art 18 de celui du 23 février 1889 sur les infirmiers indigènes.*

7 septembre 1889.

L'article 18 de l'arrêté du 23 février 1889 est ainsi complété: « Pendant la durée des services des infirmiers indigènes dans les hôpitaux, leur famille (les ascendants seulement) est exemptée d'impôt et de corvée.

PIQUET.

N° 3. — CIRCULAIRE *au sujet des pièces à produire par les infirmiers indigènes.*

8 février 1890.

Il arrive parfois que des indigènes désireux de s'engager comme infirmiers, éprouvent des difficultés de la part des maires de leur village pour obtenir les pièces nécessaires à cet engagement (certificat d'identité et de moralité).

Les pièces leur sont souvent refusées, et le postulant se voit désigné par le maire pour faire partie du contingent de la milice ou des tirailleurs.

Plusieurs indigènes dressés au service d'infirmier n'ont pu de ce fait contracter leur engagement.

Pour obvier à ces inconvénients, j'ai décidé que dorénavant les demandes de certificats d'identité et de moralité, formulées par les indigènes qui désirent s'engager comme infirmiers, vous seraient transmises (aux Résidents et vice-résidents) par les soins de MM. les médecins chefs des formations sanitaires, auxquels vous voudrez bien faire remettre lesdites pièces dès qu'elles vous auront été délivrées par les autorités annamites.

De son côté, M. le médecin en chef, chef du service de santé, donne des instructions conformes à MM. les médecins placés sous ses ordres.

BRIÈRE.

VOY. : Hôpitaux, Hospices. — Hôpitaux militaires.

Informations commerciales

N° 1. — ARRÊTÉ *créant un bureau d'informations commerciales*

25 août 1884

Article premier. — Un bureau d'informations commerciales est créé à Hanoi, près la Direction des affaires civiles et politiques.

Art. 2. — Ce bureau comprendra: un chef de bureau, un secrétaire français, un secrétaire indigène et un lettré.

Art. 3. — Il sera chargé de réunir, pour le Département, un ensemble de renseignements et de données statistiques capables d'éclairer les industriels et les commerçants de la Métropole sur les cultures du Tonkin et de l'Annam, sur la production, sur l'industrie manufacturière, maritime et minière, sur le commerce d'importation et d'exportation, sur les moyens de communication dans l'Annam, le Tonkin, le Laos et les provinces méridionales de la Chine.

Il devra faire des études, au point de vue économique et commercial, sur chaque ville importante, sur chaque province, études complétées par des renseignements géographiques précis.

Art. 4. — Un rapport mensuel, destiné à tenir le Département au courant des travaux du bureau d'informations commerciales, devra être adressé au Général en chef, sous le contrôle de la direction des affaires civiles et politiques.

Art. 5. — MM. les Résidents et sous-résidents de France et les chefs des divers services civils, ainsi que la chambre consultative de commerce, de l'agriculture et de l'industrie, actuellement en voie de formation à Haiphong, sont invités à collaborer à ces travaux.

Art. 6. — Le Directeur des affaires civiles et politiques est chargé de l'exécution de la présente décision, qui sera publiée partout où besoin sera,

MILLOT.

VOY. : Renseignements.

Inspection des colonies

N° 1. — DÉCRET *réglant l'organisation du corps de l'inspection des colonies.*

25 novembre 1887

TITRE Ier.

Attributions de l'inspection des colonies.

Article premier. — L'inspection des colonies a pour mission de sauvegarder les intérêts du Trésor et les droits des personnes, et de constater, dans tous les services, l'observation des lois, décrets, règlements et décisions qui en régissent le fonctionnement administratif.

Art. 2. — Le contrôle est exercé par des inspecteurs permanents dans les colonies de la Martinique, de la Guadeloupe, de la Guyane, du Sénégal, de la Réunion, de la Cochinchine et de la Nouvelle-Calédonie; il peut l'être également dans toute autre colonie qui sera désignée par décret du Président de la République.

Les autres colonies sont soumises à des inspections temporaires.

Des inspecteurs généraux et des inspecteurs en mission surveillent l'exécution du service dans les différentes colonies.

Art. 3. — Les fonctionnaires de l'inspection, chefs de service, ne relèvent, pour l'exercice de leurs fonctions, que du ministre avec qui ils correspondent directement.

Les fonctionnaires de l'inspection en sous-ordre relèvent de leurs chefs de service.

Les uns et les autres sont subordonnés aux Gouverneurs sous le rapport hiérarchique.

Art. 4. — L'inspecteur surveille spécialement la gestion de tous les comptables publics tant en deniers qu'en matières; son droit d'investigation n'est pas limité et il vérifie, en conséquence, toutes les fois qu'il le juge convenable, les caisses et les écritures du Trésor et des comptables locaux, ainsi que celles des communes, des hospices et des établissements publics.

Il requiert, dans tous les services, l'exécution ponctuelle des lois, ordonnances, décrets, règlements et ordres ministériels qui en déterminent le fonctionnement.

Tous les bureaux, ateliers, magasins, greffes, hôpitaux, prisons, établissements pénitentiaires et autres établissements de l'État ou de la colonie, seront ouverts à l'inspecteur.

Les chefs d'administration et de service sont tenus de lui donner tous les éclaircissements et tous les renseignements qui lui seront nécessaires.

Il lui est donné communication de tous les ordres ministériels concernant les services administratifs et financiers.

Il lui est également donné connaissance des ordres de service de l'autorité locale avant leur exécution.

L'inspecteur reçoit une expédition certifiée conforme de tous les marchés et conventions, quelles qu'en soit la nature et la forme, ainsi que tous les baux passés par l'administration.

Il peut assister, avec droit de faire des représentations, aux adjudications, à la passation des marchés de gré à gré, aux opérations de paiement d'ouvriers, d'envoi de fonds, de recette de deniers, de matières ou de travaux de recensement, de condamnation, de déclassement, de vente, enfin à toute opération quelconque intéressant le service de l'État ou le service local.

L'administration lui donne à l'avance les informations nécessaires.

Art. 5. — L'inspecteur exerce, à l'égard de tous les comptables publics, en deniers et en matières, aux colonies, les diverses attributions dévolues aux membres de l'inspection générale des finances en France.

Des instructions lui sont données par le ministre des finances pour tout ce qui touche aux services financiers des colonies. La transmission des instructions aux inspecteurs et des réponses de ce dernier, se fait par l'intermédiaire de l'administration des colonies.

Le ministre de la marine et des colonies adresse au ministre des finances la partie des rapports des inspecteurs qui concerne le service financier des colonies.

Art. 6. — L'inspecteur ne peut diriger, empêcher ni suspendre aucune opération.

Il peut toutefois fermer provisoirement les mains aux comptables dont la situation lui paraît irrégulière, sauf à en donner immédiatement avis au gouverneur.

Il peut également apposer les scellés sur les pièces qui lui sont présentées au cours de sa vérification, à charge d'en informer aussitôt le gouverneur qui statue, par décision écrite, sur les mesures à prendre.

Art. 7. — L'inspecteur a le droit d'assister, avec droit de faire des représentations, aux séances du conseil privé. Il siège en face du président. Les affaires soumises à ce conseil lui sont communiquées en temps utile pour qu'il puisse en prendre connaissance avant la séance.

Lorsqu'un inspecteur réside à poste fixe dans une colonie, il siège en qualité de commissaire du gouvernement, au conseil du contentieux, conformément aux prescriptions du décret du 5 août 1881.

Il reçoit, à cet effet, au moins cinq jours avant chaque séance, communication du dossier de chacune des affaires qui doivent y être jugées; le dossier doit être en état d'examen, le rapport du conseiller rapporteur y annexé.

Art. 8. — L'inspecteur à poste fixe remplit, près la banque de la colonie, les fonctions de censeur légal.

Art. 9. — L'inspecteur adresse au ministre des comptes rendus périodiques sur la situation des services administratifs et financiers de la colonie.

Art. 10. — Lorsqu'un inspecteur en résidence dans une colonie est absent ou empêché, ses fonctions comme commissaire du gouvernement au conseil du gouvernement et comme censeur de la banque, sont remplies par un officier ou fonctionnaire désigné par le gouverneur.

TITRE II.

Attributions du service central de l'inspection à l'administration centrale des colonies.

Art. 11. — Le chef du service central de l'inspection est spécialement chargé de centraliser à l'administration centrale toutes les opérations de l'inspection aux colonies.

Il exerce à l'égard des divers services de l'administration centrale les attributions de contrôle qui sont déterminées par un arrêté ministériel.

TITRE III.

Organisation du corps de l'inspection.

Art. 12. — Le service de l'inspection est assuré par un corps spécial portant le titre *d'inspection des colonies*, et composé exclusivement d'agents civils.

Art. 13. — Le corps de l'inspection des colonies possède une hiérarchie propre ne comportant aucune assimilation avec les emplois des divers fonctionnaires des services coloniaux

Cette hiérarchie est ainsi réglée:

Inspecteur de 3e classe
— de 2e —
— de 1re —
— général de 2e classe,
— — de 1re —

Les fonctionnaires de l'inspection sont nommés par décrets du Président de la République.

Art. 14. — Les traitements d'Europe sont fixés de la manière suivante:

Inspecteur de 3e classe	7.000
— de 2e —	9.000
— de 1re —	11.000
— général de 2e classe	14.000
— — de 1re —	16.000

Art. 15. — *Modifié par l'art. 1er du décret du 9 août 1889 (voir ci-après).*

Art. 16. — Tous les avancements sont donnés au choix.

Nul ne peut obtenir un avancement s'il ne compte deux années de service effectif dans le grade immédiatement inférieur.

Art. 17. — Les fonctionnaires de l'inspection des colonies sont soumis, pour la pension de retraite, à la loi du 9 juin 1853.

Art. 18. — Les peines disciplinaires applicables aux fonctionnaires de l'inspection des colonies, sont les suivantes:

Le blâme;

La privation de la moitié du traitement pour une durée de deux mois au plus.

La révocation.

Le blâme et la privation de traitement sont prononcés par le ministre,

La révocation ne peut être prononcée que pour les motifs ci-après:

Fautes graves et répétées dans le service.

Fautes contre l'honneur.

La révocation est prononcée par décret du Président de la République et d'après l'avis d'un conseil d'enquête. Un décret spécial déterminera la composition et le mode de procéder de ce conseil, dont l'avis ne pourra jamais être modifié que dans un sens favorable au fonctionnaire inculpé.

Art. 19. — Les dispositions relatives à la fixation des cadres, aux accessoires de traitement et aux indemnités du personnel, sont réglées par décret du Président de la République.

Le mode de fonctionnement du service est fixé par arrêté ministériel.

TITRE IV.

Dispositions transitoires.

Art. 20. — Les fonctionnaires du corps de l'inspection des colonies sont recrutés, pour la formation, parmi les officiers du corps de l'inspection de la marine ayant opté pour les colonies, savoir:

Les inspecteurs généraux parmi les inspecteurs en chef;

Les inspecteurs de 1re classe parmi les inspecteurs;

Les inspecteurs de 2e classe parmi les inspecteurs adjoints;

Ils sont nommés par décret du Président de la République, font définitivement partie des cadres de l'inspection des colonies, et prennent rang dans chaque grade, tant au point de vue de l'ancienneté relative qu'à celui du temps exigé pour l'avancement, du jour de leur dernière nomination dans leur ancien corps.

Art. 21. — Les fonctionnaires du corps de l'inspection des colonies provenant, au moment de sa formation, de l'inspection de la marine, tout en ayant une hiérarchie propre sans aucune assimilation avec les grades de l'armée, conserveront l'état d'officier et continueront à bénéficier des dispositions de la loi du 19 mai 1834.

Leurs services dans l'inspection des colonies seront considérés, au point de vue de la Légion d'honneur et de la retraite, comme services militaires.

Les pensions auxquelles ces services donneront droit, seront liquidées conformément aux dispositions des lois des 18 avril 1831 et 5 août 1879. Leur assimilation pour la retraite sera fixée suivant le tableau annexé au présent décret.

Art. 22. — Les vides restant dans les cadres après les nominations prévues à l'article 20, seront comblés par les inspecteurs en chef, inspecteurs et inspecteurs adjoints en excédant au cadre de l'inspection de la marine. Ces fonctionnaires continueront à être détachés et traités conformément aux dispositions du décret du 20 juillet 1887.

Art. 23. — Les vacances venant à se produire dans les conditions prévues par l'article 4 du décret du 20 juillet 1887, donneront lieu à une promotion qui portera seulement sur les fonctionnaires faisant définitivement partie de l'inspection des colonies.

Art. 24. — Les droits des candidats reconnus admissibles à la suite du concours du 4 avril 1887 pour le grade d'inspecteur adjoint de la marine, sont réservés conformément au décret du 24 août suivant.

TITRE V.

Dispositions générales

Art. 25. — Sont abrogées les dispositions des ordonnances, décrets et règlements antérieurs, en ce qu'elles ont de contraire au présent décret.

Art. 26. — Le ministre de la marine et des colonies est chargé de l'exécution du présent décret.

CARNOT.

Tableau indiquant l'assimilation, pour la pension de retraite, des fonctionnaires provenant de l'inspection de la marine, nommés au moment de la formation.

DÉSIGNATION des grades dans l'inspection des COLONIES	DÉSIGNATION du grade de la marine servant de base à la FIXATION DE LA PENSION
Inspecteur général de 1re ou 2e cl.	Inspecteur en chef
— de 1re classe	Inspecteur
— de 2e —	Capitaine de frégate

N° 2. — ARRÊTÉ *ministériel concernant le fonctionnement de l'inspection des colonies.*

29 novembre 1887.

TITRE Ier

Service central

Article premier. — Les attributions du service central de l'inspection des colonies, sont fixées ainsi qu'il suit :

Examen et visa, avant décision, de tous rapports et projets de décret concernant les services coloniaux, de tous rapports ou dépêches portant nominations ou promotions, augmentation de personnel, mission en France ou à l'étranger, entraînant engagement ou liquidation de dépenses, — de toutes ordonnances, propositions de paiement ou répartitions de fonds, de toutes propositions de concession de traitement, d'allocations pécuniaires ou autres, de tous cahiers des charges, marchés, transactions, contrats ou engagements de toute sorte, — de toutes questions relatives à l'interprétation des règlements administratifs, et des toutes affaires litigieuses ou contentieuses instruites par les divisions, sans exception de juridiction, — de toutes propositions relatives à la mainlevée des cautionnements, à la constitution des débets envers l'État, et aux exonérations à titre gracieux, — de tous mémoires de propositions de pensions et secours, — de toutes affaires ressortissant au département de la marine et des colonies, et tendant à constituer l'État débiteur, soit sur les fonds du budget des colonies, soit sur ceux d'un autre département.

Vérification sur place des documents officiels de toute nature, ressortissant aux divers services de l'administration centrale, assistance aux travaux des commissions chargées à Paris de passer des marchés et de procéder à des recettes, — examen des comptes courants tenus à la comptabilité centrale des fonds, correspondance du Sous-secrétaire d'État avec les inspecteurs en permanence dans les colonies, — préparation des instructions à donner à l'inspection mobile, examen et suite des rapports de l'inspection permanente. — discussion contradictoire des questions que peut soulever l'inspection extérieure, — travail de nomination et de mouvement dans le corps de l'inspection des colonies.

TITRE II

Service mobile

Art. 2. — L'inspecteur général ou l'inspecteur envoyé en mission dans une colonie est chargé d'inspecter toutes les parties des services administratifs et financiers de ladite colonie.

Art. 3. — Il reçoit du ministre des finances des instructions en ce qui concerne les services financiers des colonies qu'il est chargé de visiter. Le département de la marine et des colonies avise, à cet effet, celui des finances des inspections projetées, en laissant un délai suffisant pour que ses instructions puissent être préparées et remises en temps utile.

La transmission des instructions aux inspecteurs mobiles et les réponses de ces derniers se font par l'intermédiaire du service central de l'inspection au ministère de la marine et des colonies. Le ministre de la marine et des colonies adresse à son collègue des finances la partie des rapports des inspecteurs généraux et inspecteurs, concernant le service financier des colonies.

Art. 4. — Pendant son séjour aux colonies, l'inspecteur général ou l'inspecteur en mission, est investi de tous les droits attribués à l'inspecteur permanent par les art. 4 9 5 et 6 du décret du 25 novembre 1887.

Il peut requérir l'inspecteur permanent de procéder à toute vérification ou opération ressortissant à ses fonctions.

Il donne des notes sur le personnel attaché à l'inspection permanente. Il adresse au ministre un rapport sur le résultat de sa mission.

TITRE III

Service permanent.

Art. 5. — L'inspecteur a le droit d'assister à toutes les commissions, ainsi qu'à l'accomplissement de toutes les opérations administratives ; il reçoit, à cet effet, de l'administration, en temps utile, avis de toute convocation de commission ou de toute autre réunion à laquelle il a le droit et le devoir d'assister.

L'inspecteur siège toujours en face du président, et a le droit de faire insérer ou annexer ses observations aux procès-verbaux, qu'il signe.

Art. 6. L'inspecteur est prévenu à l'avance des vérifications mensuelles et inopinées des caisses et des écritures auxquelles le directeur de l'intérieur procède ou fait procéder chez les comptables locaux.

Il est prévenu, par le chef du service administratif, des vérifications de même nature que ce fonctionnaire effectue chez les comptables de son service.

Il est également prévenu par le directeur de l'administration pénitentiaire, lorsque celui-ci procède à la vérification des caisses de la transportation et de la relégation.

Art. 7. — L'inspecteur est tenu d'aviser, au moment même, suivant le cas, le directeur de l'intérieur, le chef du service administratif ou le directeur de l'administration pénitentiaire, quand il juge à propos de procéder à une vérification inopinée de la caisse et des écritures des comptables.

Lorsqu'il s'agit des caisses de l'État, deux expéditions du procès-verbal de vérification sont adressées, sans retard, par les soins de l'inspecteur, au ministre de la marine. L'une de ces expéditions est destinée au ministre des finances.

Art. 8. — L'inspecteur, procédant à une vérification d'écritures, constate l'opération sur le journal par un visa et par un arrêté.

Art. 9. — Les cahiers des charges sont communiqués à l'inspecteur avant l'adjudication, afin qu'il puisse assister, s'il le juge nécessaire, aux différentes opérations qui seront la conséquence de leur exécution.

Art. 10. — Si le commissariat ne remplit pas ses obligations relativement aux revues d'effectif des corps de troupe d'infanterie et d'artillerie, des troupes indigènes et autres, l'inspecteur en fait l'observation au gouverneur.

Il peut requérir l'administration de procéder à des revues inopinées, après avis préalable adressé au gouverneur.

Art. 11. — L'inspecteur reçoit du commissaire aux revues l'avis de l'apposition et de la levée des scellés sur les effets et papiers provenant de la succession des fonctionnaires décédés dans la colonie. Il peut assister à ces opérations, comme à la vente desdits effets, et doit recevoir communication de la liquidation de la succession.

Art. 12. — Il s'assure de la régularité des dépenses faites au titre des bâtiments des stations locales. Il veille à ce que le commissariat procède à la vérification de la comptabilité de ces bâtiments, et, dans le cas où ces opérations n'auraient pas lieu, il en rend compte au gouverneur.

Art. 13. — L'inspecteur s'assure qu'il est procédé régulièrement à la constatation de la présence des ouvriers sur les travaux aux heures réglementaires et peut faire procéder, dans les divers services, à des contre-appels de ces mêmes ouvriers par le maître, le contre-maître, le surveillant militaire ou autre.

Art. 14. — L'inspecteur s'assure de la bonne tenue des matricules de l'inscription maritime et de l'exécution des règles relatives à la police de la navigation.

Art. 15. — L'inspecteur s'assure que les travaux exécutés résultent d'ordres supérieurs, que les consommations sont régulièrement établies, que les dépenses en matières et en journées sont pleinement justifiées par la nature des travaux. Il peut, à cet effet, requérir tout métrage, cubage, ou toute constatation comparative.

Art. 16. — L'inspecteur peut requérir les chefs d'administration de faire opérer des recensements partiels et inopinés de matériel ou de vivres. Ces recensements ont lieu immédiatement.

Art. 17. — L'inspecteur, à la suite des vérifications, des investigations auxquelles il se livre, et lorsqu'il relève des irrégularités, fait usage, par spécialité de service, de l'imprimé n° 3, sur lequel est consignée l'observation de l'inspection.

Si l'imprimé est émargé d'une réponse du chef de service, confirmée par le chef d'administration, reconnaissant fondée l'observation de l'inspection, l'instruction ne va pas plus loin.

Si le dissentiment continue à subsister entre l'inspecteur et le chef d'administration, le litige est porté, avec les notes échangées, devant le gouverneur, qui donne la solution et indique qu'il la propose au ministre.

Si le gouverneur statue dans un sens qui donne satisfaction aux observations de l'inspection, le litige prend fin.

Si le gouverneur ne croit pas devoir statuer, ou s'il prononce dans un sens contraire aux observations de l'inspection, il doit en écrire sans retard au ministre, sous le timbre de la direction que l'affaire concerne, en transmettant l'imprimé n° 3 annoté.

De son côté, l'inspecteur est tenu de rendre compte au ministre, sous le timbre du service central de l'inspection, dans le délai d'un mois à partir du jour où il a présenté ses observations à l'autorité supérieure, en indiquant la nature et l'objet du débat, et les motifs qui le portent à maintenir son opinion.

Art. 18. — L'inspecteur peut faire des tournées d'inspection administrative et financière dans la colonie.

L'autorité met à sa disposition les moyens matériels nécessaires à l'accomplissement de sa mission. Il prévient le gouverneur et rend compte au ministre.

Art. 19. — L'inspecteur tient enregistrement des correspondances avec le ministre, avec le gouverneur, ainsi que de ses observations adressées aux chefs d'administration et de service.

Cet enregistrement est visé par l'inspecteur général en mission.

Art. 20. — L'inspecteur nomme directement les employés de l'inspection et fixe le traitement dans la limite des fonds de l'abonnement accordé par le décret du 27 novembre 1887 (1).

Les services rendus dans cette situation ne peuvent ouvrir aucun droit à pension en faveur de ces employés.

Les commissions délivrées à ces employés sont visées par le gouverneur.

Art. 21. — L'inspecteur adresse, le 1er février, au ministre, un compte-rendu annuel sur la situation des services administratifs et financiers de la colonie. Toutes les propositions de réforme ou amélioration qu'il croit devoir présenter, sont communiquées préalablement au gouverneur, afin que ce dernier puisse faire parvenir au ministre les observations que ces propositions lui semblent comporter.

Art. 22. — A son entrée en fonction, l'inspecteur fait la première visite au commandant supérieur des troupes, au commandant de la marine, aux chefs d'administration, au président de la cour, au supérieur ecclésiastique (évêque ou préfet apostolique) aux membres civils du conseil privé, au président du conseil général, et aux chefs de corps pourvus d'un grade d'officier supérieur.

Cette visite lui est rendue dans les 24 heures.

Il reçoit la visite des autres fonctionnaires du gouvernement, et la rend, dans les 24 heures, aux conseillers de la cour, aux membres du tribunal de 1re instance, au juge de paix, au curé de la paroisse et aux chefs de service.

Art. 24. — Dans les fêtes et cérémonies publiques, l'inspecteur reçoit les convocations du gouverneur, prend rang avec les chefs d'administration, et, dans l'ordre de préséance, après le Procureur général.

N° 3. — DÉCRET *appliquant à l'Annam et au Tonkin le contrôle de l'inspection permanente des colonies*,

27 août 1889.

Article premier. — Le contrôle est exercé par un inspecteur permanent dans le Protectorat de l'An-Nam et du Tonkin.

Ce fonctionnaire recevra, à titre d'indemnité, pour frais d'employés et d'abonnement, pour fournitures de bureau, des allocations égales à celles qu'alloue à l'inspecteur permanent de la Cochinchine le tarif n° 2 annexé au décret susvisé du 25 novembre 1887.

Art. 2. — Le contrôle est exercé dans le Protectorat du Cambodge par l'inspecteur chargé, en Cochinchine, du service permanent de l'inspection.

Art. 3. — Le Président du Conseil, ministre du commerce, de l'industrie et des colonies, est chargé de l'exécution du présent décret, qui sera inséré au *Jourul officiel* de la République française, au *Bulletin des lois* et au *Bulletin officiel* de la marine et de l'administration des colonies.

CARNOT

N° 4. — ARRÊTÉ *promulguant le décret du 9 août 1889 sur le mode de nomination des inspecteurs des colonies de 3e classe.*

21 novembre 1889.

Est promulgué dans toute l'étendue de l'Indo-Chine le décret du 9 août 1889, relatif au personnel du corps de l'inspection des Colonies.

PIQUET.

Décret du 9 août 1889.

Article premier. — L'article 15 du décret du 25 novembre 1887 est remplacé par l'article suivant :

« Article 15. — Les inspecteurs de 3e classe sont nommés soit au concours, soit au choix, parmi les inspecteurs adjoints de la marine et les inspecteurs des finances.

« Peuvent être admis au concours :

« 1° Les commissaires adjoints de la marine et des colonies;

« 2° Les sous-commissaires de la marine et des colonies ayant au moins trois ans de grade au jour de l'ouverture du concours ;

« 3° Les sous-chefs de bureau de l'administration centrale des colonies, sans condition de temps et de grade, et les commis principaux rédacteurs réunissant trois ans de service dans leur emploi au jour de l'ouverture du concours ;

« 4° Les secrétaires généraux des directions de l'intérieur comptant au moins six ans de service dans les colonies ;

« 5° Les sous-directeurs de l'administration pénitentiaire à la Guyane et à la Nouvelle-Calédonie ;

« 6° Les chefs de bureau de 1re classe des directions de l'intérieur aux colonies réunissant trois ans de service dans leur emploi, à la date de l'ouverture du concours.

« Les uns et les autres de ces candidats devront, au préalable, avoir été autorisés à concourir par le Ministre chargé des colonies.

« Les nominations sont faites suivant l'ordre de classement arrêté à la suite du concours.

« Un arrêté ministériel détermine le programme, l'époque d'ouverture et les conditions des concours pour l'admission à l'emploi d'inspecteur de 3e classe.

« Peuvent être nommés, au choix et sans concours, inspecteurs de 3e classe des colonies, les inspecteurs adjoints de la marine et les inspecteurs des finances qui, après un stage dans le service de l'inspection des colonies, auront été agréés par le Ministre.

« Les tours de nomination sont établis ainsi qu'il suit :

1er tour. — Concours ;

2e tour. — Inspecteurs adjoints de la marine et inspecteurs des finances ;

3e tour. — Concours. »

Art. 2. — Jusqu'au 1er janvier 1890, les inspecteurs adjoints de la marine pourront, par une nouvelle application des dispositions transitoires prévues à l'article 20 du décret précité du 25 novembre 1887, être nommés au grade d'inspecteur de 2e classe des colonies.

Ils seront nommés par décret du Président de la République, feront définitivement partie des cadres de l'inspection des colonies, et prendront rang entre eux, dans leur nouveau grade, tant au point de vue de l'ancienneté relative qu'à celui du

(1) Le tableau annexé au décret du 27 novembre 1887, sous la rubrique « *Tarif n° 2, frais d'employés, et abonnements pour fournitures de bureau (art. 6 du décret),* » ne vise pas les pays de Protectorat ; la Cochinchine seule y figure pour une somme annuelle de 5.000 francs.

temps exigé pour l'avancement, du jour de leur nomination dans le corps de l'inspection de la marine.

Art. 3. — Les dispositions de l'article 21 du décret du 25 novembre 1887, seront applicables aux inspecteurs de 2e classe des colonies provenant, dans les conditions déterminées à l'article 2 du présent décret, du corps de l'inspection de la marine.

Art. 4. — Les vides restant dans les cadres de l'inspection des colonies, après les nominations prévues à l'article 2 du présent décret, seront comblés par les inspecteurs et inspecteurs adjoints en excédent au cadre de l'inspection de la marine. Ces fonctionnaires continueront à être détachés et traités conformément aux dispositions du décret du 20 juillet 1887.

A compter du jour où le cadre aura été ramené à son effectif normal, les inspecteurs et inspecteurs adjoints de la marine cesseront d'être appelés à concourir au service de l'inspection des colonies.

Art. 5. — Sont abrogées les dispositons du décret du 25 novembre 1887, en ce qu'elles ont de contraire à celles du présent décret.

Art. 6. — Le Ministre du commerce, de l'industrie et des colonies, et le Ministre de la marine sont chargés, chacun en ce qui le concerne, de l'exécution du présent arrêté qui sera inséré au *Journal officiel*, au *Bulletin des lois* et au *Bulletin officiel* de la marine et des colonies.

CARNOT.

Nº 5. — ARRÊTÉ *déterminant le mode de communication, à l'inspection des colonies, des pièces soumises à son visa.*

11 mai 1890

Article premier. — Il sera donné connaissance à l'inspection de tous les arrêtés, ordres, décisions ou circulaires émanant, soit du Gouverneur général, soit des chefs d'administration ou de service.

Cette communication sera faite assez à temps par les diverses autorités résidant à Hanoi, pour que des observations puissent être, s'il y a lieu, présentées avant exécution des ordres donnés.

Dans le cas où ces divers actes seraient assez importants pour nécessiter l'impression, l'inspection sera comprise dans la distribution du tirage spécial ordonné. Afin de constituer les archives de contrôle, MM. les chefs d'administration et de service adresseront à l'inspecteur un exemplaire de ce qui a paru jusqu'à ce jour.

Art. 2. — Les affaires destinées à être soumises au Conseil du Protectorat seront communiquées en temps utile à l'inspecteur pour qu'il puisse en prendre connaissance avant la séance. Les dossiers seront accompagnés de toutes les pièces nécessaires à leur étude.

Art. 3. — L'inspecteur recevra communication de toutes les dépêches ministérielles, manuscrites ou télégraphiques, à l'exception de celles auxquelles le Département attribuera le caractère de document confidentiel ou secret.

Art. 4. — Les cahiers des charges rédigés par les diverses administrations, en vue d'une adjudication publique, seront, avant d'être approuvés par l'autorité chargée de leur donner sa sanction, soumis au visa préalable de l'inspecteur ; un exemplaire des affiches annonçant l'adjudication lui sera adressé en même temps que la publication en sera faite.

Les procès-verbaux d'adjudication, avec les soumissions et pièces à l'appui, seront, avant d'être présentés à l'approbation du gouverneur général, soumis au visa de l'inspecteur.

Art. 5. — Quand il y aura lieu de traiter de gré à gré, le projet de marché sera communiqué avec les pièces composant le dossier de l'affaire. La convocation aux fournisseurs sera également présentée au contrôle et constituera notification suffisante pour la séance d'ouverture des offres. Avant d'être soumis à l'approbation de l'autorité supérieure, les marchés seront revêtus du visa de l'inspection.

Art. 6. — La procédure sera la même pour les achats sur simple facture, c'est-à-dire que l'inspection aura connaissance de l'appel d'offres et du jour fixé pour l'ouverture des soumissions.

Art. 7. — Les baux, contrats, affermages, actes de concession de mines, terrains et autres biens domaniaux, seront soumis au visa de l'inspecteur avant d'être rendus définitifs par l'approbation de l'autorité compétente.

Les dossiers de l'instruction de ces diverses affaires seront joints aux contrats.

Art. 8. — Les divers marchés, contrats et autres actes administratifs émanant des services de l'Annam seront, lorsque la sanction du gouverneur général sera réclamée, communiqués préalablement par le directeur du cabinet du gouverneur général au service de l'inspection.

Art. 9. — Dans le cas où des modifications quelconques seraient reconnues nécessaires aux marchés, baux et contrats primitifs, l'inspection aura connaissance de ces actes additionnels comme s'il s'agissait d'un nouveau contrat.

Art. 10. — Une copie certifiée conforme de tous marchés, concessions, baux, actes d'affermages etc, ... sera toujours remise à l'inspection.

Les archives de ce service n'existant pas encore, il y aura lieu de les constituer par le dépôt d'un exemplaire de tous les contrats actuellement en vigueur.

Art. 11. — Les demandes de matériel, les propositions d'achats et de travaux à adresser soit en France, soit, le cas échéant, à l'étranger, seront, avant leur envoi au Gouverneur général, revêtues de l'attache de l'inspection. Les situations, états d'approvisionnement et autres pièces justifiant la proposition seront communiqués en même temps, afin de mettre l'inspecteur à même de formuler ses observations.

Art. 12. — Les propositions de transactions, de remises d'amendes ou de pénalités quelconques devront toujours, avant leur présentation à l'approbation de l'autorité compétente, être revêtues de l'attache du contrôle, auquel elles seront présentées avec les pièces justificatives à l'appui.

Art. 13. — L'inspection sera avertie en temps utile, de la réunion des diverses commissions appelées à fonctionner à Hanoi à titre permanent ou extraordinaire ; cet avis, donné assez tôt pour que l'inspecteur puisse assister aux séances, résultera, soit de la présentation dans ses bureaux de la convocation collective des divers membres, soit d'une invitation individuelle, si ce mode de procéder est adopté pour les autres fonctionnaires faisant partie de la commission. Les diverses autorités chargées de diriger ce service auront à s'assurer que cette formalité a été remplie.

Art. 14. — Les mandats de paiement seront, avant d'être revêtus de la signature de l'ordonnateur, soumis au visa de l'inspection avec les pièces à l'appui de la dépense.

Art. 15. — L'inspecteur sera toujours avisé des vérifications de caisse, recensements de matériel, inventaires de fin d'année ou de changement de comptable, enfin de toutes les opérations ayant pour objet les constatations périodiques ou éventuelles des deniers ou matières formant l'avoir du Protectorat. Les procès-verbaux, rapports et propositions de l'administration concernant ces diverses opérations seront toujours communiqués à l'inspection avec les pièces à l'appui avant d'être soumis à l'approbation du Gouverneur général.

Art. 16 — Les réquisitions de passage, soit pour les officiers, fonctionnaires et agents, soit pour leurs familles, seront communiquées avant la mise en route, à l'inspection.

Les dispositions du présent article ne sont applicables qu'en ce qui concerne les départs de Hanoi.

Art. 17. — Les propositions de fixation de tarifs de solde, salaires, ou suppléments, les modifications aux tarifs existant, seront, avant approbation, présentées au visa de l'inspection. Il en sera de même des demandes d'indemnités, secours, gratifications, délivrances extra-réglementaires de vivres ou de matériel, en un mot de toutes les mesures ayant pour conséquence de créer une charge nouvelle, permanente ou temporaire, au budget du Protectorat.

Les actes de cette nature, émanant des services de l'Annam, seront communiqués par le directeur du cabinet avant d'être revêtus de la signature du Gouverneur général.

Art. 18. — L'inspecteur recevra communication des revues de liquidation des corps de troupes ; ces documents seront accompagnés de toutes leurs annexes.

Art. 19. — Les états de liquidation de cession de vivres ou de matériel, soit aux services publics, soit à des particuliers, seront soumis au visa de l'inspecteur, accompagnés des pièces à l'appui et de l'autorisation accordée par l'autorité compétente.

Art. 20. — Quand l'administration aura à prendre la gestion de la succession d'officiers, fonctionnaires, employés ou agents décédés dans le Protectorat, elle avisera l'inspection de l'apposition et de la levée des scellés, ainsi que de la vente ultérieure des objets ou valeurs composant la succession.

Un exemplaire des affiches sera remis à l'inspecteur qui recevra également communication de la liquidation.

Art. 21. — L'inspecteur sera avisé en temps utile par l'administration des domaines, des ventes de toute nature qu'elle aura à faire pour le Protectorat. Cette notification résultera de l'envoi à l'inspection d'un exemplaire des placards annonçant au public la mise aux enchères.

Art. 22. — Il sera remis à l'inspection un exemplaire de tous les documents périodiques publiés dans le Protectorat de l'Annam et du Tonkin.

Art. 23. — Il sera répondu dans les huit jours aux observations que l'inspecteur croira devoir adresser aux divers services. Dans le cas où une solution complète n'aurait pu être donnée dans ce délai aux questions soulevées, l'autorité à laquelle la note aura été remise fera connaître à l'inspecteur la situation actuelle de l'affaire, et la suite qu'elle se propose d'y donner.

Art. 24. — Les diverses administrations auront le soin de préparer le visa de l'inspecteur sur toutes les pièces à lui soumettre, par l'inscription de la formule :

Vu :

L'inspecteur des colonies,

Art. 25. — Le présent arrêté sera inséré au *Journal officiel* et au *Bulletin* du Protectorat.

PIQUET.

Instructions administratives. — VOY. : Organisation administrative.

Instruction publique. — VOY. : Enseignement primaire.

Interprètes

N° 1. — DÉCISION *portant création d'une école d'interprètes à Hanoi.*

27 février 1886.

Article premier. — Une école d'élèves interprètes est créée à Hanoi, rue Dupuis. Les externes seuls y seront reçus jusqu'à concurrence de quarante, et seront répartis en deux divisions.

Art. 2. — M. Besançon, professeur stagiaire, est nommé directeur de ladite école; il recevra, à ce titre, un supplément de mille francs.

Art. 3. — L'instituteur annamite de 3e classe Danh, et l'instituteur de 4e classe Tinh, seront attachés à cette école.

Art. 4. — Le Directeur des affaires civiles et politiques est chargé de l'exécution de la présente décision.

WARNET.

N° 2. — DÉCISION *instituant une commission chargée d'examiner les élèves interprètes.*

10 mars 1886

Article premier. — A la fin de chaque année scolaire, une commission se réunira à Hanoi pour y examiner les élèves que le directeur de l'école jugera aptes à servir d'interprètes.

Art. 2. — Tout élève qui aura subi avec succès l'examen dont le programme sera ultérieurement arrêté, pourra être nommé auxiliaire de 2e classe, suivant les besoins.

Il recevra en outre, à titre de gratification, une somme de quinze piastres.

Toutefois, la gratification ne lui sera acquise, et il ne pourra être nommé, qu'autant qu'il aura souscrit l'engagement de servir pendant six ans dans l'administration.

En cas d'inexécution de cette condition, il sera révoqué de plein droit et ne pourra plus être admis dans aucun service civil ou militaire.

Art. 3. — Le directeur de l'école recevra, pour chaque élève admis par la commission, une gratification de quinze piastres.

Art. 4. — Le Directeur des affaires civiles et politiques est chargé de l'exécution de la présente décision.

WARNET.

N° 3. — ARRÊTÉ *organisant le personnel des interprètes et des lettrés indigènes.*

17 mai 1886.

Article premier. — Le personnel des secrétaires indigènes appelés à servir dans les différents bureaux du Protectorat comprend :

1° Des secrétaires principaux répartis en deux classes ;
2° Des secrétaires titulaires répartis en quatre classes ;
3° Des secrétaires auxiliaires répartis en quatre classes ;
4° Des élèves secrétaires formant une classe unique.

Art. 2. — Les soldes de ces employés sont fixées comme suit:

Secrétaires principaux.	1re classe, par an	3,000 f	00
	2e classe, par an	2,700	00
Secrétaires titulaires.	1re classe, par an	2,100	00
	2e classe, par an	1,800	00
	3e classe, par an	1,500	00
	4e classe, par an	1,200	00
Secrétaires auxiliaires.	1re classe, par an	1.020	00
	2e classe, par an	900	00
	3e classe, par an	780	00
	4e classe, par an	720	00
Élèves secrétaires, par an		600	00

Art. 3 — Le corps des lettrés attachés aux Résidences se composera de lettrés principaux, titulaires, auxiliaires et élèves qui jouiront des mêmes soldes.

Art. 4. — Les interprètes chinois attachés aux Résidences se divisent en interprètes principaux (deux classes), interprètes titulaires (quatre classes), interprètes auxiliaires (classe unique).

Les soldes des interprètes principaux et titulaires seront celles des secrétaires des classes correspondantes; les interprètes auxiliaires seront assimilés, à ce point de vue, aux secrétaires auxiliaires de 1re classe.

Art. 5. — Les secrétaires, les lettrés et les interprètes chinois seront admis dans l'administration (après un examen dont le programme sera ultérieurement arrêté, et qui sera passé à Hanoi), les premiers en qualité d'élèves, les derniers comme interprètes auxiliaires.

Art. 6. — Le temps minimum de service exigé dans chaque classe pour obtenir l'avancement sera de :

Six mois pour les élèves ou auxilaires des deux dernières classes.

Un an pour les auxiliaires des deux premières classes ;

Deux ans pour les titulaires (secrétaires, lettrés ou interprètes).

Trois ans pour les principaux (secrétaires, lettrés ou interprètes).

Art. 7. — Les secrétaires, lettrés ou interprètes principaux seront nommés par le Résident supérieur, les titulaires seront à la nomination des résidents, les auxiliaires et les élèves à celle des vice-résidents auxquels ils seront attachés.

Le Résident supérieur nommera directement tout le personnel indigène employé dans ses bureaux.

Le Directeur du cabinet et les résidents nommeront tout le personnel indigène appelé à servir sous leurs ordres, à l'exception des secrétaires, lettrés ou interprètes principaux.

Toute nomination contraire aux règles posées ci-dessus pour l'admission et l'avancement, sera considérée comme nulle et non avenue.

Art. 8. — Les secrétaires, lettrés ou interprètes principaux ne pourront être révoqués ou licenciés que par décision du Résident général, les titulaires le seront par le Résident supérieur et tous les autres agents par les résidents ou le Directeur du cabinet pour les employés attachés à la Résidence générale.

Toutefois, le Résident supérieur pourra prononcer la révocation des auxiliaires et élèves servant dans ses bureaux.

Art. 9. — Les agents promus antérieurement au présent arrêté continueront à jouir de la solde qui leur est actuellement attribuée, et seront classés en conséquence. Ceux dont le traitement ne correspond exactement à aucun de ceux prévus au nouveau tarif, recevront la solde immédiatement supérieure à leurs émoluments actuels, avec le titre qui y est attaché.

Art. 10. — Le Résident supérieur est chargé de l'exécution du présent arrêté.

P. VIAL.

N° 4. — ARRÊTÉ *instituant cent bourses d'étude pour les étudiants indigènes élèves interprètes*
28 décembre 1886

Article premier. — Il est créé pour les indigènes qui se destinent à l'interprétariat cent bourses d'étude de chacune dix ligatures par mois.

Art. 2. — Ces bourses seront accordées aux étudiants pauvres qui en feront la demande, et qui auront satisfait à l'examen d'entrée à l'école des interprètes.

Cet examen comprend :

1° Un exercice de lecture, d'écriture et d'interprétation des caractères chinois usuels (Le Tam-tu-kinh et les 4 livrets.)

2° Une composition de langue annamite vulgaire en caractères quoc-ngu.

3° Les quatre règles de l'arithmétique.

4° Un exercice sur le rudiment de la langue française écrite et parlée.

Art. 3. — Les boursiers seront tenus de se loger dans les environs immédiats de l'établissement scolaire dont ils dépendront.

S'il y avait insuffisance de locaux vacants à proximité de l'établissement scolaire, l'administration prendrait des mesures pour l'édification de cases annamites, qu'elle mettrait à la disposition des étudiants.

Art. 4. — Les boursiers devront assister très régulièrement aux cours et ne donner lieu soit dans l'école, soit au dehors, à aucune plainte sur leur tenue ou leur conduite.

Art. 5. — Toute infraction au règlement sera très sévèrement réprimée.

Après plusieurs plaintes successives, ou en cas d'absences répétées et non motivées, M. le Résident supérieur pourra, sur la proposition de M. l'inspecteur de l'enseignement, prononcer la radiation de l'étudiant coupable de la liste des boursiers.

Art. 6. — Le Résident supérieur *p. i.* au Tonkin est chargé de l'exécution du présent arrêté.

P. VIAL.

N° 5. — ARRÊTÉ *portant suppression de l'emploi de directeur du collège des interprètes à Hanoi*
10 juin 1887

M. Tran-nguyen-Hanh, professeur de chinois et d'annamite, chargé de la direction du collège des interprètes à Hanoi, est licencié de son emploi, qui est supprimé.

G. BIHOURD.

N° 6 — ARRÊTÉ *rétablissant le directeur du collège des interprètes à Hanoi*
27 septembre 1887

M. Laraudie, instituteur de 1re classe, directeur de l'école de Nam-dinh, est nommé directeur du collège des interprètes à Hanoi (emploi rétabli), au traitement annuel de 7,000 francs.

RAOUL BERGER

N° 7. — ARRÊTÉ *créant en Annam et au Tonkin un corps spécial d'interprètes et lettrés militaires*
24 février 1889

Rapporté par arrêté du 29 septembre 1889.

N° 8. — ARRÊTÉ *rapportant celui du 24 février 1889, créant les interprètes et lettrés militaires*
29 octobre 1889

Article premier. — L'arrêté du 24 février 1889, portant création d'un corps spécial d'interprètes et de lettrés militaires, est et demeure rapporté.

Art. 2. — Les interprètes et lettrés militaires, actuellement en fonctions, seront, d'ici au premier janvier 1890, mis à la disposition du Résident supérieur au Tonkin, qui statuera sur leur maintien dans les services civils, ou leur licenciement.

Art. 3. — Des interprètes et des lettrés pourront, dans une proportion qui sera déterminée par le Gouverneur général, être détachés des services civils et mis par le Résident supérieur à la disposition du général commandant en chef, pour être affectés au service de l'état-major général et à celui des états-majors de brigade, ou attachés temporairement aux détachements militaires en cours d'opérations.

Art. 4. — Les interprètes et lettrés ainsi détachés continueront à recevoir la solde afférente à leur grade, sans supplément ni indemnité spéciale.

Art. 5. — Dans chaque détachement de tirailleurs tonkinois, un tirailleur indigène, gradé ou non, nommé par le général commandant en chef, remplira les fonctions d'interprète.

Il recevra un supplément de 0 $ 10 par jour, qui lui sera payé par les soins du corps.

Art. 6. — Le général commandant en chef, le Résident supérieur au Tonkin et le chef des service administratifs sont chargés, chacun en ce qui le concerne, de l'exécution du présent arrêté.

PIQUET.

N° 9. — ARRÊTÉ *modifiant celui du 24 avril 1889, sur la composition et la solde du personnel asiatique.*
3 février 1890.

Article premier. — L'arrêté du 24 avril 1889 est modifié ainsi qu'il suit :

La composition et la solde du personnel asiatique sont fixées ainsi qu'il suit :

Vingt secrétaires interprètes et élèves topographes cambodgiens à la solde mensuelle de 20 $;

Vingt agents subalternes à la solde mensuelle de 6 $.

Art. 2. — Le Résident supérieur au Tonkin est chargé de l'exécution du présent arrêté qui aura son effet à compter du 16 décembre 1889.

PIQUET.

N° 10. — ARRÊTÉ *étendant aux interprètes et lettrés de la marine les dispositions de celui du 29 octobre 1889.*
30 mai 1890.

Article premier. — Les dispositions de l'arrêté du 29 octobre 1889 sont étendues aux interprètes et lettrés affectés au service de la marine au Tonkin.

Art. 2. — Les interprètes et lettrés actuellement au service de la marine seront, d'ici au 1er juillet 1890, mis à la disposition du Résident supérieur au Tonkin qui statuera sur leur maintien dans les services civils, leur classement ou leur licenciement.

Art. 3. — Des interprètes et lettrés pourront, dans une proportion qui sera déterminée par le Gouverneur général, être détachés des services civils et mis par le Résident supérieur à la disposition de M. le Contre-amiral, commandant de la marine, pour être affectés au service de la division navale et des canonnières fluviales de la flottille du Tonkin.

Art. 4. — Les interprètes et lettrés ainsi détachés continueront à recevoir la solde afférente à leur grade, sans supplément ni indemnité spéciale.

Art. 5. — Le contre-amiral, chef de la division navale, le Résident supérieur au Tonkin et le chef des services administratifs sont chargés, chacun en ce qui le concerne, de l'exécution du présent arrêté.

PIQUET.

VOY. : Enseignement. — Lettrés. — Bourses d'enseignement. — Justice indigène.

Ivresse publique

N° 1. — ARRÊTÉ *promulguant au Tonkin la loi du 4 février 1873, sur l'ivresse publique.*
27 juin 1885

Article premier. — Sont promulgués dans toute l'étendue de l'Annam et du Tonkin :

La loi du 4 février 1873 tendant à réprimer l'ivresse publique et à combattre les progrès de l'alcoolisme.

Et le décret du 31 mars 1873 rendant cette loi applicable aux colonies.

Art. 2. — Le directeur des affaires civiles et politiques et les agents de la force publique sont chargés, chacun en ce qui le concerne, de l'exécution de la présente décision.

P. O. *Le Chef d'état-major,*
WARNET.

N° 2. — LOI *sur l'ivresse publique.*

4 février 1873.

Article premier. — Seront punis d'une amende de un à cinq francs inclusivement ceux qui seront trouvés en état d'ivresse manifeste dans les rues, chemins, places, cafés, cabarets ou autres lieux publics.

Les articles 474 et 483 du Code pénal seront applicables à la contravention indiquée au paragraphe précédent.

Art. 2. — En cas de nouvelle récidive, conformément à l'article 483, dans les douze mois qui auront suivi la deuxième condamnation, l'inculpé sera traduit devant le tribunal de police correctionnelle et puni d'un emprisonnement de six jours à un mois et d'une amende de seize francs à trois cents francs.

Quiconque, ayant été condamné en police correctionnelle pour ivresse depuis moins d'un an, se sera de nouveau rendu coupable du même délit, sera condamné au maximum des peines indiquées au paragraphe précédent, lesquelles pourront être élevées jusqu'au double.

Art. 3. — Toute personne qui aura été condamnée deux fois en police correctionnelle pour délit d'ivresse manifeste, conformément à l'article précédent, sera déclarée par le second jugement incapable d'exercer les droits suivants : 1° de vote et d'élection ; 2° d'éligibilité ; 3° d'être appelée ou nommée aux fonctions de juré ou autres fonctions publiques, ou aux emplois de l'administration, ou d'exercer ces fonctions ou emplois ; 4° du port d'armes pendant deux ans à partir du jour où la condamnation sera devenue irrévocable.

Art. 4. — Seront punis d'une amende de un à cinq francs inclusivement les cafetiers, cabaretiers et autres débitants qui auront donné à boire à des gens manifestement ivres, ou qui les auront reçus dans leurs établissements, ou auront servi des liqueurs alcooliques à des mineurs âgés de moins de seize ans accomplis.

Toutefois, dans le cas où le débitant sera prévenu d'avoir servi des liqueurs alcooliques à un mineur âgé de moins de seize ans accomplis, il pourra prouver qu'il a été induit en erreur sur l'âge du mineur ; s'il fait cette preuve, aucune peine ne lui sera applicable de ce chef.

Les articles 474 et 483 du Code pénal seront aplicables aux contraventions indiquées aux paragraphes précédents.

Art. 5. — Seront punis d'un emprisonnement de six jours à un mois et d'une amende de seize francs à trois cents francs les cafetiers, cabaretiers ou autres débitants qui, dans les douze mois qui auront suivi la deuxième condamnation prononcée en vertu de l'article précédent, auront commis un des faits prévus audit article.

Quiconque ayant été condamné en police correctionelle pour l'un ou l'autre des mêmes faits depuis moins d'un an, se rendra de nouveau coupable de l'un ou l'autre de ces faits, sera condamné au maximum des peines indiquées au paragraphe précédent, lesquelles pourront être portées jusqu'au double.

Art. 6. — Toute personne qui aura subi deux condamnations en police correctionnelle pour l'un ou l'autre des délits prévus en l'article précédent, pourra être déclarée par le second jugement incapable d'exercer tout ou partie des droits indiqués en l'article 3.

Dans le même cas, le tribunal pourra ordonner la fermeture de l'établissement pour un temps qui ne saurait excéder un mois, sous les peines portées par l'article 3 du décret du 29 décembre 1851.

Il pourra aussi, sous les mêmes peines, interdire seulement au débitant la faculté de livrer des boissons à consommer sur place.

Art. 7. — Sera puni d'un emprisonnement de six jours à un mois et d'une amende de seize francs à trois cents francs, quiconque aura fait boire jusqu'à l'ivresse un mineur âgé de moins de 16 ans accomplis. Sera puni des peines portées aux articles 5 et 6 tout cafetier, cabaretier ou autre débitant de boissons qui, ayant subi une condamnation en vertu du paragraphe précédent, se sera de nouveau rendu coupable, soit du même fait, soit de l'un ou de l'autre des faits prévus en l'article 4, 1°, dans le délai indiqué en l'article 5, 2°.

Art. 8. — Le tribunal correctionnel, dans les cas prévus par la présente loi, pourra ordonner que son jugement soit affiché à tel nombre d'exemplaires et en tels lieux qu'il indiquera.

Art. 9. — L'article 463 du Code pénal sera applicable aux peines d'emprisonnement et d'amende portées par la présente loi. L'article 59 du même Code ne sera pas applicable aux délits prévus par la présente loi.

Art. 10. — Les procès-verbaux constatant les infractions prévues dans les articles précédents, seront transmis au Procureur de la République dans les trois jours au plus tard, y compris celui où aura été reconnu le fait sur lequel ils sont dressés.

Art. 11. — Toute personne trouvée en état d'ivresse dans les rues, chemins, places, cafés, cabarets ou autres lieux publics pourra être, par mesure de police, conduite à ses frais au poste le plus voisin, pour y être retenue jusqu'à ce qu'elle ait recouvré sa raison.

Art. 12. — Le texte de la présente loi sera affiché à la porte de toutes les mairies et dans la salle principale de tous les cabarets, cafés et autres débits de boissons. Un exemplaire en sera adressé, à cet effet, à tous les maires et à tous les cabaretiers et autres débitants de boissons. Toute personne qui aura détruit ou lacéré le texte affiché sera condamnée à une amende de un franc à cinq francs et aux frais du rétablissement de l'affiche. Sera puni de même tout cabaretier, cafetier ou débitant chez lequel ledit texte ne sera pas trouvé affiché.

Art. 13. — Les gardes-champêtres sont chargés de rechercher, concurremment avec les autres officiers de police judiciaire, chacun sur le territoire sur lequel il est assermenté, les infractions à la présente loi. Ils dressent des procès-verbaux pour constater ces infractions.

Délibéré en séance publique, à Versailles, les 16 février, 24 avril 1872 et 23 janvier 1873.

A. THIERS.

J

Jardin botanique.

N° 1. — DÉCISION *portant création à Hanoi d'un jardin public, dit Jardin d'essai.* (1)

4 octobre 1886

Article premier. — Il sera créé à Hanoi, sur l'emplacement déterminé par le plan annexé à la présente décision, un jardin public dit jardin d'essai.

Art. 2. — Une commission, composée de 7 membres, sera chargée de préparer les projets relatifs à la figure, aux dossiers, aux plantations de ce jardin.

Art. 3. — Le Résident supérieur au Tonkin est chargé de l'exécution de la présente décision.

PAUL BERT.

N° 2. — ARRÊTÉ *instituant à Hanoi une école d'agriculture pratique.*

18 février 1889.

Articles 1, 2, 3, 4. — *Rapportés par arrêté du 3 septembre 1889.*

Art. 5. — Le directeur est chargé de l'administration de l'école et de la surveillance de l'enseignement.

Art. 6. — *Rapporté par l'arrêté du 3 septembre 1889.*

Art. 7. — Le recrutement des élèves pensionnaires sera

(1) Voir ci-après arrêté du 18 février 1889 : le jardin d'essai fait partie de l'école d'agriculture pratique, qui elle-même a été transformée en jardin botanique par autre arrêté du 3 septembre 1889.

fait par les soins des résidents avec le concours des autorités annamites.

Ces élèves devront être âgés de 14 à 20 ans au plus, et appartenir autant que possible à des familles de cultivateurs aisés.

Art. 8. — La durée de l'enseignement est fixée à 3 ans.

Art. 9. — Le nombre des élèves pensionnaires est fixé à 100, divisé en trois cours.

Pour la première année il sera de 30, et pour la seconde, de 60 seulement.

Art. 10. — En outre des élèves pensionnaires, l'école pourra recevoir jusqu'à concurrence de 10, des élèves payants et un nombre illimité d'élèves libres non payants, suivant seulement une partie des cours.

Art. 11. — L'enseignement aura un caractère essentiellement pratique ; il portera principalement sur l'amélioration des procédés de culture en usage au Tonkin, et sur l'introduction des cultures nouvelles.

Art. 12. — A l'expiration de la durée de l'enseignement, un examen de sortie classera les élèves ; des diplômes seront délivrés et des primes accordées aux plus méritants, auxquels un certain nombre d'emplois de moniteur à l'école et dans les établissements annexes seront réservés.

Art. 13. — Le produit du travail des élèves sera vendu au bénéfice du Protectorat, et le prix en sera affecté à l'amélioration et au développement de l'école et des établissements annexes.

Art. 14. — Un arrêté ultérieur déterminera le régime intérieur de l'école, son mode d'administration, le programme de l'enseignement, et en général tous les détails d'organisation non prévus aux dispositions qui précèdent.

Art. 15. — Le Résident général en Annam et au Tonkin est chargé de l'exécution du présent arrêté.

RICHAUD.

N° 3. — ARRÊTÉ *transformant l'école d'agriculture de Hanoi en jardin botanique et d'acclimatation.*

3 septembre 1889.

Article premier. — L'École d'agriculture pratique créée à Hanoi par l'arrêté du 18 février 1889 précité est transformée en jardin botanique et d'acclimatation.

Art. 2. — Le personnel affecté à cet établissement relèvera du Résident supérieur et sera composé comme suit :

Un directeur dont le traitement annuel est fixé à.	2,500 $
Un jardinier chef	1,000
Deux jardiniers à 750 $ chacun, soit ensemble. . .	1,500
Un nombre de journaliers indigènes variable suivant les besoins du service et les nécessités budgétaires.	

Art. 3. — Le directeur du jardin sera logé. Le jardinier chef et les jardiniers jouiront des indemnités de vivres allouées aux agents du Protectorat ainsi que des indemnités de logement, si celui-ci ne leur est pas fourni par l'Administration.

Art. 4 — Une commission spéciale, dont les membres seront nommés par le Résident supérieur au Tonkin, sera chargée du contrôle et de la surveillance des dépenses du jardin botanique, qui ne seront ordonnancées que sur autorisation de ladite commission.

Le directeur du jardin botanique sera convoqué aux séances de la commission où il aura voix consultative.

Art. 5. — Sont abrogées toutes les dispositions antérieures contraires à celles du présent arrêté.

Art. 6. — Le Résident supérieur au Tonkin est chargé de l'exécution du présent arrêté.

PIQUET.

VOY : Ferme-école.

——

Jeux.

N° 1. — ARRÊTÉ *réglementant la ferme des jeux au Tonkin.* (1)

16 juin 1886.

CHAPITRE PREMIER

De la police des maisons de jeux.

Article premier. — L'ouverture des maisons de jeux pourra être autorisée, dans les principaux centres du Tonkin, par le résident de chaque province.

Art. 2. — Le nombre de ces établissements n'est pas limité. Ils sont placés sous la surveillance de la police, dont les agents peuvent y pénétrer et y opérer des perquisitions à toute heure de jour et de nuit.

Ils ne peuvent être déplacés sans autorisation.

Art. 3. — Dans chaque maison, une salle unique, sans cloisons intérieures, est consacrée au jeu. Les portes en doivent être constamment ouvertes.

Il ne peut y être débité ni boissons, ni comestibles.

Art. 4. — Les heures d'ouverture et de fermeture des salles de jeu seront déterminées par les résidents.

Les Européens, les femmes, les enfants au-dessous de vingt ans, les individus porteurs d'armes apparentes ou cachées, ne peuvent être admis dans les salles de jeu.

Art. 5. — Les enjeux ne pourront se composer que de monnaies ayant cours, sans qu'il puisse être fait aucun échange ou engagement de marchandises.

Art. 6. — Le jeu est interdit sur la voie publique et dans toute maison non autorisée.

CHAPITRE II

Des pénalités.

Art. 7. — Toute infraction aux dispositions des articles 3, 4 et 5 sera punie d'une amende de 100 à 500 francs contre le fermier qui demeure responsable de ses agents.

Art. 8. — Tout individu se livrant au jeu en dehors des établissements autorisés, sera puni d'une amende de 20 à 100 francs. L'amende sera triple pour le propriétaire de la maison ou de la banque où la contravention aura été commise.

En cas de récidive, ce dernier pourra être puni d'un emprisonnement de un à six mois et d'une amende double.

Art. 9. — L'ouverture sans autorisation d'une maison de jeu est punie d'une amende de 1,000 à 5,000 francs et d'un emprisonnement de trois mois à un an. Ces peines seront doublées en cas de récidive.

Art. 10. — Dans les cas prévus aux articles 8 et 9, le mobilier et les enjeux seront confisqués.

CHAPITRE III

De l'adjudication et de l'exploitation de la ferme.

Art. 11. — Le droit exclusif d'ouvrir des maisons de jeu sera concédé, dans chaque province, à un ou plusieurs fermiers, par voie d'adjudication, ou de gré à gré si l'adjudication ne produit pas de résultats.

Art. 12. — Les gérants préposés par le fermier à la direction de ses établissements devront être agréés par le résident de la province.

Il leur sera délivré une licence dont le prix est fixé à 500 francs dans les villes de Hanoi, Bac-ninh, Son-tay, Ninh-binh, Haiphong, Hai-duong et Quang-yen, et à 100 francs dans les autres localités.

Art. 13. — Le fermier est responsable de ses agents qui sont tenus de se conformer aux ordres des résidents et des autorités locales chargées de la police.

Art. 14. — S'il était démontré que le fermier ou ses agents ont favorisé le jeu clandestin, ils seraient passibles des peines portées aux articles 8 et 9.

L'Administration pourra même prononcer la déchéance de l'adjudicataire lorsque le nombre et la gravité des contraventions justifieront cette mesure.

(1) La ferme des jeux a été supprimée par simple décision administrative, à partir du 1er janvier 1888, sans que l'arrêté la réglementant ait été rapporté ; nous avons donc pensé qu'il y avait lieu de lui donner une place dans ce recueil.

CHAPITRE IV

Dispositions diverses.

Art. 15. — Une copie du présent arrêté, en français et en caractères, sera affichée aux frais du fermier dans un endroit apparent de chaque salle de jeu, à peine d'une amende de 20 à 100 francs.

Art. 16. — Le cahier des charges de chaque adjudication sera dressé par le résident de la province et approuvé par le Résident supérieur.

PAUL BERT.

Journal officiel

N° 1. — ARRÊTÉ *portant création du Journal officiel de l'Indo-Chine française, du Bulletin officiel de l'Indo-Chine française, et de l'Annuaire de l'Indo-Chine française*

31 décembre 1888

Article premier. — Il est créé, à partir du 1er janvier 1889 :

1° *Un Journal officiel de l'Indo-Chine française* paraissant simultanément à Saigon et à Hanoi le lundi et le jeudi de chaque semaine, et divisé en deux parties : la première, publiée à Saigon, comprend tous les actes officiels concernant la Cochinchine et le Cambodge ; la seconde, publiée à Hanoi, comprend tous les actes officiels concernant le Protectorat de l'Annam et du Tonkin ;

2° *Un Bulletin officiel de l'Indo-Chine française* paraissant simultanément à Saigon et à Hanoi le premier de chaque mois et divisé, comme le *Journal officiel*, en deux parties : la première publiée à Saigon et relative à la Cochinchine et au Cambodge ; la seconde publiée à Hanoi, pour tous les actes administratifs concernant l'Annam et le Tonkin.

3° *Un Annuaire de l'Indo-Chine française* divisé en deux tomes : le tome premier, publié à Saigon, comprendra la Cochinchine et le Cambodge ; le tome second comprendra le Protectorat de l'Annam et du Tonkin.

Art. 2. — Les journaux et bulletins officiels, ainsi que les annuaires publiés actuellement en Cochinchine et dans les pays de Protectorat de l'Indo-Chine, cesseront de paraître à dater du 1er janvier 1889.

Art. 3. — Le Résident général en Annam et au Tonkin, le Résident général au Cambodge et le Directeur du service local sont chargés, chacun en ce qui le concerne, de l'exécution du présent arrêté qui sera communiqué et enregistré partout où besoin sera.

RICHAUD.

N° 2. — CIRCULAIRE *au sujet de la publication du Journal officiel de l'Indo-Chine, 2e partie, Annam et Tonkin.*

27 décembre 1888.

J'ai l'honneur de vous faire connaître que, conformément aux instructions de M. le Gouverneur général, l'administration locale publiera à Hanoi, à compter du 15 janvier prochain, un journal officiel qui sera intitulé : *Journal officiel de l'Indo-Chine, 2e partie, Annam et Tonkin.*

Ce journal, qui paraîtra deux fois par semaine, le lundi et le jeudi, contiendra tous les actes officiels de l'administration locale, les avis d'adjudications, le cours de la piastre, les comptes-rendus des séances des diverses assemblées de la colonie, et toutes les informations pouvant intéresser le public.

Je vous serai obligé de vouloir bien, à dater du 1er janvier prochain, faire parvenir à la résidence supérieure et *sous le timbre du 1er bureau*, toutes les informations et tous les avis émanant de votre service.

Le Résident supérieur,
E. PARREAU.

VOY : Moniteur du Protectorat. — Presse.

Journaux. — VOY. : Annonces judiciaires. — Télégraphe.

Justice indigène. — VOY. : Tribunaux mixtes.

Justice.

N° 1. — DÉCISION *promulguant au Tonkin le décret du 25 mai 1883, relatif à la procédure devant les cours criminelles de Cochinchine.*

10 juin 1884.

Voir ci-après décrets des 8 et 18 septembre 1888, organisant la justice au Tonkin, et rapportant celui du 25 mai 1883.

N° 2. — ARRÊTÉ *promulguant le décret du 8 septembre 1888, portant organisation de la justice au Tonkin, et créant les tribunaux de Hanoi et de Haiphong.*

18 janvier 1889

Article premier. — Est promulgué dans toute l'étendue de l'Indo-Chine française le décret du 8 septembre 1888, portant organisation de la justice au Tonkin.

Art. 2. — Le Résident général en Annam et au Tonkin et le Procureur général, chef du service judiciaire de l'Indo-Chine, sont chargés, chacun en ce qui le concerne, de l'exécution du présent arrêté, qui sera enregistré partout où besoin sera et inséré aux *Journaux* et *Bulletins officiels de l'Indo-Chine.*

RICHAUD

N° 3. — RAPPORT *du Ministre de la marine et des colonies au Président de la République française, sur l'organisation de la justice civile au Tonkin.*

8 septembre 1888

L'article 10 du traité conclu à Hué le 6 juin 1884, entre la République française et le royaume d'Annam, place sous la juridiction française en Annam et au Tonkin les étrangers de toute nationalité. Il soumet, en outre, au jugement de l'autorité française toutes les contestations, de quelque nature qu'elles soient, qui s'élèveront entre Annamites et étrangers.

A défaut d'autre organisation judiciaire, ce sont jusqu'à présent nos résidents et vice-résident qui ont exercé, chacun dans sa circonscription, les fonctions de juge en Annam et au Tonkin. Je ne crois pas qu'il y ait lieu de rien changer à cet état de choses en ce qui concerne l'Annam ; mais au Tonkin, où le mouvement des affaires et des échanges se développe chaque jour, attirant dans la colonie un grand nombre de Français et d'étrangers de nationalités diverses, la plupart des litiges soulèvent des questions de droit assez délicates pour que les résidents, obligés de donner tout leur temps à leurs fonctions politiques, puissent en poursuivre l'étude et en préparer la solution avec toute la maturité désirable.

L'organisation de tribunaux réguliers, composés de magistrats ayant une compétence bien déterminée, est donc nécessaire pour la complète sauvegarde des graves intérêts dont nous avons assumé la protection.

Deux tribunaux de première instance ayant leur siège, le premier à Hanoi, le second à Haiphong, me paraissent devoir assurer suffisamment une prompte distribution de la justice. C'est, en effet, dans ces deux villes, que s'est particulièrement groupée la population étrangère.

La compétence des tribunaux de Hanoi et de Haiphong sera, au point de vue de l'importance des affaires, la même que celle des tribunaux de la Cochinchine.

Au point de vue des personnes, j'estime que, malgré la généralité des dispositions contenues dans l'article 10 du traité de Hué, il n'y a pas lieu de soumettre à la juridiction de nos tribunaux les asiatiques énumérés à l'arrêté présidentiel du 23 août 1871. Il ne serait fait exception à cette règle, soit pour ces asiatiques, soit pour les indigènes, que s'ils consentaient à être jugés par nos tribunaux, ou s'ils avaient déclaré contracter sous l'empire de la loi française, ou si le procès intéressait en même temps qu'eux des Français ou étrangers justiciables de nos tribunaux.

La compétence des tribunaux de Hanoi et de Haiphong, en matière correctionnelle ou de simple police serait réglée d'après des principes analogues.

La connaissance des crimes commis par les justiciables des tribunaux français sur le territoire du Tonkin, serait déférée à une cour criminelle ayant son siège à Hanoi.

Les crimes et délits commis en Annam par des Français ou étrangers, continueraient, suivant les stipulations des traités du 15 mai 1874 et du 6 juin 1884, à être jugés par la cour criminelle de Saigon.

Telles sont, Monsieur le Président, les principales dispositions du décret que, d'accord avec M. le Garde des sceaux, j'ai l'honneur de soumettre à votre signature.

KRANTZ.

N° 4. — DÉCRET *sur l'organisation de la justice civile au Tonkin.*

8 septembre 1888.

TITRE PREMIER

De la compétence.

Article premier. — Il est institué au Tonkin deux tribunaux de 1re instance, ayant leur siège, l'un à Hanoi, l'autre à Haiphong, et une cour criminelle siégeant à Hanoi.

Art. 2. — La circonscriptions de la cour criminelle comprend tout le territoire du Tonkin.

Les circonscriptions respectives des tribunaux seront déterminées provisoirement par arrêté du Gouverneur général de l'Indo-Chine, rendu après avis du Résident général en Annam et au Tonkin et du Procureur général près la Cour d'appel de Saigon. Elles seront fixées définitivement par décret.

Art. 3. — Les tribunaux de 1re instance de Hanoi et de Haiphong connaissent de toutes les affaires civiles, commerciales, correctionnelles ou de simple police, à l'exception de celles dans lesquelles ne sont en cause que des indigènes ou des asiatiques appartenant à l'une des catégories énumérées par l'arrêté du chef du pouvoir exécutif de la République française en date du 23 août 1871.

Cette exception cesse d'être applicable en matière civile ou commerciale, si les parties qui pourraient l'invoquer ont consenti à être jugées par les tribunaux français, ou ont déclaré contracter sous l'empire de la loi française.

Art. 4. — Les tribunaux de Hanoi et de Haiphong sont également compétents en matière correctionnelle, alors même qu'il n'y a pas constitution de partie civile, si le délit a été commis au préjudice d'une personne autre qu'un indigène ou un asiatique régi par l'arrêté du 23 août 1871.

Art. 5. — Ils statuent en premier et dernier ressort:

1° Sur toutes les actions personnelles et mobilières jusqu'à la valeur de 1,500 francs en principal, et sur les actions immobilières jusqu'à 100 francs de revenu, déterminé comme il est dit à l'article 8 du décret du 15 décembre 1887;

2° Sur toutes les contraventions.

En matière commerciale, leur compétence est celle des tribunaux de commerce de la métropole.

Les juges présidents des tribunaux du Tonkin exercent, en outre, les attributions tutélaires conférées aux juges de paix par la loi française.

Art. 6. — L'appel des jugements rendus en première instance par les Tribunaux de Hanoi et de Haiphong est porté devant la cour d'appel de Saigon.

Art. 7. — La Cour criminelle du Tonkin connaît, dans les conditions prévues aux articles 3 et 4, de tous les crimes commis dans le ressort de sa juridiction.

TITRE II

Composition des Tribunaux et de la Cour criminelle.

Art. 8. — Les Tribunaux de Hanoi et de Haiphonq se composent d'un juge président, d'un juge suppléant, d'un procureur de la République, d'un greffier et d'un commis-greffier.

Si les nécessités du service l'exigent, le nombre des commis-greffiers pourra être augmenté par décret.

Art. 9. — La cour criminelle se compose: 1° d'un conseiller à la cour d'appel de Saigon, président; 2° de deux magistrats pris parmi les juges présidents ou juges suppléants des tribunaux du Tonkin; 3° de deux assesseurs désignés par la voie du sort parmi les citoyens français portés sur une liste dressée à cet effet; 4° d'un greffier ou d'un commis-greffier de l'un des tribunaux du Tonkin.

Art. 10. — Le Gouverneur général peut, sur la proposition du Procureur général, appeler comme juge à la cour criminelle, à défaut des magistrats du Tonkin désignés à l'article qui précède, les fonctionnaires en service au Tonkin et pourvus du grade de licencié en droit.

Art. 11. — La liste de assesseurs comprend vingt citoyens français jouissant de leurs droits civils et politiques.

Elle est dressée chaque année par le Gouverneur général, après avis du Résident général en Annam et au Tonkin, et du Procureur général près la cour d'appel de Saigon.

Art. 12. — Les fonctions du ministère public près la cour criminelle de Hanoi sont remplies par le Procureur général, ou par l'un de ses substituts, ou par le procureur de la République près le tribunal de Hanoi.

TITRE III

De la procédure et de la législation en général.

Art. 13. — Les tribunaux de 1re instance et la cour criminelle du Tonkin se conforment à la législation civile et criminelle en vigueur en Cochinchine, qui est déclarée applicable au Tonkin.

Art. 14. — Les tribunaux correctionnels et le tribunal criminel peuvent être saisis par voie de citation directe, à la requête, soit des parties, dans le cas où la loi l'autorise, soit du ministère public, après enquête ou instruction préalable.

Art. 15. — Les débats devant la cour d'appel de Saigon peuvent, en matière correctionnelle, avoir lieu et l'arrêt être rendu en dehors de la présence des parties, si celles-ci y consentent.

Art. 16. — La tenue de la cour criminelle a lieu tous les quatre mois, sans préjudice des sessions extraordinaires qui sont, en cas de besoin, autorisées par le Gouverneur général de l'Indo-Chine sur la proposition du Procureur général.

Art. 17. — Les assesseurs ont voix délibérative sur la question de culpabilité seulement.

La condamnation est prononcée à la majorité de trois voix contre deux.

Art. 18. — Le ministre de la marine et des colonies et le garde des sceaux, ministre de la justice et des cultes, sont chargés, chacun en ce qui le concerne, de l'exécution du présent décret, qui sera inséré au *Journal officiel* de la République française, au *Bulletin des lois* et au *Bulletin officiel* de l'administration des colonies (1)

CARNOT.

N° 5. — DÉCRET *fixant la solde et le costume des magistrats des tribunaux du Tonkin.*

8 septembre 1888.

Article premier. — Le traitement colonial et la parité d'office des magistrats des tribunaux du Tonkin, sont fixés conformément au tableau annexé au présent décret.

Le traitement d'Europe desdits magistrats est fixé à la moitié du traitement colonial, conformément aux dispositions de l'art. 1er, § 2, du décret du 17 janvier 1863.

Art. 2. — Les magistrats des tribunaux du Tonkin porteront aux audiences et dans les cérémonies publiques, le costume fixé par les décrets des 17 août 1864, 7 mars 1868, 28 mai 1880 et 25 mai 1881, pour les membres des tribunaux de la Cochinchine.

Art. 3. — Le ministre de la marine et des colonies, et le garde des sceaux, ministre de la justice et des cultes, sont chargés, chacun en ce qui le concerne, de l'exécution du présent décret, qui sera inséré au *Journal officiel* de la République française, au *Bulletin des lois* et au *Bulletin officiel* de l'administration des colonies.

CARNOT.

(1) Voir ci-après: Décret du 18 septembre 1888, sur la procédure devant les cours et tribunaux, tant en matière civile que criminelle, et décret du 17 juin 1889, réorganisant la justice en Cochinchine.

DÉSIGNATION des OFFICES	TRAITEMENT	DÉSIGNATION des offices de la magistrature métropolitaine auxquels les emplois de la magistrature au Tonkin sont assimilés pour servir de base à la liquidation de la pension de retraite. — OFFICES	QUOTITÉ du traitement
Juge président à Hanoi...	12.000	Président ou procureur de la République d'un tribunal de 2e cl.	7.000
Procureur de la République à Hanoi.	12.000		
Juge président à Haiphong	10.000	Président ou procureur de la République d'un tribunal de 3e cl.	5.000
Procureur de la République à Haiphong	10.000	Juge d'un tribunal de 3e classe.	3.000
Juges suppléants	6.000	Greffiers d'un tribunal de 1re cl.	2.000
Greffiers	6.000	Commis greffiers d'un tribunal de 2e classe.	
Commis greffiers 1re classe	5.000		2.000
Commis greffiers 2e classe	4.000	Commis greffiers d'un tribunal de 3e classe.	2.000

N° 6. — ARRÊTÉ *déterminant le ressort des tribunaux civils de Hanoi et de Haiphong*

5 décembre 1888

Article premier. — La circonscription du tribunal de 1re instance de Hanoi comprend le territoire de la ville et de la province de Hanoi.

Le ressort du tribunal de 1re instance de Haiphong s'étendra sur le territoire de la ville de Haiphong et les provinces de Hai-duong et de Quang-yen.

Art. 2. — Le Résident général en Annam et au Tonkin et le Procureur général, chef du service judiciaire de l'Indo-Chine, sont chargés, chacun en ce qui le concerne, de l'exécution du présent arrêté, qui sera publié et enregistré partout où besoin sera.

RICHAUD.

N° 7. — ARRÊTÉ *promulguant en Indo-Chine le décret du 18 septembre 1888, sur la procédure à suivre devant les cours criminelles et les tribunaux de la Cochinchine, du Cambodge et du Tonkin.*

2 janvier 1889.

Article premier. — Est promulgué dans toute l'étendue de l'Indo-Chine française, le décret du 18 septembre 1888, réglant la procédure à suivre devant les cours criminelles et les tribunaux de la Cochinchine, du Cambodge et du Tonkin, en matière civile, criminelle, correctionnelle et de simple police.

Art. 2. — Le Procureur général, chef du service judiciaire de l'Indo-Chine, est chargé de l'exécution du présent arrêté, qui sera enregistré partout où besoin sera et inséré aux journaux et bulletins officiels de l'Indo-Chine.

RICHAUD.

N° 8. — DÉCRET *sur la procédure à suivre devant les Cours criminelles et les tribunaux de la Cochinchine, du Cambodge et du Tonkin.*

18 septembre 1888

Article premier. — La procédure suivie devant les tribunaux français installés en Cochinchine, au Cambodge et au Tonkin est réglée, tant en matière civile qu'en matière criminelle, correctionnelle et de simple police, conformément aux dispositions du présent décret.

TITRE PREMIER

PROCÉDURE CIVILE

Art. 2. — Toutes les instances civiles sont dispensées du préliminaire de conciliation ; néanmoins, pour toutes les affaires qui, en France, sont soumises à ce préliminaire, le juge devra inviter les parties de comparaître en personne, sur simple avertissement et sans frais,

Art. 3. — La forme de procéder en matière civile et commerciale est celle qui est suivie, en France, devant les tribunaux de commerce.

Art. 4. — Le délai pour interjeter appel des jugements contradictoires en matière civile et commerciale est de deux mois, à partir de la signification à personne ou au domicile réel ou d'élection.

Ce délai est augmenté à raison des distances, dans les conditions qui seront déterminées par arrêté du Gouverneur général rendu sur la proposition du Procureur général, chef du service judiciaire.

A l'égard des incapables, ce délai ne compte que du jour de la signification à la personne ou au domicile de ceux qui sont chargés de l'exercice de leurs droits.

Dans aucun cas l'appel ne sera reçu ni contre les jugements par défaut, ni contre les jugements interlocutoires, avant le jugement définitif.

Art. 5. — Les parties qui veulent se défendre par elles-mêmes et sans avoir recours au ministère des avocats-défenseurs doivent déposer, dans les délais légaux, au greffe du tribunal, tous les actes nécessaires à l'instruction des causes civiles et commerciales et à l'exécution des jugements et arrêts. Le greffier donne un récépissé desdis actes, en y portant la date du dépôt et doit, sous sa responsabité, les signifier à la partie adverse dans les vingt-quatre heures.

TITRE II

INSTRUCTION CRIMINELLE.

CHAPITRE PREMIER

De la procédure devant les tribunaux de police.

Art. 6. — En matière correctionnelle et de simple police, le tribunal est saisi directement par le ministère public, soit qu'il y ait eu ou qu'il n'y ait pas eu instruction préalable, ou par la citation donnée au prévenu à la requête de la partie civile.

S'il y a eu instruction, le juge remet les pièces au magistrat chargé du ministère public, qui reste le maître de ne pas donner suite à l'affaire ou de saisir le tribunal compétent.

Art. 7. — Des juges suppléants ou des attachés de parquet désignés par le Gouverneur général, sur la proposition du Procureur général, chef du service judiciaire, remplissent auprès des tribunaux de paix à compétence étendue toutes les fonctions du ministère public.

Il sont officiers de police judiciaire et placés sous la surveillance du procureur de la République près le tribunal de première instance dans le ressort duquel se trouve le tribunal de paix à compétence étendue.

Art. 8. — La forme de procéder en matière correctionnelle, ainsi que les formes de l'opposition et de l'appel, sont réglées par les dispositions du Code d'instruction criminelle relatives à la procédure devant les tribunaux correctionnels, sous réserve des modifications prévues aux articles ci-dessus.

Art. 9. — Le mode de procéder en matière de simple police est réglé par les sections 1 et 3 du chapitre 1er, titre 1er du livre II du Code d'instruction criminelle.

CHAPITRE II

De la procédure devant les cours criminelles.

Art. 10. — Le Procureur général près la cour d'appel de Saigon poursuit devant la cour criminelle, soit par lui-même, soit par ses substituts, toute personne dont il a décidé la mise en accusation.

Art. 11. — Il dresse, aussitôt que l'information est terminée, l'acte d'accusation et le fait signifier à l'accusé, auquel toutes les pièces de la procédure pourront être communiquées sur sa demande.

Art. 12. — Il apporte tous ses soins à ce que les actes préliminaires soient faits, et que tout soit en état pour que les débats puissent commencer à l'époque de l'ouverture de la cour criminelle.

Art. 13. — Quand la mise en accusation a été décidée par le Procureur général, si l'affaire ne doit pas être jugée dans le lieu où siège la cour d'appel, il transmet les pièces du procès au greffe du tribunal de première instance du chef-lieu d'arrondissement où doit siéger la cour appelée à en connaître.

Les pièces servant à conviction, qui sont restées déposées au greffe du tribunal ou qui ont été apportées au greffe de la cour d'appel, sont réunies, sans délai, au greffe où ont été remises les pièces du procès.

Art. 14. — L'accusé, s'il est détenu, est envoyé, en temps utile, dans la maison de justice du lieu où doit se tenir la cour criminelle.

Art. 15. — Aussitôt après la remise des pièces au greffe et l'arrivée de l'accusé dans la maison de justice, celui-ci est interrogé par le président de la cour criminelle ou par le juge qu'il a délégué.

Art. 16. — L'accusé est interpellé de déclarer le choix qu'il a fait d'un conseil pour l'aider dans sa défense, sinon le juge lui en désigne un, à peine de nullité de tout ce qui suivra.

Cette désignation est comme non avenue et la nullité ne sera pas prononcée si l'accusé choisit un conseil.

Art. 17. — Le conseil de l'accusé est choisi par lui ou désigné par le juge parmi les défenseurs ou, à défaut de ces derniers, parmi les personnes parlant le français et jouissant de leurs droits civils et politiques.

Le président de la cour criminelle peut, en outre, l'autoriser à prendre pour conseil un de ses parents ou amis.

Art. 18. — Le conseil peut communiquer avec l'accusé après son interrogatoire. Il peut aussi prendre connaissance de toutes les pièces, sans déplacement.

Art. 19. — Les conseils des accusés peuvent prendre ou faire prendre copie de telle pièce du procès qu'ils jugent utile à leur défense.

Art. 20. — Trois jours au moins avant l'ouverture de la cour criminelle, il est procédé par le président de la cour criminelle ou par le juge qu'il a délégué à cet effet, au tirage au sort des assesseurs, sur une liste de vingt notables dressée chaque année, dans la seconde quinzaine de décembre, conformément aux prescriptions de l'article 30 du décret du 15 novembre 1887.

Une liste complémentaire de dix notables pour chaque catégorie d'accusés peut être dressée dans les mêmes conditions.

En cas d'insuffisance des notables de la liste principale, par suite de décès, d'incapacité ou d'absence de la colonie, le président pourvoit à leur remplacement par une simple ordonnance.

Il complète la liste des vingt notables en suivant l'ordre de l'inscription sur la liste complémentaire.

Art. 21. — Les mêmes membres peuvent être indéfiniment inscrits sur les listes dressées chaque année.

Nul ne peut être porté sur la liste des notables s'il ne jouit de ses droits civils et politiques.

Art. 22. — Les fonctions d'assesseur sont incompatibles avec celles de membre du conseil privé, de membre de l'ordre judiciaire, de ministre d'un culte quelconque, et de militaire en activité de service dans les armées de terre et de mer.

Art. 23. — Le jour du tirage au sort des assesseurs est fixé par une ordonnance du président de la cour criminelle, sur la réquisition du Procureur général ou de ses substituts.

Cette ordonnance et la liste des vingt notables sont notifiées à l'accusé la veille au moins du jour déterminé pour le tirage.

Art. 24. — Le tirage se fait en chambre du conseil, en présence du ministère public, du greffier, des accusés et de leurs conseils. A cet effet, le juge chargé du tirage dépose un à un dans une urne, après les avoir lus à haute et intelligible voix, les noms des vingt notables de l'arrondissement, écrits sur des bulletins.

Art. 25. — Cette première opération terminée, le président ou le juge délégué retire successivement chaque bulletin de l'urne et lit le nom qui s'y trouve inscrit.

Les accusés, quel que soit leur nombre, ont la faculté d'exercer deux récusations péremptoires. Le ministère public jouit de la même faculté. Lorsque les accusés ne se sont point concertés pour exercer leurs récusations, l'ordre des récusations s'établit entre eux d'après la gravité de l'accusation.

Dans le cas d'accusation de crime de même gravité contre divers individus, l'ordre des récusations est déterminé par la voie du sort.

Art. 26. — La liste des assesseurs est définitivement formée lorsque le magistrat chargé du tirage a obtenu par le sort le nombre d'assesseurs nécessaire au service de la session, sans qu'il y ait eu de récusation, ou lorsque les récusations ont été épuisées.

Les deux assesseurs ainsi désignés font partie de la cour criminelle pour le jugement de toutes les affaires inscrites au rôle de la session.

Il est tiré également au sort, de la même manière, un ou deux assesseurs supplémentaires pour remplacer, le cas échéant, les assesseurs titulaires.

Procès-verbal des opérations du tirage est dressé par le greffier et signé du magistrat qui a présidé.

Art. 27. — Les empêchements résultant pour les juges de parenté ou de leur alliance soit entre eux, soit avec les accusés ou la partie civile, sont applicables aux assesseurs, soit entre eux, soit entre eux et les juges, soit entre eux et les accusés et la partie civile.

Art. 28. — Nul ne peut être assesseur dans la même affaire où il a été officier de police judiciaire, témoin, interprète, expert ou partie.

Art. 29. — Les récusations fondées sur une des causes prévues par les deux articles qui précèdent seront jugées sur simple requête par la cour criminelle, qui ordonne, s'il y a lieu, que l'assesseur récusé soit remplacé par un des assesseurs supplémentaires, en suivant l'ordre du tirage au sort.

Art. 30. — Les accusés qui ne seront arrivés dans la maison de justice qu'après le tirage des assesseurs ou l'ouverture des assises, ne pourront y être jugés que lorsque le Procureur général l'aura requis, lorsque les accusés y auront consenti, et lorsque le président l'aura ordonné. En ce cas, le Procureur général et les accusés seront considérés comme ayant accepté la composition de la cour criminelle.

Art 31. — Tout assesseur qui ne se sera pas rendu à son poste sur la citation qui lui aura été notifiée sera condamné par la cour criminelle à une amende, laquelle sera :

Pour la première fois, de 200 francs au moins et de 500 frs. au plus ; pour la seconde, de 500 francs au moins et de 1,000 francs au plus ; pour la troisième, de 1,000 francs au moins et de 2,000 francs au plus.

Cette dernière fois il sera, de plus, déclaré incapable d'exercer à l'avenir les fonctions d'assesseur. L'arrêt sera imprimé et affiché à ses frais.

Art. 32. — Seront exceptés ceux qui justifieront qu'ils étaient dans l'impossibilité de se rendre au jour indiqué.

La cour prononcera sur la validité de l'excuse.

Art. 33. — Les peines portées en l'article 31 sont applicables à tout assesseur qui, même s'étant rendu à son poste, se retirerait avant l'expiration de ses fonctions sans une excuse valable, qui sera également jugée par la cour.

Art. 34. — Au jour fixé pour l'ouverture de la session, la cour ayant pris séance, les assesseurs se placent à ses côtés dans l'ordre désigné par le sort

Art. 35. — Le président a la police de l'audience. Il est investi d'un pouvoir discrétionnaire, en vertu duquel il peut prendre sur lui tout ce qu'il croit utile pour découvrir la vérité, et la loi charge son honneur et sa conscience d'employer tous les efforts pour en favoriser la manifestation.

Il peut, dans le cours des débats, appeler, même par mandat d'amener, et entendre toutes personnes ou se faire apporter toutes nouvelles pièces qui lui paraîtraient, d'après les nouveaux développements donnés à l'audience, soit par les accusés, soit par les témoins, pouvoir répandre un jour utile sur le fait contesté. Les témoins ainsi appelés ne prêtent point serment et leurs déclarations ne sont considérées que comme renseignements.

Le président doit rejeter tout ce qui tendrait à allonger les débats, sans donner lieu d'espérer plus de certitude dans les résultats.

Art. 36. — L'accusé comparaît libre et seulement accompagné de gardes pour l'empêcher de s'évader. Le président lui demande son nom, ses prénoms, son âge, sa profession, sa demeure et le lieu de sa naissance.

Art. 37. — Le président avertit le conseil de l'accusé qu'il ne peut rien dire contre sa conscience ou contre le respect dû aux lois, et qu'il doit s'exprimer avec décence et modération.

Art. 38. — A la première audience de chaque session d'assises, le président fait prêter aux assesseurs, debout et découverts, le serment suivant, dont il prononcera la formule en ces termes :

« Je jure et promets, devant Dieu et devant les hommes, d'examiner, avec l'attention la plus scrupuleuse, les affaires qui me seront soumises pendant le cours de la présente session ; de ne trahir ni les intérêts de l'accusé, ni ceux de la société ; de n'écouter ni la haine, ni la méchanceté, ni la crainte ou l'affection, et de ne me décider que d'après les charges et les moyens de défense, suivant ma conscience et mon intime conviction, avec l'impartialité et la fermeté qui conviennent à un homme probe et libre. »

Chacun des assesseurs, appelé individuellement par le président, répondra en levant la main : « Je le jure », à peine de nullité

Art. 39. — Immédiatement après, le président avertit l'accusé d'être attentif à ce qu'il va entendre.

Il ordonne au greffier de lire la décision du parquet et l'acte d'accusation.

Le greffier fait cette lecture à haute voix.

Art. 40. — Le procureur général expose le sujet de l'accusation et présente ensuite la liste des témoins qui doivent être entendus, soit à sa requête, soit à la requête de la partie civile, soit à celle de l'accusé.

Cette liste est lue à haute voix par le greffier.

Art. 41. — Le président ordonne aux témoins de se retirer dans la chambre qui leur aura été destinée. Ils n'en sortiront que pour déposer. Le président prend des précautions, s'il en est besoin, pour empêcher les témoins de conférer entre eux avant leur déposition.

Art. 42. — Les témoins font à l'audience, sous peine de nullité, le serment de dire toute la vérité, rien que la vérité, et le greffier en tient note, ainsi que de leurs noms, prénoms, profession, âge et demeure.

Sont en outre observées les dispositions des articles 156, 157 158. 319, 325, 326, 327 et 329 du Code d'instruction criminelle.

Art. 43. — Si, d'après les débats, la déposition d'un témoin paraît fausse, le président peut, sur la réquisition soit du Procureur général, soit de l'accusé, et même d'office, faire sur le champ mettre le témoin en état d'arrestation Le Procureur général, le président ou l'un de juges par lui commis remplissent à son égard, le premier les fonctions d'officier de police judiciaire, le second les fonctions attribuées au juge d'instruction dans les autres cas.

Les pièces d'instruction sont remises au procureur pour être, par lui, statué sur la mise en accusation.

Art. 44. — Dans le cas de l'article précédent, le Procureur général, la partie civile ou l'accusé peuvent immédiatement requérir, et la cour ordonner même d'office, le renvoi de l'affaire à la prochaine session.

Art. 45. — Si l'accusé, les témoins ou l'un d'eux ne parlent pas le même langage ou le même idiome, ou si l'accusé est sourd et muet et ne sait pas écrire, le président doit se conformer aux prescripitons des articles 332 et 333 du Code d'instruction criminelle.

Art. 46. — Le président détermine celui des accusés qui doit être soumis le premier aux débats, en commençant par le principal accusé. s'il y en a un.

Il se fait ensuite un débat particulier sur chacun des accusés.

Art. 47. — A la suitedes dépositions des témoins et des dires respectifs auxquels elles auront donné lieu, la partie civile ou son conseil, et le Procureur général sont entendus et développent les moyens qui appuient l'accusation.

L'accusé et son conseil peuvent leur répondre.

La réplique est permise à la partie civile et au Procureur général, mais l'accusé ou son conseil a toujours la parole le dernier.

Le président déclare ensuite que les débats sont terminés.

Art. 48. — Le président pose les questions de l'acte d'accusation en ces termes:

« L'accusé est-il coupable d'avoir commis tel meurtre, tel vol ou tel autre crime, avec toutes les circonstances comprises dans le résumé de l'acte d'accusation? »

Il observe pour le surplus les dispositions des articles 338, 339 et 340 du Code d'instruction criminelle.

Art. 49. — En toute matière criminelle, même en cas de récidive, le président, après avoir posé les questions résultant de l'acte d'accusation et des débats, pose la question des circonstances atténuantes.

Art. 50. — Après la lecture des questions par le président, l'accusé, son conseil, la partie civile et le Procureur général peuvent faire sur la position de ces questions telles observations qu'ils jugent convenables.

Si le Procureur général ou l'accusé s'oppose à la position des questions telles qu'elles ont été présentées, il est statué par la cour sur le mérite de cette opposition.

Art. 51. — Le président fait ensuite retirer l'accusé de l'auditoire, et la cour se rend avec les assesseurs dans la chambre du conseil pour délibérer sur la solution des questions.

Art. 52. — La cour criminelle, avec les assesseurs, rentre ensuite en séance et le président, après avoir fait comparaître l'accusé, donne lecture de la délibération, qui est signée par les menbres de la cour, les assesseurs et le greffier.

Art. 53. — La cour, sans la participation des assesseurs, délibère sur l'application de la peine.

Sont observées, pour le surplus, les dispositions des articles 191, 353, 859, 360, 361, 362, 363, 364, 365, 367, 368, 195 et 371 du Code d'instruction criminelle.

Art. 54. — La cour, jugeant sans le concours des assesseurs, statue sur les affaires de contumace, conformément aux dispositions des articles 465 à 478 inclus du Code d'instruction criminelle.

DISPOSITIONS GÉNÉRALES

Art. 55. — En toute matière, le Procureur général peut autoriser la mise en liberté provisoire avec ou sans caution. Il peut admettre comme cautionnement suffisant, sans qu'il soit besoin de dépôt de deniers ou autres justifications et garanties, la soumission écrite de toute tierce personne jugée solvable, portant engagement de présenter ou de faire représenter le prévenu ou l'accusé à toute réquisition de la justice, ou à défaut de verser au trésor, à titre d'amende, une somme déterminée dans l'acte de cautionnement.

Art. 56. — Sont abrogés :

Les décret du 25 juillet 1864 et du 7 mars 1884, l'article 11 du décret du 25 novembre 1887, et toutes dispositions contraires au présent décret.

Art. 57. — Le ministre de la marine et des colonies et le garde des sceaux, ministre de la justice et des cultes, sont chargés, chacun en ce qui le concerne, de l'exécution du présent décret, qui sera inséré au *Journal officiel* de la République française, au *Bulletin des Lois* et au *Bulletin officiel* de l'Administration des colonies.

CARNOT.

N° 9. — ARRÊTÉ *abrogeant ceux des 6 février 1882, 8 octobre 1884 et 4 novembre 1885, et déterminant les frais de déplacement et de transport des magistrats de la cour d'appel de Saigon appelés à faire partie des cours criminelles.*

11 décembre 1888.

Article premier. — Les dispositions des arrêtés des 6 février 1882. 8 octobre 1884 et 4 novembre 1885, sont et demeurent abrogées.

Art. 2. — Il est alloué aux membres de la cour d'appel et du parquet général de Saigon, appelés à se transporter pour présider les sessions des cours criminelles, ou occuper auprès de ces cours le siège du ministère public, indépendamment des frais de transport fournis par l'administration, et à titre de frais de déplacement et de séjour :

1° Pour Vinh-long et My-tho, une indemnité de cent piastres par session.

2° Pour Hanoi, une indemnité de deux cents piastres par session.

Art. 3. — Le Procureur général, chef du service judiciaire de l'Indo-Chine, le directeur du service local, et le Résident général en Annam et au Tonkin sont chargés, chacun en ce qui le concerne, de l'exécution du présent arrêté qui sera communiqué et enregistré partout où besoin sera et inséré au *Journal officiel* et au *Bulletin officiel* de la colonie.

RICHAUD.

N° 10. — ARRÊTÉ *fixant les jours et heures d'audiences des tribunaux de Hanoi et de Haiphong, et déterminant la garde des minutes des jugements et actes notariés, et celle des actes de l'état civil.*

29 janvier 1889

Article premier. — Les tribunaux de Hanoi et de Haiphong tiendront deux audiences ordinaires par semaine. Ces audiences sont fixées au mercredi pour les affaires civiles et commerciales, et au vendredi pour les affaires correctionnelles et de simple police. Elles s'ouvriront à huit heures du matin. La première audience sera extraordinairement tenue dans chacun de ces tribunaux le jeudi 31 janvier 1889.

Art. 2. — Les minutes, papiers et registres des différentes juridictions françaises ayant successivement exercé dans l'étendue des ressorts des tribunaux de Hanoi et de Haiphong antérieurement à leur installation, seront respectivement déposés au greffe de chacun desdits tribunaux. Les registres de l'état civil existant dans les greffes de ces juridictions seront déposés au greffe du tribunal de première instance du ressort.

Il sera donné acte de chaque dépôt.

Art. 3. — Les minutes des actes notariés émanant des chancelleries comprises dans le ressort des deux tribunaux de Hanoi et de Haiphong, et les répertoires, seront remis au greffier-notaire, qui en donnera un récépissé au bas d'un état sommaire. Un état détaillé, dressé et certifié par le dépositaire actuel des minutes figurant sur les registres ayant en même temps servi à l'enregistrement des actes, sera également remis au greffier-notaire. Les grosses et expéditions seront délivrées par cet officier public. Un double des états ci-dessus prescrits sera déposé dans chacun des greffes du tribunal de première instance.

Art. 4. — Le Résident général en Annam et au Tonkin et le Procureur général, chef du service judiciaire de l'Indo-Chine, sont chargés, chacun en ce qui le concerne, de l'exécution du présent arrêté, qui sera communiqué et enregistré partout où besoin sera.

RICHAUD.

N° 11. — ARRÊTÉ *sur les honneurs à rendre au Président de la cour criminelle du Tonkin.*

24 juin 1889

Le président de la cour criminelle du Tonkin sera reçu, à son arrivée à Hanoi, par le résident-maire et les membres du tribunal.

Il sera logé dans un appartement meublé désigné à l'avance par l'administration du Protectorat.

Au siège de la cour criminelle il aura à sa porte, pendant la durée de son séjour, une sentinelle fournie par le contingent de la place.

Il fera visite au général commandant en chef des troupes et au chef de l'administration du Protectorat, qui devront la lui rendre dans les 24 heures.

Des visites lui seront faites par tous les autres chefs d'administration, de service et de corps, en grande tenue, et à l'heure qu'il aura indiquée. Il les recevra en robe rouge et leur rendra leur visite, en habit, dans les 24 heures.

Un piquet de quinze hommes commandé par un sous-officier, sera fourni à la cour criminelle, pour le service des audiences, pendant toute la durée de la session.

Le général commandant en chef les troupes de l'Indo-Chine, le Résident supérieur au Tonkin et le Procureur général sont chargés de l'exécution du présent arrêté, qui sera enregistré, communiqué et publié partout où besoin sera.

PIQUET.

N° 12. — ARRÊTÉ *promulguant le décret du 19 avril 1889 sur le serment professionnel des magistrats aux colonies.*

27 juin 1889

Est promulgué dans toute l'étendue de l'Indo-Chine, le décret du 19 avril 1889, relatif au serment professionnel des magistrats aux colonies.

Le Procureur général chef du service judiciaire de l'Indo-Chine est chargé de l'exécution du présent arrêté qui sera enregistré et publié partout où besoin sera.

Par délégation,
Le Lieutenant gouverneur p. i.
FOURÈS.

N° 13. — DÉCRET *sur le serment professionnel des magistrats des ressorts des cours d'appel de Pondichéry et de Saigon.*

19 avril 1889

Article premier. — La cour d'appel de Pondichéry (Etablissements français de l'Inde) et la cour d'appel de Saigon (Indo-Chine) pourront déléguer les tribunaux de 1re instance de leur ressort, autres que celui du chef-lieu, pour recevoir le serment professionnel de leurs membres.

La cour d'appel de Pondichéry, la cour d'appel de Saigon et le tribunal supérieur de Papeiti (Etablissements français de l'Océanie) pourront recevoir par écrit le serment des magistrats de leur ressort nommés à des postes comportant un juge unique.

Art. 2. — Le président du Conseil, ministre du commerce, de l'industrie et des colonies, et le garde des sceaux, ministre de la justice et des cultes, sont chargés, chacun en ce qui le concerne, de l'exécution du présent décret, qui sera inséré au *Journal Officiel* de la République française et au *Bulletin Officiel* de l'administration des colonies.

CARNOT.

N° 14. — ARRÊTÉ *promulguant le décret du 17 juin 1889 portant réorganisation de la justice en Cochinchine, et fixant les traitements et les parités d'office des magistrats greffiers et commis-greffiers.*

14 août 1889.

Article premier. — Est promulgué dans toute l'étendue, de l'Indo-Chine le décret du 17 juin 1889 (1) portant réorganisation de la justice en Cochinchine, et fixant les traitements et les parités d'office des magistrats, des greffiers et des commis greffiers.

Art. 2. — Les mesures d'exécution nécessitées par la présente promulgation feront l'objet d'actes ultérieurs.

Le Procureur général est chargé de l'exécution du présent arrêté, qui sera engistré partout où besoin sera et inséré au *Journal* et au *Bulletin officiel* de l'Indo-Chine (première et deuxième partie).

PIQUET.

N° 15. — RAPPORT *du président du Conseil, ministre du commerce, de l'industrie et des colonies, sur la réorganisation de la justice en Indo-Chine.*

L'article 11 du décret du 15 novembre 1887, portant réorganisation de la justice en Cochinchine, avait investi les commissaires de police des fonctions du ministère public près les justices de paix à compétence étendue.

Le Procureur général n'avait par suite, comme auxiliaires directs de l'intérieur pour l'exercice de l'action publique, que ses deux substituts de Vinh-long et de My-tho.

Mon prédécesseur, trouvant insuffisant le nombre des magistrats du parquet, et désireux d'assurer d'une façon plus effective la poursuite et répression des délits, reconnut la nécessité de placer auprès de chaque justice de paix un magistrat spécialement chargé de représenter le ministère public.

L'article 7 du décret du 18 septembre 1888 décida en conséquence, que des juges suppléants ou des attachés de parquet, désignés par le Gouverneur général, rempliraient auprès des tribunaux de paix les fonctions du ministère public, et exerceraient les attributions de la police judiciaire. Comme conséquence, un arrêté du 19 octobre dernier porta de cinq à huit le nombre des attachés de parquet du procureur général. L'application plus complète de cette heureuse innovation me paraît de nature à donner les meilleurs résultats au point de vue du bon fonctionnement de la justice.

Je m'en suis inspiré pour la préparation du décret ci-joint qui, sans rien changer à l'esprit du système actuellement en vigueur, n'a pour but que d'en faciliter et d'en améliorer les conditions d'application.

Afin d'éviter les froissements qui peuvent survenir entre les fonctionnaires appartenant à des degrés différents de la hiérarchie, et devant avoir fréquemment des relations de service, la substitution de tribunaux de première instance aux justices de paix me paraît nécessaire.

L'inégalité de situation entre les membres d'un tribunal de première instance et les fonctionnaires de l'administration, est en effet moindre qu'entre ces derniers et de simples attachés de parquet ou juges suppléants.

Il n'y a d'exception à ce principe que pour trois arrondissements très rapprochés de Saigon, et qui se trouvent rattachés au tribunal de première instance de cette ville.

Cette substitution aurait, en outre, l'avantage de rapprocher la justice des justiciables, et de donner à la Cochinchine une

(1) Ce décret, quoique s'appliquant à la Cochinchine, peut être utilement consulté en ce qui concerne les attributions de la cour d'appel de Saigon, et celles de M. le Procureur général comme chef du service judiciaire, de l'Indo-Chine; à ce titre, nous avons pensé qu'il était indispensable de l'insérer dans ce recueil.

Voir d'ailleurs les décrets des 8 et 18 septembre 1888, ci-dessus.

organisation judiciaire uniforme, définitive et cadrant avec les divisions administratives de la colonie.

Ces modifications, qui seront certainement bien accueillies des justiciables, en raison des avantages et des garanties qu'elles leur donnent, n'entraînent pour le budget local qu'une très faible augmentation de dépense. Celle-ci sera facilement couverte par l'extension à tous les tribunaux du tarif judiciaire de Saigon, qui n'a été appliqué jusqu'à ce jour qu'au ressort du tribunal de cette ville.

En vue de faciliter l'application du nouveau système, j'ai cru devoir réunir dans un seul acte toutes les dispositions concernant l'administration de la justice, afin de permettre l'abrogation pure et simple des décrets antérieurs, dont quelques-uns sont déjà en partie abrogés.

Dans ces conditions, j'ai l'honneur, d'accord avec M. le Garde des sceaux, de soumettre à votre haute sanction le projet de décret ci-joint.

Je vous prie d'agréer, Monsieur le Président, l'hommage de mon profond respect.

P. TIRARD.

N° 16. — Décret *réorganisant la justice en Indo-Chine.*

17 juin 1889.

TITRE PREMIER

Dispositions préliminaires.

Article premier. — Dans les possessions françaises de Cochinchine, la justice est rendue par une justice de paix, par des tribunaux de première instance et de commerce, par la cour d'appel de l'Indo-Chine et par des cours criminelles.

Art. 2. — Les audiences sont publiques en matière civile et criminelle, à moins que cette publicité ne soit dangereuse pour l'ordre et pour les mœurs, et, dans ce cas, le tribunal ou la cour le déclare par un jugement ou arrêt préalable.

Dans tous les cas, les jugements ou arrêts sont prononcés publiquement et doivent être motivés, à peine de nullité.

TITRE II

Justice de paix

Art. 3. — Le ressort de la justice de paix de Saigon comprend le territoire de la ville de Saigon, et les arrondissements de Cho-lon, Gia-dinh et Baria.

Art. 4. — Le tribunal de paix de Saigon est composé d'un juge de paix, d'un greffier, et, si les besoins l'exigent, d'un commis assermenté.

Art. 5. — La compétence et le fonctionnement du tribunal de paix de Saigon sont déterminés conformément aux règles qui régissent les justices de paix de France.

TITRE III

Des tribunaux de première instance et de commerce

CHAPITRE PREMIER. — *Composition et sièges des tribunaux.*

Art. 6. — Le ressort du tribunal de première instance de Saigon comprend le territoire de la ville de Saigon, les arrondissements de Cho-lon, Gia-dinh et Baria.

Art. 7. — Dans chacun des autres arrondissements de Cochinchine siège un tribunal de première instance.

Art. 8. — Les tribunaux de première instance de l'intérieur sont divisés en trois classes, savoir :

2 de 1re classe, My-tho et Vinh-long ;

4 de 2e classe, Ben-tré, Bien-hoa, Sa-dec et Chau-doc ;

8 de 3e classe, Chau-tho, Tra-vinh, Long-xuyen, Tan-an, Go-cong, Soc-trang, Tay-ninh et Bac-lieu.

Art. 9. — Le tribunal de première instance est composé de :

1 Juge président.
1 Lieutenant de juge.
8 Juges suppléants.
1 Procureur de la République.
1 Substitut.
1 Greffier.
1 ou plusieurs commis assermentés.

Art. 10. — Les juges suppléants sont spécialement destinés à remplacer les magistrats empêchés ou absents, soit à Saigon, soit à l'intérieur.

Art. 11. — Les tribunaux de première instance de l'intérieur sont composés : d'un juge, d'un procureur de la République, d'un greffier, et, si les besoins du service l'exigent, d'un commis assermenté.

Le greffier remplit les fonctions de notaire et de commissaire-priseur.

Art. 12. — Des interprètes assermentés sont spécialement attachés au service des divers tribunaux et répartis, selon les besoins, par arrêté du gouverneur général, sur la proposition du Procureur général, chef du service judiciaire en Indo-Chine.

Art. 13. — Les fonctions du ministère public sont exercées devant le tribunal de Saigon par le procureur de la République ou son substitut, devant les tribunaux de l'intérieur par les procureurs de la République.

Art. 14. — L'administrateur des îles de Poulo-Condore exerce dans ces îles les attributions d'un juge, et son secrétaire d'arrondissement, celles d'officier du ministère public.

CHAPITRE II. — *Compétence des tribunaux de première instance.*

Première section

Art. 15. — La loi annamite régit toutes les conventions et toutes les contestations civiles et commerciales entre indigènes et Asiatiques ; toutefois, la déclaration faite dans un acte, par les dits indigènes ou Asiatiques, qu'ils entendent contracter sous l'empire de la loi française, entraîne l'application de cette loi.

Art. 16. — La loi française régit toutes les conventions et toutes les contestations civiles et commerciales entre Européens ou entre Européens et Asiatiques ou assimilés.

Deuxième section

Art. 17. — En matière civile, les tribunaux de première instance connaissent en premier et dernier ressort, de toutes actions personnelles et mobilières jusqu'à la valeur de 1,500 francs en principal, et des actions immobilières jusqu'à 100 francs de revenu déterminé par la déclaration des parties ou, en cas de désaccord, par l'estimation faite, sans frais, par le chef de canton du lieu de la situation des immeubles litigieux, à charge d'appel de toutes les autres actions.

En matière commerciale, leur compétence est déterminée par le titre II du livre IV du code de commerce.

En matière correctionnelle, ils connaissent de tous les délits.

Art. 18. — Les juges des tribunaux de l'intérieur remplissent les fonctions et font tous les actes tutélaires attribués aux juges de paix par la loi française, tels que les appositions et levées de scellés, les avis de parents, les actes de notoriété et autres actes qui sont dans l'intérêt des familles.

Ils sont juges de simple police et, en cette qualité, connaissent en dernier ressort de toutes les contraventions.

Ils sont, en outre, chargés de l'instruction des affaires criminelles ainsi qu'il est dit à l'article 52 ci-après.

TITRE IV

CHAPITRE PREMIER. — *De la cour d'appel*

Art. 19. — La cour d'appel de l'Indo-Chine française a son siège à Saigon.

Elle est composée d'un président, d'un vice-président, de sept conseillers, d'un greffier et de commis greffiers assermentés, dont le nombre est déterminé par le gouverneur général, sur la proposition du Procureur général, suivant les besoins du service.

Les fonctions du ministère public près la cour d'appel de l'Indo-Chine sont remplies par le Procureur général, assisté d'un avocat général, et de deux substituts.

Art. 20. — La cour comprend deux chambres, entre lesquelles sont réparties les affaires d'après la distribution qui en est faite par le président.

La deuxième chambre est plus spécialement chargée des affaires civiles et commerciales entre indigènes.

La cour se constituera, en outre, en chambre des appels correctionnels pour prononcer sur les affaires mentionnées dans les articles 22, 23 et 24.

Le service de la chambre correctionnelle ne dispensera pas du service des chambres civiles.

Art. 21. — En matière civile et commerciale, la cour connaît :

1° Des appels formés contre les jugements rendus en premier ressort par les tribunaux de première instance et de commerce de la Cochinchine;

2° Des appels formés contre les jugements rendus en premier ressort par les juridictions françaises établies en Extrême-Orient, soit dans les pays soumis au Protectorat de la France, soit dans les consulats français.

Art. 22. — En matière correctionnelle, la cour connait des appels des jugements rendus par les tribunaux correctionnels de la Cochinchine, et par les juridictions françaises établies dans les pays soumis au Protectorat de la France en Indo-Chine.

Art. 23. — Conformément à la loi du 28 avril 1889, la cour d'appel de l'Indo-Chine connait :

1° Des appels des jugements rendus en matière civile, commerciale et de police correctionnelle, par les tribunaux consulaires français en Chine, au royaume de Siam et au Japon;

2° Des crimes commis dans les mêmes contrées par des sujets français.

Art. 24. — Les jugements rendus en dernier ressort par les tribunaux de simple police et les tribunaux de première instance, jugeant en matière indigène, pourront être attaqués devant la cour d'appel par la voie de l'annulation, dans les formes et conditions déterminées par le décret du 25 juin 1879.

Sont applicables aux arrêts de la cour, statuant en matière indigène, les dispositions de l'article 5, paragraphe premier, du décret du 7 mars 1868, et celles du titre II du décret du 25 juin 1879, concernant le recours en cassation.

Art. 25. — Les chambres civiles et la chambre des appels de police correctionnelle ne peuvent rendre arrêt qu'au nombre de trois juges au moins.

Lorsque la cour connaîtra des demandes en annulation, elle devra être composée de cinq membres au moins.

En audience solennelle, les arrêts doivent être rendus par cinq magistrats au moins.

Art. 26. — L'assemblée générale de la cour se composera de tous les membres de la cour. La cour ne pourra prendre de décision qu'au nombre de cinq magistrats au moins. Les décisions seront prises à la simple majorité. En cas de partage, le magistrat le plus jeune se retirera.

Art. 27. — L'assemblée générale de la cour se tient en chambre du conseil, et à huis clos, et n'a lieu que sur la convocation du président, faite d'accord avec le chef du service judiciaire, ou sur les réquisitions du Procureur général.

Le greffier de la cour assistera aux assemblées générales et y tiendra la plume.

CHAPITRE II. — *Des cours criminelles.*

Art. 28. — Les crimes commis sur le territoire de la Cochinchine française, sont déférés à des cours criminelles siégeant à Saigon, My-tho et Vinh-long.

Art. 29. — Les crimes commis par des Français ou autres Européens au Cambodge, ou par des sujets Asiatiques français au préjudice, soit des Français ou autres Européens, soit d'Asiatiques sujets français, seront déférés à la cour criminelle de Saigon.

Art. 30. — Le ressort de la cour criminelle de Saigon s'étend sur les arrondissements de Cho-lon, Gia-dinh, Tay-ninh, Bien-hoa, Baria et les îles de Poulo-Condore.

Le ressort de la cour criminelle de My-tho s'étend sur les arrondissements de My-tho, Go-cong, Tan-an, Bentré et Tra-vinh.

Le ressort de la cour criminelle de Vinh-long s'étend sur les arrondissements de Vinh-long, Sadec, Can-tho, Chau-doc, Long-xuyen, Soc-trang et Bac-lieu.

Art. 31. — La cour criminelle de Saigon se compose, indépendamment du greffier de la cour ou de l'un de ses commis assermentés, comme suit :

1° Trois conseillers à la cour, dont l'un remplit les fonctions de président; toutefois, et au cas où les besoins du service l'exigent, le gouverneur général pourra exceptionnellement, sur la proposition du Procureur général, désigner un magistrat de première instance au lieu et place de l'un des deux conseillers assesseurs;

2° Deux assesseurs désignés par la voie du sort sur une liste de vingt notables français, domiciliés dans les arrondissements de Saigon, Cho-lon et Gia-dinh, lorsqu'il s'agira d'accusés européens.

Lorsqu'il s'agira de juger des accusés annamites ou asiatiques, les assesseurs seront indigènes.

Trois voix sont nécessaires pour qu'il y ait condamnation.

Le droit de récusation ne pourra être exercé.

Art. 32. — La liste des assesseurs européens sera dressée chaque année dans la seconde quinzaine de décembre, par une commission composée du directeur du service local ou du secrétaire général, président; du président du tribunal de première instance; d'un membre du conseil colonial et d'un membre du conseil municipal, désignés par ces assemblées.

Art. 33. — La liste des assesseurs indigènes sera dressée chaque année à la même époque par le directeur du service local, sur la proposition du procureur de la République du siège de la cour.

Cette liste sera approuvée du Gouverneur général en conseil privé.

Art. 34. — Une liste complémentaire de dix notables, pour chaque catégorie d'accusés, sera dressée dans les mêmes conditions.

En cas d'insuffisance des notables de la liste principale, par suite de décès, d'incapacité ou d'absence de la colonie, le président de la cour criminelle pourvoit à son remplacement par simple ordonnance.

Il complète la liste des vingt notables, en suivant l'ordre d'inscription sur la liste complémentaire.

Art. 35. — Les mêmes membres peuvent être indéfiniment inscrits sur les listes dressées chaque année.

Nul ne pourra être inscrit sur la liste des notables s'il ne jouit de ses droits civils et politiques.

Art. 36. — Les fonctions d'assesseurs sont incompatibles avec celles de membre du conseil privé, de membre de l'ordre judiciaire, de ministre d'un culte quelconque, et de militaire en activité de service dans les armées de terre et de mer.

Art. 37. — Dans les ressorts autres que celui de la cour de Saigon, la cour criminelle se compose :

1° D'un conseiller à la cour d'appel, président;

2° D'un juge du siège de la cour criminelle;

3° D'un magistrat désigné par le Procureur général, et pris parmi les juges ou juges suppléants;

4° De deux assesseurs choisis par la voie du sort sur une liste de vingt notables indigènes, dressée comme il est dit aux articles 32 et 36 ci-dessus.

Lorsqu'il s'agira de juger des accusés européens, les deux assesseurs seront désignés par la voie du sort, sur la liste des notables français de Saigon;

5° Du greffier du tribunal siège de la Cour criminelle.

Art. 38. — Les fonctions du ministère public près les cours criminelles seront remplies :

1° A Saigon, par le Procureur général ou ses substituts;

2° Dans l'intérieur par le Procureur général, l'un de ses substituts, ou par le procureur de la République du Tribunal siège de la cour criminelle.

Art. 39. — La cour criminelle siège tous les trois mois dans chacun des chefs-lieux judiciaires indiqués en l'article 28.

Art. 40. — Le gouverneur général, après avis du Conseil privé, peut ordonner que la cour criminelle siégera dans un lieu autre que celui où elle siège habituellement; il peut également ordonner la réunion extraordinaire des cours criminelles.

Art. 41. — Des arrêtés du gouverneur général, pris après avis du Conseil privé, sur la proposition du Procureur général, fixent les époques où se tiendront les sessions trimestrielles.

Art. 42. — Le gouverneur général nomme, sur la proposition du Procureur général, le conseiller président et les magistrats assesseurs de la cour criminelle.

TITRE V

De la procédure

CHAPITRE PREMIER. — *Procédure civile*

Art. 43. — Toutes les instances sont dispensées du préliminaire de conciliation ; néanmoins pour toutes les affaires qui, en France, sont soumises à ce préliminaire, le juge pourra inviter les parties à comparaître en personne, sur simple avertissement et sans frais.

Art. 44. — La forme de procédure en matière civile et commerciale dans les affaires européennes est celle suivie en France, devant les tribunaux de commerce.

Art. 45. — Le délai pour interjeter appel en matière civile et commerciale est de deux mois, à partir de la signification du jugement à personne où à domicile réel ou d'élection.

Ce délai est augmenté à raison des distances, dans les conditions qui seront déterminées par des arrêtés du gouverneur général, rendus sur la proposition du Procureur général.

A l'égard des incapables, ce délai ne court que du jour de la signification à la personne ou au domicile de ceux qui sont chargés de l'exercice de leurs droits.

Dans aucun cas, l'appel ne sera reçu, ni contre les jugements par défaut, ni contre les jugements préparatoires, avant le jugement définitif.

Art. 46. — Les parties qui veulent se défendre par elles-mêmes et sans avoir recours au ministère des avocats-défenseurs, doivent déposer, dans les délais légaux, au greffe du tribunal, tous les actes nécessaires à l'instruction des causes civiles et commerciales et à l'exécution des jugements et arrêts. Le greffier donne un récépissé desdits actes, en y portant la date du dépôt, et doit sous sa responsabilité, les signifier à la partie adverse dans les vingt-quatre heures.

Chapitre II. — *De l'instruction criminelle*

Première section

Art. 47. — En matière correctionnelle et de simple police, le tribunal est saisi directement par le ministère public, soit qu'il y ait eu qu'il n'y ait pas eu instruction, ou par la citation donnée au prévenu à la requête de la partie civile.

Art. 48. - En matière correctionnelle, le procureur de la République procède à l'instruction de l'affaire dans les formes et d'après les règles prescrites aux chapitres VI et VII du livre 1er du code d'instruction criminelle.

Art. 49. — S'il y a eu instruction, et que le procureur de la République donne suite à l'affaire, il transmet au juge les pièces et ses réquisitions écrites. Celui-ci en ordonne la mise au rôle de la plus prochaine audience utile, où il est statué par lui, le prévenu et le ministère public préalablement entendus.

Art. 50. — La forme de procéder en matière correctionnelle est réglée, sauf ce qui est dit aux articles 48 et 49 ci-dessus, par les dispositions du code d'instruction criminelle relatives à la procédure devant les tribunaux correctionnels.

Art. 51. — Le mode de procéder en matière de simple police, est réglé par les sections 1re et 3e du chapitre 1er, titre 1er du livre II du code d'instruction criminelle

Deuxième section

De la procédure devant les cours criminelles

Art. 52. — Dans les cas de crimes, aussitôt l'information terminée, le procureur de la République transmet les pièces au juge du siège qui procède à l'instruction de l'affaire, dans les formes et d'après les règles prescrites au code d'instruction criminelle.

Art. 53. — Quand la procédure sera complète, le juge ordonnera que les pièces soient transmises au Procureur général.

Art. 54. — Si le Procureur général, après examen des pièces, est d'avis qu'il y a lieu de traduire l'accusé devant la cour criminelle, il dresse l'acte d'accusation, qui est signifié avec l'ordonnance du juge à l'accusé, auquel toutes les pièces peuvent être communiquées sur sa demande

Art. 55. — Si le Procureur général est d'avis que le fait ne constitue pas un crime, il rend une ordonnance de renvoi devant le tribunal correctionnel.

S'il est d'avis que le fait ne constitue aucun crime ou délit prévu par la loi, il rendra une ordonnance motivée prescrivant la mise en liberté du prévenu.

Dans ce cas, le Procureur général rendra compte au ministre, dans son rapport de session, auquel sera jointe une copie de l'ordonnance de mise en liberté du prévenu.

Art. 56. — Le Procureur général pourra, s'il le juge utile, ordonner un supplément d'instruction.

Art. 57. — Dans le cas de poursuite devant la cour criminelle, toutes les pièces seront déposées au greffe de la dite cour, cinq jours au moins avant l'ouverture des débats.

Les pièces à conviction seront également déposées au greffe avant le jour de l'ouverture des débats.

Art. 58. — Aussitôt après la remise des pièces au greffe, et l'arrivée de l'accusé dans la maison de justice, celui-ci est interrogé par le président de la cour criminelle ou par le juge qu'il a désigné.

Art. 59. — L'accusé est interpellé de déclarer le choix qu'il a fait d'un conseil pour l'aider dans sa défense, sinon le juge lui en désigne un, à peine de nullité de tout ce qui suivra.

Cette désignation est comme non avenue et la nullité en sera prononcée, si l'accusé choisit un conseil.

Art. 60. — Le conseil de l'accusé est choisi par lui ou désigné par le juge parmi les défenseurs ou, à défaut de ces derniers, parmi les personnes parlant le français et jouissant de leurs droits civils et politiques.

Le président de la cour criminelle peut, en outre, l'autoriser à prendre pour conseil l'un de ses parents ou amis.

Art. 61. — Le conseil peut communiquer avec l'accusé après son interrogatoire. Il peut aussi prendre connaissance de toutes les pièces sans déplacement.

Art. 62. — Les conseils des accusés peuvent prendre, ou faire prendre copie de telle pièce du procès qu'ils jugent utile à leur défense.

Art. 63. — Trois jours au moins avant l'ouverture de la cour criminelle, il est procédé, par le président de ladite cour ou par le juge qu'il a délégué à cet effet, au tirage au sort des assesseurs

Art. 64. — Le jour du tirage au sort des assesseurs est fixé par une ordonnance du président de la cour criminelle, sur la réquisition du Procureur général ou de ses substituts.

Art. 65. — Le tirage se fait en chambre du conseil, en présence du ministère public, du greffier, des accusés et de leurs conseils.

A cet effet, le juge chargé du tirage dépose un à un dans une urne, après les avoir lus à haute et intelligible voix, les noms des vingt notables de l'arrondissement, écrits sur des bulletins.

Art. 66. — Cette première opération terminée, le président ou le juge délégué retire successivement chaque bulletin de l'urne et lit le nom qui s'y trouve inscrit.

Les accusés, quel que soit leur nombre, ont la faculté d'exercer deux récusations péremptoires. Le ministère public jouit de la même faculté. Lorsque les accusés ne se sont point concertés pour exercer leurs récusations, l'ordre des récusations s'établit entre eux d'après la gravité de l'accusation.

Dans le cas d'accusation de crime de même gravité contre divers individus, l'ordre des récusations est déterminé par la voie du sort.

Art. 67. — La liste des assesseurs est définitivement formée lorsque le magistrat chargé, du tirage a obtenu par le sort le nombre d'assesseurs nécessaire au service de la session, sans qu'il y ait eu de récusation ou lorsque les récusations ont été épuisées.

Les deux assesseurs ainsi désignés font partie de la cour criminelle pour le jugement de toutes les affaires inscrites au rôle de la session.

Il est tiré égalemant au sort, de la même manière, deux assesseurs supplémentaires, pour remplacer, le cas échéant, les assesseurs titulaires.

Art. 68. — Les empêchements résultant pour les juges de leur parenté ou de leur alliance, soit entre eux, soit avec les accusés ou la partie civile, sont applicables aux assesseurs, soit entre eux, soit entre eux et les juges, soit entre eux et les accusés et la partie civile.

Art. 69. — Nul ne peut être assesseur dans la même affaire où il a été officier de police judiciaire, témoin, interprète, expert ou partie.

Art. 70. — Les récusations fondées sur une des causes prévues par les deux articles qui précèdent sont jugées sur simple requête par la cour criminelle, qui ordonne, s'il y a lieu, que l'assesseur récusé soit remplacé par un des assesseurs supplémentaires, en suivant l'ordre du tirage au sort.

Art. 71. — Les accusés qui ne sont arrivés dans la maison de justice qu'après le tirage des assesseurs ou l'ouverture des assises, ne pourront y être jugés que lorsque le Procureur général l'aura requis, lorsque les accusés y auront consenti, et lorsque le président l'aura ordonné. En ce cas, le Procureur général et les accusés seront considérés comme ayant accepté la composition de la cour criminelle.

Art. 72. — Tout assesseur qui ne sera pas rendu à son poste sur la citation qui lui aura été notifiée, sera condamné par la cour criminelle à une amende, laquelle sera :

Pour la première fois, de 200 francs au moins et de 500 francs au plus ;

Pour la seconde fois, de 500 francs au moins et de 1,000 francs au plus ;

Pour la troisième fois, de 1,000 francs au moins et de 2,000 francs au plus.

Cette dernière fois, il sera, de plus, déclaré incapable d'exercer à l'avenir les fonctions d'assesseur. L'arrêté sera imprimé et affiché à ses frais.

Art. 73. — Seront exceptés ceux qui justifieront qu'ils étaient dans l'impossibilité de se rendre au jour indiqué.

La cour prononcera sur la validité de l'excuse.

Art. 74. — Les peines portées en l'article 72 sont applicables à tout assesseur qui, même s'étant rendu à son poste, se retirerait avant l'expiration de ses fonctions sans une excuse valable, qui sera également jugée par la cour.

Art. 75. — Au jour fixé pour l'ouverture de la session, la cour ayant pris séance, les assesseurs se placent à ses côtés dans l'ordre désigné par le sort.

Art. 76. — Le président a la police de l'audience. Il est investi d'un pouvoir discrétionnaire, en vertu duquel il peut prendre sur lui tout ce qu'il croit utile pour découvrir la vérité, et la loi charge son honneur et sa conscience d'employer tous ses efforts pour en favoriser la manifestation.

Il peut, dans le cours des débats, appeler, même par mandat d'amener, et entendre toutes personnes ou se faire apporter toutes nouvelles pièces qui lui paraîtraient, d'après les nouveaux développements donnés à l'audience, soit par les accusés, soit par les témoins, pouvoir répandre un jour utile sur le fait contesté. Les témoins ainsi appelés ne prêtent point serment et leurs déclarations ne sont considérées que comme renseignements.

Le président doit rejeter tout ce qui tendrait à allonger les débats sans donner lieu d'espérer plus de certitude dans les résultats.

Art. 77. — L'accusé comparaît libre, et seulement accompagné de gardes pour l'empêcher de s'évader. Le président lui demande son nom, ses prénoms, son âge, sa profession, sa demeure et le lieu de sa naissance.

Art. 78. — Le président avertit le conseil de l'accusé qu'il ne peut rien dire contre sa conscience ou contre le respect dû aux lois, et qu'il doit s'exprimer avec décence et modération.

Art. 79. — A la première audience de chaque session d'assises, le président fait prêter aux assesseurs, debout et découverts, le serment suivant, dont il prononce la formule en ces termes :

« Je jure et promets, devant Dieu et devant les hommes, d'examiner avec l'attention la plus scrupuleuse les affaires qui me seront soumises pendant le cours de la présente session ; de ne trahir ni les intérêts de l'accusé ni ceux de la société ; de n'écouter ni la haine, ni la méchanceté, ni la crainte ou l'affection, et de ne me décider que d'après les charges et les moyens de défense, suivant ma conscience et mon intime conviction, avec l'impartialité et la fermeté qui conviennent à un homme probe et libre. »

Chacun des assesseurs, appelé individuellement par le président, répondra en levant la main, « Je le jure », à peine de nullité.

Art. 80. — Immédiatement après, le président avertit l'accusé d'être attentif à ce qu'il va entendre.

Il ordonne au greffier de lire la déclaration de poursuite et l'acte d'accusation.

Le greffier fait cette lecture à haute voix.

Art. 81. — Le Procureur général expose le sujet de l'accusation, et présente ensuite la liste des témoins qui doivent être entendus, soit à la requête de la partie civile, soit à celle de l'accusé.

Cette liste est lue à haute voix par le greffier.

Art. 82. — Le président ordonne aux témoins de se retirer dans la chambre qui leur aura été destinée. Ils n'en sortiront que pour déposer.

Le président prend des précautions, s'il en est besoin, pour empêcher les témoins de conférer entre eux avant leur déposition.

Art. 83. — Les témoins font à l'audience, sous peine de nullité, le serment de dire toute la vérité, rien que la vérité, et le greffier en tient note, ainsi que de leurs nom, prénoms, âge, profession et demeure.

Sont en outre observées les dispositions des arcles 156, 157 158, 159, 325, 326, 337 et 329 du code d'instruction criminelle.

Art. 84. — Si, d'après les débats, la déposition d'un témoin paraît fausse, le président peut, sur la réquisition, soit du procureur général, soit de l'accusé, et même d'office, faire sur le champ mettre le témoin en état d'arrestation. Le Procureur général, le président ou l'un des juges par lui commis remplissent à son égard :

Le premier, les fonctions d'officier de police judiciaire ;

Le second, les fonctions de juge d'instruction.

Les pièces de l'instruction sont transmises au Procureur général pour être par lui statué sur la mise en accusation.

Art. 85. — Dans le cas de l'article précédent, le procureur général, la partie civile, ou l'accusé, peuvent immédiatement requérir, et la cour ordonner même d'office, le renvoi de l'affaire à la prochaine session.

Art. 86. — Si l'accusé, les témoins ou l'un d'eux, ne parlent pas le même langage ou le même idiome, ou si l'accusé est sourd et muet et ne sait écrire, le président doit se conformer aux prescriptions des articles 332 et 333 du code d'instruction criminelle.

Art. 87. — Le président détermine celui des accusés qui doit être le premier soumis aux débats, en commençant par le principal accusé, s'il y en a un.

Il se fait ensuite un débat particulier sur chacun des accusés.

Art. 88. — A la suite des dépositions des témoins et des dires respectifs auxquels elles auront donné lieu, la partie civile ou son conseil, et le Procureur général, sont entendus et développent les moyens qui appuient l'accusation.

L'accusé ou son conseil peut leur répondre. La réplique est permise à la partie civile et au Procureur général, mais l'accusé ou son conseil a toujours la parole le dernier.

Le président déclare ensuite que les débats sont terminés.

Art. 89. — Le président pose les questions de l'acte d'accusation en ces termes :

« L'accusé est-il coupable d'avoir commis tel meurtre, tel vol, ou tel autre crime, avec toutes les circonstances comprises dans le résumé de l'acte d'accusation ? »

Il observe, pour le surplus, les dispositions des articles 338, 339 et 340 du code d'instruction criminelle.

Art. 90. — En toute matière criminelle, même en cas de récidive, le président, après avoir posé les questions résultant de l'acte d'accusation et des débats, pose la question des circonstances atténuantes.

Art. 91. — Après la lecture des questions par le président, l'accusé, son conseil, la partie civile et le Procureur général peuvent faire, sur la position de ces questions, telles observations qu'ils jugent convenables.

Si le Procureur général ou l'accusé s'oppose à la position des questions telles qu'elles ont été présentées, il est statué par la cour sur le mérite de cette opposition.

Art. 92. — Le président fait ensuite retirer l'accusé de l'auditoire, et la cour se rend, avec les assesseurs, dans la chambre du conseil pour délibérer sur la solution des questions.

Art. 93. — La cour criminelle, avec les assesseurs, rentre ensuite en séance, et le président, après avoir fait comparaître l'accusé, donne lecture de la délibération qui est signée par les membres de la cour, les assesseurs et le greffier.

Art. 94. — La cour, sans la participation des assesseurs, délibère sur l'application de la peine.

Sont observées pour le surplus les dispositions des articles 191, 358, 359, 360, 361, 362, 363, 364, 365, 367, 368, 195 et 371 du code d'instruction criminelle.

Art. 95. — La cour, jugeant sans le concours des assesseurs, statue sur les affaires de contumace, conformément aux dispositions des articles 465 à 478 inclus du code d'instruction criminelle.

Art. 96. — En toute matière, le Procureur général peut autoriser la mise en liberté provisoire, avec ou sans caution. Il peut admettre comme cautionnement suffisant, sans qu'il soit besoin de dépot de deniers ou autres justifications et garanties, la soumission écrite de toute tierce personne jugée solvable, portant engagement de présenter ou de faire représenter le prévenu ou l'accusé à toute réquisition de la justice ou, à défaut, de verser au Trésor, à titre d'amende, une somme déterminée dans l'acte de cautionnement.

Art. 97. — Les crimes et délits commis par les indigènes ou asiatiques sont régis par le code pénal modifié, rendu applicable aux annamites par les décrets du 16 mars 1880, du 28 février 1887 et du 10 mai 1889, sauf ce qui est dit à l'article 98 ci-dessous.

Art. 98. — Les crimes et délits commis par les européens ou par des indigènes ou des asiatiques, de complicité avec les européens, ou par des indigènes au préjudice d'européens, sont régis par le code pénal métropolitain.

TITRE VI

Du ministère public

Art. 99. — Le Procureur général, comme représentant de l'action publique dans toute l'Indo-Chine, veille dans la limite de sa compétence à l'exécution des lois, ordonnances, décrets et réglements en vigueur; il fait toutes réquisitions nécessaires, poursuit d'office l'exécution des jugements et arrêts dans les dispositions qui intéressent l'ordre public.

Il signale au gouverneur général les arrêts ou jugements en dernier ressort qui lui paraissent susceptibles d'être attaqués par voie d'annulation ou de cassation dans l'intérêt de la loi.

Il requiert la force publique dans les cas et suivant les formes déterminées par les lois et décrets.

Art. 100. — Comme chef du service judiciaire de l'Indo-Chine, le Procureur général veille au maintien de l'ordre et de la discipline dans tous les tribunaux de l'Indo-Chine. Il a droit d'avertissement sur tout le personnel judiciaire et provoque, le cas échéant, les décisions du gouverneur général sur les actes qui seraient contraires à la discipline.

Il a la surveillance de tous les officiers de police judiciaire et des officiers ministériels.

Art. 101. — Le Procureur général veille à ce que les lois et règlements soient exécutés dans les tribunaux, et lorsqu'il y aura des observations à faire à cet égard, le président de la cour ou le président du tribunal de première instance sera tenu, sur sa demande, de convoquer une assemblée générale de la cour ou du tribunal.

Art. 102. — Le Procureur général n'assiste pas aux délibérations des juges lorsqu'ils se retirent dans la chambre du conseil pour les jugements, mais il assiste à toutes les délibérations qui regardent l'ordre et le service intérieur, ainsi que la discipline.

Il a le droit de faire inscrire sur les registres de la cour ou du tribunal, les réquisitions qu'il juge à propos de faire sur ces matières.

Art. 103. — Dans les affaires qui intéressent le Gouvernement, le Procureur général est tenu, lorqu'il en est requis par le gouverneur général, de faire, conformément aux instructions qu'il en reçoit, les actes nécessaires pour saisir les tribunaux.

Il examine les plaintes qui peuvent s'élever de la part des prévenus, et en rend compte au gouverneur général.

Il a l'inspection des actes judiciaires et des registres des greffes, des registres constatant l'état civil et de ceux des curateurs aux successions vacantes.

Il est chargé de réunir, pour être envoyés au Sous-secrétaire d'Etat des colonies, les doubles registres, doubles minutes et documents divers destinés au dépôt des archives coloniales.

Art. 104. — Le Procureur général prépare et soumet au Conseil privé, d'après les ordres du gouverneur général :

1° Les projets de décret, d'arrêtés, de réglements et d'instruction sur les matières judiciaires ;

2° Les rapports concernant :

Les recours en grâce ;

Les mesures à prendre à l'égard des fonctionnaires attachés à l'ordre judiciaire :

Les contestations entre les membres des tribunaux relativement à leurs fonctions, rangs et prérogatives ; enfin toutes les autres affaires concernant son service et qui doivent être portées au conseil privé.

Art. 105. — Le Procureur général a dans ses attributions :

1° La surveillance et la bonne tenue des lieux où se rend la justice.

2° La surveillance de la curatelle aux successions vacantes, telle qu'elle est déterminée par les ordonnances et décrets ;

3° La censure des écrits en matière judiciaire destinés à l'impression ;

4° La préparation du budget des dépenses relatives à la justice ;

5° La vérification et le visa de toutes les pièces nécessaires à la justification et à la liquidation des frais de justice à la charge des divers services ;

6° Le contre-seing des arrêtés, règlements, décisions du gouverneur général et autres actes de l'autorité locale en ce qui concerne l'administration de la justice ;

7° L'expédition et le contre-seing des provisions, commissions et congés délivrés par le gouverneur général aux membres de l'ordre judiciaire, ainsi que des commissions des notaires, avoués et autres officiers ministériels ;

8° La nomination des agents attachés aux tribunaux dont le traitement, joint aux autres allocations, n'excède pas 1,800 frans par an ;

9° La révocation ou la destitution de ces agents, après avoir pris les ordres du gouverneur général ;

10° L'enregistrement, partout où besoin est, des commissions et autres actes qu'il expédie et contre-signe.

Art. 106. — Il exerce directement la discipline sur les notaires, les avoués et les autres officiers ministériels, prononce contre eux, après les avoir entendus, et sauf les exceptions prévues par les décrets spéciaux concernant l'organisation des corps auxquels ils appartiennent, le rappel à l'ordre, la censure simple, la censure avec réprimande, et leur donne tout avertissement qu'il juge convenable.

A l'égard des peines plus graves, telles que la suspension, le remplacement pour défaut de résidence, ou la destitution, il fait d'office ou sur la réclamation des parties, les propositions qu'il juge nécessaires, et le gouverneur général statue après avoir pris l'avis des tribunaux, qui entendent en chambre du conseil le fonctionnaire inculpé.

Art. 107. — Il prépare et présente les rapports sur les demandes en dispense et en autorisation de mariage.

Art. 108. — Il fait remettre et adresse au gouverneur général, après en avoir fait la vérification, les doubles minutes des actes qui doivent être envoyés au dépôt des chartes coloniales en France.

Art. 109. — § 1er. Il prend les ordres généraux du gouverneur général sur toutes les parties du service qui lui est confié, dirige et surveille leur exécution en se conformant aux lois, décrets, réglements et décisions ministérielles, et rend compte au gouverneur général périodiquement, et toutes les fois qu'il l'exige, des actes et des résultats de son administration.

§ 2. Il l'informe immédiatement de tous les cas extraordinaires et circonstances imprévues qui intéressent son service.

Art. 110. — § 1er. Le Procureur général travaille et correspond seul avec le gouverneur général sur les matières de ses attributions.

§ 2. Seul il reçoit et transmet ses ordres sur tout ce qui est relatif au service qu'il dirige.

§ 3. Il présente au gouverneur général, toutes les fois qu'il en est requis, les registres des ordres qu'il a donnés et de sa correspondance officielle.

§ 4. Il porte à la connaissance du gouverneur général, sans attendre ses ordres, les rapports qui lui sont faits par ses subordonnés sur les abus à réformer, les améliorations à introduire dans les parties du service qui lui sont confiées.

Art. 111. — Le Procureur général prépare et propose, en ce qui concerne le service qu'il dirige :

La correspondance générale du gouverneur général avec le Sous-secrétaire d'État des colonies et avec les gouvernements étrangers ;

Les ordres généraux de service ;

Et tous autres travaux de même nature dont le gouverneur général juge à propos de le charger.

Il tient enregistrement de la correspondance générale du gouverneur général relative à son service.

Art. 112. — Il correspond avec tous les fonctionnaires et les agents du gouvernement dans la colonie, et les requiert, au besoin, de concourir au bien du service qu'il dirige.

Art. 113. — Il adresse au Sous-secrétaire d'État des colonies copie des représentations et des propositions qu'il a été dans le cas d'adresser au gouverneur général, lorsqu'elles ont été écartées, ainsi que de la décision intervenue.

Il lui adresse également, par l'intermédiaire du gouverneur général, à la fin de chaque année, un compte moral et raisonné de la situation du service dont il est chargé.

Il a la correspondance avec le Sous-secrétaire d'État des colonies pour les renseignements à demander et à transmettre, en ce qui concerne son service, ainsi que pour l'envoi des significations faites à son parquet et pour la réception de celles qui ont été faites au parquet des cours et tribunaux de France à l'effet d'être transmises aux colonies.

Art. 114. — Le Procureur général est personnellement responsable de tous les actes de son administration, hors le cas où il justifie, soit avoir agi en vertu d'ordres formels du gouverneur général et lui avoir fait sur ces ordres des représentations qui n'ont pas été accueillies, soit avoir proposé au gouverneur général des mesures qui n'ont pas été adoptées.

Art. 115. — Lorsque le Procureur général est remplacé dans ses fonctions, il est tenu de remettre à son successeur, en ce qui concerne son service, les pièces et documents mentionnés ci-dessous :

1° Un mémoire détaillé faisant connaître les opérations commencées ou projetées pendant son administration, et la situation des différentes parties du service ;

2° Des renseignements par écrit sur tous les magistrats, fonctionnaires et employés du Gouvernement relevant de son service dans la colonie,

3° Enfin, et sur inventaire, ses registres de correspondance et toutes les lettres et pièces officielles relatives à son administration, sans pouvoir en retirer aucune, à l'exception de ses registres de correspondance confidentielle et secrète.

Art. 116. — Toutes les fonctions du ministère public sont personnellement et spécialement confiées au Procureur général.

Il porte la parole, s'il le juge convenable, aux audiences de la cour, toutes chambres rassemblées, aux audiences solennelles de la cour, et aux audiences des chambres de la cour.

Art. 117. — L'avocat général et les substituts du Procureur général participent à l'action du ministère public, sous les ordres et sous la direction du Procureur général, qui les attache à la chambre à laquelle il croit leur service le plus utile.

Toutes les fois qu'ils en sont requis par le Procureur général, ils sont tenus de lui communiquer les conclusions qu'ils se proposent de donner.

En cas de dissentiment, le Procureur général prend la parole.

En cas d'absence ou d'empêchement du Procureur général, la direction du parquet est confiée à l'avocat général.

Art. 118. — Les procureurs de la République de Saigon et de l'intérieur remplissent près de leurs tribunaux respectifs les fonctions du ministère public et participent, sous la direction du Procureur général, à l'exercice des autres fonctions énoncées au présent titre. Il sont placés sous les ordres du Procureur général.

Art. 119. — Des licenciés en droit, nommés par le Sous-Secrétaire d'État des colonies, pourront être attachés au parquet du Procureur général.

Ils pourront être nommés par décret du chef de l'État à un emploi dans la magistrature, après avoir rempli les conditions dont il sera parlé au titre VII ci-après.

TITRE VII.

Des membres de l'ordre judiciaire

CHAPITRE PREMIER — *Composition du corps judiciaire en Cochinchine.*

Art. 120. — Les magistrats et les greffiers de la cour d'appel et des tribunaux sont nommés par le Président de la République.

Le greffier de la justice de paix de Saigon, est nommé par le Sous-Secrétaire d'État des colonies.

Les commis greffiers sont nommés par le gouverneur général, sur la proposition du Procureur général.

Art. 121. — Les attachés pourront, si les besoins du service l'exigent, être proposés concurremment avec les juges suppléants ou à défaut de ces derniers, pour remplir par intérim des emplois vacants, soit à la justice de paix de Saigon, soit au tribunal de Saigon, soit dans les tribunaux de l'intérieur.

Dans ce cas ils devront, préalablement à leur entrée en fonction, prêter serment devant la cour d'appel.

CHAPITRE II. — *Des conditions d'âge et de capacité*

Art. 122. — L'âge requis pour les divers emplois de la magistrature est fixé comme suit : à vingt-deux ans pour les juges suppléants et le substitut du procureur de la République ; à vingt-cinq ans accomplis pour les procureurs de la République, les substituts du Procureur général et les greffiers des tribunaux de première instance et de la justice de paix de Saigon ; vingt-sept ans accomplis pour les juges de première instance, les conseillers et le greffier de la cour d'appel ; trente ans accomplis pour le Procureur général et le président de la cour.

Art. 123. — Nul ne peut entrer dans la magistrature s'il n'est licencié en droit, s'il n'a suivi le barreau pendant deux ans après avoir prêté serment à la cour d'appel, ou s'il n'a été attaché pendant un an au moins au parquet général de Cochinchine.

Les administrateurs des affaires indigènes, licenciés en droit, qui entreront dans le corps judiciaire de la Cochinchine, sont exemptés de cette condition de stage.

Art. 124. — Les greffiers de la cour et des tribunaux de 1re instance ne pourront être choisis que parmi les licenciés en droit, à moins qu'ils n'aient précédemment exercé les fonctions d'avoué, de défenseur ou de commis greffier pendant quatre années au moins.

Art. 125. — Les parents et alliés jusqu'au degré d'oncle et de neveu inclusivement, ne pourront être simultanément membres de la cour ou du même tribunal, soit comme conseillers, juges, lieutenants de juge ou juges suppléants, soit comme officiers du ministère public, ou comme greffiers.

En cas d'alliance survenue depuis la nomination, celui qui l'a contractée ne pourra continuer ses fonctions sans obtenir une dispense du chef de l'État.

Art. 126. — Avant d'entrer en fonctions, les membres de la cour et des tribunaux prêtent serment soit devant la cour, soit devant le tribunal désigné par la cour, soit par écrit, conformément aux décrets du 11 décembre 1885, et du 19 avril 1889.

CHAPITRE III. — *De la Résidence et des congés.*

Art. 127. — Les membres de la cour et des tribunaux, ainsi que les greffiers et commis greffiers sont tenus, à défaut d'une autorisation spéciale, de résider dans le lieu même où siègent la cour et les tribunaux dont ils font partie.

Art. 128. — Les magistrats ne peuvent s'absenter sans congé, si ce n'est pour cause de service. Le magistrat qui s'absente sans un congé délivré d'après les dispositions du règlement, est privé de son traitement pendant le temps qu'a duré son absence.

Si cette absence excède quinze jours, il lui est enjoint par le procureur de se rendre à son poste. Faute par lui d'obtempérer à cette injonction dans le même délai, il en est rendu compte au gouverneur général qui, suivant les circonstances, et de l'avis du conseil privé, peut, après avoir entendu le magistrat ou du moins l'avoir appelé, le suspendre provisoirement de ses fonctions pendant trois mois au plus, et même provoquer sa destitution.

La disposition ci-dessus est applicable à tout magistrat qui n'aura pas repris ses fonctions à l'expiration de son congé, ou qui ne résiderait pas dans le lieu qui lui est assigné par ses fonctions.

CHAPITRE IV. — *De la discipline.*

Art. 129. — La cour d'appel a le droit de surveillance su ses membres autres que les officiers du ministère public, ainsi que sur les juges des tribunaux de première instance et de commerce.

Elle a la connaissance des crimes et des délits prévues par le chapitre 3, titre 4, livre 2 du code d'instruction criminelle, dans tout les cas où la connaissance en est déférée aux cours d'appel de France.

Le Président de la cour avertit d'office, ou sur la réquisition du ministère public, tout juge qui manquerait aux devoirs de son état.

Art. 130. — Si l'avertissement reste sans effet, ou si le fait reproché au magistrat est de nature à compromettre la dignité de son caractère, le président ou le Procureur général provoque contre ce magistrat, par forme de discipline, l'application d'une des peines suivantes :

La censure simple ;
La censure avec réprimande ;
La suspension provisoire.

Art. 131. — La censure avec réprimande emporte de droit la privation, pendant un mois, de la totalité du traitement.

La suspension provisoire emporte aussi, pendant le temps de sa durée, la privation du traitement sans que, dans aucun cas, la durée de cette privation puisse être moindre de deux mois.

Art. 132. — L'application des peines déterminées par l'article 130 est faite par la cour en chambre du conseil, sur les conclusions écrites du Procureur général, après toutefois que le magistrat inculpé a été entendu ou dûment appelé.

Art. 133. — Tout magistrat qui se trouve sous les liens d'un mandat d'arrêt, de dépôt ou d'une ordonnance de prise de corps, est suspendu de ses fonctions.

En cas de condamnation correctionnelle emportant emprisonnement, la suspension a lieu à dater du jour de la condamnation, jusqu'à celui où il aura subi sa peine, sans préjudice des mesures de discipline qui pourraient être prises contre, lui et même de la révocation, s'il y a lieu.

Art. 134. — Il est rendu compte par le Procureur général au gouverneur général des décisions prises par la cour.

Lorsque la censure avec réprimande ou la suspension provisoire auront été prononcées, ces mesures ne seront exécutées qu'autant qu'elles auront été approuvées par le gouverneur général, après avis du conseil privé.

Néanmoins, en cas de suspension, le magistrat sera tenu de s'abstenir de ses fonctions jusqu'à ce que le gouverneur général ait prononcé.

Le gouverneur général rendra compte au Sous-secrétaire d'État des colonies des décisions prises à cet égard.

Art. 135. — Le Gouverneur général pourra toujours, quand il le jugera convenable, mander devant lui les membres de l'ordre judiciaire pour en obtenir des explications sur les faits qui leur seraient imputés, et les déférer ensuite, s'il y a lieu, à la cour qui statuera ce qu'il appartiendra.

Art. 136. — Les officiers du ministère public, qui manqueraient aux convenances de leur état ou qui compromettraient la dignité de leur caractère, seront rappelés à leurs devoirs par le Procureur général.

Il en rendra compte au Gouverneur général qui, suivant la gravité des circonstances, leur fera faire par le Procureur général les injonctions qu'il jugerait nécessaires, ou pourra leur appliquer, après avis du conseil privé, l'une des peines de discipline prévues par l'article 130, après toutefois que le magistrat inculpé aura été dûment appelé.

Le gouverneur général rendra compte au Sous-secrétaire d'État des colonies des décisions qui auront été prises à cet égard.

Art. 137. — Les greffiers seront avertis ou réprimandés, savoir : celui de la cour par le président, ceux des tribunaux de première instance par le président du tribunal.

Le Procureur général et les procureurs de la République auront à l'égard des greffiers les mêmes droits d'avertissement et de réprimande.

Le Procureur général les dénoncera, s'il y a lieu, au Gouverneur général.

Art. 138. — Les commis-greffiers pourront être révoqués avec l'assentiment de la cour ou du tribunal auxquels ils sont attachés. Toutefois la révocation ne sera définitive qu'après approbation du Gouverneur général.

Dans les cas de fautes graves, la cour ou le tribunal pourra d'office ou sur la réquisition du ministère public, ordonner que le commis-greffier entendu ou dûment appelé, cessera sur le champ ses fonctions. Le greffier sera tenu de pourvoir au remplacement dans le délai qui aura été fixé par la cour ou le tribunal.

Art. 139. — Les décisions de la cour d'appel en matière de discipline ne peuvent être rendues que par cinq magistrats : elles ne seront pas susceptibles de recours en cassation.

Art. 140 — Le ministre du commerce, de l'industrie et des colonies exerce, avec le concours du garde des sceaux, ministre de la justice, le pouvoir disciplinaire à l'égard des membres de l'ordre judiciaire de la colonie.

Après avoir entendu les explications du magistrat inculpé, ils statuent définitivement sur l'action disciplinaire.

TITRE III

Dispositions diverses.

Art. 141. — En cas d'empêchement de l'un des magistrats désignés ci-dessus, il sera pourvu à son remplacement par le gouverneur général, sur la proposition du Procureur général.

Les personnes désignées à cet effet pourront être dispensées des conditions d'âge et de capacité exigées des titulaires. Leur situation, au point de vue de la solde, sera réglée conformément aux dispositions de l'article 10 du décret du 1er juin 1875.

Art. 142. — Lorsque la cour d'appel de Saigon, en cas d'absence ou empêchement momentané de l'un ou de plusieurs de ses membres, ne pourra se constituer pour le jugement des affaires civiles et commerciales, correctionnelles, criminnelles, et d'annulation, le juge président du tribunal de première instance, et, à son défaut, le lieutenant de juge ou le magistrat qui occupe ces fonctions, pourront être appelés par le président pour la composition de la cour.

Art. 143. — La cour pourra proposer au gouverneur général des règlements pour la plus prompte expédition des affaires et pour la fixation du nombre et de la durée de ses audiences et de celles des tribunaux de première instance.

Ces règlements ne seront exécutés qu'après avoir été arrêtés par le gouverneur général, après avis du conseil privé ; ils ne deviendront définitifs que lorsqu'ils seront revêtus de l'approbation du Sous-secrétaire d'État des colonies.

Tout ce qui concerne la fixation des tarifs judiciaires et des droits de greffe, ainsi que la discipline sur les notaires, les officiers ministériels et les fonctionnaires attachés au service de la justice, a été ou sera réglé par décret du Président de la République, sur la proposition du ministre du commerce, de l'industrie et des colonies, et du garde des sceaux, ministre de la justice et des cultes.

Toutefois, le gouverneur général, après avis du conseil privé, pourra prendre des arrêtés sur ces matières.

Ces arrêtés seront provisoirement exécutoires.

Art. 144. — La date de l'entrée en fonctions des tribunaux instituées par le présent décret, sera déterminée par des arrêtés du gouverneur général.

Art. 145. — Sont abrogées toutes les dispositions contraires au présent décret.

Continueront d'être observés les lois, décrets, règlements, ordonnances et arrêtés en vigueur en Cochinchine, concernant les diverses classes d'habitants, sur toutes les matières non réglées par le présent décret.

Art. 146. — Le président du conseil, ministre du commerce, de l'industrie et des colonies, et le garde des sceaux, ministre de la justice et des cultes, sont chargés, chacun en ce qui le concerne, de l'exécution du présent décret, qui sera inséré au *Journal officiel de la République française*, au *Bulletin des lois* et au *Bulletin officiel de l'administration des colonies*.

CARNOT.

N° 17. — CIRCULAIRE *ministérielle au sujet des indemnités de déplacement et de séjour des magistrats.*

11 novembre 1880.

Par lettre du 29 septembre dernier, vous avez appelé mon attention sur les dépenses occasionnées pour les indemnités de déplacement et de séjour attribuées aux magistrats qui remplissent des fonctions intérimaires hors de leur siège.

Vous m'avez signalé en même temps les abus et les compétitions fâcheuses qui résultent de cette situation, et vous m'avez proposé d'y apporter remède en supprimant les dites indemnités.

J'ai l'honneur de vous informer que je partage cette manière de voir et que j'estime, dans ces conditions, qu'il y a lieu d'étendre à tous les magistrats de la Cochinchine les exceptions qui sont formulées sur les tableaux annexés aux articles 2 et 12 (Observations) de l'arrêté ministériel du 19 janvier 1878 sur les indemnités de route et de séjour.

J'ai décidé, en conséquence,

1° que l'indemnité de route n'est pas due aux fonctionnaires de l'ordre judiciaire, toutes les fois que les moyens de transport leur sont fournis par l'administration ;

2° que l'indemnité de séjour n'est pas due à ces mêmes fonctionnaires quand ils sont déplacés pour exercer les fonctions intérimaires.

Je vous prie de donner des ordres en conséquence.

EUG. ETIENNE.

VOY : — **Franchise postale. — Asssitance judiciaire. — Caisse des dépôts et consignations. — Tribunaux mixtes. — Tribunaux consulaires.**

L

Langue annamite. (Primes pour la)

N° 1. — ARRÊTÉ *accordant une allocation supplémentaire à tout fonctionnaire du Protectorat qui justifiera de connaissances pratiques en langue annamite et en langue chinoise.*

9 août 1886

Article premier. — Tout fonctionnaire français du Protectorat, qui passera avec succès un examen d'ordre pratique sur la langue annamite ou la langue chinoise, recevra, tout le temps qu'il sera au service du Protectorat, une allocation annuelle de deux cent cinquante francs (250 francs), s'il subit l'examen avec la mention *passable*, et de cinq cents francs (500 francs) s'il obtient la mention *bien*.

Les allocations pour les deux langues pourront se cumuler.

Le fonctionnaire qui a obtenu dans un examen la mention *passable*, pourra se représenter de nouveau en vue d'obtenir la mention *bien*.

Art. 2. — Les Résidents supérieurs en Annam et au Tonkin sont chargés, chacun en ce qui le concerne, de l'exécution du présent arrêté. (1)

PAUL BERT.

N° 2. — ARRÊTÉ *créant une commission d'examen pour les fonctionnaires désirant concourir pour l'obtention de la prime pour la connaissance de la langue annamite.*

3 août 1888

Rapporté par arrêté du 7 septembre 1888, publié ci-après.

N° 3. — ARRÊTÉ *modifiant celui du 9 août 1886, accordant des primes pour la connaissance de la langue annamite et des caractères chinois.*

21 septembre 1888

Article premier. — L'arrêté du 9 août 1886, accordant des primes pour la connaissance de la langue annamite et des caractères chinois, est rapporté et modifié ainsi qu'il suit.

Art. 2. — Les fonctionnaires et employés de tous grades de l'administration civile du Protectorat en Annam et au Tonkin, les inspecteurs et gardes principaux de la garde civile, qui justifieront, devant un jury d'examen, de la connaissance de la langue annamite et des caractères chinois, recevront, à titre de prime, durant leur séjour dans la colonie, une indemnité annuelle de cent piastres pour l'écriture en quoc-ngu, et de cent-vingt cinq piastres pour les caractères chinois.

Les allocations pour les deux langues pourront se cumuler.

Art. 3. — Ces examens porteront sur les matières ci-après.

Langue annamite

ÉPREUVE ÉCRITE. — Thème et version sans dictionnaire.

ÉPREUVE ORALE. — Traduction à livre ouvert, d'un ouvrage en prose facile, écrit en quoc-ngu.

Dialogue en annamite (l'examinateur parlant français et le postulant répondant en annamite).

Caractères chinois

ÉPREUVE ÉCRITE. — Traduction d'une pièce usuelle en caractères chinois, établissement d'une facture ou d'un acte usuel.

ÉPREUVE ORALE. — Traduction d'un texte en caractères chinois.

Art. 4. — Dans la première quinzaine de chaque semestre aura lieu une session d'examen pour la langue annamite et les caractères chinois.

Les dates des examens et la composition de la commission d'examen seront fixées par le Résident général.

Les demandes des candidats devront parvenir à la Résidence générale au plus tard le 15 juin et le 15 décembre de chaque année.

Art. 5. — Les titulaires des primes devront justifier tous les cinq ans, par un nouvel examen, de leur connaissance de la langue annamite ou des caractères chinois.

Art. 6. — Les fonctionnaires ayant déjà subi ces examens en Cochinchine, à l'exception des administrateurs des affaires indigènes et des interprètes, auront droit, durant leur séjour au Tonkin, à une allocation annuelle de cent-vingt cinq piastres (125 $) pour chacune des deux primes.

Art. 7. — Sont exceptés des dispositions du présent arrêté, MM. les Résidents, vice-résidents et interprètes, pour lesquels la connaissance de la langue annamite est obligatoire.

Art. 8. — Le Résident général en Annam et au Tonkin es chargé de l'exécution du présent arrêté.

RICHAUD.

N° 4. — ARRÊTÉ *rapportant celui du 3 août 1888, au sujet des primes pour la connaissance de la langue annamite et des caractères chinois.*

7 octobre 1888

Article unique. — L'arrêté du 3 août 1888 est rapporté.

E, PARREAU.

Légalisations

N° 1. — CIRCULAIRE *ministérielle rappelant les prescriptions de la circulaire du 7 mars 1887, relative aux pièces délivrées dans les colonies et à l'envoi des signatures types.*

21 août 1889

Une circulaire du 7 mars 1887, insérée au *Bulletin officiel de l'administration des colonies*, année 1887, page 89, vous a indiqué d'une façon précise les mesures que vous aviez à prendre pour l'envoi au Département des pièces délivrées dans les colonies, et destinées à être soumises en France, à la légalisation ministérielle, ainsi que pour l'envoi des signatures types.

J'ai remarqué que, dans un certain nombre de colonies, il n'a été tenu aucun compte de ces prescriptions.

J'ai l'honneur de vous rappeler que toute pièce officielle émanant d'une colonie, et destinée à être produite en France doit, avant d'être légalisée par le Sous-secrétaire d'État des colonies, être revêtue de votre légalisation ou de celle du fonctionnaire spécialement délégué par vous à cet effet.

Il est donc absolument indispensable que les signatures types des fonctionnaires chargés des légalisations au secrétariat du gouvernement, soient envoyées en France à chaque mutation et sans aucun retard, même s'il s'agit d'un intérimaire.

Je tiens à recevoir également les signatures types des Résidents supérieurs et Résidents chargés en sous ordre de l'administration des dépendances ou des pays de Protectorat.

Enfin, je désire que la plus grande publicité possible soit donnée aux 3e et 4e paragraphes de la circulaire précitée du 7 mars 1887, que je vous rappelle ci-dessous :

« Cependant des actes, soit en expédition, soit en brevet, « signés seulement par un maire, un adjoint, un notaire, un « greffier de tribunal, etc., dont le Département ne connaît pas « et ne peut vérifier la signature, sont trop souvent présentés « à la légalisation ministérielle. »

« Pour obvier à cet inconvénient, qui peut obliger les « détenteurs à renvoyer ces pièces au lieu d'origine, pour les « faire régulariser, j'ai l'honneur de vous prier de rappeler au « public, par des avis placardés dans les bureaux de l'adminis- « tration, dans les mairies, dans les études de notaires et autres « officiers ministériels, que toute pièce destinée à être produite « en France, ne doit pas être emportée par les particuliers, ni « transmise hors de la colonie par les autorités, sans avoir été, « au préalable, soumise à votre légalisation ou à celle de votre « délégué. »

Je vous prie de faire connaître au personnel placé sous vos ordres qu'en présence des réclamations qui me parviennent journellement, par suite de la négligence de certaines colonies, de la part de personnes qui reçoivent des actes non légalisés, ou dont la légalisation est incomplète, et qui sont forcées de les renvoyer dans le pays d'origine pour régularisation, je n'hésiterai pas à prendre des mesures de rigueur contre les fonctionnaires qui ne se conformeraient pas à mes instructions.

L'insertion de la présente circulaire au *Bulletin officiel de l'administration des colonies* tiendra lieu de notification.

E. ÉTIENNE.

(1) Voir ci-après modification à ces dispositions par arrêté du 21 septembre 1888.

N° 2. — CIRCULAIRE *au sujet des légalisations des actes de l'état civil.*

27 décembre 1889

J'ai eu l'occasion de remarquer à maintes reprises que les expéditions d'actes d'état civil, délivrées par les chanceliers de résidence, n'étaient pas revêtues de la légalisation réglementaire du chef de la province.

Je vous prie de vouloir bien à l'avenir, assurer l'exécution de cette formalité, obligatoire pour toutes pièces d'état civil destinées à être produites dans la Métropole.

BRIÈRE.

Léproserie, Lépreux

N° 1. — DÉCISION *allouant un secours en nature aux lépreux de l'hôpital de Hanoi* (1)

22 août 1883

Le Général commandant supérieur des troupes, en l'absence et sous réserve de l'approbation de M. le commissaire général de la République.

Vu la demande de secours formulée par les lépreux de l'hôpital de Hanoi;

Attendu que ces incurables ont toujours été nourris et entretenus aux frais du gouvernement annamite; que l'administration française ne peut moins faire que de suivre cette généreuse tradition;

Que d'ailleurs il y a intérêt, pour la santé publique, à isoler les lépreux et à les nourrir dans un local spécial.

Attendu qu'il y a urgence, ces malheureux étant pressés par la faim ;

Vu l'avis favorable du résident de France, administrateur de la ville de Hanoi;

Sur la proposition du Secrétaire général, inspecteur des résidences

DÉCIDE :

Il sera acheté, sur les fonds d'avances mis à la disposition de M. l'administrateur de la ville de Hanoi, 20 piculs de riz pour la nourriture des lépreux de l'hôpital.

La distribution en sera faite aux malades par les soins de ce fonctionnaire, qui devra en surveiller l'emploi.

BOUET.

N° 2. — DÉCISION *relative aux secours accordés à la Mission du Tonkin occidental, pour l'établissement d'une léproserie à Hanoi.*

27 janvier 1884

Article premier. — Un secours est accordé à la Mission du Tonkin occidental, pour l'établissement d'une léproserie à Hanoi, et l'entretien des infirmes et incurables de la province.

Art. 2. — Ce secours consistera, savoir:

1° En cinquante-huit piastres (58 piastres) par mois, imputables aux fonds du budget local;

2° En cinquante-huit piculs de paddy par mois, pris dans les greniers des *Pavillons noirs*, à la citadelle de Son-tay, et qui pourront être livrés, pour l'année entière, en une fois et par anticipation, à la Mission du Tonkin occidental ;

3° En cinq cents ligatures (500 ligatures) et deux cents *vuon* (environ 60 piculs) de riz, offerts par le Tong-doc de Hanoi.

Art. 3. — Les délivrances seront faites sur place, et sur acquit de Mgr le vicaire apostolique du Tonkin occidental ou de son fondé de pouvoirs, les frais de transport demeurant à la charge de l'institution, qui reste elle-même, d'ailleurs, sous le contrôle de M. le résident de France à Hanoi.

Art. 4. — Le Directeur des affaires civiles et politiques et le chef du service administratif sont chargés, chacun en ce qui le concerne, de l'exécution du présent arrêté.

COURBET.

(1) Nous insérons cette décision à simple titre de document, établissant que l'entretien des lépreux a toujours été une charge du pouvoir annamite.

N° 3. — CIRCULAIRE *au sujet de l'entretien des lépreux.*

15 novembre 1889.

D'après les lois et les coutumes annamites, les lépreux doivent être entretenus par l'État. Il en résulte que la caisse provinciale doit supporter les dépenses de cette nature.

J'ai décidé d'un commun accord avec S. E. le Kinh-luoc, que les sommes nécessaires à l'entretien des lépreux seraient prélevées mensuellement sur les caisses provinciales, et distribuées aux maires des communes qui ont à leur charge ces infirmes.

Vous voudrez donc bien vous entendre avec l'autorité provinciale pour vous renseigner sur le nombre de lépreux de votre province, et les localités où il se trouvent, puis vous déterminerez de concert avec le chef de la province la somme à allouer mensuelement par individu.

Les maires seront chargés de toucher cette allocation, et de pourvoir par ce moyen à l'entretien des lépreux de leur commune.

BRIÈRE.

Lettrés. — VOY.: Interprètes.

Licences. — VOY.: Opium.

Ligatures. — VOY.: Fonds d'avance. — Impôts.

Livrets de domestiques.

N° 1. — DÉCISION *astreignant les ouvriers et domestiques non citoyens français à l'obligation de se pourvoir d'un livret.*

1er octobre 1885

Article premier. — Tout asiatique non citoyen français, qu'il soit sujet français ou étranger, travaillant comme ouvrier ou domestique pour le compte d'un Européen ou assimilé, à la tâche, à la journée ou au mois, que l'engagement soit verbal ou par écrit, qu'il soit contracté pour une durée déterminée ou non, sera astreint à se pourvoir d'un livret d'ouvrier, à moins qu'il ne paye l'impôt foncier ou qu'il ne soit patenté.

Art. 2. — S'il travaille pour le compte d'une administration civile ou militaire, il sera également astreint à cette formalité, si ses fonctions ne doivent pas le faire comprendre dans la catégorie des employés.

Art. 3. — Les asiatiques astreints au livret seront soumis, pour tout ce qui concerne les contrats de louage, aux dispositions du Code civil français. (1).

Art. 4. — La possession d'un livret régulier, tant que son titulaire n'aura pas quitté son maître, sera une preuve suffisante pour écarter toute prévention de vagabondage.

Art. 5. — Le livret contiendra les noms et prénoms, le lieu de naissance, la profession du titulaire, les noms et domicile de ses parents, s'ils sont fixés en Annam ou au Tonkin, son signalement et même sa photographie, si faire se peut. Il portera un numéro d'ordre et la date de la délivrance; les diverses mutations y seront inscrites, sauf pour les ouvriers à la journée ou à la semaine.

Art. 6. — Les résidents sont chargés de délivrer ou faire délivrer par le commissaire de police ou chef de la résidence, les livrets d'ouvriers et de domestiques, moyennant un droit unique de un franc par livret.

En cas de perte de son livret, l'ouvrier ou le domestique pourra en obtenir un nouveau, en faisant un nouveau payement de un franc.

Art. 7. — Il sera tenu, dans chaque résidence, un registre des ouvriers et domestiques auxquels il aura été distribué un livret Ce registre rapportera les indications inscrites au livret.

Art. 8. — Quiconque, astreint à se pourvoir d'un livret, ne l'aura pas fait, sera puni de 1 à 5 jours de prison et de 1 à 50 francs d'amende, ou de l'une des deux peines seulement.

Sera puni des mêmes peines, sans préjudice de plus graves, s'il y a lieu, quiconque aura fait usage d'un livret dont il n'est pas titulaire.

Art. 9. — Le Directeur des affaires civiles et politiques et les résidents chargés de la justice sont chargés, chacun en ce qui le

(1) Livre III, titre VIII, art. 1708 et suivants.

concerne, de l'exécution de la présente décision qui, provisoirement exécutoire, sera soumise à l'approbation du Ministre, insérée au *Bulletin officiel* du Protectorat, et affichée partout où besoin sera.

VOY : Ouvriers et domestiques

COURCY.

Livrets de solde.

N° 1. — DÉPÊCHE *ministérielle rappelant que le livret de solde doit être remis aux officiers, fonctionnaires ou agents qui quittent la colonie.*

20 décembre 1884.

Trois infirmiers major de 2e classe, MM. XX..., viennent de rentrer en France sans être porteurs de leur livret de solde.

Il résulte des renseignements fournis par ces agents, qu'à leur départ du Tonkin, le commissaire aux revues les aurait informés que ces livrets seraient envoyés en France.

Ces pièces ne me sont pas parvenues, et il en résulte, pour le Département, l'impossibilité de régler leur situation pécuniaire.

Je vous prie de rappeler à l'administration placée sous vos ordres, que le livret est la propriété de l'officier, fonctionnaire ou agent, auquel il doit être remis, après avoir été apostillé, lorsqu'il part de la colonie en vertu d'un ordre de service.

Vous voudrez bien me faire connaître immédiatement quelle était leur situation pécuniaire au moment de leur embarquement.

FÉLIX FAURE.

N° 2. — CIRCULAIRE *au sujet de la tenue des livrets de solde.*

17 juin 1889.

J'ai eu l'occasion de constater que les prescriptions de la circulaire de M. le Résident supérieur, en date du 14 septembre 1886, N° 109, rappelée par celle du 10 octobre 1887, n° 614, relatives à la tenue des livrets individuels de solde, ont été perdues de vue, et que divers fonctionnaires et autres employés du Protectorat ont quitté le Tonkin sans être munis du livret destiné à la constatation de leur situation financière à leur arrivée en France.

En conséquence, j'ai décidé qu'à l'avenir tous les livrets du personnel seraient réunis à la résidence supérieure, 1er bureau, (personnel), où les fonctionnaires et employés devront les réclamer à leur passage à Hanoi. Vous aurez à m'en faire la demande télégraphiquement pour ceux d'entre eux qui ne toucheraient pas à Hanoi avant d'être rapatriés.

Je vous prie de vouloir bien me faire adresser d'urgence les livrets de solde du personnel placé sous vos ordres.

BRIÈRE.

Logement. — VOY. : Indemnités.

M

Machines à vapeur.

N° 1. — ARRÊTÉ *instituant le contrôle des chaudières et machines à vapeur.*

10 juin 1888.

Article premier. — Les lois, décrets et règlements qui régissent, en France, les chaudières et machines à vapeur placées à demeure ou en service à bord des bateaux, sont en tout applicables en Annam et au Tonkin.

Art. 2. — Les embarcations à vapeur qui naviguent dans les eaux de l'Annam et du Tonkin sans être inscrites sur les registres du Protectorat, sont soumises à toutes les dispositions du présent arrêté.

Art. 3. — Dans le délai de un mois, les propriétaires d'appareils à vapeur auront à faire une déclaration d'existence ou de mise en service, qui fera connaître avec précision :

1° Le nom et le domicile du vendeur de la chaudière ou l'origine de celle-ci;

2° Le lieu où elle est ou doit être établie.

3° La forme, la capacité et la surface de chauffe (joindre un croquis);

4° Le numéro du timbre réglementaire en kilos;

5° La date de la dernière épreuve réglementaire;

6° Un numéro d'ordre, si plusieurs chaudières sont installées au même point;

7° L'usage auquel la chaudière est destinée.

Art. 4. — Les épreuves réglementaires commenceront quatre mois après la notification du présent arrêté.

Art. 5. — Les propriétaires d'appareils à vapeur auront à verser au Trésor une somme de 30 fr. pour une épreuve réglementaire ou imposée, quand ils auront fourni leur pompe, et une somme de 50 francs, lorsqu'ils auront employé la pompe de l'administration.

Art. 6. — Le personnel chargé de la surveillance des chaudières aura droit de passage gratuit à bord d'une chaloupe quelconque, toutes les fois qu'il se déplacera pour son service.

Art. 7. — Les contestations qui pourraient survenir seront réglées en dernier ressort par M. le résident général.

Art. 8. — L'ingénieur conseil du Protectorat est chargé de l'exécution du présent arrêté, qui sera inséré au *Bulletin du Protectorat* et affiché selon les besoins.

RAOUL BERGER.

Magasinage. — VOY. : Douanes.

Magasins généraux.

N° 1. — CONTRAT *entre le gouvernement du Protectorat de l'Annam et du Tonkin, et MM. Ulysse Pila et Cie, pour la construction d'appontements et de magasins généraux à Haiphong.*

6 août 1886.

Entre :

Le Gouvernement du Protectorat français de l'Annam et du Tonkin, représenté par M. le Résident général,

d'une part ;

Et

MM. Ulysse Pila et Cie, domiciliés et demeurant à Haiphong,

d'autre part;

A été convenu ce qui suit ;

PREMIÈRE PARTIE

CHAPITRE PREMIER

Établissement des magasins généraux.

Article premier. — Le gouvernement du Protectorat garantit à MM. Ulysse Pila et Cie, pour une période de vingt années, aux clauses et conditions et sous les restrictions ci-dessous énumérées, le droit exclusif d'établir dans le port de Haiphong des magasins généraux délivrant des warants, servant d'entrepôts réels, avec appontements en eau profonde destinés à l'accostage des navires de mer, ou tous autres établissements similaires.

La période de vingt années courra à dater de l'ouverture au commerce des magasins généraux.

Art. 2. — A l'expiration des vingt années d'exploitation par les concessionnaires, le terrain, les bâtiments, tant magasins généraux que bureaux, habitations, dépendances, appontements, clôtures, matériel fixe et roulant, etc., etc., deviendront la propriété du gouvernement du Protectorat, et devront lui être remis en bon état de service.

CHAPITRE II

Fonctionnement des magasins généraux.

Art. 3. — A cet effet le gouvernement du Protectorat cède à MM. Ulysse Pila et Cie, pour la période ci-dessus indiquée, un terrain situé à Haiphong, et délimité comme suit :

Au nord : par le fleuve Cua-cam, dont il est riverain.
A l'ouest : par le canal en creusement.
Au sud et à l'est : par des terrains dépendant du territoire de

Les remblais nécessaires pour l'établissement des constructions et des travaux annexes seront faits aux frais du Protectorat

Art. 4. — Cette cession temporaire est faite à MM. Ulysse Pila et Cie, contre l'engagement qu'ils prennent envers le gouvernement du Protectorat d'exploiter dans les conditions ci-après indiquées :

1° Les magasins et hangars nécessaires pour servir de magasins généraux et entrepôts réels, et destinés à recevoir en visite, transit ou dépôt, toutes les marchandises tant d'importation que d'exportation passant par le port de Haiphong.

2° Des appontements en eau profonde, en nombre suffisant pour assurer les opérations bord à quai des plus grands navires fréquentant ce port.

Art. 5. — Ces appontements, comme les magasins et entrepôts, seront établis dans des conditions de solidité et de stabilité offrant toutes les garanties pour l'emploi auquel ils sont destinés.

Les appontements seront construits en fer et en bois.

Les magasins seront en briques et en fer.

Art. 6. — La superficie totale occupée par les magasins et hangars pourra être augmentée en raison des exigences du trafic, sans décision spéciale des autorités, dans la limite des ressources offertes par l'étendue du terrain mis à la disposition des concessionnaires.

Art. 7. — Les appontements seront munis, à leur extrémité, de grues ou barres croisées, dans des conditions de puissance d'élévation en rapport avec les travaux usuels à exécuter.

Ils seront reliés aux entrepôts par un chemin de fer à voie étroite.

Art. 8. — *Rapporté par arrêté du 2 mai 1890.*

Art. 9. — Un grand quai de débarquement d'une superficie de vingt mille mètres carrés environ, en partie couvert, sera réservé pour permettre à la douane la rapide inspection des marchandises, et garantir leur parfaite conservation jusqu'à leur enlèvement.

Art. 10. — Les concessionnaires réserveront, dans l'enceinte des magasins et entrepôts, un espace suffisant pour l'établissement des bureaux et casernements destinés à l'administration des douanes,

Art. 11. — Sur le terrain concédé, mais séparé des magasins par un mur, grille ou barrière, MM. Ulysse Pila et Cie sont autorisés à établir leurs bureaux, logements du personnel et dépendances.

Ces constructions sont partie intégrante des bâtiments devant devenir, au bout de vingt ans, la propriété du gouvernement.

Art. 12. — Toutes les marchandises, sans exception, devront venir se faire reconnaître en douane, aux appontements des magasins généraux.

Mais les navires conservent toute liberté de faire leurs opérations de débarquement et d'embarquement en rade ; les marchandises seront amenées dans des allèges aux appontements, où l'administration des douanes jugera si le permis de circulation peut être accordé sans débarquement préalable. Dans ce dernier cas, le droit d'accostage prévu par l'article 22 ne sera pas perçu, à moins que le concours du matériel ou des employés des magasins généraux n'ait étéréclamé.

Art. 13. — La vérification de toutes les marchandises devant s'effectuer à quai des magasins généraux, les concessionnaires s'engagent à faire transporter au bureau central des douanes les échantillons ou specimens de marchandises, en quantité désignée par le chef de service, quand celles-ci auront donné lieu à une contestation à l'examen à quai.

Art. 14 — Les mouvements et opérations de marchandises dans l'entrepôt réel seront effectués par les soins des concessionnaires, sous la surveillance de l'administration des douanes.

Art. 15. — Toutes les marchandises débarquées sur le quai d'inspection seront vérifiées par l'administration des douanes dans les trois jours qui suivront celui du débarquement. Passé ce délai, les marchandises non enlevées par les consignataires seront placées d'office en entrepôt, et soumises aux droits de magasinage.

Art. 16. — Les ventes publiques de marchandises ont lieu dans l'enceinte des magasins généraux, par l'intermédiaire de courtiers assermentés.

CHAPITRE III

Rachat et cession

Art. 17. — Le gouvernement du Protectorat se réserve le droit de rachat de la concession conférée à MM. Ulysse Pila et Cie, sur les bases et dans les conditions suivantes :

Le gouvernement du Protectorat pourra, s'il le juge nécessaire dans l'intérêt public, pour les besoins du commerce de Haiphong, et après avis du conseil du Protectorat, racheter, au bout de cinq années d'exploitation, le droit exclusif concédé par les présentes, dans les conditions suivantes :

Premier cas. — Rachat dans la deuxième période quinquennale d'exploitation :

A. — Remboursement à MM. Ulysse Pila et Ce du montant total de leurs constructions, appontements, matériel d'exploitation etc., etc.

B. — Payement d'une indemnité représentant le rachat de la concession, calculée pour chaque année restant à courir sur le tiers de la moyenne des bénéfices nets réalisés pendant les deux dernières années précédant le rachat.

Deuxième cas. — Rachat dans la troisième période quinquennale d'exploitation :

A. — Remboursement à MM. Ulysse Pila et Cie du montant total de leurs constructions, appontements, matériel d'exploitation etc., etc.

B. — Payement d'une indemnité représentant le rachat de la concession, calculée pour chaque année restant à courir sur le quart de la moyenne des bénéfices nets réalisés pendant les deux dernières années précédant le rachat.

Troisième cas. — Rachat dans le quatrième période quinquennale d'exploitation :

A. — Remboursement à MM. Ulysse Pila et Cie du montant total de leurs constructions, appontements, matériel d'exploitation etc., etc.

Sans payement d'indemnité.

Art. 18. — Les concessionnaires ne pourront sous-traiter en tout ou en partie, sans l'autorisation par écrit du Résident général.

CHAPITRE IV

Du début de l'exploitation.

Art. 19. — Les concessionnaires s'engagent à commencer l'exploitation des appontements, magasins et entrepôts, dix mois au plus après la notification officielle faite par le gouvernement du Protectorat de la remise des terrains remblayés et en état de recevoir les constructions.

Art. 20 — Dans le délai de trois mois à dater de la signature du présent contrat, les concessionnaires soumettront au gouvernement du Protectorat, les règlements détaillés de l'exploitation des magasins généraux, etc., rédigés sur les bases déterminées au présent cahier des charges.

DEUXIÈME PARTIE

TARIFS

Observations générales. — I. — Le tarif ci-après est un tarif général, comprenant toutes les manipulations inhérentes au transit des diverses marchandises, telles que : droits de planche, de mahonne, pesage, criblage, mise en sac, coupage, etc, etc..., pour lesquelles il ne sera exigé que le remboursement de la main-d'œuvre.

II. — Les marchandises en magasins ne sont assurées que sur la demande des intéressés. Une police flottante est ouverte dans ce but à leur disposition.

PREMIÈRE SECTION. — TARIFS GÉNÉRAUX

Art. 21. — *Tarifs d'accostage.* — Droit de quai : un vapeur, voilier ou jonque, s'accostant pour charger : 0 fr. 80 par tonne ou mètre cube embarqué ;

Droit de quai : un vapeur, voilier ou jonque, s'accostant pour décharger : 0 fr. 80 par tonne ou mètre cube débarqué ;

Droit de quai : un vapeur, voilier ou jonque, s'accostant pour faire les deux opérations ci-dessus : 1 fr. 20 par tonne ou mètre cube embarqué et débarqué.

Art. 22. — *Tarifs d'opérations.* — Extraction de la cale et mise à quai, 1 fr. 50 par tonne ou mètre cube ; prise à quai et arrimage en cale, 1 fr. 60 par tonne ou mètre cube.

Art. 23. — *Manipulations et magasinage.* — Mise en magasin ou sortie sur quai, 0 fr. 70 par tonne ou mètre cube.

MAGASINAGE

§ 1er. — Colis pesant moins d'une tonne ou cubant moins d'un mètre cube :

Première quinzaine	0 f. 35	par colis.
Deuxième quinzaine	0 30	—
Troisième quinzaine et suivantes	0 20	—

Toute quinzaine commencée est acquise.

§ 2. — Colis pesant une tonne ou plus, ou cubant un mètre cube ou plus ;

Première quinzaine	4 f. »»	par colis.
Deuxième quinzaine	2 50	—
Troisième quinzaine et suivantes	1 75	—

Toute quinzaine commencée est acquise.

Art. 24. — *Droit fixe.* — Il est perçu un droit uniforme de dix centimes (0 fr. 10) par colis sur toutes marchandises traversant les magasins généraux, entrepôts, ou ayant seulement débarqué aux appontements.

Le gouvernement du Protectorat participera aux bénéfices de l'exploitation, par le prélèvement de trois centimes par colis sur les dix centimes ci-dessus indiqués. Les bases de cette perception seront établies d'après les statistiques de l'administration des douanes.

DEUXIÈME SECTION. — TARIFS SPÉCIAUX

§ 1er — *Riz et paddy*

Art. 25. — 1° Extraction de la cale

et mise à quai	1 f. 20	par tonne.
2° Prise à quai et arrimage en cale	1 30	—
3° Mise en magasin ou sortie sur quai	0 50	—
4° Magasinage : Première quinzaine	0 f. 23	par sac.
Deuxième quinzaine	0 20	—
Troisième quinzaine et suivantes,	0 f. 13	par sac.
Toute quinzaine commencée est acquise.		
5° Droit fixe	0 05	par sac dont
	0 f. 0 15	pour l'État.

§ 2. — *Marchandises encombrantes et en vrac, dont la valeur ne dépasse pas trente dollars par tonne ou mètre cube.*

Art. 26. — Les marchandises encombrantes et en vrac, telles que : charbon en roche ou en briquettes, tuiles, briques, bois de construction, vieux fers, nattes pour emballage, granits, matériaux de construction, etc., etc., dont la valeur ne dépasse pas trente dollars par tonne ou mètre cube, sont taxées suivant un tarif spécial qui sera ultérieurement soumis à l'approbation de M. le Résident général.

Fait double à Hanoi, le six août mil huit cent quatre-vingt-six.

Par procuration de ULYSSE PILA et Cie,

C. COTTON.

Le Résident général,
PAUL BERT.

N° 2. — CONTRAT ANNEXE

18 août 1886.

Entre :

Le Gouvernement du Protectorat français de l'Annam et du Tonkin, représenté par M. le Résident général,

Et

MM. Ulysse Pila et Cie, domiciliés et demeurant à Haiphong, d'autre part ;

A été convenu ce qui suit :

ANNEXE AU CONTRAT DU 6 AOUT 1886.

Article premier. — MM. Ulysse Pila et Cie s'engagent à participer dans le coût de la construction des établissements à ériger pour l'administration centrale des douanes, dans la ville de Haiphong, pour une somme de dix mille piastres (10,000).

Art. 2. — D'un autre coté, le gouvernement du Protectorat donnera à MM. Ulysse Pila et Cie l'entreprise de la construction, sur ses plans et devis, des locaux nécessaires au service des douanes, qui seront édifiés aux frais du Protectorat, dans l'enceinte des magasins généraux de Haiphong.

Fait double à Hanoi, le dix-huit août mil huit cent quatre-vingt-six.

Par procuration de ULYSSE PILA et Cie,

C. COTTON.

Le Résident général,
PAUL BERT.

N° 3. — ARRÊTÉ *fixant l'ouverture des Magasins généraux de Haiphong.*

4 février 1889

Article premier. — Les Magasins généraux concédés à MM. Ulysse Pila et cie, suivant contrat en date du 6 août 1886, sont ouverts au commerce, et seront exploités dans les conditions prévues par ledit contrat.

Art. 2. — Toutes réserves généralement quelconques tant de fait que de droit, sont faites dans l'intérêt de l'État et du Protectorat ;

Art. 3. Le Résident-maire de Haiphong et le Sous-Directeur des douanes sont chargés, chacun en ce qui le concerne, de l'exécution du présent arrêté.

E. PARREAU.

N° 4. — ARRÊTÉ *instituant un commissaire de surveillance près des Docks de Haiphong.*

24 février 1889

Rapporté par arrêté du 20 avril 1889.

N° 5. — ARRÊTÉ *rapportant celui du 24 février 1889, instituant un contrôle administratif des opérations des magasins généraux de Haiphong.*

20 avril 1889

Article premier. — Est rapporté l'arrêté du 24 février 1889, relatif à l'institution d'un contrôle administratif des opérations des magasins généraux à Haiphong.

Art. 2. — Le Résident supérieur au Tonkin, est chargé d'assurer l'exécution du présent arrêté.

RICHAUD.

N° 6. — ARRÊTÉ *prescrivant le déchargement aux Docks de Haiphong, des colis arrivant au Tonkin par les navires affrétés par l'État.*

4 janvier 1890.

Article premier. — Les opérations de déchargement des colis arrivant au Tonkin à bord des navires affrétés par l'État, seront effectuées aux appontements de la société des Docks.

Art. 2. — (1).

Art. 3. — Tous les colis autres que ceux de l'administration, embarqués sur les transports de l'État ou affrétés, seront déclarés en douane pour l'acquitement des droits, s'il y a lieu, et l'établissement de la statistique.

Art. 4. — Le Résident supérieur au Tonkin est chargé de l'exécution du présent arrêté.

PIQUET.

(1) Voir ci-après arrêté du 10 mai 1890, modifiant l'article 2.

N° 7. — ARRÊTÉ *modifiant l'art. 8 des conventions entre l'administration du Protectorat et la société des Docks de Haiphong.*

2 mai 1890.

Article premier. — L'article 8 du contrat intervenu le 6 août 1886, entre l'administration du Protectorat et MM. Ulysse Pila et Cie, aux droits desquels se trouve actuellement la société anonyme des Docks de Haiphong, est supprimé sous les réserves ci-après.

Art. 2. — La société des Docks devra rétrocéder à la ville de Haiphong, par acte en bonne forme, et franc et quitte de toutes dettes et charges, le terrain qui lui avait été concédé pour la construction d'un magasin annexe, sur la rive droite du Song-tam-Bac, et ce dans un délai de 3 mois à compter de ce jour, à l'expiration duquel elle devra avoir procédé à l'enlèvement des constructions y édifiées ou des matériaux en provenant.

Art. 3. — La dite société sera tenue en outre d'établir à ses frais, dans le même délai de trois mois à compter de ce jour, une voie ferrée pour amener les marchandises de l'ancien magasin annexe au square Paul Bert.

Cette voie ferrée sera établie provisoirement sur la digue du boulevard de la République. Lors de l'achèvement de la construction du pont de la rue Paul Bert et de la suppression de la digue, elle suivra la rive droite du canal, traversera le pont, et longera la rive gauche du même canal et le boulevard Henri Rivière, jusqu'à la rue du Commerce.

Art. 4. — La société anonyme des Docks de Haiphong devra mettre gratuitement à la disposition du public ayant à se rendre à ses magasins, un tramway faisant 6 voyages par jour de la rue du Commerce aux Docks, et retour.

Art. 5. — A partir du fonctionnement du railway, le prix des livraisons des marchandises à domicile, par la dite société, sera réduit à une piastre par tonne. En outre, la gratuité du transit, prévue au 2e § de l'art 8 qui a été supprimé, pour toutes les marchandises acquittant le droit de magasinage, reste garantie aux marchandises de cette catégorie, pour le trajet des Docks au square Paul Bert.

Art. 6. — Aussitôt que le canal sera ouvert à la navigation, des appontements pour la batellerie, en quantité suffisante pour la manutention facile des marchandises à la sortie des magasins, devront être établis par les soins et aux frais de la société des Docks.

Art. 7. Faute par la dite société de se conformer aux prescriptions ci-dessus dans les trois mois de la date de la notification du présent arrêté, l'art 8 du contrat du 6 août 1886 reprendra son plein et entier effet.

Art. 8. — Le Résident supérieur au Tonkin est chargé de l'exécution du présent arrêté.

PIQUET.

N° 8. — ARRÊTÉ *modifiant celui du 4 janvier 1890, sur la cargaison des navires à débarquer aux Docks de Haiphong,*

16 mai 1890.

Article premier. — L'article 2 de l'arrêté du 4 janvier 1890 est modifié comme suit :

Art. 2. — Tout ce qui compose la cargaison de ces navires, ainsi que des transports de l'État, y compris le matériel naval, le matériel de l'artillerie, le matériel des ateliers de la marine, et celui des services civils, sera reçu dans les magasins centraux ou généraux, suivant que ces colis seront importés pour le compte de l'administration ou des particuliers.

Les bagages des passagers, ainsi que les colis à destination des officiers ou fonctionnaires en service au Tonkin, seront déposés au magasin de la Douane.

Art. 3. — Le Résident supérieur au Tonkin, le commissaire général, chef des services administratifs de l'Annam et du Tonkin, et le commandant de la marine sont chargés, chacun en ce qui le concerne, de l'exécution du présent arrêté.

PIQUET.

N° 9. — ARRÊTÉ *autorisant les magasins généraux de Haiphong à établir un entrepôt réel des douanes.*

6 juillet 1890

Article premier. — La Société des Docks, concessionnaire des magasins généraux de Haiphong en vertu du contrat précité, est autorisée à établir dans lesdits magasins généraux un entrepôt réel des douanes pour les marchandises tarifées ou prohibées.

Art. 2. — Cette autorisation est accordée aux conditions usitées dans la métropole, et déterminées par les lois, décrets et règlements de douane en vigueur.

Art. 3. — Le présent arrêté, provisoirement exécutoire, sera transmis au Département du commerce, de l'industrie et des colonies, pour être définitivement remplacé par un décret présidentiel, conformément aux prescriptions de l'aticle IX, paragraphe 4, du décret du 8 septembre précité (1887).

Art. 4. — Les résidents supérieurs en Annam et au Tonkin sont chargés, chacun en ce qui le concerne, de l'exécution du présent arrêté, qui sera enregistré, promulgué et publié partout où besoin sera.

PIQUET.

Maire, mairie. — VOY. : Municipalité. — Territoire municipal. — Conseil municipal.

Maladies

N° 1. — CIRCULAIRE *au sujet des mesures prophylactiques contre les maladies vénériennes.* (1)

M. le Général en chef m'a fait connaître, par lettre n° 130 du 18 octobre courant, qu'en raison du grand nombre d'hommes signalés, lors de leur rapatriement, comme ayant contracté en Extrême-Orient des maladies vénériennes, le ministre de la marine l'a invité à faire scrupuleusement appliquer dans les diverses garnisons d'Indo-Chine, les mesures prophylactiques à prendre contre ces affections.

A cette occasion et sur la demande de M. le Général en chef, j'ai l'honneur de vous inviter à veiller à l'exécution stricte des dispositions de la circulaire n° 1194 du 7 décembre 1887, et à favoriser, dans la mesure du possible, l'établissement de maisons publiques, notamment dans les places de votre province occupées par des garnisons européennes.

E. PARREAU.

VOY. : Epidémies.

Mandarins. — VOY. : Administration annamite.

Mandats sur le trésor. — VOY. : Trésor.

Marchés. — VOY. : Bacs et marchés. — Violences.

Mariage. — VOY. : Dispenses pour.

Matériel.

N° 1. — CIRCULAIRE *au sujet de la comptabilité du matériel des résidences.*

J'ai remarqué que la plupart des résidences et vice-résidences n'envoyaient pas régulièrement à la résidence générale l'état mensuel concernant la comptabilité du matériel qui doit être fourni, conformément aux prescriptions de la circulaire n° 19, du 7 juillet 1886.

Vous voudrez bien réparer cette omission, et, jusqu'à la fin de l'année, consigner, sur le modèle en usage, tous les renseignements que vous possédez.

Au 31 décembre prochain, vous dresserez, avec le plus grand soin, un inventaire général du matériel appartenant à votre résidence et vous devrez m'en adresser deux expéditions avant le 15 janvier 1889. Je me propose de modifier à cette époque les prescriptions de la circulaire du 7 juillet 1886, et de n'exiger que tous les semestres l'inventaire du mobilier. De nouveaux imprimés vous seront adressés en temps opportun.

E. PARREAU.

(1) Cette circulaire ne porte pas de date ; elle figure au Recueil du mois d'octobre 1888 du *Moniteur du Protectorat*, sous le n° 603.

Médecine, Médecins.

N° 1. — ARRÊTÉ *rapportant celui du 22 octobre 1886, et fixant les indemnités des médecins militaires chargés des services extérieurs.*

11 novembre 1888.

Article premier. — L'arrêté du 22 octobre 1886 est rapporté.
Art. 2. — Les indemnités aux médecins militaires chargés des services extérieurs dans les postes ci-après désignés, sont fixés ainsi qu'il suit :

Hanoi	300 $	par an
Hanoi	300 »	—
Son-tay	300 »	—
Nam-dinh	300 »	—
Phu-lang-thuong	300 »	—
Bac-ninh et Dap-cau	300 »	—
Mong-cay	225 »	—
Thai-nguyen	225 »	—
Hai-duong	225 »	—
Quang-yen	225 »	—
Hung-hoa	225 »	—
Ninh-binh	150 »	—
Tuyen-quan	150 »	—
Lang-son	150 »	—

Art. 3. — Le Résident général en Annam et au Tonkin est chargé de l'exécution du présent arrêté.

RICHAUD.

Médicaments.

N° 1. — DÉCISION *autorisant la délivrance des médicaments, à titre remboursable, aux particuliers, par les pharmaciens des hôpitaux.*

7 août 1883.

Rapporté par arrêté du 13 mars 1888.

N° 2. — ARRÊTÉ *supprimant les cessions gratuites de médicaments aux fonctionnaires civils.*

13 mars 1888.

Article premier. — Les dispositions de la circulaire du 28 juin 1885, relatives aux cessions, à titre gratuit, des médicaments à tous les fonctionnaires civils de l'Annam et du Tonkin, sont et demeurent abrogées.
Art. 2. — M. le Chef du service administratif en Annam et au Tonkin est chargé de l'exécution du présent arrêté.

RAOUL BERGER.

N° 3. — *La décision du 7 août 1883, autorisant la délivrance des médicaments à titre remboursable, est rapportée.*

Du 18 juillet 1886.

La décision du 7 août 1883, autorisant la délivrance des médicaments à titre remboursable, aux particuliers par les pharmaciens des hôpitaux militaires, est rapportée.

PAUL BERT.

VOY. : Pharmacie

Messageries fluviales. — VOY. : Correspondances fluviales.

Météorologie

N° 1. — DÉCISION *portant création d'une station d'observations météorologiques à Haiphong.*

20 décembre 1884.

Article premier. — Il est créé, à Haiphong, une station d'observations météorologiques.

Un médecin de l'hôpital de Haiphong sera habituellement chargé d'assurer le service de l'observatoire. Présentement, ce soin est confié à M. le médecin principal de la marine Borius.
Art. 2. — Le Directeur des affaires civiles et politiques et M. le chef du service de santé au Tonkin sont chargés, chacun en ce qui le concerne, de l'exécution de la présente décision.

Milice indigène. — VOY. : Garde civile indigène.

Mines

N° 1. — DÉCRET *rendant exécutoire la convention entre la France et l'Annam, sur le régime des mines de l'Annam et du Tonkin.*

2 mars 1889.

Article premier. — Une convention relative au régime des mines de l'Annam et du Tonkin ayant été signée, le 18 février 1885, entre la France et le royaume d'Annam, et les ratifications de cet acte ayant été échangées à Hué le 23 février 1886, ladite convention, dont la teneur suit, est approuvée et sera insérée au *Journal officiel.*
Art. 2. — Le Président du conseil, Ministre des affaires étrangères, est chargé de l'exécution du présent décret.

JULES GRÉVY.

N° 2. — CONVENTION *entre la France et l'Annam, sur le régime minier en Annam et au Tonkin,*

18 février 1885.

Sa Majesté le Roi d'Annam s'étant engagé, par l'article 18 du traité signé, le 6 juin 1884, entre la France et l'Annam, à régler d'accord avec le Gouvernement de la République française, le régime des mines situées dans ses États, et s'étant ainsi interdit, d'une manière absolue, de disposer d aucun gisement, soit en Annam, soit au Tonkin, avant que l'entente à intervenir fût établie; déclarant, d'ailleurs, que toutes les mines situées dans ses États font encore partie du domaine royal, et qu'elles sont libres de toutes charges, à l'exception d'une mine de houille située sur le teritoire du village de Nong-son (province de Quang-nam), concédée le 12 mars 1881, pour une durée de 20 ans, et considérant qu'il importe de déterminer les conditions dans lesquelles les mines de l'Annam et du Tonkin pourront être exploitées;
Et le Gouvernement de la République, désirant faciliter à Sa Majesté le Roi d'Annam l'établissement d'un régime minier de nature à développer la prospérité de ses États.
Ont résolu de conclure une convention spéciale à cet effet.
En conséquence ils ont nommé pour leurs plénipotentiaires, savoir :

Le Gouvernement de la République :

M. Victor-Gabriel Lemaire, Résident général de la République française à Hué, ministre plénipotentiaire, chevalier de la Légion d'honneur etc., etc. ;

Sa Majeté le Roi d'Annam :

Leurs Excellences : Pham-than-duat, ministre des finances, 1er plénipotentiaire ;
Huinh-hun-thuong, Sous-secrétaire d'État au ministère de la guerre, 2e plénipoteniaire ;
Lesquels, après s'être communiqués leurs pleins pouvoirs respectifs, trouvés en bonne et due forme, sont convenus des articles suivants :
Article premier. — Sa Majesté le Roi d'Annam accepte de soumettre le régime et l'exploitation des mines situées dans ses États aux règlements dont l'utilité aura été reconnue par le Gouvernement de la République.
Art. 2. — Le montant des taxes et impôts établis sur les mines de l'Annam et sur leurs produits, ainsi que les prix de celles qui auront été adjugées ou auront fait l'objet d'une prise de possession, seront versés chaque année dans le trésor royal, après défalcation des dépenses qui auront été faites par l'administration des mines de l'Annam.

Le gouvernement annamite pourra déléguer un ou plusieurs fonctionnaires pour assister aux adjudications des mines de l'Annam. Il pourra égalemont demander au Résident général, tou tes les fois qu'il le jugera utile, des éclaircissements sur le rendement des taxes et impôts établis sur lesdites mines.

Art. 3 .— Le montant des taxes et impôts établis sur les mines du Tonkin, sur leurs produits, ainsi que le prix de celles qui auront été adjugées ou auront fait l'objet d'une prise de possession, seront affectés aux dépenses de l'administration du Tonkin.

Art. 4. — La présente convention sera soumise à la ratification des deux gouvernements, et elle entrera en vigueur aussitôt après l'accomplissement de cette formalité, qui aura lieu dans un délai aussi bref que possible.

En foi de quoi les plénipotentiaires ont signé le présent acte et y ont apposé leurs sceaux.

Signé : G. LEMAIRE.
« PHAM-THAN-THUAT.
« HUINH-HUN-THUONG.

N° 3. — CIRCULAIRE *au sujet du régime des mines au Tonkin.*

4 décembre 1888

Les instructions contenues dans cette circulaire ne sont que la reproduction des prescriptions sur la procédure à suivre pour introduire les demandes de concession de mines, contenues dans le décret du 16 octobre 1888, publié ci-après ; nous croyons donc inutile de les insérer ici.

N° 4. — ARRÊTÉ *promulguant le décret du 16 octobre 1888 sur le régime minier en Annam et au Tonkin.*

9 janvier 1889.

Article premier. — Est promulgué dans toute l'étendue du territoire de l'Indo-Chine, le décret du 16 octobre 1888, portant réglementation du régime minier en Annam et au Tonkin.

Art. 2. — M. le Résident général en Annam et au Tonkin est chargé de l'exécution du présent arrêté.

RICHAUD.

N° 5. — DÉCRET *sur le régime minier en Annam et au Tonkin.*

16 octobre 1888

TITRE PREMIER

DISPOSITIONS GÉNÉRALES.

Article premier. — Sont considérés comme mines les gîtes naturels de substances minérales on fossiles susceptibles d'une utilisation spéciale, à l'exception des matériaux de construction et des amendements ou engrais pour la culture des terres, qui sont laissés à la libre disposition des propriétaires du sol.

L'Administration décide, en cas de contestation, si la nature d'une substance donne à ces gisements le caractère légal de mines.

Art. 2. — Les gîtes naturels de substances minérales ou fossiles sont classés en trois catégories :

1° Les couches de combustibles et substances subordonnées, qui se trouvent associées dans la même formation, telles que, pour la houille, le minerai de fer carbonaté et l'argile réfractaire;

2° Les filons ou couches de toutes autres substances minérales;

3° Les alluvions contenant de l'or, de l'étain, des gemmes et autres substances métalliques ou précieuses.

Art. 3. — On peut acquérir, d'après les prescriptions du présent décret, dans une étendue déterminée, le droit d'explorer ou le droit d'exploiter les gîtes naturels de substances minérales ou fossiles.

Ces droits s'étendent indéfiniment en profondeur, dans la projection verticale de l'étendue de la surface sur laquelle ils ont été acquis, sauf pour les gites d'alluvion, où ils ne s'étendent que jusqu'à la roche encaissante en place.

Le droit d'exploiter une substance comprise dans l'une des catégories mentionnées à l'article précédent confère le même droit sur les autres substances appartenant à la même catégorie ; il donne en outre le droit de disposer des roches ou matériaux dont l'abattage est inséparable des travaux que comporte l'exploitation de la mine.

Mais des personnes distinctes peuvent acquérir le droit d'exploiter, dans le même périmètre, des gîtes de catégories différentes.

La recherche et l'exploitation des gîtes d'alluvion sont soumises à des règles spéciales, qui font l'objet de la section IV du titre III.

TITRE II.

DES RECHERCHES DE MINES

SECTION PREMIÈRE. — *Dispositioms générales.*

Art. 4. — Tout individu ou toute société peut se livrer librement à la recherche des mines dans les terrains domaniaux.

Art. 5. — Dans un terrain de propriété privée, les travaux de recherche ne peuvent être commencés ou poursuivis, à défaut d'entente amiable avec le propriétaire ou le possesseur, qu'en vertu d'une autorisation du résident de la province où se trouve la mine ; cette autorisation n'est donnée qu'après que le propriétaire ou possesseur à été entendu et qu'il lui a été payé, pour l'occupation de son terrain, une indemnité fixée ainsi qu'il est dit à l'article 56.

Art. 6. — Dans le périmètre d'une mine déjà instituée, la recherche d'une mine de catégorie différente ne peut être commencée et poursuivie, à défaut d'entente amiable entre l'explorateur et le propriétaire de mine, qu'avec l'autorisation du résident ; cette autorisation n'est donnée qu'après que le propriétaire de la mine a été entendu, et sous réserve des dommages que l'explorateur est tenu de réparer.

Art. 7. — Les explorateurs sont soumis, pour l'exécution de leurs travaux, aux obligations imposées aux propriétaires de mines par les articles 53, 54 et 57, ainsi que par la section 5 du titre IV.

Ils peuvent toutefois être dispensés par l'administration de tenir un plan et un registre d'avancement de leurs travaux.

SECTION II. — *Des recherches en périmètre réservé.*

Art. 8. — Dans tout terrain libre de droits antérieurs, qui ne se trouve pas dans une région affectée aux adjudications publiques, tout individu ou toute société peut acquérir, par priorité d'occupation, un droit exclusif de recherches en périmètre réservé.

Art. 9. — Le périmètre réservé, de forme rectangulaire, a une superficie minimum de 24 hectares, et une superficie maximum de 100 hectares pour les gîtes d'alluvion, 500 pour ceux de houille, et 200 pour les autres.

Le petit côté du rectangle ne peut avoir moins du quart du grand côté.

Les terrains qui restent libres entre plusieurs mines instituées, avec des dimensions et des formes telles qu'il est impossible d'y placer un périmètre réservé satisfaisant aux conditions précédentes, ne peuvent qu'être annexés aux mines contiguës, dans les conditions stipulées à l'article 64.

Art. 10. — L'occupation d'un périmètre réservé doit, pour être valable, avoir été, avant toute autre, matériellement marquée et signalée sur le sol, d'une façon certaine et bien apparente, et avoir fait, dans la quinzaine de la date de l'occupation, l'objet d'une déclaration au résident de la province, le tout ainsi qu'il sera dit aux deux articles suivants.

Art. 11. — Pour marquer et signaler le périmètre réservé, il doit être planté des bornes ou poteaux, partout où besoin est, notamment aux quatre sommets du rectangle, et placé un signal sur les travaux en activité.

Aux bornes ou poteaux de sommet, et aux signaux, doit être fixé un écriteau faisant connaître :

1° Le nom donné à la recherche ;

2° Le nom de l'explorateur;

3° La nature de la mine recherchée ;

4° La date de l'occupation.

L'Administration détermine les types de poteaux, signaux, et écriteaux.

Art. 12. — La déclaration de recherche doit faire connaître :

1° Le nom donné à la recherche ;

2° La situation, aussi exacte que possible, du lieu où se trouve celle-ci, repérée, si faire se peut, à quelque point fixe, ou, à défaut de point fixe, à quelque point remarquable du sol,

3° Les dimensions et l'orientation du rectangle du périmètre réservé :

4° Le nom et le domicile de l'explorateur ;

5° La nature de la substance recherchée ;

6° La date de l'occupation.

Il est donné récépissé de la déclaration qui est inscrite, à la date de la présentation, sur le registre des déclarations de recherches, tenu constamment à la disposition du public.

L'enregistrement n'a lieu que contre payement d'un droit fixe de 100 francs.

Art. 13. — Pour des mines autres que celles de combustibles, un explorateur ne peut valablement occuper un second périmètre réservé, que si celui-ci est à une distance de plus de 5 kilomètres, mesurés entre les deux sommets les plus voisins des rectangles.

Art. 14. — L'explorateur qui a acquis, par une occupation régulière, le droit de recherche en périmètre réservé, doit, dans le délai de trois ans à partir de la date de cette occupation, soumettre à l'administration une demande en délivrance de la propriété de la mine, conformément aux prescriptions de la section 2 du titre III.

A l'expiration de ce délai, le terrain, cesse d'être réservé. L'explorateur déchu ne peut en reprendre possession qu'après un délai de deux ans, et si aucun autre ne s'y est établi.

Toutefois, l'instance en institution de la propriété de la mine maintient le privilège de l'explorateur jusqu'à ce qu'il ait été définitivement statué sur sa demande.

Mention de la demande en délivrance du titre de propriété doit être portée, avec sa date, sur les écriteaux prévus à l'article 11.

Art. 15. — L'explorateur dispose librement du produit de ses recherches.

Art. 16. — L'explorateur qui cesse d'occuper un périmètre réservé est tenu d'enlever les poteaux, signaux et écriteaux ; faute de quoi, il est procédé d'office à l'enlèvement, par l'Administration, aux frais dudit explorateur.

Art. 17. — Tout explorateur, condamné par application de l'article 71, perd tous les droits que son occupation lui aurait conférés ; du jour de sa condamnation, le terrain redevient libre pour les tiers.

TITRE III

DE L'INSTITUTION DE LA PROPRIÉTÉ DES MINES

SECTION PREMIÈRE. — *Dispositions générales.*

Art. 18. — Le droit d'exploiter une mine s'acquiert par voie de prise de possession, dans les régions qui n'ont pas été affectées aux adjudications publiques, ou par voie d'ajudication publique.

Art. 19. — Le Résident général pourra, par un arrêté qui sera immédiatement transmis, par voie hiérarchique, à l'Administration métropolitaine, décider que certaines catégories de mines ne peuvent être acquises que par adjudication publique dans les régions que définira ledit arrêté ; cette décision ne pourra préjudicier aux droits acquis antérieurement, de recherche en périmètre réservé et aux droits éventuels de propriété qui en résulteraient.

Sont déclarées, dès maintenant, ne pouvoir être acquises que par adjudication, les mines de houille de la province de Quang-yen, Haiduong et Bac-ninh.

Art 20.— Les sujets ou protégés Français et les sociétés françaises peuvent seuls être propriétaires, possesseurs ou exploitants de mines.

Ne sont considérées comme françaises que les sociétés constituées conformément à la loi française, qui ont fait enregistrer leurs statuts en France ou dans les colonies et pays de Protectorat, et dont le conseil d'administration est composé en majorité de membres français.

Toute société qui veut devenir propriétaire d'une mine, la posséder ou l'exploiter, doit remettre à l'Administration un exemplaire certifié de son acte de société ou de ses statuts.

Art. 21.— Ne peuvent ni posséder ou exploiter des mines, ni en acquérir la propriété par prise de possession, adjudication publique ou par les voies de droit commun autres que la succession *ab intestat*, les fonctionnaires et agents français et les employés asiatiques de l'administrartion française en Indo-Chine.

Il en est de même des fonctionnaires annamites, dans le ressort de leur juridiction.

SECTION II.— *De l'institution de la propriété des mines par prise de possession.*

Art. 22.— Nul ne peut acquérir une mine par prise de possession s'il n'en a fait au préalable l'objet d'une recherche en périmètre réservé comme il est dit au titre II, soit par lui même, soit par un tiers, aux droits duquel il se trouve.

Art. 23.— Tout individu ou société qui désire acquérir la propriété d'une mine adresse une demande au résident.

Cette demande doit faire connaître;

1° Le nom du demandeur, ainsi que le domicile élu par lui dans le ressort de la résidence ;

2° La recherche dont la propriété comme mine est demandée ;

3° Les titres, s'il y a lieu, en vertu desquels le demandeur se trouve substitué à l'explorateur originaire ;

4° Les limites et la superficie du périmètre de la mine.

Art. 24.— A la demande doit être annexé un plan en double expédition, à l'échelle du dix millième, indiquant les limites de ce périmètre orienté au nord vrai, rattachées à quelque point fixe remarquable à la surface.

Ce plan doit avoir été dressé ou vérifié par l'Administration aux frais du demandeur, suivant un tarif arrêté par le Résident général.

Si l'Administration n'a pas terminé ces opérations dans un délai de six mois à partir de la date à laquelle elle aura été mise en demeure d'y procéder, le privilège de l'explorateur sera maintenu comme il est dit à l'article 14, paragraphe 3.

Art. 25. — Le demandeur doit, en outre, avoir versé au Trésor une somme, par hectare contenu dans le périmètre, de 20 francs pour les mines de combustible, 40 francs pour celles d'alluvion et 30 francs pour toutes autres.

Art. 26. — La demande n'est recevable qu'après la production du plan et ledit versement.

Elle est inscrite à la date de son dépôt, contre récépissé, sur un «registre de demandes en propriété de mines» tenu à la disposition du public.

Art. 27. — La demande est affichée pendant deux mois sur la mine et au chef-lieu de la province,

Elle est insérée dans la publication officielle du Protectorat.

L'affichage a lieu à la diligence de l'Administration et aux frais des demandeurs.

Art. 28. — Les oppositions contre la validité de la demande, recevables seulement pendant la durée de l'enquête locale, sont formulées par écrit et remises au résident, qui en donne acte et les inscrit sur le registre mentionné à l'article 26. L'opposant doit faire élection de domicile dans le ressort de la résidence.

Il doit justifier pendant la durée de l'enquête que son opposition a été portée devant les tribunaux, faute de quoi elle est considérée comme nulle et non avenue.

Art. 29. — A l'expiration de l'enquête, le résident transmet le dossier, avec ses observations et propositions, au Résident général.

S'il n'y a pas d'opposition, celui-ci, sous réserve de l'application de l'article 44, délivre un titre de propriété qui est remis au demandeur avec un des plans dûment certifié ; inscription du titre est faite sur le «registre des mines».

S'il y a opposition, l'Administration surseoit à statuer jusqu'après la décision judiciaire. Le titre de propriété est délivré, s'il y échet, à la partie qui a fait reconnaître son droit à la propriété de la mine.

S'il n'y a pas lieu à délivrance de titre, l'instance administrative est close par une décision motivée du Résident général, notifiée par l'intermédiaire du résident de la province et inscrite en marge des registres spéciaux mentionnés au articles 12 et 26.

La somme versée aux termes de l'article 23 est restituée sur la présentation de la décision de rejet.

SECTION III. — *De l'institution de la propriété des mines par adjudication publique.*

Art. 30. — Les terrains miniers situés dans une région affectée aux adjudications publiques seront, avant tout avis d'adjudication, divisés en lots abornés, signalés à la surface. Il sera en outre dressé un plan général du lotissement et un plan de chacun des lots.

L'Administration aura la faculté de donner aux lots la délimitation et l'étendue qui lui paraîtront les plus convenables, même en dépassant les maxima fixés par l'art. 9.

Art. 31. — Les adjudications auront lieu quand il y écherra, devant le Résident général ou son délégué.

Art. 32. — Avant toute adjudication, l'Administration fera publier et afficher la désignation et la description sommaire des lots offerts.

La publication au *Journal officiel de a République* et au *Bulletin officiel du Protectorat*, ainsi que l'affichage au Ministère de la marine et des colonies, au Gouvernement général de l'Indo-Chine et à la Résidence générale, devront précéder de trois mois la date de l'adjudication.

Art. 33. — Pour se présenter à l'adjudication, les concurrents devront avoir fait élection de domicile au lieu de l'adjudication, et produire la quittance du versement de garantie calculé par hectare de superficie, à raison de 20 francs pour les mines de houille, 40 francs pour celles d'alluvion et 30 francs pour les autres

Art. 34. — L'adjudication aura lieu par surenchères publiques; elle portera sur le chiffre de la redevance annuelle à verser pour chaque hectare; cette redevance ne pourra, dans aucun cas, être inférieure à 10 francs pour les mines de combustible et de fer; 20 francs pour les mines d'alluvion et 15 francs pour les autres.

L'adjudication aura lieu., pour chaque lot, en faveur du concurrent qui aura offert la redevance la plus forte.

Art. 35. — Le concurrent qui aura obtenu deux ou plusieurs lots d ns une adjudication sera tenu d'indiquer, dans la huitaine, à l'Administration, celui des lots auquel il donnera la préférence.

L'Administration, à son tour, devra lui faire connaître. huit jours après cet avis, celui ou ceux des l ts qu'elle l'autorise à acquérir en outre de celui qu'il a indiqué. Les lots délaissés reviendront respectivement aux concurrents, selon l'ordre déterminé par leur soumission.

Lorsque toutes les opérations seront terminées, et après vérification de leur régularité, le procès-verbal de l'adjudication sera clos et publié, et le Résident général signifiera aux intéressés les lots dont ils resteront définitivement adjudicataires.

Art 36. — L'adjudicataire devra, dans les trois mois de la signification qui lui aura été faite, verser la première annuité de la redevance offerte par lui, à peine d'être déchu de plein droit, de perdre son versement de garantie et de ne pouvoir plus prendre part à la nouvelle adjudication.

Un titre de propriété et un plan certifié seront délivrés à l'adjudicataire après ce versement. Inscription du titre sera faite sur le *registre des mines*.

L'adjudicataire ne pourra d'ailleurs exercer aucun recours contre l'Administration pour erreur dans la contenance énoncée.

Art. 37. — Tout individu ou société remplissant les conditions énoncées à l'article 20 pourra faire des offres pour l'acquisition d'une mine qui, dans une région affectée aux adjudications, n'aurait pas encore été allotie par l'Administration.

Dans ce cas, celle-ci devra procéder à un lotissement, de façon à mettre en adjudication cette mine, et s'il y a lieu, les mines voisines, dans le délai de six mois après la demande.

L'Administration aura la faculté, après qu'elle aura fixé les bases du lotissement, de laisser l'intéressé procéder à l'abornement sur place et à la confection du plan; ce plan devra toutefois être vérifié par l'Administration

L'acquisition définitive ne pourra jamais avoir lieu que par une adjudication publique, faite d'après les règles de la présente section.

SECTION IV. — *Dispositions spéciales aux gîtes d'alluvion.*

Art. 38. — Les dispositions du présent règlement sur les droits de recherche et d'exploitation des mines, s'appliquent à tous les gîtes d'alluvion situés dans les terrains non cultivés.

Toutefois, le délai de trois ans prévu par l'article 14 est réduit à deux ans.

Art. 39. — Dans les terrains cultivés, le propriétaire ou ses ayants droit peuvent seuls acquérir le droit d'exploiter une mine d'alluvion, en se conformant aux prescriptions du titre II et de la section II du présent titre, mais la mine peut avoir une étendue et une forme quelconques.

Art. 40. — L'orpaillage à la battée est librement permis dans le lit des cours d'eau.

Les orpailleurs peuvent disposer de l'or recueilli par eux.

TITRE IV.

DES DROITS ET DES OBLIGATIONS DES PROPRIÉTAIRES DE MINES

SECTION PREMIÈRE. — *Du caractère de la propriété des mines.*

Art. 41. — La propriété d'une mine constitue une propriété distincte de la surface immobilière, disponible et transmissible comme tous autres biens immeubles, et soumise généralement aux règles légales relatives aux immeubles, sous réserve des exceptions stipulées ci-après.

Art. 42. — Une mine ne peut être vendue par lots, ni partagée matériellement, sans une autorisation donnée par le Résident général ; celui-ci délivre, s'il y a lieu, aux intéressés, après annulation du premier titre de propriété, de nouveaux titres qui sont inscrits à leur tour sur le « registre des mines. »

Art. 43. — Toute cession d'une mine doit être déclarée au résident de la province par le cédant ou le concessionnaire. La transmission de la propriété n'est effective qu'après cette déclaration, qui est consignée au « registre des mines » et dont il est donné acte.

Art. 44. — Un individu ou une société peut réunir la propriété de plusieurs mines de même nature, à condition de le déclarer dans la quinzaine au résident de la province ; le Résident général peut s'opposer à cette réunion dans les six mois de la date de la déclaration.

Si la réunion n'a pas été déclarée ou si, ayant été déclarée, elle est maintenue nonobstant la défense du Résident général, ce dernier prononce le retrait de toutes les propriétés minières réunies.

Celles-ci sont vendues par adjudication publique, dans les conditions prévues aux articles 49 et 50.

Art. 45. — L'exploitation des mines n'est pas considérée comme un commerce.

Les actions ou intérêts dans une société constituée pour leur exploitation sont réputés meubles.

Art. 46. — Tout propriétaire d'une mine doit faire, dans le ressort de la résidence, élection d'un domicile où lui sont valablement faites toutes les significations et communications administratives.

Toute société à qui appartient une mine, désigne un gérant responsable pour être son représentant vis-à-vis de l'Administration; ce dernier doit faire élection de domicile dans le ressort de la résidence.

Toute contravention à ces obligations donne lieu contre l'individu ou la société à une amende de 500 fr., recouvrable par voie de contrainte administrative.

SECTION II. — *Des impôts sur les mines et sur leurs produits.*

Art. 47. — Toute mine doit payer annuellement une taxe par hectare compris dans son périmètre. Cette taxe est calculée à raison de 10 fr. pour les mines de combustible et de fer ; 20 fr. pour les mines d'alluvion; 15 francs pour les mines de toutes autres substances.

En cas d'ajudication, ces taxes sont remplacées par celles qu'a consenties l'adjudicataire.

Art. 48. — A partir du jour de la délivrance du titre de propriété, les taxes prévues à l'article 47 sont payées par avance en deux semestres égaux, le 30 juin et le 31 décembre ; elles sont calculées par douzièmes, à compter du 1er du mois dans lequel a eu lieu la remise dudit titre.

Art. 49. — Si le propriétaire d'une mine n'a pas payé à l'échéance le semesre exigible, l'Administration lui fait notifier un avertissement au domicile élu par lui ; trois mois après l'avertissement resté sans résultat, elle lui fait signifier sa déchéance, qui est exécutoire à partir de cette date.

Toutefois ces avertissement et signification ne sont pas faits à l'exploitant qui a notifié à l'Administration, avant le commencement du semestre, sa renonciation à la propriété de la mine.

La mine retirée ou délaissée doit être adjugée dans les six mois qui suivent l'arrêté prononçant la déchéance, ou acceptant la renonciation.

Le propriétaire déchu ne peut concourir à l'adjudication.

Mention du retrait ou du délaissement et du nom du propriétaire est faite dans les affiches et publications définies à l'article 32.

Art. 50. — Ces affiches et publications indiquent également que le nouveau propriétaire continuera d'être tenu, vis-à-vis de l'État, au payement de la redevance annuelle moyennant laquelle la propriété minière a été précédemment constituée. L'adjudication ne porte donc que sur une somme fixe à verser une fois pour toutes, et représentant la plus-value éventuelle donnée à la mine par les travaux exécutés, ainsi que par les immeubles ou le matériel dont le propriétaire déchu, ou renonçant, n'a pas pu ou n'a pas voulu disposer.

Le Résident général détermine, après avis du service technique, les ouvrages et installations qui ne peuvent être enlevés ou vendus comme ayant été reconnus indispensables à la sécurité de l'exploitation, ou de la surface, ou à la conservation de la mine.

Art. 51. — Si l'adjudication n'aboutit pas, la propriété minière revient à l'État, libre et franche de toutes charges, et ne peut plus être acquise dorénavant par prise de possession. Toutefois, s'il s'agit d'une mine d'alluvion constituée par application de l'article 39, à la propriété de laquelle il a été régulièrement renoncé, le propriétaire du sol conserve le droit qui lui est reconnu par ledit article, à la condition d'avoir versé au trésor les frais d'affichage de sa renonciation.

Art. 52. — Il est perçu par la douane un droit de sortie *ad valorem* sur les produits des mines ou sur les métaux bruts.

Ce droit, calculé d'après la valeur au port d'embarquement, des produits des mines ou métaux bruts, est de :

3 p. 100 pour les combustibles et minerais de fer ;

5 p. 100 pour toutes autres substances minérales ou fossiles et métaux bruts.

La perception de ce droit se fait conformément aux lois et règlements relatifs aux douanes.

SECTION III. — *Des relations de l'exploitant de mines avec le propriétaire de la surface.*

Art. 53. — Aucun puits ou galerie ne peut être ouvert dans un rayon de 50 mètres d'une habitation et des terrains compris dans les clôtures y attenant, sans le consentement du propriétaire de cette habitation.

Art. 54. — Aucun travail ne peut avoir lieu sous les chemins publics, chaussées, digues, canaux de navigation et d'irrigation, fleuves et rivières navigables ou flottables, sans une autorisation du résident, ni sous les maisons et lieux d'habitation, sans une déclaration de l'exploitant que le résident communique aux propriétaires intéressés.

Art. 55. — Dans les terrains domaniaux situés à l'intérieur du périmètre d'une mine, l'exploitant aura le droit d'occuper la surface que le résident reconnaîtrait nécessaire à son exploitation, ainsi qu'à l'érection des établissements pour la préparation ou la transformation des produits, en payant la contribution foncière sur les taux des terrains de culture les plus imposés de la commune.

Art. 56. — Si des terrains situés à l'intérieur du périmètre de la mine sont possédés par un tiers, l'exploitant, à défaut d'entente amiable avec celui-ci, pourra occuper temporairement ou définitivement la surface dont l'occupation aura été déclarée nécessaire par le résident, moyennant le payement d'une indemnité préalable, calculée au double de la valeur qu'avaient les terrains avant l'occupation.

Art. 57. — L'exploitant sera tenu de payer une indemnité déterminée par expertise, pour tous les dommages que ses travaux causeraient aux propriétés ou établissements de la surface.

Art. 58. — Dans les terrains situés en dehors du périmètre de la mine, et sous réserve de l'application de l'article 60, l'exploitant pourra faire, avec autorisation du résident, tous les travaux de secours que nécessiterait son exploitation, en se conformant, pour l'occupation, aux prescriptions des articles 55 et 56, suivant les cas.

Il pourra établir sur ces terrains toutes voies de transports, tels que sentiers, chemins de charroi, chemins de fer, canaux de navigation, en observant les règles concernant les travaux publics.

SECTION IV. — *Des relations entre les exploitants des mines voisines et contiguës.*

Art. 59. — Il sera laissé autour du périmètre de chaque mine un massif intact de roche en place de dix mètres au moins, lequel ne pourra être enlevé ou traversé qu'avec l'autorisation du résident.

Tout propriétaire de mine qui, nonobstant cette prescription, poursuivrait les travaux dans une mine voisine, resterait civilement responsable jusqu'après l'expiration de la troisième année qui suivra la découverte du fait.

Art. 60. — Il y aura, entre mines voisines, une servitude réciproque pour l'établissement de travaux de secours, tels que ceux nécessités par les besoins de l'aérage ou de l'écoulement des eaux. A défaut d'entente amiable entre les intéressés, il sera statué par le résident sur la situation et la nature des travaux à exécuter. L'exploitant au profit duquel seront faits les travaux devra payer à celui qui subirait un dommage matériel, ou qui le ferait bénéficier d'une économie dans l'exploitation, une indemnité fixée par expertise.

Art. 61. — Si deux mines de catégorie différente se trouvaient superposées l'une à l'autre, à défaut d'entente amiable entre les exploitants pour la conduite de leurs travaux respectifs, il serait également statué par le résident, sous réserve de l'indemnité qu'un des exploitants pourrait devoir à l'autre, et qui serait réglée comme à l'article précédent.

Art. 62 — Tout exploitant de mine sera responsable des dommages que ses travaux causeraient à une mine voisine ou superposée.

Art. 63. — Tout propriétaire de mine a le droit de se servir des sentiers et chemins de charroi établis par le propriétaire d'une mine voisine dans le périmètre de celle-ci, sauf payement d'une indemnité pour cet usage.

Art. 64. — S'il existe entre plusieurs mines voisines des terrains libres qui, par leur contenance et leur forme, ne peuvent, aux termes de l'article 9, faire l'objet d'une prise de possession spéciale, ils ne pourront qu'être ajoutés à celle des mines contiguës dont le propriétaire en ferait la demande en se conformant aux prescriptions de la section II du titre II.

Si plusieurs propriétaires de mines contiguës à ces terrains libres en revendiquent tout ou partie, pendant l'instruction de cette demande, ces terrains seront partagés entre eux, par l'administration, à défaut d'entente amiable, proportionnellement à la surface des mines intéressées.

SECTION V. — *Surveillance de l'exploitation des mines.*

Art. 65. — L'exploitation des mines est soumise à la surveillance de l'administration, en vue de prévenir les dangers que cette exploitation peut avoir pour la sûreté de la surface et pour la sécurité du personnel occupé dans la mine.

Art. 66. — Cette surveillance s'exerce, sous l'autorité de l'administration supérieure, par les résidents assistés des fonctionnaires et agents du service des mines.

Le Résident général pourra édicter les règlements de police qu'il jugera nécessaires pour satisfaire aux objets prévus à l'article précédent.

Les résidents prescriront, le cas échéant, et dans le même but, les mesures de précautions spéciales et urgentes auxquelles l'exploitant sera tenu de se soumettre.

Aucune injonction faite à ce titre ne pourra donner ouverture à une indemnité en faveur de l'exploitant ; toutefois, dans le cas où la mesure prescrite aurait pour but de protéger un travail d'utilité publique, autorisé postérieurement à l'institution de la mine, l'exploitant devrait être indemnisé de la valeur des installations que cette mesure rendrait inutiles, ou de celles qu'il serait obligé d'exécuter.

Art. 67. — Tout propriétaire de mine doit tenir à jour, sur place, un plan des travaux, ainsi qu'un registre d'avancement dans lequel sont mentionnés les faits importants de l'exploitation. Ce plan, dont copie doit être envoyée annuellement à l'Administration, et ce registre doivent être représentés aux fonctionnaires et agents du service des mines.

Le propriétaire est également tenu de fournir à l'Administration les renseignements statistiques qu'elle demanderait sur la nature et la quantité des produits extraits ou élaborés et sur le personnel occupé par l'entreprise.

Il est tenu de procurer aux fonctionnaires et agents chargés de la surveillance les moyens de parcourir les travaux accessibles.

Art. 68. — Tout travail d'exploration ou d'exploitation, ouvert en contravention au présent décret, peut être interdit par mesure administrative, sans préjudice des poursuites et pénalités prévues au titre suivant.

TITRE V

DES PÉNALITÉS

Section première. — Des amendes

Art. 69. — Seront punis d'une amende de 16 à 100 francs:

1°. — Tout individu qui aura fait des travaux de recherche ou d'exploitation, sans autorisation administrative ou sans déclaration préalable, dans les lieux interdits par les articles 5, 6, 8 et 54.

2°. — Tout explorateur ou propriétaire de mine qui aura contrevenu aux règlements ou décisions de police rendus par application de l'article 66.

3°. — Tout explorateur ou exploitant qui n'aura pas fourni, dans les délais impartis, les plans ou renseignements statistiques prévus à l'article 67.

Art. 70. — Sera puni d'une amende de 100 à 500 francs, tout individu qui aura disposé des substances minérales soumises au présent décret, et extraites par des travaux illicites d'exploration ou d'exploitation.

Art. 71. — Sera puni d'une amende de 1,000 francs, tout individu qui aura frauduleusement planté, enlevé ou déplacé des poteaux ou signaux de recherche, modifié ou altéré les inscriptions de leurs écriteaux, de façon à tromper autrui sur la délimitation, la contenance ou la date d'une occupation de périmètre de recherche réservé.

Art. 72 — Les amendes prévues aux articles 69, 70 et 71 seront portées; au double en cas de récidive dans les douze mois qui suivront la première condamnation.

Section II. — De la répression des infractions

Art. 73. — Les contraventions aux prescriptions du présent décret seront constatées par des procès-verbaux des fonctionnaires ou agents du service des mines et de tous autres qui auront reçu compétence en pareille matière.

Ces procès-verbaux feront foi jusqu'à preuve contraire.

Les amendes seront appliquées par les tribunaux, sauf le cas prévu à l'article 46 du présent décret.

TITRE VI

DE LA COMPÉTENCE

Art. 74. — L'autorité judiciaire connaît de toutes contestations entre particuliers, nées de l'exécution du présent décret, et notamment de toutes indemnités qui peuvent être dûes par les explorateurs ou exploitants à des propriétaires de la surface ou à des exploitants de mines.

Art. 75 — Le service technique des mines doit être consulté dans les cas prévus aux articles 5, 6, 19, 29, 35, 42 44, 53, 54, 55, 56, 58, 59, 60, 61, 65 et 66.

TITRE VII

DISPOSITION SPÉCIALE

Art. 76. — Les dispositions édictées par le présent décret s'appliquent aux propriétés minières constituées antérieurement à sa date, sous réserve des clauses contraires contenues dans des actes déjà consentis par l'État à titre de transaction, ainsi que de la concession de Nong-son (province de Quang-nam), précédemment accordée par le roi d'Annam.

CARNOT.

Nº 6. — ARRÊTÉ *sur la possession et l'exploitation des mines aurifères de la province de Quang-nam.*

4 mars 1889

Article premier. — La possession et l'exploitation des mines aurifères ou réputées telles, situées sur le territoire de la province de Quang-nam, ne pourront être acquises que par voie d'adjudication publique, et selon les formes qui seront déterminées par un cahier des charges spécial pour chacune d'elles.

Art. 2. — Le Résident de Tourane est chargé de l'exécution du présent arrêté.

RHEINART

Mission, Missionnaires. — Voy.: Douane

Monnaies. — VOY.: Budget. — Exportation. — Sapèques. — Solde

Moniteur du Protectorat

Nº 1. DÉCISION *chargeant la Résidence supérieure de la publication du* Moniteur du Protectorat. (1)

13 mai 1886

Le *Moniteur du Protectorat de l'Annam et du Tonkin* sera publié par les soins de la Résidence supérieure.

Les documents à insérer dans chaque numéro, devront être remis à cette administration le 2 de chaque mois au plus tard.

Lorsque l'épreuve sera prête, elle sera soumise au directeur du cabinet du Résident général pour recevoir le « Bon à tirer », et reviendra définitivement à la Résidence supérieure.

M. Neyret, vice-résident, sera chargé de ce service; il assurera l'envoi et la répartition de ladite publication.

Pour le Résident général absent :
Le Résident supérieur,
P. VIAL

VOY.: Presse. — Journal officiel.

Monts-de-piété.

Nº 1. — ARRÊTÉ *réglementant les opérations des Monts-de Piété au Tonkin*

29 août 1886

1. — Des opérations des Monts-de-Piété

Article premier. — Les opérations des monts-de-piété consistent en prêts sur dépôts, renouvellements, dégagements et vente des objets déposés.

2. — Du dépôt et du renouvellement.

Art. 2. — Aucun dépôt en nantissement ne peut être accepté que de personnes connues et domiciliées dans la ville siège de l'établissement, ou assistées d'un répondant connu et domicilié.

En cas de doute sur l'origine des objets déposés, ou sur les droits de propriété du déposant, avis en sera immédiatement donné au fonctionnaire chargé de la police; le prêt demeurera suspendu et les objets seront conservés en magasin jusqu'à ce qu'il ait été statué.

Art. 3. — Si les objets consistent en marchandises neuves et de commerce, de quelque nature qu'elles soient le déposant devra représenter sa patente pour l'année courante, et se faire assister d'un patentable exerçant le même commerce, qui se portera garant de la légitime propriété de ces marchandises.

Art. 4. — Les enfants au-dessous de 15 ans ne sont en aucun cas admis à déposer.

Les militaires et marins européens, les tirailleurs, miliciens et agents de police indigènes, ne pourront effectuer aucun dépôt qu'au vu d'une autorisation du chef de corps ou de service, qui restera déposée au mont-de-piété et dont mention sera faite sur la reconnaissance.

Art. 5. — Le prêt doit être au moins égal au tiers de la valeur des objets engagés. L'estimation est faite par des employés du fermier, agréés par le résident.

Les objets de valeur trop minime, ou de nature encombrante ou qui ne sont pas susceptibles de conservation et, en géné-

(1) Le Moniteur du Protectorat a été remplacé par le *Journal officiel* de l'Indo-Chine et le *Bulletin officiel* de l'Indo-Chine.
Voir au mot *Journal officiel* le texte de l'arrêté du 31 décembre 1888.

ral, ceux que les estimateurs ne jugeraient pas susceptibles de servir de gages, pourront être refusés.

Art. 6. — La durée du prêt est de six mois et l'intérêt de 3 p. 100 par mois, l'intérêt de tout mois commencé étant dû pour le mois entier.

Il n'est perçu aucun frais à titre de commission, droit d'emmagasinage, expertise, etc.

Art. 7. — Avant l'expiration de ces six mois, l'emprunteur pourra demander le renouvellement du prêt.

Dans ce cas une nouvelle estimation sera faite des objets déposés, et la partie devra acquitter, outre les intérêts échus, la moins-value qui pourrait en résulter.

Le nouvel engagement se trouvera alors réalisé sur la valeur actuelle du gage et pour un nouveau délai de six mois.

3. — Des dégagements.

Art. 8. — Quand l'emprunteur voudra retirer les objets déposés, il devra représenter sa reconnaissance et acquitter le montant du prêt avec les intérêts échus au jour du dégagement.

Le retrait pourra avoir lieu même après l'expiration du délai de six mois, si les objets n'ont pas été vendus.

Art. 9. — Les objets déposés devront être restitués dans l'état où ils se trouvaient lors du dépôt.

Au cas où ils seraient avariés, le propriétaire sera en droit de les abandonner à l'établissement au prix d'estimation.

Art. 10. — Si le gage ne peut être restitué par suite de perte ou pour toute autre cause, il sera payé au déposant une indemnité égale au prix d'estimation majoré d'un quart.

Art. 11. — En cas de perte de la reconnaissance, l'emprunteur ne pourra réclamer le dégagement qu'à l'expiration du délai de six mois.

Quand, après ce terme, il recevra soit le gage lui-même, soit le boni résultant de la vente, il en donnera décharge spéciale, certifiée par une caution solvable et domiciliée.

Art. 12. — Toute personne qui revendiquerait, pour cause de vol ou autre, la propriété d'un objet déposé en nantissement, devra justifier de son droit de propriété sur ce gage et rembourser le montant du prêt avec les intérêts échus, sauf son recours par toutes voies de droit contre l'emprunteur et le répondant, ainsi que contre le fermier et ses agents, en cas de fraude, vol, ou inexécution des clauses du présent règlement.

4. — Des ventes.

Art. 13. — Les objets déposés en nantissement, qui n'auront pas fait l'objet d'un dégagement ou d'un renouvellement à l'expiration du délai de six mois, seront vendus à la diligence du fermier.

Un état des gages non réclamés sera dressé à cet effet dans les cinq premiers jours de chaque mois, et soumis au résident qui donnera l'autorisation de vente.

En aucun cas la vente ne pourra comprendre d'autres objets que ceux régulièrement déposés en nantissement.

Art. 14. — La vente se fera aux enchères publiques, dans une des salles du mont-de-piété, par les soins d'un courtier, d'un commissaire-priseur ou de l'agent en tenant lieu, et sous la surveillance d'un fonctionnaire désigné par le résident. Elle sera annoncée au moins 15 jours à l'avance par affiches publiques et par une ou plusieurs insertions dans un des journaux du Protectorat. Les affiches et insertions indiqueront exactement le jour et l'heure de la vente.

Les frais de vente seront à la charge de l'acheteur.

Art. 15. — Il sera passé outre à toute opposition formée contre la vente, sauf à l'opposant à faire valoir ses droits sur la portion du prix excédant les sommes dûes au mont-de-piété.

Art. 16. — Après chaque vacation, le fermier dressera un état détaillé des objets mis en vente, contenant le numéro du dépôt, la nature du gage, le nom et le domicile du déposant, le montant du prêt, celui des intérêts échus, enfin le produit et les frais de la vente.

Cet état sera déposé à la résidence dans le délai de trois mois, et pourra, pendant une année, y être consulté par les intéressés.

Art. 17. — Le fermier prélèvera sur les prix de vente, une somme égale au prêt et aux intérêts échus.

L'excédent restera pendant un an et un jour à la disposition de l'emprunteur; il ne pourra lui être payé que sur la remise de la reconnaissance ou d'une décharge spéciale, conformément à l'art. 11.

Art. 18. — A l'expiration de ce délai, l'excédent sera versé au trésor, et le déposant restera déchu de tout droit de réclamation.

5. — Comptabilité — manutention.

Art. 19. — Il sera délivré, pour chaque engagement, une reconnaissance détachée d'un registre à souches.

Cette pièce, rédigée en français et en caractères, devra contenir :

1. Un numéro d'ordre,
2. La date du dépôt,
3. La désignation de l'objet engagé,
4. Le nom et le domicile du déposant, certifiés par le fermier ou le répondant, selon le cas.
5. Le montant de l'estimation et celui du prêt.
6. La signature du directeur du mont-de-piété,

Les paiements d'intérêts y seront inscrits successivement.

Art. 20. — En cas de perte de sa reconnaissance, le déposant devra en faire immédiatement la déclaration au fermier, qui sera tenu de la mentionner sur le registre d'engagement, en marge de l'article correspondant.

Art. 21. — La comptabilité devra comprendre au moins les livres suivants :

1° Un régistre à souches, pour la délivrance des reconnaissances, reproduisant en français et en caractères toutes les indications de la reconnaissance. Ce registre sera arrêté chaque jour par l'agent assermenté dont il est parlé plus loin.

2° Un registre d'entrée et de sortie du magasin.

3° Un livre-journal où seront portées, dans l'ordre où elles s'effectuent, toutes les opérations de dépôt, renouvellement, dégagement, etc..., avec des références aux deux livres précédents.

Le registre de magasin et le livre-journal seront tenus en double minute, l'une en caractères, l'autre en français, celle-ci devant être visée et arrêtée chaque jour par l'agent assermenté.

4° Un carnet, également tenu en français et en caractères, pour l'inscription des déclarations relatives aux objets volés.

5° Un registre des ventes, en français, contenant toutes les indications portées sur l'état prévu à l'article 11, et visé par l'agent assermenté.

Tous ces registres seront cotés et paraphés par le résident ou par un délégué.

Art. 22. — Les dépôts seront conservés dans un magasin spécial, sous la double clef du fermier et de l'agent assermenté.

Ce magasin devra être construit en fer, briques ou pierres et couvert en tuiles. Il devra être isolé de toute maison en bois et de toute paillote.

Chaque objet portera une étiquette très apparente où seront inscrits en français et en caractères le numéro d'ordre et la date de l'engagement.

Art. 23. — Les heures d'ouverture du Mont-de-piété seront déterminées par le résident.

6. — Surveillance — pénalités.

Art. 24. — Une commission composée du résident, d'un fonctionnaire ou négociant français, et d'un fonctionnaire annamite, désignés par le Résident supérieur, est chargée de la surveillance de chaque établissement.

Art. 25. — *Modifié par arrêté du 21 mars 1887,*

Art. 26. — Toute infraction aux dispositions des articles 2, 3, 4, 19, et au dernier paragraphe de l'article 13, sera punie d'une amende de 500 à 1000 francs.

Tout retard ou inexactitude dans la rédaction des états prescrits par les articles 13 et 16, donnera lieu à une amende de 15 à 100 francs.

Enfin, si le fermier ne se conformait pas aux heures d'ouverture fixées par le résident en vertu de l'article 23, il serait passible d'une amende de 15 à 100 francs.

Ces amendes pourront être doubles en cas de récidive. Elles seront encourues de plein droit, prononcées par le résident, et versées au trésor dans le délai de huit jours.

PAUL BERT.

N° 2. — DÉCISION *modifiant l'arrêté du 29 août 1886, relatif aux monts-de-piété.*

20 novembre 1886.

Modifié par arrêté du 21 mars 1887

N° 3. — ARRÊTÉ *modifiant celui du 29 août 1886 sur l'organisation des Monts-de-piété.*

21 mars 1887.

Les dispositions de l'article 25 de l'arrêté du 29 août 1886, sur l'organisation des Monts-de piété sont modifiées comme suit:

Un agent français assermenté, nommé par le Résident général, sur la proposition du résident, sera chargé de contrôler les opérations et spécialement la comptabilité.

Cet agent recevra une indemnité annuelle de deux mille francs, qui sera payée par l'adjudicataire.

G. BIHOURD.

Monuments commémoratifs.

N° 1. — DÉCISION *ordonnant l'érection de monuments commémoratifs aux militaires tombés sur les champs de bataille au Tonkin.*

22 avril 1886

Article premier. — Il sera élevé sur les emplacements où ont eu lieu les principales rencontres, des monuments commémoratifs des divers faits d'armes qui s'y sont produits.

Art. 2. — Dans chaque province une commission composée:

Du résident ou vice-résident de la province, *président*;

Du commandant d'armes du chef-lieu, *membre*;

D'un officier du génie désigné par l'autorité militaire, *idem*;

sera chargée d'établir les projets relatifs à l'érection de ces monuments.

Art. 3. — Les travaux de ces commissons devront parvenir au Résident général avant le 1er juillet 1886.

Art. 4. — Le commandant des troupes de terre et de mer et de la flottille, les résidents supérieurs de Hanoi et de Hué, sont chargés, chacun en ce qui le concerne, de l'exécution de la présente décision.

PAUL BERT.

N° 2. — NOTE CIRCULAIRE *pour l'exécution de l'arrêté sur les monuments commémoratifs*

22 avril 1886.

J'ai l'honneur de vous adresser les instructions qui suivent, au sujet de la composition et du fonctionnement des commissions instituées par ma décision en date de ce jour.

I. — Composition de la commission.

Le président de la commission sera toujours le résident ou le vice-résident de la province, et, à défaut du titulaire, le vice-résident intérimaire régulièrement nommé. Ce fonctionnaire ne pourra se faire remplacer dans l'exercice de ses fonctions de président.

En cas où le chef-lieu de la province comporterait une garnison inférieure à une compagnie, un officier du grade de capitaine serait désigné par l'autorité militaire dans la garnison la plus voisine, pour prendre part aux travaux de la commission.

II. — Fonctionnement des commissions.

Chaque commission se livrera à une enquête succincte sur les faits d'armes qui se sont passés dans la province; cet examen s'étendra sur l'histoire de l'époque comprise entre le 1er septembre 1873 et le 1er juin 1885.

En raison du grand nombre de rencontres qui ont eu lieu sur le territoire du Tonkin, il sera sans doute difficile d'élever dès maintenant des monuments sur tous les points où nos troupes ont été engagées, mais il me paraît possible d'étendre aujourd'hui cette mesure à tous les combats où un officier a trouvé la mort. Le travail de chaque commission devra donc porter au moins sur tous les engagements qui rentrent dans cette catégorie.

Ce travail comprendra:

A. Un rapport mentionnant succinctement les différentes actions militaires desquelles il y a lieu de conserver le souvenir. Ce rapport empruntera autant que possible sa rédaction aux pièces officielles qui ont été établies à la suite de chaque affaire.

B. Un projet comportant:

1° Pour chaque monument, la désignation exacte de l'emplacement ou des emplacements proposés;

2° Un croquis au 1/50e de l'édifice projeté;

3° Une réduction au 1/10e de l'inscription qui doit relater le fait d'armes. Cette inscription devra en principe donner le nom des militaires tombés devant l'ennemi;

4° Un mémoire descriptif très succinct destiné à compléter les indications du croquis;

5° Un devis faisant ressortir la dépense totale occasionée par l'érection du monument.

Toutes ces pièces seront transmises à la Résidence supérieure intéressée par les présidents des commissions, en temps utile pour que le travail d'ensemble me parvienne avant le 1er juillet,

PAUL BERT.

Municipalités. — VOY.: Maire, mairie. — Conseil municipal. — Territoire municipal.

Munitions. — VOY.: Armes et munitions. — Poudre de chasse.

Muongs. — VOY.: Organisation administrative.

N

Nantissement. — VOY.: Prêts sur récolte. — Monts-de-piété.

Navigation.

N° 1. — ARRÊTÉ *déterminant les conditions à remplir par les indigènes et les Chinois pour pouvoir arborer sur leurs barques, ou porter à terre, le pavillon français.*

6 octobre 1883

Article premier. — Nulle barque indigène ou chinoise ne sera admise à arborer le pavillon français, sans en avoir obtenu l'autorisation par écrit, en français et annamite, du résident de la province ou de son délégué. Ladite autorisation devra comprendre une description détaillée du bateau, et le nom du village où il est inscrit.

Art. 2. — Un cachet spécial, en français et en caractères, sera apposé dans le blanc du pavillon, et il sera tenu un registre des individus auxquels l'autorisation aura été concédée. Cette autorisation devra être présentée à toute réquisition de l'autorité.

Art. 3. — Tout bateau rencontré porteur d'un pavillon français, sans avoir rempli ces formalités, sera confisqué, et ceux qui le montaient mis à la disposition de la justice.

Art. 4. Une mesure semblable sera appliquée, à terre, à toute troupe à notre service, quelle qu'elle soit, par les soins de l'autorité qui la commande, de manière qu'aucun drapeau français ne reste en la possession d'un asiatique sans autorisation, et sans qu'un cachet français y ait été apposé.

Art. 5. — Un délai de quinze jours, à partir de l'affichage dans les résidences, est accordé aux intéressés pour se mettre en règle.

Art. 6. — Le colonel commandant supérieur des troupes et le secrétaire général des affaires civiles sont chargés, chacun en ce qui le concerne, de l'exécution du présent arrêté qui sera enregistré et communiqué partout où besoin sera.

HARMAND.

N° 2. — DÉCISION *réglementant la navigation dans les fleuves et rivières du Tonkin.*

9 octobre 1883.

Article premier. — Tout bateau à vapeur qui navigue en rivière, est tenu d'arborer son pavillon pendant le jour, et, pendant la nuit, de porter les feux prescrits par les art. 2 et 4 du décret impérial du 28 mai 1858. (1)

Art. 2. — Tout bateau chargé pour l'État, devra avoir, pendant la nuit, un feu visible extérieurement.

Art. 3. — Toute infraction aux précédentes dispositions entraînera une amende de vingt piastres, sans préjudice de la responsabilité encourue pour les avaries qui en résulteraient.

En cas de récidive, l'amende sera de cinquante piastres et une peine d'emprisonnement de 1 à 6 jours pourra, de plus, être prononcée contre le délinquant.

Art. 4. — Les contraventions seront constatées par tout commandant de bâtiment français, tout chef de poste, employé de douanes et agent de police ; les peines seront appliquées par le résident de la province où elles auront eu lieu.

Art. 5. — La présente décision sera enregistrée et publiée partout où besoin sera.

HARMAND.

N° 3. — DÉCISION *instituant une commission à l'effet de s'assurer de l'état de toutes les embarcations et bâtiments à vapeur appartenant à des particuliers et se livrant à la navigation dans les rivières du Tonkin.*

9 novembre 1883

Une commission permanente, composée de:

MM. le directeur du port, président, le mécanicien principal, l'officier commandant le détachement d'artillerie, est chargée de s'assurer par des visites aussi fréquentes qu'elle le jugera utile, de l'état de toutes les embarcations et bâtiments à vapeur appartenant à des particuliers et se livrant à la navigation dans les rivières du Tonkin.

Les dernières visites auront lieu lors du passage à Haiphong de ces bâtiments.

Dans le cas où la commission jugerait des réparations nécessaires pour prévenir tout danger, le bateau qui serait l'objet de ces observations ne pourrait continuer à naviguer qu'après que les réparations indiquées auraient été effectuées et que la commission les aurait constatées. La commi sion se réunira sur la convocation de son président, toutes les fois qu'elle jugera utile de procéder aux visites des machines des bateaux à vapeur.

HARMAND.

N° 4 — DÉCRET *prescrivant les mesures pour prévenir les abordages.*

1er septembre 1884

Article premier. — A dater du 1er septembre 1884, les bâtiments de la marine nationale, ainsi que les navires de commerce, seront assujetis aux prescriptions ci-après, qui ont pour objet de prévenir les abordages.

Dans les règles qui suivent, tout navire à vapeur qui ne marche qu'à l'aide de ses voiles, est considéré comme bâtiment à voiles, et tout navire à vapeur dont la machine est en action, est considéré comme navire à vapeur, qu'il se serve de ses voiles ou qu'il ne s'en serve pas.

Règles concernant les feux.

Art. 2. — Les feux mentionnés dans les articles suivants, numérotés 3, 4, 5, 6, 7, 8, 9, 10 et 11, doivent être tenus allumés par tous les temps, depuis le coucher du soleil jusqu'à son lever.

Aucun autre feu ne devra paraître à l'extérieur du navire.

(1) Le décret du 28 mai 1858 a été remplacé par le règlement du 1er septembre 1884, publié ci-après.

Art. 3. — Tout navire à vapeur de mer, quand il est en marche, doit porter :

A. — Sur le mât de misaine, ou en avant du mât de misaine, à une hauteur d'au moins 6 mètres au-dessus du plat bord, et si la largeur du navire est de plus de 6 mètres, à une hauteur au-dessus du plat-bord au moins égale à la largeur du navire, un feu blanc brillant, placé de manière à fournir une lumière uniforme et sans interruption sur tout le parcours d'un arc horizontal de vingt quarts ou rumbs de vent.

Il devra être fixé de telle sorte, que la lumière se projette de chaque côté du navire, depuis l'avant jusqu'à deux quarts de l'arrière du travers. La portée de ce feu devra être assez grande pour qu'il soit visible à 5 milles de distance par une nuit noire, mais atmosphère pure.

B. — A tribord un feu vert, établi de manière à projeter une lumière uniforme et sans interruption sur tout le parcours d'un arc horizontal de dix quarts de compas, compris entre l'avant du navire, et deux quarts de l'arrière du travers à tribord ; il doit avoir une portée telle, qu'il soit visible à au moins deux milles de distance, par une nuit noire, mais atmosphère pure

C. — A babord, un feu rouge établi de manière à projeter une lumière uniforme et sans interruption sur tout le parcours d'un arc horizontal de dix quarts du compas, compris entre l'avant du navire et deux quarts de l'arrière du travers à babord; il doit avoir une portée telle qu'il soit visible à au moins deux milles de distance par une nuit noire, mais atmosphère pure.

D. — Les feux de côté, vert et rouge, doivent être pourvus du côté du navire par rapport à eux, d'écrans se projetant en avant d'au moins 91 centimètres, de telle sorte que leur lumière ne puisse pas être aperçue de tribord devant pour le feu rouge et de babord devant pour le feu vert.

Art. 4. — Tout navire à vapeur qui remorque un autre bâtiment doit porter, outre ses feux de côté, deux feux blancs brillants, placés verticalement à 91 centimètres de d stance au moins l'un au dessus de l'autre, afin de le distinguer des autres bâtiments à vapeur. Chacun de ces feux doit être du même genre et installé de la même manière que le feu blanc brillant porté au mât de misaine par les autres navires à vapeur.

Art. 5. — A. Tout navire à voiles ou à vapeur qui, par une cause accidentelle n'est pas libre de ses mouvements, doit, si c'est pendant la nuit, mettre à la place assignée au feu blanc brillant que les bâtiments à vapeur sont tenus d'avoir en avant du mât de misaine, trois feux rouges placés dans des lanternes sphériques d'au moins 25 centimètres de diamètre, et disposés verticalement à une distance l'une de l'autre d'au moins 91 centimètres ; ils doivent avoir une telle portée qu'ils soient visibles à au moins deux milles de distance, par une nuit noire, mais atmosphère pure; si c'est le jour, il doit porter en avant de la tête du mât de misaine, et pas plus bas que cette tête de mât, trois boules noires de 61 centimètres de diamètre chacune, placées verticalement l'une au-dessous de l'autre, à une distance d'au moins 91 centimètres.

B. Tout navire à voiles ou à vapeur employé soit à poser, soit à relever un câble télégraphique, doit, si c'est pendant la nuit, mettre à la place assignée au feu blanc brillant que les bâtiments à vapeur sont tenus d'avoir en avant du mât de misaine, trois feux placés dans des lanternes sphériques d'au moins 25 centimètres de diamètre, disposées verticalement à une distance l'une de l'autre d'au moins 1 m. 82 ; le feu supérieur et le feu inférieur devront être rouges, et celui du milieu devra être blanc, et les feux rouges devront avoir la même portée que le feu blanc. Si c'est le jour, il doit porter en avant de la tête du mât de misaine, et pas plus bas que cette tête de mât, trois boules de 61 centimètres de diamètre au moins chacune, placées verticalement l'une au-dessous de l'autre à une distance d'au moins 1 m. 82; la boule supérieure et la boule inférieure devront être de forme sphérique et de couleur rouge, et celle du milieu devra être de la forme d'un diamant (deux côtés réunis par la base) et de couleur blanche.

C. Les navires cités dans cet article ne doivent par avoir les feux de côté allumés lorsqu'ils n'ont aucun sillage; ils doivent au contraire les tenir allumés s'ils sont en marche, soit à la voile, soit à la vapeur.

D. Les lanternes et les boules que cet article oblige à montrer servent à avertir les autres navires que celui qui les montre n'est pas manœuvrable et, par suite, ne peut se garer ; les signaux que doivent faire les bâtiments en détresse et demandant des secours, sont spécifiés dans l'art. 27.

Art. 6. — Tout navire à voiles qui fait route, ou qui est remarqué, doit porter les feux indiqués par l'art 3 pour un bâtiment à vapeur en marche, à l'exception du feu blanc qu'il ne doit avoir en aucun cas.

Art. 7. — Toutes les fois que les feux de côté, rouge et vert, ne pourront pas être fixés à leurs postes, comme cela a lieu à bord des petits navires pendant le mauvais temps, on devra tenir ces feux sur le pont, à leurs côtés respectifs du bâtiment, allumés et prêts à être montrés. Si on approche d'un autre bâtiment ou si on en est approché, on doit montrer ces feux à leurs bords respectifs, en temps utile pour empêcher l'abordage, les placer de manière qu'ils soient le plus visibles possible, et de telle sorte que le feu vert ne puisse pas s'apercevoir de babord ni le feu rouge de tribord.

Art. 8. — Tout navire, soit à voiles, soit à vapeur, doit, lorsqu'il est au mouillage, avoir un feu blanc dans une lanterne sphérique d'au moins 20 centimètres de diamètre, placé le plus en vue possible, à une hauteur au-dessus du plat-bord qui n'excède pas 6 mètres; ce feu doit montrer une lumière claire uniforme sans interruption, et visible tout autour de l'horizon, à une distance d'au moins un mille.

Art. 9. — Les bateaux pilotes, quand ils sont sur leur station de pilotage pour leur service, ne doivent pas porter les mêmes feux que les autres navires; ils doivent avoir à la tête du mât un feu blanc visible tout autour de l'horizon; ils doivent également montrer, à de courts intervalles ne dépassant jamais quinze minutes, un ou plusieurs feux intermittents.

Quand un bateau pilote n'est pas dans sa zône et occupé au service du pilotage, il doit porter les mêmes feux que les autres navires.

Art. 10. — Les embarcations non pontées et les bateaux de pêche de moins de 20 tonneaux (jauge nette) étant en marche, sans avoir leurs filets, chaluts, dragues ou lignes à l'eau, ne seront pas obligés de porter les feux de couleur de côté, mais dans ce cas, chaque embarcation ou chaque bateau devra, en leur lieu et place, avoir prêt sous la main un fanal muni d'un côté d'un verre vert, et sur l'autre d'un verre rouge; et s'il approche d'un navire ou s'il en voit approcher un, il devra montrer ce fanal assez à temps pour prévenir un abordage, et de manière que le feu vert ne soit pas vu sur le côté de babord, ni le feu rouge du côté de tribord.

(*La partie suivante de cet article s'applique uniquement aux bateaux et embarcations de pêche, au large de la côte d'Europe, dans le nord du cap Finistère*).

A. Tous les bateaux et toutes les embarcations de pêche de 20 tonneaux (jauge nette) et au-dessus, lorsqu'ils sont en marche, et ne se trouvent pas dans l'un des cas où ils ont à montrer les feux désignés par les prescriptions suivantes de cet article, doivent porter et montrer les mêmes feux que les autres bâtiments en marche.

B. Tous les bateaux qui seront en pêche avec des filets flottants ou dérivants, devront montrer deux feux blancs placés de manière qu'ils soient le plus visibles possible. Ces feux seront disposés de façon que leur écartement vertical soit de 1m80 au moins, et de 3 mètres au plus, et de manière que leur écartement horizontal, mesuré dans le sens de la quille du navire, soit de 1m50 au moins et de 3 mètres au plus; le feu inférieur devra être le plus sur l'avant, et les deux feux devront être placés de telle sorte qu'ils puissent être aperçus de tous les points de l'horizon, par nuit noire avec atmosphère pure, à une distance de trois milles au moins.

C. Un bateau pêchant à la ligne et ayant ses lignes dehors, devra porter les mêmes feux qu'un bâteau en pêche avec des filets flottants ou dérivants.

D. — Si un bateau en pêche devient stationnaire, par suite d'un engagement de son appareil de pêche dans un rocher ou tout autre obstacle, il devra montrer le feu blanc et faire le signal de brume d'un bâtiment au mouillage.

E. — Les bateaux de pêche et les embarcations non pontées peuvent, en toute circonstance, faire usage d'un feu intermittent (c'est-à-dire alternativement montré et caché) en plus des autre feux exigés par cet article. Tous les feux intermittents montrés par un bateau qui chalute, drague ou pêche avec un filet à drague quelconque, devront être montrés de l'arrière du bateau. Toutefois, si le bateau est tenu par l'arrière à son chalut, à sa drague ou à son filet à drague, le feu intermittent devra être montré de l'avant.

F. — Chaque bateau de pêche ou embarcation non pontée, étant à l'ancre entre le coucher et le lever du soleil, devra montrer un feu blanc visible tout autour de l'horizon, à une distance d'un mille au moins.

G. — Par temps de brume, un bateau en pêche avec des filets flottants ou dérivants, rattaché à ses filets, un bateau chalutant, draguant ou pêchant avec des filets à drague quelconques, un bateau pêchant à la ligne et ayant ses lignes dehors, devra, à intervalles de deux minutes au plus, sonner alternativement du cornet de brume et de la cloche.

Art 11. — Un navire qui est rattrappé par un autre bâtiment, doit montrer au-dessus de sa poupe un feu blanc ou un feu intermittent, destiné à avertir le navire qui approche.

Signaux phoniqes par temps de brume, brouillard, etc.

Art. 12. — Tout navire à vapeur doit être pourvu;

1. D'un sifflet à vapeur ou de tout autre système efficace de sons au moyen de la vapeur, placé de manière que le son ne soit gêné par aucun obstacle.

2. D'un cornet de brume d'une sonorité suffisante et qu'on puisse faire entendre au moyen d'un soufflet ou de tout autre instrument.

3. D'une cloche assez puissante. (1)

Tout navire à voiles doit être pourvu d'un cornet et d'une cloche analogues.

En temps de brume, de brouillard ou de neige, soit de nuit, soit de jour, les avertissements indiqués ci-dessous seront employés par les bâtiments.

A. Tout navire à vapeur, lorsqu'il est en marche, doit faire entendre un coup prolongé de son sifflet à vapeur ou de tout autre mécanisme à vapeur, à des intervalles qui ne doivent pas excéder deux minutes.

B. Tout navire à voiles, lorsqu'il est en marche, doit faire les signaux suivants avec son cornet, à des intervalles de deux minutes au plus: un coup lorsqu'il est tribord amure; deux coups l'un après l'autre, quand il est babord amure; trois coups l'un après l'autre, quand il a le vent de l'arrière du travers.

C. Tout navire à voiles ou à vapeur qui ne fait pas route, doit sonner la cloche, à des intervalles qui n'excèdent pas deux minutes.

Art. 13. Tout navire, soit à voiles, soit à vapeur, ne doit aller qu'à une vitesse modérée, pendant les temps de brouillard, de brume ou de neige.

Règles relatives à la route et à la manière de gouverner.

Art. 14. Quand deux navires à voiles font des routes qui les rapprochent l'un de l'autre, de manière à faire courir le risque d'abordage, l'un des deux s'écartera de la route de l'autre d'après les règles suivantes:

A. Le navire qui court largue doit s'écarter de la route de celui qui est au plus près.

B. Le navire qui est au plus près babord amure, doit s'écarter de la route de celui qui est au plus près tribord amure.

C. Si les deux navires courent largue, mais avec les amures de bords différents, le bâtiment qui a le vent par babord s'écarte de la route de celui qui le reçoit par tribord.

D. Si les deux navires courent largue ayant tous deux le vent du même bord, celui qui est au vent doit s'écarter de la route de celui qui est sous le vent.

Art. 15. — Si deux navires marchant à la vapeur courent l'un sur l'autre en faisant des routes directement opposées ou à peu près, de manière à faire craindre un abordage, chacun d'eux devra venir sur tribord, afin de laisser l'autre navire passer à babord.

Cet article s'applique uniquement au cas où les bâtiments ont le cap l'un sur l'autre, en suivant des rumbs de vent tout à fait opposés, de telle sorte que l'abordage soit à craindre. Il ne s'applique pas à des navires qui, s'ils continuent leur route, se croiseront certainement sans se toucher.

Les seuls cas que vise cet article sont ceux dans lesquels chacun des deux bâtiments a le cap sur l'autre, les deux plans longitudinaux étant complètement ou à très peu près sur le prolongement l'un de l'autre: en d'autres termes, les cas dans lesquels, pendant le jour, chaque navire voit les mâts de l'autre bâtiment l'un par l'autre ou à très peu près, et tout à fait ou à très peu près dans le prolongement de son cap; et pendant la nuit, le cas où chaque bâtiment est placé de manière à voir les deux feux de côté et de l'autre.

(1) Dans tous les cas où le règlement prescrit l'emploi d'une cloche, un tambour sera substitué à cet instrument à bord des navires ottomans.

Il ne s'applique pas au cas où, pendant le jour, un bâtiment en aperçoit un autre droit devant lui, et coupant sa route, ni au cas où, pendant la nuit, chaque bâtiment présentant son feu rouge, voit le feu de même couleur de l'autre navire; ou chaque bâtiment présentant son feu vert, voit le feu de même couleur de l'autre navire; ni au cas où un bâtiment aperçoit droit devant lui un feu vert sans voir le feu rouge; enfin, ni au cas où un bâtiment aperçoit à la fois un feu vert et un feu rouge dans toute autre direction que droit devant ou à peu près.

Art. 16. — Lorsque deux navires, marchant à la vapeur, font des routes qui se croisent, de manière à faire craindre un abordage, le bâtiment qui voit l'autre par tribord doit s'écarter de la route de cet autre navire.

Art. 17. — Si deux navires, l'un à voile, l'autre à vapeur, courent de manière à risquer de se rencontrer, le navire sous vapeur doit s'écarter de la route de celui qui est à voiles.

Art. 18. — Tout navire à vapeur qui en approche un autre au point de faire craindre un abordage, doit diminuer de vitesse ou stopper, et même marcher en arrière, si cela est nécessaire.

Art. 19. — En changeant sa route conformément à l'autorisation ou aux prescriptions de ce règlement, un bâtiment à vapeur qui est en marche peut indiquer ce changement à tout autre navire en vue, au moyen des avertissements suivants donnés avec le sifflet à vapeur :

Un coup bref pour dire : Je viens sur tribord.

Deux coups brefs pour dire : Je viens sur babord.

Trois coups brefs pour dire : Je viens en arrière à toute vitesse.

L'emploi de ces avertissements est facultatif; mais si l'on s'en sert, il faut que les mouvements du navire soient d'accord avec la signification des coups de sifflet. (1)

Art. 20. — Quelles que soient les prescriptions des articles qui précèdent, tout bâtiment à vapeur ou à voile qui en rattrape un autre doit s'écarter de la route de celui-ci.

Art. 21. — Dans les passes étroites, tout navire à vapeur doit, quand la recommandation est d'une exécution possible et sans danger pour lui, prendre la droite du chenal.

Art. 22. — Quand, d'après les règles tracées ci-dessus, l'un des navires doit changer sa route, l'autre doit continuer la sienne.

Art. 23. — En suivant et en interprétant les prescriptions qui précèdent, on doit tenir compte de tous les dangers de la navigation, ainsi que des circonstances particulières qui peuvent forcer de s'écarter de ces règles pour éviter un danger immédiat.

Art. 24. — Rien de ce qui est recommandé ici ne peut exonérer un navire, ou son propriétaire, ou son capitaine, ou son équipage, des circonstances d'une négligence quelconque, soit au sujet des feux et signaux, soit de la part des hommes de veille, soit enfin au sujet de toute précaution que commandent l'expérience ordinaire des marins et les circonstances particulières dans lesquelles le bâtiment se trouve.

Art. 25. — Rien dans ces règles ne doit entraver l'application des règles spéciales dûment édictées par l'autorité locale, relativement à la navigation dans une rade, dans une rivière, ou enfin dans une étendue d'eau extérieure quelconque.

Art. 26. — Ces règles ne doivent en rien gêner la mise à exécution de toute prescription spéciale faite par un gouvernement quelconque, quant à un plus grand nombre de feux de position ou de signaux à mettre à bord des bâtiments de guerre, au nombre de deux ou davantage, ainsi qu'à bord des bâtiments à voiles naviguant en convoi.

Art. 27. — Lorsqu'un bâtiment est en détresse et demande des secours à d'autres navires ou à la terre, il doit faire usage des signaux suivants, ensemble ou séparément, savoir :

Pendant le jour :

1° Coups de canon tirés à intervalles d'une minute environ.

2° Le signal de détresse du Code international indiqué par N. E.

3° Le signal de grande distance, consistant en un pavillon carré ayant, au-dessus et au-dessous, une boule ou quelque chose ressemblant à une boule.

Pendant la nuit :

1° Coups de canon tirés à intervalles d'une minute environ.

2° Flammes sur le navire, telles qu'on peut les produire au moyen d'un baril à goudron ou à huile en combustion, etc.

3° Bombes ou fusées, de quelque genre ou couleur que ce soit, lancées une à une, à de courts intervalles.

JULES GRÉVY.

(1) Voir ci-après arrêtés des 29 mars 1885 et 13 mai 1887, complétant cet article pour l'Annam et le Tonkin.

N° 5. — DÉCISION *relative aux règles à établir pour prévenir les abordages dans les rivières du Tonkin*

29 mars 1885

Désormais, pour la navigation dans les arroyos, rivières et bouches des fleuves du Tonkin, l'article 19 du règlement du 1er septembre 1884 sera complété de la manière suivante :

« Art. 19 — En changeant sa route conformément à l'autorisation ou aux prescriptions du règlement, un bâtiment à vapeur devra indiquer ce changement à tout autre navire en vue, au moyen des avertissements suivants, donnés avec le sifflet à vapeur :

« Un coup bref pour dire : *Je viens sur tribord*;

« Deux coups brefs pour dire : *Je viens sur babord*;

« Trois coups brefs pour dire : *Je vais en arrière.* »

« Chaque coup bref devra avoir une durée de deux secondes, ainsi que l'intervalle des coups successifs.

« Ces avertissements devront n'être donnés qu'au moment où le navire commence à exécuter réellement le mouvement indiqué.

« Quand un bâtiment à vapeur, pour une raison quelconque, ne sera pas maître de changer sa route et, par suite, ne pourra se garer, il l'indiquera dès qu'il apercevra tout autre navire par un coup de sifflet prolongé pendant 20 secondes, et qui, après un repos de cinq secondes, devra être renouvelé, jusqu'à ce que toute possibilité de collision ait disparue. »

Article supplémentaire. — Arrivés vers 200 ou 300 mètres d'un coude à angle prononcé, les bâtiments et canots diminueront de vitesse et signaleront leur approche par plusieurs coups de sifflet à vapeur, d'une durée d'environ 10 secondes, séparés par des intervalles de même durée.

En franchissant les coudes, ils devront se conformer, aussi strictement que possible, aux prescriptions de l'article 21.

La présente décision sera affichée *in extenso* à bord de tous les remorqueurs et chaloupes des divers services publics, et sur les bâtiments de commerce naviguant dans les eaux intérieures du Tonkin.

M. le chef de la division navale, M. le chef du service administratif et M. le Directeur des affaires civiles et politiques sont chargés, chacun en ce qui le concerne, des mesures à prendre pour assurer l'exécution de la présente décision.

BRIÈRE DE L'ISLE.

N° 6. — DÉCISION MINISTÉRIELLE *au sujet des attributions des résidents dans les questions relatives à la police de la navigation.*

14 avril 1885.

Par une lettre du 9 août 1884, n° 202, votre prédécesseur a consulté le département, en vue de savoir si les questions relatives à la police de la navigation dans le royaume d'Annam et au Tonkin, devaient être traitées par nos résidents dans ces deux pays, ou par les officiers du commissariat de la marine.

M. le général Millot a fait connaître, à ce sujet, que depuis le moment où un service administratif a été placé près le corps expéditionnaire, les officiers du commissariat de la marine se sont institués commissaires de l'inscription maritime, et se sont saisis des attributions consulaires relatives à la marine du commerce.

Cette substitution du service administratif du corps expéditionnaire au personnel civil me paraît présenter de sérieux inconvénients dans des pays qui, comme l'Annam et le Tonkin, sont simplement placés sous notre Protectorat. J'estime que provisoirement, les résidents doivent continuer à exercer en matière de police de la navigation, les attributions dévolues aux consuls français en pays étrangers, et je vous prie, en conséquence, de vouloir bien donner des ordres dans ce sens.

F. FAURE.

N° 7. — DÉCISION *réglementant la navigation des chaloupes dans le canal des Rapides, au passage du bac.*

8 août 1885.

Le général commandant en chef le corps du Tonkin, afin d'éviter les accidents résultant de l'arrivée inopinée d'un bâtiment descendant le canal des Rapides au moment où le bac interrompt la circulation fluviale, décide :

1° Un pavillon rouge sera hissé en tête d'un mât placé près du bac pour indiquer au loin que la navigation est interrompue par le câble reliant les deux rives.

2° Un homme sera détaché en amont du bac et déploiera un pavillon rouge dès qu'il apercevra un bâtiment.

Ce signal indiquera aux pontonniers qu'ils doivent se hâter de rétablir la circulation du canal, en même temps qu'il préviendra les bâtiments du danger auquel ils sont exposés tant que ce pavillon rouge ne sera pas amené.

L'article supplémentaire de la décision du 29 mars 1885 (1), doit être rigoureusement appliqué, surtout du fleuve Rouge au bac des Rapides.

Cette décision sera affichée *in extenso* à bord de tous les remorqueurs et chaloupes des divers services publics et sur les bâtiments de commerce naviguant dans les eaux intérieures du Tonkin.

M. le général commandant l'artillerie, M. le chef de la division navale, M. le chef du service administratif et M. le directeur des affaires civiles et politiques sont chargés, chacun en ce qui le concerne, des mesures à prendre pour assurer l'exécution de la présente décision.

CH. WARNET.

N° 8. — DÉCISION *installant au Tonkin un service dit « de surveillance des arroyos », et rendant obligatoire le livret de barque pour les bateaux servant au transport des marchandises.*

22 août 1885.

Article premier. — Un service dit de *surveillance des arroyos* est installé au Tonkin à la date de ce jour.

Des chaloupes battant les couleurs de la douane, montées par un certain nombre d'hommes fournis par le commandement, des employés des douanes et de la police civile, ayant toujours à bord un interprète, parcoureront les fleuves et arroyos. Elles en assureront la police en exerçant le droit de visite des chaloupes à vapeur et jonques.

Art. 2. — Dans le délai de 20 jours après la promulgation du présent arrêté, toute maison de commerce européenne, annamite ou chinoise, tout commerçant, devra munir les patrons des jonques ou autres embarcations transportant des marchandises, d'un livret portant le nom et l'origine du patron, les noms de l'équipage, le chargement, l'armement de la jonque, s'il est autorisé.

Ce livret devra être signé, à l'aller et au retour, par les résidents et, en leur absence, par le commandant de port.

Art. 3. — Il est défendu aux jonques de battre pavillon français à moins d'une autorisation spéciale. Toute embarcation annamite qui en fera la demande, pourra porter le pavillon du Protectorat.

Art. 4. — Toute jonque ou autre embarcation doit se laisser visiter. Si elle renferme de l'opium ou des marchandises de contrebande, elle sera amarinée et l'équipage mis aux fers pour être jugé conformément aux lois. Si elle renferme des munitions de guerre, l'équipage sera immédiatement traité comme pirate.

Art. 5. — Dans un délai de 15 jours, tous les commerçants européens ou indigènes devront présenter aux résidents ou aux commandants d'armes les armes en leur possession.

Ces armes, après avoir été enregistrées, seront immatriculées et poinçonnées.

Art. 6. — Toute arme prise entre les mains d'un Annamite ou d'un Chinois, qui porterait le poinçon, sera confisquée et son vrai propriétaire traduit devant le Conseil de guerre.

Aar. 7. — La vente aux Asiatiques des armes et munitions de guerre de toute nature est interdite dans le Tonkin.

Art. 8. — Des perquisitions devront être faites par l'autorité civile pour assurer l'exécution des prescriptions ci-dessus.

Art. 9. — Toutes les dispositions sur la matière, comprises dans les décisions antérieures, sont et demeurent abrogées en ce qu'elles ont de contraire à la présente.

Art. 10. — Le Directeur des affaires civiles et politiques est chargé de l'exécution de la présente décision.

COURCY.

N° 9. — DÉCISION *règlementant la circulation des jonques dans le Song-tam-bac.*

19 avril 1886

Article premier. — Les jonques de mer ayant terminé leurs opérations de chargement et de déchargement ne devront plus séjourner dans le Song-tam-bac.

Quant aux jonques de rivière, elles devront se tenir sur une seule rangée de chaque côté de l'arroyo, parallèlement à la rive.

Art. 2. — Le Résident supérieur au Tonkin est chargé de l'exécution de la présente décision.

PAUL BERT.

N° 10 — ARRÊTÉ *étendant le droit de faire du cabotage de province à province à tous navires, chaloupes ou barques régulièrement autorisés à battre pavillon français.*

27 mai 1886.

Article premier. — Le cabotage de province à province, réservé par l'article 2 précité aux barques indigènes, pourra, à l'avenir, être également effectué par tous navires, chaloupes ou barques régulièrement autorisés à battre pavillon français, et munis de manifestes délivrés par les autorités compétentes.

Toutes dispositions contraires sont et demeurent abrogées.

Art. 2. — Les Résidents supérieurs au Tonkin et en Annam sont chargés, chacun en ce qui le concerne, de l'exécution du présent arrêté.

PAUL BERT.

N° 11. — ARRÊTÉ *organisant le service des barques et sampans de passage sur la rade de Haiphong.*

8 juin 1886.

Article premier. — Dans un délai de huit jours après la publication du présent arrêté, toutes les barques ou sampans qui font le service particulier des navires, doivent être inscrits au commissariat de police et être pourvus d'un permis de circulation qui sera visé mensuellement par le commissaire de police.

Art. 2. — Ce permis devra être représenté à toute réquisition d'un agent de la police.

Pour toute contravention, il pourra être saisi par ce même agent, qui le déposera au commissariat de police, où le propriétaire devra aller le réclamer.

Toute barque trouvée sans ce permis sera saisie et son propriétaire devra, pour la récupérer, payer une amende de 2 à 5 piastres.

Art. 3. — Une plaque carrée de 0m 20 de côté et peinte en rouge, avec le numéro en blanc, sera fixée à demeure sur le côté antérieur droit de la barque au-dessus de la flottaison.

Art. 4. — Chaque permis de circulation portera la désignation du stationnement de la barque. Aucun patron ne pourra changer le lieu de stationnement de sa barque sans une autorisation préalable.

Les stationnements sont : 1° L'appontement de la Concession ; 2° L'appontement de la douane ; 3° Le quai du Song-tam-bac (en face l'avenue n° 1) ; 4° L'appontement du grand marché ; 5° L'appontement de la caserne (rive gauche du Song-tam-bac.)

Art. 5. — Les barques ou sampans autorisés à faire le service de la rade devront toujours être prêts à répondre aux réquisitions des passagers ; sous aucun prétexte les bateliers ne pourront refuser de marcher immédiatement.

Art 6. — Le tarif imprimé devra être collé sur une planchette et fixé à demeure d'une manière apparente, à l'avant du capot.

(1) Article supplémentaire de la décision du 29 mars 1885 : « Arrivés vers 200 ou 300 mètres d'un coude à angle prononcé, les bâtiments diminueront de vitesse et signaleront leur approche par plusieurs coups de sifflets à vapeur d'une durée d'environ 10 secondes, séparés par des intervalles de même durée.

TARIF

Traversée du Song-tam-bac	1	cent
La course jusqu'aux limites de la rade, avec vingt minutes d'arrêt	8	»
Chaque demi-heure d'arrêt en plus	10	»
A l'heure, en dehors de la rade	15	»
Une demi-journée	50	»

Toutes barques qui auraient été prises pour aller en dehors de la rade auront droit au payement pour le retour.

Art. 7. — Les barques qui seront trouvées en contravention au présent arrêté, seront mises en fourrière et le patron pourra se voir retirer son autorisation.

BONNAL.

Approuvé :
PAUL BERT.

N° 12. — CIRCULAIRE *au sujet des manifestes dont doivent être munis les bateaux faisant du cabotage*

17 juin 1886

L'arrêté du 27 mai 1886 ayant étendu le cabotage de province à province à tous les navires, chaloupes ou barques autorisés à battre pavillon français, il est nécessaire que ces bateaux soient munis de manifestes réguliers.

Je vous prie, en conséquence, de vouloir bien prier le service des douanes de votre circonscription de donner aux vapeurs ou jonques des autorisations en caractères chinois, munies d'un cachet, et pouvant permettre aux autorités indigènes des points où il n'existe pas d'agent français, de s'assurer que les conventions ont été remplies et que ces bateaux sont en règle.

P. VIAL.

N° 13. — ARRÊTÉ *réglant l'armement que peuvent posséder les chaloupes, jonques, etc., circulant sur les rivières du Tonkin ou en mer.*

25 juin 1886.

Article premier. — Les chaloupes et canots à vapeur circulant sur les fleuves du Tonkin peuvent être autorisés à avoir à bord, pour leur défense, un nombre de fusils à piston qui ne peut dépasser six. Les Européens pourront être autorisés à avoir chacun un fusil à tir rapide et un revolver.

Art. 2. Les jonques et chaloupes de mer peuvent être autorisées à s'armer de fusils de tous modèles.

Art. 3. Les autorisations d'armement seront données par écrit par les résidents ou vice-résidents de la province où la barque est armée. Elles indiqueront le nombre et la nature des armes autorisées.

Les fusils devront porter un numéro matricule inscrit par les soins de l'administration.

Art. 4. — Les armes et l'autorisation d'armement devront être représentées à toute réquisition d'un agent de l'autorité.

Art. 5. — Les barques qui remontent le haut fleuve pourront recevoir un armement autorisé par les résidents de Hanoi, de Sontay et par le vice-résident de Lao-kai.

Art. 6. — Les fusils non poinçonnés ou trouvés dans une barque autre que celle pour laquelle ils ont été autorisés seront saisis, sans préjudice des peines édictées par les arrêtés prohibant la contrebande des armes de guerre.

Art. 7. — Le Résident suprieur au Tonkin est chargé de l'exécution du présent arrêté.

PAUL BERT.

N° 14.— ARRÊTÉ *fixant les droits de tonnage auxquels sont soumis les navires.*

6 septembre 1886.

Rapporté par arrêté du 15 février 1889.

N° 15. — DÉCISION *fixant les obligations des patrons de bateaux ou de chaloupes en matière de correspondances postales.*

16 octobre 1886 .

Article premier. — Les patrons de bateaux ou de chaloupes en partance devront prévenir le bureau de poste de la localité où ils se trouvent, trois heures au moins avant leur départ.

Une demi-heure avant leur départ, ils devront venir prendre à ce même bureau de poste les paquets et dépêches qu'on aura à leur confier, en même temps que la boîte mobile qui devra être placée sur un point accessible et bien apparent du bord.

Cette boîte sera fermée par les soins du chef de bureau.

Art. 2. — A l'arrivée à sa destination, le patron de la chaloupe devra se rendre immédiatement au bureau de poste pour y déposer la boîte ; l'ouverture de la boîte et la distribution des correspondances devront être assurées par les soins des employés du service des postes et télégraphes.

Il est interdit aux patrons de chaloupes de faire aucun tri, ni aucune manipulation de correspondances pendant leur traversée.

Art. 3. — Faute de se conformer à ces prescriptions, ils seront considérés comme contrevenant aux règlements en vigueur sur la matière, et punis suivant la rigueur des lois.

Les armateurs ou propriétaires sont civilement et pécuniairement responsables des contraventions commises par les patrons de leurs chaloupes.

Ces derniers n'en sont pas moins tenus de se présenter en personne devant le tribunal lorsqu'ils en sont requis, sous peine d'y être contraints par corps et au besoin d'être condamnés par défaut, sans que leur défense puisse être présentée par une tierce personne.

Art. 4. — Le Résident supérieur au Tonkin est chargé de l'exécution de la présente décision.

PAUL BERT.

N° 16. — ARRÊTÉ *soumettant au droit de tonnage, les jonques indigènes qui se livrent au cabotage sur la côte d'Annam.*

1er mars 1887.

Article premier. — Les jonques indigènes, qui se livrent au cabotage sur la côte d'Annam, sont soumises au droit de tonnage dans les conditions déterminées par l'arrêté du 6 septembre 1886.

Art. 2. — Les droits de tonnage applicables à ces bâtiments sont toutefois fixés comme suit :

1° A l'abonnement : 0 fr 50 par tonneau de jauge et par trimestre.

2° Au voyage : 0 fr. 125 par tonneau de jauge et par voyage.

Art. 3. — Le Résident supérieur en Annam et le directeur des douanes sont chargés, chacun en ce qui le concerne, de l'exécution du présent arrêté.

G. BIHOURD.

N° 17. — ARRÊTÉ *complémentaire réglant les avertissements des navires à vapeur dans la navigation fluviale.*

13 mai 1887.

Désormais, pour la navigation dans les arroyos, rivières et bouches des fleuves du Tonkin, l'article 19 du règlement du 1er septembre 1884 sera complété de la manière suivante :

Art. 19. — En changeant sa route conformément à l'autorisation ou aux prescriptions du règlement, un bâtiment à vapeur devra indiquer ce changement à tout autre navire en vue, au moyen des avertissements suivants, donnés avec le sifflet à vapeur :

Un coup bref pour dire : ***Je viens sur tribord.***
Deux coups brefs pour dire : ***Je viens sur babord.***
Trois coups frais pour dire : ***Je vais en arrière.***

Chaque coup bref devra avoir une durée de deux secondes, ainsi que l'intervalle des coups successifs.

Ces avertissements devront n'être donnés qu'au moment où le navire commence à exécuter réellement le mouvement indiqué.

Quand un bâtiment à vapeur, pour une raison quelconque, ne sera pas maître de changer sa route, et, par suite, ne pourra se garer, il l'indiquera, dès qu'il apercevra tout autre navire en vue, par un coup de sifflet prolongé pendant vingt secondes, et qui, après un repos de cinq secondes, devra être renouvelé, jusqu'à ce que toute possibilité de collision ait disparu.

Art. 21. — Dans les passes étroites, tout navire à vapeur doit, quand la recommandation est d'une exécution possible et sans danger pour lui, prendre la droite du chenal.

En conséquence, quand une chaloupe à vapeur désire en dépasser une autre qui marche moins vite qu'elle, elle devra indiquer par son sifflet qu'elle prend la gauche du chenal pour rappeler à la chaloupe marchant devant elle, qu'elle doit en prendre la droite.

Article supplémentaire. — Arrivés vers deux ou trois cents mètres d'un coude à angle prononcé, les bâtiments et canots diminueront de vitesse et signaleront leur approche par plusieurs coups de sifflet à vapeur d'une durée d'environ dix secondes, séparés par des intervalles de même durée.

En franchissant les coudes, ils devront se conformer aussi strictement que possible aux prescriptions de l'article 21.

G. BIHOURD.

N° 18. — ARRÊTÉ *décidant que le visa mensuel du permis de circulation imposé aux barques et sampans de la rade de Haiphong, ne sera donné qu'après payement du droit de stationnement.*

31 juillet 1887

Le visa mensuel du permis de circulation imposé aux barques et sampans qui font le service de la rade de Haiphong, par l'article premier de l'arrêté susvisé, (1) ne sera donné qu'après payement du droit de stationnement fixé à un franc vingt-cinq centimes (1 fr. 25 c.) par mois.

G. BIHOURD.

N° 19. — ARRÊTÉ *établissant une amende pour contravention au règlement fixant à une seule rangée le stationnement des jonques dans l'arroyo de Haiphong.*

3 août 1887.

Article premier. — Les propriétaires de jonques de mer et de rivière qui ne se conformeront pas aux dispositions de l'arrêté du 19 avril 1886, seront frappés d'une amende de cinquante à deux cents francs.

En cas de récidive cette peine pourra être doublée.

Art. 2. — Le résident de Haiphong est chargé d'assurer l'exécution du présent arrêté.

G. BIHOURD.

N° 20. — ARRÊTÉ *indiquant les endroits ouverts au commerce extérieur sur la côte du Tonkin.*

10 août 1887.

Article premier. — Sont seuls ouverts au commerce extérieur, sur la côte du Tonkin, le Lach-day, le Cua-lac, le Cua-balat, le Lach-tray, le Cua-cam, le Cua-nam-trieu et la rivière de Mon-cay.

Art. 2. — Les formalités de douanes devront être remplies au premier poste établi sur chacun de ces fleuves.

Art. 3. — Les postes de douanes sont établis à cet effet à Phat-diem, Luc-bo, Nam-dinh, Yen-lang, Wu-tong, Haiphong, Quang-yen et Mon-cay.

Art. 4. — Toute chaloupe ou jonque pénétrant à l'intérieur par une embouchure non ouverte au commerce extérieur, sera passible de confiscation, sans préjudice du payement des droits d'importation sur le chargement.

Art. 5. — Le directeur des douanes est chargé de l'exécution du présent arrêté.

G. BIHOURD.

N° 21. — ARRÊTÉ *réglementant la navigation intérieure et le transbordement des marchandises.*

10 août 1887.

Article premier. — Les marchandises qui ont acquitté les droits d'importation au port d'arrivée ne sont soumises, lorsqu'elles sont transportées à l'intérieur, à aucune formalité de douane.

Art. 2. — Les marchandises venant de l'intérieur peuvent, à l'exception de l'opium et des armes, être transbordées sans payement des droits, à destination d'un port de l'intérieur où existe un bureau de douane.

Art. 3. — Dans ce cas l'opération devra être précédée d'une déclaration de transbordement, sous peine d'une amende de 1000 à 5000 francs.

Art. 4. — Le transbordement ne pourra avoir lieu que sous la surveillance d'un agent des douanes. Les marchandises seront vérifiées ou plombées.

Il sera délivré à l'intéressé un acquit-à-caution qui devra être rapporté au bureau d'origine, dans le délai d'un mois, revêtu du certificat de décharge du chef du bureau destinataire, à peine du double droit sur les marchandises déclarées.

Art. 5. — Aucun transbordement ne peut être effectué en dehors des ports où existe un bureau de douanes, sauf les cas de force majeure dont il devra être justifié.

Les infractions à cette disposition seront punies d'une amende de 500 à 2000 francs et de la confiscation des marchandises transbordées.

Art. 6. — Les jonques de mer et les chaloupes naviguant à l'intérieur ne peuvent, sauf le cas de réquisition, quitter un port ouvert sans que leur destination ait été déclarée et leurs papiers de bord visés à la douane.

Ce visa sera donné sans frais et pourra être réclamé du lever au coucher du soleil.

Toute infraction sera punie d'une amende de 50 à 200 francs, et rendra en outre, les marchandises embarquées passibles d'un droit d'importation ou d'exportation, suivant le cas.

Art. 7. — Les dispositions de l'arrêté du 13 décembre 1886 ne sont applicables qu'aux marchandises transportées en cabotage par voie de mer sur les côtes de l'Annam et du Tonkin.

Art. 8. — Toutes dispositions contraires à celles du présent arrêté sont et demeurent rapportées.

G. BIHOURD.

N° 22. — ARRÊTÉ *sur la taxe à percevoir sur les barques chinoises de pêche et de commerce*

12 juillet 1888.

Rapporté par arrêté du 6 juillet 1889.

N° 23. — CIRCULAIRE *au sujet du numérotage des barques.*

7 janvier 1889.

Il m'est rendu compte que le service de surveillance à exercer sur les barques et jonques naviguant dans les eaux du Tonkin devient chaque jour plus difficile, par suite de la négligence qu'apportent les propriétaires d'embarcations à se conformer aux règlements en vigueur.

Il est prescrit, en effet, que toute barque doit porter à l'avant, sur la partie droite et extérieure du bordage, au-dessus de la flottaison, en caractères très apparents, le numéro inscrit sur son permis de circulation.

En vous signalant l'utilité de ce numérotage, qui a produit dans quelques provinces les meilleurs résultats, je vous recommanderai de tenir la main à la stricte observation des décisions antérieures.

Vous ne devez pas hésiter à infliger des amendes aux propriétaires des barques trouvées en contravention et, en cas de récidive, supprimer les permis de circulation.

E. PARREAU.

N° 24. — ARRÊTÉ *fixant la taxe de tonnage des navires entrant dans les ports ouverts de l'Annam et du Tonkin.*

15 février 1889.

Article premier. — Les navires entrant dans les ports ouverts de l'Annam et du Tonkin sont, à dater de ce jour, soumis à la taxe de tonnage ci-après, représentant les droits de phare, de balisage, de quai, de police de rivière, de rade et d'ancrage.

1° A l'abonnement, 60 cents par trimestre, pour les navires français ; 1 $ 20, par trimestre, pour les navires étrangers.

2° Au voyage, 15 cents pour les navires français ; 30 cents pour les navires étrangers.

Art. 2. — Cette taxe devra être payée avant le départ du navire.

Elle sera perçue par les soins de l'administration des douanes.

Art. 3. — La taxe sera réduite de moitié, pour les navires non abonnés, arrivant sur lest et partant avec chargement, et vice versa.

Art. 4. — Le jaugeage est déterminé par la méthode Moorsom usitée en Cochinchine.

(1) 8 juin 1886

Art. 5. — Les navires à voile ne seront soumis à la taxe qu'une fois tous les quatre mois.

Art. 6. — Le navire et la cargaison répondent du payement de la taxe.

Art. 7. — Sont exemptés de la taxe :

1° Les navires entrant et sortant sur lest. Est considéré comme sur lest tout navire portant une pacotille inférieure, en encombrement, au vingtième de la jauge du navire, et en valeur à une piastre par tonneau de jauge du navire ;

2° Les bâtiments de guerre français et étrangers ;

3° Les navires nolisés par l'État, dans la proportion du tonnage dont ils sont chargés pour l'administration du Protectorat. Lorsqu'ils repartiront avec un chargement pour le commerce, ils payeront demi-droit.

Art. 8. — Le Résident général en Annam et au Tonkin est chargé de l'exécution du présent arrêté.

RICHAUD.

N° 25. — CIRCULAIRE *au sujet de l'application des taxes sur les barques et jonques.*

15 mars 1889

J'ai l'honneur de vous adresser ampliation de l'arrêté de M. le Gouverneur général, n° 86 du 22 février 1889 (1), qui modifie l'assiette de l'impôt des barques et jonques et réglemente sur de nouvelles bases la perception de cette contribution.

L'arrêté du 7 janvier 1888 déterminait le tarif des taxes auxquelles sont soumises les barques et jonques, selon leur nature et leurs dimensions. Mais dès la mise en vigueur de cet acte, les résidents des provinces où la batellerie fluviale a atteint le plus grand développement ont fait ressortir, dans leurs rapports, les difficultés que présente, dans l'application, le mode de calcul imposé, et les anomalies auxquelles il conduit : un jaugeage souvent inexact et un défaut de proportionnalité entre le jaugeage et la taxe à percevoir.

La tâche des agents chargés de déterminer le montant des taxes était rendue très difficile. D'autre part les propriétaires de jonques ou de barques se prêtaient peu à des calculs compliqués qui déroutaient leurs habitudes.

Jusqu'ici la perception de ces taxes s'est effectuée au moyen de cartes délivrées par les résidents. Le signalement de la barque, le nom du propriétaire, la date de chaque versement y étaient inscrits. Ce mode de procéder ne permettait pas toujours d'ouvrir un contrôle efficace dans les résidences sur la perception de cet impôt. De son côté, le service central n'ayant aucune donnée sur les sommes à percevoir, se trouvait dans l'impossibilité d'en suivre le recouvrement et d'en faire figurer des prévisions exactes au budget.

La constatation des droits, au moyen des rôles fait disparaître ces inconvénients. La tâche des Résidents est facilitée. Il leur sera possible de s'assurer, pour les annamites et les chinois, le concours des maires de villages et des chefs de congrégations. Le service central aura désormais, pour l'impôt des barques, les mêmes moyens de contrôle que pour les patentes et les capitations.

Le système de réglementation adopté par l'arrêté n° 86 du 22 février n'est autre que celui qui est en vigueur en Cochinchine depuis de longues années et qui y a donné de bons résultats. Il est à espérer qu'il en sera de même au Tonkin.

Les dispositions des articles 10 et 11 du nouvel arrêté ont pour but d'intéresser les maires des villages au recouvrement de cet impôt. D'une part leur responsabilité est engagée pour les obliger à inscrire toutes les barques et jonques ; d'autre part une remise de deux pour cent leur est allouée, quand ils en auront effectué la perception avant le premier juillet.

Ces mesures sont complétées par celles prescrites dans les articles 6 à 9, 12 à 15, 17 et 18. L'article 16 contient une facilité qui témoigne de la bienveillance accordée aux transactions. Cette bienveillance se manifeste dans l'état annexé à l'arrêté d'une manière générale à tous les besoins de la vie, particulièrement à ceux de communication et de circulation, par l'exemption de toute taxe accordée aux embarcations d'un tonnage inférieur à 50 picults.

Telle est l'économie de l'arrêté n° 87, du 22 février 1889, que vous avez à appliquer, et qui remplace les décisions des 11 décembre 1885, et 7 janvier 1888. Il est calqué, ainsi que je vous l'ai fait remarquer, sur l'arrêté du 25 juillet 1871, auquel il n'apporte que quelques modifications indispensables en ce qui concerne le Tonkin.

E. PARREAU.

(1) Voir cet arrêté V° *Impôts*, N° 45.

N° 26. — ARRÊTÉ *sur les droits de stationnement et d'amarrage des barques, à percevoir dans le périmètre de la concession française de Tourane.*

14 avril 1889.

Article premier. — A dater du 1er mai 1889, les droits suivants seront perçus dans le périmètre de la concession française de Tourane, pour le stationnement et l'amarrage des barques de rivière et jonques de mer :

Barques de 200 picuIs et au-dessus......	0 $ 30	par mois
— 100 à 200 picuIs...........	0 « 15	—
— au-dessous de 100 picuIs.........	0 « 05	—

Tout mois commencé sera dû en entier.

Art. 2. — Le résident de France à Tourane est chargé de l'exécution du présent arrêté qui sera enregistré et publié partout où besoin sera.

RHEINART.

N° 27. — ARRÊTÉ *modifiant celui du 15 février 1889, au sujet des droits à percevoir sur les chaloupes d'un tonnage supérieur à 160 tonneaux.*

15 mai 1889.

Article premier. — L'arrêté du 15 février 1889 n'est pas applicable aux chaloupes d'un tonnage inférieur à 160 tonneaux, servant généralement aux transports fluviaux, et soumises de ce chef aux droits prévus par les arrêtés du 11 décembre 1885 et du 7 février 1888.

Art. 2. — Le Résident général en Annam et au Tonkin, est chargé de l'exécution du présent arrêté.

RICHAUD.

N° 28. — ARRÊTÉ *rapportant celui du 12 juillet 1888, fixant l'impôt à percevoir sur les barques chinoises.*

6 juillet 1889

Article premier. — L'arrêté du 12 juillet 1888 est rapporté en ce qui concerne les barques chinoises ayant leur port d'attache en Chine.

Art. 2. — Ces barques et jonques seront, lorsqu'elles navigueront dans les eaux du Tonkin ou de l'Annam, soumises aux règlements douaniers et aux taxes en vigueur.

Art. 3. — MM. les Résidents supérieurs au Tonkin et en Annam sont chargés de l'exécution du présent arrêté.

PIQUET.

N° 29. — ARRÊTÉ *fixant à nouveau la taxe annuelle à percevoir sur les barques et jonques de mer.*

6 août 1889.

Article premier. — L'arrêté sus visé du 22 février 1889 (1) est rapporté en ce qui concerne les barques et les jonques de mer.

Art. 2. — La taxe annuelle à percevoir sur les barques et jonques de mer est fixée, quelle que soit leur forme, à vingt-cinq centimes par picul.

Art. 3. — La capacité des barques est déterminée par les procédés ordinaires de jaugeage, suivant la forme de la barque.

Art. 4. — La perception des taxes est confiée au service des douanes.

Art. 5. — Les barques et jonques ayant déjà acquitté leur taxe en vertu de l'arrêté du 22 février 1889, ne seront soumises à aucun droit supérieur.

Art. 6. — M. le Résident supérieur au Tonkin est chargé de l'exécution du présent arrêté.

PIQUET.

(1) Voir cet arrêté V° *Impôts*, N° 45.

N° 30. — CIRCULAIRE *complétant l'arrêté du 22 février 1889 sur la police des barques de mer et de rivière.*

11 juin 1890.

Le tableau n° 3 annexé à l'arrêté du 22 février 1889 (1), règlementant la police des barques de mer et de rivière est ainsi complété :

Tableau n° 3.	Numéros des résidences ;
Thai-binh	n° 20
Bay-say	n° 21
My-duc	n° 22
Luc-nam	n° 23

Les autres résidences et vice-résidences conserveront le numéro qui leur a été affecté par ledit arrêté.

BONNAL.

VOY. : **Réquisition. — Codes français. — Barques et sampans. — Postes. — Impôts. — Port d'armes. — Douanes. — Pêcherie, Pêche.**

(1) Voir cet arrêté V° *Impôts*, N° 45.

Naturalisation

N° 1. — ARRÊTÉ *promulguant le décret du 29 juillet 1887, relatif à la naturalisation.*

18 octobre 1887.

Article unique. — Est promulgué dans toute l'étendue du territoire de l'Annam et du Tonkin le décret du 29 juillet 1887, relatif à la naturalisation des étrangers et des indigènes annamites ou tonkinois.

PIQUET.

N° 2. — DÉCRET *relatif à la naturalisation.*

29 juillet 1887.

Article premier. — Peuvent, après l'âge de vingt-et-un ans accomplis, être admis à jouir des droits de citoyen français :

1° L'étranger qui justifie de trois années de résidence, soit en Annam ou au Tonkin, soit en Cochinchine, et en dernier lieu, en Annam ou au Tonkin.

2° L'indigène annamite ou tonkinois qui, pendant trois ans, aura servi la France, soit dans ses armées de terre ou de mer, soit dans les fonctions ou emplois civils rétribués par le trésor français.

Art. 2. — Le délai de trois ans est réduit à une seule année en faveur des individus mentionnés à l'article précédent, qui auraient rendu à la France des services exceptionnels.

Art. 3. — Pourront être également admis à jouir des droits de citoyen français, les sujets annamites qui, sans avoir servi dans les armées françaises de terre ou de mer, ou rempli des fonctions ou emplois civils rétribués par le trésor français, auraient rendu à la France des services exceptionnels.

Art. 4. — La demande en naturalisation est présentée au résident ou vice-résident chef de poste dans le ressort duquel est domicilié l'impétrant.

Le résident ou vice-résident procède d'office à une enquête sur les antécédents et la moralité du demandeur.

Si le demandeur est sous les drapeaux, la demande est adressée au chef de corps, qui la transmet au général commandant supérieur, chargé de diriger l'enquête et d'émettre son avis.

Pour chaque affaire, le résultat de l'enquête, avec la demande, et les pièces à l'appui, sont envoyés au Résident général, qui transmet le dossier, avec son avis motivé, au ministre des affaires étrangères.

Art. 5. — Il est statué par un décret du Président de la République, le conseil d'État entendu, sur la proposition collective du ministre des affaires étrangères et du garde des sceaux, ministre de la justice.

Art. 6. — Aucun droit de sceau ne sera perçu pour la naturalisation des individus attachés au service de la France.

Pour les autres, le droit est fixé à 50 francs. La perception de ce droit sera faite au profit du Protectorat.

Art. 7. — Le ministre des affaires étrangères et le garde des sceaux, ministre de la justice, sont chargés, chacun en ce qui le concerne, de l'exécution du présent décret.

CARNOT.

Notaires. — VOY. : **Greffiers-Notaires — Droits de greffe.**

Notices individuelles.

N° 1. — CIRCULAIRE *sur les notices individuelles du personnel*

27 août 1889.

J'ai remarqué que dans les notices individuelles du personnel, quelques-uns d'entre vous se sont abstenus de donner des notes à des agents nouvellement placés sous leurs ordres, parce qu'ils n'avaient pu encore apprécier leur façon de servir.

J'ai décidé qu'à l'avenir, dans les remises de service, le résident sortant fournira à son successeur un état *annoté* de tout le personnel de la résidence.

Cet état sera établi en deux expéditions, dont l'une sera adressée à la résidence supérieure (Cabinet).

Lorsqu'un agent sera appelé à servir d'une résidence dans une autre, ses notes seront envoyées dans son nouveau poste et à la résidence supérieure par les soins du résident sous les ordres duquel il servait.

Pareillement, un état de notes sera adressé, à titre confidentiel, à MM. les résidents sur les employés qui leur seront envoyés de la résidence supérieure.

BRIÈRE.

Opium.

N° 1. — DÉCISION *relative à l'adjudication de la ferme de l'opium.*

27 février 1884

Article premier. — Le monopole de l'introduction, de la fabrication, du transport et de la vente de l'opium à fumer, dans les différentes provinces du Tonkin, sera adjugé aux enchères publiques le 20 mars prochain, à neuf heures du matin, dans les bureaux de la direction des affaires civiles et politiques, à Hanoi.

Art. 2. — Le cahier des charges relatives à cette adjudication sera déposé dans le plus bref délai, à la direction de l'intérieur à Saigon, au consulat de Hong-kong, dans les résidences au Tonkin, et à la direction des affaires civiles et politiques, pour être mis à la disposition des intéressés.

Art. 3. — Le directeur des affaires civiles et politiques, et le chef du service administratif sont chargés, chacun en ce qui le concerne, de l'exécution de la présente décision.

MILLOT.

N° 2. — DÉCISION *relative à l'entrée de l'opium brut en boule au Tonkin.*

12 avril 1884

Rapporté par arrêté du 7 juin 1887.

N° 3. — ARRÊTÉ *réduisant temporairement le droit sur l'opium provenant du Yun-nan, par voie de Lao-kai.*

10 avril 1886

Rapporté par arrêté du 7 septembre 1887, prohibant l'entrée de l'opium.

N° 4. — ARRÊTÉ *portant règlement de la ferme de l'opium.*
17 juin 1886.

Rapporté par arrêté du 20 juillet 1887

N° 5. — ARRÊTÉ *fixant les droits à percevoir sur les opiums à partir du 1er août 1886.*
30 juin 1886.

L'entrée de l'opium a été prohibée par arrêté du 7 septembre 1887.
Les droits d'entrée avaient été augmentés par un autre arrêté du 15 octobre 1886, qui se trouve rapporté pour les mêmes raisons.

N° 6. — ORDONNANCE *réglementant la vente et la fabrication de l'opium à fumer sur tout le territoire de la ville de Hanoi.*
20 septembre 1886

Rapportée par arrêté du 20 juillet 1887.

N° 7. — ARRÊTÉ *réglementant la vente de l'opium au Tonkin.*
20 juillet 1887,

Rapporté par arrêté du 7 septembre 1887.

N° 8. — ARRÊTÉ *portant règlement de la ferme de l'opium au Tonkin.*
7 septembre 1887

CHAPITRE 1er

Organisation de la ferme

Article premier. — Un fermier a le monopole de l'importation, de la fabrication, du transport et de la vente de l'opium dans les treize provinces du Tonkin.

Art. 2. — Il est responsable de ses agents et passible, comme tel, de dommages-intérêts envers les parties lésées.

Art. 3. — Le personnel de la ferme se compose d'agents français assermentés, commissionnés par le Résident général, et d'agents asiatiques agréés par les résidents ou vice-résidents de chaque province.

Les agents de la ferme seront toujours munis, dans l'exercice de leurs fonctions, d'une plaque apparente portant les lettres F. O. et dont le modèle sera soumis au Résident général.

Ils peuvent être autorisés à porter des armes.

CHAPITRE II

De la vente de l'opium.

Art. 4. — Le fermier pourra livrer à la consommation diverses qualités d'opium bouilli, dont les prix de vente seront fixés librement par lui. Il pourra établir autant de bureaux de vente et de fumeries qu'il le jugera nécessaire, en les déclarant à la résidence ou vice-résidence de la province, préalablement à l'ouverture.

Art. 5. — Chaque débit ou fumerie d'opium est soumis à un droit de licence annuel fixé à 100 francs dans les villes de Hanoi, Haiphong et Nam-dinh, 50 francs dans les autres chefs-lieux de résidence ou de vice-résidence, à 20 francs dans les autres centres.

CHAPITRE III.

Du transit de l'opium.

Art. 6. — Par dérogation à l'article 1er, le transit de l'opium brut est autorisé à travers le Tonkin sous les conditions déterminées aux articles ci-après :

Art. 7. — L'opium ne pourra être introduit et exporté que par les bureaux de douane de Haiphong et de Lao-kaï.

Art. 8. — On ne pourra faire transiter des quantités moindres d'une caisse de la dimension usitée dans le commerce. Les fractions de caisse ne seront pas admises.

Art. 9. — Tout capitaine de navire, tout patron de barque ou jonque ayant de l'opium à son bord, tout individu qui veut obtenir une autorisation de transit doit en faire de suite la déclaration au bureau de la ferme, sous peine d'être considéré comme contrebandier.

Le débarquement de l'opium déclaré n'aura lieu qu'au vu d'un permis de débarquement.

Art. 10. — L'opium ainsi débarqué et celui qui aura été déclaré à la frontière de terre, seront immédiatement l'objet d'un permis de dépôt ou d'un permis de circulation, suivant le désir du déclarant.

Art. 11. — Pour obtenir ces permis, le déclarant devra présenter l'opium aux agents de la douane. Les caisses seront scellées, numérotées et marquées ; mention des marques et numéros sera faite sur un registre de transit dont le modèle est fixé par le Résident général.

Art. 12. — Si l'opium doit être réexporté immédiatement le permis de circulation mentionne, d'après les indications du déclarant, le délai de réexportation et le point de sortie.

Le transit ne peut s'effectuer par une voie autre que celle indiquée au permis.

Art. 13. — Si l'opium est destiné à séjourner quelque temps au Tonkin, il ne peut être déposé que dans les villes où existe un poste de douane.

Art. 14. — Le permis de dépôt indique l'endroit précis où l'opium sera entreposé. Tout déplacement de l'opium doit être préalablement déclaré et annoté au permis. Le dépositaire est alors soumis aux visites des agents de la douane dans les mêmes conditions que les déclarants.

Art. 15. — Au cas où l'opium entreposé ne pourrait être représenté, ou aurait été déplacé sans avertissement préalable, le déclarant et le dépositaire seront considérés comme contrebandiers.

Art. 16. — Les permis de dépôt et de circulation portent engagement de payer, si l'opium vient à disparaître, au fermier, le double de la valeur de l'opium introduit, d'après les prix de vente de la première qualité, et au Protectorat le double du montant des droits de douane.

Cet engagement devra être garanti par une caution solvable.

Art. 17. — Lorsque l'opium entreposé devra être réexporté, le dépositaire en fera la déclaration aux agents de la douane qui, après s'être assurés de l'état des colis, délivreront un permis de circulation en échange du permis de dépôt.

Art. 18. — Si les scellés n'étaient pas intacts ou s'il y avait soupçon que les caisses aient été ouvertes, il serait immédiatement dressé procès-verbal contradictoire de l'état des caisses, et le dépositaire serait puni comme contrebandier, indépendamment des obligations résultant de l'art. 16.

Art. 19 — La sortie de l'opium ne pourra s'effectuer que lorsque les colis et scellés auront été reconnus intacts, contre remise du permis de circulation qui sera immédiatement déchargé. Dans le cas contraire, les colis seront saisis et procès-verbal dressé contre le transitaire, qui sera poursuivi comme contrebandier.

CHAPITRE IV

Répression de la fraude.

Art. 20. — L'introduction de l'opium au Tonkin, la fabrication, le colportage, la vente, la cession d'une quantité quelconque d'opium, la possession d'opium autre que celui de la ferme, sont considérés comme contrebande.

Art. 21. — Le fermier pourra organiser, pour la répression de la fraude, des postes intérieurs et des postes maritimes.

Toute création de poste devra être préalablement signifiée au Résident général qui conserve le droit de l'interdire.

Le fermier pourra également, pour la surveillance du littoral et des rivières et arroyos, entretenir des chaloupes et des embarcations armées dans les conditions à déterminer par le Résident général.

Art. 22. — Les employés assermentés et agréés de la ferme constateront toutes les contraventions prévues au présent arrêté. Ils procéderont à la saisie de l'opium, vases et ustensiles qui le contiennent, du matériel servant à la fabrication frauduleuse.

Ils arrêteront et constitueront prisonniers, entre les mains des autorités locales françaises, tous fabricants, colporteurs ou détenteurs non autorisés.

Art. 23. — Ils pourront opérer seuls des perquisitions à toute heure de jour et de nuit chez les débitants d'opium.

Les perquisitions à domicile dans les autres cas et les visites sur les navires devront toujours être dirigées par un employé européen.

En outre, dans tous les centres où existe un personnel de police européen, un de ces agents devra assister aux visites domiciliaires.

Art. 24. — La ferme pourra mettre un ou deux agents sur chaque navire stationnant dans les rades ou remontant les rivières; ces agents devront profiter, pour monter à bord, du moment où les navires sont arrêtés; ils seront traités comme le sont en France les agents de la douane dans les mêmes circonstances.

Les agents de la ferme ne pourront procéder à l'ouverture d'aucun colis; mais en cas de soupçon de fraude, ils requèreront le transport des colis suspects au plus prochain bureau de douanes, où ils seront ouverts et visités, à moins que le capitaine ne consente à la visite immédiate.

Art. 25. — Lorsque le manifeste d'un navire mentionnera une quantité quelconque d'opium, communication de cette pièce sera faite aux agents de la ferme par le service des douanes.

Art. 26. — Toute chaloupe, jonque ou autre embarcation, tout véchicule (voitures, bêtes de somme, coolies etc) pourront être visités par les agents de la ferme, et s'ils portent des colis suspects, conduits devant l'autorité locale française la plus proche, à moins que la personne responsable ne consente à l'ouverture immédiate de ces colis.

Art. 27. — Dans les cas prévus aux article 22, 23, 24 et 26, procès-verbal sera immédiatement dressé par les agents qui effectuent les visites. En cas de saisie, il indiquera la nature, le nombre et le poids des objets saisis.

Art. 28. Les gendarmes, agents de police et des douanes, et tous les autres agents assermentés auront qualité pour constater les contraventions au présent.

CHAPITRE V

Des formes de la procédure.

Art. 29. — Les procès-verbaux rédigés par les agents de la ferme feront foi en justice jusqu'à preuve contraire.

Art. 30. — Les poursuites auront lieu à la requête du ministère public ou du fermier.

Les citations mentionneront, en tête, le procès-verbal dressé et devront être délivrées, sous réserve du calcul des distances, dans les 24 heures de l'arrestation pour la plus prochaine audience, au tribunal de la résidence.

Art. 31. — Le jugement prononcera les peines prévues au chap. VI. Il ordonnera la confiscation de l'opium et du matériel saisi, et ordonnera la contrainte par corps.

Art. 32. — Le fermier consignera la somme nécessaire aux aliments des individus arrêtés, depuis leur arrestation jusqu'au jour du jugement définitif, et à ceux des contraignables par corps.

Art. 33. — Toute transaction avant jugement devra être soumise à l'approbation du Résident général.

Art. 34. — Les contraventions seront prescrites après un délai de six mois.

CHAPITRE VI

Des peines.

Art. 35, 36 et 37. — *Modifiés par arrêté du 19 mars 1890, publié ci-après.*

Art. 38 — Il est interdit à tout individu d'avoir en sa possession plus de deux taëls de drosse (détritus d'opium déjà fumé) sous peine de cinq jours à un mois de prison.

La ferme s'engage à acheter ou à échanger ces matières contre de l'opium, d'après un tarif qui sera affiché et publié.

Art. 39. — L'importation, la fabrication, la circulation, le colportage, la vente, la cession de matières qui, sans être de l'opium, peuvent lui être comparées, seront punies des peines édictées à l'art. 35.

Art. 40. — La récidive dans la même année de l'une quelconque des contraventions prévues aux art. 35, 36, 37, 38 et 39 entraînera l'application du maximum de la peine.

Art. 41. — *Modifié par arrêté du 19 mars 1890.*

Art. 42. — Les arrêtés du 7 juin 1886 et du 20 juillet 1887, sont et demeurent rapportés.

Art. 43. — Le présent arrêté aura effet à partir du 1er janvier 1888.

G. BIHOURD.

N° 9. — CAHIER DES CHARGES *pour la concession de la ferme de l'opium au Tonkin.*

7 septembre 1887

Article premier. — Le concessionnaire de la ferme a le monopole de l'introduction, du transport, de la fabrication et de la vente de l'opium dans les treize provinces du Tonkin.

Art. 2. — La durée de la ferme est de cinq ans commençant le premier janvier 1888, pour prendre fin le 31 décembre 1892.

Art. 3. — La redevance à payer par le concessionaire est fixée par taël d'opium préparé pour la vente, à 0 $ 50 cents pour les douze cent mille premiers taëls, 0 $ 52 pour les trois cent mille taëls suivants, et ainsi de suite, la redevance augmentant de 0 $ 02 par trois cent mille taëls jusqu'à 3.000.000 de taëls.

En aucun cas la redevance annuelle ne pourra être inférieure à la redevance d'après les importations d'opium brut constatées par les douanes en 1887.

Art. 4. — Moyennant le paiement de cette redevance, le fermier est exempt des droits d'importation sur l'opium brut et sur les détritus d'opium fumé. Il n'en reste pas moins soumis à toutes les formalités de douane et notamment au paiement du droit de statistique.

Art. 5. — La redevance est liquidée mensuellement sur les quantités d'opium préparé sorties de la bouillerie.

Elle est payée dans les cinq premiers jours de chaque mois, pour les sorties du mois précédent, en piastres mexicaines ou de commerce.

Le versement est effectué à la caisse du trésor, au vu d'un bordereau dressé par les agents de la ferme et visé par le commissaire du gouvernement. La somme à verser est liquidée en francs, d'après le taux de la piastre au jour du versement.

Art. 6. — Tout retard dans le paiement entraînera une amende de 2 pour 100 par journée de retard sur le montant de la somme dûe. Cette amende sera encourue de plein droit.

Art. 7. — La société n'aura qu'une seule bouillerie et un magasin central, où devra toujours être entretenu un stock égal à la consommation moyenne de deux mois, calculée sur les six derniers mois.

Elle pourra en outre établir des dépôts d'opium préparé dans toutes les villes du Tonkin, et un entrepôt flottant pour l'opium brut à Haiphong.

Art. 8. — L'exploitation du monopole sera soumise au contrôle d'un commissaire du gouvernement assisté d'un nombre suffisant de contrôleurs.

Ces agents sont nommés par le Résident général, leur traitement est à la charge de la compagnie fermière.

Toutefois le montant total de ces traitements ne pourra dépasser soixante mille francs.

Art. 9. — Le commissaire et les agents sous ses ordres assurent l'exécution des engagements du fermier, ils surveillent et contrôlent ses opérations, sans pouvoir y prendre aucune part directe ou indirecte.

Ils se font représenter, chaque fois qu'ils le jugent nécessaire, les livres d'entrée et de sortie et la comptabilité matière de la bouillerie, des entrepôts, magasins et dépôts, où ils peuvent pénétrer à toute heure.

La comptabilité centrale du concessionnaire sera tenue en français.

Art. 10. — Aucune quantité d'opium préparé ne pourra sortir de la bouillerie que sous le plomb de l'administration du Protectorat qui sera apposé par les soins des agents du contrôle.

Art. 11. — Les attributions des agents de la ferme, les contraventions au monopole, la procédure et les pénalités qui s'y rapportent, sont réglées par l'arrêté en date de ce jour.

Art. 12. — Le produit des saisies et amendes sera attribué pour un tiers au budget du Protectorat et pour un tiers aux agents de la police, des douanes etc............... lorsqu'ils auront, conformément à l'article 28 de l'arrêté sus visé, participé à la constatation des contraventions; le reste appartiendra au fermier.

Toutefois les agents de police européens qui auront seulement assisté à une visite domiciliaire, n'auront droit qu'à une vacation fixée à cinq francs.

Art. 13. — A l'expiration du contrat, ou en cas de cessation d'exploitation, les immeubles, le matériel et les approvisionnements en magasin pourront être repris à dire d'expert, soit par le nouvel adjudicataire soit par l'administration du Protectorat.

Art. 14. — Un cautionnement de quatre cent mille francs devra être versé à la caisse du payeur à Hanoi avant le 31 décembre 1887. Il sera remboursé, à l'expiration du contrat, sur un certificat visé par le Résident général, constatant que les concessionnaires ont rempli leurs engagements et qu'ils sont libres de toute dette envers l'administration du Protectorat. Ce cautionnement portera intérêts à raison de 3 °/₀ l'an.

Art. 15. — En cas de cessation d'exploitation ou d'inexécution formelle des engagements pris par la société, et notamment en cas de non paiement de la redevance mensuelle dix jours après l'expiration du délai fixé, l'administration pourra résilier le marché et attribuer le monopole à un autre concessionnaire.

Il en serait de même en cas de tentative de fraude constatée à la charge du fermier.

S'il résultait de cette nouvelle concession une perte quelconque pour le budget du Protectorat sur les années restant à courir, la société serait tenue de l'en couvrir; son cautionnement et les immeubles seront affectés par privilège à cette garantie.

Art. 16. — La société n'aura droit à aucune indemnité pour cause de pertes, de quelque nature qu'elles soient, éprouvées du fait de son exploitation, même pour celles qui proviendraient de force majeure.

Art. 17. — Les contestations qui pourraient survenir entre la société fermière et l'administration du Protectorat pour l'interprétation ou l'exécution des clauses du présent cahier des charges, seront réglées sans appel par le Résident général en conseil du Protectorat.

G. BIHOURD.

N° 10. — ARRÊTÉ *donnant la surveillance et le contrôle de la ferme de l'opium au service des douanes*

31 décembre 1887

Rapporté par arrêté du 26 février 1888

N° 11. — ARRÊTÉ *organisant le contrôle et la surveillance de la ferme de l'opium.*

31 décembre 1887

Rapporté par arrêté du 26 février 1888

N° 12. — ARRÊTÉ *réorganisant le personnel chargé du contrôle de la ferme de l'opium au Tonkin.*

26 février 1888

Modifié d'abord par arrêté du 15 janvier 1890, et rapporté définitivement par celui du 19 mars 1890

N° 13. — CIRCULAIRE *au sujet du payement du droit des licences d'opium*

4 août 1888

L'administration de la société fermière de l'opium a attiré mon attention sur les inconvénients que présente la réglementation actuelle, relative à la vente de l'opium, et qui astreint le débitant à payer intégralement le montant de sa licence au moment où celle-ci lui est délivrée, et quelle que soit l'époque à laquelle elle lui est concédée.

J'ai décidé, en conséquence, pour faciliter la perception des droits, et pour propager dans la plus large mesure possible l'usage des licences, d'autoriser les habitants à payer le montant de leur redevance *par semestre* au lieu de l'acquitter par année.

Je vous serais obligé, monsieur le Résident, de vouloir bien donner des ordres pour l'application immédiate de cette modification à la perception des droits.

E. PARREAU.

N° 14. — ARRÊTÉ *autorisant la délivrance à moitié des droits, des licences pour vente d'opium demandées pendant le 2° semestre de l'année.*

22 juillet 1889

Article premier. — A compter du 1er juillet 1889, il pourra être délivré des licences d'opium à moitié droits pour tout débitant qui en fera la demande pendant le 2° semestre de l'année..

Art. 2. — Les droits de licence étant payables par avance, toute licence délivrée pendant le 1er semestre est acquise au trésor et ne donnera jamais lieu à remboursement, quelle que soit l'époque à laquelle le débitant cesserait la vente.

BRIÈRE.

N° 15. — CONVENTION *entre la France et l'empire annamite pour la répression de la fraude de l'opium en Annam.*

1er novembre 1889.

Article premier. — La convention du 3 septembre 1889, entre le Protectorat français et le gouvernement annamite, relative à la répression de la fraude de l'opium en Annam, est promulguée et rendue applicable dans toutes les provinces de l'Annam et dans la concession française de Tourane.

Art. 2. — Le Résident supérieur en Annam est chargé de l'exécution du présent arrêté qui sera publié partout où besoin sera.

PIQUET.

N° 16. — CONVENTION

3 septembre 1889. (1)

Entre L. L. E. E. les membres du conseil de régence, d'une part;

Et M. Hector, Résident supérieur de France en Annam, stipulant au nom de M. le Gouverneur général de l'Indo-Chine, d'autre part.

Relative à la constatation et à la répression de la fraude en matière d'opium en Annam.

TITRE PREMIER

De la juridiction.

Article premier. — Les contraventions aux réglements royaux en matière d'opium, seront portées devant les mandarins annamites chargés de la justice.

TITRE II

De la constatation des contraventions.

Art. 2. — Les contraventions à la présente convention sur la falsification de l'opium bouilli de bon aloi, le colportage de l'opium de contrebande, brut, bouilli ou à l'état de dross, la fabrication de l'opium de contrebande et la vente de l'opium de contrebande, seront spécialement constatées en Annam par les agents du débitant général de la province, qui devront, sauf le cas de flagrant délit, être accompagnés d'un agent de l'autorité annamite.

CHAPITRE PREMIER

Des agents des débitants généraux; procès-verbaux; perquisitions; visites.

Art. 3. — Les agents du débitant général seront sujets de Sa Majesté ou chinois, et âgés de vingt-et-un ans accomplis au moins.

Art. 4. — Les perquisitions et visites domiciliaires ailleurs que chez les débitants particuliers, ne pourront être faites que par les agents du débitant général, de cinq heures du matin à sept heures du soir.

Ils devront y procéder dans la concession de Tourane avec l'assistance d'un délégué du chef de la concession, faisant fonctions d'officier de police judiciaire.

Art. 5. — Il ne pourra être fait de perquisitions au domicile officiel des princes, ministres, mandarins civils de la capitale ou des provinces des quatre premiers degrés, des mandarins militaires de la capitale des deux premiers degrés, et, dans les provinces jusqu'à Pho-lanh-Binh inclusivement, sans l'autorisation du roi; dans les provinces, il ne pourra être fait de perquisitions dans les demeures officielles des Phu et des huyen sans autorisation du gouverneur de la province.

(1) La date de cette convention, omise au *Journal officiel*, se trouve déterminée par l'arrêté de promulgation.

Dans le cas de contrebande ou contravention dûment établie contre un des personnages émunérés dans le paragraphe précédent de cet article, le dit personnage pourra, en dehors des pénalités prévues pour la dite contravention, être soumis à l'examen de la cour.

Art. 6. — Quel que soit le résultat de sa visite ou perquisition, celui qui y aura procédé devra en dresser procès-verbal eit en laisser copie aux parties intéressées.

Le procès-verbal rédigé en double expédition, sera transmis sans délai au mandarin chargé de la justice dans le ressort territorial, phu ou huyen.

Art. 7. — Les agents du débitant général, lorsqu'ils opéreront une visite ou une perquisition, devront être porteurs d'une carte délivrée par le gouverneur de la province et constatant leur identité.

Ils devront, à la demande des intéressés, permettre que ceux qui les accompagneraient et eux-mêmes soient fouillés avant la perquisition, pour écarter tout soupçon de malveillance.

Art. 8. — A défaut d'un signe extérieur révélant leurs fonctions, ils devront exhiber la pièce désignée en l'article précédent; s'ils ne sont porteurs ni de pièces officielles, ni d'un signe extérieur indiquant leurs fonctions, ils ne pourront se livrer à aucune visite ou perquisition, sous peine d'être arrêtés immédiatement et condamnés à une amende de cent piastres et un mois d'emprisonnement.

Art. 9. — Les procès-verbaux énonceront la date et la cause de la saisie, la déclaration qui en aura été faite au prévenu, les nom, qualité et demeure du saisissant, l'espèce, poids et mesure des objets saisis, la présence de la partie à leur description ou la sommation qui lui aura été faite d'y assister; le nom et la qualité du gardien, s'il y a lieu, le lieu de la rédaction du procès-verbal et l'heure de sa clôture.

Art. 10. — Dans les visites et perquisitions faites au domiciledes particuliers, il ne sera saisi que l'opium prohibé, ainsi que les vases le contenant et les ustensiles servant à la fabrication.

Dans le cas de colportage de l'opium dans l'intérieur du territoire, les objets servant à son transport, tels que charrettes, voitures, bœufs, buffles, chevaux, etc... les barques, embarcations, bateaux, etc.,, seront saisis pour garantir le paiement des condamnations pécuniaires, lorsque la faute sera imputable aux propriétaires des dits objets, aux conducteurs, gens de l'équipage, maitres ou patrons.

Art. 11. — Il pourra être donné mainlevée sous caution solvable ou en consignant la valeur des bateaux, barques, et voitures, chevaux et équipages, de tous autres objets saisis pour cause de fraude.

Art. 12. — Si le prévenu est présent, le procès-verbal énoncera qu'il lui en a été donné lecture et copie sera affichée dans le jour à la porte de la maison commune du lieu de la saisie. Ces procès-verbaux ou affiches pourront être faits tous les jours indistinctement.

Art. 13. — Les procès-verbaux seront affirmés sans frais devant les autorités communales du lieu, dans les trois jours.

Art. 14. — Les procès-verbaux ainsi rédigés et affirmés feront foi jusqu'à preuve contraire faite par le prévenu.

Art. 15. — Les agents du débitant général pourront, en constatant la fraude et en procédant à la saisie des objets prohibés ou servant à leur fabrication, procéder à l'arrestation des fraudeurs et colporteurs,

Art. 16. — Lorsque, conformément à l'article précédent, les agents auront arrêté un fraudeur ou colporteur de matières prohibées, ils seront tenus de le remettre sur le champ aux autorités communales du lieu, sur récépissé.

Ces autorités le feront conduire au mandarin chargé de la justice, phu ou huyên.

Art. 17. — Les rébellions ou voies de fait contre les agents, seront poursuivies devant le même juge qui ordonnera l'application d'une amende de cinq cents piastres et d'un emprisonnement de cinq mois.

Quand les rébellions ou voies de fait auront été commises par un débitant particulier, les peines seront doubles.

CHAPITRE II.

De la procédure judiciaire sur les procès-verbaux de contravention.

Art. 18. — L'assignation à fin de condamnation et à comparaître devant le Phu ou le huyên dans le ressort duquel la perquisition a eu lieu et le procès-verbal dressé, sera donnée dans le mois au plus tard de la date du procès-verbal, par un agent du débitant général, qui sera tenu d'en aviser le gouverneur de la province.

Art. 19. — Le débitant général pourra comparaître en personne devant le tribunal du mandarin de justice ou se faire représenter par un de ses agents.

Art. 20. — Si le mandarin juge la saisie mal fondée, il pourra condamner le débitant général non seulement aux frais du procès et à ceux de fourrière et de gardiennage, le cas échéant, mais encore à une indemnité proportionnée à la valeur des objets dont le saisi aura été privé pendant le temps de la saisie jusqu'à leur remise, ou l'offre qui en aura été faite; mais cette indemnité ne pourra excéder un pour cent par mois de la valeur des dits objets.

Art. 21. — Si, par l'effet de la saisie et de leur dépôt dans un lieu et à la garde d'un dépositaire, qui n'aurait pas été choisi ou indiqué par le saisi, les objets saisis avaient dépéri avant leur remise ou l'offre valable de cette remise, le débitant général pourra être comdamné à en payer la valeur ou l'indemnité de leur dépérissement.

Art. 22. — L'irrégularité du procès-verbal portant saisie d'objets prohibés n'empêchera pas le mandarin juge de prononcer la peine encourue et la confiscation des dits objets, si la contravention se trouve d'ailleurs suffisamment constatée par l'instruction.

Art. 23. — Les propriétaires des marchandises seront rendus responsables du fait de leurs facteurs, agents ou domestiques, en ce qui concerne les droits, confiscations, amendes et dépens si, dans le mois de la constatation, ils n'ont pas fait abandon des objets et marchandises saisis.

Art. 24. — La confiscation des objets saisis pourra être poursuivie contre les conducteurs, colporteurs ou détenteurs, sans que le débitant général soit obligé de mettre en cause les propriétaires, quand même ils lui seraient indiqués, sauf, si les propriétaires intervenaient ou étaient appelés par ceux sur qui les saisies auraient été faites, à être statué ainsi que de droit sur leur intervention ou réclamation.

Art. 25. — Les condamnations pécuniaires contre plusieurs personnes pour un même fait de fraude seront solidaires.

Art. 26. — Les objets saisis pour fraudes et contraventions, et déclarés confisqués par le mandarin juge, ne pourront être revendiqués par les propriétaires.

L'opium sera brûlé en présence du mandarin juge par le débitant général ou son agent.

Art. 27. — Le mandarin juge ne pourrra, sous aucun prétexte, modérer les confiscations ou amendes, ni en ordonner l'emploi au préjudice du trésor royal et du débitant général, entre lesquels sera partagé par moitié le montant des amendes et le produit de la vente des objets confisqués autres que l'opium, à l'endroit duquel il est stipulé en l'article précédent.

Art. 28. — Les jugements portant condamnation du paiement des amendes et frais seront exécutés même par corps.

La durée de cette contrainte sera de un mois par chaque cent piastres d'amende.

Art. 29. — Les jugements portant confiscation des objets saisis sur des particuliers inconnus et par eux abandonnés et non réclamés, ne seront exécutés qu'après le mois d'affichage des dits jugements à la porte du lieu où ont été déposés les objets saisis.

Passé ce délai aucune demande ou répétition ne sera valable et il sera procédé à l'égard des objets saisis comme il est établi aux articles 26 et 27.

Art. 30. — Le débitant général pourra, en tout état de cause, transiger avec les contrevenants. Les transactions recevront le même emploi que les amendes, à la diligence du gouverneur de la province à qui le débitant général fera parvenir un duplicata original des transactions consenties. En cas de transaction avant tout jugement, les objets sujets à confiscation ne pourront être revendiqués par leur propriétaire; ils seront acquis de plein droit au trésor royal et au débitant général, sans qu'il soit besoin de faire prononcer la confiscation par le mandarin juge.

CHAPITRE III

Dispositions générales

Art. 31. — Les autorités royales seront tenues de prêter assistance aux agents du débitant général dans l'exercice de leurs fonctions.

Art. 32. — Tout agent du débitant général quittant son emploi pour quelque cause que ce soit, sera tenu de remettre au gouverneur de la province la carte que celui-ci lui aura précédemment délivrée, à peine d'une amende de cent piastres et d'un emprisonnement d'un mois.

TITRE III

De la répression

CHAPITRE 1er

De l'importation et du transit

Art. 33. — L'administration des douanes et régies de l'Indo-Chine a seule le droit d'introduire de l'opium en Annam.

Quiconque introduira de l'opium en Annam sous quelque forme que ce soit, sera considéré comme contrebandier et puni des peines suivantes :

1° Amende de quarante piastres par chaque taël d'opium saisi en fraude, sans que l'amende puisse être inférieure à quarante piastres, si faible que soit cette quantité.

2° Emprisonnement de quinze jours à trois ans.

3° Confiscation des opiums et de leurs contenants; saisie des moyens de transport. Le transit de l'opium à travers le territoire de l'Annam est interdit à tous autres qu'aux débitants généraux, dûment autorisés par l'administration des douanes et régies.

CHAPITRE II

De la vente de l'opium

Art. 34. — Le débitant général de chaque province a le monopole de la vente de l'opium bouilli dans cette province.

Il pourra délivrer à la consommation telle quantité d'opium bouilli qu'il lui conviendra, établir pour son débit autant d'entrepôts, bureaux de ventes et autant de fumeries qui lui paraîtront nécessaires.

Art. 35. — Tout colportage, toute vente ou cession à titre gratuit d'un opium autre que celui de bon aloi, sera puni d'une amende de cinq cents piastres et d'un emprisonnement de cinq mois.

Quiconque en sera trouvé détenteur, sera puni de la même peine.

Art. 36. — Toute vente de l'opium de bon aloi par une personne non munie d'une autorisation du débitant général sera punie d'une amende de cent piastres et d'un emprisonnement d'un mois.

Les opiums saisis en fraude, les ustensiles servant à la fabrication, et les objets contenant de l'opium, seront confisqués.

SECTION PREMIÈRE

Des débitants particuliers.

Art. 37. — Les personnes qui voudront se livrer à la vente au détail de l'opium et ouvrir une fumerie devront se munir d'une licence du débitant général.

Art. 38. — Cette licence pourra être accordée à toute personne majeure de 21 ans, dont la moralité aura été reconnue.

Art. 39. — Le débitant particulier pourra vendre l'opium en boites entières ou au détail.

Art. 40. — Tout opium de bon aloi qui sera trouvé chez un débitant particulier dans des boites non revêtues de la marque officielle, sera confisqué et le contrevenant puni d'une amende de cent piastres.

Art. 41. — Tout débitant particulier qui aura vendu un opium autre que celui de bon aloi, ou qui y aura mêlé quelque substance de quelque nature que ce soit, sera puni d'une amende de cinq cents piastres et d'un emprisonnement de cinq mois.

Les opiums de contrebande ou altérés seront confisqués ainsi que leurs contenants.

Art. 42. — Le débitant particulier qui aurait contrefait les marques officielles, sera puni des peines portées en l'article 41.

Art. 43. — Le débitant particulier qui s'opposerait aux visites ou vérifications de l'autorité, sera puni d'une amende de cent piastres.

Art. 44. — Le débitant particulier est responsable des contraventions à la présente convention, commises par ses préposés ou ceux qu'il emploie.

SECTION II

Des fumeries

Art. 45. — Toute personne munie d'une autorisation du débitant général, pourra ouvrir une fumerie d'opium.

Art. 46. — Elle ne pourra vendre de l'opium que dans l'intérieur de la fumerie. Le local affecté à la fumerie ne pourra servir à aucun autre usage.

Art. 47. — Elle en défendra l'entrée à toute personne qui porterait des armes apparentes ou cachées.

Art. 48. — Il est expressément défendu au maître de la maison d'opium, de recevoir dans son établissement des femmes, des enfants au-dessous de 20 ans et des Européens.

Art. 49. — Toute infraction aux articles 46, 47 et 48 sera punie d'une amende de cinquante piastres.

Art. 50. — Le maître de la maison est personnellement responsable des contraventions à la présente convention, commises dans son établissement.

Art. 51. — Il doit empêcher tout tumulte parmi les personnes qui fréquentent sa maison, et faire expulser ou arrêter par les autorités communales du lieu, toutes celles qui contreviendraient aux règlements de la maison.

Art. 52. — Tout agent du débitant général et tout représentant des autorités communales pourra, à quelque moment du jour et de la nuit que ce soit, entrer et circuler dans l'établissement et y faire toutes les visites qu'il jugera nécessaires.

Art. 53. — Les maîtres des maisons d'opium qui auraient refusé de se soumettre aux visites sus-mentionnées, ou qui tenteraient de soustraire à la surveillance et à la vérification un fait contraire aux prescriptions de la présente convention, seront condamnés, nonobstant la suite à donner aux procès-verbaux, à une amende de trois cents piastres.

Dispositions Générales.

Art. 54. — Les mandarins annamites, les gouverneurs des provinces et leurs subordonnés, les autorités communales, devront, toutes les fois qu'ils en seront requis, donner aide et appui aux agents des débitants généraux pour l'exécution de la présente convention.

Art. 55. — L'intervention personnelle des autorités annamites sera gratuite.

Art. 56. — Sur le territoire de la concession de Tourane, les règlements généraux en vigueur en Cochinchine seront seuls appliqués, mais les pénalités prévues ci-dessus seront obligatoirement applicables.

Art. 57. — Les pénalités et règlements antérieurs décrétés par le gouvernement de sa Majesté, concernant l'opium et la contrebande de ce produit, sont et demeurent abrogés.

Fait à Hué le 3 septembre 1889, en français et en caractères, les deux textes ayant même sens et même teneur, et le texte français seul faisant foi.

N° 17. — ARRÊTÉ *établissant le monopole de la vente de l'opium dans les 12 provinces de l'Annam.*

4 septembre 1889.

Article premier. — A compter du 20 septembre 1889, l'importation de l'opium dans les douze provinces de l'empire d'Annam est interdite.

Art. 2. — Des autorisations exceptionnelles et spéciales pourront être accordées par le Résident supérieur, pour l'importation de l'opium indispensable à la vente des fermiers, du 20 septembre au 15 octobre 1889.

Art. 3. — Le 15 octobre 1889, tout détenteur d'opium en Annam devra en faire remise à l'administration des douanes et régies, en déclarant s'il a l'intention, soit de le réexporter, soit de le vendre à l'administration.

Art. 4. — L'administration des douanes et régies remboursera les droits perçus à l'importation sur les opiums dont la réexportation sera demandée du 15 au 31 octobre 1889, sauf justification par les détenteurs du payement des droits à l'entrée, sur les bases et de la manière suivantes :

1° Opium en boules réexporté ou livré à l'administration. — Remboursement pur et simple des droits d'entrée à guichet ouvert ;

2° Opium bouilli réexporté. — Prélèvement d'un échantillon de cent grammes mis sous scellés en présence des exportateurs, et expédié à la manufacture de Saïgon. — Remboursement ultérieur des droits sur la base déterminée par une commission prévue à l'article 5 ;

3° Opium bouilli livré à l'Administration. — Remboursement ultérieur dans les mêmes formes que pour l'opium bouilli réexporté.

Art. 5. — L'Administration des douanes et régies rachètera aux détenteurs, sur leur demande, l'opium en boule à raison de 13 piastres la boule, et l'opium bouilli à raison de 12 piastres le kilog. de chandoo de même densité que celui de la manufacture de Saïgon.

L'opium, livré à l'Administration des douanes et régies, sera mis sous scellés en présence des détenteurs, et expédié à la manufacture de Saïgon. Le payement n'en sera fait que sur procès-verbal dressé par une commission nommée spécialement pour l'examen et la réception à la manufacture de ces opiums.

Art. 6. — Le Lieutenant-gouverneur de la Cochinchine, le Résident supérieur de France en Annam, et le Directeur général des douanes et régies sont chargés, chacun en ce qui le concerne, de l'exécution du présent arrêté, qui sera publié et affiché partout où besoin sera.

PIQUET.

N° 18. — CIRCULAIRE *sur le fonctionnement de la régie de l'opium en Annam.*

4 septembre 1889.

La régie de l'opium va fonctionner prochainement, réorganisée sur des bases nouvelles et dans des conditions qui me permettent d'espérer qu'elle sera pour les budgets du Gouvernement annamite et du Protectorat français une source importante de revenus. J'ai eu l'honneur de vous communiquer déjà la convention intervenue à ce sujet et le cahier des charges. L'étude attentive de ces documents vous démontrera que les recettes sont prévues en tenant compte d'une consommation d'opium qui paraît sensiblement inférieure à la consommation réelle. La facilité avec laquelle j'ai trouvé déjà des offres sérieuses me confirme dans cette opinion.

Mais il importe de donner aux concessionnaires les facilités les plus grandes pour l'exercice légitime de leur monopole.

La contrebande de l'opium qui s'est faite à toutes les époques, va essayer de prendre une extention plus considérable encore. Sa répression dans l'intérieur est le droit des débitants généraux, mais il appartient aux agents du Protectorat de faire surveiller les frontières.

Vous n'ignorez point que ce sont principalement les petites jonques de pêche ou de cabotage qui communiquent avec la côte aux points éloignés de centres soumis au contrôle permanent de la douane, qui font et feront la contrebande. Pour aider à diminuer cette fraude, je fais appel à votre concours intelligent et dévoué. La réussite de l'entreprise peut non seulement donner à notre budget des ressources fort appréciables, mais aussi être d'un puissant effet moral, puisque c'est le Protectorat français en Annam qui a été le promoteur et l'organisateur du nouveau système.

En se plaçant à ce double point de vue, l'autorité supérieure verrait avec regret les Résidents se désintéresser de cette question ; elle leur tiendra compte des efforts faits pour assurer un prompt et heureux résultat.

Les renseignements que vous pouvez recueillir à des sources diverses, votre connaissance de la géographie et des usages du pays, la surveillance indirecte mais constante que vous exercez, doivent vous permettre de donner de précieuses indications.

Je vous prie donc de m'adresser sur se sujet un rapport spécial. Si vous jugez indispensable d'engager, pour être mieux renseigné, quelques dépenses supplémentaires, j'augmenterai, dans une certaine proportion, les fonds pour surveillance administrative mis à votre disposition. — Adressez-moi des propositions dans ce sens — Il est nécessaire aussi que je connaisse votre opinion personnelle sur la quantité d'opium qui peut être consommée dans votre province, dans les conditions ordinaires — Veuiller me la faire connaître dans un délai assez court et par télégramme.

HECTOR.

N° 19. — ARRÊTÉ *déférant les contraventions en matière d'opium commises en Annam, aux juridictions tenant lieu de tribunaux de 1re instance.*

27 novembre 1889.

Article premier. — Les contraventions à l'arrêté précité du 4 septembre 1889, constatées par les préposés des douanes dans le rayon soumis à la police des douanes, tel qu'il est déterminé par la législation métropolitaine, seront déférées aux juridictions tenant lieu de tribunaux de première instance.

Art. 2. — Les peines applicables en l'espèce sont celles prévues à l'art. 33 de la convention du 3 septembre 1889, sur la répression de la contrebande.

Art. 3. — La répartition du produit des saisies aura lieu sur les bases en vigueur en Cochinchine.

PIQUET.

N° 20. — ARRÊTÉ *autorisant le transit à travers le Tonkin, de l'opium brut ou préparé de la régie de Cochinchine.*

27 novembre 1889.

Article premier. — Le transit de l'opium brut ou préparé et des écorces d'opium, de la régie de Cochinchine quelle, que soit la quantité introduite, pourra être effectué à travers le Tonkin pour l'approvisionnement des entrepôts de Thanh-hoa, Vinh et Ha-tinh, dans les conditions prévues aux articles 9 et suivants du chapitre III de l'arrêté du 7 septembre 1887.

Le même régime sera appliqué aux opiums renvoyés de ces provinces en Cochinchine.

Art. 2. — L'opium du Yunnam acheté par la régie de Cochinchine sera transité de la frontière terrestre à Haiphong, après constatation des quantités, et mis sous scellés, en présence d'un agent de la ferme d'opium, par le service des douanes et sous sa responsabilité. Un agent de la ferme d'opium constatera la sortie à Haiphong, pour l'apurement du permis de transit.

Art. 3. — Le mot *An-Nam* est supprimé à l'article 35 de l'arrêté du 7 septembre 1887 sus-visé.

Art. 4. — Le Résident supérieur au Tonkin est chargé de l'exécution du présent arrêté.

PIQUET.

N° 21. — ARRÊTÉ *autorisant les différentes juridictions du Tonkin, à recevoir par écrit l'affirmation des procès-verbaux de contravention en matière d'opium.*

12 décembre 1889.

Article premier. — Les juges présidents des tribunaux de 1re instance de Hanoi et de Haiphong ainsi que les juges présidents des tribunaux de résidence du Tonkin, pourront recevoir par écrit l'affirmation des procès-verbaux de contravention régulièrement dressés par ceux des agents de la ferme d'opium qui résident en dehors de la ville ou de la localité où siègent ces tribunaux.

Art 2. — Le Résident supérieur au Tonkin, et le Procureur général chef du service judiciaire de l'Indo-Chine, sont chargés, chacun en ce qui le concerne, de l'exécution du présent arrêté, qui sera communiqué et enregistré partout où besoin sera.

PIQUET.

N° 22. — ARRÊTÉ *remettant le contrôle et la surveillance de la ferme de l'opium au Tonkin au service des douanes.*

27 décembre 1889.

Rapporté par arrêté du 19 mars 1890.

N° 23. — ARRÊTÉ *réservant à l'administration la vente de l'opium en Annam.*

15 janvier 1890.

Article premier. — A partir du 15 janvier, 7 heures du matin, tous les entrepôts, débits, maisons de vente et fumeries d'opium dépendant, à un titre quelconque, des débitants généraux actuels ou de leurs sous-fermiers, sont et demeurent fermés.

Art. 2. — La vente de l'opium est réservée à l'administration, qui seule pourra désigner les intermédiaires et débitants, et fixer les prix et conditions de la vente au public.

Art. 3. — Tous les arrêtés et règlements en vigueur contre les contrebandiers et fraudeurs restent maintenus.

Art. 4. — Les pouvoirs de perquisition ou de contrôle laissés aux débitants généraux ou à leurs agents leur sont retirés.

Art. 5. — Les résidents de France et le chef du service des douanes en Annam sont chargés, chacun en ce qui le concerne, de l'exécution du présent arrêté.

HECTOR.

N° 24. — CONTRAT *annexe entre l'administration du Protectorat et la société fermière de l'opium au Tonkin.*

10 mars 1890

Entre les soussignés :

M. Brière, Résident supérieur au Tonkin, Chevalier de la Légion d'honneur, stipulant pour le compte de l'administration du Protectorat, d'une part.

Et M. R. de Saint Mathurin, administrateur gérant de la société fermière de l'opium au Tonkin, demeurant actuellement à Hanoi, d'autre part,

Il a été convenu et arrêté ce qui suit :

Article premier. — Le transit de l'opium brut ou préparé et des écorces d'opium de la régie de Cochinchine, quelle que soit la quantité introduite, pourra être effectué à travers le Tonkin pour l'approvisionnement des entrepôts de Thanh-hoa, Vinh et Ha-tinh, dans les conditions prévues aux articles 9 et suivants du chapitre III de l'arrêté du 7 septembre 1887.

Le même régime sera appliqué aux opiums renvoyés de ces rovinces en Cochinchine.

Art. 2. — L'opium du Yunnam acheté par la régie de Cochinchine sera transité de la frontière terrestre à Haiphong, après constatation des quantités, et mis sous scellés en présence d'un agent de la ferme d'opium, par le service des douanes et sous sa responsabilité. Un agent de la ferme d'opium constatera la sortie à Haiphong pour l'apurement du permis de transit.

Art. 3. — L'article 35 de l'arrêté du 7 septembre 1887 est ainsi modifié et devient :

Art. 35. — « Quiconque introduira de l'opium au Tonkin,
« sous quelque forme que ce soit, sera considéré comme con-
« trebandier et puni d'une amende de quarante piastres par
« chaque taël d'opium saisi en fraude, sans qu'elle puisse être
« inférieure à quarante piastres, si faible que soit cette quantité.

« Il sera de plus condamné à un emprisonnement qui ne
« pourra être inférieur à quinze jours ni supérieur à trois ans.

« L'évaluation des dommages-intérêts dûs à la ferme ne
« pourra être inférieure au montant de l'amende encourue.

« En cas de récidive dans la même année, le minimum de
« l'emprisonnement ne pourra être inférieur à un an.

« Les opiums et leur contenant seront confisqués; les objets
« servant à leur transport, tels que charrettes, voitures, bœufs,
« buffles, chevaux, etc..., les barques, embarcations, bateaux,
« jonques de mer, navires etc..., seront saisis pour garantir le
« payement des condamnations pécuniaires, lorsque la fraude
« sera imputable aux propriétaires desdits objets, aux conduc-
« teurs, gens de l'équipage, aux maîtres, patrons et capitaines.

« Les voitures et les navires affectés à un service public de
« messageries ne sont pas compris dans les dispositions qui
« précèdent, mais leurs propriétaires n'en demeurent pas moins
« responsables des faits de leurs préposés. »

Art. 4. — L'article 36 de l'arrêté du 7 septembre 1887 est ainsi modifié et devient :

Art. 36. — « Toute fabrication d'opium préparé, tout colpor-
« tage, toute vente ou cession à titre gratuit d'un opium autre
« que celui de la ferme, sera puni d'une amende de 100 piastres
« et d'un emprisonnement de quinze jours à trois ans.

« Quiconque en sera trouvé sciemment détenteur, sera puni
« de la même peine ; le minimum de l'amende pourra toutefois
« être réduit jusqu'à quarante piastres et l'emprisonnement
« jusqu'à 8 jours, lorsque la quantité de matière saisie sera
« inférieure à un taël.

« Toute vente d'opium de la ferme par une personne non
« autorisée, sera punie d'une amende de 100 à 500 piastres et
« d'un emprisonnement de quinze jours à trois ans, ou de l'une
« de ces deux peines seulement.

« Les opiums et leurs contenants seront confisqués.

« Les dispositions du cinquième paragraphe de l'article 35
« (nouveau), sont applicables aux véhicules servant au transport
« de l'opium.

« L'évaluation des dommages-intérêts dûs à la ferme ne pourra
« être inférieure au montant de l'amende encourue. »

Art. 5. — L'article 37 de l'arrêté du 7 septembre 1887 est ainsi modifié et devient :

« Art. 37. — Tout débitant, tout employé de la ferme qui
« détiendra ou aura vendu un opium autre que celui de la fer-
« me, ou qui y aura mêlé quelque substance. de quelque nature
« que ce soit, sera puni d'une amende de 100 à 500 piastres et
« d'un emprisonnement de quinze jours à trois ans.

Art. 6. — L'article 41 de l'arrêté du 7 septembre 1887 est ainsi modifié et devient :

« Art. 41. — L'article 463 du code pénal n'est pas applicable
« aux peines prévues par le présent arrêté.

« Les jugements portant condamnation du paiement des
« amendes et dommages-intérêts seront exécutés par corps. La
« durée de la contrainte sera déterminée d'après la gradation
« établie par la loi du 22 juillet 1867 ; en aucun cas elle ne
« pourra excéder un an.

« Les individus condamnés à l'amende et aux dommages-inté-
« rêts envers la ferme seront conservés en état d'arrestation
« jusqu'au paiement du montant des condamnations prononcées,
« à charge par le fermier de faire ordonner la recommandation
« dans les trois jours qui suivront celui du jugement ».

Art. 7. — Dans un délai de quinze jours à dater du présent arrêté, une circulaire émanant du gouvernement sera adressée à toutes les autorités françaises et annamites, pour leur rappeler le rôle qui leur incombe et la part effective qu'elles ont à prendre dans la bonne exécution des contrats passés avec la société fermière et dans la répression de la contrebande.

La teneur de cette circulaire sera notifiée à la société fermière de l'opium au Tonkin.

DE SAINT-MATHURIN.

BRIÈRE.

N° 25. — ARRÊTÉ *modifiant les pénalités en matière de contrebande d'opium au Tonkin.*

10 mars 1890.

Article premier. — Les articles 35, 36, 37 et 41 du chapitre VI de l'arrêté du 7 septembre 1887, sont modifiés ainsi qu'il suit :

« Art. 35. — Quiconque introduira de l'opium au Tonkin, sous
« quelque forme que ce soit, sera considéré comme contreban-
« dier et puni d'une amende de quarante piastres par chaque
« taël d'opium saisi en fraude, sans que l'amende puisse être
« inférieure à quarante piastres, si faible que soit la quantité.

« Il sera de plus condamné à un emprisonnement qui ne
« pourra être inférieur à quinze jours ni supérieur à trois ans.

« L'évaluation des dommages-intérêts dûs à la ferme ne
« pourra être inférieure au montant de l'amende encourue.

« En cas de récidive dans la même année, le minimum de
« l'emprisonnement ne pourra être inférieur à un an.

« Les opiums et leurs contenants seront confisqués; les objets
« servant à leur transport, tels que charrettes, voitures, bœufs,
« buffles, chevaux, etc., les barques, embarcations, bateaux,
« jonques de mer, navires, etc., seront saisis pour garantir le
« payement des condamnations pécuniaires, lorsque la fraude
« sera imputable aux propriétaires des dits objets, aux conduc-
« teurs, gens de l'équipage, aux maîtres, patrons et capitaines.

« Les voitures et les navires affectés à un service public de
« messageries ne sont pas compris dans les dispositions qui pré-
« cèdent, mais leurs propriétaires n'en demeurent pas moins
« responsables des faits de leurs préposés.

« Art. 36. — Toute fabrication d'opium préparé, tout col-
« portage, toute vente ou cession à titre gratuit, d'un opium autre
« que celui de la ferme, sera puni d'une amende de cent piastres
« à cinq cents piastres et d'un emprisonnement de quinze jours
« à trois ans.

« Quiconque en sera trouvé sciemment détenteur, sera puni
« de la même peine ; le minimum de l'amende pourra toutefois
« être réduit à quarante piastres et l'emprisonnement à 8 jours,
« lorsque la quantité de matière saisie sera inférieure à un taël.

« Toute vente d'opium de la ferme par une personne non
« autorisée, sera punie d'une amende de cent à cinq cents pias-
« tres et d'un emprisonnement de quinze jours à trois ans,
« ou de l'une de ces peines seulement.

« Les opiums et leur contenant seront confisqués.

« Les dispositions du cinquième paragraphe de l'article 35 « ci-dessus sont applicables aux véhicules servant au transport « de l'opium.

« L'évaluation des dommages-intérêts dûs à la ferme ne pourra « être inférieure au montant de l'amende encourue.

« Art 37. — Tout débitant, tout employé de la ferme, qui « détiendra ou aura vendu un opium autre que celui de la ferme, « ou qui y aura mêlé quelque substance de quelque nature que « ce soit, sera puni d'une amende de cent à cinq cents piastres, « et d'un emprisonnement de quinze jours à trois ans.

« Art. 41. — L'article 463 du Code pénal n'est pas applicable « aux peines prévues par le présent arrêté.

« Les jugements portant condamnation du payement des « amendes et dommages-intérêts, prononceront la contrainte « par corps, conformément aux articles 3 et 4 de la loi du « 22 juillet 1867.

« La durée de la contrainte sera déterminée d'après les gra- « dations déterminées par la loi précitée ; en aucun cas elle ne « pourra excéder un an.

« Les individus condamnés à l'amende et aux dommages- « intérêts envers la ferme, seront conservés en état d'arrestation « jusqu'au payement du montant des condamnations prononcées, « dans la limite d'un an ci-dessus déterminée, à charge par la « ferme de faire ordonner la recommandation dans les trois jours « qui suivront le jugement.

Art. 2. — Le Résident supérieur au Tonkin est chargé de l'exécution du présent arrêté. (1)

PIQUET.

N° 26. — ARRÊTÉ *réorganisant le contrôle de la ferme de l'opium.*

19 mars 1890

Article premier. — Les deux arrêtés du 31 décembre 1887 et ceux des 26 février 1888 et 27 décembre 1889, sont rapportés.

Art. 2. — Un commissaire du Gouvernement, placé sous les ordres du Résident supérieur au Tonkin, et choisi dans le personnel du Protectorat, contrôle et surveille la ferme de l'opium, donne son avis sur toutes les questions relatives à la dite ferme, et les soumet à l'autorité supérieure, sur demande ou requête de l'administrateur gérant de la société fermière.

Il est chargé de la liquidation mensuelle des redevances, de la comptabilité, du contentieux, et en général de toutes les opérations qui se rattachent à la ferme de l'opium.

Art. 3. — Le commissaire du gouvernement a sous ses ordres des contrôleurs et agents dont le nombre et le traitement seront déterminés par des arrêtés ultérieurs, selon les nécessités du service.

Art. 4. — Les dépenses afférentes au contrôle de la ferme de l'opium seront imputées sur la somme de 60.000 francs mise à la charge du fermier par l'article 8 du cahier des charges du 7 septembre 1887, et mandatées sur le budget local du Tonkin.

Le commissaire du gouvernement assurera, du 1er au 5 de chaque mois, le versement au trésor de la somme nécessaire pour le mois écoulé, et qui devra être effectué d'après l'état des dépenses occasionnées par le fonctionnement du service de contrôle, qui sera joint à l'ordre de versement émis par les soins de la Résidence supérieure.

Art. 5. — Le Résident supérieur au Tonkin est chargé de l'exécution du présent arrêté.

PIQUET.

N° 27. — ARRÊTÉ *fixant la composition du personnel du contrôle de la ferme de l'opium.*

10 mai 1890.

Article premier. — Le personnel chargé du contrôle de la ferme de l'opium est composé comme suit :

Un commissaire du gouverment, au traitement annuel de........................ 14.000 francs
Un contrôleur principal................ 9.000 francs.
Un chef comptable...................... 6.000 »
Un contrôleur de 1re classe............ 5.000 »
Un contrôleur de 2e classe............. 4.000 »
Un contrôleur de 3e classe............. 3.500 »
Deux interprètes ou secrétaires indigènes à 1.200 et 1.500 fr.
Huit agents asiatiques à 600,800 et 1,200 francs.

Art. 2. — Le personnel placé sous les ordres du commissaire du gouvernement, aura droit en outre, conformément aux règlements en vigueur, le contrôleur principal excepté, aux frais de route et de séjour qui seront payés mensuellement sur mémoires établis par le chef de service.

Art. 3. — Toutes les dépenses afférentes au service du contrôle seront imputées, comme il est dit à l'article 4 de l'arrêté du 19 mars 1890, sur la somme de soixante mille francs mise à la charge du fermier par l'article 8 du cahier des charges du 7 septembre 1887.

Art. 4. — En cas d'empêchement ou de maladie du commissaire du gouvernement, il est remplacé par un fonctionnaire désigné par le Résident supérieur.

Art. 5. — Le personnel du contrôle, qui sera choisi dans les différents services du Protectorat, et nommé dans les conditions déterminées par l'arrêté d'attributions du 7 juillet 1889, est mis hors cadre et conserve ses droits à l'avancement.

Art. 6. — Le Résident supérieur au Tonkin est chargé de l'exécution du présent arrêté.

PIQUET.

VOY. : Transit

Ordonnancements

N° 1. — ARRÊTÉ *sur l'ordonnancement des dépenses concernant les services civils.*

22 juin 1885.

Article premier. — A dater de ce jour, les dépenses des services civils et politiques seront ordonnancées sur états visés par le directeur des affaires civiles et politiques et approuvés par le général en chef.

Toutefois, pour les dépenses dont l'importance est inférieure à cinq cents francs, en totalité, le général en chef délègue sa signature au directeur des affaires civiles et politiques.

Art. 2. — Le directeur des affaires civiles et politiques et le chef des services administratifs de la marine sont chargés, chacun en ce qui le concerne, de l'exécution de la présente décision.

COURCY.

N° 2. — ARRÊTÉ *donnant le droit aux Résidents supérieurs de Hanoi et de Hué, de mandater, comme ordonnateurs secondaires du Résident général, les dépenses des services civils au Tonkin et en Annam.*

14 avril 1886

Article premier. — Les Résidents supérieurs de Hanoi et de Hué mandateront, comme ordonnateurs secondaires du Résident général, les dépenses des services civils au Tonkin et en Annam, dans la limite des crédits qui leur seront sous-délégués.

Art. 2. — Le présent arrêté sera notifié au chef du service de trésorerie et au chef du service administratif de la marine, ordonnateur. (1)

PAUL BERT.

N° 3. — ARRÊTÉ *concernant l'ordonnancement des dépenses du Protectorat à partir du 1er janvier 1887.*

14 décembre 1886

Article premier. — A partir du 1er janvier 1887, et jusqu'à ce qu'un arrêté du Résident général ait définitivement organisé les services financiers, les dépenses du Protectorat seront ordonnancées, savoir :

---

(1) Cet arrêté ayant été soumis à la ratification par décret, le Gouverneur général de l'Indo-Chine a fait connaître qu'elle était inutile par le télégramme suivant :
« Saigon 27 septembre 1890, n° 54. — Gouverneur général à Résident supérieur « à Hanoi.
« Colonies m'ont fait savoir par télégramme 16 courant qu'arrêté du 10 mars « était valable de plein droit, et n'avait pas besoin être ratifié par décret. »

(1) Cet arrêté cesse de produire son effet par suite de la promulgation de celui du 14 décembre 1886, publié ci-après, instituant les Résidents supérieurs ordonnateurs des dépenses de tous les services civils.

Celles des services civils par les Résidents supérieurs en Annam et au Tonkin, dans les conditions de l'arrêté du 14 avril 1887.

Celles de la division d'occupation, par le sous-intendant directeur des services administratifs et ses délégués;

Celles de la marine, par le commissaire chef du service administratif.

Art. 2. — Des crédits seront mensuellement délégués à chacun des ordonnateurs par le Résident général.

Art. 3. — Le payement des dépenses continuera à être effectué par les agents du service de trésorerie et les gérants des caisses de fonds d'avance.

Art. 4. — Les mandats transmis au payeur devront être accompagnés de bordereaux d'émission, dont le double devra être adressé par l'ordonnateur à la résidence générale sous le timbre de la direction du contrôle des services financiers.

Art. 5. — Un relevé des bordereaux d'émission et un état des ordonnancements par article de budget, sera transmis en fin de mois par chaque ordonnateur à la direction du contrôle.

P. Vial.

N° 4. — Arrêté *promulguant l'article 12 du décret du 24 octobre 1882 sur les ordonnateurs secondaires.*

6 février 1889.

Article premier. — Est rendu applicable et exécutoire en Annam et au Tonkin, l'article 12 du décret du 24 novembre 1882, réorganisant le service financier aux colonies, ainsi conçu:

« Les ordonnateurs secondaires émettent, en ce qui concerne « leur service, les ordres de recette et de reversement dont le « recouvrement doit être opéré par le trésorier payeur, et en « tiennent enregistrement. »

« Ces fonctionnaires sont tenus de remettre, dans les cinq pre- « miers jours de chaque mois, au comptable chargé de l'encais- « sement, un bordereau détaillé des ordres de recette ou de re- « versement qu'ils ont émis dans le mois précédent. »

Art. 2. — M. le Résident général en Annam et au Tonkin est chargé de l'exécution du présent arrêté qui sera notifié, publié et enregistré partout où besoin sera.

Richaud.

N° 5. — Circulaire *appliquant au personnel européen de tous les services du Protectorat, les prescriptions de la circulaire du 19 mai 1889.*

20 septembre 1889

Afin d'éviter les retards qui se produisent souvent dans l'ordonnancement des états de solde, par suite des irrégularités qu'ils contiennent, j'ai décidé que les prescriptions de la circulaire du 19 mai dernier, concernant le personnel européen de la garde civile, s'appliqueraient également à tous les autres agents des services du Protectorat.

Vous voudrez donc bien, à l'avenir, lorsque des agents quitteront votre résidence avant l'établissement des états de solde, leur donner un certificat de cessation de paiement à la date du 1er du mois courant.

Lorsque leur départ aura lieu après l'envoi, à Hanoi, des états de solde, ils seront payés sur la caisse du percepteur, s'il y en a une dans votre résidence.

Dans le cas contraire, vous aurez à leur faire parvenir ultérieurement leur solde par un mandat de trésorerie.

Le certificat de cessation de paiement qui leur sera alors délivré indiquera qu'ils ont été tenus au courant de leur solde jusqu'au dernier du mois.

Brière.

Organisation administrative

N° 1. — Décret *portant distraction du Ministère de la marine et des colonies, et rattachement au Ministère des affaires étrangères, des pays placés sous le Protectorat de la France.*

7 janvier 1886

Article premier. — Les pays placés sous le Protectorat de la France sont distraits du Ministère de la marine et des colonies, et rattachés au Département des affaires étrangères.

Art. 2. — Des arrêtés concertés entre les Ministres compétents règleront les dates à partir desquelles ces dispositions entreront en vigueur dans les divers pays dont il s'agit.

Art. 3. — Les Ministres des affaires étrangères, de la guerre, et de la marine et des colonies sont chargés, chacun en ce qui le concerne, de l'exécution du présent décret.

Jules Grévy.

N° 2. — Décret *portant organisation du Protectorat de l'Annam et du Tonkin.* (1)

27 janvier 1886

Article premier. — Le Protectorat de l'Annam et du Tonkin constitue, au regard de la métropole, un service spécial autonome, ayant son organisation, son budget et ses moyens propres.

Toutes les dépenses des troupes de terre et de mer, de la flottille et des administrations civiles et militaires employées en Annam et au Tonkin, sont supportées par le budget du Protectorat.

Les fonctionnaires et agents de tous ordres, mis par la métropole à la disposition du Protectorat, sont considérés comme étant en service détaché et ont leur situation réglée, à ce titre, d'après les lois et règlements en vigueur.

Art. 2. — Le chef du Protectorat porte le titre de *Résident général*. Il est le représentant de la République française auprès de la cour de Hué et relève du ministre des affaires étrangères.

Il est nommé par décret du Président de la République, rendu en conseil des ministres.

Art. 3. — Le Résident général est le dépositaire des pouvoirs de la République française en Annam et au Tonkin.

Il exerce toutes les attributions prévues par les conventions et les traités conclus avec le souverain de l'Annam.

Il préside aux relations extérieures de l'Annam, ainsi qu'aux rapports entre les autorités annamites et les autorités françaises.

Il contresigne, pour les rendre exécutoires, les actes et décrets du roi d'Annam qui sont destinés à être appliqués par les tribunaux français.

Il a sous ses ordres le commandant des troupes de terre et de mer, de la flottille, et tous les services du Protectorat.

Il organise les services et règle leurs attributions par des arrêtés qui sont portés à la connaissance du ministre des affaires étrangères.

Il nomme à tous les emplois civils, à l'exception de ceux de Résident supérieur, résidents et chefs des services principaux, qui sont à la nomination du ministre des affaires étrangères. Il peut, en cas d'urgence, pourvoir à ces derniers emplois ou prononcer la suspension des titulaires, par des décisions provisoires qui sont soumises à l'approbation du ministre.

Art. 4. — Le Résident général a sa résidence officielle à Hué, mais il peut séjourner dans toute autre ville de l'Annam et du Tonkin où les besoins du service l'appellent.

Il est assisté par deux Résidents supérieurs, l'un à Hué, l'autre à Hanoi.

En cas d'absence ou d'empêchement, le Résident général est suppléé auprès de la cour de Hué par le Résident supérieur de Hué.

Les attributions des deux Résidents supérieurs sont déterminées par des arrêtés du Résident général, soumis à l'approbation du Ministre des affaires étrangères.

Art. 5. — Un Conseil du Protectorat est institué auprès du Résident général, qui le préside.

Il siège, suivant les besoins du service, soit à Hué, soit à Hanoi.

En cas d'absence ou d'empêchement du Résident général, le Conseil est présidé par le Résident supérieur du lieu où il est réuni.

La composition et les attributions de ce Conseil sont déterminées par un décret spécial rendu sur la proposition du ministre des affaires étrangères, après avis du Résident général.

Art. 6. — Le Résident général a seul le droit de correspondre avec le Gouvernement de la République.

Il communique avec les divers départements ministériels par l'intermédiaire du Ministre des affaires étrangères.

(1) Voir ci-après le décret du 17 octobre 1887, instituant le Gouvernement général de l'Indo-Chine.

Il peut, avec l'autorisation de ce Ministre, et dans les limites fixées par lui, correspondre directement avec les autres Ministres. En tout cas, les questions d'ordre politique, d'organisation et d'administration générale, celles qui ressortissent à la fois à plusieurs départements ministériels, celles qui tendent à modifier les prévisions budgétaires, sont exclusivement traitées par l'intermédiaire du Ministre des affaires étrangères.

Le Résident général est autorisé à correspondre directement avec le Gouverneur de la Cochinchine et le représentant de la République à Pékin, mais il ne peut engager d'action politique ou diplomatique en dehors du Ministre des affaires étrangères.

Art. 7. — Par dérogation au premier paragraphe de l'article qui précède, le commandant des troupes de terre et de mer et de la flottille peut correspondre directement avec les Ministres de la guerre et de la marine, pour les questions techniques et dans les limites autorisées par le Ministre des affaires étrangères, ou dans le cas de force majeure, quand il y a impossibilité de communiquer en temps utile par l'intermédiaire du Résident général. Celui-ci est toujours tenu au courant de ces communications directes.

Art. 8. — Aucune opération militaire, sauf le cas d'urgence où il s'agirait de repousser une agression, ne peut être entreprise sans l'assentiment du Résident général.

La conduite des opérations appartient à l'autorité militaire qui rend compte au Résident général.

Le caractère et le but d'une opération engagée ne peuvent être changés sans l'assentiment du Résident général.

Art. 9. — Des territoires pourront être déterminés par le Résident général, après avis de l'autorité militaire, pour être soumis à la juridiction militaire.

Dans ces territoires, le commandant du corps d'occupation exercera, par délégation, les pouvoirs du Résident général, auquel il sera tenu de rendre compte.

Ces territoires rentreront sous le régime normal par décision du Résident général.

Les décisions portant établissement ou cessation du régime militaire seront immédiatement portées à la connaissance du Ministre des affaires étrangères.

Art. 10. — Le Résident général dresse chaque année, en Conseil du Protectorat et après avoir pris l'avis des services compétents, le budget des recettes et des dépenses du Protectorat pour l'année suivante.

Parmi les recettes figure la subvention à réclamer, s'il y a lieu, de la Métropole pour assurer l'équilibre dudit budget.

Le projet de budget et les documents explicatifs sont adressés au Ministre des affaires étrangères.

Le budget est approuvé par décret du Président de la République, rendu en Conseil des Ministres, et devient exécutoire à partir du 1er janvier.

Art. 11. — Chaque année, après le 31 mars, le Résident général dresse, dans la même forme, le compte des résultats obtenus dans l'exercice écoulé et le fait parvenir, avec documents justificatifs, au Ministre des affaires étrangères dans le cours du deuxième trimestre.

Ce compte est approuvé par décret rendu en Conseil des Ministres.

Art. 12. — Des délégués pourront, à certaines époques, être envoyés par le Ministre des affaires étrangères en Annam et au Tonkin pour lui faire un rapport sur la situation du Protectorat.

Ces délégués jouiront du droit d'investigation le plus étendu, selon les instructions qu'ils auront reçues du Ministre et dont le Résident général sera directement informé.

Ils ne pourront s'immiscer en rien dans l'Administration, et ne feront part de leurs observations qu'au Résident général.

DISPOSITIONS TRANSITOIRES

Art. 13. — Le présent décret entrera en vigueur à partir du jour où le Résident général, qui sera nommé sur la proposition du ministre des affaires étrangères, aura régulièrement pris possession de son poste.

Les dispositions relatives au budget s'appliqueront pour l'exercice 1887.

Les dépenses de l'exercice courant (1886) seront faites et réglées par les départements ministériels compétents, en conformité de la loi de crédit du 25 décembre 1885.

Le département des affaires étrangères prendra charge de la portion du crédit restant libre, sur les cinq millions prévus dans la loi sus-mentionnée pour les services civils du Tonkin, au moment où le Résident général entrera en possession de l'administration du Protectorat, ainsi qu'il est dit au premier paragraphe ci-dessus.

Art. 14. — Les ministres sont chargés, chacun en ce qui le concerne, de l'exécution du présent décret.

JULES GRÉVY.

N° 3. — DÉCRET *relatif à l'organisation du personnel des résidences de l'Annam et du Tonkin.*

3 février 1886.

Article premier. — Le personnel des résidences de l'Annam et du Tonkin comprend, outre le Résident général et les deux Résidents supérieurs de Hué et de Hanoi, des résidents, vice-résidents, chanceliers, commis de résidence, dont le nombre et la répartition seront ultérieurement déterminés par arrêté ministériel.

Art. 2. et 3. — *Abrogés par décret du 2 novembre 1887.*

Art. 4. — Les appointements des divers agents énumérés à l'article premier du présent décret sont arrêtés comme suit :

		Francs.
Résident général	Traitement	150.000
	Indemnité à forfait pour dépenses accessoires (frais de service, de représentation et de déplacement)	50.000
Résidents supérieurs	Traitement	40.000
	Indemnité pour dépenses accessoires	10.000
Résidents de 1re classe	Traitement	24.000
	Indemnité pour dépenses accessoires	6.000
Résidents de 2e classe	Traitement	20.000
	Indemnité pour dépenses accessoires	5.000
Vice-résidents de 1re classe. Traitement		15.000
Vice-résidents de 2e classe. Traitement		12.000
Chanceliers de résidence. Traitement		9.000
Commis de résidence. Traitement, de 4,000 francs à		6.000
Interprètes et lettrés indigènes et interprètes chinois. Traitement, de 1.500 francs à		2.000

Les vice-résidents, chefs de poste, recevront une indemnité de trois mille francs (3,000 francs) pour dépenses accessoires.

Art. 5. — Les agents énumérés à l'article premier du présent décret recevront, à titre d'indemnité d'entrée en campagne, au moment de leur nomination, le quart du montant de leur traitement fixe.

Ils acquerront définivement cette indemnité en deux ans, par vingt-quatrièmes.

N'auront droit au renouvellement de l'indemnité d'entrée en campagne que les agents nommés résidents ou vice-résidents chefs de poste.

Art. 6. — Jusqu'à nouvel ordre et sauf les dispositions contraires résultant du présent décret, les agents des résidences sont placés sous le régime des règlements en vigueur pour les fonctionnaires de la carrière consulaire, selon les équivalences de grade édictées à l'article suivant.

Art. 7. — Il y a équivalence de grade entre :

Les Résidents supérieurs et consuls généraux ;
Les résidents de 1re classe et consuls de 1re classe ;
Les résidents de 2e classe et consuls de 2e classe ;
Les vice-résidents de 1re classe et vice-consuls de 1re classe ;
Les vice-résidents de 2e classe et vice-consuls de 2e classe ;
Les chanceliers de résidence et chanceliers de 3e classe ;
Les commis de résidence et commis de chancellerie.

Art. 8. — Les conditions d'aptitude pour l'admission dans le personnel des résidences de l'Annam et du Tonkin seront réglées par un décret spécial.

Art. 9. — Le Président du conseil, ministre des affaires étrangères, est chargé de l'exécution du présent décret.

JULES GRÉVY.

N° 4. — DÉCISION *promulguant le décret du 27 janvier 1886, portant organisation du Protectorat de l'Annam et du Tonkin.*

4 avril 1886.

Article premier. — Est promulgué, dans toute l'étendue du territoire de l'Annam et du Tonkin, le décret du 27 janvier 1886, portant organisation du Protectorat de l'Annam et du Tonkin.

Art. 2. — Le directeur des affaires civiles et politiques est chargé de l'exécution de la présente décision.

WARNET.

N° 5. — ARRÊTÉ *réglant les attributions des Résidents supérieurs de l'Annam et du Tonkin.*

20 avril 1886.

Modifié par arrêté du 7 juillet 1889. (1)

N° 6. — ARRÊTÉ *établissant trois classes de commis de résidence et fixant la solde afférente à chaque classe.*

13 mai 1886.

Voir ci-après le décret du 12 avril 1888, fixant la solde et les classes des commis de résidence.

N° 7. — LETTRE *du Résident général au Général commandant la division d'occupation, au sujet de l'application du traité du 6 juin 1884.*

20 mai 1886.

Par une décision en date du 13 mai courant, dont j'ai l'honneur de vous adresser ci-joint copie, les décrets et arrêtés réglementant les attributions des résidents et vice-résidents au Tonkin ont été rendus exécutoires.

En conséquence, il sera procédé par MM. les résidents et vice-résidents chefs de poste, au fur et à mesure de leur installation au siège des résidences qui leur sont assignées, à l'application du traité du 6 juin 1884, dont la pleine et entière exécution est prescrite par décret du Président de la République en date du 2 mars dernier.

J'ai l'honneur de vous faire remarquer que par suite de ces dispositions, les instructions contenues dans votre note circulaire du 28 avril dernier, insérée au journal *l'Avenir du Tonkin* du 15 mai, devront nécessairement être modifiées dans un sens conforme aux principes établis aussi bien par le traité que par le décret du 27 janvier, relatif à l'organisation du Protectorat de l'Annam et du Tonkin.

L'article 9 du décret précité est ainsi conçu:

« Des territoires pourront être déterminés par le Résident « général, après avis de l'autorité militaire, pour être soumis « à la juridiction militaire.

« Dans ces territoires, le commandant du corps d'occupation « exercera, par délégation, les pouvoirs du Résident général, « auquel il sera tenu de rendre compte.

« Ces territoires rentreront sous le régime normal par « décision du Résident général.»

Il ressort clairement de cet article que, dans les territoires à déterminer, les commandants militaires désignés par vous, seront temporairement investis, sous votre haute direction, des pouvoirs des résidents ou vice-résidents, tels qu'ils sont définis aux décrets et arrêtés en vigueur.

Dans ce cas seulement, les ordres donnés par votre circulaire du 28 avril, notamment dans les paragraphes qui suivent, pourront être exécutés:

§ 4 « Dans chaque poste, le commandant d'armes se con- « certera avec le chef de canton ou maire pour arrêter « etc., etc. »

§ 10 « Ils doivent (les commandants d'armes) se tenir en « rapports constants avec les autorités annamites pour se « renseigner sur l'état du pays, sur les nouvelles qui circulent, « sur les dispositions des habitants et, au besoin, sur leurs « désirs.»

Dans toutes les provinces qui n'auront pas été distraites du régime normal établi par le décret constitutif du 27 janvier, le traité du 6 juin devra être appliqué dans toute sa teneur, et les agents français de toute catégorie ne communiqueront avec les autorités annamites que par l'intermédiaire des résidents (Art. 8 du traité).

Je vous prie, Monsieur le Général en chef, de vouloir bien adresser des instructions dans ce sens à MM. les commandants d'armes du Tonkin et m'accuser réception de la présente lettre.

Pour le Résident général absent:
Le Résident supérieur.
P. VIAL.

N° 8. — LETTRE *au sujet de la constitution des dossiers des agents du Protectorat, et des notes à leur donner.*

21 mai 1886

Il y a lieu de constituer, dès à présent, les dossiers individuels des agents du Protectorat.

J'ai, en conséquence, l'honneur de vous prier de vouloir bien inviter chacun des agents placés sous vos ordres à vous remettre, dans le plus bref délai possible, pour m'être aussitôt transmises par la voie hiérarchique, les pièces ci-après énumérées :

1° Extrait de naissance;
2° Extrait du casier judiciaire ;
3° Certificat ou état des services antérieurs, s'il y a lieu.

De même, en ce qui vous concerne personnellement.

Vous devrez m'expédier ces dossiers au fur et à mesure que chacun d'eux sera complet.

J'ai décidé, d'autre part, que des notes relatant les conditions particulières, les aptitudes et la manière de servir de chaque agent, ainsi que les propositions dont il pourrait être l'objet, seraient établies semestriellement, soit à la date des 30 juin et 31 décembre de chaque année, de manière à ce qu'elles me parviennent dans la quinzaine qui suit les époques indiquées.

Ces notes seront ,suivant le cas, établies en deux, trois ou quatre expéditions, destinées aux archives des vice-résidences, résidences, Résidences supérieures intéressées, et de la Résidence générale.

Le dossier de chaque agent devra le suivre dans chacun des nouveaux postes qu'il peut être appelé à occuper et sera, le cas échéant, transmis comme il convient, par les soins du chef du service sous les ordres immédiats duquel il était précédemment placé.

Ces prescriptions sont également applicables au personnel indigène, en ce qui concerne les notes semestrielles.

Les notes semestrielles ne seront fournies, pour la première fois, qu'en fin de l'année courante.

Vous recevrez en temps utile les imprimés nécessaires à cet effet.

Pour le Résident général absent
Le Résident supérieur,
P. VIAL.

N° 9. — ARRÊTÉ *créant des commis auxiliaires de résidence*

10 juin 1886

Article premier. — Dans tous les postes où le service l'exigera, des commis auxiliaires européens pourront être adjoints au personnel de l'administration du Protectorat.

Le nombre de ces agents sera fixé d'après les besoins; leur solde ne sera, en aucun cas, supérieure à 4.000 francs, ni inférieure à 1.200; ils ne jouiront pas des prérogatives conférées par les règlements en vigueur au personnel régi par le décret du 3 février 1886.

PAUL BERT.

N° 10. — ARRÊTÉ *modifiant l'article premier de l'arrêté du 3 mai 1886, relatif à la fixation des classes des commis de résidence.*

3 août 1886

Les classes et la solde des commis de résidence sont déterminées par le décret du 12 avril 1888, publié ci-après.

(1) Voir en outre arrêté du 5 février 1887.

N° 11. — CIRCULAIRE *du Résident général de la République française en Annam et au Tonkin, membre de l'Institut, à MM. les résidents et vice-résidents chefs de poste, sur les droits et devoirs des résidents et vice-résidents dans leurs relations avec les différents services.*

30 août 1886

Depuis le 8 avril dernier, date de mon entrée en fonctions, un certain nombre de décisions ont assuré l'application progressive du décret du 27 janvier 1886, qui place l'Annam et le Tonkin sous l'autorité civile et détermine les bases définitives de l'organisation de notre Protectorat.

Des instructions vous ont été adressées le 16 avril, indiquant sommairement, en même temps que les vues générales du Gouvernement de la République, la ligne de conduite que vous deviez observer à l'égard des autorités indigènes, pour préparer l'exécution intégrale du traité du 6 juin 1884.

Ces indications, qu'il n'était pas utile de développer alors que l'insuffisance numérique du personnel administratif ne nous permettait pas d'étendre notre action, doivent, à l'heure actuelle, être complétées.

Il importe surtout de définir vos droits et vos devoirs dans les relations constantes que vous êtes appelés à entretenir avec vos chefs directs et vos subordonnés, avec les fonctionnaires indigènes, les missionnaires, la population annamite et les émigrants chinois.

La division administrative adoptée en Conseil du Protectorat et dont le tableau ci-annexé vous donnera le détail, comprend, pour l'Annam trois résidences et quatre vice-résidences, et pour le Tonkin quatre résidences et onze vice-résidences.

Cette répartition est, en ce qui concerne le Tonkin, la reproduction à peu près identique de l'ancienne division territoriale établie par le gouvernement annamite; j'ai tenu, dans cette circonstance, à m'inspirer des traditions du pays, me gardant de toute innovation qui n'aurait pas été justifiée par l'expérience.

RAPPORTS DES RÉSIDENTS ET VICE-RÉSIDENTS CHEFS DE POSTE ENTRE EUX ET AVEC LES RÉSIDENTS SUPÉRIEURS. LEURS ATTRIBUTIONS.

Vous êtes, dans l'ordre politique, les dépositaires de l'autorité du Résident général; vous avez, à ce point de vue, une situation analogue à celle des préfets et des sous-préfets en France.

Les Résidents relèvent immédiatement des Résidents supérieurs et les vice-résidents des Résidents.

Toutefois, comme on ne peut contrôler efficacement l'administration d'un aussi vaste pays qu'en décentralisant le plus possible, les vice-résidents ont les mêmes attributions administratives que les Résidents. Mais ils doivent avoir soin de consulter ceux-ci sur les affaires qui seraient de nature à engager la responsabilité du Protectorat, et de les tenir soigneusement au courant de l'état politique de leur circonscription.

En outre, afin d'accélérer la marche du service, ils ont la faculté de correspondre directement avec le Résident supérieur, en ce qui concerne l'assiette et la perception des revenus publics, l'engagement des dépenses, l'état civil, les travaux publics de médiocre importance, l'instruction publique, le personnel, la police, la justice, et en général toutes les questions d'administration intérieure n'ayant pas un contre-coup immédiat et important sur l'ensemble de la province ou des provinces voisines. Ils tiennent du reste le Résident au courant de ces communications directes.

Quant aux affaires intéressant la sûreté générale, la navigation, les grands travaux, les principales voies de communications fluviales et terrestres, les vice-résidents transmettront aux Résidents une copie des études et des propositions qu'ils auront adressées à la Résidence supérieure. Les Résidents centraliseront ainsi les renseignements recueillis et pourront les résumer dans leurs rapports périodiques.

En outre les Résidents, sur délégations spéciales, seront chargés, à des époques déterminées, de l'inspection des sous-résidences dépendant de leurs circonscriptions. Ils se conformeront alors aux instructions qui leur seront données pour la visite des travaux en cours et des édifices publics, pour le contrôle et la revue du personnel et des milices.

Résidents ou vice-résidents exercent, à l'égard de nos nationaux et des étrangers, les pouvoirs consulaires et judiciaires qui sont conférés par les décrets des 8 et 10 février 1886. Ils veillent à ce que les rapports entre les autorités annamites et les diverses autorités françaises n'aient lieu, à moins d'autorisation spéciale, que par leur intermédiaire, de façon à éviter toutes difficultés et tout malentendu. *(Article 8 du traité du 6 juin 1884 et article 3 du décret du 7 janvier 1886).*

Les dispositions qui précèdent suffisent à préciser la nature de vos relations avec les services civils du Protectorat.

Votre autorité doit s'exercer sur la marche générale de chaque service ainsi que sur la manière dont chaque agent s'acquitte de ses fonctions.

Je vous adresserai de nouvelles instructions dès que la réorganisation de ces services, actuellement en préparation à mon cabinet, sera terminée.

Vous avez déjà reçu celles qui concernent les Travaux publics. J'en extrais ici les indications principales.

Le service des Travaux publics n'est plus, depuis mon arrêté du 29 juillet, un service distinct et autonome. Il est fragmenté entre les diverses résidences et vice-résidences, à la façon de celui des agents-voyers de France; son personnel est sous votre direction et à vos ordres pour les travaux courants.

Mais lorsque les travaux à exécuter devront avoir des conséquences d'ordre général, lorsqu'ils auront le caractère de travaux d'art, ou qu'ils engageront, dans une mesure importante, les finances du Protectorat, vous devrez transmettre les projets, plans et devis, à M. le Résident supérieur, qui les soumettra à l'examen de M. l'ingénieur-conseil attaché à la Résidence générale

RAPPORTS AVEC LES AUTORITÉS MILITAIRES.

En disant que vous êtes les représentants du Résident général, j'ai, par cela même, indiqué la place qui vous revient, et défini votre rôle au regard des autorités militaires.

Je ne veux pas m'arrêter ici aux questions de préséance et de pure forme, qui trouvent plus facilement leur solution dans le code des convenances que dans les règlements les mieux étudiés.

Aussi bien, les froissements d'amour-propre et les susceptibilités personnelles doivent disparaître devant l'intérêt supérieur du pays, qui exige l'union de tous les dévouements et de toutes les intelligences appliqués au succès d'une œuvre nationale.

D'ailleurs, le décret du Président de la République en date du 24 juin 1886, document dont vous avez eu connaissance, a défini vos relations officielles avec les troupes de terre et de mer. Vous aurez donc à vous y reporter pour apprécier vos droits ainsi que les obligations qui vous incombent.

Le traité prévoit, dans son article 6 « qu'il sera donné aux résidents, s'il y a lieu, une escorte française ou indigène ». Vous ne devrez vous prévaloir de ce droit que dans des cas exceptionnels. Les milices en voie de formation vous fourniront, dans les circonstances régulières, une force suffisante.

Dans le cas où vous jugeriez que le concours de l'autorité militaire vous est nécessaire pour assurer le maintien de l'ordre public, vous aurez à vous entendre avec elle à ce sujet. Au besoin même, et par analogie avec ce qui se passe en France, vous aurez le droit de requérir la force armée pour repousser les attaques des malfaiteurs et faire exécuter les prescriptions légales.

Pour les réquisitions adressées aux officiers de vaisseau, il y a lieu de distinguer.

Les navires de mer étant considérés comme bâtiments isolés, les commandants peuvent accepter ou refuser les réquisitions, dans les conditions indiquées par l'arrêté du 20 mai 1885.

En ce qui concerne les navires de rivières, si les relations doivent avoir lieu en un point habité par le commandant de la région, c'est à ce dernier que les réquisitions doivent être adressées. Sur tout autre point, vous pouvez les faire directement au commandant du navire, lequel, suivant les ordres qu'il aurait reçus, pourra les accepter ou les refuser, mais dans ce dernier cas, par écrit et en indiquant les motifs du refus.

L'article 6 du traité, en disant que vous habiterez dans la citadelle, vous donne un droit, mais ne vous impose rien d'impératif. Lors donc que vous n'y trouverez pas une place convenable, vous pourrez vous tenir en dehors. Autant que possible, vous vous en éloignerez peu, et vous vous concerterez avec l'autorité militaire pour choisir un emplacement qui ne gêne pas son action et qui soit facilement défendable.

Si, au contraire, l'intérieur de la citadelle vous offre un bon emplacement, vous pourrez vous y installer et y garder auprès de vous les mandarins.

Dans tous les cas, vous tâcherez de faire en sorte que les services civils et indigènes soient groupés ensemble, et séparés nettement des services militaires. Si vous êtes dans la citadelle, une porte spéciale, gardée par vos miliciens, devra vous être réservée; et vous pourrez, par quelque séparation légère, indiquer la ligne de démarcation que ne devront pas franchir les personnes qui ont affaire seulement à vous et aux autorités annamites. C'est le meilleur, peut-être le seul moyen de concilier les justes exigences des précautions et des consignes militaires avec la facilité d'accès que vous devez ménager aux annamites auprès de vous.

Je tiens tellement à cette séparation des services, que si elle doit entraîner quelques dépenses, je suis prêt, sur votre demande, à les autoriser.

RAPPORTS AVEC LES AUTORITÉS ANNAMITES.

Vos relations avec les autorités annamites diffèrent suivant que vous êtes en Annam ou au Tonkin.

En Annam, votre rôle est exclusivement politique.

L'article 3 du traité, corroboré et complété par les articles 11 et 12, conserve aux représentants du Souverain l'entière administration des territoires compris depuis la frontière de la Cochinchine jusqu'à la frontière de la province de Ninh-binh, sauf en ce qui concerne les douanes, les contributions indirectes, les travaux publics, et en général les services qui exigent une direction unique ou l'emploi d'ingénieurs ou d'agents européens.

Vous n'aurez donc à vous immiscer ni dans le service des impôts directs, ni dans l'administration intérieure du territoire. Vous vous bornerez, en ces matières, à vous tenir informés des actes de l'autorité indigène. Vous agirez de même dans les questions relatives à la police, la justice indigène et les milices dont disposent les mandarins. Du reste, la situation politique très troublée de tout ce pays vous impose une vigilance de tous les instants.

Au Tonkin, vous êtes chargés de la direction politique, administrative et financière de vos provinces respectives et du contrôle des fonctionnaires annamites.

Au surplus, votre conduite vous est tracée par ma circulaire du 16 avril, dont je reproduis ici un passage, et dont l'application, sur la plupart des points, peut être faite à l'Annam comme au Tonkin, en tenant compte, bien entendu, des restrictions formulées par le traité

. . . . « Votre rôle politique consiste à « encourager, conseiller et diriger les fonctionnaires annamites « afin qu'ils remplissent très exactement les obligations con- « tractées par leur gouvernement envers la France.

« Ils continueront à exercer, dans l'administration générale, « la justice indigène, la collecte des impôts, les fonctions qui « leur sont dévolues par les lois du pays. Votre rôle n'est pas « d'administrer à leur place, mais de surveiller et de contrôler « leurs actes. Pour cela, vous appellerez fréquemment auprès « de vous les plus importants d'entre eux pour vous rendre « compte des intérêts majeurs de la province.

« D'autre part, vous visiterez, aussi souvent qu'il vous sera « possible, les villes principales de votre circonscription, ainsi « que les lieux qui présenteraient un intérêt particulier au « point de vue, par exemple, de la défense, des travaux publics, « etc. Enfin, les actes principaux administratifs et politiques « des mandarins provinciaux devront être sanctionnés par vous « avant d'être mis à exécution. Vous en référeriez, si quelque « difficulté grave survenait, à M. le Résident supérieur. Il faut, « en un mot, que votre personne soit rapidement connue de « tous et que votre influence se fasse sentir à tous les échelons « de la hiérarchie administrative, en telle sorte que vous « obteniez la confiance des fonctionnaires par vous contrôlés, « et que ceux-ci n'aient ni la faculté ni le désir d'échapper à « votre autorité.

« Il est nécessaire que, non par des manifestations violentes « ou intermittentes, mais par une action continue, faite de « patience et de fermeté, vous persuadiez très vite le peuple « et les mandarins des résolutions définitives de la France, de « son inébranlable volonté d'accomplir tous les devoirs imposés « et d'user de tous les droits conférés par les traités. Vous leur « montrerez bien nettement que le temps des hésitations est « passé, et que l'application régulière du Protectorat de la France « ouvre pour leur pays, depuis si longtemps troublé, une ère « nouvelle. L'obéissance à l'autorité royale, l'exécution scru- « puleuse des lois du pays, la protection des habitants et des « propriétés, le respect des libertés locales, le rétablissement « de la sécurité, le développement du commerce, de l'industrie, « de l'agriculture, et, par suite, de la richesse publique, doivent « en être les fruits. Ainsi, l'intérêt de l'Annam et celui de la « France sont intimement et indissolublement liés l'un à l'autre, « et c'est là la vérité fondamentale que vous ne laisserez « échapper aucune occasion publique ou privée de développer « et de prouver.

« Ceux des fonctionnaires qui ne comprendraient pas cette « situation politique et qui ne se dévoueraient pas à elle, de- « vraient être désignés par vous à M. le Résident supérieur, « pour que j'obtienne de S. M. le Roi d'Annam le déplacement, « la révocation ou le châtiment d'agents qui désobéissent à ses « ordres et refusent de respecter les traités qu'il a signés. »

Vous constituerez, en conséquence, à votre cabinet, le dossier de chaque mandarin, lettré ou homme influent, ainsi que celui de chacun des membres du conseil consultatif créé par mon arrêté du 30 avril 1886.

Vous donnerez audience aux chefs de canton et aux notables des villages lorsque leurs affaires les amèneront au chef-lieu de votre résidence. Vous prendrez soin de leur donner sur la situation toutes explications utiles, et vous chercherez à gagner leur confiance et leur sympathie.

J'appelle particulièrement votre attention sur les membres du conseil consultatif tonkinois. Ces hommes, choisis par leurs concitoyens, simples notables de village, vivant de la vie du peuple annamite, sont admirablement placés pour vous renseigner sur les aspirations et les sentiments de la population. Ils m'ont, dès leur première réunion, donné des indications très sages.

Je n'ai pas besoin de vous recommander d'avoir vis-à-vis des dignitaires annamites l'attitude de bienveillance courtoise qui convient aux représentants de la nation protectrice. Mais je vous prie de donner les instructions nécessaires pour que vos subordonnés conforment leur conduite aux règles hiérarchiques. J'ai eu à constater, de la part de certains employés très inférieurs du Protectorat, vis-à-vis des plus hauts mandarins provinciaux, une tenue et des allures qui constituent de véritables inconvenances. Cette manière d'agir est de nature à blesser profondément, et cela au grand détriment de notre action politique, de très justes et très vives susceptibilités.

IMPÔTS.

Pour la perception et le contrôle des impôts institués par nous, il n'y a pas d'indication générale à vous donner; vous vous guiderez par les règles propres à chaque administration.

Vous avez, d'après l'article 11 du traité, la centralisation de l'impôt ancien, avec la surveillance de sa perception. La transformation de l'impôt en nature en impôt en argent, proposée par mon arrêté du 10 juin 1886, semble avoir l'approbation générale des populations. Il doit en résulter de grosses économies dans les frais de collecte des impôts qui s'élèvent, si mes renseignements sont exacts, à plus de 30 p. 100. Vous aurez à examiner de très près ce mécanisme de la collecte de l'impôt, et à veiller à ce que des prélèvements illégaux ne viennent pas augmenter les charges des contribuables.

Lorsque quelque calamité (inondation, incendie, pillage), se sera appesantie sur un village, vous aurez soin de bien apprécier l'état dans lequel elle aura laissé les habitants, et de me proposer, s'il est nécessaire, des atermoiements, des diminutions ou même des remises complètes d'impôts.

TRAVAUX PUBLICS

Votre attention se portera principalement sur les travaux essentiels qui intéressent à un si haut degré la prospérité du pays, c'est-à-dire sur la construction et l'entretien des digues, des routes et des ponts, le curage des arroyos, etc.

J'appelle tout particulièrement votre attention sur l'entretien des digues, dont les ruptures trop nombreuses ont causé, cette année encore, d'immenses désastres. Vous ferez relever avec soin les points dangereux où les ruptures ont eu lieu pendant ces dernières années, afin d'agir avec énergie à la bonne saison pour solidifier les endroits faibles. Vous ferez veiller avec soin à ce que les indigènes n'amincissent pas ou n'écrêtent pas les digues, et cela sous peine d'amendes infligées aux villages. Vous ferez remettre en état, aux frais de ceux-ci, toutes les digues ainsi compromises par la maladresse des habitants. Il sera bon de créer dans chaque province, un système d'inspection des digues avec rapports mensuels par les autorités annamites.

Autant qu'il vous sera possible, vous mettrez en œuvre, pour l'exécution des travaux auxquels les indigènes sont habitués, toutes les ressources locales. Mais dans l'usage des corvées, vous n'appliquerez pas toute la rigueur des lois annamites, et vous vous tiendrez dans les limites prescrites par la justice et le bon sens.

La nouvelle organisation du service des travaux publics vous permettra de contrôler avec efficacité les entreprises déjà commencées, et d'apprécier dans quelles circonstances il est indispensable que des agents européens viennent appuyer de leurs connaissances techniques l'expérience des indigènes. Il y a grand intérêt à ce que nous saisissions toutes les occasions de leur montrer notre supériorité, et l'emploi utile que nous en faisons pour leurs intérêts.

JUSTICE.

Je vous disais dans ma circulaire du 16 avril :

« Vous n'interviendrez pas directement dans l'administration de la justice indigène, mais vous suivrez ses actes avec soin, afin de faire prévaloir l'esprit de modération et de sage tolérance qui inspire notre politique. A l'occasion, des mesures de bienveillance pourront être provoquées par vos conseils, envers les individus qui auront été sympathiques à notre cause ; mais il faudra toujours que les faveurs ou les grâces accordées par l'administration ne puissent léser aucun intérêt particulier. »

Je vous prie, Messieurs, de vous bien pénétrer de ces prescriptions. J'ai remarqué, en effet, que quelques Résidents, suivant encore les traditions d'un régime d'exception, continuaient à statuer sur les litiges où des Annamites seuls sont en cause. Or, le traité limite votre compétence aux contestations qui s'élèvent entre annamites et français ou étrangers. J'insiste pour que cette illégalité ne se renouvelle pas.

Vous ne connaîtrez donc pas des instances civiles ou criminelles introduites par les indigènes ou contre eux, qui sont du ressort exclusif des tribunaux annamites ; mais vous devrez toujours, lorsque vous aurez déféré une affaire importante à la justice indigène, demander qu'on vous tienne au courant de la suite qu'elle aura reçue.

J'ai appris que lorsque des condamnations à la peine capitale étaient prononcées par l'autorité annamite, on avait coutume d'en aviser les missionnaires qui se rendaient alors auprès du condamné. C'est une pratique qu'il convient de faire cesser ; les missionnaires ne devront être avertis que si les condamnés sont chrétiens et demandent l'assistance d'un prêtre.

RAPPORTS AVEC LES MISSIONS CATHOLIQUES.

Le traité du 15 mars 1874 a fait disparaître, par son article 9, les inégalités qui existaient autrefois entre les chrétiens d'Annam et les autres sujets du royaume.

Je crois utile de remettre sous vos yeux le texte de cet article :

« Le Roi d'Annam, reconnaissant que la religion catholique « enseigne aux hommes à faire le bien, révoque et annule toutes « les prohibitions portées contre cette religion et accorde à « tous ses sujets la permission de l'embrasser et de la pratiquer « librement.

« En conséquence, les chrétiens du royaume d'Annam pour- « ront se réunir dans les églises en nombre illimité pour les « exercices de leur culte. Ils ne seront plus obligés, sous aucun « prétexte, à des actes contraires à leur religion, ni soumis à « des recensements particuliers. Ils seront admis à tous les « concours et aux emplois publics, sans être tenus pour cela à « aucun acte prohibé par la religion.

« S. M. s'engage à faire détruire les registres de dénombre- « ment des chrétiens faits depuis quinze ans, et à les traiter, « quant aux recensements et impôts, exactement comme tous « ses autres sujets. Elle s'engage, en outre, à renouveler la « défense, si sagement portée par elle, d'employer dans le « langage ou dans les écrits des termes injurieux pour la reli- « gion, à faire corriger les articles du Thap-dieu dans lesquels « de semblables termes sont employés.

« Les évêques et missionnaires pourront librement entrer « dans le royaume et circuler dans leurs diocèses avec un « passeport du Gouverneur de la Cochinchine, visé par le mi- « nistre des rites ou par le gouverneur de la province. Ils pour- « ront prêcher en tous lieux la doctrine catholique. Ils ne seront « soumis à aucune surveillance particulière, et les villages ne « seront plus tenus de déclarer aux mandarins ni leur arrivée, « ni leur présence, ni leur départ.

« Les prêtres annamites exerceront librement, comme les « missionnaires, leur ministère. Si leur conduite est répréhen- « sible et si, aux termes de la loi, la faute par eux commise est « passible de la peine du bâton ou du rotin, cette peine sera « commuée en une punition équivalente.

« Les évêques, les missionnaires et les prêtres annamites « auront le droit d'acheter et de louer des terres et des mai- « sons, de bâtir des églises, hôpitaux, écoles, orphelinats et « tous autres édifices destinés au service de leur culte.

« Les biens enlevés aux chrétiens pour fait de religion, qui « se trouvent encore sous séquestre, leur seront restitués.

« Toutes les dispositions précédentes, sans exception, s'appli- « quent aux missionnaires espagnols aussi bien qu'aux français.

« Un édit royal, publié aussitôt après l'échange des ratifica- « tions, proclamera dans toutes les communes la liberté accor- « dée par S. M. aux chrétiens de son royaume. »

Le traité du 6 juin 1884 confirme expressément ces dispositions que, par suite, nous nous sommes engagés à faire observer. Les missionnaires ont été nos précurseurs en Indo-Chine et, dans les périodes de troubles, les premières victimes des mouvements insurrectionnels. Ils nous ont aidé jadis de leurs conseils. Aussi, les populations chrétiennes ont été souvent maltraitées et persécutées, non-seulement pour raisons religieuses, mais comme amies des Français. Nous ne devons pas oublier nos dettes de reconnaissance.

Vous ne perdrez pas de vue cependant que les garanties stipulées par le traité du 15 mars 1874, ne donnent pas aux chrétiens une situation privilégiée et ne les exonèrent d'aucune des obligations auxquelles sont soumis tous les sujets de l'empire, aussi bien envers S. M. le roi d'Annam qu'envers le Protectorat.

Vous leur accorderez votre entier concours, s'ils sont inquiétés dans l'exercice de leur culte, ou menacés dans leurs personnes et dans leurs biens.

Mais, en revanche, vous exigerez, en temps normal, qu'ils obéissent au droit commun, qu'ils payent les impôts, fournissent des hommes aux milices provinciales, et exécutent les ordres des mandarins.

En temps troublé, il est logique qu'ils se mettent sur la défensive, et vous devrez veiller avec soin à leur sûreté ; quelques armes pourront êtres données à leurs villages, comme du reste aux villages fidèles non chrétiens. Mais vous veillerez avec soin pour empêcher le retour de pratiques qui ont eu des résultats aussi funestes pour les chrétiens eux-mêmes que pour notre influence. et vous ne les autoriserez jamais à prendre l'offensive ni à user de représailles. S'ils ne se conformaient pas à cette règle, vous manderiez auprès de vous les missionnaires responsables, et vous leur adresseriez des observations sévères, en leur représentant que nul n'a le droit de se faire justice à soi-même ; au besoin, vous avertiriez leur évêque. Enfin, si les faits devenaient tout à fait graves, et si, par impossible, leurs auteurs restaient sourds à vos exhortations, vous les déféreriez à la justice française s'ils sont européens, annamite s'ils sont indigènes ; mais vous n'en arriveriez jamais à ce moyen extrême sans m'en avoir au préalable référé.

C'est dans ce sens, messieurs, que vous parlerez aux mandarins et aux missionnaires. Je m'en rapporte assez à votre tact pour vous laisser juge du langage que vous devrez tenir aux uns et aux autres, ainsi que de l'attitude qu'il conviendra de prendre dans la pratique à l'égard des prêtres français, espagnols ou indigènes.

En résumé, vous vous inspirerez dans votre conduite à l'égard des missionnaires et de leurs prosélytes, des principes supérieurs de liberté de conscience et d'égalité que le gouvernement de la République s'est toujours efforcé de faire prévaloir. Et d'une manière générale, vous veillerez au respect de toutes les croyances religieuses, à la sauvegarde des droits de la conscience, et en même temps à la répartition équitable, entre tous et sans distinction de cultes, des charges communes aux habitants du royaume.

RAPPORTS AVEC LA POPULATION ANNAMITE.

La législation annamite a pourvu les communes d'une organisation forte et rationnelle, qui est un gage excellent de sécurité intérieure et de bonne administration. Aussi, vous vous garderez d'y apporter le moindre changement, vous vous préoccuperez, au contraire, d'en assurer le fonctionnement régulier en vous mettant en communication avec les conseils des notables dont vous fortifierez ainsi l'autorité morale.

Il est d'un grand intérêt que les indigènes puissent arriver facilement à vous, et soumettre à votre examen personnel les questions qui les intéressent ; mais je vous engage encore et surtout à parcourir fréquemment votre province et à vous rendre compte par vous-même des besoins de la population et de ses désirs. Je vous recommande d'employer à son égard de bons procédés, d'interdire et de poursuivre au nom de la dignité française et de l'intérêt de la paix publique, les actes de brutalité dont parfois et sans motifs, certains Européens se rendent coupables.

Quand un accident grave (inondation, incendie, pillage) aura ruiné un pays, vous vous transporterez le plus tôt possible sur les lieux, et vous distribuerez aux populations, au nom de la France, les secours nécessaires.

Les exigences de la guerre ont contraint fréquemment nos troupes à occuper des pagodes, qui sont souvent les seuls bâtiments solides et sains qu'on trouve à sa disposition. Cela n'a pas été sans froisser vivement les sentiments des populations. Je tiens beaucoup à ce que ces faits ne se reproduisent pas, et à ce qu'aucune pagode consacrée au culte ne soit réquisitionnée par un service public sans nécessité absolue, et sans entente préalable avec les autorités annamites, qui pourront mettre en lieu sûr les objets consacrés.

Si quelque pagode particulièrement vénérée était actuellement occupée par nous, et si des réclamations s'élevaient, je vous prie d'en tenir compte, d'examiner comment il serait possible de donner satisfaction aux réclamants, et d'en référer, pour l'exécution, à M. le Résident supérieur.

Je signale de même à votre attention les cimetières qui sont souvent établis dans des terrains domaniaux. En principe, vous devrez les respecter ; mais s'il est nécessaire, et cela arrivera souvent, à cause de leur grande multiplicité, d'en occuper un pour quelque établissement public, vous aurez soin d'avertir les autorités annamites, afin que les intéressés puissent accomplir librement les cérémonies usitées en pareil cas. Nous pourrions, s'il est nécessaire, prendre, à notre charge les dépenses qu'entraîne la translation des corps.

RÉPRESSION DES DÉSORDRES.

La sécurité du pays peut être troublée dans trois ordres de circonstances, assez nettement distinctes :

Par les incursions de bandes quasi-régulières, exclusivement chinoises ou composées de pirates annamites ;

Par les déprédations commises par des bandes importantes, agissant avec la complicité de certains villages ;

Par des actes isolés de piraterie vulgaire.

Dans le premier cas, c'est à notre armée régulière qu'il appartient d'intervenir, et votre action se borne à la seconder de tous vos moyens d'information.

Dans le deuxième, les autorités indigènes doivent rétablir l'ordre à l'aide de leurs gardes de police et organiser la répression suivant toutes les rigueurs des lois annamites. Si vous en reconnaissez la nécessité, vous leur prêterez l'appui de votre milice et les soutiendrez de votre présence.

Dans le dernier cas, vous appliquerez le principe de la responsabilité des villages, que vous frapperez immédiatement d'une amende, à moins qu'ils ne vous fournissent la preuve de leur impuissance à empêcher les actes de désordre qui auront été constatés.

Je vous recommande vivement d'appliquer aux villages coupables le système des amendes-cautions, remboursables après quelques mois de bonne conduite.

Vous ferez entendre aux mandarins qu'il est très difficile de croire que des attaques puissent se renouveler, ou des bandes importantes s'organiser sur le territoire qu'ils administrent, sans qu'ils en aient connaissance. Lors donc que ces faits se répéteront sans que vous ayez été renseignés à l'avance par les fonctionnaires annamites, vous examinerez à quels d'entre eux devra remonter la responsabilité d'une négligence peut-être coupable, et vous me tiendrez au courant.

Quand un village se sera défendu contre des pirates, vous lui donnerez des récompenses en argent, des armes, et à l'occasion, vous me proposerez quelque chef pour une récompense honorifique. Vous en ferez de même pour les villages dont la population serait venue au secours du village attaqué. Que si, dans la bagarre, quelque habitant avait été tué, vous feriez faire une enquête en vue de rechercher s'il y aurait lieu de donner des secours à sa famille.

RAPPORTS AVEC LES CHINOIS.

Les Chinois forment dans la population, au point de vue commercial, un élément qu'on ne saurait négliger.

Vous leur donnerez, pour s'établir en Annam et au Tonkin, toutes les facilités compatibles avec nos intérêts. En retour, vous exigerez d'eux une correction d'attitude d'autant plus grande que le traité du 6 juin 1884 (art. 10) leur accorde le bénéfice de la juridiction française. Autant que possible, vous traiterez les affaires qui les intéressent avec les chefs de congrégation qu'ils ont eux-mêmes désignés.

Telles sont, messieurs, les règles dont je vous saurai gré de ne pas vous départir dans l'exercice de vos fonctions. La tâche qui vous a été confiée est difficile ; elle ne peut être accomplie qu'en alliant à beaucoup de tact et de fermeté un grand esprit de persévérance et d'abnégation ; pour la mener à bonne fin, je compte sur votre patriotisme.

PAUL BERT.

PROTECTORAT DE L'ANNAM ET DU TONKIN

DIVISION ADMINISTRATIVE

RÉSIDENCES SUPÉRIEURES	RÉSIDENCES	VICE-RÉSIDENCES
	ANNAM	
Hué		Tourane. Dong-hoi.
	Qui-nhon	Xuan-day.
	Binh-thuan	
	Thanh-hoa	Vinh.
	TONKIN	
Hanoi		Hong-yen. Lang-son. Thai-ké. Cho-bo.
	Bac-ninh	Thai-nguyen. Cao-bang.
	Nam-dinh	Ninh-binh.
	Haiphong	Hai-duong. Quang-yen.
	Son tay	Tuyen-quan. Lao-kay.

Nº 12. — DÉCISION *réglementant le service des bureaux.*

26 novembre 1886.

Le service intérieur des bureaux sera constitué dans les conditions ci-après :

1º *Modifié par arrêté du 24 février 1887.*

2º Tout arrêté concernant le service administratif, la nomination des employés au Tonkin, la perception des impôts, la police intérieure, les mouvements et mutations du personnel et des milices, sont préparés par le Résident supérieur et soumis au Résident général.

3º Les décisions et correspondances concernant l'Annam et l'intérieur sont préparées par le Directeur du cabinet de la Résidence générale et par le Résident général lui-même qui consulte, toutes les fois qu'il est nécessaire, M. le Résident supérieur à Hué.

4º Les bureaux de la Résidence générale sont chargés, sous les ordres du Directeur du cabinet et du Résident général lui-même, de la réexpédition des arrêtés, correspondances et notes concernant le service.

5° Dans chaque bureau de la Résidence générale et de la Résidence supérieure, il sera tenu un registre des dossiers, registres, cartes et pièces les plus importantes, sous la responsabilité des chefs de bureau. Ce répertoire sera visé tous les mois par les chefs d'administration.

6° Un commis sera désigné à la Résidence générale et à la Résidence supérieure pour y remplir les fonctions de magasinier.

P. VIAL.

N° 13. — ARRÊTÉ *plaçant les services du trésor, des contributions directes et indirectes, des douanes, des postes et télégraphes sous l'autorité de la Résidence générale.*

5 janvier 1887

Article premier. — Les services du trésor, des contributions directes et indirectes, des douanes, des postes et télégraphes, relèveront directement de la Résidence générale.

Art. 2. — Sont abrogées les dispositions de l'arrêté du 20 avril 1886 susvisé, en ce qu'elles ont de contraire au présent arrêté.

G. BIHOURD.

N° 14. — ARRÊTÉ *fixant les heures de bureau.*

24 janvier 1887

Article premier. — La décision prise à la date du 26 novembre 1886, et réglementant le service des bureaux, est rapportée.

Art. 2. — Les heures de bureau à la Résidence générale, à la Résidence supérieure et à la vice-résidence de Hanoi, sont ainsi fixées :

1° Du 15 avril au 14 octobre inclus, de 7 heures à 10 heures du matin, et de 2 heures et demie à 5 heures de l'après-midi.

2° *Modifié par arrêté du 6 octobre 1887.*

G. BIHOURD.

N° 15. — ARRÊTÉ *portant modification aux heures de bureau.*

6 octobre 1887.

Le paragraphe 2 de l'article 2 de l'arrêté susvisé (1) est modifié ainsi qu'il suit :

§ 2. — Du 15 octobre au 15 avril inclus, de huit heures à onze heures du matin, et de deux heures à cinq heures de l'après-midi.

RAOUL BERGER.

N° 16. — DÉCRET *sur l'organisation de l'Indo-Chine.*

17 octobre 1887.

Article premier. — L'administration supérieure de la Cochinchine et des Protectorats du Tonkin, de l'Annam et du Cambodge, sont confiés à un Gouverneur général de l'Indo-Chine.

Art. 2. — Les services indo-chinois sont répartis entre cinq chefs d'administration.

Le commandant supérieur des troupes ;
Le commandant supérieur de la marine ;
Le secrétaire général ;
Le chef du service judiciaire ;
Le directeur des douanes et régies.

Un trésorier-payeur est chargé, sous les ordres immédiats du Gouverneur général, de la direction du trésor pour les services indo-chinois.

Il peut être chargé du trésor pour la Cochinchine et les pays de Protectorat.

Art. 3. — Un Lieutenant-gouverneur en Cochinchine, un Résident général en Annam et au Tonkin, et un Résident général au Cambodge, représentent l'autorité métropolitaine. Ils sont placés sous les ordres du Gouverneur général.

Art. 4. — Le Résident général de l'Annam et du Tonkin et le Résident général du Cambodge exercent, sous l'autorité du Gouverneur général, les pouvoirs qui leur sont conférés par la loi du 15 juin 1885, portant approbation du traité de Hué, et par la loi du 17 juillet 1885, portant approbation de la convention passée avec S. M. le roi du Cambodge.

Le Gouverneur général, par délégation du Président de la République, statue sur les recours en grâce.

Art. 5. — Le Lieutenant-gouverneur et les Résidents généraux reçoivent les instructions du Gouverneur général et en assurent l'exécution par les officiers et fonctionnaires appartenant aux diverses administrations.

Art. 6. — Le Gouverneur général correspond directement avec le ministre de France en Chine, les consuls et vice-consuls de France à Batavia, Hong-kong, Singapore, Siam et Luang-prabang. Il ne peut engager d'action politique ou diplomatique en dehors de l'autorisation du gouvernement.

Art. 7. — Les différents services financiers en Indo-Chine sont soumis aux inspections métropolitaines ; les rapports des inspecteurs sont transmis en même temps au ministre et au Gouverneur général.

Art. 8. — Toutes les dépenses des troupes de terre et de mer françaises ou indigènes, de la flottille, des fortifications, du Gouvernement général, des postes et télégraphes, des contributions indirectes et des douanes, sont supportées par le budget de l'Indo-Chine.

Art. 9. — Les recettes comprennent les produits des postes et des télégraphes, les contributions de la Cochinchine et des pays de Protectorat, telles qu'elles sont fixées par un arrêté du ministre de la marine et des colonies, et la subvention métropolitaine.

Art. 10. — Le budget est préparé par le Gouverneur général et délibéré par le conseil supérieur de l'Indo-Chine, composé :

Du Gouverneur général, président,
Du Lieutenant gouverneur de la Cochinchine,
Du Résident général en Annam et au Tonkin,
Du Résident général du Cambodge.

Et des cinq chefs d'administration énumérés à l'article 2. (1)

Il est approuvé par décret rendu en Conseil des ministres, sur le rapport du ministre de la marine et des colonies.

Les contributions imposées à la Cochinchine et aux pays de Protectorat sont inscrites aux budgets locaux comme dépenses obligatoires.

Art. 11. — Les contributions indirectes et produits des douanes sont perçus par le service des douanes et régies pour le compte des budgets locaux qui les ont établis ; il est fait au profit du budget de l'Indo-Chine, à titre de frais de perception, une retenue proportionnelle dont le quantum est fixé par le ministre de la marine et des colonies, sur la proposition du Gouverneur général.

Art. 12. — Des emprunts peuvent être contractés soit pour l'Indo-Chine, soit pour la Cochinchine ou l'un des pays de Protectorat, avec la garantie du budget général de l'Indo-Chine. Dans le second cas, les intérêts et l'amortissement avancés par le budget général lui sont remboursés par le budget local intéressé, conformément aux conventions intervenues lors de l'approbation de l'emprunt.

Les emprunts sont approuvés par décret d'État. (2)

Art. 13. — Le ministre des affaires étrangères et le ministre de la marine sont chargés, chacun en ce qui le concerne, de l'exécution du présent décret.

JULES GRÉVY

N° 17. — DÉCRET *rattachant le Protectorat de l'Annam et du Tonkin au ministère de la marine et des colonies.*

17 octobre 1887.

Modifié par décret du 14 mars 1889.

N° 18. — DÉCRET *portant modifications à l'organisation du gouvernement de l'Indo-Chine.*

20 octobre 1887.

Article premier. — Le Gouverneur général de l'Indo-Chine, les Résidents généraux, Résidents supérieurs et résidents dans l'Annam, le Tonkin et le Cambodge, sont nommés par décrets rendus sur les propositions du Ministre des affaires étrangères et du Ministre de la marine et des colonies.

(1) 24 février 1887.

(1) Voir V° *Conseil supérieur*, décret du 7 décembre 1888, fixant la composition de ce conseil.

(2) Cet article a été modifié par le décret du 20 octobre 1887.

Art. 2. — Aucune opération militaire ne peut être entreprise, aucun changement ne peut être apporté aux circonscriptions politiques ou administratives, sans l'assentiment du Ministre des affaires étrangères.

Art. 3. — Le Gouverneur général et les Résidents généraux adresseront, chaque trimestre, au Ministre des affaires étrangères et au Ministre de la marine et des colonies, un rapport sur la situation des circonscriptions à la tête desquelles ils sont placés.

Art. 4. — Les emprunts qui ne seraient pas gagés sur des excédents constatés aux exercices antérieurs, et ceux qui seraient contractés avant que les ressources locales du budget de l'Indo-Chine lui permettent de s'équilibrer sans subvention de la Métropole, ne pourront être autorisés que par une loi.

Art. 5. — Le Ministre des affaires étrangères et le Ministre de la marine et des colonies sont chargés, chacun en ce qui le concerne, de l'exécution du présent décret.

JULES GRÉVY.

N° 19. — DÉCRET *déterminant les attributions du Gouverneur général de l'Indo-Chine.*

12 novembre 1887.

Article premier. — Le Gouverneur général civil de l'Indo-Chine française a sa résidence officielle à Saigon, mais il peut séjourner dans toute autre ville de l'Indo-Chine française où les besoins du service l'appellent.

Art. 2. — Il organise les services de l'Indo-Chine et règle leurs attributions par des arrêtés provisoirement exécutoires.

Art. 3. — Il nomme à tous les emplois civils, à l'exception de ceux auxquels il est pourvu par décrets ou par décisions ministérielles dans les formes indiquées au tableau ci-annexé.

Art. 4. — Le Gouverneur général peut déléguer, par une décision spéciale et limitative, son droit de nomination au lieutenant-gouverneur et aux Résidents généraux.

Art. 5. — Des territoires pourront être provisoirement déterminés par le Gouverneur général, après avis de l'autorité militaire, pour être soumis à la juridiction militaire.

Dans ces territoires, le commandant supérieur des troupes exercera, par délégation, les pouvoirs du Gouverneur général auquel il sera tenu de rendre compte.

Les territoires rentreront sous le régime normal par décision du Gouverneur général.

Les décisions portant établissement provisoire ou cessation du régime militaire, seront immédiatement portées à la connaissance du ministre de la marine et des colonies et du ministre des affaires étrangères.

Art. 6. — Le ministre de la marine et des colonies et le ministre des affaires étrangères sont chargés, chacun en ce qui le concerne, de l'exécution du présent décret qui sera inséré au *Bulletin des lois*, au *Journal officiel* de la République française et au *Bulletin officiel* de l'administration des colonies.

JULES GRÉVY.

Tableau des emplois de l'Indo-Chine auxquels il est pourvu par décrets du Président de la République ou par décisions ministérielles.

Emplois	Mode de nomination
Résidents généraux. Secrétaire général du gouvernement général. Secrétaire général de la Résidence général de l'Annam et du Tonkin. Résidents supérieurs, résidents et vice-résidents dans l'Annam, le Tonkin et le Cambodge.	Nommés par décrets dans les conditions prévues par l'art. 1 du décret du 20 octobre 1887.
Secrétaire général de la Cochinchine, chefs l'administration et chefs de service, administrateurs et administrateurs stagiaires.	Nommés par décrets, sur la proposition du ministre de la marine et des colonies.
Personnel judiciaire en Cochinchine, et au Cambodge.	Nommés par décrets ou par arrêtés ministériels, dans les conditions prévues par le décret du 25 mai 1881.
Agents du trésor.	Nommés dans les conditions prévues par le décret du 15 mai 1874.

Les fonctionnaires appartenant aux diverses administrations métropolitaines peuvent, sur la demande du gouverneur général, être détachés en Indo-Chine. Ils sont considérés comme en mission et conservent leur droit à l'avancement suivant les règles propres à ces administrations, dans lesquelles ils sont réintégrés à l'expiration de leur service en Indo-Chine.

N° 20. — DÉCRET *fixant le traitement du personnel politique et administratif de l'Indo-Chine.*

12 novembre 1887.

Article premier. — La solde du personnel politique et administratif de l'Indo-Chine, est fixée comme suit :

(*Le tableau des soldes a été modifié par décret du 12 avril 1888*).

L'emploi d'administrateur principal en Cochinchine es supprimé.

Art. 2. — L'indemnité pour dépenses accessoires et l'indemnité pour entrée en campagne, prévues au décret du 3 février 1886, sont supprimées.

Toutefois, le Gouverneur général pourra accorder aux chefs de postes éloignés des indemnités pour frais de service, variant de 2000 à 5000 francs.

Les agents appartenant au personnel diplomatique et consulaire qui seront détachés en Indo-Chine, auront droit aux indemnités et avances prévues par les règlements du ministère des affaires étrangères.

Art. 3. — Sont spécialement abrogés les art. 6 et 7 du décret du 3 février 1886, ainsi que toutes les dispositions du dit acte et du décret du 4 mai 1881, qui sont contraires au présent décret.

Art. 4. Le ministre de la marine et des colonies est chargé de l'exécution du présent décret, qui sera inséré au *Bulletin des lois*, au *Journal officiel* de la République française et au *Bulletin officiel* de l'administration des colonies.

JULES GRÉVY.

N° 21. — ARRÊTÉ *désignant les agents du personnel dont la nomination peut être faite par M. le Résident général en Annam et au Tonkin*

1er janvier 1888

Article premier. — Par délégation spéciale du Gouverneur général, sont à la nomination de M. le Résident général en Annam et au Tonkin :

1° Tous les agents du personnel européen sous ses ordres dont la solde coloniale est inférieure à 4,000 francs.

2° Tous les agents indigènes attachés au service du Protectorat.

Art. 2. — Le Secrétaire général du gouvernement de l'Indo-Chine est chargé de l'exécution du présent arrêté.

CONSTANS.

N° 22. — ARRÊTÉ *organique du gouvernement de l'Indo-Chine.*

15 février 1888

Article premier. — Est promulgué et rendu exécutoire dans toute l'étendue des pays de Protectorat (Cambodge, Annam et Tonkin) et d'une manière générale pour l'administration du budget de l'Indo-Chine, le décret du 20 novembre 1882, à l'exception des dispositions de cet acte contraires aux décrets organiques susvisés et notamment des articles 1 à 36, 98, 148 à 153, 155, 156, 182 à 186, 187 à 190, 193 à 196, 219 à 221, 224 à 228 dudit décret.

Art. 2. — Le Lieutenant-gouverneur en Cochinchine et les Résidents généraux au Cambodge, en Annam et au Tonkin, rempliront les fonctions dévolues par le décret du 20 novembre 1882 au directeur de l'intérieur.

Art. 3. — La commission prévue par l'article 141 du décret précité sera pour l'Annam et le Tonkin composée de trois membres pris dans le sein du conseil du Protectorat.

Art. 4. — La concordance des écritures de chaque ordonnateur avec celles du payeur chef de service, ayant été reconnue par ladite commission, le procès-verbal de cette constatation est transmis au Gouverneur général avec le compte-rendu du budget et les divers pièces et tableaux destinés à permettre l'examen de la gestion.

Ces diverses opérations sont faites tant pour le budget particulier de chaque pays de Protectorat, que pour la partie du budget général confiée à la gestion des ordonnateurs secondaires.

Art. 5. — Aucune taxe ou contribution ne peut être établie au profit des budgets locaux des pays de Protectorat que par décision du Gouverneur général.

Art. 6. — Les taxes ou contributions perçues au profit des communes ou de tout autre établissement pourront toutefois être établies par le Lieutenant-gouverneur en Cochinchine, et par les Résidents généraux pour les autres pays de Protectorat.

Art. 7. — La perception des revenus publics autres que les produits des douanes et des postes et télégraphes, sera faite, au Cambodge, en Annam et au Tonkin, par les agents du trésor, sous la responsabilité des payeurs chefs de service, dans les places où le service du trésor est représenté, et dans les autres localités par les agents du Protectorat institués à cet effet par les Résidents généraux.

Art. 8. — La centralisation des recettes de toute nature sera opérée par les agents du trésor, au moyen des versements réguliers des divers comptables des deniers publics.

Art. 9. — La forme des registres, comptes, pièces, etc., du service de la perception sera celle suivie en Cochinchine, et les divers agents chargés de la perception recevront, à cet effet, de leurs chefs, des instructions spéciales.

Art. 10. — Le Sécrétaire général du Gouvernement de l'Indo-Chine est chargé de l'exécution du présent arrêté qui sera notifié, publié et enregistré partout où besoin sera.

CONSTANS.

N° 23. — INSTRUCTIONS *du Gouverneur général relatives au mode de transmission des correspondances.*

22 février 1888.

J'ai l'honneur de porter à votre connaissance les mesures que j'ai prises afin de me permettre d'exercer la direction et le contrôle effectif de tous les services publics de l'Indo-Chine, tout en modifiant le moins possible l'organisation actuelle.

Toutes les correspondances destinées au département et aux autorités de l'extérieur sont signées par vous et me sont adressées par les services expéditeurs.

Les correspondances qui ne comportent qu'une simple transmission sont visées au secrétariat général du gouvernement.

Les dépêches qui contiennent des appréciations ou des propositions que je crois devoir appuyer, sont revêtues de mon approbation pure et simple.

Quant aux correspondances qui traitent des questions importantes, sur lesquelles il me paraît nécessaire de formuler un avis motivé, elles sont retenues au gouvernement général et transmises au Département, accompagnées de lettres spéciales à chaque affaire, rédigées à mon cabinet ou au secrétariat général du gouvernement.

En procédant ainsi, je puis, sans intervenir dans les détails de l'administration et sans diminuer en rien votre initiative et votre responsabilité, surveiller l'ensemble des différents services, étudier toutes les questions importantes susceptibles d'engager les revenus du budget général et des budgets locaux, et indiquer le sens dans lequel chacune d'elles doit être traitée et résolue.

Vous voudrez bien veiller à la stricte observation de ces instructions qui me semblent présenter l'avantage de ne pas troubler l'ordre de choses établi, de me tenir au courant de toutes les questions en instance, et de ne pas retarder la marche des affaires.

CONSTANS.

N° 24. — DÉCRET *fixant le cadre et la solde du personnel politique et administratif de l'Indo-Chine.*

12 avril 1888

Article premier. — Le cadre et la solde du personnel politique et administratif de l'Indo-Chine, sont fixés comme suit :

DÉSIGNATION	SOLDE D'EUROPE	TRAITEMENT COLONIAL	FRAIS de REPRÉSENTATION
Gouverneur général	30.000	60.000	60.000
Résident général en Annam et au Tonkin	20.000	40.000	40.000
Résident général au Cambodge	15.000	30.000	10.000
Résident supérieur à Hanoi	15.000	30.000	10.000
Directeur du service local en Cochinchine	15.000	30.000	10.000
Administrateurs principaux et résidents de 1re classe	9.000	18.000	
Secrétaire général de la Cochinchine	7.500	15.000	
Administrateurs de 1re classe et résidents de 2e classe	7.500	15.000	
Administrateurs de 2e classe et vice-résidents de 1re classe	6.500	13.000	
Administrateurs de 3e classe et vice-résidents de 2e classe	5.000	10.000	
Administrateurs stagiaires	3.500	7.000	
Commis principaux de 1re classe et chanceliers	3.500	7.000	
Commis principaux de 2e classe et commis de résidence de 1re classe	3.000	6.000	
Commis rédacteurs de 1re classe et commis de résidence de 2e classe	2.500	5.000	
Commis rédacteurs de 2e classe et commis de résidence de 3e classe	2.000	4.000	

Art. 2. — Le nombre des résidents et vice-résidents de la 1re classe ne pourra excéder la moitié du nombre des agents de la 2e. Il pourra être accordé aux chefs de postes éloignés des indemnités pour frais de service variant de 2000 à 5000 francs.

Les agents appartenant au personnel diplomatique et consulaire, qui seront détachés en Indo-Chine, auront droit aux indemnités et avances prévues par les règlements du ministère des affaires étrangères.

Art. 3. — Toutes les dispositions contraires au présent décret sont abrogées.

Art. 4. — Le ministre de la marine et des colonies est chargé de l'exécution du présent décret, qui sera inséré au *Bulletin des lois*, au *Journal officiel* de la République française et au *Bulletin officiel* de l'administration de la marine.

CARNOT

N° 25. — ARRÊTÉ *réglementant les conditions d'entrée, d'avancement, etc., du personnel de l'administration.* (1)

20 juillet 1888

Article premier. — Le personnel affecté à l'administration des affaires civiles et indigènes en Annam et au Tonkin, se compose :

De résidents de 1re classe et de 2e classe, de vice-résidents de 1re classe et de 2e classe, de chanceliers et de commis de résidence, de commis auxiliaires de résidence.

Recrutement

Art. 2. — Les candidats à des emplois quelconques de cette administration doivent réunir les conditions ci-après désignées :

Être âgés de 20 ans au moins et de 30 ans au plus, et avoir satisfait à la loi sur le recrutement.

Leurs demandes doivent être accompagnées des pièces suivantes :

1° Une expédition authentique de l'acte de naissance du candidat avec la constatation de sa qualité de français ;

2° Les commission, diplôme ou certificat établissant sa situation ;

---

(1) Voir ci-après décret du 2 mai 1889, modifiant cet arrêté.

3° L'extrait de son casier judiciaire;
4° Un certificat de bonnes vie et mœurs;
5° Un certificat constatant, s'il y a lieu, qu'il a satisfait à la loi du recrutement.

Art. 3. — Les commis auxiliaires de résidence devront, pour être titularisés dans leur emploi, subir avec succès un examen d'instruction générale dont le programme sera fixé ultérieurement.

Ceux qui, dans le délai d'un an, n'auront pas été reçus à cet examen seront de droit licenciés.

Les commis de résidence de 3e classe sont choisis: 1° parmi les commis auxiliaires de résidence comptant une année de service effectif dans cette qualité.

2° Parmi les sous-officiers appelés aux emplois civils par application des lois du 24 juillet 1873 et 23 juillet 1881. Ces candidats pourront se présenter directement à l'examen indiqué plus haut, et s'ils le subissent avec succès, être nommés immédiatement commis de résidence de 3e classe. Ils devront fournir, en outre des pièces mentionnées à l'art. 2, leur certificat de libération et leur certificat de bonne conduite.

3° Parmi les candidats pourvus du diplôme de bachelier ès-lettres ou bachelier ès-sciences, du brevet de l'enseignement supérieur ou du diplôme de fin d'études de l'enseignement secondaire spécial.

Art. 4. Les commis de résidence de 2e classe sont choisis:
1° Parmi les jeunes gens bacheliers ès-lettres et bacheliers ès-sciences;
2° Parmi les officiers sortant de l'École polytechnique, de l'École de Saint-Cyr, de l'École Navale;
3° Parmi les licenciés en droit et les élèves de l'école centrale pourvus d'un brevet d'ingénieur civil;
4° Parmi les officiers des différents corps de la marine, bacheliers ès-lettres ou ès-sciences, et comptant une année de séjour au Tonkin;
5° Parmi les commis de résidence de 3e classe comptant dix-huit mois de services effectifs dans leur classe. La moitié des emplois vacants leur sera réservée.

Art. 5. — Les commis de résidence de 1re classe sont choisis parmi les commis de résidence de 2e classe comptant dix-huit mois de services effectifs.

Art. 6. — Les chanceliers de résidence sont choisis: 1° parmi les commis de résidence de 1re classe comptant dix-huit mois de services effectifs, et ayant justifié de leur capacité administrative par un examen dont le programme sera déterminé ultérieurement par un arrêté du Gouverneur général; 2° parmi les candidats justifiant du diplôme de docteur en droit.

Ces emplois sont conférés: 1/3 à l'ancienneté et 2/3 au choix aux commis de résidence de 1re classe. Le tiers des places réservées au choix peut être donné à des docteurs en droit.

Art. 7. — Les vice-résidents de 2e classe sont choisis parmi les chanceliers de résidence comptant deux années de service effectif dans leur grade et justifiant de la connaissance de la langue annamite.

Art. 8. — Les vice-résidents de 1re classe sont choisis parmi les vice-résidents de 2e classe comptant deux années de service effectif dans leur classe.

Art. 9. — Les résidents de 2e classe sont choisis parmi les vice-résidents de 1re classe comptant trois années de service effectif dans leur classe.

Art. 10. — Les résidents de 1re classe sont choisis parmi les résidents de 2e classe comptant deux années de service dans leur classe.

Art. 11. — En cas de vacances dans les emplois ci-dessus, et à défaut de candidats réunissant les conditions exigées, le Gouverneur général pourvoira aux dites fonctions par la désignation d'intérimaires. Ils toucheront une indemnité égale à la moitié de la différence des deux traitements.

Art. 12. — Les emplois de commis auxiliaires de résidence et de commis de résidence de 3e classe sont à la nomination du Résident général. Ceux de commis de résidence de 2e et de 1re classe, et de chancelier, à la nomination du Gouverneur général.

Art. 13. — La situation des officiers des différents corps de la marine, détachés dans les services administratifs de l'Annam et du Tonkin, continue à être réglée par les décrets des 5 juillet 1875 et 2 octobre 1878, 20 septembre 1885 et 12 juin 1886.

Congés et discipline

Art. 14. — Chaque période de trois ans consécutifs passée dans la colonie confère aux fonctionnaires et employés d'origine non asiatique le droit à un congé de six mois avec solde entière d'Europe. Les traversées d'aller et retour ne sont pas comprises dans la durée du congé.

Toute prolongation de congé entraîne cessation d'appointements, sauf le cas de maladie dûment constaté. Il est fait alors application des décrets des 1er juin 1875, 17 août 1879 et 27 janvier 1881.

Art. 15. — En cas de faute grave, les fonctionnaires et employés peuvent être suspendus et révoqués.

A partir du grade de commis de résidence de 2e classe, la suspension est prononcée par le Gouverneur général sur la proposition du Résident général; le Ministre de la marine en fixe la durée.

Pour les emplois inférieurs à celui de commis de résidence de 2e classe, la suspension est prononcée par le Résident général.

La révocation des vice-résidents et résidents est prononcée par décret; celle des chanceliers et commis de résidence de 1re classe est prononcée par le Ministre de la marine et des colonies, sur le rapport du Gouverneur général, et après enquête;

Celle des autres employés, par le Gouverneur général, également après enquête;

Art. 16. — Tous les six mois, une commission se réunira pour examiner les candidats qui désireront subir l'examen sur la langue annamite ou la langue chinoise, prévu par l'arrêté du 9 août 1886.

Art. 17. — Sont abrogées toute les dispositions contraires au présent arrêté.

Disposition transitoire

Art. 18. — Toutes les nominations faites conformément aux prescriptions des décrets des 20 novembre et 12 avril 1888 sont maintenues. Celles qui ont été faites contrairement à ces décrets seront soumises au Ministre de la marine et confirmées, s'il y a lieu, par décret.

Jusqu'au 1er janvier 1889, des avancements pourront être donnés à des fonctionnaires et employés qui ne compteront pas dans leur grade le temps de service exigé par le présent arrêté.

RICHAUD.

N° 26. — ARRÊTÉ *créant dans chaque phu un centre de contrôle administratif.*
22 juillet 1887.

Rapporté par arrêté du 30 juillet 1889.

N° 27. — CIRCULAIRE *au sujet du personnel européen.*
1er août 1888.

J'ai l'honneur de vous transmettre, sous ce pli, ampliation de mon rapport du 20 juillet, à M. le Gouverneur général, au sujet d'un règlement sur le personnel de l'administration civile, et de l'arrêté conforme du même jour.

Je n'ai rien de particulier à vous dire au sujet de ces dispositions; le rapport qui les précède et l'arrêté lui-même vous feront suffisamment comprendre les motifs qui les ont dictées.

Je vous prierai seulement de m'adresser, pour le 1er octobre prochain, vos propositions en faveur des employés sous vos ordres dont la situation actuelle dans l'administration vous paraîtrait inférieure à celle que méritent leurs services et le travail qu'ils fournissent à l'administration.

E. PARREAU.

N° 28. — CIRCULAIRE *au sujet de l'envoi de certaines correspondances.*
12 août 1888.

Quelques-uns d'entre vous, en petit nombre il est vrai, traitent directement avec les bureaux de S. E. le Kinh-luoc, certaines questions se rapportant à l'administration ou au personnel indigène.

J'ai l'honneur de vous faire savoir que cette manière de procéder, qui me paraît absolument irrégulière, a déjà amené les résultats les plus fâcheux. C'est ainsi que, récemment, on a fait rapporter certaines mesures prises par S. E. le Kinh-luoc, et approuvées par mon prédécesseur, sans que la Résidence générale en ait été informée par une autre voie que celle de ce haut fonctionnaire, pour mémoire.

Je suis persuadé, messieurs, qu'il me suffira de vous signaler ces résultats pour qu'à l'avenir les questions de cette nature, et qui relèvent des attributions de S. E. le Kinh-luoc, ne soient traitées que par mon intermédiaire.

A cette occasion, je vous prie de vouloir bien, pour assurer une plus prompte expédition des affaires, et chaque fois que les gouverneurs des provinces se seront entendus au préalable avec vous, me donner votre avis sur les propositions qu'ils adressent à S. E. le Vice-roi : cela me permettra, le plus souvent, de donner une solution immédiate à l'affaire qui m'est soumise.

E. PARREAU.

N° 29. — CIRCULAIRE MINISTÉRIELLE *au sujet des nominations réservées au département et faites* à titre provisoire *par le Gouverneur général.*

29 octobre 1888.

Le décret du 12 novembre 1887 vous a réservé le droit de nommer à tous les emplois civils, à l'exception de ceux auxquels il est pourvu dans les formes indiquées par le tableau annexé à cet acte. Or, il arrive journellement que les fonctionnaires sont nommés sur place à un de ces derniers emplois « à titre provisoire et sous réserve de la ratification du département. »

Cette manière de procéder présente de graves inconvénients ; il en résulte notamment un sensible accroissement de dépenses, puisque l'on attribue, dans la colonie, au fonctionnaire appelé provisoirement au grade supérieur, le traitement intégral des fonctions qui lui sont confiées. J'ai, par suite, l'honneur de vous prier de vous abstenir de procéder dorénavant à des nominations de cette nature. Des propositions régulières d'avancement devront être adressées au département en faveur des fonctionnaires qui, par leur manière de servir ou leur ancienneté de grade, paraissent susceptibles d'être nommés à l'emploi supérieur.

Il appartient au ministre d'apprécier, en tenant compte de l'état des cadres, si vos propositions peuvent être accueillies ; en effet, le décret du 12 novembre 1887 n'a pas seulement conféré à l'administration métropolitaine la faculté de ratifier vos désignations provisoires, mais il a spécifié que les titulaires des emplois, à partir des grades d'administrateur stagiaire et de vice-résident, seraient nommés par décret sur la présentation du ministre.

En conséquence, si vous vous trouvez dorénavant dans l'obligation d'assurer provisoirement un service, vous devrez, en l'absence de titulaires du grade, appeler un agent de grade immédiatement inférieur à occuper *par interim* le poste vacant. L'intérimaire sera traité suivant les règlements en vigueur. (1)

A. DE LA PORTE.

N° 30. — CIRCULAIRE *décidant que les vice-résidents chefs de poste relèveront directement du Résident supérieur ou du Résident général, suivant qu'ils occuperont un poste au Tonkin ou en Annam.*

27 décembre 1888.

La circulaire du 30 août 1886 porte que les vice-résidents relèvent des résidents. J'ai l'honneur de vous informer qu'à dater de ce jour, pour hâter l'expédition des affaires, j'ai décidé que les vice-résidents chefs de poste relèveront directement du Résident supérieur ou du Résident général, suivant qu'ils occuperont un poste au Tonkin ou en Annam.

RHEINART.

N° 31. — ARRÊTÉ *réorganisant les bureaux de la Résidence générale de l'Annam et du Tonkin,*

11 janvier 1889.

La Résidence générale a été supprimée par décret du 9 juin 1889. (2)

(1) Le décret du 2 mai 1889 réserve toutes les nominations au Président de la République et au Sous-Secrétaire d'Etat.

(2) Voir ci-après arrêté du 6 juillet 1889, organisant les bureaux de la Résidence supérieure du Tonkin, et celui du 1er novembre 1889, réglant la question pour l'Annam.

N° 32. — DÉCRET *déterminant le cadre du personnel des résidents et vice-résidents du Protectorat de l'Annam et du Tonkin.*

28 janvier 1889.

Article premier. — Les cadres du personnel des résidents et vice-résidents du Protectorat de l'Annam et du Tonkin, sont fixés ainsi qu'il suit :

Résidents de 1re classe	5
— de 2e classe	10
Vice-résidents de 1re classe	5
— de 2e classe	40

Art. 2. — Il ne sera fait aucune nomination nouvelle dans chaque classe avant que le nombre des résidents et vice-résidents ait été ramené pour chacune d'elles aux chiffres déterminés à l'article 1er.

Art. 3. — Le ministre de la marine et des colonies et le ministre des affaires étrangères sont chargés, chacun en ce qui le concerne, de l'exécution du présent décret, qui sera inséré au *Journal officiel* de la République française et au *Bulletin officiel* de l'administration des colonies.

CARNOT.

N° 33. — DÉCRET *réorganisant le personnel européen du secrétariat général ou des affaires indigènes de Cochinchine, des résidences de l'Annam, du Tonkin et du Cambodge.*

2 mai 1889.

Article premier. — Les cadres, les traitements, les dénominations du personnel européen du Secrétariat général ou des affaires indigènes de Cochinchine, des résidences de l'Annam, du Tonkin et du Cambodge, sont fixés conformément aux tableaux annexés au présent décret (tableaux 1, 2, 3, 4).

Art. 2. — Les agents énumérés dans les tableaux annexés au présent décret sont nommés, avancés, placés hors cadres et révoqués par arrêtés du Sous-secrétaire d'Etat des colonies ;

Toutefois, les résidents et vice-résidents dans l'Annam, le Tonkin et le Cambodge, continueront à être nommés par décrets. dans les conditions prévues par l'article 1er du décret du *20 octobre 1887*.

Art. 3. — Les candidats aux emplois prévus par le présent décret devront justifier de leur qualité de Français, être âgés de vingt ans au moins, de trente ans au plus, et avoir satisfait à la loi sur le recrutement de l'armée.

Art. 4. — Les emplois de commis auxiliaires de comptabilité et de commis auxiliaires de résidence sont réservés :

1° La moitié aux sous-officiers appelés aux emplois civils, par application des lois du *24 juillet 1873*, du *23 juillet 1881* et du *18 mars 1889* ;

2° La moitié aux candidats réunissant les conditions prévues à l'article 3 du présent décret, et qui auront été choisis par le Sous-secrétaire d'État des colonies.

Art. 5. — Les emplois de commis de comptabilité de 2e classe au Secrétariat général de Cochinchine sont réservés :

1° La moitié aux commis auxiliaires de comptabilité du secrétariat général de Cochinchine ;

2° La moitié aux commis auxiliaires de résidence de l'Annam, du Tonkin et du Cambodge.

Art. 6 — Les commis de comptabilité de 1re classe sont exclusivement choisis parmi les commis de comptabilité de 2e classe, comptant deux années au moins d'anciemneté dans ladite classe.

Art. 7. — Les comptables de 2e classe au Secrétariat général de Cochinchine sont exclusivement choisis parmi les commis de comptabilité de 1re classe réunissant deux années au moins de service dans leur classe.

Les comptables de 1re classe sont exclusivement choisis parmiles comptables de 2e classe, réunissant trois années au moins de service dans leur classe.

Art. 8. — Les commis rédacteurs de 2e classe du Secrétariat général de Cochinchine, les commis de résidence de 3e classe de l'Annam, du Tonkin et du Cambodge, sont exclusivement choisis parmi les candidats pourvus du diplôme de bachelier ès-lettres ou de bachelier ès-sciences, du brevet de l'enseignement supérieur ou du diplôme de bachelier de l'enseignement secondaire spécial.

Art. 9. — Les commis rédacteurs de 1re classe du Secrétariat général de Cochinchine et les commis de résidence de 2e classe en Annam, au Tonkin et au Cambodge, sont exclusivement choisis :

1° Parmi les jeunes gens à la fois bachelier ès-lettres et bacheliers ès-sciences (diplôme complet.)

2° Parmi les anciens officiers sortant de l'école polytechnique, de l'école de Saint-Cyr, de l'école navale;

3° Parmi les licenciés en droit et les élèves de l'école centrale pourvus d'un brevet d'ingénieur civil;

4° Parmi les anciens officiers des différents corps de la marine, bacheliers ès-lettres ou ès-sciences, comptant au moins une année de séjour en Indo-Chine;

5° Parmi les commis rédacteurs de 2e classe et les commis de résidence de 3e classe, comptant au moins dix-huit mois de services effectifs dans leur classe.

La moitié des emplois vacants sera réservée à cette dernière catégorie de candidats.

Art. 10. — Les commis principaux de 2e classe du Secrétariat général de Cochinchine et les commis de résidence de 1re classe de l'An-Nam, du Tonkin et du Cambodge sont exclusivement choisis:

1° Parmi les commis expéditionnaires de l'Administration centrale des colonies qui demanderaient à aller continuer leurs services en Indo-Chine, dans les conditions prévues à l'article 15 du décret du 3 janvier 1887:

2° Parmi les commis-rédacteurs de 1re classe et les commis de résidence de 2e classe comptant au moins dix-huit mois de services effectifs dans leur classe.

Les deux tiers des emplois vacants seront réservés à cette dernière catégorie de candidats.

Art. 11. — Les commis principaux de 1re classe du Secrétariat général de Cochinchine, les administrateurs stagiaires et les chanceliers de résidence sont exclusivement choisis:

1° Parmi les candidats pourvus du diplôme de docteur en droit;

2° Parmi les commis-rédacteurs de 1e classe et de 3e classe de l'Administration centrale des colonies qui demanderaient à aller continuer leurs services en Indo-Chine, dans les conditions prévues à l'article 15 du décret du 3 janvier 1887;

3° Prmi les commis principaux de 2e classe du Secrétariat général de Cochinchine et les commis de résidence de 1re classe de l'Annam, du Tonkin et du Cambodge, comptant deux années de service dans leur classe. Les deux tiers des emplois vacants seront réservés à cette dernière catégorie de candidats.

Art. 12. — Les sous-chefs de bureau de 2e classe du Secrétariat général de Cochinchine sont exclusivement choisis parmi les commis principaux de 1re classe de ce service, les administrateurs stagiaires de Cochinchine et les chanceliers de résidence de l'Annam, du Tonkin et du Cambodge, comptant au moins deux années de service dans leur grade.

Les sous-chefs de bureaux de 1re classe sont choisis parmi les sous-chefs de bureau de 2e classe comptant au moins deux années de service dans leur classe.

Art. 13. — Les administrateurs de 3e classe de Cochinchine, les vice-résidents de 2e classe de l'Annam, du Tonkin et du Cambodge, sont exclusivement choisis:

1° Parmi les commis rédacteurs de 2e classe et de 1re classe de l'administration centrale des colonies qui demanderaient à aller continuer leurs services en Indo-Chine, dans les conditions prévues à l'article 15 du décret du 3 janvier 1887;

2° Parmi les administrateurs stagiaires et les chanceliers de résidence comptant deux années de service dans leur grade. *Les deux tiers* au moins des emplois vacants seront réservés à cette dernière catégorie de candidats.

Art. 14. — Les chefs de bureau de 2e classe du Secrétariat général de Cochinchine sont choisis:

1° Parmi les commis-rédacteurs principaux de 2e classe de l'administration centrale des colonies qui demanderaient à aller continuer leurs services en Indo-Chine, dans les conditions prévues à l'article 15 du décret du 3 janvier 1887;

2° Parmi les sous-chefs de bureau de 1re classe du Secrétariat général de Cochinchine comptant au moins deux années de services effectifs dans leur classe.

Les chefs de bureau de 1re classe du Secrétariat général de Cochinchine sont exclusivement choisis parmi les chefs de bureau de 2e classe de ce service comptant au moins deux années de services effectifs dans leur classe.

Art. 15. — Les administrateurs de 2e classe de Cochinchine et les vice-résidents de 1re classe de l'Annam, du Tonkin et du Cambodge, sont exclusivement choisis:

1° Parmi les commis-rédacteurs principaux de 1re classe de l'administration centrale des colonies qui demanderaient à aller continuer leurs services en Indo-Chine, dans les conditions prévues à l'article 15 du décret du 3 janvier 1887;

2° Parmi les administrateurs de 3e classe et les vice-résidents de 2e classe comptant au moins deux années de services effectifs dans leur classe.

Art. 16 — Le Secrétaire général de Cochinchine, les administrateurs de 1re classe de la même colonie et les résidents de 2e classe de l'Annam, du Tonkin et du Cambodge sont exclusivement choisis parmi les administrateurs de 2e classe et les vice-résidents de 1re classe comptant au moins *trois années* de service dans leur grade.

Art. 17. — Les administrateurs principaux de Cochinchine et les résidents de 1re classe de l'Annam, du Tonkin et du Cambodge sont exclusivement choisis:

1° Parmi les sous-chefs de bureau de l'Administration centrale des colonies qui demanderaient à aller continuer leurs services en Indo-Chine;

2° Parmi les administrateurs de 1re classe de Cochinchine et les résidents de 2e classe de l'Annam, du Tonkin et du Cambodge comptant au moins deux années de services effectifs dans leur classe. Les deux tiers des emplois vacants seront réservés à cette dernière catégorie de candidats.

Art. 18. — Les candidats aux emplois d'administrateurs stagiaires, de chanceliers de résidence, d'administrateurs, de vice-résidents et de résidents devront, préalablement à leur nomination, justifier de leur connaissance de la langue annamite devant une commission instituée à cet effet.

Toutefois, les docteurs en droit envoyés d'Europe pour servir en Indo-Chine en qualité d'administrateurs stagiaires ou de chanceliers, ainsi que les fonctionnaires de l'administration centrale des colonies détachés en Indo-Chine dans les fonctions d'administrateurs stagiaires, de chanceliers, d'administrateurs, de vice-résidents et de résidents, auront un délai d'une année pour justifier de leur connaissance de la langue annamite.

DISPOSITION TRANSITOIRE

Art. 19. — En vue d'assurer la formation des nouveaux cadres, les conditions d'ancienneté prévues au paragraphe 3 des articles 11 et 13 ne sont pas exigibles jusqu'au 1er janvier 1890.

Art. 20. — Toutes les dispositions contraires au présent décret sont et demeurent abrogées.

Art. 21. — Le président du conseil, ministre du commerce, de l'industrie et des colonies, est chargé de l'exécution du présent décret, qui sera inséré au *Bulletin officiel* de l'administration des colonies et aux *Journaux officiels* de l'Indo-Chine.

CARNOT.

TABLEAU I

GRADES	CADRES	SOLDE D'EUROPE	TRAITEMENT COLONIAL
		Francs	Francs
Secrétaire général	1	7.500	15.000
Chefs de bureau de 1re classe	2	6.000	12.000
Chefs de bureau de 2e classe	3	5.000	10.000
Sous-chefs de bureau de 1re classe	2	4.000	9.000
Sous-chefs de bureau de 2e classe	2	4.000	8.000
Commis principaux de 1re classe	10	3.500	7.000
Commis principaux de 2e classe	17	3.000	6.000
Commis-rédateurs de 1re classe	8	2.500	5.000
Commis-rédateurs de 2e classe	16	2.000	4.000
Services annexes			
Comptables de 1re classe	8	3.500	7.000
Comptables de 2e classe	12	3.000	6.000
Commis de comptabilité de 1re classe	20	2.500	5.000
Commis de comptabilité de 2e classe	25	2.000	4.000
Commis auxiliaires de comptabilité	30	1.750	3.500

TABLEAU II

GRADES	CADRES	SOLDE D'EUROPE	TRAITEMENT COLONIAL
		Francs	Francs
Administrateurs principaux	2	9.000	18.000
Administrateurs de 1re classe	10	7.500	15.000
Administrateurs de 2e classe	10	6.500	13.000
Administrateurs de 3e classe	10	5.000	10.000
Administrateurs stagiaires	10	3.500	7.000

TABLEAU III

GRADES	CADRES	SOLDE D'EUROPE	TRAITEMENT COLONIAL
		Francs	Francs
Résidents de 1re classe	5	9.000	18.000
Résidents de 2e classe	10	7.500	15.000
Vice-résidents de 1re classe	5	6.500	13.000
Vice-résidents de 2e classe	10	5.000	10.000
Chanceliers	30	3.500	7.000
Commis de résidence de 1re classe	20	3.000	6.000
Commis de résidence de 2e classe	25	2.500	5.000
Commis de résidence de 3e classe	30	2.000	4.000
Commis auxiliaires de résidence	30	1.750	3.500

TABLEAU IV

GRADES	CADRES	SOLDE D'EUROPE	TRAITEMENT COLONIAL
		Francs	Francs
Résidents de 1re classe	1	9.000	18.000
Résidents de 2e classe	2	7.500	15.000
Vice-résidents de 1re classe	1	6.500	13.000
Vice-résidents de 2e classe	2	5.000	10.000
Chanceliers	2	3.500	7.000
Commis de résidence de 1re classe	3	3.000	6.000
Commis de résidence de 2e classe	4	2.500	5.000
Commis de résidence de 3e classe	4	2.000	4.000
Commis auxiliaires de résidence	5	1.750	3.500

N° 34. — ARRÊTÉ *promulguant le décret du 9 mai 1889, fixant l'assimilation, les attributions, et les traitements des Résidents supérieurs de Hanoi et Hué.*

13 juin 1889.

Est promulgué dans toute l'étendue de l'Indo-Chine, le décret du 9 mai 1889, fixant les attributions, l'assimilation et les traitements du Lieutenant-gouverneur de la Cochinchine et des Résidents supérieurs de Hué, de Pnom-penh et de Hanoi.

PIQUET.

N° 35. — DÉCRET *fixant les attributions, assimilations et traitements des Résidents supérieurs de Hanoi et de Hué.*

9 mai 1889.

Article premier. — Le Gouverneur général de l'Indo-Chine a sous ses ordres, pour le seconder dans l'administration de la Cochinchine et des Protectorats du Tonkin, de l'Annam et du Cambodge :

Un Lieutenant-gouverneur à Saigon ;
Un Résident supérieur à Hué ;
Un Résident supérieur à Hanoi ;
Un Résident supérieur à Pnom-penh.

Art. 2. — Le Lieutenant-gouverneur exerce les attributions qui lui ont été conférées par le décret du 29 octobre 1887.

Art. 3. — Le Résident supérieur à Hué et le Résident supérieur à Pnom-penh exercent, par délégation du Gouverneur général, les pouvoirs qui sont conférés au représentant du Gouvernement de la République française par la loi du 15 juin 1885, portant approbation du traité de Hué, et par la loi du 17 juillet 1885, portant approbation de la convention passée avec Sa Majesté le Roi du Cambodge.

Art. 4. — Le Résident supérieur à Hanoi remplit les fonctions précédemment dévolues au Résident général de l'Annam et du Tonkin, dans les provinces non comprises dans les limites fixées par l'article 3 du traité du 6 juin 1884.

Art. 5. — Le traitement du Lieutenant-gouverneur de la Cochinchine et des Résidents supérieurs à Hué, à Hanoi et à Pnom-penh, est fixé comme suit :

Solde d'Europe.	Solde coloniale.	Frais de représentation
15,000f	30,000f	10,000f

Ces fonctionnaires auront, au point de vue de la retraite, l'assimilation de commissaire général de la marine.

Art. 6, — Sont et demeurent abrogées toutes dispositions contraires au présent décret.

Art. 7. — Le président du conseil, ministre du commerce, de l'industrie et des colonies, et le ministre des affaires étrangères sont chargés, chacun en ce qui le concerne, de l'exécution du présent décret.

CARNOT.

N° 36. — ARRÊTÉ *rapportant celui du 11 juillet 1888 et supprimant les postes administratifs.*

30 juin 1889.

Article premier. — L'arrêté du 11 juillet 1889 est rapporté.

Art. 2. — Les postes administratifs de Phu-lang-thuong, Van-gian (province de Bac-ninh) Yen-lun et Késat (province de Haiphong,) sont supprimés à partir du 1er juillet prochain.

Art. 3. — Les chefs des postes administratifs devront dresser en double expédition un inventaire de tous les objets existant à leur poste, et en faire la remise au garde principal commandant de la garde civile, placé sous leurs ordres.

Art. 4. — Le produit de l'impôt déposé dans les postes administratifs devra être versé à la résidence ou au trésor provincial, selon qu'il s'agit de piastres ou de ligatures.

Art. 5. — Les chefs des postes administratifs se mettront à la disposition des résidents dont ils relèvent.

Art. 6. — Le Résident supérieur au Tonkin, est chargé de l'exécution du présent arrêté.

PIQUET.

N° 37. — ARRÊTÉ *portant organisation des bureaux de la Résidence supérieure au Tonkin.*

6 juillet 1889.

Article premier. — Les services de la Résidence supérieure au Tonkin sont organisés ainsi qu'il suit :

CABINET DU RÉSIDENT SUPÉRIEUR

1re Section. — Dépouillement, enregistrement et répartition de la correspondance à l'arrivée ; expédition de la correspondance au département, au Gouverneur général et aux Résidents supérieurs, centralisation du travail des bureaux. — Signature du Résident supérieur. — Dossiers du personnel, avancement et discipline du personnel. — Distinctions honorifiques. — Audiences. — Police générale. — Affaires politiques et confidentielles. — Missions. — Chiffre. — Presse, autographie, bibliothèque et archives. — Journal et bulletin Officiels.

2me Section. — Rapports avec les autorités militaires. — Expédition des affaires transmises par la division. — Rapports avec la division navale. — Piraterie. — Mouvements de la flottille, approvisionnements des chaloupes de la Résidence supérieure. — Cessions de vivres et de matières à titre remboursable. — Garde civile indigène : personnel, habillement, armement, casernement.

3e Section. — Affaires indigènes. — Traductions. — Fonctionnaires annamites : nominations, mutations, promotions, enquêtes et jugements. — Modifications aux circonscriptions administratives. — Justice indigène. — Tribunaux mixtes, approbation des jugements.

1er BUREAU

Contrôle du personnel, nominations, mutations. — Liquidation et mandatement des dépenses du personnel. — Solde et accessoires de solde.

Réquisitions de passage et de transport. — Rapatriements. — Congés. — Transports et affrétés.

Etude et préparation du budget du personnel. — Frais de représentation et traitement des mandarins. — Hôpitaux et vivres. — Visa des mandats sur la caisse centrale et des récépissés du Trésor.

2e BUREAU.

Comptabilité générale. — Etude et préparation du budget des recettes. — Centralisation des documents concernant le budget et la rédaction du budget. — Distributions partielles des crédits. — Versements de crédits.

Centralisation des recettes de tous les services civils.

Examen et contrôle des rôles d'impôt, et questions se rattachant à l'assiette et au recouvrement de ces rôles. — Dégrèvements.

Centralisation et ordonnancement des dépenses du service civil. — Publication des comptes du service civil.

Comptabilité des fonds d'avance.

Régime monétaire.

Comptabilité des chancelleries.

Impôt annamite. — Caisses provinciales.

Comptabilité municipale.

Comptabilité des travaux publics, approbation des devis.

Marchés et adjudications des fournitures.

Liquidation et mandatement des dépenses du matériel. — Matériel et fournitures de bureau. — Délivrance d'objets. — Etude et préparation du budget du matériel.

Contributions indirectes. — Régies et fermes, préparation des cahiers des charges.

3e BUREAU.

Statistiques générales.

Agriculture. — Commerce. — Industrie.

Navigation.

Administration générale.

Assistance publique, établissements de bienfaisance. — Hôpitaux.

Instruction publique et cultes.

Hygiène, salubrité, police sanitaire.

Administration municipale. — Justice. — Prisons. — Transportation. — Nourriture des prisonniers.

Demandes de naturalisation. — Successions vacantes. — Etat civil. — Permis d'armes.

Bourses.

Messageries maritimes, fluviales, terrestres.

Flottille de la Résidence supérieure et des résidences (réparations).

Forêts.

Cartes et plans.

Concessions, domaine, cadastre, expropriations, séquestre.

Poids et mesures.

Postes et télégraphes, trams.

Travaux publics (approbation des plans, etc).

Voirie, alignements et nivellements.

Douanes, règlements et tarifs.

Ferme de l'opium.

Art. 2. — Toutes les dispositions antérieures, contraires au présent arrêté sont abrogées.

Art. 3. — Le Résident supérieur au Tonkin est chargé de l'exécution du présent arrêté.

PIQUET.

N° 38. — ARRÊTÉ *déterminant les pouvoirs attribués aux Résidents supérieurs en Annam et au Tonkin.*

7 juillet 1889.

TITRE PREMIER

Attributions propres au Résident supérieur en Annam.

Article premier. Le Résident supérieur en Annam, conformément à l'article 4 du décret du 17 octobre 1887, et à l'article 3 du décret du 9 mai 1889, exerce, par délégation et sous la haute autorité du Gouverneur général, les pouvoirs qui sont conférés au représentant du gouvernement de la République française par la loi du 15 juin 1885 portant approbation du traité de Hué.

TITRE II

Attributions propres au Résident supérieur au Tonkin.

Art. 2. — Le Résident supérieur au Tonkin remplit les fonctions précédemment dévolues au Résident général en Annam et au Tonkin, dans les provinces non comprises dans les limites fixées par l'article 3 du traité du 6 juin 1884.

En conséquence,

1° Il est chargé de la direction à donner à l'administration indigène à tous les degrés, en se conformant aux instructions générales du Gouverneur général;

2° Il exerce à l'égard du personnel de l'administration indigène, le contrôle prévu par l'article 7 du traité ci-dessus visé; il approuve les actes officiels intéressant ce personnel et pris par le Kinh-luoc sauf ratification par le Gouverneur général, quand il s'agit d'un mandarin du grade de Tong-doc ou au-dessus.

3° Il détient les dossiers du personnel de l'administration indigène.

4° Il est chargé de l'administration générale; il approuve les actes officiels qui s'y rapportent, ainsi que les instructions adressées par le Kinh-luoc aux mandarins provinciaux.

5° Il approuve les décisions portant création de nouvelles circonscriptions administratives ou modifications des circonscriptions existantes.

6° Il approuve, en ce qui le concerne, les jugements rendus par les tribunaux mixtes en matière de rébellion et de piraterie.

7° Il centralise les renseignements relatifs aux actes de piraterie, il approuve et inflige les amendes et les autres peines encourues de ce chef par les villages.

8° Il prend les mesures de répression nécessaires contre la piraterie ou la rébellion.

9° Il autorise les dépenses de l'administration annamite, il approuve et rend exécutoire les rôles de l'impôt annamite, en surveille le recouvrement, ainsi que les opérations des caisses provinciales indigènes; il prononce les dégrèvements lorsqu'ils n'excèdent pas 10,000 piastres par province.

Art. 3. — Le Résident supérieur exerce, par délégation permanente, les pouvoirs et attributions du Gouverneur général énumérés ci-après :

1° Il approuve tous cahiers des charges, procès-verbaux d'adjudication pour tous travaux et fournitures des services militaires dont le chiffre ne dépasse pas 100,000 francs.

La délégation ci-dessus porte seulement sur les travaux compris au programme approuvé par le Gouverneur général, et dont le Résident supérieur pourra demander la reproduction.

2° Il centralise et transmet au Gouverneur général les demandes et propositions diverses du Commissaire chef des services administratifs, tant pour la distribution mensuelle que pour les virements des crédits inscrits au chapitre XIV (services militaires et troupes) et XV (marine) du budget du Protectorat.

3° Il approuve, par délégation et par ordre du Gouverneur général, les procès-verbaux de perte et condamnation des services militaires et autorise, pour ces services, la vente des approvisionnements et des objets reconnus inutiles ou condamnés comme impropres à la consommation.

4° Il délivre, par délégation, les titres de congés de convalescence, obtenus sur la proposition du service de santé, aux officiers de toutes armes et de tous grades, quand ces congés donnent lieu au rapatriement par le courrier, et délivre, dans ce cas, par ordre et par délégation, les réquisitions, nécessaires.

Art. 4. — Il exerce les attributions et pouvoirs énumérés à l'article précédent tant pour l'Annam que pour le Tonkin, à raison de la présence des chefs de service à Hanoi, et dans l'intérêt de la rapide expédition des affaires.

Art. 5. — Le Résident supérieur est chargé, en outre, des attributions suivantes :

1° Il préside le Conseil du Protectorat, fixe les dates de ses séances, en règle l'ordre du jour et en approuve les procès-verbaux.

2° Il exerce une haute surveillance sur les membres du service judiciaire.

3° Il contrôle le service de l'enseignement, délivre l'autorisation préalable nécessaire pour l'ouverture de tout collège, de toute école ou de toute autre institution de même nature, et peut ordonner la fermeture de ces établissements, lorsque l'intérêt de la morale ou de l'ordre public l'exige.

4° Il est chargé de la surveillance des magasins généraux et docks de Haiphong.

5° Il est chargé des rapports avec les Messageries Maritimes.

6° Il propose au Gouverneur général la création des escales des Messageries Fluviales, quand il doit en résulter une charge nouvelle pour le budget, et la prononce dans le cas contraire. Il décide, dans tous les cas, leur suppression.

TITRE III

Pouvoirs et attributions communs aux Résidents supérieurs en Annam et au Tonkin.

Art. 6. — Les Résidents supérieurs en Annam et au Tonkin ont la haute direction de tous les services civils, chacun en ce qui le concerne. Ils proposent seuls les arrêtés concernant ces services.

Les chefs des services civils sont placés sous leur autorité immédiate et correspondent exclusivement avec eux.

Art. 7. — Les Résidents supérieurs exerçent en outre, l'un pour l'Annam, l'autre pour le Tonkin, les attributions suivantes:

1° En ce qui concerne le personnel ;

A. — Ils nomment, sauf les restrictions résultant d'arrêtés ou règlements spéciaux, et dans la limite des effectifs fixés par les cadres, le personnel européen aux emplois dont la solde n'excède pas 4.000 francs.

B. — Ils prononcent les révocations et les licenciements des mêmes agents.

C. — Ils décident les avancements dans les mêmes limites et sous les mêmes restrictions, et les proposent au Gouverneur général pour les agents dont la solde est supérieure à 4.000 fr.

D. — Ils prononcent les peines disciplinaires encourues par les agents de tous les services civils dont la solde est égale ou inférieure à 7.000 francs, et proposent au Gouverneur général celles à infliger aux agents dont la solde est supérieure à ce chiffre.

E. — Ils nomment le personnel européen de la garde civile indigène, à l'exception des inspecteurs dont la nomination est réservée au Gouverneur général.

F. — Ils établissent le tableau d'avancement de ce personnel.

G. — Ils sont chargés de la surveillance de la garde civile, de la discipline du corps et de son administration, de l'approvisionnement de son matériel, des mouvements, des escortes, de la fixation des effectifs dans les limites budgétaires et de leur répartition entre les provinces et les postes.

H. — Ils décident toutes les mutations dans le personnel des résidences, à l'exception de celles qui affectent la direction des provinces, et que le Gouverneur général décide sur leur proposition.

I. — Ils décident les mutations dans tout le personnel de tous les services, sauf en ce qui concerne les agents dont la solde est égale ou inférieure à 4.000 francs, et pour lesquels les mutations sont effectuées par décision des chefs de service.

J. — Il est toutefois fait exception pour les services des Travaux publics et des Postes et télégraphes, qui sont régis par arrêtés spéciaux.

(*Voir ci-près arrêté du 4 février* 1890).

K. — Ils accordent les congés et les rapatriements dans les conditions prévues par les décrets et règlements en vigueur, et délivrent toutes réquisitions nécessaires.

L. — Ils reçoivent les délégations.

M. — Ils prononcent, sauf recours devant le Gouverneur général, sur les différents qui peuvent s'élever entre les fonctionnaires du Protectorat à l'occasion de leur rang ou de leurs prérogatives.

N. — Ils adressent au Gouverneur général leurs propositions, pour les distinctions et récompenses honorifiques.

O. — Ils lui adressent également les propositions relatives aux retraites, demi-soldes ou pensions.

P. — Ils lui font parvenir, avec leurs observations, les notes qui leur sont remises par les chefs de service et d'administration, sur la conduite et la capacité des fonctionnaires et agents placés sous leurs ordres.

2° En matière financière

A. — Ils préparent le budget, centralisent les documents s'y rapportant, et le présentent au Conseil supérieur.

B. — Ils soumettent au Gouverneur général l'arrêté de distribution mensuelle de fonds pour les services civils, et procèdent eux-mêmes à la répartition entre ces services, des fonds ainsi mis à leur dispositon. Ils proposent au Gouverneur général les virements de crédit à opérer et les dépenses à effectuer et non prévues au budget.

C. — Ils mandatent toutes les dépenses des services civils.

D. — Ils répartissent entre les services civils les crédits budgétaires pour toute l'année, mais pour l'entretien seulement.

E. — Ils passent tous les marchés pour fournitures et travaux neufs à exécuter en Annam et au Tonkin.

F. — Ils les rendent exécutoires, sauf les exceptions suivantes:

1° Marchés pour fournitures d'une durée supérieure à un an, ou dont le chiffre excède 100,000 francs.

2° Travaux dont l'estimation est supérieure au même chiffre ou qui ne figurent pas au programme approuvé par le Gouverneur général pour l'exercice en cours. Dans ce cas, les marchés sont soumis à l'approbation du Gouverneur général.

G. — Ils approuvent dans les mêmes limites et sous les mêmes conditions, les cahiers des charges établis en vue des adjudications de fournitures et de travaux, ainsi que les procès-verbaux de ces adjudications.

H. — Ils centralisent tous les renseignements et adressent au Gouverneur général toutes propositions ayant trait au régime monétaire.

I. — Ils surveillent la comptabilité municipale, celles du trésor, de la douane, des postes et télégraphes, et celle des caisses de fonds d'avance.

J. — Ils sont chargés de l'approvisionnement du matériel ainsi que du contrôle du service des contributions indirectes, des régies et des fermes.

K. — Ils surveillent le recouvrement des recettes inscrites au budget, et proposent au Gouverneur général toutes les mesures tendant à affecter ces recettes ou à en créer de nouvelles ;

L. — Ils approuvent les rôles d'impôts non indigènes, et les rendent exécutoires.

M. — Ils prononcent les dégrèvements et approuvent les états des cotes irrécouvrables.

N. — Ils arrêtent d'un commun accord les mercuriales pour la perception des droits *ad valorem* ;

O. — Ils arrêtent et rendent définitives, en matière de régie et de contributions indirectes, les transactions intervenues, dans les cas prévus, entre l'administration et les contrevenants, jusqu'à concurrence de 10,000 piastres

P. — Au-dessus de ce chiffre les transactions sont soumises à l'approbation du Gouverneur général.

Q. — Ils approuvent, par délégation et par ordre du Gouverneur général, les procès-verbaux de perte et de condamnation de tous les services civils.

R. — Ils autorisent la vente des approvisionnements et de tous les objets appartenant aux services civils et reconnus inutiles ou condamnés comme impropres à la consommation.

S. — Ils sont chargés de la surveillance des hôpitaux et vivres, par délégation permanente du Gouverneur général.

3° En matière de police générale, administrative, ou sanitaire.

A. — Ils sont chargés de la police générale.

B. — Ils prennent les arrêtés d'expulsion et d'internement concernant les asiatiques dont la présence est reconnue dangereuse pour la sécurité ou la tranquilité publiques.

C. — Ils proposent au Gouverneur général les arrêtés d'expulsion concernant les Européens, quand ils jugent cette mesure nécessaire et même d'intérêt.

D. — Ils proposent au Gouverneur général toutes mesures tendant à interdire l'introduction et la mise en circulation des journaux et autres écrits du dehors, qui seraient reconnus dangereux.

E. — Ils lui font des propositions pour la répression des abus de la presse.

F. — Ils interdisent, sauf à en référer au Gouverneur général, l'apposition des placards et dessins reconnus dangereux, et font procéder, s'il y a lieu, à leur enlèvement;

G. — Ils sont chargés de la surveillance des prisons; ils autorisent, s'ils le jugent utile, en se conformant aux lois et aux instructions du Gouverneur général, l'emploi des condamnés sur les chantiers et dans les ateliers, et règlent les conditions de cet emploi.

H. — Ils autorisent la constitution des cercles et en prononcent, s'il y a lieu, la suppression et la dissolution.

I. — Ils proposent au Gouverneur général les modifications aux arrêtés et règlements en vigueur concernant le séjour des asiatiques étrangers.

J. — Ils délivrent, conformément aux règles établies, les passeports et permis de débarquement et de séjour.

K. — Ils sont chargés de la police et de la réglementation des cours d'eau.

L. — Ils réglementent la pêche fluviale et déterminent les limites dans lesquelles elle peut être régulièrement exercée.

M. — Ils réglementent les conditions d'établissement des ateliers dangereux et insalubres, ainsi que celles du débarquement et du dépôt des matières explosives.

N. — Ils prennent des arrêtés généraux ou spéciaux concernant les logements insalubres, et les mesures à imposer aux villes ou aux particuliers dans l'intérêt de la salubrité publique.

O. — Sur la proposition du Directeur du service de santé, ils permettent ou défendent aux bâtiments venant du dehors, la communication avec la terre, permettent l'établissement et la levée des quarantaines et en fixent la durée; ils déterminent l'emplacement des lazarets et autres lieux d'isolement.

P. — Ils autorisent l'exhumation et la translation en France des restes mortels des Européens.

Q. — Ils délivrent aux officiers de santé et pharmaciens non attachés au service, après qu'ils ont rempli les formalités prescrites par les ordonnances, décrets et règlements, l'autorisation sans laquelle ils ne peuvent exercer en An-Nam et au Tonkin.

4° En matière purement administrative

A. — Ils nomment les membres des conseils municipaux ou commissions en tenant lieu, convoquent ces assemblées, fixent la durée de leur session, déterminent l'objet de leurs délibérations et approuvent celles-ci. Ils exercent en un mot la tutelle administrative et tous les droits conférés, soit au Résident général, soit au Résident supérieur, par l'arrêté du 19 juillet 1888;

B. — Ils assurent de même, en ce qui concerne les chambres de commerce, l'exécution de l'arrêté du 16 février 1889;

C. — Ils proposent au Gouverneur général les modifications à apporter à l'organisation et aux attributions des conseils municipaux ou commissions en tenant lieu, ainsi que des chambres de commerce;

D. — Ils proposent au Gouverneur général la suspension des conseils municipaux ou commissions en tenant lieu, ainsi que des chambres de commerce, ou même leur dissolution, s'ils jugent ces mesures nécessaires dans l'intérêt du bon ordre et de la tranquillité publique;

E. — Ils contrôlent la tenue des registres de l'état civil et les arrêtent définitivement en fin d'année;

F. — Ils légalisent la signature des fonctionnaires;

G. — Ils instruisent et soumettent au Gouverneur général les demandes de naturalisation des étrangers et des annamites;

H. — Ils proposent au Gouverneur général, conformément à l'ordonnance royale du 2 avril 1817, l'acceptation des dons et legs pieux ou de bienfaisance dont la valeur est supérieure à 3,000 francs, ainsi que des dons et legs faits au Protectorat qui contiendraient des clauses onéreuses ou donneraient lieu à réclamation;

I. — Ils soumettent à l'approbation du Gouverneur général les actes de francisation exceptionnelle ou provisoire à délivrer, ainsi que les congés de mer, dans la limite et selon les formes déterminées par les lois, ordonnances et décrets sur la matière;

J. — Ils soumettent au Gouverneur général les demandes ayant pour objet l'établissement des sociétés anonymes;

K. — Ils exercent en matière de mines, les attributions dévolues au Résident général par le décret du 16 octobre 1888;

L. — Ils accordent les concessions de terres jusqu'à concurrence de 500 hectares, et soumettent au Gouverneur général celles d'une superficie supérieure;

M. — Ils veillent à l'exécution des conditions et charges imposées aux concessionnaires, et en cas d'inexécution, prononcent ou proposent, suivant la distinction ci-dessus, leur déchéance;

N. — Ils peuvent, si le défaut de concurrence ou toute autre circonstance le rend nécessaire, régler les tarifs du prix des transports par chaloupes, pirogues et embarcations dans l'intérieur des ports et rades du Protectorat;

O. — Ils proposent au Gouverneur général la franchise postale et télégraphique;

P. — Ils proposent au Gouverneur général la création et la suppression des bureaux des douanes et des postes et télégraphes;

Q. — Ils prennent les arrêtés déclaratifs d'utilité publique, soit en matière de travaux municipaux, soit en matière de travaux publics, mais pour ceux-ci dans la limite du programme approuvé par le Gouverneur général pour l'année en cours;

R. — Ils prononcent les classements et déclassements en matière de grande voirie, instruisent les projets de travaux neufs s'y rattachant;

S. — Ils passent et rendent définitivement exécutoires, ou soumettent à l'approbation du Gouverneur général, les actes d'aliénation d'immeubles appartenant au Protectorat, et ceux portant acquisition ou échange d'immeubles, suivant que la valeur en est inférieure ou supérieure à 50.000 fr.

T. — Ils établissent les statistiques annuelles de la population, ainsi que celles relatives à l'agriculture, et les transmettent au Gouverneur général. Ils lui adressent également les états d'importation et d'exportation.

5° En matière militaire

A. — Ils sont chargés de la correspondance avec le Général en chef pour toutes les questions militaires en Annam et au Tonkin.

B. — Ils sont chargés de la correspondance avec le Commandant de la marine.

C. — Ils proposent au Gouverneur général les mesures de répression à prendre avec le concours de l'autorité militaire.

6° En matière contentieuse

A. — Ils représentent le Protectorat de l'Annam et du Tonkin devant les tribunaux, à charge d'autorisation préalable du Gouverneur général, quand l'objet du litige a une valeur supérieure à 10.000$; ils font tous actes conservatoires jusqu'à ce que cette autorisation soit intervenue.

B. — Ils approuvent les transactions à concurrence de 10.000 piastres.

C. — Ils font la procédure des expropriations nécessaires en vue de l'exécution des travaux publics.

TITRE IV.

DES RAPPORTS DES RÉSIDENTS SUPÉRIEURS AVEC LE GOUVERNEUR GÉNÉRAL ET ENTRE EUX.

Art. 8. — Les Résidents supérieurs en Annam et au Tonkin soumettent au Gouverneur général toutes les questions spéciales qui ne sont pas prévues au présent arrêté.

Art. 9. — Ils lui adressent tous les trois mois un rapport en triple expédition sur la situation politique, financière, commerciale, agricole et industrielle.

Art. 10. — Ils correspondent entre eux pour tous les besoins communs du service; ils se concertent sur les mutations à faire dans le personnel, de l'Annam au Tonkin et réciproquement. Ils soumettent leurs propositions, arrêtées d'un commun accord, au Gouverneur général, qui décide quand il s'agit d'agents d'une solde égale ou supérieure à 10,000 francs.

Le Gouverneur général intervient également en cas de désaccord entre eux.

Art. 11. — Le Résident supérieur au Tonkin peut, s'il le juge nécessaire, faire appel au concours du Résident supérieur en Annam, sauf à en référer immédiatement au Gouverneur général, pour toutes démarches à faire auprès de la Cour de Hué et du Co-mat, et toutes demandes à leur transmettre intéressant l'administration du Tonkin.

Art. 12. — Ils préparent et soumettent au Gouverneur général la correspondance destinée au Département, concernant respectivement les affaires du Tonkin et de l'Annam.

Art. 13. — Toutes dispositions antérieures contraires au présent arrêté, sont et demeurent abrogées.

Art. 14. — Les Résidents supérieurs en Annam et au Tonkin sont chargés de l'exécution du présent arrêté.

PIQUET.

N° 39. — ARRÊTÉ *supprimant le bureau politique et des Protectorats.*

20 septembre 1889.

Article premier. — Le bureau politique et des Protectorats au Gouvernement général, est et demeure supprimé.

Les attributions de ce bureau passent au cabinet du Gouverneur général.

Art. 2. — Le cabinet sera divisé en deux sections :

1° Section de l'enregistrement et du personnel ;

2° Section politique et d'administration générale.

Art. 3. — Le chef du cabinet, sous l'autorité duquel ces deux sections sont placées, déterminera les attributions de chacune d'elles, et répartira, selon les besoins du service, le personnel tant européen qu'indigène.

PIQUET.

N° 40. — ARRÊTÉ *fixant la composition des bureaux du Gouvernement général de l'Indo-Chine.*

20 septembre 1889.

Article premier. — Le chef du cabinet prendra le titre de directeur du cabinet du Gouverneur général de l'Indo-Chine.

Art. 2. — Indépendamment du directeur, le personnel européen du cabinet est ainsi composé :

2 Sous-chefs ;
1 Secrétaire particulier ;
1 Archiviste ;
1 Attaché ;
2 Commis rédacteurs ;

Art. 3. — La solde de ces fonctionnaires est fixée conformément au tableau ci-dessous :

FONCTIONS	SOLDE D'EUROPE	SUPPLÉMENT COLONIAL	TOTAL
Directeur	9.000	9.000	18.000
Sous-chefs	5.000	5.000	10.000
Secrétaire particulier	4.000	4.000	8.000
Archiviste	3.700	3.500	7.500
Attaché	3.000	3.000	6.000
Commis-Rédacteurs	2.500	2.500	5.000

Art. 4. — Les sous-chefs, l'archiviste et les commis-rédacteurs seront exclusivement choisis parmi le personnel de l'administration de l'Indo-Chine.

Art. 5. — Suivant les besoins du service, des fonctionnaires, dépendant du Secrétariat général de la Cochinchine ou des résidences des pays de Protectorat, pourront être détachés au cabinet du Gouverneur général ; ils conserveront leur solde de grade, qui sera imputée sur le budget du service auquel ils appartiennent.

PIQUET.

N° 41. — DÉCRET *fixant l'indemnité allouée au Gouverneur général pour frais de premier établissement.*

2 octobre 1889.

Article premier. — L'indemnité à allouer au Gouverneur général de l'Indo-Chine, à titre de frais de premier établissement, est fixée à quinze mille francs.

Art. 2. — Le président du conseil, ministre du commerce de l'industrie et des colonies, est chargé de l'exécution du présent décret.

CARNOT.

N° 42. — ARRÊTÉ *fixant les attributions des bureaux de la Résidence supérieure en Annam.*

1er novembre 1889.

Article premier. — Les attributions respectives du cabinet du Résident supérieur et des deux bureaux de la résidence supérieure en Annam, sont déterminées ainsi qu'il suit :

CABINET DU RÉSIDENT SUPÉRIEUR

Dépouillement, enregistrement et répartition de la correspondance à l'arrivée ;

Expédition de la correspondance au Gouverneur général, aux Résidents supérieurs ;

Centralisation du travail des bureaux. Signature du Résident supérieur ;

Dossier du personnel, avancement et discipline du personnel ;

Distinctions honorifiques ;

Cartes et plans, presse, autographie ;

Audiences, police générale, missions ;

Affaires politiques et confidentielles, chiffre ;

Bibliothèque et archives ;

Journal et bulletin officiels.

1er Bureau.

Rapports avec les autorités militaires ;

Expédition des affaires avec la brigade et la division navale ;

Garde civile ;

Administration générale, commerce ;

Industrie, agriculture, statistique ;

Justice, prisons, naturalisations ;

Forêts, mines ;

Concessions, domaine, séquestre ;

Postes et télégraphes, trams ;

Travaux publics et voirie, routes et ponts ;

Douanes et régies.

2e Bureau

Affaires indigènes, traductions, fonctionnaires annamites ;

Contrôle du personnel ;

Liquidation et mandatement des dépenses du personnel, soldes et accessoires de solde ;

Visa des mandats ;

Réquisitions de passages et transports ;

Congés, transports de l'État et affrétés, étude et préparation du budget du personnel.

Assistance publique. — Dépenses de l'hôpital annamite ;

Comptabilité générale ;

Centralisation des documents relatifs au budget ;

Centralisation des recettes des services civils ;

Examen et contrôle des rôles de l'impôt de capitation ;

Centralisation et ordonnancement des dépenses du service civil. — Publication des comptes.

Comptabilité des fonds d'avance. — Caisse de fonds d'avance de la Résidence supérieure ;

Impôts annamites ;

Comptabilité des Travaux publics ;

Marchés et adjudications de fournitures :

Liquidation et mandatement des dépenses du matériel ;

Matériel et fournitures de bureaux ;

Marchés, cahiers des charges ;

Successions vacantes ;

État civil. — Exhumations.

Art. 2. — Le personnel européen de la Résidence supérieure est réparti entre le Cabinet et les deux bureaux ainsi qu'il suit, etc.

Art. 3. — Les dispositions antérieures, contraires à celles du présent arrêté, sont abrogées.

P. O. Le Résident
gérant la Résidence supérieure en Annam.

BAILLE.

N° 43. — ARRÊTÉ *divisant les services de la Résidence supérieure en Annam en deux bureaux.*

1er novembre 1889

Article premier. — Les services de la Résidence supérieure en Annam sont divisés en deux bureaux rattachés au cabinet, dont ils doivent dépendre.

Art. 2. — Le Résident supérieur en Annam déterminera par un arrêté spécial leurs attributions respectives.

Art. 3, — Le Résident supérieur en Annam est chargé de de l'exécution du présent arrêté.

PIQUET.

N° 44. — Arrêté *fixant le traitement du chef du cabinet du Résident supérieur au Tonkin.*

29 octobre 1889.

Article premier. — Le chef du cabinet du Résident supérieur au Tonkin recevra un traitement annuel de 15,000 francs.

Il cessera de jouir du supplément de fonctions de 3,000 francs qui lui avait été alloué par arrêté du 6 juillet 1889.

Art. 2. — Le Résident supérieur au Tonkin est chargé de l'exécution du présent arrêté, qui aura son effet à compter du 1er novembre 1889.

Piquet.

N° 45. — Arrêté *déterminant le traitement du personnel de la Résidence supérieure au Tonkin.*

29 novembre 1889.

Rapporté par arrêté du 19 mars 1890.

N° 46. — Arrêté *fixant les frais de service alloués aux Résidents et vice-résidents chefs de poste.*

21 décembre 1889.

Article premier. — Les frais de service alloués aux résidents et vice-résidents chefs de province, sont répartis ainsi qu'il suit :

Nam-dinh	2.000 francs
Son-tay	2.000 —
Bac-ninh	2.000 —
Tuyen-quang	2.000 —
Lang-son	3.000 —
Hai-duong	2.000 —
Son-la	5.000 —
Lao-kay	5.000 —
Cao-bang	5.000 —
Luc-nam	3.000 —

Art. 2. — Toutefois les résidents actuellement en fonctions à Son-tay, Bac-ninh, Hai-duong et Nam-dinh, continueront à bénéficier des anciennes allocations.

Art. 3. — Le présent arrêté n'entrera en vigueur qu'à partir du 1er janvier 1890.

Art. 4. — Le Résident supérieur au Tonkin est chargé de l'exécution du présent arrêté.

Piquet.

N° 47. — Arrêté *modificatif de l'article 7, titre III, de l'arrêté du 7 juillet 1889, sur les attributions de pouvoirs des Résidents supérieurs.*

4 février 1890

Le § 1 (lettre J) de l'art. 7, titre III, de l'arrêté du 7 juillet 1889, est modifié comme suit :

« Il est fait toutefois exception pour les services des travaux « publics et des postes et télégraphes, qui sont régis par « arrêtés spéciaux.

Les Résidents supérieurs au Tonkin et en Annam sont chargés de l'exécution du présent arrêté.

Piquet.

N° 84. — Arrêté *rapportant celui du 29 novembre 1888 fixant les cadres du personnel des bureaux de la Résidence supérieure au Tonkin.*

19 mars 1890.

Article premier. — L'arrêté du 29 novembre 1889 est rapporté; les dispositions qu'il contenait, cesseront d'être appliquées à partir du 1er avril 1890.

Art. 2. — Les fonctionnaires détachés à la Résidence supérieure en qualité de chefs de bureau auront droit à une indemnité fixe de 1.500 francs.

Art. 3. — Tous les fonctionnaires des résidences en service à la Résidence supérieure à Hanoi, auront droit à une indemnité égale au dixième de leur solde.

Art. 4. — Le Résident supérieur au Tonkin est chargé de l'exécution du présent arrêté.

Piquet.

N° 49. — Décret *déterminant la situation des officiers et sous-officiers, détachés au service du Protectorat.*

29 avril 1890

Article premier. — Tous les officiers et assimilés de l'armée active, de réserve et de l'armée territoriale, que le département de la guerre met à la disposition du service du Protectorat de l'Annam et du Tonkin, sont considérés comme en mission et placés hors cadre.

Quant aux sous-officiers, ils sont mis à la suite et remplacés dans leurs corps, où ils ne peuvent rentrer qu'avec leur ancien grade, lorsqu'ils seront rendus à l'armée de terre.

Art. 2. — Les officiers et assimilés de l'armée active conservent leurs droits à l'avancement, à l'ancienneté.

Art. 3. — Pendant tout le temps qu'ils restent à la disposition du service du Protectorat de l'Annam et du Tonkin, ces militaires ne reçoivent aucune allocation du département de la guerre, ni en deniers, ni en nature.

Art. 4. — Ces militaires ne peuvent être l'objet d'aucune proposition pour l'avancement au choix, dans l'armée nationale, ni pour l'admission ou l'avancement dans la Légion d'honneur ou la décoration de la médaille militaire, au titre du département de la guerre.

Toutefois, les officiers, les assimilés de l'armée active, et les sous-officiers déjà inscrits sur les tableaux d'avancement, au moment de leur envoi en mission, pourront être promus, au choix, sur la proposition du ministre de la guerre.

Art. 5. — Les officiers servant au titre étranger dans les régiments étrangers, peuvent également être détachés en mission dans le service du Protectorat de l'Annam et du Tonkin.

Ces officiers sont mis à la suite de leur corps.

Si, à l'expiration de leur mission, il n'existe pas de vacance de leur grade dans les régiments étrangers, le traitement de non activité leur sera alloué par les soins du Protectorat, jusqu'à ce qu'ils soient replacés dans les cadres de l'activité.

Art. 6. — Les dispositions de l'art 10 de la loi du 18 mars 1889 sont applicables, dans les conditions déterminées par cette loi, aux sous-officiers rengagés qui passent au service du Protectorat.

Dans le cas où des sous-officiers rengagés rentreraient dans leurs anciens corps avant l'expiration de leur rengagement dans l'armée active, ils auront droit à une nouvelle part, proportionnelle au temps de service accompli, depuis leur retour jusqu'à l'expiration de leur rengagement, par analogie avec les dispositions de l'art 6 de la loi du 18 mars 1889.

Art. 7. — Le temps passé en mission, dans le service du Protectorat, par les militaires de l'armée active, leur sera compté comme service effectif pour la pension de retraite et la pension proportionnelle, jusqu'à leur retour sur le territoire français.

Dans la supputation des services militaires, ce temps leur sera compté comme campagne, dans les mêmes conditions que pour les militaires de l'armée active faisant partie des troupes d'occupation du Tonkin.

En cas de blessures et d'infirmités, il sera fait application aux intéressés du titre II de la loi du 11 avril 1831, sur les pensions de l'armée de terre.

La pension sera réglée dans les conditions déterminées par les art. 10 et 18 de la loi du 11 avril 1831 et l'art. 13 de la loi du 18 mars 1889, sur le grade dont l'intéressé était pourvu au moment de son envoi en mission, ou sur le grade auquel il aurait été ultérieurement promu, par application des dispositions de l'art. 2 et du troisième paragraphe de l'art. 4 du présent décret.

Art. 8. — Le temps passé dans le service du Protectorat de l'Annam et du Tonkin ne compte pas comme service militaire à l'égard des officiers de réserve, des officiers de l'armée territoriale, des officiers démissionnaires et des sous-officiers libérés du service actif, et ne leur constitue aucun droit à l'obtention d'une pension quelconque au titre du département de la guerre.

Art. 9. — Le président de conseil, ministre de la guerre, et le ministre du commerce, de l'industrie et des colonies, sont chargés, chacun en ce qui le concerne, de l'exécution du présent décret, qui sera inséré au *Journal officiel*, au *Bulletin des lois* et au *Bulletin officiel* de l'administration des colonies.

Carnot.

Voy : **Budget. — Conseil supérieur. — Costume. — Inspection des colonies. — Conseil de Protectorat. — Protocole. — Honneurs et préséances. — Serment. — Solde.**

Organisation municipale. — VOY. : Conseils municipaux.

Ouvriers et domestiques.

Nº 1. — ARRÊTÉ *relatif aux Asiatiques employés par des Européens à titre de serviteurs ou ouvriers à gages.*

22 juin 1886.

Article premier. — Tous les Asiatiques employés d'une façon permanente par les Européens habitant dans la limite des villes de Hanoi ou de Haiphong, à titre de serviteurs ou ouvriers à gages, devront être pourvus de livrets nominatifs.

Art. 2. — Les formules de livrets seront remises en blanc aux intéressés par les agents du Trésor qui en seront comptables, contre versement d'une somme de deux francs cinquante par formule; elles seront ensuite présentées au commissaire ou commissaire central de police, qui inscrira à la première page les indications qu'elle comporte, et fera apposer sur la seconde la photographie du titulaire.

Ces livrets seront, avant remise au titulaire, enregistrés à la police sur un registre *ad hoc*, et prendront le numéro d'ordre de leur enregistrement; un feuillet spécial, sur lequel seront successivement reportées toutes les mentions inscrites aux livrets, sera affecté à chacun d'eux.

Art. 3. — En cas de départ, tout porteur de livret est tenu de faire une déclaration préalable à la police qui vise son livret au départ. Il devra également le faire viser à l'arrivée, et enregistrer à nouveau s'il se transporte dans une ville où le livret est obligatoire.

Art. 4. — Tout porteur de livret qui entre au service d'un nouveau maître ou patron devra lui présenter son livret, sur lequel ce dernier mentionne aux colonnes à ce destinées, la date de l'entrée à son service, la durée de l'engagement et le chiffre mensuel des gages, en certifiant cette mention de sa signature. Il remettra ensuite le livret au titulaire qui, après avoir apposé sa signature, le présentera lui-même au visa du commissaire de police. Cette présentation produira, s'il est illettré, le même effet que la signature.

Art. 5. — Tout ouvrier ou domestique engagé dans la forme indiquée dans l'article précédent devra, en quittant son maître ou patron, faire inscrire par lui, sur son livret, en regard de la mention relative à son entrée au service :

1º La date de sa sortie;

2º Le payement intégral de ses gages ou, le cas échéant, les motifs qui en justifient la retenue; cette mention sera certifiée par la signature de son auteur; le porteur du livret la signera également, s'il en accepte la teneur, et la présentera au visa du commissaire, visa qui suppléera à sa signature, s'il est illettré.

Art. 6. — Aucune réclamation présentée par les serviteurs ou ouvriers contre leurs maîtres ou patrons ne sera admise lorsqu'ils auront signé la mention relative à leur cessation de service, ou l'auront fait viser par le commissaire.

Par contre, il ne sera donné aucune suite aux plaintes formulées par les maîtres ou patrons contre les serviteurs ou ouvriers qu'ils auront acceptés sans livrets, ou avec un livret non revêtu des formalités requises, ou bien encore lorsque la mention d'entrée au service n'aura pas été soumise au visa de la police.

Art. 7. — Tout serviteur ou ouvrier porteur de livret sera tenu de se pourvoir, en entrant chez un nouveau maître ou patron, d'une carte portant le nom de ce dernier, qui lui sera délivrée en blanc par les agents du Trésor de la même manière que le livret, moyennant le versement d'un droit de un franc; elle sera signée du maître, visée par le commissaire, et servira à établir son identité; tout agent de la force publique pourra en exiger la présentation. Elle sera remise à la police lorsque son porteur changera de maître.

Cette carte sera renouvelée tous les ans au 1er janvier, alors même que son titulaire continuerait à servir chez la même personne.

Tout ouvrier ou domestique qui ne sera pas en service chez un Européen sera tenu de se faire admettre dans une commune annamite, ce qui ne lui sera accordé que sur présentation d'un livret en règle.

Art. 8. — Les livrets ne seront délivrés, pour la première fois, que sur la présentation d'un certificat d'identité émanant des notables de la commune dont l'impétrant est originaire, ou d'un passeport régulier, s'il provient de l'extérieur.

Art. 9. — Les serviteurs ou ouvriers qui auront contrevenu aux dispositions qui précèdent, seront considérés comme étant en état de vagabondage; ils seront en outre passibles d'une amende quadruple des droits dont ils auront frustré le Trésor en négligeant de se pourvoir des livrets et cartes réglementaires.

La même amende sera prononcée contre les maîtres ou patrons européens qui acceptent ou conservent des Asiatiques à leurs gages, sans s'assurer que ces derniers ont satisfait aux prescriptions du présent arrêté, ou qui ne déclareront pas à la police ceux qui auront quitté leur service sans avoir satisfait aux formalités requises. Les notables des communes qui délivreront de faux certificats d'identité, ou accepteront dans leur commune, sans les signaler à la police, des individus en contravention aux dispositions qui précèdent, seront passibles des mêmes peines.

En cas de récidive dans une même année, l'amende sera portée au double.

Art. 10. — Est rapportée la décision du 1er octobre 1885.

PAUL BERT

Nº 2. — ARRÊTÉ *étendant à la ville de Nam-dinh l'arrêté du 22 juin 1886, sur les asiatiques employés par des Européens.*

18 mars 1887

Article premier — La décision du 22 juin 1886, relative aux Asiatiques employés par des Européens à titre de serviteurs ou ouvriers à gages, sera appliquée à la ville de Nam-dinh.

Art. 2. — Le Résident supérieur au Tonkin est chargé de l'exécution du présent arrêté.

G. BIHOURD.

VOY. : Domestiques. — Livrets de domestiques.

P

Paillottes.

Nº 1. — ARRÊTÉ *municipal interdisant les couvertures en paillotte dans la ville de Bac-ninh.*

22 juillet 1889

Article premier. — Les couvertures en paillotte sont prohibées, à partir de ce jour, pour les maisons à construire dans le périmètre de la ville de Bac-ninh.

Art. 2. — Aucune réparation importante ne pourra être faite dans le dit périmètre, aux couvertures de ce genre actuellement existantes.

Art. 3. — Le garde principal faisant fonctions de commissaire de police à Bac-ninh est chargé de veiller à l'exécution du présent arrêté.

MARTIN DUPONT.

VOY. : Police.

Passages gratuits.

Nº 1. — CIRCULAIRE *au sujet des indications que doivent contenir les ordres d'embarquement des passagers civils.*

10 janvier 1889.

Pour faire suite aux circulaires nº 5 et 8 des 17 octobre et 29 novembre derniers, j'ai l'honneur de vous donner ci-après copie d'une dépêche ministérielle, relative aux indications que doivent contenir les ordres d'embarquement des passagers civils.

Je vous serai obligé de vouloir bien, en me transmettant les demandes de congé ou de rapatriement qui pourront vous être adressées, me fournir, sur le compte des pétitionnaires, tous les renseignements demandés par le Département.

RHEINART.

N° 2. — *Dépêche ministérielle.*

10 novembre 1888.

. . . .

« D'autre part, les ordres d'embarquement des passagers *civils* sont généralement incomplets ; je rappelle que ces pièces doivent mentionner non seulement les noms et prénoms *correctement écrits*, mais encore le lieu et la date de naissance, la destination et autant que possible la filiation. Les ordres relatifs aux indigents devront indiquer en outre, à l'avenir, *le signalement des intéressés* afin d'empêcher des substitutions frauduleuses de personnes. »

. . . .

N° 3. — LETTRE MINISTÉRIELLE *au sujet des passages des membres des familles des fonctionnaires.*

23 avril 1889.

Vous m'avez fait connaître que vous aviez accordé, sous réserve de mon approbation, un passage gratuit à la 3e table sur un prochain transport, à Mme X., mère d'un commis de résidence du Tonkin, que son état de santé obligeait à rentrer immédiatement en France.

J'ai l'honneur de vous faire remarquer qu'aux termes des règlements en vigueur, les femmes et enfants des fonctionnaires et agents en service aux colonies peuvent seuls, et dans des conditions déterminées, obtenir un passage gratuit, soit à bord des paquebots, soit à bord des bâtiments de l'État. Cette faveur ne peut en aucun cas être étendue à d'autres membres de leurs familles.

Je vous prie, en conséquence, de vouloir bien mettre M. X... en demeure de rembourser le montant des frais du passage de sa mère, et de m'adresser par le plus prochain courrier le récépissé constatant ce versement.

ETIENNE

N° 4. — ARRÊTÉ *déterminant le classement du personnel européen et indigène voyageant à bord des Messageries fluviales.* (1)

22 août 1889

Article premier. — Le personnel européen et indigène des divers services civils du Protectorat est classé, lorsqu'il voyage sur les bateaux des Messageries fluviales, d'après les indications portées au tableau annexé au présent arrêté.

Art. 2. — La quantité de bagages que ce personnel est autorisé à faire transporter aux frais du Protectorat, ainsi que le nombre de domestiques qui peuvent l'accompagner lorsqu'il change de résidence, ou qu'il se rend pour la première fois à son poste, est également fixé par le même tableau.

Pour tous les autres cas, l'art. 18 du cahier des charges reste applicable.

Art. 3. — Dans aucun cas, le transport des chevaux appartenant aux fonctionnaires et agents des services civils ne pourra être effectué au compte du budget.

Toutefois les agents du personnel européen de la garde civile montés à leurs frais, jouiront du transport gratuit, à raison d'un cheval par personne, dans les cas suivants :

1° En tournée de service ;

2° En changeant de résidence ou se rendant pour la première fois à leur poste.

Art. 4. — Les passagers voyageant en 1re classe à bord des vapeurs des Messageries fluviales aux frais du Protectorat, sont tenus d'inscrire sur la réquisition qui leur aura été délivrée le nombre de repas pris pendant le voyage ou, à défaut, d'établir un bon pour ce même nombre de repas.

Art. 5. — Les fonctionnaires qui ont qualité pour délivrer les réquisitions de passage se conformeront, sous leur responsabilité pécuniaire, aux indications du tableau annexé au présent arrêté.

BRIÈRE.

(1) Voir Vº indemnités, décret du 12 décembre 1889

DÉSIGNATION des GRADES OU EMPLOIS	CLASSEMENT		POIDS des bagages exprimé EN TONNES	NOMBRE de DOMESTIQUES	OBSERVATIONS
	1re CLASSE	PONT			
RÉSIDENCES					
Résidents de 1re et 2e classe..	1	»	3	3	
Vice-résidents de 1re et 2e classe	1	»	3	2	
Chanceliers.	1	»	2	1	
Commis de résidence des 3 cl.	1	»	1	1	
Commis auxiliaires.	1	»	1	1	
TRÉSORERIE					
Payeur chef de service.	1	»	3	3	
Payeurs particuliers	1	»	2	2	
Payeurs adjoints.	1	»	2	2	
Commis de trésorerie.	1	»	1	1	
Commis auxiliaires.	1	»	1	1	
POSTES ET TÉLÉGRAPHES					
Directeur	1	»	3	3	
Inspecteurs.	1	»	3	2	
Receveurs.	1	»	2	2	
Sous-inspecteurs	1	»	2	2	
Commis principal	1	»	2	1	
Commis titulaires.	1	»	1	1	
Commis auxiliaires.	»	1	1	»	
Surveillants	»	1	1	»	
DOUANES					
Directeur.	1	»	3	3	
Sous-directeur	1	»	3	2	
Contrôleurs des 3 classes	1	»	2	2	
Commis des 3 classes	2	»	1	1	
Commis de comptabilité	1	»	1	1	
Commis auxiliaires	1	»	1	1	
Brigadiers.	»	1	1	»	
Préposés des 3 classes	»	1	1	»	
Préposés auxiliaires	»	1	1	»	
TRAVAUX PUBLICS					
Ingénieur directeur	1	»	3	3	
Ingénieurs des 2 classes	1	»	3	2	
Sous-ingénieurs des 2 classes.	1	»	2	2	
Conducteurs principaux.	1	»	2	1	
Conducteurs des 3 classes.	1	»	1	1	
Commis des 2 classes.	1	»	1	1	
Surveillants des 2 classes.	»	1	1	»	
GARDE CIVILE					
Inspecteurs de 1re classe	1	»	2	2	
Inspecteurs de 2e classe	1	»	1	2	
Gardes principaux des 3 cl.	1	»	1	»	
Personnel indigène de tous grades.	»	1	»	»	
POLICE					
Commissaires de police	1	»	2	2	
ENSEIGNEMENT					
Inspecteur.	1	»	3	2	
Instituteurs et Institutrices des 3 classes	1	»	1	1	
Instituteurs auxiliaires français	1	»	1	1	
PERSONNEL NON CLASSÉ					
Directeur de l'école d'agriculture.	1	»	2	2	
Capitaine de port	1	»	2	2	
Lieutenant de port.	1	»	1	1	
Maître de port.	»	1	1	»	
Pilote major.	»	1	1	»	
Gardien de phare	»	1	1	»	
Garde meubles.	»	1	1	»	
Secrétaires, interprètes et lettrés des divers services	»	1	250k	»	
Indigènes non dénommés au présent tableau	»	1	100k	»	

N° 5. — CIRCULAIRE *au sujet du passage a bord des Messageries fluviales.*

12 juin 1890.

Il m'a été donné d'observer que les dispositions du décret ministériel du 12 décembre 1889, sont généralement mal appliquées en ce qui concerne les passages accordés aux fonctionnaires sur les chaloupes fluviales, et le transport de leurs bagages.

J'ai l'honneur d'appeler votre attention sur ce décret, promulgué au *Journal officiel* du Protectorat dans son numéro 23 du 24 mars 1890, et de vous inviter à la rigoureuse exécution de ses prescriptions, à l'exclusion de tous arrêtés antérieurs que le nouveau décret annule et remplace.

Je crois devoir vous signaler notamment les dispositions suivantes qui m'ont paru être surtout jusqu'ici méconnues :

1° N'ont droit à une réquisition de passage que les fonctionnaires voyageant sur ordre de service.

2° N'ont droit au transport gratuit de domestiques que les fonctionnaires assimilés au grade d'officier général, 3 domestiques, et les fonctionnaires assimilés au grade d'officier supérieur, 1 domestique, dans le seul cas de changement de résidence.

Les officiers subalternes et assimilés n'ont droit, en aucun cas, au passage d'un domestique.

3° Le poids des bagages dont le transport gratuit est autorisé aux divers fonctionnaires, lorsqu'ils changent, par ordre, définitivement de résidence, est fixé au tableau contenu dans l'article 70, livre III, (page 296 du *J. O.*)

L'arrêté du 22 mai 1889, concernant le transport des bagages, est donc abrogé.

4° Les inspecteurs et les gardes principaux de la garde civile n'ont, en aucun cas, droit au transport gratuit d'un cheval.

Je vous prie de vouloir bien informer les fonctionnaires sous vos ordres chargés de délivrer les réquisitions de passage que je me verrai, à l'avenir, dans l'obligation de les rendre pécuniairement responsables du prix de tout passage qu'ils auront concédé à tort.

Je vous prie également de prescrire à votre personnel de payer, s'il y a lieu, à l'agence des messageries fluviales, au moment de l'embarquement, le prix de tout excédent de bagages. Le poids prévu par les règlements doit seul être porté sur la réquisition de passage.

BONNAL.

VOY. : Bagages. — Indemnités.

Passeports. — VOY. : Impôts.

Patentes. — (Impôt des) — VOY. : Chambres de commerce. — Impôts.

Pavillons noirs. — VOY. : Séjour.

Pêcherie, pêche.

N° 1. — DÉCISION *relative à l'établissement des pêcheries et à la police des cours d'eau intérieurs du Tonkin.*

22 mars 1884

Article premier. — L'établissement des pêcheries sur les cours d'eau intérieurs du Tonkin est entièrement libre, sauf les réserves ci-après.

Art. 2. — Les pêcheries ne devront pas barrer plus de deux cinquièmes de la largeur des cours d'eau et, dans tous les cas, ne pas être placées au milieu de la voie, mais près d'une rive, et en ménageant toujours de chenal navigable.

Art. 3. — Elles seront garnies, à l'extrémité du côté du large, d'une balise de deux mètres d'élévation au-dessus des plus hautes marées.

Art. 4. — Tout bâtiment, jonque ou sampan, naviguant de nuit, devra être muni d'un feu parfaitement visible.

Art. 5. — Toute infraction au présent arrêté sera punie d'une amende de un à seize francs, prononcée par le tribunal de simple police de la résidence la plus voisine.

MILLOT

VOY. : Navigation. — Ports de commerce.

Peine capitale.

N° 1. — CIRCULAIRE *ministérielle relative à la procédure à suivre en matière d'exécution capitale.*

6 juin 1889.

Il s'est produit, dans l'une de nos colonies, une divergence d'opinion entre l'administration et le service judiciaire, sur la façon dont devaient être pris les arrêtés du Gouverneur ordonnant l'exécution d'un arrêt criminel prononçant la peine capitale.

J'ai l'honneur de vous rappeler que M. le Président de la République a exprimé le désir d'examiner, en s'entourant des renseignements et des avis les plus précis, les dossiers des criminels condamnés à mort, qu'ils aient formé ou non un recours en grâce.

Les pièces de la procédure doivent, par suite, être toujours envoyées en France.

Afin que le Chef de l'État puisse se prononcer en complète connaissance de cause, il est indispensable que le Conseil privé de la colonie ait fait connaître son sentiment sur l'opportunité d'une mesure de clémence.

Cet avis doit, par suite, être pris aussitôt que l'arrêt portant la peine de mort a été rendu, et être transmis au Département en même temps que les pièces du procès, ou, au plus tard, par le courrier qui suit.

Le rôle du Conseil privé se borne, en la matière, à cette consultation sur le point de savoir s'il y a lieu ou non de laisser la justice suivre son cours. La décision du Président de la République une fois arrêtée, il n'y a plus, en effet, à prendre que des mesures de police, soit pour l'exécution, soit pour l'entérinement de la lettre de grâce.

L'intervention du Conseil privé ne se comprendrait pas pour ces mesures uniquement d'ordre et dont la fixation est, la plupart du temps, réglée par la loi ou par l'usage.

Je vous prie de veiller, le cas échéant, à la rigoureuse exécution de la présente circulaire, dont l'insertion au *Bulletin officiel des colonies* tiendra lieu de notification.

E. ÉTIENNE.

Pensions de retraite.

N° 1. — DÉCISION *fixant les pensions de retraite à accorder aux soldats annamites blessés au service de la France.*

1er juillet 1886

Militaires en instance de pension de retraite ou de gratification renouvelable de réforme, en conséquence de naturalisation.

1° A tout militaire du cadre indigène, en expectative d'une pension de retraite ou d'une gratification renouvelable de réforme, qu'il soit naturalisé ou en instance de l'être, et renvoyé dans les foyers en attendant la liquidation de cette retraite ou de cette gratification, il sera accordé un subside, une fois donné, dont la fixation sera la suivante :

En instance de pension de retraite (1).		*En instance de gratif. de réforme (2)*	
40 fr. pour le grade de	sous-officier.	25 fr. pour le grade de	sous-officier
35 —	caporal.	30 —	caporal.
30 —	soldat.	15 —	soldat.

2° Ce subside constituera une avance sur le taux de la pension ou de la gratification du militaire, avance dont il sera tenu compte lors du premier payement du premier terme échu de la pension, ou de premier payement semestriel de la gratification.

3° Il appartiendra au corps de faire cette avance au militaire, sur les frais généraux de sa caisse. Il sera adressé au payeur un bordereau des sommes payées à ce titre, sur reçu des intéressés.

Les corps qui auront fait des avances en aviseront les résidents intéressés, de manière à permettre à ces fonctionnaires d'intervenir, s'il y a lieu, dans le remboursement ultérieur de ces avances.

(1) Calculé sur le terme de pension, soit : Sous-officier 47; Caporal 42; Soldat 30

(2) Somme un peu moindre que le premier payement semestriel de gratification, savoir : Sous-officier 34; Caporal 31; Soldat 31

Lors du premier payement, l'avance sera retenue par le payeur et simplement remboursée au corps après que le militaire aura donné décharge de tout.

Militaires réformés non naturalisés.

1° A tout militaire du cadre indigène, réformé pour blessures reçues en service commandé, entraînant l'incapacité de pourvoir à sa subsistance, ou ayant contracté, dans son séjour au service, des infirmités le plaçant dans le même cas, et qui ne désire pas se faire naturaliser, il sera accordé un secours non renouvelable, d'après les fixations suivantes:

80 fr.	pour le grade de	sous-officier.
70	—	caporal.
50	—	soldat.

2° Ces allocations seront ordonnancées directement au nom des intéressés, sur le vu de la décision du général commandant la division d'occupation, et imputées jusqu'à nouvel avis, au chapitre 48 § 13, *dépenses diverses*.

3° A la fin de l'année, chaque ordonnateur établira un relevé nominatif des individus au profit desquels il aura mandaté des secours de cette nature, et l'adressera au général commandant la division d'occupation; ce relevé indiquera les corps d'origine des intéressés et l'ancien grade de ceux-ci.

Dispositions relatives au secours à accorder à la veuve ou aux orphelins de tout militaire indigène tué à l'ennemi, ou ayant succombé des suites de blessures.

1° En conformité. — Premièrement: Des dispositions de la lettre de M. le Ministre de la marine, en date du 16 octobre 1884, rappelée par M. le Ministre de la guerre, à la date du 23 septembre 1885. — Deuxièmement: Des dispositions de l'article 38 (§ *secours*) du règlement du 15 février 1886, (Recrutement, organisation des tirailleurs tonkinois), des secours qui, dans certains cas particuliers seulement, pourront être renouvelés sur l'initiative du Général commandant la Division, pourront être accordés, pour leur venir en aide, à la veuve non remariée ou aux orphelins de tout militaire indigène, non naturalisé, tué à l'ennemi ou ayant succombé des suites de blessures.

2° Ces secours seront alloués, sur la demande des corps, par le Général commandant la division, sur fonds spéciaux mis à sa disposition par le Ministre, dans les fixations maxima suivantes :

80 fr.	pour le grade de	sous-officier.
70	—	caporal.
50	—	soldat.

3° Les demandes seront faites par voie de pétition adressée à M. le général commandant la division, avec des certificats de l'autorité militaire ou locale à l'appui, dans les conditions de la circulaire ministérielle du 15 mars 1885, savoir:

Un état des services du mari;

Un extrait de l'acte de décès du mari (et de la mère, pour le cas de secours aux orphelins);

Un certificat de l'autorité civile, corroboré par le résident et, s'il est possible, par l'autorité militaire.

4° Le mandatement direct des secours accordés aux veuves ou aux orphelins sera effectué et imputé comme il est prescrit au § 2 du titre qui précède. Un relevé annuel nominatif des bénéficiaires sera produit dans les conditions indiquées au § 3 du même titre.

Dispositions relatives au renouvellement de la gratification de réforme accordée aux militaires indigènes naturalisés.

1° Conformément aux dispositions de la circulaire du 24 décembre 1864, la gratification de réforme accordée pour deux années seulement, n'est renouvelable qu'autant qu'une visite devant une commission spéciale, a constaté que le militaire n'a pas encore recouvré la faculté de travailler.

2° A cet effet, les militaires indigènes réformés, en jouissance d'un titre de gratification renouvelable, devront se présenter, dans le cours du dernier semestre de la deuxième année de la jouissance de leur titre, au chef-lieu de recrutement du corps auquel ils appartenaient, à l'effet d'être examinés à nouveau par une commission qui comprendra:

Le chef de corps, président;

Le sous-intendant militaire ou son suppléant légal.

Un médecin militaire assistera la commission.

Le certificat de visite sera établi par le médecin militaire dans les conditions énoncées dans la circulaire du 25 octobre 1877.

La commission appréciera et conclura au maintien ou au rejet de la gratification précédemment accordée, et adressera le résultat de la visite au général qui le transmettra au ministre pour qu'il soit statué.

Approuvé: *Le Résident général,* PAUL BERT.

Le général commandant la division du Tonkin et de l'Annam, E. JAMONT.

N° 2. — ARRÊTÉ *fixant les soldes indemnitaires et les pensions de retraite des fonctionnaires du Protectorat* (1.)

28 juillet 1886.

CHAPITRE PREMIER.

Article premier. — Tout agent européen servant au titre civil aura droit, s'il quitte le service du Protectorat, à une solde indemnitaire calculée sur son traitement d'activité net de tous accessoires, d'après les bases suivantes :

Après deux années de services consécutifs en Annam ou au Tonkin, à partir du 1er avril 1886, six mois de traitement; après trois ans, neuf mois; après quatre ans, un an, et ainsi de suite, la solde indemnitaire augmentant, pour chaque année, du quart du traitement d'activité, avec un maximum égal à deux années de traitement.

Art. 2. — Les agents ayant moins de deux ans, mais plus de trois mois de service, et qui ne peuvent prolonger leur séjour pour des raisons de santé, auront droit à l'indemnité de six mois de solde après examen d'une commission médicale et avis favorable d'une commission dont la composition sera ultérieurement déterminée.

Art. 3. — La solde indemnitaire est payée mensuellement.

Toutefois, sur la demande motivée de l'agent, elle pourra être liquidée en un seul payement.

En cas de décès du fonctionnaire, la solde indemnitaire sera payée en une seule fois à sa veuve, ou à défaut à ses héritiers directs.

Art. 4. — Si l'agent est pourvu d'un emploi public rétribué en France ou dans les colonies, la solde indemnitaire sera réduite d'une somme égale au traitement afférent à cet emploi pendant le même temps.

Art. 5. — Ces dispositions sont applicables: 1° Aux agents régis par le décret du 3 février 1886, à l'exception du Résident général et des Résidents supérieurs.

2° Aux agents des services civils appartenant à une administration métropolitaine et détachés au Protectorat.

Les agents révoqués ou retraités n'ont pas droit à la solde indemnitaire.

CHAPITRE II

DES CONGÉS

Art. 6. — Les dispositions de l'arrêté du 3 mai 1886 sur les congés sont étendues à tous les agents des services civils du Protectorat.

CHAPITRE III

DES RETRAITES

Art. 7. — Tout agent européen faisant partie, au titre local, des services civils non régis par le décret du 3 février 1886, peut être retraité sur le budget du Protectorat.

Ont droit à la retraite.

1° Ceux qui comptent quinze ans de service accomplis, dont cinq au moins dans les services civils du Protectorat.

2° Ceux qui comptent dix ans de service, dont trois ans au moins dans les services civils du Protectorat et qui pour des

(1) Cet arrêté n'est d'aucune application, n'ayant pas reçu l'approbation ministérielle; il n'est publié qu'à titre de document.

raisons de santé, seraient reconnus absolument incapables de continuer leur service.

3° Ceux qui deviendraient absolument impropres au service du Protectorat pour cause de blessures reçues ou d'infirmités contractées dans l'exercice de leurs fonctions, quelle que soit la durée de leur séjour.

Dans les deux cas qui précèdent, la retraite ne sera liquidée qu'après examen d'une commission médicale et avis favorable de la commission dont il est parlé à l'article 2.

Art. 8. — Les services civils et militaires rendus au Gouvernement de la République française seront comptés dans la liquidation de la retraite : pour leur durée intégrale s'ils sont rendus en Annam et au Tonkin, en Cochinchine ou au Cambodge, pour la moitié de leur durée dans les autres cas.

Art. 9. — Les congés sont comptés comme services actifs tant qu'ils n'excèdent pas le cinquième de la durée totale du service.

Art. 10. — La pension de retraite est calculée pour chaque année de service, sur la base de 1/16 de la solde annuelle nette de tous accessoires, dont le titulaire jouissait depuis six mois au moins lors de la cessation de ses fonctions.

Elle ne peut être, en aucun cas, inférieure au quart de la solde annuelle.

Art. 11. — Cette pension sera majorée, le cas échéant, de 25 °/₀ pour la cécité ou perte totale irrémédiable de la vue, ainsi que pour l'amputation ou la perte absolue de l'usage de deux membres par suite d'accidents dans l'exécution du service ; de 10 °/₀ pour l'amputation ou la perte absolue de l'usage d'un membre et pour les blessures et infirmités qui y sont reconnues équivalentes par la circulaire du ministre de la guerre du 3 janvier 1879.

Art. 12. — En cas de décès du titulaire, la pension est reversible sur sa veuve, si le mariage a eu lieu un an au moins avant le décès et, à défaut, sur ses enfants dans les proportions suivantes :

Veuve sans enfant ou un seul enfant : 1/3 de la pension.
— avec un enfant ou deux enfants : 1/2
— avec deux enfants ou trois enfants : 2/3
— avec trois enfants ou plus....... 3/4

Les majorations stipulées à l'article précédent ne seront pas reversibles.

Les enfants cesseront de bénéficier des avantages du présent article lorsqu'ils auront atteint l'âge de 12 ans.

Art. 13. — Il n'est exercé aucune retenue pour le service des retraites. (1)

Chaque année, il sera ouvert au budget du Protectorat un crédit destiné à pourvoir au payement des dépenses résultant du présent arrêté.

Art. 14. — Les agents métropolitains détachés au service du Protectorat, continuent d'être retraités d'après les règles propres à l'administration d'où ils proviennent. Ils restent exonérés de toute retenue, les versements exigés pour la retraite étant faits en leur nom par le budget du Protectorat.

Art. 15. — Les individus condamnés à une peine afflictive et infamante seront déchus de leurs droits à la retraite.

Art. 16. — Les Résidents supérieurs en Annam et au Tonkin sont chargés, chacun en ce qui le concerne, de l'exécution du présent arrêté.

PAUL BERT.

N° 3. — CIRCULAIRE *relative aux retenues à exercer, pour le service des retraites, sur la solde des fonctionnaires, employés et agents du Protectorat.*

12 janvier 1889.

Mon attention a été appelée par M. l'Inspecteur des colonies sur la situation faite aux fonctionnaires et agents des divers services du Protectorat, qui ne subissent pas sur leur solde les retenues réglementaires pour le service des retraites.

Certains agents, tels que ceux détachés des cadres de la Métropole ou de la Cochinchine, dont le droit à une pension de retraite ne saurait être douteux, doivent être astreints aux versements prévus par les lois des 9 juin 1853 et 5 août 1876. La même mesure peut être étendue dès maintenant aux agents du service colonial, bien que la question de leurs droits à une retraite n'ait pas encore été tranchée ; une commission élabore actuellement à Paris un projet d'assimilation des fonctionnaires et employés du Protectorat, au point de vue des retraites, et il importe de sauvegarder les droits de chacun à une pension éventuelle.

(1) Voir ci-après, pour la retenue, circulaire du 12 janvier 1889.

J'ai décidé, en conséquence, que les versements réglementaires seraient opérés pour tout le personnel de l'Annam et du Tonkin à compter du 1er janvier 1889, la question des versements qui auraient dû être faits antérieurement et qui deviendront exigibles dès que le droit à une retraite aura été consacré ultérieurement.

Les retenues à faire sur le traitement des fonctionnaires et employés devront être décomptées ainsi qu'il suit :

1° Pour les agents métroplitains retraités sous le régime de la loi du 9 juin 1853 :

5°/₀ au profit des pensions civiles, sur la partie du traitement représentant la solde d'Europe ;

3°/₀ au profit du trésor sur le supplément colonial et les indemnités de toute nature ;

2° Pour les agents européens du service colonial, application de la loi 5 août 1879 :

5°/₀ au profit du trésor sur la solde totale, dégagée de tous accessoires, pour les traitements supérieurs à 6,000 francs ;

3°/₀ au profit du trésor, sur la solde totale dégagée de tous accessoires, pour les traitements inférieurs à 6,000 francs ;

3° Pour les agents indigènes :

5°/₀ sur la moitié de la solde et 3°/₀ sur le surplus. Ce personnel, qui n'a ni assimilation ni parité d'office déterminée par une loi et par un décret, doit, aux termes de la dépêche ministérielle du 8 août 1882, tomber sous le régime de la loi du 9 juin 1853.

Toutefois, la circulaire ministérielle du 30 décembre 1882, fait remarquer que sous le régime de la loi de 1853, les services, pour être admissibles, doivent exiger un travail habituel et continu ; en conséquence, ceux des agents qui ne sont employés que temporairement, n'ont pas droit à pension et ne doivent supporter aucune retenue.

Les indemnités de toute nature, de logement, de vivres, gratifications, primes, suppléments de fonctions, frais de représentation, etc, en un mot toutes les allocations autres que la solde proprement dite, sauf les indemnités de route et de séjour, sont passibles de la retenue de 3°/₀ au profit du trésor. (1)

Je vous serai obligé, de vouloir bien faire figurer, à compter du 1er janvier courant, les retenues, calculées ainsi qu'il vient d'être dit, sur les états de solde et sur tous les états devant servir au payement d'une indemnité, supplément, etc., etc., que vous pourrez avoir à établir en faveur du personnel placé sous vos ordres. Vous voudrez bien également me faire parvenir un état des sommes payées par vos soins, depuis le 1er de ce mois, et qui auraient dû être grevées de retenue.

RHEINART.

N° 4. — DÉCRET *déterminant l'assimilation des fonctionnaires, employés et agents des colonies, pour la pension de retraite.*

27 février 1889.

Article premier. — Les pensions des fonctionnaires, employés et agents du service colonial, énumérés au tableau annexé au présent décret, et auxquels il y a lieu d'appliquer les tarifs de la loi du 5 août 1879 ou ceux de la loi du 8 août 1883, sont réglées conformément aux assimilations déterminées par ce tableau.

Art. 2. — Dans aucun cas le bénéfice du cinquième en sus pour douze ans de services dans le dernier grade, tel qu'il est prévu dans la 1re section du tarif de la loi du 8 août 1883, n'est accordé au personnel colonial auquel ce tarif est applicable.

Art. 3. — Le ministre de la marine et des colonies est chargé de l'exécution du présent décret.

CARNOT.

(1) Erratum publié dans le Journal officiel du 24 janvier 1889 n° 7.

DÉSIGNATION DES EMPLOIS	DÉSIGNATION DU GRADE servant de base A LA FIXATION DE LA PENSION
Gouverneur général	Commissaire général de la marine.
Commissaire général du gouvernement dans le Congo	Commissaire général de la marine.
Résident général de l'Annam et du Tonkin	Commissaire général de la marine.
Lieutenant-gouverneur	Commissaire de la marine
Résident supérieur au Tonkin	Commissaire de la marine
Résidents de 1re et 2e classe de l'Annam et du Tonkin	Commissaire adjoint de la marine.
Chanceliers de résidence	Aide commissaire de la marine
Commis de résidence	Commis de marine
Administrateur principal de 1re et de 2e classe	Commissaire adjoint de la marine.
Administrateur de 1re et de 2e classe	Sous-commissaire de la marine
Administrateur de 3e et de 4e classe	Aide commissaire de la marine
Secrétaire du commissaire général du Congo	Sous-commissaire de la marine
Chef de station de 1re et de 2e classe	Aide commissaire de la marine
Chef de poste de 1re et de 2e classe	Commis de marine
Chef d'exploration	Aide commissaire de la marine
Mécanicien au service du Congo	Chef contre-maître mécanicien

Perception. — VOY. Impôts. — Percepteurs.

Percepteurs.

N° 1. — ARRÊTÉ *créant des emplois de percepteurs au Tonkin.*

29 juin 1889.

Article premier. — Les caisses de fonds d'avance des résidences de Haiduong, Quang-yen, Mon-cay, Ninh-binh, Hung-yen, Thai-nguyen et Cho-bo sont supprimées à compter du 1er août 1889.

Art. 2. — Il est institué dans chacun de ces postes un emploi de percepteur qui sera confié à un des agents de la Résidence.

Art. 3. — Les percepteurs sont placés sous les ordres de chaque résident, mais ils relèvent du chef du service de la trésorerie pour toute la partie technique de leur service.

Art. 4. — Les résidents et vice-résidents continuent à être chargés de la rentrée des impôts annamites et du contrôle des opérations des magasins provinciaux, dans les conditions prévues par l'arrêté du 21 juillet 1888.

Art. 5. — Les agents du personnel des résidences chargés des fonctions de percepteurs seront désignés par le Résident supérieur. Avis de chaque nomination sera donné au chef de la trésorerie.

Art. 6. — Les percepteurs ne sont astreints à aucun cautionnement. Ils sont responsables non seulement des fonds qui leur sont confiés, mais des faits de leur gestion.

Ils recevront une indemnité de responsabilité annuelle de trois cents piastres à Haiduong, Ninh-binh et Hung-yen et deux cents piastres à Quang-yen, Moncay, Thai-nguyen et Cho-bo.

Art. 7. — Les résidents demeurent chargés de l'apurement des caisses d'avances qui étaient à leur disposition au moment de la remise du service.

Art. 8. — Le Résident supérieur au Tonkin est chargé de l'exécution du présent arrêté.

PIQUET.

N° 2. — CIRCULAIRE *au sujet de l'application de l'arrêté du 29 juin 1889, supprimant les caisses de fonds d'avance établies près des résidences.*

30 juin 1889.

Un arrêté de M. le Gouverneur général en date du 29 juin 1889 (voir *Journal Officiel* 2e partie, page 505), supprime, à compter du 1er août prochain, les caisses civiles des résidences du Tonkin, fonctionnant au moyen de fonds initiaux d'avance.

Il est institué dans chaque chef-lieu de province au Tonkin, et seulement là où n'existe pas un poste de préposé payeur du trésor, un service de perception destiné à assurer partout uniformément, et sous la direction du service de la trésorerie, le recouvrement des produits de toute nature et le paiement des dépenses à faire dans la province.

Chaque perception sera gérée par un commis de résidence, qui relèvera du payeur chef du service de la trésorerie pour tout ce qui concerne la comptabilité en général et le mouvement des fonds. Il reste entièrement sous les ordres et la surveillance du résident pour tout le reste du service.

Il reçoit les instructions de la trésorerie, soit directement du payeur chef, soit par l'intermédiaire du préposé payeur de la circonscription à laquelle la perception sera rattachée.

Le percepteur sera responsable pécuniairement de la régularité de ses opérations et des fonds qui lui seront confiés. Il correspondra avec le fonctionnaire de la trésorerie qui centralisera ses opérations. Il ne pourra pas quitter son poste sans votre autorisation, même pour les besoins du service.

Le 31 juillet au soir, vous voudrez bien faire remise à cet agent du montant du numéraire existant à cette date dans votre caisse de fonds d'avance ; vous recevrez en échange une quittance à souche délivrée à titre de fonds de subvention.

Pour hâter et faciliter la liquidation de cette caisse, vous voudrez bien faire les diligences nécessaires pour que dans le milieu de juillet, ou même plus tôt, toutes les dépenses urgentes que vous aurez payées me soient envoyées à l'ordonnancement, et que celles qui vous ont été retournées comme irrégulières soient régularisées, de telle sorte qu'au moment de la remise de service, il ne reste entre vos mains aucune dépense représentée simplement par un duplicata de bordereau d'envoi, et que j'aie eu le temps de vous envoyer tous les mandats budgétaires de régularisation.

Le 31 juillet au soir, vous enverrez au payeur du trésor : 1° les pièces de dépenses urgentes payées par vous dans la dernière quinzaine de juillet, sous bordereau, 2° les mandats budgétaires, mandats de poste ou de trésorerie que vous aurez encaissés, 3° la quittance à souche remise par le percepteur pour le montant du numéraire qu'il aura reçu de vous. Ces diverses pièces devront représenter non seulement la totalité de l'avance initiale dont vous avez la disposition, mais même les recettes encaissées depuis le dernier versement au Trésor.

Vous y joindrez également toutes les pièces afférentes aux recettes effectuées depuis ce versement. Le payeur vous donnera une décharge définitive au moyen d'un récépissé de fonds initial, et s'il y a lieu, au moyen des récépissés ou quittances concernant les recettes courantes supplémentaires. Il se chargera en votre lieu et place de la régularisation des derniers paiements d'urgence.

Par suite de la suppression de la caisse d'avances, il ne doit plus rester entre vos mains aucun fond en dépôt, de quelque provenance que ce soit. S'il en existait, vous auriez à les comprendre dans votre versement du 31 juillet. Les lingots, bijoux, matières d'or ou d'argent, seront envoyés au trésor, accompagnés d'un procès-verbal spécial, tandis que le numéraire qui s'y rapporterait sera, comme nous l'avons vu plus haut, versé dans la caisse du percepteur.

Vous établirez un procès-verbal de la remise de service en cinq expéditions, signées de vous et du percepteur, et contenant le détail de toutes les valeurs, registres, circulaires et documents faisant l'objet de la remise : deux de ces expéditions seront conservées par les signataires, une troisième me sera adressée, les deux dernières sont destinées l'une au chef du service de la trésorerie, l'autre au payeur de la circonscription.

Les perceptions sont rattachées aux circonscriptions du trésor, suivant le tableau ci-après :

Hanoi	Hung-yen. Cho-bo.
Bac-ninh	Thai-nguyen.
Nam-dinh	Ninh-binh.
Haiphong	Quang-yen. Hai-duong. Mon-cay.

Je vous adresse sous ce pli deux expéditions de l'arrêté du 29 juin courant et un exemplaire de l'instruction que vous voudrez bien remettre au percepteur.

BRIÈRE.

N° 3. — *Instructions aux percepteurs, sur l'organisation et le fonctionnement de leur service.*

30 juin 1889.

Un arrêté en date du 22 juin 1889, organise au Tonkin un service complet de perception dans de telles conditions que la trésorerie du Protectorat soit représentée au chef-lieu de chaque province, soit par un préposé payeur du trésor, soit par un percepteur.

Votre service diffère de celui des caisses d'avances civiles, auquel il succède, en ce que vous vous trouvez rattachés directement au trésor pour le recouvrement des rôles d'impôts français et des produits divers du budget, le paiement des dépenses publiques et les mouvements de fonds. De plus, au lieu de disposer d'une avance initiale renouvelable, vous alimenterez votre caisse au moyen de vos propres recouvrements, et s'ils sont insuffisants, au moyen de fonds de subvention que vous fera parvenir le trésor. Vous serez personnellement responsables des pertes de caisse, pièces fausses, ou paiements inexacts de votre service ; en revanche, vous jouirez d'une indemnité de responsabilité fixée à 300 piastres pour les provinces de Hai-duong, Ninh-binh et Hung-yen, et à 200 piastres pour Quang-yen, Moncay, Thai-nguyen et Cho-bo.

La franchise postale et télégraphique est accordée à chaque percepteur pour correspondre avec le payeur chargé de centraliser ses opérations.

Les circonscriptions sont fixées ainsi qu'il suit : les perceptions de Hung-yen, Cho-bo sont rattachées au bureau central à Hanoi ; celles de Thai-nguyen à Bac-ninh, de Ninh-binh à Nam-dinh, de Quang-yen, Hai-duong et Moncay à Haiphong.

Dans les cinq premiers jours de chaque mois, ou plus souvent, si c'est nécessaire, vous enverrez au payeur votre comptabilité qui comprendra : 1° un bordereau de versement dont vous trouverez le modèle ci-joint, et qui récapitule vos opérations de toute nature et les résultats de vos divers carnets ; 2° une copie de votre livre de détail des recettes ; 3° une situation mensuelle des recouvrements ; 4° toutes les pièces justificatives de recettes et de dépenses.

Dans le cas où vos recettes seraient insuffisantes pour faire face aux paiements que vous aurez à prévoir, vous aurez à adresser au payeur chef de service, une demande de fonds de subvention suivant le modèle ci-après (*modèles n° 1 et 2*) indiquant : 1° le montant de votre encaisse en numéraire ; 2° celui de vos recettes présumées de la prochaine quinzaine ; 3° le total des dépenses auxquelles vous avez à faire face ; 4° la somme en chiffres ronds qui vous paraît nécessaire pour assurer le service.

Le montant de l'ordre de versement vous sera envoyé par le payeur auquel est rattachée la perception, et vous lui ferez parvenir sans retard votre quittance à souche.

D'après ce qu'apprendra l'usage du bordereau de versement, (*modèle n° 5*) le montant de vos paiements et de vos versements en numéraire est appliqué en première ligne aux recettes des divers produits que vous aurez perçus, et le reliquat destiné à vous acquitter des avances reçues. Si, en fin d'année, les recettes ne suffisaient pas à couvrir la totalité des subventions, vous auriez à en demander une nouvelle, du montant exact du découvert ; il y aurait là une simple opération d'ordre permettant de solder d'un côté l'année expirée, en portant en dépense le bon de subvention et par suite l'affectation correspondante sur le bordereau de l'exercice plus ancien, et de l'autre côté, nouvelle prise en charge reportée au titre de l'exercice suivant.

S'il vous était impossible d'attendre les quelques délais que nécessiteront les envois de fonds, d'après le procédé ci-dessus décrit, il vous serait loisible de faire au trésor un simple échange de mandats acquittés contre du numéraire. Les mandats ainsi échangés ne figureraient pas sur le prochain bordereau de versement, et le montant en serait déduit du carnet d'enregistrement journalier, avec mention à l'encre rouge du motif de la radiation.

Il y aurait, de la sorte, concordance constante entre le total des paiements inscrits à votre registre et le total (y compris les antérieurs des paiements) qui figure à la récapitulation dans la deuxième page du bordereau de versement; je crois que vous serez rarement dans l'obligation de recourir à ce mode de procéder.

Vous aurez soin, chaque soir, et cela sans qu'aucun motif puisse vous en dispenser, de consigner toutes vos opérations, quelles qu'elles soient, sur les registres de comptabilité dont la nomenclature suit, et vous assurer de l'exactitude de la caisse. Je ne puis pas mieux entrer dans le détail du système de comptabilité que vous allez appliquer, qu'en vous donnant les explications les plus détaillées sur chacune des opérations qui se rattachent aux carnets dont vous allez faire usage, en même temps que je vous indiquerai la manière de tenir ces carnets.

Registres de la perception.

1° Quittancier à souche.
2° Carnet d'enregistrement des titres de perception.
3° Livre de détail des dégrèvements.
4° Livre de détail des recettes locales et diverses.
5° Livre de situation journalière de caisse.
6° Carnet d'enregistrement d'entrée et de sortie des dépenses urgentes.
7° Livre d'enregistrement de dépenses autres que les dépenses urgentes.
8° Carnet des ordres de service et circulaires.
9° Carnet de correspondance.

1° QUITTANCIER A SOUCHES.

(*Modèle n° 4.*)

Le quittancier ou journal à souches est la base de toutes les opérations de recettes effectuées dans la perception.

Tout versement, quelle que soit sa provenance, doit donner lieu à la délivrance d'une quittance extraite du journal à souches

Le quittancier doit être tenu et arrêté par exercice, conformément au modèle ci-joint.

Avant d'employer un nouveau registre, les percepteurs doivent le faire coter et parapher par le résident, suivant une formule qui est imprimée en tête du modèle.

La quittance à laquelle donne lieu chaque versement sans exception, doit être établie en présence de la partie versante, et complétée par l'inscription nécessaire sur le corps du livre, c'est-à-dire par l'indication du numéro de la quittance, de la recette, du nom du redevable, de la nature du produit, et de l'exercice, enfin, s'il y a lieu, du numéro du rôle.

La quittance à détacher doit reproduire les mêmes indications et être remise de suite à l'intéressé.

S'il était demandé un duplicata de quittance, le percepteur se bornerait à délivrer une déclaration de versement à l'encre rouge, sur tel papier qu'il jugera convenable, mais non sur des formules de quittances à souche (*modèle n° 4 bis*).

Il est formellement interdit aux percepteurs de signer à l'avance les quittances attenantes à leur livre à souche.

Les sommes portées dans les diverses colonnes du journal à souche doivent être additionnées par journée, et les totaux journaliers reportés et additionnés de jour en jour, de manière à reproduire exactement les totaux du livre de détail des recettes.

Le quittancier à souche est arrêté en fin d'année, et la série des numéros recommence au 1er janvier de l'année suivante.

Il ne doit être fait aucune rature ni surcharge sur le quittancier ; les erreurs qui résulteraient soit des additions, soit du transport des chiffres de recettes dans la colonne d'un exercice au lieu d'un autre, etc. etc., doivent être rectifiées par augmentation en fin de journée; les chiffres erronés, biffés par un simple trait qui n'empêche pas de les lire, et remplacés immédiatement au-dessous par le chiffre véritable.

2° CARNET D'ENREGISTREMENT DES TITRES DE PERCEPTION.

(*Modèle n° 5*).

Ce carnet est destiné, comme son titre l'indique, à constater la prise en charge, par le percepteur, des rôles d'impôts ou des adjudications de produits dont le recouvrement lui incombe sous sa responsabilité.

Pour les impôts sur rôle, le verso du carnet indiquera pour chaque nature de produit, et sur une feuille distincte, le numéro, la date et le montant de chaque rôle primitif, auquel viendront s'ajouter les rôles supplémentaires de chaque nature. Au recto, on portera chaque mois le total des recouvrements ou des dégrèvements correspondants, de manière à suivre la rentrée de l'impôt. Il va sans dire que si la perception comprend plusieurs centres, les rôles de chaque centre donneront lieu à l'ouverture d'un compte spécial.

Les rôles parviennent au percepteur par l'intermédiaire du payeur de sa circonscription; ils doivent être revêtus de l'approbation du Résident supérieur et, dès leur arrivée, publiés par les soins du Résident ou chef de poste.

Dès la publication, le percepteur envoie à chaque contribuable un premier avis, dont le modèle est ci-joint (*modèle n° 6*) et qui tient lieu d'extrait de rôle, et si le versement n'est pas promptement effectué, il ajoute au bout de quelques semaines, un avertissement sans frais (*modèle n° 7*). Les poursuites ultérieures, si elles sont nécessaires, sont effectuées conformément aux dispositions de l'arrêté local du 21 octobre 1886, et au moyen de l'agent assermenté de la résidence qui remplit les fonctions d'agent de poursuites, en vertu de l'arrêté du 31 mai 1886.

L'approbation du chef de la trésorerie et du Résident supérieur sont indispensables et doivent être mentionnées à la fin de l'état de poursuites.

Il peut se faire que quelques contribuables demandent à se libérer avant la publication du rôle, ou que l'on ait intérêt à faire payer, par exemple, les capitations à des Asiatiques qui se disposent à quitter le pays; dans ce cas la perception a lieu sur bulletin individuel délivré par le Résident. Il en est tenu note à part, de manière à pouvoir annoter, c'est-à-dire émarger le rôle quand il arrive, et, s'il y a lieu, poursuivre le recouvrement en surplus auquel le contribuable pourrait se trouver taxé.

L'émargement des rôles doit se faire non-seulement chaque jour, mais au moment même de la perception; il consiste dans l'inscription, dans la colonne à ce destinée, de la somme payée et de la date du paiement.

La prise en charge des adjudications de produits, tels que fermes diverses, bacs. etc., consiste dans l'analyse du marché, portant indication du montant des termes, de la date des échéances; les paiements sont inscrits immédiatement au-dessous. En cas de retard dans le versement, le percepteur doit aviser immédiatement le résident pour que celui-ci puisse établir un ordre de recette des amendes journalières encourues d'après le marché.

3. LIVRE DE DÉTAIL DES DÉGRÈVEMENTS.

(*Modèle n° 8*)

Ce registre constitue le complément du précédent et peut être ouvert à la suite. Il est tenu d'ailleurs dans la même forme, et consiste simplement dans l'inscription des ordonnances de dégrèvement des impôts directs. Les résultats, comme on l'a vu plus haut, sont reportés en regard de la prise en charge des rôles.

En principe, il ne doit être demandé de dégrèvement qu'après paiement de la contribution. Dans ce cas, le remboursement de la somme payée se fait au moyen d'une formule imprimée ci-jointe (*modèle n° 9*), l'intéressé émargeant aussi la feuille de dégrèvement.

Dans le cas d'erreurs matérielles dans l'établissement des rôles, de disparition du contribuable ou d'insuccès des poursuites, le percepteur doit, dans les premiers jours du 2e semestre, ou à une seconde époque, s'il y a lieu, soumettre au visa du résident, pour être soumis à l'approbation du Résident supérieur, un état des cotes irrécouvrables, comportant en regard de chaque article les motifs de l'irrécouvrabilité.

Les ordonnances de dégrèvement émanent, comme les rôles, du Résident supérieur, et parviennent au percepteur par l'intermédiaire du trésor à qui ils en accusent réception, comme de toutes les pièces reçues.

4° LIVRE DE DÉTAIL DES RECETTES LOCALES.

(*Modèle n° 10.*)

Ce livre est destiné à présenter la situation complète de toutes les recettes perçues, et qui ont donné lieu à la délivrance d'une quittance à souche; il est tenu par exercice conformément au modèle ci-joint. Ce carnet, avant d'être employé, doit être visé et paraphé par le vice-résident par première et dernière pages.

Lorsqu'à la fin de chaque jour, le percepteur a additionné le quittancier à souches, il fait immédiatement le report détaillé, quittance par quittance, sur le livre de détail, en ayant soin que chaque produit ressorte dans la colonne qui lui est destinée. Le total par journée doit être rigoureusement le même que celui du quittancier. Il s'arrête chaque mois et se totalise par le report du mois antérieur.

Une copie littérale du livre à souches (*modèle n° 11*) est envoyée chaque mois au trésor avec le bordereau de versement et la situation des recouvrements (*modèle n° 12*).

5° LIVRE DE SITUATION JOURNALIÈRE DE CAISSE.

(*Modèle n° 13*)

Le percepteur doit faire sa caisse tous les soirs, et constater les résultats de cette opération en détaillant sur le carnet de caisse toutes les valeurs qui constituent son solde et qui doivent être représentées matériellement par du numéraire ou des valeurs en portefeuille.

Le résultat doit représenter rigoureusement le solde à nouveau qui résulte des opérations de la journée, c'est-à-dire de l'addition des recettes au solde de la veille, et de la déduction des dépenses de la journée du solde ainsi obtenu; les déficits qui seraient constatés doivent être comblés immédiatement.

Par dépenses, il faut entendre celles qui sont effectuées sur la présentation de pièces régulières et définitives, c'est-à-dire mandats budgétaires revêtus de la signature du Payeur chef ou de ses préposés, mandats de Trésorerie, mandats-poste métropolitains en francs (à l'exclusion des bons de poste, des mandats internationaux et des mandats-poste en piastres de l'Indo-Chine.)

Les dépenses faites d'urgence sur pièces non encore ordonnancées, rentrent dans la catégorie des valeurs de portefeuille qui font partie de l'encaisse. Elles en disparaissent comme on le verra plus loin, au moment où le mandat budgétaire est porté en dépense.

L'absence de livre journal et de grand-livre met le percepteur dans l'obligation de suivre avec la plus rigoureuse exactitude le solde à nouveau tiré chaque jour. Le chiffre des recettes et des dépenses journalières, qui modifie le nouveau solde, doit être exactement celui qui résulte du livre de détail des recettes et du carnet d'enregistrement des dépenses Toute négligence dans les centièmes, toute différence en plus ou en moins, quelque minime qu'elle soit, entraînerait en fin de mois des écarts qui donneraient lieu à de longues recherches, et dont on ne pourrait que difficilement s'expliquer la provenance.

6° CARNET DES DÉPENSES URGENTES

(*Modèle n° 14*)

Les dépenses urgentes sont celles qui, en vertu de décisions diverses et notamment des arrêtés locaux des 23 septembre 1886, 25 juin, 16 juillet et 2 août 1887, sont susceptibles d'être payées avant ordonnancement, sur le vu de simples ordres de paiement ou même de quittances ou factures sur papier libre.

Ces dépenses sont enregistrées jour par jour sur un carnet dont le modèle est ci annexé. Tous les quinze jours, il sera établi un bordereau en double expédition des paiements de cette nature qui sera remis avec les pièces au résident chef de poste chargé de le faire parvenir au Résident supérieur.

Les dépenses urgentes figurent sur la situation de caisse après le détail du numéraire dans les valeurs de portefeuille; en effet, le numéraire sorti de la caisse pour ces paiements provisoires s'y trouve représenté soit par les quittances même de la quinzaine courante, soit pour les quinzaines antérieures, par les duplicata rendus par le résident et visés par lui, des bordereaux de dépenses urgentes qu'il a envoyées au mandatement de la Résidence supérieure et dont la régularisation n'est pas encore effectuée.

Les mandats de régularisation sont établis au nom du comptable qui a effectué le paiement; dès que celui-ci est en possession des mandats, il s'en porte en dépense et inscrit, en regard de chaque pièce de dépense urgente payée, la date de sa régularisation, en même temps qu'il en diminue le montant, et du total du carnet d'enregistrement, et du livre de caisse.

Le carnet d'enregistrement des dépenses urgentes doit, au moyen de ces déductions périodiques, comprendre à son total uniquement les dépenses non régularisées, celles en un mot qui comptent encore aux valeurs de porte-feuille. C'est un carnet d'entrée et de sortie. Sa tenue doit appeler plus spécialement l'attention du percepteur, car c'est dans les doubles emplois qui pourront résulter de la non-radiation des dépenses urgentes régularisées par des mandats budgétaires, ou dans une confusion parmi les valeurs régularisées que proviendront presque toutes les erreurs du service.

De plus, il arrive souvent que les mandats de régularisation, envoyés pour soldes des dépenses comprises dans un même bordereau d'envoi, ne représenteraient par exactement le montant de ce bordereau, soit que les régularisations incombent à divers ordonnateurs qui peuvent n'avoir pas terminé leur travail en même temps, ou que quelques dépenses soient ordonnances pour un chiffre rectifié, etc; on devra donc ne pas déduire en bloc du carnet d'enregistrement le montant total d'un bordereau, mais avoir bien soin d'émarger les paiements d'urgence un à un, et si l'un d'eux était régularisé pour une somme inférieure à celle pour laquelle il a été payé, par faire la différence en numéraire, quitte à réclamer la somme ainsi reversée dans la caisse à la personne qui aurait perçu en trop.

7° LIVRE D'ENREGISTREMENT DES DÉPENSES.

Ce livre est destiné à l'enregistrement de tous les mandats définitifs payés par la perception.

Les mandats doivent être inscrits chaque soir, et les journées reportées jusqu'à la fin du mois, puis les mois additionnés entre eux par le report des mois antérieurs.

Il y a lieu d'inscrire également sur ce carnet, en en comprenant le montant dans le total des dépenses, les versements en numéraire que le percepteur aura à faire.

Je crois utile de vous donner ici quelques indications sommaires sur les conditions que doivent présenter les mandats que vous avez à payer, afin de vous prémunir contre les paiements irréguliers dont vous êtes responsables.

Visa. — Aucun mandat budgétaire ne peut être payé par un percepteur s'il n'est revêtu du visa du payeur chef de service ou de ses préposés. Si le visa est conditionnel, c'est-à-dire si une retenue à effectuer par suite d'opposition juridique, de précompte, etc, doit être effectuée, il y a lieu de porter en dépense seulement la somme réellement payée. Il en est de même pour les retenues 3 et 5 % et pour pensions civiles. Le percepteur n'a jamais à se porter en dépense que de la somme nette, c'est-à-dire de la somme réellement payée.

Si la quittance est donnée en caractères étrangers, la signature doit être traduite et certifiée par le résident, qui appose le cachet de la résidence à côté de sa propre signature.

Si le mandat est émis au profit d'un agent de paiement dont le nom n'est pas indiqué, sa signature doit être précédée de la mention de sa qualité.

Pour les illettrés, si la somme à payer est inférieure à 150 francs, il y a lieu de faire le paiement en présence de deux témoins, en remplaçant l'acquit par la mention suivante :

« La partie prenante ayant déclaré ne savoir signer, a été payée en présence des témoins soussignés. » Le percepteur signe à côté des témoins.

Si la somme à payer dépasse 150 francs, il y a lieu de faire établir, par le résident, une quittance administrative suivant une formule insérée au formulaire des chancelleries. Cette quittance est gratuite. Elle remplace l'acquit et se joint au mandat au bas duquel, à la suite de la date du paiement, le percepteur se borne à mentionner « quittance administrative. »

Les mandats budgétaires ne doivent pas être payés après l'expiration de l'exercice. L'exercice est clos, pour le budget du Protectorat, le 30 juin de la 2e année, pour les avances au service marine le dernier jour de février, mais ces dates ne concernent que le bureau central; dans les perceptions les mandats cessent d'être payés dix jours avant l'expiration de l'exercice.

Dans le cas où un mandat porterait un visa conditionnel, c'est-à-dire sur production de pièces d'hérédité, de procurations, etc, etc, le percepteur devrait réclamer ces pièces, et pour plus de sûreté, les faire vérifier au trésor avant d'effectuer le paiement.

Les mandats-poste métropolitains en francs demandent une attention spéciale. Avant de les payer, le percepteur doit s'assurer qu'ils ne présentent aucun grattage ni surcharge ; que la somme inscrite sur les filets est exactement représentée par les chiffres découpés en marge pour ceux qui sont inférieurs à 300 francs, ou par une inscription en chiffres s'ils sont supérieurs; que les timbres à date ou horizontaux sont apposés ; tous les chiffres latéraux oblitérés, et surtout qu'ils n'ont pas neuf mois de date.

Les mandats destinés aux sous-officiers, soldats et marins, sont payables à des vaguemestres porteurs d'une commission émanant du chef de corps ou du conseil d'administration.

Le vaguemestre est tenu d'inscrire sur son carnet tous les mandats qu'il présente au paiement ; chaque fois que ce carnet est apporté au comptable, celui-ci doit s'assurer que tous les mandats payés précédemment sont émargés par les destinataires, et que le livret est visé de temps en temps par le chef de corps. De plus, si le vaguemestre est porteur de plus de dix mandats, il est tenu de les remettre au percepteur accompagnés d'un bordereau récapitulatif.

Il pourra être donné suite, sur la demande des intéressés, au paiement de mandats-poste irréguliers, dans les cas ci-après, et dans les conditions déterminées pour chaque cas :

1° *Absence de timbre d'origine.* On peut payer sur la présentation de la lettre particulière contenant le mandat envoyé, en inscrivant en regard de l'acquit cette mention ; « payé sur le vu de la lettre d'envoi timbrée de....le....

2° *Défaut de concordance entre la somme en toutes lettres et les chiffres latéraux.* On peut payer la somme la plus faible, si le destinataire y consent, la relater en regard de l'acquit, et aviser le payeur de la circonscription de l'irrégularité constatée sur le mandat, qui doit être signalée d'une manière spéciale dans le versement.

3° *Indication inexacte du nom du destinataire.* Ajouter à la suite de l'acquit la mention « payé en présence des soussignés qui ont attesté que M.... est le véritable destinataire »; pour les militaires, cette mention doit émaner du capitaine commandant la compagnie.

4° *Mandats ayant plus de neuf mois de date.* Les mandats de cette nature peuvent être renvoyés aux payeurs qui provoquent de la part de l'administration des postes un visa pour date permettant de payer.

Une fois les paiements de mandats-poste effectués, les percepteurs doivent inscrire la somme payée sur les filets de droite réservés à cet effet.

Enfin, il ne faut pas perdre de vue que ni les bons de poste à somme fixe, ni les mandats-poste internationaux, ni les mandats en piastres délivrés en Indo-Chine, ne sont payables dans les perceptions.

Rien de particulier pour le paiement des mandats de trésorerie émis par le Payeur chef ou ses préposés. Ces mandats sont en général au nom de commandants des détachements de troupes. Ils sont assignés directement payables sur une caisse déterminée; s'ils sont présentés dans une autre, le percepteur peut demander, pour sa garantie, la communication de l'avis du mandat, qui, actuellement, reste au trésor; mais il y a lieu, dans tous les cas, de bien s'assurer de l'idendité de la partie qui se présente. Car des mandats de cette nature s'égarent facilement et peuvent tomber entre les mains d'individus qui essayent de s'en approprier le montant.

Il est recommandé expressément à tous les comptables qui effectuent des versements, soit à des corps de troupe, soit à des officiers isolés ou commandants de détachement, d'inscrire le paiement sur le carnet de solde.

Enfin les percepteurs auront soin, aussitôt qu'ils ont payé un mandat quelconque, d'y apposer un timbre semblable à celui dont le facsimilé est ci-dessous; cette précaution est très-utile pour éviter les doubles paiements.

8. CARNET DES ORDRES DE SERVICE ET DES CIRCULAIRES.

Ce carnet est destiné à assurer, dans chaque perception, quelques changements de titulaire qu'elle subisse, la continuation d'une marche uniforme du service. Toutes les circulaires, tous les ordres de service, y seront copiés in extenso et autant que possible à mi-marge, pour permettre les annotations postérieures.

Aussitôt qu'une circulaire de la trésorerie aura été copiée, elle devra être renvoyée au payeur chef avec la mention suivante: Le percepteur de ... certifie avoir inscrit la présente circulaire sur son régistre spécial ».

A chaque remise de service, il devra être fait une mention spéciale de la remise du carnet des circulaires.

9. CARNET DE CORRESPONDANCE.

Le percepteur doit donner un numéro à tous ses envois de pièces, de notes ou de correspondance.

Les lettres peuvent être ou inscrites en sommaire, ou copiées intégralement, si on a intérêt à en conserver une trace complète; la série des numéros recommence au 1er janvier de chaque année.

Vous n'aurez à tenir, pour toute votre comptabilité, que les neuf carnets qui précèdent, et vous remarquerez que, pour la plupart, ils se contrôlent les uns les autres; c'est ainsi que le quittancier à soucesh et le livre de détail des recettes doivent donner constamment des totaux identiques. Le livre de caisse, par le solde qu'il présente en fin de mois, contrôle à son tour les régistres de recettes et le carnet d'enregistrement des dépenses; en effet, si l'on ajoute au solde en caisse au dernier jour d'un mois, les recettes du mois suivant, et qu'on en déduise les dépenses, la différence donne exactement le solde en caisse à la fin du mois.

Le carnet des dépenses urgentes se contrôle aussi par le livre de caisse, puisque le solde de ce carnet, une fois les mandats régularisés déduits, doit donner le montant de ces valeurs comprises sur les situations de caisse. Enfin, le bordereau de versement dont il va être parlé, et qui n'est, en somme, que la balance des opérations mensuelles, vient compléter ce contrôle de la façon la plus efficace, en résumant le total des opérations faites au titre de chacun des comptes de dépenses ou de chacun des produits.

BORDEREAU DE VERSEMENT

(modèle n° 3)

Ce bordereau doit être envoyé en double expédition au payeur qui centralise la perception, dans les dix premiers jours du mois, avec la situation des recouvrements et la copie du livre de détail des recettes. Le percepteur en conserve une minute littérale

La première et la 4e page contiennent le détail des mandats payés pendant le mois précédent, et les envois matériels de numéraire; ce n'est que la copie du régistre n° 7. La première page contient en outre le détail de la situation de caisse au dernier jour du mois.

Les pages intérieures 2 et 3, contiennent plusieurs tableaux dont le plus grand est divisé en 12 colonnes; la 1re indique la nature des produits; les 2e et 3e sont la reproduction du carnet d'enregistrement des titres de perception et de celui des dégrèvements; la 4e fait ressortir la somme à percevoir.

Pour les produits autres que ceux sur rôle ou provenant de marchés, il y a identité entre les chiffres des encaissements et celui des prises en charge.

Les colonnes 5, 6 et 7, sont affectées à la reproduction du livre de détail des recettes; la 8e représente la différence entre les colonnes 7 et 4.

Les colonnes 9, 10 et 11 servent à indiquer le détail du versement de chaque produit; enfin la 12e, qui est la différence des colonnes 8 et 11, indique la somme restant en caisse à la fin de chaque mois.

Le petit tableau de droite est réservé aux recettes d'ordre ou opérations de trésorerie. Les percepteurs remarqueront qu'ils doivent prêter leur concours au trésor en même temps qu'aux habitants de leur résidence pour les transmissions de fonds relatives aux demandes de traites, de mandats à la caisse centrale, d'achats de rente, ainsi que pour les versements à la caisse des dépôts. En raison de la difficulté des communications, de l'application d'une taxe additionnelle et de la rareté des relations avec le trésor, les percepteurs ne prêteront pas leur concours pour la transmission de fonds destinés à la délivrance de mandats-poste sur la métropole. Le total des opérations de trésorerie vient s'ajouter, mais à part, et après le total des produits directs, aux résultats du grand tableau. Il doit être délivré des quittances à souche pour chacun de ces versements.

Les dépôts des soumissionnaires sont ceux que les concurrents à une adjudication peuvent, en vertu du cahier des charges, être appelés à verser avant l'adjudication. Le remboursement en sera fait par le percepteur à ceux qui ne sont pas astreints au dépôt définitif. Le président de l'adjudication autorise le remboursement par une mention au dos de la quittance à souche; la partie prenante acquitte à côté. De même que les versements concourent à l'augmentation du total de la colonne n° 11, les remboursements sont compris parmi les dépenses des 1re et 4e pages. Si l'adjudicataire définitif doit verser son cautionnement à la caisse des dépôts et consignations, sa quittance à souche figure néanmoins acquittée aux dépenses, mais le montant du versement est indiqué avec une fiche détaillée à l'appui, à la sixième ligne du tableau *Versement à la caisse des dépôts.*

Enfin, une récapitulation placée au bas de la 2e page exprime l'opération dont j'ai parlé à la fin des explications sur l'emploi des carnets, et par l'addition des recettes du mois avec les recettes antérieures et la déduction faite du total des dépenses, donne le chiffre du solde, qui doit, au dernier jour du mois, se trouver représenté dans la caisse en numéraire et en dépenses urgentes non régularisées.

Le payeur chef du service de la trésorerie,
GUILLAUMOT.

Approuvé :
BRIÈRE.

N° 4. — ARRÊTÉ *supprimant les caisses de fonds d'avance à Hung-hoa et Tuyen-quang, et créant des perceptions dans ces postes.*

22 janvier 1890

Article premier. — Les caisses de fonds d'avance de Hung-hoa et de Tuyen-quang sont supprimées à compter du 1er février 1890.

Art. 2. — Il est institué dans chacun de ces postes un emploi de percepteur qui sera confié à un des agents de la vice-résidence.

Art. 3. — Les commis chargés de la perception recevront une indemnité annuelle de responsabilité de deux cents piastres.

Art. 4. — Toutes les dispositions prises par l'arrêté du 29 juin 1889, ainsi que les instructions contenues dans la circulaire du 30 juin suivant, sont applicables aux vice-résidences de Hung-hoa et de Tuyen-quang.

Art. 5. — Le 31 janvier 1890 au soir, les gérants des deux caisses de fonds d'avance feront remise au percepteur, qui en donnera décharge par une quittance à souche, du numéraire existant dans leur caisse.

Il sera dressé procès-verbal de l'opération en triple expédition.

Les gérants des caisses d'avances demeurent chargés de la régularisation de toutes les opérations faites antérieurement à la remise de leurs caisses.

Art. 6. — Le Résident supérieur au Tonkin, le Commissaire général, chef des services administratifs, et le Payeur chef du service de la trésorerie, sont chargés, chacun en ce qui le concerne, de l'exécution du présent arrêté.

PIQUET.

N° 5. — ARRÊTÉ *créant une perception au chef-lieu du dao du Bay-say.*

10 avril 1890.

Article premier. — Il est créé à Ban-yen-Nhan, province du Bay-say, une perception qui relèvera du payeur de Hanoi.

Art. 2. — M. Espeut, commis de 2e classe, est nommé percepteur à Ban-yen-Nhan. Il jouira en cette qualité d'une indemnité mensuel le de 10 $ 00.

Art. 3. — M. le vice-résident du dao du Bay-say et M. le Payeur de Hanoi sont, chacun en ce qui le concerne, chargés de l'exécution du présent arrêté.

BRIÈRE.

N° 6. — ARRÊTÉ *créant une perception au siège de la province du Thai-binh.*

28 mai 1890.

Article premier. — Il est créé à Kiên-xuong, siège de la vice-résidence du Thai-binh, une perception qui relèvera de M. le Payeur de Nam-dinh.

Art. 2. — L'emploi de percepteur sera confié à un agent de la vice-résidence, lequel aura droit à une indemnité annuelle de responsabilité de deux cents piastres.

Art. 3. — Toutes les dispositions prises par l'arrêté précité du 29 juin 1889 ainsi que les instructions contenues dans la circulaire du 30 juin suivant, sont applicables à la vice-résidence de Thai-binh.

Art. 4. — Un fonds de subvention qui ne pourra être supérieur à deux mille piastres, sera mis à la disposition de M. le percepteur du Thai-binh, pour lui permettre d'assurer le paiement des dépenses jusqu'au moment où sa caisse sera suffisamment alimentée par ses propres recouvrements.

Art. 5. — Le chef du service de la trésorerie et le vice-résident du Thai-binh, sont chargés, chacun en ce qui le concerne, de l'exécution du présent arrêté.

BONNAL.

N° 7. — ARRÊTÉ *créant une perception au siège du dao de My-duc.*

5 juin 1890.

Article premier. — Il est créé à Ba-tha, siège du dao de My-duc, une perception qui relèvera de M. le payeur de Hanoi.

Art. 2. — L'emploi de percepteur sera confié à l'un des agents détachés auprès de M. le vice-résident chargé de la direction du dao. Cet agent aura droit à une indemnité annuelle de responsabilité dont le chiffre sera fixé ultérieurement.

Art. 3. — Toutes les dispositions prises par l'arrêté précité du 29 juin 1889 ainsi que les instructions contenues dans la circulaire du 30 juin suivant, sont applicables à la vice-résidence de My-duc.

Art. 4. — Le chef du service de la trésorerie et le vice-résident détaché au dao de My-duc sont chargés, chacun en ce qui le concerne, de l'exécution du présent arrêté.

BONNAL.

VOY. : Fonds d'avance. — Dépenses urgentes. — Trésor.

Permis de chasse. — VOY. : Chasse. — Port d'armes.

Personnel. — VOY. : Interprètes. — Organisation administrative.

Phare et ancrage (Droits de). — VOY. : Impôts. — Navigation. — Ports de commerce.

Pharmacies, pharmaciens.

N° 1. — DÉCISION *réglementant l'exercice de la pharmacie en Annam et au Tonkin.*

30 novembre 1884.

Article premier. — Tout pharmacien ayant officine ouverte ou qui désire exercer sa profession en Annam et au Tonkin, sera tenu d'adresser copie légalisée de son titre à l'autorité administrative du Protectorat.

Art. 2. — Les pharmaciens non pourvus du titre exigé par la loi du 21 germinal an XI pourront être autorisés à ouvrir des officines de pharmacie, s'ils justifient de leurs connaissances devant un jury d'examen institué comme ci-après.

Ils devront, avant tout, faire le dépôt, à la résidence, des pièces justifiant des inscriptions et du stage exigés par le décret du 22 août 1854.

Art. 3. — Le jury d'examen sera composé d'un docteur en médecine et de deux pharmaciens universitaires de 1re classe désignés par le chef du service de santé.

Autant que possible, ce jury sera présidé par le chef dudit service.

Art. 4. — Les examens seront passés dans la forme prescrite par les articles 15 et 16, titre III de la loi du 21 germinal an XI. Le jury délivrera, s'il y a lieu, aux postulants, le diplôme nécessaire pour exercer au Tonkin et en Annam.

Ce diplôme sera soumis à l'approbation du ministre plénipotentiaire, Résident général, enregistré au greffe du tribunal de la résidence du lieu d'exercice, et rendu public par la voie du *Bulletin officiel du Protectorat.*

La prestation de serment sera reçue par le résident.

Art. 5. — A partir de l'établissement d'un pharmacien ayant justifié des capacités exigées, nulle autre personne ne pourra fournir de médicaments composés, de compositions ou préparations pharmaceutiques, sous peine de cent à cinq cents francs d'amende. Le commerce en gros des drogues simples est librement autorisé, mais sans qu'il soit possible d'en débiter aucune au poids médicinal.

Art. 6. — Les pharmaciens ne pourront livrer et débiter les préparations médicinales ou drogues composées quelconques, que d'après la prescription qui en sera faite par des médecins, chirurgiens, officiers de santé ou vétérinaires, et sur leur signature. Ils ne pourront vendre aucun remède secret. Ils se conformeront, pour les préparations et compositions qu'ils devront exécuter et tenir dans leurs officines, au formulaire pharmaceutique connu sous le nom de *Codex medicamentarius.* Ils ne pourront faire, dans les mêmes lieux ou officines, aucun autre commerce ou débit que celui des drogues et préparations médicinales.

Ces dispositions ne sont pas applicables aux pharmaciens droguistes et épiciers indigènes ou chinois, lesquels cependant ne pourront avoir, dans leurs boutiques, ou mettre en vente des médicaments de fabrication européenne, qui sont exclusivement réservés aux officines des pharmaciens européens, sous peine d'une amende qui sera prononcée par le mandarin de la province chargé de la justice. Les médicaments seront, en outre, saisis et confisqués.

Art. 7. — Le Directeur des affaires civiles et politiques est chargé de l'exécution de la présente décision.

G. LEMAIRE.

N° 2. — DÉCISION *prescrivant aux pharmaciens ayant officine ouverte au Tonkin de ne pas quitter leurs résidences sans l'autorisation du Résident général, et les obligeant à se faire remplacer, en cas de congé, par un élève agréé par le Conseil de santé.*

29 août 1885.

Rapportée par décision du 27 février 1886.

N° 3. — DÉCISION *abrogeant celle du 29 août 1885 et promulguant les lois du 21 germinal an XI et les décrets des 9 octobre 1846 et 7 juillet 1850, portant réglementation des officines de pharmaciens.*

27 février 1886.

Article premier. — Est abrogée la décision du 29 août 1885.

Art. 2. — Sont promulguées dans toute l'étendue de l'Annam et du Tonkin, les lois du 21 germinal an XI et les décrets des 29 octobre 1846 et 8 juillet 1850, portant réglementation des officines de pharmacie.

Art. 3. — Aucun pharmacien autorisé à tenir une officine au Tonkin ou dans l'Annam ne pourra, sous peine de voir fermer sa maison, quitter le pays sans avoir présenté à l'administration un pharmacien diplômé qui prendra sa place.

Art. 4. — Le directeur des affaires civiles et politiques est chargé de l'exécution de la présente décision.

WARNET.

VOY. : Médicaments.

Pilotage, Pilotes.

N° 1. — DÉCISION *réglementant la station des pilotes à Haiphong*

21 novembre 1883.

TITRE I.

Personnel et Matériel.

Article premier. — Le service des pilotes est dirigé par le lieutenant de vaisseau directeur de port.

Art. 2. — La station de Haiphong comprend 5 pilotes et 1 aspirant; il peut y avoir en outre 2 élèves pilotes.

Chaque pilote doit posséder un bateau de 8 à 10 tonneaux, monté par 3 hommes, et muni d'un rôle d'équipage; le bateau doit porter sur sa grande voile, le signe H., suivi de son n°.

L'ancre doit avoir 1 mètre, et les caractères 50 centimètres de hauteur.

TITRE II.

Recrutement des pilotes.

Art. 3. — Nul ne peut être élève pilote s'il n'est Français, âgé de 24 ans accomplis et moins de 40, et s'il ne compte au moins 4 annés de navigation.

Les élèves pilotes sont nommés par le commandant de la flottille, sur la présentation du directeur du port.

Ceux d'entre eux qui réunissent 9 mois au moins d'embarquement en qualité d'élèves sur un bateau-pilote de Haiphong, et qui ont satisfait à l'examen prescrit par l'art 5, ont le droit exclusif d'être nommés à l'emploi d'aspirant pilote.

Pour leur permettre de remplir cette condition d'embarquement, les élèves pilotes ont le droit d'embarquer successivement sur chacun des bateaux de la station, pour une période de 3 mois, et dans l'ordre indiqué par le directeur du port; ils ont droit, pendant ce temps-là, à la nourriture du matelot européen, à une solde minima de dix piastres par mois, et font partie de l'équipage réglementaire du bateau sur lequel ils sont embarqués.

Cet embarquement n'est pas obligatoire pour eux, mais pour ne pas être déchus de leur titre, les élèves devront toujours compter 3 mois au moins d'embarquement à bord d'un des bateaux pilote, sur douze mois consécutifs.

Art. 4. — L'aspirant pilote est choisi par M. le Commissaire général parmi les élèves pilotes admissibles à l'examen, et sur la présentation du commandant de la flottille.

Il remplace les pilotes absents ou empêchés.

Lorsque les pilotes sont au complet, il embarque, à tour de rôle, sur chacun des bateaux pour une période de 3 mois; il reçoit alors, de la caisse du pilotage, une solde fixe et mensuelle de soixante piastres, sur laquelle il pourvoit lui-même à sa nourriture.

Il ne fait pas partie de l'équipage du bateau sur lequel il est embarqué, et peut en être détaché pour tout service auquel le directeur du port jugerait à propos de l'employer.

En l'absence de pilote, il a le droit de piloter un bâtiment, et ne peut plus être démonté dès que son service est commencé; il ne touche toutefois que le tiers du prix du pilotage, les deux autres tiers reviennent, l'un au bateau sur lequel il est embarqué, l'autre à la caisse du pilotage. S'il n'était pas embarqué à ce moment là, il partagerait le pilotage par moitié avec la dite caisse.

Lorsque l'aspirant pilote remplace l'un des pilotes de la station, ce dernier est tenu de mettre son bateau à l'entière disposition de son remplaçant; il continue à en supporter tous les frais et touche, comme indemnité, le tiers des pilotages effectués par l'aspirant pilote, auquel reviennent alors les deux autres tiers.

L'aspirant pilote est nommé titulaire dès qu'une vacance vient à se produire parmi les pilotes de la station.

Art. 5. — Dans le mois qui suit une vacance dans l'emploi d'aspirant pilote, le commandant de la flottille provoque la nomination de la commission qui doit examiner les élèves pilotes remplissant les conditions nécessaires pour obtenir cet emploi.

Cette commission se compose :

D'un capitaine de frégate ou lieutenant de vaisseau, président,

D'un lieutenant ou enseigne de vaisseau ;

D'un capitaine au long cours et de deux pilotes.

L'examen porte sur les matières désignées ci-après :

Première Partie.

Connaissance des passes de Haiphong: Cua-cam, Cua-namtrieu, Vang-chau; dangers, balisages, feux, alignements, limites du louvoyage; courants de marée, vents et courants généraux; entrée à la Cac-ba; entrée de la baie d'Along. — Coefficient. 4

IIe Partie

Manœuvres d'un bâtiment à voile et à vapeur; règlement d'abordage. — Coefficient 2

Il sera donné une note unique pour chaque partie.

Le Directeur du port donne, en outre, une note d'ensemble, conduite et moralité, dont le coefficient sera 3.

Les notes seront données de 0 à 20. Lorsque la somme de leur produit par les coefficients indiqués donnera un total de 135 points, le candidat qui aura obtenu ce nombre de points, sans que l'une des trois notes ait été inférieure à 12, sera déclaré admissible.

La liste des candidats admissibles, dressée d'après le nombre des points obtenus, sera transmise au commandant de la flottille, qui l'adressera au Commissaire général, en y joignant son appréciation personnelle.

TITRE III.

Règles et limites du pilotage.

Art. 6. — Les bateaux pilotes croisent entre la Cac-ba et l'île de Hong-dau. Ces deux points leur servent de lieu de stationnement, suivant la mousson.

Dès qu'un pilote aperçoit un navire, il doit courir à sa rencontre, et s'il y en a plusieurs en vue, se rendre au premier qui se présente, sans tenir compte de ses dimensions. Toutefois, la préférence doit être donnée d'abord aux navires portant le pavillon postal, puis aux navires de guerre.

Le pilote, en arrivant à bord, s'entend avec le capitaine pour continuer sa route ou attendre l'heure favorable. Si le navire est retardé par une cause indépendante de sa volonté, il est alloué au pilote cinq piastres par jour de retard; si le retard a lieu au contraire par le fait du pilote, le capitaine peut demander au directeur du port que la même retenue soit exercée sur les frais de pilotage.

La limite du pilotage à la sortie, est donnée, pour la Cuacam et le Cua-nam-Trieu, par le parallèle du grand mirador dépassé au sud, et pour la Cac-ba, par le méridien du point R dépassé à l'est.

Tout bâtiment qui se rend à Haiphong est tenu de prendre un pilote et de l'attendre, s'il est en vue. Toutefois, si par une circonstance quelconque, un bâtiment ayant demandé un pilote il ne s'en est pas présenté, le capitaine peut, sous sa responsabilité, continuer sa route immédiatement. Si aucun pilote ne se présente avant l'arrivée à la bouée blanche, le bâtiment ne devra pas de frais de pilotage.

Les pilotes ne sont tenus de conduire à la baie d'Along que les bâtiments de l'État ou frêtés par l'État; l'usage des pilotes, est facultatif pour les capitaines de ces bâtiments.

Est également facultatif l'emploi d'un pilote pour les mouvements sur rade d'Haiphong.

Art. 7. — Il y a ordinairement deux pilotes à la mer et deux pilotes à Haiphong; le cinquième, dit pilote de corvée, se tient à la disposition du directeur du port, qui le fait stationner, soit à Haiphong, soit à Hong-dau, suivant les prévisions des besoins du service.

Un tableau, indiquant par semaine le poste de chaque pilote, est affiché à la direction du port.

Ce tableau est dressé ainsi qu'il suit.

	PILOTES A LA MER	PILOTES A HAIPHONG	PILOTES DE CORVÉE
Première semaine	A. B	C. D	E
Deuxième »	C. D	E. A	B
Troisième »	E. A	B. C	D
Quatrième »	B. C	D. E	A
Cinquième »	D. E	A. B	C

Les mutations s'effectueront le jeudi matin.

Ceux des pilotes qui sont de service à la mer ne s'en vont qu'après avoir été relevés; le pilote qui prend la corvée ne remonte qu'après l'arrivée des deux pilotes de Haiphong, et s'ils ne lui ont pas porté d'ordre contraire.

En prenant comme en quittant le service, les pilotes se présentent à la direction du port.

Il existe un tour pour le départ de Haiphong; il n'en existe pas pour l'arrivée. Toutefois, le pilote de corvée ne prend un bâtiment qu'autant que les deux pilotes de la station sont déjà partis.

L'aspirant pilote ne peut prendre un bâtiment qu'après le départ du pilote de corvée.

Il est formellement interdit aux pilotes de faire cause commune.

TITRE IV

Discipline

Art. 8. — Les pilotes qui auront enfreint les prescriptions du présent règlement, ou auront été l'objet d'une plainte reconnue fondée de la part des capitaines, ceux qui, enfin, n'auraient pas exécuté les ordres du directeur du port, seront passibles des peines suivantes: l'amende, la suspension, la révocation.

Le directeur du port peut prononcer, sans appel, l'amende jusqu'à 30 piastres, et la suspension pour 15 jours.

Le commandant de la flottille prononce, sans appel, l'amende jusqu'à 60 piastres et la suspension pour un mois.

La suspension prolongée au-delà d'un mois est prononcée, sur la proposition du commandant de la flottille, par le commissaire général.

Le pilote est entendu dans ses moyens de défense, qu'il peut présenter par écrit, et qui devront être joints au rapport.

La révocation est prononcée dans la même forme, après avis conforme d'un conseil d'enquête nommé par le commissaire général. Les pilotes suspendus restent à la disposition du directeur du port; il peut les employer, si les besoins du service l'exigent; ils ne touchent, dans ce cas, que les deux-tiers des frais de pilotage dont le restant est versé à la caisse du pilotage

TITRE V.

Permissions, congés.

Art. 9. — Des permissions d'absence peuvent être accordées aux pilotes, lorsque les exigences du service le permettent, jusqu'à 10 jours par le directeur du port, jusqu'à un mois par le commandant de la flottille.

Des congés, dont la durée peut aller de un à six mois, peuvent leur être accordés par le Commissaire général, à raison d'un par an, et se renouveler en suivant l'ordre d'ancienneté de séjour au Tonkin, tous les cinq ans.

Art. 10. — Tout pilote qui dépasse, sans raison de force majeure, les limites de sa permission ou de son congé, est passible des peines énoncées ci-dessus.

Si l'absence illégale dure au-delà d'un mois, il perd de droit son emploi de pilote titulaire, et il est remplacé par l'aspirant pilote dont il prend lui-même la place.

Au cas où l'absence illégale se prolongerait au-delà de trois mois, le pilote qui s'en est rendu coupable est définitivement rayé des cadres, et il est procédé à la nomination d'un nouvel aspirant pilote; en tous cas, son bateau reste à la disposition de son remplaçant, moyennant le tiers des pilotages effectués, jusqu'à ce qu'il ait été possible de s'en procurer un nouveau; après quoi, si le propriétaire n'en reprend pas possession, il est procédé au désarmement du bateau par les soins du commissaire à l'inscription maritime.

TITRE VI.

Caisse de pilotage.

Art. 11. — Il est formé une caisse de pilotage dont les ressources comprennent :

1. Une cotisation de 12 piastres par mois versée par chaque pilote.
2. Le produit des amendes infligées.
3. Les fractions de pilotage réservées par le présent règlement.
4. Les dons et legs autorisés par M. le commissaire général.
5. Les revenus de capitaux que la caisse peut être autorisée à employer en rentes sur l'État.

Elle a, comme dépense obligatoire, la solde de l'aspirant pilote, quand celui-ci ne remplace pas un pilote titulaire, ou ne se trouve pas dans une position d'absence.

Elle peut servir, dans la limite de ses ressources, à indemniser un pilote d'avaries graves ou perte de son bateau, et enfin, suivant le développement qu'elle prendrait, elle pourrait être autorisée à s'organiser en caisse de secours.

Art. 12. — L'allocation et le montant des indemnités et secours sont réglés par une commission chargée d'une manière permanente de la surveillance de la caisse, et composée ainsi qu'il suit :

Le directeur du port, président, avec voix prépondérante ;
Un officier du commissariat.
Deux pilotes, à la nomination de leurs collègues.

Ces pilotes ainsi qu'un suppléant, sont nommés en fin de chaque année, pour l'exercice suivant.

Les fonds de la caisse de pilotage sont déposés au trésor et peuvent être employés à un achat de rentes sur l'État. Les fonds sont la propriété indivise des pilotes; le nouveau promu prend les droits de son prédécesseur.

TITRE VII

Dispositions diverses.

Art. 13. — Les pilotes s'engagent, par serment, à la stricte observation des règlements du port; ils ont le droit de dresser procès-verbal de toute infraction à ces règlements, ainsi que de tous actes qui leur paraîtraient de nature à compromettre le bon entretien du balisage et la sécurité de la navigation.

Ils doivent sonder fréquemment, dans leurs stations et sur les passes, et rendre compte, au directeur du port, des variations de fonds et et en général de tout ce qui pourrait intéresser le service du pilotage.

Ils se mettent à la disposition du directeur du port, eux et leurs bateaux, pour tout ce qui concerne le ravitaillement des postes et phares, ou des bateaux-feux.

Ils obéissent également à toutes ses réquisitions en ce qui concerne les secours à porter aux navires en danger.

En cas de typhon, les pilotes présents à Haiphong doivent immédiatement et sans autre ordre, se rendre à la direction du port ; lorsqu'ils sont éloignés de Haiphong, ils doivent, en pareil cas, se souvenir qu'ils doivent à tous l'exemple de l'abnégation et du dévouement, et s'efforcer de porter aux bâtiments en détresse tous les secours qui leur sont possibles.

Art. 14 — Le décret du 12 décembre 1806, contenant règlement sur le service du pilotage, est déclaré promulgué au Tonkin, et exécutoire en tout ce qu'il n'aura pas de contra au présent règlement, lequel sera mis en vigueur à partir du (1).

TARIF DU PILOTAGE

Entrée ou sortie de Haiphong à la mer, ou réciproquement, par le Cua-cam.

Voiliers non remorqués, par mètre de tirant d'eau	12 »
Voiliers remorqués ou vapeur	—	8 »

Entrée ou sortie du Cua-nam-trieu, jusqu'à un mille au sud de Van-chau.

Voiliers non remorqués, par mètre de tirant d'eau		9 »
— remorqués ou vapeurs	—	6 »

De la mer à Haiphong, par le Cua-nam-Trieu et le Vang-chau.

Voiliers non remorqués, par mètre de tirant d'eau		15 »
— remorqués ou vapeurs	—	10 »

Passer le Vang-chau.

Voiliers non remorqués, par mètre de tirant d'eau		6 »
— remorqués ou vapeurs	—	4 »

Entrée ou sortie de la Cac-ba.

Voiliers non remorqués, par mètre de tirant d'eau		5 »
— remorqués ou vapeurs	—	3 »

(1) Date restée en blanc dans le texte officiel.

Entrée de la baie d'Along

Navires venant du large, par mètre de tirant d'eau 6 »
— de Haiphong ou de Cac-ba — 4 »

Sortie de la baie d'Along

Pour toute destination, par mètre de tirant d'eau 4 »

Changement de mouillage sur la rade de Haiphong.

Voiliers non remorqués, par mètre de tirant d'eau 3 »
— remorqués ou vapeurs — 2 »

HARMAND.

N° 2.— DÉCISION *fixant les droits de pilotage à l'entrée et à la sortie des bouches du Cua-tray, du Van-ne, du Tray-binh, du Tra-ly, du Ba-lat et du Day.*

10 décembre 1883.

Article premier. — Le pilotage des bouches du Cua-tray, du Van-ne, du Tray-binh, du Tra-ly, du Bac-lat et du Day, sera payé au même tarif que celui du Cua-cam pour se rendre à Haiphong.

Art. 2. — A l'aller, le pilotage consistera à conduire le bâtiment: pour le Cua-tray et le Van-ne jusqu'à l'alignement du morne aplati par le morne conique; pour le Tray-binh, jusqu'au village de Dong-xuong; pour le Tra-ly, jusqu'au village de Chonn-loc; pour le Ba-lat-dong (branche du nord) jusqu'à la douane de Phuong-le; pour le Ba-lat-nam (branche du sud) jusqu'au fort Ba-lat sur la rive gauche; pour le Day jusqu'au bras conduisant à Phu-diem.

Art. 3. — Le séjour d'un pilote à bord d'un bâtiment allant d'une embouchure à une autre n'est pas rétribué; le pilote touche seulement le pilotage de sortie de la première bouche, et d'entrée dans la seconde; exception sera faite pour le passage du Cua-tray au Cua-cam, et inversement. Ce pilotage ne sera payé que comme l'entrée à Haiphong.

Art. 4. — Les tarifs précédents ne s'appliquent qu'aux pilotes brevetés. Les capitaines devront traiter de gré à gré avec les pratiques qui pourraient donner des renseignements utiles, soit pour l'entrée, soit pour la sortie des bâtiments.

Art. 5. — *Voir arrêté du 2 janvier 1884 qui modifie le § 1er de cet article.*

Tout parcours de 24 heures de marche sans échouage ni accident de navigation provenant du fait du pilote, donnera droit à une prime de six piastres, pour les bâtiments ayant plus de deux mètres de tirant d'eau, et de quatre piastres pour les autres bâtiments.

Tout parcours de 12 heures de marche dans les mêmes conditions donnera droit à la moitié de la prime.

Tout parcours inférieur à 12 heures de marche ou fraction de douze heures, en sus de 24 heures ou de 12 heures, donnera droit, dans les mêmes conditions, à la prime pour 12 heures.

Art. 6. — Tout pilote, gardé à bord entre deux voyages, recevra une indemnité de cinq piastres (5 $) par jour, quel que soit le bâtiment.

Il ne recevra aucune indemnité ni frais de pilotage, pendant toute la durée d'un échouage provenant de son fait.

HARMAND.

N° 3. — DÉCISION *modifiant l'article 5 de celle du 20 décembre 1883, concernant les tarifs du pilotage.*

2 janvier 1884.

Le premier alinéa de l'article 5 de la décision du 10 décembre 1883, concernant les tarifs du pilotage, est modifié de la manière suivante :

Les pilotages en rivière par les pilotes brevetés seront tarifés: 1° à raison de trois piastres par fraction de douze heures pour tout bâtiment dont le tirant d'eau dépassera 2 mètres; 2° à raison de deux piastres par fraction de douze heures, pour tout bâtiment dont le tirant d'eau sera de deux mètres et au-dessous. Toute fraction d'heure commencée sera acquise au pilote.

COURBET.

N° 4. — ARRÊTÉ *concernant l'organisation d'un corps de pilotes indigènes pour le service des bâtiments de la flottille.*

15 juillet 1884.

Article premier. — Il est créé, au Tonkin, un corps de pilotes indigènes pour le service des bâtiments de la flottille; ce corps se compose d'élèves pilotes et de pilotes titulaires divisés en trois classes.

Art. 2. — Les élèves pilotes pourront être recrutés par MM. les capitaines des bâtiments de la flottille et par les autorités maritimes de Haiphong et de Hanoi qui s'assureront, au préalable des aptitudes du candidat et en demanderont l'embarquement à M. le commandant de la marine.

Les élèves pilotes qui après six mois d'embarquement, ne seront pas reconnus aptes à passer l'examen de pilote titulaire, seront licenciés. Ils pourront l'être également pour inconduite, par décision de M. le commandant de la marine, sur la proposition de leurs capitaines.

Art. 3. — Les élèves pilotes, après trois mois d'embarquement en cette qualité, pourront être admis, sur la proposition de leurs capitaines, à passer l'examen de pilote titulaire devant une commission composée ainsi qu'il suit :

Le plus ancien des capitaines de la flottille présent sur rade, *président ;*
Deux capitaines de la flottille, *membres ;*
Deux pilotes titulaires présents, *assistants.*

A défaut de trois capitaines présents, M. l'adjudant de division pourra faire partie de cette commission, soit comme membre, soit comme président.

Cette commission se réunira sur l'ordre de M. le commandant de la marine et autant que possible à Hanoi ou à Haiphong.

La commission donnera au candidat reçu un certificat constatant son aptitude professionnelle et lui fera souscrire, séance tenante, l'engagement de servir pendant deux années au moins sur les bâtiments de la flottille; cet engagement sera joint au dossier du candidat, qui devra être envoyé à M. le commandant de la marine par le président de la commission.

Art. 4. — La nomination des pilotes titulaires et leur avancement en classe auront lieu par décision de M. le Général commandant en chef, prise sur la proposition de M. le commandant de la marine.

Il sera exigé une année d'embarquement non interrompue dans une classe pour passer à la classe supérieure.

Les pilotes titulaires pourront être révoqués pour inconduite, par décision de M. le Général commandant en chef, sur le rapport de M. le commandant de la marine.

Art. 5. — *Complété et modifié par les arrêtés des 17 juin et 20 août 1887, qu'on trouvera ci-après.*

Art. 6. — Les pilotes titulaires porteront, pour insignes, deux ancres en sautoir sur le côté gauche de la poitrine, elles seront en étoffe bleue pour les pilotes de 2e et 3e classes et en étoffe rouge pour les pilotes de 1re classe.

Art. 7. — Le présent arrêté sera exécutoire à partir du 1er août 1884.

M. le commandant de la marine prendra les mesures nécessaires pour régler suivant sa teneur, la situation des pilotes embarqués.

MILLOT

N° 5. — ARRÊTÉ *fixant la solde des pilotes indigènes.*

17 juin 1887.

L'article 5 de l'arrêté précité (1) est rapporté et remplacé par les dispositions suivantes.

La solde du personnel des pilotes indigènes est fixée ainsi qu'il suit, pour compter du 1er juillet 1887.

Chef des pilotes..........	3 f 33	net par jour
Pilotes de 1re classe......	2 70	id.
Pilotes de 2e classe......	2 20	id.
Pilotes de 3e classe......	1 60	id.
Elèves pilotes............	1 10	id.

Tout pilote titulaire qui remplira en même temps les fonctions d'interprète recevra un supplément journalier de 0f 70 net, et sera désigné sous la dénomination de pilote interprète.

(1) 15 juillet 1884.

Le chef des pilotes, les pilotes de 1re classe et les pilotes interprètes, continuent d'être admis à la table des maîtres chargés.

G. BIHOURD.

N° 6. — ARRÊTÉ *fixant la solde des pilotes indigènes en cas d'absence.*

20 août 1887

Le nouvel article 5 de l'arrêté sur l'organisation des pilotes indigènes (1) est complété par les dispositions suivantes :

La solde journalière d'absence à l'hôpital, en congé, ou en inactivité est fixée :

Pour les pilotes de 1re classe à	1 fr.	80
— 2e —	1	35
— 3e —	0	75
Et pour les élèves pilotes à	0	55

Lorsque ces indigènes sont traités dans un hôpital ou dans une ambulance pendant leur congé, ils ont droit, savoir :

Les pilotes de 1re classe à	0 fr.	95 par jour
— 2e —	0	60 —
— 3e —	0	10 —

(1) Arrêté du 17 juin 1887.

Les élèves pilotes ne peuvent être mis dans la position de congé.

G. BIHOURD.

Pirates, Piraterie.

N° 1. — CIRCULAIRE *au sujet des renseignements à fournir sur les bandes de pirates.*

1er août 1888.

MM. les résidents et Vice-résidents chefs de poste, sont priés de vouloir bien fournir, le plus tôt possible, pour la province qu'ils administrent, les renseignements figurant au tableau ci-joint, relatifs aux chefs de pirates, à leur bande, à leur importance, etc.

Il est nécessaire que ces renseignements soient recueillis avec soin, car ils doivent permettre à l'autorité supérieure de se rendre compte d'un seul coup d'œil de l'état d'agitation des différentes contrées, et la mettre en mesure de donner ou provoquer rapidement des ordres, au cas où une action énergique et prompte serait nécessaire pour réprimer un mouvement important des rebelles.

RÉSIDENCE DE

PROVINCE DE

NOMS des CHEFS PIRATES	1° Lieux où ils se tiennent, où ils sont nés. 2° Contrée où ils opèrent habituellement. (Donner non-seulement le nom des communes mais aussi ceux des phu et huyen.)	1° Nombre d'hommes qui composent la bande. 2° Combien de fusils, quels modèles.	Postes les plus voisins: 1° Postes militaires (effectif). 2° Postes actuels de la milice (effectif.) 3° Huyen, phu qui pourront être occupés dans l'organisation nouvelle.	OBSERVATIONS (Faire dans cette colonne un petit historique de chaque bande et fournir tous renseignements qui pourront être utiles.)

N° 2. — CIRCULAIRE *au sujet de la remise à l'artillerie des armes prises aux pirates.*

4 novembre 1888.

M. le général commandant en chef a, par lettre n° 3,222, du 31 octobre 1888, appelé mon attention sur les inconvénients qui résultent de ce que les armes prises aux pirates restent pendant un temps plus ou moins considérable déposées dans les résidences.

Beaucoup de ces armes sont de modèle réglementaire et appartiennent à nos corps de troupes qui les ont perdues, ou auxquels elles ont été volées ; le règlement sur le service de l'armement en campagne prescrit d'ailleurs que les armes prises à l'ennemi, aux déserteurs, trouvées sur le champ de bataille, etc., doivent être versées au service de l'artillerie.

Il y a lieu, à mon avis, d'étendre les dispositions de ce règlement aux armes prises sur les pirates ou livrées par eux dans quelque circonstance que ce soit.

Je décide, en conséquence, que toutes les armes à feu de modèle européen ou américain, fusils, carabines, mousquetons, revolvers ou pistolets, ainsi que les armes blanches de modèle réglementaire. baïonnettes modèle 1842, sabres-baïonnettes, épées-baïonnettes, etc., enlevées aux pirates et remises entre vos mains, devront être adressées par vos soins à M. le lieutenant-colonel directeur de l'artillerie de Hanoi.

Le service de l'artillerie dans cette place possède tous les moyens de faire à ces armes les réparations dont elles ont généralement besoin, et de les maintenir en bon état à la disposition du Protectorat.

Vous voudrez bien, lorsqu'il y aura lieu, mentionner dans la colonne *Observations de la Situation mensuelle d'armement*, les dates auxquelles les envois d'armes à la direction d'artillerie auront été faits.

Les armes de fabrication indigène pourront être, comme par le passé, conservées par vous.

E. PARREAU.

N° 3. — INSTRUCTIONS *au sujet d'une circulaire de S. E. le Kinh-luoc adressée aux gouverneurs des provinces, sur la répression de la piraterie.*

4 novembre 1888.

Pour faire suite à ma circulaire n° 44, en date du 18 octobre dernier, relative à la répression de la piraterie, j'ai l'honneur de vous adresser ci-incluse, traduction des instructions qui ont été transmises par S. E. le Kinh-luoc, sur le même objet, à MM. les Gouverneurs des provinces.

Je suis fermement résolu à faire peser sur les autorités indigènes le poids lourd de la responsabilité qui leur incombe d'après la loi et les termes de la circulaire ci-jointe.

C'est pourquoi je vous prie de vouloir bien prescrire aux agents sous vos ordres de n'apporter à l'avenir aucune entrave au fonctionnement régulier de l'administration annamite, car je ne pourrai rendre les mandarins responsables qu'autant que leurs attributions et leurs prérogatives seront respectées.

Cette remarque s'applique surtout aux chefs de postes européens et indigènes de la garde civile.

Il résulte de documents et de dossiers placés sous mes yeux, qu'au lieu de faciliter aux autorités à proximité de leur poste le rétablissement de l'ordre dans leur rayon d'action, quelques-uns introduisent eux-mêmes un nouvel élément de trouble par leur immixtion intempestive dans les détails de l'administration indigène. C'est ainsi que certains d'entre eux emploient des phus ou des huyens à la surveillance de coolies, rendent la justice, et élèvent leurs prétentions jusqu'à vouloir subordonner à leur autorité et à leur arbitraire les autorités locales.

La facilité apparente avec laquelle quelques mandarins se soumettent à ces exigences, qui les rendent ridicules et méprisables aux yeux de leurs administrés, m'est à bon droit suspecte. En effet, lorsque des plaintes me parviennent contre ces fonctionnaires (et celles qui touchent à leur force d'inertie sont bien plus nombreuses que celles qui concernent leurs abus de pouvoir), ils ne manquent pas, dans l'enquête judiciaire qui est ordonnée à cette occasion, d'établir par des faits précis l'impuissance dans laquelle ils se sont trouvés par suite de l'échec infligé à leur autorité, et de la suppression des voies et moyens nécessaires à l'exercice de leurs fonctions.

En conséquence, je vous serai obligé de veiller tout particulièrement à ce que les agents précités ne paralysent pas notre action, en nous mettant dans l'impossibilité de demander l'application rigoureuse de ce principe de responsabilité qui forme le fond constitutif de la société annamite, et de l'application duquel j'attends les meilleurs résultats.

Ce fonctionnement normal de l'administration indigène, loin d'amoindrir votre action, la rend d'autant plus efficace que, débarrassés des soins et des préoccupations multiples qui ne manqueraient pas de vous assaillir de toutes parts, et auxquels il vous serait matériellement impossible de pouvoir satisfaire, vous pourrez plus souvent, et avec plus de netteté, concentrer votre attention sur ce fonctionnement lui-même, pour le dominer, le ramener dans l'exercice de la loi et de la justice dont il s'écarte trop souvent, en un mot, pour le diriger conformément aux intérêts bien entendus du Protectorat et à sa moralité politique.

Il est inutile que je développe davantage ces instructions. La connaissance approfondie des hommes et des choses de ce pays, que la plupart d'entre vous avez acquise, le zèle et le dévouement que vous apportez tous à notre œuvre, font que je ne saurais mieux faire que de vous laisser le soin d'apprécier dans quelles limites il conviendra que vous élargissiez ou resserriez ce contrôle, suivant les circonstances, les lieux et les personnes, en ne perdant pas de vue toutefois que ce contrôle sera d'autant plus éclairé, d'autant plus effectif, qu'il sera plus puissant.

E. Parreau

Le Kinh-luoc du Tonkin à MM. les Gouverneurs des provinces

Monsieur le Gouverneur,

S. E. M. le Résident général nous a fait connaître, dans un entretien très récent que nous avons eu l'honneur d'avoir avec lui au sujet de la piraterie, que les troupes ont fait jusqu'à ce jour des efforts considérables pour la répression des bandes qui se trouvent actuellement dans votre province, afin d'assurer aux populations la sécurité et la paix.

Déjà, à diverses reprises, des ordres ont été adressés aux mandarins provinciaux afin qu'ils prescrivent aux habitants d'exercer une surveillance active et de fournir aux troupes en station ou en reconnaissance dans leur région, des renseignements précis sur les mouvements et agissements des bandes de pirates.

Cependant, d'après les rapports mensuels qui nous sont adressés, ceux-ci continuent à parcourir votre province, à piller les habitants et à compromettre la sécurité publique.

D'autre part, nous apprenons qu'il y a des villages faisant ouvertement cause commune avec ces malfaiteurs : ils les accueillent, les dissimulent et les réapprovisionnent en vivres et en argent. Cette manière d'agir est d'autant plus coupable que personne n'ignore les châtiments exemplaires qu'elle appelle, tels que la mise à mort des habitants. Cependant, nous croyons être en droit de penser que ceux qui agissent ainsi sont seulement des gens ignorants et dépourvus de toute raison, et qui, soit par un sentiment de crainte stupide, soit par peur de représailles, ont supposé qu'il valait mieux garder le silence que de renseigner l'autorité sur les mouvements de ces malfaiteurs.

Nous attribuons donc leur silence à la crainte qu'inspirent les cruautés des pirates plutôt qu'à leur mauvaise volonté.

Ces considérations nous ont amené à ne pas prescrire la destruction complète des villages coupables et la mise à mort de leurs habitants. D'ailleurs, ces procédés sont en contradiction absolue avec nos sentiments de clémence. Cependant, si nous leur infligions de fortes amendes, ils ne pourraient pas s'acquitter. Nous serions amené alors à faire des arrestations en masse ; or, ce serait une charge trop lourde pour l'État que d'avoir à entretenir un aussi grand nombre de détenus.

C'est pourquoi nous avons décidé qu'à l'avenir, tous ceux qui seront convaincus d'intelligence ou de complicité avec les pirates seront rigoureusement condamnés conformément à la loi.

Les mandarins provinciaux, les phus et les huyens devront se conformer exactement aux instructions que nous leur avons données, et prescrire aux habitants de prendre les mesures nécessaires pour combattre et arrêter les pillards qui se seront établis dans leur circonscription. Des récompenses en titres honorifiques ou en argent seront accordées à ceux dont la belle conduite nous aura été signalée. Les villages qui ne seront pas en force pour se défendre devront immédiatement prévenir les postes avoisinants de la présence des fauteurs de désordre.

En ce qui concerne les communes qui seront convaincues de complaisance à l'égard des pirates, en leur fournissant des vivres, de l'argent, en les aidant à se dissimuler, ou dont les habitants s'enfuiraient pour éviter de renseigner l'autorité, les chefs de cantons, les maires et les notables seront déclarés coupables et condamnés à l'exil à Poulo-Condor jusqu'à la pacification complète de leur province.

Les phus, les huyens seront également responsables de la désobéissance coupable des villages de leur arrondissement, ils seront suspendus de leurs fonctions et mis en demeure d'arrêter les chefs de bandes, et ne pourront être réintégrés dans leur emploi que lorsqu'ils auront satisfait à cette obligation.

Nous pensons que ces diverses prescriptions, une fois bien comprises et bien exécutées, forceront les rebelles à l'impuissance, procureront aux troupes les moyens de les détruire, et assureront bientôt la pacification complète du pays.

A l'heure actuelle, Monsieur le Gouverneur, votre province est fort troublée, vous avez une œuvre considérable à accomplir, vous devrez redoubler d'efforts, mettre sans retard nos instructions à exécution, et vous employer par-dessus tout à obtenir la soumission des chefs de bandes, ou à procéder à leur arrestation, en ne négligeant aucun des moyens dont vous disposez.

Un délai d'un mois vous est accordé à cet effet et si, passé ce délai, aucun résultat n'est obtenu, aucune amélioration ne s'est produite dans votre province, vous serez déplacé et même révoqué de vos fonctions, et aucune excuse de votre part ne sera admise.

Fait à Hanoi, le 19e jour du 9e mois du règne de S. M. Dong-khanh (23 novembre 1888).

Pour signature du Kinh-luoc.

Le Grand sceau.

N° 4. — CIRCULAIRE *au sujet de la répression de la piraterie*

22 août 1889.

L'état de la sécurité publique, encore précaire dans quelques provinces, m'amène à vous rappeler les circulaires de mon prédécesseur, en date des 18 octobre et 4 novembre 1888.

Je vous prie de ne pas hésiter, le cas échéant, à provoquer contre les autorités locales ou contre les villages, l'application rigoureuse des peines édictées par la circulaire que S. E. Nguyen-huu-Do, adressait, en octobre dernier, aux gouverneurs des provinces, au sujet de la répression de la piraterie.

J'invite d'ailleurs S. E. le Kinh-luoc à rappeler ses précédentes instructions aux autorités provinciales.

BRIÈRE.

VOY : Armes et munitions. — Répression. — Rébellion.

Places de guerre, places fortes

N° 1. — CIRCULAIRE *au sujet du classement des places fortes et de la délimitation des territoires et bâtiments civils et militaires.*

18 avril 1888.

M. le Gouverneur général de l'Indo-Chine a décidé qu'il y avait lieu de procéder au classement des places fortes et à la délimitation des terrains et des bâtiments civils et militaires.

Après entente avec M. le Général commandant en chef les troupes de l'Indo-Chine, il a été arrêté que cette étude serait confiée dans chaque localité à une commission composée ainsi qu'il suit :

Le résident ou vice-résident, président ;
Un fonctionnaire des travaux publics ;
Deux membres militaires :
Ces commissions fonctionneront dans les places ci-après :

Hanoi.	Sept-Pagodes.
Son-tay.	Lam.
Hong-hoa.	Quang-yen.
Than-quan.	Nam-dinh.
Bao-ha.	Ninh-binh.
Lao-kay.	Phu-nho.
Phu-doan,	Phu-ly.
Tuyen-quan.	Thanh-hoa.
Bac-ninh.	Vinh.
Phu-lang-thuong.	Ha-tinh.
Thai-nguyen.	Dong-hoi.
Lang-son.	Quang-tri.

Nouvelle concession de Hué.
Établissement de la Légation à Hué.
Quan-nam.
Concession de Qui-nhon.
Fort de Dap-cau.
Lunettes est et ouest de Dap-cau.
Enceinte des services administratifs à Dap-cau.
Poste des Bambous.
Fortin de Hai-duong.
Fort nord de Thuan-an.

L'autorité militaire de la région vous fera connaître d'autre part, pour chaque localité, le nom des membres militaires qui devront faire partie de la commission.

Vous aurez à vous entendre avec eux pour que les travaux commencent le plus tôt posible.

Je vous prie de ne pas perdre de vue que nous sommes ici dans un pays où les réglements qui régissent en France le service du génie, seront fréquemment inapplicables.

Dans la plupart des cas, de nombreuses agglomérations de maisons annamites se sont élevées dans les environs immédiats des postes ; nous avons tout à gagner, en ce moment, au point de vue commercial, à tolérer ces établissements.

La nature de ces constructions rend leur destruction facile et presque instantanée. Les défenses d'élever des maisons dans les zônes de servitude n'ont aucune raison d'être tant qu'il s'agit de paillottes, Il y aura donc lieu de se montrer très large dans les autorisations de construire sur les terrains militaires, et de ne poursuivre l'application des réglements actuellement en vigueur qu'avec une extrême réserve.

J'appelle en outre tout particulièrement votre attention sur la mission qui vous incombe comme président d'une commission où vous représentez à la fois l'autorité civile et l'autorité annamite propriétaire du sol.

RAOUL BERGER.

Plantes vivantes.

N° 1. — CIRCULAIRE *ministérielle au sujet des mesures à prendre pour l'envoi en France de plantes vivantes.*

27 avril 1885.

Je crois devoir appeler votre attention sur certaines difficultés qui se sont élevées récemment au sujet d'un envoi, de la Martinique en France de plants de kolas destinés à la Réunion.

Cet envoi n'étant pas accompagné des certificats d'origine exigés par l'arrêté du ministre de l'agriculture, en date du 15 juin 1882, sur la circulation, en France, des produits de l'agriculture et de l'horticulture, les compagnies de chemins de fer n'ont consenti à se charger du transport des plants de végétaux précités que sur une autorisation spéciale du ministre de l'agriculture. Il en est résulté des retards dans la réexpédition, aussi préjudiciables à leur conservation qu'à la marche du service.

Pour prévenir le retour de ces inconvénients, bien que le phylloxera n'ait jamais fait son apparition dans celles de nos colonies où il existe de la vigne, je vous prie de vous conformer dorénavant, en cas d'envoi en France, de plantes vivantes de quelque nature que ce soit, aux prescriptions suivantes, contenues dans les articles 5 et 6 de l'arrêté du 15 mai 1882 :

« L'envoi devra être accompagné d'une déclaration de l'expéditeur et d'une autre attestation de l'autorité compétente du pays d'origine.

« La déclaration de l'expéditeur devra :

« 1° Certifier que le contenu de l'envoi provient en entier de son établissement ;

« 2° Indiquer le lieu de réception définitive, avec adresse des destinataires ;

« 3° Porter la signature de l'expéditeur.

L'attestation de l'autorité compétente certifiera

« 1° Que les objets proviennent d'un terrain séparé de tout pied de vigne par un espace de vingt mètres au moins ou par d'autres obstacles aux racines, jugés suffisants par l'autorité compétente ;

« 2° Que le terrain ne contient lui-même aucun pied de vigne ;

« 3° Qu'il n'y est fait aucun dépôt de cette plante ;

« 4° S'il y a eu des ceps phylloxérés, que l'extraction radicale en a été opérée, que des opérations toxiques réitérées ont été effectuées, et que des investigations répétées pendant trois ans assurent la destruction complète de l'insecte et des racines. »

Je vous prie également de vouloir bien porter ces prescriptions à la connaissance du public, afin de le prévenir contre les difficultés que les envois de plants pourraient rencontrer dans la métropole.

A. GRODET.

N° 2. — ARRÊTÉ *interdisant l'importation des plants de caféiers au Tonkin.*

6 août 1888.

Article premier. — L'importation des plants de caféiers est interdite au Tonkin.

Art. 2. — Le Sous-directeur des douanes est chargé de l'exécution du présent arrêté.

E. PARREAU.

VOY. : — Agriculture.

Plombs, plombage. — VOY. : — Douanes.

Police.

N° 1. — Décision *relative à l'organisation de la police des Européens au Tonkin.*

31 janvier 1884.

Article premier. — La police des Européens de toute nationalité et des Asiatiques sujets européens est exercée, au Tonkin, par le directeur des affaires civiles et politiques, sous les ordres du commandant en chef, et dans l'étendue de chaque province, par des commissaires, sous l'autorité du résident de France.

A cet effet, une force de police sera créée dans chaque centre au fur et à mesure des besoins. Elle sera spécialement chargée du maintien de la tranquillité publique, de la protection des personnes et des propriétés, de la surveillance des mœurs, et de la salubrité dans les agglomérations urbaines.

Art. 2. — Le service de la police comprendra dans chaque résidence des commissaires, des brigadiers, sous-brigadiers, et agents européens ou asiatiques.

Art. 3. — Les commissaires de police exerceront, dans toute l'étendue de la résidence à laquelle ils seront attachés, les fonctions d'officiers de police judiciaire et d'auxiliaires du résident de France (chargé de la justice à l'égard des citoyens, sujets et protégés européens) dans les conditions prévues au code d'instruction criminelle. Ils seront également chargés de la police administrative.

Ils réuniront et étudieront tous les faits, renseignements et documents qui intéressent la tranquillité publique, en rendent un compte circonstancié au résident, et recevront ses ordres pour les mesures à prendre. Ils assureront la régularité du service qui incombe aux agents de la police ; ils se transporteront immédiatement sur le point où se sera produit un désordre grave ou un événement de nature à troubler la tranquilité publique.

A leur arrivée sur les lieux, et s'ils n'ont pas été prévenus par une autorité supérieure, ils agiront dans les limites de leurs attributions ; dans le cas contraire, ils se mettront à la disposition de l'autorité qui les aura informés et recevront ses ordres.

Art. 4. — Quand il y aura lieu de partager en deux ou plusieurs arrondissements, au point de vue du service de la police, une agglomération urbaine, un des commissaires, désigné par le Commandant en chef remplira les fonctions de commissaire central, ayant autorité et contrôle sur les autres commissariats de la résidence.

Art. 5. — Un règlement intérieur, établi par MM. les résidents, chacun pour sa résidence, et présenté à l'approbation du Directeur des affaires civiles et politiques, déterminera les heures et la marche des services généraux et particuliers de la police.

Tous les matins, le commissaire de police de la résidence de Hanoi dressera en triple expédition, un rapport sommaire du service des vingt-quatre heures écoulées, pour être adressé en même temps au Commandant en chef, au Directeur des affaires civiles et politiques et au résident. Un rapport analogue, mais comprenant la huitaine, sera établi dans les résidences éloignées de la capitale, et adressé au Commandant en chef et au Directeur des affaires civiles et politiques, le rapport au résident restant journalier.

Art. 6. — Les commissaires de police agiront habituellement dans le ressort de leur circonscription respective; néanmoins ils ne cesseront point d'avoir qualité pour exercer leurs fonctions dans tout le territoire de la résidence et même sur une résidence quelconque, toutes les fois que les besoins du service l'exigeront.

Art. 7. — Les commissariats et postes de police resteront ouverts jour et nuit.

Art. 8 — Il sera tenu, dans chaque commissariat de police :

1° Un journal de toutes les opérations, de quelque nature qu'elles soient, faites dans tous les postes du commissariat ;

2° Un enregistrement des réclamations pour actes ou faits de police ;

3° Un registre des objets perdus ou trouvés (la signature du propriétaire rentré en jouissance y tiendra lieu de décharge) ;

4° Un livre d'ordres ;

5° Un registre des crimes et délits ;

6° Un registre des contraventions ;

7° Un registre des correspondances.

Tous côtés, paraphés par le résident.

Art. 9. — Il est formellement interdit de conserver plus de vingt-quatre heures, dans les lieux de dépôt provisoire, dits *violons*, et contigus aux postes de police, les individus arrêtés; il devront être remis chaque matin, et dès la première heure, aux autorités compétentes.

Art. 10. — Les brigadiers, sous-brigadiers et agents de police, hors les cas où ils seront porteurs de mandats légaux, n'auront aucun droit coërcitif sur les personnes et ne pourront les arrêter qu'en cas de flagrant délit. Ils ne pourront faire, de leur chef, aucun acte de poursuite, ni s'introduire dans le domicile d'un citoyen.

Ils ne devront, en aucun cas, être distraits du service de la police pour lequel ils sont institués exclusivement.

Art. 11. — Tout brigadier, sous-brigadier ou agent qui aura dû opérer une arrestation, conduira ou fera conduire au commissariat de police dont il relève l'individu arrêté, accompagné de tous les renseignements et pièces à conviction susceptibles de permettre au commissaire de rédiger le procès-verbal du fait et de prononcer, séance tenante, sur l'élargissement ou le maintien de l'arrestation.

Art. 12. — Des arrêtés ultérieurs feront connaître l'importance du personnel de police attaché à chaque résidence et, s'il y a lieu, la division des centres en circonscriptions.

Art. 13. — Jusqu'à nouvelle division, les soldes et accessoires des fonctionnaires et agents du service de la police sont ainsi fixés annuellement :

(Voir ci-après arrêté du 9 juin 1886 qui modifie les soldes déterminées par la présente décision).

Les commissaires de police recevront en outre, à titre de frais de bureau, une indemnité de 200 frs. par an, les autres chefs de poste 100 frs.

Art. 14. — Une indemnité d'habillement, payable d'avance, et fixée à 100 frs. par an, sera allouée à chaque brigadier, sous-brigadier et agent.

L'uniforme du personnel consiste en : veston à deux rangs de boutons en métal blanc, croisant sur la poitrine ,en molleton ou flanelle bleu de roi, col bleu clair, marqué des lettres initiales de la résidence, brodées en argent pour les gradés, laine blanche pour les agents. Pendant la saison chaude, le port du veston en toile blanche sera autorisé, pourvu qu'il comporte le col, les boutons et insignes d'ordonnance. Pantalon molleton ou flanelle bleu de roi, à bande bleu claire. En été, le port du pantalon blanc sera autorisé.

Képi, en drap noir, à turban bleu clair, orné des lettres initiales de la résidence sur le devant, ou casque blanc ; manteau *ad libitum*. — Insignes : les agents et les gradés seront porteurs d'insignes consistant en une ou plusieurs pattes placées en travers et sur la partie inférieure de la manche, au-dessus du poignet; chaque patte mesurera une longueur de douze centimètres sur deux de largeur.

Le nombre en sera fixé savoir :

Agent européen : une patte en argent.
Sous-brigadier : deux en argent.
Brigadier : une patte en argent, une en or.
Agent asiatique : une patte en laine bleu clair.
Sous-brigadier : deux en laine bleu clair.
Brigadier : une en argent.

Armement et équipement. — Mousquetons, pourvus de bretelles, et revolvers d'ordonnance avec étuis, qui resteront en dépôt dans les postes de police, pour n'être remis aux agents que dans des cas exceptionnellement graves.

En temps ordinaire, épée baïonnette d'ordonnance, suspendue au ceinturon ordinaire.

Ces armes seront prêtées par le service de l'artillerie à l'administration civile, qui en aura charge.

Art. 15. — Le commandant supérieur des troupes, le directeur des affaires civiles et politiques et le chef du service administarif sont chargés, chacun en ce qui le concerne, de l'exécution du présent arrêté.

COURBET.

N° 2. — Arrêté *organisant la police des Européens à Hanoi.*

18 février 1884.

Article premier. — La ville de Hanoi est divisée en deux arrondissements de police.

Le premier (Nord) comprend la partie de la ville située au Nord de la rue du Chanvre, prolongée jusqu'aux ouvrages de défense, et de la rue des Charpentiers, prolongée jusqu'au fleuve ;

Le second arrondissement (Sud) s'étend au Sud de ces rues et comprend, outre cette partie de la ville proprement dite, la Concession française jusqu'aux ouvrages de défense.

Art. 2. — Un poste de police est attaché à chaque arrondissement. (1)

Art. 3. — En outre de ce personnel, M. le résident de France disposera, suivant les besoins et à titre auxiliaire, pour le service de la police, de la milice créée par l'arrêté du 5 janvier, soit pour seconder les agents, soit comme plantons des chefs de poste.

Art. 4. — le Directeur des affaires civiles et politiques est chargé de l'exécution de la présente décision.

MILLOT.

N° 3. — DÉCISION *relative à l'organisation de la police des Européens à Haiphong.*

20 mars 1884.

Article premier. — Le territoire de la ville de Haiphong forme un seul arrondissement de police.

Art. 2. — Le personnel de la police sera composé ainsi qu'il suit : (2)

Art. 3. — En outre de ce personnel spécial, M. le résident de France dispose, suivant les besoins, et à titre auxiliaire pour le service de la police, de la milice créée par arrêté du 5 janvier dernier, soit pour seconder les agents, soit comme plantons des chefs de poste.

Art. 4. — Le directeur des affaires civiles et politiques est chargé de l'exécution de la présente décision.

MILLOT.

N° 4. — DÉCISION *organisant la police à Son-tay.*

15 avril 1884.

Article premier. — Le territoire de la ville de Son-tay forme un seul arrondissement de police.

Art. 2. — Le personnel de la police sera composé ainsi qu'il suit :

Un brigadier ou sous-brigadier, chef de la police, remplissant les fonctions de commissaire de police ;
Un agent français ;
Un agent indigène,

Art. 3. — En outre de ce personnel spécial, M. le résident de France dispose, suivant les besoins et à titre auxiliaire pour le service de la police, de la milice créée par l'arrêté du 5 janvier dernier, soit pour seconder les agents, soit comme plantons des chefs de poste.

Art. 4. — Le Directeur des affaires civiles et politiques est chargé de l'exécution de la présente décision.

MILLOT.

N° 5. — RÈGLEMENT *de police et de voirie de la ville de Hanoi (article 10 du traité du 6 juin 1874).*

20 août 1884.

Article premier. — Tous les propriétaires et locataires sont tenus, dans l'intérieur de la ville de Hanoi, de faire balayer, tous les jours, la partie de la voie publique qui se trouve au-devant de leurs maisons, cours, jardins et autres emplacements, jusques et y compris le ruisseau.

Art. 2. — Il est interdit :

1° De déposer, dans la rue, des ordures, immondices, fumiers et résidus quelconques de ménage.

2° De rien jeter des habitations sur la voie publique, comme aussi d'y déposer, soit des débris de verre ou de porcelaine, soit des matières susceptibles de causer des exhalaisons nuisibles ou incommodes.

3° De se livrer à l'élevage des bestiaux, de laisser paître des bœufs, buffles, chèvres et autres animaux sur la voie publique, et aussi de faire parcourir les rues par des troupeaux de bestiaux, le matin entre 7 et 11 heures, et le soir entre 5 et 8 heures.

4° De déposer sans nécessité, et laisser sans autorisation, sur la voie publique, des meubles, caisses, matériaux et autres objets.

5° De faire courir ou d'exercer des chevaux dans les rues ou promenades publiques. Les cavaliers ne devront pas marcher plus de deux de front, et les piétons devront toujours laisser libre le milieu de la chaussée, réservé aux chevaux et aux voitures.

6° Aux propriétaires de voitures, charrettes et autres véhicules, de les faire circuler sans lumière après la nuit close.

Art. 3. — Il est défendu d'établir des jeux sur la voie publique, sans autorisation préalable.

Art. 4. — Tout propriétaire qui voudra procéder à une construction ou réparation des murs de face ou clôture de bâtiment, sera tenu de demander une autorisation spéciale au résident de France, qui lui donnera l'alignement à observer.

Art. 5. — Les cabarets et débits de boissons seront fermés à 10 heures du soir. Le résident de France pourra accorder des autorisations de fermeture après l'heure fixée.

Art. 6. — La chasse et le tir des armes à feu sont interdits dans l'intérieur de la ville. Il est aussi défendu de faire partir des pétards ou autres pièces d'artifice, de 7 heures du soir à 6 heures du matin, à moins d'une autorisation spéciale délivrée par le résident.

Art. 7. — Toutes les contraventions au présent règlement seront jugées et punies, conformément aux articles 471, 472, 473 et 474 du Code pénal. (1)

PARREAU.

N° 6. — DISPOSITION *complémentaire au réglement de police et de voirie de la ville de Hanoi.*

10 novembre 1884.

Dans l'intérêt de la sécurité et de la salubrité publiques, les propriétaires des terrains vagues situés dans la ville de Hanoi, sont tenus de les enclore et de faucher les herbes, broussailles et bambous, toutes les fois qu'ils en seront requis par les agents de police.

Toute contravention aux présentes dispositions sera punie conformément à l'article 471 du Code pénal.

PARREAU.

N° 7. — RÈGLEMENT *de police et de voirie de la ville de Hai-duong.*

(Article 10 du traité du 6 juin 1884.)

24 novembre 1884.

Article premier. — Tous les propriétaires et locataires sont tenus, dans l'intérieur de la ville de Hai-duong, de faire balayer tous les jours, la partie de la voie publique qui se trouve au-devant de leurs maisons, cours, jardins et autres emplacements, jusques et y compris le ruisseau.

Art. 2. — Il est interdit :

1° De déposer dans la rue, des ordures, immondices, fumiers et résidus quelconques de ménage.

2° De rien jeter des habitations sur la voie publique, comme aussi d'y déposer soit des débris de verre ou de procelaine, soit des matières susceptibles de causer des exhalaisons nuisibles et incommodes.

3° De se livrer à l'élevage des bestiaux, de laisser paître des bœufs, buffles, chèvres ou autres animaux sur la voie publique, et aussi de faire parcourir les rues par des troupeaux de bestiaux, le matin entre sept heures et onze heures, et le soir entre cinq heures et huit heures.

4° De déposer sans nécessité, et laisser sans autorisation, sur la voie publique, des meubles, caisses, matériaux et autres objets.

Art. 3. — Il est défendu d'établir des jeux sur la voie publique sans autorisation préalable.

(1) La composition du personnel de la police de Hanoi, déterminée par cet article, a été modifiée et augmentée par arrêtés des 12 mars 1885, 7 juin et 23 novembre 1886.

(2) Le personnel de la police de Haiphong est définitivement fixé par arrêté du 17 juillet 1887.

(1) Voir disposition complémentaire du 10 novembre 1884.

Art. 4. — Tout propriétaire qui voudra procéder à une construction ou réparation des murs de face ou clôture de bâtiment, sera tenu de demander une autorisation spéciale au résident de France, qui lui donnera l'alignement à observer.

Art. 5. — Les cabarets et débits de boissons seront fermés à dix heures du soir. Le résident de France pourra accorder des autorisations de fermeture après l'heure fixée.

Art. 6. — La chasse et le tir des armes à feu sont interdits dans l'intérieur de la ville. Il est aussi défendu de faire partir des pétards et autres pièces d'artifice, de sept heures du soir à six heures du matin, à moins d'une autorisation spéciale délivrée par le résident.

Art. 7. — Tout propriétaire d'un terrain vague situé dans l'intérieur de la ville sera tenu de l'enclore et de couper les herbes et broussailles toutes les fois qu'il en sera requis par la police.

Art. 8. — Toutes les contraventions au présent règlement commises par des Français ou des étrangers seront jugées et punies conformément aux articles 471, 472, 473, et 474 du Code pénal. Les délinquants annamites seront punis de peines analogues; suivant accord à établir entre le résident et le Tong-doc.

AUMOITTE.

N° 8. — RÈGLEMENT *de police et de voirie de la ville de Haiphong (art. 10 du traité du 6 juin 884).*

17 février 1885.

Article premier. — Tous les propriétaires et locataires sont tenus, dans l'intérieur de la ville de Haiphong, de faire balayer, tous les jours, la partie de la voie publique qui se trouve devant leurs maisons, cours, jardins et autres emplacements, jusques et y compris le ruisseau.

Les immondices ou déblais devront être déposés sur l'emplacement indiqué par un poteau spécial entre le blockhaus dit *de la Massue*, rive droite du Song-tam-bac, et le cimetière chinois; l'enlèvement en sera fait, chaque jour, avant 8 heures du matin.

Art. 2. — Il est interdit:

1° De déposer, dans la rue ou sur les terrains vagues à l'intérieur de la ville, des ordures, immondices, fumiers et résidus quelconques;

2° De rien jeter des habitations sur la voie publique ou dans les ruisseaux et canaux d'écoulement, comme aussi d'y déposer soit des débris de verre ou de porcelaine, soit des matières susceptibles de causer des exhalaisons nuisibles ou incommodes;

3° De se livrer à l'élevage des bestiaux, de laisser paître des bœufs, buffles, chèvres et autres animaux sur la voie publique, et aussi de faire parcourir les rues par des troupeaux de bestiaux, le matin entre 7 et 11 heures, et le soir entre 5 et 8 heures;

4° De déposer sans nécessité, et laisser sans autorisation, sur la voie publique, des meubles, caisses, matériaux et autres objets. Ces dépôts, ainsi que les fouilles ou tranchées qu'on aura dû pratiquer, devront être indiqués la nuit par des fanaux en nombre suffisant; les excavations seront entourées d'une barrière;

5° De faire courir ou d'exercer des chevaux dans les rues et promenades publiques. Les cavaliers ne devront pas marcher plus de deux de front, et les piétons devront toujours laisser libre le milieu de la chaussée, réservé aux chevaux et aux voitures;

6° Aux propriétaires de voitures, charrettes et autres véhicules, de les faire circuler sans lumière à partir de la nuit close.

Art. 3. — Il est défendu d'établir des jeux sur la voie publique ou de se livrer à des fêtes bruyantes publiques ou privées (représentations théâtrales, etc.), sans autorisation préalable du résident.

Art. 4. — Tout propriétaire qui voudra procéder à une construction ou réparation des murs de face ou clôture de bâtiment, sera tenu de demander une autorisation spéciale au résident de France, qui lui donnera l'alignement et le nivellement à observer.

Art. 5. — Dans l'intérêt de la sécurité et de la salubrité publiques, les propriétaires des terrains non bâtis, situés dans la ville de Haiphong, sont tenus de les enclore, d'y faucher les herbes et broussailles, toutes les fois qu'ils en sont requis par l'autorité et de les faire remblayer au niveau de la chaussée, dans un délai de trois mois à partir de l'affichage du présent arrêté.

Art. 6. — Les cabarets et débits de boissons seront fermés à 10 heures du soir. Le résident de France pourra accorder des autorisations de fermeture après l'heure fixée.

Art. 7. — Tout Asiatique circulant la nuit devra être porteur d'un fanal.

Art. 8. — La chasse et le tir des armes à feu sont interdits dans l'intérieur de la ville. Il est aussi défendu de faire partir des pétards et autres pièces d'artifice, de 7 heures du soir à 6 heures du matin, à moins d'une autorisation spéciale délivrée par le Résident.

Art. 9. — Toutes les contraventions au présent règlement, commises par des Français ou des étrangers, seront jugées et punies conformément aux articles 471, 472, 473 et 474 du Code pénal.

Les délinquants annamites seront punis de peines analogues, suivant accord à établir entre le résident et le Tong-doc. (1)

BONNAL.

N° 9. — DÉCISION *fixant la composition du personnel de la la police à Haiphong.*

12 mars 1885.

Modifié par arrêté du 4 juin

N° 10. — DÉCISION *instituant un emploi de secrétaire du commissaire de police dans les Résidences de Hanoi et Haiphong.*

12 mars 1885.

Article premier. — Un emploi de secrétaire du commissaire de police est institué dans chacune des résidences de Hanoi et de Haiphong.

Art. 2. — Le recrutement des secrétaires des commissariats de police se fera par voie d'examen et selon un programme déterminé par le Directeur des affaires civiles et politiques.

Les candidats ne pourront être âgés de moins de 25 ans ni de plus de 35 ans; ils seront tenus de présenter les actes et certificats établissant leur identité, la preuve qu'ils ont satisfait à la loi militaire et de leur parfaite honorabilité.

Art. 3. — Ces secrétaires seront assermentés et pourront, au besoin, remplir les fonctions d'agents auxiliaires du parquet; ils assisteront les commissaires de police dans leurs fonctions, et seront chargés notamment du travail de bureau et de la tenue des registres prescrits en l'article 8 de la décision du 3 janvier 1884; en aucun cas, ils ne pourront signer d'acte ou d'expédition.

Art. 4. — Les soldes des secrétaires des commissariats de police sont fixées ainsi qu'il suit:

	SOLDE d'Europe.	SUPPLÉMENT colonial.	TOTAL
Secrétaire de 1re classe..........	2.250 00	2.250 00	4.500 00
id. 2e —	2.000 00	2.000 00	4.000 00
id. 3e —	1.750 00	1.750 00	3.500 00
id. 4e —	1.500 00	1.500 00	3.000 00

Ils auront droit, de plus, à toutes les allocations accordées au personnel de la police, à l'exception de l'indemnité d'habillement, par suite de la dispense du port de l'uniforme.

Art. 5. — Le Directeur des affaires civiles et politiques est chargé de l'exécution de la présente décision.

BRIÈRE DE L'ISLE.

(1) Voir arrêté complémentaire du 21 décembre 1885.

N° 11. — Arrêté *municipal interdisant de creuser des trous, fosses ou excavations susceptibles de retenir les eaux stagnantes, dans les terrains urbains limités par le canal de ceinture à Haiphong.*

21 décembre 1885.

Article premier. — Par mesure de salubrité publique :
Il est interdit de creuser des trous, fosses ou excavations quelconques susceptibles de retenir les eaux stagnantes dans les terrains urbains limités par le canal de ceinture.
Toute contravention à la présente prescription sera jugée et punie conformément aux articles 471, 472, 473 et 474 du code pénal.
Les délinquants indigènes seront punis de peines analogues par l'autorité annamite.
Art. 2. — Les propriétaires de terrains dans les limites ci-dessus, tenus de les remblayer au niveau de la chaussée, sont autorisés à prendre gratuitement la terre à remblai dans le lit du canal de ceinture en creusement, d'après les indications qui leur seront données par l'agent-voyer de la ville.

Aphalo.

N° 12. — Décision *fixant à cinquante francs l'indemnité d'habillement des agents du personnel asiatique de la police.*

16 janvier 1886

Article premier. — Les agents du personnel asiatique de la police ont, comme les agents européens, droit à l'habillement. L'allocation annuelle pour chacun d'eux, quel que soit son grade, est fixée à cinquante francs.
Art. 2. — Pareille somme sera allouée pour l'habillement des nouveaux agents, à leur entrée en fonctions.
Art. 3. — Le Directeur des affaires civiles et politiques, et le chef du service administratif sont chargés, chacun en ce qui le concerne, de l'exécution de la présente décision.

Courcy.

N° 13. — Arrêté *créant auprès de chaque résident ou vice-résident chef de poste, deux emplois d'agents français assermentés.*

31 mai 1886

Article premier. — Il est créé, auprès de chaque résident ou vice-résident chef de poste, deux emplois d'agents français assermentés, chargés spécialement de la garde de la résidence, de la police du chef-lieu, de la constatation des crimes et délits, de l'instruction militaire à donner aux milices, des escortes et autres missions que le résident aurait à leur confier.
Leur uniforme sera, jusqu'à nouvel ordre, celui adopté pour les agents de la ville de Hanoi.
Leurs traitements seront fixés par le tableau ci-annexé.
Art. 2. — Le Résident supérieur au Tonkin est chargé de l'exécution du présent arrêté.

Paul Bert.

TABLEAU des soldes des agents français assermentés auprès des résidences.

	16 Agents de police de 1re classe	3,000 00
	16 Agents de police de 2e classe	2,400 00
Total	32	
	Allocation annuelle pour entretien d'effets, à 100 francs par homme	3,200 00
	Dépense annuelle pour 16 agents de 1re classe	48,000 00
	Dépense annuelle pour 16 agents de 2e classe	38,400 00
	Dépense totale	89,600 00

Paul Bert.

N° 14. — Arrêté *fixant la composition du personnel de la police de Haiphong.*

4 juin 1886.

Rapporté par arrêté du 17 juillet 1887.

N° 15. — Arrêté *réorganisant la police de la ville de Hanoi.*

7 juin 1886.

Article premier. — La police de la ville de Hanoi est réorganisée sur les bases indiquées ci-après :
Le personnel affecté au service de la police comprendra : (1)
Art. 2. — La ville de Hanoi sera divisée en deux arrondissements de police dépendant des deux brigadiers.
Les limites des arrondissements seront fixées par arrêté du vice-résident de Hanoi.
Art. 3. — Toutes les dispositions contraires sont et demeurent rapportées.
Art 4. — Le Résident supérieur est chargé de l'exécution du présent arrêté.

Paul Bert.

N° 16. — Arrêté *fixant la composition du personnel de la police de Nam-dinh.*

23 juillet 1886.

Article premier. — Le personnel de la police affecté aux divers services de la ville de Nam-dinh comprend :

Personnel européen :

1	Commissaire de police	6,000 fr.	
	Frais de bureau	600	
2	Sous-brigadiers (à 2,700 francs l'un)	5,400	
	Frais de bureau (100 francs l'un)	200	
2	Agents de 1re classe (à 2,400 francs l'un)	4,800	
3	Agents de 2e classe (à 2,000 francs l'un)	6,000	
	Indemnité d'habillement (100 francs par agent)	700	
			23,700

Personnel indigène :

1	Sous-brigadier de 1re classe	780 fr.	
1	— 2e classe	720	
3	Agents de 1re classe (à 600 francs l'un)	1,800	
4	Agents de 2e classe (à 540 francs l'un)	2,160	
	Indemnité d'habillement (50 francs par agent)	450	
			5,910
	Total		29,610

Art. 2. — Le Résident supérieur au Tonkin est chargé de l'exécution du présent arrêté.

Paul Bert.

N° 17. — Arrêté *fixant le personnel de la police de la province de Bac-ninh.*

10 août 1886.

Article premier. — Le personnel de la police affecté aux divers services de la province de Bac-ninh, comprend :

Personnel européen :

1	Brigadier chef, faisant fonctions de commissaire	4,000 fr.
	Frais de bureau	600
2	Sous-brigadiers (à 2,700 francs l'un)	5,400
	Frais de bureau (200 francs l'un)	400
2	Agents de 1re classe (à 2,400 francs l'un)	4,800
2	Agents de 2e classe (à 2,000 francs l'un)	4,000
	Indemnité d'habillement (100 francs par agent)	600

Personnel indigène :

1	Sous-brigadier de 1re classe	780 fr.
1	— 2e classe	720
4	Agents de 1re classe (à 600 francs l'un)	2,400
6	Agents de 2e classe (à 540 francs l'un)	3,240
	Indemnité d'habillement (50 francs par agent)	600
	Total	27,540

Art. 2. — Ce personnel sera réparti en deux brigades qui relèveront du fonctionnaire commissaire de police de Bac-ninh, et serviront l'une à Bac-ninh, l'autre à Dap-cau et Ti-cau. (2)
Art. 3. — Le Résident supérieur au Tonkin est chargé de l'exécution du présent arrêté.

Paul Bert.

(1) Voir ci-après arrêté du 23 novembre 1886, augmentant le cadre du personnel européen de la police de Hanoi.
(2) Voir ci-après arrêté du 20 décembre 1886, augmentant le personnel de la police de Bac-ninh.

N° 18. — ARRÊTÉ *augmentant le personnel européen de la police de Hanoi.*

23 novembre 1886.

Article premier. — Le cadre du personnel européen affecté au service de la police de la ville de Hanoi (1) est augmenté de :

1 brigadier de 2e classe ;
2 sous-brigadiers ;
8 agents de 1re classe ;
8 agents de 2e classe.

Art. 2. — Le Résident supérieur *p. i.* au Tonkin est chargé de l'exécution du présent arrêté.

P. VIAL.

N° 19. — ARRÊTÉ *augmentant le personnel européen de la police de Haiphong.*

23 novembre 1886.

Rapporté par arrêté du 17 juillet 1887.

N° 20. — DÉCISION *augmentant le personnel européen de la police de Bac-ninh.*

20 décembre 1886.

Article premier. — Le nombre des agents européens composant le personnel de la police de la province de Bac-ninh est porté à huit.

Art. 2. — Le Résident supérieur *p. i.* au Tonkin est chargé de l'exécution de la présente décision.

P. VIAL.

N° 21. — ARRÊTÉ *fixant la composition et le traitement du personnel de la police de Haiphong.*

17 juillet 1887.

Article premier. — Le personnel affecté au service de la police de la ville de Haiphong comprend :

1 Commissaire de police à	6.000	francs.
Frais de bureau	600	»
1 Brigadier secrétaire	3.600	»
1 Brigadier à 3,600 frs	3.600	»
2 Sous-brigadiers à 3,200 frs	6.400	»
4 Agents de 1re classe à 2,800 frs	11.200	»
4 Agents de 2e classe à 2,600 frs	10.400	»
6 Agents de 3e classe à 2,400 frs	14.400	»

Personnel indigène

2 Sous-brigadiers à 800 frs	1.600	francs.
6 Agents de 1re classe à 600 frs	3.600	»
8 Agents de 2e classe à 500 frs	4.000	»
1 Interprète chinois	1.800	»
Indemnités et gratifications diverses	2.800	»

Art. 2. — Les arrêtés des 4 juin et 23 novembre 1886 sont et demeurent rapportés.

G. BIHOURD.

N° 22. — ARRÊTÉ *fixant les cadres de la police municipale de la ville de Hanoi.*

1er janvier 1890.

Article premier. — Les cadres de la police municipale de la ville de Hanoi sont fixés ainsi qu'il suit à compter du 1er janvier 1890.

	GRADES	NOMBRE	SOLDE	VIVRES	LOG.	TOTAL
Personnel européen	Brigadier chef	1	1100.00	108.00	125.00	1333.00
	Brigadiers	2	900.00	108.00	125.00	1133.00
	Sous-brigadiers	2	800.00	108.00	125.00	1033.00
	Agents de 1re cl.	5	700.00	108.00	125.00	933.00
	— de 2e cl.	5	650.00	108.00	125.00	883.00
	— de 3e cl.	5	600.00	108.00	125.00	833.00
Personnel indigène	Brigadier	1	220.00	»	»	220.00
	Sous-brigadiers	3	200.00	»	»	200.00
	Agents de 1re cl.	8	150.00	»	»	150.00
	— de 3e cl.	20	125.00	»	»	125.00
	Interprète	1	250.00	»	»	250.00

Art. 2. — Sont nommés etc...

BRIÈRE.

(1) Voir arrêté du 1er janvier 1890, fixant les cadres de la police à Hanoi.

VOY. : Ports de guerre. — Ports de commerce. — Marchés. — Pêcherie. — Paillottes.

Port d'armes.

N° 1. — AVIS *relatif à l'autorisation de port d'armes de guerre.*

5 juillet 1886

Le Résident général est informé que des Européens voyageant sur le fleuve font usage en route des armes à feu à longue portée en leur possession, au risque de blesser les habitants qui circulent sur les rives ou travaillent dans la campagne.

Il rappelle que l'autorisation de porter des armes de guerre n'a été accordée que pour la défense des barques et dans des conditions déterminées, et il invite MM. les résidents et vice-résidents à faire savoir à qui de droit que toute embarcation où un fait de ce genre aura été dûment constaté, sera privée des armes qu'elle est autorisée à posséder en vertu de l'arrêté du 25 juin dernier.

PAUL BERT.

N° 2. — ARRÊTÉ *réglementant l'autorisation accordée aux chaloupes de commerce d'avoir à bord quatre fusils à tir rapide.*

28 mars 1887.

Article premier. — Les chaloupes de commerce et canots à vapeur appartenant à des particuliers, pourront être autorisés par les résidents de leurs provinces, et moyennant le dépôt d'un cautionnement de cent piastres par embarcation, à avoir à bord, pour leur défense, quatre fusils à tir rapide.

Art. 2. — L'armateur devra faire déclaration de ses armes au chef-lieu de la résidence ou de la vice-résidence, et tenir avec le plus grand soin un registre indiquant le nombre, la nature des armes et la quantité de munitions qu'il possède. Ce registre sera visé tous les trimestres par le résident ou le vice-résident de la province.

Les fusils devront porter un numéro matricule inscrit par les soins de l'administration. En outre, les fonctionnaires chargés de la police de la navigation feront visiter, aussi souvent qu'ils le jugeront convenable, les embarcations en cours de service dans leurs provinces.

Art. 3. — L'armateur sera entièrement responsable de la disparition de ses armes ou de ses munitions. Les disparitions non justifiées donneront lieu au retrait de l'autorisation et à la saisie du cautionnement, sans préjudice des peines plus graves édictées par les lois et règlements, dans le cas d'emploi délictueux des armes et munitions.

Art. 4. — Le Résident supérieur au Tonkin est chargé de l'exécution du présent arrêté.

G. BIHOURD.

N° 3. — ARRÊTÉ *décidant que le certificat d'enregistrement des armes en douane, équivaudra pour les jonques et chaloupes de mer, à l'autorisation exigée par l'article III de l'arrêté du 27 juin 1886*

28 janvier 1888.

Le certificat d'enregistrement des armes en douane équivaudra, pour les jonques et chaloupes de mer, à l'autorisation exigée par l'article III de l'arrêté du 25 juin 1886.

RAOUL BERGER.

N° 4. — ARRÊTÉ *fixant le droit à percevoir sur les permis de port d'armes délivrés aux indigènes.*

26 juin 1889.

Article premier. — Sur tout le territoire du Tonkin, nul indigène ni Asiatique étranger ne pourra posséder ou porter sur lui-même une arme à feu de luxe ou de chasse, s'il n'est muni d'un permis régulièrement délivré par les résidents-maires à Hanoi, et à Haiphong, et dans les autres provinces par les résidents ou vice-résidents chefs de poste, avec l'autorisation du Résident supérieur.

Art. 2. — Aucune demande de permis d'armes, sauf les cas exceptionnels sur lesquels il sera statué par le Résident supérieur, ne sera admise, si elle n'a pour but la chasse des bêtes à plumes, et si elle n'est présentée par un Européen, lequel devra se porter garant du permissionnaire et sera seul responsable du paiement de la taxe prévue ci-dessous.

Art. 3. — Les permis seront délivrés moyennant le versement d'une redevance annuelle de trois piastres pour la première année, et deux piastres 50 cents pour le renouvellement des années suivantes, payables en un seul terme et d'avance. Ils cesseront d'être valables à l'expiration de l'année au cours de laquelle ils auront été délivrés.

Art. 4. — Un cahier spécial sera tenu dans chaque résidence pour l'enregistrement des permis.

Art. 5. — Cette décision, au point de vue fiscal, sera applicable à partir du 1er juillet prochain, avec un délai d'un mois accordé aux détenteurs d'armes non déjà pourvus d'une autorisation, pour se mettre en règle. Néanmoins et par faveur, le deuxième semestre de 1889 sera seul exigible et est fixé à une piastre 50 cents par permis.

Art. 6. — Toutes les prohibitions antérieures concernant la possession et le port des armes de guerre demeurent expressément maintenues.

Art. 7. — Toute infraction à la présente décision entraînera la saisie de l'arme et une amende de 5 à 25 piastres, dont le quart pourra être attribué par le résident qui prononcera l'amende, aux agents qui auraient contribué à l'arrestation du délinquant.

Art. 8. — Les permis d'armes délivrés pourront toujours être retirés, sans que ce retrait puisse donner lieu au remboursement de la taxe perçue.

Art. 9. — Le Résident supérieur au Tonkin est chargé de l'exécution du présent arrêté, qui sera enregistré et publié partout où besoin sera.

PIQUET.

N° 5. — CIRCULAIRE *limitant à certaine partie du territoire le droit de port d'armes de chasse des indigènes.*

15 juin 1890.

Durant ces derniers mois, plusieurs de nos nationaux faisant le commerce des plumes ont été, ainsi que vous le savez, autorisés par mon prédécesseur à armer, sous leur responsabilité personnelle, un certain nombre d'indigènes qu'ils envoient, porteurs de permis individuels, à la chasse à l'aigrette dans diverses provinces.

Cette industrie, que je suis d'ailleurs tout disposé à faciliter, tendant actuellement à prendre de l'extension, ne saurait sans inconvénients s'exercer indifféremment dans toutes les régions du Tonkin, et j'estime qu'il y a un intérêt de police générale à en limiter l'exercice aux parties du territoire dont la pacification est aujourd'hui assurée.

Je vous prie donc de me faire connaître les régions de votre province où cette chasse peut être autorisée sans danger, ainsi que celles dont il serait utile (au point de vue de la sécurité publique) d'interdire l'accès aux chasseurs.

Vous voudrez bien me faire parvenir sans retard les renseignements dont il s'agit.

BRIÈRE.

VOY. : **Armes et Munitions. — Chasse. — Navigation**

Porteurs de contraintes

N° 1. — ARRÊTÉ *fixant le traitement des porteurs de contraintes.*

3 mai 1887.

L'article 17 de l'arrêté susvisé (1) est modifié comme suit :

« Les porteurs de contraintes jouissent d'un traitement fixe de trois mille francs (3,000 fr.).

G. BIHOURD

(1) Voir arrêté du 22 octobre 1886 au mot *Impôts*.

Ports de commerce

N° 1. — DÉCISION *réglementant la police du port de Hanoi.*

16 octobre 1888.

Article premier. — Le port de Hanoi est ouvert à la navigation pour tous les bâtiments battant pavillon français. Les navires étrangers n'y seront admis qu'après avoir obtenu une autorisation de l'autorité administrative, qui restera essentiellement révocable.

Art. 2. — Provisoirement, tous les bâtiments qui arriveront à Hanoi, quelle que soit leur nationalité, devront se présenter, une heure au plus tard après qu'ils auront mouillé, au bureau du chargé du service administratif, et y déposer les papiers du bord.

Ceux qui seront porteurs de dépêches postales devront les faire parvenir immédiatement au bureau de poste.

Art. 3. — Tout navire quittant Hanoi pour se rendre dans un des postes du Tonkin, devra annoncer son départ six heures à l'avance au moins.

Le chargé du service administratif fixera les heures de départ des navires frétés par l'administration ou lui appartenant, et préviendra, aussitôt que possible, les différents services de tous les départs.

Art. 4. — Les papiers de bord ne seront remis aux capitaines ou patrons que sur la présentation au chargé du service administratif, d'un certificat qui lui sera délivré par le receveur de la poste, constatant qu'ils ont pris les sacs de correspondance.

Ils seront responsables des dépêches au même titre qu'un agent des postes, et n'auront droit à aucune indemnité de ce fait.

Art. 5. — Toute infraction aux articles 1, 2, 3 et 4 ci-dessus, sera punie d'une amende de 100 à 1000 francs, qui sera prononcée par le résident.

Art. 6. — La présente décision, qui sera communiquée et enregistrée partout où besoin sera, sera traduite en langue anglaise et annamite, pour, un exemplaire en être remis à chaque capitaine ou patron arrivant à Hanoi pour la première fois après sa publication.

HARMAND.

N° 2. — DÉCISION *portant réglementation générale des ports de l'Annam et du Tonkin ouverts au commerce de la France et des puissances étrangères.*

27 octobre 1884.

CHAPITRE PREMIER.

Dispositions générales.

Article premier. — Sont ouverts au commerce de la France et des puissances étrangères, les ports de Haiphong, Hanoi, Qui-nhon, Tourane et Xuan-day, ainsi que la navigation du fleuve Rouge, de la mer aux frontières du Yun-nan ; il est interdit de se livrer au trafic dans les autres ports ou sur la côte, ainsi que de pénétrer dans les embouchures autres que celles aboutissant aux ports précités, sous peine de confiscation des navires et des marchandises engagés, au profit de la caisse des douanes.

Art. 2. — Le cabotage de province à province est réservé aux jonques indigènes, sous réserve que les patrons seront munis de manifestes visés par les autorités locales.

Les navires portant pavillon français seront admis à faire le cabotage entre les ports ouverts, sous l'obligation d'être munis d'un passavant ou acquit-à-caution, et de faire le transport direct, sans aucune escale volontaire à l'étranger.

Art. 3. — Aucune société de commerce privilégiée ne pourra désormais être établie en Annam et au Tonkin, et il en sera de même de toute coalition organisée dans le but d'exercer un monopole sur le commerce, à l'exception des fermes créées ou à créer par le gouvernement annamite avec l'approbation de la France.

Toute infraction à cette disposition entraînera la dissolution de l'entreprise, sans préjudice des poursuites qui pourront être exercées conformément aux articles 419 et suivant du Code pénal français, ou des lois annamites, selon le cas.

Art. 4. — Il est formellement interdit d'introduire au Tonkin et dans l'Annam des armes, des munitions, salpêtre, soufre, objets ou instruments quelconques à l'usage de la guerre. L'introduction et la vente des armes dites de commerce pourront être permises, mais seulement aux négociants européens, et en vertu d'autorisations personnelles et spéciales, et sous l'obligation de se conformer strictement aux règlements établis par l'Administration à cet effet.

Toute infraction aux présentes dispositions sera punie d'une amende de cinquante à trois mille francs, et les objets et produits saisis seront confisqués, le tout au profit de la caisse des douanes.

Art. 5. — Tout navire portant des armes pour sa propre sûreté ou des munitions de guerre ou de commerce, devra en inscrire l'énumération sur ses papiers de bord et produire, à l'arrivée dans le port, une déclaration spéciale à ce sujet. Le résident de France pourra autoriser le capitaine à conserver à bord son armement ou en ordonner le dépôt à terre, dans les magasins de l'Administration ou de l'artillerie, pour n'être rendu qu'au départ. Dans tous les cas, l'armement au complet devra être représenté au départ du navire et concorder avec la déclaration à l'arrivée, sauf les emplois dûment justifiés, sous peine d'une amende de cinquante à trois mille francs, au profit de la caisse des douanes, et sans préjudice des poursuites légales, s'il y a eu vente frauduleuse d'armes ou de munitions.

Les armes et munitions trouvées à bord d'un navire de commerce et qui n'auraient pas été déclarées, comme il vient d'être dit, seront confisquées, et le capitaine pourra être condamné à une amende de 50 à 3,000 francs au profit de la caisse des douanes.

Si un navire a débarqué clandestinement des armes ou des munitions sur un point quelconque du territoire de l'Annam ou du Tonkin, le capitaine sera condamné à la même amende que ci-dessus, et les armes et munitions seront confisquées. Dans le cas où celles-ci n'auraient pas été saisies, et dans tous les cas s'il s'agit de quantités telles qu'il y ait menace pour la tranquilité publique, le navire et la cargaison totale seront saisis et pourront être confisqués au profit de la caisse des douanes, sans préjudice des autres pénalités encourues par les fraudeurs, pour tout acte criminel concomitant.

Art. 6. — Tout navire qui circule dans le fleuve Rouge ou entre dans un des ports ouverts, ou sort, est tenu d'avoir son pavillon arboré depuis le lever jusqu'au coucher du soleil. Pendant la nuit, tout navire, qu'il soit sous vapeur, sous voiles, ou au mouillage dans le fleuve, doit porter les feux réglementaires (*Art. 2 et 4 du décret du 28 mai 1858.*)

A moins d'un cas de force majeure, dont il est tenu de justifier, aucun bâtiment ne doit mouiller au milieu du fleuve, ni à moins d'un mille en amont ou en aval des coudes brusques.

Le capitaine sera responsable de toute avarie qui résulterait d'une infraction à cet article, sauf, s'il y a lieu, son recours contre le pilote.

Art. 7. — Les navires de commerce sont tenus de s'établir au poste de mouillage qui leur est indiqué par la direction du port, sous peine d'une amende de 50 à 100 francs au profit de la caisse des douanes, et d'être obligés de reprendre le poste assigné.

Art. 8. — Tout navire chargé de pétrole ou de matières inflammables ou incendiaires, devra stationner loin des autres bâtiments, aux points désignés à l'avance par le directeur du port, et pour s'amarrer, devra faire usage de chaînes en fer, à l'exclusion des câbles en chanvre. Il sera tenu de hisser, en entrant, un pavillon rouge qu'il conservera jusqu'à complet déchargement du pétrole ou des matières inflammables ou incendiaires.

Le chargement et le déchargement du pétrole et des matières inflammables ou incendiaires devront être opérés, soit de bord à quai, soit sur des allèges, dans des emplacements déterminés. Ces opérations ne pourront avoir lieu que de jour. Il est absolument interdit d'allumer du feu ou de la lumière sur les allèges ou embarcations qui servent au transport de ces matières. Toute infraction à ces dispositions entraînera condamnation contre le capitaine à une amende de cinquante à cinq cents francs au profit de la caisse des douanes.

Art. 9. — Dans les vingt-quatre heures qui suivront l'arrivée d'un navire de commerce dans l'un des ports ouverts, le capitaine, s'il n'est empêché, ou à son défaut, le subrécargue ou le consignataire, devra se rendre à la résidence de France et remettre entre les mains du résident les papiers du bord, les connaissements et le manifeste.

Dans les vingt-quatre heures suivantes, le résident enverra au chef de la douane un extrait du rôle d'équipage et une note détaillée indiquant le nom du navire, le tonnage légal et la nature du chargement. Si, par suite de la négligence du capitaine, cette dernière formalité n'avait pu être accomplie dans les quarante-huit heures qui suivront l'arrivée du navire, le capitaine sera passible d'une amende de deux cent cinquante francs par jour de retard, au profit de la caisse des douanes. Ladite amende ne pourra toutefois dépasser la somme de mille francs.

Aussitôt après la réception de la note transmise par la résidence, le chef de la douane délivrera le permis d'ouvrir la cale. Si le capitaine, avant d'avoir reçu ce permis, avait ouvert la cale et commencé à décharger, il pourrait être condamné à une amende de cent à deux mille cinq cents francs, et les marchandises débarquées pourraient être saisies et vendues au profit de la caisse des douanes.

Art. 10. — Les capitaines sont tenus de remettre à la résidence de France une liste nominative de leurs passagers. Les passagers de race asiatique ne quitteront le bord que sur une autorisation du résident.

Toute infraction au présent article sera punie d'une amende de cent à cinq cents francs à la charge du capitaine et au profit de la caisse des douanes. Dans le cas de fausse déclaration intentionnelle, le maximum de l'amende sera toujours prononcé.

Art. 11. — Il est expressément défendu de jeter dans le port quelque lest que ce soit. Les matières de cette nature sont déposées sur des points indiqués par le directeur du port. Toute infraction à cette règle entraînera une amende de cent à cinq cents francs.

Art. 12. — Les capitaines devront se conformer exactement aux règlements locaux sur le pilotage et la police sanitaire. Si une maladie épidémique ou contagieuse se déclare à bord d'un navire mouillé dans un port ou naviguant dans le fleuve Rouge, le capitaine est tenu d'en faire la déclaration immédiate au résident le plus voisin et de se conformer aux mesures sanitaires qui lui seront prescrites.

Si un décès a lieu dans les ports ou le fleuve, soit parmi les hommes d'équipage, soit parmi les passagers, le capitaine en fera la déclaration dans les mêmes conditions, et se conformera aux règlements d'ordre public établis à ce sujet.

Les infractions à ces dispositions entraîneront, pour le capitaine, une amende de cent à cinq cents francs au profit de la caisse des douanes.

Art. 13. — Si un navire a besoin d'être radoubé, fumigé ou calfaté, son capitaine en préviendra le directeur du port, qui prescrira les mesures nécessaires afin que l'opération s'effectue sans obstacle et sans accident.

Toute infraction à cette règle, toute désobéissance aux ordres donnés à ce sujet, seront punies d'une amende de cinquante à trois cents francs au profit de la caisse des douanes.

Art. 14. — Si un navire se trouve en danger, les capitaines sont tenus, avant tout ordre émanant du port, d'expédier des secours à ce navire, dans la proportion de la moitié de leur équipage, en même temps que des ancres et grelins, si cela était nécessaire. Ils doivent, à première réquisition du commandant de la rade ou du directeur du port, fournir tous les genres de secours qui leur seraient demandés. Les capitaines, en cas de refus de se conformer à ces dispositions, seront poursuivis conformément au décret-loi sur la marine marchande.

Si les canots ou amarres employés pour les secours recevaient quelques dommages, le règlement des avaries aurait lieu à dire d'experts.

Art. 15. — Si quelque bâtiment venait à se perdre sur les côtes de l'Annam et du Tonkin, l'autorité la plus voisine, dès qu'elle serait informée, porterait sur-le-champ assistance à l'équipage, pourvoirait à ses besoins urgents et prendrait les mesures nécessaires pour le sauvetage du navire et de la cargaison.

Art. 16. — Les bâtiments de guerre de toute nationalité entrant dans un des ports du Tonkin ou de l'Annam, seront exempts de tous droits, s'ils ne débarquent ou n'embarquent aucun article destiné au commerce; ces navires seront tenus, d'ailleurs, de se conformer aux règlements institués pour la police de la rade et du port. Ils pourront s'y procurer les divers objets de rechange et ravitaillement dont ils auraient besoin, et s'ils ont fait des avaries, les réparer et acheter, dans ce but, les matériaux nécessaires, le tout en franchise des droits de douane.

Il en sera de même à l'égard des navires de commerce qui, par suite d'avaries majeures, seraient contraints de chercher refuge dans un port quelconque de l'Annam ou du Tonkin; mais ces navires ne devront y séjourner que momentanément, et aussitôt que la cause de leur relâche forcée aura cessé, ils devront appareiller sans pouvoir y prolonger leur séjour ni commercer, à moins qu'ils ne se trouvent dans l'un des ports ouverts, auquel cas ils rentreraient dans le droit commun à partir du moment où ils auraient dû quitter le port.

Art. 17. — Tout capitaine ou patron d'un bâtiment français ou étranger arrivant dans un port, est tenu d'envoyer au bureau de la poste, aussitôt le bâtiment amarré, les lettres et paquets qui lui ont été confiés à son départ, soit d'un port français, soit d'un port étranger, sous peine d'une amende de 10 à 500 francs et, au besoin, des poursuites prévues en l'article 187 du code pénal

Le capitaine devra justifier de cette remise par un reçu du chef du bureau postal.

Au départ, le capitaine ne sera expédié par les autorités compétentes que s'il justifie, par un certificat du même chef de bureau, qu'il a déclaré le moment de son départ au moins vingt-quatre heures à l'avance s'il doit prendre le large, et six heures à l'avance s'il doit naviguer dans l'intérieur.

Art. 18. — La surveillance des navires de commerce, bateaux, jonques et embarcations sera exercée par des bâtiments de guerre, des canots à vapeur ou à rames, ou par des postes de douane.

CHAPITRE II

Des tarifs et de la perception des taxes.

Art. 19. — En attendant que le régime commercial du Tonkin soit définitivement arrêté, les droits de douane, à l'importation comme à l'exportation, resteront conformes aux taxes qui ont été fixées par le traité du 31 août 1874.

Sont aussi provisoirement maintenues en vigueur les dispositions relatives aux produits et aux provenances désignés spécialement dans ledit traité.

Art. 20. — Tout bâtiment entré dans l'un des ports ouverts du Tonkin ou de l'Annam et qui n'aura point encore levé le permis de débarquement mentionné en l'article 9, pourra, dans les deux jours de son arrivée, quitter le port et se rendre dans un autre port, sans avoir à payer aucun droit autres que ceux imposés aux navires entrant et sortant sur lest.

Art. 21. — Tout navire qui ne déchargera qu'une partie de sa cargaison ne payera les droits de douane que pour les marchandises débarquées.

Dans les cas où, des marchandises ayant été débarquées et les droits acquittés, un commerçant voudrait les réexporter, il en préviendrait le résident de France. Celui-ci, de son côté en informera le chef de la douane, lequel, après avoir constaté l'identité des marchandises et la parfaite intégrité des colis, remettra à l'intéressé une déclaration attestant que les droits ont été effectivement acquittés.

Muni de cette déclaration, le commerçant n'aura, à l'arrivée dans tout autre port de l'Annam ou du Tonkin, qu'à la présenter au résident de France qui la transmettra au chef de la douane locale, lequel, après vérification des colis et des marchandises, délivrera un permis de débarquement, sans retard et sans frais, pour cette partie de la cargaison. Si quelque fraude était découverte, les marchandises en question seraient confisquées et le contrevenant pourrait être condamné à une amende égale au double droit, le tout au profit de la caisse des douanes.

Art. 22. — Aucun transbordement de marchandises ne pourra avoir lieu sans un permis spécial et, dans le cas d'urgence, s'il est indispensable d'opérer sans délai, il devra en être référé au résident de France, qui délivrera un certificat sur le vu duquel le chef de la douane autorisera immédiatement le transbordement, sauf à déléguer un employé de l'administration pour y assister.

Tout transbordement non autorisé, sauf le cas de péril en la demeure, entraînera la confiscation, au profit de la caisse des douanes, de la totalité des marchandises illicitement transbordées.

Art. 23. — Toute marchandise introduite ou exportée en fraude des droits, quelles que soient sa valeur et sa nature, tout produit prohibé débarqué ou embarqué frauduleusement, seront saisis et confisqués; de plus, il sera prononcé des amendes proportionnées à l'importance de la contravention, qui ne pourront être inférieures au double des taxes détournées, ni supérieures au décuple, en totalité. Le gouvernement du Protectorat pourra interdire l'accès des ports de l'Annam et du Tonkin aux navires convaincus de se livrer habituellement à la contrebande.

Aussitôt l'apuration de leurs comptes, ces navires seront contraints de quitter le port.

Il suffira de trois contraventions dûment établies dans le cours d'une année pour constituer le fait d'habitude.

Art. 24. — Le capitaine est responsable de l'exactitude du manifeste, qui doit reproduire les marques, numéros, contenu et valeur de chaque colis. La présentation d'un manifeste faux rendra le capitaine passible d'une amende de cinquante à trois mille francs; toutefois, il est admis que le capitaine qui a reconnu une erreur dans son manifeste, peut en faire la rectification dans les vingt-quatre heures qui suivent la remise du document en question à la résidence de France, sans encourir pour cela aucune pénalité, à moins que la rectification n'intervienne qu'après la découverte et la saisie des marchandises omises, par les agents des douanes.

Lorsqu'une partie de la cargaison sera destinée à être réexportée, il devra en être fait mention dans le manifeste.

Art. 25. — Sauf le cas d'autorisation spéciale, aucun embarquement ou débarquement de marchandises, de passagers ou de lest ne pourra avoir lieu en dehors des limites des ports ouverts, ni après le coucher du soleil (excepté pour les passagers européens), sous peine de confiscation des marchandises et d'une amende de cent à trois mille francs à la charge du capitaine et au profit de la caisse des douanes.

Art. 26. — Toutes les fois qu'un commerçant aura des marchandises à embarquer ou à débarquer il devra d'abord en remettre la note détaillée au chef de la douane. Celui-ci délivrera sur-le-champ un permis d'embarquement ou de débarquement, selon le cas, et il sera alors procédé à la vérification des marchandises dans la forme la plus convenable pour qu'il n'y ait chance de perte de temps ou de valeur pour aucune des parties intéressées.

Le commerçant susdit devra se faire représenter sur le lieu de la vérification, s'il ne préfère y assister lui-même, par une personne munie des qualités voulues, à l'effet de veiller à ses intérêts, faute de quoi toute réclamation ultérieure sera tenue pour nulle et non avenue.

Art. 27. Jusqu'à ce qu'il ait été établi des entrepôts réels dans les ports ouverts, l'administration des Douanes est autorisée à accorder aux commerçants le bénéfice de l'entrepôt fictif dans les conditions fixées par la réglementation générale des douanes.

Art. 28. — La vérification des marchandises s'opérera sur un point déterminé et approprié dans ce but, au vu du manifeste, avec faculté pour l'agent des douanes, de faire ouvrir les caisses, futailles, balles et autres colis, ou d'en demander la pesée dans le cas où les indications reproduites sur le manifeste paraîtraient insuffisantes ou inexactes.

Art. 29. — Les réductions de droits pour cause d'avaries prévues par le dernier paragraphe de l'article 17 du traité de commerce, ne sont applicables dans aucun cas, aux marchandises d'exportation. Pour l'importation, ces réductions ne peuvent être accordées qu'autant que l'avarie aura eu lieu en cours de transport, depuis le dernier port de chargement, et résultera d'un événement de mer régulièrement établi par les papiers de bord.

Art. 30. — Quand un navire aura complété son chargement, le capitaine ou le consignataire devra remettre à la douane un manifeste détaillé de sa cargaison d'exportation. Le capitaine ou le consignataire qui produirait un manifeste faux serait passible d'une amende de cinquante à trois mille francs au profit de la caisse des douanes.

Art. 31. — Aucun navire ne pourra rentrer en possession de ses papiers et quitter le port si le capitaine n'a justifié, auprès du résident, qu'il a rempli toutes ses obligations envers la douane, et que la somme des droits a été intégralement payée.

Art. 32. — Les droits de phare et d'ancrage sont fixés à deux francs par tonneau de jauge, pour les navires entrant o sortant avec un chargement, et à un franc par tonneau pour les navires entrant sur lest et sortant chargés ou entrant chargés et sortant sur lest.

Sont considérés comme étant sur lest, les navires dont la cargaison est inférieure au vingtième de leur jauge en encombrement, et à cinq francs par tonneau en valeur.

Les navires entrant sur lest et partant sur lest ne payent aucun droit de phare et d'ancrage.

Art. 33. — A l'arrivée de tout navire dans un port, un agent de la douane pourra être placé à bord pour suivre les opérations d'embarquement ou de débarquement.

Le service des douanes au Tonkin et dans les autres ports ouverts de l'Annam, se conformera aux prescriptions du règlement général des douanes métropolitaines, sauf les modifications qui résultent des traités avec l'Annam et des prescriptions de la présente décision.

Les bureaux de la douane seront ouverts, pour l'expédition des affaires, de six heures à onze heures du matin et de deux heures à six heures du soir, tous les jours, à l'exception des dimanches et fêtes, sauf les cas d'autorisation extraordinaire.

Art. 34. — Les produits réalisés d'amendes et de confiscations par suite des saisies faites par les préposés ou agent du service des douanes, seront distribués comme suit :

Un cinquième à répartir entre tous les agents et le chef du bureau dans le ressort duquel la saisie aura eu lieu ;

Un cinquième aux saisissants ;

Le surplus sera acquis au trésor.

Dans le cas où les contraventions auraient été dénoncées à l'autorité par des personnes étrangères au service, il sera prélevé, avant toute répartition, un tiers au profit de celle-ci.

Art. 35. — Le Directeur des affaires civiles et politiques, les résidents et sous-résidents, le chef du service des douanes, sont chargés d'assurer l'exécution de la présente décision, chacun en ce qui le concerne, et sous réserve de l'approbation de M. le ministre de la marine et des colonies.

G. LEMAIRE.

N° 3. — DÉCISION *portant création d'une direction du port de commerce à Haiphong.*

2 janvier 1885.

Article premier. — Il est créé une direction du port de commerce de Haiphong ; ses attributions sont réglées conformément aux articles 12, 13, 14, 15, 16, 17, 18, 19, 20 et 21 du décret du 15 juillet 1854. (1)

Art. 2. — Sauf les réserves exprimées dans les articles susvisés du décret du 15 juillet 1854, en ce qui concerne la part d'action dévolue à l'autorité maritime, la direction du port de commerce est placée sous l'autorité du Directeur des affaires civiles et politiques au Tonkin.

Art. 3. — Les dispositions des décisions du 27 octobre et du 19 novembre 1884 sont applicables au personnel du port, en tant qu'elles n'ont rien de contraire à la présente décision.

Art. 4. — Le personnel français de la direction du port de commerce prêtera serment, avant l'entrée en fonctions, devant le tribunal civil de la résidence.

Il aura qualité pour rechercher et constater, par des procès-verbaux, toutes les contraventions aux arrêtés et règlements sur la police du port, la navigation, le commerce et, en général, tout ce qui est relatif aux ports de commerce.

Art. 5. — *Modifié par arrêté du 17 octobre 1886.*

Art. 6. — Le maître du port de commerce de Haiphong a la direction de son service et exerce les attributions qui lui sont conférées, sous l'autorité du directeur des affaires civiles et politiques ou, à son défaut, du résident de Haiphong. Le service du phare de Do-son entre également dans ses attributions et il a autorité sur le personnel de ce phare.

Art. 7. — Le personnel du phare de Do-son comprend :

	Solde d'Europe	Supplément colonial	TOTAL
Un gardien chef	1.500 00	2.000 00	3.500 00
Un gardien français	1.200 00	1.600 00	2.800 00
Trois matelots indigènes	»	»	252 00

(1) Voir à la fin le texte de ces articles.

Art. 8. — Les recettes du port de commerce s'effectueront dans la caisse du receveur des douanes.

Les produits d'amendes et de confiscation, par suite de saisies faites par les agents du port de commerce, seront répartis comme il est dit à l'article 34 de la décision du 27 octobre 1884.

Art. 9. — En arrivant à Haiphong, les navires de commerce recevront du maître du port des ordres leur indiquant où ils doivent mouiller et le mode d'amarrage suivi.

A moins de circonstances forcées, ils ne resteront jamais mouillés ou amarrés à poste fixe en dehors des limites du port de commerce, et au mouillage en rivière ils devront avoir le bout-dehors du grand foc rentré, les basses vergues apiquées et un fanal de beaupré allumé toute la nuit.

Un espace ou passage entièrement libre et assez large pour que les navires puissent y circuler librement, sera maintenu sur la rive droite du fleuve ; le chenal du Song-tam-Bac sera toujours maintenu libre.

Toute infraction au présent article entraînera une amende de 25 à 100 francs pour le capitaine et au profit de la caisse des douanes, indépendamment des frais et dommages-intérêts dûs à la partie lésée, en cas d'avaries.

Art. 10. — Tout propriétaire de chalands, jonques ou embarcations, servant au délestage d'un navire, à son chargement, déchargement, ou à tout autre usage, sera tenu de les amarrer au lieu indiqué par le maître du port et suivant le mode d'amarrage qu'il aura prescrit.

Si, par suite de la négligence du propriétaire, ou pour ne s'être pas conformé aux prescriptions données, l'embarcation vient à couler, ou s'en va en dérive, il y aura lieu à une amende de 25 à 1,000 francs au profit de la caisse des douanes, sans préjudice des dommages pour avaries causées ou des frais auxquels donnerait lieu le renflouement de l'épave.

Si l'embarcation coulée était chargée de lest, le maximum de l'amende pourrait être élevé jusqu'à 6,000 francs.

Art. 11. — Tout capitaine de navire de commerce devra, vingt-quatre heures au moins à l'avance, donner avis de son départ au maître de port, sous peine d'une amende de 100 francs.

Art. 12. — Il est défendu à tout capitaine de recevoir à son bord, pour le voyage, des personnes qui ne seraient portées ni sur le rôle d'équipage, ni sur la liste des passagers.

Toute infraction à cet article entraînera pour le capitaine une amende de 100 à 1,000 francs, au profit de la caisse des douanes.

Art. 13. — Le Directeur des affaires civiles et politiques au Tonkin est chargé de l'exécution de la présente décision.

G. LEMAIRE.

EXTRAIT *du décret impérial du 15 juillet 1854, sur l'organisation des officiers et maîtres de port.*

Art. 12. — Les officiers et maîtres de port sont chargés de veiller à la propreté et à la sûreté matérielle des rades, des ports, bassins, quais et autres ouvrages qui en font partie.

Ils exercent, en outre, la police sur les ports et toutes les dépendances, les rades exceptées.

Ils sont assermentés devant le tribunal de première instance du lieu de leur résidence.

Art. 13. — Ils surveillent et contrôlent l'éclairage des phares et fanaux et les signaux, tant de jour que de nuit, dans l'étendue des ports à la surveillance desquels ils sont préposés.

Ils règlent l'ordre d'entrée et de sortie des navires dans les ports et dans les bassins ; ils fixent la place que ces navires doivent occuper, les font louger et amarrer, ordonnent et dirigent tous les mouvements.

Ils surveillent les lestages et les délestages et veillent notamment à ce que le lest soit pris et déposé dans les lieux indiqués par l'ingénieur des ponts-et-chaussées sous les ordres immédiats duquel ils sont placés.

Ils prescrivent les mesures nécessaires pour que le lancement à la mer des navires de commerce s'effectue sans obstacles et sans accidents ; ils surveillent les fumigations, le chauffage, le calfatage, le radoub et la démolition des navires.

Ils veillent à l'extinction des feux, à l'enlèvement des poudres, aux débarquements et embarquements, ainsi qu'à la sûreté des navires, et dirigent les secours qu'il faut leur porter lorsqu'ils sont en danger, notamment en cas d'incendie.

Art. 14. — Quand un naufrage a lieu dans un port ou à l'entrée d'un port, ils donnent les premiers ordres; mais ils font avertir sans retard l'autorité maritime et lui remettent, tout en continuant à la seconder, la direction du sauvetage.

Cependant, s'ils déclarent par écrit que le navire échoué forme écueil ou obstacle dans le port ou à l'entrée du port, ils peuvent prendre eux-mêmes les mesures nécessaires pour faire disparaître l'écueil ou l'obstacle. Dans ce cas, une expédition de cette déclaration doit être remise à l'autorité maritime.

Art. 15. — Ils signalent à l'ingénieur des ponts-et-chaussées chargé du service du port, tous les faits qui peuvent intéresser l'entretien et la conservation des ouvrages dépendant du port, la situation des passes, le placement des bouées, balises et tonnes de halage. Ils reçoivent notamment, et transmettent au même ingénieur, avec leur avis, les rapports exigés des pilotes par l'article 38 du décret du 12 décembre 1806.

Art 16. — Les officiers et maîtres du port sont pareillement chargés de la surveillance des pilotes et de la police du pilotage dans les ports où il n'existe ni officier militaire directeur des mouvements, ni agent spécial de l'autorité maritime.

Les officiers et les maîtres de port, lorsqu'ils sont chargés du pilotage, reçoivent directement des pilotes les rapports prescrits par les articles 23, 36, 37, 38, 39 et 49 du décret du 12 décembre 1806.

Dans le cas contraire, ces rapports leur sont transmis par l'intermédiaire des officiers ou agents spécialement préposés au service du pilotage.

Dans tous les cas, la surveillance des pilotes et la police du pilotage sont exercées sous la direction exclusive de l'autorité maritime.

Art. 17. — Les officiers et les maîtres de port donnent des ordres aux capitaines, patrons, pilotes et maîtres hâleurs, en tout ce qui concerne les mouvements des navires et l'accomplissement des mesures de sûreté, d'ordre et de police qu'il est nécessaire d'observer, ou qui sont prescrites par les règlements.

Ils donnent des ordres aux pontiers et éclusiers en tout ce qui se rapporte à la manœuvre des ponts mobiles et des écluses de navigation.

Ils requièrent, dans les cas et conditions prévus par l'article 15 de la loi des 9 et 13 août 1791, les navigateurs, pêcheurs et autres personnes, pour exécuter les travaux d'office en cas d'urgence.

Art. 18. — Les officiers et les maîtres de port peuvent, en cas de nécessité, sans autre formalité que deux injonctions verbales, couper ou faire couper les amarres que les capitaines, patrons ou autres, étant dans les navires, refuseraient de larguer.

Ils ont le droit aussi, en cas d'urgence ou d'inexécution des ordres qu'ils auraient donnés, de se rendre à bord et d'y prendre, à la charge des contrevenants, toutes les mesures nécessaires à la manœuvre des navires.

Ils dressent des procès-verbaux contre tous ceux qui se sont rendus coupables de délits ou de contraventions aux règlements dont ils sont chargés d'assurer l'exécution.

Les procès-verbaux constatant des contraventions de simple police sont transmis au commissaire de police, remplissant les fonctions de ministère public près les tribunaux de simple police.

Ceux constatant des délits de nature à entraîner des peines correctionnelles sont transmis directement au procureur impérial.

Ceux constatant des contraventions assimilées par le décret du 10 avril 1812 aux contraventions de grande voierie, sont transmis à l'ingénieur des ponts-et-chaussées.

Dans le cas où les officiers et maîtres de port sont injuriés, menacés ou maltraités dans l'exercice de leurs fonctions, et lorsqu'ils ont, en conformité de l'article 16 de la loi du 13 août 1791, requis la force publique et ordonné l'arrestation provisoire des coupables, ils doivent dresser immédiatement un procès-verbal et le transmettre directement au procureur impérial.

Art. 19. — Les officiers ou maîtres de port remettent à l'autorité maritime copie de tout procès-verbal dressé contre un pilote dans l'exercice de ses fonctions. Cette autorité donnera un reçu de la copie qui lui aura été remise; elle aura quinze jours pour transmettre son avis à l'officier ou maître de port qui aura dressé procès-verbal. Passé ce délai, ce dernier donnera suite au dit procès-verbal, en y joignant soit l'avis de l'autorité maritime, soit un certificat constatant qu'elle n'a fait aucune réponse.

Art. 20. — Les officiers et maîtres de port sont soumis à l'autorité du ministre de la marine et placés sous les ordres immédiats des préfets maritimes, chefs du service de la marine, commissaire de l'inscription maritime et directeurs des mouvements des ports, pour tout ce qui touche la conservation des bâtiments de l'État, la liberté de leurs mouvements, l'arrivée, le départ ou le séjour dans les ports de tous les objets d'approvisionnement ou d'armement destinés à la marine militaire, et pour toutes les mesures concernant la police de la pêche ou de la navigation maritime.

Ils sont tenus, en conséquence, de faire immédiatement à l'administration de la marine le rapport des événements de mer, des mouvements des bâtiments de guerre et de tous les faits parvenus à leur connaissance qui peuvent intéresser la marine militaire.

Dans les ports de commerce attenant aux grands ports militaires, ils sont tenus d'obtempérer aux ordres des officiers directeurs de ces ports, pour tout ce qui intéresse la marine de l'État.

Art. 21. — Les officiers et les maîtres de port soumis à l'autorité du ministre de l'agriculture, du commerce et des travaux publics, et placés sous les ordres immédiats des ingénieurs des ponts-et-chaussées du port, en ce qui concerne la police des quais, la surveillance de l'éclairage des phares et fanaux, les mesures à observer pour la construction, la conservation et la manœuvre des ouvrages dépendant du port, les lieux d'extraction ou de dépôt du lest des navires.

Ils se conforment aux ordres des maires pour tout ce qui intéresse la salubrité et la petite voirie.

Pour tous les cas non spécifiés dans le présent article et dans celui qui précède, ils sont placés sous l'autorité immédiate du sous-préfet de l'arrondissement.

. . . .

Nº 4. — DÉCISION *suspendant les effets de la décision du 2 janvier 1885, portant réglementation du port de commerce à Haiphong.*

26 mars 1885.

Rapportée par arrêté du 6 septembre 1885.

Nº 5. — DÉCISION *mettant sous l'autorité du directeur des affaires civiles, le capitaine du port de commerce de Haiphong.*

16 septembre 1885.

Article premier. — Sont rapportés les articles 1 et 2 de la décision susvisée du 26 mars 1885.

. . . .

Dès son arrivée à Haiphong, et du moment où il entrera en fonction, le capitaine du port de commerce sera placé sous les ordres du directeur des affaires civiles et politiques.

Le service du port de commerce de Haiphong fonctionnera parallèlement avec le service du port de guerre, et sera régi par le décision du 2 janvier 1885.

Art. 2. — Le capitaine de vaisseau chef de la division navale et commandant de la marine au Tonkin, et le directeur des affaires civiles et politiques sont chargés, chacun en ce qui le concerne, de l'exécution de la présente décision.

P.O. Le chef d'état-major général.
WARNET.

Nº 6. — ARRÊTÉ *sur la police sanitaire dans les ports de l'Annam et du Tonkin.*

20 février 1886

TITRE PREMIER

Des autorités sanitaires

Article premier. — La police sanitaire de l'Annam et du Tonkin est placée sous la haute direction du Résident général, qui reçoit des diverses autorités civiles et militaires de l'Annam et du Tonkin, ainsi que des agents consulaires représentant la France dans les contrées avoisinantes, des renseignements sur la santé publique des diverses localités de l'Annam, du Tonkin et de l'étranger.

Art. 2. — Le territoire de l'Annam et du Tonkin est divisé en circonscriptions sanitaires dont le nombre et l'étendue sont fixés par un arrêté du Résident général. Dans chaque circonscription est placé un agent supérieur qui prend le titre de directeur de la santé : il est nommé par le Résident général et pris dans le corps médical. Il est le chef du service de la circonscription : tous les employés et agents de ce service sont sous ses ordres ; ceux-ci, dans les cas imprévus ou difficiles, doivent prendre ses instructions.

Il demande et reçoit directement les ordres du Résident général, pour toutes les questions qui intéressent la santé publique ; en cas de circonstances menaçantes ou imprévues, il peut prendre d'urgence telle mesure qu'il juge propre à garantir la santé publique, sauf à en référer immédiatement au Résident général.

Dans les arrondissements ou résidences dépourvus d'hôpital ou d'ambulance, les administrateurs ou résidents agissent comme délégués du directeur de la santé ; ses instructions leur sont adressées.

Les directeurs de la santé doivent se communiquer réciproquement les informations sanitaires qui intéressent le service.

Les capitaines des ports de commerce, leurs lieutenants, les pilotes, sont chargés de la visite et de l'arraisonnement de tous les bâtiments arrivant dans les ports ou rades de l'Annam et du Tonkin.

Art. 3. — Les directeurs de la santé et tous agents désignés dans le précédent article sont chargés de veiller à l'exécution des règlements et instructions sanitaires, en conformité des dispositions du décret du 22 février 1876.

Art. 4. — Les capitaines de port et les pilotes, avant de monter à bord d'un navire, doivent faire au capitaine toutes les questions prévues dans le questionnaire réglementaire (annexe n° 5 du décret du 22 février 1876). Ils devront aussi réclamer, avant de communiquer avec le bâtiment, la patente de santé et s'assurer qu'elle est nette ou brute, et qu'elle a été visée par les autorités compétentes dans les divers points de relâche.

Art. 5. — Si la patente est nette et en règle, et s'il n'existe à bord aucun malade suspect ou contagieux, d'après les affirmations du capitaine ou du médecin du bord ; ils pourront donner la libre pratique sans retard.

Art. 6. — Si la patente est brute, et si, par conséquent, le navire vient d'un port où règne une maladie épidémique, mais si cependant il n'y a pas eu de malade à bord depuis son départ, le pilote ne devra pas communiquer avec lui, et lui imposera la quarantaine après l'avoir conduit à un mouillage rapproché du port de débarquement et déterminé par l'article 15 du présent arrêté.

Art. 7. — Si, quelle que soit la nature de sa patente, le capitaine du bâtiment déclarait avoir perdu dans son voyage quelque personne de son bord, par suite d'une maladie épidémique quelconque, ou s'il avait dans le moment à bord un ou plusieurs cas de ces mêmes maladies, le pilote ne montera pas à bord et mouillera le navire en un point éloigné du port de débarquement déterminé par l'article 16 ci-après.

Art. 8. — Dans tous les cas, le capitaine du port doit toujours et sans retard, faire parvenir au directeur de la santé le questionnaire de tout bâtiment arraisonné et lui faire part, par écrit, de toutes les circonstances qui auraient décidé le pilote à imposer la quarantaine.

Art. 9. — Le directeur de la santé décide, en dernier ressort, de l'opportunité de la quarantaine, et en rend compte par écrit au Résident général.

Art. 10. — Les conseils sanitaires de chaque circonscription seront composés ainsi qu'il suit :

Le résident, ou le sous-résident ;
Le commandant d'armes ou son délégué ;
Le directeur de la santé ;
Le commandant de la station navale ou son délégué ;
Le médecin le plus élevé en grade de la garnison ;
Le directeur des douanes.

Trois membres civils désignés conformément aux dispositions de l'article 103 du décret du 22 février 1876.

Le corps consulaire du port où siège le conseil sanitaire peut déléguer un de ses membres pour prendre part aux délibérations dudit conseil, avec voix consultative.

Le résident et le sous-résident sont présidents nés des conseils sanitaires établis au siège de leur résidence ; en l'absence d'un résident ou d'un sous-résident le commandant d'armes aura la présidence.

Le conseil se réunit sur l'ordre du Résident général, ou sur la convocation de son président, toutes les fois qu'une circonstance de nature à intéresser la santé publique paraît l'exiger.

Art. 11 — En dehors de ses attributions ordinaires, le conseil sanitaire de chaque circonscription a pour mission d'éclairer ou d'appeler l'attention des autorités sur les questions d'hygiène publique, de leur donner son avis sur les mesures à prendre en cas d'invasion ou de menace d'une maladie pestilentielle, de veiller à l'exécution des règlements généraux et locaux, relatifs à la police sanitaire, et au besoin de signaler au Résident général, les infractions ou omissions.

Art. 12. — Le conseil est consulté, en cas de difficulté, sur les mesures qu'il convient de prendre, dans les limites tracées par les règlements, à l'égard d'un navire mis en quarantaine, sur les questions relatives au régime intérieur des lazarets, au choix des emplacements affectés aux navires en quarantaine, aux mesures extraordinaires à prendre, enfin sur les plans et projets de constructions à faire dans les lazarets et autres établissements sanitaires.

Il propose au Résident général les changements ou additions à introduire dans les règlements locaux concernant le service sanitaire de la colonie.

Art. 13. — Un conseil supérieur d'hygiène et de salubrité est institué pour l'Annam et le Tonkin ; il siégera à Hanoi et sera composé ainsi qu'il suit :

Le directeur du service de santé du corps du Tonkin, *Président* ;
Un officier supérieur de l'état-major ;
Le maire de Hanoi ou le faisant fonctions ou son délégué ;
Le médecin-chef de l'hôpital de Hanoi ;
L'ingénieur en chef des ponts-et-chaussées ou son délégué ;
Le chef du service des travaux publics ;
Un médecin traitant de l'hôpital de Hanoi ;
Un docteur en médecine civil ;
Le pharmacien le plus élevé en grade de l'hôpital de Hanoi ;
Un pharmacien de 1re classe civil ;
Le chef du service vétérinaire du Tonkin.

Les attributions de ce conseil supérieur sont celles du comité consultatif d'hygiène publique de la France, telles qu'elles sont définies par les règlements en vigueur ; il connaît, sur la communication faite par son président, des questions litigieuses ou d'organisation, en ce qui concerne les mesures quarantenaires, l'hygiène publique, les lazarets, soulevées par les conseils locaux des circonscriptions sanitaires de l'Annam et du Tonkin (1).

TITRE II

Des mesures de quarantaine

Art. 14. — La quarantaine dite provisoire peut être imposée aux bâtiments toutes les fois que les capitaines déclareront avoir à leur bord des maladies mal définies par eux et sur lesquelles le pilote ou le capitaine du port de commerce aurait quelque lieu de suspicion. Le directeur de la santé, immédiatement informé, visite ou fait visiter les malades dont il s'agit, et décide en dernier lieu.

Art. 15. — La quarantaine d'observation est applicable aux navires en patente brute, ou jugés en état brute, qui n'ont eu à bord aucune maladie suspecte depuis leur départ du port où ils ont pris patente.

La durée de cette quarantaine peut varier de 10 à 25 jours, suivant les décisions prises par les autorités sanitaires, mais elle datera toujours du jour où le bâtiment aura laissé le port contaminé d'où il provient.

Elle sera faite au mouillage désigné par le directeur de la santé, si pendant la durée de la quarantaine d'observation, un cas de la maladie suspectée se manifeste à bord, l'observation se transforme en quarantaine de rigueur.

Art. 16. — La quarantaine de rigueur est applicable au cas où le navire a eu à bord, soit au port de provenance, soit en cours de traversée, soit depuis son arrivée, des accidents certains ou seulement suspects d'une maladie épidémique ou contagieuse, *choléra*, *variole*, *typhus*. Elle date, pour la durée, du jour où se sera produit le dernier cas ou le dernier décès de la maladie suspectée, et elle aura également une durée de 10 à 25 jours, suivant les cas.

(1) Voir V° *Hygiène et salubrité publiques*, arrêtés des 22 juillet et 20 février 1889, modifiant la composition de ce conseil et ses attributions.

Quand les passagers pourront être débarqués et isolés dans un lazaret, la durée de la quarantaine commencera du jour de leur isolement, s'il ne se produit pas de cas de maladie parmi eux pendant ce temps.

La quarantaine de rigueur sera faite en rade de Tourane pour les navires à destination de l'Annam, en baie d'Along pour les navires à destination du Tonkin.

Art. 17. — Pendant la quarantaine de rigueur, des mesures de propreté et de désinfection seront prescrites au capitaine; les linges sales et autres objets de même nature devront être soigneusement lavés; les objets de literie ou vêtements ayant servi à des malades seront brûlés, et au moment où le navire devra prendre la libre pratique, le directeur de la santé en fera faire la visite sanitaire, dans laquelle on s'assurera que ces prescriptions auront été exécutées, et que les hommes de l'équipage ou les passagers ont été eux-mêmes l'objet de soins de propreté corporelle exceptionnels.

Art. 18. — Dans l'application de toutes ces mesures quarantenaires, c'est surtout le choléra et la variole que les pilotes devront avoir en vue, parce que ce sont les deux maladies contagieuses les plus susceptibles de prendre le caractère épidémique dans la colonie.

Ils devront toujours interroger tout particulièrement les capitaines sur la présence ou l'absence de ces deux maladies dans le port d'où ils proviennent, exiger rigoureusement la patente avant de monter à bord, et ne pas oublier de s'informer s'il ne s'est pas produit de cas de ces deux maladies à bord pendant la traversée.

La fièvre jaune, le typhus, la peste, commandent également les mêmes précautions, mais elles sont inconnues ou très rares en Indo-Chine.

Art. 19. — Des médecins pourront être mis à la disposition de navires ayant des malades; une indemnité de six piastres par jour sera payée par le navire, et le médecin sera nourri et logé convenablement.

TITRE III

De la patente de santé

Art. 20. — La patente de santé est exigible pour tous bâtiments se dirigeant sur Tourane, Thuan-an, Qui-nhon, Haiphong, ou sur un mouillage quelconque de l'Annam et du Tonkin.

Art. 21. — La patente de santé, délivrée dans un port étranger, devra avoir été visée par les consuls ou agents consulaires de France; elle devra également avoir été visée par les mêmes autorités dans toutes les escales où le navire aura relâché.

Art. 22. — La patente de santé n'est valable que si elle a été délivrée et visée dans les quarante-huit heures qui ont précédé le départ.

Art. 23. — Cette patente doit mentionner dans des termes très précis l'état sanitaire du pays de provenance, et particulièrement la présence ou l'absence de toute maladie épidémique ou contagieuse.

Art. 24. — La patente de santé est nette ou brute. Elle est est nette quand elle constate l'absence de toute maladie pestilentielle dans le pays ou les pays d'où vient le navire; elle est brute quand la présence d'une de ces maladies y est signalée. Le caractère net ou brut de la patente est apprécié par l'autorité sanitaire.

Art. 25. — Les navires partant des ports de l'Annam et du Tonkin pour un autre port quelconque, pourront se procurer la patente de santé réglementaire, ou faire viser leur patente, s'ils en ont déjà une, au bureau du Directeur du service sanitaire, dans chacun des ports sus-indiqués de l'Annam et du Tonkin.

Ces patentes de santé et les visa des patentes, seront payés une piastre. A la fin de chaque trimestre, le Directeur de la santé adressera à cet effet un *État des patentes délivrées*, à M. le Directeur des affaires civiles et politiques, à Hanoi, qui fera percevoir près des compagnies de messageries maritimes ou des divers maisons de commerce les sommes qui seront dûes.

Art. 26. — Les provenances de ports en relation constante et directe avec l'Annam et le Tonkin, tels que Saigon, Hongkong, Singapore, pourront être dispensées de la production de la patente lorsque la santé générale n'inspirera aucune inquiétude. Cette dispense ne pourra être accordée que sur l'avis du Conseil sanitaire local auquel seront communiquées les déclations faites à ce sujet par les consuls de France.

Art. 27. — Un sémaphore sera établi à Hon-dau, et relié par un fil télégraphique avec Haiphong pour le fonctionnement du service sanitaire; c'est à Hon-dau que se feront les constatations préalables spécifiées à l'article 4 du présent arrêté.

Art. 28. — Le chef d'État-major général et le Directeur des affaires civiles et politiques sont chargés, chacun en ce qui le concerne, de la notification et de l'exécution du présent arrêté, qui sera publié et enregistré partout où besoin sera.

CH. WARNET.

Nº 7. — ARRÊTÉ *ouvrant au commerce extérieur le Cua-day et le port de Nam-dinh, et créant un poste de douanes à Phat-diem.*

13 mai 1886.

Article premier. — Le Cua-day et le port de Nam-dinh sont ouverts au commerce extérieur, dans les conditions prévues par l'arrêté susvisé (1).

Art. 2. — Un poste de douanes sera établi sur le Day, à l'entrée du canal de Phat-diem.

Art. 3. — Le Résident supérieur est chargé et l'exécution du présent arrêté.

PAUL BERT.

Nº 8. — ARRÊTÉ *réglementant la police des ports de l'Annam et du Tonkin, autres que celui de Haiphong.*

17 octobre 1886.

Article premier. — Dans les ports maritimes qui sont et seront ouverts au commerce et dans les ports fluviaux de l'Annam et du Tonkin, la police du port, la direction du service de pilotage, de phares et de sémaphores sera confiée à la douane.

Art. 2. — Les navires et jonques de commerce sont tenus de s'établir au poste de mouillage qui leur est indiqué par le maître du port, sous peine d'une amende de 50 à 100 francs.

Art. 3. — Un fonctionnaire de la douane désigné à cet effet, est spécialement chargé du service de la rade. A l'arrivée des navires, il se rend à bord et indique, d'après les ordres du maître de port, le poste de mouillage et le mode d'amarrage à suivre. Il préside à toutes les opérations dans le cas d'amarrage à quai. Il prévient ensuite le service des douanes de l'entrée du bâtiment et du poste de mouillage qu'il occupe.

Art. 4. — Lorsque des jonques arrivant pour la première fois dans un port ne sont munies d'aucun certificat de jauge, le maître de port fait procéder aussitôt que le déchargement le permet au jaugeage du navire. La méthode employée est la jauge internationale dite méthode de Moorson.

Art. 5. — A leur arrivée, tous les bâtiments de commerce reçoivent du maître du port de commerce des ordres leur indiquant le mouillage et le mode d'amarrage suivi.

Ils devront se conformer au présent règlement pour la police et la sûreté du port, ainsi qu'à tous ceux qui leur seront communiqués par les autorités compétentes.

Art. 6. — Tout navire chargé de pétrole ou de matières inflammables devra stationner loin des autres bâtiments, aux points désignés à l'avance par le maître du port, et pour s'amarrer, devra faire usage de chaînes en fer, à l'exclusion des câbles en chanvre. Il sera tenu de hisser en entrant un pavillon rouge qu'il conservera jusqu'à complet déchargement du pétrole ou des matières inflammables ou explosibles.

Le chargement ou le déchargement du pétrole et des matières inflammables devra être opéré, soit de bord à quai, soit sur des allèges dans des emplacements déterminés. Ces opérations ne pourront avoir lieu que de jour.

Il est absolument interdit d'allumer du feu ou de la lumière sur les allèges ou embarcations qui servent au transport de ces matières.

Toute infraction à ces dispositions entraînera condamnation contre le capitaine à une amende de 50 à 500 fr.

Art. 7. — Tout navire qui navigue en rivière est tenu d'avoir son pavillon arboré du lever au coucher du soleil.

Pendant la nuit, qu'il soit sous vapeur, sous voiles ou au mouillage, tout navire porte les feux prescrits par les articles 2 et 4 du décret du 28 mars 1858.

(1) 27 octobre 1884.

A moins de cas de force majeure dont il est tenu de justifier, aucun bâtiment ne doit mouiller au milieu de la rivière, ni à moins d'un mille en amont ou en aval des bancs qui gênent la navigation.

Art. 8. — Le capitaine est responsable de toute avarie résultant d'une infraction aux articles précédents.

Art. 9. — Il est expressément interdit de jeter hors du bord, du sable, des pierres, des escarbilles ou tout autre genre de lest. Ces objets seront déposés dans les endroits indiqués par le maître de port.

Toute infraction au présent article sera punie d'une amende de 100 à 500 francs.

Art. 10. — Tout propriétaire de chaland, jonque ou embarcation, servant au délestage des navires ou à tout autre usage, sera tenu de les amarrer au lieu désigné par le maître de port suivant le mode d'amarrage qu'il aura prescrit.

Si par la négligence du propriétaire, celle-ci vient à couler ou à être entraînée à la dérive, il sera appliqué une amende de 50 à 1000 francs, sans préjudice des dommages ou avaries causées ou des frais auxquels le renflouement de l'épave donnerait lieu.

Si l'embarcation coulée était chargée de lest, l'amende pourrait être portée à 2,000 francs.

Art. 11. — Dans les 24 heures qui suivront l'arrivée d'un navire de commerce dans l'un des ports ouverts, le capitaine, s'il n'est empêché, ou, à son défaut, le subrécargue ou le consignataire devra se rendre à la résidence, et mettre entre les mains du chancelier les papiers de bord.

Si les papiers sont en ordre, le résident enverra au chef de la douane une note indiquant le nom du navire, le tonnage légal, la nature du chargement et le nom du consignataire.

Si par suite de la négligence du capitaine, cette formalité n'était pas remplie quarante-huit heures au plus tard après l'arrivée du navire, le capitaine serait passible d'une amende de 250 francs par jour de retard. La dite amende ne pourra toutefois dépasser la somme de mille francs.

Art. 12. — Les passagers asiatiques, à moins d'accompagner un Européen, ne quitteront le bord qu'après une autorisation spéciale du commissaire de police, à peine, pour le capitaine, d'une amende de 50 à 300 francs, sans préjudice des droits à payer pour les asiatiques débarqués sans autorisation.

Art. 13. — Il est défendu à tout capitaine ou patron de quitter le poste de mouillage qui lui a été assigné, sans avoir une autorisation du maître de port.

Toute infraction à cet article est punie d'une amende de 100 à 500 francs.

Art. 14. — Si une maladie épidémique ou contagieuse se déclare à bord d'un navire au mouillage, le capitaine est tenu d'en faire la déclaration immédiate au maître de port, et de se conformer aux mesures conservatrices de la santé publique qui lui seront prescrites.

Si un décès a lieu à bord d'un navire mouillé, soit parmi les gens de l'équipage, soit parmi les passagers, le capitaine est tenu d'en faire la déclaration immédiate et de se conformer aux règlements d'ordre public établis à ce sujet.

Toute infraction à cet article est punie d'une amende de 100 à 1,000 francs.

Art. 15. — Si un navire a besoin d'être radoubé, fumigé ou calfaté, son capitaine en avise le maître de port, qui prescrit les mesures nécessaires pour que l'opération s'effectue sans obstacles et sans accidents.

Toute infraction à cette règle, toute désobéissance aux ordres donnés à ce sujet par le maître de port, sera punie d'une amende de 50 à 300 francs.

Art. 16. — Si un navire se trouve en danger, les capitaines sur rade sont tenus avant tout ordre émanant du port, d'expédier des secours à ce navire dans la proportion de la moitié de leur équipage, en même temps que les ancres et grelins, si c'était nécessaire. Ils doivent à première réquisition du commandant de la rade, ou du maître de port, fournir tous les genres de secours qui leur seraient demandés.

En cas de refus, les capitaines seront poursuivis conformément à l'article 85 du décret-loi sur la marine marchande.

Si les canots ou amarres employés pour les secours recevaient quelques dommages, le règlement des avaries aurait lieu à dire d'experts.

Art. 17. — Au départ, le capitaine, s'il doit prendre le large ou naviguer dans l'intérieur, ne sera expédié par la douane que s'il a remis son manifeste d'exportation au moins trois heures avant la fermeture des bureaux et s'il a prévenu la résidence de son départ.

Art. 18. — Il est défendu à tout capitaine de recevoir à bord pour le voyage, des personnes qui ne seraient portées ni sur le rôle d'équipage ni sur la liste des passagers.

Toute infraction à cet article entraîne une amende de 100 à 1,000 francs.

Art. 19. — Aucun navire ne peut rentrer en possession de ses papiers ni quitter le port, si le capitaine n'a justifié, auprès du résident qu'il a rempli toutes ses obligations envers la douane et le maître du port, sous peine d'une amende de 500 à 1,000 francs.

Art. 20. — Toutes dispositions antérieures contraires au présent règlement sont et demeurent abrogées.

Art. 21. — Les Résidents supérieurs en Annam et au Tonkin sont chargés de l'exécution du présent arrêté.

PAUL BERT.

N° 9. — ARRÊTÉ *fixant la composition du personnel européen et indigène du port de Haiphong, et réglementant la police de ce port.*

17 octobre 1886

Article premier. — Le personnel du port de commerce de Haiphong est composé ainsi qu'il suit :

Personnel européen

Un capitaine de port ; } de 1re ou 2e classe.
Un maître. }

Personnel indigène

Un patron,
Douze matelots,
Un secrétaire titulaire,
Un secrétaire auxiliaire,
Un patron de chaloupe,
Deux chauffeurs,
Un planton.

Art. 2. — Le capitaine de port et le maître de port prêteront, avant leur entrée en fonctions, serment devant le tribunal de la résidence.

Art. 3. — Les fonctions de capitaine du port de commerce de Haiphong et celles du personnel placé sous ses ordres sont réglées, à dater de ce jour, conformément aux dispositions des articles 12, 13, 14, 15, 16, 17, 18, 19, 20 et 21 du décret du 15 juillet 1854. (1)

Art. 4. — Sauf les réserves exprimées dans les articles susvisés du décret du 15 juillet 1854, en ce qui concerne la part d'action dévolue à l'autorité maritime, le port de commerce est placé sous l'autorité immédiate du résident de Haiphong.

Le capitaine a, en outre de la direction de son service, celle du pilotage et des phares et sémaphores.

Art. 5. — Dans le Song-tam-bac, il est expressément défendu d'amarrer sur l'une ou l'autre rive, plus de deux rangs de jonques ou de chaloupes.

Toute infraction au présent article sera punie d'une amende de 50 à 500 francs.

L'officier de port chargé du service actif de la rade, en constatant l'infraction par procès-verbal, devra prendre d'urgence toutes les mesures nécessaires pour dégager la rive encombrée.

Il est également chargé de la surveillance des points de stationnement des bateaux de passage et sampans, et assurera l'exécution de l'arrêté en date du 22 mai 1886, qui les régit.

Art. 6. — Les jonques de mer ne pourront stationner dans le Song-tam-bac que pendant le temps nécessaire aux opérations de leur déchargement ou chargement.

Aussitôt ces opérations terminées, elles devront prendre leur mouillage dans le Cua-cam, aux points désignés par le maître de port.

Art. 7. — Les fonctions dévolues aux employés des douanes par les articles 1 à 19 du règlement général de police des ports seront exercées, à Haiphong, par le capitaine du port et le personnel placé sous ses ordres.

Art. 8. — Le Résident supérieur au Tonkin est chargé de l'exécution du présent arrêté.

PAUL BERT.

(1) Ces dispositions ont été publiées ci-dessus, à la suite de l'arrêté du 2 janvier 1885.

No 10. — ARRÊTÉ *ouvrant au commerce les ports de Vinh et de Fai-fo.*

2 janvier 1887.

Article premier. — Les ports de Vinh et de Fai-fo sont ouverts au commerce.

Art. 2. — Les Résidents supérieurs en Annam et au Tonkin sont chargés, chacun en ce qui le concerne, de l'exécution du présent arrêté.

P. VIAL.

No 11. — ARRÊTÉ *confiant au capitaine du port de Haiphong, le soin du visa à apposer sur les papiers des jonques ou chaloupes quittant ce port.*

31 mai 1889.

Article premier. — Le visa apposé jusqu'à ce jour par le service de la douane, aux papiers de bord des jonques ou chaloupes qui quittent le port de Haiphong, sera délivré désormais par les soins du capitaine du port de commerce de cette ville.

Art. 2. — Toutes dispositions antérieures non contraires à celles du présent arrêté, et notamment celles prévues à l'article 6 de l'arrêté du 10 août 1887 précité, et relatives aux pénalités infligées en cas d'infraction à la formalité du visa, sont et demeurent maintenues.

Art. 3. — M. le Résident de Haiphong et M. le Sous-directeur des douanes et régies sont chargés, chacun en ce qui le concerne, de l'exécution du présent arrêté.

BRIÈRE.

No 12. — ARRÊTÉ *ouvrant au commerce les ports de Nha-trang, Phan-rang et Phan-thiêt.*

22 novembre 1889

Article premier. — Indépendamment des ports de Tourane, Qui-nhon, Vinh et Xuan-day, déclarés ouverts par le traité ou par des décisions royales, sont ouverts provisoirement et par faveur spéciale, les ports de Nha-trang, Phan-rang et Phan-thiêt.

Art. 2. — Les navires ou jonques qui auront effectué dans les ports cités à l'article premier toutes les formalités de douane, pourront, après avoir acquitté les droits, être exceptionnellement expédiés en cabotage sur les ports de Quang-ngai, Tam-quan, Thuan-an, Quan-khe, Thanh-hoa ou autres points gardés par le service des douanes. Ils pourront, en y acquittant les droits d'exportation, prendre un chargement.

Art. 3 — Les navires ou jonques qui, après avoir effectué leurs opérations de déchargement dans un des ports cités à l'article premier, voudraient prendre un chargement de sel sur un des points non gardés par le service, pourront en obtenir l'autorisation. Un préposé des douanes sera mis à leur bord pour surveiller l'embarquement du sel et s'assurer de l'acquit des droits au bureau le plus voisin.

Art. 4. — Hors le cas d'échouement par suite de naufrage, ou le cas de relâche forcée dûment constaté, aucun débarquement, embarquement ou transbordement, c'est-à-dire versement de bord à bord, ne peut s'effectuer à moins d'autorisation spéciale, que dans l'enceinte des ports mentionnés à l'article premier.

Tous navires ou jonques qui ne se conformeraient pas à cette prescription seront saisis et confisqués avec leur chargement.

Art. 5. — Les capitaines des navires ou jonques arrivés dans les deux myriamètres des côtes de l'An-Nam sont tenus de remettre, lorsqu'ils en seront requis, une copie de leur manifeste aux patrons des embarcations de haute mer qui viennent à leur bord et visent l'original.

Ce manifeste devra porter les indications suivantes :

Port de départ et de destination ;

Nature de la cargaison, avec les marques et les numéros de caisses, balles, ballots, barriques, boucauts, etc ;

Le manifeste doit comprendre également les provisions de bord.

Toute infraction à ces prescriptions sera punie d'une amende de deux cents à mille piastres.

Art. 6. — Seront saisis et confisqués les navires ou jonques transportant des armes ou munitions de guerre sans en avoir obtenu l'autorisation spéciale de M. le Résident supérieur de France en Annam.

Art. 7. — Conformément aux dispositions de l'art. 2 du décret du 30 janvier 1867, le présent arrêté sera soumis à l'approbation de M. le Ministre du commerce, de l'industrie et des colonies.

Il sera néanmoins provisoirement exécutoire.

Art. 8. — Le Résident supérieur en Annam est chargé de l'exécution du présent arrêté, qui sera inséré au *Journal officiel* de l'Indo-Chine française, et affiché en français et en caractères chinois partout où besoin sera.

PIQUET.

No 13. — ARRÊTÉ *chargeant provisoirement les pilotes de Haiphong du service de la maîtrance de port*

11 mars 1890.

Article premier. — Les pilotes régulièrement inscrits rempliront à Haiphong, alternativement pendant une semaine au plus, les fonctions de maître de port.

Art. 2. — Une indemnité fixée à 10 $ 31, brute, par semaine, à compter du 20 janvier 1890, est attribuée aux pilotes chargés de ce service.

Art. 3. — Le résident-maire de Haiphong est chargé de l'exécution du présent arrêté.

BRIÈRE.

VOY. : Douanes.

Ports de guerre.

No 1 — DÉCISION *relative aux attributions de M. le directeur du port de guerre, à Haiphong, et à la police de ce port.*

1er février 1884

Article premier. — M. le lieutenant de vaisseau, directeur du port à Haiphong, relèvera directement de M. le commandant de la marine et sera placé sous les ordres de cet officier supérieur, ainsi que le personnel attaché à la direction du port.

Art. 2. — Tous les bâtiments à vapeur, les chalands, les canots à vapeur, les embarcations etc... — les jonques et les sampans loués par l'Administration exceptés — employés au Tonkin et qui ne font pas partie de la flottille, ou qui ne sont pas attachés directement à l'un des bâtiments qui la composent, seront placés sous l'autorité du commandant de la marine, qui règlera leur service et sera chargé, par lui-même ou par l'intermédiaire de M. le directeur du port, de déterminer leur emploi.

Art. 3. — M. le directeur du port est chargé spécialement de l'entretien du matériel naval énuméré dans l'article 2, des visites et des réparations à lui faire subir. Il provoquera les ordres nécessaires, et sera assité de M. le sous-ingénieur de la division navale, lorsque cet officier du génie se trouvera à Haiphong.

Art. 4. — Les demandes de remorqueurs, de chalands, d'embarcations, devront être adressées à M. le commandant de la marine par les services qui en auront besoin. Ces demandes porteront l'indication de l'emploi auquel est destiné le bâtiment ou l'embarcation qui en fait l'objet, et devront être adressées assez à temps, pour qu'il puisse être fait droit à la demande sans retarder le service à pourvoir. Dans un cas urgent, la demande pourra être adressée au directeur du port ou à son représentant, qui agira en vertu des ordres qu'il aura reçus.

Art. 5. — Les affectations d'embarcations pour un service régulier pourront être déterminées par M. le commandant de la marine, une fois pour toutes, mais avec condition suspensive.

Art. 6. — Le commandant de la marine, par l'intermédiaire de M. le directeur du port, aura sous sa surveillance tous les bâtiments, jonques, embarcations, appartenant au commerce et qui ne seront pas loués par le service administratif ; il se concertera avec M. le Résident de France pour cette surveillance, et pour la répression des infractions au décret du 15 juillet 1854.

Art. 7. — Aucune réparation de quelque importance ne sera entreprise pour mettre en état des bâtiments, canots à vapeur ou chalands, sans l'autorisation du commandant en chef.

Art. 8. — M. le directeur du port remplira provisoirement les fonctions de capitaine comptable d'un bâtiment fictif : *le Son-tay annexe*, sur lequel figureront tous les officiers, officiers mariniers, et matelots appartenant à un service quelconque au Tonkin, et qui ne seront pas déjà inscrits sur le rôle d'un autre bâtiment. Le rôle du *Son-tay annexe* sera ouvert le 1er février

1884, et le personnel qui figure actuellement au *Pluvier annexe* y sera transporté en entier. Le *Son-tay annexe* comptera, sauf approbation du ministre, au port de Toulon, auquel se trouve déjà attaché le *Tonkin annexe*.

COURBET.

VOY. : Ateliers maritimes.

Postes et télégraphes.

N° 1. — DÉCISION *portant que les agents de la trésorerie conserveront provisoirement dans leurs attributions le service postal.*

21 juillet 1883.

Les agents du service de la trésorerie conserveront provisoirement dans leurs attributions le service postal.

HARMAND.

N° 2. — DÉCISION *relative au transport, par le service des postes, des objets de correspondance.*

Du 28 septembre 1883.

Article premier. — Les objets de correspondance de toutes provenances devront être remis à la poste, pour y acquitter les droits ordinaires, par les capitaines de navire, patrons de chaloupes, entrepreneurs de transport de dépêches, et courriers auxiliaires.

Art. 2. — Toute contravention à cette règle sera passible des amendes édictées par l'art. 12 de l'instruction précitée (Instruction générale sur le service des postes) 150 à 300 francs, et, en cas de récidive, 300 à 3000 francs d'amende.

Art. 3. — Les agents des postes, les commissaires de police, le capitaine du port, et particulièrement les agents des douanes en surveillance sur les navires et les quais, devront veiller à l'exécution de la présente décision, qui sera enregistrée et publiée partout où besoin sera.

HARMAND.

N° 3. — DÉCISION *fixant les heures d'ouverture et de fermeture des bureaux des postes et télégraphes au Tonkin.* (1)

21 avril 1884

Article premier. — Les bureaux des postes et télégraphes seront ouverts au public, savoir: les jours ordinaires, de sept heures et demie à dix heures et demie du matin et de deux heures à cinq heures du soir.

Les dimanches et jours fériés, de sept heures et demie à dix heures et demie du matin.

Les dépêches officielles urgentes seront seules admises à toute heure.

Art. 2. — Le Directeur des affaires civiles et politiques est chargé de l'exécution de la présente décision, qui sera affichée aux guichets des bureaux de poste et de télégraphe.

MILLOT.

N° 4. — ARRÊTÉ *réglant le mode de fixation de la perception additionnelle sur mandats postaux en raison des fluctuations du taux de la piastre.*

27 mai 1884.

Le payeur particulier chef de la trésorerie, est autorisé à imposer les mandats-poste, en outre du droit de 1 p. 100, d'une surtaxe de 1/2 p. 100 par écart de 3 centimes entre le cours commercial et le cours officiel de la piastre.

PAUL BERT.

N° 5. — DÉCISION *promulguant, au Tonkin, le décret du 15 février 1884 relatif aux lettres contenant des valeurs déclarées.*

3 juin 1884

Article premier. — Est promulgué, au Tonkin, le décret du 15 février 1884, inséré au *Journal officiel* de la République française n° 59, page 1115, autorisant l'expédition de lettres contenant des valeurs déclarées, avec garantie du montant de la déclaration, de la France, des colonies ou établissements français pour le Tonkin, et du Tonkin pour la France, les colonies ou établissements français, et les pays faisant partie de l'Union postale universelle.

Art. 2. — Le Directeur des affaires civiles et politiques est chargé de l'exécution de la présente décision.

MILLOT.

N° 6. — DÉCRET *fixant le maximum de la valeur pouvant être déclarée dans une lettre.*

15 février 1884

Article premier. — Il pourra être expédié des lettres contenant des valeurs déclarées, avec garantie du montant de la déclaration, tant de la France, de l'Algérie, de la Tunisie et des colonies françaises de la Guadeloupe, de la Martinique, de la Guyane, du Sénégal, de la Réunion, de la Nouvelle-Calédonie, de Pondichéry et de la Cochinchine pour le Tonkin, que du Tonkin pour la France, l'Algérie, la Tunisie et les colonies ou établissements français précités ainsi que pour l'Allemagne, l'Autriche-Hongrie, la Belgique, la Bulgarie, le Danemark et les colonies danoises, l'Égypte, l'Espagne, l'Italie, le Luxembourg, la Norvège, les Pays-Bas, le Portugal, les colonies portugaises, (Cap-vert, San-Thome, Angola) la Roumanie, la Russie, la Suède et la Suisse.

Art. 2. — Le maximum de déclaration sera de dix mille francs par chaque lettre. Toutefois pour les envois à destinations de l'Italie, de l'Égypte, de la Serbie et des colonies portugaises, ce maximum sera de cinq mille francs.

Art. 3. — Les expéditeurs de lettres portant déclaration de valeurs devront acquitter, en plus de l'affranchissement et du droit fixe de recommandation, applicables aux lettres recommandées du même poids et pour la même destination, un droit proportionnel d'assurance indiqué, pour chaque relation, au tableau ci-annexé.

Art. 4. — Sont applicables aux lettres de valeurs déclarées à destination ou provenant du Tonkin, les dispositions des articles 4, 5, 6, 7, 8, et 9, du décret susvisé du 27 mars 1879.

Art. 5. — Les dispositions du présent décret seront applicables à partir du 1er mars 1884.

Art. 6. — Le Ministre des postes et des télégraphes et le Ministre de la marine et des colonies sont chargés, chacun en ce qui le concerne, de l'exécution du présent décret, qui sera inséré au *Bulletin des lois*.

JULES GRÉVY.

Droit proportionnel d'assurance à acquitter par les expéditeurs des lettres de valeurs déclarées, à destination ou provenant du Tonkin.

ORIGINE	DESTINATION	DROIT A PERCEVOIR par CHAQUE SOMME de 100 francs ou fraction de 100 francs déclarée
France, Algérie, Tunisie	Tonkin	20 centimes.
Cochinchine	Tonkin	10 centimes.
Réunion, Nouvelle-Calédonie, Pondichéry	Tonkin	20 centimes.
Martinique, Guadeloupe, Guyane française, Sénégal	Tonkin	35 centimes.
Tonkin	France, Algérie, Tunisie.	20 centimes.
	Cochinchine	10 centimes.
	Réunion, Nouvelle-Calédonie, Pondichéry	20 centimes.
	Martinique, Guadeloupe, Guyane française, Sénégal	35 centimes.
	Egypte, Italie	20 centimes.
	Allemagne (y compris Héligoland) Autriche-Hongrie, Belgique, Bulgarie, Danemark (y compris l'Islande et les îles Féroë), Antilles danoises (Saint Thomas,	35 centimes.

(1) Voir plus loin arrêtés des 6 juillet et 12 décembre 1889.

Droit proportionnel d'assurance à acquitter par les expéditeurs des lettres de valeurs déclarées, à destination ou provenant du Tonkin. (suite).

ORIGINE	DESTINATION	DROIT A PERCEVOIR par CHAQUE SOMME de 100 francs ou fraction de 100 francs déclarée
Tonkin.	Saint-Jean, Sainte-Croix), Espagne (y compris les Baléares et les Canaries), Italie, Luxembourg, Norvège, Pays-Bas, Portugal (y compris Madère et les Açores), Roumanie, Russie, Serbie, Suède et Suisse	35 centimes.
	Groënland, Colonies portugaises (villes de San-Thiago (Cap-vert) San-Thome et Prince), et Loanda (Angola)	45 centimes.

N° 7. — DÉCISION *relative à l'ouverture et à l'examen des correspondances tombées en rebut.*

7 juin 1884.

Article premier. — Les correspondances de toute nature originaires du Tonkin, ou parvenues dans la colonie sans avoir emprunté l'intermédiaire des bureaux de poste de la Métropole, qui ne peuvent être délivrées à leurs destinataires ou renvoyées à leurs auteurs, sont conservées, au moins pendant deux mois, à titre de rebut, par le bureau de Haiphong.

Art. 2. — Chaque année, dans les premiers jours de janvier, d'avril, de juillet et de septembre, une commission composée :

Du Résident de France à Haiphong, *président* ;

Du Receveur des postes et télégraphes à Haiphong, *membre* ;

Et d'un officier désigné par l'autorité militaire, *membre* ;

se réunira, sur la convocation de son président, au bureau de poste de Haiphong, pour ouvrir et examiner les correspondances rebutées dans les conditions prévues à l'article précédent, et dont la date d'origine ou d'arrivée au Tonkin remonte au moins à deux mois.

Cette commission est assistée des interprètes et lettrés nécessaires à la traduction des lettres étrangères, et désignés par le Directeur des affaires civiles et politiques.

Art. 3. — La commission instituée par l'article précédent dresse procès-verbal de tous les faits relatifs aux correspondances ouvertes et examinées qui lui paraissent de nature à être consignés, et prescrit la destruction de tout ce qui paraît ne présenter aucun intérêt. Elle peut prescrire la conservation de certaines correspondances pendant un temps déterminé qui, en aucun cas, n'excède huit années, et à l'expiration duquel elles seront détruites,

Les timbres-poste trouvés dans les lettres qui doivent être détruites suivent le sort de ces lettres et sont détruits avec elles ;

Les mandats et articles d'argent trouvés dans les lettres qui doivent être détruites, sont envoyés à M. le Ministre des postes et télégraphes.

Art. 4. — Sont définitivement acquises au profit du budget du Tonkin, après un délai de huit années, les valeurs de toute nature trouvées dans les boîtes, renfermées ou non dans les lettres, et qui n'ont pu être remises ou renvoyées, soit aux destinataires, soit aux personnes qui les ont expédiées. Ce délai court à partir du jour où les valeurs ont été déposées ou trouvées dans le service des postes.

Art. 5. — Les procès-verbaux constatant l'ouverture des correspondances rebutées mentionnent :

1° Le nombre de lettres ouvertes ;

2° Le nombre de lettres détruites ;

3° Le nombre de lettres conservées ;

4° Le nombre et la nature des valeurs conservées ;

5° Le montant des taxes dont le service des postes doit être déchargé.

Ils sont conservés pendant dix années.

Art. 6. — Une expédition des procès-verbaux sera jointe au livre de caisse du receveur comptable comme pièce à l'appui de la détaxe fixée par la commission.

Art. 7. — Les lettres et autres objets dont la conservation a été prescrite, restent sous la surveillance et la responsabilité du receveur des postes de Haiphong pendant le temps déterminé par la commission. Ceux dont la destruction a été ordonnée sont brûlés en présence de la commission.

Art. 8. — Le directeur des affaires civiles et politiques est chargé de l'exécution de la présente décision.

MILLOT.

N° 8. — ARRÊTÉ *relatif au transport des lettres, paquets, journaux, feuilles périodiques et autres* (1).

30 juillet 1884.

Article premier. — Il est défendu à tous les capitaines de navires, conducteurs de voitures ou autres véhicules, à toute personne étrangère au service des postes, de s'immiscer dans le transport des lettres, journaux, feuilles à la main et ouvrages périodiques, dont le port est exclusivement confié à l'administration des postes.

Art. 2. — Les directeurs, contrôleurs, inspecteurs et chefs de bureau des postes, les employés des douanes, la gendarmerie nationale et tous les agents assermentés quelconques, sont autorisés à faire ou faire faire toutes perquisitions et saisies, afin de constater les contraventions ; à l'effet de quoi ils pourront, s'ils le jugent nécessaire, se faire assister de la force armée.

Art. 3. — Les procès-verbaux seront dressés à l'instant de la saisie ; ils contiendront l'énumération des lettres et paquets saisis, ainsi que leurs adresses. Copies en seront remises, avec lesdites lettres et lesdits paquets saisis en fraude, au chef du bureau des postes le plus voisin de la saisie, pour lesdites lettres et lesdits paquets être envoyés à leur destination avec la taxe ordinaire.

Lesdits procès-verbaux seront de suite adressés au ministère public près le tribunal de la résidence, par le receveur des postes, pour poursuivre contre les contrevenants l'amende de cent cinquante francs au moins et de trois cents francs au plus par chaque contravention.

Art. 4. — Le payement de ladite amende sera poursuivi à la requête du ministère public près le tribunal de la résidence, et à la diligence des chefs de bureau des postes contre les contrevenants.

Art. 5. — Le payement sera effectué entre les mains du chef du bureau des postes qui aura reçu les objets saisis. Celui-ci portera en recette le produit de l'amende, qui appartiendra : deux tiers à l'administration locale, un tiers à celui ou à ceux qui auront découvert et dénoncé la fraude et à ceux qui auront coopéré à la saisie ; ce dernier tiers sera réparti entre eux par égale portion ; ils en seront payés par le chef du bureau des postes chargé du recouvrement de l'amende, d'après un exécutoire qui sera délivré à leur profit par le ministère public du tribunal de la résidence.

Lesdits exécutoires seront envoyés par le chef du bureau à l'appui de son compte.

Art. 6. — Si les contrevenants sont au service d'une compagnie ou d'un particulier quelconque, ces derniers seront personnellement responsables des contraventions de leurs agents, patrons, conducteurs, porteurs et courriers, sauf leur recours.

Art. 7. — En tout état de cause le service des postes pourra consentir des transactions, sauf approbation de l'autorité supérieure.

Art. 8. — Le Directeur des affaires civiles et politiques est chargé de l'exécution du présent arrêté, qui sera enregistré et communiqué partout où besoin sera.

MILLOT.

(1) Voir ci-après arrêté du 30 avril 1887.

N° 9. — RAPPORT *sur la réglementation du service des postes et télégraphes au Tonkin.*

29 septembre 1884.

J'ai l'honneur de vous adresser ci-inclus le projet d'arrêté d'organisation du service des postes et des télégrapges (personnel) que je vous prie de vouloir bien soumettre, le plus tôt possible, à l'approbation de M. le Général commandant en chef.

Le service qui m'a été remis récemment, ne possède aucune organisation au point de vue : personnel, correspondances officielles, franchises, télégraphie privée, etc. Avant de commencer l'étude de la construction rationnelle du réseau, il est nécessaire d'organiser administrativement le service, afin de faire connaître à chacun ses droits et ses devoirs. C'est ainsi que j'ai procédé, d'ailleurs, dans des circonstances presque identiques, en Cochinchine, lors de la conquête.

L'arrêté ci-joint a aussi pour but de former un cadre local et indigène sérieux, assurer un recrutement économique, et ne pas augmenter dans des conditions hors de proportion avec les ressources budgétaires, le cadre métropolitain, ce qui, s'il en était autrement, grèverait considérablement, d'année en année, notre budget.

Le personnel local et indigène sachant quel est l'avenir qui l'attend, et étant assuré d'une position stable, se recrutera plus facilement et dans de meilleures conditions.

J'attire votre attention sur l'article 46 qui nous donne toute latitude pour la mise en vigueur, à son heure et dans les limites de nos ressources, des dispositions du présent arrêté, qui du reste n'indique pas la proportion des effectifs ; ceux-ci seront déterminés chaque année par le budget, au fur et à mesure des besoins.

J'ai encore à préparer des projets d'arrêtés réglementant la correspondance télégraphique officielle et privée au Tonkin, les franchises et le service des colis postaux.

J'aurai l'honneur de vous les remettre dès qu'ils seront terminés.

DEMARS.

N° 10. — ARRÊTÉ *organisant le service des postes et des télégraphes.*

29 septembre 1884.

Article premier. — Le personnel comprend un Directeur du service, des fonctionnaires, commis, mécaniciens, surveillants, aides-surveillants ou ouvriers indigènes, facteurs ou plantons, en nombre suffisant, pris dans les cadres de la Métropole, auxiliaires envoyés par le ministère des colonies pour l'exploitation des câbles français, ou auxiliaires nommés à titre local par le Protectorat.

Art. 2. — Les fonctions et les attributions, les droits et les devoirs sont les mêmes dans les emplois de même nom, pour le personnel métropolitain, le personnel d'exploitation du câble français, et pour le personnel local.

L'admission à bord des navires de l'État et dans les établissements hospitaliers a lieu au même titre, sans distinction d'origine.

Personnel métropolitain.

Art. 3. — Le personnel métropolitain est traité conformément aux mesures prises de concert entre le Ministre de la marine et des colonies et entre celui des postes et des télégraphes.

Art. 4. — Tout fonctionnaire ou employé métropolitain peut, à la suite d'avancement ou en raison d'exigences budgétaires, être remis à la disposition de son administration.

Art. 5. — Tout fonctionnaire ou employé métropolitain qui désire rentrer en France, à l'expiration de son temps de service colonial (3 ans), en adresse la demande au Ministre de la marine et des colonies par la voie hiérarchique, cinq mois avant le terme de séjour réglementaire.

Art. 6. — Le service des postes et des télégraphes comprend toutes les opérations postales et télégraphiques effectuées par le service similaire de la Métropole, sauf modifications pour certains cas spéciaux prévus, et en tant qu'elles proviennent d'actes promulgués par le chef du Protectorat.

Personnel auxiliaire pour l'exploitation des câbles français.

Art. 7. — Le personnel du câble comprend un contrôleur auxiliaire et des commis auxiliaires chargés d'assurer la transmission des télégrammes par la voie sous-marine, sous le contrôle et l'autorité du Directeur des postes et des télégraphes.

Ce fonctionnaire sera tenu de soumettre, vers la fin de chaque année, au représentant du Protectorat, des propositions d'avancement à transmettre au ministre de la marine et des colonies.

Personnel local civil et militaire mis en congé renouvelable en fin de campagne, ou en position de réservistes de l'armée active.)

Art. 8. — Commis auxiliaires	1,800 francs.
— de 4ᵉ classe	2,400 francs.
— de 3ᵉ classe	3,000 francs.
— de 2ᵉ classe	3,600 francs.
— de 1ʳᵉ classe	5,200 francs.

Ce dernier traitement pourra être élevé par augmentations successives jusqu'à 6,000 francs.

Télégraphistes militaires.

Art. 9. — Les télégraphistes militaires pris dans le corps expéditionnaire recevront une indemnité annuelle de 1,800 francs. En cas de déplacement ils recevront les mêmes indemnités de route et de séjour que les employés du cadre local.

Mécaniciens.

Art. 10. — Reçoivent des appointements variant entre 3,600 et 6,000 francs.

Surveillants.

Art. 11. — Surveillant de 4ᵉ classe	1,200 francs.
— de 3ᵉ classe	1,800 francs.
— de 2ᵉ classe	2,400 francs.
— de 1ʳᵉ classe	3,000 francs.

Art. 12. — Il est choisi parmi les surveillants métropolitains ou les surveillants coloniaux de 1ʳᵉ classe, un certain nombre d'agents qui prennent le titre de chefs surveillants, et dirigent les ateliers de construction et de réparation. Ils reçoivent un supplément de 300 francs.

Plantons militaires.

Art. 13. — Les plantons militaires détachés au service des postes et des télégraphes, reçoivent une indemnité annuelle de 720 francs.

Personnel indigène.

Art. 14. — Le personnel indigène se compose de télégraphistes, lettrés, facteurs lettrés, chefs de chantier, aides-surveillants, plantons.

Télégraphistes.

Art. 15. — Les télégraphistes sont divisés en cinq classes :

Télégraphistes de 5ᵉ classe	600 francs.
— de 4ᵉ classe	800 francs.
— de 3ᵉ classe	1,000 francs.
— de 2ᵉ classe	1,200 francs.
— de 1ʳᵉ classe	1,400 francs.

Lettrés.

Art. 16. — La solde de début des lettrés est de 500 francs par an, elle pourra être portée à 1,200 francs par augmentations successives de 100 francs.

Facteurs lettrés

Art. 17. — Facteurs lettrés de 5ᵉ classe	480 francs.
— de 4ᵉ classe	600 francs.
— de 3ᵉ classe	720 francs.
— de 2ᵉ classe	840 francs.
— de 1ʳᵉ classe	960 francs.

Art. 18. — Chefs de chantier de 3e classe.... 600 francs.
— — de 2e classe.... 720 francs.
— — de 1re classe.... 840 francs.

Aides-surveillants.

Art. 19. — Aides-surveillants de 4e classe... 300 francs.
— — 3e classe... 360 francs.
— — 2e classe... 420 francs.
— — 1re classe... 480 francs.

Plantons indigènes.

Art. 20. — Plantons indigènes de 4e classe... 300 francs.
— — 3e classe... 360 francs.
— — 2e classe... 420 francs.
— — 1re classe... 480 francs.

Art. 21. — Les agents coloniaux et indigènes seront en nombre variable, suivant les nécessités du service. Leur répartition dans les classes, le chiffre des effectifs, seront réglés annuellement par le budget.

CONDITIONS D'ADMISSION. — NOMINATIONS. — AVANCEMENT.

Cadre local européen.

Art. 22. — Les candidats au grade de commis sont admis au titre d'auxiliaires à la suite d'un examen dont le programme est soumis à l'approbation du Directeur des affaires civiles et politiques.

Art. 23. — Après un stage de six mois, les commis auxiliaires et les surveillants qui ne sont pas reconnus aptes au service sont licenciés.

Art. 24. — L'avancement a lieu hiérarchiquement. Nul ne pourra passer à la classe supérieure s'il n'a servi un an au moins dans la classe inférieure. Les commis de 2e classe devront réunir au moins deux ans de service dans leur classe pour passer à la première classe.

Art. 25. — Le Directeur du service est chargé de fournir aux commis du cadre local les moyens d'acquérir les connaissances nécessaires pour se présenter au concours ouvert par le Ministère des postes et des télégraphes pour le grade de surnuméraire des postes et télégraphes.

Les commis locaux qui, après avoir subi l'examen avec succès, obtiendront de revenir au Tonkin, conserveront leur traitement local jusqu'au moment de leur titularisation en qualité de commis de 4e classe, à moins cependant que le traitement local soit moins élevé que l'indemnité accordée aux surnuméraires dans les colonies.

Art. 26. — Les surveillants locaux qui se seront fait remarquer par leur bon service pourront, par les soins du Directeur du service, être proposés par le Chef du Protectorat pour être admis dans les cadres métropolitains.

Cadre indigène.

Art. 27. — Pour être admis comme télégraphiste indigène, il est nécessaire de n'avoir pas plus de 20 ans ni moins de 16 ans, d'avoir été reçu comme élève télégraphiste à la suite d'un concours, et de satisfaire aux épreuves de l'examen passé à la fin du cours professionnel. Pendant la durée du cours, les élèves télégraphistes reçoivent une indemnité mensuelle de 50 francs.

Art. 28. — Les lettrés, facteurs lettrés, plantons et surveillants indigènes sont acceptés sans limite d'âge, pris de préférence parmi les Annamites, sans exclure toutefois les individus d'une autre race.

Art. 29. — L'avancement a lieu hiérarchiquement Nul ne pourra passer à la classe supérieure, s'il n'a servi un an au moins dans la classe immédiatement inférieure.

Art. 30. — Les nominations et promotions sont faites par le Directeur des affaires civiles et politiques, sur la proposition du Directeur du service.

Attributions.

Art. 31. — Le directeur du service répartit, suivant les exigences du service, le personnel dans les résidences et sur les points utiles. Il fait exécuter les constructions prescrites par le Gouvernement ou le chef du Protectorat, et ordonne les travaux d'entretien et de réparation. Il dresse le budget des dépenses, les états de solde du personnel, prépare les propositions d'avancement. Il donne au personnel, sous sa responsabilité, les ordres et instructions nécessaires à la marche du service.

Il correspond : Avec le Directeur des affaires civiles et politiques, pour tout ce qui concerne l'administration du service ;

Avec le Ministre des postes et des télégraphes de la Métropole, pour les détails exclusivement techniques ;

Avec les représentants des administrations postales et télégraphiques étrangères, pour tout ce qui se rapporte aux correspondances internationales et au règlement des comptes de taxes.

Art. 32. — Le directeur du service détermine les attributions des fonctionnaires et agents placés sous ses ordres.

Art. 33. — Le receveur comptable est chargé du bureau de Haiphong. Il centralise dans ses écritures la comptabilité de tous les bureaux de l'Annam et du Tonkin. Il est en compte avec chacun des receveurs ou distributeurs, et avec le payeur en chef au Tonkin. Il doit présenter, en fin de gestion, un compte de toutes les opérations effectuées dans tous les bureaux pendant cette gestion. En cas de mutation, le compte est dressé suivant la durée de la gestion des différents titulaires, et chacun d'eux est responsable des opérations qui le concernent.

Art. 34. — Les receveurs ou chargés de bureaux simples, et les employés placés sous leurs ordres, perçoivent les taxes, manœuvrent les appareils, assurent aux télégrammes la transmission la plus sûre et la plus prompte. Ils doivent toujours avoir un approvisionnement de timbres-poste correspondant à la vente mensuelle de leur bureau.

Les surveillants, dans leur résidence, sont placés sous leurs ordres ; ils leur transmettent les ordres du directeur du service et veillent à leur exécution.

Art. 35. — Les mécaniciens entretiennent et réparent les appareils et instruments télégraphiques, et exécutent les travaux d'installation des bureaux.

Le mécanicien, à Hanoi, peut être chargé de la comptabilité du magasin central.

Art. 36. — Les surveillants et aides-surveillants ou ouvriers indigènes sont préposés à l'entretien des lignes. En cas de dérangement, ils se transportent immédiatement sur les lignes. Dans les intervalles de leurs tournées, ils prennent part aux travaux d'entretien et de réparation des locaux du service et de leurs dépendances ; ils exécutent les travaux de construction et de réparation des lignes.

Art. 37. — Les facteurs ou plantons de toute catégorie, lettrés et interprètes, concourent au port des lettres et des télégrammes et sont utilisés, suivant leurs aptitudes et les besoins du service, au travail des bureaux qu'ils sont chargés d'entretenir dans un état constant de propreté.

Conges et discipline.

Art. 38. — Le directeur du service peut accorder au personnel sous ses ordres, sans retenue de solde, et en sauvegardant les intérêts du service, des congés ne dépassant pas 15 jours. La demande pour des congés de plus longue durée est faite par la voie hiérarchique, au directeur des affaires civiles et politiques ou au chef du Protectorat, suivant le cas.

Art. 39. — Les peines disciplinaires applicables au personnel des divers cadres sont :

1° Le blâme ;

2° La réprimande ;

3° Pour les agents ou sous-agents locaux, la suspension pendant un ou deux mois, qui entraîne la retenue de la moitié de la solde et celle des suppléments coloniaux.

4° La révocation.

Lorsqu'il y aura lieu d'appliquer à un fonctionnaire ou agent métropolitain une peine plus grave que la réprimande, il sera suspendu provisoirement de ses fonctions avec suppression du supplément colonial, et renvoyé à la disposion du ministre de la marine et des colonies pour qu'il soit statué sur la mesure à prendre à son égard.

Art. 40. — Le blâme et la réprimande sont infligés par le directeur du service, la suspension est appliquée par le directeur des affaires civiles et politiques. La suspension provisoire des fonctions avec renvoi à la disposition du ministre, pour le personnel métropolitain, et la révocation, pour le personnel local, sont prononcées par le chef du Protectorat.

Art. 41. — Les dispositions de l'article 187 du code pénal sont applicables au personnel des postes et des télégraphes, en matière de violation du secret des correspondances et en cas d'indiscrétion.

Indemnités et allocations diverses.

Art. 42. — Le personnel, tant métropolitain que local, a droit, en cas de déplacement, aux allocations et indemnités accordées par le règlement du 19 janvier 1878.

Art. 43. — Les agents de tout grade chargés des bureaux auront droit à 2 0/0 sur la vente des timbres qu'ils auront effectuée à leur guichet. Dans les bureaux composés, la moitié de cette remise sera partagée entre les agents qui participent au service de la poste.

Dans le cas où il serait établi plus tard des débits de timbres dans l'intérieur, les conditions dans lesquelles les timbres leur seront cédés seront déterminées par un nouvel arrêté.

Art. 44. — Les chefs surveillants européens ou faisant fonctions, les surveillants européens, les chefs de chantier indigènes, les surveillants indigènes en travaux de construction ou de réparation, auront droit à une indemnité journalière ainsi fixée :

Chefs surveillants européens ou faisant fonctions	5f00
Surveillants européens	4 00
Chefs de chantier	0 75
Surveillants indigènes	0 50

Il n'est dû aucune indemnité pour les parcours ordinaires sur les lignes ou ceux effectués en vue de relever un dérangement.

Transport des dépêches.

Art. 45. — Le service du transport des dépêches est fait concurremment par les bâtiments de l'État, les vapeurs de commerce et les trams.

Les valeurs déclarées pourront seules être transportées par les navires de l'État dans l'intérieur de l'Annam et du Tonkin.

Elles ne pourront être expédiées à Saigon que par les navires de la compagnie des Messageries maritimes.

On ne pourra confier aux vapeurs de commerce les objets recommandés et les colis postaux. Il ne sera remis aux trams institués par la décision du 15 juin 1884, et à ceux qui pourront être créés postérieurement, que les correspondances ordinaires à l'exclusion des colis volumineux et lourds.

Art. 46. — Le présent arrêté n'a pas d'effet rétroactif. Les dispositions relatives au personnel ne seront appliquées qu'au fur et à mesure des besoins du service, du développement du réseau, et lorsque la situation budgétaire le permettra.

Art. 47. — Toutes les dispositions antérieures, contraires au présent arrêté, sont rapportées.

Art. 48. — Le Directeur des affaires civiles et politique est chargé de l'exécution du présent arrêté.

BRIÈRE DE L'ISLE.

N° 11. — DÉCISION *promulguant dans l'Annam et le Tonkin le décret du 20 juin 1885, fixant les taxes à acquitter dans les colonies françaises sur les correspondances à destination ou provenant du royaume de Siam.*

13 août 1885.

Article premier. — Est promulgué dans toute l'étendue de l'Annam et du Tonkin le décret du 20 juin 1885, fixant les taxes à acquitter dans les colonies françaises sur les correspondances à destination ou provenant du royaume de Siam.

Art. 2. — Le directeur des affaires civiles et politiques est chargé de l'exécution de la présente décision.

P. O. Le Chef d'état-major,
CH. WARNET.

N° 12. — DÉCRET *fixant les taxes à payer dans les colonies sur les correspondances à destination ou provenant du royaume de Siam*

23 juin 1858.

Article qremier. — Las taxes à acquitter dans les colonies françaises, sur les correspondances à destination ou provenant du royaume de Siam, seront perçues conformément au tarif n° 1 annexé au décret susvisé du 27 mars 1879.

Les dispositions des articles 6, 7 et 8 du même décret seront, en outre, applicables aux correspondances dont il s'agit.

Art. 2. — Les dispositions du présent décret sont exécutoires à partir du 1er juillet 1885.

Art. 3. — Toutes dispositions contraires au présent décret sont et demeurent abrogées.

Art. 4. — Le Ministre des postes et télégraphes et le Ministre de la marine et des colonies sont chargés, chacun en ce qui le concerne, de l'exécution du présent décret. qui sera inséré au *Bulletin des Lois*.

JULES GRÉVY.

N° 13. — DÉCISION *promulguant la loi du 21 septembre 1885, autorisant l'envoi de cartes postales avec réponse payée entre la France et les colonies, de colonie à colonie et des colonies à l'étranger.*

15 novembre 1885.

Article premier. — Est promulguée, dans toute l'étendue du territoire de l'Annam et du Tonkin, la loi du 21 septembre 1885 autorisant l'envoi, à partir du 1er octobre 1885, des cartes postales avec réponse payée, de France à destination des colonies françaises et *vice-versa*, ainsi que de colonie à colonie et des colonies à l'étranger, et fixant le tarif desdites cartes.

Art. 2. — Le directeur des affaires civiles et politiques est chargé de l'exécution de la présente décison.

WARNET.

N° 14. — DÉCISION *modifiant le service de la poste restante.*

28 décembre 1886.

Article premier. — Les noms des destinataires de lettres et autres objets adressés *poste restante*, et non réclamés dans un délai de 24 heures après leur arrivée, sont affichés dans la salle d'attente des bureaux de poste et de télégraphe et à la porte des hôtels, mais seulement avec le consentement des intéressés.

Art. 2. — Les personnes qui désirent profiter de cette disposition sont tenues de justifier de leur identité et doivent, en outre, remettre entre les mains du Receveur des Postes et des Télégraphes une attestation par laquelle ils dégagent l'Administration de toute responsabilité pour le fait d'affichage de leurs noms.

P. VIAL.

N° 15. — DÉCISION *concernant la distribution des correspondances postales.*

28 décembre 1886.

Article premier. — Il est établi, dans les bureaux de poste et de télégraphe de l'Annam et du Tonkin, des cases destinées à recevoir, à l'arrivée des courriers, la correspondance des particuliers qui désirent, moyennant indemnité, retirer les lettres et autres objets à leur adresse.

Art. 2. — Les cases, de dimension suffisante pour permettre l'insertion de plis ou paquets de formats ordinaires, sont installées entre la salle d'attente et le bureau, et disposées de telle façon que les agents puissent, à l'intérieur, y classer les objets de correspondance et qu'il soit facile aux abonnés ou à leurs fondés de pouvoir, de retirer extérieurement lesdits objets. A cet effet, ces cases sont fermées du côté de la salle d'attente au moyen d'une portière munie d'une serrure dont la clef reste entre les mains des abonnés ou des personnes auxquelles ils la confient.

Art. 3. — Les clefs doivent être d'un type ou d'un modèle différent pour chacune des cases.

Art. 4. — Les plis ou paquets dont les dimensions dépassent celles des cases sont remplacés par une fiche portant une annotation qui mentionne cette circonstance, et qui permet ainsi aux destinataires de réclamer les objets en question à l'agent du guichet.

Art. 5. — Une fiche spéciale, également déposée dans la case, indique qu'il se trouve au bureau un ou plusieurs chargements, dont la distribution s'effectue au guichet avec les formalités que comporte cette distribution.

Art. 6. — Les particuliers qui désirent bénéficier des avantages spécifiés ci-dessus adressent leur demande au Directeur des postes et des télégraphes du Protectorat, à qui il appartient d'accorder l'autorisation nécessaire.

Art. 7. — L'indemnité pour la jouissance d'une case est fixée à 60 francs par an. Cette somme, qui est payable d'avance, est versée entre les mains du receveur du bureau où est établie la case concédée.

P. VIAL.

N° 16. — ARRÊTÉ *fixant la surtaxe des objets admis au tarif réduit, non ou insuffisamment affranchis.*

25 avril 1887.

Les objets admis au tarif réduit, non ou insuffisamment affranchis en timbres-poste, sont distribués aux destinataires moyennant une taxe égale au double de l'affranchissement ou de l'insuffisance d'affranchissement suivant le cas.

G. BIHOURD.

N° 17. — ARRÊTÉ *confiant au service des postes et télégraphes le monopole des correspondances dans l'Annam et le Tonkin.*

30 avril 1887.

Article premier. — Le service des postes et des télégraphes en Annam et au Tonkin est chargé du transport exclusif des objets suivants :

1° Dépêches expédiées pour le service de l'Etat;

2° Lettres particulières cachetées ou non cachetées;

3° Papiers d'affaires et autres manuscrits de toutes sortes jusqu'au poids de 1 kilogramme inclusivement.

Art. 2. — Les dispositions de l'article 1er ne s'appliquent pas aux lettres et imprimés expédiés par exprès, aux paquets et manuscrits dépassant le poids de 1 kilog., aux lettres de voiture, papiers concernant le service personnel des armateurs, des entrepreneurs de messageries par terre et par eau et de voitures publiques, des commissionnaires et des patrons de jonque.

Art. 3. — Les fonctionnaires et agents des postes et des télégraphes, de la police et des douanes, ainsi que la gendarmerie sont autorisés à opérer dans le Protectorat, toutes perquisitions et saisies sur les navires, chaloupes et jonques, sur les messageries, voitures publiques et autres de même espèce et sur les coolies des trams, afin de constater les contraventions au présent arrêté ; à cet effet ils pourront, s'ils le jugent nécessaire, se faire assister de la force armée.

Art. 4. — Les procès-verbaux seront dressés à l'instant de la saisie; ils contiendront l'énumération des lettres et paquets saisis, ainsi que leurs adresses.

Copies de ces procès-verbaux seront remises en double expédition, avec les objets saisis, au receveur du bureau de poste le plus voisin, qui transmettra une expédition au directeur des postes et des télégraphes à Hanoi, et l'autre au résident de la province où la fraude aura eu lieu,

Art. 5. — Toute contravention à l'article 1er sera punie d'une amende de 25 à 500 francs qui pourra être doublée en cas de récidive.

Le quart du produit des amendes sera attribué aux agents saisissants.

Art. 6. — Les objets saisis pourront, sur la réclamation des intéressés, leur être rendus, lorsque l'affaire sera terminée, contre le payement d'une taxe double de celle dont ces objets auraient été passibles.

Art. 7. — Les armateurs, les entrepreneurs de voitures publiques et de messageries par terre et par eau, et les propriétaires de jonques, sont personnellement responsables des contraventions de leurs capitaines, conducteurs, commissionnaires et patrons, sauf leur recours.

G. BIHOURD.

N° 18. — ARRÊTÉ *rendant obligatoire l'affranchissement de tout objet bénéficiant du tarif réduit.*

12 mai 1887

Article premier. — L'affranchissement est obligatoire pour tout objet né dans le Protectorat et bénéficiant du tarif réduit, (journaux, imprimés, circulaires, prospectus, catalogues, avis divers, cartes de visite, épreuves d'imprimerie corrigées, papiers d'affaires, etc.)

Art. 2. — Les objets désignés ci-dessus, non affranchis ou insuffisamment, trouvés dans le service et qui n'auront pu être rendus aux expéditeurs par les receveurs des postes, seront versés en rebut à la direction des postes et télégraphes.

Art. 3. Le directeur des postes et télégraphes est chargé de l'exécution du présent arrêté.

G. BIHOURD.

N° 19. — ARRÊTÉ *réglant les transports des chargements et colis postaux par les convois militaires.*

29 septembre 1887.

Article premier. — I. Les chargements (valeurs déclarées, lettres recommandées, groupes, etc.) et les colis postaux déposés dans les bureaux de poste et de télégraphe dépourvus de moyens suffisamment sûrs pour l'acheminement de ces objets, sont remis aux chefs de convois militaires, lesquels sont chargés de les protéger et d'en assurer le transport jusqu'à l'endroit où ils doivent les délivrer.

II. Les receveurs et gérants de bureau disposant de communications fluviales ou terrestres, périodiques ou éventuelles, pour le transport des chargements et des colis postaux, peuvent également utiliser les convois militaires, toutes les fois qu'il y aura avantage à employer ce moyen pour la rapidité et la sécurité du transport des objets en question.

Art. 2. — Les commandants d'armes doivent, autant que possible, prévenir les receveurs des postes la veille du départ d'un convoi, ou au moins deux heures avant ce départ.

Art. 3. — I. Les chargements et les colis postaux sont déposés dans des sacs solidement ficelés, et scellés du cachet du bureau.

II. A défaut de sacs, et notamment pour les lettres-valeurs ou autres objets de petite dimension, les receveurs ou gérants de bureaux peuvent se servir d'enveloppes en fort papier, également ficelées d'une manière solide, et de plus, scellées du cachet du bureau d'origine.

Art. 4. — I. Les chefs de convoi doivent, avant de prendre livraison des dépêches postales en sacs ou enveloppes de papier, examiner avec le plus grand soin l'état de la ficelle et du cachet.

II. Il est interdit aux agents des postes de faire usage de ficelle à nœud.

III. Après s'être assurés du bon conditionnement de la fermeture des dépêches, les chefs de convoi en donnent reçu au receveur des postes sur un registre destiné à cet effet.

IV. Dans le cas où la fermeture paraîtrait défectueuse au chef de convoi, ou lui semblerait insuffisante pour garantir les chargements ou colis postaux de toute spoliation, l'agent des postes serait tenu d'assujettir à nouveau les sacs ou paquets au moyen de ficelle solide et de les sceller du cachet du bureau, très nettement appliqué.

Art. 5. — I. Il est remis au chef de convoi, par chaque établissement de poste qui livre des dépêches contenant des chargements et des colis postaux, un « part » ou feuille de route, sur laquelle sont indiqués les bureaux de poste ou les postes militaires auxquels sont expédiées ces dépêches, le nombre desdites dépêches et la date de leur livraison à l'arrivée.

II. A l'arrivée le chef de convoi remet la dépêche au commandant d'armes qui la fait parvenir au receveur des postes. La feuille de route est émargée par le commandant d'armes et par le receveur après qu'ils ont constaté le bon état de la dépêche.

III. Cette feuille est renvoyée par la prochaine occasion et par le dernier bureau de poste ou poste militaire destinataire, au bureau de poste d'origine.

Art. 6. — I. Dans le cas où une dépêche porterait des traces de spoliation ou parviendrait en mauvais état, il serait dressé séance tenante et en triple expédition, un procès-verbal indiquant l'état dans lequel la dépêche serait parvenue, et signé par le commandant d'armes, adressé au général commandant la division d'occupation, avec tous les renseignements qu'il a pu recueillir sur les faits qui ont pu amener la détérioration de la dépêche.

II. La première expédition de ce procès-verbal sera adressée au général commandant la division d'occupation, la deuxième au directeur des postes et des télégraphes à Hanoi, et la troisième au bureau d'où la dépêche serait originaire.

III. Si par cas de force majeure des dépêches venaient à être perdues ou détériorées, il serait également dressé en triple expédition, comme ci-dessus, procès-verbal du fait par le chef du convoi.

Art. 7. — I. Pendant le trajet, les dépêches sont, soit déposées dans un fourgon, lorsque le convoi en comporte, soit portées par un ou plusieurs coolies.

II. Ces derniers sont fournis ou payés par l'administration des postes, lorsque le commandant d'armes juge qu'un ou plusieurs coolies sont nécessaires pour assurer spécialement le transport des dépêches. Dans tous les cas, les dépêches doivent être constamment sous la garde d'un militaire armé, et être autant que possible, garanties de la pluie et des intempéries.

Art. 8. — Quand le convoi sera commandé par un officier, celui-ci confiera au sergent le soin de prendre livraison des dépêches et de veiller à leur conservation.

Art. 9. — Le général commandant la division d'occupation et le directeur des postes et des télégraphes sont chargés, chacun en ce qui le concerne, de l'exécution du présent arrêté.

RAOUL BERGER.

N° 20. — ARRÊTÉ *relatif à la prestation de serment des agents du service local des postes et télégraphes.*

13 janvier 1888

Article premier. — Les agents du service local des postes et télégraphes en Annam et au Tonkin devront, avant d'entrer en fonctions, prêter serment devant le Résident ou vice-résident du lieu où ils auront à les exercer.

Art. 2. — La formule de ce serment sera la suivante : « Je « jure de remplir fidèlement mes fonctions, de garder et obser- « ver inviolablement la foi due au secret des lettres et des « dépêches télégraphiques, et de dénoncer toutes les contraven- « tions qui parviendraient à ma connaissance, concernant le « service postal et télégraphique. »

Art. 3. — Le procès-verbal de prestation de serment sera établi en trois expéditions, dont la première sera conservée dans les archives de la résidence ou vice-résidence, la seconde adressée au directeur des postes et télégraphes, et la troisième, remise à l'intéressé pour lui servir ce que de droit et de raison.

Art. 4. — M. le Directeur des postes et télégraphes est chargé de l'exécution du présent arrêté.

RAOUL BERGER.

N° 21. — ARRÊTÉ *créant un bureau permanent des rebuts à la direction générale des postes et des télégraphes.*

31 octobre 1888

Article premier. — Un bureau permanent des rebuts est créé à la direction générale des postes et des télégraphes de l'Indo-Chine, et placé dans les attributions du chef du bureau central de l'administration.

Art. 2. — Un règlement d'administration conforme aux lois et règlements en vigueur dans la Métropole déterminera le fonctionnement de ce service.

Art. 3. — Le Directeur général des postes et des télégraphes est chargé de l'exécution du présent arrêté.

RICHAUD.

N° 22. — ARRÊTÉ *fixant le prix des enveloppes et bandes timbrées, mises en vente par le service des postes et des télégraphes.*

3 novembre 1888.

Article premier. — Les enveloppes et bandes timbrées seront mises en vente aux prix suivants : enveloppes portant un timbre fixe d'affranchissement de cinq centimes (un cents) seront vendues onze millièmes de piastre (0 $ 011), soit dix pour onze cents (0 $ 11).

Enveloppes petit et moyen format portant un timbre fixe de quinze centimes (trois cents) seront vendues trente-deux millièmes de piastres (0 $ 032), soit cinq pour seize cents (0 $ 16).

Enveloppes grand format, portant un timbre fixe de quinze centimes (trois cents) seront vendues trente-quatre millièmes de piastre (0 $ 034), soit cinq pour dix-sept cents (0 $ 17).

Les bandes timbrées de un, deux et trois centimes (deux, quatre et six millièmes de piastre) seront vendues un millième de piastre en plus de la valeur du timbre d'affranchissement, soit :

Les bandes de un centime, dix pour trois cents;
Les bandes de deux centimes, dix pour cinq cents;
Les bandes de trois centimes, dix pour sept cents.

Art. 2. — Les enveloppes portant un timbre de cinq centimes, ainsi que les bandes timbrées, ne pourront être vendues que par séries de dix.

Les enveloppes portant un timbre de quinze centimes, par séries de cinq.

Art. 3. — Le Directeur général des postes et des télégraphes est chargé de l'exécution du présent arrêté.

RICHAUD.

N° 23. — ARRÊTÉ *étendant à tout le territoire de l'Indo-Chine le service des mandats postaux et télégraphiques échangés dans l'intérieur de la Cochinchine et du Cambodge.*

14 décembre 1888.

Article premier. — Le service des mandats postaux et télégraphiques échangés dans l'intérieur de la Cochinchine et du Cambodge, est étendu à tout le territoire de l'Indo-Chine.

Art. 2. — Les nouveaux bureaux ouverts au service sont :

En Annam. — Hué, Nha-trang, Qui-nhon, Thanh-hoa, Tourane, Vinh.

Au Tonkin. — Bac-ninh, Hai-duong, Hai-phong, Hanoi, Hung-hoa, Hung-yen, Nam-dinh, Ninh-binh, Phu-lang-thuong, Phu-ly, Quang-yen, Son-tay.

Art. 3. — Un droit proportionnel décroissant sera perçu au profit du budget du service expéditeur, suivant l'échelle ci-après:

1 pour 100 pour les premières 200 piastres.

3/4 pour 100 pour les sommes au-dessus de 200 piastres, jusqu'à 1.000 piastres.

1/2 pour 100 pour les sommes au-dessus de 1.000 piastres.

Art. 4. — Le payement d'un mandat supérieur à 100 piastres pourra être différé, si le bureau destinataire n'a pas les fonds suffisants pour le payement.

Art. 5. — Les mandats délivrés peuvent être transmis par télégraphe; ils acquittent dans ce cas, en outre du droit proportionnel, un droit égal à la taxe d'un télégramme ayant le même nombre de mots que le mandat.

Art. 6. — Un mandat transmis par télégraphe est valable pendant dix jours à partir du jour de la réception, et payable seulement par le bureau destinataire. Passé ce délai, le mandat devra être visé pour date à l'administration centrale.

Art. 7. — Les mandats-poste sont payables dans tous les bureaux de l'Indo-Chine ouverts au service, et pendant trois mois à partir de la date de leur émission,

Art. 8. — Toutes les dispositions antérieures contraires au présent arrêté sont abrogées.

Art. 9. —Le directeur général des postes et des télégraphes est chargé de l'exécution du présent arrêté, qui sera appliqué à partir du 1er février 1889.

RICHAUD.

N° 24. —ARRÊTÉ *supprimant la direction générale des postes et télégraphes de l'Indo-Chine.*

10 janvier 1889.

Article premier. — La direction générale des postes et télégraphes de l'Indo-Chine française est supprimée.

Art. 2. — Le service des postes et des télégraphes est placé sous les ordres du Résident général en Annam et au Tonkin, pour ce qui concerne l'Annam et le Tonkin, et sous les ordres du directeur du service local de Cochinchine pour ce qui concerne la Cochinchine et le Cambodge.

Art. 3. — Le Résident général en Annam et au Tonkin et le directeur du service local de Cochinchine sont chargés, chacun en ce qui le concerne, de l'exécution du présent arrêté.

RICHAUD.

N° 25. — ARRÊTÉ *reculant au 1er mars 1889 l'ouverture du service des mandats-poste locaux.*

14 janvier 1889.

Article premier. — La date de la mise en vigueur du service des mandats postaux et télégraphiques locaux, en Annam et au Tonkin, est reculée du 1er février au 1er mars 1889.

Art. 2. — Le Résident général en Annam et au Tonkin est chargé de l'exécution du présent arrêté.

RICHAUD.

N° 26. — ARRÊTÉ *supprimant l'emploi de receveur comptable des postes et télégraphes de l'Annam.*

9 mars 1889.

Article premier. — L'emploi de receveur comptable des postes et des télégraphes de l'Annam est supprimé.

Art. 2. — Le receveur comptable de Hanoi est chargé de centraliser toutes les opérations des divers receveurs de l'Annam et du Tonkin.

Art. 3. — Le chef du service des postes et des télégraphes est chargé de l'exécution du présent arrêté.

RHEINART.

N° 27. — ARRÊTÉ *au sujet des rebuts postaux de la Cochinchine, du Cambodge, de l'Annam et du Tonkin.*

15 mars 1889.

Le service des postes et des télégraphes de la Cochinchine et du Cambodge, et celui de l'Annam et du Tonkin traiteront leurs rebuts particuliers, chacun suivant les prescriptions de l'arrêté du 31 octobre 1888 et du règlement d'administration y annexé.

RICHAUD.

N° 28. — ARRÊTÉ *fixant les heures d'ouverture des bureaux des postes et télégraphes au Tonkin et en Annam.* (1)

6 juillet 1889.

Article premier. — Les bureaux des postes et télégraphes seront ouverts au public, savoir :

Les jours ordinaires de sept heures à dix heures et demie du matin, et de deux heures à cinq heures et demie du soir.

Les dimanches et jours fériés de sept heures à neuf heures du matin.

Il n'est fait exception à cette règle que pour les bureaux de Hanoi et Haiphong, dont les heures d'ouverture sont fixées comme suit :

Les jours ordinaires de sept heures du matin à neuf heures du soir ;

Les dimanches et jours fériés de sept heures à onze heures du matin, et de trois heures à cinq heures du soir.

Les dépêches officielles *urgentes* seront seules admises à toute heure.

Art. 2. — Les receveurs et gérants de bureaux auront l'obligation d'écouler, chaque soir entre huit et neuf heures, le travail de la journée qui aurait subi un retard quelconque.

Art. 3. — Les Résidents supérieurs en Annam et au Tonkin sont chargés de l'exécution du présent arrêté, qui sera affiché au guichet de chaque bureau.

PIQUET.

N° 29. — ARRÊTÉ *fixant les heures d'ouverture des bureaux des postes et télégraphes pendant la saison d'hiver.*

12 décembre 1889.

Article premier. — Durant la saison d'hiver, s'étendant du 16 octobre au 15 mars, les bureaux des Postes et Télégraphes seront ouverts au public, en ce qui concerne le service du matin, savoir :

Les jours ordinaires, de 8 heures à 11 heures.

Les dimanches et jours fériés, de 8 heures à 10 heures.

Dans les villes de Hanoi et Haiphong, l'ouverture des bureaux aura lieu également à huit heures ; mais dès sept heures du matin, un guichet fonctionnera pour assurer la distribution des correspondances postales.

Art. 2. — L'arrêté du 6 juillet 1889 reste en vigueur en tant qu'il n'y est pas dérogé par les dispositions ci-dessus.

Art. 3. — Les Résidents supérieurs en Annam et au Tonkin sont chargés de l'exécution du présent arrêté, qui sera affiché au guichet de chaque bureau.

PIQUET.

(1) Voir ci-après arrêté du 12 décembre 1889, modifiant les heures pour la saison d'hiver.

VOY. : **Colis postaux. — Franchise postale et télégraphique. — Télégraphe. — Postes optiques. — Trams. — Navigation. — Serment.**

Postes optiques.

N° 1. — ORDRE GÉNÉRAL *fixant l'heure de l'ouverture et de la fermeture des bureaux des postes optiques*

9 mai 1884

A partir du 15 mai, en raison des chaleurs, les bureaux des postes optiques ouvriront tous les jours, de six heures du matin à huit heures du matin et de six heures du soir à minuit.

Dans le cas où, pour une cause quelconque, les communications n'auraient pu avoir lieu pendant la nuit, les postes devront se mettre en communication toute la journée du lendemain, de façon à écouler le travail qui pourrait être en souffrance.

Le poste de la tour de la citadelle reste toujours ouvert.

MILLOT.

Poudre de chasse

N° 1. — ARRÊTÉ *réglementant le commerce de la poudre de chasse.*

27 avril 1887

Article premier. — Aucun indigène ou asiatique étranger non débitant ne peut être détenteur d'une quantité de poudre de chasse supérieure à cinq cents grammes.

Art. 2. — Tout transport de poudre doit être accompagné d'un laissez-passer délivré par le résident.

Il n'est fait d'exception que pour les chargements de cinq cents grammes et au-dessous.

Art. 3. — Les débitants de poudre de chasse doivent être munis d'une licence dont le coût est de cent francs.

Le payement de la licence ne dispense pas le débitant de la patente à laquelle il est soumis.

Art. 4. — Chaque débitant doit tenir un registre d'entrée et de sortie, en français ou en caractères, visé par le résident ou son délégué aussi souvent qu'il le croit utile.

Ce registre indiquera la date des réceptions et des ventes, les quantités reçues ou vendues, le nom et le domicile de l'expéditeur et de l'acheteur.

Les entrées seront justifiées par la production des laissez-passer correspondants.

Art. 5. — Toute infraction aux dispositions du présent arrêté sera passible d'une amende de 100 à 5,000 fr., qui pourra être doublée en cas de récidive, sans préjudice, le cas échéant, de la confiscation des poudres, et des mesures de police qui pourraient être prises par l'autorité administrative.

G. BIHOURD.

N° 2. — ARRÊTÉ *interdisant la vente de poudre de chasse aux personnes non pourvues d'une autorisation spéciale.*

1er octobre 1887.

Article premier. — Aucune vente de poudre de chasse ne peut être faite par un débitant, si l'acheteur n'est muni d'une autorisation spéciale et nominative délivrée par le résident ou le vice-résident chef de poste, et indiquant la quantité à délivrer.

Ces autorisations doivent être conservées par le débitant à l'appui du registre d'entrée et de sortie.

Art. 2. — Indépendamment de l'amende fixée par l'article 5 de l'arrêté du 27 avril 1887, toute contravention aux dispositions de cet arrêté et de l'article premier ci-dessus, pourra être punie d'un emprisonnement de quinze jours à six mois.

RAOUL BERGER.

Préséances. — VOY. : Honneurs, Préséances.

Présents officiels.

N° 1. — CIRCULAIRE *interdisant les présents officiels par les autorités annamites*

20 avril 1880

Il m'a été donné de constater que l'usage adopté par les autorités annamites, d'offrir des cadeaux aux fonctionnaires du Protectorat, à leur départ, à leur arrivée, et même au cours de leur gestion, était parfois de nature à donner naissance à certains abus.

Il est même des cas où ces cadeaux peuvent, pour des gens malveillants ou mal au courant des coutumes traditionnelles de ces pays, prêter à des interprétations fâcheuses contre lesquelles notre dignité doit, par avance et à tout prix, se défendre.

Les relations quotidiennes et constantes que nous entretenons avec les autorités annamites n'ont plus d'ailleurs besoin de ce signe extérieur pour affirmer leur caractère amical.

J'ai donc, afin d'éviter des inconvénients et des insinuations qui ne doivent pas avoir l'occasion de se produire, même à tort, été amené à conseiller au Gouvernement annamite de renoncer à l'usage des cadeaux. Je l'ai prié d'envoyer des instructions dans le même sens à ses mandarins provinciaux.

Vous estimerez sans doute avec moi, M. le Résident, que le soin d'augmenter les ressources du pays, afin de pouvoir en même temps alléger nos propres dépenses, figure au premier rang de nos devoirs. Les populations ont toujours à supporter en fin de compte les frais de ces générosités, et il est bon de leur montrer que nous prenons souci de le leur épargner. Elles ne pourront que s'en montrer reconnaissantes.

Nous devons nous interdire de laisser peser sur ce pays déjà trop appauvri, une charge inutile quelconque, si légère qu'elle soit.

Le sentiment que vous avez vous-même de cette vérité m'est un sûr garant du scrupule avec lequel vous travaillerez, en ce qui vous concerne, à assurer l'exécution de la mesure nouvelle que le Gouvernement annamite vient le prendre sur mon conseil.

RHEINART.

N° 2. — CIRCULAIRE *au sujet des achats d'objets destinés à être offerts à la grande Reine-mère.*

14 janvier 1889

Son Excellence le Kinh-luoc a bien voulu me rappeler que le 19e jour du 5e mois de l'année annamite prochaine (le 16 juin 1889) la grande Reine-mère, Tu-du-hac-huê, Thai-hoang, Thai-hau, entrera dans sa 81e année et que, conformément aux règles de la bienséance et aux rites, les fonctionnaires du royaume offriraient des présents en son honneur.

Déjà les mandarins de la cour et les princes ont prié S. E. le Kinh-luoc de faire pour eux des achats d'objets précieux du pays, destinés à lui être présentés. Ces achats seront faits par l'intermédiaire des mandarins provinciaux sur les fonds destinés à la cour.

Je vous prie de ne pas négliger de vous rendre compte des sommes qui seront prélevées à ce titre sur le Trésor de votre province, de m'en faire connaître le montant, et de veiller à ce que certaines personnes, par un zèle intempestif, ou par des motifs moins avouables, ne profitent de cette circonstance pour se rendre coupables d'abus.

E. PARREAU.

Presse.

N° 1. — ARRÊTÉ *promulguant la loi du 11 juillet 1885 portant interdiction de fabriquer, vendre, colporter ou distribuer tous imprimés ou formules simulant les billets de banque et autres valeurs fiduciaires.*

9 septembre 1885.

Article premier. — Est promulguée dans toute l'étendue de l'Annam et du Tonkin, la loi du 11 juillet 1885 portant interdiction de fabriquer, vendre, colporter ou distribuer tous imprimés ou formules simulant les billets de banque et autres valeurs fiduciaires.

Art. 2. — Le Directeur des affaires civiles et politiques, et les agents de la force publique sont chargés, chacun en ce qui le concerne, de l'exécution de la présente décision.

WARNET.

N° 2. — LOI *portant interdiction de fabriquer, vendre, colporter ou distribuer tous imprimés ou formules simulant les billets de banque et autres valeurs fiduciaires.*

11 juillet 1885.

Article premier. — Sont interdits la fabrication, la vente, le colportage et la distribution de tous imprimés ou formules obtenus par un procédé quelconque qui, par leur forme extérieure, présenteraient avec les billets de banque, les titres de rente, vignettes et timbres du service des postes et télégraphes ou des régies de l'État, actions, obligations, parts d'intérêts, coupons de dividende ou intérêts y afférents, et généralement avec les valeurs fiduciaires émises par l'État, les départements, les communes et établissements publics, ainsi que par des sociétés, compagnies ou entreprises privées, une ressemblance de nature à faciliter l'acceptation desdits imprimés ou formules aux lieu et place des valeurs imitées.

Art. 2. — Toute infraction à l'article qui précède sera punie d'un emprisonnement de cinq jours à six mois et d'une amende de seize francs à deux mille francs (16 fr. à 2,000 fr.).

L'article 463 du code pénal sur les circonstances atténuantes pourra être appliqué.

Art. 3. — Les imprimés ou formules, ainsi que les planches ou matrices ayant servi à leur confection, seront confisqués.

La présente loi, délibérée et adoptée par le Sénat et par la Chambre des Députés, sera exécutée comme loi de l'État.

JULES GRÉVY.

N° 3. — ARRÊTÉ *interdisant le journal* « Le Cancrelat libre-penseur. » (1)

26 décembre 1888.

Le Gouverneur général de l'Indo-Chine, officier de la Légion d'honneur et de l'Instruction publique,

Considérant que le journal hebdomadaire publié à Haiphong sous le titre *le Cancrelat libre-penseur*, par ses attaques contre les particuliers, sème la méfiance et la discorde dans la population de cette ville; qu'en s'efforçant de discréditer les fonctionnaires par une polémique injurieuse et violente à l'excès, il porte atteinte à leur autorité aux yeux des populations indigènes, et constitue par là un obstacle au rétablissement de la tranquillité publique;

Considérant qu'il n'a été tenu aucun compte de l'avertissement qui a été adressé au gérant du journal;

Sur la proposition du Résident général en Annam et au Tonkin,

ARRÊTE :

Article premier. — La publication du journal «*le Cancrelat libre-penseur*» est interdite.

Art. 2. — Le Résident de France à Haiphong est chargé de l'exécution du présent arrêté.

RHEINART.

VOY : **Moniteur du Protectorat. — Journal officiel. — Annonces judiciaires.**

Prestations. — VOY. : Corvées.

Prêts sur récoltes. — VOY. : Gage, Nantissements.

Primes. — VOY. : Langue annamite. — Bêtes fauves. — Instruction publique.

(1) Nous croyons devoir donner *in-extenso* le texte de cet arrêté, pour établir les droits de l'administration en matière de presse.

Prises.

N° 1. — NOTE CIRCULAIRE *au sujet des prises sur les rebelles.*
10 mars 1886.

Plusieurs fois, à la suite de prises sur les rebelles, le commandant du corps du Tonkin a été prié d'autoriser le partage des sommes représentant la valeur de ces prises, entre les divers éléments des détachements qui avaient fait les captures.

Le Ministre, consulté, a répondu que l'article 219 du décret du 26 octobre 1883 ne s'applique pas aux troupes du corps du Tonkin, et que la valeur des prises doit être versée dans les caisses de l'État.

Du reste, il est à remarquer que cet article ne vise que les *corps de partisans ou un détachement isolé*. Or, au Tonkin, une troupe ne constitue jamais un corps de partisans, et quand elle forme un détachement, elle doit son succès non seulement à sa propre valeur, mais aussi au concours d'une série d'autres détachements qui coopèrent à la même opération, soit en restant sur place, soit en se mouvant dans une zône déterminée.

WARNET.

Proclamations.

Nous avons cru devoir conserver dans ce Recueil, à titre de documents historiques, les proclamations du Résident général Paul Bert à son arrivée au Tonkin, retraçant les grandes lignes de la politique qu'il s'était proposé de suivre.

N° 1. — PROCLAMATION *du Résident général* PAUL BERT *à son arrivée au Tonkin, aux Français de l'Annam et du Tonkin.*
8 avril 1886.

CITOYENS,

Chargé par le Gouvernement de la République française de l'organisation de son Protectorat sur l'Annam et le Tonkin, je fais appel à votre concours pour l'accomplissement de cette œuvre de paix.

Les vertus guerrières de nos soldats ont ouvert à notre commerce et à notre industrie un magnifique champ d'action. C'est à vous qu'il appartient de l'exploiter, pour le plus grand bien de la France et de l'Annam, dont les intérêts sont désormais intimement et indissolublement unis.

La bienveillance du gouvernement royal et l'appui de mon administration sont acquis à vos entreprises.

Je tiendrai à honneur non seulement de vous assurer la sécurité due à tous, mais de vous aider par tous les moyens qu'autorisent la justice et les traités.

A vous de faire, en vous aidant vous-mêmes, que tant de sacrifices consentis par la Patrie portent enfin leurs fruits, et que la France récolte la moisson qu'elle a fécondée de son or et de son sang.

VIVE LA RÉPUBLIQUE!
PAUL BERT.

N° 2. — PROCLAMATION *aux officiers, sous-officiers, soldats et marins du corps expéditionnaire.*
8 avril 1886.

Je vous apporte le salut affectueux et reconnaissant de la Patrie.

Elle a souffert et triomphé avec vous. Votre constance et votre courage, que n'ont pu ébranler, à 4,000 lieues du sol sacré, ni les fatigues, ni les combats, ni la maladie, l'ont émue et enorgueillie. Elle a mis en vous sa confiance, car vous vous êtes montrés, et elle sait que vous vous montrerez à la hauteur de tous les devoirs.

Beaucoup d'entre vous vont revoir la terre maternelle. Ils y recevront l'accueil mérité par leurs vertus. Dans les villages de France comme dans les douars d'Algérie, on attend avec impatience et l'on saluera avec respect ceux qui ont affronté ensemble tant de périls divers, et mêlé fraternellement leur sang sur les champs de bataille.

Ce sang et celui des morts glorieux n'aura pas été versé en vain.

Grâce à tant de sacrifices, la suprématie politique et morale de la France est définitivement établie sur cette terre si disputée. Les traités l'ont consacrée. Vous avez bravement et utilement travaillé pour la fortune et la grandeur de votre pays. Sur ce sol même, un peuple honnête et laborieux vous devra la richesse qui suit la sécurité.

Car vos efforts héroïques ont pacifié ces fertiles contrées. Cette paix, que votre présence assure, je l'emploierai à continuer l'œuvre de réparation et d'organisation commencée par les chefs qui avaient su vous conduire à la victoire.

Comme eux aussi, officiers, sous-officiers, soldats et marins, je me montrerai jaloux de votre honneur et soucieux de votre bien-être. Ma tâche sera facilitée par l'officier général qui est appelé à me seconder, et dont vous avez tous pu apprécier les éminentes qualités. Quant à moi, par ma sollicitude et mon dévouement pour vous, je veux me rendre digne de l'honneur que m'a fait le Gouvernement de la République, — honneur le plus grand que j'aie reçu dans ma vie, — en me donnant le droit de vous parler au nom de la France et de vous dire que vous avez bien mérité d'Elle.

VIVE LA RÉPUBLIQUE!
PAUL BERT.

N° 3. — PROCLAMATION *adressée aux populations tonkinoises.*
8 avril 1886.

Le membre du Hann-linn de France, envoyé extraordinaire et Résident général en Annam, aux populations tonkinoises.

Le gouvernement de la République française m'a choisi pour le représenter et être ici l'interprète de ses volontés.

Depuis longtemps, dans mon pays, je me suis appliqué à connaître et à défendre les intérêts de ce peuple d'Annam si laborieux et si intelligent, et j'ai demandé que le peuple français lui tendît une main amicale.

L'ardent désir qu'en toute occasion j'ai manifesté de le voir prospérer et jouir en paix du fruit de ses riches cultures, a été la cause déterminante de la mission que l'on m'a confiée et que j'ai acceptée avec bonheur, bien que j'aie dû, pour la remplir, abandonner provisoirement mon pays et d'importants travaux scientifiques et législatifs.

Je viens chez vous avec la ferme intention d'examiner sur place la situation du pays, et de m'enquérir de vos besoins.

Des malentendus nous ont divisés; nos relations ont été gravement troublées; au lieu d'échanger paisiblement de la soie, nous avons brutalement échangé du plomb; le sang a coulé et nous nous sommes aperçus que les sentiments d'estime dont nous étions réciproquement animés, s'altéraient dans nos cœurs.

J'ai scrupuleusement étudié les causes de ces divisions regrettables; je veux les faire cesser. Car nos peuples ne sont pas faits pour se combattre, mais pour travailler ensemble, et se compléter l'un par l'autre.

La France est un pays prospère et riche en ressources de toute nature. Si des Français viennent se fixer sur votre territoire, il faut que vous sachiez que ce n'est nullement dans la pensée de s'emparer de vos terres ni de vos récoltes, mais au contraire avec l'intention d'augmenter la richesse générale, en donnant de la plus-value à vos domaines, en facilitant vos exploitations agricoles déjà si habilement conduites, par la création de voies de communications faciles, par la mise en valeur des richesses que recèlent vos mines, et la protection que nous accorderons à vos transactions commerciales avec les peuples étrangers.

Les Français ont pour cela des moyens que les Annamites ne possèdent point encore; ils ont les capitaux, l'outillage, les ingénieurs, et une grande expérience des affaires; ils sont vos frères aînés. De même que les Chinois autrefois ont amélioré votre état social en vous apportant leur civilisation, en vous initiant aux travaux de leurs législateurs, de leurs philosophes et de leurs littérateurs, de même les Français qui viennent aujourd'hui chez vous amélioreront votre situation agricole, industrielle et économique, et élèveront encore votre niveau intellectuel par l'instruction.

Les Français n'ont pas davantage l'intention d'usurper les fonctions publiques; elles seront conférées par mes soins aux plus dignes d'entre vous, en récompense de leur science et de leurs services.

Rien ne sera changé dans vos rites, dans vos usages; vos traditions seront respectées; vous continuerez à être soumis à vos mêmes lois et règlements, et je veillerai scrupuleusement à ce que pas un Tonkinois ne fournisse indûment une journée de corvée, ne paie indûment une sapèque d'impôt.

Les cantons et les villages seront administrés comme autrefois; votre système communal ne sera pas modifié; vous choisirez vous-mêmes vos notables, ils seront spécialement chargés de la répartition de l'impôt et prendront, sous leur responsabilité, dans l'étendue de leur territoire administratif, telles mesures de police qui leur paraîtront utiles pour la sauvegarde de vos biens et de vos personnes.

Pour m'éclairer dans les graves questions d'intérêt général, je réunirai à Hanoi un conseil composé de délégués que vous élirez dans chaque province parmi les notables.

Ils me transmettront les vœux de la population et m'éclaireront sur ses besoins; je m'inspirerai de leurs conseils dans toutes les questions qui l'intéresseront directement, comme celles de création ou d'entretien des voies de communication, exploitation des mines, etc.

Je les tiendrai au courant de mes actes et leur indiquerai les volontés de la France, qu'ils feront ensuite connaître aux habitants.

Je ne puis vous donner une plus grande preuve de ma confiance et de ma sincérité. Les populations m'en sauront gré, et je compte sur leur concours dévoué pour qu'à jamais ce pays du Tonkin, berceau de l'Annam, où tant de dynasties illustres se sont succédé, prospère et grandisse sous le Protectorat définitivement établi de la France.

PAUL BERT.

Promulgation. — VOY. Codes français. — Lois françaises.

Propriété

N° 1. — DÉCISON *réglant les conditions de vente de propriétés appartenant à des Annamites.*

13 janvier 1886

Article premier. — Tout indigène qui consentira à un Européen ou à un Asiatique étranger la vente d'un immeuble bâti ou non bâti devra, avant de passer tous actes translatifs de propriété, faire remise de ses titres, pour en vérifier la validité, à la résidence dans le ressort de laquelle sont situés les immeubles.

Art. 2. — Si le propriétaire de l'immeuble déclare avoir perdu ses titres, il devra faire constater cette allégation par le maire de son village et le huyen qui certifieront, en outre, que le vendeur a régulièrement payé l'impôt foncier depuis quatre années au moins.

Art. 3. — Lorsque l'immeuble sera situé dans les centres urbains, la vente n'en sera autorisée qu'après que le propriétaire aura satisfait aux conditions d'alignement exigées pour les autorisations de construire.

Cette dernière disposition est également applicable aux translations de propriété consenties entre indigènes.

Art. 4. — Le directeur des affaires civiles et politiques est chargé de l'exécution de la présente décision.

COURCY.

N° 2. — LETTRE *du Résident général au Résident supérieur, au sujet des actes de vente de terrains*

3 mai 1886

Je suis informé qu'un certain nombre d'irrégularités auraient été commises dans les actes de vente de terrains qui appartiendraient aux communes ou à l'État, et dont quelques particuliers auraient disposé.

Sans revenir actuellement sur les faits et réservant entièrement l'examen des litiges qui seraient portés à notre connaissance, je vous prie de vouloir bien faire connaître à MM. les Résidents que tous les actes de vente qui seraient désormais soumis à la formalité de l'enregistrement à la chancellerie de chaque résidence devront porter la mention suivante : .

« Enregistré pour ordre et pour date certaine, toutes réserves « faites au sujet de l'exactitude des déclarations des vendeurs, « des droits des tiers, des communes et de l'état, et de la vali- « dité de l'acte ».

PAUL BERT.

N° 3. — ARRÊTÉ *instituant dans chaque résidence une commission pour l'examen des titres de propriété.*

19 août 1886.

Article premier. — Les Européens ou assimilés prétendant à la propriété d'immeubles, qui voudront se mettre à l'abri de toute revendication ultérieure de la part de l'administration du Protectorat devront, dans le délai de deux mois après la publication du présent arrêté, soumettre leurs titres à l'examen d'une commission administrative instituée dans chaque résidence.

Art. 2. — Chaque commission est composée ainsi qu'il suit :

1. Le Résident, ou si le Résident est chargé des fonctions judiciaires, un vice-résident étranger à ces fonctions, président.

2. Deux membres européens. A Hanoi, l'un de ces membres est le vice-président de la commission consultative, l'autre est désigné par la dite commission ; à Haiphong, les deux membres sont désignés par la comm ssion consultative. Dans les autres chefs-lieux de résidence, ils sont désignés par le Résident général.

3 Le tong-doc, le bo-chanh (quan-bo) l'an-sat de la province.

Art. 3. — La commission délibère et se prononce à la majorité des voix, sur la validité des titres qui lui sont soumis.

En cas de partage, la voie du président est prépondérante.

Art. 4. — Si la commission constate la régularité de l'acte d'acquisition, mention en est faite par son président sur le titre même de propriété.

Les titres, avec la mention qu'ils portent, devront être enregistrés de nouveau et gratuitement à la chancellerie de la résidence.

Art. 5. — La validité des titres ainsi reconnus réguliers ne pourra plus être contestée ni par l'administration du Protectorat, ni par les représentants du gouvernement annamite et des communes.

Art. 6. — Dans le cas où la commission n'admettrait pas la validité du titre, elle pourra, dans son rapport, appeler l'attention de l'administration sur les conditions dans lesquelles a été faite l'acquisition, ou sur la plus-value que les travaux exécutés par le détenteur auraient donnée à la propriété.

Art. 7. — Le Résident supérieur au Tonkin est chargé de l'exécution du présent arrêté.

PAUL BERT.

N° 4. — ARRÊTÉ *limitant au 15 juin 1887 le fonctionnement des commissions d'examen des titres de propriété des Européens ou assimilés.*

17 mai 1887

Article premier. — Les commissions chargées d'examiner la valeur des titres de propriété des Européens et assimilés, nommées par arrêté en date du 19 août 1886, devront avoir terminé leurs opérations à la date du 15 juin 1887.

Art. 2. — Les demandes adressées à cet effet auxdites commissions après l'expiration du délai sus-mentionné, ne seront plus recevables.

G. BIHOURD.

N° 5. — ORDONNANCE *royale accordant aux citoyens et protégés français le droit de posséder en Annam et au Tonkin.*

3 octobre 1888

Article premier. — Les citoyens et protégés français qui acquéreront des biens sur les territoires du Tonkin et des ports ouverts de l'Annam, en auront, par le seul fait de l'acquisition régulière, l'entière propriété dans les conditions prévues par la loi française. Les acquisitions faites en vertu de cette ordonnance seront, en outre, soumises aux règles spéciales que croira devoir tracer M. le Gouverneur général de l'Indo-Chine, auquel nous déléguons tous nos droits.

Art. 2. — Les citoyens et protégés français qui ont acquis antérieurement à la présente ordonnance des propriétés sous le régime de la loi annamite devront, pour faire jouir leurs biens des avantages de la loi française, se conformer aux prescriptions que tracera M. le Gouverneur général de l'Indo-Chine, auquel nous déléguons spécialement pour cela tous les droits que nous conféraient sur ces biens les lois et coutumes de Notre Royaume, notamment en ce qui concerne l'expropriation.

ART. 3. — Nous concédons, en outre, par la présente ordonnance, le droit aux citoyens et protégés français, d'acquérir des terrains en Annam, mais nous nous réservons d'accorder ces concessions suivant les conditions édictées par la loi annamite.

La présente ordonnance est rendue exécutoire.

RICHAUD.

N° 6. — RAPPORT *de M. le Résident général* p. i. *à M. le Gouverneur général, au sujet des terrains possédés par les Français en Annam et au Tonkin.*

4 octobre 1888.

Dès votre arrivée au Tonkin, vous vous êtes préoccupé de mettre un terme à l'état de confusion, d'incertitude et de précarité qui caractérise l'état de la propriété européenne dans ce pays.

Les citoyens et protégés français ont, en effet, d'après les traités, le droit d'acquérir au Tonkin et dans les ports ouverts de l'Annam; mais ces acquisitions ne peuvent être faites qu'à la suite de transactions avec des sujets Annamites, lesquels, en droit, ne possèdent pas le sol, et n'ont qu'une sorte d'usufruit perpétuel, jusqu'au jour où l'État se trouve avoir besoin de leur propriété. Ce jour-là, ils sont expropriés purement et simplement, sans que la loi prévoie même une indemnité à leur allouer. Dans la pratique, cependant ils sont indemnisés, mais suivant l'appréciation des agents du Roi, et par des sommes insignifiantes.

L'indigène, en vendant sa propriété à un de nos compatriotes, ne peut donc lui céder autre chose que ce qu'il possède, c'est-à-dire cette espèce d'usufruit dont je viens de parler; si bien que ce dernier, après avoir acquis un terrain de ses deniers et suivant les termes du traité, ne peut se dire aujourd'hui propriétaire foncier du sol, dans les conditions de la loi française.

Quoiqu'il en soit, on voit que sous ce régime, la propriété est essentiellement précaire, et que le droit d'acquérir conféré à nos nationaux et protégés par le traité, n'est pas entier et a besoin, pour produire tout son effet, d'être complété par une disposition additionnelle consacrant l'abandon de la part du Roi d'Annam de tous ses droits fonciers.

Est-il besoin de dire que cette précarité dans la possession trouble nos nationaux et est un des plus grands obstacles au développement de leurs entreprises.

Cet état de choses, essentiellement fâcheux pour le propriétaire, qui ne sait trop sous quel régime il est placé, et pour l'administration, qui est exposée, en l'absence d'une réglementation suffisamment précise, à des revendications excessives, fait depuis longtemps, Monsieur le Gouverneur général, l'objet de vos préocupations, et il entrait dans vos projets de profiter de la première occasion pour le faire cesser.

Cette occasion vient de se présenter; profitant de votre séjour à Hué, vous avez obtenu de S. M. l'Empereur la renonciation à tous les droits fonciers qu'il pouvait avoir sur tous les biens qui ont été et qui seront acquis dans l'avenir au Tonkin et dans les ports ouverts, par les citoyens et protégés français; vous avez en outre obtenu l'érection en concessions françaises des territoires des villes de Hanoi, de Haiphong et de Tourane, et des terrains qui les environnent, et vous avez ouvert la voie à ceux de nos nationaux qui voudront s'établir en Annam, en dehors des ports ouverts.

Nos nationaux vont donc pouvoir acquérir réellement par le fait de la promulgation de ces ordonnances, et verront leurs propriétés définitivement assurées.

Il restait à régler une question très importante, celle du règlement des indemnités qui pourraient être dûes aux propriétaires expropriés jusqu'à ce jour en vertu de la législation existante. Sur ce point, vous vous êtes fait céder tous les droits que possède le Roi d'Annam et vous m'avez invité à préparer un arrêté décidant que les droits de nos nationaux resteraient pleins et entiers, tels qu'ils étaient au moment de la promulgation de ces ordonnances, et que l'indemnité à leur allouer resterait réglée par l'ordonnance royale du 10 juin 1886 et l'arrêté du 22 du même mois.

En procédant ainsi nous réservons donc tous les droits de nos nationaux, tels qu'ils existent en ce moment; je reconnais que sur ce point nous ne leur en créons pas de nouveaux, mais nous ne pouvions aller au-delà sans léser les intérêts du Protectorat, dont nous avons charge; à l'avenir, au contraire, les expropriations seront faites d'après la loi française.

L'arrêté suivant que je soumets à votre signature consacre les principes que je viens de développer et pose les règles d'ordre général qu'il convient de fixer pour assurer l'exécution des nouvelles ordonnances du Roi, conformément aux pouvoirs qu'il vous a délégués.

Les trois premiers acticles ont pour but de donner à la propriété française tous les bénéfices et toutes les garanties de la loi française, et dans ce but, déterminent le mode et la procédure à suivre pour la transformation des anciens titres en titres français.

L'article 4 règle les conditions d'expropriation des parcelles de terrains qui ont déjà été affectées aux édifices publics, de celles qui ont été expropriées pour l'ouverture de rues dans les villes de Haiphong et de Hanoi ou qui le seront dans un délai de trois mois, en vertu de délibérations des Conseils municipaux de ces villes; il consacre pour ces expropriations l'application des règles posées par l'ordonnance royale du 22 juin 1886 et l'arrêté du Résident général du 22 du même mois.

L'art. 6 établit qu'à l'avenir, au contraire, les expropriations ne se feront, pour les terrains soumis à la loi française, que conformément à la législation métropolitaine.

Enfin, pour éviter tout malentendu, l'art. 7 stipule que les futures acquisitions par nos nationaux ne jouiront du bénéfice de la loi française qu'à partir de la date de l'enregistrement en chancellerie.

Je ne doute pas, Monsieur le Gouverneur général, que ces mesures ne soient considérées par la population française du pays comme un grand bienfait et comme une nouvelle preuve de la haute sollicitude dont vous l'entourez; elles marqueront certainement une nouvelle étape dans la voie de la prospérité et du développement de la colonisation.

E. PARREAU.

N° 7. — ARRÊTÉ *concernant les propriétés possédées par les Français en Annam et au Tonkin.*

4 octobre 1888

Article premier. — Les citoyens ou protégés français qui ont acquis des biens au Tonkin ou dans les ports ouverts de l'Annam antérieurement au présent arrêté devront, pour être admis à faire jouir ces biens du bénéfice de la loi française, présenter leurs titres dans un délai de trois mois au résident de leur province.

Art. 2. — Ces titres resteront déposés à la résidence pendant trois mois; des copies en seront affichées aux frais du propriétaire à la porte de la résidence et de la maison commune du village où se trouve située la propriété.

Après ce temps, si aucune réclamation ne se produit, les titres seront échangés contre un titre français qui conférera à la propriété tous les bénéfices et toutes les garanties de la loi française.

En cas de contestation, les tribunaux statueront, et sur le vu du jugement, le titre sera délivré.

Les titres de propriété français reproduiront purement et simplement les conditions dans lesquelles la propriété a été achetée, mais l'administration ne saurait être recherchée, en aucun cas, pour la délivrance et la valeur de ces titres

Art. 3. — Les propriétaires dont les titres ont déjà été revisés par les commissions instituées par l'arrêté du 22 juin 1885 ne seront pas astreints à les déposer pendant trois mois comme il est dit ci-dessus; ils recevront immédiatement un titre définitif.

Art. 4. — Les parcelles de terrains qui ont été déjà expropriées pour l'édification de bâtiments affectés aux services publics, celles qui ont été déjà expropriées pour l'ouverture de rues dans les villes de Haiphong et de Hanoi, et celles qui seront expropriées dans le même but dans un délai de trois mois, sur la demande des conseils municipaux et en vertu de délibérations de ces assemblées, resteront soumises, quant aux règles et au règlement des indemnités, aux prescriptions de l'ordonnance royale du 10 juin 1886 et de l'arrêté du Résident général du 22 juin de la même année. Le délai de trois mois courra de la date de ces délibérations.

Art. 5. — Les propriétaires dont une parcelle de terrain a été distraite, avant la date du présent arrêté, pour causes d'utilité publique ne pourront échanger le titre que lorsque le règlement de l'indemnité qui leur est dûe aura été terminé, ou lorsqu'ils auront déclaré renoncer à toute indemnité.

Art 6 — A l'avenir, les expropriations de terrains soumis à la loi française, le seront suivant la législation métropolitaine, sauf les exceptions prévues à l'article 4 ci-dessus.

Art. 7. — Les citoyens ou protégés français qui acquéreront des propriétés de sujets annamites, devront les faire enregistrer en chancellerie et échanger le titre indigène contre un titre français.

La propriété ne jouira du bénéfice de la loi française qu'à compter de la date de l'enregistrement en chancellerie.

Art 8- — Le Resident général en Annam et au Tonkin est chargé de l'exécution du présent arrêté.

RICHAUD.

No 8. — ARRÊTÉ *prorogeant le délai pour le dépôt en chancellerie des titres de propriété à soumettre à la loi française.*

1er février 1889.

Article premier. — Le délai fixé par l'arrêté du 3 octobre 1888, pour le dépôt en chancellerie des titres de propriété des citoyens ou protégés français qui désirent obtenir en échange des titres conferant à leurs biens les bénéfices de la loi française, est prorogé jusqu'au 1er mai 1889.

Art. 2. — Les demandes de dépôt à cet effet, après l'expiration du delai sus-mentionné, ne seront plus recevables.

Art. 3. — Le Resident général en Annam et au Tonkin est chargé de l'exécution du présent arrêté.

No 9. — ARRÊTÉ *modifiant celui du 24 mai 1889, relatif aux terrains compris dans la concession française de Tourane.*

1er octobre 1889.

Article premier. — L'article 4 de l'arrêté du 24 mai dernier, est modifié ainsi qu'il suit;

Art. 4. — Les personnes locataires du sol, ou ayant déjà fait édifier des constructions en briques sur les terrains par eux détenus, pourront devenir propriétaires de ce sol en payant la moitié du prix seulement des mises à prix ci-dessus.

Celles qui pourront prouver qu'elles ont acheté ces terrains en bonne et due forme, à de véritables propriétaires au titre annamite, seront, après examen de leurs titres, sans qu'il y ait lieu à nouvel achat ou à aucun nouveau paiement de prix de leur part, maintenus dans leurs droits.

Les parcelles de terrain qui ne seront pas indiquées d'une façon formelle au *Bô* pourront cependant leur être reprises; toutefois si elles ont edifié, sur ces parcelles des constructions en briques, il leur sera loisible de se rendre propriétaires des dites surfaces, dans les conditions de prix prévues au premier paragraphe.

Le delai après lequel l'administration aura le droit de mettre en demeure les locataires du sol, ou ceux y ayant édifié des constructions en briques de s'en rendre propriétaires, sous peine d'expulsion, moyennant paiement par elle des dites constructions, à dire d'expert, est prorogé jusqu'au 1er janvier 1890.

Art. 2. — Le Résident supérieur de France en Annam, est chargé de l'exécution du présent arrêté, qui sera engistré et publié partout où besoin sera.

PIQUET.

VOY. : **Acquéreurs, acquisitions.**

Propriétés du Protectorat. — VOY. : **Domaine public.**

Prostitution.

No 1. — ARRÊTÉ *soumettant à la surveillance administrative les femmes qui se livrent à la prostitution à Haiphong.*

28 avril 1886

Article premier. — Le commissaire de police est chargé, pour la ville de Haiphong, de la surveillance des femmes qui se livrent à la prostitution, et des maisons dans lesquelles elles sont entretenues.

Il est assisté d'un agent des mœurs.

Art. 2. — Toute femme qui se livre à la prostitution doit en faire préalablement la déclaration au commissaire de police.

Elle est inscrite sur un registre spécial, et une carte sanitaire lui est délivrée.

Art. 3. — Toute femme qui aura négligé de faire cette déclaration à la police et qui se livre habituellement à la prostitution clandestine, sera arrêtée et consignée au violon jusqu'au moment de la visite médicale.

Elle sera alors inscrite d'office et assujettie à toutes les obligations imposées aux filles soumises.

Art. 4. — Les filles soumises, munies d'une carte de santé délivrée par le commissaire de police, devront la présenter à toute réquisiiton du commissaire et des agents de police.

Art. 5. — Toute fille publique qui, quoique munie de sa carte, n'aura pas de domicile certain, sera considérée comme en état de vagabondage et punie de huit jours de prison.

Art. 6. Les femmes qui seront dénoncées, soit par des personnes à qui elles auraient communiqué une maladie vénérienne, soit par le médecin des troupes pour une déclaration analogue faite par des militaires, pourront être arrêtées et consignées au violon si, après une surveillance rigoureuse, le commissaire de police finit par acquérir la certitude qu'elles se livrent notoirement à la prostution.

Art. 7. — Les filles soumises pourront obtenir le retrait de leur carte, à la condition de justifier devant le commissaire de police qu'elles ont cessé de se livrer à la prostitution et qu'elles sont en mesure de pourvoir à leurs besoins.

Art. 8. — Aucune maison de tolérance ne pourra être ouverte à Haiphong sans l'autorisation du Résident supérieur

Cette autorisation sera donnée sur l'avis du Résident.

Toute maison non autorisée sera fermée immédiatement.

Aucune femme ne sera admise dans les maisons de tolérance sans avoir été préalablement soumise à une visite médicale et inscrite à la police.

Art. 9. — Il est interdit aux maitresses de ces maisons, aussi bien qu'aux filles soumises vivant isolément, de tenir leurs établissements ostensiblement ouverts après minuit.

Art. 10. — Les filles de maisons de tolérance et les filles soumises vivant isolément devront se présenter chaque semaine à la visite d'un médecin désigné à cet effet.

Art. 11. — Les filles reconnues malsaines seront immédiatement envoyées au dispensaire, et y seront traitées jusqu'à complète guérison.

Art. 12 — Toutes les infractions au présent règlement seront punies disciplinairement par le Résident supérieur, sur la proposition du résident, et sur l'avis du commissaire de police.

Art. 13. — Le Résident supérieur au Tonkin est chargé d'assurer l'exécution du présent arrêté.

PAUL BERT.

VOY. : **Police.**

Protectorat. — VOY. : **Organisation administrative. — Conseil supérieur. — Domaine public.**

Protocole.

No 1. — DÉCISION *supprimant le protocole final dans toutes les relations officielles écrites, pour les chefs de service, officiers ou fonctionnaires de tout genre au Tonkin.*

6 août 1883.

A l'avenir, dans toutes leurs relations officielles écrites, rapports, documents, demandes ou réponses, etc, les chefs de service, officiers ou fonctionnaires de tout grade au Tonkin, supprimeront entièrement toute formule de politesse ou protocole final et adopteront le modèle suivant :

Date

M. (titre, grade ou fonction)

à M. (titre, grade ou fonction)

Monsieur le (titre)

ou Mon (grade)

. . . .

HARMAND.

N° 2. — DÉCISION *supprimant le protocole final dans toutes les relations officielles écrites, entre les fonctionnaires des différents services du Protectorat.*
10 avril 1886.

A l'avenir, toutes les correspondances administratives adressées à la Résidence générale et aux Résidences supérieures, ou échangées entre les différents services du Protectorat, devront avoir l'en-tête suivant :

M. (titre du fonctionnaire)

à M. (titre du fonctionnaire), *à*

Les formules de salutation sont supprimées.
Les dépêches destinées à M. le Président du conseil, Ministre des affaires étrangères, et rédigées dans les services, seront libellées ainsi qu'il suit :

Le Résident général de la République française en Annam et au Tonkin, membre de l'Institut, à M. le président du Conseil, Ministre des affaires étrangères.

Monsieur le Ministre,

. . . .

Veuillez agréer, Monsieur le Ministre, l'assurance de ma respectueuse considération.

PAUL BERT.

VOY. : Correspondance administrative.

Provinces. — Organisation administrative.

R

Rapatriements.

N° 1. — CIRCULAIRE *sur les rapatriements.*
22 octobre 1888

J'ai l'honneur de vous informer qu'en exécution des prescriptions de M. le Gouverneur général, je dois lui télégraphier trente jours après le départ de France pour le Tonkin de chaque transport ou affrété, le nombre de places nécessaires pour les rapatriables de l'Annam et du Tonkin.

Je vous serai donc obligé de m'adresser à l'avenir, l'état des places que vous pensez devoir vous être nécessaires (en tenant compte des fonctionnaires hospitalisés et devant passer devant le conseil de santé) assez tôt pour que je puisse le lui transmettre en temps convenable.

Le premier départ du nouveau service des transports ayant eu lieu le 1er août et le deuxième le 10 septembre, les autres suivront aux dates des 20 octobre, 1er décembre, 10 janvier, etc., et ainsi de suite de quarante jours en quarante jours. Ce sera donc vingt-cinq jours après ces dates que je vous prie de m'envoyer l'état dont il est question.

Ces prescriptions vous sont adressées à la suite de demandes trop tardives, parvenues après que l'état de répartition avait déjà été adressé au Gouverneur général, et par conséquent auxquelles il n'a pu être donné suite.

E. PARREAU.

N° 2. — CIRCULAIRE *au sujet des rapatriements des indigents.*
17 octobre 1888.

Afin de me permettre d'établir d'une façon régulière les listes et ordres d'embarquement des indigents ou autres, qui sollicitent auprès de vous leur rapatriement, j'ai l'honneur de vous prier de vouloir bien, à l'avenir, en me transmettant ces demandes, me faire connaître la durée exacte du séjour des pétitionnaires dans la colonie, conformément aux dispositions de la circulaire du 6 juin 1872, *Bulletin officiel,* p. 632.

E. PARREAU.

Voy. : congés.

Rapports administratifs. — VOY : Organisation administrative. — Topographie.

Rapports politiques

N° 1. — CIRCULAIRE *demandant un rapport politique de quinzaine.*
6 août 1888.

J'ai l'honneur de vous prier de vouloir bien faire établir, en fin de chaque quinzaine, un rapport sur la situation politique de votre province.

Vous voudrez bien y mentionner, par ordre de date, tous les actes de piraterie qui auront été commis, avec indication sommaire du village où les faits se seront passés, du nombre présumé des pirates et des mesures prises par vous ; cela ne devra pas vous dispenser de me prévenir télégraphiquement de tout acte de rébellion ou piraterie.

Je vous serai obligé de vouloir bien donner des ordres pour que ces rapports me soient adressés régulièrement tous les quinze jours, sous le timbre « Cabinet ».

E. PARREAU.

Rations.

N° 1. — ARRÊTÉ *fixant la composition des rations de vivres.*
20 juin 1889

Article premier. — Les diverses rations de vivres en Annam et au Tonkin seront composées conformément au tableau ci-dessous :

DÉSIGNATION des DENRÉES	Ration de la 1re catégorie (officiers)	Ration de la 2e catégorie troupes européennes en station	Ration de la 3e catégorie troupes indigènes tirailleurs annamites	Ration de la 4e catégorie tirailleurs indigènes chasseurs annamites et coolies	OBSERVATIONS
Pain	0k.750	0k.750	»	»	
ou Biscuit	0.550	0.550	»	»	
Viande fraîche	0.300	0.300	0.300	»	
ou Lard salé	0.225	0.225	0.225	»	
ou Porc frais	0.400	0.400	0.350	»	(A) Cette ration de riz ne sera délivrée qu'après épuisement de l'approvisionnement des haricots et des lentilles.
ou Conserve de bœuf	0.200	0.200	0.200	»	
Riz	»	(A) 0.180	0.800	0.800	
Café	0.024	0.024	»	»	
Sucre	0.025	0.025	»	»	
Sel	»	0.024	0.024	0.024	
Vin	0 lit.43	0.43	»	»	(B) Cette allocation ne devra être employée que pour l'amélioration de l'ordinaire.
Argent pour légumes verts	»	(B) 0 fr. 06	»	»	
Bois à brûler	»	1 k.200	»	»	
Acidulage et suppléments					
Tafia (C)	»	lit. 0 025	»	»	(C) Le tafia ne sera sous aucun prétexte détourné de cette destination spéciale.
Thé	»	0 k.004	0.005	»	
Sucre	»	0 010	»	»	

Art. 2. — Toutefois, les quantités de haricots ou de lentilles et de riz fixées par le tarif du 15 janvier 1889, et entrant dans l'ancienne composition de la ration de troupes européennes, conti-

nueront d'être délivrées à ces troupes, jusqu'à complet épuisement de l'approvisionnementdes deux premières de ces denrées.

Art. 3. — Il ne sera désormais délivré aux troupes, d'alcool de quinquina que sur l'avis du médecin en chef de la marine, chef du service de santé, concluant à la nécessité de cette délivrance.

Art. 4. — Le général commandant en chef les troupes de l'Indo-Chine, le Chef des services administratifs et le chef du service de santé sont chargés, chacun en ce qui le concerne, de l'exécution du présent arrêté, qui sera applicable à partir du 1er juillet prochain.

PIQUET.

Rébellion.

N° 1. — PROCLAMATION *au peuple du Tonkin au sujet de la soumission des rebelles.*

26 février 1886.

Mandarins, notables et hommes du peuple du Tonkin,

La France et le grand empire de l'Annam sont aujourd'hui unis à jamais par les liens de la plus étroite et la plus sincère amitié.

Nous confondons donc tous les enfants de ce noble pays dans une même sollicitude et une même affection, et nous n'avons d'autre pensée que d'écarter, pour le présent et pour l'avenir, toutes les calamités qui les accablent depuis si longtemps.

Nous savons que le cœur de S. M. le très-haut et très-généreux Empereur d'Annam a saigné et saigne encore de tous les maux qui ont affligé son peuple et qui ont été causés par ses propres enfants. Sa Majesté n'a qu'un désir : clore, au plus tôt la période néfaste des dissensions civiles et d'amener une ère de paix et de prospérité, comme au temps de son ancêtre vénéré, le grand empereur Gia-long.

Partageant ces sentiments de grandeur et de magnanimité; n'ayant en vue que l'union de tous les cœurs et le bonheur de tous; prenant en pitié les transes des malheureux qui ont en une heure d'égarement ; nous conformant d'ailleurs aux traditions de générosité de la grande nation dont nous sommes le représentant, et voulant que l'année qui finit emporte irrévocablement avec elle tous les douloureux souvenirs du passé, après en avoir délibéré avec la noble cour et d'accord avec elle,

Décidons ce qui suit :

Toutes les demandes de soumission seront acceptées par les résidents et les gouverneurs des provinces pendant deux mois, dans toute l'étendue du territoire du Tonkin. Le délai courra du 1er du 2e mois de cette année au 1er du 4e mois.

Tous ceux qui se présenteront dans cet intervalle auront la vie sauve et leur personne sera respectée.

Passé le 1er du 4e mois, tous les coupables qui ne se seront pas présentés seront traqués partout où ils se trouvent, et il n'y aura plus aucun pardon; leurs biens seront confisqués.

Tous ceux qui possèdent des armes, à quelque titre que c soit, devront les livrer.

Tous ceux qui ont un commandement dans les bandes seront simplement frappés d'une amende proportionnée à leur grade, à moins qu'ils ne donnent des gages certains de leur repentir en livrant, dans le dernier mois, c'est-à-dire du 1er du 3e mois au 1er du 4e, un autre chef de pirates.

WARNET.

N° 2. — CIRCULAIRE *sur les mesures à prendre pour la répression des faits de rébellion.*

11 février 1889.

Mon attention a été appelée sur le meilleur mode qu'il conviendrait d'adopter pour assurer, judiciairement, la répression des faits se rattachant à la rébellion

J'ai pensé que le Gouvernement royal et le Protectorat, ayant chacun un intérêt égal au maintien de l'ordre, il était de toute logique que leurs représentants eussent mission de juger en commun, les faits qui y auront porté atteinte.

Je priai dès lors LL. EE. MM. les Membres du Conseil secret de vouloir bien examiner s'il ne conviendrait pas d'instituer, dans chaque province, un tribunal mixte composé du résident, représentant du Protectorat, et du Quan-an, représentant du Gouvernement royal.

Ce tribunal aurait à connaître de tous les faits de rébellion ou de complicité de rébellion, même jusqu'à nouvel ordre de ceux de la même catégorie commis par des miliciens ou gardes civils.

L'accord s'est rapidement établi entre le conseil secret et moi sur la question de principe, et sur la légitimité des motifs qui justifiaient l'installation de cette juridiction exceptionnelle.

S. M. le Roi à bien voulu, sur rapport conforme du Comat, rendre à la date du 17 janvier, un édit approuvant la proposition et ordonnant qu'il y fut donné suite par les autorités provinciales sur toute l'étendue du territoire.

J'estime en conséquence, qu'il convient de poursuivre, dès à présent, la mise à exécution du projet. Vous voudrez bien vous entendre avec les autorités indigènes de votre province pour procéder de concert avec elles à l'installation de ce tribunal, dans lequel vous êtes appelé à siéger au nom du Protectorat, et qui devra fonctionner dès que l'occasion se présentera pour lui, de juger des faits de la catégorie ci-dessus indiquée.

RHEINART.

VOY. : Tribunaux mixtes.

Rebuts (Bureau des). — VOY. : Postes.

Récidivistes, Récidive.

N° 1. — DÉCISION *promulguant dans toute l'étendue de l'Annam et du Tonkin la loi du 27 mai 1885, sur les récidivistes.*

1er septembre 1885.

Article premier. — Est promulguée dans toute l'étendue de l'Annam et du Tonkin la loi du 27 mai 1885 sur les récidivistes.

Art. 2. — Le Directeur des affaires civiles et politiques est chargé de l'exécution de la présente décision.

P. O. Le Chef d'état-major,
WARNET.

LOI *sur les récidivistes*

27 mai 1885.

Article premier. — La relégation consistera dans l'internement perpétuel, sur le territoire de colonies ou possessions françaises, des condamnés que la présente loi a pour objet d'éloigner de France.

Seront déterminés, par décrets rendus en forme de règlement d'administration publique, les lieux dans lesquels pourra s'effectuer la relégation, les mesures d'ordre et de surveillance auxquelles les relégués pourront être soumis par nécessité de sécurité publique, et les conditions dans lesquelles il sera pourvu à leur subsistance, avec obligation du travail à défaut de moyens d'existence dûment constatés.

Art. 2. — La relégation ne sera prononcée que par les cours et tribunaux ordinaires, comme conséquence des condamnations encourues devant eux, à l'exclusion de toutes juridictions spéciales et exceptionnelles.

Ces cours et tribunaux pourront toutefois tenir compte des condamnations prononcées par les tribunaux militaires et maritimes en dehors de l'état de siège ou de guerre, pour les crimes ou délits de droit commun spécifiés à la présente loi.

Art. 3. — Les condamnations pour crimes ou délits politiques, ou pour crimes ou délits qui leur sont connexes ne seront, en aucun cas, comptées pour la relégation.

Art. 4. — Seront relégués les récidivistes qui, dans quelque ordre que ce soit et dans un intervalle de dix ans, non compris la durée de toute peine subie, auront encouru les condamnations énumérées à l'un des paragraphes suivants :

1° Deux condamnations aux travaux forcés ou à la réclusion, sans qu'il soit dérogé aux dispositions des paragraphes 1 et 2 de l'article 6 de la loi du 30 mai 1854.

2° Une des condamnations énoncées au paragraphe précé dent et deux condamnations, soit à l'emprisonnement pour faits qualifiés crimes, soit à plus de trois mois d'emprisonnemen pour :

Vol ;

Escroquerie ;

Abus de confiance ;

Outrage public à la pudeur ;

Excitation habituelle des mineurs à la débauche ;

Vagabondage ou mendicité, par application des articles 277 et 279 du code pénal.

3° Quatre condamnations soit à l'emprisonnement pour faits qualifiés crimes, soit à plus de trois mois d'emprisonnement pour les délits spécifiés au paragraphe 2 ci-dessus.

4° Sept condamnations, dont deux ou moins prévues par les deux paragraphes précédents, et les autres, soit pour vagabondage, soit pour infraction à l'interdiction de résidence signifiée par application de l'article 19 de la présente loi, à la condition que deux de ces autres condamnations soient à plus de trois mois d'emprisonnement.

Sont considérés comme gens sans aveu et seront punis des peines édictées contre le vagabondage, tous individus qui, soit qu'ils aient ou non un domicile certain, ne tirent habituellement leur subsistance que du fait de pratiquer ou faciliter sur la voie publique l'exercice de jeux illicites ou la prostitution d'autrui sur la voie publique

Art. 5. — Les condamnations qui auront fait l'objet de grâce, commutation ou réduction de peine, seront néanmoins comptées en vue de la relégation. Ne le seront pas celles qui auront été effacées par la réhabilitation.

Art. 6. — La relégation n'est pas applicable aux individus qui seront âgés de plus de soixante ans ou de moins de vingt-et-un ans à l'expiration de leur peine.

Toutefois, les condamnations encourues par le mineur de 21 ans compteront en vue de la relégation, s'il est, après avoir atteint cet âge, de nouveau condamné dans les conditions prévues par la présente loi.

Art. 7. — Les condamnés qui auront encouru la relégation resteront soumis à toutes les obligations qui pourraient leur incomber en vertu des lois sur le recrutement de l'armée.

Un règlement d'administration publique déterminera dans quelles conditions ils accompliront ces obligations.

Art 8. — Celui qui aurait encouru la relegation par application de l'article 4 de la présente loi, s'il n'avait pas dépassé soixante ans, sera, après l'expiration de sa peine, soumis à perpétuité à l'interdiction de séjour édictée par l'article 19 ci-dessous.

S'il est mineur de 21 ans, il sera, après l'expiration de sa peine, retenu dans une maison de correction jusqu'à sa majorité.

Art. 9. — Les condamnations encourues antérieurement à la promulgation de la présente loi seront comptées en vue de la relégation, conformément aux précédentes dispositions. Néanmoins, tout individu qui aura encouru avant cette époque des condamnations pouvant entraîner dès maintenant la relegation, n'y sera soumis qu'en cas de condamnation nouvelle dans les conditions ci-dessus prescrites

Art. 10. — Le jugement ou l'arrêt prononcera la relégation en même temps que la peine principale, il visera expressément les condamnations antérieures par suite desquelles elle sera applicable.

Art. 11. — Lorsqu'une poursuite devant un tribunal correctionnel sera de nature à entraîner l'application de la relégation, il ne pourra jamais être procédé dans les formes édictées par la loi du 20 mai 1863 sur les flagrants délits.

Un défenseur sera nommé d'office au prévenu, à peine de nullité

Art. 12. — La relégation ne sera appliquée qu'à l'expiration de la dernière peine à subir par le condamné. Toutefois, faculté est laissée au Gouvernement de devancer cette époque pour opérer le transfèrement du relégué.

Il pourra également lui faire subir tout ou partie de la dernière peine dans un pénitencier.

Ces pénitenciers pourront servir de dépôt pour les libérés qui y seront maintenus jusqu'au plus prochain départ pour le lieu de relégation.

Art. 13. — Le relégué pourra momentanément sortir du territoire de relégation, en vertu d'une autorisation spéciale de l'autorité supérieure locale.

Le ministre seul pourra donner cette autorisation pour plus de six mois ou la réitérer.

Il pourra seul aussi autoriser, à titre exceptionnel et pour six mois au plus, le relégué à rentrer en France.

Art. 14. — Le relégué qui, à partir de l'expiration de sa peine, se sera rendu coupable d'évasion ou de tentative d'évasion, celui qui, sans autorisation, sera rentré en France ou aura quitté le territoire de relégation, celui qui aura outre passé le temps fixé par l'autorisation, sera traduit devant le tribunal correctionnel du lieu de son arrestation ou devant celui du lieu de relégation et, après connaissance de son identité, sera puni d'un emprisonnement de deux ans au plus.

En cas de récidive, cette peine pourra être portée à cinq ans.

Elle sera subie sur le territoire des lieux de relégation

Art. 15. — En cas de grâce, le condamné à la relégation ne pourra en être dispensé que par disposition spéciale des lettres de grâce.

Cette dispense par voie de grâce pourra d'ailleurs intervenir après l'expiration de la peine principale.

Art. 16. — Le relégué pourra à partir de la sixième année de sa libération, introduire devant le tribunal de la localité une demande tendant à se faire relever de la rélegation, en justifiant de sa bonne conduite, des services rendus à la colonisation, et de moyens d'existence.

Les formes et conditions de cette demande seront déterminées par le règlement d'administration publique prévu par l'art. 18 ci-après.

Art. 17. — Le gouvernement pourra accorder aux relegués l'exercice, sur les territoires de relégation, de tout ou partie des droits civils dont ils auraient été privés par l'effet des condamnations encourues.

Art. 18. — Des règlements d'administration publique détermineront :

Les conditions dans lesquelles les relégués accompliront les obligations militaires auxquelles ils pourraient être soumis par les lois sur le recrutement de l'armee.

L'organisation des penitenciers mentionnés en l'art. 12.

Les conditions dans lesquelles le condamné pourra être dispensé provisoirement ou définitivement de la relégation pour cause d'infirmité ou de maladie, les mesures d'aide et d'assistance en faveur des relégués ou de leur famille, les conditions auxquelles des concessions de terrain, provisoires ou définitives, pourront leur être accordées les avances à faire, s'il y a lieu, pour premier établissement, le mode de remboursement de ces avances, l'étendue des droits de l'époux survivant, des héritiers ou des tiers intéressés sur les terrains concédés et les facilités qui pourraient être données à la famille des relégués pour les rejoindre.

Les conditions des engagements de travail à exiger des relégués ;

Le régime et la discipline des établissements ou chantiers où ceux qui n'auraient ni moyens d'existence ni engagements seront astreint au travail ;

Et en général toutes les mesures nécessaires à assurer l'exécution de la présente loi.

Le premier règlement, destiné à organiser l'application de la présente loi sera promulgué dans un délai de six mois au plus à dater de sa promulgation.

Art. 19. — Est abrogée la loi du 9 juillet 1852, concernant l'interdiction, par voie administrative, du séjour du département de la Seine et des communes formant l'agglomération lyonnaise.

La peine de la surveillance de la haute police est supprimée. Elle est remplacée par la défense faite au condamné de paraître dans les lieux dont l'interdiction lui sera signifiée par le Gouvernement avant sa libération.

Toutes les autres obligations et formalités imposées par l'article 44 du code pénal sont supprimées à partir de la promulgation de la presente loi, sans qu'il soit toutefois dérogé aux dispositions de l'article 635 du code d'instruction criminelle.

Restent en conséquence applicables pour cette interdiction les dispositions antérieures qui réglaient l'application ou la durée ainsi que la remise ou la suppression de la surveillance de la haute police, et les peines encourues par les contrevenants, conformément à l'article 45 du code pénal.

Dans les trois mois qui suivront la promulgation de la présente loi, le Gouvernement signifiera aux condamnés actuellement soumis à la surveillance de la haute police les lieux dans lesquels il leur sera interdit de paraître pendant le temps qui restait à courir de cette peine.

Art. 20. — La présente loi est applicable à l'Algérie et aux colonies.

En Algérie, par dérogation à l'article 2, les conseils de guerre prononceront la relégation contre les indigènes des territoires de commandement qui auront encouru, pour crimes ou délits de droit commun, les condamnations prévues par l'article 4 cidessus.

Art. 21. — La présente loi sera exécutoire à partir de la promulgation du règlement d'administration publique mentionné au dernier paragraphe de l'article 18.

Art. 22. — Un rapport sur l'exécution de la présente loi sera présenté chaque année, par le ministre compétent, à M. le Président de la République.

Art. 23. — Toutes dispositions antérieures sont abrogées en ce qu'elles ont de contraire à la présente loi.

La présente loi, délibérée et adoptée par le Sénat et par la chambre des Députés, sera exécutée comme loi de l'État.

JULES GRÉVY.

N° 2. — DÉCISION *promulguant la loi du 4 août 1885, sur les moyens de prévenir la récidive.*

10 decembre 1885

Article premier. — Est promulguée en Annam et au Tonkin la loi dont la teneur suit, du 14 août 1885, sur les moyens de prévenir la récidive.

Art. 2. — Le Directeur des affaires civiles et politiques est chargé d'assurer l'exécution de la présente décision.

COURCY.

LOI *sur les moyens de prévenir la récidive. (Libération conditionnelle, patronage, réhabilitation.)*

14 août 1885

TITRE PREMIER

Régime disciplinaire des établissements pénitentiaires et libération conditionnelle.

Article premier. — Un régime disciplinaire, basé sur la constatation journalière de la conduite et du travail, sera institué dans les divers établissements pénitentiaires de France et d'Algérie, en vue de favoriser l'amendement des condamnés et de les préparer à la libération conditionnelle.

Art. 2. — Tous condamnés ayant à subir une ou plusieurs peines emportant privation de la liberté peuvent, après avoir accompli trois mois d'emprisonnement, si les peines sont inférieures à six mois, dans le cas contraire la moitié de leurs peines, être mis conditionnellement en liberté, s'ils ont satisfait aux dispositions réglementaires fixées en vertu de l'article 1er.

Toutefois, s'il y a récidive légale, soit aux termes des articles 56 à 8 du code pénal, soit en vertu de la loi du 17 mai 1885, la durée de l'emprisonnement est portée à six mois, si les peines sont inférieures à neuf mois, et aux deux tiers de la peine dans le cas contraire.

La mise en liberté peut être révoquée en cas d'inconduite habituelle et publique dûment constatée, ou d'infraction aux conditions spéciales exprimées dans le permis de libération.

Si la révocation n'est pas intervenue avant l'expiration de la durée de la peine, la libération est définitive.

Au cas où la peine qui aurait été l'objet d'une décision de libération conditionnelle devrait être suivie de la relégation, il pourra être sursis à l'exécution de cette dernière mesure, et le condamné sera, en conséquence, laissé en France, sauf droit de révocation, ainsi qu'il est dit au présent article.

Le droit de révocation prendra fin en ce cas, s'il n'en a été fait usage pendant les dix années qui auront suivi la date d'expiration de la peine principale.

Art. 3. — Les arrêtés de mise en liberté sous conditions et de révocation sont pris par le Ministre de l'intérieur:

S'il s'agit de la mise en liberté, après avis du préfet, du directeur de l'établissement ou de la circonscription pénitentiaire, de la commission de surveillance de la prison, et du parquet près le tribunal ou la cour qui a prononcé la condamnation;

Et, s'il s'agit de la révocation, après avis du préfet et du procureur de la République de la résidence du libéré.

Art. 4. — L'arrestation du libéré conditionnel peut toutefois être provisoirement ordonnée par l'autorité administrative ou judiciaire du lieu où il se trouve, à la charge d'en donner immédiatement avis au Ministre de l'intérieur.

Le ministre prononce la révocation, s'il y a lieu.

L'effet de la révocation remonte au jour de l'arrestation.

Art. 5. — La réintégration a lieu pour toute la durée de la peine non subie au moment de la libération.

Si l'arrestation provisoire est maintenue, le temps de sa durée compte pour l'exécution de la peine.

Art. 6. — Un règlement d'administration publique déterminera la forme des permis de libération, les conditions auxquelles ils peuvent être soumis, et le mode de surveillance spéciale des libérés conditionnels.

L'administration peut charger les sociétés ou institutions de patronage de veiller sur la conduite des libérés qu'elle désigne spécialement et dans les conditions qu'elle détermine.

TITRE II

Patronage.

Art. 7. — Les sociétés ou institutions agréées par l'administration pour le patronage des libérés reçoivent une subvention annuelle en rapport avec le nombre de libérés réellement patronnés par elles, dans les limites du crédit spécial inscrit dans la loi de finances.

Art. 8. — Dans le cas du paragraphe 2 de l'article 6, l'administration alloue à la société ou institution de patronage une somme de 50 centimes par jour pour chaque libéré pendant un temps égal à celui de la durée de la peine restant à courir, sans que cette allocation puisse dépasser 100 francs.

Disposition transitoire.

Art. 9. — Avant qu'il ait pu être pourvu à l'exécution des articles 1, 2 et 6, en ce qui touche la mise en pratique du régime d'amendement, et le règlement d'administration publique à intervenir, la libération conditionnelle pourra être prononcée à l'égard des condamnés qui en auront été reconnus dignes dans les cas prévus par la présente loi, trois mois au plus tôt après sa promulgation.

TITRE III.

Réhabilitation.

Art. 10. — Les articles 630, 631 et 632 du code d'instruction criminelle sont supprimés.

Les articles 621, 623, 624, 628, 629, 633 et 634 du même code sont modifiés ainsi qu'il suit :

Art. 621. — Le condamné à une peine afflictive ou infamante ne peut être admis à demander sa réhabilitation s'il n'a résidé dans le même arrondissement depuis cinq années, et pendant les deux dernières dans la même commune.

Le condamné à une peine correctionnelle ne peut être admis à demander sa réhabilitation, s'il n'a résidé dans le même arrondissement depuis trois années, et pendant les deux dernières dans la même commune.

Les condamnés qui ont passé tout ou partie de ce temps sous les drapeaux, ceux que leur profession oblige à des déplacements inconciliables avec une résidence fixe, pourront être affranchis de cette condition s'ils justifient, les premiers, d'attestations satisfaisantes de leurs chefs militaires, les seconds de certificats de leurs patrons ou chefs d'administration constatant leur bonne conduite.

Ces attestations et certificats sont délivrés dans les conditions de l'article 624.

Art. 623. — Il doit, sauf le cas de prescription, justifier du payement des frais de justice, de l'amende et des dommages-intérêts, ou de la remise qui lui en a été faite.

A défaut de cette justification, il doit établir qu'il a subi le temps de contrainte par corps déterminé par la loi, ou que la partie lésée a renoncé à ce moyen d'exécution.

S'il est condamné pour banqueroute frauduleuse, il doit justifier du payement du passif de la faillite en capital, intérêts et frais, ou de la remise qui lui en a été faite.

Néanmoins, si le demandeur justifie qu'il est hors d'état de se libérer des frais de justice, la cour peut accorder la réhabilitation, même dans le cas où ces frais n'auraient pas été payés ou ne l'auraient été qu'en partie.

En cas de condamnation solidaire, la cour fixe la part des frais de justice, des dommages-intérêts ou du passif qui doit être payée par le demandeur.

Si la partie lésée ne peut être retrouvée, ou si elle refuse de recevoir, il est fait dépôt de la somme due à la caisse des dépôts et consignations, dans la forme des articles 812 et suivants du code de procédure civile ; si la partie ne se présente pas dans un délai de cinq ans, pour se faire attribuer la somme consignée, cette somme est restituée au déposant sur sa simple demande.

Art. 624. — Le procureur de la République provoque des attestations des maires des communes où le condamné a résidé, faisant connaître :

1° La durée de sa résidence dans chaque commune, avec indication du jour où elle a commencé et de celui où elle a fini ;

2° Sa conduite pendant la durée de son séjour ;

3° Ses moyens d'existence pendant le même temps.

Ces attestations doivent contenir la mention expresse qu'elles ont été rédigées pour servir à l'appréciation de la demande en réhabilitation.

Le procureur de la République prend, en outre, l'avis des juges de paix des cantons et celui des sous-préfets des arrondissements où le condamné a résidé.

Art. 628. — La Cour, le Procureur général et la partie ou son conseil entendus, statue sur la demande.

Art. 629. — En cas de rejet, une nouvelle demande ne peut être formée avant l'expiration d'un délai de deux années.

Art. 633. — Si la réhabilitation est prononcée, un extrait de l'arrêt est adressé par le Procureur général à la cour ou au tribunal qui a prononcé la condamnation, pour être transcrit en marge de la minute de l'arrêt ou du jugement. Mention en est faite au casier judiciaire. Les extraits délivrés aux parties ne doivent pas relever la condamnation.

Le réhabilité peut se faire délivrer une expédition de la réhabilitation et un extrait du casier judiciaire, sans frais.

Art. 634. — La réhabilitation efface la condamnation et fait cesser, pour l'avenir, toutes les incapacités qui en résultaient.

Les interdictions prononcées par l'article 612 du code de commerce sont maintenues, nonobstant la réhabilitation obtenue en vertu des dispositions qui précèdent.

Les individus qui sont en état de récidive légale, ceux qui, après avoir obtenu la réhabilitation, auront encouru une nouvelle condamnation, ne seront admis au bénéfice des dispositions qui précèdent qu'après un délai de dix années écoulées depuis leur libération.

Néanmoins, les récidivistes qui n'auront subi aucune peine afflictive ou infamante et les réhabilités qui n'auront encouru qu'une condamnation à une peine correctionnelle, seront admis au bénéfice des dispositions qui précèdent, après un délai de six années écoulées depuis leur libération.

Art. 11. — La présente loi est applicable aux colonies, sous réserve des dipositions des lois ou règlements spéciaux relatifs à l'exécution de la peine des travaux forcés.

Art. 12. — Un rapport sur l'exécution de la présente loi, en ce qui touche la libération conditionnelle, sera présenté chaque année par le Ministre de l'intérieur à M. le Président de la République.

La présente loi délibérée et adoptée par le Sénat et par la Chambre des députés, sera excutée comme loi de l'État.

JULES GRÉVY.

Recrutement.

N° 1. — ARRÊTÉ *promulguant la loi du 15 juillet 1889 sur le recrutement de l'armée.*

27 septembre 1889.

Est promulguée dans toute l'étendue de l'Indo-Chine, la loi du 15 juillet 1889, sur le recrutement de l'armée.

PIQUET.

LOI *sur le recrutement de l'armée,*

15 juillet 1889.

TITRE 1er

Dispositions générales

Article premier. — Tout Français doit le service militaire personnel.

Art. 2. — L'obligation du service militaire est égale pour tous ; elle a une durée de vingt-cinq années.

Le service militaire s'accomplit selon le mode déterminé par la présente loi.

Art. 3. — Nul n'est admis dans les troupes françaises s'il n'est Français ou naturalisé Français, sauf les exceptions déterminées par la présente loi.

Art. 4. — Sont exclus de l'armée, mais mis, soit pour leur temps de service actif, soit en cas de mobilisation, à la disposition du ministre de la marine et des colonies, qui détermine par arrêtés les services auxquels ils peuvent être affectés :

1° les individus qui ont été condamnés à une peine afflictive et infamante, ou à une peine infamante dans le cas prévu par l'article 177 du code pénal ;

2° ceux qui, ayant été condamnés à une peine correctionnelle de deux ans d'emprisonnement et au-dessus, ont été, en outre, par application de l'article 42 du code pénal, frappés de l'interdiction de tout ou partie de l'exercice des droits civiques, civils et de famille;

3° Les relégués collectifs.

Les relégués individuels sont incorporés dans les corps de disciplinaires coloniaux. Le ministre de la marine désigne le corps auquel chacun d'eux est affecté en cas de mobilisation.

Art. 5. — Les individus reconnus coupables de crimes et condamnés seulement à l'emprisonnement par application de l'article 463 du cote pénal ;

Ceux qui ont été condamnés correctionnellement à trois mois de prison au moins pour outrage public à la pudeur, pour délit de vol, escroquerie, abus de confiance ou attentat aux mœurs prévu par l'article 334 du code pénal ;

Ceux qui ont été l'objet de deux condamnations au moins, quelle qu'en soit la durée, pour l'un des délits spécifiés dans le paragraphe précédent ;

Sont incorporés dans les bataillons d'infanterie légère d'Afrique:

Ceux qui, au moment de l'appel de leur classe, se trouveraient retenus, pour ces mêmes faits, dans un établissement pénitentiaire, seront incorporés dans les dits bataillons à l'expiration de leur peine, pour y accomplir le temps de service prescrit par la présente loi.

Après un séjour d'une année dans ces bataillons, les hommes désignés au présent article, qui seraient l'objet de rapports favorables de leurs chefs, pourront être envoyés dans d'autres corps par le Ministre de la guerre.

Art. 6. — Les dispositions des articles 4 et 5 ci-dessus ne sont pas applicables aux individus qui ont été condamnés pour faits politiques ou connexes à des faits politiques.

En cas de contestation, il sera statué par le tribunal civil du lieu du domicile, conformément à l'article 31 ci-après.

Ces individus suivront le sort de la première classe appelée après l'expiration de leur peine

Art. 7. — Nul n'est admis dans une administration de l'État s'il ne justifie avoir satisfait aux obligations imposées par la présente loi.

Art. 8. — Tout corps organisé, quand il est sous les armes, est soumis aux lois militaires, fait partie de l'armée et relève, soit du Ministre de la guerre, soit du Ministre de la marine.

Il en est de même des corps de vétérans que le Ministre de la guerre est autorisé à créer en temps de guerre, et qui seraient recrutés par voie d'engagements volontaires parmi les hommes ayant accompli la totalité de leur service militaire.

Art. 9. — Les militaires et assimilés de tous grades et de toutes armes des armées de terre et de mer ne prennent part à aucun vote quand ils sont présents à leur corps, à leur poste ou dans l'exercice de leurs fonctions. Ceux qui, au moment de l'élection, se trouvent en résidence libre, en non-activité ou en possession d'un congé, peuvent voter dans la commune sur les listes de laquelle ils sont régulièrement inscrits. Cette dernière disposition s'applique également aux officiers et assimilés qui sont en disponibilité ou dans le cadre de réserve.

TITRE II

Des appels.

CHAPITRE PREMIER

Du recensement et du tirage au sort.

Art. 10. — Chaque année, pour la formation de la classe, les tableaux de recensement des jeunes gens ayant atteint l'âge de vingt ans révolus dans l'année précédente, et domiciliés dans l'une des communes du canton, sont dressés par les maires :

1° Sur la déclaration à laquelle sont tenus les jeunes gens, leurs parents ou leurs tuteurs.

2° D'office, d'après les registres de l'état civil et tous autres documents et renseignements.

Ces tableaux mentionnent la profession de chacun des jeunes gens inscrits.

Il sont publiés et affichés dans chaque commune, suivant les formes prescrites par les articles 63 et 64 du code civil. La dernière publication doit avoir lieu au plus tard le 15 janvier.

Un avis publié dans les mêmes formes indique le lieu et le jour où il sera procédé à l'examen des dits tableaux et à la désignation par le sort des numéros assignés à chaque jeune homme inscrit.

Art. 11. — Les individus déclarés Français en vertu de l'article 1er de la loi du 16 décembre 1874, sont portés dans les communes où il sont domiciliés, sur les tableaux de recensement de la classe dont la formation suit l'époque de leur majorité. Ils sont soumis au service militaire s'ils n'établissent pas leur qualité d'étranger.

Les individus nés en France d'étrangers et résidant en France, sont également portés, dans les communes où ils sont domiciliés, sur les tableaux de recensement de la classe dont la formation suit l'époque de leur majorité telle qu'elle est fixée par la loi française. Ils peuvent réclamer contre leur inscription lors de l'examen du tableau de recensement et lors de leur convocation au conseil de révision, conformément à l'article 16 ci-après. S'ils ne réclament pas, le tirage au sort équivaudra pour eux à la déclaration prévue par l'article 9 du code civil. S'ils se font rayer, ils seront immédiatement déchus du bénéfice dudit article.

Les mêmes dispositions sont applicables aux individus résidant en France et nés en pays étranger, soit d'un étranger qui depuis lors a été naturalisé Français, soit d'un Français ayant perdu la qualité de Français, mais qui l'a recouvrée ultérieurement, si ces individus étaient mineurs lorsque leurs parents ont acquis ou recouvré la nationalité française.

Art. 12. — Les individus devenus Français par voie de naturalisation, réintégration ou déclaration faite conformément aux lois, sont portés sur les tableaux de recensement de la première classe formée après leur changement de nationalité

Les individus inscrits sur les tableaux de recensement en vertu du présent article et de l'article précédent, ne sont assujettis qu'aux obligations de service de la classe à laquelle ils appartiennent par leur âge.

Art. 13. — Sont considérés comme légalement domiciliés dans le canton :

1° Les jeunes gens, même émancipés, engagés, établis au dehors, expatriés, absents ou en état d'emprisonnement, si d'ailleurs leur père, leur mère, ou leur tuteur est domicilié dans une des communes du canton, ou si leur père, expatrié, avait son domicile dans une des dites communes;

2° Les jeunes gens mariés dont le père, ou la mère à défaut du père, sont domiciliés dans le canton, à moins qu'ils ne justifient de leur domicile réel dans un autre canton;

3° Les jeunes gens mariés et domiciliés dans le canton, alors même que leur père ou leur mère n'y seraient pas domiciliés;

4° Les jeunes gens nés et résidant dans le canton qui n'auraient ni leur père, ni leur mère, ni un tuteur;

5° Les jeunes gens résidant dans le canton qui ne seraient dans aucun des cas précédents et qui ne justifieraient pas de leur inscription dans un autre canton.

Les jeunes gens résidant soit en Algérie, soit aux colonies, sont inscrits sur les tableaux de recensement du lieu de leur résidence. Sur la justification de cette inscription, ils sont, en ce cas, rayés des tableaux de recensement où ils auraient pu être portés en France, par application des dispositions du présent article.

Art. 14. — Sont, d'après la notoriété publique, considérés comme ayant l'âge requis pour l'inscription sur les tableaux de recensement, les jeunes gens qui ne peuvent produire ou n'ont pas produit, avant la vérification des tableaux de recensement, un extrait des registres de l'état civil constatant un âge différent ou qui, à défaut des registres de l'état civil, ne peuvent prouver ou n'ont pas prouvé leur âge conformément à l'article 46 du code civil.

Art 15. — Si dans les tableaux de recensement des années précédentes, des jeunes gens ont été omis, ils sont inscrits sur les tableaux de recensement de la classe qui est appelée après la découverte de l'omission, sauf le cas prévu à l'article 69 ci-après, à moins qu'ils n'aient quarante-cinq ans accomplis à l'époque de la clôture des tableaux, et sont soumis à toutes les obligations de cette classe.

Toutefois, ils sont libérés à titre définitif à l'âge de quarante-huit ans au plus tard.

Art. 16. — L'examen des tableaux de recensement et le tirage au sort sont faits au chef-lieu de canton, en séance publique, devant le sous-préfet assisté des maires du canton.

Dans les communes qui forment un ou plusieurs cantons, le sous-préfet est assisté du maire et de ses adjoints.

Dans les villes divisées en plusieurs arrondissements, chaque arrondissement est représenté par un officier municipal.

Les tableaux de recensement de chaque commune sont lus à haute voix. Les jeunes gens, leurs parents ou représentants sont entendus dans leurs observations.

Les tableaux sont ensuite arrêtés et visés par le sous-préfet et par les maires.

Dans les cantons composés de plusieurs communes, l'ordre dans lequel elles sont appelées pour le tirage est chaque fois indiqué par le sort.

Art. 17. — Le sous-préfet inscrit en tête de la liste du tirage;

1° Le nom des jeunes gens qui se trouvent dans l'un des cas prévus par l'article 69 de la présente loi ;

2° Le nom de ceux qui se trouvent dans les cas prévus par l'article 15.

Les premiers numéros leur sont attribués de droit.

Ces numéros sont en conséquence, extrait de l'urne avant l'opération du tirage.

Avant de commencer les opérations du tirage, le sous-préfet compte publiquement les numéros et les dépose dans l'urne, après s'être assuré que leur nombre est égal à celui des jeunes gens appelés à y prendre part; il en fait la déclaration à haute voix.

Aussitôt après, chacun des jeunes gens, appelé dans l'ordre du tableau, prend dans l'urne un numéro qui est immédiatement proclamé. Pour les absents, le numéro est tiré par les parents ou, à défaut, par le maire de la commune.

L'opération du tirage continue sans interruption jusqu'à ce que le dernier numéro soit extrait de l'urne. Elle ne peut être recommencée dans aucun cas.

Les jeunes gens qui ne se trouveraient par pourvus de numéros seront inscrits à la suite avec des numéros supplémentaires, et tireront entre eux pour déterminer l'ordre suivant lequel ils seront inscrits.

La liste de tirage est dressée à mesure que les numéros sont proclamés.

Elle est lue à haute voix, puis arrêtée et signée de la même manière que le tableau de recensement et annexée avec ledit tableau au procès-verbal des opérations.

Elle est publiée et affichée dans chaque commune du canton.

CHAPITRE II.

Première section. — Du conseil de révision cantonal. — Des exemptions, des dispenses et des ajournements. — Des listes de recrutement cantonal.

Art. 18. — Les opérations du recrutement sont revues, les réclamations auxquelles ces opérations peuvent donner lieu sont entendues, les causes d'exemption et de dispense prévues par les articles 20, 21, 22, 23 et 25 de la présente loi sont jugées en séance publique, par un conseil de révision composé :

Du préfet, président ; à son défaut, du secrétaire général, et, exceptionnellement, du vice-président du conseil de préfecture ou d'un conseiller de préfecture délégué par le préfet;

D'un conseiller de préfecture désigné par le préfet;

D'un membre du conseil général du département autre que le représentant élu dans le canton où la révision a lieu, désigné par la commission départementale, conformément à l'article 82 de la loi du 10 août 1871 ;

D'un membre du conseil d'arrondissement autre que le représentant élu dans le canton où la révision a lieu, désigné comme ci-dessus, et, dans le territoire de Belfort, d'un deuxième membre du conseil général ;

D'un officier général ou supérieur désigné par l'autorité militaire ;

Un sous-intendant militaire, le commandant de recrutement, un médecin militaire ou, à défaut, un médecin civil désigné par l'autorité militaire, assistent aux opérations du conseil de révision. Le conseil ne peut statuer qu'après avoir entendu l'avis du médecin.

Cet avis est consigné dans une colonne spéciale, en face de chaque nom, sur les tableaux de recensement.

Le sous-intendant militaire est entendu dans l'intérêt de la loi toutes les fois qu'il le demande, et peut faire consigner ses observations au procès-verbal de la séance.

Le sous-préfet de l'arrondisement et les maires des communes auxquelles appartiennent les jeunes gens appelés devant le conseil de revision assistent aux séances. Il ont le droit de présenter des observations.

En cas d'empêchement des membres du conseil général ou du conseil d'arrondissement, le préfet les faits suppléer d'office par des membres appartenant à la même assemblée que l'absent; ces membres, désignés d'office, ne peuvent être les représentants élus du canton où la revision a lieu.

Si, par suite d'une absence, le conseil de revision est réduit à quatre membres, il peut néanmoins délibérer lorsque le président, l'officier général ou supérieur et deux membres civils restent présents; la voix du président n'e t pas prépondérante. La décision ne peut être prise qu'à la majorité de trois voix. En cas de partage, elle est ajournée.

Dans les colonies, les attributions du préfet, des conseillers de préferture et des conseillers d'arrondissement sont dévolues aux directeurs de l'intérieur, aux conseillers privés et aux conseillers généraux. Dans les colonies où il n'existe ni conseil privé, ni conseils généraux, des décrets régleront la composition des conseils de revision.

Art. 19. — Le conseil de revison se transporte dans les divers cantons. Toutefois, le préfet peut exceptionnellement réunir plusieurs cantons et faire exécuter les opérations dans un même lieu.

Les jeunes gens portés sur les tableaux de recensement ainsi que ceux des classes précédentes qui ont été ajournés, conformément à l'article 27 ci-après, sont convoqués. examinés et entendus par le conseil de révision au lieu désigné. Ils peuvent faire connaître l'arme dans laquelle ils désirent être placés.

S'ils ne se rendent pas à la convocation, s'ils ne s'y font pas représenter, ou s'ils n'ont pas obtenu un délai, il est procédé comme s'ils étaient présents.

Art. 20. — Sont exemptés par le conseil de revision, siégeant au chef-lieu de canton, les jeunes gens que leurs infirmités rendent impropres à tout service actif ou auxiliaire.

Il leur est délivré, pour justifier de leur situation, un certificat qu'ils sont tenus de représenter à toute réquisition des autorites militaire, judiciaire ou civile.

Art. 21. — En temps de paix, après un an de présence sous les drapeaux, sont envoyés en congé dans leurs foyers, sur leur demande, jusqu'à la date de leur passage dans la réserve :

1° L'aîné d'orphelins de père et de mère, ou l'aîné d'orphelins de mère dont le père est légalement déclaré absent ou interdit ;

2° Le fils unique ou l'aîné des fils, ou, à défaut de fils ou de gendre, le petit-fils unique ou l'aîné des petits-fils d'une femme actuellement veuve ou d'une femme dont le mari a été légalement déclaré absent ou interdit, ou d'un père aveugle ou entré dans sa soixante-quinzième année ;

3° Le fils unique ou l'aîné des fils d'une famille de sept enfants au moins.

Dans les cas prévus par les trois paragraphes précédents, le frère puîné jouira de la dispense si le frère aîné est aveugle ou atteint de toute autre infirmité incurable qui le rende impotent;

4° Le plus âgé des deux frères inscrits la même année sur les listes de recrutement cantonal ;

5° Celui dont un frère sera présent sous les drapeaux au moment de l'appel de la classe, soit comme officier, soit comme appelé ou engagé volontaire pour trois ans au moins, soit comme rengagé, breveté ou commissionné après avoir accompli cette durée de service, soit enfin comme inscrit maritime levé d'office, levé sur sa demande, maintenu ou réadmis au service, quelle que soit la classe de recrutement à laquelle il appartient.

Ces dispositions sont applicables aux frères des officiers mariniers des équipages de la flotte appartenant à l'inscription maritime, et servant en qualité d'officiers mariniers du cadre de la maistrance ;

6° Celui dont le frère sera mort en activité de service ou aura été réformé ou admis à la retraite pour blessures reçues dans un service commandé ou pour infirmités contractées dans les armées de terre ou de mer.

La dispense accordée conformément aux paragraphes 5° et 6° ci-dessus ne sera appliquée qu'à un seul frère pour un même cas, mais elle se répétera dans la même famille autant de fois que les mêmes droits s'y reproduiront.

Les demandes, accompagnées de documents authentiques justifiant de la situation des intéressés, sont adressées, avant le tirage au sort, au maire de la commune où les jeunes gens sont domiciliés. Il en sera donné récépissé.

L'appelé ou l'engagé qui postérieurement, soit à la décision du conseil de révision, soit à son incorporation, entre dans l'une des catégories prévues ci-dessus, est sur sa demande, et dès qu'il compte un an de présence au corps, envoyé en congé dans ses foyers jusqu'à la date de son passage dans la réserve.

Le jeune homme omis, qui ne s'est pas présenté ou fait représenter par ses ayants-cause devant le conseil de revision, ne peut être admis au bénéfice des dispenses indiquées par le présent article, si les motifs de ses dispenses ne sont survenus que postérieurement à la décision du conseil.

Le présent article n'est applicable qu'aux enfants légitimes. Les enfants naturels reconnus par le père ou la mère ne pourront jouir que de la dispense organisée par l'article suivant et dans les conditions prévues par cet article.

Art. 22. — En temps de paix, après un an de présence sous les drapeaux, peuvent être envoyés en congé dans leurs foyers sur leur demande, jusqu'à la date de leur passage dans la réserve, les indispensables de famille.

Les demandes sont adressées, avant le tirage au sort, au maire de la commune où les jeunes gens sont domiciliés. Il en sera donné récépissé. Elles doivent comprendre à l'appui :

1° Un relevé des contributions payées par la famille et certifié par le percepteur ;

2° Un avis motivé de trois pères de famille résidant dans la commune et ayant un fils sous les drapeaux où à défaut, dans la réserve de l'armée active, et jouissant de leurs droits civils et politiques.

La liste de ces jeunes gens est présentée par le maire au conseil de révision, avec l'avis motivé du conseil municipal.

Le nombre des jeunes gens dispensés par le conseil départemental de révision, à titre de soutiens indispensables de famille, ne peut dépasser 5 p. 100 du contingent à incorporer pour trois ans.

Toutefois le ministre de la guerre peut autoriser les chefs de corps à délivrer, en plus du chiffre fixé ci-dessus, des congés à titre de soutiens indispensables de famille aux militaires comptant un an et deux ans de présence sous les drapeaux.

Le nombre des congés accordés en vertu du paragraphe précédent ne pourra pas dépasser 1 p. 100 après la première année, et 1 p. 100 après la seconde.

Il sera calculé d'après l'effectif des hommes de la classe appartenant au corps.

Les intéressés devront produire les justifications mentionnées ci-dessus.

Tous les ans, le maire de chaque commune présente au conseil de révision siégeant au chef-lieu de canton, une délibération du conseil municipal faisant connaître la situation des jeunes gens qui ont été renvoyés dans leurs foyers comme soutiens de famille. Il est tenu de signaler au conseil de revision les plaintes des personnes dans l'intérêt desquelles l'envoi en congé a eu lieu en vertu du présent article et de l'article précédent.

Le conseil départemental de revision décide s'il y a lieu ou non de maintenir ces dispenses. Les jeunes gens dont le maintien en congé n'est pas admis sont soumis à toutes les obligations de la classe à laquelle ils appartiennent.

Art. 23. — En temps de paix, après un an de présence sous les drapeaux, sont envoyés en congé dans leurs foyers, sur leur demande, jusqu'à la date de leur passage dans la réserve :

1° Les jeunes gens qui contractent l'engagement de servir pendant dix ans dans les fonctions de l'instruction publique, dans les institutions nationales des sourds-muets ou des jeunes aveugles dépendant du ministère de l'intérieur, et y rempliront effectivement un emploi de professeur, de maître répétiteur ou d'instituteur.

Les instituteurs laïques ainsi que les novices et membres des congrégations religieuses voués à l'enseignement et reconnus d'utilité publique, qui prennent l'engagement de servir pendant dix ans dans les écoles françaises d'Orient et d'Afrique subventionnées par le Gouvernement français;

2° Les jeunes gens qui ont obtenu ou qui poursuivent leurs études en vue d'obtenir:

Soit le diplôme de licencié ès-lettres ou ès-sciences, de docteur en droit, de docteur en médecine, de pharmacien de 1re classe, de vétérinaire, ou le titre d'interne des hôpitaux nommé au concours dans une ville où il existe une faculté de médecine, soit le diplôme délivré par l'école des chartes, l'école des langues orientales vivantes et l'école d'administration de la marine;

Soit le diplôme supérieur délivré aux élèves externes par l'école des ponts-et-chaussées, l'école supérieure des mines, l'école du génie maritime; soit le diplôme supérieur délivré par l'institut national agronomique, l'école des haras du Pin, aux élèves internes, les écoles nationales d'agriculture de Grand-jouan, de Grignon et de Montpellier, l'école des mines de Saint-Étienne, les écoles des maîtres ouvriers mineurs d'Alais et de Douai, les écoles nationales des arts-et-métiers d'Aix, d'Angers et de Châlons, l'école des hautes études commerciales et les écoles supérieures de commerce reconnues par l'État;

Soit l'un des prix de Rome, soit un prix ou médaille d'État dans les concours annuels de l'école nationale des beaux-arts, du conservatoire de musique et de l'école nationale des arts décoratifs;

3° Les jeunes gens exerçant les industries d'art qui sont désignés par un jury d'État départemental formé d'ouvriers et de patrons. Le nombre de ces jeunes gens ne pourra, en aucun cas, dépasser un demi pour cent du contingent à incorporer pour trois ans.

4° Les jeunes gens admis, à titre d'élèves ecclésiastiques, à continuer leurs études en vue d'exercer le ministère dans l'un des cultes reconnus par l'État.

En cas de mobilisation, les étudiants en médecine et en pharmacie et les élèves ecclésiastiques sont versés dans le service de santé.

Tous les jeunes gens énumérés ci-dessus seront rappelés pendant quatre semaines dans le cours de l'année qui précédera leur passage dans la réserve de l'armée active. Ils suivront ensuite le sort de la classe à laquelle ils appartiennent.

Des règlements d'administration publique détermineront: les conditions dans lesquelles sera contracté l'engagement décennal visé au paragraphe 1°, les justifications à produire par les jeunes gens visés aux paragraphes 2° et 4°, soit au moment de leur demande soit chaque année pendant la durée de leurs études, la nomenclature des industries d'art qui donneront lieu à la dispense prévue au paragraphe 3°, le mode de répartition de ces dispenses entre les départements, le mode de constitution du jury d'État pour les ouvriers d'art ainsi que les justifications annuelles d'aptitude, de travail et d'exercice régulier de leur profession, que les jeunes gens dispensés sur la proposition du jury devront fournir jusqu'à l'âge de vingt-six ans.

Les mêmes règlements fixeront le nombre des diplômes supérieurs à délivrer annuellement, en vue de la dispense du service militaire par chacune des écoles énumérées au troisième alinéa du paragraphe 2°, et définiront ceux de ces diplômes qui ne sont pas définis par la loi; ils fixeront également le nombre des prix et des médailles visés au quatrième alinéa du même paragraphe.

Art. 24. — Les jeunes gens visés au paragraphe 1° de l'article précédent qui, dans l'année qui suivra leur année de service, n'auraient pas obtenu un emploi de professeur, de maître répétiteur ou d'instituteur, ou qui cesseraient de le remplir avant l'expiration du délai fixé;

Ceux qui n'auraient pas obtenu avant l'âge de vingt-six ans les diplômes ou les prix spécifiés aux alinéas du paragraphe 2°;

Les jeunes gens visés au paragraphe 3° qui ne fourniraient pas les justifications professionnelles prescrites;

Les élèves ecclésiastiques mentionnés au paragraphe 4° qui, à l'âge de vingt-six ans ne seraient pas pourvus d'un emploi de ministre de l'un des cultes reconnus par l'État;

Les jeunes gens visés par les articles 21, 22 et 23 qui n'auraient pas satisfait, dans le cours de leur année de service, aux conditions de conduite et d'instruction militaire déterminées par le Ministre de la guerre;

Ceux qui ne poursuivraient pas régulièrement les études en vue desquelles la dispense a été accordée; seront tenus d'accomplir les deux années de service dont ils avaient été dispensés.

Art. 25. — — Quand les causes de dispenses aux articles 21, 22 et 23 viennent à cesser, les jeunes gens qui avaient obtenu ces dispenses sont soumis à toutes les obligations de la classe à laquelle ils appartiennent. Ils peuvent se marier sans autorisation.

Art. 26. — La liste des jeunes gens de chaque département, dispensés en vertu des articles 12, 22, 23 et 50, sera publiée au *Bulletin administratif*, et les noms des dispensés de chaque commune seront affichés dans leur commune à la porte de la mairie.

En cas de guerre, ils sont appelés et marchent avec les hommes de leur classe.

Les dispositions de l'article 55 ci-après leur sont applicables.

Art. 27. — Peuvent être ajournés deux années de suite à un nouvel examen du conseil de revision, les jeunes gens qui n'ont pas la taille réglementaire d'un mètre cinquante-quatre centimètres ou qui sont reconnus d'une complexion trop faible pour un service armé.

Les jeunes gens ajournés reçoivent, pour justifier de leur situation, un certificat qu'ils sont tenus de représenter à toute réquisition des autorités militaire, judiciaire ou civile.

A moins d'une autorisation spéciale, ils sont astreints à comparaître à nouveau devant le conseil de revision du canton devant lequel ils ont comparu.

Ceux qui, après l'examen définitif, sont reconnus propres au service armé ou auxiliaire sont soumis, selon la catégorie dans laquelle ils sont placés, aux obligations de la classe à laquelle ils appartiennent.

Ils peuvent faire valoir les motifs de dispenses énoncés aux articles 21, 22 et 23.

Les droits à la dispense prévus au paragraphe numéroté 5° de l'article 21, qui existaient au moment de l'ajournement, peuvent être valablement invoqués l'année suivante, lors même que pendant l'ajournement le frère du réclamant aurait cessé d'être présent sous les drapeaux.

Art. 28. — Les jeunes gens reçus à l'école polytechnique, à l'école forestière ou à l'école centrale des arts et manufactures, qui sont reconnus propres au service militaire, n'y sont définitivement admis qu'à la condition de contracter un engagement volontaire de trois ans pour les deux premières écoles, de quatre ans pour l'école centrale.

Ils sont considérés comme présents sous les drapeaux dans l'armée active pendant tout le temps passé par eux dans lesdites écoles. Ils reçoivent, dans ces écoles, l'instruction militaire complète et sont à la disposition du Ministre de la guerre.

S'ils ne peuvent satisfaire aux examens de sortie ou s'ils sont renvoyés pour inconduite, ils sont incorporés dans un corps de troupe pour y terminer le temps de service qui leur reste à faire.

Les élèves de l'école polytechnique admis dans l'un des services civils recrutés à l'école, ou quittant l'école après avoir satisfait aux examens de sortie, sans entrer dans aucun de ces services, et les élèves de l'école forestière admis dans l'administration des forêts, sont nommés sous-lieutenants de réserve et accomplissent en cette qualité, dans un corps de troupe, leur troisième année de service.

Ceux qui viendraient à quitter le service civil dans lequel ils ont été admis n'en resteront pas moins soumis aux obligations indiquées par le paragraphe précédent.

Ceux qui donneraient leur démission d'officier de réserve avant l'accomplissement de leur troisième année de service n'en resteront pas moins soumis à toutes les conséquences de l'engagement volontaire de trois ans contracté par eux lors de leur entrée à l'école.

Les élèves de l'école centrale des arts et manufactures quittant l'école après avoir satisfait aux examens de sortie, accomplissent une année de service dans un corps de troupe. A la fin de cette année de service, ils peuvent être nommés sous-lieutenants de réserve.

Les conditions d'aptitude physique pour l'entrée à ces écoles des jeunes gens qui, au moment de leur admission, ne sont pas aptes au service militaire, sont fixées par un règlement d'administration publique.

Art. 29. — Les élèves du service de santé militaire et les élèves militaires des écoles vétérinaires contractent, en entrant à l'école, l'engagement de servir dans l'armée active pendant six ans au moins, à dater de leur nomination au grade de médecin aide-major de deuxième classe ou d'aide-vétérinaire.

Ceux qui n'obtiendraient pas le grade d'aide-major ou d'aide-vétérinaire, ou qui ne réaliseraient pas l'engagement sexennal, sont incorporés dans un corps de troupe pour trois ans, sans déduction aucune du temps écoulé depuis leur entrée à l'école.

Ces dispositions sont également applicables aux élèves de l'école de médecine navale.

Art. 30. — Sont considérés comme ayant satisfait à l'appel de leur classe :

1° Les jeunes gens liés au service dans les armées de terre ou de mer en vertu d'un brevet ou d'une commission ;

2° Les jeunes marins portés sur les registres matricules de l'inscription maritime, conformément aux règles prescrites par les articles 1, 2, 3, 4 et 5 de la loi du 25 octobre 1795 (3 brumaire an IV).

Les premiers, s'ils cessent leur service, et les seconds, s'ils se font rayer de l'inscription maritime, sont tenus d'en faire la déclaration au maire de leur commune dans les deux mois, de retirer une expédition de leur déclaration et de la soumettre au préfet du département, sous les peines portées par l'article 76 ci-après.

Les uns et les autres accomplissent dans l'armée active le service prescrit par la présente loi, puis ils suivent le sort de la classe à laquelle ils appartiennent.

Toutefois, le temps déjà passé par eux au service de l'État est déduit du nombre d'années pendant lesquelles tout Français fait partie de l'armée active.

Art. 31. — Lorsque les jeunes gens portés sur les tableaux de recensement ont fait des déclarations dont l'admission ou le rejet dépend de la décision à intervenir sur des questions judiciaires relatives à leur état ou à leurs droits civils, le conseil de révision ajourne sa décision ou ne prend qu'une décision conditionnelle.

Les questions sont jugées contradictoirement avec le préfet, à la requête de la partie la plus diligente. Le tribunal civil du lieu du domicile statue sans délai, le ministère public entendu.

Le délai de l'appel et du recours en cassation est de quinze jours francs à partir de la signification de la décision attaquée.

Le recours est, ainsi que l'appel, dispensé de la consignation d'amende.

L'affaire est portée directement devant la chambre civile.

Les actes faits en exécution du présent article sont visés pour timbre et enregistrés gratis.

Les paragraphes 2, 3, 4, 5 et 6 du présent article sont applicables au cas prévu par l'article 6.

Art. 32. — Hors les cas prévus par les articles 6 et 31, les décisions du conseil de révision sont définitives. Elles peuvent néanmoins être attaquées devant le conseil d'État pour incompétence, excès de pouvoir ou violation de la loi.

Le recours au conseil d'État n'aura pas d'effet suspensif, et il ne pourra en être autrement ordonné.

L'annulation prononcée sur le recours du ministre de la guerre profite aux parties lésées.

Art. 33. — Après que le conseil de révision a statué sur les cas d'exemption, ainsi que sur toutes les réclamations auxquelles les opérations peuvent donner lieu, la liste de recrutement cantonal de la classe est définitivement arrêtée et signée par le conseil de révision.

Cette liste, divisée en sept parties, comprend, par ordre de numéros de tirage :

1° Tous les jeunes gens déclarés propres au service militaire et qui ne doivent pas être classés dans les catégories suivantes ;

2° Les jeunes gens dispensés en vertu de l'article 21 ;

3° Les jeunes gens dispensés en vertu des articles 23 et 50 ;

4° Les jeunes gens liés au service en vertu d'un engagement volontaire, d'un brevet ou d'une commission, et les jeunes marins inscrits ;

5° Les jeunes gens qui sont ajournés conformément à l'article 27 ci-dessus ;

6° Les jeunes gens qui ont été classés dans les services auxiliaires de l'armée ;

7° Les jeunes gens exclus en vertu des dispositions de l'article 4.

2e *Section. — Du conseil de révision départemental. De la taxe militaire.*

Art. 34. — Quand les listes de recrutement de tous les cantons du département ont été arrêtées, le conseil de révision, composé ainsi qu'il est dit à l'article 18 ci-dessus, mais auquel seront adjoints deux autres membres du conseil général, se réunit au chef-lieu du département et prononce, en séance publique, sur les demandes de dispenses à titre de soutiens de famille, stipulées à l'article 22.

Les trois conseillers généraux et le conseiller d'arrondissement sont spécialement désignés à cet effet par la commission départementale.

Les ajournés de l'année précédente concourent entre eux dans les mêmes conditions.

Art. 35. — § 1er. — A partir du 1er janvier qui suivra la mise en vigueur de la présente loi, seront assujettis au paiement d'une taxe militaire annuelle ceux qui, par suite d'exemption, d'ajournement, de classement dans les services auxiliaires ou dans la seconde partie du contingent, de dispense ou pour tout autre motif, bénéficieront de l'exonération du service dans l'armée active.

§ 2. — Sont seuls dispensés de cette taxe :

1° Les hommes réformés ou admis à la retraite pour blessures reçues dans un service commandé ou pour infirmités contractées dans les armées de terre ou de mer ;

2° Les contribuables se trouvant dans un état d'indigence notoire.

§ 3. — La taxe militaire se compose de : 1° une taxe fixe de six francs (6 fr.) ; 2° une taxe proportionnelle égale au montant principal de la cote personnelle et mobilière de l'assujetti.

Si cet assujetti a encore ses ascendants du premier dégré ou l'un d'eux, la cote est augmentée du quotient obtenu en divisant la cote personnelle et mobilière de celui de ces ascendants qui est le plus imposé à cette contribution en principal, par le nombre des enfants vivants et des enfants représentés dudit ascendant.

Au cas de non-imposition des ascendants du premier degré, il sera procédé comme il vient d'être dit sur la cote des ascendants du second degré, en tenant compte des enfants de l'ascendant de chaque degré.

Il n'est plus tenu compte de la cote des ascendants lorsque l'assujetti a atteint l'âge de trente ans révolus, et qu'il a un domicile distinct de celui de ses ascendants.

Les cotisations imposables sont celles qui sont portées aux rôles de la commune du domicile des contribuables. Elles sont déterminées sans égard aux prélèvements qui peuvent servir à les acquitter sur les produits de l'octroi.

§ 4. — La taxe fixe et la taxe proportionnelle sont réduites à proportion du temps pendant lequel l'assujetti n'a pas bénéficié de l'exonération établie à son profit dans le service de l'armée active.

La taxe fixe n'est pas due par les hommes exemptés pour des infirmités entraînant l'incapacité absolue du travail.

§ 5. La taxe est établie au 1er janvier pour l'année entière.

Elle cesse par trois ans de présence effective des assujettis sous les drapeaux, ou par leur inscription sur les registres matricules de l'inscription maritime.

Elle cesse également à partir du 1er janvier qui suit le passage de la classe de l'assujetti dans la réserve de l'armée territoriale.

Tout mois commencé est exigible en entier.

§ 6. — La taxe militaire est due par l'assujetti. A défaut de paiement constaté par une sommation restée sans effet, elle est payée en son acquit par celui de ses ascendants dont la cotisation a été prise pour élément du calcul de la taxe, conformément au paragraphe 3e du présent article. Les ascendants ne sont plus responsables quand la taxe cesse d'être calculée sur leur cote, conformément au paragraphe 3e ci-dessus.

La taxe est exigible dans la commune où le redevable a son domicile à la date du 1er janvier.

Elle est recouvrée et les demandes en remise ou en décharge sont instruites et jugées comme en matière de contributions directes.

En cas de retard de paiement de trois douzièmes consécutifs, constaté par un commandement resté sans effet, il sera dû une taxe double pour les douzièmes échus et non payés

§ 7. — Il est ajouté au montant de la taxe :

1° Cinq centimes par franc pour couvrir les décharges ou remises, ainsi que les frais d'assiette et de confection des rôles. En cas d'insuffisance, il est pourvu au déficit par un prélèvement sur le montant de la taxe ;

2° trois centimes par franc pour frais de perception.

§ 8. — Un règlement d'administration publique déterminera les mesures nécessaires pour l'exécution du présent article, qui n'aura pas d'effet rétroactif.

CHAPITRE III.

Du registre matricule.

Art. 36. — Il est tenu par subdivision de région, un registre matricule sur lequel sont portés tous les jeunes gens inscrits sur les listes de recrutement cantonal.

Ce registre mentionne l'incorporation de chaque homme inscrit, ou la position dans laquelle il est laissé et successivement tous les changements qui peuvent survenir dans sa situation jusqu'à sa libération définitive.

Tout homme inscrit sur le registre matricule reçoit un livret individuel, qu'il est tenu de représenter à toute réquisition des autorités militaire, judiciaire ou civile.

En cas d'appel à l'activité ou de convocation pour des manœuvres, exercices ou revues, la représentation du livret individuel doit avoir lieu dans les vingt-quatre heures de la réquisition.

En tout autre cas, le délai est de huit jours.

TITRE III.

Du service militaire

CHAPITRE PREMIER.

Bases du service

Art. 37. — Tout Français reconnu propre au service militaire fait partie successivement :

De l'armée active pendant trois ans;
De la réserve de l'armée active pendant sept ans;
De l'armée territoriale pendant six ans ;
De la réserve de l'armée territoriale pendant neuf ans.

Art. 38. — Le service militaire est réglé par classe.

L'armée active comprend, indépendamment des hommes qui ne proviennent pas des appels, tous les jeunes gens déclarés propres au service militaire et faisant partie des trois dernières classes appelées.

La réserve de l'armée active comprend tous les hommes qui ont accompli le temps de service prescrit pour l'armée active.

L'armée territoriale comprend tous les hommes qui ont accompli depuis moins de six ans le temps de service prescrit pour l'armée active et sa réserve.

La réserve de l'armée territoriale comprend les hommes qui ont accompli le temps de service prescrit pour cette dernière armée.

Art. 39. — Chaque année, après l'achèvement des opérations du recrutement, le Ministre de la guerre fixe sur la liste du tirage au sort de chaque canton et proportionnellement, en commençant par les numéros les plus élevés, le nombre d'hommes qui seront envoyés dans leurs foyers en disponibilité après leur première année de service. Ces jeunes soldats resteront néanmoins à la disposition du Ministre, qui pourra les conserver sous les drapeaux ou les rappeler, si leur conduite et leur instruction laissent à désirer, ou si l'effectif budgétaire le permet.

Art. 40. — La durée du service compte du 1er novembre de l'année de l'inscription sur les tableaux de recensement, et l'incorporation du contingent doit avoir lieu, au plus tard, le 16 novembre de la même année.

En temps de paix, chaque année, au 31 octobre, les militaires qui ont accompli le temps de service prescrit :

1° Soit dans l'armée active ;
2° Soit dans la réserve de l'armée active ;
3° Soit dans l'armée territoriale ;
4° Soit dans la réserve de l'armée territoriale,

Sont envoyés respectivement :

1° Dans la réserve de l'armée active ;
2° Dans l'armée territoriale :
3° Dans la réserve de l'armée territoriale ;
4° Dans leurs foyers, comme libérés à titre définitif.

Mention de ces divers passages et de la libération est faite sur le livret individuel.

Après les grandes manœuvres, la totalité de la classe dont le service actif expire le 31 octobre suivant, peut être renvoyée dans ses foyers, en attendant son passage dans la réserve.

Dans le cas où les circonstances paraîtraient l'exiger, le Ministre de la guerre et le Ministre de la marine sont autorisés à conserver provisoirement sous les drapeaux la classe qui a terminé sa troisième année de service.

Notification de cette décision sera faite aux Chambres dans le plus bref délai possible.

En temps de guerre, les passages et la libération n'ont lieu qu'après l'arrivée de la classe destinée à remplacer celle à laquelle les militaires appartiennent. Cette disposition est exceptionnellement applicable, dès le temps de paix, aux hommes servant aux colonies.

Les militaires faisant partie de corps mobilisés peuvent y être maintenus jusqu'à la cessation des hostilités, quelle que soit la classe à laquelle ils appartiennent.

En temps de guerre, le Ministre peut appeler par anticipation la classe qui ne serait appelée que le 1er novembre suivant.

Art. 41. — Ne compte pas pour les années de service exigées par la présente loi dans l'armée active, la réserve de l'armée active et l'armée territoriale, le temps pendant lequel un militaire de l'armée active, un réserviste ou un homme de l'armée territoriale a subi la peine de l'emprisonnement en vertu d'un jugement, si cette peine a eu pour effet de l'empêcher d'accomplir, au moment fixé, tout ou partie des obligations d'activité qui lui sont imposées par la présente loi ou par les engagements qu'il a souscrits.

Ces individus seront tenus de remplir leurs obligations d'activité, soit à l'expiration de leur peine, s'ils appartiennent à l'armée active, soit au moment de l'appel qui suit leur élargissement, s'ils font partie de la réserve de l'armée active ou de l'armée territoriale.

Toutefois quelles que soient les déductions de service opérées, les hommes qui en sont l'objet sont rayés des contrôles en même temps que la classe à laquelle ils appartiennent.

CHAPITRE II.

Du service dans l'armée active

Art. 42. — Le contingent à incorporer est formé par les jeunes gens inscrits dans la première partie des listes de recrutement cantonal.

Il est mis, à dater du 1er novembre, à la disposition du ministre de la guerre, qui en arrête la répartition.

Art. 43. — Sont affectés à l'armée de mer :

1° Les hommes fournis par l'inscription maritime ;

2° Les hommes qui ont été admis à s'engager ou à contracter un rengagement dans lesdites troupes, suivant les conditions spéciales déterminées aux articles 59 et 63 ci-après.

3° Les jeunes gens qui, au moment des opérations du conseil de révision, auront demandé à entrer dans les troupes coloniales et auront été reconnus propres à ce service ;

4° A défaut d'un nombre suffisant d'hommes compris dans les trois catégories précédentes, les hommes du contingent auxquels les numéros les moins élevés ont été attribués en vertu de l'article 17 de la présente loi, ou sont échus par l'effet du tirage au sort.

Art. 44. — Sont affectés aux troupes coloniales :

1° Les contingents coloniaux provenant des colonies autres que la Guadeloupe, la Martinique, la Guyane et la Réunion ;

2° Les hommes qui ont été admis à s'engager ou à contracter ne rengagement dans lesdites troupes, suivant les conditions spéciales déterminées aux articles 59 et 63 ci-après.

3° Les jeunes gens qui, au moment des opérations du conseil de révision, auront demandé à entrer dans les troupes coloniales et auront été reconnus propres à ce service ;

4° A défaut d'un nombre suffisant d'hommes compris dans les catégories précédentes, les jeunes gens dont les numéros suivent immédiatement ceux des hommes affectés à l'armée de mer.

La proportion d'hommes à fournir par chaque canton sera calculée sur l'ensemble des jeunes gens reconnus propres au service.

Les dispositions des articles 43 et 44 ne sont pas applicables aux jeunes gens dispensés en vertu des articles 21, 22 et 23.

Art. 45. — La durée du service actif ne pourra pas être interrompue par des congés, sauf le cas de maladie ou de convalescence, ou en exécution des articles 21, 22 et 23 de la présente loi.

Art. 46. — Le nombre d'hommes entretenus sous les drapeaux est, en cas d'excédent, ramené à l'effectif déterminé par les lois au moyen du renvoi dans leurs foyers, après une année de service, des hommes dont les numéros du tirage précèdent immédiatement ceux qui ont été désignés pour la disponibilité aux termes de l'article 39.

Art. 47. — Les militaires qui, pendant la durée de leur service, auront subi des punitions de prison ou de cellule, seront maintenus au corps après le départ des hommes de leur classe, pendant un nombre de jours égal au nombre de journées de prison ou de cellule qu'ils auront subies.

Cette disposition ne sera pas applicable aux militaires qui, au moment du départ des hommes de leur classe, seront en possession du grade de sous-officier ou de celui de caporal ou brigadier.

Si le total de ces journées de prison ou de cellule dépasse soixante la durée du maintien au corps sera fixée par le conseil de discipline, statuant en dernier ressort ; elle ne pourra être inférieure à trois mois ni supérieure à un an.

CHAPITRE III.

Du service dans les réserves

Art. 48. — Les hommes envoyés dans la réserve de l'armée active, dans l'armée territoriale et dans la réserve de ladite armée, sont affectés aux divers corps de troupe et services de l'armée active ou de l'armée territoriale.

Ils sont tenus de rejoindre leur corps en cas de mobilisation, de rappel de leur classe ordonné par décret, et de convocation pour des manœuvres ou exercices.

A l'étranger, les ordres de mobilisation, de rappel ou convocation sont transmis par les soins des agents consulaires de France.

Le rappel de la réserve de l'armée active peut être fait d'une manière distincte et indépendante pour l'armée de terre, pour l'armée de mer ou pour les troupes coloniales ; il peut être fait pour un, plusieurs ou tous les corps d'armée, et, s'il y a lieu, distinctement par arme. Dans tous les cas, il a lieu par classe, en commençant par la moins ancienne.

Les mêmes dispositions sont applicables à l'armée territoriale. La réserve de l'armée territoriale n'est rappelée à l'activité qu'en cas de guerre, et à défaut de ressources suffisantes fournies par l'armée territoriale. Le rappel se fait par classe ou par fraction de classe, en commençant par la moins ancienne.

En cas de mobilisation, les militaires de la réserve domiciliés dans la région, et en cas d'insuffisance, les militaires de la réserve domiciliés dans d'autres régions, complètent les effectifs des divers corps de troupe et des divers services qui entrent dans la composition de chaque corps d'armée.

Les corps de troupe et services qui n'entrent pas dans la composition des corps d'armée sont complétés avec des militaires de la réserve pris sur l'ensemble du territoire.

Mention du corps d'affectation est portée sur le livret individuel.

Les hommes désignés dans l'article 5 comme devant être incorporés dans les bataillons d'infanterie légère d'Afrique, et qui n'auront point été jugés dignes d'être envoyés dans d'autres corps au moment où ils passeront dans la réserve, seront, lors de leur passage dans la réserve, affectés à ces mêmes corps.

En temps de paix, ils accompliront leurs périodes d'exercices dans des compagnies spécialement désignées à cet effet.

Les dispositions des deux derniers paragraphes seront appliquées aux hommes qui, après avoir quitté l'armée active, ont encouru les condamnations spécifiées à l'article 5.

Art. 49. — Les hommes de la réserve de l'armée active sont assujettis, pendant leur temps de service dans ladite réserve, à prendre part à deux manœuvres, chacune d'une durée de quatre semaines.

Les hommes de l'armée territoriale sont assujettis à une période d'exercices dont la durée sera de deux semaines.

Peuvent être dispensés de ces manœuvres ou exercices, comme soutiens indispensables de famille, et s'ils en remplissent effectivement les devoirs, les hommes de la réserve et de l'armée territoriale qui en font la demande.

Le maire soumet les demandes au conseil municipal, qui opère comme il est prescrit à l'article 22 ci-dessus.

Les listes de demandes annotées sont envoyées par les maires aux généraux commandant les subdivisions, qui statuent.

Ces dispenses peuvent être accordées par subdivision de région, jusqu'à concurrence de 6 p. 100 du nombre des hommes appelés momentanément sous les drapeaux ; elles n'ont d'effet que pour la convocation en vue de laquelle elles sont délivrées.

Peuvent être dispensés de ces manœuvres ou exercices, les fonctionnaires et agents désignés au tableau B de la présente loi.

Art. 50. — En temps de paix les jeunes gens qui, avant l'âge de dix-neuf ans révolus, ont établi leur résidence à l'étranger, hors d'Europe, et qui y occuperont une situation régulière, pourront sur l'avis du consul de France, être dispensés du service militaire pendant la durée de leur séjour à l'étranger. Ils devront justifier de leur situation chaque année.

S'ils rentrent en France avant l'âge de trente ans, ils devront accomplir le service actif prescrit par la présente loi, sans toutefois pouvoir être retenus sous les drapeaux au delà de l'âge de trente ans. Ils sont ensuite soumis à toutes les obligations de la classe à laquelle ils appartiennent.

S'ils rentrent après l'âge de trente ans, il ne seront soumis qu'aux obligations de leur classe.

Pendant la durée de leur établissement à l'étranger, ils ne pourront séjourner accidentellement en France plus de trois mois, et sous la réserve d'aviser le consul de leur absence.

Art. 51. — En cas de mobilisation, nul ne peut se prévaloir de la fonction ou de l'emploi qu'il occupe pour se soustraire aux obligations de la classe à laquelle il appartient.

Sont seuls autorisés à ne pas rejoindre immédiatement, dans le cas de convocation par voie d'affiches et de publication sur la voie publique, les titulaires des fonctions et emplois désignés aux tableaux A, B et C annexés à la présente loi, sous la condition qu'ils occupent ces fonctions ou emplois depuis six mois au moins.

Les fonctionnaires et agents portés au tableau A, qui ne relèvent pas déjà des ministres de la guerre ou de la marine, sont mis à la disposition de ces ministres et attendent leurs ordres dans leur situation respective.

Les fonctionnaires et agents du tableau B, qui ne comptent plus dans la réserve de l'armée active, et les fonctionnaires et agents du tableau C, même appartenant à la réserve de l'armée active, ne rejoignent leurs corps que sur ordres spéciaux.

Les hommes autorisés à ne pas rejoindre immédiatement sont, dès la publication de l'ordre de mobilisation, soumis à la juridiction des tribunaux militaires, par application de l'article 57 du code de justice militaire.

Ceux qui ne s'y sont pas conformés sont considérés comme n'ayant pas changé de domicile ou de résidence.

Art. 52. — Sous les drapeaux, les hommes de la réserve et de l'armée territoriale sont soumis à toutes les obligations imposées aux militaires de l'armée active par les lois et règlements en vigueur.

Ils sont justiciables des tribunaux militaires, en temps de paix comme en temps de guerre :

1° En cas de mobilisation, à partir du jour de leur appel à l'activité jusqu'à celui où ils sont renvoyés dans leurs foyers ;

2° Hors le cas de mobilisation, lorsqu'ils sont convoqués pour des manœuvres, exercices ou revues, depuis l'instant de leur réunion en détachement pour rejoindre, ou de leur arrivée à destination, s'ils rejoignent isolément, jusqu'au jour où ils sont renvoyés dans leurs foyers ;

3° Lorsqu'ils sont placés dans les hôpitaux militaires ou dans les salles des hôpitaux civils affectées aux militaires, et lorsqu'ils voyagent comme militaires sous la conduite de la force publique, qu'ils se trouvent détenus dans les établissements, prisons et pénitenciers militaires, ou qu'ils subissent dans un corps de troupe une peine disciplinaire.

Toutefois, des circonstances atténuantes pourront être accordées, alors même que le code de justice militaire n'en prévoit pas, aux hommes qui, n'ayant pas trois mois de présence sous les drapeaux, se trouveront dans l'une des positions indiquées aux paragraphes 2° et 3° ci-dessus.

Art. 53. — Lorsque les hommes de la réserve et de l'armée territoriale, même non présents sous les drapeaux, sont revêtus d'effets d'uniforme, ils doivent à tout supérieur hiérarchique en uniforme les marques extérieures de respect prescrites par les règlements militaires, et sont considérés sous tous les rapports comme des militaires en congé.

Art. 54. — Le seul fait, pour les hommes inscrits sur le registre matricule prévu à l'article 36 ci-dessus, de se trouver revêtus d'effets d'uniforme dans un rassemblement tumultueux et contraire à l'ordre public, et d'y demeurer contrairement aux ordres des agents de l'autorité ou de la force publique, les rend passibles des peines édictées à l'article 225 du code de justice militaire.

Art. 55. — Tout homme inscrit sur le registre matricule est astreint, s'il se déplace, aux obligations suivantes:

1° S'il se déplace pour changer de domicile ou de résidence, il fait viser, dans le délai d'un mois, son livret individuel par la gendarmerie dont relève la localité où il transporte son domicile ou sa résidence;

2° S'il se déplace pour voyager pendant plus d'un mois, il fait viser son livret, avant son départ, par la gendarmerie de sa résidence habituelle;

3° S'il va se fixer en pays étranger, il fait de même viser son livret avant son départ et doit, en outre, dès son arrivée, prévenir l'agent consulaire de France, qui lui donne récépissé de sa déclaration et en envoie copie dans les huit jours au ministre de la guerre.

A l'étranger, s'il se déplace pour changer de résidence, il en prévient, au départ et à l'arrivée, l'agent consulaire de France, qui en informe le ministre de la guerre.

Lorsqu'il rentre en France, il se conforme aux prescriptions du paragraphe premier ci-dessus.

Art. 56. — Les hommes qui se sont conformés aux prescritions de l'article précédent ont droit, en cas de mobilisation ou de rappel de leur classe, à des délais supplémentaires pour rejoindre, calculés d'après la distance à parcourir.

Ceux qui ne s'y sont pas conformés sont considérés comme n'ayant pas changé de domicile ou de résidence.

La faculté de contracter l'engagement volontaire cesse dès que le jeune homme est inscrit par le conseil de révision sur la liste de recrutement cantonal. Toutefois, il peut devancer l'appel pour entrer dans la marine ou dans les troupes coloniales.

Les hommes exemptés ou classés dans les services auxiliaires peuvent, jusqu'à l'âge de trente-deux ans accomplis, être admis à contracter des engagements volontaires, s'ils réunissent les conditions d'aptitude physique exigées.

Les conditions relatives, soit à l'aptitude physique et à l'admissibilité dans les différents corps de l'armée, soit aux époques de l'année où les engagements peuvent être contractés, sont déterminées par des décrets insérés au *Bulletin des lois*.

Il ne pourra être reçu d'engagements volontaires que pour la marine et les troupes coloniales, et pour les corps d'infanterie, de cavalerie, d'artillerie et du génie.

La durée de l'engagement volontaire est de trois, quatre ou cinq ans.

L'engagé volontaire admis, après concours, à l'école normale supérieure, à l'école centrale des arts et manufactures, ou à l'une des écoles spéciales visées à l'article 23, pourra bénéficier des dispositions dudit article après un an de présence sous les drapeaux, à la condition que la demande ait été formulée au moment de l'engagement.

Le service militaire fixé par l'article 37 ci-dessus compte du jour de la signature de l'acte d'engagement.

Art. 57. — Les hommes de la réserve de l'armée active, de l'armée territoriale ou de sa réserve sont justiciables des tribunaux militaires, en temps de paix comme en temps de guerre, pour les crimes et délits prévus et punis par les articles du code de justice militaire énumérés dans le tableau D, annexé à la présente loi, lorsqu'après avoir été appelés sous les drapeaux, ils ont été renvoyés dans leurs foyers.

L'application de ces articles est faite aux inculpés sous la réserve des dispositions spéciales indiquées audit tableau.

Toutefois les hommes appartenant à l'armée territoriale ou à la réserve de cette armée ne sont plus justiciables des tribunaux militaires, en temps de paix, pour les crimes et délits prévus par les deux paragraphes précédents, lorsqu'ils ont été renvoyés dans leurs foyers depuis plus de six mois, à moins que, au moment où les faits incriminés ont été commis, les délinquants fussent revêtus d'effets d'uniforme.

Art. 58. — Les hommes de la disponibilité et de la réserve de l'armée active peuvent se marier sans autorisation. Il restent soumis néanmoins à toutes les obligations de service imposées à leur classe.

Les réservistes qui sont pères de quatre enfants vivants, passent de droit dans l'armée territoriale.

TITRE IV

Des engagements volontaires, des rengagements, et des commissions.

CHAPITRE PREMIER. — *Des engagements volontaires.*

Art. 59. — Tout Français ou naturalisé Français, comme il est dit aux articles 11 et 12 de la présente loi, ainsi que les jeunes gens qui doivent être inscrits sur les tableaux de recensement ou qui sont autorisés par les lois à servir dans l'armée française, et les jeunes gens nés en pays étranger d'un Français qui aurait perdu la qualité de Français, peuvent être admis à contracter un engagement volontaire dans l'armée active aux conditions suivantes:

L'engagé volontaire doit:

1° S'il entre dans l'armée de mer, avoir seize ans accomplis, sans être tenu d'avoir la taille prescrite par la loi;

S'il entre dans l'armée de terre, avoir dix-huit ans accomplis et au moins la taille réglementaire d'un mètre cinquante-quatre centimètres;

2° N'être ni marié, ni veuf avec enfant;

3° N'avoir jamais été condamné pour vol, escroquerie, abus de confiance, attentat aux mœurs et n'avoir subi aucune des peines prévues par l'article 5 de la présente loi, à moins qu'il ne veuille contracter son engagement pour un bataillon d'infanterie légère d'Afrique.

4° Jouir de ses droits civils;

5° Etre de bonnes vie et mœurs;

6° S'il a moins de vingt ans, être pourvu du consentement de ses père, mère ou tuteur; ce dernier doit être autorisé par une délibération du conseil de famille. Le consentement du directeur de l'assistance publique dans le département de la Seine, et du préfet dans les autres départements, est nécessaire et suffisant pour les moralement abandonnés.

L'engagé volontaire est tenu, pour justifier des conditions prescrites aux paragraphes 3°, 4° et 5° ci-dessus, de produire un extrait de son casier judiciaire et un certificat délivré par le maire de son dernier domicile.

S'il ne compte pas au moins une année de séjour dans cette commune, il doit également produire un autre certificat du maire de la commune où il était antérieurement domicilié.

Le certificat doit contenir le signalement du jeune homme qui veut s'engager, et mentionner la durée du temps pendant lequel il a été domicilié dans la commune.

Art. 60. — Les jeunes gens remplissant les conditions stipulées à l'article précédent peuvent être admis à contracter, dans les troupes coloniales, des engagements volontaires d'une durée, de cinq ans, donnant droit pendant les deux dernières années à une prime dont le montant sera fixé par décret.

Cette disposition est applicable aux jeunes gens du contingent qui, affectés aux équipages de la flotte ou aux troupes coloniales, contractent l'engagement de servir pendant cinq ans.

Le mode de paiement de ces primes sera déterminé par un règlement d'administration publique.

Les jeunes gens remplissant les conditions stipulées par le précédent article peuvent être admis à contracter dans les équipages de la flotte, soit des engagements à long terme dans les conditions de la loi du 22 juillet 1886, soit des engagements de cinq ans, soit enfin des engagements de trois ans.

Ces derniers engagements ne donnent droit à aucune prime. Le Ministre de la marine aura la faculté d'allouer des hautes payes, dans la limite des crédits prévus à cet effet par la loi de finances, aux hommes des professions ou spécialités utilisables dans la marine, et dont le recrutement, dans les conditions ordinaires, s'opère difficilement.

Art. 61. — En cas de guerre, tout Français ayant accompli le temps de service prescrit pour l'armée active, la réserve de ladite armée et l'armée territoriale, est admis à contracter, dans un corps de son choix, un engagement pour la durée de la guerre.

Cette faculté cesse pour les hommes de la réserve de l'armée territoriale lorsque leur classe est rappelée à l'activié.

Art. 62. — Les engagements volontaires sont contractés dans les formes prescrites par les articles 34, 35, 36, 37, 38, 39, 40, 42 et 44 du code civil, devant les maires des chefs-lieux de canton.

Les conditions relatives à la durée de ces engagements sont insérées dans l'acte même.

Les autres conditions sont lues aux contractants avant la signature, et mention en est faite à la fin de l'acte.

CHAPITRE II.

Des rengagements

Art. 63. — Les soldats décorés ou médaillés, ou inscrits sur les listes d'aptitude pour le grade de caporal ou brigadier, ainsi que les caporaux ou brigadiers, pourront être admis à contracter des rengagements pour deux, trois ou cinq ans, pendant le cours de leur dernière année de service sous les drapeaux.

Tout homme des troupes coloniales peut être admis à contracter un rengagement pour deux, trois ou cinq ans, après six mois de service.

Les rengagements datent du jour de l'expiration légale du service dans l'armée active. Ils sont renouvelables jusqu'à une durée totale de quinze années de service effectif.

Les caporaux ou brigadiers et les soldats qui contractent un premier rengagement de cinq ans ont droit à une prime payable immédiatement après la signature de l'acte. Le montant de cette prime sera fixé comme il est indiqué à l'article 60 ci-dessus.

Ceux qui contractent un premier rengagement de deux ou trois ans ont droit à une prime réduite, fixée au tiers de la prime totale dans le premier cas, et à la moitié dans le second. S'ils contractent un second rengagement avant l'expiration du premier, de manière à parfaire cinq ans de rengagement, ils reçoivent le complément de la prime totale telle qu'elle est fixée dans les conditions de l'article 60 au moment de ce rengagement.

En outre, des hautes payes journalières sont allouées aux rengagés à partir du jour où leur rengagement commence à courir.

Les valeurs de ces hautes payes journalières, distinctes pour les caporaux et brigadiers d'une part, et pour les soldats de l'autre, seront fixées par les tarifs de solde.

Après cinq années de rengagement, ces hautes payes sont augmentées de moitié pour les caporaux ou brigadiers, et d'un tiers pour les soldats.

Après quinze ans de service effectif, les rengagés auront droit à une pension proportionnelle égale au 15/25 du minimum de la pension de retraite du grade dont ils seront titulaires depuis deux ans au moins, augmentée de 1/25 pour chaque année de campagne.

Le taux des pensions proportionnelles et de retraite est décompté d'après les articles non abrogés de la loi du 11 avril 1831, et d'après les lois des 25 juin 1861, 18 août 1879 et le tarif joint à la loi du 19 mars 1889.

Les autres conditions sont déterminées par un règlement inséré au *Bulletin des lois*.

Dans les équipages de la flotte, les rengagements d'une durée de trois ou cinq ans sont contractés dans le cours de la dernière année de service. Ils doivent exceptionnellement être reçus à la fin de la première année de service losqu'il s'agit d'hommes admis à suivre les cours d'une des écoles spéciales de la marine. Ces rengagements sont renouvelables jusqu'à une durée totale de vingt-cinq années de service effectif.

Art. 64. — Tout homme appartenant à la cavalerie peut contracter un rengagement d'un an dans le cours de sa troisième année de service. Il aura droit, pendant la quatrième année, à une haute paye dont le taux sera fixé par les tarifs de solde.

Par dérogation aux dispositions de l'article 37, il ne restera que trois ans dans la réserve de l'armée active ; il passera dans l'armée territoriale, et par suite dans la réserve de cette armée, trois ans avant la classe à laquelle il appartient.

Art. 65. — Dans les troupes coloniales, les premiers rengagements des caporaux ou brigadiers et des soldats donnent droit à une prime payée au moment de la signature de l'acte et à des gratifications annuelles.

Les rengagements ultérieurs ne donnent droit qu'aux gratifications annuelles.

Le montant des primes et gratifications est fixé par décret.

Les hautes payes journalières pour les caporaux ou brigadiers et pour les soldats seront augmentées de trois ans en trois ans. Cette augmentation sera déterminée par le tarif de solde.

Peuvent être admis à se rengager pour les troupes coloniales, avec bénéfice des avantages mentionnés ci-dessus:

1° Les militaires de toutes armes ;

2° Les hommes de la réserve de l'armée active, âgés de moins de vingt-huit ans ;

3° Les hommes des régiments étrangers, autorisés par le Ministre de la guerre.

Le bénéfice des dispositions du paragraphe précédent est applicable, sans aucune restriction ni réserve, aux hommes résidant ou domiciliés en Algérie ou aux colonies avant leur incorporation, ou après leur passage dans la réserve de l'armée active.

Dans le corps des équipages de la flotte, les rengagements des quartiers-maîtres et marins provenant du recrutement donnent droit au mêmes avantages pécuniaires que ceux qui sont accordés aux quartiers-maîtres et marins provenant de l'inscription maritime.

Art. 66. — Les rengagements sont contractés devant les sous-intendants militaires, dans la forme prescrite par l'article 63 ci-dessus, sur la preuve que le contractant peut rester ou être admis dans le corps pour lequel il se présente.

Art. 67. — Tout rengagé qui, étant sous les drapeaux, subit une condamnation à l'emprisonnement d'une durée de trois mois au moins, est déchu de tous ses droits à la gratification annuelle et à la haute paye. Il est dirigé, à l'expiration de sa peine, sur un bataillon d'infanterie légère d'Afrique pour y terminer son temps de service.

CHAPITRE III.

Des commissions

Art. 68. — Peuvent être maintenus sous les drapeaux, en qualité de commissionnés :

1° Les sous-officiers de toutes armes, dans les conditions indiquées par la loi du 19 mars 1889 ;

2° Les militaires de la gendarmerie, les militaires du régiment de sapeurs-pompiers de Paris, et le personnel employé dans les écoles militaires ;

3° Les caporaux ou brigadiers et soldats affectés dans les divers corps et services à certaines emplois déterminés par le ministre de la guerre.

Tout militaire commissionné pourra être mis à la retraite après vingt-cinq ans de service ; il ne pourra être maintenu sous les drapeaux que jusqu'à l'âge de cinquante ans.

Toutefois, les militaires de la gendarmerie et de la justice militaire pourront rester en activité au delà de cette limite, dans les conditions fixées par les règlements constitutifs de cette arme et de ce service.

Peuvent être réadmis en la même qualité dans les catégories mentionnées aux paragraphes 2° et 3° ci-dessus, les militaires ayant accompli le temps de service exigé dans l'armée active, et rentrés dans leurs foyers depuis moins de trois ans.

Les militaires commissionnés ont droit à la haute paye de leur grade dans les mêmes conditions que les rengagés.

En cas d'inconduite de la part du commissionné, le ministre de la guerre peut, sur l'avis conforme d'un conseil de discipline, soit suspendre les effets de la commission, soit révoquer définitivement le militaire commissionné, suivant la gravité des faits reprochés.

Tout militaire commissionné quittant les drapeaux après quinze années de service effectif, aura droit à une pension proportionnelle, dont le taux sera décompté comme il est prescrit à l'article 63 ci-dessus, pour chaque année de service et pour chaque campagne, à raison de 1/25 du minimum de la pension de retraite du grade dont il sera titulaire depuis deux ans au moins.

Ceux qui obtiendraient d'être commissionnés après avoir quitté les drapeaux ne pourront réclamer ladite pension proportionnelle qu'après avoir servi cinq ans en cette nouvelle qualité.

Les militaires commissionnés sont soumis aux lois et règlements militaires.

Ils ne peuvent quitter leur emploi sans avoir reçu notification de l'acceptation de leur démission. La décision du ministre de la guerre devra être transmise dans un délai maximum de deux mois augmenté hors de France des délais de distance, à partir de la date de la remise de la démission. En cas de guerre, les démissions ne sont jamais acceptées.

TITRE V.

Dispositions pénales

Art. 69. — Toutes fraudes ou manœuvres par suite desquelles un jeune homme a été omis sur les tabeaux de recensement, sont déférées aux tribunaux ordinaires et punies d'un emprisonnement d'un mois à un an.

Sont déférés aux mêmes tribunaux et punis de la même peine:

1° Les jeunes gens appelés qui, par suite d'un concert frauduleux, se sont abstenus de comparaître devant le conseil de révision;

2° Les jeunes gens qui, à l'aide de fraudes ou manœuvres, se font exempter ou dispenser par un conseil de revision, sans préjudice de peines plus graves en cas de faux.

Les auteurs ou complices sont punis des mêmes peines.

Si le jeune homme omis a été condamné comme auteur ou complice de fraudes ou manœuvres, les dispositions des articles 15 et 17 de la présente loi lui sont appliquées lors des premières opérations de recensement qui ont lieu après l'expiration de sa peine.

Le jeune homme indûment exempté ou indûment dispensé est rétabli en tête de la première partie de la classe appelée, après qu'il a été reconnu que l'exemption ou la dispense avait été indûment accordée.

Art. 70. — Tout homme prévenu de s'être rendu impropre au service militaire, soit temporairement, soit d'une manière permanente, dans le but de se soustraire aux obligations imposées par la présente loi, est déféré aux tribunaux, soit sur la demande des conseils de revision, soit d'office. S'il est reconnu coupable, il est puni d'un emprisonnement d'un mois à un an.

Sont également déférés aux tribunaux et punis de la même peine les jeunes gens qui, dans l'intervalle de la liste cantonale à leur mise en activité, se sont rendus coupables du même délit.

A l'expiration de leur peine, les uns et les autres sont mis à la disposition du Ministre de la guerre pour tout le temps du service militaire qu'ils doivent à l'État, et sont envoyés dans une compagnie de discipline.

La peine portée au présent article est prononcée contre les complices.

Si les complices sont des médecins, des officiers de santé ou des pharmaciens, la durée de l'emprisonnement est pour eux de deux mois à deux ans, indépendamment d'une amende de 200 francs à 1000 francs qui peut être aussi prononcée, et sans préjudice de peines plus graves dans les cas prévus par le code pénal.

Art. 71. — Les médecins militaires ou civils qui, appelés au conseil de revision à l'effet de donner leur avis conformément aux articles 18, 19, 20 et 27 de la présente loi, ont reçu des dons ou agréé des promesses pour être favorables aux jeunes gens qu'ils doivent examiner, sont punis d'un emprisonnement de deux mois à deux ans.

Cette peine leur est appliquée, soit qu'au moment des dons ou promesses ils aient déjà été désignés pour assister au conseil de révision, soit que les dons ou promesses aient été agréés en prévision des fonctions qu'ils auraient à y remplir.

Il leur est défendu, sous la même peine, de rien recevoir, même pour une exemption ou dispense justement prononcée.

Ceux qui leur ont fait des dons ou promesses sont punis de la même peine.

Art. 72. — Tout fonctionnaire ou officier public, civil ou militaire, qui, sous quelque prétexte que ce soit, a autorisé ou admis des exclusions, exemptions ou dispenses autres que celles déterminées par la présente loi, ou qui aura donné arbitrairement une extension quelconque, soit à la durée, soit aux règles ou conditions des appels, des engagements, sera coupable d'abus d'autorité et puni des peines portées dans l'article 185 du code pénal, sans préjudice de peines plus graves prononcées par ce code dans les autres cas qu'il a prévus.

Art. 73. — Tout jeune soldat appelé, au domicile duquel un ordre de route a été régulièrement notifié, et qui n'est pas arrivé à sa destination au jour fixé par cet ordre, est, après un délai d'un mois en temps de paix et de deux jours en temps de guerre et hors le cas de force majeure, puni, comme insoumis, d'un emprisonnement d'un mois à un an en temps de paix et de deux à cinq ans en temps de guerre. Dans ce dernier cas, à l'expiration de sa peine, il est envoyé dans une compagnie de discipline.

En temps de guerre, les noms des insoumis sont affichés dans toutes les communes du canton de leur domicile; ils restent affichés pendant toute la durée de la guerre. Le condamné pour insoumission ou désertion en temps de guerre sera, en outre, privé de ses droits électoraux.

Ces dispositions sont applicables à tout engagé volontaire qui sans motifs légitimes, n'est pas arrivé à sa destination dans le délai fixé par sa feuille de route.

En cas d'absence du domicile, l'ordre de route est notifié au maire de la commune dans laquelle l'appelé a été porté sur la liste de recensement.

A l'égard des appelés, le délai d'un mois sera porté :

1° A deux mois, s'ils demeurent en Algérie, en Tunisie ou en Europe;

2° A six mois, s'ils demeurent dans tout autre pays.

En temps de guerre ou en cas de mobilisation par voie d'affiches et de publications sur la voie publique, les délais ci-dessus seront diminués de moitié.

L'insoumis est jugé par le conseil de guerre de la région de corps d'armée dans laquelle il est arrêté.

Le temps pendant lequel l'engagé volontaire ou le jeune soldat appelé aura été insoumis ne compte pas dans les années de service exigées.

La prescription contre l'action publique résultant de l'insoumission ne commence à courir que du jour où l'insoumis a atteint l'âge de cinquante ans.

Art. 74. — Quiconque est reconnu coupable d'avoir sciemment recélé ou pris à son service un insoumis est puni d'un emprisonnement qui ne peut excéder six mois. Selon les circonstances, la peine peut être réduite à une amende de 50 à 500 frs.

Quiconque est convaincu d'avoir favorisé l'évasion d'un insoumis est puni d'un emprisonnement d'un mois à un an.

La même peine est prononcée contre ceux qui, par des manœuvres coupables, ont empêché ou retardé le départ des jeunes soldats.

Si le délit a été commis à l'aide d'un attroupement, la peine sera double.

Si le délinquant est fonctionnaire public, employé du Gouvernement ou ministre d'un culte salarié par l'État, la peine peut être portée jusqu'à deux années d'emprisonnement, et il est, en outre, condamné à une amende qui ne pourra excéder 2,000 francs.

Art. 75. — En temps de paix, les militaires en congé rappelés sous les drapeaux, les hommes de la réserve et ceux de l'armée territoriale convoqués pour des manœuvres ou des exercices, ou appartenant à des classes rappelées par décret, qui ne seront pas rendus le jour fixé au lieu indiqué par les ordres d'appel ou affiches, seront passibles d'une punition disciplinaire.

En cas de récidive, les pénalités de l'article 73 ci-dessus, concernant l'insoumission des jeunes soldats appelés, seront applicables aux hommes désignés au paragraphe précédent.

En cas de mobilisation, les hommes appelés sont déclarés insoumis s'ils n'ont pas rejoint, dans le délai de deux jours, sauf dans le cas prévu à l'article 56 de la présente loi.

Tout homme qui n'a pas rejoint au jour indiqué pour des manœuvres ou exercices, peut être astreint par l'autorité militaire à faire ou à compléter dans un corps de troupe le temps de service pour lequel il était appelé.

Art. 76. — Les hommes liés au service dans les conditions mentionnées à l'article 30 ci-dessus, qui n'ont pas fait les déclarations prescrites audit article, sont déférés aux tribunaux ordinaires et punis d'une amende de 10 francs à 200 francs. Ils peuvent, en outre, être condamnés à un emprisonnement de quinze jours à trois mois.

En temps de guerre, la peine est double.

Art. 77. — Les peines prononcées par les articles 71, 72 et 74 de la présente loi sont applicables aux tentatives des délits prévus par ces articles.

Art. 78. — Dans tous les cas non prévus par les dispositions précédentes, les tribunaux civils et militaires appliqueront les lois pénales ordinaires aux délits auxquels pourra donner lieu l'exécution du mode de recrutement déterminé par la présente loi.

Lorsque la peine de l'emprisonnement est prononcée par la présente loi, les juges peuvent, sauf dans les cas prévus par les articles 73 et 75 ci-dessus, user de la faculté exprimée par l'article 463 du code pénal.

Art. 79. — Les crimes et délits prévus à l'article 57 ci-dessus, et énumérés dans le tableau D annexé à la présente loi, sont punis des peines portées par les articles visés dans ce tableau; il pourra toutefois être accordé des circonstances atténuantes, alors même que le code de justice militaire ne les prévoit pas, aux hommes ayant moins de trois mois de présence sous les drapeaux.

En temps de guerre, aucune circonstance atténuante n'est admise.

Art. 80. — Lorsque, par application de la faculté accordée par les articles 52 et 79 de la présente loi, les tribunaux militaires auront admis des circonstances atténuantes en faveur des inculpés de crimes ou délits pour lesquels le code de justice militaire ne les prévoit pas, les peines prononcées par ce code seront modifiées ainsi qu'il suit :

Si la peine prononcée par la loi est celle de la mort, le conseil de guerre appliquera la peine des travaux forcés à perpétuité ou celle des travaux forcés à temps, sauf dans les cas prévus par les articles 209, 210, 211, 213, 217, 218, 220, 222, 223. 226, 227 et 228 du code de justice militaire, où la peine appliquée sera celle de la détention. Dans le cas de l'article 221 dudit code, la peine appliquée sera celle des travaux forcés à perpétuité, des travaux forcés à temps ou de la détention, suivant les circonstances.

Si la peine est celle des travaux forcés à perpétuité, le conseil de guerre appliquera la peine de la réclusion ou celle de la dégradation militaire, avec emprisonnement de deux à cinq ans.

Si la peine est celle de la détention ou de la réclusion, le conseil de guerre appliquera la peine de la dégradation militaire, avec emprisonnement de un à cinq ans.

Toutefois, si la peine prononcée par la loi est le maximum d'une peine afflictive, le conseil de guerre pourra toujours appliquer le minimum de cette peine.

Si la peine est celle de la dégradation militaire, le conseil de guerre appliquera un emprisonnement de trois mois à deux ans.

Si la peine est celle des travaux publics, le conseil de guerre appliquera un emprisonnement de deux mois à cinq ans.

Dans tous les cas où la peine de l'emprisonnement est prononcée par le code de justice militaire, le conseil de guerre est autorisé à faire application de l'article 463 du code pénal, sans toutefois que la peine de l'emprisonnement puisse être remplacée par une amende.

Nonobstant toute réduction de peine par suite de l'admission de circonstances atténuantes, la peine de la destitution sera toujours appliquée par le conseil de guerre dans les cas où elle est prononcée par le code de justice militaire.

TITRE VI

Recrutement en Algérie et aux colonies

Art. 81. — Les dispositions de la présente loi sont applicables dans les colonies de la Guadeloupe, de la Martinique, de la Guyane et de la Réunion.

Elles sont également applicables en Algérie et dans toutes les colonies non désignées au paragraphe précédent, mais sous les réserves suivantes :

En dehors d'exceptions motivées, et dont il serait fait mention dans le compte rendu prévu par l'article 86 ci-après, les Français et naturalisés Français résidant en Algérie ou dans l'une des colonies autres que la Guadeloupe, la Martinique, la Guyane et la Réunion, sont incorporés dans les corps stationnés soit en Algérie, soit aux colonies, et après une année de présence effective sous les drapeaux, envoyés dans la disponibilité s'ils ont satisfait aux conditions de conduite et d'instruction militaire déterminées par le ministre de la guerre.

S'il ne se trouve pas de corps stationné dans un rayon fixé par arrêté ministériel, ces jeunes gens sont dispensés de la présence effective sous les drapeaux. Dans le cas où cette situation se modifierait avant qu'ils aient atteint l'âge de trente ans révolus, ils accompliraient une année de service dans le corps de troupe le plus voisin.

En cas de mobilisation générale, les hommes valides qui ont terminé leurs vingt années de service sont réincorporés avec la réserve de l'armée territoriale. sans cependant pouvoir être appelés à servir hors du territoire de l'Algérie et des colonies.

Si un Français ou naturalisé Français, ayant bénéficié des dispositions du paragraphe 2 du présent article, transportait son établissement en France avant l'âge de trente ans accomplis, il devrait compléter, dans un des corps de la métropole, le temps de service dans l'armée active prescrit par l'article 37 de la présente loi, sans toutefois pouvoir être retenu sous les drapeaux au delà de l'âge de trente ans.

Les Français ou naturalisés Français établis dans un pays de Protectorat où seront stationnées des troupes françaises pourront être admis, sur leur demande, à bénéficier des dispositions qui précèdent.

Art. 82. — Les jeunes gens inscrits sur les listes de recrutement de la métropole, résidant dans une colonie ou un pays de Protectorat où il n'y aurait pas de troupes françaises stationnées, pourront, sur l'avis conforme du Gouverneur ou du Résident, bénéficier des dispositions contenues dans l'article 50 ci-dessus.

La même disposition s'applique aux jeunes gens inscrits sur les listes de recrutement d'une colonie autre que celle où ils résident.

Art. 83. — Les conditionss spéciales de recrutement des corps étrangers et indigènes sont réglées par décret jusqu'à ce qu'une loi spéciale ait déterminé les conditions du service militaire des indigènes.

TITRE VII

Dispositions particulières

Art. 84. — A partir du 1er novembre de la troisième année qui suivra la mise en vigueur de la présente loi, nul ne pourra être admis à exercer certains emplois salariés par l'État ou les départements, si, n'ayant pas été déclaré impropre au service militaire à l'appel de sa classe, il ne compte au moins cinq années de service actif dans les armées de terre ou de mer, dont deux comme officier, sous-officier, caporal ou brigadier, ou si, avant la date ci-dessus mentionnée, il n'a été retraité ou réformé.

Un règlement d'administration publique, qui devra être promulgué un an au plus après la mise en vigueur de la présente loi, déterminera les emplois ainsi réservés, les conditions auxquelles les candidats devront satisfaire pour les obtenir et le mode de recrutement de ces emplois en cas d'insuffisance de candidats remplissant les conditions voulues.

Art. 85. — Une loi spéciale déterminera:

1° Les mesures à prendre pour rendre uniforme, dans tous les lycées et établissements d'enseignement, l'application de la loi du 27 janvier 1880, imposant l'obligation des exercices ;

2° L'organisation de l'instruction militaire pour les jeunes gens de dix-sept à vingt ans et le mode de désignation des instructeurs.

Art. 86. — Chaque année, avant le 30 juin, il sera rendu compte aux Chambres, par le Ministre de la guerre, de l'exécution des dispositions contenues dans la présente loi pendant l'année précédente

TITRE VIII.

Dispositions transitoires.

Art. 87. — Les dispositions de la présente loi seront appliquées au plus tard dans les six mois qui suivront la date de sa promulgation.

Art. 88. — Les jeunes soldats ayant accompli trois ans de service dans l'armée active au moment de la mise en vigueur de la présente loi seront envoyés dans la réserve.

Toutefois, pendant un délai de deux années, le Ministre de la guerre pourra conserver sous les drapeaux, dans les limites prévues par l'article 36 de la loi du 27 juillet 1872, les jeunes gens déjà incorporés conformément aux prescriptions de ladite loi.

Mention spéciale des décisions prises sera faite dans le compte rendu prescrit par l'article 86 ci-dessus.

Les mêmes dispositions sont applicables aux engagés volontaires qui en feront la demande.

Art. 89. — Les jeunes soldats qui, au moment de la mise en vigueur de la présente loi, appartiendraient à la deuxième portion du contingent en raison de leur numéro de tirage au sort, et qui n'auraient pas encore accompli le temps de service prescrit par l'article 40 de la loi du 27 juillet 1872 seront, à l'expiration de ce temps, envoyés en congé dans leurs foyers.

Art. 90. — Les sous-officiers qui se trouveront dans leur quatrième année de service au moment de la mise en vigueur de la présente loi, pourront être maintenus sous les drapeaux par décision ministérielle, jusqu'à l'expiration de cette quatrième année de service, alors même que la classe à laquelle ils appartiennent serait renvoyée dans ses foyers.

Les sous-officiers ainsi maintenus sous les drapeaux recevront la même haute paye que les sous-officiers rengagés et auront le droit de concourir pour les emplois civils visés par l'article 84 ci-dessus.

Art. 91. Les jeunes gens qui, avant la mise en vigueur de la présente loi, seront admis à contracter un engagement conditionnel d'un an et ceux qui se trouvent dans la situation prévue par la loi du 31 décembre 1875, bénéficieront des dispositions des articles 53 à 57 inclus de la loi du 27 juillet 1872; mais les dispositions de l'article 38 de la loi du 24 juillet 1873 cesseront de leur être applicables.

Art. 92. — Les jeunes gens dispensés conditionnellement du service actif en temps de paix avant la mise en vigueur de la présente loi, conformément à l'article 20 de la loi du 27 juillet 1872, conserveront la situation qui leur est faite par ladite loi au point de vue des obligations du service militaire, sous la réserve des dispositions contenues dans l'article 93 ci-après.

Art. 93. — La présente loi est applicable aux hommes appelés en vertu des lois antérieures, libérés ou non du service militaire, jusqu'à ce qu'ils aient atteint l'âge de quarante-cinq ans.

Art. 94. — Dès la mise en vigueur de la présente loi, seront et demeureront abrogées :

La loi du 27 juillet 1872, sur le recrutement de l'armée ;

La loi du 6 novembre 1875, ayant pour objet de déterminer les conditions suivant lesquelles les Français domiciliés en Algérie seront soumis au service militaire ;

La loi du 18 novembre 1875, ayant pour objet de coordonner les lois des 27 juillet 1872, 24 juillet 1873, 13 mars, 19 mars et 6 novembre 1875 avec le code de justice militaire ;

Les lois des 30 juillet, 4 décembre et 31 décembre 1875, et la loi du 20 juillet 1886, modifiant divers articles de la loi du 27 juillet 1872 ;

Et d'une manière générale, toutes dispositions contraires à la présente loi.

La présente loi, délibérée et adoptée par le Sénat et par la Chambre des députés, sera exécutée comme loi de l'État.

CARNOT.

ANNEXES

TABLEAU A.

Personnel placé sous les ordres des ministres de la guerre et de la marine ou mis à leur disposition, en cas de mobilisation.

(Application de l'article 51 de la loi sur le recrutement de l'armée.)

Services.

Ministère de la guerre :

Administration centrale ;
Établissements.

Ministère de la marine :

Administration centrale ;
Établissements métropolitains et coloniaux.

Ministère de l'intérieur :

Sapeurs-pompiers des places de guerre n'appartenant plus à la réserve de l'armée active ;
Cantonniers n'appartenant plus à la réserve de l'armée active ;
Médecins et chirurgiens des hospices ;
Médecins chefs de sevice des hospices ;
Médecins des services pénitentiaires, maisons centrales, pénitenciers ;
Chirurgiens des services pénitentiaires, maisons centrales, pénitenciers ;
Pharmaciens internes des services pénitentiaires, maisons centrales, pénitenciers.

Ministère des travaux publics (non compris l'administration centrale et les cantonniers faisant partie de la réserve de l'armée active.)

Forêts (agents et préposés organisés militairement.)

Ministère des finances :

Douaniers (bataillons, compagnies et sections) ;
Postes et télégraphes.
Chemins de fer :
Sections techniques ;
Personnel de l'exploitation technique ;
Administration centrale.

TABLEAU B.

Services publics

Désignation des fonctionnaires et agents qui, en cas de mobilisation, sont autorisés à ne pas rejoindre immédiatement, quand ils n'appartiennent pas à la réserve de l'armée active.

(Application de l'article 51 de la loi sur le recrutement de l'armée).

Personnel de l'administration du Sénat et de la Chambre des députés

Secrétaires généraux ;
Chefs de service ;
Chefs adjoints ou sous-chefs.

MINISTÈRE DES FINANCES

Administration centrale

Secrétaire général ;
Directeur général de la comptabilité publique ;
Directeur ;
Chef de la division du contentieux ;
Caissier payeur central du trésor ;
Payeur central de la Dette publique ;
Contrôleur central ;
Chefs de bureau ;
Contrôleur spécial pour le receveur central de la Seine.

Inspection générale des finances

Inspecteurs généraux des finances ;
Inspecteurs et adjoints à l'inspection.

Trésorerie.

Trésoriers payeurs généraux ;
Receveurs particuliers ;
Percepteurs ;
Un fondé de pouvoirs de chaque trésorier payeur général, désigné par le Ministre des finances.

Trésorerie d'Afrique, de la Cochinchine et du Tonkin.

Trésoriers payeurs ;
Payeurs particuliers ;
Payeurs adjoints.

Administration des contributions directes.

Directeur général ;
Administrateurs ;
Chefs de bureau ;
Directeurs ;
Inspecteurs ;
Premiers commis de direction.

Administration de l'enregistrement, des domaines et du timbre.

Directeur général ;
Administrateurs ;
Chefs de bureau ;
Directeurs ;
Inspecteurs ;
Conservateurs des hypothèques.

Administration des douanes.

Directeur général ;
Administrateurs ;
Chefs de bureau ;
Directeurs ;
Inspecteurs ;
Sous-inspecteurs.

Administration des contributions indirectes (France) et contributions diverses (Algérie).

Directeur général ;
Administrateurs ;
Chefs de bureau ;

Directeurs ;
Sous-directeurs, chefs de service dans un arrondissement ;
Inspecteurs ;
Receveurs principaux ;
Receveurs particuliers ;
Entreposeurs ;
Contrôleurs ;
Receveurs ambulants ;
Receveurs buralistes.

Administration des manufactures de l'État (tabacs)

Directeur général ;
Administrateurs ;
Chefs de bureau :
Directeurs ;
Contrôleurs des manufactures ;
Inspecteurs ;
Entreposeurs des tabacs en feuilles ;
Vérificateurs et commis de culture.

Administration des monnaies et médailles.

Directeur général ;
Caissier agent comptable ;
Contrôleur principal.

Banque de France.

Gouverneur ;
Sous-gouverneur ;
Secrétaire général ;
Contrôleur ;
Caissier principal ;
Caissiers particuliers et sous-caissiers ;
Chefs de bureau ;
Inspecteurs ;
Ouvriers de l'imprimerie des billets ;
Directeurs des succursales ;
Caissiers des succursales.

Banque d'Algérie.

Directeur ;
Sous-directeur ;
Secrétaire général ;
Inspecteur ;
Caissier principal ;
Chefs de bureau ;
Directeurs des succursales.

Caisse des dépôts et consignations.

Directeur général ;
Chefs de division ;
Caissier général ;
Chefs de bureau.

MINISTÈRE DE L'INTÉRIEUR.

Administration centrale.

Directeurs ;
Chefs de bureau.

Etablissements nationaux de bienfaisance.

Directeurs ;
Médecins en chef.

Services pénitentiaires, maisons centrales, pénitenciers.

Inspecteurs ;
Économes ;
Agents comptables ;
Commis greffiers.

Sûreté publique.

Commissaires divisionnaires ;
Commissaires spéciaux de police ;
Inspecteurs spéciaux.

Administration départementale.

Préfets, sous-préfets et secrétaires généraux ;
Chefs de division de préfecture ;
Inspecteurs des enfants assistés ;
Chefs du bureau militaire de préfecture ;
Agents-voyers en chef et agents-voyers d'arrondissement ;
Directeurs des asiles publics d'aliénés ;

Administration communale.

Secrétaires chefs du bureau militaire des mairies des chefs-lieux de département et d'arrondissement, ainsi que des communes qui, n'étant pas chefs-lieux de département ou d'arrondissement, ont plus de 4,000 habitants ;
Receveurs d'octroi ;
Préposés en chef d'octroi ;
Commissaires de police ;
Sergents de ville ou gardiens de la paix.

Services spéciaux de la ville de Paris ressortissant à la préfecture de la Seine

Directeurs des hôpitaux et hospices ;
Receveurs des hôpitaux et hospices ;
Économes des hôpitaux et hospices ;
Agents du service des eaux ;
Contrôleurs et sous-contrôleurs ;
Gardes cantonniers des eaux.
Agents de l'assistance publique ;
Directeurs de l'administration centrale ;
Chef de division ;
Inspecteurs des enfants assistés ;
Agents de la direction des travaux autres que ceux du service vicinal ;
Directeurs et chefs de bureau de la préfecture de la Seine ;
Secrétaires chefs de bureau des mairies des vingt arrondissements de Paris.

Services spéciaux de la ville de Paris ressortissant à la préfecture de police.

Chefs de division et chefs de bureau de la préfecture de police ;
Chef et chef-adjoint de la police municipale ;
Inspecteurs divisionnaires ;
Officiers de paix ;
Inspecteurs de police ;
Secrétaires des commissariats de police ;
Contrôleurs des services extérieurs ;
Gardiens de la paix de la ville de Paris ;
Sergents de ville des communes du département de la Seine.

Administration de l'Algérie.

Secrétaire général du Gouvernement ;
Chefs de bureau du Gouvernement général ;
Administrateurs des communes mixtes.

MINISTÈRE DES TRAVAUX PUBLICS

Administration centrale.

Directeurs ;
Chefs de bureau.

Chemins de fer.

Personnel sédentaire : Contentieux, service des titres.

MINISTÈRE DE L'INSTRUCTION PUBLIQUE ET DES BEAUX-ARTS

Administration centrale.

Directeurs ;
Chefs de bureau ;
Proviseurs et principaux des lycées et collèges de l'État ;
Directeurs des écoles normales primaires de l'État.

Administration des cultes.

Directeur ;
Chefs de bureau ;

Les ministres des cultes reconnus par l'État, chargés du service d'une paroisse;
Les aumôniers des lycées, des hôpitaux, des prisons et des établissements pénitentiaires.

MINISTÈRE DES AFFAIRES ÉTRANGÈRES

Administration centrale.

Directeurs;
Sous-directeurs;
Chefs de division;
Chefs de bureau.

Agents en fonctions à l'étranger

Ambassadeurs;
Ministres plénipotentiaires,
Conseillers d'ambassade;
Consuls généraux.
Consuls;
Vice-consuls rétribués;
Secrétaires d'ambassade, 1re, 2e et 3e classes;
Consuls suppléants;
Chanceliers;
Commis de chancellerie;
Interprètes et drogmans.

Pays de Protectorat.

Résidents généraux ou supérieurs;
Résidents;
Vice-résidents;
Chanceliers de résidence;
Commis de résidence.

MINISTÈRE DE LA JUSTICE.

Directeurs;
Chefs de bureau;
Procureurs généraux;
Procureurs de la République:

Dans chaque tribunal de première instance, parmi les magistrats inamovibles composant ce tribunal, les deux magistrats appartenant aux classes de mobilisation les plus anciennes, dans le cas où leur maintien serait indispensable pour que le tribunal ne soit pas réduit à moins de deux juges; dans les tribunaux d'Algérie et des colonies, deux magistrats.

MINISTÈRE DE L'AGRICULTURE.

Directeurs;
Chefs de bureau;
Directeurs des écoles vétérinaires;
Directeurs et gagistes des dépôts d'étalons.

MINISTÈRE DU COMMERCE.

Directeurs et chef de division de la comptabilité;
Chefs de bureau.

TABLEAU C.

Désignation des fonctionnaires et agents qui, en cas de mobilisation, sont autorisés à ne pas rejoindre immédiatement, même quand ils appartiennent à la réserve de l'armée active.

(Application de l'art. 51 de la loi sur le recrutement de l'armée.)

MINISTÈRE DES FINANCES.

Trésorerie d'Afrique, de Cochinchine et du Tonkin.

Commis de trésorerie.

Administration de l'enregistrement, des domaines et du timbre.

Sous-inspecteurs;
Receveurs.

Administration des douanes.

Receveveurs;
Contrôleurs et contrôleurs adjoints.

Administration des contributions indirectes (France) et contributions diverses (Algérie).

Commis principaux;
Commis;
Préposés.

MINISTÈRE DE L'INTÉRIEUR.

Services pénitentiaires, maisons centrales, pénitenciers.

Directeurs;
Greffiers;
Gardiens ou surveillants;
Gardien-comptable en chef, gardiens-comptables et seconds gardiens des transports cellulaires;
Gardiens-chefs des prisons annexes de l'Algérie.

TABLEAU D.

Articles du code de justice militaire

(Livre IV, titre II) applicables dans les cas prévus par les articles 57 et 79 de la loi sur le recrutement de l'armée.

Art. 204, 205, 206, 208. — Trahison, espionnage et embauchage.
Art. 219, § 1er. — Violation de consigne.
Art. 220. — Violence envers une sentinelle.
L'article 220 ne sera applicable aux hommes renvoyés dans leurs foyers depuis plus de six mois que s'ils étaient, au moment du fait incriminé, revêtus d'effets d'uniforme.
Art. 223 et 224. — Voies de faits et outrages envers un supérieur.
Pour l'application du premier paragraphe de chacun de ces articles, le fait incriminé ne sera considéré comme ayant eu lieu à l'occasion du service, que s'il est le résultat d'une vengeance contre un acte d'autorité légalement exercé.
Le deuxième paragraphe de ces mêmes articles ne sera applicable que dans les cas où le supérieur et l'inférieur seraient l'un et l'autre revêtus d'effets d'uniforme.
Art. 225. — Rébellion.
Cet article n'est applicable qu'aux hommes revêtus d'effets d'uniforme et, en outre, dans les cas prévus par l'article 77 du code de justice militaire.
Art. 226, 228, 229. — Abus d'autorité.
Pour l'application de l'article 229, il est nécessaire que le supérieur et l'inférieur soient l'un et l'autre revêtus d'effets d'uniforme.
Art. 242, § 1er. — Provocation à la désertion.
Art. 248. — Vol.
L'avant-dernier paragraphe de cet article n'est applicable que si le délinquant était logé militairement dans la maison où il a commis de vol.
Art. 249. — Blessures faites à un blessé pour le dépouiller.
Art. 250, 251, 252, 253, 254, 255. — Pillage, destruction, dévastation d'édifices.
Art. 58. — Meurtre chez l'habitant.
Cet article est applicable sous la réserve indiquée ci-dessus pour l'article 248.
Art. 266. — Port illégal d'insignes.
Cet article n'est applicable qu'en cas de port illégal, soit d'effets d'uniforme militaire, soit d'insignes, décorations ou médailles sur des effets d'uniforme militaire.

N° 3. — CIRCULAIRE *au sujet des formalités prescrites par l'autorité militaire aux hommes de la réserve.*

4 octobre 1889.

M. le Général commandant en chef attire de nouveau mon attention sur ce qu'un grand nombre d'hommes appartenant aux différentes catégories de la réserve, négligent de se présenter à la gendarmerie à l'effet d'y faire leur déclaration de résidence ou de voyage, malgré les instructions formelles de la circulaire du ministre de la marine et des colonies, en date du 21 juin 1888.

J'ai l'honneur de vous rappeler, à cet effet, la lettre de mon prédécesseur en date du 24 septembre 1888, vous invitant à aviser les réservistes et les territoriaux par voie d'affiches et de publications officielles, des prescriptions relatives aux déclarations de résidence ou de voyage, et les prévenir que faute par eux de faire les déclarations prescrites à la brigade de gendarmerie la plus voisine de la localité où ils sont établis, ils encourent l'application des articles 16 et 23 de la loi du 18 novembres 1873.

BRIÈRE.

N° 4. — ARRÊTÉ *promulguant en Indo-Chine le décret du 23 novembre 1889, portant règlement d'administration publique pour l'exécution de l'article 23 de la loi du 15 juillet 1889, sur le recrutement de l'armée.*

10 janvier 1890.

Est promulgué dans toute l'étendue de l'Indo-Chine, le décret en date du 23 novembre 1889, portant règlement d'administration publique pour l'exécution de l'article 23 de la loi du 15 juillet 1889, sur le recrutement de l'armée.

PIQUET.

N° 5. — DÉCRET *portant règlement d'administration publique pour l'exécution de l'article 23 de la loi du 15 juillet 1889, sur le recrutement de l'armée.*

23 novembre 1889.

Sur le rapport du ministre de la guerre, vu la loi du 15 juillet 1889, sur le recr utement de l'armée, notamment les articles 23 et 24 ainsi conçus :

Art. 23. — En temps de paix, après un an de présence sous les drapeaux, sont envoyés en congé dans leurs foyers, sur leur demande, jusqu'à la date de leur passage dans la réserve :

1° Les jeunes gens qui contractent l'engagement de servir pendant dix ans dans les fonctions de l'instruction publique, dans les institutions nationales des sourds-muets ou des jeunes aveugles dépendant du ministère de l'intérieur, et y rempliront effectivement un emploi de professeur, de maître répétiteur ou d'instituteur.

Les instituteurs laïques, ainsi que les novices et membres des congrégations religieuses vouées à l'enseignement et reconnues d'utilité publique, qui prennent l'engagement de servir pendant dix ans dans les écoles françaises d'Orient et d'Afrique subventionnées par le gouvernement français.

2° Les jeunes gens qui ont obtenu ou qui poursuivent leurs études en vue d'obtenir :

Soit le diplôme de licencié ès-lettres, ès-sciences, de docteur en droit, de docteur en médecine, de pharmacien de 1re classe, de vétérinaire, ou le titre d'interne des hôpitaux nommé au concours dans une ville où il existe une faculté de médecine ;

Soit le diplôme délivré par l'école des chartes, l'école des langues orientales vivantes et l'école d'administration de la marine ;

Soit le diplôme supérieur délivré aux élèves externes par l'école des ponts-et-chaussées, l'école supérieure des mines, l'école du génie maritime ;

Soit le diplôme supérieur délivré par l'institut national agronomique, l'école des haras du Pin aux élèves internes, les écoles nationales d'agriculture de Grandjouan, de Grignon et de Montpellier, l'école des mines de Saint-Etienne, les écoles des maîtres-ouvriers mineurs d'Alais et de Douai, les écoles nationales des arts-et-métiers d'Aix, d'Angers et de Châlons, l'école des hautes études commerciales et les écoles supérieures de commerce reconnues par l'Etat ;

Soit l'un des prix de Rome, soit un prix ou médaille d'Etat dans les concours annuels de l'école nationale des beaux-arts, du conservatoire de musique et de l'école nationale des arts décoratifs ;

3° Les jeunes gens exerçant les industries d'art qui sont désignées par un jury d'Etat départemental formé d'ouvriers et de patrons. Le nombre de ces jeunes gens ne pourra en aucun cas dépasser 1/2 p. 100 du contingent à incorporer pour trois ans ;

4° Les jeunes gens admis, à titre d'élèves ecclésiastiques, à continuer leurs études en vue d'exercer le ministère dans l'un des cultes reconnus par l'Etat.

En cas de mobilisation, les étudiants en médecine et en pharmacie et les élèves ecclésiastiques sont versés dans le service de santé.

Tous les jeunes gens énumérés ci-dessus seront rappelés pendant quatre semaines dans le cours de l'année qui précédera leur passage dans la réserve de l'armée active. Ils suivront ensuite le sort de la classe à laquelle ils appartiennent.

Des règlements d'administration publique détermineront : les conditions dans lesquelles sera contracté l'engagement décennal visé au paragraphe 1er ; les justifications à produire par les jeunes gens visés aux paragraphes 2° et 4°, soit au moment de leur demande, soit chaque année pendant la durée de leurs études ; la nomenclature des industries d'art qui donneront lieu à la dispense prévue au paragraphe 3° ; le mode de répartition de ces dispenses entre les départements ; le mode de constitution du jury d'état pour les ouvriers d'art, ainsi que les justifications annuelles d'aptitude, de travail et d'exercice régulier de leur profession, que les jeunes gens dispensés sur la proposition du jury devront fournir jusqu'à l'âge de vingt-six ans.

Les mêmes règlements fixeront le nombre des diplômes supérieurs à délivrer annuellement, en vue de la dispense du service militaire par chacune des écoles énumérées au troisième alinéa du paragraphe 2°, et définiront ceux de ces diplômes qui ne sont pas définis par la loi ; ils fixeront également le nombre des prix et des médailles visés au quatrième alinéa du même paragraphe.

Art. 24. — Les jeunes gens visés au paragraphe 1er de l'article précédent qui, dans l'année qui suivra leur année de service, n'auraient pas obtenu un emploi de professeur, de maître-répétiteur ou d'instituteur, ou qui cesseraient de le remplir avant l'expiration du délai fixé ;

Ceux qui n'auraient pas obtenu avant l'âge de 26 ans les diplômes ou les prix spécifiés aux alinéas du paragraphe 2° ;

Les jeunes gens visés au paragraphe 3° qui ne fourniraient par les justifications professionnelles prescrites ;

Les élèves ecclésiastiques mentionnés au paragraphe 4°, qui, à l'âge de 26 ans, ne seraient pas pourvus d'un emploi de ministre de l'un des cultes reconnus par l'État ;

Les jeunes gens visés par les articles 21, 22 et 23 qui n'auraient pas satisfait, dans le cours de leur année de service, aux conditions de conduite et d'instruction militaire déterminées par le ministre de la guerre.

Ceux qui ne poursuivraient pas régulièrement les études en vue desquelles la dispense a été acordée, *seront tenus d'accomplir les années de service dont ils avaient été dispensés.*

Le Conseil d'État entendu ;

DÉCRÈTE :

CHAPITRE PREMIER.

Des dispenses résultant de l'obtention de certains diplômes, titres, prix et récompenses.

Article premier. — Sont, sur leur demande (modèle A), envoyés ou maintenus définivement en congé dans leurs foyers, jusqu'à la date de leur passage dans la réserve, pourvu qu'ils aient une année de présence sous les drapeaux, les jeunes gens qui obtiennent ou ont obtenu un des diplômes, titres, prix ou récompenses mentionnés au paragraphe 2 de l'article 23 de la loi du 15 juillet 1889, soit avant leur incorporation, soit pendant leur présence sous les drapeaux à titre d'appelés, soit pendant leur séjour en congé dans leurs foyers, dans les divers cas prévus par les articles 21, 22 et 23 de ladite loi.

Les jeunes gens qui ont obtenu avant leur comparution devant le conseil de révision un de ces diplômes, titres, prix ou récompenses, doivent produire au conseil, les pièces officielles constatant cette obtention.

Pour les jeunes soldats présents sous les drapeaux, l'envoi en congé est prononcé par l'autorité militaire, sur le vu des diplômes ou pièces officielles. Pour les jeunes gens présents dans leurs foyers, avant leur incorporation ou qui y sont envoyés en congé, la dispense est également prononcée par l'autorité militaire, après remise des pièces justificatives au commandant du bureau de recrutement de la subdivision de région à laquelle appartient le canton où ils ont concouru au tirage au sort. Dans ces deux derniers cas, la production des pièces justificatives, doit avoir lieu dans le mois qui suit l'obtention des diplômes, titres, prix ou récompenses.

Art. 2. — Sont considérés comme pourvus du diplôme supérieur au point de vue de la dispense de service militaire prévue par l'article 23 de la loi du 15 juillet 1889 :

1° En ce qui concerne l'institut national agronomique, les soixante élèves français classés à la sortie en tête de la liste de mérite, pourvu qu'ils aient obtenu, pour tout le cours de leur scolarité, 70 0/0 au moins du total des points que l'on peut obtenir d'après les règlements de ces écoles ; il est fait mention sur les diplômes du rang de classement et du nombre de points obtenus par le titulaire.

2° En ce qui concerne les autres écoles du gouvernement dans lesquelles on entre par voie de concours, savoir : l'internat de l'école des haras du Pin, les écoles nationales d'agriculture de Grandjouan, de Grignon et de Montpellier, l'école des mines de Saint-Etienne, les écoles des maîtres-ouvriers mineurs d'Alais, et de Douai, les écoles nationales des arts-et-métiers d'Aix, d'Angers et de Châlons, les jeunes gens compris dans les quatre premiers cinquièmes de la liste de mérite de ceux des élèves français qui ont obtenu, pour tout le cours de leur scolarité, 65 p. 100 au moins du total des points que l'on peut obtenir d'après les règlements de ces écoles ; il est fait mention sur les diplômes du rang de classement et du nombre des élèves français ayant obtenu le nombre minimum de points fixé ci-dessus ;

3° En ce qui concerne l'école des hautes études commerciales et les écoles supérieures de commerce reconnues par l'Etat, le premier tiers de la liste, par ordre de mérite, des élèves français ayant obtenu, pour tout le cours de leur scolarité, 60 p. 100 au moins du total des points que l'on peut obtenir d'après les règlements de ces écoles. Il est fait mention sur les diplômes du rang de classement et du nombre des élèves français ayant obtenu le nombre minimum de points fixé ci-dessus.

Un décret, rendu en conseil d'Etat, sur la proposition du ministre du commerce, déterminera les conditions auxquelles doivent se soumettre, pour être reconnues par l'Etat, les écoles supérieures de commerce, en particulier en ce qui concerne la nature des examens et la composition du jury devant lequel sont passés ces examens. La nomenclature de ces écoles est transmise annuellement, avant le 1er septembre, par le ministre du commerce au ministre de la guerre qui avise les préfets et les commandants des bureaux de recrutement des modifications survenues.

Art. 3. — Les prix de Rome pour la peinture, la sculpture, l'architecture, la composition musicale (concours annuels), la gravure en taille-douce (concours biennaux), et la gravure en médailles et en pierres fines (concours triennaux), qui donnent lieu à la dispense de service militaire prévue par l'article 23 de la loi du 15 juillet 1889, sont au nombre de trois par spécialité. Ce nombre peut être porté à quatre lorsque le premier grand prix n'a pas été décerné au concours précédent. Les intéressés justifient de leur qualité de lauréats par un certificat du ministre des beaux-arts.

Art. 4. — La nature des concours et le nombre maximum des médailles qui peuvent être décernées annuellement aux élèves de l'école nationale des beaux-arts de Paris et qui donnent lieu à la dispense de service militaire prévue par l'article 23 de la loi du 15 juillet 1889, sont déterminés ainsi qu'il suit :

1° Section de peinture et de gravure en taille-douce.

Concours de figure dessinée d'après l'antique et d'après la nature (quatre médailles) ; concours de composition (quatre médailles) ; concours dits de grande médaille (deux médailles) ; concours de la tête d'expression (une médaille) ; concours du torse (une médaille) ; concours Jauvain d'Attainville, de peinture historique ou de paysage (chacun une médaille) ; concours de composition décorative (deux médailles) ; grande médaille d'émulation (une médaille).

2° Section de sculpture et de gravure en médailles et en pierres fines.

Concours de figure modelée d'après l'antique et d'après la nature (quatre médailles) ; concours de composition (quatre médailles) ; concours dits de grande médaille (deux médailles) ; concours de la tête d'expression (une médaille) ; concours de composition décorative (deux médailles) ; grande médaille d'émulation (une médaille).

3° Section d'architecture. — 1re classe

Concours d'architecture (vingt-quatre médailles) ; concours d'ornement et d'ajustement (deux médailles) ; concours Godebœuf (deux médailles) ; concours de composition décorative (deux médailles) ; grande médaille d'émulation (une médaille) ;

2e Classe. — Concours de construction (trois médailles).

Les intéressés justifient de leur qualité de lauréats, par un certificat du directeur de l'école des beaux-arts, visé par le ministre et mentionnant la récompense obtenue.

Art. 5. — La nature des concours et le nombre maximum de prix que peuvent obtenir les élèves du conservatoire national de musique et de déclamation de Paris, et qui donnent lieu à la dispense de service militaire prévue par l'article 23 de la loi du 15 juillet 1889, sont déterminés ainsi qu'il suit :

Contre-point et fugue (deux prix) ; harmonie (deux prix) ; chant, opéra, opéra-comique, déclamation (chacun deux prix) ; piano, violon et violoncelle (chacun deux prix) ; orgue, harpe, contre-basse, flûte, hautbois, clarinette, basson, cor, cornet à piston, trompette, trombone (chacun un prix).

Les intéressés justifient de leur qualité de lauréats par un certificat du directeur du conservatoire, visé par le ministre des beaux-arts et mentionnant la récompense obtenue.

Art. 6. — La nature des concours et le nombre maximum des récompenses qui peuvent être décernées annuellement aux élèves de l'école nationale des arts décoratifs de Paris, et qui peuvent donner lieu à la dispense de service militaire prévue par l'article 23 de la loi du 15 juillet 1889, sont les suivants : prix Jacquot, prix Jay, prix de composition et d'ornement, prix d'application décorative en peinture, prix d'application décorative en sculpture, prix d'architecture, prix d'honneur de l'école (chacun d'eux une récompense).

Les intéressés justifient de leur qualité de lauréats par un certificat du directeur de l'école, visé par le ministre des beaux-arts.

CHAPITRE II.

Des dispenses au titre de l'engagement décennal dans l'enseignement.

Art. 7. — L'engagement décennal donnant droit à la dispense, soit au titre des fonctions de l'instruction publique, soit au titres des institutions nationales des sourds-muets ou des jeunes aveugles relevant du ministère de l'intérieur, soit au titre des écoles françaises d'Orient et d'Afrique subventionnées par le gouvernement français, est reçu :

1° Pour les fonctions de l'instruction publique par les recteurs des académies ;

2° Pour les institutions nationales des sourds-muets ou des jeunes-aveugles par le ministre de l'intérieur ;

3° Pour les écoles françaises subventionnées d'Orient et d'Afrique, par le ministre des affaires étrangères.

Art. 8. — Les jeunes gens qui se proposent de contracter l'engagement décennal doivent présenter à l'acceptation du recteur de l'Académie, du ministre de l'intérieur ou du ministre des affaires étrangères, suivant le cas, une déclaration sur papier timbré, conforme aux modèles ci-annexés (modèles B, C, D).

Cette déclaration est accompagnée, pour les signataires âgés de moins de vingt ans, de l'autorisation de leur père, mère ou tuteur.

Art. 9. — Pour être admis à signer l'engagement décennal, les jeunes gens doivent être âgés de dix-huit ans au moins.

Cet engagement ne peut être contracté et réalisé que si les jeunes gens occupent, en vertu de nomination régulière, l'un des emplois ou fonctions ci-après, savoir :

1° S'ils appartiennent au département de l'instruction publique : instituteur stagiaire accomplissant son stage dans une école primaire publique ou dans une école normale ; instituteur titulaire ; directeur ou professeur titulaire ou délégué à l'école normale supérieure d'enseignement primaire de Saint-Cloud, dans les écoles normales primaires, dans les écoles primaires supérieures et dans les écoles d'apprentissage nationales, départementales ou municipales ; inspecteur primaire ; principal de collège ; maître répétiteur stagiaire, maître répétiteur, surveillant général, maître élémentaire, chargé de cours ou professeur des lycées et collèges, de l'école normale de Cluny et du prytanée de la Flèche ; aide-naturaliste du muséum ; maître-surveillant, préparateur et chef des travaux pratiques ; professeur, suppléant et chargé de cours dans les établissements publics d'enseignement supérieur ;

2° S'ils appartiennent aux institutions nationales des sourds-muets ou des jeunes aveugles : maître surveillant stagiaire ou adjoint; maître surveillant; surveillant général ; censeur; professeur titulaire ou adjoint chargé de l'enseignement intellectuel.

3° En ce qui concerne les écoles françaises subventionnées d'Orient et d'Afrique : instituteur laïque, novice ou membre des congrégations religieuses visées par la loi du 15 juillet 1889.

Les déclarations d'engagement des instituteurs laïques sont transmises au département des affaires étrangères, soit par le directeur de l'école dans laquelle ils doivent professer, soit par les représentants d'une des sociétés reconnues d'utilité publique et vouées à la propagation de la langue française à l'étranger. Les déclarations des novices ou membres des congrégations ci-dessus indiquées sont transmises par les supérieurs de ces congrégations.

Art. 10. — Après avoir accompli son année de service militaire, le jeune homme qui a contracté l'engagement décennal au titre du ministère de l'instruction publique, du ministère de l'intérieur ou du ministère des affaires étrangères, doit exercer dans l'année qui suit son année de service, et jusqu'à l'expiration de cet engagement, l'un des emplois ou fonctions spécifiés respectivement aux paragraphes 1°, 2° et 3° de l'art. 9. A partir de son entrée en fonctions, il en justifie chaque année du 15 septembre au 15 octobre, par un certificat (Modèle E) produit à l'autorité militaire et que délivrent, pour les membres de l'instruction publique, le recteur de l'académie, pour les institutions nationales des sourds-muets et des jeunes aveugles, le ministre de l'intérieur, pour les écoles françaises d'Orient et d'Afrique, l'autorité consulaire du lieu où exerce l'intéressé. Dans ce dernier cas, le certificat est visé par le ministre des affaires étrangères.

Aucune portion de l'engagement décennal ne peut être réalisée en congé, sauf pour cause de maladie dûment constatée par deux médecins, dont l'un désigné par l'autorité militaire. Les autres interruptions régulièrement autorisées ne comptent pas pour la réalisation de l'engagement décennal, sans que l'époque normale de l'accomplissement de cet engagement puisse être reculée de plus de trois années.

Art. 11. — L'engagement décennal contracté au titre du ministère de l'instruction publique peut être réalisé :

Soit au titre de l'une des institutions nationales des sourds-muets ou des jeunes aveugles, s'il a été signé au titre de l'instruction publique et réciproquement ;

Soit au titre des écoles françaises d'Orient et d'Afrique ;

Soit enfin comme instituteur, professeur ou maître répétiteur dans l'une des écoles préparant aux diplômes compris dans la nomenclature du paragraphe 2° de l'article 23 de la loi du 15 juillet 1889, et dans les écoles d'enseignement professionnel et agricole visé par l'article 10 de la loi du 30 juillet 1875.

Sous la condition que la mutation ait été autorisée par le département ministériel auquel appartient l'engagé décennal et par celui qui le reçoit.

Le titulaire de l'engagement décennal qui passe d'un département ministériel à un autre doit notifier l'autorisation qu'il a obtenue au commandant du bureau de recrutement de la subdivision dans laquelle est situé le canton où il a participé au tirage au sort (Modèle F).

CHAPITRE III.

Des dispenses résultant des études littéraires, scientifiques ou techniques.

Art. 12. — Les jeunes gens qui poursuivent leurs études en vue d'obtenir soit le diplôme de licencié ès-lettres ou ès-sciences, de docteur en droit, de docteur en médecine, de pharmacien de 1re classe, soit le titre d'interne des hôpitaux nommé au concours dans une ville où il existe une faculté de médecine, doivent, pour obtenir la dispense, présenter un certificat du doyen de la faculté ou du directeur de l'école de pharmacie, ou de médecine et de pharmacie à laquelle ils appartiennent, constatant qu'ils sont régulièrement inscrits sur les registres et que leurs inscriptions ne sont pas périmées (modèle G).

Ceux qui poursuivent leurs études en vue d'obtenir le diplôme de l'école des chartes ou de l'école des langues orientales vivantes doivent produire un certificat du directeur constatant leur admission dans l'une ou l'autre de ces écoles (modèle G).

Art. 13. — Les jeunes gens visés à l'article précédent doivent, jusqu'à l'obtention des diplômes ou titres spécifiés audit article, produire annuellement, jusqu'à l'âge de vingt-six ans fixé par l'article 24 de la loi du 15 juillet 1889, un certificat établi par les doyens des facultés ou par les directeurs des écoles dont il s'agit, constatant qu'ils continuent à être en cours régulier d'études, sauf en ce qui concerne les élèves de l'école des chartes et de l'école des langues orientales vivantes; le dit certificat doit être visé par le recteur de l'académie ; pour ces deux dernières écoles, il est visé par le ministre de l'instruction publique (modèle G).

Les registres d'inscription des facultés, écoles supérieures de pharmacie, écoles de plein exercice et préparatoires de médecine et de pharmacie, sont tenus à la disposition de l'autorité militaire qui peut en prendre connaissance sans déplacement.

Les étudiants en médecine et en pharmacie qui obtiennent après concours le titre d'interne des hôpitaux dans une ville où il existe une faculté de médecine justifient de leur situation : à Paris, par un certificat du directeur de l'assistance publique visé par le préfet de la Seine; dans les départements, par un certificat du maire, président de la commission administrative, visé par le préfet (modèle G).

Art. 14. — Pour obtenir la dispense comme étudiant en vue du diplôme de vétérinaire, les jeunes gens doivent présenter un certificat du directeur de l'une des écoles vétérinaires d'Alfort, de Lyon ou de Toulouse, attestant l'admission à l'école. Ce certificat est visé par le Ministre de l'agriculture ; après l'accomplissement de leur année de service militaire, ils sont tenus de présenter annuellement un certificat établi dans la même forme, et constatant leur présence continue à l'école (modèle G).

Art. 15. — Les jeunes gens qui se préparent à l'école d'administration de la marine ont à produire les mêmes justifications que les élèves des facultés de droit se préparant au doctorat; lorsqu'ils sont reçus licenciés, la présentation du diplôme et d'un certificat spécial visé par le Ministre de la marine suffit pour assurer la continuation du droit à la dispense jusqu'à la limite d'âge fixée pour l'admission au concours.

Une fois admis à l'école, ils ont à produire un certificat de présence délivré par le Commissaire général du port, et visé par le Ministre de la marine (modèle G); à la sortie de l'école, ils doivent justifier de leur nomination d'élève-commissaire ou d'aide commissaire de la marine.

S'ils ne sont pas reçus à l'école à la limite d'âge fixée pour l'admission au concours, ou si, à la sortie, ils ne sont pas nommés élèves-commissaires ou aides commissaires, ils sont appelés à faire les deux années dont ils avaient été dispensés.

Art. 16. — Sont considérés comme poursuivant leurs études en vue d'obtenir le diplôme supérieur délivré aux élèves externes par l'école des ponts-et-chaussées et l'école supérieure des mines, les jeunes gens déclarés admis conformément aux règlements des dites écoles, soit pour entrer définitivement à l'école, soit pour y suivre les cours préparatoires.

Ces jeunes gens ont à produire un certificat d'admission à l'école et un certificat de présence délivré par le directeur de l'école et visé par le ministre des travaux publics (modèle G).

Art. 17. — Les élèves libres de l'école du génie maritime ont à produire un certificat d'admission et un certificat de présence délivré par le directeur de l'école et visé par le ministre de la marine (modèle G).

Art. 18. — Les élèves de l'institut national agronomique, les élèves internes de l'école des haras du Pin, les élèves des écoles nationales d'agriculture de Grandjouan, de Grignon et de Montpellier, justifient de leur admission et de leur présence dans ces écoles par des certificats délivrés par le directeur de l'école à laquelle ils appartiennent, et visés par le ministre de l'agriculture (modèle G).

Art. 19. — Les élèves de l'école des mines de Saint-Etienne et des écoles des maîtres ouvriers mineurs d'Alais et de Douai doivent être pourvus de certificats d'admission et de présence délivrés par le directeur de l'école et visés par le ministre des travaux publics (modèle G).

Art. 20. — Les élèves des écoles nationales des arts-et-métiers d'Aix, d'Angers et de Châlons justifient de leur admission et de leur présence dans ces écoles par des certificats délivrés par le directeur de l'école et visés par le ministre du commerce (modèle G).

Art. 21. — Les élèves de l'école des hautes études commerciales et ceux des écoles supérieures de commerce reconnues par l'État justifient de leur admission et de leur présence dans ces écoles par des certificats délivrés par le directeur de l'école et visés par le ministre du commerce (modèle G).

CHAPITRE IV.

Des dispenses résultant des études artistiques.

Art. 22. — Les jeunes gens qui poursuivent leurs études en vue d'obtenir l'un des prix de Rome définis à l'article 3 du présent décret, doivent présenter un certificat constatant qu'ils sont élèves de l'École nationale des beaux-arts de Paris, ou du Conservatoire de musique de Paris, et qu'ils en suivent régulièrement les cours. Ce certificat, délivré par le directeur de l'école ou du conservatoire de musique, est visé par le ministre des beaux-arts (modèle G.)

Art. 23 — Les jeunes gens qui poursuivent leurs études en vue d'obtenir une des récompenses de l'École nationale des beaux-arts de Paris, telles qu'elles sont définies à l'article 4 du présent décret, doivent présenter un certificat attestant qu'ils sont élèves de l'école et qu'ils participent régulièrement aux concours de cet établissement. Ce certificat, délivré par le directeur de l'école, est visé par le Ministre les beaux-arts (modèle G.)

Art. 24. — Les élèves du Conservatoire national de musique et de déclamation de Paris doivent présenter un certificat du directeur, visé par le ministre des beaux-arts, et constatant qu'ils sont élèves et qu'ils suivent régulièrement les cours (modèle G.)

Art. 25. — Les jeunes gens étudiant en vue d'obtenir l'un des prix décernés par l'École nationale des arts décoratifs de Paris doivent présenter un certificat du directeur, visé par le Ministre des beaux-arts, et attestant que leur assiduité à l'école et leur participation aux divers concours organisés ont été régulièrement constatées tous les trois mois (modèle G.)

CHAPITRE V.

Des dispenses au titre des industries d'art.

Art. 26. — Peuvent réclamer le bénéfice du paragraphe 3 de l'article 23 de la loi du 15 juillet 1889, les jeunes gens des catégories suivantes:

Ciseleurs; graveurs sur métaux, cristaux, verre, pierre et bois; sculpteurs et modeleurs, mouleurs de pièces et objets d'art; mosaïstes; ouvriers en faïence, porcelaine et verrerie d'art; peintres décorateurs ou doreurs; ornemanistes; repousseurs sur métaux; émailleurs; horlogers, bijoutiers, orfèvres; fabricants d'instruments de musique et luthiers; fabricants d'instruments de précision et de chirurgie; armuriers de luxe; ouvriers en serrurerie, menuiserie, ébénisterie, tapisserie, tissage, broderie et reliure d'art; dessinateurs industriels, notamment pour papiers peints, tissus, dentelles et passementerie; lithographes et imprimeurs en taille douce.

Art. 27. — Les jeunes gens appartenant aux industries d'art mentionnées à l'article précédent sont examinés dans le département où ils exercent leur profession, par un jury d'État départemental composé de six membres au moins. Les patrons et les ouvriers y sont en nombre égal. Chaque jury nomme son président et son secrétaire.

Les membres de ce jury sont désignés par le préfet du département, qui les choisit dans les conseils de prud'hommes ou dans les syndicats professionnels reconnus de patrons ou d'ouvriers. S'il n'existe dans le département ni syndicats professionnels reconnus, ni conseils de prud'hommes, le préfet choisit les membres ouvriers du jury parmi les ouvriers qui lui paraissent le plus aptes à en faire partie; dans le même cas, il choisit les membres patrons du jury dans les chambres consultatives des arts et manufactures, et à défaut de chambres de ce genre, dans les chambres de commerce; s'il n'existe dans le département ni chambres consultatives des arts et manufactures, ni chambres de commerce, les membres patrons du jury sont choisis par le préfet parmi les patrons qui lui paraissent le plus aptes à en faire partie.

Le jury peut s'adjoindre, pour les épreuves visées à l'article ci-après, des experts qui ont voix consultative.

Art. 28. — Les candidats présentent au jury:

1° Un certificat du maire de la commune où ils ont leur domicile, tel que le détermine l'article 13 de la loi du 15 juillet 1889, constatant qu'ils sont inscrits sur les tableaux de recensement établis pour la formation de la classe;

2° Un certificat d'exercice de l'une des industries d'art spécifiées à l'article 26 du présent décret; ce certificat est établi par l'autorité municipale.

Ils sont soumis à une épreuve pratique spéciale à leur profession; cette épreuve est déterminée et surveillée par le jury.

L'époque des épreuves est fixée chaque année par une décision concertée entre les départements du commerce et de la guerre.

Art. 29. — Le jury s'entoure de tous les renseignements propres à l'éclairer; d'après les renseignements et à la suite des épreuves prévues à l'article précédent, il donne au candidat une note exprimée par un nombre de points compris entre 0 et 50; tout jeune homme qui n'a pas obtenu 25 points est éliminé.

Le jury délivre au candidat un titre (modèle H) relatant la note qu'il a obtenue; il adresse en même temps au préfet, qui le transmet au Ministre de la guerre, un état indiquant les noms et prénoms des candidats, le département où chacun d'eux concourt au tirage au sort et le nombre des points obtenus.

Art. 30. — Les préfets font connaître au Ministre de la guerre, en suite des opérations cantonales du conseil de révision, le nombre des jeunes gens qui ont été classés dans la première partie de la liste du contingent.

Sur le vu des états transmis par les préfets, le ministre de la guerre fixe, pour chaque département, le nombre maximum des dispenses à accorder au titre des industries d'art, dans la proportion de 1/2 p. 100 des membres signalés par les préfets. Il en avise immédiatement ces fonctionnaires.

Art. 31. — Les jeunes gens déposent à la préfecture du département où ils ont tiré au sort le certificat que le jury d'examen leur a délivré. Ce certificat, dont il leur est donné récépissé, est soumis par le préfet, au conseil de révision, qui prononce la dispense en faveur des ouvriers d'art ayant obtenu le plus de points, jusqu'à concurrence du nombre fixé par le ministre.

En cas d'égalité entre les nombres de points des candidats à la dispense classés en derniers de la liste de mérite, il est procédé par voie de tirage au sort.

Art. 32. — Après l'accomplissement de leur année de service militaire, les dispensés sont tenus de produire, annuellement et jusqu'à vingt-six ans accomplis, un certificat (modèle I) délivré par le président du jury d'état du département où les jeunes gens exercent leur profession, constatant leur aptitude et attestant qu'ils n'ont pas abandonné l'exercice de cette profession.

Ce certificat, corroboré par l'autorité municipale, est visé par le préfet.

CHAPITRE VI.

Des dispenses à titre d'élèves ecclésiastiques.

Art. 33. — La dispense est accordée, à titre d'élèves ecclésiastiques autorisés à continuer leurs études en vue d'exercer le ministère dans l'un des cultes reconnus par l'État, aux jeunes gens qui présentent un certificat de l'évêque diocésain ou des consistoires protestants ou du consistoire central israélite, conforme au modèle ci-annexé (modèle K.); ce certificat est visé, après vérification, par le Ministre des cultes.

Art. 34. — Chaque année, jusqu'à l'âge de vingt-six ans, le dispensé à titre ecclésiastique doit justifier de la continuation de ses études par la production du certificat prévu à l'article précédent, à moins qu'il n'ait été ordonné ou consacré. Lorsqu'il a été ordonné ou consacré, il en justifie par un certificat de l'autorité ecclésiastique, visé, après vérification, par le Ministre des cultes. Ce certificat (modèle L.) indique le lieu de l'ordination ou de la consécration; si ce lieu est situé à l'étranger, le certificat relate la date de l'autorisation accordée par le Gouvernement français.

A l'âge de vingt-six ans, le dispensé est tenu de produire un certificat de l'autorité ecclésiastique (modèle L.) constatant qu'il appartient au clergé séculier et qu'il est rétribué, à ce titre, soit par l'État, le département ou la commune, soit par l'établissement public, ou d'utilité publique, laïque, ecclésiastique ou religieux, légalement reconnu, auquel il est régulièrement attaché.

En ce qui concerne les ecclésiastiques pourvus d'un emploi en France ou en Algérie, le certificat est visé, après vérification, par le Ministre des cultes; dans les colonies et dans les pays de Protectorat ressortissant au ministère des colonies, par le Ministre des colonies; à l'étranger et dans les autres pays de Protectorat, par le Ministre des affaires étrangères.

CHAPITRE VII.

Dispositions générales.

Art. 35. — Les pièces justificatives que les jeunes gens doivent produire à l'appui de leur demande (modèle A), par application des dispositions des articles 8, 12 à 25, 29 et 33 du présent décret, sont présentées:

1° Au conseil de révision; 2° au commandant du bureau de recrutement avant l'incorporation, si ces pièces n'ont été délivrées qu'après la comparution de l'intéressé. La dispense est prononcée, dans le premier cas, par le conseil de révision et dans le second cas, par l'autorité militaire, sur le vu des dites pièces justificatives.

Art. 36. — Les dispensés au titre des chapitres II à VI du présent décret doivent produire, du 15 septembre au 15 octobre de chaque année, jusqu'à l'âge de vingt-six ans, au commandant du bureau de recrutement de la subdivision à laquelle appartient le canton où ils ont concouru au tirage, les certificats prévus aux dits chapitres, dans le but d'établir qu'ils continuent à remplir les conditions sous lesquelles la dispense leur a été accordée.

Art. 37. — L'année de service imposée aux jeunes gens dispensés en vertu des articles 21, 22 et 23 de la loi du 15 juillet 1889, doit être uniquement consacrée à l'accomplissement de leurs obligations militaires; sous aucun prétexte ils ne pourront être détournés de ces obligations, ni recevoir des exemptions de service à l'effet de poursuivre leurs études.

CHAPITRE VIII.

Dispositions transitoires

Art. 38. — Les diplômes, titres ou récompenses mentionnés au chapitre 1er du présent décret et obtenus avant sa promulgation, procurent la dispense de service militaire prévue par l'article 23 de la loi du 15 juillet 1889, sous les réserves et aux conditions déterminées par les articles 39 et 40 ci-après.

Art. 39. — Les diplômes ou titres supérieurs, délivrés antérieurement à la promulgation du présent décret aux élèves des écoles mentionnées à l'article 2 ci-dessus, pour lesquelles il existe deux ordres de diplômes ou de titres constatant l'achèvement régulier des études, seront considérés comme pouvant procurer la dispense de service militaire prévue par l'article 23 de la loi du recrutement.

En ce qui concerne l'école des mines de St.-Etienne et les écoles de maîtres-ouvriers mineurs d'Alais et de Douai, les deux premiers ordres de titres constatant l'achèvement régulier des études seront considérés comme pouvant procurer la dispense du service militaire.

En ce qui concerne les écoles pour lesquelles il n'existe qu'un ordre de certificat de fin d'études, la dispense ne sera accordée que si les élèves ont été classés à la sortie par rang de mérite, et seulement aux deux premiers tiers de la liste de classement.

Art. 40. — En ce qui concerne l'école des beaux-arts, le conservatoire national de musique et l'école des arts décoratifs, les premiers prix et les premières médailles obtenus avant la promulgation du présent décret dans l'un des concours spécifiés aux articles 4, 5 et 6 ci-dessus, pourront procurer la dispense de service militaire prévue par l'article 23 de la loi du 15 juillet 1889.

Art. 41. — Le ministre de la guerre et tous les autres ministres sont chargés, chacun en ce qui le concerne, de l'exécution du présent décret, qui sera inséré au *Bulletin des Lois* et publié au *Journal officiel*.

CARNOT.

VOY.: Recrutement indigène.

Recrutement indigène.

No 1. — ARRÊTÉ *sur le mode de recrutement des indigènes tonkinois des différentes armes.*

10 février 1886.

CHAPITRE PREMIER

Formation du contingent annuel. — Réserves. — Rengagements. — Engagements volontaires.

Article premier. — La force militaire au Tonkin comprend:

1° L'armée active;

2° La réserve;

3° Les milices des confins militaires.

La durée du service des Tonkinois est de trois ans dans l'armée active, après lesquels ils passent dans la réserve pour deux ans (1).

Le service dans les milices des confins militaires est l'objet d'une organisation spéciale.

Art. 2. — L'armée active est recrutée suivant le mode adopté par l'administration tonkinoise pour le recrutement des soldats provinciaux et dans les mêmes conditions.

Art. 3. — Le gouvernement du Protectorat fixe, dès le principe, le maximum de soldats que chaque province aura à fournir pour l'armée active.

Les gouverneurs tonkinois, de concert avec les résidents, en feront la répartition par village, proportionnellement au chiffre des inscrits, et en dresseront un état qui deviendra définitif après approbation du Commandant en chef. Cet état fixera le nombre maximum des soldats à fournir par village.

Les villages sont tenus de tenir au complet, sous les armes, le nombre d'hommes qui leur est demandé dans la limite de ce maximum.

Art. 4. — Tous les ans, au 1er mars, le Gouvernement du Protectorat remet aux gouverneurs tonkinois l'état distinct, par arme, des hommes que chaque province devra fournir pour remplacer ceux qui sont libérés de l'armée active après expiration de leur temps de service, et indique les points sur lesquels il y a lieu de diriger le contingent ou les diverses fractions du contingent.

Art. 5. — Les gouverneurs informent aussitôt les villages du nombre et des catégories d'hommes, suivant les professions exercées, que chacun d'eux aura respectivement à fournir, en leur enjoignant de les présenter à la date fixée.

Art. 6. — Dans chaque village, les autorités communales désignent les hommes à présenter aux commissions pour le service militaire.

Art. 7. — Les hommes ainsi désignés doivent être rendus aux points indiqués le 1er avril suivant, et présentés à une commission militaire, qui constatera leur aptitude au service militaire et prononcera leur admission.

Un fonctionnaire français de la résidence, désigné par le résident, fait partie de cette commission avec voix consultative.

Art. 8. — Les autorités tonkinoises ne peuvent désigner, pour être incorporés, que des hommes de 21 à 35 ans. — Exceptionnellement, quelques hommes n'ayant que 20 ans pourront être admis, à la condition qu'ils présentent toutes les qualités requises pour le service militaire.

Art. 9. — Ne seront incorporés que les hommes reconnus aptes au service par les commissions.

Art. 10. — Les hommes présentés aux commissions, qui ne seront pas reconnus aptes au service, seront remplacés par le village.

Les remplaçants comparaîtront devant la commission 15 jours après.

Si l'homme présenté en remplacement, en vertu des dispositions qui précèdent, n'est pas reconnu bon, le village sera frappé d'une amende de *cinq piastres*, qui se renouvellera pour chacun des hommes qu'il aura présentés, jusqu'à l'admission de son candidat.

Art. 11. — Chaque village demeure collectivement responsable de tous les hommes présentés par lui, qui ont été reconnus aptes au service et qui sont incorporés.

Cette responsabilité cesse, pour chaque homme, à sa libération de l'armée active.

---

(1) Disposition modifié par arrêté 1889, publié ci-après; la durée du service est portée à six ans.

Elle consiste dans l'obligation de remplacer immédiatement le déserteur, de payer une amende, et de rembourser au cosps le montant des effets appartenant à l'Etat qui auraient été emportés par lui.

Si, dans un délai de 15 jours à partir du moment où il a été informé de l'absence d'un des hommes fournis par lui, le village n'a pu le ressaisir et le livrer, il payera l'amende et devra présenter un remplaçant dans les 8 jours suivants.

Art. 12. — Les soldats tonkinois peuvent être renvoyés dans leurs foyers soit pour inaptitude au service, soit pour inconduite ; le village qui les a fournis est tenu de pourvoir à leur remplacement dans les 8 jours qui suivent la notification qui lui sera faite de leur renvoi.

Le renvoi des indigènes est prononcé par le commandant en chef.

Les hommes morts par suite de faits de guerre ne sont pas remplacés jusqu'à l'appel suivant.

Art. 13. — A l'expiration de sa troisième année de service, le militaire incorporé peut, s'il y consent et s'il y est autorisé par son chef de corps, être maintenu pour un, pour deux ou pour trois ans, sur la liste du contingent de son village (1).

Ces rengagements peuvent se renouveler aussi souvent que le chef de corps y donnera son approbation.

Ils donnent droit à une haute paye.

Art. 14. — Après trois ans de service dans l'armée active, tout militaire qui ne contracte pas un rengagement comme il est dit dans l'art. 13 ci-dessus, est renvoyé dans ses foyers et inscrit sur les contrôles de la réserve.

Il est porteur, à son départ du corps, d'un certificat de passage dans la réserve, qui est collé dans son livret.

Tout indigène qui est renvoyé dans ses foyers après avoir fait, par suite de rengagement, cinq ans ou plus dans l'armée active, n'est pas inscrit sur les contrôles de la réserve.

S'il sert pendant quatre ans dans l'armée active par suite d'un rengagement d'un an, il ne figure que pendant un an sur les contrôles de la réserve (1).

Art. 15. — La réserve ne pourra être appelée, soit partiellement par province et par classe d'appel, soit en totalité, qu'en cas de guerre avec une puissance étrangère, et par un ordre spécial du gouvernement du Protectorat.

Art. 16. — Dans chaque village, le maire tient deux listes, dont le modèle sera donné aux gouverneurs de provinces et qui seront uniformes pour le Tonkin.

L'une contient, par classe d'appel, l'état nominatif des hommes du village servant dans l'armée active, en y mentionnant distinctement les rengagés et les engagés en vertu de l'art. 18 ci-dessous.

L'autre comprend les hommes du village qui font partie de la réserve, avec l'indication du lieu de leur résidence.

Le Résident et le gouverneur tiennent un contrôle général des hommes de l'armée active et de la réserve de leur province ; en regard du nom de chaque homme est inscrit son numéro matricule.

Art 17. — En cas d'appel par suite des dispositions de l'art. 15 ci-dessus, les villages doivent fournir un contigent égal au nombre de leurs réservistes inscrits.

Art. 18. — Des engagements volontaires peuvent être contractés pour trois ans par des Tonkinois âgés de 20 à 35 ans, dont l'identité aura été parfaitement établie, et qui seront porteurs d'un certificat de moralité délivré par le maire de leur village et visé par le chef de canton.

Tant que l'engagé ne comptera pas dans le contingent fourni par son village, celui-ci n'encourra aucune responsabilité à son sujet.

Art. 19. — Les hommes qui servent en vertu d'engagements volontaires ou de rengagements, conformément aux art. 13 et 18 ci-dessus, sont déduits du contingent annuel à fournir par leur village.

CHAPITRE II.

Dispositions transitoires.

Art. 20. — Les soldats faisant partie des régiments tonkinois existant au moment où les dispositions qui précèdent entrent en application, continueront à servir jusqu'à l'expiration des deux ans fixés par les dispositions qui avaient été en vigueur jusqu'à la promulgation du présent arrêté. Ils compteront dans le contingent demandé à leur village qui sera diminué d'autant.

(1) Modifié par l'arrêté du 15 juillet 1889.

Art. 21. — Les différents services de l'administration tonkinoise, tels que garde et escorte des grands mandarins, phus et huyens, etc., police, trams, bacs, etc., seront remplis par des gardes civils.

Art. 22. — Les gardes civiles tonkinoises peuvent, dans certaines circonstances, être appelées à coopérer à une action militaire à l'intérieur, en vue du rétablissement de l'ordre public.

Dans ce cas, le mandarin qui les commande est toujours subordonné au chef militaire français.

CHAPITRE III.

Milices des confins militaires.

Art. 23. — Le service à fournir par les populations des confins militaires sera déterminé après entente avec leurs chefs et sur leurs propositions, conformément à leurs coutumes.

WARNET.

N° 2. — INSTRUCTION *pour l'application de l'arrêté en date du 10 février 1886 sur le recrutement des tonkinois.*

10 février 1886

L'arrêté en date du 10 février 1886 fixe les conditions suivant lesquelles aura lieu désormais le recrutement des tonkinois dans les diverses armes, aussi bien pour les troupes de terre que pour le personnel de la flottille du Tonkin.

L'application de certains articles de cet arrêté nécessite quelques développements.

Art. 3. — Conformément à la proposition de Son Excellence le Kinh-luoc, après entente avec les gouverneurs des provinces, et sur l'avis conforme de M. le Directeur des affaires civiles et politiques, la répartition des contingents annuels à fournir sera faite, *en principe*, d'après les règles suivantes basées sur les chiffres approximatifs des populations.

1er RÉGIMENT DE TIRAILLEURS TONKINOIS

Dépôt à Hanoi ou à Son-tay. — (A) Recrutement opéré dans les provinces de Son-tay et de Hung-hoa, (portion du territoire de ces provinces sur la rive droite du fleuve Rouge), Hanoi et My-duc.

2e RÉGIMENT DE TIRAILLEURS TONKINOIS.

Dépôt à Nam-dinh. — Recrutement assuré par les provinces de Nam-dinh et Ninh-binh.

3e RÉGIMENT DE TIRAILLEURS TONKINOIS.

Dépôt à Bac-ninh. — Recrutement assuré par les provinces de Son-tay (portion du territoire située sur la rive gauche du fleuve Rouge) Hung-hoa, Thai-nguyen et Bac-ninh.

4e RÉGIMENT DE TIRAILLEURS TONKINOIS.

Dépôt à Hai-duong. — Recrutement assuré par les provinces de Hung-yen, Quang-yen, Hai-duong, Lang-son et Cao-bang.

Les effectifs nécessaires à l'artillerie, au génie, à la cavalerie, au train, aux pontonniers, à la flottille, aux infirmiers, commis et ouvriers d'administration, etc., seront prélevés sur chacun des groupes de province susdits, d'après des choix exercés par des commissions de recrutement sur l'ensemble des contingents.

En principe, la fixation annuelle des contingents sera dirigée de façon à avoir toujours 20,000 tonkinois dans l'armée active, non compris les milices, (B) savoir :

4 régiments de tirailleurs tonkinois à 4, 000 hommes, soit 16,000 hommes.

4,000 hommes répartis entre les diverses armes.

En résumé, les forces militaires tonkinoises comprendront :

1° 20,000 tonkinois dans l'armée active ;

2° Les hommes de la réserve ;

3° Les milices des confins militaires organisées d'une façon spéciale.

(A) L'emplacement du dépôt du 1er Régiment tonkinois sera ultérieurement fixé d'une façon définitive.

(B) Il doit être entendu que ce chiffre de 20, 000 tonkinois à entretenir sous les drapeaux pourrait être modifié si les circonstances rendaient la chose nécessaire.

En dehors de ces forces qui constituent la force militaire proprement dite, il sera créé, dans chaque province, une *garde civile* pour assurer le fonctionnement des divers services de l'administration tonkinoise ; son organisation et sa composition seront réglées de concert entre M. le Directeur des affaires civiles et politiques et Son Excellence le Kinh-luoc.

Art. 7. — En exécution des prescriptions de l'article 7, une commission de révision sera réunie annuellement à Hanoi, Nam-dinh, Bac-ninh et Hai-duong, pour la réception des contingents.

Elle comprendra :

(A) Un officier supérieur, président, et, à défaut, un capitaine ;

Un capitaine ;

Un médecin.

Pour accélérer la réception des contingents annuels, il pourra être formé, dans chacun des quatre groupes de province désignés ci-dessus, des commissions de revision secondaires qui seront réunies à la même date que les commissions principales, soit dans la même localité, soit dans des localités autres que les chefs-lieux de circonscription de recrutement. Ces localités seront désignées annuellement, suivant les circonstances, après entente entre le gouvernement du Protectorat et les autorités tonkinoises.

Ces commissions principales et secondaires fonctionneront plusieurs jours de suite, si cela est nécessaire, jusqu'à la réception totale du contingent appelé.

Un fonctionnaire français de la résidence, désigné par le résident, fera toujours partie de la commission de revision principale ; autant que possible, il en sera affecté un aux commissions secondaires. Ces fonctionnaires auront voix consultative ; ils fourniront aux commissions les renseignements dont elles pourraient avoir besoin, et représenteront, jusqu'à un certain point, l'intérêt de la population indigène. Les maires et chefs de canton assisteront aux séances.

Les commissions de revision se réuniront encore quinze jours après la date de la dernière séance de la première série de réunions dont il est question ci-dessus, pour examiner les conscrits présentés en vertu de l'article 10, comme remplaçants de ceux qui n'auraient pas été reconnus bons dans les premières présentations faites par les villages.

Les hommes à fournir individuellement après ces deux séries de réunions, soit en vertu de l'article 10, soit en vertu des articles 11 et 12, seront amenés directement au corps. Le chef de corps aura tout pouvoir pour les faire examiner, prononcer leur admission ou provoquer leur remplacement, s'il y a lieu.

Art. 11. — L'amende dont chaque village sera frappé, si des hommes présentés par lui et incorporés viennent à déserter, est fixée d'une façon générale à six piastres par déserteur. Ce chiffre n'est pas invariable. Il peut être modifié par le gouvernement du Protectorat, suivant les circonstances qui ont accompagné la désertion et ont pu en aggraver le caractère, telles que désertion en masse, désertion pour passer à l'ennemi, etc. Il sera, en outre, majoré d'un chiffre représentant la valeur des effets et armes appartenant à l'État, qui auront été emportés.

A cet effet, lorsque des désertions viendront à se produire, les chefs de corps, en adressant au commandement l'état des déserteurs, feront connaître les circonstances de la désertion et la valeur décomptée des effets et armes emportés. Ce rapport servira de base pour déterminer le taux de l'amende à imposer au village.

Une copie de l'état, avec l'indication de l'amende à infliger, sera transmise au résident de la province du déserteur, qui invitera le gouverneur à prescrire les mesures nécessaires pour la recherche du déserteur, et, s'il y a lieu, pour le payement de l'amende encourue.

La somme représentative de la valeur des effets appartenant à l'Etat, qui auront été emportés par le déserteur sera prélevée sur le taux de cette amende pour être versée au trésor français. Le restant de l'amende sera versé, moitié au trésor français, et moitié au trésor des provinces.

Art. 15. — Les soldats tonkinois libérés du service actif et inscrits dans la réserve ne sont soumis à aucune obligation militaire.

(A) Cet officier supérieur sera, autant que possible, le commandant du régiment de tirailleurs tonkinois qui a son chef-lieu de recrutement dans la localité.

Ils ne peuvent être appelés qu'en temps de guerre.

Il convient de faire comprendre cette disposition aux populations tonkinoises, pour qu'elles ne voient pas une aggravation de charge dans la tenue des contrôles de la réserve qui est prescrite aux maires des villages.

Le gouvernement du Protectorat se réserve d'ailleurs, en cas de guerre contre une puissance étrangère, de rappeler les réservistes annamites, soit partiellement par province, soit en totalité.

Les mesures de détail à prendre pour l'établissement et la tenue au courant des contrôles de la réserve par les résidents des provinces et par les autorités tonkinoises, ainsi que la façon dont les réservistes tonkinois qui seraient rappelés en cas de guerre seront utilisés, soit pour former des unités nouvelles, soit pour augmenter les effectifs des unités déjà existantes, seront l'objet d'un règlement ultérieur.

Art. 18. — En ouvrant la porte aux engagements volontaires par l'application de l'art 18, le gouvernement du Protectorat a eu pour but de diminuer les charges des populations tonkinoises. Il est probable, en effet, que les avantages faits aux indigènes pendant leur présence dans les rangs de l'armée active, décideront beaucoup d'entre eux à contracter des engagements volontaires.

Comme il sera tenu compte de ces engagements dans la fixation des contingents annuels, les contingents fournis par les villages seront diminués d'autant.

Art. 20. — Les prescriptions de l'art. 20 peuvent présenter dans le début quelques difficultés d'application. Parmi les soldats servant déjà dans les tirailleurs tonkinois, un certain nombre ont bien été fournis par les villages, mais un nombre assez élevé a été enrolé, au début de ces créations, par voie d'engagements volontaires. L'idendité de tous ces derniers n'est pas nettement établie. Il conviendra que des recherches soient entreprises d'accord entre les commandants des régiments tonkinois et les autorités tonkinoises, pour les rattacher à des villages. Leur situation sera alors identique à celle des soldats provenant du recrutement normal.

Art. 21. — Procédant toujours de la même idée libérale, le gouvernement du Protectorat laisse aux autorités tonkinoises le soin de recruter et d'organiser elles-mêmes les gardes civiles qui doivent être une sorte de gendarmerie chargée d'assurer le fonctionnement de tous les services de leur administration. Il leur est même loisible, pour donner plus de consistance à cette garde, d'exercer leur choix parmi les tonkinois inscrits dans la réserve.

Mais comme il convient qu'en cas de guerre, le gouverneur puisse compter sur des réservistes exercés comme sur les indigènes faisant partie de l'armée active, il doit être entendu que les réservistes employés dans les gardes civiles rentreraient, le cas échéant, dans les rangs comme les autres, sur la demande du gouvernement du Protectorat, si les circonstances l'exigeaient.

Pour ne pas désorganiser les services, l'administration tonkinoise pourra remplacer sans délai, par de nouveaux enrôlements, les réservistes employés dans les gardes civiles qui seraient rappelés en vertu des dispositions ci-dessus.

L'arrêté, en date du 10 février 1886, sur le recrutement, loin d'être une augmentation des charges militaires imposées aux populations tonkinoises sera en réalité, un allègement notable de ces charges.

Comme l'ont fait remarquer avec raison Son Excellence le Kinh-luoc et les gouverneurs des provinces dont l'avis a été transmis au général commandant en chef le corps du Tonkin par M. le directeur des affaires civiles et politiques, dans un rapport en date du 5 septembre 1885, l'organisation nouvelle ne peut que présenter des avantages, puisque le nombre total des soldats incorporés dans l'armée active et dans la garde civile se trouvera très inférieur au contingent actuel, et que les soldats recevront, pendant qu'ils seront au service, des allocations qui leur permettront de subvenir à tous leurs besoins. Il doit en résulter une diminution évidente des charges pesant sur la population qui, jusqu'à ce jour, était privée, sans profit pour le pays, d'un nombre considérable de travailleurs, et était obligée de servir à ces soldats de lourdes subventions non comprises dans l'assiette des impôts.

WARNET.

N° 3. — CIRCULAIRE *sur l'application de la responsabilité des villages en matière de recrutement militaire indigène.*

9 mars 1889

M. le Général en chef a appelé mon attention sur l'inexécution des prescriptions du règlement du 10 février 1886 et, notamment de l'article 11, relatives à la responsabilité des villages en matière de désertion.

Un relevé statistique a permis de voir que les villages ne remplacent pas les déserteurs, ne font pas les recherches nécessaires pour les retrouver, enfin ne paient presque jamais les amendes qu'ils doivent à l'État pour l'indemniser de la perte des effets emportés par les hommes.

Cette manière de faire est aussi préjudiciable aux intérêts du Protectorat que nuisible au bon fonctionnement du recrutement de nos troupes indigènes; j'ai l'honneur en conséquence de vous prier de vouloir bien veiller d'une façon toute particulière à l'exécution stricte de l'article 11 du règlement précité; vous me fournirez à la fin de chaque mois une note aussi brève que possible indiquant, pour votre province, le nombre des déserteurs non retrouvés et de ceux qui ont été remplacés par les villages, le montant des amendes à percevoir, enfin la somme recouvrée dans le courant du mois; l'examen de cet état me permettra de m'assurer que dans chaque province on veille à l'exécution des mesures rappelées par la présente circulaire.

E. PARREAU.

N° 4. — ARRÊTÉ *fixant à six années la durée du service actif des indigènes en Annam et au Tonkin.*

15 mars 1889.

Remplacé par arrêté du 15 juillet 1889.

N° 5. — ARRÊTÉ *fixant à six années le service actif des militaires indigènes en Annam et au Tonkin.*

15 juillet 1889.

Article premier. — La durée du service des indigènes dans l'armée active en Annam et au Tonkin, est portée à six années, après lesquelles ils passent dans la réserve pour deux ans.

Art. 2. — A l'expiration de la sixième année, le militaire incorporé peut, s'il y est autorisé par le chef de corps, contracter un rengagement pour un, deux ou trois ans.

Ces rengagements peuvent être reçus dans un délai de six mois après la libération.

Ils peuvent se renouveler aussi souvent que le chef de corps y donnera son acceptation, jusqu'à l'accomplissement d'une période de 20 années de service.

Les rengagés seront déduits du contingent annuel à fournir par leur village.

Art. 3. — Les avantages de solde accordés par le règlement du 10 février aux tirailleurs annamites détachés aux régiments de tirailleurs tonkinois sont supprimés.

Art. 4. — Pendant la durée du service militaire, une part de rizière est allouée par le village à l'indigène incorporé, pour assurer la subsistance de sa famille qui est en outre exemptée d'impôts.

Art. 5. — A l'expiration du temps de service dû à l'État, le militaire libéré a la qualité d'inscrit, et est exempt de la corvée personnelle et de l'impôt pendant cinq ans.

Art. 6. — Des engagements volontaires peuvent être contractés pour 6 ans par des indigènes âgés de 20 à 35 ans dont l'identité aura été parfaitement établie, et qui seront porteurs d'un certificat de moralité délivré par le maire de leur village et visé par le chef de canton.

Ils seront déduits du contingent annuel à fournir par leur village et bénéficieront des avantages énoncés aux articles 4 et 5.

Dispositions transitoires.

Art. 7. — Les dispositions du présent arrêté ne sont pas applicables aux indigènes entrés au service avant sa publication.

Art. 8. — Les soldats actuellement sous les drapeaux bénéficieront des avantages concédés par l'art. 5, s'ils contractent, au moment de leur libération ou dans les 6 mois qui suivront, un rengagement pour compléter à six ans la durée du service.

Art. 9. — Les soldats de la classe libérable en 1889 auront droit, en outre, à la prime et à la haute paie prévue par le règlement du 10 février 1886, si leur rengagement a été contracté avant l'expiration des deux mois qui suivront la date du présent arrêté.

Art. 10. Le Général, commandant en chef les troupes de l'Indo-Chine et les Résidents supérieurs en Annam et au Tonkin sont chargés, chacun en ce qui le concerne, de l'exécution du présent arrêté, qui annule les dispositions contraires des règlements et arrêté antérieurs.

PIQUET,

N° 6. — ARRÊTÉ *sur l'interprétation à donner à l'art 4 de celui du 15 mars 1889, sur la durée de l'engagement des chasseurs annamites.*

16 juillet 1889.

Article premier. — L'article 4 de l'arrêté du 15 mars 1889 imposant aux chasseurs annamites le service de six ans doit être interprété de la façon suivante :

Pendant la durée du service militaire, il sera alloué par le village à l'indigène incorporé, une part de rizière égale à celle qui a toujours été donnée aux hommes désignés pour le service de l'Etat annamite, conformément aux usages établis et suivis jusqu'à ce jour.

Sa famille, c'est-à-dire ses ascendants et descendants directs, seront exempts de l'impôt personnel : impôt des soldats, corvées à l'État et au village, charges personnelles communales.

Art. 2. — Le Résident supérieur en Annam est chargé de l'exécution du présent arrêté qui sera enregistré et publié partout où besoin sera.

PIQUET.

N° 7. — CIRCULAIRE *sur l'engagement militaire des indigènes.*

5 septembre 1889.

M. le Général en chef a appelé mon attention sur les nombreuses irrégularités que comportait l'établissement de l'état civil des tirailleurs ; pour obvier à cet inconvénient, j'ai décidé qu'à l'avenir aucun indigène ne serait engagé que sur un certificat délivré par les autorités communales.

Pour les contingents annuels, vous tiendrez la main à ce qu'ils soient accompagnés au conseil de révision par le maire de leur village, ou deux notables, qui certifieront l'état nominatif, en caractères, des hommes qu'ils auront amenés.

Quant aux engagés volontaires ou rengagés, vous leur délivrerez une lettre pour les maires des villages qu'ils vous désigneront comme leur pays d'origine, invitant ces fonctionnaires à certifier, sous la responsabilité pécuniaire des communes, l'exactitude des renseignements tenant lieu d'état civil.

Vous ne procéderez à leur engagement que lorsqu'ils se présenteront devant vous munis de ce certificat qui devra leur être délivré gratuitement.

BRIÈRE.

VOY : — Réserves indigènes.

Réhabilitation. — VOY. : — Récidivistes, Récidive.

Renseignements (Service des).

N° 1. — DÉCISION *modifiant celle du 10 octobre 1883, relative au service des renseignements.*

8 janvier 1884.

La décision en date du 10 octobre 1883, créant le service des renseignements, est modifiée, en ce qui concerne la communication du rapport journalier, de la manière suivante :

« Le chef du service des renseignements ne devra adresser, à l'avenir, son rapport journalier qu'au contre-amiral commandant en chef et au commandant supérieur des troupes. »

Le contre-amiral commandant en chef restera juge de l'opportunité des communications à faire au secrétaire général et au résident de France à Hanoi.

COURBET.

VOY. : — Informations commerciales.

Répression. — VOY. : Pirates, Piraterie. — Tribunaux mixtes.

Réquisitions

N° 1. — DÉCISION *réglementant le service des réquisitions de remorqueurs, jonques etc.*

29 avril 1884

Article premier. — En principe, le droit de réquisitionner des remorqueurs, jonques etc., appartient, par délégation du commandant en chef, aux officiers du commissariat de la marine et aux employés du service administratif.

Toutefois, dans les cas d'urgence, et aussi lorsqu'il n'existe pas d'officier ou d'employés du commissariat sur les lieux, ce droit peut être exercé, sous leur responsabilité personnelle, par les commandants de colonnes, chefs de corps, capitaines de bâtiments, commandants de postes, de détachements, etc., etc..

Art. 2. — Toute autorité militaire ou administrative qui procède à une réquisition, délivre au patron du remorqueur ou de la jonque, un bulletin conforme au modèle ci-joint, destiné à constater le service fait et à établir le droit de la partie requise au payement d'une indemnité.

Art. 3. — Afin de contrôler les mouvements des remorqueurs et des jonques, les chargés du service administratif, dans les différents postes, et à leur défaut, les commandants supérieurs, capitaines de bâtiments, commandants de postes etc., viseront, à l'arrivée et au départ, le bulletin de réquisition ou le carnet d'affrétement dont doivent être porteurs tous les patrons de remorqueurs ou de jonques réquisitionnés ou affrétés par la marine.

MILLOT.

POSTE DE

BULLETIN D'AFFRÉTEMENT OU DE RÉQUISITION

D'UNE JONQUE.

Nom de la jonque.................

Marque et numéro ....

Lieu de l'affrétement ou de la réquisition.........................

Date..........................

Tonnage ou contenance *(tonneaux ou piculs)*......................

Nom et domicile de l'armateur ou propriétaire....................

Nom du patron................

Date de l'arrivée dans la localité....

Date du départ...................

Lieu de destination...............

Motif du séjour ....

Fait à , le 18 .

Le

N° 2. — DÉCISION *rendant exécutoire au Tonkin la loi du 3 juillet 1877 sur les réquisitions militaires.*

18 septembre 1884.

La loi du 3 juillet 1877, sur les réquisitions militaires, est rendue exécutoire au Tonkin.

En conséquence, tous les Européens et Asiatiques propriétaires de chevaux ou juments sont requis de présenter, aujourd'hui même, à la commission de remonte, tous les chevaux et juments qu'ils possèdent.

Ces animaux devront être amenés avec un licol pourvu d'une longe.

Après estimation de chaque animal, le président de la commission remettra au propriétaire un bon pour servir au remboursement.

Le remboursement s'effectuera dans un délai maximum de huit jours.

Toute infraction au présent ordre sera passible des peines édictées par la loi.

BRIÈRE DE L'ISLE.

N° 3. — EXTRAIT de la loi *sur les réquisitions militaires.*

3 juillet 1877

CHAPITRE PREMIER.

Conditions générales dans lesquelles s'exerce le droit de réquisition.

. . . .

CHAPITRE VIII.

Dispositions relatives aux chevaux, mulets et voitures nécessaires à la mobilisation.

36. — L'autorité militaire a le droit d'acquérir, par voie de réquisition, pour compléter et pour entretenir l'armée au pied de guerre, des chevaux, juments, mules et mulets, et des voitures attelées.

. . . .

40. — Sont exemptés de la réquisition, en cas de mobilisation, et ne sont pas portés sur la liste de classement par catégories :

1° Les chevaux appartenant au Chef de l'État ;

2° Les chevaux dont les fonctionnaires sont tenus d'être pourvus pour leur service ;

3° Les chevaux entiers approuvés ou autorisés pour la reproduction ;

4° Les juments en état de gestation constatée, ou suitées d'un poulain, ou notoirement reconnues comme consacrées à la reproduction ;

5° Les chevaux et juments n'ayant pas atteint l'âge de six ans, les mulets et mules au-dessous de quatre ans;

6° Les chevaux de l'administration des postes, ou ceux qu'elle entretient pour son service par des contrats particuliers ;

7° Les chevaux indispensables pour assurer le service des administrations publiques et ceux affectés aux transports de matériel nécessités par l'exploitation des chemins de fer. Ces derniers peuvent toutefois être requis au même titre que les voies ferrées elles-mêmes, conformément aux dispositions de l'article 29 de la présente loi.

. . . .

45. — Dès la réception de l'ordre de mobilisation, le maire est tenu de prévenir les propriétaires que : 1° tous les animaux classés présents dans la commune ; 2° tous ceux qui y ont été introduits depuis le dernier classement et qui ne sont pas compris dans les cas d'exemption prévues par l'art. 40 ; 3° tous ceux qui ont atteint l'âge légal depuis le dernier classement ; 4° tous ceux enfin qui, pour un motif quelconque, n'auraient pas été déclarés au recensement ni présentés au dernier classement, bien qu'ils eussent l'âge légal, doivent être conduits, aux jour et heure fixés pour chaque canton, au point indiqué par l'autorité militaire.

N° 1. — ORDRE *sur les mesures à prendre contre les propriétaires de sampans qui cherchent à soustraire leurs embarcations aux réquisitions*
17 décembre 1884

Plusieurs opérations militaires ont permis de remarquer que les indigènes détériorent fréquemment, d'une manière provisoire, leurs sampans, pour les soustraire aux réquisitions.

Pour mettre un terme à ces manifestations de mauvais vouloir, le général commandant le corps expéditionnaire décide qu'à l'avenir tout commandant de colonne ou de détachement qui rencontrera des sampans mis intentionnellement hors de service, devra en faire opérer la destruction totale et immédiate.

BRIÈRE DE L'ISLE

VOY. : Navigation.

Réserves indigènes.

N° 1. — ARRÊTÉ *concernant l'organisation des réserves indigènes en Indo-Chine*
22 juillet 1888.

Les réserves indigènes en Indo-Chine seront organisées conformément aux dispositons ci-après.

CHAPITRE PREMIER

Article premier. — La réserve des troupes indigènes en Indo-Chine comprend :

1° Un cadre d'officiers de réserve (Cochinchine seulement) ;

2° Les hommes de troupe qui ont terminé leur temps de service dans l'armée active.

CHAPITRE II

CADRE DES OFFICIERS DE RÉSERVE

Dispositions spéciales à la Cochinchine.

Art. 2. — Ce cadre comprend :

Les officiers indigènes retraités ou démissionnaires, n'ayant pas atteint l'âge de 40 ans ;

Les sous-officiers ayant accompli quinze années de service dans l'armée active ;

Les engagés volontaires ayant accompli cinq années de service dans l'armée active et pourvus du grade de sous-officier, s'ils sont proposés pour l'emploi, et s'ils justifient des conditions d'aptitude à déterminer.

Art. 3. — Les officiers du cadre de réserve ne sont convoqués qu'en cas de guerre et par un ordre du Gouverneur général. Ils sont nommés par le Gouverneur général, sur la proposition du Général commandant en chef.

Ils sont classés et affectés d'avance à une compagnie du régiment de tirailleurs annamites.

A l'expiration de leur temps de service dans la réserve, ils sont rayés des cadres, à moins qu'ils ne demandent à être maintenus.

Cette demande est soumise à l'approbation du Gouverneur général qui décide.

CHAPITRE III

Hommes de troupe.

Art. 4. — La réserve des troupes indigènes comprend tous les militaires libérés du service actif, sauf les exceptions indiquées ci-après.

Art. 5. — Sont dispensés du service dans la réserve :

1° Les hommes réformés pendant leur service actif ou reconnus impropres au service militaire après leur passage dans la réserve ;

2° Les hommes qui ont accompli, par suite de rengagements, cinq ans et plus de service actif, à l'exception de ceux qui peuvent être proposés pour officiers de service.

Art. 6. — La durée du service de réserve est de deux ans pour les tirailleurs tonkinois et chasseurs annamites, de trois ans pour les tirailleurs annamites.

Le temps de service comptera à partir du jour de la libération du service actif.

Art. 7. — Le recrutement de la réserve est régional, comme celui de l'armée active. Les hommes de la réserve sont classés et affectés à la compagnie de tirailleurs ou de chasseurs où ils ont fait leur service actif.

Ils conservent leur numéro matricule. Les sous-officiers et caporaux conservent leurs grades, à moins d'en avoir démérité.

Art. 8. — Les hommes de la réserve ne peuvent être convoqués qu'en cas de guerre, sur un ordre du Gouverneur général.

Art. 9. — Chaque village est responsable de ses hommes de réserve et ne doit présenter, en cas d'appel, que ceux qui sont inscrits sur les contrôles.

La constatation en sera faite par le maire, puis par le résident ou administrateur, enfin par le corps dans lequel l'homme a accompli son temps de service.

Toute fraude en matière d'identité exposera son auteur et ses complices aux peines édictées par la loi.

Art. 10. — En cas d'appel, le maire, ou, à défaut, un notable conduira les réservistes du village au chef-lieu de l'arrondissement ou de la province. Après les constatations d'identité, le résident ou administrateur les remettra aux mains de l'autorité militaire.

Art. 11. — Chaque homme ayant terminé son temps de service actif, recevra de son corps un certificat de passage dans la réserve, écrit en quoc-ngu, et collé sur le livret individuel.

Il déposera son livret accompagné du certificat, entre les mains du maire de son village. Ce livret ne lui sera rendu qu'en cas d'appel et pour la durée de la campagne.

Lorsque l'homme aura terminé son temps de service dans la réserve, le maire adressera au corps, par l'intermédiaire de l'administrateur ou du Résident, le livret sur lequel le corps portera l'inscription constatant la libération définitive. Ce livret, renvoyé ensuite au maire par le même intermédiaire, sera remis à l'homme qui le conservera.

Art. 12. — Les passages dans la réserve sont notifiés directement par le corps, aux administrateurs ou résidents qui informent le gouverneur de la province, et qui transmettent les bulletins aux maires des villages qui ont fourni les indigènes. Il en est de même pour les bulletins de libération définitive.

Art. 13. — Chaque compagnie du régiment de tirailleurs tient un contrôle de ses réservistes par numéro matricule, classe et année.

Chaque gouverneur de province tient le même contrôle ; les renseignements lui sont fournis par le résident.

Chaque résident ou administrateur tient un contrôle en partie double :

1° Des hommes de l'armée active, en distinguant les appelés et les rengagés.

2° Des réservistes de son arrondissement ou de sa province, également par classe et année.

Enfin chaque maire tient pour son village, un contrôle semblable à celui de l'administrateur ou résident.

Sur ces différents contrôles sont inscrits tous les renseignements permettant de constater l'idendité des réservistes.

Art. 14. — Les mutations des réservistes sont signalées de la manière suivante.

En cas de mort, le maire informe l'administrateur ou le résident qui prévient le corps ; l'homme est rayé des contrôles et n'est pas remplacé.

En cas de changement de domicile, le maire prévient l'administrateur ou le résident, en lui envoyant le livret. L'administrateur ou le résident prescrit les recherches nécessaires, et envoie le livret à l'administrateur ou au résident du nouveau domicile. L'homme est rayé sur les anciens contrôles et inscrit sur les nouveaux.

RICHAUD.

VOY. : Recrutement indigène

Résidences et vice-résidences. — VOY. : Organisation administrative. — Matériel.

Résident général. — VOY. : Organisation administrative.

Résident supérieur. — VOY. : Organisation administrative.

Responsabilité collective. — VOY. : Amendes. — Recrutement indigène. — Rébellion.

Responsabilité des villages. — VOY. : Amendes. — Recrutement indigène. — Rébellion.

Retenues. — VOY. : Hôpitaux, hospices. — Hospitalisation. — Retraite (caisse de). — Garde civile. — Soldes.

Retraite (caisse de)

N° 1. — CIRCULAIRE *relative aux retenues à exercer pour le service des retraites, sur la solde des fonctionnaires, employés et agents du Protectorat.* (1)

12 janvier 1889

Mon attention a été appelée par M. l'Inspecteur des colonies sur la situation faite aux fonctionnaires et agents des divers services du Protectorat, qui ne subissent pas sur leur solde les retenues réglementaires pour le service des retraites.

Certains agents, tels que ceux détachés des cadres de la Métropole ou de la Cochinchine, dont le droit à une pension de retraite ne saurait être douteux, doivent être astreints aux versements prévus par les lois des 9 juin 1853 et 5 août 1879. La même mesure peut être étendue dès maintenant aux agents du service colonial, bien que la question de leurs droits à une retraite n'ait pas encore été tranchée; une commission élabore actuellement à Paris un projet d'assimilation des fonctionnaires employés du Protectorat, au point de vue des retraites, et il importe de sauvegarder les droits de chacun à une pension éventuelle.

J'ai décidé, en conséquence, que les versements réglementaires seraient opérés pour tout le personnel de l'Annam et du Tonkin, à compter du 1er janvier 1889, la question des versements qui auraient dû être faits antérieurement et qui deviendront exigibles dès que le droit à une retraite aura été consacré ultérieurement demeurant réservée.

Les retenues à faire sur le traitement des fonctionnaires et employés devront être décomptées ainsi qu'il suit :

1° Pour les agents métropolitains retraités sous le régime de la loi du 9 juin 1853 :

5 °/₀ au profit des pensions civiles, sur la partie du traitement représentant la solde d'Europe ;

3 °/₀ au profit du trésor, sur le supplément colonial et les indemnités de toute nature.

2° Pour les agents européens du service colonial, application de la loi du 5 août 1879 :

5 °/₀ au profit du trésor, sur la solde totale dégagée de tous accessoires, pour les traitements supérieurs à 6,000 francs ;

3 °/₀ au profit du trésor, sur la solde totale dégagée de tous accessoires, pour les traitements inférieurs à 6,000 francs.

3° Pour les agents indigènes :

5 °/₀ sur la moitié de la solde, et 3 °/₀ sur le surplus. Ce personnel, qui n'a ni assimilation ni parité d'office déterminées par une loi ou par un décret doit, aux termes de la dépêche ministérielle du 8 août 1882, tomber sous le régime de la loi du 9 juin 1853.

Toutefois, la circulaire ministérielle du 30 décembre 1882 fait remarquer que sous le régime de la loi de 1853, les services, pour être admissibles, doivent exiger un travail habituel et continu ; en conséquence, ceux des agents qui ne sont employés que temporairement n'ont pas droit à une pension et ne doivent supporter aucune retenue.

Les indemnités de toute nature, indemnités de route ou de séjour, de logement, de vivres, gratifications, primes, suppléments de fonctions, frais de représentation, etc., en un mot, toutes les allocations autres que la solde proprement dite, sont passibles de la retenue du 3 °/₀ au profit du trésor.

Je vous serai obligé, de vouloir bien faire figurer, à compter du 1er janvier courant, les retenues calculées ainsi qu'il vient d'être dit, sur les états de solde et sur tous les états devant servir au payement d'une indemnité, supplément, etc., etc., que vous pourrez avoir à établir en faveur du personnel placé sous vos ordres. Vous voudrez bien également me faire parvenir un état des sommes payées par vos soins depuis le 1er de ce mois, et qui auraient dû être grevées de retenue.

RHEINART.

(1) Voir ci-après arrêté du 25 janvier 1889.

N° 2. — ARRÊTÉ *fixant le point de départ des retenues à exercer sur les soldes, pour l'établissement d'un règlement sur les retraites.*

25 janvier 1889.

Article premier. — A partir du 1er janvier 1889, des retenues seront opérées sur la solde du personnel de l'Annam et du Tonkin, en prévision de l'établissement d'un règlement sur les retraites.

Art. 2. — La question du versement des retenues non opérées antérieurement est réservée.

Art. 3. — Sont et demeurent abrogées toutes les dispositions contraires à celles du présent arrêté.

Art. 4. — Le Résident général en Annam et au Tonkin est chargé de l'exécution du présent arrêté.

RICHAUD.

N° 3. — CIRCULAIRE *au sujet du décompte des retenues pour le service des retraites.*

2 février 1889

Pour faire suite à la circulaire n° 12, du 12 janvier dernier, j'ai l'honneur de vous donner ci-après diverses explications sur le calcul des retenues pour le service des retraites, et leur décompte sur les états de solde.

1° *Délégations; avances de solde faites en France.* — Les unes et les autres étant passibles, en France, avant leur payement, de la retenue de 5 °/₀, ne doivent, dans la colonie, faire l'objet d'aucun versement au profit des pensions civiles ou du trésor.

Les retenues pour délégations et avances de solde doivent être faites sur la solde d'Europe, et c'est sur le montant net de cette portion de la solde que doit être calculée la retenue de 5 °/₀ ou celle de 3 °/₀.

2° *Avances faites dans la colonie.* — Ces avances étant soumises à la retenue réglementaire au moment de leur mandatement, leur remboursement ne donne lieu, ni à la retenue du 3°/₀ ni à celle du 5°/₀.

3° *Frais d'hospitalisation. Dettes envers l'Etat.* — Les frais de traitement à l'hôpital et les sommes retenues pour dettes envers l'Etat, ne sont passibles d'aucune retenue au profit des pensions civiles ou du trésor.

4° *Dettes envers des tiers.* — Les sommes retenues en vertu de décisions administratives pour dettes envers des tiers, sont, comme le reste de la solde, soumises aux retenues réglementaires.

La retenue pour la retraite doit être exercée sur la solde totale, comme dans les cas ordinaires.

5° *Retenues disciplinaires.* — Les retenues disciplinaires sont faites au profit des pensions civiles pour les agents métropolitains, et au profit du trésor pour les agents coloniaux. Elles doivent être portées, suivant le cas, dans les colonnes 19, 20 ou 21.

En ce qui concerne le décompte des retenues sur les état de solde, doivent figurer :

1° Dans la colonne 19 (3°/₀ au profit du trésor) : le 3°/₀ sur la solde coloniale et sur les indemnités des agents métropolitains, le 3°/₀ sur les indemnités des agents coloniaux dont la solde est supérieure à 6, 000 francs; le 3°/₀ sur la moitié du traitement des employés indigènes.

2° Dans la colonne 20 (5°/₀ au profit de la caisse des pensions civiles): le 5°/₀ sur la solde d'Europe des agents détachés des cadres de la Métropole, le 5°/₀ sur la moitié de la solde des employés indigènes.

3° Dans la colonne 21 (5°/₀ au profit du trésor): le 5°/₀ sur la solde totale des fonctionnaires du cadre colonial, jouissant d'un traitement supérieur à 6. 000 francs.

Les états de solde doivent être arrêtés à la somme brute.

E. PARREAU

Riz et paddys

N° 1. — DÉCISION *établissant un droit de sortie sur les riz et paddys exportés (1).*

19 novembre 1884.

TITRE PREMIER

Etablissement d'un droit de sortie sur les riz et paddys exportés; fixation de ce droit; déclarations; visites; liquidation et payement des droits.

Article premier. — Le commerce d'exportation des riz et paddys est autorisé au Tonkin, mais exclusivement par le port de Haiphong, du 1er décembre prochain au 1er mars 1885.

Art. 2. — Les grains seront frappés, à la sortie, d'une taxe de soixante-dix centimes par picul de 60 kilog. 400 grammes.

Art. 3. — Les riz exportés par navires français, à destination de la France et des colonies françaises, ne seront assujettis qu'à la taxe de 0 fr. 465 (dix cents), prévue par le traité de commerce, sauf présentation, par les exportateurs, des pièces constatant le débarquement dans les ports de destination, dans les délais ci-après :

Réunion, Cochinchine française et possessions françaises de l'Inde : 5 mois pour navires à vapeur, 7 mois pour navires à voile.

Toutes autres colonies et la France : 6 mois pour navires à vapeur, 9 mois pour navires à voile.

Les riz expédiés par bâtiments français sur les ports d'ordre payeront les droits entiers à la sortie, et ne seront remboursés de la différence (0 fr. 235) que sur la production, dans les délais ci-dessus, des certificats constatant leur débarquement dans un port français.

Art. 4. — La taxe sera perçue suivant le poids net des riz ou paddys exportés, énoncé dans la déclaration qui devra être faite au bureau de la douane, au port de sortie.

Il sera tenu compte du poids des sacs : pour les riz en simple emballage, par la déduction de 1 p. 100 pour les riz emballés en gunnies, et de 1 ½ p. 100 pour ceux emballés en sacs de paille; pour les paddys en simple emballage, par la déduction de 1 ½ p. 100 pour les paddys emballés en gunnies, et de 2 p. 100 pour ceux emballés en sacs de paille.

Cette taxe sera doublée lorsque les riz ou paddys seront en double emballage.

Art. 5. — Les capitaines ou patrons des bâtiments ou navires ne pourront faire leur chargement de riz ou de paddys qu'au port de Haiphong, sous peine d'une amende de cent à mille francs, et de la confiscation tant des riz saisis que des bâtiments ou navires.

Art. 6. — Les marchands, propriétaires, consignataires, courtiers, capitaines, maîtres ou patrons, en un mot tous chargeurs de riz ou paddys à exporter devront, avant tout embarquement, faire, à peine d'une amende de cinq cents à mille francs, au bureau de la douane, une déclaration énonçant le poids total des grains, et faire connaître le nom, la nationalité, le tonnage du navire sur lequel doit s'effectuer le chargement, le nom du capitaine, ainsi que le lieu de destination.

Art. 7. — Ils devront, sous la même peine, acquitter les droits de sortie après l'entier chargement du navire, lequel ne devra quitter le port qu'après l'acquittement de ces droits.

Art. 8. — Il ne pourra être fait, à peine d'une amende de cinquante à mille francs, aucun chargement de riz ou paddys destinés à l'exportation, avant le lever et après le coucher du soleil, à moins d'une autorisation spéciale de la douane.

Cette peine sera prononcée tant contre les chargeurs que contre les capitaines ou patrons des navires destinataires.

Art. 9. — La vérification se fera au lieu d'embarquement; les commis ou surveillants désignés pour assister au chargement, devront s'y transporter à la première réquisition, à peine de répondre des événements résultant de leur refus.

Les chargeurs ou propriétaires des riz ou paddys exportés, devront toujours être représentés à bord du navire destinataire pendant toute la durée du chargement; il sera sursis, en leur absence, à l'embarquement de la marchandise.

Art. 10. — Les chargeurs seront tenus, à peine d'une amende de dix francs à cinq cents francs, de remettre, à chaque patron de chaland qu'ils expédieront à bord d'un navire, une déclaration signée et certifiée de la quantité en sacs et en piculs de riz ou de paddy composant la charge du chaland, et indiquant le numéro du chaland et le nom du navire auquel le chargement est destiné.

Ces déclarations partielles, rédigées en français, sans rature ni surcharge, ni addition, ni interlignes, seront remises, dès son arrivée à bord, par le patron du chaland, au préposé de la douane ou, en son absence, au capitaine ou à un officier du bord.

Les déclarations partielles, totalisées à la fin du chargement, devront concorder avec la déclaration générale indiquée en l'article 6.

Art. 11. — Les chargeurs qui auront fait leurs déclarations pourront les modifier jusqu'au moment de l'arrivée à bord de l'agent de la douane chargé de la vérification, s'ils reconnaissent quelque erreur quant au poids du riz ou du paddy, et en acquittant les droits supplémentaires.

Si la quantité constatée par la vérification est inférieure aux déclarations, les droits afférents à l'excédent seront restitués, ou versés après un délai d'un mois, à la caisse des dépôts et consignations.

Art. 12. — Les chargeurs et capitaines, maîtres ou patrons de navires seront tenus, à peine d'une amende de cinq cents à mille francs, de représenter aux préposés de la douane, s'ils le requièrent, les connaissements, chartes-parties, et même la police d'assurance, s'il en existe une, ou de justifier que ces pièces ne sont plus en leur possession.

Art. 13. — Dans le cas où, par la faute du capitaine, il serait fait obstacle à la vérification, à bord, du poids des riz ou paddys exportés, le transport de la marchandise au bureau de la douane, s'il y a lieu, et les frais de manipulation des sacs pour le pesage, seront au compte des propriétaires ou chargeurs, sauf leur recours contre le capitaine.

Ils pourront employer, à cet effet, des hommes de leur choix ou ceux employés habituellement par la Douane.

Art. 14. — Si les riz ou paddys embarqués excèdent le poids déclaré, l'excédent sera assujetti au triple droit, et celui qui aura fait la fausse déclaration sera, de plus, puni d'une amende de cent à mille francs, pour sûreté de laquelle toute la cargaison sera retenue, à moins toutefois que cet excédent ne soit que du vingtième. Dans ce cas, l'excédent ainsi que les quantités déclarées, n'acquitteront ensemble que le simple droit, et le déclarant n'encourra aucune peine.

Art. 15. — Les agents de la douane auront le droit, à bord des bâtiments en chargement de riz ou paddys destinés à l'exportation, de faire, lorsque les opérations de l'embarquement devront être interrompues, fermer les panneaux, écoutilles et toutes ouvertures donnant accès dans la partie du bâtiment où sera arrimée la marchandise.

Ils pourront, de plus, apposer leurs scellés sur les panneaux et autres ouvertures, ou prendre telle mesure qu'ils jugeront opportune pour empêcher toute introduction frauduleuse de riz ou paddys destinés à l'exportation.

Art. 16. — Les agents de la douane auront pareillement le droit, et sans l'assistance d'aucun officier de police judiciaire, de pénétrer à bord des barques, bateaux, jonques, navires et autres bâtiments de commerce, pour y faire les visites qu'ils jugeront nécessaires.

Tout capitaine, patron ou maître de navire, bateau, barque ou jonque, qui s'opposera à la visite desdits agents ou à leur libre exercice, sera puni d'une amende de cinquante à mille francs et d'un mois de prison, ou de l'une des deux peines seulement, sans préjudice d'une plus forte peine, en cas de sévice, d'outrages ou d'injures prévus par le Code pénal.

Art. 17. — Les capitaines, maîtres, ou patrons des bâtiments chargeant à Haiphong devront, à peine d'une amende de cinquante à trois mille francs, faire viser leur manifeste au bureau de la douane établi dans ce port.

Tout navire chargé de riz sera présumé tentant de sortir en fraude, s'il est rencontré descendant à la mer sans que son manifeste ait été visé.

Art. 18. — Tout pilote qui prendra charge d'un navire pour le conduire à la mer ne pourra, sous peine d'une amende de cinquante à cinq cents francs, le faire appareiller qu'après que le capitaine lui aura donné connaissance de son manifeste dûment visé par la douane.

Art 19. — Tout capitaine, patron, maître de bâtiment ou navire qui, après avoir été expédié, prendrait, sans y avoir été

(1) Voir le nouveau droit de sortie fixé par l'arrêté du 18 novembre 1889, publié ci-après.

autorisé, un supplément de chargement de riz ou paddys, sera puni d'une amende de cent à trois mille francs.

La confiscation des riz ou paddys chargés en fraude, sera de plus prononcée.

TITRE II.

Des saisies et procès-verbaux.

Art. 20. — Les saisies des riz ou paddys exportés en fraude et les contraventions au présent arrêté seront constatées par des procès-verbaux dressés par des agents assermentés de la douane.

Ces procès-verbaux devront, en cas de saisie, relater les circonstances et les motifs des saisies.

Art. 21. — Les agents sommeront ceux auxquels la saisie aura été déclarée d'assister à la description de la marchandise et à la rédaction du procès-verbal. En cas de refus de leur part, il en sera fait mention dans le procès-verbal, et cette mention suppléera à leur présence.

Art. 22. — Si la saisie est faite dans un bureau, les agents procéderont, à l'instant même, à la description de la marchandise, par la désignation des poids et nombre des sacs de riz ou de paddy, et à la rédaction du procès-verbal.

Art. 23. — A l'égard des saisies faites sur les bâtiments, barques ou jonques, les procès-verbaux seront rédigés sur les lieux ; ils contiendront une description du nombre et du poids des sacs ; ils indiqueront aussi leur marque ou numéro, s'il s'en trouve, et ils les feront ensuite transporter au bureau de la douane.

Art. 24. — S'il y a opposition des parties à ce que le procès-verbal soit rédigé sur les navires, bâtiments ou barques, cet acte sera fait au bureau de la douane.

Art. 25. — Si la partie assiste à la rédaction du procès-verbal, il lui en sera fait lecture sur le champ, et elle sera sommée de le signer ; en cas de refus de sa part ou de déclaration qu'elle ne sait signer, il en sera fait mention dans le procès-verbal, dont copie lui sera donnée à l'instant où il sera clos.

Le même acte contiendra l'assignation à comparaître devant le tribunal de la résidence.

Art. 26. — Si la partie n'assiste pas à la rédaction du procès-verbal, la notification lui en sera faite par les agents de la douane ou par ministère d'huissier, à sa résidence ou à sa personne, avec assignation à comparaître devant le tribunal de la résidence.

Art. 27. — Si le prévenu a abandonné la marchandise sans se faire connaître, il ne sera fait qu'une simple signification du procès-verbal au résident.

Art. 28. — Le procès-verbal, outre les mentions déjà citées, indiquera la date et le nom des agents de la douane ; il portera, de plus l'heure à laquelle il aura été clos.

Il sera affirmé véritable devant le résident faisant fonctions de juge de paix, ou devant son suppléant, dans les 48 heures à compter de celle à laquelle il aura été clos.

Art. 29. — Avant de recevoir l'affirmation, le juge donnera lecture du procès-verbal aux agents de la douane ; il signera avec eux l'acte d'affirmation, qui sera inscrit à la suite du procès-verbal.

Art. 30, — Les procès-verbaux signés par deux agents de la douane, et par eux affirmés véritables, feront foi jusqu'à inscription de faux ; en l'absence d'une de ces deux formalités, la preuve du contraire pourra toujours être faite.

TITRE III.

Des jugements et de leur exécution.

Art. 31. — La confiscation de la marchandise saisie pourra être poursuivie et prononcée contre les capitaines, maîtres ou patrons des bâtiments ou navires à bord desquels les riz ou paddys auront été trouvés, sans que la douane soit tenue de mettre en cause les propriétaires, quand même ils lui seraient indiqués, sauf, si lesdits propriétaires intervenaient ou étaient appelés par ceux sur lesquels les saisies auraient été faites, à être statué ainsi que de droit, sur leur intervention ou réclamation.

Art. 32. — Il ne pourra être donné main-levée de la saisie qu'en jugeant définitivement.

Art. 33. — Les condamnations contre plusieurs personnes, pour un même fait de fraude, seront solidaires pour l'amende et les dépens.

Art. 34. — Le juge ne pourra, sous aucun prétexte, modérer les confiscations ou amendes, ni en ordonner l'emploi au préjudice de la douane, qui ne pourra transiger sur les confiscations et amendes lorsqu'elles auront été prononcées par un jugement ayant acquis force de chose jugée.

Art. 35. — Les objets saisis pour fraude ou contravention, ou confisqués, ne pourront être revendiqués par les propriétaires, ni le prix en être réclamé par aucun créancier, même privilégié, sauf leur recours contre les auteurs de la fraude.

Les jugements portant condamnation au payement des droits, de l'amende et des frais, seront exécutoires même par corps.

Art. 36. — Les jugements portant confiscation de riz ou paddys saisis sur des particuliers inconnus et par eux abandonnés et non réclamés, ne seront exécutés qu'après le mois de l'affiche desdits jugements à la porte du bureau de la douane où a été déposée la marchandise.

Passé ce délai, aucune demande ou répétition ne sera recevable, et la marchandise sera vendue au profit de la caisse des douanes.

Art. 37. — La présente décision sera mise provisoirement en vigueur à partir du 1er décembre 1884.

Art. 38. — Elle ne sera rendue définitivement exécutoire qu'après l'approbation du Ministre.

Art 39. — Le Directeur des affaires civiles et politiques est chargé de l'exécution de la présente décision, qui sera communiquée et enregistrée partout où besoin sera.

G. LEMAIRE.

N° 2. — ARRÊTÉ *fixant les droits de sortie sur les riz et paddys.*

18 novembre 1889.

Article premier. — Les droits de sortie sur les riz et paddys exportés du Tonkin, sont fixés à quinze cents par picul de 60 kil. 400.

Art. 2. — Les riz et paddys à destination de France, des colonies françaises et d'un pays de l'Indo-Chine française, jouiront d'une détaxe de 50 pour cent.

Art. 3. — Les droits de statisque perçus en vertu de l'article 2 de l'arrêté du 6 juillet 1889 continueront à être appliqués sur les riz et paddys exportés pour toutes destinations.

Art. 4. — Le Résident supérieur au Tonkin est chargé de l'exécution du présent arrêté.

VOY. : Douane. — Exportation.

Routes — VOY. : Corvées. — Travaux publics.

S

Salubrité. — VOY. : Hygiène et salubrité publiques.

Sanatoria.

N° 1. — LETTRE *du Résident général au sujet de l'organisation de sanatoria.*

24 août 1886

Pour faire suite aux diverses mesures par lesquelles j'ai visé à assurer aux fonctionnaires du Protectorat une bonne situation, je me propose d'organiser sur plusieurs points du Tonkin et de l'Annam des *sanatoria*, ouverts à tous nos agents civils et militaires.

Je n'ai point encore arrêté ce projet dans ses détails ; toutefois, voici comment j'en comprendrais l'institution et le fonctionnement :

L'État ou, de préférence une compagnie, élèverait, en deux ou trois endroits reconnus particulièrement salubres, des constructions, hôtels, chalets isolés, pouvant recevoir un nombre relativement considérable de personnes. Un tarif fixé d'avance déterminerait le prix de la pension par mois, laquelle n'aurait, pour nos fonctionnaires, rien d'obligatoire.

Tous les agents civils et militaires pourraient, sans avoir à donner de motifs, réclamer chaque année un congé de six semaines avec solde ; ces congés leur seraient accordés, sauf avis contraire motivé de leur chef, de façon à assurer le service, et cela sous la seule condition qu'ils seraient passés dans un *sanatorium*. Nous assurerions ainsi à nos fonctionnaires la possibilité de se reposer des fatigues qu'entraînent les chaleurs. Plus tard, dans un avenir qui ne serait peut-être pas très éloigné, autour du *sanatorium* viendraient se grouper, surtout dans ceux qui seraient sur le bord de la mer, casino, théâtre, maisons particulières d'habitants non fonctionnaires, etc., de telle sorte que ce congé serait à la fois une occasion de délassement et de plaisir et de fusion de sociétés diverses.

A côté de l'avantage personnel des agents, je vois celui du Protectorat. Réconfortés par ce séjour dans un lieu salubre, ayant ainsi ordinairement évité les anémies et les autres maladies, suite assez commune des saisons trop chaudes, ils ne seraient plus aussi souvent contraints d'aller en Europe refaire leur santé délabrée. Et on peut prévoir qu'ici comme dans l'Inde, on arriverait, avec l'assentiment des intéressés, à reporter de trois à cinq ans la période de services consécutifs donnant droit à un congé, lequel serait alors d'un an, et avec solde entière.

En présence de ces avantages, les uns certains, les autres très probables, je crois que nous devons immédiatement mettre cette question à l'étude. J'ai déjà rassemblé les documents les plus sûrs ; il s'agit maintenant de déterminer le ou les emplacements de ces *sanatoria*.

Je vous prie donc de faire, par les moyens dont vous disposez, une enquête dont le résultat nous indiquera un certain nombre de localités particulièrement favorables à nos projets.

MM. les résidents, les chefs de corps et les membres du service de santé auront, à divers points de vue, une compétence toute particulière, et je vous prie, en leur transmettant l'objet de ma demande, de leur signaler toute son importance et le prix que j'attache à être très complètement et très rapidement renseigné.

PAUL BERT.

N° 2. — ARRÊTÉ *fixant la solde des officiers et fonctionnaires en traitement au sanatorium de Yokohama.*

11 septembre 1889

Rapporté par arrêté du 11 mai 1890.

PIQUET.

N° 3. — ARRÊTÉ *réglementant le séjour des officiers et fonctionnaires au sanatorium de Yokohama.*

11 mai 1890

Article premier. — L'arrêté du 11 septembre 1889 est rapporté.

Art. 2. — Les officiers, fonctionnaires ou agents en service en Indo-Chine, dont le conseil de santé aura considéré l'envoi à l'hôpital de Yokohama comme absolument indispensable au rétablissement de leur santé, seront considérés comme en traitement dans un hôpital militaire de l'Indo-Chine, et ne subiront par suite, sur leur solde coloniale, que la retenue réglementaire d'hôpital. Les délégations consenties par ces officiers, fonctionnaires ou agents continueront à être payées intégralement aux délégataires.

Art 3. — Les officiers, fonctionnaires ou agents en service en Indo-Chine, qui seront envoyés en congé à Yokohama, sur leur demande, après avis du conseil de santé, subiront pour la durée de leur séjour à l'hôpital, la retenue réglementaire sur la solde d'Europe à laquelle ils auront droit pendant tout leur congé. Les délégations seront réduites au tiers de la solde d'Europe pour les fonctionnaires ou officiers ayant un traitement inférieur ou égal à 6,000 francs, et à la moitié pour ceux ayant un traitement supérieur à 9,000 francs.

Art. 4. — Les frais de passage (aller et retour) seront dans tous les cas supportés par le budget auquel incombe le payement de la solde des intéressés.

Art. 5. — Le Lieutenant-gouverneur, les Résidents supérieurs en Annam, au Tonkin et au Cambodge, le commissaire général chef des services administratifs de l'Annam et du Tonkin, le commissaire chef du service administratif de la Cochinchine et du Cambodge, sont chargés de l'exécution du présent arrêté.

PIQUET.

N° 4. — CONVENTION *entre l'administration et le docteur Mècre, pour le traitement des fonctionnaires du Protectorat au sanatorium de Yokohama.*

13 mai 1890.

1° La subvention annuelle allouée à l'établissement du sieur Mècre, est portée à la somme de dix mille francs. (10,000 fr.) La part contributive de chacun des pays Indo-Chinois dans le paiement de ladite subvention étant fixée à six treizièmes (6/13e) pour la Cochinchine, à six treizièmes (6/13e) pour l'Annam et le Tonkin, et un treizième (1/13e) pour le Cambodge.

2° Les prix de la journée de traitement au sanatorium sont fixés comme suit :

Quatre piastres pour la 1re classe.	4 $ 00
Trois piastres pour la 2e classe	3 00
Une piastre pour la 3e classe	1 00

Les paiements auront lieu comme précédemment, par trimestre échu en ce qui concerne la subvention de dix mille francs (10,000 fr.), et quant aux journées de traitement, sur présentation des factures du docteur Mècre arrêtées le premier de chaque mois.

Le présent contrat est consenti pour une période de deux années commençant le premier janvier mil huit cent quatre-vingt-dix, et finissant au trente-et-un décembre mil huit cent quatre-vingt-onze.

A. MÈCRE

PIQUET

Santé.

N° 1. — ARRÊTÉ *instituant un conseil de santé au Tonkin.*

5 août 1883.

La composition du conseil de santé dans les colonies et pays de Protectorat est actuellement réglée par les articles 20, 23 et 24 du décret du 9 janvier 1890, qu'on trouvera plus loin.

N° 2. — DÉCISION *modifiant la composition du conseil de santé.*

6 novembre 1883.

Voir ci-dessus arrêté du 5 août 1883.

N° 3. — ORDRE *portant création d'une commission de santé à Haiphong.*

20 septembre 1884.

Une commission de santé sera créée à Haiphong, avec mission d'opérer, à l'égard des malades et convalescents de l'hôpital de cette place et de son annexe, dans les mêmes conditions que le conseil de santé pour l'hôpital du chef-lieu.

La commission de santé sera composée:

Du médecin chef de service, président:

D'un médecin de 1re classe et du pharmacien le plus élevé en grade de l'hôpital de Haiphong, membres,

Elle pourra se transporter à Quang-yen toutes les fois qu'elle aura à fonctionner en vue d'une évacuation sur la Cochinchine ou sur la France.

Le conseil et la commission de santé se réuniront simultanément à Hanoi et à Haiphong, à la date qui sera fixée par le général en chef, pour chaque départ de bâtiment affecté au transport des malades et convalescents. Cette date sera portée, par le télégraphe, à la connaissance de tous les postes et places du Tonkin.

Les commandants d'armes, les chefs de postes, ainsi informés, dirigeront, dans le plus bref délai possible et par tous les moyens à leur disposition (les bâtiment de commerce au besoin), les malades et convalescents susceptibles de passer devant le conseil ou la commission de santé :

1° Sur l'hôpital de Hanoi, ceux des places et postes en amont du chef-lieu et ceux de Phu-ly.

2° Sur l'hôpital de Haiphong, ceux des autres places et postes de tout le territoire.

Aussitôt après la réunion du conseil et de la commission de santé, les présidents respectifs devront adresser aux commandants d'armes de Hanoi et de Haiphong, la liste nominative des militaires en faveur desquels des certificats auront été délivrés, avec indication du corps ou service auquel ils appartiennent. Cette liste sera établie par ordre d'urgence de rapatriement :

1° Pour les officiers et assimilés ;

2° Pour les hommes de troupe.

Les commandants d'armes emploieront immédiatement la voie télégraphique, au besoin, pour prévenir les corps et services intéressés.

Le président de la commission de santé enverra sans délai les certificats de visite au président du conseil de santé, à Hanoi, qui les visera et les joindra à ceux qui auront été délivrés par le conseil, afin de les adresser, en un seul envoi, avec pièces à l'appui, au Général commandant en chef.

Ces certificats, signés par le Général en chef, seront envoyés au visa du chef du service administratif, qui les adressera directement au commissaire chargé du service administratif à Haiphong.

Ce dernier fonctionnaire chargera le commissaire aux hôpitaux de Haiphong, de remettre en mains propres, à chaque convalescent, les pièces dont ils doivent être porteurs ; cette remise se fera en rade de Haiphong à bord des bâtiments ou chalands sur lesquels sera embarqué pour la baie d'Along le personnel provenant, soit de Hanoi, soit de Haiphong.

Les pièces des malades alités seront remises au commissaire du bâtiment-transport par un agent de l'Administration qui accompagnera, à cet effet, lesdits malades jusqu'à la baie d'Along.

Si, par suite de difficultés de communication des places et postes de l'intérieur avec Hanoi ou Haiphong, des malades ou convalescents arrivaient aux hôpitaux après la réunion du conseil ou de la commission de santé, des réunions supplémentaires auraient lieu aussitôt, sur la simple convocation des présidents, et toute diligence serait faite pour comprendre les retardataires dans l'évacuation en voie de préparation.

BRIÈRE DE L'ISLE.

N° 3. — ARRÊTÉ *instituant le service de la santé en Annam et au Tonkin.*

20 février 1889.

TITRE PREMIER

Du chef du service de santé.

Article premier. — Le médecin en chef de la marine placé à la tête du service de la santé, prend le titre de chef du service de santé en Annam et au Tonkin.

Art. 2. — Le chef du service de santé réside à Hanoi.

Art. 3. — Le chef du service de santé ne relève, dans l'exercice de ses fonctions, que du Gouverneur général de l'Indo-Chine.

Art. 4. — *Rapporté par arrêté du 15 décembre 1889, publié ci-après.*

Art. 5. Le chef du service de santé exerce son action : dans les établissements hospitaliers de la colonie ; dans les corps de troupe pour tout ce qui est relatif à l'hygiène et aux questions techniques.

Toutefois les communications du chef du service de santé avec les médecins chefs de service des corps de troupes, ont lieu par l'intermédiaire du commandement.

Art. 6. — Il est directeur des services sanitaires.

Art. 7. — Il est appelé à prendre part aux délibérations des conseils de la colonie pour les questions qui intéressent son corps et celles qui touchent à la santé et à l'hygiène publiques.

Art. 8. — Il correspond directement avec le Gouverneur général pour tous les détails de son service, avec le conseil supérieur de santé pour toutes les questions techniques.

Art. 9. — Il peut être délégué par le Gouverneur général pour toute mission intéressant la santé et l'hygiène de la colonie.

Il peut aussi être délégué par le Gouverneur à la demande du général commandant en chef, pour toute mission intéressant la santé et l'hygiène des troupes.

Art. 10. — Il répartit, d'après les instructions du Gouverneur général, les officiers de son corps dans les différents postes et services dont il a la direction. Il a la délégation du Gouverneur pour toutes les mutations du personnel ; quand il y a lieu de sortir des réglements établis il assure le service sous sa responsabilité et sauf approbation du Gouverneur.

Art. 11. — Il préside le conseil de santé et les commissions de rapatriement.

Art. 12. — Il établit les rapports particuliers et les mémoires de proposition pour l'avancement, et pour l'admission et l'avancement dans la Légion d'honneur, en faveur du personnel médical et pharmaceutique affecté au service hospitalier.

Art. 13. — Le chef du service de santé établit la statistique médicale des corps et services du Protectorat, qu'il adresse au Gouverneur général.

Le général commandant en chef aviso le chef du service de santé de tous les décès des militaires, survenant en dehors des établissements hospitaliers.

Le chef du service de santé reçoit également les états décadaires prévus par les 2e et 3e alinéas de l'article 41 du réglement du 28 décembre 1883 sur le service de santé de l'armée.

Il adresse journellement au général commandant en chef la situation des malades des corps de troupe en traitement dans les différentes formations sanitaires, et mensuellement un extrait de la statistique médicale, en ce qui concerne les troupes du département de la guerre.

Art. 14. — En cas d'absence ou pour tout autre empêchement momentané, il délègue, pour le remplacer, le médecin principal de l'hôpital de Hanoi

Art. 15. — En cas d'absence de la colonie, il est remplacé par le médecin le plus élevé en grade et le plus ancien.

TITRE II.

Conseil de santé

Art. 16. — Un conseil de santé est établi à Hanoi. (1)

Art. 17. — Il est composé de trois membres :

1° Le chef du service de santé, président ;

2° Le médecin le plus élevé en grade : à grade égal, le plus ancien parmi les médecins du service hospitalier ;

3° Le pharmacien chef du service.

Les fonctions de secrétaire archiviste du conseil n'ont pas de durée limitée et sont remplies par un médecin de 1re ou de 2e classe, nommé par le gouverneur sur la proposition du chef du service de santé.

Le secrétaire assiste aux séances et en rédige les procès-verbaux.

Art. 18. — Le conseil de santé s'assemble deux fois par mois et plus fréquemment, s'il y a nécessité. Les jours et les heures de réunion sont fixés par le chef du service de santé, président.

Art. 19. — Il établit la liste de départ des officiers du corps de santé pour les postes, et règle toutes les questions intéressant le personnel médical et pharmaceutique du service hospitalier.

Art. 20. — Il constate l'état sanitaire des personnes soumises à sa visite par les services compétents.

Il délibère, avec l'autorisation du Gouverneur général, sur tout ce qui peut intéresser la salubrité des établissements de toute nature de la colonie et l'hygiène des troupes, ainsi que sur les mesures à prendre en cas d'épidémie. Il propose les mesures qu'il juge nécessaires.

(1) La composition du conseil de santé, dans les colonies et pays de Protectorat, est actuellement déterminée par les articles 20, 23 et 24 du décret du 9 janvier 1890, dont on trouvera le texte plus loin.

Il peut, sur l'invitation du Gouverneur général, fonctionner en ces occasions comme conseil supérieur d'hygiène et de salubrité publiques de la colonie.

Art. 21. — Il est consulté :

A. Sur les projets de construction des hôpitaux et autres établissements sanitaires, des casernes et des prisons.

B. Sur l'organisation des hôpitaux, des ambulances et des infirmeries, tant au point de vue du matériel qu'à celui de la répartition éventuelle du personnel à affecter à ces formations sanitaires.

C. Sur les mesures spéciales à prendre au point de vue du service de la santé, en cas d'épidémie ou de guerre.

TITRE III

Rapatriements

Art. 22.— Il est institué à Hanoi et dans les ports d'embarquement, une commission de santé, dite de «rapatriement», composée autant que possible de trois médecins. Le médecin-chef de l'hôpital de la localité la préside.

A Hanoi, cette commission est composée des membres du Conseil de santé, auxquels il est adjoint le médecin de 1re classe le plus ancien chef de salle. Le prévôt de l'hôpital remplit les fonctions de secrétaire.

Art.23.— Un médecin du corps auquel appartiennent les militaires devant passer devant la commission, visite lui-même ces militaires conformément aux prescriptions de la circulaire ministérielle du 27 mars 1875, et, après en avoir rendu compte au chef de corps dont il prend les ordres, assiste à la séance de la commission pour y donner, sur les hommes à rapatrier, des renseignements médicaux ou autres, s'il y a lieu.

En cas d'absence d'un médecin du corps, ces attributions sont remplies par tout autre médecin des troupes présent dans la place, qui en rend compte au commandant d'armes.

Art. 24— Les certificats de rapatriement sont revêtus de la signature de tous les membres de la commission et libellés suivant le modèle annexé à la circulaire ministérielle du 22 avril 1875 (*B.O.*p.396.)

Cette pièce ne sera délivrée à l'intéressé que dans le cas où elle spécifiera qu'il a besoin d'un congé de convalescence.

Lorsque la constatation de la commission de rapatriement est la cause déterminante de l'embarquement, les certificats sont approuvés par le Gouverneur général ou son délégué, pour tous les services autres que ceux qui relèvent de l'autorité militaire.

Pour ces derniers, les certificats sont approuvés par le commandant de brigade ou, en cas d'urgence, par le chef de corps ou le commandant d'armes délégué.

Le service administratif reste chargé de l'expédition et de l'embarquement des malades.

Art. 25.— Le chef du service de santé convoque les commissions de rapatriement en temps utile; il fixe le jour et l'heure de la réunion et prévient le commandant et les services intéressés de la date et de l'heure des séances.

Il avise également le commandant et les différents services, des résultats qui les concernent,

TITRE IV

Prévôté.

Art. 26. — Il est créé à l'hôpital de Hanoi un emploi de prévôt.

Art. 27. — Le poste sera rempli par un médecin de la marine de 2e classe entretenu.

Art. 28. — La nomination est faite d'office le jour même où la vacance se produit. Elle a lieu en faveur de l'officier le plus ancien du grade présent dans les centres, ayant accompli effectivement un tour régulier de service dans les postes ;

Ou, à défaut, en faveur du plus ancien dans le grade.

Art. 29. — La durée de la prévôté est de six mois ; pendant la durée de son emploi, ce médecin est distrait de la liste de départ pour les postes.

Art. 30. — L'officier qui aura occupé cette prévôté pendant le temps réglementaire ne pourra de nouveau prétendre à cet emploi avant que tous ses collègues n'aient profité du même avantage.

Le médecin qui a refusé la prévôté perd tout droit à l'occuper pendant sa période de service dans la colonie.

Art. 31. — Le prévôt est logé dans l'enceinte de l'hôpital ou dans son voisinage immédiat; il est nourri par l'établissement.

Art. 32. — Il a la garde des collections scientifiques; il est conservateur de la bibliothèque médicale; il a charge de l'arsenal de chirurgie. Il lui est alloué pour ce service un supplément de six cents francs par an.

Art. 33. — Il fait partie des commissions de recette qui ont lieu dans l'hôpital, dans le cas où un médecin est appelé à en faire partie.

Art. 34. — Le prévôt concourt dans la limite de ses attributions à la bonne exécution du service et à la police intérieure de l'hôpital.

TITRE V.

Comptabilité du dépôt de pharmacie de Hanoi

Art. 35. — La comptabilité des drogues et médicaments, vases et ustensiles existant dans le dépôt de pharmacie de l'hôpital de Hanoi, sera suivie conformément aux dispositions des règlements en vigueur au département de la marine, par un pharmacien ou médecin de 2e classe désigné par le Gouverneur, sur la proposition du chef du service de santé.

Art. 36. — Cet officier de santé prendra pour ce service spécial, la qualification de comptable du dépôt de pharmacie, sans cesser de relever de son chef direct, sous le rapport de la discipline. Il aura droit, en raison dudit emploi, aux allocations suivantes :

	Francs c.
1° Supplément de fonctions, par an ...	600 00
2° Frais de bureau	400 00

Art. 37. — Seront suivies dans le dépôt de pharmacie de Hanoi, les dispositions réglementaires au département relatives à la constatation et à la justification des recettes et dépenses, ainsi qu'à la surveillance administrative de la comptabilité, laquelle surveillance est dévolue aux commissaires aux hôpitaux.

TITRE VI.

RÉPARTITON DU PERSONNEL DE SANTÉ

A. — Service des troupes.

Art. 38. — Le personnel médical des troupes est distinct de celui des hôpitaux ; les médecins des troupes relèvent directement du commandement.

Art. 39. — Ils sont chargés d'assurer le service des garnisons, des infirmeries régimentaires, des ambulances volantes.

Dans leur circonscription, ils visitent les postes dépourvus de médecin ; ils accompagnent les colonnes en marche. En leur absence, la visite des troupes et le service de place sont assurés par le personnel hospitalier (1).

. . . .

B. Service des hôpitaux

Art. 40. — Les médecins du cadre des hôpitaux assurent le service médical dans les centres et postes médicaux de la colonie; ils donnent leurs soins aux milices et aux services civils du Protectorat.

Centres : Hanoi, Quang-yen, Ti-cau, Hai-phong, Nam-dinh Son-tay, Viètry, Phu-lang-thuong, Hai-duong, Ninh-binh (au Tonkin), Thuan-an et Tourane (en Annam).

Postes : Lang-son, Thanh-hoa, Tuyen-quang, Hong-hoa, Thai-nguyen, Vinh, Mon-cay, Lao-kay, Cao-bang, Yen-bai, Chiem-hoa, Vinh-tuy, Son-la, Lai-chau, Cho-ka, That-ké, Lam, Bao-lac (au Tonkin), Quang-binh et Qui-nhon (en Annam.)

Art. 41. — La désignation pour les postes est faite par le chef du service de santé, d'après le rang d'inscription des médecins de 1re et de 2e classes sur les listes tenues au conseil de santé. La répartition des postes entre les différents grades est fixée en temps opportun par le Gouverneur, sur la proposition du chef de service de santé.

Art. 42. —La durée du séjour dans les postes est fixée à une année.

Art. 43. — Les listes d'envoi dans les postes des médecins sont spéciales pour chaque grade, et formées dans l'ordre ci-après :

1re Catégorie: ceux qui, n'ayant pas terminé un premier tour de service dans les postes, se trouvent être en interrompu.

(1) Le surplus de l'article 3 est rapporté par arrêté du 15 décembre 1889, publié ci-après.

Ils prennent rang entre eux suivant la date de leur rentrée dans les centres. En cas de retour simultané, celui qui est le plus avancé en corvée est inscrit le premier.

2e Catégorie : ceux qui n'ont pas encore commencé ce premier tour de service dans leur grade. Ils prennent rang entre eux d'après la date de leur débarquement dans la colonie.

En cas de débarquement simultané, le plus jeune de grade est inscrit le premier.

3e Catégorie : ceux qui, après avoir accompli un premier tour de service, se trouvent en interrompu de deuxième corvée. Ils prennent rang entre eux dans l'ordre inverse de leur ancienneté, le plus jeune de grade en tête de liste.

4e Catégorie : ceux qui, ayant terminé un premier tour de service, n'en ont pas commencé un nouveau. Ils prennent rang entre eux d'après la date de leur rentrée dans les centres.

En cas de retour simultané, le plus jeune de grade est inscrit le premier.

Art. 44. — Sera considéré comme ayant terminé son tour de service tout officier qui, soit pour maladie dûment constatée, soit par suppression d'emploi, rentre dans les centres, à la condition qu'il compte un minimum de neuf mois de corvée.

Art. 45. — Le médecin promu au grade supérieur en cours de corvée, achève son année de poste, et à l'expiration de sa période, il est considéré comme ayant accompli un tour régulier dans son nouveau grade.

Art. 46. — Les listes de départ sont tenues au conseil de santé et communiquées toutes les quinzaines aux différents centres.

Art. 47. — La vacance d'un poste est déclarée, jour pour jour, un an après la mise en route du titulaire.

En cas de vacance imprévue, la désignation a lieu le jour même où un avis officiel en a été reçu.

Quand un ou plusieurs postes sont vacants le même jour, les officiers de santé appelés à les occuper choisissent par ancienneté de grade.

Art. 48. — A moins de circonstances imprévues, les officiers en service en Annam concourront entre eux pour le service des divers postes de cette partie de l'Indo-Chine.

Art. 49. — Le chef du service de santé a à sa disposition tous les médecins du service hospitalier présents dans les centres ; il les y répartit suivant les nécessités du service.

Art. 50. — Les médecins du même grade peuvent permuter entre eux avec approbation du chef du service de santé. Toute permutation a pour effet de substituer complètement l'un à l'autre, pour les obligations du tour de service, les officiers qui ont permuté.

Art. 51. — Avis est donné au commandement de toutes les mutations.

Dispositions transitoires.

Art. 52. — Les médecins de 1re et de 2e classes, actuellement dans les postes de leur grade, y seront maintenus jusqu'à l'achèvement de leur période réglementaire.

Art. 53. — Les médecins de 1re et 2e classes, actuellement dans les postes qui ne reviennent plus à leur grade, seront immédiatement déplacés et désignés d'office pour un poste de leur grade, où ils termineront la période réglementaire.

Art. 54. — Les officiers ayant accompli une période de six mois hors des centres, et qui, antérieurement à la promulgation de ce règlement, ont été rappelés des postes, seront considérés comme ayant terminé un tour régulier de service. Ils prendront rang dans la 3e catégorie de la liste.

Art. 55. — Les listes de départ seront établies d'après les règles fixées plus haut, et comprendront tous les médecins présents dans les centres à la date de la promulgation du présent règlement.

Art. 56. — Jusqu'à nouvel ordre, la répartition des postes entre les différents grades est établie conformément au tableau ci-annexé.

Cette répartition peut être modifiée par le Gouverneur général sur la proposition du chef de santé.

RICHAUD.

POSTES	MÉDECINS de 1re classe	MÉDECINS de 2e classe	CENTRES	MÉDECINS en chef	MÉDECINS Principaux	MÉDECINS de 1re classe	MÉDECINS de 2e classe
Bao-lac	»	1	Hanoi { Direction	1	»	1	»
Cao-bang	1	»	Hanoi { Hôpital	»	1	4	3
That-ké	»	1	Quang-yen	»	1	1	2
Cho-bo	»	1	Ti-can	»	1	1	2
Lang-son	1	1	Haiphong	»	1	1	1
Thai-nguyen	1	»	Haiduong	»	»	1	»
Lam	»	1	Phu-lang-thuong	»	»	1	»
Moncay	1	»	Sontay	»	»	1	1
Chiem-hoa	»	1	Nam-dinh	»	»	1	»
Vinh-tuy	1	»	Ninh-binh	»	»	»	1
Tuyen-quan	1	»	Viétry	»	»	1	»
Lao-kay	1	»	Thuan-an	»	1	1	1
Yen-bai	»	1	Tourane	»	»	1	1
Hong-hoa	1	»	Imprévu et roulement	»	»	2	»
Lai-chau	»	1					
Son-la	»	1					
Thanh-hoa	1	»					
Vinh	1	»					
Quang-binh	1	»					
Qui-nhon	1	»					
Totaux	12	9		1	5	17	16

No 5. — ARRÊTÉ *modifiant certaines dispositions de celui du 20 février 1889, sur le service de santé.*

15 décembre 1889.

Les articles 4, titre 1er et 39, paragraphe 3, titre 6, de l'arrêté du 20 février 1889, sont et demeurent abrogés.

PIQUET.

No 6. — CIRCULAIRE *interprétative de l'arrêté du 20 février 1889, en ce qu'il concerne les fonctionnaires civils.*

19 avril 1889.

Comme suite aux dispositions du titre III de l'arrêté du 20 février dernier portant organisation du service de santé, j'ai l'honneur de vous donner ci-après quelques explications sur les formalités à remplir par les fonctionnaires civils qui auraient à se présenter devant un conseil de santé.

Les demandes aux fins de rapatriement pour cause de maladies, formulées par les fonctionnaires et employés placés sous vos ordres, devront vous être remises appuyées d'un certificat du médecin chargé des services extérieurs dans la province. Vous voudrez bien me transmettre ces demandes par la voie ordinaire, et en y joignant votre avis, 15 jours au plus tard avant l'arrivée probable du transport. Passé ce délai, il y aura lieu, pour éviter tout retard, de me les transmettre par télégramme.

En vous faisant connaître la date de la réunion du Conseil de santé auquel ressortit votre province, je vous enverrai les autorisations de visite.

Les malades seront dirigés suivant la province à laquelle ils appartiennent, et d'après le tableau ci-après, sur l'un des 3 centres de commissions de rapatriement :

Hanoi .... { Hanoi, Tuyen-quan, Phuong-lam, Hung-yen, Hung-hoa, Son-tay, Nam-dinh, Ninh-binh, Phu-ly

Haiphong	Haiphong Thai-nguyen Bac-ninh Hai-duong Lang-son
Quang-yen	Quang-yen Hai-ninh

E. PARREAU.

N° 7. — ARRÊTÉ *promulguant en Indo-Chine le décret du 7 janvier 1890, organisant le corps de santé des colonies.*

10 mars 1890

Est promulgué dans toute l'étendue de l'Indo-Chine le décret du 7 janvier 1890, portant constitution et organisation du corps de santé des colonies et pays de Protectorat

PIQUET.

N° 8. — DÉCRET *organisant le corps de santé dans les colonies.*

9 janvier 1890

TITRE 1er

Constitution et composition du corps de santé des colonies et pays de Protectorat.

Institution du corps de santé des colonies et pays de Protectorat. — Sa mission.

Article premier. — Il est institué un corps de santé des colonies et pays de Protectorat, qui a pour mission d'assurer le service de santé dans les hôpitaux, établissements et services coloniaux. Il relève directement du ministre chargé des colonies.

HIÉRARCHIE DU CORPS

Art. 2. — La hiérarchie du corps de santé des colonies et pays de Protectorat est constituée ainsi qu'il suit :

SERVICE MÉDICAL

Assimilation :

Médecin inspecteur	de 1re classe. Directeur du service de santé de la marine. de 2e classe. Grade intermédiaire entre médecin en chef et directeur du service de santé de la marine.
Médecin en chef.	de 1re classe. Colonel, médecin en chef de la marine. de 2e classe. Lieutenant-colonel.
Médecin principal.	Chef de bataillon, médecin principal de la marine..
Médecin de 1re cl..	Capitaine, médecin de 1re classe de la marine.
Médecin de 2e cl..	Lieutenant, médecin de 2e classe de la marine.

SERVICE PHARMACEUTIQUE.

Assimilation :

Pharmacien en chef	de 1re classe. Colonel, pharmacien en chef de la marine, de 2e classe. Lieutenant-colonel.
Pharmacien princ..	Chef de bataillon, pharmacien principal de la marine.
Pharm. de 1re cl..	Capitaine, pharmacien de 1re classe de la marine.
Pharm. de 2e cl...	Lieutenant, pharmacien de 2e classe de la marine.

Art. 3. — Les officiers du corps de santé des colonies et pays de Protectorat sont placés sous le régime de la loi du 19 mai 1834, sur l'état des officiers.

TITRE II

DES TRAITEMENTS, SUPPLÉMENTS ET PENSIONS DE RETRAITE

Fixation des traitements et allocations des officiers du corps de santé.

Art. 4. — Les traitements des officiers du corps de santé des colonies et pays de Protectorat, et les diverses allocations qui leur sont attribuées, sont fixés par les tableaux annexés au présent décret.

RÉGIME DES PENSIONS

Art. 5. — Les pensions pour ancienneté de service ou pour infirmités incurables, auxquelles pourront avoir droit les officiers du corps de santé des colonies et pays de Protectorat, seront liquidées d'après les assimilations indiquées à l'article 2 du présent décret, conformément aux dispositions des lois des 18 avril 1831 et 15 août 1879 (1).

BÉNÉFICE A TITRE D'ÉTUDES PRÉLIMINAIRES

Art. 6. — Il est compté pour la retraite, sauf les exceptions prévues au titre IX du présent décret, quatre années de service à titre d'études préliminaires, aux médecins et pharmaciens admis dans le service de santé des colonies et pays de Protectorat, avec diplômes de docteur en médecine ou de pharmacien universitaire de 1re classe.

TITRE III

Du recrutement et de l'avancement ; conditions exigées pour l'admission dans le corps

Art. 7. — Nul ne peut être nommé médecin ou pharmacien de 2e classe dans le corps de santé des colonies et pays de Protectorat, s'il ne satisfait aux conditions suivantes :

1° Être Français ou naturalisé français ;

2° Être âgé de moins de vingt-huit ans au moment de son admission, à moins qu'il ne compte assez de services à l'état pour avoir droit à une pension de retraite à cinquante-trois ans.

3° Être pourvu du diplôme de docteur en médecine ou du titre de pharmacien universitaire de 1re classe, la préférence étant acquise aux élèves sortant de l'école du service de santé de la marine ;

4° Être reconnu propre au service militaire et apte à servir dans les colonies et pays de Protectorat, après constatation par un médecin des colonies et pays de Protectorat, par un médecin de la marine ou par un médecin militaire ;

5° Produire un extrait pour néant de son casier judiciaire, un certificat de bonnes vie et mœurs, et un certificat constatant sa situation au point de vue de la loi sur le recrutement de l'armée.

Art. 8. — Nul ne peut être promu au grade de médecin ou de pharmacien de 1re classe, s'il ne compte deux années de grade comme médecin ou pharmacien de 2e classe, et s'il n'a accompli dans ce grade une période de séjour de deux années dans les établissements d'outre-mer.

Art. 9. — Nul ne peut être promu au grade de médecin ou pharmacien principal, s'il ne compte trois années de grade comme médecin ou pharmacien de 1re classe, et s'il n'a accompli dans ce grade une période de séjour de deux années dans les établissements d'outre-mer.

Art. 10. — Nul ne peut être promu au grade de médecin ou pharmacien en chef de 2e classe, s'il ne compte deux années de grade comme médecin ou pharmacien principal, et s'il n'a accompli dans ce grade une période de séjour de deux années dans les établissements d'outre-mer.

Art. 11. — Nul ne peut être promu au grade de médecin ou pharmacien en chef de 1re classe, s'il ne compte deux années de grade comme médecin ou pharmacien en chef de 2e classe.

Art. 12. — Nul ne peut être promu au grade de médecin inspecteur de 2e classe, s'il ne compte deux années de grade comme médecin en chef de 1re classe.

Art. 13. — Nul ne peut être promu au grade de médecin inspecteur de 1re classe, s'il ne compte une année de grade comme médecin inspecteur de 2e classe.

(1) La base de la pension fixée pour le grade de médecin inspecteur de 2e classe est la même que pour celui de 1re classe (*Note du Journal officiel*).

Art. 14. — L'avancement dans le corps de santé des colonies et pays de Protectorat a lieu, savoir :

Mode d'avancement. — Formation du tableau d'avancement.

Pour les médecins et pharmaciens de 1re classe, un tiers au choix, deux tiers à l'ancienneté ;

Pour les médecins et pharmaciens en chef de 1re classe et de 2e classe, ainsi que pour les médecins inspecteurs, l'avancement a lieu exclusivement au choix.

Le choix pour le grade de médecin et de pharmacien en chef, de médecin et pharmacien principal, et de médecin et pharmacien de 1re classe, porte sur les officiers inscrits sur un tableau d'avancement par une commission supérieure réunie chaque année par le ministre chargé des colonies et dont la composition sera ultérieurement déterminée.

Ce tableau devra être arrêté à la date du 1er janvier.

TITRE IV.

DU CONSEIL SUPÉRIEUR DE SANTÉ DES COLONIES ET PAYS DE PROTECTORAT.

Composition du conseil supérieur de santé.

Art. 15. — Il est institué auprès du ministre chargé des colonies, un conseil supérieur de santé composé :

Du médecin inspecteur de 1re classe, président ;

Du médecin inspecteur de 2e classe ;

Du pharmacien en chef de 1re classe, membres titulaires ;

Et d'un médecin de 1re classe ou d'un médecin principal, secrétaire, avec voix consultative.

En cas de vacance dans le grade de médecin inspecteur de 1re classe, ou d'absence du titulaire, la présidence du conseil supérieur de santé est attribuée au médecin inspecteur de 2e classe. Ce dernier est remplacé comme membre titulaire du conseil par un médecin en chef.

En cas de vacance dans le grade de pharmacien en chef de 1re classe, ou d'absence du titulaire, ce dernier est remplacé comme membre du conseil par un pharmacien en chef de 2e classe.

Attributions du conseil supérieur de santé.

Art. 16. — Le conseil supérieur de santé a dans ses attributions l'étude de toutes les questions se rapportant à l'hygiène des colonies et des pays de Protectorat. Il centralise les rapports sanitaires émanant des médecins en service dans les colonies et les pays de Protectorat et qui sont adressés au ministre par les gouverneurs. Il donne son avis au ministre sur toutes les affaires concernant le régime de police sanitaire appliqué dans les établissements d'outre-mer. Il examine et juge la validité des congés de convalescence délivrés dans les colonies, pays de Protectorat, et en France; il propose au ministre les congés de convalescence et prolongations de congé de convalescence qu'il est utile d'accorder aux officiers, fonctionnaires, employés et aux agents civils et militaires des services coloniaux ou locaux, à l'exception du personnel des stations navales. Il établit les listes d'envoi aux eaux thermales.

Pour toutes les questions ayant trait à la marche du service technique dans les hôpitaux et annexes, le président du conseil supérieur de santé correspond directement, sous le couvert du ministre et par l'intermédiaire du Gouverneur, avec les chefs du service de santé des colonies et des pays de Protectorat. Il transmet à ces derniers, en conformité des ordres du ministre, les instructions nécessaires pour la bonne marche du service.

Art. 17. — Le conseil supérieur de santé a en outre dans ses attributions l'examen de toutes les demandes de médicaments, instruments de chirurgie, ustensiles et objets divers servant à la pratique médicale.

Le conseil supérieur de santé des colonies délègue un de ses membres près du conseil supérieur de santé de la marine pour l'examen des questions communes aux deux services et des propositions de pensions à forme militaire.

Autorité du président du conseil supérieur de santé sur les officiers du corps.

Art. 18. — Le médecin inspecteur, président du conseil supérieur de santé, relève directement du ministre. Il a autorité au point de vue professionnel, sur les officiers du corps de santé des colonies et pays de Protectorat, dans quelque position ou service qu'ils soient. Il remet au ministre ses propositions pour l'avancement et les distinctions honorifiques en faveur du corps de santé.

TITRE V

DU FONCTIONNEMENT DANS LES COLONIES ET PAYS DE PROTECTORAT DU SERVICE DE SANTÉ ET DU SERVICE HOSPITALIER

Du chef du service de santé dans les colonies et pays de Protectorat.

Art. 19. — Dans les colonies et les pays de Protectorat, le médecin le plus élevé en grade est chef du service de santé. Il préside le conseil de santé. Il ne relève que du Gouverneur.

Attributions du chef de service de santé dans les colonies et pays de Protectorat.

Attributions du commissaire aux hôpitaux.

Art. 20. — La direction des établissements hospitaliers coloniaux, en ce qui concerne le service médical et la police de ces établissements, appartient au corps de santé des colonies et des pays de Protectorat.

Elle est exercée par le chef du service de santé, sous réserve des prescriptions spéciales au service dans les places de guerre.

Le chef du service de santé a sous ses ordres les médecins, les pharmaciens, les sœurs hospitalières, les infirmiers, les portiers, les gardiens-consigne, les gardiens du conseil de santé, les jardiniers botanistes et les garçons de pharmacie. Il est chargé d'assurer l'ordre et la propreté dans les salles de malades.

Le commissaire préposé au détail des hôpitaux est chargé, sous les ordres directs du chef des services administratifs, de l'administration, de l'entretien et de la comptabilité de l'hôpital.

Il a sous ses ordres le personnel affecté à la comptabilité et aux écritures, c'est-à-dire les agents et commis du commissariat colonial, les agents comptables, les sœurs hospitalières chargées du mobilier, de la cuisine et de la lingerie, les agents divers préposés aux mêmes services, et les journaliers affectés à propreté de l'hôpital, à l'exception des salles de malades.

Pour tout ce qui concerne le service technique, le chef du service de santé établit les demandes nécessaires au fonctionnement de ce service. Il remet ces demandes au Gouverneur, qui les transmet au ministre après avoir pris l'avis du chef du service administratif au point de vue de la dépense, et qui y joint, s'il y a lieu, ses propres observations.

Definition du service techinque médical.

Art. 21. — Le service technique médical comprend les médicaments, instruments de chirurgie, ustensiles et objets divers servant à la pratique médicale, ainsi que les livres et abonnements de la bibliothèque du conseil de santé.

Pouvoirs disciplinaires du chef du service de santé.

Art. 22. — Le chef du service de santé exerce les pouvoirs prévus au titre IV traitant de la discipline; il propose au Gouverneur les officiers du corps de santé qu'il juge dignes de recevoir un avancement ou une distinction honorifique; il note les infirmiers sous ses ordres.

Institution d'un conseil de santé dans les colonies et pays de Protectorat.

Art. 23. — Il est institué dans chaque colonie ou pays de Protectorat un conseil de santé composé de trois membres, dont le médecin le plus élevé en grade est président.

Le conseil siège au chef-lieu.

Les deux membres autres que le président sont choisis, par ordre d'ancienneté, l'un parmi les officiers du service médical, l'autre parmi les officiers du service pharmaceutique.

A défaut d'officiers de ce dernier service pour la deuxième place, la vacance est comblée par un médecin.

Attributions du conseil de santé dans les colonies et pays de Protectorat.

Art. 24. — Le conseil est consulté par le Gouverneur sur toutes les questions intéressant l'hygiène de la colonie, celle des troupes, des casernements qui leur sont affectés, ainsi que des hôpitaux et annexes. Il examine les demandes de rapatriement pour cause de santé, et statue à l'égard des officiers, fonctionnaires, employés et agents civils et militaires des services coloniaux ou locaux, en instance de congé de convalescence.

Il décide à la majorité des voix; le plus jeune des membres vote le premier; le président vote le dernier.

TITRE VI.

DE LA DISCIPLINE

Autorité du chef du service de santé. — Punitions; par qui infligées.

Art. 25. — L'autorité disciplinaire est confiée dans les colonies et pays de Protectorat au chef du service de santé, chef de corps. Elle s'exerce dans toutes les parties du service par les officiers placés sous ses ordres, selon leur rang hiérarchique.

Les officiers du corps de santé des colonies et des pays de Protectorat ne sont punis directement que par leurs supérieurs dans le corps, sous réserve des prescriptions spéciales au service dans les places de guerre. Les plaintes dont ils peuvent être l'objet de la part des officiers des autres corps sont adressées au chef du service de santé qui statue.

Peines disciplinaires; par qui appliquées.

Art. 26. — Les peines qui leur sont applicables, à l'exception du chef du service de santé, et sans préjudice des pouvoirs réservés au Gouverneur par l'article 30 du présent décret, sont :

Les arrêts simples pendant un mois au plus;

Les arrêts de rigueur pendant le même temps.

Art. 27. — Les officiers du corps de santé des colonies et des pays de Protectorat ne peuvent infliger à leurs subordonnés dans le corps que les arrêts simples pendant huit jours au plus. Les autres peines sont réservées à l'action du chef du service de santé, à qui il est immédiatement rendu compte de toutes les punitions infligées.

Exécution des punitions.

Art. 28. — Ces punitions s'exécutent dans les conditions définies à l'article 5 du décret du 21 juin 1858, sur la police et la discipline dans les ports, arsenaux et autres établissements de la marine.

Pouvoirs disciplinaires du Gouverneur à l'égard des officiers du corps de santé.

Art. 29. — Le Gouverneur exerce, à l'égard des officiers du corps de santé des colonies et des pays de Protectorat, les pouvoirs disciplinaires qui lui sont conférés par l'article 8 du décret de 1858 susvisé.

Art. 30. — En cas de manquement grave commis par le chef du service de santé, le Gouverneur le suspend de ses fonctions et lui offre, dans les conditions déterminées par les ordonnances et décrets organiques, les moyens de rentrer en France pour rendre compte de sa conduite au ministre.

Conseils de guerre et conseils d'enquête.

Art 31. — Les dispositions des décrets des 4 octobre 1889 et 3 janvier 1884, sur la composition des conseils de guerre et d'enquête appelés à statuer selon leur gravité sur les infractions commises par les officiers du corps de santé de la marine, sont applicables au corps de santé des colonies et des pays de Protectorat.

TITRE VII.

DU RANG, DES HONNEURS ET DES PRÉSÉANCES.

Rang individuel des officiers du corps de santé. — Préséance du corps.

Art. 32. — En France, aux colonies et dans les pays de Protectorat, les officiers du corps de santé prennent, dans les cérémonies publiques et dans le service commandé, le rang que leur assigne individuellement leur grade et collectivement la préséance des corps de santé militaire et de la marine prévue par le décret du 23 octobre 1883, sur le service dans les places de guerre et les villes de garnison.

Toutefois, le corps de santé des colonies prend rang immédiatement après le corps de santé de la marine.

TITRE VIII

DES PERMUTATIONS DE CORPS.

Mode des permutations; par qui autorisées.

Art. 33. — L'origine de formation et de recrutement du corps de santé des colonies et des pays de Protectorat étant commune avec celle du corps de santé de la marine, ainsi qu'il est dit au titre IX ci-après, des permutations pourront être autorisées entre les officiers des deux corps pourvus d'un même grade.

En aucun cas, les permutations ne pourront avoir lieu si les officiers qui les sollicitent n'ont accompli dans leur grade un tour régulier de service à la mer ou aux colonies.

Un arrêté pris de concert entre le ministre chargé des colonies et le ministre de la marine, règlera les conditions dans lesquelles ces permutations pourront être autorisées.

Art. 34. — En outre des permutations prévues à l'article 33 ci-dessus, les officiers des divers grades du corps de santé des colonies et des pays de Protectorat pourront, s'ils y sont autorisés par le ministre chargé des colonies, solliciter leur passage dans le corps de la marine.

Les officiers de ce dernier corps jouiront de la même faculté.

Un arrêté pris de concert entre le ministre chargé des colonies et le ministre de la marine règlera les conditions dans lesquelles ce passage pourra être effectué.

TITRE IX.

Dispositions transitoires

Art. 35. — Pour la première formation du corps de santé des colonies et des pays de Protectorat, il ne sera pas fait de nomination de la 1re classe du grade de médecin inspecteur.

Art. 36. — Pour la première formation, il ne pourra être fait qu'une seule nomination dans le grade de médecin en chef de 1re classe. Ce grade sera conféré, au choix du ministre chargé des colonies, soit à un médecin en chef de la marine, soit à un médecin principal de la marine inscrit sur le tableau d'avancement.

Pour la première formation, il ne sera pas fait de nomination au grade de pharmacien en chef de 1re classe.

Art 37. — Les vacances restant à pourvoir dans le grade de médecin en chef, ne pourront être comblées que lorsque les officiers du corps de santé des colonies et de pays de Protectorat du grade immédiatement inférieur auront accompli les conditions spécifiées à l'article 11 du titre III du présent décret.

Art. 38. — Pour les autres grades de la hiérarchie et pour la première formation, les places vacantes dans chaque grade seront attribuées comme suit, au choix du ministre chargé des colonies :

Celles de médecins principaux et de pharmaciens en chef de 2e classe, aux médecins principaux et pharmaciens principaux de la marine qui compteront deux années de grade au moment de leur demande de passage dans le corps de santé des colonies et pays de Protectorat.

Celles de médecins et pharmaciens principaux, aux médecins et pharmaciens de 1re classe de la marine ayant accompli six années dans leur grade.

Celles de médecins et de pharmaciens de 1re classe, aux médecins et pharmaciens de 2e classe de la marine ayant accompli deux années dans leur grade. Ces places ne seront données, pour la formation, que jusqu'à concurrence des quatre cinquièmes du cadre à pourvoir. Le complément de ce cadre sera réservé aux médecins et pharmaciens de 2e classe de la marine qui, ayant opté pour les colonies, rempliront les conditions spécifiées pour l'avancement par l'article 14 du titre III du présent décret.

Celles de médecins et pharmaciens de 2e classe seront attribuées, pour la formation, aux médecins et pharmaciens de marine qui auront opté pour les colonies.

Art. 39. — Pour la formation, les nominations résultant des dispositions énoncées dans l'article 38 ci-dessus seront faites en suivant l'ordre d'ancienneté.

Art. 40. — La constitution des cadres, dont l'effectif sera déterminé par un arrêté du ministre chargé des colonies, aura lieu au fur et à mesure des vacances qui s'ouvriront dans le cadre actuel des officiers du corps de santé de la marine détachés dans les colonies et pays de Protectorat. Les nominations et promotions nécessitées par la constitution des cadres seront faites dans la mesure des crédits disponibles.

Art. 41. — Un délai de deux années est fixé pour la constitution définitive des cadres prévus pour le corps de santé des colonies et des pays de Protectorat. Ce délai courra de la date de la promulgation du présent décret.

Art. 42. — Pendant le cours du délai prévu pour la constitution des cadres et l'option des médecins et pharmaciens de la marine, et au delà de ce délai, tant que les cadres du corps de santé des colonies ne seront pas suffisants pour assurer le service dans les colonies et pays de Protectorat, les vacances d'emploi qui s'y produiront continueront d'être remplies par les officiers du corps de santé de la marine, dans les conditions fixées par les articles 22, 23 et 24 du titre VI du décret du 24 juin 1886, portant organisation du corps de santé de la marine.

Aucun établissement d'outre-mer ne sera excepté du roulement, et il ne sera pas réservé de poste, par voie de préférence, à l'un ou à l'autre des deux corps de santé pour les destinations d'office.

Art. 43. — Jusqu'à l'expiration des délais fixés par l'article 41 ci-dessus pour la constitution définitive du corps de santé des colonies et pays de Protectorat, les officiers de ce corps conserveront l'uniforme de la tenue, tel qu'il est réglé par les décrets des 29 janvier 1853 et 24 février 1889.

Les médecins en chef de 2e classe et pharmaciens en chef de 2e classe porteront, en grande et en petite tenue, les marques distinctives du grade indiquées aux articles 36 et 37 du décret du 29 janvier 1853, pour les seconds médecins en chef de la marine.

Art. 44. — Il sera compté pour la retraite, aux officiers du corps de santé des colonies et pays de Protectorat provenant du corps de santé de la marine au moment de la formation, le nombre d'années prévu à l'article 17, section III du titre III, du décret du 24 juin 1886, portant organisation du corps de santé de la marine.

Art. 45. — Le président du conseil, ministre du commerce, de l'industrie et des colonies, et le ministre de la marine sont chargés, chacun en ce qui le concerne, de l'exécution du présent décret qui sera inséré au *Bulletin des lois*, au *Journal officiel* de la République française, au *Bulletin officiel* de l'administration des colonies et au *Bulletin officiel* de la marine.

CARNOT.

VOY.: **Hopitaux, hospices.—Hospitalisation. — Médecines, Médecins**

Sapèques

N° 1. — ARRÊTÉ *autorisant la circulation de la sapèque chinoise en cuivre dans la province de Lang-son*

26 janvier 1890

Article premier. — La circulation de la sapèque chinoise en cuivre est autorisée dans toute l'étendue de la province de Lang-son.

Art. 2. — La sapèque en cuivre n'a pas cours forcé et n'est point acceptée dans les caisses publiques.

Art. 3. — La sapèque en cuivre ne pourra être donnée pour plus ni reçue pour moins de trois sapèques annamites ; ce cours pourra, suivant les circonstances, être modifié par arrêté du Résident supérieur au Tonkin.

Art. 4. — Toutes les contraventions au présent arrêté, notamment en ce qui concerne la fixation du cours, seront punies conformément à la loi.

Art. 5. — Le résident de Lang-son est chargé de l'exécution du présent arrêté.

BRIÈRE.

VOY : — **Importations**

Séjour

N° 1. — DÉCISION *déterminant les conditions auxquelles l'autorisation de séjour pourra être accordée aux Pavillons-Noirs et aux Chinois qui sont venus se grouper à proximité des postes français à la cessation des hostilités.*

9 février 1886.

Article premier. — L'autorisation de séjour pourra être accordée aux Pavillons-Noirs et aux Chinois qui déclareront vouloir se fixer au Tonkin dans le voisinage des postes occupés par les troupes françaises, à charge par eux de se soumettre aux conditions suivantes :

1° Ils se réuniront suivant leur pays d'origine, et dans chaque province, en congrégations ayant chacune leur chef et sous-chef, qui serviront d'intermédiaires avec l'autorité française et seront responsables envers elle pour tout ce qui les concerne.

2° Si leur nombre n'était pas suffisant pour leur permettre de se constituer en congrégations distinctes, ils devront se grouper en une congrégation unique, ou sinon se faire admettre dans une des congrégations de la province.

3° Ils seront soumis à toutes les charges qui incombent actuellement aux Asiatiques étrangers, comme à toutes celles qui pourraient être ultérieurement créées et notamment à celles résultant de l'application des décisions des 11 et 12 décembre 1885.

Art. 2. — Pour le cas où ils ne satisferaient pas aux prescriptions ci-dessus, et où ils ne seraient pas acceptés par l'une des congrégations, les Chinois et Pavillons-Noirs dont il s'agit seront expulsés de l'Annam et du Tonkin par simple mesure administrative

Art. 3. — Il leur est interdit, sous peine d'expulsion immédiate, et sans préjudice d'autres pénalités plus graves, s'il y a lieu, de détenir et de posséder aucune arme à feu ou arme de jet.

Art. 4. — Le Directeur des affaires civiles et politiques est chargé de l'exécution de la présente décision.

WARNET.

VOY : **Impôts.**

Sel

N° 1. — ARRÊTÉ *fixant l'impôt sur le sel*

22 février 1888

Article premier. — A partir du 1er mars prochain, les sels provenant des salines de l'Annam et du Tonkin, exportés à l'étranger, sont passibles d'un droit de cinq cents (0 $ 05) par 100 kilos.

Art. 2. — Les sels de l'Annam et du Tonkin transportés dans l'intérieur de ces deux pays, soit en cabotage par la voie de mer, soit par les voies terrestres ou fluviales, sont soumis à un droit de trente cents (0 $ 30) par 100 kilos.

Art 3. — Les sels ayant acquitté le droit d'exportation, qui seraient réimportés par quelque voie que ce soit, ou livrés à la consommation sur la côte, devront acquitter un complément de taxe de vingt cents (0 $ 20) par 100 kilos.

Art. 4. — Les navires et jonques sont autorisés à effectuer leurs chargements de sel directement aux salines, sous la condition expresse de prévenir au préalable le poste de douanes le plus voisin, et d'y acquitter les droits. Toute infraction à ces obligations sera punie d'une amende de 100 à 2,500 francs, et entraînera la confiscation du navire ou jonque et des marchandises.

Art. 5. — Les dispositions des précédents arrêtés sont abrogées en tout ce qu'elles ont de contraire aux prescriptions ci-dessus

Art. 6. — Le secrétaire général du Gouvernement est chargé de l''exécution du présent arrêté. (1)

CONSTANS

VOY : — **Exportation**

(1) Le tableau suivant résume les différentes fluctuations du droit d'exportation par picul sur le sel, établis par arrêtés rapportés par celui ci-dessus :

DATE DES ARRÊTÉS	EN ANNAM et au TONKIN	A L'ÉTRANGER
	fr. c.	f. c.
16 octobre 1886	1 »	1 25
2 mars 1887	0 60	0 60
29 mars 1887	0 60	» »
29 août 1887	0 25	0 50
27 décembre 1887	0 25	0 60
19 août 1888	0 15	» »

Sémaphores.

N°. 1. — ARRÊTÉ *portant ouverture du bureau de Hon-dau au service télégraphique sémaphorique.*
25 juin 1887.

Article premier. — Le bureau de Hon-dau est ouvert au service télégraphique sémaphorique intérieur et international.

Art. 2. — Les télégrammes doivent être rédigés en français ou en signaux du code commercial. Quand ils sont à destination des navires en mer, l'adresse doit comprendre outre les indications ordinaires, le nom ou le numéro officiel du bâtiment destinataire et sa nationalité.

Art. 3. — Les télégrammes provenant d'un navire en mer, sont transmis à destination en signaux du code commercial, lorsque le navire expéditeur l'a demandé.

Dans le cas où cette demande n'a pas été faite, ils sont traduits en français par le préposé du poste sémaphorique, et transmis à destination.

Art. 4. — La taxe des télégrammes à échanger avec les navires en mer, par l'intermédiaire des sémaphores, est fixée à *deux* francs par télégramme. Cette taxe s'ajoute au prix du parcours électrique calculé d'après les règles générales.

La totalité est perçue sur l'expéditeur pour les télégrammes adressés aux navires en mer, et sur le destinataire pour les télégrammes provenant des bâtiments.

Art. 5. — Dans le cas où le bâtiment auquel est destiné un télégramme sémaphorique n'est pas arrivé dans le terme de 28 jours, le sémaphore en donne avis à l'expéditeur le 29e jour au matin.

L'expéditeur a la faculté, en acquittant le prix ordinaire d'un télégramme de dix mots, de demander que le sémaphore continue à présenter son télégramme pendant une nouvelle période de 30 jours, et ainsi de suite.

A défaut de cette demande le télégramme est mis au rebut le 30e jour.

Art. 6. — Le directeur des postes et des télégraphes est chargé de l'exécution du présent arrêté, qui sera applicable à dater du 1er juillet 1887.

G. BIHOURD

VOY. : Télégraphe.

Serment. — VOY.: Chancelliers. — Organisation administrative. — Justice. — Postes et Télégraphes. — Douane.

Services administratifs.

N°. 1. — ORGANISATION *du service administratif dans les postes du Tonkin et de l'Annam.*
11 mai 1884.

1o Postes, chefs-lieux de circonscription administrative.

1. — Les services des vivres, des hôpitaux, du matériel et des lits militaires, sont dirigés et centralisés dans les postes du Tonkin et de l'Annam ci-après désignés, savoir: Haiphong, Bac-ninh, Hung-hoa, Nam-dinh, Thuan-an et Qui-nhon, par des officiers du commissariat ou, à défaut, par des officiers des corps de troupe, qui prennent le titre de chargés du service administratif.

Des agents du personnel des comptables des matières ou de formation locale, ou des auxiliaires militaires choisis autant que possible, parmi les sous-officiers, tiennent, sous leurs ordres, la comptabilité des différents services.

2. — Les chargés du service administratif sont placés au point de vue de la hiérarchie et de la discipline, sous l'autorité des commandants supérieurs et commandants des postes militaires ; mais ils ne relèvent, pour les services dont la direction leur est confiée, que du chef du service administratif, ordonnateur, avec lequel ils correspondent directement.

Ils communiquent toutefois aux officiers commandant les postes, les ordres généraux et instructions particulières qu'ils reçoivent de ce chef d'administration. Si des circonstances urgentes engageaient les commandants de postes à modifier lesdits ordres, ils rendraient compte au général commandant d'armes de la décision prise, et ils en demeureraient responsables.

3. — Les chargés du service administratif ont pour devoir, d'une manière générale, d'assurer le fonctionnement des services du commissariat qui n'exigent pas l'intervention immédiate du chef du service administratif, ordonnateur.

Tels sont, notamment: l'établissement et le visa des feuilles de route, des ordres de réquisitions de transport, etc. ; l'administration des hôpitaux et ambulances de la marine ; le ravitaillement en vivres et en matériel des postes dépendant de leur circonscription ; la direction et la surveillance du magasin du poste ; l'apposition des scellés, en cas de décès d'un officier ou fonctionnaire ; l'inventaire des effets et valeurs dépendant de la succession, etc., etc.

4. — Les chargés du service administratif n'exercent aucune attribution de surveillance administrative à l'égard des corps de troupe ; ils ne visent aucune pièce justificative concernant la comptabilité de ces corps, à l'exception des procès-verbaux destinés à constater les événements qui exigent, sans délai, une constatation authentique, ces procès-verbaux devant toujours être homologués par le fonctionnaire chargé de la surveillance administrative.

5. — Ils ne peuvent ordonnancer aucune dépense, sauf à Haiphong, où le chargé du service administratif est investi, de par une délégation spéciale du chef du service administratif, ordonnateur, conformément à la décision locale du 21 décembre 1883, de l'ordonnancement au titre du service marine, de toutes les dépenses de solde et accessoires des bâtiments de la flottille et de la division navale du Tonkin.

6. — Ils pourvoient au payement des dépenses urgentes, en se conformant rigoureusement, à cet égard, à la nomenclature contenue dans l'arrêté du Commissaire général de la République, en date du 6 novembre 1883.

Afin de leur permettre de faire face à ces dépenses dans les localités où le trésor n'est pas représenté, une caisse de fonds d'avance, dont la quotité est déterminée suivant l'importance des besoins, par une décision spéciale du Commandant en chef, est mise à leur disposition ; ils en justifient suivant les formes et dans les délais déterminés par l'arrêté du 7 novembre 1883.

2o Postes obliques.

7. — Dans les postes autres que les chefs-lieux de circonscription administrative, les services des vivres et des lits militaires sont assurés par les soins des corps et sous leur responsabilité.

8. — Les vivres sont fournis à chaque poste par le magasin central de Haiphong ou les dépôts secondaires, selon le cas, sur demandes périodiques de la troupe, d'après l'effectif du détachement et le temps pour lequel il doit être approvisionné.

Les quantités délivrées sont immédiatement portées en dépense.

9. — L'emploi des vivres est justifié par la troupe, au moyen d'états récapitulatifs présentant, par jour, l'effectif des rationnaires, ainsi que le nombre et l'espèce des rations délivrées.

Ces états, certifiés par l'officier commandant, sont transmis mensuellement à l'autorité administrative du chef-lieu de circonscription.

Les pertes et détériorations sont constatées par des procès-verbaux dressés par l'officier commandant, et transmis au chargé du service administratif.

10. — Les objets de couchage sont délivrés à la troupe, et elle en compte conformément aux dispositions du règlement du 21 novembre 1854.

Les revues trimestrielles de casernement sont passées par le chargé du service administratif dans la circonscription.

11. — La troupe pourvoit au transport de ses vivres et de son matériel.

Lorsqu'elle n'a pu effectuer ce service par ses propres moyens, la dépense en est acquittée par les gérants de caisse de fonds d'avance, sur un état de liquidation certifié par l'officier commandant du poste, et régulièrement acquitté par les individus qui ont effectué le transport.

12. — Au moment où la garnison d'un poste est relevée par un autre détachement, les officiers commandants procèdent contradictoirement à la constatation de l'existant en vivres et en matériel. Une expédition du procès-verbal de cette opération est transmise au représentant de l'administration dans la cir-

conscription, avec la prise en charge du commandant du nouveau détachement.

En cas d'évacuation d'un poste, les vivres et le matériel qui s'y trouvent sont réintégrés, par les soins du corps. dans les magasins de la marine.

13. — Outre les constatations réglementaires et périodiques ci-dessus mentionnées, le chef du service administratif exerce sur le service des postes, par lui-même ou par ses délégués, soit sur pièces, soit par des inspections dont il apprécie l'opportunité, les attributions de surveillance qui lui sont dévolues par les règlements, sur tous les faits de l'administration intérieure des corps de troupe.

14. — Les répétitions qu'il y aurait lieu d'exercer envers les corps à raison de leur responsabilité, sont poursuivies à la diligence du commissaire aux revues auprès des conseils d'administration, sauf leur recours contre qui de droit.

15. — Lorsque les nécessités du service l'exigent, des fonds d'avances sont mis en vertu d'une décision spéciale du commandant en chef, à la disposition des commandants de poste, qui en justifient, comme il est dit à l'article 6 ci-dessus.

En cas de remplacement des officiers commandants, la comptabilité des fonds d'avances est immédiatement arrêtée, et le procès-verbal constatant cette opération est transmis au chef du service administratif, ordonnateur, en même temps que les pièces justificatives des dépenses effectuées par le comptable sortant.

16. — Toutes les dispositions contraires au présent arrêté sont rapportées.

MILLOT.

Répartition des divers postes administratifs au Tonkin.

POSTES CHEFS-LIEUX DE CIRCONSCRIPTIONS	POSTES DÉPENDANT DES CHEFS-LIEUX
Hanoi	Son-tay, Phian, Rive gauche.
Hung-hoa	Postes de la Rivière noire. Tuyen-quan.
Bac-ninh	Thai-nguyen, Phu-lang-thuong. Les 7 Pagodes, Dap-cau. Montagne des Pins parasols.
Haiphong	Hai-duong, Quang-yen. La montagne de l'Éléphant.
Nam-dinh	Ninh-binh, Phu-ly.
Thuan-an, Qui-nhon	Hué.

N° 2. — CIRCULAIRE *portant instructions générales aux chargés du service administratif dans les postes de l'Annam et du Tonkin.*

12 décembre 1884

Au moment où l'arrivée de France d'un certain nombre d'employés du commissariat et de comptabilité va permettre d'organiser définivement le service administratif au Tonkin, je crois utile de vous rappeler brièvement les obligations qui vous incombent, et les principales règles auxquelles vous aurez à vous conformer pour la direction du service qui vous est confié.

Attributions générales.

Ainsi que l'énonce l'arrêté local du 11 mai 1884 (article 3), vous avez pour devoir, d'une manière générale, d'assurer dans l'étendue de votre circonscription, le fonctionnement des services administratifs qui n'exigent pas mon intervention immédiate et directe. L'unité d'action, si nécessaire, surtout dans une expédition militaire, exige qu'à ce titre vous ne releviez que de moi; c'est ce que consacre l'article 2 dudit arrêté; toutefois, au point de vue hiérarchique et disciplinaire, vous êtes placé sous l'autorité du commandant d'armes, et celui-ci a même, dans certaines circonstances exceptionnelles, le droit de prendre, sous sa responsabilité, telles mesures d'administration qu'il croira indispensables. Dans le cas où il userait de ce pouvoir, vous devrez obtempérer immédiatement à ses ordres, alors même qu'ils seraient contraires à mes instructions, sauf bien entendu à m'en rendre compte le plus tôt possible. Je n'ai pas besoin d'ajouter que dans vos rapports avec les différents corps, vous devez être animé de l'esprit de conciliation qui contribue puissamment à faciliter la marche du service.

Vous avez sous vos ordres les officiers et employés du commissariat ou de comptabilité des matières, ainsi que tous les autres agents attachés au service administratif du poste chef-lieu. Vous veillerez à ce que ce personnel s'acquitte régulièrement de ses fonctions. Vous n'hésiterez pas à me signaler ceux d'entre eux dont la conduite et la manière de servir donneraient lieu à des reproches, de même que ceux qui se feraient remarquer par leur zèle ou leur aptitude. Je tiendrai une note toute particulière des renseignements que vous m'adresserez à ce sujet.

L'administration et la comptabilité des postes obliques dépendant de votre circonscription, sont soumises à votre surveillance et à votre contrôle. Vous serez l'intermédiaire entre les commandants de ces postes et moi. Sauf dans les circonstances urgentes, leur correspondance administrative, tous les procès-verbaux, demandes de vivres ou autres, etc., ne devront me parvenir que sous votre couvert et annotés, s'il y a lieu, de votre avis motivé. Réciproquement, je ne correspondrai normalement avec eux que par votre voie. Vous serez chargé de leur donner copie ou communication des ordres, décisions, notes, concernant le service administratif, et vous en suivrez l'exécution. Je tiens essentiellement à ce que cette centralisation, indispensable à l'expédition des affaires, soit effective.

Bien qu'en qualité de chargé du service administratif vous releviez directement de mon autorité, vous pourrez correspondre avec les chefs des divers détails administratifs à Hanoi, dont vous êtes les suppléants, et ceux-ci vous adresseront leurs instructions pour tout ce qui a trait au service courant. Je désire que mon intervention, sous ce rapport, soit réservée aux seuls cas qui donneraient lieu à une divergence d'opinions persistante entre les officiers du commissariat et vous.

Vivres.

Votre première et constante préoccupation doit être d'assurer la subsistance des troupes de la garnison de. . . . . et des postes qui en dépendent. Dans ce but, vous vous ferez rendre un compte fréquent des existants en magasin et, en me transmettant les situations de quinzaine, vous attirerez mon attention sur les mesures qu'il vous paraîtrait utile de prendre pour renouveler l'approvisionnement. Au besoin, vous ordonneriez vous-même, entre ces divers postes, les mouvements de vivres indispensables et urgents. A moins d'ordres contraires, le stock à entretenir dans les postes du Delta doit être calculé de telle sorte qu'il ne descende jamais au-dessous de deux mois.

Tous les vivres, à l'exception de la viande fraîche, des bœufs sur pied, du bois à brûler, qui vous seront livrés sur place par les titulaires des marchés en cours, et des menues denrées (paille de riz, herbe fraîche, etc.), que vous vous procurerez au moyen d'achats sur facture, ainsi que je vous l'expliquerai plus loin, vous seront expédiés de Hanoi ou de Haiphong, d'après les ordres que je donnerai, au vu des situations mentionnées ci-dessus. Exceptionnellement, ils pourront vous être envoyés de tel autre poste que je désignerai.

Pour les délivrances aux rationnaires, vous vous conformerez strictement aux divers ordres qui ont fixé la composition des rations au Tonkin. Vous ne vous écarteriez de ces fixations que si des circonstances imprévues obligeaient les commandants des postes à modifier temporairement l'ordre des distributions ou la composition des rations. Dans l'un ou l'autre cas, vous me feriez connaître sans retard la nature et le motif des modifications introduites.

La conservation des vivres doit être l'objet de toute votre sollicitude. A cet effet, vous visiterez fréquemment les magasins, vous vous assurerez, soit par vous-même, soit par le garde-magasin, de l'état des denrées et liquides, ainsi que des caisses et futailles destinées à les loger. Vous ferez consommer de préférence les denrées les plus anciennes ou le moins susceptibles de conservation; vous prescrirez, en un mot, toutes les mesures de conservation généralement usitées, telles que: rabattage et combugeage des futailles, saumurage des salaisons, ouillage des liquides, propreté des ustensiles, etc, etc. Vous éviterez ainsi à l'Etat des pertes importantes.

En cas de détérioration ou de perte de vivres, vous provoquerez la réunion des commissions réglementaires. Il importe, en effet, de ne pas encombrer inutilement les magasins et de faire disparaître des existants des quantités fictives.

Vous profiterez de toutes les occasions pour envoyer, soit à Hanoi, soit à Haiphong, les vivres ainsi condamnés, dont l'état n'exigerait pas la destruction immédiate et les récipients devenus sans emploi dans votre poste.

Dans ces deux grands centres, on pourra souvent tirer encore un parti utile de ces vivres et de ces récipients.

Les conditions dans lesquelles s'effectuent les mouvements de vivres, dans l'intérieur du Tonkin, ne permettent pas actuellement de rendre les transporteurs responsables du chargement. Vous n'en devrez apporter que plus de soin : d'une part, dans la préparation des envois et l'établissement des factures, avis d'expédition, etc., y relatifs; d'autre part, dans la reconnaissance des quatités, à l'arrivée des jonques ou chalands. Plus ce soin sera minutieux, moins difficile et incertain sera le partage des responsabilités. Ainsi, il est essentiel qu'il soit procédé, au moment de la mise à terre du chargement, à la visite des caisses, fûts, etc., servant de contenants. Sans cette précaution, on n'est plus autorisé, lorsqu'on signale dans un procès-verbal, des pertes ou des avaries, à en attribuer la cause à l'état de détérioration des récipients, rien ne prouvant que cette détérioration soit antérieure au déchargement. Il est de règle, pour les envois, que préalablement à l'emballage, puis lors de l'ouverture des caisses, une commission de visite se réunisse. Cette formalité devra être observée toutes les fois que cela sera possible.

Les recommandations qui précèdent s'appliquent non-seulement aux vivres, mais encore au charbon, aux effets de couchage et, en général, à tout le matériel.

Charbons.

Vous surveillerez les dépôts de charbons situés dans votre circonscription, au point de vue de la conservation et de la garde du combustible, et vous provoquerez, en temps utile, des dispositions pour reconstituer le stock de ces dépôts, sur les bases déterminées par l'ordre du général commandant en chef, en date du 19 juillet 1884, et les décisions postérieures. L'ordre du 19 juillet 1884 fixe également la proportion dans laquelle les diverses espèces de charbons doivent, autant que possible, être délivrées.

Vous me ferez parvenir, du 1er au 5 de chaque mois, une situation de ces dépôts conforme au modèle ci-annexé.

Approvisionnements divers.

Pour les autres matières ou objets que vous pourrez avoir en approvisionnement dans les magasins, je n'ai aucune recommandation spéciale à vous adresser.

Magasins

Vous veillerez à ce que les magasins soient installés dans les meilleures conditions possibles, sous le rapport de la facilité des délivrances et de la garde et de la conservation des denrées et approvisionnements.

Si, par suite de l'accroissement des approvisionnements ou d'événements fortuits, ces magasins devenaient insuffisants ou défectueux, vous appelleriez mon attention sur cette question et me proposeriez, en vue de remédier à cette situation, telle combinaison que vous jugeriez la plus avantageuse pour le service.

Dans un autre ordre d'idées, je vous prie de veiller à ce que le nombre des militaires employés comme auxiliaires dans les ateliers et magasins, et celui des coolies ou journaliers, ne dépasse pas les besoins du service. Il y a, de ce chef, d'importantes économies à réaliser.

Transports, jonques, coolies.

Les transports de personnel, de matériel et de vivres dans l'intérieur du Delta, sont effectués soit par des remorqueurs, chalands et allèges appartenant à l'État, ou affrétés par l'administration, soit par des jonques et des sampans loués ou réquisitionnés.

La plupart de ces jonques et allèges sont fournies au service administratif par le sieur Khan, titulaire du marché, en date du 1er septembre 1884, pour la location des jonques nécessaires au port de Haiphong. Mais dans les autres localités, et à défaut de jonques du fournisseur présentes sur les lieux, il en est affrété ou réquisitionné d'autres, moyennant un prix préalablement débattu avec le patron ou le propriétaire.

Dans tous les cas, il est délivré aux patrons des remorqueurs et jonques, soit un carnet d'affrètement, soit un bulletin de réquisition ou d'affrètement. Ces carnets et bulletins, dont la mise en service fait l'objet de la décision du général en chef en date du 22 avril 1884 (*Bulletin officiel du Protectorat*, page 136), et de ma circulaire du 27 du même mois, n° 585, dont je vous adresse ci-joint une nouvelle ampliation, doivent être datés au moment de leur délivrance et visés, soit à l'arrivée, soit au départ des bateaux, afin de permettre de suivre les mouvements et l'emploi du temps de ceux-ci

En principe, il ne doit être fait de payement que par l'autorité qui a conclu l'affrètement ou procédé à la réquisition.

Dans ce cas, la réquisition est mise à l'appui de l'état de dépenses. — Quand, à titre tout à fait exceptionnel, il est fait des payements dans d'autres conditions, les acomptes ainsi payés doivent être soigneusement inscrits sur les carnets par les officiers et fonctionnaires qui les opèrent, pour venir, lors du règlement de compte, en déduction des sommes acquises.

L'arrêté précité spécifie les catégories d'officiers et de fonctionnaires ayant le droit de réquisitionner ou d'affréter des jonques, etc. Vous devez n'user de ce droit qu'avec réserve et l'orsqu'il s'agit de faire face à des besoins certains.

Vous vous attacherez à ne conserver les jonques et autres allèges que le temps strictement indispensable pour effectuer les transports, les chargements, déchargements, etc.

Celles affrétées sur place doivent être congédiées aussitôt après le service fait. Celles fournies par le sieur Khan, titulaire du marché, doivent, suivant le lieu où elles se trouvent, être renvoyées à Hanoi ou à Haiphong.

En résumé, vous vous efforcerez de réduire le plus possible, les dépenses pour location de jonques, et de vous conformer rigoureusement aux instructions précitées, afin d'éviter des erreurs, des doubles emplois, et aussi des pertes de temps.

Les recommandations ci-dessus, relatives aux opérations de chargement et de déchargement des jonques, s'appliquent également aux remorqueurs et chalands, qui doivent toujours être déchargés et chargés d'urgence et avec la plus grande activité, de façon à ce qu'ils ne soient pas immobilisés inutilement.

La question du recrutement et de l'emploi des coolies a aussi une réelle importance. Je vous ai déjà recommandé de n'entretenir, en permanence, que le nombre de coolies absolument nécessaire pour assurer les besoins journaliers du service, sauf à accroître temporairement vos moyens d'action, lorsqu'il s'agira de travaux exceptionnels.

J'attache le plus grand intérêt à ce que les salaires convenus soient payés directement aux coolies eux-mêmes, par les soins d'un agent de l'administration, et en dehors de l'intermédiaire des caïs et des recruteurs. Nous éviterons ainsi des réclamations fondées, et nous aurons la certitude que les coolies reçoivent la totalité des salaires stipulés.

Hôpitaux.

Vous remplirez les fonctions de délégué du commissaire aux hôpitaux à Hanoi, à l'égard des hôpitaux et ambulances de la marine situés dans votre circonscription.

Aux termes de la dépêche ministérielle du 16 décembre 1884, paragraphe 89, ce service doit fonctionner d'après les règles en vigueur aux colonies. Une décision du général commandant le corps expéditionnaire, en date 12 novembre 1884, dont je vous ai adressé dernièrement une ampliation, a fixé l'interprétation qu'il convient de donner à cette disposition et a fait connaître que, jusqu'à nouvel ordre, l'arrêté du 13 janvier 1879, portant organisation et réglementation d'un personnel d'infirmiers pour le service des hôpitaux militaires de la Cochinchine, serait appliqué au Tonkin.

Cet arrêté, dont vous n'avez pas, sans doute, un exemplaire à votre disposition, consacre l'indépendance réciproque, dans leur sphère respective du service, administratif et du service de santé. L'administration et la police des établissements hospitaliers sont confiés au commissaire aux hôpitaux.

La direction du service médical et pharmaceutique appartient exclusivement au chef du service de santé et, par délégation de celui-ci, au médecin chef de chaque hôpital ou ambulance.

Le commissaire aux hôpitaux est responsable du bon ordre et de la régularité du service intérieur. Il soumet à l'approbation de l'autorité supérieure les consignes, en assure l'exécution, veille à la bonne tenue des salles, se concerte avec le chef du service de santé ou le médecin en chef de l'hôpital pour toutes mesures intéressant à la fois le service administratif et le service médical.

Les infirmiers militaires ou civils, les journaliers et coolies, sont placés sous ses ordres, et il a le droit de les punir dans les limites déterminées par le règlement précité (8 jours de prison). Toutefois, les infirmiers sont également subordonnés aux officiers du corps de santé de la marine en ce qui touche le service médical ou pharmaceutique, et ceux-ci peuvent les punir, mais seulement pour les infractions relatives à ce service.

Tous les ans, dans la deuxième quinzaine de juillet pour les infirmiers et agents, et dans la première quinzaine de décembre pour les journaliers et coolies, vous aurez soin de me faire parvenir des notes sur le compte du personnel employé dans les hôpitaux et ambulances, accompagnées de vos propositions d'avancement.

Je ne juge pas nécessaire d'entrer dans des détails au sujet de vos attributions purement administratives, en qualité de délégué du commissaire aux hôpitaux. Vous vous inspirerez, sous ce rapport, comme raison écrite, de l'ordonnance du 14 juin 1844, et de l'instruction du 20 décembre de la même année, qui déterminent ces attributions en France, ainsi que des actes spéciaux aux colonies, et dont vous aurez eu occasion de voir, par vous-même, l'application.

Vous vous efforcerez d'introduire peu à peu l'ordre et la régularité dans ce service, notamment au point de vue du régime alimentaire, de la comptabilité-matière, de la constatation des mouvements des malades. Le côté économique devra aussi être l'objet de vos préoccupations et vous vous attacherez à réaliser toutes les améliorations compatibles avec le bien-être des malades. Vous obtiendrez surtout ce résultat en exerçant un contrôle vigilant sur les délivrances et consommations, et sur le bon emploi des denrées, matières et objets appartenant au service des hôpitaux, et en réduisant, dans la mesure du possible, ainsi que je vous l'ai déjà dit à propos des vivres, le nombre des auxiliaires et des coolies.

Vous poursuivrez activement le remboursement des cessions de médicaments faites aux particuliers et des frais de traitement des résidents européens qui auront été hospitalisés, conformément à la décision locale du 22 juin 1884, dont vous avez reçu, à sa date, une ampliation.

Toutes les demandes de médicaments et de matériel d'hôpital devront être adressées au commissaire aux hôpitaux à Hanoi, chargé de les centraliser et d'y donner satisfaction. Il en est de même des menues denrées et ustensiles divers, que ces articles soient compris ou non dans les marchés en cours, à moins qu'il n'y ait urgence ou qu'ils ne rentrent dans la catégorie de ceux qui font d'ordinaire l'objet d'achats dits à l'économie.

Achats sur factures

Je vous ai déjà indiqué, sous les titres *Vivres* et *Hôpitaux*, dans quelles conditions, pour les fournitures qui ne seront pas assurées au moyen de marchés, vous êtes autorisé à recourir à des achats sur simples factures. Vous ne devrez y procéder que dans le cas d'urgence bien établie ou lorsqu'il s'agira de donner satisfaction aux droits des officiers et des hommes de troupe, aux diverses prestations en nature, savoir : achats de bœufs, de bois à brûler, d'huile, etc.

Dans tous les autres cas, vous ne devrez engager aucune dépense sans en avoir obtenu mon autorisation préalable.

Remboursement des cessions

Une circulaire récente, émanant de mes bureaux, vous a rappelé les règles à suivre afin d'obtenir le remboursement des cessions faites, soit à des particuliers, soit à des services étrangers à la marine, soit à des corps de troupe. Les cessions de l'espèce, qui sont très fréquentes au Tonkin, doivent être signalées sans retard au commissaire aux subsistances ou aux approvisionnements, chargé d'en poursuivre le remboursement et d'en tenir le compte, au moyen d'un état en double expédition, visé et reconnu exact par la partie cessionnaire.

Les cessions autorisées à titre permanent, telles que celles de fourrages aux officiers, de pain de soupe aux ordinaires, de vivres aux sous-officiers européens des cadres des tirailleurs tonkinois, etc., sont seulement récapitulées en fin de mois ; toutefois, en cas de départ des intéressés ou de la compagnie à laquelle ils appartiennent, les états sont immédiatement dressés et toute diligence doit être faite pour obtenir le récépissé des parties prenantes, soit avant le départ, si les comptables ont été avertis à temps, soit après, par l'intermédiaire du chargé du service administratif ou du commandant de la place sur laquelle ont été dirigés les cessionnaires ou la compagnie dont ils relèvent, etc.

Il est entendu que les états dont il s'agit sont indépendants des pièces justificatives que les comptables ont à produire à l'appui de leur comptabilité.

Bâtiments de l'État.

Le décret du 26 novembre 1882, sur le régime financier des colonies, dispose (articles 31 et 32) que les bâtiments procéderont, à l'avenir, dans les colonies, comme ils le font à l'étranger, en ce qui touche la passation des marchés, l'achat et la recette des denrées et matières qui leur seront nécessaires, etc, le service administratif demeurant seulement chargé du payement des dépenses, d'après les états de liquidation fournis par les autorités de bord.

La stricte application de ces prescriptions eût présenté certaines difficultés au Tonkin, sans profit réel pour le service, attendu que presque toutes les fournitures de vivres et de matériel nécessaires au corps expéditionnaire sont effectuées au titre de la 1re section du budget (*Marine*) et font l'objet de marchés. D'après un accord intervenu entre l'administration de la flottille et le service administratif, cette application doit donc être limitée aux fournitures et travaux de peu d'importance, c'est-à-dire non assurés au moyen de marchés, et aux payements de solde, de traitement de table et de frais de passage, à la condition que ces dépenses soient imputables au service marine.

Vous n'aurez donc plus à intervenir dans ces opérations, si ce n'est pour fournir aux administrations des bords tous les renseignements de nature à les éclairer et que vous serez à même de leur procurer, et pour effectuer, s'il y a lieu, le payement des dépenses, lequel ne devra avoir lieu que sur états établis par les bâtiments, visés par le sous-commissaire de division, et accompagnés, suivant le cas, de l'autorisation du Commandant de la Marine et de celle du Général en chef.

Cette procédure, exécutoire à partir du 1er janvier 1885, sera appliquée, le cas échéant, aux bâtiments de l'État autres que ceux de la flottille; elle réalisera une amélioration notable sous le rapport de la simplification des écritures et de la rapidité des opérations, tout en délimitant et sauvegardant les responsabilités respectives.

Officiers sans troupe et agents entretenus.

Vous constaterez, aux époques et suivant les formes déterminées par les règlements, la présence des officiers sans troupe et agents entretenus de la marine en service dans l'étendue de votre circonscription, et vous adresserez régulièrement, au détail des revues, des états de mouvements concernant ce personnel.

Troupes de la marine.

Les conditions mêmes dans lesquelles vous êtes placé ne vous permettraient pas d'intervenir fructueusement dans la surveillance des corps de troupe de la marine et dans le règlement des difficultés qui surgissent. D'ailleurs, la plupart des conseils d'administration de ces corps ont leur siège à Hanoi. Vous vous bornerez donc, en cette matière, conformément aux dispositions de l'article 4 de l'arrêté local du 11 mai 1884, à établir ou viser, comme suppléant légal du commissaire aux revues, les procès-verbaux relatant des événements ou des faits qui exigeraient, sans délai, une constatation authentique.

Toutefois, en raison de l'éloignement de Thuan-an et de la difficulté des communications, circonstances qui ont amené le Ministre à autoriser la constitution d'un conseil éventuel pour l'administration des deux compagnies d'infanterie de marine détachées à demeure dans ce poste, (dépêche ministérielle du 26 décembre 1883), le chargé du service administratif continuera à y suppléer, dans tous les détails du service, le commissaire aux revues auprès des corps de troupe ou détachements stationnés sur ce point, et ayant une administration distincte.

Il vérifiera toutes les pièces de leur comptabilité, mandatera par urgence la solde, arrêtera le journal des recettes et des dépenses et établira les décomptes provisoires de libération.

Il exercera des attributions analogues en ce qui concerne les officiers sans troupe et les agents entretenus de la marine en service dans ce poste.

Successions maritimes.

Votre intervention ne sera utile, en ce qui concerne les opérations ressortissant au détail des Revues et Armements, qu'en cas de décès, à terre, d'un officier ou fonctionnaire appartenant au Département de la marine et des colonies. Il y aura lieu alors d'apposer les scellés, de faire l'inventaire des effets et valeurs dépendant de la succession, de prendre, en un mot, toutes les mesures conservatoires urgentes et de demander des instructions au commissaire aux Revues sur la manière de procéder à la liquidation provisoire.

Troupes de la guerre.

Les troupes de la guerre détachées au Tonkin sont placées sous la surveillance administrative des fonctionnaires de l'Intendance.

Vous n'aurez donc à vous occuper de ces troupes que pour la délivrance des vivres qui leur seront nécessaires et le payement de leur solde, auquel vous êtes éventuellement appelé à concourir.

Une dépêche ministérielle du 22 décembre 1883, que je joins en annexe à la présente instruction, a déterminé le mode de payement de ces troupes. J'appelle votre attention sur le 4e paragraphe de cette dépêche.

En l'absence d'un sous-intendant militaire, vous auriez à arrêter les états de payement de solde qui vous seraient présentés par les conseils d'administration avant d'être acquittés par le préposé payeur.

Les payements de l'espèce ne devant se faire qu'à titre de dépenses urgentes, le préposé payeur vous remettra, le 1er et le 16 de chaque mois, un bordereau détaillé des payements, accompagné des pièces justificatives, que vous transmettrez au détail des revues, pour régularisation. Vous devrez, en outre, arrêter le carnet du Trésor où ces dépenses auront été enregistrées.

Les mandats de trésorerie que le payeur particulier, à Hanoi, émettra pour couvrir son préposé des avances qu'il aura ainsi faites, vous seront adressés directement et, lorsque vous en ferez la remise au comptable de votre localité, vous annulerez, au carnet ci-dessus mentionné, les payements correspondant au montant desdits mandats.

Liquidation et payement des dépenses.

Vous vous conformerez rigoureusement, pour le payement des dépenses urgentes, à la nomenclature déterminée par l'arrêté local du 28 novembre 1884, sans préjudice de ce qui a été dit plus haut pour Thuan-an, et du droit dont est investi le chargé du service administratif, à Haiphong, de par une délégation spéciale, conformément à la décision locale du 21 décembre 1883, d'ordonnancer, au titre du service marine, toutes les dépenses de solde et accessoires des bâtiments de la flottille et de la division navale.

Toutes les pièces relatives aux autres dépenses seront transmises, pour le mandatement à intervenir, aux détails administratifs, à Hanoi.

J'ai décidé, en effet, dans le but d'assurer la centralisation effective des dépenses, et de me permettre de suivre avec utilité l'emploi des crédits, que ces détails seraient seuls chargés à l'avenir de la liquidation définitive ; vous continuerez cependant à préparer les certificats comptables concernant les fournitures et travaux.

Je ne saurais trop vous recommander d'apporter le plus grand soin dans l'établissement des pièces de dépenses qui forment plus tard le seul élément de l'ordonnancement.

Ainsi, les mémoires ou factures doivent être dûment vérifiés et arrêtés, et contenir le détail des fournitures ou travaux, l'application du prix par unité ou par article, la date de la livraison ou de l'exécution, la somme à payer, en un mot, toutes les indications propres à constater l'exécution du traité.

Vous veillerez à ce que la formalité de la prise en charge soit exactement remplie, lorsqu'il s'agit de fournitures, et à ce que la certification de la bonne exécution du service figure toujours sur les mémoires relatifs à des travaux ou des livraisons d'objets non susceptibles de prise en charge.

En ce qui concerne le payement des salaires, vous aurez à produire des états dûment arrêtés et faisant ressortir le prix de la journée, le nombre des journées et la somme à payer. Si les payement n'étaient pas faits à des conseils d'administration, ces états devraient en outre être nominatifs. Mais je reconnais que cette prescription est actuellement bien difficile à exécuter en matière de salaires de coolies.

Vous ne perdrez pas de vue que toutes ces pièces doivent être établies distinctement par nature de dépenses, afin de me permettre, lors de l'ordonnancement, de rattacher aux différents chapitres budgétaires les sommes qui doivent incomber respectivement à chacun d'eux.

Fonds d'avance.

Vous n'aurez pas à intervenir dans la comptabilité des fonds d'avance mis à la disposition des commandants des postes où le service du trésor n'est pas représenté. Il y a, en effet, intérêt au point de vue de l'unité de direction de ces caisses, et de la prompte régularisation des dépenses, à ce qu'elles soient directement administrées et contrôlées par le bureau des fonds.

Toutefois, celles des comptables des hôpitaux ou ambulances de la marine demeurent placées sous votre surveillance.

Casernement et lits militaires.

Trimestriellement ou éventuellement, suivant les circonstances, vous procéderez, de concert avec les officiers désignés aux règlements du 21 novembre 1854 et du 15 février 1879, à la constatation des pertes et dégradations survenues au casernement ainsi qu'au matériel des lits militaires en service dans les corps de troupe qui tiennent garnison dans les postes dépendant de votre circonscription. Vous adresserez le procès-verbal de cette opération au commissaire aux travaux ou aux approvisionnements, suivant le cas.

Comptabilité-Matières.

D'après la dépêche ministérielle du 16 décembre 1883 portant instructions spéciales pour l'accomplissement de la mission qui m'a été confiée, la comptabilité des magasins du service marine au Tonkin est soumise, en principe, aux mêmes règles que celle des magasins de la métropole, et les comptes du matériel du service colonial doivent être suivis et rendus dans la forme établie par l'arrêté du 29 décembre 1882.

L'absence d'un personnel suffisant d'une part, les circonstances de l'autre, n'ont pas permis, jusqu'à présent, d'exécuter ces prescriptions dans toute leur teneur et, à la date du 11 avril dernier, j'ai dû autoriser les comptables des magasins et dépôts, autres que le magasin central de Haiphong, à tenir provisoirement la comptabilité du matériel appartenant au service marine, suivant les règles applicables aux dépôts établis hors du territoire continental. Quant à la comptabilité du matériel colonial, elle est pour ainsi dire toute entière à créer.

Aujourd'hui que le personnel comptable est au complet, et que le service administratif des postes est organisé, il importe de rentrer le plus tôt possible dans le règlement.

A cet effet, j'ai présenté, le 4 novembre dernier, à la signature du général commandant le corps expéditionnaire, un arrêté fixant le 1er janvier comme date du fonctionnement de la comptabilité. Vous trouverez, sous ce pli, une ampliation de cet arrêté dont les dispositions ne s'écartent que sur un seul point des instructions ministérielles. Je vous indiquerai ci-après la nature et les motifs de cette dérogation.

Recensements. — Inventaires.

Dès la réception de la présente instruction, vous procéderez au recensement général du matériel appartenant tant au service marine qu'au service colonial, en approvisionnement ou en service dans les magasins, hôpitaux, ateliers, etc., dépendant de votre circonscription, et vous établirez, par service et par dépositaire comptable, un procès-verbal ou inventaire constatant les résultats de cette opération.

Afin de vous guider, je crois utile de vous transcrire, ci-après, la nomenclature des divers services possédant du matériel au Tonkin·

1° Service marine.
- Approvisionnements généraux de la flotte ;
- Travaux hydrauliques, etc...;
- Habillement et couchage des équipages;
- Habillement, couchage et campement des troupes ;
- Vivres ;
- Sciences et arts maritimes.

2° Service colonial.
- Habillement des troupes coloniales ;
- Hôpitaux et vivres ;
- Service général du matériel civil et militaire.

Les résultats de ces recensements, qui devront être ramenés par addition ou déduction, suivant le cas, à la date du 1er janvier 1885, seront soumis, par mon intermédiaire, à l'approbation du Général commandant le corps expéditionnaire et serviront de point de départ à l'ouverture de la comptabilité.

Comptabilité du service marine.

Matériel en approvisionnement. — Aux termes de la dépêche ministérielle du 16 décembre 1883 et de l'article 2 de l'arrêté du 4 novembre dernier, la comptabilité du matériel du service marine, qui comprend les vivres, le charbon et, en général, tous les objets de matières nécessaires à l'entretien des bâtiments de la flotte et du corps expéditionnaire, à l'exception des drogues, médicaments et matériel d'hôpital, du génie et d'une partie du matériel de l'artillerie, doit être tenue dans la forme et est soumise aux justifications prescrites par l'instruction générale du 1er octobre 1854 et les arrêtés des 2 décembre 1857, 12 octobre 1859 et 7 août 1879, sous la réserve des modifications énoncées par la dépêche ministérielle du 16 décembre 1883, précitée.

Il m'est impossible de vous donner ici une analyse même sommaire, de ces actes. Je m'en réfère, à cet égard, à défaut des textes eux-mêmes, que je ne puis mettre à votre disposition, à votre expérience et à votre érudition administratives.

D'ailleurs, les connaissances spéciales des agents de comptabilité qui rempliront près de vous les fonctions de gardes-magasins et qui ont dû recevoir ou recevront des instructions détaillées de M. l'agent comptable garde-magasin central à Haiphong, faciliteront beaucoup, je l'espère, votre tâche.

Dans tous les cas, vous n'hésiteriez pas à me demander toutes les indications qui vous seraient nécessaires.

Postes obliques. — Sauf en ce qui concerne le service des vivres, pour lequel il a été organisé un mode de comptabilité spécial dont il sera parlé plus loin, les dépôts établis dans les postes obliques seront considérés comme des *sections*, par rapport au magasin de leur circonscription, et les opérations de recettes et de dépenses effectuées par ces dépôts seront rattachées aux comptes dudit magasin. (Article 3 de l'arrêté local du 4 novembre 1884.) Cette disposition implique, d'une part que tous les mouvements qui s'opéreront entre le magasin et ses dépôts, ou entre les dépôts d'un même magasin, seront des mouvements intérieurs, qui, à moins de différences constatées dans les envois, n'affecteront que les écritures du dépôt ; d'autre part, qu'aucun mouvement ne pourra avoir lieu du magasin ou d'un dépôt d'une circonscription à un dépôt d'une autre circonscription, sans passer par l'intermédiaire des deux magasins intéressés.

EXEMPLE. — *1° Envoi de 10,000 kilogrammes de charbon, du dépôt de Bac-hat à celui de Hung-hoa (magasin particulier de Son-tay).*

Le mouvement s'opérera au moyen d'un billet de demande (modèle n° 31) non évalué ; l'expéditeur et le destinataire porteront réciproquement, en sortie ou en entrée, dans leurs écritures, les quantités expédiées ou reçues ; une inscription correspondante sera faite par le garde-magasin sur ses livres auxiliaires, au vu de l'ordre de délivrance acquitté et du billet de demande certifié. La différence entre les quantités expédiées ou reçues sera justifiée, s'il y a lieu, dans la forme indiquée par la dépêche ministérielle du 16 décembre 1883, paragraphes 32 et suivants, et l'opération se balancera ainsi parfaitement.

2° Envoi de 10,000 kilogrammes de charbon, du dépôt de Haiphong (magasin central de Haiphong), à celui des Sept-Pagodes (magasin particulier de Dap-cau).

Ce mouvement, qui intéresse deux magasins différents, rentre dans le cas prévu aux paragraphes 130 et suivants de la dépêche du 16 décembre 1883 ; il s'effectuera sur billet de demande (modèle n° 31) portant évaluation des quantités expédiées ou reçues et sera justifié, dans la comptabilité de chaque magasin, ainsi qu'il est expliqué auxdits paragraphes.

La multiplicité des mouvements, la difficulté des communications, les fréquentes mutations des comptables rendaient ce système impraticable pour les vivres. C'est pour ce motif que l'article 3 précité porte que la comptabilité de ce service sera suivie sur *inventaire particulier* et en *quantités seulement*.

Les envois à faire par les magasins aux postes obliques seront donc considérés et classés, dans les écritures, sous le titre de : *Délivrances faites aux équipages de la flotte et aux corps de troupe de la marine.* Ils s'effectueront sur billets de demande (modèle n° 31), *qui seront renvoyés acquittés, au comptable expéditeur, dès la réception des denrées*, le comptable du poste destinataire étant tenu, conformément aux règles ordinaires, de justifier par procès-verbal des différences qui auront pu être constatées à l'arrivée.

Afin d'assurer le fonctionnement régulier de cette partie du service, j'ai organisé un système complet de comptabilité, dont je joins ici la collection des modèles et qui, tout en étant réduit aux formes les plus sommaires et les plus simples, me paraît de nature à donner toutes garanties au point de vue de la justification du bon emploi des vivres. L'instruction qui figure sur le *Journal-balance* des denrées me dispense de toute explication complémentaire. Il vous suffira de vous reporter à cette instruction.

Les relevés et pièces justificatives concernant cette comptabilité vous seront adressés par les comptables dans les cinq premiers jours de chaque mois. Vous vérifierez avec soin ces documents et les transmettrez sans retard au commissaire aux subsistances à Hanoi.

Vous ne perdrez pas de vue que la comptabilité en question, qui constituera la seule justification de l'emploi de quantités considérables de vivres, est destinée à être annexée au compte du garde magasin central, et qu'il est indispensable, par conséquent, qu'elle présente des résultats parfaitement clairs et exacts.

Valeurs mobilières et permanentes. — Immeubles. — La comptabilité de ce matériel est soumise aux règles spéciales édictées par l'instruction du 1er octobre 1854 et les arrêtés modificatifs précités qui ont été rappelés, en dernier lieu, par la circulaire du 17 mars 1883 (*B. O.*, p. 424).

Vous remarquerez que ces dispositions doivent être combinées avec celles du règlement du 16 mars 1877, en ce qui concerne le matériel d'artillerie.

Comptabilité du service colonial.

La comptabilité du matériel du service colonial est régie par l'arrêté du 29 décembre 1882. Une étude consciencieuse de ce règlement dont je vous ai envoyé, en son temps, un exemplaire, vous sera nécessaire pour saisir le mécanisme de cette comptabilité, laquelle diffère, sous plusieurs rapports, de celle du service marine, notamment quant au mode de centralisation et de jugement des comptes.

Telles sont, Monsieur le chargé du service, les grandes lignes de votre service. Je vous recommande, en terminant, de ne négliger aucune occasion de me renseigner sur la situation de votre poste et de ne pas craindre de me demander tous les éclaircissements dont vous aurez sans doute besoin, surtout dans les débuts. Je compte, d'ailleurs, sur votre zèle et votre intelligence pour aplanir les difficultés qui pourront se présenter.

FROGIER

Vu et approuvé

BRIÈRE DE L'ISLE.

N° 3. — ARRÊTÉ *ordonnant et réglant la remise du service administratif militaire entre les mains de M. le Commissaire de la marine, chef du service administratif de la marine en Annam et au Tonkin.*

21 février 1888

Article premier. — M. de Possel-Deydier, commissaire de la marine, chef du service administratif de la marine en Annam et au Tonkin, recevra le service administratif militaire des mains de l'Intendant de la division d'occupation, dans le plus bref délai possible.

Art. 2. — Dans les postes, la remise du service s'effectuera en vertu de décisions du Résident général en Annam et au Tonkin, prises sur la proposition du chef du service administratif de la marine dans ces deux pays de Protectorat, et au fur et à mesure que le permettra la situation du personnel du commissariat de la marine appelé à succéder à l'Intendance militaire.

Art. 3. — Les fonctionnaires de l'Intendance seront remplacés par ceux de l'administration de la marine dès que la situation des services le permettra.

Art. 4. — Le chef du service administratif de la marine à Hanoi est autorisé à conserver, tant que leur présence sera nécessaire, les officiers, commis et ouvriers d'administration que le Département de la guerre a consenti à maintenir au Tonkin, dans tous les services qu'il assure en ce moment.

Art. 5. — Le service des hôpitaux continuera à être dirigé et assuré par le personnel médical et administratif de la guerre, et d'après les règles et les formes usitées dans ce Département.

Art. 6. — Le service des magasins, vivres et matériel, sera assuré dans tous les postes par les officiers d'administration de la guerre, jusqu'au moment où il pourra être pourvu à leur remplacement par le personnel des comptables de la marine.

La tenue des écritures et la reddition des comptes auront lieu d'après les règles en usage au Ministère de la guerre.

CONSTANS.

VOY.: Commissariat colonial. — Congés. — Fonds d'avance. — Indemnités. — Hôpital. — Pensions. — Retenues. — Retraite (Caisse de). — Successions vacantes. — Santé. — Soldes.

Services civils. — VOY.: Ordonnancements. — Organisation administrative.

Services financiers.

N° 1. — ARRÊTÉ *créant à la Résidence générale, une direction du contrôle des services financiers.*

11 avril 1886.

Article premier. — Il est créé à la Résidence générale une direction du contrôle des services financiers.

Art. 2. — Les services du trésor, des contributions directes et indirectes, des douanes, des postes et télégraphes, relèveront de cette direction sans qu'il soit rien modifié à leur organisation actuelle.

PAUL BERT.

VOY.: Ordonnancements. — Trésor. — Organisation administrative.

Service militaire. — VOY.: Recrutement. — Recrutement indigène. — Réserves indigènes. — Réquisitions.

Signatures types. — VOY.: Légalisation.

Sociétés de bienfaisance.

N° 1. — ARRÊTÉ *portant création d'une société de bienfaisance à Haiphong.*

5 avril 1888.

Article premier. — Est autorisée la création à Haiphong d'une société de bienfaisance.

Art. 2. — Les comptes rendus des délibérations et de la situation financière de la société devront être adressés mensuellement à la résidence de Haiphong.

Art. 3. — L'administration du Protectorat exercera un droit de contrôle sur l'emploi des fonds de la société.

Art. 4. — Ladite société pourra être suspendue ou dissoute par le Résident général pour mauvaise gestion ou inexécution de ses statuts.

Art. 5. — M. le résident de Haiphong est chargé de la surveillance des statuts de ladite société et de l'exécution du présent arrêté.

RAOUL BERGER.

Soldes.

N° 1. — DÉCISION *portant qu'une avance de solde pourra être faite aux fonctionnaires appelés à servir dans un poste éloigné.*

25 avril 1886.

Article premier. — Une avance de un mois ou deux mois de solde, pourra être faite aux fonctionnaires appelés à servir dans un poste éloigné. (1)

Art. 2. — L'opportunité de la mesure est laissée à la libre appréciation de M. le Résident supérieur au Tonkin, qui sera chargé de l'exécution de la présente décision.

PAUL BERT.

N° 2. — ARRÊTÉ *déterminant la solde dite d'Europe des fonctionnaires du Protectorat.*

3 mai 1886.

Voir ci-après décret du 28 janvier 1890, qui remplace cet arrêté.

N° 3. — ARRÊTÉ *relatif au payement des mandats de solde du personnel.*

29 juillet 1886.

Toutes les fois que le premier jour du mois tombera un dimanche ou un jour férié, les mandats de sol de du personnel, pour le mois précédent, seront payés la veille.

PAUL BERT.

N° 4. — ARRÊTÉ *sur le décompte du taux de la piastre pour le paiement de la solde.*

8 février 1889.

Article premier. — A compter du premier janvier 1889, les solde et accessoires de solde du personnel européen seront décomptés en piastres au taux de 3 f. 80. (2)

RICHAUD.

N° 5. — DÉCRET *portant règlement sur la solde et les accessoires de solde des officiers, fonctionnaires, employés et agents civils et militaires des services coloniaux ou locaux.*

28 janvier 1890.

TITRE PREMIER

SOLDE.

CHAPITRE PREMIER.

DISPOSITIONS GÉNÉRALES.

ARTICLE PREMIER. — *Désignation des différentes espèces de solde.* — On distingue trois espèces de solde :

La solde d'activité ;
La solde de non-activité ;
La solde de réforme.

(1) Voir toutefois § 3 de l'article 11 du décret du 28 janvier 1890.
(2) Modifié par arrêté du 22 juin 1890, qui sera publié dans le Recueil périodique.

CHAPITRE II.

SOLDE D'ACTIVITÉ.

ART. 2. — *Définition de la solde d'activité.* — La solde d'activité comprend :

1° La solde de présence ;
2° La solde de permission ;
3° La solde d'hôpital ;
4° La solde de congé ;
5° La solde de détention ;
6° La solde de captivité.

ART. 3. — *Droit à la solde d'activité.* — Aucun officier, fonctionnaire, employé ou agent civil ou militaire des services coloniaux ou locaux ne peut jouir d'une solde quelconque d'activité, s'il n'est pas en activité de service.

ART. 4. — *Entrée en jouissance de la solde d'activité.* — Le droit à la solde d'activité commence :

1° Pour les officiers, fonctionnaires, employés et agents civils et militaires des services coloniaux ou locaux, nommés par le Président de la République, le Ministre ou les autorités locales, à la date du décret, de l'arrêté ou de la décision conférant le grade ou la fonction, ou rappelant à l'activité.

2° Pour les officiers, fonctionnaires, employés et agents civils et militaires des services coloniaux ou locaux dont l'avancement est soumis aux épreuves d'un concours ou d'un examen, le jour où ils prennent rang, conformément aux dispositions particulières qui régissent le corps ou le service auxquels ils appartiennent ;

3° Pour les fonctionnaires employés et agents empruntés aux autres Départements ministériels, le jour où ils ont cessé d'être payés sur les fonds de ces Départements ;

4° Pour les agents et employés auxiliaires partant de France ou d'un port colonial, le jour de leur arrivée au port d'embarquement, et pour ceux nommés dans les colonies où ils sont appelés à servir, le jour de leur entrée en service.

En cas de modification dans les tarifs de solde, les officiers, fonctionnaires, employés et agents civils et militaires des services coloniaux ou locaux reçoivent la nouvelle solde le jour fixé par la décision.

ART. 5. — *Cessation des droits à la solde d'activité.*

Les droits à la solde d'activité cessent :

1° Pour les officiers passant à la non-activité ou à la réforme, le lendemain du jour de la notification qui est faite à l'officier du décret ou de la décision prononçant la mise en non-activité ou en réforme ;

2° Pour les officiers, fonctionnaires, employés et agents civils et militaires des services coloniaux ou locaux démissionnaires, le lendemain du jour où ils reçoivent avis de l'acceptation de leur démission ;

3° Pour les officiers, fonctionnaires, employés et agents civils et militaires des services coloniaux ou locaux qui sont licenciés par mesure disciplinaire, le lendemain du jour où ils reçoivent avis de la décision prononçant leur licenciement.

La notification de cette décision doit avoir lieu sans délai.

4° Pour les fonctionnaires, employés et agents civils et militaires des services coloniaux ou locaux qui sont licenciés pour toute autre cause, le jour où ils quittent leurs fonctions.

En ce qui concerne ceux qui servent aux colonies au moment où ils reçoivent notification de la décision prononçant leur licenciement, les droits à la solde d'activité cessent le jour où ils quittent leurs fonctions ; s'ils ont été nommés dans la colonie, le jour de leur embarquement pour être rapatriés soit en France, soit dans leur colonie d'origine.

Dans ce dernier cas, la concession de la solde est limitée à une période de trente jours à compter du jour où ils ont cessé leurs fonctions.

La notification de licenciement doit avoir lieu sans délai. Les fonctions doivent cesser le lendemain du jour où l'intéressé reçoit cette notification.

Une indemnité de licenciement, dont la quotité est fixée par le paragraphe 3 de l'article 21 ci-après, peut être allouée, par décision spéciale du Ministre, aux fonctionnaires, employés et agents civils et militaires des services coloniaux ou locaux licenciés dans les conditions déterminées par le paragraphe 4 du présent article ;

5° Pour les officiers, fonctionnaires, employés et agents civils et militaires des services coloniaux admis à la retraite, le lendemain du jour de la radiation des contrôles ;

6° Pour les fonctionnaires, employés et agents empruntés à d'autres départements ministériels, le jour où ils quittent le service, s'ils sont en France, et le jour de leur débarquement, au retour d'une colonie, mais sous la réserve de l'application des dispositions prévues par le présent décret sous le titre des congés (article 49) ;

7° Si l'officier, fonctionnaire, employé ou agent civil ou militaire des services coloniaux ou locaux mis en réforme ou en non-activité, démissionnaire ou licencié est absent de son poste ou si, par sa faute, le service dont il dépend n'a pas retrouvé sa trace, il cesse d'avoir droit à la solde d'activité le lendemain du jour où la notification de la mesure qui le concerne est parvenue à l'autorité sous les ordres de laquelle il était placé.

Art. 6. — *La sode ne peut être allouée pour un temps antérieur à la nomination à un grade ou à un emploi.* La solde attribuée à un grade ou à un emploi ne peut être allouée pour un temps antérieur à la date du décret ou de la décision portant nomination ou avancement.

Cas de rétroactivité.

Cette disposition ne s'applique pas aux avancements en classe, qui ne constituent pas un grade et s'acquièrent à l'ancienneté.

Art. 7. — *Officier, fonctionnaire ou autre remplissant les fonctions d'un grade ou d'un emploi supérieur à celui dont il est titulaire, ou des fonctions judiciaires.* I. — L'officier, fonctionnaire, employé et agent civil ou militaire des services coloniaux ou locaux, appelé à remplir temporairement des fonctions attribuées à un grade ou à un emploi supérieur au sien, n'a droit qu'à la solde du grade ou de l'emploi dont il est titulaire.

II. — Toutefois, lorsque des officiers, fonctionnaires et autres sont appelés à remplir, par intérim, les emplois de Gouverneur de colonie, ils reçoivent, sur les crédits du budget colonial, un traitement égal à celui de leur grade ou de l'emploi dont ils sont titulaires, sans préjudice de l'indemnité de représantation dont l'allocation est réglée par l'article 101 ci-après.

III. — Ceux qui remplissent par intérim les emplois de Directeur de l'intérieur, procureur général ou chef du service judiciaire, directeur de l'administration pénitentiaire, reçoivent pendant la durée de leur intérim, un traitement composé :

1° D'une somme égale au montant des allocations de toute nature de l'emploi dont ils sont titulaires.

2° De moitié de la différence entre le total de ces allocations et le traitement attribué à l'emploi exercé par intérim.

Ces dispositions ne sont pas applicables aux officiers, fonctionnaires et autres, envoyés de France ou d'une autre colonie pour faire un intérim ; ceux-ci reçoivent la totalité du traitement dévolu au titulaire.

IV. — Les magistrats intérimaires pris en dehors de la magistrature, et qui ne jouissent pas déjà d'une solde d'activité, reçoivent, à titre d'appointements annuels, une somme égale à la moitié du traitement colonial attribué à l'emploi exercé par intérim.

Les officiers, fonctionnaires, employés et agents appelés à remplir intérimairement des fonctions judiciaires, reçoivent une allocation dont la quotité est fixée, pour chaque cas, par décision du ministre chargé des colonies.

ART. 8. — *Officier, fonctionnaire ou autre, admis à faire valoir ses droits à la retraite.*

I. — Les officiers, fonctionnaires, employés et agents civils et militaires des services coloniaux ou locaux présents en France, ou qui ont déclaré vouloir jouir de leur pension dans la colonie où ils sont en service, sont rayés des contrôles de l'activité :

1° Par application de la limite d'âge, le jour où ils sont atteints par cette mesure, à moins que les nécessités du service exigent leur maintien temporaire en activité.

Ce maintien en activité, qui ne pourra excéder trois mois, devra être autorisé par une décision spéciale;

2° Sur la demande des intésessés, au jour fixé par la décision qui les admet à faire valoir leurs droits à la retraite ;

3° D'office, par voie disciplinaire, le lendemain du jour où ils reçoivent notification de la mesure dont ils sont l'objet.

Cette notification doit être faite sans délai.

4° Ceux qui sont admis à faire valoir leurs droits à la retraite, alors qu'ils sont titulaires d'un congé pour faire usage des eaux thermales ou minérales, sont considérés comme étant maintenus provisoirement en fonctions et ne sont rayés des contrôles de l'activité que le lendemain du jour où expire le congé ;

5° D'office, pour cause de santé ou d'inaptitude, à la date fixée par la décision qui les admet à la retraite.

II. — Les officiers, fonctionnaires, employés et agents civils et militaires des services coloniaux ou locaux qui sont aux colonies et demandent à jouir de leur retraite en France, sont maintenus en service et continuent à bénéficier de la solde entière d'Europe jusqu'au jour exclu de leur débarquement en France, sous réserve qu'ils quitteront la colonie par la première occasion qui suivra la notification de la mesure dont ils sont l'objet.

III. — La jouissance de la pension de retraite court du lendemain du jour de la radiation des contrôles.

IV. — Les officiers, fonctionnaires, employés et agents civils et militaires des services coloniaux, ou locaux, maintenus en activité de service par décision spéciale, continuent à recevoir, par mois et à terme échu, la solde et les accessoires de solde de leur grade ou emploi, suivant la position qu'ils occupent.

ART. 9. — *Solde due aux officiers, fonctionnaires et autres, décédés.* — La solde due aux officiers, fonctionnaires, employés et agents civils et militaires des services coloniaux ou locaux décédés est acquise, jusqu'au jour inclus du décès, à leurs héritiers ou ayants droit, sous la déduction des reprises dont cette solde peut être passible en vertu des règlements.

ART. 10. — *La quotité des allocations de toute nature est déterminée par les tarifs.* — Les diverses allocations qui composent le traitement de grade ou d'emploi sont déterminées d'après les tarifs annexés au présent décret.

ART. 11. — *Mode de paiement de la solde.* — I. — La solde des officiers, fonctionnaires, employés et agents civils et militaires des services coloniaux ou locaux se paye par mois et à terme échu, excepté dans le cas de changement de destination.

II. — Les suppléments de solde, les indemnités de représentation et de logement, les frais de bureau, les frais de tournée et les autres accessoires de la solde, inhérents aux positions respectives des officiers, fonctionnaires et autres en activité de service, sont également payés dans les mêmes conditions, et compris sur les mêmes mandats ou états de paiement que la solde.

III. — Tout paiement d'avances est formellement interdit, hors les cas déterminés par les articles 116, 117, 118, 119 et 120 ci-après.

ART. 12 — *Mode de décompter la solde.* — I. — La solde et les accessoires de la solde se décomptent par mois, à raison de la douzième partie de la fixation annuelle, et par jour à raison de la trentième partie de la fixation mensuelle.

II. — Les journées à ajouter au mois de février pour compléter le nombre trente, se décomptent sur le pied de la solde fixée pour la position dans laquelle se trouve l'officier, fonctionnaire ou agent au dernier jour de ce mois.

Art. 13. — *Cas où le cumul de la solde avec un traitement d'activité est autorisé.* — La solde d'activité ou de non-activité ne peut être cumulée avec un traitement quelconque à la charge de l'État, des budgets locaux ou des communes, sauf dans le cas prévu par les articles 65 à 67 et 270 à 275 du décret du 31 mai 1862, portant règlement général sur la comptabilité publique.

Art. 14. — *Livret de solde.* I. — Les officiers, fonctionnaires, employés et agents civils et militaires des services coloniaux ou locaux doivent être pourvus de livrets destinés à constater leur situation financière chaque fois qu'ils changent de position. Ces livrets sont ouverts, suivant le cas, par l'administration centrale ou par les fonctionnaires compétents, tant en France qu'aux colonies, qui doivent y mentionner la filiation, le lieu et la date de naissance, les mutations, les congés, permissions ou délais de route, les allocations de solde et d'accessoires de solde, les retenues du premier douzième du traitement ou de l'augmentation, les délégations, les paiements effectués à quelque titre que ce soit (solde ou frais de route), enfin les dettes envers l'État et apostilles de toute nature.

II. — Les livrets sont renouvelés lorsqu'ils sont entièrement remplis. Il est interdit d'y ajouter des feuillets supplémentaires. Les officiers, fonctionnaires et autres conservant leurs anciens livrets mention de la délivrance d'un nouveau livret est faite sur l'ancien par le fonctionnaire qui opère le renouvellement.

III. — En cas de perte d'un livret, le titulaire en fait la déclaration par écrit au fonctionnaire chargé de pourvoir au paiement de sa solde.

Il mentionne en même temps sous sa responsabilité, dans sa déclaration, la date à laquelle il a cessé d'être payé, ainsi que toutes les indications propres à faire apprécier sa situation financière.

La déclaration de l'officier, fonctionnaire et autre est reproduite *in extenso* sur le nouveau livret par le fonctionnaire qui le délivre.

Dans le cas prévu ci-dessus, l'officier, fonctionnaire et autre ne peut être rappelé de sa solde arriérée qu'après réception des pièces officielles établissant sa situation financière ; il ne peut prétendre jusque-là qu'au paiement de sa solde courante, à partir du premier jour du mois dans lequel sa déclaration a été faite.

SECTION PREMIÈRE.

Solde de présence

§ Ier *Dispositions générales.*

ART. 15. — *Définition de la solde de présence.* — La solde de présence comprend :

1° La solde de présence en Europe ;
2° La solde de traversée ;
3° La solde coloniale.

§ 2. — *Solde de présence en Europe.*

ART. 16. — *Position donnant droit à la solde de présence en Europe.* — La solde de présence en Europe est allouée aux officiers, fonctionnaires, employés et agents civils et militaires des services coloniaux ou locaux, qui se trouvent dans les positions ci-après :

1° Présents en France ;

2° De passage en France ou dans une colonie autre que celle où ils sont appelés à servir ; pendant le cours d'un voyage effectué, soit pour se rendre à leur poste, soit pour opérer leur retour dans la Métropole ou dans leur colonie d'origine ;

3° En mission en France ou dans un pays d'Europe ;

4° Placés dans l'une des situations prévues aux articles 17, 18, 19, 20, 21 et 22.

ART. 17. — Les fonctionnaires de l'inspection des colonies attachés à l'inspection mobile, en cours de traversée, ainsi que pendant la durée de leur séjour dans les colonies, reçoivent la solde de présence en France cumulativement avec l'indemnité de résidence prévue au tarif n° 26.

ART. 18. — *Officiers, fonctionnaires et autres, membres des conseils généraux ou appelés en témoignage.* — I. — A droit à la solde de présence affectée à la position dans laquelle il se trouvait en dernier lieu, tout officier, fonctionnaire, employé ou agent civil ou militaire des services coloniaux ou locaux absent de son poste, soit pour siéger comme conseiller général d'un département ou d'une colonie, ou comme membre d'un conseil de guerre, d'un tribunal maritime, d'un conseil d'enquête ou d'une commission d'enquête, soit pour déposer devant un conseil de guerre, un tribunal civil ou maritime, un conseil d'enquête ou une commission d'enquête ;

II. — La durée de la mission est constatée, suivant le cas, par un certificat du préfet du département, du directeur de l'intérieur ou du président du tribunal, du conseil ou de la commission ;

III. — Les officiers, fonctionnaires et autres cités en témoignage sont rappelés de leur solde à leur retour, sur la production d'un certificat du président constatant le jour où leur présence a cessé d'être nécessaire.

ART. 19. — *Officiers, fonctionnaires et autres appelés à faire partie d'un conseil général ou cités devant un tribunal, étant en congé.* — L'officier, fonctionnaire, employé et agent civil ou militaire des services coloniaux ou locaux qui, étant en congé, est appelé hors du lieu de sa résidence, à siéger soit au conseil général d'un département ou d'une colonie, soit dans un conseil de guerre, un tribunal civil ou maritime, un conseil d'enquête ou une commission d'enquête, soit à témoigner devant un conseil de guerre, un tribunal civil ou maritime un conseil d'enquête ou une commission d'enquête, est rappelé de sa solde de présence depuis le jour de son départ dudit lieu jusqu'à celui de sa rentrée dans ses foyers ou à son poste. Si, étant cité dans le lieu de son domicile, il est retenu au delà du terme de son congé, il a droit au rappel de la solde de présence à dater du lendemain de l'expiration dudit congé.

Ces rappels ont lieu sur la production du certificat exigé par l'article précédent.

ART. 20. — *Officier, fonctionnaire ou autre rappelé avant l'expiration de son congé.* — I. — L'officier, fonctionnaire, employé et agent civil ou militaire des services coloniaux ou locaux qui, étant en congé, reçoit l'ordre de rejoindre son poste, de se rendre à une nouvelle destination, ou de remplir une mission avant l'expiration de son congé, recouvre ses droits à la solde de présence du jour inclus de son départ, s'il arrive à destination à l'époque fixée par l'ordre qu'il a reçu.

II. — L'officier, fonctionnaire et autre qui, étant en congé, est appelé par ordre du Ministre à faire partie momentanément d'une commission, recouvre ses droits à la solde de présence pour la durée de son service dans cette position.

ART. 21. — *Officiers, fonctionnaires et autres rentrant de captivité, mis en non-activité ou licenciés.* — I. — L'officier, fonctionnaire, employé et l'agent civil ou militaire des services coloniaux ou locaux qui revient de captivité à l'ennemi, reçoit la solde d'activité de son grade ou de son emploi du jour inclus de sa rentrée en France ou dans les colonies, s'il n'a pas été remplacé dans son corps ou à son poste et s'il le rejoint immédiatement.

II. — L'officier qui a été mis en non-activité reçoit la solde afférente à cette position du jour inclus de sa rentrée en France.

Le fonctionnaire, l'employé ou l'agent qui n'est pas susceptible d'être mis en non-activité peut recevoir, par décision spéciale du Ministre, s'il a été licencié pour toute autre cause que pour un acte d'indiscipline, une indemnité une fois payée égale à sa solde d'Europe pendant un mois au moins et six mois au plus.

Art. 22. — *Élèves nommés à un emploi après leur sortie de l'école.* — I. — Les élèves sortant de l'école coloniale pour être employés au service des colonies ont droit à la solde de présence de l'emploi qu'ils sont destinés à remplir lorsque, après leur sortie de l'école, ils reçoivent l'ordre de se rendre immédiatement au poste qui leur est assigné.

II. — Ils sont rappelés de ladite solde du jour inclus de leur départ dûment constaté.

III. — Dans le cas contraire, ils n'ont droit qu'à la solde de congé.

§ 3. — *Solde de traversée.*

Art. 23. — *Position donnant droit à la solde de traversée.* — Les officiers, fonctionnaires, employés et agents civils et militaires des services coloniaux ou locaux se rendant d'Europe ou d'une colonie dans la colonie où ils sont appelés à servir, et réciproquement, reçoivent, pendant la traversée, la solde d'Europe dégagée de tous accessoires.

Art. 24. — *Disparition d'un bâtiment en mer. Époque de la cessation de la solde.* — I. — En cas de disparition d'un bâtiment à la mer, le droit à l'allocation de la solde pour les officiers, fonctionnaires, employés et agents civils et militaires des services coloniaux ou locaux présents à bord à la date des dernières nouvelles, est arrêté le soixante-et-unième jour à compter de cette date, sans préjudice des dispositions de l'article 115 concernant les délégations.

II. — La présomption de la perte est établie par décision du Ministre, conformément aux règles spéciales suivies par le département de la marine.

§ 4. — *Solde coloniale.*

ART. 25. — *Positions donnant droit à la solde coloniale.*

I. — La solde coloniale est allouée aux officiers, fonctionnaires, employés et agents civils et militaires des services coloniaux ou locaux pendant la durée de leurs services aux colonies.

Toutefois, les évêques continuent à toucher la même solde dans toutes les positions de congé régulier.

II. — Les officiers, fonctionnaires, employés et agents civils et militaires des services coloniaux ou locaux, qui sont envoyés en mission soit dans la colonie où ils sont en service, soit de cette colonie dans une autre colonie, ou en pays étranger hors d'Europe, sans cesser d'appartenir au service de la colonie dont ils sont détachés, continuent d'avoir droit à la solde coloniale, cumulativement avec les allocations auxquelles ils peuvent prétendre pour l'accomplissement de leur mission.

III. — Le droit à la solde coloniale court du jour inclus du débarquement aux colonies et cesse le jour de l'embarquement pour rentrer en France.

IV. — Les officiers, fonctionnaires, employés et agents civils et militaires des services coloniaux ou locaux débarqués dans la colonie où ils sont appelés à servir, et qui sont retenus en quarantaine au lazaret, ont droit, pendant la quarantaine, à la solde coloniale sans accessoires, mais avec jouissance de l'indemnité de séjour.

Ceux qui en cours de voyage subissent la même quarantaine, n'ont droit qu'à la solde de traversée avec l'indemnité de séjour.

V. — Pour les fonctionnaires, employés et agents qui se trouvent dans l'une des situations prévues par le quatrième paragraphe de l'article 5, la solde coloniale cesse le jour où ils quittent leurs fonctions.

S'ils sont envoyés d'Europe ou d'une autre colonie, ils reçoivent la solde d'Europe du jour inclus où ils quittent leurs fonctions au jour exclu de leur embarquement, mais sans que cette solde puisse leur être payée pendant une période supérieure à trente jours.

VI — Toutefois, pour les Gouverneurs et chefs d'administration, le traitement afférent à leur emploi ne leur est alloué qu'à compter du jour de leur entrée en fonctions.

Lorsqu'ils sont remplacés, ils reçoivent le traitement d'Europe de leur emploi à partir du jour de l'entrée en fonctions de leur successeur.

VII. — Il est également fait exception à cette règle à l'égard des évêques, qui n'entrent en possession de leur traitement qu'après la publication des bulles relatives à l'institution canonique, et à l'égard des vicaires généraux qui reçoivent leur traitement du jour où il sont agréés par le Gouverneur de la colonie.

VIII. — La solde coloniale pour les officiers, fonctionnaires ou agents, est déterminée par les tarifs annexés au présent décret.

Art. 26. — *Officiers promus à un nouveau grade; fonctionnaires, employés et agents nommés à une nouvelle fonction, étant en service aux colonies.* I. — Les officiers, ainsi que les fonctionnaires, employés et agents de l'ordre militaire qui, étant en service aux colonies sont promus à un nouveau grade ou à un nouvel emploi, ont droit à la solde de ce nouveau grade ou de ce nouvel emploi à compter de la date du décret ou de la décision portant nomination.

II. — Les Gouverneurs qui, étant en fonctions dans une colonie, sont appelés à servir dans une autre colonie, reçoivent le traitement d'Europe de leur nouvel emploi du jour de la remise de leur service.

III. — Les fonctionnaires, employés et agents de l'ordre civil qui, étant en service dans une colonie, sont nommés à une nouvelle fonction ou à un nouvel emploi, et qui sont appelés à changer de colonie par suite de leur nomination, ne reçoivent la solde coloniale de leur nouvelle fonction ou de leur nouvel emploi que du jour de leur arrivée dans la colonie où ils doivent continuer leurs services.

IV. — Du jour de leur nomination au jour exclu de leur embarquement pour suivre leur nouvelle destination, ils continuent à recevoir la solde coloniale de leur ancienne fonction ou de leur ancien emploi.

Lorsque la solde d'Europe de la nouvelle fonction ou du nouvel emploi est supérieure à la solde coloniale de l'ancienne fonction ou de l'ancien emploi, cette solde d'Europe est seule allouée du jour de la nomination au jour de l'embarquement.

Du jour de leur embarquement pour suivre leur nouvelle destination jusqu'au jour exclu de leur débarquement dans la colonie où ils doivent continuer leurs services, ils ont droit à la solde d'Europe de leur nouvelle fonction ou de leur nouvel emploi.

V. — Les fonctionnaires, employés et agents de l'ordre civil qui, étant en service dans une colonie, sont nommés, sans changer de colonie, à une nouvelle fonction ou à un nouvel emploi, reçoivent la solde de leur nouvelle fonction du jour inclus où ils prennent possession de cette nouvelle fonction, ou la solde de leur nouvel emploi du jour inclus où ils ont reçu notification de leur nomination.

SECTION II.

Solde de permission.

ART. 27. — *Définition de la permission.* — Toute absence autorisée prend le nom de permission, lorsqu'elle s'applique à une période égale ou inférieure à trente jours, sauf l'exception prévue aux paragraphes 7 et 8 de l'article 29 ci-après.

ART. 28. — *Paiement de la solde de permission.* — I. — Les officiers, fonctionnaires, employés et agents civils et militaires des services coloniaux ou locaux qui obtiennent des permissions, sont payés de leur traitement d'activité jusqu'au jour où ils entrent en jouissance de leur permission.

II. — Les officiers, fonctionnaires, employés et agents civils et militaires des services coloniaux ou locaux ne peuvent être payés de leur solde de permission sans la production :

1° du livret dont ils doivent être porteurs, et qui constate l'époque à laquelle le titulaire a cessé d'être payé ;

2° de leur feuille de route ;

3° du titre établissant leur position.

III. — Le livret indique s'ils sont, ou non, passibles de retenues pour débet envers l'Etat.

IV. — — Pour obtenir le paiement de leur solde, les officiers, fonctionnaires, employés et agents civils et militaires des services coloniaux ou locaux doivent s'adresser, en France : dans les ports, au correspondant administratif du service des colonies; à Paris, dans les bureaux de l'administration centrale ; et aux colonies, suivant les services auxquels ils appartiennent, au directeur de l'intérieur, au directeur de l'administration pénitentiaire, au chef du service administratif ou à leurs délégués.

ART. 29. — *Permissions. Par qui accordées. Droits résultant des permissions.* — I. — Les permissions sont accordées par le ministre aux hauts fonctionnaires relevant directement de son autorité ;

Par les Gouverneurs, aux chefs d'administration ou de service ;

Par les chefs d'administration ou de service, d'après les instructions du ministre ou des Gouverneurs, aux officiers, fonctionnaires, employés et agents civils et militaires des services coloniaux ou locaux placés sous leur autorité.

II. — Les permissions ne peuvent être accordées à solde entière pour plus de trente jours.

Lorsque l'absence doit être d'une plus longue durée, la prolongation ne peut être autorisée que par un congé dont la solde est déterminée, suivant sa nature, par les articles 39 et suivants.

III. — Si la durée totale de son absence par permission, en une ou plusieurs fois, ne s'est pas prolongée au-delà de trente jours (du 1er janvier au 31 décembre de la même année), l'officier, fonctionnaire, employé ou agent en permission a droit, à l'exclusion des suppléments de fonctions ou des indemnités de représentation, à la totalité du traitement qu'il recevait au moment où il a commencé à jouir de sa permission.

IV. — Si l'ensemble des permissions accordées dans le courant d'une année (du 1er janvier au 31 décembre) dépasse la limite ci-dessus, l'intégralité du traitement n'est maintenue que jusqu'à concurrence de trente jours, et le surplus de l'absence ne donne droit qu'à la solde de congé pour affaires personnelles.

V. — Toute permission accordée antérieurement à un congé doit être comprise dans la durée de ce congé, si le titulaire n'a pas rejoint son poste à l'expiration de sa permission et avant d'avoir obtenu son congé.

VI. — Les permissions d'absence doivent faire l'objet d'une mention spéciale sur le livret de solde.

VII. — Par exception aux dispositions du paragraphe 2 du présent article, il peut être accordé aux officiers, fonctionnaires, employés ou agents, des permissions pour se rendre d'une colonie en France, de France dans une colonie, ou d'une colonie dans une autre colonie.

Ces permissions donnent droit, pendant quarante-cinq jours au maximum, quelle que soit la durée de la traversée, à la solde d'Europe dégagée de tous accessoires.

Si la durée de l'absence se prolonge au-delà de quarante-cinq jours, la solde de congé pour affaires personnelles peut seule être allouée pour tout le temps de l'absence,

VIII. — Ces permissions spéciales sont accordées par l'autorité locale, mais une seule fois dans le cours d'une année. Elles sont exclusives de toute autre permission d'absence à solde entière pendant la même année. Le rappel de la solde a lieu sur la production d'une feuille de route visée à l'arrivée et au départ, aussi bien dans le port d'embarquement que dans celui de débarquement, soit en France, soit aux colonies.

ART. 30. — *Durée des permissions.* I. — La durée des permissions comprend le temps de l'aller et celui du retour. Elle court pendant le séjour à l'hôpital.

II. — L'entrée en jouissance d'une permission doit être immédiate.

ART. 31. — *Inscription des permissions sur les contrôles de solde et sur les livrets de solde.* I. — Tout officier, fonctionnaire, employé et agent civil ou militaire des services coloniaux ou locaux qui obtient une permission, est tenu de présenter lui-même, dans les vingt-quatre heures, le titre dont il est porteur au visa de l'autorité administrative.

II. — Toute permission doit être immédiatement inscrite sur les contrôles de solde et sur le livret de solde de l'intéressé.

III. — Le visa doit être refusé pour toute permission qui serait accordée contrairement aux règles tracées par le présent décret.

ART. 32. — *Officiers, fonctionnaires ou autres dépassant la limite de leur permission.* I. — L'officier, fonctionnaire, employé ou agent civil ou militaire des services coloniaux ou locaux qui, étant en permission, rentre après le terme fixé pour l'expiration de sa permission, ne reçoit aucune solde pour la durée de son absence illégale, à moins que le retard n'ait été causé par circonstance de force majeure ou par maladie. Dans ce dernier cas, il doit présenter, soit un billet de sortie de l'hôpital maritime, militaire ou civil, soit un certificat dûment légalisé du médecin qui l'a soigné, indiquant la nature de la maladie et le temps qu'a exigé le traitement.

II. — L'officier, fonctionnaire, employé ou agent civil ou militaire des services coloniaux ou locaux qui, étant en permission, ne peut, pour les causes énoncées au paragraphe ci-dessus, rentrer à son poste à l'expiration de son congé, doit prévenir immédiatement son chef direct. Il est considéré comme étant encore en congé pour tout le temps écoulé depuis l'expiration de sa permission jusqu'au jour exclu de sa rentrée à son poste.

III. — Dans ce cas, le titulaire d'une permission conserve l'intégralité de son traitement dans la limite de trente jours, prévue par le paragraphe 4 de l'article 29, en tenant compte, s'il y a lieu, de la durée des permissions à accorder depuis le 1er janvier de l'année. Au-delà de cette période, l'intéressé ne reçoit que la moitié de ce traitement,

ART. 33. — *Visa des permissions au retour.* — Tout officier, fonctionnaire, employé ou agent civil ou militaire des services coloniaux ou locaux rentrant de permission, est tenu de se présenter à l'autorité administrative dont il relève pour faire constater par un visa, sur son congé ou sa permission, la date du retour à son poste.

SECTION III.

Solde d'hôpital.

ART. 34. — *Officiers, fonctionnaires, employés et autres admis dans les hôpitaux.* — I. — Les officiers, fonctionnaires, employés et agents civils et militaires des services coloniaux ou locaux, en traitement dans les hôpitaux, continuent à recevoir la solde à laquelle ils avaient droit au jour de leur entrée à l'hôpital.

II. — Pendant la durée de leur séjour dans les hôpitaux, ils subissent sur leur solde une retenue journalière dont le taux est déterminé par le tarif n° 33 annexé au présent décret.

III. — Cette retenue est exercée pour chaque journée passée effectivement à l'hôpital depuis le jour de l'admission jusqu'à celui de la sortie exclusivement.

IV. — En cas de décès, la solde est due aux héritiers jusqu'au jour du décès inclusivement, sous la déduction des retenues à opérer conformément aux dispositions du paragraphe 2 du présent article.

V. — L'officier, fonctionnaire, employé ou agent qui ne rejoint pas son poste immédiatement après sa sortie de l'hôpital, n'a droit à aucun rappel pour le temps qui s'est écoulé depuis sa sortie de l'hôpital jusqu'au jour de sa rentrée à son poste.

ART. 35. — *Paiement de la solde des officiers, fonctionnaires et autres, en traitement dans les hôpitaux.* — I. — Les officiers, fonctionnaires, employés et agents civils et militaires des services coloniaux ou locaux en traitement dans les hôpitaux sont payés mensuellement de la solde à laquelle ils ont dr[illegible].

II. — Le Ministre chargé des colonies autorise également le paiement de la solde des officiers, fonctionnaires, employés et autres admis dans les asiles d'aliénés.

III. — Les permissions, les congés et les prolongations de congés courent pendant leur séjour à l'hôpital.

ART. 36. — *Officiers, fonctionnaires et autres admis dans les hôpitaux, étant en permission ou en congé.* — I. — Les officiers, fonctionnaires, employés et agents civils et militaires des services coloniaux ou locaux qui tombent malades étant en congé ou en permission avec solde, sont admis dans les hôpitaux sur la présentation de leur titre de permission ou de congé.

II. — Le jour de l'admission et celui de la sortie sont annotés sur le congé ou la permission par le fonctionnaire qui a délivré de billet d'entrée à l'hôpital.

III. — Les officiers, fonctionnaires, employés et agents qui entrent à l'hôpital après l'expiration de leur congé ou de leur permission, n'ont droit à aucune solde depuis le jour de l'expiration de leur congé ou de leur permission jusqu'à celui de leur entrée à l'hôpital.

ART. 37. — *Officiers, fonctionnaires et autres admis dans les hôpitaux, étant en congé sans solde.* — Les officiers fonctionnaires, employés et agents civils et militaires des services coloniaux ou locaux qui tombent malades, étant en congé sans solde, peuvent être admis dans les hôpitaux. Leur entrée et leur sortie sont constatées selon le mode prescrit par l'article précédent.

ART. 38. — *Officier, fonctionnaire ou autre qui rejoint son poste à sa sortie de l'hôpital.* — Si l'officier, fonctionnaire, employé ou agent civil ou militaire des services coloniaux ou locaux rejoint son poste, ou se met à la disposition de l'autorité dont il relève à sa sortie de l'hôpital, il subit sur sa solde courante la retenue fixée par le tarif n° 33 annexé au présent décret, pour le nombre de jours effectifs qu'il a passés à l'hôpital.

Dans le cas contraire, il doit verser au trésor public, à sa sortie de l'hôpital, le montant de cette retenue.

SECTION IV.

Solde de congé.

Art. 39. — *Définition du congé.* — Sauf l'exception prévue au paragraphe 7 de l'article 29 ci-dessus, toute absence autorisée prend le nom de congé, lorsqu'elle s'applique à une période de plus de trente jours.

Art. 40. — *Différentes espèces de congés.* — On distingue sept espèces de congés :

1° Les congés pour affaires personnelles ;

2° Les congés accordés:

Aux officiers, fonctionnaires, employés et agents civils et militaires des services coloniaux ou locaux, après un séjour consécutif aux colonies dont la durée minimum est fixée comme suit:

Trois ans pour les colonies du Sénégal, de la Guyane, des divers établissements de la côte occidentale d'Afrique, du Gabon et Congo, d'Obock, de Mayotte et dépendances, de Diego-Suarez et dépendances, et de l'Indo-chine.

3° Les congés accordés: aux officiers de santé employés dans les colonies à titre auxiliaire, en vue de subir devant les facultés de médecine les examens du doctorat, ainsi que ceux accordés aux médecins et pharmaciens titulaires servant aux colonies, qui sont autorisés à venir en France prendre part à des concours ou examens universitaires. ;

Aux officiers, fonctionnaires, employés et agents, pour venir subir en France les examens ou les concours nécessités par leur carrière ;

4° Les congés de convalescence ;

5° Les congés pour faire usage des eaux thermales ou minérales ;

6° Les congés accordés aux officiers, fonctionnaires, employés et agents civils et militaires des services coloniaux ou locaux autorisés à prêter leur concours à des entreprises commerciales ou industrielles ;

7° Les congés spéciaux accordés aux fonctionnaires, employés et agents provenant d'autres départements ministériels, en expectative de réintégration dans ces départements.

ART. 41. — *Congés. Par qui accordés.* I. — Les congés définis par les paragraphes 3, 6 et 7 de l'article précédent sont concédés :

Aux officiers, fonctionnaires, employés et agents civils et militaires des services coloniaux ou locaux servant en France ou aux colonies, par le Ministre chargé des colonies.

II. — Les congés pour affaires personnelles sont concédés :

1° Aux officiers, fonctionnaires, employés et agents servant en France, par le Ministre chargé des colonies, sur la proposition de l'autorité supérieure dont ils relèvent ;

2° Aux officiers, employés et agents servant aux colonies, par les Gouverneurs dans la limite de trois mois, mais seulement dans des circonstances tout-à-fait exceptionnelles, à la condition de rendre compte immédiatement au Ministre des congés accordés ;

3° Aux divers agents qui sont à la nomination de l'autorité locale, par cette autorité locale dans la limite de trois mois.

En aucun cas, les congés pour affaires personnelles ne pourront être transformés, pendant la durée desdits congés, en congés de convalescence.

III. — Les congés dont sont appelés à jouir, conformément aux dispositions du paragraphe 2 du présent article, les officiers, fonctionnaires, employés et agents civils et militaires des services coloniaux ou locaux, sont concédés en France par le ministre, dans les colonies par les Gouverneurs, à condition d'en rendre compte au Ministre sans aucun délai.

IV. — Les congés de convalescence sont accordés :

1° Par le Ministre chargé des colonies aux officiers, fonctionnaires, employés et agents présents en France, ainsi qu'à ceux qui sont appelés à servir dans la Métropole ou à changer de colonie, lorsqu'ils doivent passer par la France pour se rendre à leur nouveau poste ;

2° Par les Gouverneurs aux officiers, fonctionnaires, employés et agents servant dans les colonies, lorsqu'ils doivent continuer à y résider, que ce congé soit à passer en France ou dans la colonie où ils sont en service, ou dans leur colonie d'origine, ou enfin s'ils sont appelés à servir dans une autre colonie et qu'ils doivent s'y rendre sans passer par la France.

Dans le cas où le congé est à passer en France, la durée du congé est fixée par le Ministre sur la proposition du conseil supérieur de santé.

V. — Les congés pour faire usage des eaux thermales ou minérales sont accordés:

1° En France par le Ministre chargé des colonies, sur la proposition de l'autorité compétente, appuyée d'une délibération du conseil supérieur de santé ;

2° Aux colonies par les Gouverneurs, dans les mêmes conditions que pour la France.

Lorsque les officiers, fonctionnaires, employés et agents civils et militaires des services coloniaux ou locaux qui ont obtenu des congés pour faire usage des eaux thermales ou minérales désirent être hospitalisés, les demandes d'hospitalisation sont adressées, en France au Ministre chargé des colonies, et dans les établissements d'outre mer aux Gouverneurs de ces établissements.

Art. 42. — *Congés pour affaires personnelles.* — I. — Les congés pour affaires personnelles donnent droit à la moitié de la solde d'Europe.

II. — Les Gouverneurs ainsi que les évêques ont droit à la solde d'Europe pendant la durée des congés pour affaires personnelles.

Art. 43. — *Congés administratifs.* — I. — Les congés accordés après trois ou cinq années de séjour consécutif aux colonies donnent droit, pendant six mois, à la solde entière d'Europe.

II. — Des prolongations de congé qui n'auront pas pour effet d'étendre la durée de l'absence au-delà d'une année, peuvent être accordées par le Ministre et donnent droit à la moitié de la solde d'Europe.

III. — Lorsqu'un officier, fonctionnaire, employé ou agent civil ou militaire des services coloniaux ou locaux, rentré en France en vertu d'un congé de convalescence, remplira les conditions de séjour fixées par le paragraphe 2 de l'article 40, il pourra obtenir la transformation de son congé de convalescence en congé administratif, mais dans ce cas, la durée des deux congés se confondra, et le bénéfice de la solde entière ne pourra être maintenu que pendant six mois.

Art. 44. — *Congés accordés aux officiers de santé.* — I. — Il pourra être accordé aux officiers de santé employés dans les colonies à titre auxiliaire, et qui seraient autorisés par le Ministre à venir en France subir les examens du doctorat en médecine devant les facultés, des congés leur donnant droit, pendant six mois, à la solde de présence en Europe. Au-delà de ce terme, aucune prolongation de congé ne pourra leur être accordée à solde entière.

II. — Les congés accordés aux médecins et pharmaciens titulaires servant aux colonies, pour venir en France prendre part à des concours ou examens, leur donnent droit à la solde d'Europe pendant quatre mois, s'il s'agit de concours d'avancement ou d'emplois rétribués par le Département des colonies.

Dans le cas contraire, ils ne reçoivent que la demi-solde d'Europe.

III. — Dans le cas prévu par le paragraphe 1er du présent article, le titulaire d'un congé est tenu, pour obtenir le paiement de sa solde, de faire constater sa présence à la faculté par la production d'un certificat mensuel signé par le doyen. Ce certificat doit, en outre, mentionner le degré d'avancement du candidat dans les examens du doctorat.

IV. — Dans les cas prévus par le paragraphe 2 du présent article, le titulaire d'un congé est tenu de subir les épreuves pour lesquelles il s'est fait inscrire; s'il laisse passer sans y prendre part le concours ou l'examen en vue duquel il a sollicité et obtenu un congé, il est immédiatement placé dans la position de congé sans solde, et y est maintenu jusqu'à ce qu'il ait rejoint son poste.

Les dispositions qui précèdent sont applicables aux officiers, fonctionnaires, employés et agents civils et militaires des services coloniaux ou locaux qui sont autorisés à venir en France pour y subir les examens ou les concours nécessités par leur carrière.

Art. 45. — *Congés du personnel de l'administration centrale.* — En cas de maladie dûment constatée par le conseil supérieur de santé, le personnel de l'administration centrale peut obtenir des congés de convalescence qui donnent droit au traitement entier pendant une durée n'excédant pas trois mois.

Toute prolongation de congé n'est concédée qu'à demi-solde, à moins de décision contraire du ministre pour des cas spéciaux.

Après une année d'absence en congé, les fonctionnaires, employés et agents de l'administration centrale sont traités d'après les règles tracées par les paragraphes 7, 8, 9 et 10 de l'article 46 du présent décret.

Art. 46. — *Congés de convalescence.* — I. — Les congés de convalescence donnent droit à la moitié de la solde d'Europe, sauf les conditions ci-après.

II. — Les officiers, fonctionnaires, employés et agents civils et militaires des services coloniaux ou locaux, qui obtiennent un congé de convalescence après un séjour d'un an au moins aux colonies, conservent la solde d'Europe dans la limite de trois mois.

III. — Lorsque l'autorité supérieure locale en fait la demande formelle et motivée, sur l'avis du conseil supérieur de santé, la même solde peut être également conservée, mais dans la limite de deux mois seulement, aux officiers, fonctionnaires et agents des divers corps des colonies servant en France qui obtiennent un congé de même nature, ainsi qu'à ceux qui, revenant d'une colonie, ne remplissent pas les conditions énoncées au paragraphe 2 ci-dessus.

IV. — Par exception aux dispositions qui précèdent, la solde d'Europe est conservée dans la limite de six mois aux officiers, fonctionnaires, employés et agents civils et militaires des services coloniaux ou locaux qui, ayant obtenu un congé de convalescence, se trouvent dans l'un des cas spécifiés ci-après :

1° Retour en France à la suite d'une maladie épidémique ou endémique ;

2° Séjour de trois mois au moins dans l'une des colonies du Sénégal, de la Guyane, des divers établissements de la côte occidentale d'Afrique, du Gabon-Congo, d'Obock, de Mayotte et dépendances, de Diego-Suarez et dépendances, et de l'Indo-Chine.

V. — Sauf les cas extraordinaires, à l'égard desquels il sera statué par le ministre chargé des colonies, et après une proposition spéciale et motivée sur avis du conseil supérieur de santé, les prolongations de congé au même titre, qui auront pour effet d'étendre la durée de l'absence au-delà des délais ci-dessus spécifiés, ne comporteront que la solde dite de congé, (demi-solde).

Il est fait exception à cette règle en ce qui concerne les gardiens concierges des bâtiments militaires non titulaires de pension de retraite, qui conservent, pendant toute la durée de leur congé, l'intégralité de leur solde coloniale, dégagée de tous accessoires.

VI. — Après une année passée en congé de convalescence, les officiers des divers corps coloniaux sont placés d'office dans la position de non-activité pour infirmités temporaires, à moins qu'il n'ait été reconnu, par l'autorité médicale, qu'un nouveau congé de six mois pourra leur permettre de reprendre le service actif.

Sauf décision spéciale et motivée du ministre chargé des colonies, cette nouvelle prolongation ne donnera droit qu'à la demi-solde d'Europe.

VII. — Après une année d'absence en congé de convalescence, le fonctionnaire, l'employé et l'agent de l'ordre civil est soumis à l'examen de l'autorité médicale, qui déclare si la maladie est incurable, ou si un délai de six mois est suffisant pour en obtenir la guérison.

VIII. — Si la maladie est incurable et qu'elle soit de nature à ouvrir des droits à une pension, le fonctionnaire, l'employé ou l'agent est immédiatement admis à faire valoir ses droits à la retraite.

Si l'infirmité est incurable et qu'elle ne soit pas de nature à ouvrir des droits à une pension, le fonctionnaire, l'employé ou l'agent reçoit, pendant une nouvelle période de six mois, la demi-solde d'Europe.

A l'expiration de ce terme, il est licencié de plein droit.

IX. — Si l'autorité médicale a déclaré que la blessure ou la maladie est susceptible d'être guérie dans un délai de six mois, le fonctionnaire, l'employé ou l'agent qui en est atteint continue à recevoir, pendant ce délai, la demi-solde d'Europe.

Si, à l'expiration de ce nouveau délai, l'intéressé n'est pas en état de reprendre son service, il est soumis, dans les conditions prévues au paragraphe 7 ci-dessus, à un nouvel examen médical. Il est alors procédé comme il est dit au deuxième alinéa du paragraphe 8 du présent article, mais la nouvelle prolongation qui pourra lui être accordée ne donnera droit à aucune solde.

X. — Dans tous les cas prévus au présent article, les actes de l'autorité médicale qui aura visité et contrevisité le fonctionnaire, l'employé ou l'agent, seront soumis à l'examen du conseil supérieur de santé.

Art. 47. — *Prolongation de congé.* — Dans les cas prévus par les articles 42, 43 et 44, les prolongations qui ont pour effet d'étendre la durée totale de l'absence par congé au-delà d'une année, ne donnent droit à aucune solde.

Art. 48. — *Congés pour faire usage des eaux thermales ou minérales.* — I. — Des congés avec jouissance de la solde d'Europe peuvent être accordés pour faire usage des eaux thermales ou minérales. La durée de ces congés est égale au double du temps passé dans les stations thermales, sans pouvoir excéder la limite de deux mois, sauf les exceptions prévues aux paragraphes 2, 3 et 8 ci-après.

II. — Lorsque le besoin d'un redoublement de saison aura été constaté par les médecins particuliers des eaux, une prolongation de congé d'un mois, ou s'il est nécessaire, d'une durée égale à la saison, pourra être accordée, avec jouissance de la même solde, par décision ultérieure du Ministre.

Lorsque la saison est de soixante jours et au delà, une prolongation d'un mois est accordée de plein droit.

III. — Les dispositions des paragraphes 1er et 2 du présent article, relatives à la durée des congés et prolongations de congés pour les eaux thermales ou minérales, ne sont pas applicables au personnel de l'administration centrale des colonies, pour lequel le Ministre fixe, sur la proposition du conseil de santé, la durée de l'absence en ce qui concerne spécialement les congés et prolongations de congés de l'espèce.

IV. — L'officier, fonctionnaire, employé ou agent qui, s'étant rendu aux eaux, est empêché d'en faire usage par suite des prescriptions des médecins, conserve le droit à la solde entière pendant le temps qu'il a été contraint de passer dans la station thermale.

V — Pour obtenir ultérieurement le rappel de leur solde, les officiers, fonctionnaires, employés et agents ont à produire un certificat du médecin en chef des eaux constatant le temps pendant lequel ils y ont été traités.

VI. — Ceux qui viennent des établissements près desquels il existe un hôpital militaire ont à produire, en outre, un certificat du médecin en chef de l'hôpital constatant s'ils ont été, ou non, hospitalisés et, dans le cas de l'affirmative, la durée de leur séjour à l'hôpital.

Cette disposition n'est pas applicable aux officiers supérieurs ou assimilés qui ne peuvent pas être hospitalisés.

VII. — Les officiers, fonctionnaires, employés et agents civils et militaires des services coloniaux ou locaux qui, étant en congé à solde réduite, obtiennent du ministre, dans les conditions du paragraphe premier du présent article, l'autorisation de faire usage des eaux, recouvrent les droits à la solde entière pendant le double de la durée de leur séjour dans les établissements thermaux.

VIII. — Dans le cas où il a été établi, par des certificats légalisés et émanant de deux médecins militaires ou civils consultants aux eaux thermales ou minérales, que la maladie dont est atteint l'officier, le fonctionnaire, l'employé ou l'agent civil ou militaire des services coloniaux ou locaux exige un traitement interrompu par une période de repos n'excédant pas trente jours, le congé pour les eaux sera augmenté d'une durée égale à celle de l'interruption.

IX. — Dans le cas où les places disponibles dans l'hôpital militaire d'une station d'eaux thermales ou minérales ne seraient pas suffisantes pour recevoir tous les malades que le conseil supérieur de santé aurait classés pour y être traités, la demi-indemnité de séjour pourra être accordée aux officiers, fonctionnaires, employés ou agents, sur l'avis du conseil supérieur de santé et par décision spéciale du ministre.

X. — Dans le cas où le conseil supérieur de santé aurait jugé utile, pour certains malades, de les envoyer dans les stations d'eaux thermales ou minérales autres que celles possédant un hôpital militaire, ces malades auront droit à l'indemnité de séjour.

XI. — Dans les colonies, les congés prévus par le présent article sont accordés par le Gouverneur.

Art. 49. — *Congés accordés aux fonctionnaires et agents rendus aux départements ministériels auxquels ils étaient empruntés.* — I. – Les fonctionnaires et agents des services métropolitains qui, sans cesser de faire partie des cadres de leur administration, ont été détachés dans l'un des services des colonies pour y remplir des emplois de leur spécialité, et qui doivent être rendus au Département ministériel auquel ils ont été empruntés, peuvent obtenir du Ministre chargé des colonies des congés spéciaux en attendant leur réintégration.

II. — Ces congés sont accordés à solde entière, dans la limite maximum de six mois, sauf prolongation à demi-solde pendant six autres mois pour les agents qui sont rendus d'office.

III. — Lorsque les intéressés quittent le service des colonies sur leur demande, ils n'ont droit qu'à la demi-solde d'Europe.

Pour ces derniers, la durée des congés spéciaux s'ajoute aux congés de toute nature antérieurement obtenus pendant le cours d'une même année. Les dispositions de l'article 47 du présent décret doivent ensuite leur être appliquées.

Les fonctionnaires et agents remis d'office et par mesure disciplinaire à la disposition de leur Département, ne peuvent prétendre à ces congés.

Art. 50. — *Congés pour servir dans le commerce ou l'industrie.* — Les officiers, fonctionnaires et agents du service colonial peuvent obtenir des congés pour servir dans des entreprises commerciales ou industrielles intéressant spécialement les colonies

Les titulaires de ces congés sont placés hors cadres pendant une période qui ne peut excéder trois années.

Ils n'ont droit à aucune solde.

ART. 51. — *Quotité de la solde des congés accordés au personnel colonial.* — La solde de congé pour les officiers, fonctionnaires et agents est toujours calculée sur le pied du traitement d'Europe, soit qu'ils passent leur congé aux colonies, soit qu'ils se rendent en congé en Europe ou hors d'Europe.

ART. 52. — *Certificats de visite. Par qui délivrés.* — I. — Les demandes de congé de convalescence et de prolongation, formulées au même titre par les officiers, fonctionnaires, employés et agents civils et militaires des services coloniaux ou locaux présents aux colonies, sont appuyées de certificats de visite délivrés par le conseil de santé.

Pour les officiers, fonctionnaires, employés et agents qui, après un séjour aux colonies, sont appelés à servir en France ou qui, devant changer de colonie, ont à passer par la France pour se rendre à leur nouveau poste, les certificats de contre-visite sont établis par l'autorité médicale du port de débarquement.

II. — Les demandes de même nature, formées par les officiers, fonctionnaires, employés et agents présents en France ou déjà en congé, sont appuyées de certificats de visite et contre-visite délivrés par les officiers de santé des hôpitaux militaires ou maritimes, ou à défaut, par les médecins des hôpitaux civils.

III. — Pour les officiers et autres résidant à Paris, les certificats sont délivrés par l'un des membres du conseil supérieur de santé.

IV. — Les dispositions du présent article sont applicables aux demandes faites par les officiers, fonctionnaires, employés et agents pour obtenir l'autorisation d'aller prendre les eaux thermales ou minérales. Dans ce cas, le certificat de visite indiquera l'établissement sur lequel ils doivent être dirigés.

V. — Dans tous les cas, les certificats de visite et de contre-visite sont soumis à l'examen du conseil supérieur de santé.

Art. 53. — *Mode d'envoi des demandes de congé et de prolongation de congé.* — I. — Les demandes de congé ou de prolongation de congé doivent être adressées par la voie hiérarchique à l'autorité compétente.

II. — Les officiers, fonctionnaires et agents qui, étant en France, ne se trouvent pas dans une localité où réside une autorité coloniale, peuvent adresser directement au ministre chargé des colonies leur demande de prolongation de congé.

Art. 54. — *Elèves obtenant un congé à la sortie de l'école.* — Lorsqu'ils ne reçoivent pas l'ordre de se rendre immédiatement au poste qui leur a été assigné, les élèves sortant de l'école coloniale pour être employés au service des colonies ont droit à la moitié de la solde d'Europe, sans accessoires, de l'emploi qu'ils sont destinés à remplir, à compter du jour de leur nomination jusqu'au jour d'arrivée à leur destination en France, ou jusqu'à celui de leur embarquement pour se rendre à leur poste colonial.

Art. 55. — *Officiers, fonctionnaires, employés et agents en congé, appelés à siéger aux conseils généraux ou cités en témoignage.* — Les officiers, fonctionnaires, employés et agents civils et militaires des services coloniaux ou locaux qui, étant en congé, sont appelés, sans être obligés de se déplacer, soit à siéger au conseil général d'un département ou d'une colonie, soit à siéger dans un conseil de guerre, un tribunal civil ou maritime, un conseil ou une commission d'enquête, soit à témoigner devant un conseil de guerre, un tribunal civil ou maritime, un conseil d'enquête ou une commission d'enquête, conservent jusqu'à l'expiration de leur congé la solde dont ils jouissaient en congé.

S'ils sont retenus au-delà du terme de leur congé, ils ont droit à la solde de présence à compter du lendemain de l'expiration dudit congé.

Pour obtenir le rappel de leur solde, ils doivent produire le certificat exigé par l'article 48.

Art. 56. — *Congés accordés pour aller aux colonies françaises ou en pays étranger.* I. — Les congés accordés pour aller de France aux colonies, ou d'une colonie dans une autre, ou en pays étranger, ne peuvent donner droit à la solde pendant plus d'une année, y compris le temps des traversées aller et retour.

Toutefois, le délai d'un an peut être prolongé par décision spéciale du Ministre chargé des colonies, et porté à une durée maximum de dix-huit mois, lorsque la durée présumée de la traversée doit exéder trois mois.

La période de douze ou dix-huit mois, suivant le cas, est calculée du jour du départ à celui de l'arrivée.

II. — Le titulaire du congé doit faire viser sa feuille de route au départ et à l'arrivée, ainsi que sur les points intermédiaires du trajet où il est obligé de s'arrêter pour prendre une autre voie à l'effet de continuer son voyage.

Art. 57. — *Époque a laquelle un congé est périmé.* — Tout congé dont il n'a pas été fait usage est considéré comme périmé un mois après la date à laquelle l'officier, fonctionnaire ou agent a reçu avis qu'il était accordé.

Ce délai peut être porté à trois mois par décision spéciale du Ministre chargé des colonies ou des Gouverneurs, pour les congés accordés à l'effet de se rendre outre-mer et *vice versa*.

Art. 58. — *Paiement de la solde de congé.* I. — Les officiers, fonctionnaires, employés et agents civils et militaires des services coloniaux ou locaux qui obtiennent des congés sont payés de leur traitement d'activité jusqu'au jour où ils entrent en jouissance de leur congé.

II. — Les officiers, fonctionnaires, employés et agents en congé ont la faculté de recevoir leur solde à l'expiration de chaque mois.

III. — Les officiers, fonctionnaires, employés et agents ne peuvent être payés de leur solde de congé sans la production :

1° Du livret dont ils doivent être porteurs et qui constate l'époque à laquelle le titulaire a cessé d'être payé ;

2° De leur feuille de route ;

3° Du titre établissant leur position.

IV. — Le livret doit indiquer s'ils sont ou non, passibles de retenues pour débet envers l'État.

V. — Pour obtenir le paiement de leur solde, les officiers, fonctionnaires, employés et agents doivent s'adresser en France, dans les ports, au correspondant administratif du service des colonies, à Paris, dans les bureaux de l'administration centrale, suivant les services auxquels ils appartiennent, et, aux colonies, au directeur de l'intérieur, au directeur de l'administration pénitentiaire ou au chef du service administratif.

VI. — Les officiers, fonctionnaires, employés et agents civils et militaires des services coloniaux ou locaux en congé dans les départements de l'intérieur, doivent s'adresser par écrit au Ministre chargé des colonies.

Art. 59. — *Durée des congés.* — I. — La durée des congés comprend le temps de l'aller et celui du retour.

II. — Toutefois, pour les officiers, fonctionnaires, employés ou agents servant sur un point outre-mer et autorisés à se rendre soit en Europe, soit dans une autre colonie, la durée du congé est indépendante du temps de la traversée et de celui de la quarantaine, quand elle est exigée. En cas d'arrêt volontaire sur un point quelconque de la route, la durée de cet arrêt se confond avec le congé.

En conséquence, le congé ne prend date que du jour du débarquement ou de la sortie du lazaret. Quant aux congés de convalescence, ils ne courent que du lendemain de la visite ou de la contre-visite des intéressés en France, par le service de santé du port de débarquement.

III. — Ainsi qu'il résulte de l'article 35 du présent, les congés et les prolongations de congé courent pendant le séjour à l'hôpital.

Art. 60. — *Inscription et visa des congés.* — I .— Tout officier, fonctionnaire, employé ou agent qui obtient un congé, est tenu de présenter lui-même, dans les vingt-quatre heures, le titre dont il est porteur au visa de l'autorité administrative.

II. — Tout congé doit être immédiatement inscrit sur les contrôles de solde et sur le livret de solde de l'intéressé.

III. — Le visa doit être refusé pour tout congé qui aurait été accordé contrairement aux règles tracées par le présent décret.

Art. 61. — *Époque de la rentrée en jouissance de la solde de présence, à l'expiration d'un congé.* — I. — Les officiers, fonctionnaires ou agents en congé, avec solde ou sans solde, rentrent en jouissance de la solde de présence :

1° S'ils sont employés en France ou dans la colonie où ils ont bénéficié de leur congé, du jour où ils ont rejoint leur poste ;

2° S'ils comptent dans le cadre d'une colonie et qu'ils aient bénéficié de leur congé en France ou dans une colonie autre que celle à laquelle ils appartiennent, du jour où ils arrivent au port d'embarquement dans les conditions fixées par leur ordre de départ.

II. — Les officiers, fonctionnaires et agents qui, à l'expiration de leur congé, sont maintenus par ordre dans leurs foyers, en attendant leur départ pour la colonie qu'ils doivent rejoindre, conservent, jusqu'au jour exclu de leur arrivée au port d'embarquement, la jouissance de la solde qu'ils recevaient au moment de l'expiration de leur congé.

III. — Ceux qui y sont maintenus sur leur demande sont considérés comme étant en congé pour affaires personnelles.

Les dispositions de l'article 47 du présent décret sont applicables dans ce cas.

Art. 62. — *Officiers, fonctionnaires, ou autres dépassant la limite de leur congé.* — I. — L'officier, fonctionnaire, employé ou agent qui étant en congé avec solde, rentre après le terme fixé pour l'expiration de son congé, ne reçoit aucune solde pour la durée de son absence illégale, à moins que le retard n'ait été causé soit par circonstance de force majeure dûment constatée, soit par maladie. Dans ce dernier cas, il doit présenter soit un billet de sortie de l'hôpital, soit un certificat des médecins d'un hôpital maritime, militaire ou civil et, à défaut, un certificat dûment légalisé du médecin qui l'a soigné, indiquant la nature de la maladie et le temps qu'a exigé le traitement.

II. — L'officier, fonctionnaire, employé ou agent qui, étant en congé avec ou sans solde, n'a pu, pour les causes énoncées au paragraphe ci-dessus, rentrer à son poste à l'expiration de son congé, doit prévenir immédiatement son chef direct. Il est considéré comme étant encore en congé, avec ou sans solde, pour tout le temps écoulé depuis l'expiration de son congé jusqu'au jour exclu de sa rentrée à son poste.

III. — Toutefois, l'officier, fonctionnaire, employé ou agent qui jouit d'un congé de convalescence avec solde de présence cesse d'avoir droit à cette solde dès l'expiration de son congé, ou de sa prolongation de congé.

Il n'a droit, au-delà de ce terme, qu'à la solde de congé pour affaires personnelles.

Art. 63. — *Officiers, fonctionnaires, ou autres rentrant avant l'expiration de leur congé.* — L'officier, fonctionnaire, employé ou agent en congé, qui use de la faculté de rentrer à son poste avant l'expiration de son congé, recouvre ses droits à la solde de présence à compter du jour de son retour à son poste ou du jour de son arrivée au port d'embarquement, s'il a été régulièrement autorisé à rejoindre ce poste.

Art. 64. — *Visa des congés au retour.* — Tout officier, fonctionnaire, employé ou agent civil ou militaire des services coloniaux ou locaux rentrant de congé, est tenu de se présenter à l'autorité administrative pour faire constater, par un visa, sur son titre de congé, la date du retour à son poste.

SECTION V.

Solde de détention.

Art. 65. — *Officiers, fonctionnaires et autres en activité, mis en jugement.* — I. — S'ils étaient en activité de service au moment de leur arrestation, les officiers, fonctionnaires, employés ou agents en jugement reçoivent, pendant le temps de leur emprisonnement et jusqu'au jour inclus où la décision judiciaire rendue à leur égard est devenue définitive, la moitié de la solde d'Europe, sans accessoires.

II. — En cas d'acquittement, ils sont rappelés du surplus de leur solde, selon leur position antérieure d'activité, pour tout le temps pendant lequel ils ont été détenus; s'ils sont condamnés, ils n'ont droit à aucun rappel.

III. — Dans ce dernier cas, si la condamnation n'entraîne pas la perte du grade ou de l'emploi, l'officier, fonctionnaire ou agent continue à recevoir la moitié de la solde d'activité jusqu'au jour où sa position est de nouveau fixée, s'il y a lieu, ou jusqu'à l'expiration de sa peine.

IV. — Si la condamnation entraîne la perte du grade ou de l'emploi, l'officier, fonctionnaire, employé ou agent qui en est l'objet cesse d'avoir droit à tout traitement à partir du jour où le jugement est devenu définitif.

V. — Les officiers qui se trouvent dans la position de congé sans solde, ne peuvent prétendre à aucune solde, soit pendant la durée de leur emprisonnement, soit à titre de rappel en cas d'acquittement,

Art. 66. — *Officiers en non-activité mis en jugement.* — L'officier en non-activité qui est mis en jugement, reste en possession de sa solde jusqu'au jour du jugement. S'il est condamné et si sa position légale comme officier ne change pas, il conserve la jouissance de la même solde.

Art. 67. — *Officiers, fonctionnaires et autres, décédés avant jugement.* — Les héritiers de l'officier, fonctionnaire ou agent détenu qui vient à mourir avant son jugement, ont droit au rappel déterminé par le paragraphe 2 de l'article 65, pour le cas d'acquittement.

SECTION VI.

Solde de captivité.

Art. 68. — *Droit à la solde.* — La solde de captivité est allouée à tout officier, fonctionnaire, employé ou agent civil ou militaire des services coloniaux ou locaux fait prisonnier de guerre, à compter du lendemain du jour où il est tombé au pouvoir de l'ennemi jusqu'au jour exclu de sa rentrée sur le territoire français (1).

La solde de captivité est fixée, pour le personnel de l'ordre civil, à la moitié de la solde d'Europe, sans accessoires.

Art. 69. — *Paiement aux officiers, fonctionnaires et autres rentrant de captivité.* — I. — Les officiers, fonctionnaires, employés et agents civils et militaires des services coloniaux ou locaux qui sont restés au moins deux mois au pouvoir de l'ennemi, reçoivent, à leur rentrée sur le territoire français, un acompte de deux mois de la solde de captivité s'ils déclarent par écrit et sur l'honneur qu'il ne leur a été fait aucun paiement pendant la durée de leur captivité, soit à eux-mêmes, soit à leur mandataire. Dans le cas contraire, l'acompte à payer à leur rentrée est fixé à un mois de solde de captivité. Ce paiement est constaté sur la feuille de route ou livret dont ils sont porteurs.

II. — A leur arrivée à destination, ils sont rappelés de cette solde pour tout le temps de leur captivité, déduction faite de l'acompte qui leur a été payé.

III. — Ceux qui sont restés moins de deux mois au pouvoir de l'ennemi reçoivent, à leur rentrée, le paiement de ce qui leur est dû pour la durée de leur captivité, déduction faite des acomptes qu'ils déclarent avoir reçus ou fait payer à leur mandataire pendant la durée de leur captivité.

IV. — La solde de captivité des officiers, fonctionnaires, employés et agents prisonniers de guerre peut, sous la déduction des acomptes payés à titre de délégation, être payée, pendant la durée de la captivité, à leur mandataire, après constatation de leur existence par les commissaires près les puissances belligérantes investis de pouvoirs à cet effet.

Art. 70. — *Pièces à produire par les prisonniers rentrant de captivité.* — I. — Pour obtenir le paiement auquel il a droit, l'officier, fonctionnaire, employé ou agent rentrant de captivité doit produire, à défaut d'un titre établissant son identité, un certificat du commissaire près la puissance chez laquelle il a été détenu, constatant son grade et le temps pendant lequel il est resté en captivité.

II. — Si cette production n'a pas lieu, le paiement est ajourné jusqu'à ce que les droits de l'intéressé aient été reconnus.

ART. 71. — *Avances aux familles des prisonniers de guerre.* I. — Lorsque des officiers, fonctionnaires, employés ou agents ont été faits paisonniers de guerre, le Ministre chargé des colonies peut, sur la demande de ceux-ci, autoriser les familles à recevoir les deux tiers de leur traitement de captivité.

II. — Ces autorisations ne peuvent avoir d'effet que pour une année si la demande n'a pas été renouvelée, ou si elle n'a pas été accueillie lors de son renouvellement.

III. — Les paiements ont lieu à titre d'avance et la retenue en est opérée sur le décompte de la solde des officiers, fonctionnaires ou agents.

IV. — En cas de décès d'un prisonnier de guerre, les paiements effectués sont considérés commes définitifs, et le trop perçu ne donne lieu à aucune reprise.

(1) On doit entendre par l'expression « territoire français » la France, les colonies, les pays de Protectorat et les bâtiments battant pavillon français. (*Note du Journal Officiel*).

CHAPITRE III.

Solde de non-activité.

ART. 72. — *Définition de la solde de non-activité.* I. — La solde de non-activité est due à l'officier dans les cas déterminés par la loi du 19 mai 1834. Elle est réglée, suivant les différentes positions de l'officier, par les tarifs annexés au présent décret.

II. — La solde de non-activité à l'égard des officiers retenus dans les colonies et pays de Protectorat par des circonstances indépendantes de leur volonté, est établie proportionnellement à la solde coloniale.

ART. 73. — *Mode de paiement.* — I. — Nul ne peut recevoir la solde de non-activité que dans le lieu où il a été autorisé par le Ministre à fixer sa résidence.

II. — L'officier en non-activité qui s'absente de son domicile sans autorisation régulière, n'a droit à aucun rappel de solde pour tout le temps de son absence.

CHAPITRE IV.

Solde de réforme

ART. 74. — *Liquidation de la solde de réforme.* — I. — La solde de réforme, dans les cas prévus par les lois des 19 mai 1834 et 17 août 1879, est liquidée, après révision du comité compétent du conseil d'Etat, par arrêté du Ministre chargé des colonies.

II. — La liquidation est notifiée à l'intéressé par un titre officiel énonçant le détail de ses services effectifs et le temps durant lequel il a droit à la solde de réforme.

ART. 75. — *Mode de paiement.* - I. — La solde de réforme est payée par mois et à terme échu.

II. — Les arrérages en sont payés à partir du jour où l'officier a cessé d'avoir droit à une solde d'activité ou de non-activité.

ART. 76. — *Retenues à exercer pour aliments ou en cas de débet envers l'Etat.* — I. — Les retenues à exercer par précompte sur la solde de réforme, pour aliments ou pour débet envers l'Etat, n'ont lieu qu'en vertu d'une décision du Ministre chargé des colonies.

II. — Les retenues pour aliments peuvent être exercées simultanément avec les retenues pour débet.

ART. 77. — *Allocation temporaire payée en attendant le règlement de la solde de réforme.* — I. Les officiers mis en réforme peuvent recevoir, en attendant le règlement définitif de leurs droits à la solde de réforme, une allocation temporaire égale aux deux tiers du minimum de la pension de retraite de leur grade.

II. — Cette allocation temporaire, qui est payable par mois et à terme échu, leur est précomptée sur les premiers arrérages de la solde de réforme à laquelle ils sont définitivement reconnus avoir droit.

CHAPITRE V.

Accessoires de solde

SECTION PREMIÈRE

Suppléments.

ART. 78. — *Suppléments de fonctions.* — I. — Les suppléments de fonctions alloués aux officiers, fonctionnaires, employés et agents civils et militaires des services coloniaux ou locaux, sont fixés par les tarifs annexés au présent décret.

II. — Ils ne leur sont payés que pour le temps de la durée effective de leur présence à leur poste.

III. — Cette disposition n'est pas applicable aux officiers ou fonctionnaires chargés de faire des cours ; ils conservent la jouissance de leur supplément de fonctions dans toutes les positions, sous la réserve qu'ils satisferont aux conditions du programme déterminé par l'autorité compétente, en ce qui concerne la durée de ces cours ou le nombre de leçons qu'ils doivent donner.

IV. — Les suppléments de fonctions cessent d'être alloués aux titulaires lorsque ceux-ci s'absentent à raison de mission, de congé, de permission, ou d'entrée à l'hôpital. Dans ce cas, ces suppléments sont alloués aux officiers, fonctionnaires, employés et autres chargés par ordre de faire l'interim.

V. — Toutefois, l'officier, fonctionnaire, employé ou autre qui remplit une mission dans la circonscription où il exerce ses attributions ordinaires, conserve le supplément de fonctions dont il jouissait au moment de son départ.

VI. — L'officier, fonctionnaire, employé ou autre qui remplit un interim, ne peut cumuler l'indemnité de représentation ou le supplément attaché à la fonction qu'il occupe temporairement avec le supplément dont il serait en possession à un autre titre. Dans cette situation, il reçoit l'allocation la plus élevée.

VII. — En principe et à moins de décision du Ministre, il ne peut être alloué de supplément à un officier, fonctionnaire, employé ou agent qui fait un interim ,que si l'emploi ou la fonction qu'il remplit temporairement comporte l'allocation d'une indemnité spéciale indépendante du traitement qui y est afférent.

ART. 79. — *Supplément de solde pour résidence dans Paris.* I. — Le supplément de solde pour résidence dans Paris est dû aux officiers, fonctionnaires, employés ou agents, lorsqu'ils sont pourvus d'un emploi dans la capitale.

Ce supplément est alloué à compter du jour où l'officier, fonctionnaire, employé ou agent prend son service.

II. — Ce supplément n'est pas dû aux officiers, fonctionnaires, employés ou agents qui reçoivent un traitement spécial à raison des fonctions qu'ils sont appelés à remplir, ni aux officiers, fonctionnaires, employés ou autres en mission à Paris, lorsqu'ils restent titulaires de leur emploi hors de la capitale.

III. — Ce supplément est déterminé par les tarifs annexés au présent décret.

IV, — Il n'est dû que pour les journées de présence dans Paris.

V. — Toutefois, il est conservé pendant les deux premiers mois de leur absence aux officiers, fonctionnaires, employés et agents qui se déplacent pour le service, et pendant le premier mois seulement si l'absence résulte de toute autre cause.

Ce supplément est maintenu pour les fonctionnaires de l'inspection mobile pendant la durée de leurs missions aux colonies.

ART. 80. — *Supplément de solde aux sous-commissaires et aux médecins de 1re classe du corps de santé ayant douze années de service dans leur grade.* — Un supplément de solde dont la quotité est fixée par les tarifs nos 11 et 20, annexés au présent décret, est alloué aux sous-commissaires et aux médecins de 1re classe du corps de santé des colonies ayant douze années de service dans leur grade.

Ce supplément est payé dans toutes les positions donnant droit à une solde d'activité.

SECTION II

§ 1er. — *Indemnité en rassemblement*

Art. 81. — *Droit à l'indemnité en rassemblement.* I. — Dans les localités où il existe des rassemblements extraordinaires de troupes, il est accordé aux officiers, fonctionnaires, employés et agents une indemnité motivée sur la cherté des vivres.

II. — Cette allocation, qui prend le titre d'indemnité en rassemblement, doit être préalablement autorisée par une décision du Président de la République. Elle cesse avec les causes qui l'ont motivée.

III. — L'indemnité en rassemblement est fixée, selon les grades ou emplois, par le tarif n° 15 dont les indications constituent un maximum qui peut être réduit selon les circonstances.

IV, — L'indemnité en rassemblement est due pour les journées passées dans la circonscription du rassemblement.

V.. — Toutefois elle est conservée pendant les deux premiers mois de leur absence aux officiers, fonctionnaires, employés ou agents qui se déplacent pour le service, pendant le premier mois seulement à ceux dont l'absence résulte de toute autre cause. Elle ne peut être allouée concurremment avec les vivres en nature. Le rappel n'a lieu qu'au retour des intéressés.

VI. — L'indemnité en rassemblement ne peut être cumulée avec un supplément spécial de fonctions.

§ 2. — *Indemnité de responsabilité aux comptables des matières chargés d'un service, et suppléments aux agents sous leurs ordres.*

Art 82. — *Droit à l'indemnité de responsabilité allouée aux comptables des matières. Durée de la gestion.* I. — L'indemnité de responsabilité allouée aux comptables des matières des colonies est fixée par les tarifs annexés au présent décret. Elle est due pour toute la durée de la gestion.

II. — La gestion d'un comptable commence et finit aux jours indiqués par les procès-verbaux constatant la prise et la remise du service.

III. — Les dispositions du présent article sont applicables aux comptables intérimaires.

Art. 83. — *A qui attribuées.* — Les indemnités de responsabilité accordées aux comptables coloniaux sont attribuées au garde-magasin ou magasinier chargé d'un magasin, à l'exclusion de tous autres agents placés sous leurs ordres, sauf l'exception prévue par l'article 84 ci-après pour les préposés comptables.

Art. 84. — *Mode de paiement.* — Ces indemnités sont payées par dixième, savoir :

Au comptable chargé d'un service, par mois, sur le pied des sept dixièmes de l'indemnité totale.

Les trois derniers dixièmes seront payés sur l'autorisation du ministre, après vérification des comptes à Paris.

Aux préposés comptables chargés de sections, par mois.

Art. 85. — *Comptable cessant ses fonctions dans le courant d'une année.* — Lorsqu'un comptable cesse ses fonctions dans le courant d'une année, il ne peut recevoir la part proportionnelle des trois dixièmes réservés de son indemnité pour la durée de sa gestion, que sur autorisation donnée par le ministre, après vérification du compte à Paris.

§ 3. — *Indemnités pour frais de bureau.*

Art. 86. — *Abonnement alloué à titre de frais de bureau.* — Il est pourvu aux fournitures de bureau dans les divers services des colonies, soit en nature, soit par des allocations annuelles en argent fixées à titre d'abonnement.

Art. 87. — *Répartition entre les divers services du montant des frais de bureau alloués à titre d'abonnement.* — I. — Les chefs d'administration ou de service font, entre les divers détails de leur ressort, la répartition des sommes allouées pour le service dirigé par chacun d'eux, indépendamment de celles dont l'allocation leur est personnelle.

II. — Cette répartition est soumise annuellement à l'approbation du ministre chargé des colonies pour les services métropolitains, et à celle du Gouverneur dans les colonies.

Art. 88. — *Les indemnités pour frais de bureau sont allouées au titulaire de la fonction.* — I. — Les indemnités pour frais de bureau sont payées aux titulaires présents à leur poste, à dater du jour de leur entrée en fonctions.

II. — Toutefois les titulaires qui s'absentent momentanément, en vertu d'une autorisation régulière, conservent leurs droits à l'indemnité pour frais de bureau pendant tout le temps de leur absence, à charge par eux de pourvoir aux dépenses auxquelles cette allocation doit faire face.

III. — En cas de vacance d'emploi, l'indemnité est due à l'intérimaire.

Art. 89. — *Mode de décompter l'indemnité pour frais de bureau.* — I. — Les indemnités pour frais de bureau se décomptent comme la solde et s'acquittent à terme échu, soit par mois, soit par trimestre, suivant les convenances du service.

II. — Le paiement des indemnités allouées aux chefs d'administration et de service, et des sommes réparties par eux, conformément à l'article 87, a lieu sur l'acquit de chacune des parties prenantes.

ART. 90. — *Fournitures que comprend l'indemnité pour frais de bureau.* — I. — Les frais d'abonnement comprennent, sans aucune exception, les fournitures de toute espèce, les papiers, les registres en blanc et le luminaire.

II. — Il n'est fourni que les imprimés relatifs à la comptabilité et au service général, tels qu'ils sont déterminés par le bordereau général des imprimés arrêté par le Ministre.

Toute autre impression est à la charge du fonctionnaire.

III. — Les cartons de bureau, les cachets, les timbres et tampons sont à la charge de l'administration.

ART. 91. — *Papiers, instruments, etc., qui ne sont pas considérés comme fournitures de bureau.* — I. — Ne sont pas considérés comme fournitures de bureau les papiers, instruments et objets de toute nature nécessaires à l'exécution des plans, atlas et dessins, par les dessinateurs des services et travaux des colonies.

II. — Ces papiers, instruments et autres objets sont applicables, comme matières, aux ouvrages exécutés.

III. — Ils sont délivrés dans les formes déterminées par le règlement sur la comptabilité des matières.

§ 4. — *Indemnité pour pertes d'effets.*

ART. 92. — *Pertes d'effets.* — Les pertes d'effets éprouvées par les officiers, fonctionnaires, employés et agents dans les naufrages et échouements, lorsqu'ils sont embarqués comme passagers, soit à bord des bâtiments de l'État, soit à bord des navires du commerce, à raison d'un service commandé ou d'un congé donnant droit au passage aux frais de l'État, et dans d'autres circonstances dérivant d'un service commandé, par suite d'événements de force majeure dûment constatés, n'ouvrent de droits à l'indemnité qu'en vertu d'une décision spéciale du Ministre chargé des colonies.

Art. 93. — *Mode d'allocation de l'indemnité pour pertes d'effets.* — L'indemnité est allouée :

Soit pour perte totale ;

Soit pour pertes partielles.

La quotité en est fixée par le tarif n° 32 annexé au présent décret.

Art. 94. — *Justification des pertes.* — I. — Le procès-verbal des pertes à bord des bâtiments de l'État et les demandes concernant les allocations d'indemnité, conformément aux classifications du tarif, sont établis dans les formes prévues par des règlements spéciaux de la marine.

II. — A terre, le procès-verbal et la demande sont établis par l'autorité sous les ordres de laquelle l'intéressé se trouve placé.

Le procès-verbal est signé en France par le chef de service, et aux colonies par le Gouverneur.

Le tout est transmis au ministre.

III. — Les pertes éprouvées par les Gouverneurs et par les chefs de service en France sont constatées par leurs rapports adressés au ministre.

IV. — A bord des navires du commerce, la perte est constatée par un procès-verbal signé par le capitaine et par les principaux de l'équipage. Ce procès-verbal est transmis au ministre avec la demande de l'intéressé.

Art. 95. — *Délai dans lequel elle doit être produite.* — Sauf le cas d'empêchement résultant de force majeure, toute constatation de pertes, pour justifier la demande d'indemnité, doit être faite dans le délai d'un mois après l'évènement.

Art. 96. — *Acompte à payer en cas d'urgence.* — En cas d'urgence reconnue, les Gouverneurs des colonies sont autorisés à faire payer aux intéressés, après les constatations établies conformément aux deux précédents articles, un acompte qui ne peut excéder la moitié de l'indemnité demandée pour chacune d'elles.

Il en est rendu compte immédiatement au ministre.

§ 5. — *Frais de premier établissement des Gouverneurs et des évêques.*

ART. 97. — *Frais de premier établissement des Gouverneurs et des évêques.* — Il est accordé aux Gouverneurs généraux, Gouverneurs et Lieutements-gouverneurs des colonies, et aux évêques, à titre de premier établissement, une indemnité dont la quotité est déterminée par les tarifs annexés au présent décret.

ART. 98. — *Gouverneur appelé à un autre gouvernement.*

I. — Lorsqu'un Gouverneur général, un Gouverneur ou un Lieutenant-gouverneur sera appelé à un autre Gouvernement, il recevra, si les frais de premier établissement afférents à ce dernier poste sont supérieurs, une somme équivalente à la différence entre ces deux allocations.

II — Si les allocations sont égales, ou si la seconde est moins élevée que la première, le fonctionnaire qui aura été nommé à un nouvel emploi dans une autre colonie recevra une indemnité représentant : dans le premier cas le cinquième et dans le second, les deux cinquièmes des frais de premier établissement attachés à son nouvel emploi.

ART. 99. — *Gouverneurs généraux, Gouverneurs, Lieutenants gouverneurs ou évêques ne prenant pas possession de leur poste, ou qui ne l'occupent que pendant moins d'une année.*

Lorsque, pour une cause quelconque dépendant de leur volonté, les Gouverneurs généraux, Gouverneurs, Lieutenants-gouverneurs ou évêques ne prendront pas possession de leur poste, ou ne l'occuperont que pendant un laps de temps inférieur à une année, ils devront reverser la moitié de l'indemnité de premier établissement qui leur aura été allouée.

ART. 100. — *Les frais de premier établissement ne sont alloués qu'une fois.*

Dans aucun cas les frais de premier établissement ne pourront être alloués intégralement plus d'une fois au même fonctionnaire.

§ 6. — *Indemnités de représentation.*

Art. 101. — *Durée de l'allocation attribuée à titre de frais de représentation.* — I. — Il est alloué aux Gouverneurs généraux, Gouverneurs, Lieutenants-Gouverneurs et administrateurs coloniaux, des frais de représentation dont la quotité est déterminée par le tarif n° 2 annexé au présent décret. Ces indemnités ne sont payées intégralement aux fonctionnaires auxquels elles sont allouées que pour le temps de leur présence à leur poste, ou pendant la durée de leurs missions dans l'étendue de leur circonscription.

II. — En cas d'absence du titulaire, même en permission, l'indemnité est allouée dans les proportions suivantes :

Un quart au titulaire de la fonction, moitié à l'intérimaire.

§ 7. — *Indemnité représentative de chauffage et d'éclairage.*

Art. 102. — *Mode de chauffage et d'éclairage.* — I. — Les chefs de service dans les ports de France reçoivent, à titre de fournitures de chauffage et d'éclairage, une allocation sous forme d'abonnement.

II. — Au moyen dudit abonnement, ces fonctionnaires pourvoient au chauffage et à l'éclairage, quel qu'en soit le mode, des pièces intérieures de leur hôtel (salon, salle à manger, chambres d'habitation, antichambres, cuisines, couloirs, corridors intérieurs, etc.), y compris leur cabinet, leur secrétariat et les salles de commission ; aucune délivrance en nature ne peut leur être faite.

III. — Les officiers, employés militaires, sous-officiers et soldats en service à Saint-Pierre et Miquelon reçoivent une indemnité spéciale de chauffage.

Cette indemnité est inscrite chaque année au budget colonial ou local, suivant le cas.

IV. — Dans d'autres colonies, s'il y a lieu d'accorder une indemnité de chauffage ou d'éclairage, la quotité en est déterminée par arrêté du Gouverneur.

Art. 103. — *Mode de paiement de l'indemnité de chauffage et d'éclairage.* — I. — En France, le paiement de l'indemnité de chauffage et d'éclairage est fait à terme échu et par dix-huitième, savoir :

Deux dix-huitièmes pour chaque mois, du 1er octobre au 31 mars ;

Un dix-huitième pour chaque mois, du 1er avril au 30 septembre.

II. — Aux colonies la même indemnité est payée mensuellement.

III. — L'indemnité est payée au fonctionnaire titulaire ; s'il s'absente en vertu d'une autorisation régulière, il conserve ses droits à l'indemnité de chauffage et d'éclairage pendant tout le temps de son absence, à la charge par lui de pourvoir aux dépenses auxquelles cette allocation doit faire face.

IV. — En cas de vacance d'emploi, l'indemnité est due à l'intérimaire.

CHAPITRE VI.

Privation de solde

ART. 104. — *Absence irrégulière.* — L'officier, fonctionnaire, employé ou agent qui s'absente de son poste sans autorisation régulière, ne reçoit aucune solde pour le temps de son absence.

ART. 105. — *Officier, fonctionnaire ou autre, arrivant après les délais fixés par sa feuille de route* — I. — L'officier, fonctionnaire, employé ou agent qui, se rendant à son poste avec ou sans frais de route, n'a pas rejoint dans les délais fixés par sa feuille de route ou son ordre de service, n'a droit, sauf le cas d'empêchement légitime et dûment constaté, à aucune solde pour tout le temps qui s'est écoulé depuis l'expiration de ses délais de route.

II. — La même disposition est applicable aux officiers, fonctionnaires, employés ou agents en mission qui dépassent le temps fixé pour la durée de leur mission.

ART. 106. — *Retenue en cas de suspension par mesure disciplinaire.* — I. — Les fonctionnaires et agents du service colonial nommés par le Président de la République ou par le Ministre ne peuvent subir, lorsqu'ils sont suspendus provisoirement de leurs fonctions par mesure de discipline, et en attendant une décision supérieure, une privation de solde excédant la moitié de leur traitement colonial pendant leur séjour dans la colonie où ils étaient en fonctions, et de leur traitement d'Europe pendant la traversée ou leur séjour hors de ladite colonie.

II. — La durée de cette retenue ne pourra être prononcée par les Gouverneurs pour une période supérieure à trois mois.

La durée définitive de la retenue est fixée par le Ministre.

III. — Les fonctionnaires, employés et agents à la nomination des Gouverneurs n'ont droit à aucune solde lorsqu'ils sont suspendus de leurs fonctions par mesure disciplinaire.

IV. — Pour les fonctionnaires, employés ou agents servant en France, la durée de la retenue est fixée par le Ministre chargé des colonies, dans la décision qui prononce la suspension.

ART. 107. — *Autres cas entraînant privation de solde.* — La privation de solde est étendue aux officiers, fonctionnaires, employés et agents qui se trouvent dans l'un des cas d'exception spécifiés aux article 32, 34, 36, 62, et 65 du présent décret.

ART. 108. — *La privation de solde entraîne la privation d'une part proportionnelle des accessoires de solde.* Dans tous les cas prévus au présent chapitre, la privation de solde entraîne, sauf en ce qui concerne l'indemnité représentative de vivres, la privation d'une part proportionnelle des accessoires de la solde.

TITRE II.

Délégations

ART. 109. — *Cas où les délégations sont autorisées. Quotité des délégations.* — I. — Les officiers, fonctionnaires, employés ou agents présents aux colonies ont seuls la faculté de déléguer une partie de leur solde ou de leurs appointements à leur femme, descendants ou ascendants.

II. — Ces délégations peuvent être souscrites nominativement au profit d'un tiers, mais seulement dans le cas où la délégation est destinée à l'entretien de la famille du délégant. Le degré de parenté doit toujours être indiqué.

III. — Le maximum des délégations est fixé à la moitié de la solde coloniale dégagée de tous accessoires.

ART. 110. — *Déclarations de délégations. A qui faites.* — I. — Les officiers, fonctionnaires, employés et agents destinés à aller servir aux colonies et ceux qui sont présents dans les colonies doivent, lorsqu'ils veulent souscrire des délégations, en faire la déclaration, à Paris dans les bureaux de l'administration centrale, dans les ports de France au correspondant administratif du service des colonies, aux colonies au chef de service dont ils relèvent.

II. — Les déclarations portent énonciation des nom, prénoms, grade ou emploi de la personne qui fait la délégation, du montant de sa solde, de la portion déléguée, de l'époque à compter de laquelle le paiement doit être effectué, des nom, prénoms, qualité et demeure des individus autorisés à la recevoir, et de ceux qui doivent leur être substitués en cas de décès ou de refus.

III. — L'autorité administrative qui a reçu la déclaration mentionne la délégation sur le livret de solde du délégant et vise cette déclaration, en énonçant sur cette pièce que la délégation a été mentionnée sur le livret.

ART. 111. — *Retenus d'office pour aliments.* — Le Ministre chargé des colonies peut prescrire, sur la solde des officiers, fonctionnaires, employés ou agents, une retenue d'office pour aliments, dans les cas déterminés par les articles 203, 205 et 214 du Code civil. Cette retenue est indépendante de toute autre retenue que l'officier, fonctionnaire, employé ou agent peut déjà subir pour quelque cause que ce soit.

ART. 112. — *Durée des délégations.* — I. — Les délégations ont leur effet pendant toute la durée du service aux colonies, à moins d'une mention spéciale énoncée dans la déclaration de délégation.

II. — Les délégations ne commencent à courir qu'à compter de l'époque présumée de l'arrivée des officiers, fonctionnaires, employés et agents dans la colonie où ils sont appelés à servir

III. — Les dispositions relatives aux retenues pour aliments sont réglées par l'article 129 ci-après.

IV. — En cas de décès du délégataire, les arrérages de délégation non perçus par lui au moment de son décès font retour au délégant.

ART. 113. — *Rentrée en France des délégants.* — I. — Toute délégation cesse d'avoir son effet à compter du jour de l'embarquement dans la colonie pour revenir en France ou dans la colonie d'origine de la personne qui l'a consentie.

II. — Toutefois, dans le cas où des paiements auraient été faits à ce titre pour un temps postérieur à ladite époque, la reprise en sera opérée sur la solde de l'officier, fonctionnaire, employé ou agent.

ART. 114. — *Paiement des délégations.* I. — Les délégataires sont payés par trimestre et à terme échu des sommes qui leur ont été déléguées.

II. — Ces paiements ont lieu à titre d'avances, et la retenue en est opérée par les soins des administrations coloniales sur le décompte de la solde mensuelle des officiers, fonctionnaires, employés, ou agents.

Avis de ces retenues est donné, par état trimestriel, au Département pour lui permettre de contrôler les dépenses effectuées.

ART. 115. — *Époque de la cessation des délégations dans le cas de présomption de perte des bâtiments.* — I. — En cas de présomption de perte d'un bâtiment, les délégations consenties par les officiers, fonctionnaires, employés ou agents embarqués, en cours de traversée à bord de ce bâtiment, cessent d'avoir leur effet un an après la date des dernières nouvelles.

II. — La même mesure est applicable en cas de disparition individuelle, si le décès n'est pas constaté avant le délai ci-dessus.

III. — La présomption de perte est établie dans les conditions prévues par l'article 24 du présent décret.

TITRE III.

Avances de solde.

ART. 116. — *Avances à payer aux officiers, fonctionnaires et autres allant servir aux colonies, ou passant d'une colonie dans une autre colonie.* — I. — Les officiers, fonctionnaires, employés et agents civils et militaires des services coloniaux ou locaux appelés à servir aux colonies, peuvent recevoir, au moment de leur départ, des avances de solde sur le pied d'Europe, jusqu'à concurrence de deux mois.

Ces avances sont portées à trois mois, lorsque le voyage s'effectue en passant par le cap Horn ou le cap de Bonne-Espérance.

En aucun cas, le montant des avances ne saurait dépasser les fixations indiquées au présent article.

II. — La quotité des avances de solde à payer aux officiers, fonctionnaires, employés et agents passant d'une colonie dans une autre colonie, est déterminée par le Gouverneur, à raison de la durée présumée de la traversée, mais dans la limite maximum de deux mois.

III. — Il n'est pas dû d'avances de solde aux officiers, fonctionnaires, employés et agents qui, à l'expiration d'un congé passé soit en France, soit aux colonies, rejoignent la colonie d'où ils provenaient.

IV. — Exceptionnellement ils peuvent en obtenir, en France, par décision spéciale du ministre chargé des colonies, aux colonies par décision du Gouverneur. Ces avances ne doivent être accordées que dans les cas présentant un caractère évident d'urgence et de nécessité absolue.

V. — Les officiers, fonctionnaires, employés ou agents qui, pendant la durée d'un séjour, soit en France, soit aux colonies, reçoivent un changement de destination, ont droit aux avances réglementaires déterminées pour la colonie dans laquelle ils ont ordre de se rendre.

VI. — Lorsqu'une retenue d'office pour aliments doit être exercée sur la solde d'un officier, fonctionnaire, employé ou agent, le montant de cette retenue est prélevé sur le chiffre des avances de solde mentionné au présent décret.

Art. 117. — *Les officiers, fonctionnaires et autres peuvent, en cours de voyage, se faire payer la solde acquise.* — Tout officier, fonctionnaire, employé ou agent qui n'a pas reçu d'avances de solde à son départ, ou dont les avances se trouvent complètement acquises, pourra, s'il en fait la demande, se faire payer de la solde qui lui serait due, dans une colonie française quelconque où relâcherait le bâtiment sur lequel il se trouve embarqué en cours de voyage.

Art. 118. — *Reprise des avances de solde.* — La reprise des avances de solde payées aux officiers, fonctionnaires, employés ou agents débarqués aux colonies, s'effectue exclusivement sur la solde d'Europe et par quart, à moins de décision spéciale du ministre. Mais ces officiers, fonctionnaires, employés ou agents ont droit, du jour de leur débarquement, au paiement intégral de la différence entre la solde coloniale et la solde d'Europe, ainsi que des accessoires de solde sur le pied colonial.

Art. 119. — *Dégrèvements.* — En cas de décès de l'officier, fonctionnaire, employé ou agent, il n'est exercé, à raison des sommes dont il serait resté personnellement débiteur envers l'État pour avances de solde, aucun recours contre ses héritiers ni la succession.

Les reprises à opérer ne peuvent porter que sur les décomptes de solde ou d'accessoires de solde dont le paiement n'aurait pas encore été effectué par le trésor public.

Art. 120. — *Avances aux personnes chargées de missions. Missions suspendues ou révoquées.* I. — Il peut être fait des avances spéciales à des officiers, fonctionnaires, employés ou agents, ou même à des personnes étrangères à l'administration des colonies, qui sont chargées d'une mission, soit aux colonies, soit à l'étranger.

II. — Dans ce cas, la quotité des avances est fixée par décision du Ministre chargé des colonies.

III. — Lorsque, pour une cause quelconque dépendant de leur volonté, les chargés de mission n'effectueront par leur voyage ou n'accompliront pas entièrement leur mission, ils seront tenus de reverser : dans le premier cas la totalité, et dans le second cas les deux tiers de l'avance qu'ils auront reçue.

Toutefois, pour ces derniers, un dégrèvement partiel pourra être accordé, par décision spéciale du Ministre, sur la production de pièces justificatives des dépenses effectuées.

IV. — Dans le cas où la mission est suspendue ou révoquée par le Ministre, ainsi que dans le cas où elle est suspendue par force majeure, il peut être accordé aux parties intéressées, à titre d'indemnité, un dégrèvement dont la quotité est fixée par le Ministre.

TITRE IV

Retenues sur la solde

§ 1er. — *Retenues au profit du trésor public*

Art. 121. — *Retenues au profit du trésor public.* — I. — Les officiers, fonctionnaires, employés ou agents supportent sur le montant des allocations qui leur sont attribuées par les tarifs annexés au présent décret, une retenue de 5 p. 100 ou de 3 p. 100 au profit du trésor public.

II. — Cette retenue s'opère tant sur la portion desdites allocations qui est payée directement à l'officier, fonctionnaire, employé ou agent, que sur la portion qui peut être payée pour son compte.

III. — Les officiers, fonctionnaires, employés ou agents autorisés à seconder des entreprises commerciales ou industrielles, dans les conditions prévues par l'article 40, supportent la même retenue sur toutes les allocations qui leur sont accordées par l'industrie privée.

IV. — Les fonctionnaires, employés et agents des services civils aux colonies, qui ont une parité d'office dans les services métropolitains (loi du 18 avril 1881, art. 24), et qui sont retraités d'après les bases de la loi du 9 juin 1853 concernant les pensions civiles, subissent au profit du trésor public les diverses retenues prévues par ladite loi, ainsi que par les décrets, règlements et instructions ministérielles qui leur sont spéciaux.

Ces retenues portent, d'après l'assimilation des fonctionnaires ou agents intéressés, sur la portion du traitement qui sert de base à la liquidation de leur pension de retraite.

§ 2. — *Retenue d'hôpital.*

Art. 122. — *Retenue d'hôpital.* — Ainsi qu'il est dit à l'article 34 du présent décret, les officiers, fonctionnaires, employés et agents civils et militaires des services coloniaux ou locaux subissent sur leur solde, pendant la durée de leur séjour à l'hôpital, une retenue journalière dont le taux est déterminé par le tarif no 33.

Les règles suivant lesquelles cette retenue doit être opérée, sont tracées à la section III du chapitre II du titre 1er.

§ 3. — *Retenues de logement et d'ameublement.*

Art. 123. — *Positions entraînant les retenues de logement et d'ameublement.* — I. — Les officiers qui sont baraqués ou logés dans les immeubles dont l'État, les colonies ou les communes sont propriétaires ou locataires, ainsi que ceux qui sont en cours de traversée ou retenus en quarantaine dans un lazaret, doivent subir sur leur solde, pour toutes les journées donnant droit à la solde de présence, la retenue de logement dont la quotité est fixée par les tarifs annexés au présent décret.

II. — Ceux qui reçoivent les meubles sans le logement, subissent la retenue d'ameublement déterminée par les mêmes tarifs.

III. — Ces dispositions ne sont pas applicables, dans les colonies, aux inspecteurs permanents et aux inspecteurs mobiles.

Art. 124. — *Retenue de logement des élèves sortant de l'école coloniale.* — Les élèves sortant de l'école coloniale et entrant dans le commissariat colonial qui, à la sortie de l'école, sont mis en congé, subissent sur leur solde, la retenue de logement jusqu'au jour où ils ont rejoint le poste qui leur a été assigné en vertu d'un premier ordre de service.

Art. 125. — *Changement de position.* — I. — Les officiers qui quittent une résidence où ils étaient logés et meublés en nature, ou meublés sans logement, cessent de subir la retenue de logement ou la retenue d'ameublement à compter du jour où ils abandonnent le local qui leur était assigné, ou de celui où ils cessent de faire usage des meubles mis à leur disposition.

II. — Ceux qui sont embarqués pour suivre leur nouvelle destination, subissent la retenue de logement pendant la traversée jusqu'au jour exclu de leur débarquement.

Art. 126. — *Officiers, fonctionnaires, employés et autres en mission, en permission, en congé ou en séjour dans les hôpitaux.* — Les officiers, fonctionnaires, employés et autres en mission, en permission, à l'hôpital, en congé avec solde ou en prolongation de congé avec solde, ne subissent pas la retenue de logement, sauf le cas où, étant logés aux frais de l'Etat, ils restent titulaires de leur résidence. Ils ne subissent pas la retenue d'ameublement si les meubles ne leur sont pas fournis en nature.

Art. 127. — *Cas où l'intéressé n'occupe pas le logement, ou ne fait pas usage des meubles qui lui sont assignés.* — Si l'intéressé n'occupe pas le logement qui lui a été assigné ou s'il ne fait pas usage des meubles fournis, la retenue de logement ou celle d'ameublement est néanmoins exercée.

Art. 128. — *Application aux comptables des colonies et aux agents de l'administration pénitentiaire.* — Les dispositions des articles, 123, 124, 125, 126 et 127 ci-dessus sont applicables au personnel des comptables des colonies et à celui de l'administration pénitentiaire.

Art. 129. — *Retenues pour aliments.* — I. — Le Ministre chargé des colonies peut prescrire sur la solde des officiers, fonctionnaires, employés ou agents, une retenue pour aliments dans les cas prévus par les articles 203, 205 et 214 du Code civil.

II. — Cette retenue est indépendante de toute autre que l'officier, fonctionnaire ou agent peut déjà subir pour quelque cause que ce soit.

III. — En cas de décès de la personne secourue, sa succession a droit aux sommes qui auraient pu être retenues sur la solde de l'oficier, fonctionnaire, employé ou agent, jusqu'au jour inclus du décès de cette personne. Le surplus fait retour à celui qui subissait la retenue.

Art. 130. — *Retenues pour dettes.* — Les retenues pour dettes contractées par les officiers, fonctionnaires, employés ou agents, ont lieu en vertu d'oppositions judiciaires. Le Ministre peut en ordonner d'office lorsqu'il le juge nécessaire. Les Gouverneurs dans les colonies, peuvent également et pour les mêmes causes, ordonner d'office des retenues sur les appointements des officiers, fonctionnaires ou agents; ils en rendent compte immédiatement au ministre.

Art. 131. — *Saisies-arrêts ou oppositions.* — I. — Les saisies-arrêts ou oppositions sur la solde des officiers, fonctionnaires, employés ou agents doivent être faites entre les mains des payeurs, agents ou préposés, sur la caisse desquels les ordonnances ou mandats de paiement sont délivrés.

II. — Néanmoins, à Paris, et pour tous les paiements à effectuer à la caisse du payeur central du trésor public, elles doivent être exclusivement faites entre les mains du conservateur des oppositions au ministère des finances.

III. — Les sommes provenant des retenues opérées par les payeurs, sont distribuées aux opposants suivant les formes prescrites par le Code de procédure civile.

Art. 132. — *Quotité des retenues.* — I. — Les retenues à exercer pour sommes à rembourser soit au trésor public, soit à des tiers, ne peuvent excéder le cinquième de la solde brute des officiers ou employés militaires en activité, à moins de décision contraire du Ministre chargé des colonies.

II. — Les traitements des fonctionnaires, employés et agents civils sont saisissables dans les proportions prévues par la loi du 21 ventôse an IX (1).

III. — Les retenues déterminées par le présent article sont indépendantes de celles que l'officier, fonctionnaire ou agent peut déjà subir pour aliments, ainsi que l'indique l'article 129 ci-dessus.

IV. — Les retenues à exercer par précompte sur la solde de réforme des officiers, soit pour aliments, soit pour débet envers l'État, n'ont lieu qu'en vertu d'une décision du Ministre. Les retenues pour aliments peuvent être opérées simultanément avec les retenues pour débet envers d'État.

Art. 133. — *Avis de dettes.* — I. — Les dettes envers l'État sont signalées par des avis en double expédition établis par le service qui ordonnance la solde du débiteur. Toutefois elles peuvent être reprises dans les conditions de l'article 132, d'après les indications des livrets de solde dont les intéressés sont porteurs, si d'ailleurs ils n'en contestent pas la légitimité.

II. — Lorsqu'une reprise a lieu sans la production d'un avis de dette, le fonctionnaire qui opère la retenue informe l'administration de la colonie qui tenait le débiteur au courant de sa solde, et provoque un avis confirmatif et rectificatif du chiffre de la dette.

TITRE V.

Attributions et obligations des fonctionnaires, relativement aux dépenses de la solde et des accessoires de solde.

Art. 134. — *Constatation des droits des parties prenantes.* — I. — Les positions des officiers, fonctionnaires, employés et agents, et les droits qui en dérivent sous le rapport des allocations de solde et d'accessoires de solde, sont constatés par les fonctionnaires des administrations civiles ou militaires des colonies.

II. — Chaque mois, aux jours fixés, les officiers, fonctionnaires, employés et agents se présentent au bureau compétent, soit pour signer un état d'émargement, soit pour retirer leur mandat individuel. En cas de départ avant la fin du mois, ils doivent se présenter au chef de ce bureau au moment de l'arrêté de leur décompte de solde.

III. — Lorsqu'un officier, fonctionnaire, employé ou agent est envoyé en mission, l'ordre dont il est porteur doit être visé, tant au moment du départ qu'à celui du retour, à l'effet de constater le temps de l'absence.

Ce visa est donné par le fonctionnaire chargé de la liquidation de la solde de l'intéressé.

Art. 135. — *Réclamations. — A qui adressées.* — I. — Les officiers, fonctionnaires, employés et agents qui ont des réclamations à présenter au sujet de leur solde, de leurs accessoires de solde, etc., sont tenus de s'adresser au fonctionnaire chargé de la liquidation de leur traitement.

II. — Si le fonctionnaire compétent ne juge pas qu'il y ait lieu de satisfaire à la demande du réclamant, celui-ci doit la lui renvoyer émargée du refus motivé; l'intéressé peut alors recourir au fonctionnaire chargé de l'ordonnancement.

III. — Les officiers, fonctionnaires, employés et agents peuvent toujours recourir par la voie hiérarchique au ministre chargé des colonies, relativement à l'objet de leurs réclamations, mais en joignant à leurs demandes les réponses qu'ils auront précédemment reçues, en conformité du 2e paragraphe du présent article.

IV. — Toute réclamation doit être remise ouverte au chef direct de l'intéressé. Celui-ci en prend connaissance et la transmet sans délai à l'autorité supérieure, en y joignant, s'il le juge à propos, ses observations, et dans tous les cas son visa.

Les Gouverneurs aux colonies ou les chefs du service colonial en France, suivant le cas, peuvent surseoir à transmettre la réclamation, mais ils en informent l'auteur.

Si, après un délai qui ne peut excéder huit jours, celui-ci persiste dans sa première détermination, le Gouverneur ou le chef du service colonial adresse la pièce au Ministre en y joignant ses propres observations; il donne avis, par écrit, de cette transmission à l'auteur.

Art. 136. — *Désignation du personnel régi par le présent décret.* — Les dispositions du présent décret sont applicables:

1° A tous les officiers, fonctionnaires, employés et agents civils et militaires des services coloniaux ou locaux, y compris le personnel de l'administration centrale et celui des protectorats.

2° Elles ne sont pas applicables aux officiers, fonctionnaires, employés et agents de la marine et de la guerre en service dans les établissements d'outre-mer, qui demeurent régis par les règlements spéciaux du département ministériel dont ils relèvent.

Art. 137. — *Abrogation des dispositions antérieures, et mise en vigueur du présent décret.* — Sont et demeurent abrogées toutes les dispositions antérieures au présent décret, ainsi que les tarifs y annexés.

Les dispositions du présent décret seront appliquées à compter du 1er mai 1890.

Art. 138. — *Exécution et insertion du présent décret.* — Le président du conseil, ministre du commerce, de l'industrie et des colonies, est chargé de l'exécution du présent décret, qui sera inséré au *Bulletin des lois* et au *Bulletin officiel de l'administration des colonies.*

CARNOT.

---

(1) Loi du 21 ventôse an IX. — Les traitements des fonctionnaires et employés civils sont saisissables jusqu'à concurrence du cinquième sur les premiers mille francs et toutes les sommes au-dessous, du quart sur les cinq mille francs suivants, et du tiers sur la portion excédant six mille francs, à quelque somme qu'elle s'élève, et ce, jusqu'à l'entier acquittement des créances.

TARIFS

TARIF N° 1

Personnel de l'administration centrale

FONCTIONS	CLASSES	TRAITEMENT	OBSERVATIONS
		fr.	
Chef de division (par avancement de 1,000 francs)	»	10.000 à 12.000	
Chef de bureau	1re classe	9.000	
	2e classe	8.000	
	3e classe	7.000	
Sous-chef de bureau	1re classe	6.000	
	2e classe	5.500	
	3e classe	5.000	
Commis rédacteurs principaux	1re classe	4.500	
	2e classe	4.000	
Commis rédacteurs	1re classe	3.600	
	2e classe	3.300	
	3e classe	3.000	
	4e classe	2.700	
	5e classe et stagiaires	2.400	
Commis expéditionnaires principaux	1re classe	3.600	
	2e classe	3.300	
Commis expéditionnaires	1re classe	3.000	
	2e classe	2.700	
	3e classe	2.400	
	4e classe	2.200	
	5e classe et stagiaires	2.000	
Huissiers et gardiens de bureau	»	1.300 à 2.000	

TARIF N° 2.

Gouverneurs.

COLONIES	CLASSE OU ASSIMILATION	TRAITEMENT D'EUROPE	TRAITEMENT COLONIAL	FRAIS de REPRÉSENTATION	FRAIS de premier ÉTABLISSEMENT	SUPPLÉMENT de résidence DANS PARIS	OBSERVATIONS
		fr.	fr.	fr.	fr.	fr. c.	
Gouverneur général de l'Indo-Chine	»	30.000	60.000	60.000	15.000	2.008 80	
Martinique	1re	15.000	30.000	20.000	12.000	1.515 60	
Guadeloupe	1re	15.000	30.000	20.000	12.000	1.515 60	
Réunion	1re	15.000	30.000	20.000	12.000	1.515 60	
Commissaire général du Gabon-Congo	»	15.000	30.000	15.000	12.000	1.515 60	
Guyane	2e	12.000	25.000	15.000	8.000	1.515 60	
Établissements français de l'Inde	2e	12.500	25.000	15.000	8.000	1.515 60	
Sénégal	2e	12.500	25.000	15.000	8.000	1.515 60	
Nouvelle-Calédonie	3e	10.000	20.000	10.000	8.000	1.515 60	
Tahiti	3e	10.000	20.000	10.000	9.000	1.515 60	
Mayotte	3e	10.000	20.000	10.000	3.000	1.515 60	
Lieutenant-Gouverneur de Cochinchine	3e	15.000	30.000	10.000	»	1.515 60	
Résident supérieur en Annam	3e	15.000	30.000	10.000	»	1.515 60	
Résident supérieur au Tonkin	3e	15.000	30.000	10.000	»	1.515 60	
Résident supérieur au Cambodge	3e	15.000	30.000	10.000	»	1.515 60	
Lieutenant-Gouverneur du Gabon-Congo	3e	10.000	20.000	10.000	6.000	1.515 60	
Saint-Pierre et Miquelon	4e	7.500	15.000	5.000	3.000	1.213 20	
Obock	4e	7.500	15.000	5.000	3.000	1.213 20	
Diego-Suarez	4e	7.500	15.000	5.000	3.000	1.213 20	
Lieutenant-Gouverneur des rivières du Sud du Sénégal	4e	10.000	20.000	»	6.000	1.213 60	

TARIF N° 3.

Directeurs de l'intérieur.

COLONIES	SOLDE aux COLONIES	SUPPLÉMENT de résidence dans PARIS	OBSERVATIONS
	fr.	fr. c.	
Martinique	18.000	1.213 20	N.-B. — La solde d'Europe est égale à la moitié de la solde coloniale.
Guadeloupe	18.000	1.213 20	
Réunion	18.000	1.213 20	
Sénégal	18.000	1.213 20	
Inde	16.000	1.213 20	
Guyane	16.000	1.213 20	
Nouvelle-Calédonie	16.000	1.213 20	
Tahiti	12.000	1.080 00	
Gabon	12.000	1.080 00	
Diego-Suarez	9.000	1.080 00	
Mayotte	9.000	1.080 00	
Saint-Pierre et Miquelon	9.000	1.080 00	

TARIF N° 4.

Personnel des Directions de l'intérieur dans les colonies autres que l'Indo-Chine.

GRADES	SOLDE D'EUROPE	SOLDE COLONIALE	SUPPLÉMENT de résidence DANS PARIS	OBSERVATIONS
	fr.	fr.	fr.	
Secrétaire général	5.000	10.000	1.080 00	
Chef de bureau de 1re classe	4.000	8.000	756 00	
Chef de bureau de 2e classe	3.500	7.000	756 00	
Sous-chef de bureau de 1re classe	3.000	6.000	741 00	
Sous-chef de bureau de 2e classe	2.500	5.000	741 00	
Commis principal	2.000	4.000	626 40	
Commis de 1re classe	1.750	3.500	601 20	
Commis de 2e classe	1.500	3.000	601 20	
Écrivain de 1re classe	1.250	2.500	601 20	
Écrivain de 2e classe	1.000	2.000	601 20	

TARIF N° 5.

Administrateurs coloniaux.

FONCTIONS		SOLDE D'EUROPE	SOLDE COLONIALE	SUPPLÉMENT de RÉSIDENCE dans Paris	OBSERVATIONS
		fr.	fr.	fr. c.	
Administrateur principal.	de 1re classe	6.000	12.000	1.080 00	
	de 2e classe	5.000	10.000	1.080 00	
Administrateur.	de 1re classe	4.000	8.000	756 00	
	de 2e classe	3.500	7.000	756 00	
	de 3e classe	3.000	6.000	626 40	
	de 4e classe	2.500	5.000	626 40	

TARIF N° 6.

Administrateurs. — Frais de représentation alloués aux administrateurs employés dans les postes ci-après :

Chandernagor, Sainte-Marie-de-Madagascar, Nossi-Bé, Anjouan (Comores), Porto-Novo, Loango.... 3.000 fr.
Karikal, Mahé, Yanaon, Grand-Popo et Ogoüé..... 2.000 fr.

TARIF N° 7.

Trésoriers payeurs et trésoriers particuliers.

COLONIES	TRAITEMENT D'EUROPE (parité d'office)	SUPPLÉMENT de RÉSIDENCE dans Paris	OBSERVATIONS
	fr.	fr. c.	
Trésoriers payeurs.			
Martinique	6.000	1.213 20	
Guadeloupe	6.000	1.213 20	
Réunion	6.000	1.213 20	
Guyane	6.000	1.213 20	
Sénégal	6.000	1.213 20	

COLONIES	TRAITEMENT D'EUROPE (parité d'office)	SUPPLÉMENTS de RÉSIDENT dans Paris	OBSERVATIONS
	fr.	fr. c.	
Gabon	3.600	756 00	
Saint-Pierre et Miquelon	3.600	756 00	
Nossi-Bé	3.600	756 00	
Mayotte	3.600	756 00	
Tahiti	3.600	756 00	
Nouvelle-Calédonie	6.000	1.213 20	
Inde	6.000	1.213 20	
Cochinchine	6.000	1.213 20	
Obock	3.600	756 00	
Diego-Suarez	3.600	756 00	
Trésoriers particuliers.			
Martinique	3.600	756 00	
Guadeloupe	3.600	756 00	
Réunion	3.600	756 00	
Sénégal	3.600	756 00	

TARIF N° 8.

Personnel européen des stations et postes du Congo français.

DÉSIGNATION DES EMPLOIS	SOLDE D'EUROPE	SOLDE COLONIALE	SUPPLÉMENT de résidence DANS PARIS	OBSERVATIONS
	fr.	fr.	fr. c.	
1° Cadre définitif				
Chefs de station de 1re classe	2.500	5.000	626 40	
Chefs de station de 2e classe	1.750	3.500	601 20	
Chefs de poste de 1re classe	1.500	3.000	601 20	
Chefs de poste de 2e classe	1.250	2.500	601 20	
Secrétaire particulier	3.500	7.000	741 60	
Chefs d'exploration et naturalistes spécialistes	2.000 à 4.000	4.000 à 8.000	626 40	
Agents de cultures	1.800	3.600	601 20	
Mécaniciens	1.500 à 3.000	3.000 à 6.000	601 20	
Ouvriers de diverses professions	500 à 1.500	1.000 à 3.000	601 20	
2° Cadre auxiliaire				
Auxiliaire de 1re classe	1.200	2.400	601 20	
Auxiliaire de 2e classe	900	1.800	601 20	

TARIF N° 9.

Personnel de la justice.

FONCTIONS	COLONIES	SOLDE D'EUROPE et de TRAVERSÉE	SOLDE COLONIALE	TRAITEMENT de PARITÉ	SUPPLEMENT de résidence DANS PARIS
		fr.	fr. c.	fr.	fr. c.
Procureurs généraux	Martinique				
	Guadeloupe	9.000	17.910 00	15.000	1.515 60
	Réunion				
	Inde	8.000	15.970 00	15.000	1.515 60
	Indo-Chine	10.000	19.940 00	18.000	1.515 60
Présidents de cour	Martinique				
	Guadeloupe	7.000	13.850 00	9.000	1.515 60
	Réunion				
	Sénégal	6.000	11.850 00	7.000	1.080 00
	Inde	5.000	9.880 00	6.000	1.080 00
	Indo-Chine	9.000	17.872 50	13.750	1.515 60
Vice-président de cour	Indo-Chine	7.500	14.850 00	10.000	1.515 60
Président de cour d'appel	Saint Pierre et Miquelon	3.500	6.940 00	5.000	1.080 00
Conseillers	Martinique				
	Guadeloupe	5.000	9.880 00	6.000	1.080 00
	Réunion				
	Sénégal	4.000	7.910 00	5.000	1.080 00
	Inde	3.500	6.940 00	5.000	1.080 00
	Indo-Chine	6.500	12.820 00	7.000	1.080 00
Conseillers auditeurs	Sénégal	2.250	4.440 00	3.000	626 40
	Inde	2.000	3.970 00	3.000	626 40
Avocat général	Indo-Chine	7 500	14.790 00	8.000	1.213 20
Substitut du Procureur général (1)	Martinique				
	Guadeloupe	5.000	9.880 00	6.000	1.080 00
	Réunion				
Sudstitut du Procureur général (1)	Martinique				
	Guadeloupe	4.000	7.895 00	4.500	756 00
	Réunion				
Substitut du Procureur général	Inde	3.500	6.940 00	5.000	756 00
	Indo-Chine	6.000	11.850 00	7.000	1.080 00
Président et procureurs de la République près les tribunaux de 1re instance	Cochinchine. Saigon	6.500	12.820 00	7.000	1.213 20
	Cochinchine. Mytho	6.000	11.850 00	7.000	1.080 00
	Cochinchine. Vinhlong	6.000	11.850 00	7.000	1.080 00
	Tonkin. Hanoi	6.000	11.850 00	7.000	1.080 00
	Tonkin. Haiphong	5.000	9.850 00	5.000	1.080 00
	Martinique: Saint-Pierre				
	Guadeloupe: Pointe-à-Pitre	5.000	9.880 00	6.000	1.080 00
	Réunion: Saint-Denis				
Présidents et procureurs de la République près les tribunaux de 1re instane	Martinique: Fort-de-France				
	Guadeloupe: Basse-Terre	4.500	8.865 00	4.500	756 00
	Réunion: Saint-Pierre				
	Guadeloupe: Marie-Galante	3.500	6.925 00	4.500	756 00
	Océanie: Papeete	3.500	6.925 00	4.500	756 00
Juge président et procureur de la République d'un tribunal de 2e classe	Cochinchine. Bentré				
	Cochinchine. Bienhoa	5.000	9.850 00	5.000	1.080 00
	Cochinchine. Sadec				
	Cochinchine. Chaudoc				
Juge président et procureur de la République d'un tribunal de 3e classe	Cochinchine. Cantho				
	Cochinchine. Travinh				
	Cochinchine. Longxuyen				
	Cochinchine. Tanan	4.000	7.880 00	4.000	756 00
	Cochinchine. Gocong				
	Cochinchine. Soctrang				
	Cochinchine. Tayninh				
	Cochinchine. Bac lieu				
Présidents de tribunaux Supérieurs	Nouvelle-Calédonie	5.000	9.880 00	6.000	1.080 00
	Guyane	6.000	11.850 00	7.000	1.080 00
	Océanie	4.000	7.910 00	5.000	756 00
Juge au tribunal supérieur	Océanie: Papeete	3.500	6.925 00	4.500	756 00
	Guyane	4.000	7.940 00	6.000	756 20
	Nouvelle-Calédonie	4.000	7.910 00	5.000	756 00
Juges présidents	Guadeloupe: Marie-Galante (1)	3.500	6.925 00	4.500	756 00
	Nouvelle-Calédonie	4.000	7.895 00	4.500	756 00
	Guyane	4.000	7.940 00	6.000	756 00
	Inde: Karikal	2.750	5.443 00	3.600	756 00
	Gabon	5.000	9.808 00	3.600	756 00
	Océanie: Papeete	3.500	6.925 00	4.500	756 00
	Sénégal: Dakar	3.000	5.925 00	3.500	756 00
	Nossi-Bé	4.000	7.850 00	3.000	756 00
	Mayotte	4.000	7.850 00	3.000	756 00
	Saint-Pierre et Miquelon	2.500	4.958 00	3.600	741 60
Procureur de la République chef du service judiciaire	Saint-Pierre et Miquelon	4.500	8.910 00	6.000	756 00
	Nouvelle-Calédonie	7.000	13.805 00	7.500	1.080 00
	Guyane	8.000	15.760 00	8.000	1.213 20
	Océanie	4.500	8.910 00	6.000	1.080 00
Procureur de la République	Sénégal: Saint Louis	3.500	6.910 00	4.000	756 00
	Inde: Pondichéry	3.500	6.925 00	4.500	756 00
	Sénégal: Dakar	3.000	5.925 00	3.500	756 00
Juges d'instruction	Martinique: Saint-Pierre	3.750	7.401 00	4.200	756 00
	Guadeloupe: Pointe-à-Pitre	3.750	7.401 00	4.200	756 00
	Réunion... Saint-Denis	3.750	7.401 00	4.200	756 00
	Réunion... Saint-Pierre	3.500	6.887 20	3.240	756 00
	Martinique: Fort-de-France	3.500	6.898 00	3.600	756 00
	Guadeloupe: Basse-terre	3.500	6.898 00	3.600	756 00
1er lieutenant de juge	Guyane	3.000	5.925 00	3.500	756 00

(1) Les postes de 2e substitut du procureur général ont été supprimés au budget. Cette suppression n'a pas encore été sanctionnée par un acte organique (O. du S.-S d'État.)

FONCTIONS	COLONIES	SOLDE D'EUROPE et de TRAVERSÉE	SOLDE COLONIALE	TRAITEMENT de PARITÉ	SUPPLÉMENT de résidence DANS PARIS
		fr.	fr. c.	fr.	fr. c.
Lieutenants de juges..	Cochinchine: Saigon......	5.000	9.850 00	5.000	1.080 00
	Guyane................	2.750	5.440 00	3.500	756 00
	Nouvelle-Calédonie......	3.000	5.917 20	3.240	756 00
	Océanie: Papeete.........	2.500	4.947 20	3.240	756 00
	Gabon	4.000	7.850 00	3.000	756 00
	Guadeloupe: Marie-Galante	2.500	4.934 00	2.800	756 00
	Inde... Pondichéry......	2.500	4.936 40	2.860	756 00
	Inde... Karikal.........	2.000	3.966 40	2.880	741 00
Juges et premiers substituts....	Martinique: Saint-Pierre..	3.000	5.910 00	3.000	756 00
	Guadeloupe: Pointe-à-Pitre	3.000	5.910 00	3.000	756 00
	Réunion: Saint-Denis.....	3.000	5.910 00	3.000	756 00
	Martinique: Fort-de-France (1)...............	2.750	5.425 00	3.000	756 00
	Guadeloupe: Basse-Terre..	2.750	5.425 00	3.000	756 00
	Réunion: Saint-Pierre.....	2.750	5.425 00	3.000	756 00
	Inde: Pondichéry.........	2.000	3.964 00	2.800	741 00
Substituts du procureur de la République..	Cochinchine............	4.500	8.850 00	4.000	756 00
	Guyane..............	2.500	4.955 00	3.500	741 60
	Nouvelle-Calédonie.......	3.000	5.910 00	3.000	756 00
	Océanie...............	2.250	4.455 00	3.000	741 60
2e substituts du procureur de la République	Martinique: Saint-Pierre..	2.250	4.446 00	2.700	741 60
	Guadeloupe: Pointe-à-Pitre	2.250	4.446 00	2.700	741 60
	Réunion: Saint-Denis.....	2.250	4.446 00	2.700	760 00
Juges suppléants...	Cochinchine..............	3.000	5.910 00	3.000	756 00
	Martinique. Saint-Pierre.....	2.000	3.970 00	3.000	741 60
	Martinique. Fort-de-France..	2.000	3.970 00	3.000	741 60
	Guadeloupe: Pointe-à-Pitre	2.000	3.970 00	3.000	741 60
	Réunion: Saint-Denis.....	2.000	3.970 00	3.000	741 60
	Guyane..............	2.250	4.455 00	3.000	741 60
	Nouvelle-Calédonie.......	2.500	4.922 00	2.400	741 60
	Tonkin. Hanoi...........	3.000	5.910 00	3.000	756 00
	Tonkin. Haiphong	3.000	5.910 00	3.000	756 00
Greffiers de cour.....	Cochinchine	4.500	8.856 00	4.200	756 00
	Martinique...............	3.500	6.898 00	3.600	756 00
	Guadeloupe...............	3.500	6.898 00	3.600	756 00
	Réunion	3.500	6.898 00	3.000	756 00
	Inde	1.500	2.970 00	2.000	601 20
	Sénégal..............	1.500	2.982 00	2.400	601 20
Greffiers des tribunaux de 1re instance et des tribunaux supérieurs	Guyane................	2.250	4.437 00	2.400	741 60
	Nouvelle-Calédonie.......	2.000	3.940 00	2.000	741 60
	Océanie: Papeet	1.500	2.970 00	2.000	601 20
Commis assermentés	Martinique..............	1.200	2.373 00	1.500	601 20
	Guadeloupe..............	1.200	2.373 00	1.500	601 20
	Réunion..............	1.200	2.373 00	1.500	601 20
	Guyane..............	12.00	2.388 00	2.000	601 20
Greffier du tribunal de commerce	Cochinchine: Saigon	1.500	2.955 00	1.500	601 20
Greffiers de 1re instance	Cochinchine.............	3.000	5.892 00	2.400	756 00
	Martinique: Saint-Pierre..	2.500	4.922 00	2.400	741 60
	Guadeloupe: Pointe-à-Pitre	2.500	4.922 00	2.400	741 60
	Réunion: Saint-Denis	2.500	4.922 00	2.400	741 60
	Martinique: Fort-de-France	2.250	4.437 00	2.400	741 60
	Guadeloupe: Basse-Terre..	2.250	4.437 00	2.400	741 60
	Réunion: Saint-Pierre	2.250	4.410 00	1.500	741 60
	Guadeloupe: Marie-Galante	1.250	2.470 00	1.500	741 60
	Guyane: Cayenne.........	2.000	3.952 00	2.400	741 60
	Mayotte...............	1.000	1.976 00	1.200	601 20
Greffiers de 1re instance	Nossi-Bé...............	1.000	1.976 00	1.200	601 20
	Saint-Pierre et Miquelon...	1.000	1.976 00	1.200	601 20
	Inde... Pondichéry	1.000	1.976 00	1.200	601 20
	Inde... Karikal	750	1.485 00	1.000	601 20
	Gabon...............	3.000	5.892 00	2.400	756 00
	Tonkin. Hanoi...........	3.000	5.892 00	2.400	756 00
	Tonkin. Haiphong........	3.000	5.892 00	2.400	756 00
	Sénégal : Gorée.........	1.000	1.985 00	1.500	601 20
Greffier d'un tribunal de 2e classe..	Cochinchine.............	2.500	4.922 00	2.400	741 60
Greffier d'un tribunal de 3e classe..	Cochinchine	2.000	3.925 00	1.500	741 60
Commis greffiers.....	Cochinchine. 1re classe........	2.500	4.940 00	2.000	741 60
	Cochinchine. 2e classe	2.000	3.940 00	2.000	741 60
	Martinique: Saint-Pierre..	1.200	2.368 50	1.350	601 20
	Guadeloupe: Pointe-à-Pitre	1.200	2.368 50	1.350	601 20
	Réunion... Saint-Denis......	1.200	2.368 50	1.350	601 20
	Réunion... Saint-Pierre	1.050	2.073 00	1.200	601 20
	Martinique: Fort-de-France	1.000	1.980 50	1.350	601 20
	Guadeloupe Basse-Terre....	1.000	1.980 00	1.350	601 20
	Guadeloupe Marie-Galante...	750	1.491 00	1.200	601 20

(1) Le poste de juge président à Marie-Galante a été suprimé au budget. Cette suppression n'a pas encore été sanctionnée par un acte organique. (O. du S.-S. d'État.)

Le tribunal doit être remplacé par une justice de paix à compétence étendue.

FONCTIONS	COLONIES	SOLDE D'EUROPE et de TRAVERSÉE	SOLDE COLONIALE	TRAITEMENT de PARITÉ	SUPPLÉMENT de résidence DANS PARIS
		fr.	fr. c.	fr.	fr. c.
Commis greffier......	Sénégal : cour d'appel et Dakar..................	900	1.782 00	1.200	601 20
	Guyane. 1re classe	1.250	2.485 00	2.000	601 20
	Guyane. 2e classe	1.000	2.000 00	2.000	601 20
	Inde... Pondichéry	600	1.200 00	1.200	601 20
	Inde... Karikal........	400	800 00	1.200	601 20
Commis greffier ordinaire.....	Cochinchine...............	1.500	3.455 00	2.000	601 20
Juges de paix à compétence étendue.....	Inde... Chandernagor....	3.000	5.925 00	3.500	756 00
	Inde... Mahé...........	1.500	2.973 00	2.100	601 20
	Inde... Yanaon	1.500	2.973 00	2.100	601 20
	Guadeloupe. Saint-Martin.....	3.500	6.895 00	3.500	756 00
	Guadeloupe. Saint-Barthélemy..	3.500	6.895 00	3.500	756 00
	Nouvelle-Calédonie : île des Pins................	3.000	5.910 00	3.000	756 00
	Guyane : Maroni..........	3.000	5.910 00	3.000	756 00
Greffiers de justice de paix à compétence étendue...	Cochinchine : Saigon......	2.500	4.922 20	2.400	741 60
	Inde... Chandernagor....	1.000	1.976 00	1.200	601 20
	Inde... Mahé..........	750	1.485 00	1.000	601 20
	Inde... Yanaon.........	750	1.485 00	1.000	601 20
	Guadeloupe Saint-Martin.....	1.250	2.470 00	1.500	601 20
	Guadeloupe Saint-Barthélemy.	1.250	2.470 00	1.500	601 20
	Nouvelle-Calédonie : île des Pins..................	1.500	2.955 00	1.500	601 20
	Guyane : Maroni.........	1.000	1.976 00	1.200	601 20
Juges de paix	Cochinchine : Saigon	5.000	9.850 00	5.000	756 00
	Cambodge : Pnom-penh (1)	5.000	9.850 00	5.000	756 00
	Guyane. Cayenne.........	2.500	4.940 00	3.000	741 60
	Guyane. Approuague........	2.250	4.446 00	2.700	741 60
	Guyane. Sinnamary.........	2.250	4.446 00	2.700	741 60
	Martinique. Saint-Pierre	3.000	3.910 00	3.000	756 00
	Martinique. Fort-de-France...	2.750	5.425 00	3.000	756 00
	Martinique. Les autres......	2.000	3.951 00	2.700	741 60
	Guadeloupe. Point-à-Pitre....	3.000	5.910 00	3.000	756 00
	Guadeloupe. Basse-Terre......	2.750	5.425 00	3.000	756 00
	Guadeloupe. Les autres.......	2.000	3.951 00	2.700	741 60
	Réunion... Saint-Denis......	3.000	5.910 00	3.000	756 00
	Réunion... Saint-Pierre	2.750	5.425 00	3.000	756 00
	Réunion... Les autres......	2.000	3.951 00	2.700	741 60
	Inde... Pondichéry......	2.500	4.931 00	2.700	741 60
	Inde... Karikal.........	1.750	3.458 00	2.100	741 60
	Nouvelle-Calédonie	3.000	5.910 00	3.000	756 00
Greffier de justice de paix......	Cochinchine.............	2.500	4.895 00	1.500	741 60
	Martinique	1.000	1.976 00	1.200	601 20
	Réunion..............	1.000	1.976 00	1.200	601 20
	Inde... Pondichéry......	750	1.479 00	800	601 20
	Inde... Karikal	750	1.485 00	1.000	601 20
	Guyane...............	1.000	1.976 00	1.200	601 20
	Nouvelle-Calédonie........	1.500	2.955 00	1.500	601 20

(1) Modification en cours.

TARIF N° 10.

Personnel des cultes.

COLONIES	FONCTIONS	TRAITEMENT D'EUROPE et de traversée	TRAITEMENT COLONIAL	INDEMNITÉS	OBSERVATIONS
		fr.	fr.	fr.	
Martinique ...	Évêques.....	»	11.640 (A)	2.910 (B)	(A) Les évêques reçoivent la solde coloniale dans toutes les positions de congé régulier. (Décret du 3 sept. 1882.)
Guadeloupe...	Id......	»	11.640	2.910	
Réunion	Id......	»	11.640	2.910	
Sénégal......	Préfet apostolique.....	3.000	6.000	2.910 (C)	
Nouvelle-Calédonie......	Id......	»	»	8.750 (D)	

COLONIES	FONCTIONS	TRAITEMENT D'EUROPE et de traversée	TRAITEMENT COLONIAL	INDEMNITÉS	OBSERVATIONS
		fr.	fr.	fr.	
Martinique...	Vicaires généraux.......	2.500	5.000	»	
Guadeloupe...	Id......	2.500	5.000	»	
Réunion.....	Id......	2.500	5.000	»	
Guyane......	Supérieur ecclésiastique.	1.400	3.000	1.500	(B) Frais de visites diocésaines.
St-Pierre et Miquelon...	Id......	1.800	3.600	216(E)	(C) Frais de bureau et d'ameublement.
Mayotte......	Id......	1.400	4.000	»	
Nossi-Bé.....	Id......	1.400	4.000	»	
Sénégal......	Desservant à St-Louis...	1.400	4.000	»	(D) Indemnité payée à titre de subvention.
Id......	Desservant à Gorée......	1.400	4.000	»	
St-Pierre et Miquelon.....	Desservant à Miquelon....	1.400	3.000	216(E)	(E) Indemnité d'ameublement.
Id......	Desservant à l'Ile-aux-Chiens.....	1.400	3.000	216	
Id......	Vicaire à Saint-Pierre......	1.400	2.400	144(D)	
Guyane, Sénégal, Mayotte, Nossi-Bé...	Desservants et vicaires....	1.400	3.000	»	
Martinique, Guadeloupe, Réunion, Nouvelle-Calédonie, Tahiti, Inde...	Id......	1.400	2.000	»	
Mayotte, Nossi-Bé.......	Catéchistes....	»	»	400	
Martinique....	Prêtre ff^ons d'aumônier.	»	»	970	
Guadeloupe...	Id......	»	»	970	1 à Fort-de-France. 1 à la Basse-Terre. 1 à St-Pierre. 1 à la Pointe-à-Pitre. 1 au camp Jacob.
Réunion......	Aumônier....	1.660	3.320	»	Hôpital militaire à Saint-Denis.
Id......	Id......	»	»	5?0	Indemnité au curé d'Hellbourg pour le service religieux des convalescents de Salazie.
Guyane......	Id......	2.000	4.000	»	
Sénégal......	Id......	»	»	1.000	1 à Saint-Louis. 1 à Gorée. 1 à Dakar.
Diego-Suarez.	Id......	2.000	4.000	»	
Tahiti.......	Prêtre ff^ons d'aumônier.	»	»	582	
Nouvelle-Calédonie......	Aumônier....	2.100	4.200	»	
Cochinchine..	Id......	1.500	3.000	»	
Obock.......	Missionnaire faisant fonctions d'aumônier.....	»	»	900	
Guyane......	Aumônier de l'administration pénitentiaire....	1.500	3.000	»	1 aux îles du Salut. 1 à Saint-Laurent.
Id......	Prêtre ff^ons d'aumônier.	»	»	1.200	1 à Cayenne.
Id......	Id......	»	»	1.000	1 à Saint-Maurice.
Id......	Id......	»	»	800	1 à Kourou
Nouvelle-Calédonie......	Aumônier de l'administration pénitentiaire......	1.500	3.000	»	1 à l'île Nou. 1 à Bourail. 1 à Tourane.
Id......	Pasteur protestant.....	2.000	4.000	300(E)	

TARIF N° 11

Commissariat colonial (solde.)

GRADES	EN EUROPE ou EN COURS DE TRAVERSÉE			A PARIS			AUX COLONIES		
	Par an	Par mois	par JOUR	Par an	Par mois	par JOUR	Par an	Par mois	par JOUR
	fr. c.	fr. c.	fr. c.	fr. c.	fr. c.	fr. c.	fr. c.	fr. c.	fr. c.
Commissaire général 1re cl.	13.226 40	1.102 20	36 74	13.813 20	1.151 10	38 37	19.422 00	1.618 50	53 95
Commissaire général 2e cl.	11.217 60	934 80	31 16	11.804 40	983 70	32 79	16.426 80	1.368 90	45 63
Commissaire....	9.151 50	762 60	25 42	9.626 40	802 20	26 74	12.621 60	1.051 80	35 06
Commissaire adjoint........	6.328 80	527 40	17 58	6.088 80	557 40	18 58	8.830 80	736 90	24 53
Sous-commissaire 1re cl.	3.848 40	320 70	10 69	4.035 68	336 30	11 21	6.006 00	535 50	16 85
Sous-commissaire 2e cl.	3.430 80	280 90	9 53	3.021 60	301 80	10 06	5.270 40	439 20	14 64
Aide-commissaire	2.786 40	232 20	7 74	2.919 60	243 30	8 14	4.550 40	379 20	12 64
Élève-commissaire...........	2.066 40	172 20	5 74	2.199 60	183 30	6 11	3.045 60	253 83	8 46
Supplément au sous-commissaire ayant douze ans de grade.......	532 80	44 40	1 48	»	»	»	»	»	»

TARIF N° 12

Commissariat colonial (solde.)

GRADES	CONGÉ à DEMI-SOLDE	EN CAPTIVITÉ	EN NON-ACTIVITÉ — PIED D'EUROPE — Infirmités temporaires, etc., etc.			EN NON-ACTIVITÉ — PIED D'EUROPE — Par suite de retrait ou de suspension d'emploi			PIED colonial — Infirmités temporaires	PIED colonial — Retrait d'emploi	OBSERVATIONS
	Par jour	Par jour	Par an	Par mois	Par jour	Par an	Par mois	Par jour	Par jour	Par jour	
	fr. c.	fr. c.	fr. c.	fr. c.	fr. c.	fr. c.	fr. c.	fr. c.	fr. c.	fr. c.	
Commissaire général 1re cl.	33 37(A)	20 00	7.200 »	600 «	20 »	5.760 »	480 »	16 »	23 63	18 91	(A) Solde d'Europe dégagée de tous accessoires
Commissaire général 2e cl.	27 79	16 69	6.008 40	500 70	16 69	4.806 »	400 50	13 35	19 48	15 58	
Commissaire....	12 71	13 63	4.906 80	408 90	13 63	3.937 60	327 30	10 91	14 85	11 88	
Commissaire adjoint.........	8 79	9 37	3.373 20	281 10	9 37	2.700 »	225 »	7 50	10 27	8 21	
Sous-Commissaire... 1re cl.	5 35	5 79	1.839 00	153 30	5 11	1.472 40	122 70	4 09	6 32	5 06	
Sous-Commissaire... 2e cl.	4 77	5 11									
Aide commissaire	3 87	4 21	1.818 00	151 50	5 05	1.213 20	101 10	3 37	5 63	4 51	
Élève commissaire...........	2 87	3 20	1.090 »	90 90	3 03	707 20	60 60	2.02	»	»	
Supplément au sous-commissaire ayant douze ans de grade.......	0 74	0 74	»	»	»	»	»	«	»	»	

TARIF N° 13
Agents du commissariat

GRADES	SOLDE D'EUROPE et de traversée			SOLDE COLONIALE			SOLDE COLONIALE
	PAR AN	par MOIS	par JOUR	PAR AN	par MOIS	par JOUR	
	fr. c.	fr. c.	fr. c.	fr. c.	fr. c.	fr. c.	
Agent principal.....	5.608 80	467 40	15 58	7.390 80	615 90	20 53	Traitement d'un commissaire adjoint, dégagé de l'indemnité de logement.
Agent de 1re classe...	3.488 40	290 07	9 69	5.346 00	445 50	14 85	Traitement d'un sous-commissaire de 1re classe dégagé de l'indemnité de logement.
Agent de 2e classe...	3.070 80	255 90	8 53	4.550 40	379 20	12 64	
Sous-agent..........	2.541 60	211 80	7 06	4.058 20	338 10	11 27	Traitement d'un sous-commissaire de 2e classe, dégagé de l'indemnité de logement.
Commis de 1re classe.	2.001 60	166 80	5 56	3.499 20	291 60	9 72	Traitement d'un aide commissaire, dégagé de l'indemnité de logement.
Commis de 2e classe.	1.702 80	141 90	4 73	2.998 80	249 90	8 33	
Commis de 3e classe.	1.400 40	116 70	3 89	2.502 00	208 50	6 95	

TARIF N° 14
Commissariat colonial

GRADE.	SUPPLÉMENT de RÉSIDENCE DANS PARIS			OBSERVATIONS
	Par an	Par mois	Par jour	
	fr. c.	fr. c.	fr. c.	
Commissaire général.....	1.515 00	126 30	4 21	
Commissaire............	1.213 20	101 10	3 37	
Commissaire adjoint......	1.080 00	90 00	3 00	
Sous-commissaire.......	756 00	63 00	2 10	
Aide commissaire.........	741 60	61 80	2 06	
Elève commissaire.......	626 40	52 20	1 74	
Agent principal..........	1.080 00	90 00	3 00	
Agent..................	756 00	63 00	2 10	
Sous-agent.............	741 60	61 80	2 06	
Commis...............	601 60	50 10	1 67	

TARIF N° 15
Indemnité extraordinaire en rassemblement

GRADES	INDEMNITÉ		OBSERVATIONS
	PAR MOIS	PAR JOUR	
	fr. c.	fr. c.	
Officiers supérieurs assimilés......	60 00	2 00	
Officiers du grade de capitaine et assimilés.................	41 10	1 37	
Officiers du grade de lieutenant, sous-lieutenant et assimilés....	31 80	1 06	
Agents inférieurs..........	24 90	0 83	

TARIF N° 16.
Retenues en cas de logement et d'ameublement en nature

GRADES	FIXATION DE LA RETENUE DE LOGEMENT en Europe par an	en Europe par mois	en Europe par jour	à Paris par an	à Paris par mois	à Paris par jour	aux colonies par an	aux colonies par mois	aux colonies par jour	D'AMEUBLEMENT en Europe par an	en Europe par mois	en Europe par jour	à Paris par an	à Paris par mois	à Paris par jour	aux colonies par an	aux colonies par mois	aux colonies par jour	OBSERVATIONS
	fr. c.	fr. c.	fr. c.	fr. c.	fr. c.	fr. c.	fr. c.	fr. c.	fr. c.	fr. c.	fr. c.	fr. c.	fr. c.	fr. c.	fr. c.	fr. c.	fr. c.	fr. c.	
Commissaire général....	1.213 20	101 10	3 37	1.800 »	150 »	5 »	2.404 80	200 40	6 68	417 60	34 80	1 16	608 40	50 70	1 69	817 20	68 10	2 27	
Commissaire............	961 80	80 40	2 68	1.440 »	120 »	4 »	1.933 20	161 10	5 37	324 »	27 00	» 90	493 20	41 10	1 37	644 40	53 70	1 70	
Commissaire adjoint.....	720 »	60 »	2 »	1.080 »	90 »	3 »	1.440 »	120 »	4 »	248 40	20 70	0 69	360 »	30 »	1 »	493 20	41 10	1 37	
Sous-commissaire........	360 »	30 »	1 »	547 20	45 60	1 52	720 »	60 »	2 »	190 80	15 90	0 53	284 40	23 70	» 79	360 »	30 »	1 »	
Aide commissaire .... / Élève commissaire.......	244 80	20 40	» 68	378 »	31 50	1 05	493 20	41 10	1 37	133 20	11 10	0 37	190 80	15 90	» 53	248 40	20 70	0 69	

TARIF N° 17

Suppléments spéciaux de fonctions au chef du service colonial et aux officiers, sous-agents et commis du commissariat détachés dans les ports du Havre, Nantes, Bordeaux et Marseille.

SUPPLÉMENTS	HAVRE	NANTES	BORDEAUX	MARSEILLE
	fr. c.	fr. c.	fr. c.	fr. c.
Frais de service	1.500 00	2.400 00	3.000 00	2.400 00
Abonnement pour frais de bureau, chauffage et éclairage au chef du service	1.000 00	1.000 00	2.000 00	1.000 00
Sous-commissaire	500 00	500 00	500 00	500 00
Aide commissaire	450 00	450 00	450 00	450 00
Sous-agents et commis	400 00	400 00	400 00	400 00

TARIF N° 18

Inscription Maritime

GRADES	SOLDE D'EUROPE	SOLDE COLONIALE	INDEMNITÉS	OBSERVATIONS
	fr. c.	fr. c.		
Syndic de 1re classe	1.100 00	1.378 00	A.	A. — *A la Guadeloupe.* — Indemnité aux syndics et frais de bureau........ 200 fr. *A la Réunion.* — Indemnité au syndic de Saint-Benoît et de Saint-Leu pour location d'immeubles et frais de bureau, soit............ 900 fr.
Syndic de 2e classe	1.000 00	1.776 00	A.	
Garde maritime de 1re classe	900 00	1.479 00	B.	B. — *A Saint-Pierre et Miquelon.* — Indemnité spéciale au garde maritime. 291 fr.
Garde maritime de 2e classe	800 00	1.282 00	B.	

TARIF N° 19

Personnel du corps de santé (solde de présence)

GRADES	EN EUROPE ou en cours de traversée — PAR AN	PAR MOIS	PAR JOUR	A PARIS — PAR AN	PAR MOIS	PAR JOUR	AUX COLONIES — PAR AN	PAR MOIS	PAR JOUR
	fr. c.	fr. c.	fr. c.	fr. c.	fr. c.	fr. c.	fr. c.	fr. c.	fr. c.
Médecin inspecteur... de 1re cl.	13.226 40	1.102 20	36 74	13.813 20	1.151 10	38 37	19.422 »	1.618 50	53 95
Médecin inspecteur... de 2e cl.	11.217 60	934 80	31 16	11.804 40	983 70	32 79	16.426 80	1.368 90	45 63
Médecin ou pharmacien en chef... de 1re cl.	9.151 50	762 60	25 42	9.626 40	802 20	26 74	12.621 60	1.051 80	35 06
Médecin ou pharmacien en chef... de 2e cl.	7.520 40	626 70	20 89	7.938 »	661 50	22 05	10.137 60	844 80	28 16
Médecin ou pharmacien principal	6.328 80	527 40	17 58	6.688 80	557 40	18 58	9.050 40	754 20	25 14
Médecin ou pharmacien de 1re cl.	3.848 40	320 70	10 69	4.035 60	336 30	11 21	6.444 »	537 »	17 90
Médecin ou pharmacien de 2e cl.	2.786 40	232 20	7 74	2.919 60	243 30	8 11	5.040 »	420 »	14 »
Supplément aux médecins ou pharmaciens de 1re classe ayant 12 années de grade	532 80	44 40	1 48	»	»	»	»	»	»

TARIF N° 20

Solde d'absence

GRADES	CONGÉ de DEMI-SOLDE — par jour	EN ACTIVITÉ — par jour	EN NON ACTIVITÉ — PIED D'EUROPE — Infirmités temporaires — par an	par mois	par jour	Par suite de retrait ou de suspension d'emploi — par an	par mois	par jour	PIED COLONIAL — Infirmités temporaires — par jour	Retrait d'emploi — par jour
	fr. c.	fr. c.	fr. c.	fr. c.	fr. c.	fr. c.	fr. c.	fr. c.	fr. c.	fr. c.
Médecin inspecteur de 1re classe	»	»	7.200 »	600 »	20 »	5.760 »	480 »	16 »	23 63	18 91
Médecin inspecteur de 2e classe	»	»	6.008 40	500 70	16 69	4.806 »	400 50	13 35	19 48	15 58
Médecin ou pharmacien en chef de 1re classe	11 37	13 63	4.906 80	408 90	13 63	3.927 60	327 30	10 91	14 85	11 88
Médecin ou pharmacien en chef de 2e classe	9 26	11 15	4.017 60	334 80	11 16	3.214 80	267 90	8 93	11 74	9 39
Médecin ou pharmacien principal	7 79	9 37	3.373 20	281 10	9 37	2.700 »	225 »	7 50	10 58	8 46
Médecin ou pharmacien de 1re classe	4 84	5 79	2.084 40	173 70	5 79	1.666 80	138 90	4 63	7 95	6 36
Médecin ou pharmacien de 2e classe	3 57	4 21	1.818 »	151 50	5 05	1.213 20	101 50	3 37	7 58	5 05
Supplément aux médecins ou pharmaciens de 1re classe ayant douze années de grade	0 74	0 74	»	»	»	»	»	»	«	»

TARIF N° 21

Suppléments de résidence dans Paris

GRADES	PAR AN	PAR MOIS	PAR JOUR
	fr. c.	fr. c.	fr. c.
Médecin inspecteur	1.515 60	126 30	4 21
Médecin ou pharmacien en chef	1.213 20	101 10	3 37
Médecin ou pharmacien principal	1.080 00	90 00	3 00
Médecin ou pharmacien de 1re classe	756 00	63 00	2 10
Médecin ou pharmacien de 2e classe	741 60	61 80	2 06

TARIF N° 22

Indemnité extraordinaire en rassemblement

GRADES	PAR MOIS	PAR JOUR
	fr. c.	fr. c.
Médecin ou pharmacien en chef	60 00	2 00
Médecin ou pharmacien principal	60 00	2 00
Médecin ou pharmacien de 1re classe	41 10	1 37
Médecin ou pharmacien de 2e classe	31 80	1 06

Tarif N° 23.

Supplément en raison de fonctions spéciales. (1)

GRADES	INDEMNITÉS PAR AN	PAR MOIS	PAR JOUR
	fr. c.	fr. c.	fr. c.
Président du conseil supérieur de santé des colonies	2.008 80	167 40	5 58

(1) Ce supplément est alloué cumulativement avec l'indemnité de résidence dans Paris.

Tarif N° 24.

Fixation de la retenue de logement.

GRADES	EN EUROPE PAR AN	EN EUROPE PAR MOIS	EN EUROPE PAR JOUR	A PARIS PAR AN	A PARIS PAR MOIS	A PARIS PAR JOUR	AUX COLONIES PAR AN	AUX COLONIES PAR MOIS	AUX COLONIES PAR JOUR
	fr. c.	fr. c.	fr. c.	fr. c.	fr. c.	fr. c.	fr. c.	fr. c.	fr. c.
Médecin inspecteur	1.213 30	101 10	3 37	1.800 00	150 00	5 00	2.404 80	200 40	6 68
Médecin ou pharmacien en chef	964 80	80 40	2 68	1.440 00	120 00	4 00	1.933 20	161 10	5 37
Médecin ou pharmacien principal	720 00	60 00	2 00	1.080 00	90 00	3 00	1.440 00	120 00	4 00
Médecin ou pharmacien de 1re cl.	360 00	30 00	1 00	547 20	45 60	1 52	720 00	60 00	2 00
Médecin ou pharmacien de 2e classe	244 80	20 40	0 68	378 00	31 50	1 05	493 20	41 10	1 37

Tarif N° 25.

Fixation de la retenue d'ameublement.

GRADES	EN EUROPE PAR AN	EN EUROPE PAR MOIS	EN EUROPE PAR JOUR	A PARIS PAR AN	A PARIS PAR MOIS	A PARIS PAR JOUR	AUX COLONIES PAR AN	AUX COLONIES PAR MOIS	AUX COLONIES PAR JOUR
	fr. c.	fr. c.	fr. c.	fr. c.	fr. c.	fr. c.	fr. c.	fr. c.	fr. c.
Médecin inspecteur	417 60	34 80	1 16	608 40	50 70	1 69	817 20	68 10	2 27
Médecin ou pharmacien en chef	324 00	27 00	0 90	493 20	41 10	1 37	644 40	53 70	1 79
Médecin ou pharmacien principal	248 40	20 70	0 69	360 00	30 00	1 00	493 20	41 10	1 37
Médecin ou pharmacien de 1re cl.	190 80	15 90	0 53	284 40	23 70	0 79	360 00	30 00	1 00
Médecin ou pharmacien de 2e classe	133 20	11 10	0 37	190 80	15 90	0 53	248 40	20 70	0 69

Tarif N° 26

Personnel de l'inspection

GRADES	SOLDE D'EUROPE et de TRAVERSÉE	SOLDE COLONIALE	SUPPLÉMENT de RÉSIDENCE DANS PARIS (1)	INDEMNITÉS SPÉCIALES pendant la durée des missions temporaires AUX COLONIES	OBSERVATIONS
	fr.	fr.	fr.	par jour fr.	(1) Non passible de retenue. (2) L'inspecteur de 1re classe, chef du service central de l'inspection, reçoit, en outre, un supplément de fonctions de 1,000 fr. par an. Pour les fonctionnaires de l'inspection des colonies restés titulaires d'un grade militaire, la solde de non-activité est fixée comme suit : Inspecteur général de 1re classe... 8,000 fr. Inspecteur général de 2e classe.... 7,000 Inspecteur de 1re classe. 5,500 Inspecteur de 2e classe. 4,500
Inspecteur général de 1re classe	16.000	»	2.000	60	
Inspecteur général de 2e classe	14.000	»	1.800	60	
Inspecteur de 1re cl.	11.000	20.000	1.500 (2)	45	
Inspecteur de 2e cl.	9.000	16.000	1.200	35	
Inspecteur de 3e cl.	7.000	13.000	1.000	30	

Tarif N° 27.

Frais d'employés et abonnement pour fournitures de bureau.

SERVICES		ABONNEMENT pour FOURNITURES de bureau (1)	FRAIS D'EMPLOYÉS	OBSERVATIONS
		par an	fr.	
Service central de l'inspection		»	6.000	(1) Non passible de la retenue.
Inspection permanente.	à la Martinique	776 fr.	3.500	
	à la Guadeloupe	776	3.500	
	à la Réunion	776	3.500	
	à la Guyane	776	3.500	
	au Sénégal	776	3.500	
	à la Nouvelle-Calédonie	776	3.500	
	en Cochinchine et au Cambodge	970	5.000	
	en Annam et au Tonkin	970	5.000	
	dans les ports de commerce en France	500	1.200	

Tarif N° 28.

Personnel des comptables aux colonies.

EMPLOIS	CLASSES	SOLDE D'EUROPE	SOLDE COLONIALE	SUPPLÉMENT DE RÉSIDENCE dans Paris	INDEMNITÉ de RESPONSABILITÉ	SUPPLÉMENTS spéciaux au Tonkin	OBSERVATIONS
		fr. c.	fr. c.	fr. c.	fr. c.	fr. c.	Les comptables du service colonial détachés temporairement dans les ports du Havre, Nantes, Bordeaux et Marseille reçoivent, en dehors de la solde fixée par le présent tarif, un supplément de fonctions de 400 francs par an.
Garde-magasin	princip.	2.541 60	4.659 40	741 60	601 20	799 20	
Garde-magasin de	1re classe	2.000 »	4.201 20	601 20	403 20	601 20	
Id.	2e —	1.700 »	3.801 20	601 20	403 20	601 20	
Id.	3e —	1.400 »	3.082 40	601 20	302 40	601 20	
Magasinier de	1re —	1.200 »	2.882 40	550 80	302 40	501 10	
Id.	2e —	1.000 »	2.482 40	550 80	302 40	501 10	
Id.	3e —	900 »	2.232 40	450 »	302 40	501 10	
Id.	4e —	800 »	2.082 40	450 »	302 40	501 10	

TARIF N° 29

Retenue en cas de logement et d'ameublement en nature aux colonies

EMPLOIS	RETENUE DE LOGEMENT et d'ameublement (1)	OBSERVATIONS
	fr. c.	
Garde-magasin principal et garde-magasin de 1re et de 2e classe...	601 20	(1) La retenue d'ameublement doit être du tiers des sommes indiquées dans le présent tableau.
Garde-magasin de 3e classe et magasinier de 1re, 2e, 3e et 4e classe..	482 40	

TARIF N° 30

Personnel de l'administration pénitentiaire

DÉSIGNATION DES GRADES		SOLDE D'EUROPE et de traversée	SOLDE COLONIALE	INDEMNITÉS pour frais de SERVICE	INDEMNITÉS de résidence dans PARIS
		fr.	fr.	fr.	fr. c.
Directeur		8.000	16.000	»	1.213 20
Sous-directeur		5.000	11.500	»	1.080 00
Inspecteur principal de..	1re classe...	4.500	10.500	»	1.080 00
	2e classe...	4.200	9.200	»	756 00
	3e classe...	3.500	8.200	»	756 00
Inspecteur ordinaire.....	1re classe...	3.000	6.900	»	756 00
	2e classe...	2.750	6.400	»	756 00
	3e classe...	2.500	5.900	»	756 00
Commandant supérieur de pénitencier de........	1re classe...	4.500	10.500	»	1.080 00
	2e classe...	4.000	9.200	»	756 00
	3e classe...	3.500	8.200	»	756 00
Commandant de pénitencier..............	1re classe...	3.000	6.900	»	756 00
	2e classe...	2.750	6.400	»	756 00
	3e classe...	2.500	5.900	»	756 00
Chef de bureau de.......	1re classe...	4.500	10.500	»	1.080 00
	2e classe...	4.000	9.200	»	756 00
	3e classe...	3.500	8.200	»	756 00
Sous-chef de bureau de..	1re classe...	3.000	6.900	»	756 00
	2e classe...	2.750	6.400	»	756 00
	3e classe...	2.500	5.900	»	756 00
Commis rédacteur de.....	1re classe...	2.250	5.100	»	741 60
	2e classe...	2.000	4.600	»	741 60
	3e classe...	1.750	4.100	»	741 60
Commis de.............	1re classe...	1.500	3.600	»	601 20
	2e classe...	1.350	3.180	»	601 20
	3e classe...	1.250	2.980	»	601 20
Agent général des cultures de.................	1re classe...	4.500	10.500	»	1.080 00
	2e classe...	4.000	9.200	»	1.080 00
	3e classe...	3.500	8.200	»	756 00
Agent de colonisation de.	1re classe...	3.000	6.900	»	756 00
	2e classe...	2.750	6.400	»	756 00
	3e classe...	2.500	5.900	»	756 00
Agent de culture de.....	1re classe...	2.250	5.100	»	741 60
	2e classe...	2.000	4.600	»	741 60
	3e classe...	1.750	4.100	»	626 40
	4e classe...	1.500	3.600	»	601 20
Caissier de.............	1re classe...	3.500	8.200	1.200	756 00
	2e classe...	3.000	6.900	1.200	756 00
	3e classe...	2.750	6.400	1.200	756 00
Sous-caissier de.........	1re classe...	2.500	5.900	»	756 00
	2e classe...	2.250	5.100	»	741 60
	3e classe...	2.000	4.600	»	741 60
Chef du service des travaux de	1re classe...	4.500	10.500	3.800	1.080 00
	2e classe...	3.500	9.200	3.800	1.080 00
	3e classe...	3.500	8.200	3.800	756 00
Conducteur principal		3.200	6.900	2.000	756 00
Conducteur de..........	1re classe...	2.800	5.900	2.000	756 00
	2e classe...	2.400	5.100	2.000	741 60
	3e classe...	2.000	4.600	2.000	741 60
	4e classe...	1.700	4.100	2.000	626 40
Piqueur des travaux de...	1re classe...	1.500	3.600	1.060	601 20
	2e classe...	1.500	2.980	1.060	601 20
	3e classe...	1.200	2.480	1.060	601 20
	4e classe...	1.200	2.980	1.060	601 20
Interprète principal de...	1re classe...	4.000	9.200	»	1.080 00
	2e classe...	3.500	8.200	»	756 00
	3e classe...	2.000	6.900	»	756 00
Interprète ordinaire de...	1re classe...	2.500	5.900	»	756 00
	2e classe...	2.250	5.100	»	741 60
	3e classe...	2.000	4.600	»	741 60
Géomètre en chef		4.000	7.500	5.400	756 00
Géomètre de............	1re classe...	2.400	4.500	»	741 60
	2e classe...	2.100	4.200	»	626 40
	3e classe...	1.800	4.200	»	626 40
Commissaire de police de.	1re classe...	2.500	5.900	1.000	756 00
	2e classe...	2.000	4.000	»	741 60
	3e classe...	1.500	3.000	»	601 20
Instituteur de..........	1re classe...	2.000	4.600	»	741 60
	2e classe...	1.750	4.100	»	626 40
	3e classe...	1.500	3.600	»	601 20
Surveillant principal		2.000	4.000	»	741 60
Surveillant..............	chef de 1re cl.	1.800	3.500	»	626 40
	chef de 2e cl.	1.500	3.000	»	601 20
	de 1re classe.	1.400	2.400	»	601 20
	de 2e classe.	1.300	2.000	»	601 20
	de 3e classe.	1.200	1.600	»	601 20

Première mise d'équipement allouée aux surveillants militaires des établissements pénitentiaires.

Surveillant nouvellement admis............ 200 francs.
Surveillant nommé surveillant chef......... 100 —
Surveillant chef nommé surveillant principal... 200 —

TARIF N° 31.

Service pénitentiaire (retenues en cas de logement et d'ameublement en nature aux colonies).

GRADES	RETENUES de LOGEMENT et d'ameublement au colonies (1)	OBSERVATIONS
	fr. c.	
Sous-directeur, inpecteur principal de 1re classe, commandant supérieur de pénitencier de 1re classe, chef de bureau de 1re classe, agent général de cultures de 1re classe, chef du service des travaux de 1re classe	1.500 00	(1) La retenue d'ameublement doit être du tiers des sommes indiquées dans le présent tableau.
Inspecteur principal de 2e et de 3e classe, commandant supérieur de pénitencier de 2e et de 3e classe, agent général de cultures de 2e et de 3e classe, caissier de 1re classe, chef du service des travaux de 2e et de 3e classe, interprète principal de 1re et de 2e classe............	1.200 00	
Inspecteur ordinaire de 1re, de 2e et de 3e classe commandant de pénitencier de 1re, de 2e et de 3e classe, sous-chef de bureau de 1re, de 2e et de 3e classe, agent de colonisation de 1re, de 2e et de 3e classe, caissier de 2e et de 3e classe, sous-caissier de 1re classe, conducteur principal, conducteur de 1re classe, interprète principal de 3e classe, interprète ordinaire de 1re classe géomètre en chef, commissaire de police de 1re classe	900 00	
Commis rédacteur de 1re, de 2e et de 3e classe, commis de 1re classe, agent de cultures de 1re, de 2e de 3e et de 4e classe, sous-caissier de 2e et de 3e classe, conducteur de 2e de 3e et de 4e classe, piqueur des travaux de 1re classe, interprète ordinaire de 2e et de 3e classe, géomètre de 1re, de 2e et de 3e classe, commissaire de police de 2e et de 3e classe, instituteur de 1re, de 2e et de 3e classe......	600 00	
Commis de 2e et de 3e classe, piqueur des travaux de 2e de 3e et de 4e classe..................	480 00	

TARIF N° 32.
Indemnités pour perte d'effets.

FONCTIONS	PERTE TOTALE	PERTE PARTIELLE n° 1	PERTE PARTIELLE n° 2	OBSERVATIONS
	fr.	fr.	fr.	
Gouverneur général..	3.500	2.000	1.000	Les Gouverneurs généraux, Gouverneurs et fonctionnaires ayant droit à des frais de premier établissement peuvent, lorsque la perte a lieu dans le voyage effectué pour se rendre une première fois à leur poste et dans le cas où le materiel perdu représente l'emploi des sommes qui leur ont été allouées à titre de premier établissement, obtenir une indemnité spéciale dont le montant sera fixé par décision du chef de l'État.
Gouverneur commissaire général et assimilé.	2.500	1.500	700	
Commissaire et assimilé	1.800	1.000	500	
Commissaire adjoint et assimilé........	1.500	900	450	
Sous-commissaire et assimilé..........	1.200	700	300	
Aide commissaire et assimilé	900	550	250	
Élève commissaire et assimilé	750	400	200	

TARIF N° 33
Retenues d'hôpital

FONCTIONS		MONTANT de la RETENUE EN FRANCE	MONTANT de la RETENUE AUX COLONIES
		fr. c.	fr. c.
Administration central..	Chefs de division..............................	5 00	10 00
	Chefs et sous-chefs de bureau..................	4 00	6 00
	Commis principal, rédacteur ou expéditionnaire..	2 60	4 50
	Commis rédacteur de 1re 2e 3e et 4e classe, commis expéditionnaire de 1re classe...............	2 00	4 00
	Commis rédacteur de 4e 5e classe et stagiaire....	1 50	3 00
	Commis expéditionnaire de 2e, 3e, 4, 5e classe et stagiaire................................	1 50	3 00
	Huissiers et gardiens de bureau................	1 50	2 60
Gouverneurs généraux, Gouverneurs et Lieutenants-Gouverneurs..		5 00	10 00
Commissariat.....	Commissaires généraux..........................	5 00	10 00
	Commissaires et commissaires adjoints..	4 00	6 00
	Sous-commissaires..............................	2 60	4 50
	Aides commissaires.............................	2 00	4 00
	Élèves commissaires............................	1 50	3 00
	Agents principaux..............................	4 00	6 00
	Agents	2 60	4 50
	Sous-agents....................................	2 00	4 00
	Commis...	1 50	3 00
Inspection.	Inspecteurs généraux des services administratifs..	5 00	10 00
	Inspecteurs....................................	4 00	6 00
DIVERS SERVICES			
(Direction de l'intérieur. — Administrateurs coloniaux. — Chefs de station et de postes. — Chefs d'exploration et agents de cultures du Congo français. — Service du trésor. — Magistrature. — Cultes. — Administration pénitentiaire. — Surveillants principaux et surveillants chefs. — Gardes-magasins principaux du corps des comptables, etc. — Fonctionnaires et agents des divers services locaux.)			
Traitements d'Europe.	7.001 francs et au-dessus......................	5 00	10 00
	3.001 francs à 7.000 francs....................	4 00	6 00
	2.501 francs à 3.000 francs	2 60	4 50
	1.800 francs à 2.500 francs....................	2 00	4 00
	1.401 francs à 1.800 francs....................	1 50	3 00
	1.001 francs à 1.400 francs....................	1 25	2 50
	1.000 francs et au-dessous.....................	1 00	2 00
AGENTS INFÉRIEURS			
(Mécaniciens, ouvriers auxiliaires du Congo français. — Syndics et gardes maritimes. — Agents du corps des comptables des colonies. — Surveillants de 1re 2e et 3e classe établissements pénitentiaires. — Gardiens de phares et de sémaphores. — Guetteurs, pilotes douaniers, etc.)			
Traitements d'Europe.	1.601 francs et au-dessus	1 40	2 80
	1.401 francs à 1.600 francs....................	1 30	2 60
	1.201 francs à 1.400 francs.	1 20	2 40
	1.001 francs à 1.200 francs	1 00	2 00
	1.000 francs et au-dessous	0 80	1 00

N° 6. — ARRÊTÉ *rapportant, à dater du 1er janvier 1891 celui du 8 février 1889, relatif à la solde et aux accessoires de solde.*

22 juin 1890.

Article premier. — Le budget des dépenses de l'exercice 1891 pour la Cochinchine, l'Annam, le Tonkin et le Cambodge, sera établi pour les dépenses de soldes et accessoires de soldes du personnel fixées en francs, en calculant la piastre au taux fixe de 5 francs.

Art. 2. — Un paragraphe spécial sera prévu sous la rubrique *bonification de change* à l'article personnel de chaque chapitre.

Le montant de ce paragraphe sera égal à 25 °/₀ du total des sommes prévues au chapitre pour les soldes et accessoires de solde du personnel.

Art. 3. — Les soldes et accessoires de solde de tout le personnel seront payés uniformément au taux du trésor.

Art. 4. — Le budget des recettes de l'exercice 1891, sera établi pour l'Annam, le Tonkin et le Cambodge, en calculant la piastre au taux fixe de 4 francs, et pour la Cochinchine sur la même base que le budget des recettes de l'exercice précédent.

Art. 5. — Le Lieutenant-gouverneur, les Résidents supérieurs au Tonkin, en Annam et au Cambodge, et le Commissaire général, chef des services administratifs de l'Annam et du Tonkin, sont chargés, chacun en ce qui le concerne, de l'exécution du présent arrêté.

PIQUET.

Spiritueux. — VOY.: Alcools.

Stations météorologiques. — VOY : Météorologie.

Successions vacantes.

N° 1. — INSTRUCTIONS *ministérielles relatives au service des dépôts et des successions.*

8 octobre 1886.

Ainsi que l'a prescrit ma circulaire du 12 décembre dernier, sous le timbre de la division *des fonds et de la comptabilité*, toutes les sommes d'argent que les postes diplomatiques et consulaires ont à faire parvenir en France, à destination de particuliers, de la caisse des dépôts et consignations et d'autres administrations, doivent être transmises au moyen d'opérations d'écritures et de l'envoi à l'agent comptable du Département, de *quittances d'ordre* détachées du registre des recettes budgétaires et de trésorerie. Il est, d'ailleurs, interdit d'envoyer par traites distinctes pour chaque affaire, les fonds déposés dans les caisses des chancelleries.

En même temps qu'ils adressent à l'agent comptable la *quittance d'ordre* représentant le montant d'un dépôt, les chefs de poste sont tenus de rendre compte par lettre spéciale portant le timbre de la *Direction des affaires commerciales et consulaires, Sous-Direction des affaires de chancellerie*, de la gestion de chaque affaire ; les lettres de cette nature doivent être accompagnées des pièces suivantes :

1° Un compte de liquidation dûment certifié et présentant le relevé détaillé de toutes les recettes et de toutes les dépenses faites à l'occasion de l'affaire ;

2° Les pièces justificatives des dépenses effectuées, reçus des parties prenantes, quittances à souche afférentes aux droits de chancellerie ; le cas échéant, déclarations destinées à tenir lieu de récépissé ;

3° Un état de versement, en double exemplaire, établi conformément aux indications fournies par le spécimen qui se trouve ci-joint ;

4° Tous les documents et renseignements nécessaires pour faciliter le contrôle des opérations effectuées, et pour mettre le Département ou la caisse des dépôts et consignations en mesure de ne faire la remise des fonds qu'aux véritables ayants-droit ; il y a lieu, notamment, lorsque les fonds proviennent d'une succession définitivement réglée par l'autorité étrangère, de faire parvenir une expédition ou un extrait authentique de l'acte constatant le partage.

Je vous prie, Monsieur, de vouloir bien veiller à ce que votre poste se conforme exactement aux instructions qui précèdent. Je profite, d'ailleurs, de cette occasion pour rappeler, en ce qui concerne le service des dépôts et successions, différentes règles à l'observation rigoureuse desquelles je vous recommande tout particulièrement de tenir la main.

I. — Toutes les sommes d'argent qui passent entre les mains des agents du service extérieur du Département, en raison de leurs fonctions (fonds provenant de successions, de recouvrement de créances, etc.), doivent être versées dans la caisse de la chancellerie, et enregistrées dans les conditions spécifiées par l'ordonnance du 24 octobre 1833 sur les dépôts, ainsi que par l'instruction de comptabilité du 20 octobre 1880.

II. — Les chefs de poste sont tenus de faire parvenir *le plus promptement possible*, au Ministère des affaires étrangères, toutes les informations recueillies par eux relativement aux successions des Français morts à l'étranger; ils doivent, toutes les fois qu'ils le peuvent, transmettre avec ces renseignements: 1° une expédition ou une traduction de l'acte de décès du défunt, en ayant soin d'indiquer le lieu de sa naissance ou de son ancien domicile en France, afin que l'on puisse faire rechercher immédiatement ses héritiers; s'il y a impossibilité matérielle de se procurer un acte de décès régulier, il y a lieu d'y suppléer soit par un acte de notoriété pouvant en tenir lieu, soit par une déclaration des autorités locales servant au moins de commencement de preuve par écrit; 2° une copie régulière du testament, s'il en a été trouvé un; 3° une copie ou une traduction régulière de l'inventaire des valeurs mobilières ou des immeubles, ou, s'il n'est pas possible de se procurer cette dernière pièce, un état approximatif de l'actif et du passif de la succession; 4° une copie du procès-verbal de vente des effets inventoriés; 5° tous les documents qui peuvent être utiles au Département pour contrôler la liquidation et renseigner les intéressés (ordonnance du 23 octobre 1833, article 2, circulaires du 1er janvier 1837 et du 22 juin 1858). Il est à noter que les différentes expéditions ou copies qui viennent d'être mentionnées ne doivent pas être soumises aux taxes du tarif lorsqu'elles sont établies en chancellerie, attendu qu'il s'agit de documents dressés dans un intérêt administratif; il convient, d'ailleurs, que les agents fassent ce qui dépend d'eux pour les obtenir gratuitement, lorsqu'elles sont délivrées par l'autorité locale.

III. — Il y a lieu d'attendre les instructions du Département pour transmettre en nature les objets ou effets provenant de successions, qui ne peuvent être vendus sur les lieux ou qui sont considérés comme présentant un intérêt d'affection pour les familles (circulaire du 22 juin 1858).

IV. — Les successions maritimes (marins et passagers) sont réglées dans les conditions déterminées par les dispositions spéciales sur la matière, notamment par l'ordonnance du 29 octobre 1833 (articles 16, 38 et 39), et par la circulaire du 31 août 1848. Le produit est transmis conformément aux prescriptions de la circulaire précitée du 12 décembre 1885.

Je vous serai obligé, Monsieur, de faire transcrire la présente circulaire sur les registres de votre chancellerie. J'en adresse directement un exemplaire à MM. les vice-consuls rétribués.

de FREYCINET.

N° 2. — ARRÊTÉ *relatif aux successions des officiers sans troupe, fonctionnaires, employés ou agents de la marine, officiers, sous-officiers et soldats des troupes de la marine.*

20 août 1887.

Modifié par arrêté du 11 novembre 1888.

N° 3. — ARRÊTÉ *chargeant les services administratifs de la liquidation des successions des fonctionnaires et agents civils du Protectorat.*

11 novembre 1888.

Article premier. — Les successions des fonctionnaires et agents civils du Protectorat, seront liquidées par les soins des services administratifs, d'après les lois et ordonnances en vigueur en Cochinchine.

Art. 2. — Les biens vacants des particuliers seront seuls désormais administrés par un curateur désigné par les tribunaux du lieu du domicile du défunt, qui demeureront responsables vis-à-vis le Protectorat de la gestion des successions.

Art. 3. — M. le Résident général en Annam et au Tonkin, et M. le chef des services administratifs sont chargés, chacun en ce qui le concerne, de l'exécution du présent arrêté.

RICHAUD.

N° 4. — ARRÊTÉ *promulguant au Tonkin le décret du 14 mars 1890 sur l'administration des biens et successions vacants.*

30 mai 1890.

Article premier. — Le décret du 14 mars 1890, rendant applicables à toutes les colonies les dispositions du décret du 27 janvier 1855, portant règlement d'administration publique sur l'administration des successions et biens vacants dans les colonies de la Martinique, de la Guadeloupe et de la Réunion, est promulgué dans toute l'étendue de l'Indo-Chine.

Art. 2. — Le Lieutenant-gouverneur de la Cochinchine, les Résidents supérieurs au Tonkin, en Annam et au Cambodge, et le Procureur général, chef du service judiciaire, sont chargés, chacun en ce qui le concerne, de l'exécution du présent arrêté

PIQUET.

N° 5. — DÉCRET *rendant applicable au Tonkin celui du 27 janvier 1855, sur l'administration des biens et successions vacants, et modifiant certaines de ses dispositions.*

14 mars 1890

Article premier. — Les dispositions du décret du 27 janvier 1855, portant règlement d'administration publique sur l'administration des successions et biens vacants dans les colonies de la Martinique, de la Guadeloupe et de la Réunion, sont rendues applicables, à partir de la promulgation du présent décret, à toutes les colonies de la République française.

Art. 2. — Les articles 1er, 12, 19, 26, 44 et 46 dudit décret sont modifiés et complétés ainsi qu'il suit :

« Art. 1er. — Dans toutes les colonies de la République française, les fonctions de curateur d'office sont remplies, dans chaque arrondissement judiciaire, par un receveur de l'enregistrement désigné par le Ministre du commerce, de l'insdustrie et des colonies.

« Dans les colonies où il n'existe pas de receveurs de l'enregistrement, les fonctions de curateur d'office sont remplies par un conservateur des hypothèques ou, à son défaut, par tout autre fonctionnaire désigné par le ministre, sur la proposition du Gouverneur.

« Art. 12. — L'ouverture de toute succession réputée vacante est publiée sans frais, à la diligence du curateur, dans le *Journal officiel*, et, à défaut du *Journal officiel*, au moyen d'affiches apposées dans la colonie où la succession s'est ouverte.

« Cette publication a lieu dans la semaine d'ouverture de la succession.

« La même publication invite les créanciers de la succession à produire leurs titres, soit au curateur, soit au notaire chargé de dresser l'inventaire des biens.

« Art. 19. — Si les intérêts de la succession exigent que les immeubles soient mis en vente, en tout ou partie, cette vente ne peut avoir lieu que par autorisation de justice, rendue contradictoirement avec le ministère public et portant désignation expresse de ces immeubles.

« Les mêmes formalités sont observées lorsqu'il y a lieu de procéder à la vente de titres ou valeurs négociables.

« Ces titres et valeurs ne peuvent être vendus que par le ministère soit d'un agent de change ou d'un courtier de commerce, et au cours de la place, soit par le ministère d'un notaire ou, à défaut, d'un greffier, aux enchères publiques.

« Art. 26. — A l'expiration de la cinquième année de l'administration du curateur, s'il ne s'est présenté aucun ayant-droit, l'administration des domaines entre en possession provisoire des successions gérées par la curatelle. La publicité prévue par l'article 770 du code civil sera réputée suffisante lorsque, à défaut de journal officiel dans la colonie, les trois affiches auront été apposées, conformément à la loi, dans le ressort de l'ouverture de la succession.

« Art. 44. — Il est formé dans chaque arrondissement judiciaire un conseil de curatelle composé ainsi qu'il suit :

« Au chef-lieu judiciaire de la colonie, d'un conseiller à la cour d'appel, président, du procureur de la République et d'un délégué du chef de l'administration intérieure.

« Dans tous les autres arrondissements, du procureur de la République, président, d'un juge et d'un fonctionnaire désigné par le gouverneur.

« Le conseiller et le juge faisant partie du conseil de curatelle sont désignés au commencement de chaque année judiciaire, par les présidents de la cour et du tribunal.

« Dans les colonies où il serait impossible de constituer le conseil de curatelle dans les conditions indiquées ci-dessus, le magistrat ou le fonctionnaire chargé de rendre la justice en exercera les attributions.

« Art 46. — Le conseil de curatelle se réunit toutes les fois que le besoin l'exige, sur la convocation du président et du secrétaire.

« Les procès-verbaux de ses séances sont consignés sur un registre spécial signé du président.

« Les fonctions de secrétaire sont remplies par le greffier ou un commis greffier du tribunal. »

Art. 3. — Le président du conseil, ministre du commerce, de l'industrie et des colonies, est chargé de l'exécution du présent décret, qui sera inséré au *Journal officiel de la République française*, au *Bulletin des lois* et au *Bulletin officiel de l'administration des colonies*.

CARNOT.

N° 6. — DÉCRET *sur l'administration des successions vacantes dans les colonies.*

27 janvier 1855

TITRE PREMIER.

De l'administration des successions et biens vacants, et des devoirs des officiers publics en ce qui concerne cette administration.

CHAPITRE PREMIER

Des curateurs d'office et de leurs attributions

Article premier. — *Modifié par décret du 14 mars 1890.*

Le receveur de l'île Saint-Martin (Guadeloupe) est investi des mêmes fonctions dans cette dépendance.

Art. 2. — Ces receveurs exercent toutes les attributions conférées par la législation coloniale aux curateurs d'office.

En conséquence, ils ont l'administration de tous les intérêts et de tous les biens attribués à la curatelle par cette législation.

Ils exercent et poursuivent les droits des parties intéressées qu'ils représentent.

Ils répondent aux demandes formées contre elles.

Le tout à la charge de rendre compte à qui il appartiendra.

Art. 3. — Les receveurs investis de la curatelle fournissent un cautionnement pour garantie de leur gestion envers les ayants droit.

Ce cautionnement peut être fourni en numéraire ou en immeubles. La quotité en est déterminée par arrêté du gouverneur, sous l'approbation de notre ministre de la marine et des colonies. Le cautionnement en immeubles doit être d'une valeur double du cautionnement en argent.

Sont applicables aux cautionnements fournis en numéraire et en immeubles par les curateurs, les règles et formalités prescrites en matière de cautionnements, pour les receveurs de l'enregistrement et les conservateurs des hypothèques.

Art. 4. — Le cautionnement subsiste et conserve son affectation jusqu'à la décision qui décharge définitivement le curateur de sa gestion.

Art. 5. — Le curateur ne peut se dispenser de poursuivre la rentrée des sommes dues aux personnes qu'il représente et aux successions remises en ses mains, qu'en justifiant de l'insolvabilité des débiteurs, ou des autres causes qui s'opposent aux poursuites. Toutefois, avant d'engager aucune action en justice, il doit se faire autoriser par le conseil de curatelle institué par le présent décret.

Cette autorisation n'est pas nécessaire à l'égard des actes purement conservatoires.

Art. 6. — Lorsque le curateur agit sans l'autorisation du conseil de curatelle, dans les cas indiqués au second paragraphe de l'article précédent, les frais qui retomberaient à la charge de la succession ou des parties qu'il représente, par suite de l'insolvabilité de la partie adverse, peuvent être mis à la charge personnelle de cet administrateur.

Art. 7. — Lorsque la valeur des biens gérés par le curateur ne s'élève pas au delà de deux cents francs, il ne lui est rien alloué à titre de vacations ou d'indemnités.

Lorsque cette valeur excède deux cents francs, il est alloué au curateur, indépendamment de ses déboursés, pour tous droits, vacations et indemnités, une remise dont le taux est réglé d'après l'importance des intérêts qu'il a gérés, et eu égard aux soins que la curatelle a exigés.

Ces honoraires sont taxés par le jugement ou l'arrêt annuel d'apurement dont il sera parlé plus bas.

Art. 8. — Dans toutes les opérations où sa présence est nécessaire, le curateur peut se faire représenter par un commis dont il demeure responsable.

Le curateur et le commis prêtent serment devant le tribunal de première instance.

Art. 9. — Le curateur est responsable des fautes qu'il commet dans son administration. Cette responsabilité se détermine d'après les règles posées au titre XIII, chapitre II du livre III du code civil.

Toutefois, il ne répond que des actes de sa gestion personnelle ou de celle de son commis.

Art. 10. — La gestion du curateur prend fin :

1° Par la remise de la succession, soit aux héritiers dont les droits ont été reconnus, soit au domaine;

2° Par la liquidation entièrement effectuée de l'actif de la succession;

3° Par la remise aux ayants droit des biens et valeurs qu'il a administrés en leur nom.

CHAPITRE II.

Obligation des curateurs lors de l'ouverture d'une succession

Art. 11. — Aussitôt que le curateur a eu connaissance d'un décès autre que celui d'un fonctionnaire ou agent civil ou militaire, et qu'il ne se présente ni héritier, ni légataire universel, ni exécuteur testamentaire, il provoque immédiatement l'apposition des scellés, si elle n'a déjà été opérée.

Art. 12. — *Modifié par décret du 4 mars 1890.*

Art. 13. — Dans les huit jours de l'apposition des scellés, le curateur fait procéder à leur levée et à la constatation, par un inventaire, de l'état de la succession.

S'il y a lieu de présumer, avant la levée des scellés, que la succession consiste uniquement en valeurs mobilières, et que ces valeurs ne s'élèvent pas à 1.000 francs, il en est dressé, par le juge de paix, un état descriptif qui tient lieu d'inventaire, et l'estimation des objets décrits dans ce procès-verbal est faite par le greffier qui assiste à l'opération.

Art. 14. — Tout inventaire commence par l'examen des papiers, à l'effet de connaître les héritiers absents, s'il y en a, d'avoir les renseignements sur le lieu de leur résidence, et principalement de constater s'il existe ou n'existe pas de testament. Le résultat de ces recherches est constaté dans l'inventaire qui doit contenir, en outre, l'indication et l'évaluation estimative des biens situés dans la colonie, et les autres mentions et formalités exigées par la loi.

Art. 15. — Lorsque les papiers du défunt contiennent des renseignements sur ses héritiers, le curateur, sans attendre la fin des opérations d'inventaire, leur donne immédiatement avis, par lettre inscrite sur son registre de correspondance, de l'ouverture, et autant que possible, des forces et charges de la succession.

Art. 16. — Dans les quinze jours de la clôture de l'inventaire, le curateur adresse au directeur de l'intérieur un état contenant :

1° La date et l'indication du lieu du décès;

2° Les nom, prénoms et qualités du décédé;

3° Le lieu de sa naissance (commune, département);

4° Les noms, prénoms et demeures des héritiers absents, ou les renseignements recueillis à cet égard ;

5° Les noms, prénoms, et demeures des co-associés du défunt, si celui-ci était, de son vivant, en société, avec indication du genre de société ;
6° Les noms et demeures des enfants et du conjoint survivant;
7° Les nom et demeure de l'exécuteur testamentaire ;
8° Les noms et demeures des légataires universels;
9° La date du testament;
10° La date de l'inventaire ou de l'état descriptif;
11° Le montant de l'actif de la succession, avec l'indication des valeurs mobilières, et la désignation et l'évaluation des immeubles;
12° Le montant du passif;
13° Les observations sur la nature de l'actif, faisant connaître si les créances actives paraissent susceptibles de recouvrement.

Cet état est transmis au ministre de la marine et des colonies, par les soins duquel un extrait en est inséré au moniteur et communiqué au ministre de la justice, afin qu'une semblable insertion soit faite, à la diligence du procureur général, dans le journal du département où l'on présume que pourraient se trouver les héritiers.

CHAPITRE III.

Vente du mobilier et des immeubles

Art. 17. — Le curateur peut faire procéder à la vente des effets mobiliers susceptibles de dépérir ou dispendieux à conserver, même avant la clôture de l'inventaire, après y avoir été autorisé par ordonnance du juge.

La vente est faite dans les formes usitées pour les ventes du mobilier de l'État.

Les effets mobiliers des personnes décédées à la campagne peuvent être transportés et vendus au lieu de la résidence du curateur ou au chef-lieu de la commune du lieu du décès, sauf en ce cas, à faire désigner le lieu de la vente par le juge.

Art. 18. — La faculté réservée au curateur par l'article précédent, en ce qui concerne les effets mobiliers, ne s'étend pas aux bestiaux, instruments et ustensiles mobiliers, servant à l'exploitation d'un domaine ou d'une manufacture, aux matières d'or ou d'argent et aux valeurs désignées en l'article 529 du code civil.

Art. 19. — *Modifié par décret du 14 mars 1890.*

Art. 20. — Les propriétés d'une valeur inférieure à 3. 000 francs peuvent être vendues aux conditions et dans les formes réglées par le juge.

Art. 21. — Il est interdit au curateur de se rendre adjudicataire, directement ou indirectement, d'aucuns meubles ou immeubles et d'aucunes valeurs dépendant des biens qu'il administre, à peine de restitution des objets illégalement acquis, et, s'il y a lieu, de tous dommages-intérêts.

CHAPITRE IV.

Obligations des divers fonctionnaires en ce qui concerne les successions vacantes

Art. 22. — En recevant la déclaration de tout décès, l'officier de l'état civil est tenu de s'informer si les héritiers du défunt sont présents ou connus. En conséquence, les aubergistes, hôteliers, locataires, toutes les autres personnes chez lesquelles est décédé un individu dont les héritiers sont absents ou inconnus, doivent, à peine de tous dépens et dommages-intérêts envers qui de droit, fournir à cet égard à l'officier de l'état civil, tous renseignements qui peuvent être à leur connaissance, et lui déclarer en même temps si le défunt a laissé ou non des sommes d'argent, des effets mobiliers ou des papiers dans la maison mortuaire.

Art. 23. — S'il résulte des informations recueillies que les héritiers du décédé ne sont ni présents ni connus, l'officier de l'état civil en donne sur-le-champ avis au procureur de la République, au juge de paix et au curateur du lieu du décès.

Il leur transmet en même temps les indications qui ont pu lui être fournies sur les objets délaissés par le défunt.

Art. 24. — Si le décès a eu lieu dans un hôpital, le directeur de cet établissement doit, sous la même responsabilité, en transmettre l'avis, avec les renseignements et déclarations ci-dessus indiqués, à l'officier de l'état civil et au curateur.

Art. 25. — Si le décédé est un fonctionnaire ou un agent civil ou militaire, toute personne chez laquelle le décès a eu lieu, tout directeur d'hôpital, doivent transmettre les avis, renseignements et déclarations mentionnés en l'article 22, à l'officier de l'état civil et à l'officier d'administration de la marine chargé des revues, lequel procède à l'apposition des scellés et administre la succession suivant les formes et règles spéciales déterminées par les lois et ordonnances de la marine.

CHAPITRE V.

Remise des successions au domaine, et vente des biens non réclamés qui en dépendent.

Art. 26. — *Modifié par décret du 14 mars 1890*

Art. 27. — Dans les quatre premiers mois de chaque année, le curateur dresse l'état de situation de toutes les successions non liquidées, dont l'ouverture remonte à cinq années, et qui n'ont été réclamées par aucun ayant droit ni par le domaine.

Cet état est adressé par le curateur au procureur de la République et au chef de l'administration intérieure.

Il contient:

1° Les nom, prénoms, profession et demeure du défunt;
2° La date du décès;
3° Le montant des recettes réalisées;
4° Le montant des dépenses;
5° Le détail des créances à recouvrer, avec indication du nom des débiteurs;
6° La désignation détaillée des immeubles invendus, avec indication de leur valeur;
7° Le montant des dettes et charges de la succession.

Art. 28. — Sur la demande du curateur, s'il est encore saisi, le tribunal autorise, s'il y a lieu, la vente par adjudication publique des biens meubles et immeubles, créances et valeurs de toute nature appartenant aux successions ouvertes depuis plus de cinq ans, et non liquidées ni réclamées.

TITRE II

Comptabilité des biens et successions vacants

CHAPITRE PREMIER

Registres et sommiers. — Versements au trésor et paiement des dépenses.

Art. 29. — Le curateur doit tenir les registres ci-après désignés:

1° Un sommier de consistance ;
2° Un registre journal de recettes et de dépenses;
3° Un sommier ou grand livre du compte ouvert.

Ces registres sont cotés et paraphés par le président du tribunal de première instance de l'arrondissement.

Dans la partie française de l'île Saint-Martin, cette formalité est remplie par le juge de paix.

Art. 30. — A la fin de chaque mois, le curateur fait dépôt, à la caisse du trésorier de la colonie, du montant intégral des recettes qu'il a effectuées pendant le mois.

Art. 31. — Les payements à faire par le curateur à la décharge des liquidations qu'il administre sont opérés, savoir : s'il s'agit de dépenses courantes, sur état ou mémoires des parties prenantes, certifiés par le curateur et taxés par le juge de paix du lieu ; s'il s'agit de créances passives, sur la production des titres.

Lorsqu'il y a lieu à distribution par ordre ou contribution, le curateur ne paie que sur le bordereau de collocation ou mandatement régulièrement délivrés.

Art. 32. — Il est interdit au curateur, sous peine de devenir personnellement responsable des sommes engagées, de faire aux liquidations qui n'ont pas de fonds réalisés des avances sur les fonds des autres liquidations.

Il est pourvu à celles de ces dépenses qui sont reconnues indispensables conformément aux dispositions du chapitre IV du présent titre.

Art. 33. — Aucun envoi en France de fonds appartenant à une succession ne peut être fait pendant la durée de l'administration du curateur, si ce n'est en vertu d'autorisation de justice.

Aucune partie de ces mêmes fonds n'est remise aux héritiers présents ou représentés avant qu'ils aient repris la succession des mains du curateur.

Lorsque le curateur se trouve déchargé, aux termes de l'article 10, par la liquidation entièrement effectuée de l'actif d'une succession, les fonds déposés à la caisse du trésorier de la colonie peuvent, sur la demande des familles domiciliées en Europe, et en vertu des ordres du ministre de la marine, être remis en France à la caisse des dépôts et consignations.

Art. 34. — La forme et la tenue des registres du curateur et le mode de comptabilité de la curatelle avec le trésor colonial, sont réglées par un arrêté du ministre de la marine et des colonies.

CHAPITRE II.

Surveillance administrative et apurement des comptes des curateurs.

Art. 35. — Les employés supérieurs de l'enregistrement vérifient chaque année, dans toutes ses parties, la gestion du curateur.

Un extrait de leur rapport est transmis au procureur général.

Art. 36. — Le procureur général et le procureur de la République sont spécialement chargés de la surveillance de la curatelle. A cet effet, ils peuvent se faire représenter, sur récépissé, toutes pièces et tous registres, et se transporter au besoin dans les bureaux du curateur et s'y livrer à toutes les investigations qu'ils jugent convenables.

Art. 37. — Dans les trois premiers mois de chaque année, le curateur présente au tribunal de première instance son compte de gestion pour l'année précédente.

Ce compte est déposé au greffe du tribunal et accompagné d'un inventaire sommaire, en double expédition, des pièces produites, et pour l'un desquels le greffier donne son reçu. Mention de cette remise est faite, à sa date, sur un registre d'ordre tenu au greffe à cet effet.

En cas de négligence dans la remise au greffe des comptes d'une ou de plusieurs liquidations dont le curateur est saisi, celui-ci peut être condamné à une amende de 100 à 500 francs.

L'amende est prononcée par le tribunal chargé de l'apurement des comptes, soit d'office, soit sur la réquisition du ministère public.

Art. 38. — Indépendamment des pièces indiquées à l'article précédent, l'extrait du rapport mentionné à l'article 35 est produit au tribunal chargé d'apurer les comptes du curateur.

Art. 39. — Le tribunal statue sur ces comptes dans les deux mois du dépôt fait au greffe.

Le jugement est rendu au rapport d'un juge et sur les conclusions du ministère public.

Le curateur peut, dans les trois mois, se pourvoir par requête devant la cour d'appel, qui prononce en la même forme et dans la même délai.

Les comptes du curateur apurés par les tribunaux ne peuvent être attaqués par les ayants droit et par le directeur de l'administration intérieure, que pour erreur de calcul, omission, faux ou double emploi.

Art. 40. — Lorsqu'il est statué, par un jugement collectif, sur plusieurs comptes, le jugement fixe, d'une manière distincte pour chacun d'eux, le montant de la recette et de la dépense, et la situation du curateur vis-à-vis des ayants droit.

Art. 41. — Les décisions annuelles qui statuent sur les comptes du curateur en exercice se bornent à fixer la situation du comptable à la fin de l'année.

Celles qui interviennent lorsque la gestion a pris fin, soit comme il est dit en l'article 10, soit par cessation de fonctions, prononcent seules la décharge définitive du curateur.

Le jugement annuel statue, s'il y a lieu, sur les honoraires acquis au curateur pour les affaires courantes, et le jugement définitif pour celles terminées, le tout sous la réserve portée en l'article 7 ci-dessus.

Art 42. — Toute décision qui rejette, comme non justifiées, des dépenses portées aux comptes du curateur peut, si les justifications sont ultérieurement produites, être de sa part l'objet d'un pourvoi en evision de compt es devant le tribunal qui a rendu la décision

Ce pourvoi est formé par requête déposée au greffe, à laquelle sont jointes les pièces à l'appui. Il est statué conformément à l'article 39.

Art. 43. — Les prescriptions relatives à la présentation des comptes ne peuvent, en aucun cas, être opposées aux ayants droit ou à leurs représentants.

Le curateur est tenu de leur rendre compte à la première réquisition.

CHAPITRE III.

Conseil de curatelle.

Art. 44. — *Modifié par décret du 14 mars 1890.*

Art. 45. — Le conseil de curatelle est chargé d'examiner les questions relatives aux actions à introduire en justice, dans les cas prévus par le deuxième paragraphe de l'article 5 du présent décret.

Ses décisions sont motivées et rendues en forme d'avis. Leur notification au curateur est faite par le président.

Art. 46. — *Modifié par décret du 14 mars 1890*

CHAPITRE IV

Fonds de prévoyance

Art. 47. — Lorsqu'une succession n'a pas de fonds réalisés pour faire face aux dépenses indispensables de son administration, il y est pourvu par le curateur, à l'aide d'un fonds de prévoyance, dans les limites ci-après indiquées.

Des arrêtés du Gouverneur, rendus sur l'avis du conseil de curatelle, fixent à chaque trimestre, et plus souvent, s'il est nécessaire, le montant du fonds de prévoyance à mettre à la disposition du curateur.

Art. 48. — Sur le vu de l'arrêté du gouverneur, les fonds sont délivrés par la caisse coloniale, au fur et à mesure des demandes et contre des mandats du curateur, visés par le président du conseil de curatelle, d'après la justification de l'utilité de la dépense, et en outre par le fonctionnaire chargé de l'ordonnancement des dépenses du service intérieur.

Art. 49. — Les avances faites aux successions par le fonds de prévoyance sont remboursées au trésor par le curateur sur les premières rentrées de chacune des liquidations auxquelles elles ont été appliquées.

L'excédent des dépenses sur les recettes, s'il y en a, est passé au débit des comptes particuliers que ces dépenses concernent, et reste provisoirement, et sous toutes réserves de recouvrement ultérieur, à la charge de la caisse coloniale, qui profite de la déshérence.

Art. 50. — Le curateur tient un compte spécial des dépenses avancées sur le fonds de prévoyance et restant à la fin de chaque année à la charge du trésor colonial. Ce compte est annexé au compte général indiqué au chapitre II du présent titre, et apuré dans les mêmes formes.

Art. 51. — Pour toutes les liquidations de successions mentionnées au paragraphe 1er de l'article 7, la procédure a lieu sans frais, et les actes sont enregistrés en débet, comme en matière d'assistance publique.

Dispositions générales

Art. 52. — Sont abrogées les dispositions des édits, ordonnances, arrêtés et réglements particuliers en vigueur dans lesdites colonies, qui seraient contraires aux dispositions du présent décret.

Sucre.

Nº 1. — ARRÊTÉ *autorisant l'importation en Annam et au Tonkin, des déchets de sucre en tablettes, de provenance chinoise, et fixant le droit d'importation de ce produit.*

27 décembre 1887.

Rapporté par arrêté du 27 juillet 1888.

N° 2. — ARRÊTÉ *rapportant l'autorisation d'importer en Annam et au Tonkin, des déchets de sucre noir de provenance chinoise.*

27 juillet 1888.

Article premier. — L'arrêté du 27 décembre 1887, autorisant l'importation en Annam et au Tonkin des déchets de sucre noir de provenance chinoise, moyennant un droit de 10 p. °/o *ad valorem*, est rapporté.

Art. 2. — Les mélasses désséchées seront admises au titre des mélasses autres que pour la distillation ayant en richesse saccharine moins de 50 p. °/o, suivant les dispositions de l'article 1er du décret du 27 mai 1887.

E. PARREAU.

VOY. : Douanes. — Importation.

T

Tarif des frais de chancellerie

N° 1. — DÉCISION *fixant les droits à percevoir pour les actes de l'état civil, actes judiciaires, etc., etc., établis par les chancelleries des résidences dans l'Annam et le Tonkin.*

10 décembre 1884.

Article premier. — Les actes de l'état civil, ceux relatifs aux juridictions civile, commerciale, criminelle, etc., les actes notariés ou relatifs à la navigation, les actes administratifs et divers, dressés par les chancelleries des résidences au Tonkin et dans l'Annam, donneront lieu à la perception des droits fixés dans le tarif ci-après, au profit du trésor du Protectorat. (1).

Art. 2. — Pour la taxation par rôle, on comptera un rôle par chaque feuillet, recto et verso, comprenant au moin 25 lignes à la page et douze syllabes à la ligne.

Art. 3. — Les Résidents sont autorisés, sous leur responsabilité personnelle, à délivrer gratuitement des actes de leur chancellerie aux personnes qu'ils reconnaîtraient admissibles à l'assistance.

Il n'y aura, non plus, lieu à aucune perception: 1° Pour la minute des actes de l'état civil; 2° Pour la transcription ou la mention sur les registres des actes de reconnaissance d'enfants naturels, des jugements rectificatifs des actes de l'état civil et des jugements prononçant l'adoption; 3° Pour les contrats accessoires compris dans le même acte que le contrat principal, ce dernier restant seul passible du droit entier; 4° Pour la minute des actes dressés dans les vacations; 5° Enfin pour tous les actes rédigés d'office.

Art. 4. — Les droits à percevoir au titre des chancelleries seront versés au trésor par les redevables, au moyen d'un ordre de versement établi par le Résident, et préalablement à toute remise d'aucun titre. Dans les résidences où n'existe pas d'agent du trésor, la caisse des recettes de la chancellerie sera tenue par le secrétaire faisant fonctions de chancelier, sous le contrôle du Résident, qui en fera opérer le versement au trésor, sur un état décompté et détaillé, à la fin de chaque mois.

Art. 5. — Il sera tenu, dans chaque résidence, un registre des droits perçus, coté et paraphé, arrêté à la fin de chaque année, et dont copie certifiée sera adressée à la direction des affaires civiles et politiques avant le 1er février.

Ce registre contiendra l'inscription de chaque perception, par ordre de dates et de numéros, avec l'indication de l'article du tarif qui l'autorise, l'énoncé sommaire de l'acte qui y a donné lieu, et les noms, qualités et nationalités des requérants.

Les actes délivrés gratuitement ou sans frais y seront également mentionnés pour mémoire, mais avec indication, dans la colonne des observations, du motif de la gratuité.

Art. 6. — Il sera fait mention, sur les minutes et sur chaque expédition des actes, du montant du droit acquitté, de l'article du tarif qui l'autorise, ainsi que du numéro de la quittance du trésor.

Lorsque les actes seront délivrés sans frais ou gratuitement, mention expresse en sera faite également.

Art. 7. — Le directeur des affaires civiles et politiques est chargé de l'exécution de la présente décision, qui sera exécutoire provisoirement, en attendant l'approbation par le Département.

G. LEMAIRE.

(1) Voir le tarif au Bulletin officiel du Protectorat, année 1884, page 550.

Tarif des frais de justice. — VOY. : Droits de greffe

Télégraphe

N° 1. — DÉCISION *ouvrant le réseau télégraphique civil du Tonkin aux correspondances privées et fixant les taxes.*

17 avril 1884.

Article premier. — Les dépêches privées, présentant les caractères énoncés dans le décret du 8 mai 1867, et empruntant le réseau télégraphique civil du Tonkin pour l'intérieur, seront soumises à une taxe de cinq centimes par mot, sans que le prix du télégramme puisse être moindre que cinquante centimes.

Art. 2. — *Modifié par arrêté du 18 août 1887.*

Art. 3. — Les télégrammes collationnés pourront seuls donner lieu à remboursement dans les conditions prévues par les règlements.

Art. 4. — *Modifié par même arrêté.*

Art. 5. — Le présent tarif sera mis en vigueur à partir de ce jour.

Art. 6. — Les employés du télégraphe sont autorisés à prêter leur concours aux expéditeurs pour la rédaction des télégammes, sans qu'il puisse en résulter pour l'Administration aucune responsabilité.

Art. 7. — Le Directeur des affaires civiles et politiques est chargé de l'exécution du présent arrêté, qui sera enregistré et publié partout où besoin sera (1).

MILLOT.

N° 2. — AVIS *de l'ouverture du câble sous-marin entre Hong-kong et le Tonkin, et fixant la taxe à percevoir*

9 septembre 1884.

Le câble sous-marin immergé par la compagnie *Eastern-extension*, entre Haiphong et Hong-kong, le 15 juin 1884, est ouvert à la correspondance télégraphique privée à dater du 9 septembre 1884. — La taxe par cette voie, entre le Tonkin et Hong-kong, est de 3 fr. 25 cents par mot.

N° 3. — DÉCISION *relative à l'ouverture de la voie du câble télégraphique sous-marin aux corespondances officielles et privées, et fixant les taxes à percevoir.*

17 février 1884.

Rapportée par arrêté du 29 septembre 1884.

N° 4. — DÉCISION *rapportant l'arrêté du 17 février 1884, en ce qui concerne la traduction des taxes en cents, pour l'envoi des correspondances officielles et privées par le câble.*

29 septembre 1884.

Article premier. — L'arrêté du 17 février 1884, en ce qui concerne la traduction des taxes en cents, pour l'envoi des correspondances officielles et privées par le câble, est rapporté.

(1) Voir plus loin, arrêté du 18 août 1887, complétant le présent.

Art. 2. — Les taxes à percevoir pour le compte des câbles français, par chaque mot des dépêches privées, sont fixées comme ci-après :

De Haiphong à Thuan-an.......... 0 fr. 35 c.
De Thuan-an au cap St-Jacques.......... 0 fr. 60 c.
De Haiphong au cap St-Jacques.......... 1 fr. 10 c.

Art. 3. — La taxe terminale de l'Annam et du Tonkin est fixée à 0 fr. 15 centimes par mot. Elle est perçue aussi bien pour les dépêches déposées dans les bureaux de Haiphong et Thuan-an, que pour celles déposées dans les bureaux de l'intérieur.

Art. 4. — Les tarifs sont fixés d'après les règlements de la convention internationale signée à St-Pétersbourg le 10/22 juillet 1875 et de la revision de Londres du 28 juillet 1879.

Art 5. — Les taxes à percevoir pour les télégrammes officiels seront calculées d'après l'article 11 de la convention du 27 novembre 1883, en tenant compte de la réduction de moitié accordée sur les lignes de la compagnie *Eastern-extension*, et déduction faite des taxes terminales et de transit de l'Annam et du Tonkin, des câbles français et de la Cochinchine.

Art. 6. — Les soldes de compte entre la Cochinchine et l'Annam et le Tonkin seront transmis directement par l'Administration débitrice au moyen de mandats de trésorerie.

Art. 7. — *Abrogé par arrêté du 17 juin 1887.*

Art. 8. — Le directeur de affaires civiles et politiques est chargé d'assurer l'exécution de la présente décision.

BRIÈRE DE L'ISLE.

N° 5. — DÉCISION *relative à la transmission des télégrammes privés en chiffres secrets.*

10 décembre 1885

Article premier. — A dater de ce jour, les télégrammes privés en chiffres secrets ne seront plus admis sur le réseau ni dans les bureaux télégraphiques de l'Annam et du Tonkin.

Art. 2. — Néanmoins, les télégrammes privés en langage convenu continueront à être acceptés, sous condition que la traduction pourra en être exigée, aussi bien au bureau d'arrivée qu'au bureau de départ.

Art. 3. — Le Directeur des affaires civiles et politiques est chargé de l'exécution de la présente décision.

G. LEMAIRE.

N° 6. — ARRÊTÉ *relatif à la réduction de taxe applicable aux télégrammes destinés à être publiés par les journaux.*

1er septembre 1886.

Article premier. — La déduction de 50 p. 100 sur les télégrammes intérieurs destinés à être publiés par les journaux, sera appliquée à la taxe intégrale dans l'intérieur du Tonkin, et à la taxe terminale pour les dépêches à destination de l'Annam, à partir du 3 septembre 1886.

Art. 2. — Les journaux qui voudront bénéficier de cette réduction devront faire connaître les correspondants chargés de déposer leurs dépêches de presse.

A cet effet une demande, indiquant le nom de chacun des correspondants, sera adressée par le directeur du journal à la Résidence générale, qui lui fera délivrer un nombre égal d'autorisations spéciales.

Ces autorisations seront revêtues de la signature du directeur du journal et de celle du correspondant. Elles devront être produites au moment du dépôt d'une dépêche de presse, et l'agent de service pourra exiger le reproduction de la signature du déposant comme constatation d'identité.

Toute irrégularité et tout abus dans l'usage de ces autorisations, en entraînerait le retrait immédiat et aurait pour conséquence l'application du tarif normal aux dépêches irrégulièrement expédiées.

Art. 3. — Les dépêches de presse admises à la réduction seront rédigées en langage clair. Le langage chiffré ou convenu est absolument interdit.

Elles ne pourront être adressées par le correspondant qu'au journal désigné par l'autorisation.

Elles ne devront contenir que des informations destinées à être publiées dans le journal, à l'exclusion de toute communication en provenance ou à destination de tiers. Une infraction sur ce point aurait pour résultat le retrait de l'autorisation donnée au journal pour l'envoi de ses dépêches à tarif réduit.

Art. 4. — La transmission des dépêches de presse, déposées dans les conditions ci-dessus, sera soumise à toutes les règles applicables à la correspondance ordinaire.

La taxe des dépêches devra être immédiatement versée.

Art. 5. — Le Résident supérieur au Tonkin et le chef du service des postes et télégraphes sont chargés, chacun en ce qui le concerne, de l'exécution du présent arrêté.

PAUL BERT.

N° 7. — ARRÊTÉ *fixant la composition du personnel du câble.*

17 juin 1887.

Article premier. — Le personnel du câble comprend un contrôleur et des commis chargés d'assurer la transmission des télégrammes par les voies sous-marines.

Ces agents font partie du cadre local. Ils relèvent comme tels du directeur des postes et télégraphes.

Art. 2. — Est abrogé l'article 7 de l'arrêté du 29 septembre 1884.

Art. 3. — Le directeur des postes et télégraphes est chargé de l'exécution du présent arrêté.

G. BIHOURD

N° 8. — ARRÊTÉ *fixant la taxe des télégrammes en Annam et au Tonkin.*

18 août 1887.

Article premier. — La taxe des télégrammes privés échangés, soit entre les bureaux de l'Annam, soit entre les bureaux du Tonkin, est fixée à cinq centimes par mot, avec minimum de cinquante centimes par télégramme.

Art. 2. — La taxe des télégrammes échangés par les voies terrestres entre les bureaux du Tonkin et ceux de l'Annam, est fixée à dix centimes par mot, avec minimum de deux francs par télégramme.

Art. 3. — Les règles adoptées en France dans le service intérieur seront applicables en Annam et au Tonkin, sauf les modifications qui pourraient y être apportées par règlement administratif.

Art. 4. — Il sera toujours demandé au domicile du destinataire un récépissé des télégrammes remis.

Art. 5. — Les dispositions contraires au présent arrêté sont rapportées.

Art. 6. — Le directeur des postes et télégraphes est chargé de l'exécution de la présente décision.

G. BIHOURD.

N° 9. — ARRÊTÉ *relatif à la prestation de serment des agents du service des postes et télégraphes* (1).

13 janvier 1888.

N° 10. — ARRÊTÉ *instituant un cours de télégraphie pratique à l'usage des asiatiques, à Saigon et à Hanoi.*

11 avril 1888.

Article premier. — L'ancien cours de télégraphie à l'usage des asiatiques est rétabli à Saigon et à Hanoi, il sera complété par un cours pratique sur le service des postes

Art. 2. — *Modifié par arrêté du 3 septembre 1889, publié ci-après.*

Art. 3. — Des examens auront lieu tous les 3 mois. Les candidats reconnus aptes à remplir les fonctions de télégraphistes, seront nommés employés auxiliaires au traitement annuel de 800 francs.

Art. 4. — Les candidats qui, après 6 mois de cours, n'auront pas satisfait à l'examen de sortie, seront licenciés.

(1) Cet arrêté n'a pas été publié dans le Moniteur du Protectorat. Voir le texte V° *Postes*.

Art. 5. — Une indemnité dont le chiffre sera déterminé par arrêté, sera allouée aux professeurs après les examens de sortie.

Art. 6. — Le Secrétaire général de l'Indo-Chine et le Directeur général des postes et télégraphes sont chargés, chacun en ce qui le concerne, de l'exécution du présent arrêté.

CONSTANS.

N° 11. — ARRÊTÉ *modifiant l'art. 2 de celui du 11 avril 1888, instituant un cours de télégraphie à l'usage des asiatiques.*

3 septembre 1889.

Article premier. — L'article 2 de l'arrêté susvisé du 11 avril 1888 est modifié ainsi qu'il suit :

« Chaque élève recevra, pendant son stage, une indemnité mensuelle de trente francs. »

Art. 2. — Le Résident supérieur au Tonkin et l'Inspecteur, chef du service des postes et télégraphes en Annam et au Tonkin, sont chargés, chacun en ce qui le concerne, de l'exécution du présent arrêté.

PIQUET.

N° 12. — ARRÊTÉ *instituant à Haiphong un cours théorique et pratique de maniement d'appareils télégraphiques.*

31 octobre 1889.

Article premier. — Un cours théorique et pratique de maniement des appareils *Recorder* et *Mirvir*, est institué à Haiphong.

Art. 2. — Le contrôleur du câble est chargé de la direction du cours.

Art. 3. — Les agents qui suivront ce cours seront à la désignation de l'Inspecteur chef du service des postes et des télégraphes, et choisis parmi les mieux notés des commis du cadre métropolitain et du cadre local.

Art. 4. — Ces agents seront affectés au bureau des postes et télégraphes à Haiphong.

Art. 5. — Tous les six mois, le 30 juin et le 31 décembre, une commission composée de :

Un sous-inspecteur des Postes et Télégraphes, Président ;

Le contrôleur du câble et le receveur de Haiphong, *membres*, se réunira à l'effet de juger des aptitudes des agents.

Art. 6. — La prime de 600 francs par an, qui est allouée aux employés du câble, sera accordée aux agents auxquels la commission aura reconnu les aptitudes nécessaires au maniement des appareils *Recorder* et *Miroir*.

Ces agents, dont le nombre ne pourra dépasser six, formeront une réserve pour le remplacement des employés du câble, en cas d'absence de ceux-ci, soit par congé, soit par suite de maladie.

Art. 7. — Le Résident supérieur au Tonkin est chargé de l'exécution du présent arrêté.

PIQUET.

VOY. : Franchise postale et télégraphique. — Journaux. — Postes. — Sémaphore.

Témoins (Taxe des). VOY. : Droits de greffe. — Tarif des frais de justice.

Territoire français.

N° 1. — ORDONNANCE ROYALE *relative à l'érection en concessions françaises, des territoires de Hanoi, Haiphong et Tourane.*

3 octobre 1888

Article premier. — Les territoires des villes de Hanoi, Haiphong et Tourane sont érigés en concessions françaises et cédés en toute propriété au Gouvernement français par le Gouvernement annamite, qui renonce à tous ses droits sur ces mêmes territoires.

Art. 2. — Les droits acquis antérieurement sont absolument réservés ; ils seront réglés par M. le Gouverneur général de l'Indo-Chine française, en vertu des droits que nous lui déléguons spécialement à cet effet par notre ordonnance royale de ce même jour, laquelle fixe définitivement le droit de possession des Français au Tonkin et en Annam.

Art. 3. — Ces territoires seront limités *conformément aux plans ci-annexés* ; l'abornement du périmètre de ces concessions sera fait par les soins des délégués de M. le Gouverneur général de l'Indo-Chine française et de S. E. le Kinh-luoc : les procès-verbaux dressés après cette opération et contenant la description exacte des terrains concédés et de leurs limites, seront déposés dans les archives de notre Royaume et du Gouvernement général.

La présente ordonnance est rendue exécutoire.

Le Gouverneur général de l'Indo-Chine,
RICHAYD.

Territoire municipal

N° 1. — ARRÊTÉ *déterminant l'étendue du territoire soumis à l'autorité du résident-maire de Hanoi* (1)

14 septembre 1888

Article premier. — La circonscription de la ville de Hanoi comprend le territoire situé en deçà d'une ligne qui, partant de la douane, passera par les points suivants : Blockhaus nord, le Grand-Bouddha, route circulaire de la Citadelle, porte de Sontay jusqu'à la route de Phu-thanh-Hoai, pagode des Corbeaux, pagode de Sinh-tu, route mandarine de Hué, lunette de Hué, digue de la Concession, et aboutira au fleuve Rouge.

Art. 2. — M. le résident-maire de Hanoi est chargé de l'exécution du présent arrêté.

E. PARREAU.

N° 2. — ARRÊTÉ *déterminant les limites de la ville de Hanoi* (2)

Article premier. — Le territoire de la ville de Hanoi est limité : à l'est par l'axe du courant variable du fleuve Rouge ; au nord, à l'ouest et au sud par une ligne passant par les poteaux indicateurs numérotés de 1 à 15, ainsi qu'ils sont figurés sur le plan ci-joint,

Art. 2. — *Position des repères. Direction des limites.*

Le poteau indicateur n° 1 sera placé au nord de la ville de Hanoi et du village de Co-xa, à 900 mètres à l'est du blockaus nord.

Le n° 2 sera placé en dehors, au nu de la porte du blockaus nord. Sa limite figurée par les poteaux n° 1 et 2, sera prolongée à l'ouest du blockaus jusqu'à son intersection avec les bords du grand lac ou Tay-ho.

Le poteau indicateur n° 3 sera placé à 270 mètres à l'est de la pagode de Co-le, sur la rive du lac Tay-ho.

Entre les poteaux n° 2 et 3, la limite suivra avec toutes ses ondulations le pied des talus baignés par le lac de Tay-ho, en y comprenant la presqu'île de la pagode Tran-cuoc.

Le poteau indicateur n° 4 sera placé sur la digue dite « chaussée Parreau, » au point où la petite digue venant de la porte de Son-tay, se rattache à cette chaussée.

Entre les poteaux n° 3 et 4, la limite sera une droite passant par ces deux repères.

Le poteau indicateur n° 5 sera placé à l'angle sud-ouest de la porte de Son-tay.

Entre les poteaux n° 4 et 5, la limite suivra le pied des talus côté de la province de Hanoi.

Les poteaux indicateurs n°s 6, 7, 8, 9, 10 et 11 seront placés sur une ligne droite parallèle à l'axe du Boulevard Gambetta et à 150 mètres de cet axe.

Le poteau n° 6 sera placé au sommet ouest de cette droite et à 340 mètres de l'axe de la route de Phu-thanh-Hoai ; le poteau n° 7 sur le côté est de cette route ; le n° 8 entre la route de Phu-thanh-Hoai et la route mandarine, le n° 9 sur le

(1) Voir le texte de l'arrêté qui suit, fixant définitivement les limites de la ville de Hanoi.

(2) Cet arrêté, inséré au *Journal officiel* du 6 janvier 1890, n° 2, ne porte pas de date.

côté est de la route mandarine, le nº 10 entre la route mandarine et la route de Hué ; le nº 11 sur le côté est de la route de Hué.

Le poteau indicateur nº 12 sera placé sur le côté ouest de la route de l'abattoir, au droit du chemin menant au sud de la concession.

Le poteau nº 13 sera placé à l'intersection de la digue haute du fleuve Rouge et de l'ancien retranchement aboutissant à la porte de Hué, sur la route de Hué.

Le poteau nº 14 sera placé sur la digue haute du fleuve Rouge, au droit de la route menant à l'abattoir.

Le poteau nº 15 sera placé à 20 mètres de l'angle nord-ouest du mur extérieur des dépendances de l'abattoir.

Entre les poteaux nº 12, 13, 14 et 15, la limite suivra le pied des talus de la route et des digues menant à l'abattoir.

Du poteau nº 15, la limite suivra à 20 mètres de distance, et parallèlement, les murs de l'abattoir jusqu'à la rive droite du fleuve Rouge, en la prolongeant perpendiculairement à l'axe du courant.

Art. 3. — Les poteaux indicateurs, surmontés d'une plaque numérotée, indiquant le côté ville et le côté province, seront placés par les soins de la voirie municipale, et les frais résultant de ce travail supportés, moitié par le protectorat moitié, par la ville.

Art. 4. — Dès l'achèvement de ce travail, une commission sera nommée pour constater le bornage et son exactitude comparée aux termes du présent arrêté et aux indications du plan y annexé.

Art. 5. — Le Résident de France, maire de Hanoi, est chargé de l'exécution du présent arrêté.

BRIÈRE.

Nº 3. — ARRÊTÉ *déterminant les limites de la ville de Haiphong.*

20 janvier 1889.

Article premier. — Les limites de la ville de Haiphong sont fixées comme suit, conformément au plan joint au présent arrêté :

Sur la rive droite du Cua-cam. — 1º Le boulevard extérieur figuré au plan ci-joint, depuis son amorce sur le Cua-cam jusqu'à la coupure projetée du Lach-tray.

2º La rive droite de la coupure projetée du Lach-tray, depuis le boulevard extérieur ci-dessus désigné jusqu'au Song-tam-bac.

3º Le boulevard extérieur projeté entre le Song-tam-bac et le Cua-cam, dans le prolongement de la coupure du Lach-tray, à travers les terrains d'Haly.

Sur la rive gauche du Cua-cam. — 1º La voie de communication à établir entre le Cua-cam et le boulevard extérieur du Cua-cam.

2º Le boulevard extérieur de la rive gauche du Cua-cam jusqu'au Vang-chau.

Ce boulevard est projeté à une distance moyenne de 400 mètres de la rive gauche du Cua-cam.

3º Le Vang-chau.

Art. 2. — M. le Résident-maire de Haiphong est chargé de l'exécution du présent arrêté.

E. PARREAU.

VOY. : Conseils municipaux.

Thé. — VOY. : Importation.

Théâtre. — VOY. : Chinois. — Impôts.

Tirailleurs tonkinois

Nº 1. — DÉCRET *portant création de 2 régiments de tirailleurs tonkinois.*

12 mai 1884.

Article premier. — Il est formé au Tonkin, sous la dénomination « corps des tirailleurs tonkinois », deux régiments d'infanterie indigène qui relèvent exclusivement de l'autorité militaire. Ce corps concourt à la défense et à la sécurité intérieure de la colonie.

Art. 2. — Chaque régiment de tirailleurs tonkinois comprend 3 bataillons de 4 compagnies, plus un petit état-major et une section hors rang.

L'état-major du régiment comprend :

1 Colonel ou lieutenant colonel ;
3 Chefs de bataillon ;
1 Capitaine-major ;
1 Lieutenant trésorier ;
1 Lieutenant d'habillement et d'armement.

Le petit état-major et la section hors rang comprennent :

1 Sergent clairon ;
3 Caporaux clairon ;
1 Chef armurier ;
1 Sergent secrétaire du chef de corps ;
1 Sergent secrétaire du capitaine-major ;
1 Sergent secrétaire du trésorier ;
1 Sergent secrétaire de l'officier d'habillement ;
1 Caporal tailleur ;
1 Caporal cordonnier ;
1 Caporal armurier ;
2 Soldats ouvriers armuriers.

L'effectif de chaque compagnie est de :

Cadre				
Cadre européen	Officiers	capitaine	1	10
		lieutenants ou sous-lieutenants	2	
	Troupe	sergent-major	1	
		sergent-fourrier	1	
		sergents	5	
Cadre indigène	Officiers	lieutenant	1	252
		sous-lieutenant	1	
	Troupe	sergents	8	
		caporaux	18	
		clairons	2	
		tirailleurs	220	
		élèves clairons	2	
				262

La loi du 19 mai 1834, sur l'état des officiers, n'est pas applicable aux officiers indigènes.

Chaque grade d'officier, de sous-officier et de caporal, au titre indigène, comporte deux classes égales en nombre. Un quart, au maximum, de l'effectif des tirailleurs peut appartenir à la 1re classe.

Art. 3. — Les militaires du cadre européen sont choisis dans le corps de l'infanterie de marine parmi les militaires du même grade proposés aux inspections générales annuelles pour servir dans le corps des tirailleurs tonkinois, et, pour la première formation, parmi ceux jugés aptes à remplir l'emploi.

Art. 4. — Les désignations sont faites dans les conditions énoncées ci-dessous :

1º Pour les officiers, par le Ministre de la marine et des colonies ;

2º Pour les sous-officiers et hommes de troupe européens, par les vice-amiraux commandant en chef, préfets maritimes.

Les militaires du cadre européen continueront à compter dans leur arme.

Art. 5. — Pour la première formation du corps des tirailleurs tonkinois, des officiers et sous-officiers de l'armée de terre pourront, après entente entre les Ministres de la marine et de la guerre, être admis à passer, avec leur grade et leur ancienneté, dans l'infanterie de marine.

Art. 6. — En vue du relèvement normal des officiers européens des régiments de tirailleurs tonkinois, il est créé, dans l'infanterie de marine, cent trente-trois emplois d'officiers, dont : 4 colonels ou lieutenants-colonels, 13 chefs de bataillon ; 39 capitaines, 78 lieutenants.

Art. 7. — Les autres dispositions relatives à l'organisation et au fonctionnement du corps des tirailleurs tonkinois sont déterminées par le Ministre de la marine et des colonies.

Art. 8. — Le Ministre de la marine et des colonies et le Ministre de la guerre sont chargés de l'exécution du présent décret, qui sera mis en vigueur au Tonkin.

JULES GRÉVY.

N° 2. — DÉCRET *portant création d'un 3e régiment de tirailleurs tonkinois*

28 juillet 1885

Article premier. — Il est formé au Tonkin un 3e régiment de tirailleurs tonkinois.

Ce régiment comprend 4 bataillons de 4 compagnies, plus un petit état-major et une section hors rang.

Art. 2. — L'état-major, le petit état-major, la section hors rang et les compagnies du 3e régiment de tirailleurs tonkinois comportent les effectifs et les emplois prévus par le décret du 12 mai 1884, modifié le 2 avril 1885.

Art. 3. — Le recrutement des militaires du cadre européen du 3e régiment de tirailleurs tonkinois a lieu dans les mêmes conditions que celles prévues par les articles 3, 4 et 5 du décret du 12 mai 1884.

Art. 4. — En vue du relèvement normal des officiers européens du 3e régiment de nouvelle formation, il est créé, dans l'infanterie de marine 86 emplois d'officiers, dont :

2 colonnels ou lieutenants-colonels,
8 chefs de bataillon,
25 capitaines,
51 lieutenants.

Art 5. — Le Ministre de la marine et des colonies et le Ministre de la guerre sont chargés de l'exécution du présent décret (1).

JULES GRÉVY.

N° 3. — ARRÊTÉ *appliquant aux tirailleurs tonkinois les règlements en usage dans l'infanterie, pour l'entretien et la réparation des armes*

2 août 1887.

L'article 20 du règlement du 16 février 1886, sur l'organisation des régiments de tirailleurs tonkinois, est modifié ainsi qu'il suit :

ENTRETIEN ET RÉPARATION DES ARMES.

L'entretien et la réparation des armes du corps sont placés sous le régime de clerc à maître.

Les règlements sur l'entretien, la conservation et la réparation des armes en usage dans les régiments d'infanterie, sont applicables aux régiments de tirailleurs tonkinois.

Le Général commandant la division d'occupation est chargé de l'exécution du présent arrêté.

G. BIHOURD.

N° 4. — ARRÊTÉ *portant modification du règlement du 15 février 1886, sur l'organisation et l'administration des régiments de tirailleurs tonkinois.*

Du 5 octobre 1887.

La rédaction du paragraphe 4 de l'article IX du règlement du 15 février 1886, commençant par les mots « En marche, en station momentanée, etc..,.., est modifié ainsi qu'il suit :

Article IX § 4. — Les tirailleurs tonkinois n'ont droit à aucune prestation en nature.

Ils peuvent être autorisés à percevoir, contre remboursement, une ration de 800 grammes de riz et de 24 grammes de sel, lorsque les ressources locales sont insuffisantes.

Cette autorisation est donnée par le général commandant la division.

La composition de la ration distribuée aux troupes indigènes contre remboursement, peut être modifiée suivant les circonstances locales, par des décisions spéciales du commandement.

RAOUL BERGER.

(1) Il avait été créé un 4e régiment de tirailleurs tonkinois qui a été supprimé à partir du 1er juillet 1890.

N° 5. — ARRÊTÉ *supprimant les primes de rengagement des tirailleurs tonkinois et fixant leur solde* (1).

13 avril 1888

Article premier. — *Supprimé par arrêté du 9 juillet 1888.*

Art. 2. — Les soldes des tirailleurs indigènes seront à l'avenir fixées comme suit :

		$	
Sergent.	1re classe	14	50
	2e classe	12	25
Caporaux.	Fourrier	8	65
	1re classe	8	65
	2e classe	7	90
Clairons.	1re classe	6	75
	2e classe	6	00
Tirailleurs.	1re classe	6	75
	2e classe	6	00

Art. 3. — La solde des miliciens du Protectorat restera provisoirement fixée conformément aux tarifs en vigueur.

Art. 4. — Le Secrétaire général du gouvernement de l'Indo-Chine est chargé de l'exécution du présent arrêté.

CONSTANS.

N°. 6. — ARRÊTÉ *rapportant l'article premier de celui du 13 avril 1888 en ce qui concerne les tirailleurs tonkinois et les chasseurs annamites, et maintenant la subvention en parts de rizières allouée par les villages à leurs tirailleurs.*

9 juillet 1888.

Article premier. — L'article premier de l'arrêté du 13 avril 1888 est rapporté en ce qui concerne les tirailleurs tonkinois et les chasseurs annamites.

Art. 2. — La subvention en parts de rizières allouée par les villages à leurs tirailleurs est maintenue.

Art. 3. — Le Général commandant en chef les troupes de l'Indo-Chine et M. le Résident général en Annam et au Tonkin sont chargés, chacun en ce qui le concerne, de l'exécution du présent arrêté.

RICHAUD.

VOY. : **Recrutement indigène.** — **Réserves indigènes**

Titres de propriété. — VOY. : **Acquéreurs, Acquisitions.** — **Propriété.**

Tonnage. — VOY. : **Navigation.**

Topographie.

N° 1. — CIRCULAIRE *au sujet des désignations topographiques dans les rapports.*

26 octobre 1888.

Il arrive fréquemment que, dans les rapports politiques ou les relations d'actes de piraterie que vous m'adressez, des villages ou des localités ne figurant pas sur les cartes à notre disposition, (cartes au 1/100,000e, au 1/200,000e, au 1/500,000e, du Tonkin, au 1/500,000e des côtes d'Annam), sont cités sans être suivis d'indications permettant de déterminer, au moins approximativement, leur situation. Le texte devient dès lors difficile à comprendre et il est presque impossible de se rendre compte, soit des événements accomplis, soit de l'opportunité des mesures que vous réclamez. Un temps considérable est d'ailleurs perdu en recherches inutiles.

J'ai, en conséquence, l'honneur de vous prier de vouloir bien dorénavant, lorsque vous citez un nom de village dans votre correspondance, l'accompagner de renseignements suffisants pour le retrouver rapidement sur les cartes, ou pour fixer sa position par rapport à des points plus connus. Ne pas oublier d'indiquer le canton et le huyen. Un croquis, si sommaire qu'il soit, mis en marge de la lettre, ou inséré dans le texte, est encore le meilleur moyen d'indiquer clairement la situation du village considéré.

E. PARREAU.

VOY. : **Rapports.**

(1) Cet arrêté n'a pas été publié dans le Moniteur du Protectorat.

Traductions. — VOY. : Tribunaux mixtes.

Traités et conventions

N° 1. — TRAITÉ *de paix entre la France et l'Annam.*

6 juin 1884.

Promulgué par décret du 2 mars 1886.

Le Gouvernement de la République française et celui de Sa Majesté le Roi d'Annam, voulant empêcher à jamais le renouvellement des difficultés qui se sont produites récemment, et désireux de resserrer leurs relations d'amitié et de bon voisinage, ont résolu de conclure une convention à cet effet, et ont nommé pour leurs plénipotentiaires, savoir :

Le Président de la République française :

M. Jules Patenôtre, envoyé extraordinaire et ministre plénipotentiaire de la République française à Pékin, officier de la Légion d'honneur, grand-croix de l'Étoile-Polaire, etc., etc., etc. ;

Et Sa Majesté le Roi d'Annam :

Nguyen-van-Thong, premier régent, ministre de l'intérieur ;

Pham-than-Duat, ministre des finances, et Ton-that-Phan, chargé des relations extérieures, ministre des travaux publics par intérim.

Lesquels, après s'être communiqué leurs pleins pouvoirs respectifs, trouvés en bonne et due forme, sont convenus des articles suivants :

Article premier. — L'Annam reconnaît et accepte le Protectorat de la France.

La France représentera l'Annam dans toutes ses relations extérieures.

Les Annamites à l'étranger seront placés sous la protection de la France.

Art. 2. — Une force militaire française occupera Thuan-an d'une façon permanente. Tous les forts et ouvrages militaires de la rivière de Hué seront rasés.

Art. 3. — Les fonctionnaires annamites, depuis la frontière de la Cochinchine jusqu'à la frontière de la province de Ninh-binh, continueront à administrer les provinces comprises dans ces limites, sauf en ce qui concerne les douanes, les travaux publics, et en général les services qui exigent une direction unique ou l'emploi d'ingénieurs ou d'agents européens.

Art. 4. — Dans les limites ci-dessus indiquées, le gouvernement annamite déclarera ouverts au commerce de toutes les nations, outre le port de Qui-nhon, ceux de Tourane et de Xuanday. D'autres ports pourront être ultérieurement ouverts après une entente préalable. Le Gouvernement français y entretiendra des agents placés sous les ordre de son Résident à Hué.

Art. 5. — Un Résident général, représentant du Gouvernement français, présidera aux relations extérieures de l'Annam, et assurera l'exercice régulier du Protectorat, sans s'immiscer dans l'administration locale des provinces comprises dans les limites fixées par l'article 3.

Il résidera dans la citadelle de Hué avec une escorte militaire.

Le Résident général aura droit d'audience privée et personnelle auprès de Sa Majesté le Roi d'Annam.

Art. 6. — Au Tonkin, des Résidents ou Résidents adjoints seront placés par le Gouvernement de la République dans les chefs-lieux où leur présence sera jugée utile. Ils seront sous les ordres du Résident général

Ils habiteront dans la citadelle et, en tout cas, dans l'enceinte même réservée au mandarin ; il leur sera donné, s'il y a lieu, une escorte française ou indigène.

Art. 7. — Les Résidents éviteront de s'occuper des détails de l'administration intérieure des provinces. Les fonctionnaires indigènes de tout ordre continueront à gouverner et à administrer sous leur contrôle ; mais ils devront être révoqués sur la demande des autorités françaises.

Art. 8. — Les fonctionnaires et employés français de toute catégorie ne communiqueront avec les autorités annamites que par l'intermédiaire des Résidents.

Art. 9. — Une ligne télégraphique sera établie de Saigon à Hanoi et exploitée par des employés français.

Une partie des taxes sera attribuée au gouvernement annamite, qui concédera, en retour, le terrain nécessaire aux stations.

Art. 10. — En Annam et au Tonkin, les étrangers de toute nationalité seront placés sous la juridiction française.

L'autorité française statuera sur les contestations, de quelque nature qu'elles soient, qui s'élèveront entre annamites et étrangers, de même qu'entre étrangers.

Art. 11. — Dans l'Annam proprement dit, les quan-bô percevront l'impôt ancien sans le contrôle des fonctionnaires français, et pour le compte de la cour de Hué.

Au Tonkin, les Résidents centraliseront avec le concours des quan-bô le service du même impôt, dont ils surveilleront la perception et l'emploi. Une commission, composée de commissaires français et annamites, déterminera les sommes qui devront être affectées aux diverses branches de l'administration et aux services publics. Le reliquat sera versé dans les caisses de la cour de Hué.

Art. 12. — Dans tout le royaume, les douanes, réorganisées, seront entièrement confiées à des administrateurs français. Il n'y aura que des douanes maritimes et de frontières placées partout où le besoin s'en fera sentir.

Aucune réclamation ne sera admise en matière de douanes, au sujet des mesures prises jusqu'à ce jour par les autorités militaires.

Les lois et règlements concernant les contributions indirectes, le régime et le tarif des douanes, et le régime sanitaire de la Cochinchine, seront applicables aux territoires de l'Annam et du Tonkin.

Art. 13. — Les citoyens ou protégés français pourront, dans toute l'étendue du Tonkin et dans les ports ouverts de l'Annam, circuler librement, faire le commerce, acquérir des biens meubles et immeubles, et en disposer. Sa Majesté le Roi d'Annam confirme expressément les garanties stipulées par le traité du 15 mars 1874, en faveur des missionnaires et des chrétiens.

Art. 14. — Les personnes qui voudront voyager dans l'intérieur de l'Annam ne pourront en obtenir l'autorisation que par l'intermédiaire du Résident général à Hué, ou du Gouverneur de la Cochinchine.

Ces autorités leur délivreront des passeports qui seront présentés au visa du gouvernement annamite.

Art. 15. — La France s'engage à garantir désormais l'intégrité des États de Sa Majesté le Roi d'Annam, à défendre ce souverain contre les agressions du dehors et contre les rébellions du dedans.

A cet effet, l'autorité française pourra faire occuper militairement, sur le territoire de l'Annam et du Tonkin, les points qu'elle jugera nécessaires pour assurer l'exercice du Protectorat.

Art. 16. — Sa Majesté le Roi d'Annam continuera, comme par le passé, à diriger l'administration intérieure de ses États, sauf les restrictions qui résultent de la présente convention.

Art. 17. — Les dettes actuelles de l'Annam vis-à-vis de la France seront acquittées au moyen de paiements dont le mode sera ultérieurement déterminé. Sa Majesté le Roi d'Annam s'interdit de contracter aucun emprunt à l'étranger sans l'autorisation du gouvernement français.

Art. 18. — Des conférences ultérieures règleront les limites des ports ouverts et des concessions françaises dans chacun de ces ports, l'établissement des phares sur les côtes de l'Annam et du Tonkin, le régime et l'exploitation des mines, le régime monétaire, la quotité à attribuer au gouvernement annamite sur le produit des douanes, des régies, des taxes télégraphiques et autres revenus non visés dans l'article 11 du présent traité.

La présente convention sera soumise à l'approbation du gouvernement de la République française et de Sa Majesté le Roi d'Annam, et les ratifications en seront échangées aussitôt que possible.

Art. 19. — Le présent traité remplacera les conventions des 15 mars, 31 août et 23 novembre 1874.

En cas de contestation, le texte français fera seul foi.

En foi de quoi les plénipotentiaires respectifs ont signé le présent traité et y ont apposé leurs cachets.

Fait à Hué, en double expédition, le 6 juin 1884.

(*L. S.*) Signé : PATENÔTRE.
(*L. S.*) — NGUYEN-VAN-THONG.
(*L. S.*) — PHAM-THAN-DUAT.
(*L. S.*) — TON-THAT-PHAN.

N° 2. — TRAITÉ *entre la France et le Cambodge.*
17 juin 1884
(Promulgué le 9 janvier 1886).

Entre S. M. NORODOM 1er, roi du Cambodge, d'une part;
Et M. CHARLES THOMSON, Gouverneur de la Cochinchine, agissant au nom du Gouvernement de la République française, en vertu des pleins pouvoirs qui lui ont été conférés, d'autre part;
Il a été convenu ce qui suit :
Article premier. — S. M. le roi du Cambodge accepte toutes les réformes administratives, judiciaires, financières et commerciales auxquelles le Gouvernement de la République française jugera à l'avenir utile de procéder, pour faciliter l'accomplissement de son Protectorat.
Art. 2. — S. M. le roi du Cambodge continuera, comme par le passé, à gouverner ses états et à diriger leur administration, sauf les restrictions qui résultent de la présente convention.
Art. 3. — Les fonctionnaires cambodgiens continueront, sous le contrôle des autorités françaises, à administrer les provinces, sauf en ce qui concerne l'établissement et la perception des impôts, les douanes, les contributions indirectes, les travaux publics et, en général, les services qui exigent une direction unique, ou l'emploi d'ingénieurs ou d'agents européens.
Art. 4. Des Résidents ou des Résidents adjoints nommés par le Gouvernement français, et préposés au maintien de l'ordre public et au contrôle des autorités locales, seront placés dans les chefs-lieux de provinces et dans tous les points où leur présence sera jugée nécessaire.
Ils seront sous les ordres du Résident chargé, aux termes de l'article 2 du traité du 11 août 1863, d'assurer sous la haute autorité du Gouverneur de la Cochinchine, l'exercice régulier du Protectorat, et qui prendra le titre de Résident général.
Art. 5. — Le Résident général aura droit d'audience privée et personnelle auprès de S. M. le roi du Cambodge.
Art. 6. — Les dépenses d'administration du Royaume et celles du Protectorat seront à la charge du Cambodge.
Art. 7. — Un arrangement spécial interviendra, après l'établissement définitif du budget du Royaume, pour fixer la liste civile du Roi et les dotations des Princes de la famille royale.
La liste civile du Roi est provisoirement fixée à trois cent mille piastres, la dotation des Princes est provisoirement fixée à vingt-cinq mille piastres, dont la répartition sera arrêtée suivant accord entre S. M. le Roi du Cambodge et le Gouverneur de la Cochinchine.
S. M. le Roi du Cambodge s'interdit de contracter aucun emprunt sans l'autorisation du Gouvernement de la République.
Art. 8. — L'esclavage est aboli sur tout le territoire du Cambodge.
Art. 9. — Le sol du royaume, jusqu'à ce jour propriété exclusive de la couronne, cessera d'être inaliénable.
Il sera procédé, par les autorités françaises et cambodgiennes à la constitution de la propriété du Cambodge.
Les chrétientés et les pagodes conserveront, en toute propriété, les terrains qu'elles occupent actuellement.
Art. 10. — La ville de Pnom-Penh sera administrée par une commission municipale composée du Résident général ou de son délégué, Président, six fonctionnaires ou négociants français nommés par le Gouverneur de la Cochinchine, de trois Cambodgiens, un Annamite, deux Chinois, un Indien et un Malais, nommés par S. M. le Roi du Cambodge sur une liste présentée par le Gouverneur de la Cochinchine.
Art. 11. — La présente convention dont, en cas de contestations et conformément aux usages diplomatiques, le texte français seul fera foi, confirme et complète le traité du 11 août 1883, les ordonnances royales et les conventions passées entre les deux gouvernements, en ce qu'ils n'ont pas de contraire aux dispositions qui précèdent.
Elle sera soumise à la ratification du Gouvernement de la République française, et l'instrument de ladite ratification sera remis à S. M. le Roi du Cambodge dans un délai aussi bref que possible.
En foi de quoi, S. M. le Roi du Cambodge et le Gouverneur de la Cochinchine ont signé le présent acte, et y ont apposé leur sceau.
Fait à Pnom-Penh, le 17 juin 1884.

Signé : NORODOM.
CH. THOMSON.

N° 3. — TRAITÉ *entre la France et la Chine.*
9 juin 1885.
Promulgué le 25 janvier 1886.

Le Président de la République française et Sa Majesté l'Empereur de Chine, animés l'un et l'autre d'un égal désir de mettre un terme aux difficultés auxquelles a donné lieu leur intervention simultanée dans les affaires de l'Annam, et voulant rétablir et améliorer les anciennes relations d'amitié et de commerce qui ont existé entre la France et la Chine, ont résolu de conclure un nouveau traité répondant aux intérêts communs des deux nations, en prenant pour base la convention préliminaire signée à Tien-tsin, le 11 mai 1884, ratifiée par décret impérial, le 13 avril 1885.
A cet effet, les deux hautes parties contractantes ont nommé pour leurs plénipotentiaires, savoir :
Le Président de la République française,
M. Jules Patenôtre, envoyé extraordinaire et Ministre plénipotentiaire de France en Chine, officier de la Légion d'honneur, grand'croix de l'Etoile polaire de Suède, etc.
Et S. M. l'Empereur de Chine,
Li-Hong-Chang, commissaire impérial, premier grand secrétaire d'État, grand précepteur honoraire de l'héritier présomptif, surintendant du commerce des ports du Nord, gouverneur général de la province du Tchili, appartenant au premier degré du troisième rang de la noblesse, avec le titre de Souyi ;
Assistés de Si-Tchen, commissaire impérial, membre du conseil des affaires étrangères, président au ministère de la justice, administrateur du Trésor au ministère des finances, directeur des écoles pour l'éducation des officiers héréditaires de l'aile gauche de l'armée tartare à Pékin, commandant en chef le contingent chinois de la bannière jaune à bordure ;
Et de Ten-Tcheng-Sieu, commissaire impérial, membre du cérémonial d'État,
Lesquels, après s'être communiqué leurs pleins pouvoirs, qu'ils ont reconnus en bonne et due forme, sont convenus des articles suivants :
Article premier. — La France s'engage à rétablir et à maintenir l'ordre dans les provinces de l'Annam qui confinent à l'empire chinois. A cet effet, elle prendra les mesures nécessaires pour disperser ou expulser les bandes de pillards et gens sans aveu qui compromettent la tranquillité publique, et pour empêcher qu'elles ne se reforment. Toutefois, les troupes françaises ne pourront, dans aucun cas, franchir la frontière qui sépare le Tonkin de la Chine, frontière que la France promet de respecter et de garantir contre toute agression.
De son côté, la Chine s'engage à disperser ou à expulser les bandes qui se réfugieraient dans ses provinces limitrophes du Tonkin, et à disperser celles qui chercheraient à se former sur son territoire pour aller porter le trouble parmi les populations placées sous la protection de la France ; et en considération des garanties qui lui sont données quant à la sécurité de sa frontière, elle s'interdit pareillement d'envoyer des troupes au Tonkin.
Les hautes parties contractantes fixeront, par une convention spéciale, les conditions dans lesquelles s'effectuera l'extradition des malfaiteurs entre la Chine et l'Annam.
Les Chinois, colons ou anciens soldats qui vivent paisiblement en Annam, en se livrant à l'agriculture, à l'industrie ou au commerce, et dont la conduite ne donnera lieu à aucun reproche, jouiront pour leurs personnes et pour leurs biens de la même sécurité que les protégés français.
Art. 2. — La Chine, décidée à ne rien faire qui puisse compromettre l'œuvre de pacification entreprise par la France, s'engage à respecter, dans le présent et dans l'avenir, les traités, conventions et arrangements directement intervenus ou à intervenir entre la France et l'Annam.
En ce qui concerne les rapports entre la Chine et l'Annam, il est entendu qu'ils seront de nature à ne point porter atteinte à la dignité de l'empire chinois, et à ne donner lieu à aucune violation du présent traité.
Art. 3. — Dans un délai de six mois, à partir de la signature du présent traité, des commissaires désignés par les hautes parties contractantes se rendront sur les lieux pour reconnaître la frontière entre la Chine et le Tonkin. Ils poseront, partout où besoin sera, des bornes destinées à rendre apparente la ligne de démarcation. Dans le cas où ils ne pourraient se mettre d'accord sur l'emplacement de ces bornes ou sur les rectifications de détail qu'il pourrait y avoir lieu d'apporter à la frontière

actuelle du Tonkin, dans l'intérêt commun des deux pays, ils en réfereraient à leurs gouvernements respectifs.

Art. 4. — Lorsque la frontière aura été reconnue, les Français ou protégés français et les habitants étrangers du Tonkin, qui voudront la franchir pour se rendre en Chine, ne pourront le faire qu'après s'être munis préalablement de passeports délivrés par les autorités chinoises de la frontière, sur la demande des autorités françaises.

Pour les sujets chinois, il suffira d'une autorisation délivrée par les autorités impériales de la frontière.

Les sujets chinois qui voudront se rendre de Chine au Tonkin, par la voie de terre, devront être munis de passeports réguliers délivrés par les autorités impériales.

Art. 5. — Le commerce d'importation et d'exportation sera permis aux négociants français ou protégés français et aux négociants chinois, par la frontière de terre, entre la Chine et le Tonkin.

Il devra se faire toutefois par certains points qui seront déterminés ultérieurement et dont le choix, ainsi que le nombre, seront en rapport avec la direction comme avec l'importance du trafic entre les deux pays. Il sera tenu compte, à cet égard, des règlements en vigueur dans l'intérieur de l'empire chinois.

En tout état de cause, deux de ces points seront désignés sur la frontière chinoise : l'un au-dessus de Lao-kai, l'autre au delà de Lang-son. Les commerçants français pourront s'y fixer dans les mêmes conditions et avec les mêmes avantages que dans les ports ouverts au commerce étranger. Le Gouvernement de S. M. l'Empereur de Chine y installera des douanes, et le Gouvernement de la République pourra y entretenir des consuls dont les privilèges et les attributions seront identiques à ceux des agents de même ordre dans les ports ouverts.

De son côté, S. M. l'Empereur de Chine pourra, d'accord avec le Gouvernement français, nommer des consuls dans les principales villes du Tonkin.

Art. 6. — Un règlement spécial, annexé au présent traité, précisera les conditions dans lesquelles s'effectuera le commerce par terre entre le Tonkin et les provinces chinoises du Yun-nam, du Kouang-si et du Kouang-tong. Ce règlement sera élaboré par des commissaires qui seront nommés par les hautes parties contractantes, dans un délai de trois mois, après la signature du présent traité.

Les marchandises faisant l'objet de ce commerce seront soumises, à l'entrée et à la sortie, entre le Tonkin et les provinces du Yun-nam et du Kouang-si, à des droits inférieurs à ceux que stipule le tarif actuel du commerce étranger. Toutefois le tarif réduit ne sera pas appliqué aux marchandises transportées par la frontière terrestre entre le Tonkin et le Kouang-tong, et n'aura pas d'effet dans les ports déjà ouverts par les traités.

Le commerce des armes, engins, approvisionnements et munitions de guerre de toute espèce sera soumis aux lois et règlements édictés par chacun des États contractants sur son territoire.

L'exportation et l'importation de l'opium seront réglées par des dispositions spéciales qui figureront dans le règlement commercial sus-mentionné.

Le commerce de mer entre la Chine et l'Annam sera également l'objet d'un règlement particulier. Provisoirement, il ne sera innové en rien à la pratique actuelle.

Art. 7. — En vue de développer dans les conditions les plu avantageuses les relations de commerce et de bon voisinage que le présent traité a pour objet de rétablir entre la France et la Chine, le Gouvernement de la République construira des routes au Tonkin et y encouragera la construction des chemins de fer.

Lorsque, de son côté, la Chine aura décidé de construire des voies ferrées, il est entendu qu'elle s'adressera à l'industrie française, et le Gouvernement de la République lui donnera toutes les facilités pour se procurer en France le personnel dont elle aura besoin. Il est entendu aussi que cette clause ne peut être considérée comme constituant un privilège exclusif en faveur de la France.

Art. 8. — Les stipulations commerciales du présent traité et les règlements à intervenir pourront être revisés après un intervalle de dix ans révolus à partir du jour de l'échange des ratifications du présent traité. Mais, au cas où, six mois avant le terme, ni l'une ni l'autre des hautes parties contractantes n'aurait manifesté le désir de procéder à la révision, les stipulations commerciales resteraient en vigueur pour un nouveau terme de dix ans, et ainsi de suite,

Art. 9. — Dès que le présent traité aura été signé, les forces françaises recevront l'ordre de se retirer de Kelung et de cesser la visite, etc., en haute mer. Dans le délai d'un mois après la signature du présent traité, l'île de Formose et les Pescadores seront entièrement évacuées par les troupes françaises.

Art. 10. — Les dispositions des anciens traités, accords et conventions entre la France et la Chine, non modifiés par le présent traité, restent en pleine vigueur.

Le présent traité sera ratifié dès à présent par Sa Majesté l'Empereur de Chine et, après qu'il aura été ratifié par le Président de la République française, l'échange des ratifications se fera à Pékin, dans le plus bref délai possible.

Fait à Tien-tsin, en quatre exemplaires, le 9 juin 1885, correspondant au vingt-septième jour de la quatrième lune de la onzième année de Kouang-sien.

(L.S.) *signé:* Patenôtre.
(L.S.) — Si-Tchen.
(L.S.) — Li-Hong-Chang.
(L.S.) — Teng-Tsheng-Sieu.

N° 4. — CONVENTION *additionnelle entre la France et la Chine.* (1)

16 juin 1887.

Article premier. — Le traité signé à Tien-tsin le 25 avril 1886 sera immédiatement après l'échange des ratifications, fidèlement mis à exécution dans toutes ses clauses, sauf, bien entendu, celles que la présente convention a pour but de modifier.

Art. 2. — En exécution de l'article premier du traité du 25 avril 1886, il est convenu entre les hautes parties contractantes que la ville de Long-Tchéou au Kouang-Si, et celle de Mong-Tien au Yunnam, seront ouvertes au commerce franco-annamite.

Il est entendu, en outre, que Manhao, qui se trouve sur la route fluviale de Lao-Kai à Mong-tien, est ouverte au commerce comme Long-Tchéou et Mong-tien, et que le gouvernement français aura le droit d'y entretenir un agent relevant du consul de cette ville.

Art. 3. — En vue de développer le plus rapidement possible le commerce entre la Chine et le Tonkin, les droits d'importation et d'exportation stipulés dans les art. 6 et 7 du traité du 25 avril 1886, sont provisoirement modifiés ainsi qu'il suit:

Les marchandises étrangères importées en Chine par les villes ouvertes auront à acquitter les droits du tarif général de la douane maritime, diminué des 3/10.

Les marchandises chinoises exportées au Tonkin paieront le droit d'exportation dudit tarif général diminué de 4/10.

Art. 4. — Les produits d'origine chinoise qui auront acquitté les droits d'importation, conformément au § 1er de l'article 11 du traité du 25 avril 1886, et seront transportés à travers le Tonkin vers un port annamite, pourront être soumis, à la sortie de ce port, s'ils sont à destination d'un autre pays que la Chine, au droit d'exportation fixé par le tarif des douanes franco-annamites (2).

Art. 5. — Le gouvernement chinois autorise l'exportation de l'opium indigène par la frontière de terre, moyennant un droit d'exportation de 20 taëls par picul, ou 100 livres chinoises. Les Français ou protégés français ne pourront acheter l'opium qu'à Long-Tchéou, Mongtsé et Manhao. Les droits de likin et de barrière que les commerçants indigènes auront à payer sur ce produit, ne dépasseront pas 20 taëls par picul.

Les commerçants chinois qui auront apporté l'opium de l'intérieur remettront à l'acheteur, en même temps que la marchandise, les reçus constatant que le likin a été intégralement acquitté, et l'acheteur présentera ces reçus à la douane, qui les annulera au moment où il effectuera le paiement du droit d'exportation.

(1) Cet acte diplomatique, dont l'importance n'échappera pas, n'a été publié dans aucun recueil officiel de l'Annam et du Tonkin.

Il est signé : Pour la France, par M. Constans, député, envoyé extraordinaire de la République française en Chine ; Pour le Céleste Empire, par S. A. le prince K'ing, prince de second rang, président du Tsong-li-Yamen.

(2) Le transit des produits du Yunnam à travers le Tonkin, a été affranchi de tous droits par arrêté du Gouverneur général en date du 26 décembre 1889.

Il est entendu que cet opium dans le cas où il rentrerait en Chine, soit par la frontière de terre, soit par un des ports ouverts, ne pourra être assimilé aux produits d'origine chinoise réimportés.

Art. 6. — Les bateaux français et annamites, à l'exception des bâtiments de guerre et des navires employés au transport de troupes, d'armes et de munitions de guerre, pourront circuler de Langson à Cao-bang et réciproquement, en passant par les rivières (Song-ki-Kong et rivière de Cao-bang) qui relient Langson à Longtchéou et Longtchéou, à Cao-bang.

Il sera prélevé sur ces bateaux, pour chaque parcours, un droit de tonnage de 5 % de taël par tonneau, mais les marchandises composant le chargement n'auront à acquitter aucun droit.

Les marchandises à destination de Chine pourront être transportées par les rivières dont il est question dans le § 1er du présent article, aussi bien que par les routes de terre, et notamment par la route mandarinale qui conduit de Lang-son à Long-tchéou ; mais, jusqu'au jour où le gouvernement chinois aura établi un poste de douane à la frontière, les marchandises qui passeront par ces routes de terre ne pourront être vendues qu'après avoir acquitté les droits à Long-tchéou.

Art. 7. — Il est entendu que la France jouira de plein droit, et sans qu'il soit besoin de négociations, de tous les privilèges et immunités, de quelque nature qu'ils soient, et de tous les avantages commerciaux qui pourront être accordés dans la suite à la nation la plus favorisée par des traités ou conventions ayant pour objet le règlement des rapports politiques ou commerciaux entre la Chine et les pays situés au sud et au sud-ouest de la Chine.

Art. 8. — Ayant arrêté d'un commun accord les dispositions ci-dessus, les plénipotentiaires ont apposé leur signature et leur sceau sur deux exemplaires du texte français de la présente convention, ainsi que sur la traduction chinoise qui accompagne chacun de ces exemplaires.

Art. 9. — Les stipulations de la présente convention additionnelle seront mises en vigueur comme si elles étaient insérées dans le texte même du traité du 25 avril 1886, à partir du jour de l'échange des ratifications desdits traités et conventions.

Art. 10. — La présente convention sera ratifiée dès à présent par S. M. l'empereur de Chine, et, dès qu'elle aura été ratifiée par le Président de la République française, l'échange des ratifications aura lieu à Pékin.

Voy. : — **Mines.** — **Propriété.** — **Territoire français.**

Trams

N° 1. — Arrêté *réorganisant le service des trams sur le territoire de l'Annam et du Tonkin.*

31 août 1886.

Rapporté par arrêté du 31 octobre 1887.

N° 2. — Arrêté *relatif à l'établissement de lignes de trams.*

25 juin 1884.

Rapporté par arrêté du 31 août 1886.

N° 3. — Arrêté *réglementant le service des trams.*

31 octobre 1887.

Article premier. — Le service des trams est divisé en lignes et en embranchements.

Aucun embranchement ou ligne de trams ne peut être créé que par arrêté du Résident général.

Art. 2. — Sur toutes les lignes et embranchements, l'emplacement des relais et le nombre de coolies affectés à chaque relais sont réglés par le Résident général, sur la proposition des Résidents et vice-résidents chefs de poste, après avis de S. E. le Kinh-luoc, du général commandant la divison d'occupation et du directeur des postes et télégraphes.

Art. 3. — Les heures de départ et d'arrivée dans chaque poste ou relais sont fixés, sous réserve de l'approbation du Résident général, par le directeur des postes et télégraphes, qui prend l'avis des Résidents et vice-résidents chefs de poste et des commandants des cercles militaires intéressés.

Art. 4. — Le personnel des trams est recruté et dirigé par les autorités annamites, sous la surveillance des Résidents et des agents des postes et télégraphes.

Art. 5. — La solde des trams est uniformément fixée à dix ligatures par mois pour les coolies, et à quinze ligatures pour les doïs chargés de tram.

Toutefois elle pourra être augmentée, pour certaines lignes, sur la proposition motivée des Résidents. Elle est payable par douzième à terme échu.

Art. 6. — En cas de retards non justifiés ou d'irrégularités relevés dans le service, des retenues pourront être infligées aux doïs et coolies par décision des Résidents, sur la proposition des agents des postes et télégraphes.

Art. 7. — La dépense des trams est payée sur la caisse du quan-bo de chaque province.

Le dernier jour de chaque mois, les gérants des bureaux de poste adressent au Résident de leur province un tableau de la marche des trams, indiquant les retards non justifiés et les irrégularités relevées pendant ce mois, ainsi que les retenues proposées.

L'autorisation de prélèvement des sommes nettes à payer n'est donnée par le Résident qu'au vu des tableaux mensuels fournis par les agents des postes et télégraphes. Elle est accompagnée de l'état nominatif des retenues à opérer.

Art. 8. — Un état mensuel de la dépense des trams en double expédition est envoyé dans les dix premiers jours de chaque mois par le Résident à la direction du contrôle des services financiers, avec un rapport sommaire sur l'exécution du service.

Art. 9. — Sont abrogés la décision du 25 juin 1884 et l'arrêté du 31 août 1886.

Art. 10. — Le Secrétaire général, le directeur du contrôle des services financiers et le directeur des postes et télégraphes sont chargés, chacun en ce qui le concerne, de l'exécution du présent arrêté.

G. Bihourd.

N° 4. — Circulaire *au sujet du paiement de la solde des trams.*

25 juillet 1889.

Mon attention a été appelée sur les difficultés que présentait dans certains cas le payement de la solde des trams, et j'ai eu lieu de constater, à ce sujet, que les prescriptions de l'arrêté du 31 octobre 1887 (*Moniteur du Protectorat*, page 410) avaient été perdues de vue.

Je vous prie de vouloir bien vous y conformer exactement et faire assurer le payement de la solde des trams par les receveurs des postes qui, seuls, peuvent en opérer la juste répartition entre les ayants droit.

Il y aura lieu, en outre, lorsque les soldes des trams seront supérieures à celles indiquées par les tarifs, de mentionner sur les états mensuels des salaires les décisions qui auront accordé ces augmentations.

Brière.

N° 5. — Circulaire *interprétative de celle du 25 juillet 1889, sur le paiement de la solde des trams.*

11 septembre 1889.

Plusieurs de vos collègues ayant présenté des objections au sujet de l'application de ma circulaire n° 18, du 25 juillet dernier, j'ai décidé, après avoir pris l'avis de M. le Chef du service des Postes et Télégraphes d'en modifier les termes ainsi qu'il suit :

Vous voudrez bien, à l'avenir, assurer vous-mêmes le payement de la solde des trams avec le concours des autorités annamites.

Chaque receveur des postes devra, conformément à l'article 7 de l'arrêté du 31 octobre 1887, vous adresser en fin de mois un tableau de la marche des trams, indiquant les retards non justifiés et les irrégularités relevées pendant ce mois ; c'est sur le vu de ce tableau que vous accorderez l'autorisation de payement.

L'état mensuel prescrit par l'article 8 devra, lorsque les soldes des trams seront supérieures à celles indiquées par les tarifs, mentionner les décisions qui auront accordé ces augmentations.

Je vous recommande tout spécialement de veiller avec le plus grand soin à ce que les coolies trams reçoivent régulièrement leur solde, afin que ces utiles auxiliaires, dont le service est généralement très pénible, continuent à s'en acquitter d'une façon irréprochable.

BRIÈRE.

VOY. : Postes.

Transit.

N° 1. — ARRÊTÉ *portant règlementation du service du transit*
3 mai 1889.

Article premier. — Le transit institué par le décret du 8 septembre 1887 sera effectué sans plombage, sous la simple garantie d'un acquit-à-caution, après paiement intégral des droits d'importation, dont les quatre-vingts centièmes (80 %) seront remboursés à guichet ouvert à l'intéressé, dès qu'il aura justifié de l'accomplissement des obligations contractées vis-à-vis de l'administration des douanes, par la représentation de la décharge en bonne et due forme, de l'acquit-à-caution par le bureau de douane de sortie.

Art. 2. — Lesdits droits pourront être acquittés en traites de douanes.

Art. 3. — Au cas de perte des marchandises en cours de transport, à la suite d'événements résultant de force majeure, par naufrage ou autrement, et si la perte est dûment constatée par un certificat émanant d'une autorité administrative française civile ou militaire, suivant le ressort territorial, les droits d'importation et de statistique seront intégralement remboursés, dans le mode ci-dessus indiqué.

Art. 4. — Le transit ordinaire sur Hanoi et Nam-dinh pourra s'effectuer par la voie du service subventionné des correspondances fluviales, sous la seule garantie d'un acquit-à-caution, sans plombage des colis. Les marchandises seront revêtues d'étiquettes apparentes apposées par le service des douanes.

Art. 5. — La vérification desdites marchandises, à Hanoi, aura lieu à bord du ponton de la compagnie des correspondances fluviales.

Art. 6. — A Nam-dinh, les marchandises devront être présentées au bureau des douanes, par les soins des intéressés.

Art. 7. — Le transit des marchandises prohibées ne pourra avoir lieu que sous la double garantie du plombage et de l'acquit-à-caution.

Art. 8. — Le prix des plombs est fixé, comme en France, à cinquante centimes (0 fr.50) par plomb apposé.

Art. 9. — Sont déclarés ouverts :

1° Au transit du décret, les bureaux de Haiphong, Hanoi et Lao-kay.

2° Au transit ordinaire et au transit du prohibé, tous les bureaux actuellement, ouverts en Annam et au Tonkin ou qui le seraient postérieurement.

Art. 10. — Le présent arrêté est déclaré provisoirement exécutoire et sera immédiatement soumis à la ratification des départements de la marine et des colonies et des finances, pour être ensuite converti en décret.

Art. 11. — Le Résident général en Annam et au Tonkin est chargé de l'exécution du présent arrêté qui sera enregistré et publié partout où besoin sera et notifié aux Chambres de commerce de l'Annam et du Tonkin.

RICHAUD.

VOY. : Douanes. — Opium.

Travaux publics.

N° 1. — ARRÊTÉ *réorganisant le service des travaux publics.*
20 juillet 1886.

Rapporté par arrêté du 12 février 1887.

N° 2. — ARRÊTÉ *prescrivant l'application, sauf restrictions et modifications, de celui du 29 juillet 1886, portant organisation du service des travaux publics.*
16 août 1886.

Cet arrêté se trouve implicitement rapporté par celui du 12 février 1887

N° 3. — ARRÊTÉ *réorganisant le service des travaux publics en Annam et au Tonkin.*
12 février 1887.

Rapporté par arrêté du 9 avril 1889.

N° 4. — ARRÊTÉ *organisant le personnel des travaux publics de l'Indo-Chine.*
18 janvier 1888.

Rapporté par arêté du 9 avril 1889.

N° 5. — ARRÊTÉ *fixant la solde du personnel des travaux publics.*
12 février 1888.

Article premier. — La solde du personnel des travaux publics de l'Indo-Chine est fixée comme suit :

PERSONNEL DES TRAVAUX PUBLICS

Unification des soldes

	SOLDE D'EUROPE	SOLDE COLONIALE	FRAIS de SERVICE
Ingénieur conseil	9.000 fr.	20.000 fr.	5.000 fr.
Ingénieur adjoint de 1re classe.	7.500	15.000	»
— de 2e classe.	6.500	13.000	»
— de 3e classe.	5.000	10.000	»
Agent principal de 1re classe.	4.000	8.000	»
— de 2e classe.	3.500	7.000	»
Agent de 1re classe	3.000	6.000	»
— de 2e classe	2.750	5.500	»
— de 3e classe	2.500	5.000	»
Surveillant de 1re classe	2.000	4.000	»
— de 2e classe	1.750	3.500	»
— de 3e classe	1.625	3.250	»
— de 4e classe	1.500	3.000	»

Art. 2. — Ces dispositions entreront en vigueur à partir du 1er avril 1888.

Art. 3. — Le Secrétaire général du gouvernement de l'Indo-Chine est chargé de l'exécution du présent arrêté.

CONSTANS.

N° 6. — ARRÊTÉ *rattachant le service des bâtiments civils à Hanoi au service des travaux publics.*
20 juin 1888.

Article premier. — Le service des bâtiments civils à Hanoi, est rattaché au service central des travaux publics.

Art. 2. — M. le Chef du service des travaux publics est chargé de l'exécution du présent arrêté.

RAOUL BERGER.

N° 7. — ARRÊTÉ *réorganisant le service des travaux publics.*
9 avril 1889.

Rapporté par arrêté du 6 juillet 1889

N° 8. — ARRÊTÉ *réorganisant le service des travaux publics.*
5 juillet 1889

Article premier. — Le service des travaux publics du Protectorat de l'Annam et du Tonkin est placé, sauf les restrictions ci-après, sous l'autorité directe d'un ingénieur directeur relevant des Résidents supérieurs en Annam et au Tonkin.

Art. 2. — Le personnel comprend :

Un ingénieur directeur; des ingénieurs (deux classes); des sous-ingénieurs (deux classes); des conducteurs principaux;

des conducteurs (trois classes); des commis européens (deux classes); des commis indigènes (deux classes); des surveillants européens (deux classes); des surveillants indigènes (deux classes).

Les effectifs et les soldes seront fixés par un arrêté ultérieur.

Art. 3. — L'ingénieur-directeur est nommé par le ministre;

Les ingénieurs, sous-ingénieurs et conducteurs sont nommés par le Gouverneur général.

Les commis et surveillants sont nommés par les Résidents supérieurs en Annam et au Tonkin.

Art. 4. — Nul ne peut être nommé ingénieur, s'il ne remplit une des trois conditions suivantes:

1° Etre ingénieur des Ponts-et-chaussées, ou du corps national des mines;

2° Avoir le diplôme d'ingénieur décerné par l'école centrale des arts et manufactures, ou par l'école des Ponts-et-chaussées.

3° Avoir subi à Hanoi, avec succès, un examen dont le programme sera déterminé ultérieurement. Mais ne pourront se présenter à cet examen que les sous-ingéneurs et les conducteurs ayant au moins cinq ans de service en Annam et au Tonkin.

Un tiers des places sera réservé aux ingénieurs appartenant à cette dernière catégorie.

Art. 5. — Nul ne peut être nommé conducteur ou commis sans avoir subi un examen spécial. Mais ne pourront se présenter à l'examen de conducteurs que les commis ayant au moins un an de grade.

Les conducteurs et commis du cadre métropolitain seront admis au même titre et sans examen, dans les cadres du Protectorat.

Art. 6. — Les avancements ne pourront être obtenus qu'après dix-huit mois de service, depuis le grade de surveillant jusqu'à celui de conducteur inclusivement, et après deux ans, depuis le grade de conducteur principal jusqu'à celui d'ingénieur inclusivement.

Art. 7. — La révocation des agents du personnel des travaux publics est prononcée par l'autorité à laquelle appartient le droit de nomination.

Toutefois, elle ne peut l'être, pour les agents européens, qu'après avis d'un conseil d'enquête composé d'un agent d'un grade supérieur, d'un agent de même grade, et d'un agent du personnel des résidences, de grade équivalent.

Les autres peines disciplinaires, savoir:

La suspension dont la durée ne pourra excéder trois mois;

Le blâme et la réprimande seront prononcés par les Résidents supérieurs, pour les agents du grade de conducteur de 1re classe et au-dessous, et pour les autres agents par le Gouverneur général.

Art. 8. — Le personnel des travaux publics est soumis pour les congés aux mêmes règles que le personnel des autres services annexes du Protectorat.

Art. 9. — Un arrêté ultérieur règlera les questions relatives aux retraites.

Art. 10. — Le service des travaux publics se subdivise en service central et service provincial.

Art. 11. — Le service provincial est composé d'agents détachés temporairement du service central, placés sous l'autorité directe des résidents et vice-résidents aux provinces desquelles ils sont rattachés, et ne relèvent de l'ingénieur-directeur qu'au point de vue technique.

Les notes de ce personnel sont données concurremment par les résidents et vice-résidents et le chef du service.

Les propositions pour l'avancement et les distinctions honorifiques seront soumises à l'avis du directeur des travaux publics et comprises, s'il y a lieu, sur le tableau général des propositions pour l'ensemble du personnel.

Les mutations seront soumises au Résident supérieur qui décidera, après avoir pris, suivant les cas, l'avis de l'ingénieur-directeur ou du résident ou vice-résident.

Art. 12. — Le service central a dans ses attributions les études et travaux concernant les voies ferrées, le régime général des eaux, les digues du fleuve Rouge et du canal des Rapides, la navigation intérieure, les ports et les quais, les phares et balises, la grande voirie dans les villes de Hanoi, Haiphong et Tourane, et les projets et travaux des bâtiments civils dont l'estimation dépassera 10,000 francs.

Art. 13. — Les agents du service provincial sont chargés des travaux d'entretien.

Les plans et devis concernant les travaux neufs dont l'estimation dépassera 1,900 francs devront toujours être soumis au contrôle et à l'examen de l'ingénieur-directeur.

Art. 14. — Les études et travaux pourront toutefois être confiés au service central quand le Résident supérieur le jugera nécessaire, eu égard à leur importance ou à des difficultés spéciales d'exécution.

Art. 15. — L'ingénieur-directeur aura dans tous les cas, la faculté de changer les agents du service provincial des études et travaux ressortissant au service central.

Art. 16. — Les projets de travaux neufs concernant les ports et quais et, d'une manière générale, les travaux neufs de grande voirie dans les villes de Hanoi, Haiphong et Tourane, seront soumis à l'avis du résident-maire et du conseil municipal.

Art. 17. — Tous les agents du service central résident à Hanoi. Ils peuvent être détachés dans les provinces pour la préparation et l'exécution, soit des projets ressortissant au service central, soit de ceux prévus à l'article 14.

Dans ce cas, ils ont droit aux frais de route et indemnités de séjour prévus par le règlement.

Art. 18. — Des agents du service des travaux publics pourront être détachés, à titre provisoire, au service des municipalités des villes de Hanoi, Haiphong et Tourane.

Ils participeront à l'avancement dans le personnel; mais le temps de service exigé par l'article 6 sera augmenté de moitié pour cette catégorie d'agents.

Ils n'auront droit à une retraite payée sur les fonds du budget général, qu'à la condition d'avoir accompli au service du Protectorat la moitié au moins du temps qui sera exigé pour la retraite.

Leur solde d'activité et de congé, ainsi que les frais de leur rapatriement en France et de leur retour en Annam ou au Tonkin, seront à la charge des municipalités auprès desquelles ils auront été détachés.

Art. 19. — Aucun agent ne pourra, même à titre provisoire, entrer au service d'une entreprise privée.

Art. 20. — Toutes dispositions antérieures contraires au présent arrêté, sont et demeurent abrogées.

Art. 21. — *Disposition transitoire.* — Les agents du service des travaux publics continueront provisoirement à toucher les soldes prévues par l'arrêté du 9 avril 1889 (1).

Art. 22. — Les Résidents supérieurs en Annam et au Tonkin sont chargés de l'exécution du présent arrêté.

PIQUET.

VOY : Franchise postale et télégraphique. — Routes. — Corvées.

Trésor.

N° 1. — DÉCISION *fixant les insignes des agents de la trésorerie au Tonkin.*

8 décembre 1885.

Le climat ne permettant pas aux agents de la trésorerie de porter le dolman en drap et le képi sur lesquels sont placés les insignes de leur emploi et de leur grade, le Général commandant en chef, sur la proposition de M. le Payeur particulier, décide que ces agents pourront désormais porter au Tonkin et en Annam, sur le veston de coutil blanc, les marques distinctives suivantes:

1° Commis de trésorerie. — Les manches du veston ornées d'une bande brodée de petites feuilles de chêne courant sur une largeur de 18 millimètres, entre deux baguettes de soutache.

2° Les Payeurs adjoints. — Même bande brodée de 18 millimètres de largeur, précédée de trois galons de soutache.

3° Les Payeurs particuliers. — Même bande brodée avec quatre galons de soutache.

4° Le Payeur chef. — Même bande brodée, avec cinq galons de soutache.

Ces insignes seront portés par tous les agents du Trésor, employés au corps du Tonkin, sans distinction d'origine.

P. O. Le Chef d'état-major,
CH. WARNET.

(1) Le texte du *Journal officiel* contient par erreur la date du 1er avril 1889. L'arrêté du 9 avril 1889 ne détermine pas les soldes des agents du service des travaux publics qui continuent à toucher celle fixée par celui du 12 février 1888, publié ci-dessus.

N° 2. — ARRÊTÉ *relatif au visa des récépissés délivrés par le payeur particulier.*

1er juin 1886.

Article premier. — A partir du 1er juillet, les récépissés délivrés par le payeur particulier seront visés par le Résident supérieur ou son délégué.

Art. 2. — Un registre de contrôle sera tenu à la résidence supérieure pour l'enregistrement des récépissés, et rapproché chaque mois des écritures du payeur.

Art. 3. — Le présent arrêté sera notifié au chef du service de la trésorerie et au chef du service administratif de la marine.

PAUL BERT.

N° 3. — ARRÊTÉ *rapportant la décision du 9 mars 1886, relative aux mandats sur le trésor, et fixant le quantum de ceux pouvant être délivrés aux officiers et fonctionnaires.*

12 août 1886.

Article premier. — La décision du 4 mars 1886, relative aux mandats sur le trésor, est rapportée.

Art. 2. — Le total des mandats délivrés aux officiers et fonctionnaires ne pourra dépasser le tiers du traitement ou de la solde annuelle.

Art. 3. — Le Résident supérieur au Tonkin, l'Intendant, directeur des services administratifs, et le payeur chef du service de la trésorerie sont chargés, chacun en ce qui le concerne, de l'exécution du présent arrêté.

PAUL BERT.

N° 4. — ARRÊTÉ *autorisant des dépôts de fonds à la caisse des fonds d'avance de Lao-kay.*

28 octobre 1886.

Rapporté par arrêté du 9 fevrier 1889.

N° 5. — ARRÊTÉ *ministériel règlant la situation des agents relevant du Ministre des finances qui seront mis à la disposition du Résident général, pour l'exécution des services financiers du Protectorat de l'Annam et du Tonkin.*

26 décembre 1887.

Article premier. — Les agents relevant du Ministre des finances qui seront mis à la disposition du Résident général pour l'exécution des services financiers du Protectorat de l'Annam et du Tonkin, continueront, pendant la durée de leur mission, à faire partie des cadres permanents des administrations auxquelles ils appartiennent.

Ils conserveront leurs droits à l'avancement et à la retraite.

L'avancement dans les cadres de l'administration française restera soumis aux règlements métropolitains, et sera indépendant des avancements obtenus dans les cadres du Protectorat.

Art. 2. — Le Résident général transmettra chaque année au Ministre des finances, avec son visa, les notes données à ces agents par le chef de service.

Art. 3 — Les agents détachés à l'administration du Protectorat, conformément aux dispositions de l'article premier, continueront à verser au Trésor, en exécution du § 3 de l'article 4 de la loi du 9 juin 1853, le montant des retenues pour le service des pensions civiles. Dans le cas où les émoluments qui leur seraient alloués représenteraient à la fois un traitement et des indemnités non visés par l'article 3 de la loi du 9 juin 1853, une décision ministérielle déterminera la portion de ces émoluments sur laquelle les retenues devront être calculées.

Art. 4. — Le présent arrêté recevra son exécution à partir du 1er janvier 1888, et sera déposé au bureau du contre-seing, qui en délivrera des ampliations à qui de droit.

DE MAHY.

P. TIRARD.

N° 6. — DÉCRET *relatif à l'organisation du service financier du Gouvernement général de l'Indo-Chine française.* (1)

26 décembre 1887.

Article premier. — Le service de trésorerie du gouvernement général de l'Indo-Chine française est dirigé par un trésorier payeur.

Ce comptable réside à Saigon.

Art. 2. — Le trésorier payeur du gouvernement général de l'Indo-Chine française est nommé par décret du Président de la République, rendu sur la proposition du ministre des finances, après avis du ministre de la marine et des colonies.

Art. 3. — Le cautionnement du trésorier payeur est fixé par arrêté du ministre des finances.

Art. 4. — Le trésorier payeur est chargé, sous sa responsabilité, d'effectuer ou de faire effectuer les opérations concernant les services financiers du budget de l'Indo-Chine.

Il opère les recouvrements, pourvoit à l'acquittement des dépenses, et centralise toutes les opérations de ce budget.

Il effectue ou fait effectuer pour son compte, conformément aux instructions qu'il reçoit directement du ministre des finances, les recettes et les payements relatifs aux services métropolitains.

Art. 5. — Le trésorier payeur de l'Indo-Chine française est également chargé du service local de la Cochinchine, dans les conditions prévues par le décret du 5 juillet 1881.

Toutefois, par dérogation aux art. 10, 16 et 22 de ce décret, le receveur spécial du service local centralise directement les opérations effectuées par les comptables résidant dans les places, et sert d'intermédiaire entre le trésorier payeur et ces comptables.

Le trésorier payeur continuera néanmoins à leur donner directement des instructions, s'il y a lieu.

Art. 6. — Le trésorier-payeur a la faculté de faire exécuter les opérations prévues aux deux articles précédents par le payeur chef de service du Protectorat de l'Annam et du Tonkin. A cet effet, il correspond directement avec lui et lui adresse les instructions nécessaires.

Il n'est pas responsable de sa gestion.

Art. 7. — Les règles tracées par le décret du 20 novembre 1882 sont applicables au budget du gouvernement général de l'Indo-Chine française, ainsi que les dispositions du règlement de comptabilité du 14 janvier 1869, concernant le mode de justification et de liquidation des dépenses du ministère de la marine et des colonies.

Art. 8. — Des arrêtés régleront les rapports de comptabilité entre le trésorier payeur de l'Indo-Chine française et le payeur chef du service de trésorerie dans le Protectorat de l'Annam et du Tonkin.

Art. 9. — Le président du conseil, ministre des finances et le ministre de la marine et des colonies, sont chargés, chacun en ce qui le concerne, de l'exécution du présent décret, qui sera inséré au *Journal officiel* de la République française, au *Bulletin des lois* et au *Bulletin officiel de l'administration des colonies.*

CARNOT.

N° 7. — ARRÊTÉ *ministériel déterminant les rapports du caissier-payeur central avec le payeur chef de service du Protectorat de l'Annam et du Tonkin.*

26 décembre 1887.

Article premier. — Il est ouvert dans les écritures de la Caisse centrale à Paris, un compte de trésorerie sous le titre : « *Protectorat de l'Annam et du Tonkin, son compte courant* ».

Les recettes et les dépenses concernant le Protectorat, effectuées par les comptables de la métropole et centralisées par le caissier-payeur central, sont portées au crédit et au débit de ce compte.

Le solde de ce compte devra être toujours créditeur.

Art. 2. — Ce compte est crédité :

1° Des recouvrements de toute nature effectués en France, en Algérie et dans les colonies autres que la Cochinchine, pour le compte du Protectorat.

2° Des sommes payées par le payeur chef de service du Protectorat pour le compte des services métropolitains, ainsi que des mandats tirés en France ou en Algérie, et acquittés par les comptables du Protectorat.

Il est débité :

1° Des envois matériels de fonds ou de traites effectués au payeur chef de service du Protectorat.

2° Des recouvrements opérés par les comptables du Protectorat pour le compte des services métropolitains.

3° Des sommes payées en France, en Algérie et dans les colonies autres que la Cochinchine, pour le compte du Protec-

(1) Voir ci-après l'arrêté du 28 mars 1888, sur le service de la trésorerie en Annam et au Tonkin, pris en vertu de l'article 8 du présent décret.

torat, ainsi que des mandats émis par le payeur du Protectorat et acquittés en France ou en Algérie.

Exceptionnellement et par mesure transitoire, le compte du Protectorat sera débité des sommes formant, à la date du 31 décembre 1887, l'encaisse des comptables du Trésor français en Annam et au Tonkin, constatées par le procès-verbal de remise de service.

Art. 3. — Le ministre de la marine et des colonies fait encaisser par le caissier-payeur central du Trésor, pour le compte du Protectorat, les ordres de recettes établis directement par lui ou par les chefs de service compétents.

Une déclaration de versement sera délivrée à la partie versante.

Art. 4. — Les rentes françaises et les pensions dont on aura demandé le payement en Annam ou au Tonkin, seront assignées sur la caisse du payeur central de la Dette publique à Paris. Ce comptable pourra faire procéder pour son compte au payement par le Trésor du Protectorat.

Les traitements civils et militaires, les indemnités et allocations personnelles de toute nature, pourront être payés en Annam ou au Tonkin, à la condition que l'extrait d'ordonnance ou le mandat de payement aura été, avant la remise à la partie, visé au ministère des finances (direction du mouvement général des fonds).

Le Ministre des finances adressera, par l'intermédiaire du Ministre de la marine et des colonies, au payeur du Protectorat, l'avis du payement que le comptable doit effectuer pour le compte du caissier-payeur central.

Les autres dépenses à la charge du budget métropolitain ne seront pas payées par les comptables du Protectorat ; toutefois, le caissier-payeur central pourra procurer sur leur demande, aux créanciers de l'État, la remise sans frais en Annam ou au Tonkin des sommes assignées payables à sa caisse.

Art. 5. — Les titulaires de rentes françaises et de pensions, résidant sur le territoire du Protectorat, qui désireront toucher leurs arrérages à la caisse du payeur du Protectorat, en feront la demande au Ministre des finances (direction de la dette inscrite).

Ils désigneront le lieu de leur résidence, la nature et le numéro de leur titre, ainsi que la somme à recevoir.

Le payeur central de la Dette publique, sur l'avis de la direction de la Dette inscrite, enverra au payeur du Protectorat un état des rentes et pensions dont il l'autorise à payer les arrérages.

Le payement a lieu au vu de cet état, sur la présentation du titre, et, s'il s'agit d'une pension, sur la production du certificat de vie accompagné, pour le premier payement, du certificat de cessation de payement du traitement d'activité, constatant que le pensionnaire n'est débiteur d'aucune somme envers le Trésor ou le service auquel il appartenait.

A la fin de chaque trimestre, le payeur central de la Dette publique enverra au payeur du Protectorat un état des changements survenus dans l'état primitif ; s'il n'y en a pas, il enverra un état négatif.

Les décomptes d'arrérages de pensions civiles ou militaires, dus après décès du titulaire, ne pourront être acquittés que sur le visa du payeur central de la Dette publique.

Art. 6. — Les opérations de recette et de dépense concernant la Caisse des dépôts et consignations, la Légion d'honneur et l'Etablissement des Invalides de la marine, ne peuvent être effectuées, sur le territoire du Protectorat, par le payeur chef de service, que conformément aux instructions qui lui sont adressées.

Ces opérations sont appuyées de décomptes, certificats, quittances et autres justifications établies dans la forme et par les autorités désignées par chaque service intéressé.

Art. 7. — Les recettes et les dépenses autres que les consignations administratives et judiciaires, concernant la Caisse des dépôts et consignations, que le payeur du Protectorat est autorisé à effectuer, sont notamment les suivantes :

Recettes

1° Fonds de masse des militaires de l'armée de mer congédiés, qui lui seront versés par les corps de troupes ;

2° Sommes dépendant des successions des militaires décédés sur le territoire du Protectorat et dont les héritiers résident en France ;

3° Produit des successions civiles recueillies en Annam et au Tonkin et payables en France.

Dépenses

1° Ordres de payement visés par la Direction du mouvement général des fonds au ministère des finances, et transmis par l'intermédiaire du Ministre de la marine et des colonies ;

2° Pensions dont le payement en Annam ou au Tonkin aurait été demandé.

Le Directeur général de la Caisse des dépôts et consignations envoie au payeur du Protectorat, par l'intermédiaire du Ministre de la marine, un état des pensions dont il l'autorise à payer les arrérages. Cet état indique les formalités à remplir, ainsi que les justifications à produire à l'appui de chaque payement.

Le payement a lieu au vu de cet état, sur la production du titre et d'un certificat de vie.

A la fin de chaque trimestre, le Directeur général de la Caisse des dépôts et consignations envoie au payeur du Protectorat un état des changements survenus dans l'état primitif; s'il n'y a pas de changement, il envoie un état négatif.

Art. 8. — Les traitements de la Légion d'honneur et de la Médaille militaire seront acquittés par le payeur du Protectorat, entre les mains de ceux qui en auront fait la demande au grand-chancelier.

Le payeur central de la Dette publique, sur l'avis de la grande-chancellerie, enverra au payeur du Protectorat un état des traitements qu'il aura à payer.

Toutefois, les premiers payements pourront être faits à des titulaires ne figurant pas sur cet état, moyennant la présentation du certificat de vie et du titre indiquant le décompte des sommes à payer aux légionnaires et aux médaillés militaires, et des sommes à reverser par eux pour prix de brevets et de décorations.

Le payement des décomptes d'arrérages après décès pourra également être effectué par le payeur du Protectorat.

Il est autorisé à encaisser les prix de brevets et de décorations dus par les légionnaires civils, les droits de chancellerie pour port de décorations étrangères, les prix des pensions et trousseaux des élèves des maisons d'éducation de la Légion d'honneur et toutes autres sommes qui pourraient être versées pour le compte de la grande-chancellerie.

Art. 9. — Les certificat de vie à produire à l'appui des payements mentionnés dans les articles qui précèdent devront être établis sur le territoire du Protectorat, conformément aux dispositions des règlements en vigueur en France.

Toutefois, dans les cas où le certificat de vie doit être délivré par un notaire, il pourra, sur le territoire du Protectorat, être délivré par le Résident.

Art. 10. — L'Etablissement des invalides de la marine pourra faire acquitter par le payeur du Protectorat les demi-soldes et les pensions qui en sont dérivées, les gratifications de réforme renouvelables, les secours accordés aux marins, militaires et agents du Département de la marine et des colonies, à leurs veuves, à leurs orphelins et à leurs père et mère, ainsi que les mandats de payement sur la Caisse des Gens de mer.

Le payement des demi-soldes et pensions, ainsi que celui des gratifications renouvelables, aura lieu au vu d'un état dressé par le trésorier général des invalides de la marine, sur la présentation du titre accompagné du certificat de vie établi sans frais par le Résident. Toutefois le payement des décomptes d'arrérages après décès, lorsqu'ils seront supérieurs à 150 francs, ne pourra avoir lieu qu'après communication au trésorier général de l'Etablissement des Invalides, des pièces d'hérédité.

Les secours sur la Caisse des Invalides ainsi que les dépenses sur la Caisse des Gens de mer, ne pourront être acquittés qu'après ordonnancement par l'administration centrale des Invalides de la marine.

Le payeur du Protectorat pourra également effectuer toutes recettes pour le compte de l'Etablissement des Invalides de la marine qui lui seront versées.

Art. 11. — Les envois matériels de fonds ou de traites sont effectués au payeur du Protectorat par le caissier-payeur central, sur la demande du Ministre de la marine et des colonies.

Le montant de l'envoi est immédiatement porté en dépense par le caissier-payeur central, au débit du compte du Protectorat. Une expédition du procès-verbal d'envoi est transmise au ministère de la marine et des colonies et une autre directement au payeur du Protectorat.

Art. 12. — Le payeur du Protectorat encaisse le montant des ordres de recettes concernant les services métropolitains établis par l'administration compétente.

L'ordre de recette accompagné d'une déclaration d'encaissement du payeur, est transmis par le Ministre de la marine et des colonies au caissier-payeur central qui débite le compte du Protectorat.

Art. 13. — Le caissier-payeur central acquitte, après visa de la Direction du mouvement général des fonds, les ordres de payement délivrés pour le compte du Protectorat par le Ministre de la marine et des colonies et assignés payables en France, en Algérie ou dans les colonies.

Les ordres de payement ainsi délivrés ne seront visés à la Direction du mouvement général des fonds, qu'autant qu'il existera une provision suffisante au crédit du compte du Protectorat.

Art. 14. — Des mandats peuvent être émis par le caissier-payeur central du trésor au payeur du Protectorat, et réciproquement, pour transmission de fonds intéressant les services publics ou appartenant aux officiers et fonctionnaires français relevant de l'administration du Protectorat.

Art. 15. — Les mandats émis par le payeur du Protectorat sur le caissier-payeur central sont payables au besoin par les trésoriers-payeurs généraux et les trésoriers-payeurs de l'Algérie.

Ils sont portés au débit du compte courant du Protectorat, au fur et à mesure des payements.

Le payeur du Protectorat se conforme, pour l'émission de ces valeurs, aux règles tracées par l'administration des finances.

Art. 16. — Le caissier-payeur central remet à la direction du mouvement général des fonds, les talons des mandats de trésorerie qu'il a tirés sur la caisse du payeur du Protectorat. Cette direction les envoie au Ministre de la marine et des colonies qui les fait parvenir au Résident général.

Le montant de ces mandats est porté au crédit du compte-courant du Protectorat, lorsqu'ils reviennent acquittés.

Art. 17. — Les livres de mandats sur le Trésor sont fournis au service du Protectorat par le caissier-payeur central, à charge de remboursement.

Art. 18. — Dans les cinq jours qui suivent l'expiration de chaque mois, le caissier-payeur central envoie en double expédition, au Ministre de la marine, la copie du compte-courant du Protectorat faisant ressortir le solde au premier jour du mois, les opérations du mois et le solde à nouveau.

A cette copie seront jointes les pièces justificatives, savoir :

Pour les recettes, les ordres de recettes appuyés des récépissés constatant l'encaissement.

Pour les dépenses, les ordres de payement dûment quittancés par les parties prenantes.

Le Ministre de la marine et des colonies constate la concordance du compte avec les justifications produites, et renvoie au caissier-payeur central une des deux expéditions, revêtue d'un accusé de conformité.

Art. 19. — Le présent arrêté sera exécutoire à partir du 1er janvier 1888.

TIRARD.

N° 7. — ARRÊTÉ *ministériel déterminant les opérations effectuées par le trésorier-payeur de l'Indo-Chine et le payeur chef du service du Protectorat de l'Annam et du Tonkin, ainsi que les écritures à tenir par ces comptables.*

26 décembre 1887

Article premier. — Il est ouvert dans les écritures du trésorier payeur de l'Indo-Chine un compte de correspondant administratif, sous le titre : « *Payeur du Protectorat de l'Annam et du Tonkin, son compte courant.* »

Art. 2. — Ce compte est crédité :

1° Des sommes envoyées au trésorier payeur de l'Indo-Chine par le payeur du Protectorat ;

2° Des recettes appartenant au budget du Protectorat, et encaissées par le trésorier payeur de l'Indo-Chine pour le compte du payeur ;

3° Des dépenses acquittées par les comptables du Protectorat pour le compte du trésorier payeur de l'Indo-Chine ;

4° Du montant des mandats émis par les comptables du trésor en Cochinchine, et acquittés par le payeur de l'Indo-Chine ;

Il est débité :

1° Du montant des envois de fonds ou de traites sur le trésor, effectués par le trésorier payeur de l'Indo-Chine au payeur du Protectorat ;

2° Des sommes encaissées par le payeur du Protectorat pour le compte de l'Indo-Chine ;

3° Des dépenses acquittées par le trésorier payeur de l'Indo-Chine pour le compte du Protectorat ;

4° Du montant des mandats émis par le payeur du Protectorat sur la caisse du trésorier payeur de l'Indo-Chine et payés pour son compte.

Art. 3. — Ce compte est tenu en francs.

Art. 4. — La situation du compte courant ouvert au payeur du Protectorat, dans les écritures du trésorier payeur de l'Indo-Chine, doit toujours présenter un solde créditeur.

Les ordres de payement adressés par le payeur au trésorier payeur de l'Indo-Chine ne seront acquittés que s'il y a crédit suffisant pour faire face à la dépense.

Art. 5. — Le trésorier payeur de l'Indo-Chine crédite le compte du payeur du Protectorat, après vérification de l'envoi, des sommes qu'il a reçues de ce comptable.

Art. 6. — Le trésorier payeur encaisse, pour le compte du payeur, les ordres de recettes établis par les autorités administratives du Protectorat, visés par le payeur.

Le trésorier payeur délivre une déclaration de versement à la partie et crédite le payeur du Protectorat.

Art. 7. — Le trésorier payeur crédite, lors de la réception des pièces justificatives du payement, le payeur du Protectorat, des sommes que ce comptable a acquittées pour son compte.

Art. 8. — Le trésorier payeur est autorisé à émettre des mandats de trésorerie, payables à vue par le payeur du Protectorat, pour les transmissions de fonds intéressant les services publics, les officiers et les fonctionnaires français.

Ces mandats sont extraits d'un livre à souche et à talon.

Il transmet au payeur, par chaque courrier, les talons-avis.

Il crédite le payeur du Protectorat des mandats que celui-ci a acquittés pour son compte, au fur et à mesure qu'il les reçoit.

Art. 9. — Le trésorier payeur débite le payeur du Protectorat du montant des fonds ou des traites sur le trésor qu'il a envoyées à ce comptable.

Art. 10. — Le trésorier payeur, lors de la réception des avis d'encaissement délivrés par le payeur, débite ce comptable des sommes encaissées par lui ou par ses préposés pour le compte du budget de l'Indo-Chine ou du service local de la Cochinchine.

Art. 11. — Il acquitte, entre les mains des parties résidant en Cochinchine, les mandats émis par le chef du service administratif, ordonnateur délégué du Résident général.

Les pièces jutificatives à joindre à l'appui de ces opérations seront déterminées par l'administration du Protectorat.

Art. 12. — Il ne pourra payer les mandats tirés sur sa caisse par le payeur du Protectorat qu'après réception des talons-avis.

Il débite le compte « *Payeur du Protectorat de l'Annam et du Tonkin, son compte courant* » du montant des payements effectués.

Il renvoie au payeur, par chaque courrier, les mandats qu'il a acquittés pour son compte.

Art. 13. — Les mandats sur le payeur du Protectorat sont établis en francs.

Art. 14. — Les recettes du compte « *Payeur du Protectorat de l'Annam et du Tonkin, son compte courant* » sont justifiées par les talons des récépissés, et les dépenses par les avis de crédit au payeur.

Les dépenses résultant d'envois matériels de fonds sont, en outre, appuyées d'une expédition du procès-verbal d'envoi.

Art. 15. — Les opérations effectuées par le trésorier payeur de l'Indo-Chine pour le payeur du Protectorat, et rejetées par ce dernier après vérification, sont décrites au compte courant du Protectorat par des écritures en sens inverse de celles qui ont constaté l'opération primitive.

Le renvoi des pièces au payeur, après régularisation, est constaté dans la même forme.

Art. 16. — A la fin de chaque mois, le trésorier payeur de l'Indo-Chine transmet au payeur du Protectorat une copie en double expédition du compte courant ; elle fait ressortir la situation de ce compte à la fin du mois précédent, les opérations effectuées pendant le mois, ainsi que le solde à nouveau.

Le payeur renvoie au trésorier payeur une des expéditions approuvée par lui, après s'être assuré que toutes les opérations qui y figurent sont régulièrement portées. Dans le cas contraire, il consigne ses observations.

Art. 17. — Le trésorier payeur transmet également, à la fin de chaque mois, les pièces justificatives des recettes et des dépenses appuyées de bordereaux détaillés en double expédition, au payeur du Protectorat qui lui renvoie une des expéditions approuvée par lui.

Art. 18. — Le trésorier payeur reçoit, tous les mois, copie en double expédition du compte courant tenu par le payeur du Protectorat, ainsi que les pièces justificatives de recettes et de dépenses appuyées de bordereaux détaillés en double expédition.

Il s'assure que toutes les opérations qui y figurent sont régulièrement portées; dans le cas contraire, il consigne ses observations.

Il renvoie au payeur une expédition des bordereaux et de la copie du compte approuvée par lui.

Art. 19. — Le trésorier payeur de l'Indo-Chine transmettra au Ministre des finances (direction générale de la comptabilité publique et direction du mouvement général des fonds,) en double expédition, la situation du compte du payeur du Protectorat au 30 juin et au 31 décembre de chaque année.

Ces situations seront accompagnées d'une note de rapprochement faisant ressortir la concordance du compte tenu à Saigon avec celui qui est tenu à Hanoi. Elle indiquera, à cet effet, les observations figurant dans le compte du trésorier payeur de l'Indo-Chine et qui n'apparaissent pas dans les écritures du payeur et *vice versa*, celles figurant dans les écritures du payeur du Protectorat et qui n'ont pas encore été portées dans le compte du trésorier payeur de l'Indo-Chine.

Le Ministre des finances, aussitôt la réception de ces documents, en transmettra copie au Ministre de la marine et des colonies.

Art. 20. — Le présent arrêté sera publié au *Bulletin officiel de l'administration des colonies*, et recevra son exécution à compter du 1er janvier 1888.

CH. TIRARD.

N° 9. — DÉCRET *relatif au service de trésorerie au Tonkin.*

26 décembre 1887

Article premier. — A compter du 1er janvier 1888, (1) le service de trésorerie au Tonkin relèvera directement de l'administration du Protectorat.

Art. 2. — Les dispositions du décret du 31 mai 1883 sont et demeurent rapportées.

Toutefois, pendant l'année 1888, elles continueront à s'appliquer à la liquidation et à l'apurement des opérations relatives à l'exercice 1887.

Art. 3. — Le payeur chef du service de la trésorerie en Annam et au Tonkin est nommé par décret du Président de la République, rendu sur la proposition du Ministre de la marine et des colonies, après avis du Ministre des finances.

Les autres agents du service de trésorerie de l'Annam et du Tonkin sont nommés par le Gouverneur général de l'Indo-Chine dans les conditions qui seront déterminées par arrêté ministériel.

Art. 4. — Le Président du Conseil, ministre des finances, et le Ministre de la marine et des colonies sont chargés, chacun en ce qui le concerne, de l'exécution du présent décret qui sera inséré au *Journal officiel* de la République française, au *Bulletin des Lois* et au *Bulletin officiel de l'administration des Colonies.*

CARNOT.

N° 10. — INSTRUCTION *ministérielle sur l'organisation du service du trésor dans l'Indo-Chine et en Annam et au Tonkin.*

20 janvier 1888.

Vous trouverez au *Journal officiel* du 28 décembre dernier deux décrets, en date du 26 de ce mois, rendus sur la proposition du Président du conseil, ministre des finances, et du ministre de la marine et des colonies, et qui ont pour but de régler, le premier l'organisation du service de trésorerie du Gouvernement général de l'Indo-Chine, le second le fonctionnement du service de trésorerie en Annam et au Tonkin.

(1) Voir ci-après arrêté du 28 mars 1888, remettant cette date au 15 avril 1888.

Vous trouverez également ci-inclus, des ampliations des deux arrêtés des ministres de la marine et des finances qui déterminent, l'un, la situation des agents du trésor en service au Tonkin, l'autre, les rapports du trésorier payeur de l'Indo-Chine avec le payeur, chef du service en Annam et au Tonkin.

J'ai l'honneur de vous prier de vouloir bien promulguer ces actes en Indo-Chine et assurer leur exécution.

INDO-CHINE

Ainsi que vous le remarquerez, le service financier de l'Indo-Chine se trouve constitué sur les mêmes bases que celui qui fonctionne en Cochinchine et dans les autres colonies. Il m'a paru que le moment n'était pas venu de modifier le système actuellement en vigueur. Le département des finances avait, au début, été amené à proposer une organisation d'après laquelle les opérations financières des budgets de l'Indo-Chine auraient cessé de venir se fondre dans la comptabilité centrale du trésor français, dont elles seraient distinctes comme le sont, dans la métropole, les opérations financières des villes. Les agents chargés d'effectuer le nouveau service auraient continué à opérer des payements et à encaisser certaines recettes pour le compte du budget général de l'État, mais en se bornant à ouvrir au trésor français un compte courant et sans avoir avec lui d'autres relations que celles de banquier à banquier.

Frappée des conséquences qu'entraînerait cette organisation, mon administration a fait valoir qu'il ne lui paraissait pas possible que la métropole, qui contribue pour une somme de vingt millions aux dépenses de l'Indo-Chine, se dégageât de toute obligation de centralisation et de contrôle pour les services financiers de l'union indo-chinoise. D'un autre côté, comme on ne saurait admettre que la comptabilité des trésoriers de l'Indo-Chine et de la Cochinchine soit adressée directement à la cour des comptes, l'administration centrale des colonies se serait trouvée dans l'obligation de prendre dans ses attributions la centralisation et le contrôle dont le ministère des finances se serait désintéressé. Or, l'administration des colonies ne comportait pas le personnel spécial et les moyens d'action nécessaires pour se charger de ces opérations.

Une autre conséquence des projets de réorganisation consistait à laisser aux autorités locales le soin et la responsabilité d'effectuer toutes les opérations se rapportant à l'approvisionnement des caisses hors du concours direct du ministère des finances. Mon administration a demandé le maintien de l'état de choses actuel, qui seul offre les garanties nécessaires aux fonctionnaires du trésor, et les met à l'abri de la malveillance et des soupçons.

J'ai admis, toutefois, que les risques provenant des frais de négociations et de change ne seraient plus laissés dorénavant à la charge de l'État; il m'a paru qu'il serait légitime de mettre ces risques à la charge de l'Indo-Chine.

Le département des finances a accepté avec empressement cette concession qui lui a permis de ne pas insister pour qu'il soit donné suite, pour le moment, aux projets concernant l'organisation des services de trésorerie de l'Indo-Chine et de la Cochinchine, qui resteront soumis aux règles fondamentales des décrets des 20 novembre 1882 et 15 mai 1874.

Mais M. Tirard a émis l'avis qu'il y aurait néanmoins lieu de poursuivre l'étude plus approfondie du système proposé par son département et qui lui paraît présenter de sérieux avantages sur l'organisation actuelle.

Pour répondre à ce désir, j'ai l'honneur de vous transmettre, à titre documentaire, la copie du projet de décret primitif préparé par l'administration des finances, en vue de réaliser la réforme qui a été ajournée. Je ne puis que vous prier, ainsi que j'en ai donné l'assurance à M. Tirard, de vouloir bien étudier, de concert avec le trésorier payeur, cette importante question : il vous appartiendra de me faire connaître les résultats de cette étude et, au besoin, de me saisir des propositions que vous croirez devoir formuler.

ANNAM ET TONKIN

Je passe maintenant à l'exposé du service de trésorerie de l'Annam et du Tonkin. L'état de choses existant, que le décret du 26 décembre et les arrêtés ministériels qui l'accompagnent, ont pour but de modifier, avait toujours été considéré comme absolument provisoire. Exécutées par les agents du service métropolitain, les opérations de recette et de dépense du budget du Protectorat les obligeaient à faire, sur les fonds du Trésor des avances pour lesquelles aucun crédit n'était ouvert. Le Département des finances n'avait consenti à maintenir jusqu'à présent cette situation que sur l'assurance formelle qu'elle prendrait fin au 31 décembre dernier. Les mesures qu'il avait fait étudier à cet effet, d'accord avec le ministère des affaires étrangères, ont reçu l'assentiment de M. le Résident général Bihourd.

Le décret du 26 décembre est donc intervenu en vue de rattacher au Protectorat le service de trésorerie de l'Annam et du Tonkin qui, vous le savez, fonctionnait en vertu du décret du 31 mai 1883, comme service de trésorerie d'armée.

Les arrêtés des Ministres des finances et de la marine mentionnés au début de cette lettre, et celui du Ministre des finances en date du 26 décembre 1887, qui déterminent les rapports du caissier-payeur central avec le payeur, chef du service du Protectorat, sont destinés à assurer le fonctionnement du nouveau système, qui devra être complété par des dispositions de détail qu'il vous appartiendra de régler par voie d'arrêtés. A cet effet, je vous transmets, ci-joint, deux projets d'arrêtés préparés par le Département des finances et dont je vous prie de vouloir bien vous inspirer dans la rédaction des actes définitifs. Je vous recommande expressément, d'accord avec M. Tirard, de n'apporter aucune modification à celles des dispositions qui sont en corrélation avec les principes posés par les décrets du 26 décembre et les arrêtés ministériels. Quant aux autres dispositions concernant les détails du fonctionnement, je vous laisse le soin de les mettre en harmonie avec l'organisation actuelle des divers services au Tonkin, et de les modifier en conséquence.

Dans cet ordre d'idée, j'appelle votre attention sur l'article 21 du projet d'arrêté relatif à l'organisation du service de trésorerie; il y est dit que « *le compte de gestion du payeur, chef de service, est jugé par le Conseil du Protectorat.* »

J'aurais voulu que la gestion du trésorier du Tonkin, pas plus que celle du payeur au Cambodge, ne fût soustraite à la juridiction de la Cour des comptes; mais le Département des finances n'a pas cru qu'il y ait lieu de soumettre au contrôle de cette Cour des opérations qui ne se rattachent pas à un service public français et qui, pendant une période plus ou moins longue, seront forcément régies par un ensemble de règles ou d'usages qui ne pourraient pas servir de base à l'exercice d'un contrôle judiciaire.

Il convient donc de rechercher si le contrôle du Conseil du Protectorat est suffisant, et s'il n'y aurait pas lieu de réserver le jugement des comptes du Protectorat à une commission dont la composition serait ultérieurement déterminée.

Je dois vous signaler les dispositions des trois arrêtés ministériels ci-inclus qui ne tiennent pas compte des observations présentées par M. Bihourd.

L'administration du Protectorat demandait que les agents du Trésor mis à sa disposition ne subissent la retenue que sur le montant du traitement dont ils jouissent dans l'administration métropolitaine.

Cette prescription ainsi formulée aurait été contraire à la législation sur les pensions civiles et n'a pu être admise.

M. Bihourd demandait également qu'un agent ne pût être détaché au Tonkin pour moins de 3 ans. Il a paru impossible de faire l'objet d'une prescription réglementaire de cette disposition, que le Département des finances et celui de la marine s'efforceront, d'un commun accord, de mettre à exécution dans la limite du possible.

Au sujet de l'arrêté relatif aux rapports du caissier-payeur central avec le payeur du Protectorat, M. Bihourd avait demandé que les payements des rentes, pensions, traitements de la Légion d'honneur, etc., soient dispensés des formalités prescrites par l'arrêté ministériel.

Ces formalités sont réglementaires, mais l'administration du Protectorat aura toujours la faculté, sous sa responsabilité, de faire payer, sur la seule production de leur titre, les rentiers, pensionnaires, etc., non inscrits sur les états d'arrérages; les payements effectués dans ces conditions seront admis s'ils sont, d'ailleurs, réguliers.

Enfin, il n'a pas paru nécessaire d'introduire, comme le proposait le Résident général, dans l'arrêté ministériel relatif aux rapports du trésorier de l'Indo-Chine avec le payeur du Tonkin, les dispositions réglant les opérations effectuées au Cambodge pour le Tonkin et *vice-versâ*; la majeure partie de ces opérations disparaît par suite de la création du budget de l'Indo-Chine, et s'il s'en produisait, elles passeraient par l'intermédiaire du trésorier payeur de l'Indo-Chine qui a un compte courant avec chacun des payeurs.

Désignation des chefs de service.

J'ai l'honneur de vous informer que, par décret en date du 26 décembre, M. Pillas, trésorier payeur à Saigon, a été nommé trésorier payeur de l'Indo-Chine.

D'accord avec M. le Président du conseil, ministre des finances, j'ai décidé que M. Pillas aurait droit en cette qualité aux émoluments ci-après :

Solde d'Europe	12.000
Supplément colonial	16.000
Frais de service	16.000
Total	44.000

Il continuera, en outre, à recevoir 1,000 fr. sur la caisse des invalides, et les remises de la caisse des dépôts et des successions vacantes.

M. Pillas continuera à remplir les fonctions de trésorier de la Cochinchine dans les conditions énoncées par le décret du 5 juillet 1881 et suivant.

Le receveur spécial de la recette locale touchera désormais l'indemnité de 6,000 francs pour le service de la recette municipale de Saigon.

Pour l'emploi de payeur chef du service en Annam et au Tonkin, un décret en date du 18 janvier courant, a désigné M. Guillaumot, payeur particulier de 2e classe, chargé en ce moment de l'intérim à Hanoi; d'accord avec le Département des finances, j'ai décidé que cet agent aura droit, en outre de sa solde, à un supplément colonial de 12,000 fr., et à 12,000 fr. pour indemnité de caisse et frais de service.

Au Cambodge, M. Walche reste titulaire, avec sa solde et les suppléments dont il jouit, de l'emploi de payeur chef du service de la trésorerie du Protectorat.

Telles sont, Monsieur le Gouverneur général, les dispositions qui ont été arrêtées pour le fonctionnement des services financiers de l'Union Indo-Chinoise.

Je vous prie de vouloir bien m'accuser réception de la présente dépêche.

FÉLIX FAURE.

N° 12. — ARRÊTÉ *rendant exécutoire le décret du 20 novembre 1882 fixant le mode de perception des recettes.*

15 février 1888.

Article premier. — Est promulgué et rendu exécutoire dans toute l'étendue des pays de Protectorat (Cambodge, Annam et Tonkin) et d'une manière générale pour l'administration du budget de l'Indo-Chine, le décret du 20 novembre 1882 à l'exception des dispositions de cet acte contraires aux décrets organiques susvisées (1) et notamment les articles 1 à 36, 148 à 153, 155, 156, 182 à 186, 187 à 190, 193 à 196, 219 à 221, 224 à 228 du décret.

Art. 2. — Le Lieutenant-gouverneur en Cochinchine et les Résidents généraux au Cambodge, en Annam et au Tonkin, rempliront les fonctions dévolues par le décret du 20 novembre 1882 au Directeur de l'intérieur.

Art. 3. — La commission prévue par l'art. 141 du décret précité sera pour l'Annam et le Tonkin composée de trois membres pris dans le sein du conseil de Protectorat.

Art. 4. — La concordance des écritures de chaque ordonnateur avec celles du payeur chef de service, ayant été reconnue par ladite commission, le procès-verbal de cette constatation est transmis à Gouverneur général avec le compte rendu du

(1) Décrets des 17 octobre et 12 novembre 1887.

budget et les diverses pièces et tableaux destinés à permettre l'examen de la gestion.

Ces diverses opérations sont faites, tant pour le budget particulier pour chaque pays de Protectorat que pour la partie du budget général confiée à la gestion des ordonnateurs secondaires.

Art. 5. — Aucune taxe ou contribution ne peut être établie au profit des budgets locaux des pays de Protectorat que par décision du Gouverneur général.

Art. 6. — Les taxes ou contributions perçues au profit des communes ou de tout autre établissement pourront toutefois être établies par le Lieutenant-gouverneur pour la Cochinchine, et par les Résidents généraux pour les autres pays de Protectorat.

Art. 7. — La perception des revenus publics autres que les produits des douanes et des postes et télégraphes, sera faite, au Cambodge, en Annam et au Tonkin par les agents du Trésor, sous la responsabilité des payeurs chefs de service, dans les places où le service du trésor est représenté, et dans les autres localités par les agents du Protectorat institués à cet effet par les Résidents généraux.

Art. 8. — La centralisation des recettes de toute nature sera opérée par les agents du Trésor, au moyen des versements réguliers des divers comptables des deniers publics.

Art. 9. — La forme des registres, comptes, pièces, etc., du service de la perception sera celle suivie en Cochinchine et les divers agents chargés de la perception recevront, à cet effet, de leurs chefs, des instructions spéciales.

Art. 10. — Le secrétaire général du gouvernement de l'Indo-Chine est chargé de l'exécution du présent arrêté, qui sera notifié et enregistré partout où besoin sera.

CONSTANS.

N° 13. — ARRÊTÉ *relatif à l'organisation du service de trésorerie dans le Protectorat de l'Annam et du Tonkin.*

28 mars 1888.

Article premier. — Le service de trésorerie de l'Annam et du Tonkin est géré par un payeur chef de service, relevant directement du Résident général.

Art. 2. — Le payeur chef de service du Protectorat réside à Hanoi.

Il est astreint à un cautionnement de quinze mille francs, affecté spécialement à la garantie de sa gestion.

Il perçoit ou fait percevoir pour son compte, et il centralise tous les produits réalisés au profit du Protectorat. Il pourvoit au payement de toutes les dépenses.

Il est chargé du service des mouvements de fonds et des autres services exécutés en dehors du budget local.

Il est également chargé des recettes et des dépenses à effectuer pour le compte de la Caisse des Dépôts et Consignations, de la Légion d'honneur et de l'Etablissement des Invalides de la marine.

Des règlements ultérieurs détermineront la forme des justifications à produire à l'appui des opérations de recette et de dépense concernant le budget du Protectorat.

Il effectue, conformément aux instructions du Ministre des finances, les recouvrements et les payements concernant les services métropolitains.

Art. 3. — *Modifié par décision du 5 février 1889.*

Art. 4. — La nomination des interprètes sonneurs et des gardiens de caisse indigènes est déléguée au payeur chef de service.

Art. 5. — Les payeurs particuliers, les payeurs adjoints et les commis de trésorerie, chefs de poste, peuvent être appelés à fournir, pour la garantie de leur gestion, un cautionnement dont le chiffre sera fixé par le Gouverneur général, sur la proposition du payeur chef de service et du Résident général.

Art. 6. — Les traitements, indemnités et salaires de toute nature, auxquels ont droit les agents et les sous-agents du service de Trésorerie, sont payés par le budget du Protectorat, et fixés ainsi qu'il suit:

1° TRAITEMENT FIXE:

		TRAITEMENT D'EUROPE	SUPPLÉMENT COLONIAL	TOTAL
Payeur chef de service		6.000	12.000	18.000
Payeur particulier	2e classe	5.000	6.000	11.000
	3e classe	4.500	6.000	10.500
Payeur adjoint	1re classe	4.000	4.000	8.000
	2e classe	3.500	4.000	7.500
	3e classe	3.000	4.000	7.000
Commis de trésorerie	1re classe	2.700	3.500	6.200
	2e classe	2.400	3.500	5.900
	3e classe	2.200	3.500	5.700
	4e classe	2.000	3.000	5.000
	5e classe	1.800	3.000	4.800

2° INDEMNITÉS, ACCESSOIRES

Frais de service au Payeur chef de service	12.000
Indemnité de fonctions au chef de comptabilité	1.500

3° INDEMNITÉS DE RESPONSABILITÉ

Payeurs ou commis de trésorerie chefs de poste	1.500 à 2.000

4° SALAIRES DES SOUS-AGENTS

Commis auxiliaires de trésorerie	3.000 à 4.500
Interprètes sonneurs pour la langue annamite	800. 1.000 et 1.500
Gardiens de caisse	720 à 1.000
Plantons	720

Les agents du service de trésorerie ont, en outre, droit aux vivres et à l'indemnité de logement dans les mêmes conditions que les autres agents du Protectorat. (*Complété par arrêté du 19 mai 1888*).

Tous ces traitements et indemnités sont passibles des retenues exercées au profit des pensions civiles ou de la Caisse des Invalides de la marine.

Leur conversion en piastres sera effectuée au taux légal.

Art. 7. — Le budget du Protectorat pourvoit, en outre, à l'installation et à l'ameublement des bureaux, à l'entretien des coffres, aux frais de transport de fonds, aux fournitures d'imprimés, au logement en nature du personnel et autres dépenses de matériel, d'hospitalisation, de rapatriement, de solde, de congé, d'indemnité de route, etc.,

Art. 8. — Les dépenses de personnel et de matériel relatives au service de trésorerie sont mandatées par les ordonnateurs des services civils à Hanoi et à Hué, sur la production des états émargés ou de pièces établies par le payeur chef de service ou ses préposés.

Art. 9. — Il peut être accordé aux agents d'origine européenne, détachés au service de trésorerie du Protectorat, des congés administratifs, de convalescence, ou pour affaires personnelles.

Les règles générales sur les congés applicables au personnel du Protectorat sont étendues au service de trésorerie.

Art. 10. — La caisse du payeur chef de service du Protectorat est alimentée d'après les instructions du Résident général qui reçoit chaque quinzaine une situation de cette caisse et un aperçu de ses besoins présumés pendant la période de quinze jours qui suit.

Le payeur prend, avec l'autorisation du Résident général, les mesures en vue de satisfaire aux besoins du service sur tous les points du territoire du Protectorat avec les ressources disponibles.

Art. 11. — Les poursuites pour le recouvrement des impôts et des taxes sur le territoire du Protectorat sont effectuées par les soins et à la diligence du payeur, conformément aux dispositions de l'arrêté du 22 octobre 1886.

Art. 12. — Les payeurs particuliers gèrent, sous la surveillance et la direction du payeur chef de service, auquel ils rendent compte de leurs opérations.

Ils sont valablement déchargés de leurs recettes par les avis de crédit du payeur chef de service, comptable de leur gestion.

Art. 13. — Le payeur chef de service est responsable de la gestion des payeurs particuliers placés sous ses ordres.

Il surveille leurs opérations, il assure l'ordre de leur comptabilité; il contrôle leurs recettes et leurs dépenses.

Il dispose également, sous sa responsabilité, des fonds reçus par les payeurs particuliers, soit qu'il les fasse verser à sa caisse, soit qu'il les emploie sur les lieux, soit qu'il en autorise la réserve entre leurs mains, ou qu'il leur donne toute autre destination commandée par les besoins du service.

Art. 14. — En cas de débet d'un payeur particulier, le payeur chef de service est tenu d'en couvrir immédiatement le Trésor du Protectorat; en conséquence, il demeure subrogé à ses droits sur le cautionnement et les biens du comptable.

Il peut, toutefois, se pourvoir auprès du Résident général pour obtenir, s'il y a lieu, la décharge de sa responsabilité.

Art. 15. — Les payeurs particuliers sont tenus de transmettre, à la fin de chaque mois, au payeur chef de service, les bordereaux détaillés de recette et de dépense et tous autres documents déterminés par les instructions.

Art. 16. — Chaque comptable ne doit avoir qu'une seule caisse, dans laquelle sont réunis tous les fonds appartenant à ses divers services. Il est responsable des deniers publics qui y sont déposés; en cas de vol ou de perte de fonds résultant de force majeure, il ne peut obtenir sa décharge qu'en justifiant que toutes les mesures de précautions avaient été prises, et en vertu d'une décision spéciale du Résident général.

Art. 17. — Toutes les opérations de recette et de dépense relatives à un exercice doivent être terminées au plus tard le 30 avril de l'année suivante.

Art. 18. — Les écritures et les livres des comptables des deniers publics sont arrêtés chaque année le 31 décembre. Ils le sont également à l'époque de la cessation des fonctions des comptables.

Art. 19. — Toutes les caisses publiques sont vérifiées une fois par an, le 31 décembre, par un fonctionnaire désigné par le Résident général.

Une expédition du procès-verbal de cette vérification est remise au payeur chef de service et produite par lui à l'appui de son compte de gestion.

Indépendamment de cette vérification annuelle, le payeur chef de service est tenu de vérifier inopinément, au moins une fois par an, soit par lui-même, soit par un de ses délégués, toutes les caisses de fonds d'avance et celles de ses préposés.

Il ne peut être dispensé de ces vérifications que par une autorisation spéciale du Résident général.

Art. 20. — Le payeur chef de service rend annuellement, au Résident général, un compte qui comprend tous les actes de sa gestion et de celle des comptables subordonnés.

Art. 21. — Le payeur chef de service transmet sa comptabilité mensuelle ainsi que son compte de gestion au Résident général, par l'intermédiaire de la direction du contrôle des services financiers.

Le compte de gestion du payeur chef de service est jugé par le Conseil de Protectorat.

Art. 22. — Les comptables de la recette sont responsables, en principe, de tous les droits, revenus ou produits dont le recouvrement ou l'encaissement leur est confié. Ils sont également chargés des poursuites qu'il peut être nécessaire d'exercer contre les débiteurs.

Art. 23. — Lorsque des irrégularités sont constatées dans le service d'un comptable subordonné, le payeur chef de service prend envers lui les mesures prescrites par les règlements. Il est même autorisé à le suspendre immédiatement de ses fonctions et à le remplacer par un gérant provisoire, en donnant avis de ces dispositions au Résident général.

Art. 24. — Le payeur chef de service et les agents sous ses ordres commenceront leur service pour le Protectorat le 15 avril. La remise du service leur sera faite à cette date par les agents en fonctions.

Procès-verbal de l'opération sera adressé en double expédition au Ministre des finances.

Le montant des sommes constatées par le procès-verbal et versées par la métropole à l'administration du Protectorat, sera porté dans les écritures du payeur chef de service comme envoi de fonds de la métropole.

Les opérations faites au titre de l'exercice 1888 par les agents du Trésor, antérieurement à la remise de service, seront rattachées aux écritures des agents du Protectorat.

Art. 25. — Le Secrétaire général du Gouvernement et le Résident général en Annam et au Tonkin sont chargés, chacun en ce qui le concerne, de l'exécution du présent arrêté, qui sera publié au *Journal officiel* de l'Indo-Chine.

CONSTANS.

N° 14. — ARRÊTÉ *accordant aux agents du service de Trésorerie le droit aux vivres et aux indemnités de logement.*

10 mai 1888.

Article premier. — L'article 6 de l'arrêté précité du 23 mars 1888 est modifié ainsi qu'il suit:

Les agents du service de Trésorerie ont, en outre, droit aux vivres dans les mêmes conditions que les agents du Protectorat et, s'ils ne sont pas logés en nature, à une indemnité de logement de neuf cent soixante francs (960 fr.) brut pour les payeurs particuliers, payeurs adjoints, commis de trésorerie, et de cinq cents francs (500 fr.) brut pour les commis auxiliaires.

Art. 2. — Cette indemnité sera décomptée à chacun des ayants droit à partir du 1er avril 1888.

Art. 3. — Le Résident général en Annam et au Tonkin est chargé de l'exécution du présent arrêté.

RICHAUD.

N° 15. — DÉCISION *modifiant l'article 3 de l'arrêté du 28 mars 1888, sur la composition du personnel du service de la trésorerie.*

5 février 1889

Article premier. — L'article 3 de l'arrêté susvisé du 28 mars 1888, est modifié ainsi qu'il suit:

Le Payeur, chef du service de la Trésorerie, a sous ses ordres le personnel suivant:

2 agents. — 8 payeurs-adjoints, 12 commis de trésorerie:
3 agents auxiliaires. — 10 commis auxiliaires:

Au lieu de:

2 agents. — 6 payeurs-adjoints, 12 commis de trésorerie:
3 agents auxiliaires. — 10 commis auxiliaires.

Art. 2. — Les porteurs de contraintes des villes de Hanoi et de Haiphong sont comptés dans le nombre total des commis auxiliaires.

Art. 3. — Le Résident général en Annam et au Tonkin est chargé de l'exécution du présent arrêté.

RICHAUD.

N° 16. — ARRÊTÉ *créant un emploi de préposé payeur à Tourane, et supprimant la caisse des fonds d'avance de cette place.*

5 février 1889.

Article premier. — Un emploi de préposé payeur du trésor à Tourane est créé à compter du 1er avril 1888.

Art. 2. — Ledit jour le gérant de la caisse de fonds d'avance de Tourane remettra au préposé payeur le numéraire existant dans sa caisse, et poursuivra la liquidation et les justifications des avances qu'il a reçues.

Art. 3. — Le Commissaire général, chef du service administratif de la marine, et le Payeur chef du service de la trésorerie sont chargés, chacun en ce qui le concerne, de l'exécution du présent arrêté.

RICHAUD.

N° 17. — ARRÊTÉ *rapportant celui du 28 octobre 1886, sur les transmissions de fonds par l'intermédiaire du trésor pour le commerce de Laokay.*

9 février 1889.

Article premier. — L'arrêté susvisé du 28 octobre 1886 cessera d'avoir son effet à compter du 1er mars 1889.

A partir de cette date, aucune transmission de fonds dans l'intérêt des particuliers ne pourra plus avoir lieu par l'intermédiaire du trésor, si ce n'est dans les cas prévus par l'article 5 de l'arrêté du 12 mars 1888.

Art. 2. — Le Payeur, chef du service de la trésorerie, est chargé de l'exécution du présent arrêté.

RICHAUD.

N° 18. — ARRÊTÉ *astreignant les commis auxiliaires de Trésorerie à un concours pour passer aux emplois supérieurs.*

27 août 1889.

Article premier. — Les commis auxiliaires de Trésorerie seront astreints, pour être admissibles à l'emploi de commis de Trésorerie, à subir, devant une commission spéciale à Hanoi, les épreuves d'un concours dont le programme est fixé en l'article 4.

Art. 2. — Les commis auxiliaires de 1re et 2e classe seront admis à se présenter au concours; néanmoins ces derniers ne pourront être nommés commis de Trésorerie qu'après avoir passé six mois au moins dans la 1re classe de leur grade.

Art. 4. — Le programme du concours est réglé ainsi qu'il suit :

1° Dictée d'une page d'un auteur classique, sans que le candidat puisse en corriger l'orthographe au moyen d'aucun livre ou secours étranger.

2° Trois problèmes d'arithmétique élémentaire comprenant les fractions ordinaires et décimales et les proportions.

3° Copie d'un tableau synoptique avec en tête en écritures variées, additions et soustractions.

4° Rédaction d'une lettre ou d'un rapport sur un sujet élémentaire d'administration, ou sur l'application d'un arrêté dont le texte sera donné.

5° Interrogation verbale destinée à faire connaître l'instruction générale du candidat et sa facilité d'énonciation.

Art. 5. — Il sera attribué à chacune des épreuves une valeur numérique exprimée par les chiffres suivants :

			0	nul
1,	2,	3,	4	mal
5,	6,	7,	8	médiocre
9,	10,	11,	12	assez-bien
13,	14,	15,	16	bien
17,	18,	19,	20	très-bien

La valeur relative des épreuves sera déterminée par un coefficient indiqué ci-dessous, qui devra être multiplié par le nombre des points accordés.

Orthographe	8
Arithmétique	6
Ecriture et tableau	6
Rédaction et connaissances administratives ...	10
Connaissances générales	8

Les candidats qui n'auront pas obtenu le minimum de 329 points, et ceux qui auront mérité une note *nul*, ne pourront être admis dans aucun cas.

Le nombre des points d'examen des candidats, qui produiront le diplôme de bachelier sera augmenté d'un dixième ; il sera augmenté d'un quinzième pour la production de la première partie du baccalauréat.

Art. 6. — Les candidats qui auront échoué à deux concours ne seront pas admis à se représenter.

Art. 7. — Les Résidents supérieurs au Tonkin et en Annam sont chargés de l'exécution du présent arrêté.

Pour le Gouverneur général
et par délégation,
BRIÈRE.

VOY. : Dépôt de fonds. — Agent judiciaire du trésor. — Caisses de fonds d'avance. — Caisse des dépôts et consignations.

Tribunaux consulaires.

N° 1. — DÉCRET *portant organisation de la juridiction française en Annam.* (Annexe au décret du 10 février 1886.)

17 août 1881.

Article premier. — Sur le territoire ouvert aux Européens dans le royaume d'Annam, la justice est rendue aux nationaux, sujets ou protégés français, et à tous sujets ou protégés d'une puissance étrangère, et dans tous les cas où il n'y a pas de sujets annamites en cause, par les tribunaux français établis au siège des résidents de France.

Ces tribunaux sont assimilés aux tribunaux de première instance siégeant dans l'intérieur de la Cochinchine.

Art. 2. — Ces tribunaux se conformeront, pour le jugement des affaires civiles, commerciales et pénales intéressant les justiciables désignés à l'article premier, à la législation en vigueur en Cochinchine, laquelle sera promulguée dans les territoires compris dans la juridiction des tribunaux établis au siège des résidents.

Art. 3. — Les fonctions de ministère public, de greffier, de notaire et d'huissier seront remplies par des fonctionnaires désignés par le Gouverneur de la Cochinchine.

Les fonctions de notaire et de greffier pourront être réunies.

Art. 4. — Il n'est rien modifié aux dispositions en vigueur, d'après les traités conclus avec le gouvernement annamite, et concernant les juridictions instituées pour le jugement des affaires civiles, commerciales et pénales, où seraient parties des sujets annamites conjointement avec des nationaux, sujets ou protégés français, ou des sujets d'une puissance étrangère.

Art. 5. — Pourront être distraites de la juridiction des tribunaux français, les causes dans lesquelles les sujets d'une puissance étrangère seront défendeurs, lorsqu'il sera intervenu des arrangements particuliers entre ladite puissance et le gouvernement de la République française, pour l'établissement d'une juridiction spécialement chargée de la connaissance de ces causes.

Art. 6. — Le ministre de la marine et des colonies, le ministre des affaires étrangères et le garde des sceaux, ministre de la justice, sont chargés, chacun en ce qui le concerne, de l'exécution du présent décret, qui sera inséré au *Bulletin des lois* et au *Bulletin officiel de la marine.*

JULES GRÉVY

N° 2. — DÉCISION *fixant l'étendue du ressort des tribunaux des résidences de Haiphong et de Hai-duong.*

11 avril 1885.

Voir, V° Justice, arrêté du 5 décembre 1888 ; le territoire de Hai-duong a été rattaché au ressort de tribunal de 1re instance de Haiphong.

N° 3. — PROMULGATION *dans toute l'étendue de l'Annam et du Tonkin des décrets du 8 février 1886, relatif aux attributions consulaires, et du 10 février 1886, relatif aux attributions judiciaires des résidents et vice-résidents.*

15 avril 1886.

Article premier. — Sont promulgués dans toute l'étendue du territoire de l'Annam et du Tonkin, les décrets du 8 février 1886, relatif aux attributions consulaires (1), et du 10 février 1886, relatif aux attributions judiciaires des résidents et vice-résidents chefs de poste en Annam et au Tonkin.

Art. 2. — Les Résidents supérieurs en Annam et au Tonkin sont chargés, chacun en ce qui le concerne, de l'exécution du présent arrêté.

PAUL BERT.

N° 4. — DÉCRET *relatif aux attributions judiciaires des résidents et vice-résidents.*

10 février 1886.

Article premier. — L'organisation de la justice dans les territoires de l'Annam et du Tonkin continuera à être régie par le décret du 17 août 1881, sauf les modifications ci-après spécifiées.

Art. 2. — Les vice-résidents chefs de poste auront les mêmes attributions et la même compétence que les résidents.

Art. 3. — La procédure suivie devant les tribunaux des résidences et vice-résidences sera la même que celle appliquée devant les tribunaux consulaires de l'Extrême-Orient.

Art. 4. Les dispositions antérieures contraires à celles du présent décret sont et demeurent abrogées.

Art. 5. — Le Président du conseil, ministre des affaires étrangères, est chargé de l'exécution du présent décret.

JULES GRÉVY.

(1) Voy : Attributions consulaires.

N° 5. — CIRCULAIRE *au sujet de la procédure à suivre devant les tribunaux des résidences, pour les décès.*

30 mars 1888.

La promulgation simultanée en Annam et au Tonkin des décrets des 17 août 1881 et 10 férier 1886, relatifs à la juridiction des tribunaux des résidences, a fait naître dans l'esprit d'un grand nombre de fonctionnaires des hésitations regrettables, notamment en ce qui concerne l'établissement des actes de décès des personnes disparues.

Le décret du 17 août 1881 confère en effet aux tribunaux des résidences les mêmes attributions qu'à ceux de Cochinchine ; mais d'autre part, d'après le décret du 8 février 1886, il est dit que « les résidents et vice-résidents sont investis des attri-« butions respectives des consuls et chanceliers de consulat, et « que la procédure à suivre devant les tribunaux des résidences « sera la même que celle qui est applicable devant les tribunaux « consulaires de l'Extrême-Orient. »

En présence des inconvénients graves qui pouvaient résulter de cet état de choses, j'ai cru devoir porter cette question à l'appréciation de M. le Ministre de la marine et des colonies et de M. le Procureur général de la cour de Saigon.

M. le Ministre de la marine et des colonies m'informe que les tribunaux des résidences sont compétents pour établir l'acte de décès d'un militaire disparu, et M. l'amiral Krantz s'est appuyé à ce sujet sur l'avis du Conseil d'État du 12 brumaire an XI et sur l'article 122 du décret du 18 juin 1811.

M. le Procureur général de la Cochinchine, d'autre part, partage l'opinion de M. le Ministre de la marine. Ce magistrat émet l'avis que c'est seulement pour la procédure que l'on doit s'inspirer des textes qui règlent la procédure devant les tribunaux consulaires de l'Extrême-Orient. Les principes, sur ce point, sont contenus dans les lois des 8 juillet 1852, article 2, — 18 mai 1858, article 2, — 19 mai 1862, article 1er, et 28 avril 1869, promulguées en Cochinchine le 1er octobre 1869.

De l'ensemble de ces textes, il résulte que, en matière civile, la procédure applicable devant les tribunaux de l'Annam et du Tonkin est celle de l'édit de juin 1778, sauf les modifications apportées par les articles 2, 3 et 4 de la loi du 8 juillet 1852, en ce qui touche le ressort de l'appel et le recours en cassation.

Je vous prie de vouloir bien tenir note de ces instructions et d'assurer, le cas échéant, l'observation des prescriptions de la présente circulaire, dont je vous prie de m'accuser réception.

RAOUL BERGER.

N° 6. — CIRCULAIRE *au sujet de l'envoi à la Résidence supérieure des dossiers des affaires judiciaires en appel.*

26 décembre 1888. (1)

M. le Procureur général, chef du service judiciaire en Indo-Chine, a bien voulu me faire remarquer que les dossiers des affaires en appel ne lui parviennent que tardivement, de sorte que la cour de Saïgon se trouvait dans l'impossibilité de donner à ces jugements une solution prompte et définitive.

Ces lenteurs sont très préjudiciables aux intéressés, et il importe de faire cesser cet état de choses.

Je ne saurais donc trop vous engager à apporter toute la diligence possible à l'envoi de ces dossiers à la Résidence supérieure, afin de me mettre à même de les transmettre dans le délai réglementaire à M. le chef du service judiciaire de l'Indo-Chine.

E. PARREAU.

VOY. : Justice. — Actes de décès.

Tribunaux indigènes

N° 1. — CIRCULAIRE *au sujet de la traduction des jugements indigènes.*

27 décembre 1888.

Il arrive fréquemment que les traductions des jugements rendus par les autorités indigènes me sont transmises sans être revêtues de la signature de l'interprète et de l'approbation du Résident, de sorte qu'il m'est impossible de m'assurer de la sincérité des documents qui me sont soumis, sans recourir à un nouveau travail de traduction.

En second lieu, j'ai remarqué que les interprètes apportaient beaucoup de négligence dans l'exécution de ces travaux.

Bien que vous n'ayiez pas à intervenir directement dans l'administration de la justice indigène, votre rôle, en ce qui concerne cette partie de l'administration, est cependant important, et c'est pour vous mettre à même de suivre la procédure, et en même temps vous permettre de provoquer par vos conseils, des mesures équitables lorsque l'occasion s'en présente, qu'il a été prescrit précédemment la tenue, dans chaque résidence, d'un registre spécial des jugements rendus par le tribunal indigène de la province.

Afin de vous faciliter l'examen des documents de cette nature, il est donc utile que les jugements soient accompagnés de leur traduction certifiée conforme par l'interprète chargé de ce travail.

D'autre part, vous n'ignorez pas que, en ce qui concerne les condamnations à la déportation, une copie du jugement doit être envoyée à Saïgon. J'ai dû, à cette occassion, faire refaire souvent dans mes bureaux la traduction du jugement qui m'avait été adressée, en présence des irrégularités que contenait la première traduction de ce travail.

J'espère qu'il me suffira d'appeler votre attention sur ce point pour que les inconvénients signalés ne se renouvellent plus.

E. PARREAU.

VOY. : Tribunaux mixtes. — Traités et conventions.

Tribunaux mixtes.

N° 1. — CIRCULAIRE *sur la formation des Tribunaux mixtes.*

11 février 1889.

Mon attention a été appelée sur le meilleur mode qu'il conviendrait d'adopter pour assurer judiciairement la répression des faits se rattachant à la rébellion.

J'ai pensé que le Gouvernement royal et le Protectorat, ayant chacun un intérêt égal au maintien de l'ordre, il était de toute logique que leurs représentants eussent mission de juger, en commun, les faits qui y auront porté atteinte.

Je priai dès lors LL. EE. MM. les Membres du Conseil secret de vouloir bien examiner s'il ne conviendrait pas d'instituer, dans chaque province, un tribunal mixte composé du Résident, représentant du Protectorat, et du Quan- an, représentant du Gouvernement royal.

Ce tribunal aurait à connaître de tous les faits de rébellion ou de complicité de rébellion, même jusqu'à nouvel ordre de ceux de la même catégorie, commis par des miliciens ou gardes civils.

L'accord s'est rapidement établi entre le conseil secret et moi sur la question de principe, et sur la légitimité des motifs qui justifiaient l'installation de cette juridiction exceptionnelle.

S. M. le Roi à bien voulu, sur rapport conforme du Comat, rendre à la date du 17 janvier, un édit approuvant la proposition et ordonnant qu'il y fut donné suite par les autorités provinciales, sur toute l'étendue du territoire.

J'estime en conséquence, qu'il convient de poursuivre, dès à présent, la mise à exécution du projet. Vous voudrez bien vous entendre avec les autorités indigènes de votre province pour procéder de concert avec elles, à l'installation de ce tribunal, dans lequel vous êtes appelé à siéger au nom du Protectorat, et qui devra fonctionner dès que l'occasion se présentera pour lui de juger des faits de la catégorie ci-dessus indiquée.

RHEINART.

N° 2. — CIRCULAIRE *sur l'institution des tribunaux mixtes et du rôle incombant aux représentants du Protectorat.*

28 février 1889.

Diverses observations qui m'ont été soumises, m'ont amené à penser qu'il était peut-être bon de préciser l'idée d'où est née l'installation récente des tribunaux mixtes, comme aussi le rôle véritable qu'y doivent jouer les représentants du Protectorat.

(1) Cette circulaire, insérée dans le Moniteur du Protectorat sous n° 862, année 1888, y a reçu par erreur la date du 27 décembre 1889, au lieu de 1888.

Il était en principe difficile d'admettre que le Protectorat, obligé par le Traité de 1884, d'assurer la sécurité intérieure, et pour qui l'accomplissement de ce devoir s'est jusqu'ici traduit par des charges budgétaires si lourdes, pût se désintéresser des faits qui troublent cette sécurité, dans les cas seuls où la répression de ces faits revêt un caractère judiciaire.

Une abdication de la sorte, outre qu'elle serait contraire à la vérité de notre rôle, pourrait favoriser certains abus dont notre intérêt serait le premier à souffrir.

Sans suspecter l'impartialité des tribunaux indigènes, ni diriger contre eux aucun procès de tendance, il n'en est pas moins à craindre que le sentiment national puisse parfois, à une heure donnée, trouver une place dans leur esprit à côté du souci de la justice.

De là, une sorte de solidarité inconsciente qui peut naître et s'établir entre les juges et l'homme accusé de faits de rébellion, surtout lorsque ces faits paraîtront atteindre plus encore le pouvoir étranger que le gouvernement indigène. De là aussi, dans certains cas, une animosité naturelle contre celui qui les aura dénoncés, et une tendance trop souvent prompte à intervertir les rôles et à faire de ce dernier le véritable accusé.

Ces dangers qu'il ne faut pas s'exagérer, mais qu'il faut cependant prévoir, nous font un devoir d'intervenir dans les débats de ce genre, pour y jouer le rôle de commissaire du gouvernement, surveiller et relever les atteintes portées à la légalité, à l'équité surtout, faire que les véritables responsabilités ne soient pas déplacées par l'esprit de parti, enfin que celui qui a amené le coupable à la barre, ne soit pas lui-même victime de son dévouement à nos intérêts ou à ceux de l'ordre.

Le représentant du Protectorat n'aura pas à présider ce tribunal, encore moins à y siéger sous la présidence d'un autre. Mais il interviendra dans l'interrogatoire, posera lui-même les questions qu'il jugera utiles, demandera que tel ou tel point de la cause soit mis en lumière, exigera des confrontations, et surtout que liberté et sécurité complètes soient laissées aux témoins dans leurs dépositions.

Je n'ignore pas quel tact et quelle mesure exige une fonction de la sorte, cependant si conforme à l'esprit de notre rôle en ce pays. Les qualités personnelles de celui qui sera appelé à la remplir, ses bonnes relations avec les autorités locales, contribueront souvent pour une grande part à fortifier son autorité dans les débats et à lui assurer sa vraie place.

Je ne serai même pas éloigné de considérer l'influence conquise par lui à ce point de vue, comme un des éléments pouvant servir à faire apprécier ses services, son caractère et l'intelligence qu'il a des devoirs que son rôle politique lui impose.

RHEINART.

N° 3. — CIRCULAIRE *relative à l'approbation à donner aux jugement rendus par les autorités annamites.*

8 juillet 1880.

Mon attention a été appelée sur l'interprétation donnée jusqu'à ce jour à l'arrêté du 10 février 1889 (1), en ce qui concerne l'approbation des jugements rendus par l'autorité indigène.

Le défaut de rédaction de cet article a laissé croire que tous les jugements annamites devaient être soumis à mon approbation.

Une pareille interprétation ne peut être admise, car elle serait une violation de l'article 7 du traité du 6 juin 1884, qui ne nous donne pas le droit d'intervenir directement dans la justice annamite.

J'ai saisi de la question S. E. le Kinh-luoc, en le priant de vouloir bien adresser des instructions aux an-sat des provinces pour que les Résidents soient informés de la suite donnée aux affaires importantes ou déférées par eux aux tribunaux indigènes.

BRIÈRE.

N° 4. — CIRCULAIRE *au sujet du prononcé des sentences par les tribunaux mixtes, et de leur exécution.*

18 septembre 1889.

De graves irrégularités ayant été commises dans une province, tant pour le prononcé des sentences du tribunal mixte que pour l'exécution des jugements, il m'a paru nécessaire de compléter les instructions qui régissent la matière.

Le jugement du tribunal mixte, rédigé par les soins du Quan-an, ne doit pas être fait sous forme de rapport au Résident, mais en la forme ordinaire de tous les jugement indigènes.

A côté du sceau du quan-an devra figurer le cachet de la résidence.

Vous devrez veiller à ce que toutes les condamnations soient prononcées conformément aux ordonnances royales de la 2e année de Dong-khanh, 1er mois, 2e jour (25 janvier 1887) et même année, 4e mois intercalaire (juin 1887).

S'il venait à se produire une divergence d'opinion entre vous et le juge indigène au sujet de la peine encourue par le prévenu, vous n'auriez qu'à refuser d'apposer votre cachet sur le jugement, et à m'en référer en me transmettant la traduction du jugement.

Dans tous les cas, je tiens essentiellement à ce que vous me fassiez parvenir la traduction de tous les jugements du tribunal mixte.

L'autorisation d'exécuter les jugements portant condamnation à la peine de mort vous est toujours transmise télégraphiquement. Il me sera désormais rendu compte, par la même voie, de l'exécution.

Vous devrez m'adresser mensuellement, en la forme ci-après, une situation détaillée des prisons du chef-lieu, comprenant :

1°. — Les prisonniers justiciables du tribunal consulaire ;
2°. — Les prévenus et les condamnés du tribunal mixte ;
3°. — Les prévenus et les condamnés du tribunal indigène.

NUMÉRO d'ordre	NOMS et PRÉNOMS	Age	LIEU D'ORIGINE — VILLAGE	LIEU D'ORIGINE — HUYEN	DATE de L'INCARCÉRATION	MOTIFS	Condamnation PEINE	OBSERVATIONS
		I	TRIBUNAL CONSULAIRE					
		II	TRIBUNAL MIXTE					
		III	TRIBUNAL INDIGÈNE					

J'attache la plus grande importance à l'exécution stricte de ces prescriptions.

BRIÈRE.

N° 5. — CIRCULAIRE *prescrivant la tenue d'un registre pour la transcription des jugements des tribunaux mixtes.*

1er décembre 1889.

J'ai remarqué que les dispositions prescrites par mes circulaires antérieures, relatives aux tribunaux mixtes, ne sont pas appliquées d'une manière uniforme dans toutes les provinces.

D'autre part, j'ai constaté que dans presque toutes les provinces, un certain nombre d'indigènes condamnés pour faits de

(1) Arrêté d'attribution des pouvoirs du Résident général.

piraterie depuis le mois de mars dernier, figurent parmi les condamnés du tribunal indigène.

Cette façon de procéder me met dans l'impossibilité de me rendre compte de la situation particulière de chaque province au point de vue de la piraterie.

J'ai décidé qu'à partir du 1er janvier prochain, il sera ouvert dans chaque province un registre destiné à la transcription de tous les jugements du tribunal mixte.

Les jugements seront numérotés, et le numéro figurera sur l'extrait que vous avez à m'adresser. Cet extrait sera, comme par le passé, accompagné d'une expédition en caractères portant le sceau du Quan-an et celui de la résidence.

A la fin de chaque mois, vous me ferez parvenir un état des condamnations prononcées par le tribunal mixte, conformément au modèle ci-après.

Les condamnés à 5 ans et au-dessus devant être évacués mensuellement sur Poulo-Condore ou la Guyane, et les condamnés de 2 à 5 ans sur l'une des provinces de Lang-son, Luc-nam, Tuyen-quang ou Hung-hoa; la situation mensuelle des prisons ne mentionnera pas ces 2 catégories de condamnés, mais il y aura lieu d'établir deux listes:

1° Liste des condamnés à 5 ans et au-dessus;

2° Liste des condamnés à 2 ans et à moins de 5 ans.

Ces listes seront jointes à la situation mensuelle des prisons, pour me permettre de fixer les départs des convois.

Les provinces de Lang-son, Luc-nam, Tuyen-quang et Hung-hoa devront m'adresser tous les mois une situation des condamnés par province d'origine.

J'attache la plus haute importance à la stricte exécution de ces prescriptions, qui me permettront de suivre régulièrement le mouvement répressif de la piraterie au Tonkin.

BRIÈRE.

N° 6. — CIRCULAIRE *sur la forme des jugements des tribunaux mixtes.*

7 mars 1890

Plusieurs Résidents, malgré les instructions données à diverses reprises, continuent à laisser introduire dans les jugements du tribunal mixte des amendes, soit pour les particuliers, soit pour les villages.

Pour les particuliers il n'y a pas d'inconvénient à ce que des amendes soient prononcées par le tribunal; vous aurez soin seulement qu'elles soient toujours versées directement aux caisses du Protectorat.

Les amendes à infliger, soit aux villages, soit aux notables ou fonctionnaires, pour négligence ou abus dans l'exercice de leurs fonctions, devront être l'objet d'une proposition jointe à l'envoi des jugements, lesquels ne devront prononcer aucune punition de ce genre.

Les autorités provinciales devront de leur côté adresser un rapport analogue à S. E. le Kinh-luoc, avec qui je me concerterai.

Vous procéderez de même toutes les fois qu'à la suite d'un jugement, vous croirez devoir proposer soit des révocations de fonctionnaires, soit des récompenses pour les auteurs de capture de pirates, etc. Ces propositions ne doivent pas entrer dans le prononcé du jugement, mais faire l'objet de rapports spéciaux.

Je vous prie enfin de vouloir bien vous reporter à ma circulaire n° 57 du 1er décembre 1889, et d'en exécuter strictement les dispositions en ce qui concerne l'ouverture d'un registre spécial où doivent être transcrits les jugements du tribunal mixte.

La copie que vous devez m'en adresser, ainsi que l'exécution du jugement du quan-an, doivent porter le numéro d'inscription, à ce registre. C'est par ce numéro, suivi de la date de la sentence, que les jugements devront, pour éviter toute confusion, être désignés dans la correspondance.

Vous voudrez bien en outre faire figurer dans les jugements, à côté du nom des accusés, le numéro sous lequel ils sont inscrits au registre d'écrou.

Il suffira que cette mention soit portée une seule fois à la suite du nom de l'accusé en tête de son interrogatoire.

Quand vous aurez reçu l'approbation d'un jugement, mention de cette approbation devra être faite en marge du registre sur lequel ils sont transcrits.

BRIÈRE.

VOY. : Traités et Conventions. — Tribunaux indigènes.

V

Vaccine.

N° 1. — ARRÊTÉ *organisant le service de la vaccine au profit des indigènes.*

27 février 1884.

Article premier. — Un médecin, désigné par le directeur du service de santé, installera dans chacune des résidences de Hanoi, Haiphong et Nam-dinh, le service au profit des indigènes. Cette mesure sera étendue aux autres centres au fur et à mesure que l'état du pays et nos moyens le permettront.

Art. 2. — Il vaccinera, un jour par semaine, les sujets qui lui seront présentés, réunis par les soins des autorités indigènes, sur l'invitation du Résident, en un local désigné d'avance par ce fonctionnaire.

Les médecins asiatiques et les notables qui désireraient apprendre à pratiquer l'opération de la vaccine seront admis à assister aux séances.

Art. 3. — Les sujets vaccinés seront représentés au médecin la semaine suivante, pour la vérification du résultat de l'opération et la revaccination au besoin.

Art. 4. — Le médecin vaccinateur voudra bien établir mensuellement un rapport au directeur du service de santé et au Résident local, indiquant les opérations exécutées et les résultats obtenus.

Art. 5. — Un supplément de solde de cent francs par mois sera alloué à chacun des médecins chargés de la vaccine.

Une gratification de deux ligatures sera payée aux familles des vaccinifèress, pour la journée de vaccination.

Art. 6. — Le directeur du service de santé proposera au général en chef, dans le plus bref délai, toutes les dispositions nécessaires pour se procurer du vaccin de bonne qualité, et désignera les médecins auxquels le service sera confié. Les médecins seront, autant que possible, ceux déjà chargés des services extérieurs.

Art. 7. — Le directeur des affaires civiles et politiques, le directeur de santé et le chef du service administratif sont chargés, chacun en ce qui le concerne, de l'exécution de la présente décision.

MILLOT.

N° 2. — ARRÊTÉ *complétant l'art. 42 de celui du 20 février 1889 sur le service de la vaccine.*

30 janvier 1890.

L'article 42 du titre VI du réglement local du service de santé de la marine en Annam et au Tonkin, du 20 février 1889 (1) est complété comme suit:

Art. 42. *bis*. — Le médecin chargé du service de la vaccine sera pris sur la liste des tours de départ pour les postes le premier de la liste au jour de la vacance.

La durée des fonctions de médecin vaccinateur est fixée à huit mois, après lesquels ce médecin est placé en queue de liste des tours de départ.

L'art. 44, titre VI, du même réglement est complété comme suit:

Art. 44, *bis*. — Pour le médecin vaccinateur, ce minimum est porté à six mois. Au dessus de six mois, le médecin vaccinateur sera placé en tête de liste et devra compléter à un an la période de corvée dans les postes.

PIQUET.

VOY. : Santé

---

(1) Voir le texte de cet arrêté, V° *Santé*.

Violences.

N° 1. — ORDRE *prescrivant la répression sévère des violences exercées par les hommes de troupe à l'égard des femmes et des filles du pays.*

14 février 1884.

Le Général en chef a été informé que des hommes de troupe ont usé de violences à l'égard de femmes ou de filles du pays.

Ce genre d'abus, odieux et indigne de soldats disciplinés, doit cesser immédiatement, sans quoi il serait puni sans aucune pitié, avec toute la rigueur du code de justice militaire.

MILLOT.

N° 2. — ORDRE *relatif à la police des marchés, et proscrivant toute brutalité envers les marchands de la ville ou de la campagne.*

17 février 1884.

L'approvisionnement du marché de Hanoi est menacé par suite de brutalités exercées par les hommes de la garnison envers les habitants de la ville et de la campagne.

Les uns ne veulent payer les denrées qu'aux prix qu'ils ont fixés eux-mêmes; les autres trouvent plus simple encore de les saisir et de ne répondre que par des coups aux réclamations des indigènes.

Cette manière de faire ne saurait être tolérée : elle frise le vol dans le premier cas, et, dans le second, elle tombe absolument sous le coup du code pénal militaire.

Aussi, le Général en chef informe-t-il les troupes qu'il fera surveiller les marchés par l'autorité civile, et qu'il n'hésitera pas à faire bonne et prompte justice des délinquants. Cet ordre sera lu à trois appels consécutifs.

MILLOT.

N° 3. — CIRCULAIRE *au sujet des rapports des troupes avec les autorités annamites et réciproquement.*

19 juin 1885.

Dans certaines localités nouvellement occupées par les troupes, et dans quelques centres plus particulièrement fréquentés récemment, lors du passage des renforts, de graves abus ont été commis par les soldats, au préjudice de la population annamite. Les hommes de troupe pénètrent de vive force chez l'habitant, se font livrer des denrées à des prix souvent dérisoires et qu'ils fixent eux-mêmes, expulsent les propriétaires et s'installent à leur place dans leur demeure, qu'ils détériorent pour en tirer du bois.

Le Général commandant en chef rappelle que l'armée a pour mission de pacifier le Tonkin, d'en protéger les habitants et de les attacher à la cause française. Tout acte de brutalité ou de violence à l'égard des habitants vient à l'encontre de cette mission de paix et de protection, et éloigne de nous le peuple annamite.

Le général en chef sévira avec la plus grande rigueur contre les militaires qui commettraient à l'avenir des actes de brutalité, d'exaction ou de maraude. Les officiers, à tous les degrés, engageraient gravement leur propre responsabilité, s'ils n'exerçaient pas sur leurs troupes, à ce point de vue, une surveillance incessante.

Les autorités annamites, de leur côté, doivent déférer à tous les ordres émanant des généraux, chefs de corps, commandants de détachement en station ou en marche ; elles doivent se prêter, dans toute la mesure de leurs moyens, aux réquisitions de jonques, de sampans et coolies nécessaires aux mouvements de troupe et au transport de matériel, mettre à la disposition de l'autorité militaire les pagodes, magasins à riz ou autres abris qui sont nécessaires au logement des troupes, en attendant la construction des casernements définitifs, fournir les renseignements, les guides qui leur sont demandés, organiser, faciliter et encourager, dans les villes ou villages, l'établissement de marchés publics, où les troupes soient en mesure d'acheter les denrées nécessaires à leurs besoins; en un mot, les autorités annamites doivent, en toutes circonstances, prêter un concours actif et dévoué à l'autorité française.

COURCY.

N° 4. — CIRCULAIRE *relative aux traitements infligés aux coolies.*

25 juin 1885.

Sans le concours des coolies et des femmes annamites employés dans les lieux de garnison, la plupart des services resteraient en souffrance ; les transports par terre, les chargements de jonques, etc., deviendraient pour ainsi dire impossibles, à moins de recourir aux bras de la troupe, dont le général en chef voudrait n'user qu'à la dernière extrémité, pour les convois de ce genre.

Les coolies constituent, d'autre part, l'un des éléments les plus essentiels de la mobilisation au Tonkin. Il est donc de nécessité absolue d'assurer à ces auxiliaires des traitements en rapport avec les services qu'ils sont appelés à rendre.

En conséquence, le général en chef exige qu'ils soient traités avec la même sollicitude que les soldats eux-mêmes, et qu'ils reçoivent, avec la même régularité et la même intégralité, les allocations en nature ou en argent auxquelles ils ont droit, d'après les tarifs en vigueur.

Il interdit d'exiger d'eux un travail au-dessus de leurs forces, de leur imposer des fardeaux excessifs. Les médecins des corps de troupe ou des ambulances doivent être appelés à donner des soins aux malades et à proposer au commandement local, soit des exemptions de travail, soit le renvoi dans leurs foyers, des coolies employés dans les colonnes ou les postes avancés, sans attendre qu'ils soient à bout de forces.

Le général en chef interdit surtout, de la façon la plus formelle, tout acte de brutalité et tout châtiment corporel à l'égard des coolies. Cette dernière prescription doit être connue de tout le monde, à tous les degrés de la hiérarchie. Elle sera rappelée pendant quatre mois, chaque samedi, à l'un des appels de la journée. Les chefs de service, de corps et de détachement doivent veiller à sa stricte exécution et punir avec une sévérité exemplaire, tout militaire qui y contreviendrait.

Les coolies convaincus de mauvaise volonté ou prévenus de délits ou de crimes, doivent être déférés par l'intermédiaire des Résidents à la juridiction annamite.

P. O. *Le chef d'état-major,*
CH. WARNET.

Vivres. — VOY. : Cession de vivres. — Trésor. — Rations.

Voirie.

N° 1. — DÉCISION *relative à l'interdiction de construire devant la Concession, à Hanoi.*

2 janvier 1884

Il est interdit de construire sur le terrain compris entre le fleuve, la route de la porte de France, la digue et le petit arroyo, espace figuré sur le plan par une ligne rouge ponctuée.

Les constructions et chantiers existant actuellement seront enlevés dans un délai de huit jours.

Le Résident de France est chargé de l'exécution de la présente décision.

COURBET.

N° 2. — DÉCISION *relative aux constructions ou réparations de bâtiments situés sur ou rejoignant la voie publique dans les villes chefs-lieux de résidence ou sous-résidence.*

16 novembre 1884.

Article premier. — Il est interdit d'entreprendre, rétablir ou réparer, dans les villes chefs-lieux des résidences ou sous-résidences, aucune construction située sur ou rejoignant la voie publique, sans en avoir préalablement demandé et obtenu l'alignement et l'autorisation de l'administration civile.

Art. 2. — Toutes entreprises, constructions, réparations, travaux confortatifs faits, sans la permission prévue en l'article précédent, constituent une contravention.

Si les entreprises, constructions, travaux, ont eu lieu sur la voie publique ou sur un des terrains compris dans les alignements arrêtés par l'administration, la démolition des travaux et la remise en état des lieux devront être effectuées sur une simple mise en demeure de l'autorité administrative, ou, à défaut, seront exécutées d'office par l'administration.

Art. 3. — Les infractions à la présente décision seront constatées concurremment par les employés du service des travaux publics, le capitaine du port de commerce et ses agents, la gendarmerie, et les commissaires de police ou faisant fonctions.

Les procès-verbaux ou rapports qui seront dressés seront transmis au Résident, qui ordonnera, par provision, ce que de droit, et les transmettra, s'il y a lieu, au ministère public pour les suites à donner devant le tribunal de simple police.

Art. 4. — Les infractions commises à l'article premier et au paragraphe 1er de l'article 2, seront punies des peines portées en l'article 471 du Code pénal.

Celles commises au dernier paragraphe de l'article 2 seront punies des peines portées en l'article 479 du même Code.

Dans ce dernier cas, le tribunal de police ordonnera la démolition des travaux exécutés et la remise en état des lieux, et autorisera, au besoin, l'Administration à faire exécuter les travaux nécessaires aux frais des contrevenants.

Art. 5. — Toutes autres contestations des particuliers relatives à la possession des voies publiques en général, seront transmises au Résident général, qui décidera sur la suite à donner.

Art. 6. — Le Directeur des affaires civiles et politiques est chargé de l'exécution de la présente décision.

G. LEMAIRE.

N° 3. — ARRÊTÉ *déclarant exécutoires dans les villes du Tonkin, les lois et règlements de voirie concernant les alignements.*

19 août 1886.

Article premier. — Les lois et règlements de voirie concernant les alignements, sont applicables dans les villes du Tonkin.

En conséquence, aucune construction stable, en pierre ou briques, ne pourra être élevée sans l'autorisation du Résident ou vice-résident chef de poste.

Art. 2. — Les Résidents et vice-résidents chefs de poste devront, dans le plus bref délai, faire établir les plans généraux d'alignements.

PAUL BERT.

N° 4. — ARRÊTÉ *constituant le personnel de la voirie municipale à Hanoi.*

1er janvier 1890.

Article premier. — Le personnel de la voirie municipale, pour l'année 1890, est constitué de la façon suivante :

NOMS	GRADES	SOLDE FIXE	SOLDE INDEMNITÉ	TOTAL	OBSERVATIONS
	A. PERSONNEL EUROPÉEN				
MM. XX.	Chef de service	1.562 63	1.000 »	2.562 63	
—	Conducteur	1.600 »	»	1.600 »	
—	Commis comptable	1.250 »	»	1.250 »	
—	Chef cantonnier	1.100 »	»	1.100 »	
—	Dessinateur	1.200 »	»	1.200 »	
—	Agent de culture	950 »	»	950 »	
	B. PERSONNEL INDIGÈNE				
XX.	Interprète dessinateur	260 »			
	Expéditionnaire	225			

Art. 2. — Il sera pourvu ultérieurement à la nomination du dessinateur.

Art. 3. — Le Résident de France, maire de Hanoi, est chargé de l'exécution du présent arrêté.

BRIÈRE.

N° 5. — ARRÊTÉ *fixant la largeur, la longueur et la direction des rues anciennes et nouvelles de la ville de Hanoi.* (1)

Article premier. — Les rues existantes et à créer de la ville de Hanoi, avec leur largeur de chaussée et de trottoirs, sont indiquées aux tableaux ci-annexés.

Art. 2. — La direction de l'axe de chaque voie existante sera parallèle aux bordures des trottoirs actuels.

L'orientation et la direction de l'axe des nouvelles voies seront celles figurées sur le plan ci-joint, approuvé ce même jour.

Art. 3. — M. le vice-résident, maire de Hanoi, est chargé de l'exécution du présent arrêté.

BRIÈRE.

NOMS DES RUES	LONGUEUR de la rue	LARGEUR de la chaussée entre trottoirs	LARGEUR des trottoirs	LARGEUR totale définitive
	mètres	mètres	mètres	mètres
Rue de la Soie	195 00	8 00	3 00	14 00
— des Cantonnais	138 00	8 00	3 00	14 00
— du Sucre	170 00	8 00	3 00	14 00
— du Riz	150 00	8 00	3 00	14 00
— du Papier	245 00	8 00	3 00	14 00
— du Charbon	230 00	8 00	3 00	14 00
— de la Citadelle	300 00	7 00	4 00	15 00
— des Cuirs	175 00	8 00	3 00	14 00
— des Pipes	210 00	8 00	3 00	14 00
— des Volailles	300 00	8 00	3 00	14 00
— des Nattes en bambous	380 00	8 00	4 00	16 00
— de la Mission / — des Stores	745 00	6 00	3 00	12 00
— des Brodeurs	650 00	8 00	4 00	16 00
— des Caisses	115 00	8 00	3 00	14 00
— des Tasses	425 00	6 00	3 00	12 00
— des Ferblantiers	135 00	6 00	3 00	12 00
— des Médicaments	312 00	6 00	3 00	12 00
— des Peignes	255 00	4 00	3 00	10 00
— des Balances	250 00	6 00	3 00	12 00
— du Lac	215 00	8 00	4 00	16 00
— des Radeaux	255 00	6 00	3 00	12 00
— des Pavillons-noirs	250 00	6 00	3 00	12 00
— de la Chaux	515 00	8 00	4 00	16 00
— des Bambous	300 00	8 00	4 00	16 00
— du Canao	200 00	6 00	3 00	12 00
— Pothier	80 00	6 00	3 00	12 00
— des Cercueils	238 00	8 00	4 00	16 00
— des Seaux	50 00	8 00	4 00	16 00
— du Pont-en-Bois	230 00	7 00	4 00	15 00
— du Chanvre	245 00	8 00	3 00	14 00
— des Teinturiers	010 00	6 00	3 00	12 00
— du Coton à l'Est	200 00	8 00	4 00	16 00
— du Coton à l'Ouest	425 00	8 00	4 00	16 00
— des Éventails	185 00	6 00	3 00	12 00
— des Chapeaux	220 00	6 00	3 12	12 00
— de la Saumure	115 00	6 00	3 00	12 00
— des Changeurs	310 00	5 00	3 00	12 50
— des Paniers	275 00	8 00	3 00	14 00
— Vieille des Tasses	191 00	8 00	3 00	14 00
— des Vases	68 00	6 00	3 00	12 00
— des Voiles	300 00	6 00	3 00	12 00
— des Fockiens	170 00	6 00	3 00	12 00
— des Étoffes	115 00	6 00	3 00	12 00
— des Briques	170 00	6 00	3 00	12 50
— de la Poissonnerie	125 00	6 00	3 00	12 00
— des Forgerons	125 00	6 00	3 00	12 00
— des Nattes en jonc	65 00	7 00	4 00	15 00
— Jean Dupuis	205 00	7 00	4 00	15 00
— du Cuivre	230 00	8 00	4 00	16 00
— des Tubercules	200 00	6 00	3 00	12 00
— des Graines	200 00	6 00	3 00	12 00
— de l'Hôpital chinois	220 00	6 00	3 00	12 00
— des Vermicels	315 00	6 00	3 00	12 00
— de Yên-thành	440 00	6 00	3 00	12 00
Route du Grand-Bouddha	1.300 00	8 00	4 00	16 00
— du Blockaus nord	1.150 00	6 00	3 00	12 00
— de Sinh-tu	540 00	8 00	3 00	14 00
— Mandarine	750 00	10 00	5 00	20 00
Boul^d. Gambetta	1.840 00	15 00	7 50	30 00
— Rollandes	800 00	15 00	7 50	30 00
— Jauréguiberry	475 00	15 00	7 50	30 00
— Gia-long	480 00	15 00	7 50	30 00
— H. Rivière	185 00	15 00	7 50	30 00
— Bobillot	580 00	12 00	6 50	25 00
Rue Laubarède	190 00	10 00	5 00	20 00
— de l'Intendance	196 00	8 00	4 00	16 00
VOIES DE GRANDE VOIRIE				
Quai de Cu-phu	800 00	13 00	6 50	26 00
Rue Paul Bert	550 00	10 00	5 00	20 00
— du Camp des Lettrés	800 00	10 00	5 00	20 00
Dong-khanh	650 00	13 00	6 50	26 00

(1) Arrêté inséré au *Journal officiel* du 21 avril 1890, n° 32, ne portant pas de date.

NUMÉROS des VOIES	ABOUTISSANTS	TRAVERSES	LONGUEUR de la VOIE	LARGEUR de la CHAUSSÉE	LARGEUR des TROTTOIRS	LARGEUR TOTALE
VOIES A CRÉER			mètres	mètres	mètres	mètres
Voie n° 1.	Bd. Rialan, voie n° 2.	Voie n° 6, 7 rue Balny.	820 00	12 00	6 50	25 00
— 2.	Voie n° 1 Quai de la Douane..........	Voie n° 8, rue de la Saumare	300 »	10 »	5 00	20 »
— 3.	Voie n° 4, rue Laubarède..........	Voie n° 5....	380 »	15 »	7 50	30 »
— 4.	Rue de la Concession, b. Bobillot..	— 3....	176 »	15 »	7 50	30 »
— 5.	Rue de la Concession, boul. Bobillot....	— 3....	110 »	15 »	7 50	30 »
— 6.	Quai de Cu-phu, voie n° 1............	Rue de la Chaux	240 »	10 »	5 00	20 »
— 7.	Quai de Cu-phu voie n° 1............	—	220 »	8 »	3 »	14 »
— 8.	Rue des Bambous, Rue des Seaux...	—	95 »	8 »	3 »	14 »
— 9.	Bd. Gambatta, rue du Camp des lettrés..	Bd. Carreau..	455 »	10 »	5 »	20 »
Bd. Henri Rivière (sud) ..	Voie n° 13, rue Paul-Bert............	Bds. Gambetta Carreau et Rollandes..	680 »	15 »	7 50	30 »
Bd. Rialan	Voie n° 13. rue Paul-Bert............	—	730 »	15 »	7 50	30 »
Voie n° 10	Voie n° 14, boul. Carrau............	Bd. Gambotta.	340 »	8 »	4 00	16 »
— 11	Bd. Gambetta, rond point de Phu-thanh-hoai......	—	835 »	15 »	7 50	30 »
— 12	Rond point de Phu-thanh-hoai, chemin de ronde de la Citadelle.........	Route de Sinh tu	340 »	10 »	5 »	20 »
— 13	Bd. Gia-long, route de l'Abattoir.....	Rue des Cartes, Bds. H. Rivière et Rialan	620 »	10 »	5 »	20 »
— 14	Route de l'Abattoir, Bd. Bobillot.....	Voie n° 10...	380 »	10 »	5 »	20 »
Avenue de la Cathédrale. ..	Rue de la Mission Bd. F. Garnier..	Rue des Brodeurs	150 »	10 »	5 »	20 »
Bd.F. Garnier ...	Circulaire du Lac hoang-Kiem.....	—	1300 »	10 »	6 50	25 »
Voie n° 15	Rue du Pont en bois, rue des Changeurs	Voie n° 20...	175 »	12 »	3 »	10 »
— 16	Rue des Changeurs, rue des Voiles...	— 18...	200 »	4 »	3 »	10 »
— 17	—	—	80 »	4 »	3 »	10 »
— 18	Rue des Pavillons noirs, Voie n° 16.	—	100 »	4 »	3 »	10 »
— 19	Bd. F. Garnier, rue des Balances.....	Rue du Chanvre	180 »	4 »	3 »	12 »
— 20	Rue des Rideaux, rue de la Soie....	Voies nos 17 et 15.........	185 »	6 »	3 »	12 »
— 21	Rue de la Soie, rue des Évantails....	—	72 »	6 »	3 »	12 »
— 22	Rue Pothier, rue des Médicaments	Rue du Chanvre, des Évantails et des Paniers	610 »	6 »	3 »	12 »
— 23	Rue des Voiles, rue des Tubercules...	Rue des Briques; Jean-Dupuis, voie n° 26.....	395 »	6 »	3 »	10 »
VOIES A CRÉER			mètres	mètres	mètres	mètres
Voie n° 24	Rue Jean Dupuis, marché du Riz ..	—	80 00	4 »	3 »	10 »
— 25	Rue des Briques, rue de la Poissonnerie	—	105 »	400 »	3 »	10 »
— 26	Digue, marché du riz	—	75 »	6 »	3 »	12 »
— 27	Digue, rue des Nattes en bambous..	Voie n° 30, rue du Papier, rue des Peignes	260 »	6 »	3 »	12 »
— 28	Digue, rue du Charbon............	Voie n° 31...	100 00	4 00	3 00	10 »
— 29	Digue, rue de l'hôpital chinois.......	— 31...	50 »	4 »	3 »	10 »
— 30	Marché du Riz, rue des Graines......	— 27...	200 »	4 »	3 »	10 »
— 31	Rue des Graines, voie n° 29...........	— 28...	220 »	4 »	3 »	10 »
— 32	Rue du Coton, marché de la citadelle	»	280 »	4 »	3 »	10 »
— 33	Rue des Nattes en Bambous, rue des Vermicels	Rue de l'Hôpital chinois.	275 »	6 »	3 »	10 »
— 34	Rue des Vermicels, rue des Yen-thanh	Voie n° 36...	300 »	8 »	3 »	12 »
		— 33 et 34........	350 »	8 »	3 »	14 »
— 35	Rue du Charbon, route du grand Boudha	Voie n° 34...	465 »	8 »	3 »	14 »
— 36	—	— 39...	140 »	8 »	3 »	14 »
— 37	Rue des Cartes, boul. Henri Rivière....	— 38, Bd. Rollandes .	175 »	4 »	3 »	10 »
— 38	Bd. Rialan et Henri Rivière	—	200 »	4 »	3 »	10 »
— 39	Bd. Carrau, rue Paul Bert............	Voie n° 43, 44	80 »	6 »	3 »	10 »
— 40	Rue des Tubercules, rue des Nattes en bambous	Voie n° 34...	575 »	15 »	7 50	12 »
— 41 ou Boul. Carreau.	Bd. Carrau, route Mandarine	— 41...	600 »	10 »	5 »	30 »
Voie n° 42	Voie n° 9, route Mandarine	— 42...	470 »	10 »	5 »	20 »
— 43	Bd. Cambetta, rue du Camp des Lettrés.	—	450 »	10 »	5 «	20 »
— 44	—					
— 45	Rue de la Mission, voie n° 46.......	Passage de la rue des Cuirs	400 »	6 »	3 »	20 »
— 46	Rue du Camp des Lettrés, rue du Coton...........	Voie n° 45...	150 »	6 »	3 »	12 »
— 47	Voie n° 45, Rue du Coton...........	—	50 »	6 »	3 »	12 »
— 48	Route Mandarine, pagode des Corbeaux	— 40...	500 »	8 »	3 »	12 »
— 49	Route de Sinh-tu, route de Sontay..	— 48...	230 »	8 »	3 »	14 »
— 50	Route de Phu-thanh-hoai, voie n° 11..	—	100 »	8 »	4 »	16 »

Voyages.

Voy. : Bagages. — Passages gratuits.

www.ingramcontent.com/pod-product-compliance
Ingram Content Group UK Ltd.
Pitfield, Milton Keynes, MK11 3LW, UK
UKHW020300230726
13925UKWH00001B/150